míni CÓDIGO saraiva

TRIBUTÁRIO NACIONAL

Constituição Federal
e legislação complementar

24.ª edição

Obra coletiva de autoria da Editora Saraiva com a
colaboração de Livia Céspedes
e Fabiana Dias da Rocha

míni CÓDIGO saraiva

TRIBUTÁRIO NACIONAL

Constituição Federal
e legislação complementar

ATUALIZE SEU CÓDIGO GRATUITAMENTE

http://legislacao.saraivajur.com.br

Esta edição poderá ser atualizada, semanalmente, pela internet até 31 de outubro de 2018.

LEGISLAÇÃO BRASILEIRA

míni CÓDIGO saraiva

TRIBUTÁRIO NACIONAL

Constituição Federal
e legislação complementar

Lei n. 5.172, de 25 de outubro de 1966, acompanhada de Legislação Complementar, Súmulas e Índices.

24.ª edição

2018

saraiva jur

ISBN 978-85-472-2874-3

DADOS INTERNACIONAIS DE CATALOGAÇÃO NA PUBLICAÇÃO (CIP)
ANGÉLICA ILACQUA CRB-8/7057

Brasil

[Leis, etc.]

Minicódigo Saraiva : tributário nacional, Constituição Federal e Legislação complementar / obra coletiva de autoria da Editora Saraiva com a colaboração de Livia Céspedes e Fabiana Dias da Rocha. – 24. ed. – São Paulo : Saraiva Educação, 2018.

"Lei n. 5.172, de 25-10-1966, atualizada e acompanhada de Legislação complementar..."

1. Brasil - Constituição (1988) 2. Direito tributário - Leis e legislação - Brasil I. Céspedes, Livia. II. Rocha, Fabiana Dias da. III. Título.

17-1738 CDU-34:336.2(81)(094.4)
-342.4(81)"1988"

Índices para catálogo sistemático:

1. Brasil : Código tributário 34:336.2(81)(094.4)
2. Brasil : Constituição de 1988 342.4(81)"1988"

SOMOS EDUCAÇÃO | saraiva jur

Av. das Nações Unidas, 7221, 1º andar, Setor B
Pinheiros – São Paulo – SP – CEP 05425-902

SAC | 0800-0117875
De 2ª a 6ª, das 8h às 18h
www.editorasaraiva.com.br/contato

Vice-presidente Claudio Lensing
Diretora editorial Flávia Alves Bravin

Gerência
Planejamento e novos projetos Renata Pascual Müller
Editorial Roberto Navarro

Edição Livia Céspedes (coord.)
Fabiana Dias da Rocha (editora)
Bruna Gimenez Boani
Maria Cecília Coutinho Martins
Silvio Sandro Soares Junior
Daniel Dantas G. de Oliveira
Nathalia Amaral de Carvalho

Produção editorial Maria Izabel B. B. Bressan (coord.)
Carolina Massanhi
Cecília Devus
Daniele Debora de Souza
Denise Pisaneschi
Ivani Aparecida Martins Cazarim
Ivone Rufino Calabria
Willians Calazans de V. de Melo

Arte e digital Mônica Landi (coord.)
Claudirene de Moura Santos Silva
Guilherme H. M. Salvador
Tiago Dela Rosa
Verônica Pivisan Reis

Planejamento e processos Clarissa Boraschi Maria (coord.)
Juliana Bojczuk Fermino
Kelli Priscila Pinto
Marília Cordeiro

Fernando Penteado
Tatiana dos Santos Romão

Novos projetos Laura Paraíso Buldrini Filogônio

Diagramação Fabricando Ideias Design Gráfico

Revisão Albertina Piva

Comunicação e MKT Carolina Bastos
Elaine Cristina da Silva

Capa IDÉE arte e comunicação
Produção gráfica Marli Rampim
Impressão e acabamento Corprint Gráfica e Editora Ltda.

Data de fechamento da edição: 7-12-2017

Dúvidas? Acesse www.editorasaraiva.com.br/direito

CL 604664 CAE 624059

INDICADOR GERAL

APRESENTAÇÃO DOS CÓDIGOS SARAIVA

Pioneira na exemplar técnica desenvolvida de atualização de Códigos e Legislação, como comprova o avançado número de suas edições e versões, a Editora SARAIVA apresenta sua consagrada **"Coleção de Códigos"**, aumentada e atualizada.

Mantivemos, nesta edição, os diferenciais reconhecidos como vantajosos, a saber:

– composição, diagramação e *layout*, que justificam a **portabilidade**;

– texto na íntegra da **Constituição Federal**;

– temas no alto da página indicando o **assunto tratado** naquele trecho do Código e da legislação complementar;

– **tarjas** laterais, que aceleram a pesquisa;

– texto de orelha (parte interna da capa) com **dicas** que facilitam a consulta rápida;

– notas **fundamentais** e índices facilitadores da consulta;

– **destaques** indicando as alterações legislativas de **2017**;

– **negrito** para ressaltar artigos, títulos, capítulos, seções, súmulas e índices;

– atualização **semanal via internet**.

Organizar o produto ideal sempre constitui um desafio. Muitos perseguem essa meta. Mas, conjugados os esforços de nossa equipe ao parecer valioso de tantos cultores do Direito, acreditamos que esta ferramenta de trabalho e estudo seja diagnosticada como positiva.

Sempre receptivos a sugestões, desejamos a todos bom uso.

Organizadores

NOTA DOS ORGANIZADORES

ATUALIZE SEU CÓDIGO

Este serviço permite a atualização de sua obra através do *site* http://legislacao.saraivajur.com.br, de maneira rápida e prática.

Se você já tem cadastro no *site*, basta digitar seu *e-mail* e senha para fazer o *login*. Em seguida acesse a área "atualize seu código". Se ainda não tem cadastro no *site*, clique em "Cadastre-se" e siga as instruções.

Você terá disponíveis as atualizações ocorridas. Para isso, basta clicar no *link Atualize seu Código*, localizado ao lado da imagem da capa da obra em questão.

As atualizações serão disponibilizadas *online* e para *download* semanalmente, até 31 de outubro de 2018.

O serviço fica disponível no *site* entre os meses de fevereiro e dezembro do ano corrente.

DESTAQUE

→ dispositivos incluídos e/ou alterados em 2017.

MINISTÉRIOS

Mantivemos a redação original no texto do Código e da Legislação Complementar, com a denominação dos Ministérios vigente à época da norma.

A Lei n. 13.502, de 1.º-11-2017, estabelece a organização básica dos órgãos da Presidência da República e dos Ministérios e dispõe em seu art. 21 sobre a denominação atual dos Ministérios.

NORMAS ALTERADORAS

Normas alteradoras são aquelas que não possuem texto próprio, mas apenas alteram outros diplomas, ou **cujo texto não é relevante para a obra**. Para facilitar a consulta, já processamos as alterações no texto da norma alterada.

→ Índice Cronológico da Legislação Alteradora:

- dos textos **da Legislação complementar**: relaciona todas as normas alteradoras de 2017.
- dos textos do **Código e da Constituição Federal**: elenca todas as normas alteradoras constantes nos respectivos Códigos ou Constituição Federal.

NOTAS

As notas foram selecionadas de acordo com seu grau de importância, e estão separadas em fundamentais (grafadas com ••) e acessórias (grafadas com •).

NOVO CÓDIGO DE PROCESSO CIVIL

Elaborado por uma comissão de renomados juristas, depois de muita discussão e debate, foi aprovado pelo Senado Federal no final de 2014 e finalmente instituído pela **Lei n. 13.105, de 16 de março de 2015**, um Novo Código de Processo Civil, com entrada em vigor após decorrido um ano de sua publicação (*DOU* de 17-3-2015).

A Editora Saraiva, ciente da repercussão que uma mudança desse molde traz e com o objetivo de proporcionar a melhor experiência de conhecimento e estudo do novo Diploma, preparou a edição desta obra totalmente atualizada com o Novo Código de Processo Civil.

No decorrer da obra, o consulente encontrará diversas notas remissivas ao CPC. Tais referências correspondem ao novo Diploma legal.

PODER JUDICIÁRIO

– Os *Tribunais de Apelação*, a partir da promulgação da Constituição Federal de 1946, passaram a denominar-se *Tribunais de Justiça*.

– O *Tribunal Federal de Recursos* foi extinto pela Constituição Federal de 1988, nos termos do art. 27 do ADCT.

– Os *Tribunais de Alçada* foram extintos pela Emenda Constitucional n. 45, de 8 de dezembro de 2004, passando os seus membros a integrar os Tribunais de Justiça dos respectivos Estados.

SIGLAS

– OTN (OBRIGAÇÕES DO TESOURO NACIONAL)

A Lei n. 7.730, de 31 de janeiro de 1989, extinguiu a OTN Fiscal e a OTN de que trata o art. 6.º do Decreto-lei n. 2.284, de 10 de março de 1986.

A Lei n. 7.784, de 28 de junho de 1989, diz em seu art. 2.º que "todas as penalidades previstas na legislação em vigor em quantidades de Obrigações do Tesouro Nacional – OTN serão convertidas para Bônus do Tesouro Nacional – BTN, à razão de 1 para 6,92".

Com a Lei n. 8.177, de 1.º de março de 1991, ficaram extintos, a partir de 1.º de fevereiro de 1991, o BTN (Bônus do Tesouro Nacional), de que trata o art. 5.º da Lei n. 7.777, de 19 de junho de 1989, o BTN Fiscal, instituído pela Lei n. 7.799, de 10 de julho de 1989, e o MVR (Maior Valor de Referência). A mesma Lei n. 8.177/91 criou a TR (Taxa Referencial) e a TRD (Taxa Referencial Diária), que são divulgadas pelo Banco Central do Brasil. A Lei n. 8.660, de 28 de maio de 1993, estabeleceu novos critérios para a fixação da Taxa Referencial – TR e extinguiu a Taxa Referencial Diária – TRD.

A Lei n. 9.365, de 16 de dezembro de 1996, instituiu a Taxa de Juros de Longo Prazo – TJLP.

– URV (UNIDADE REAL DE VALOR)

Com a Lei n. 8.880, de 27 de maio de 1994, foi instituída a Unidade Real de Valor – URV, para integrar o Sistema Monetário Nacional, sendo extinta pela Lei n. 9.069, de 29 de junho de 1995.

– UFIR (UNIDADE FISCAL DE REFERÊNCIA)

A Lei n. 8.383, de 30 de dezembro de 1991, "instituiu a UFIR (Unidade Fiscal de Referência) como medida de valor e parâmetro de atualização monetária de tributos e de valores expressos em cruzeiros na legislação tributária federal, bem como os relativos a multas e penalidades de qualquer natureza".

O art. 43 da Lei n. 9.069, de 29 de junho de 1995, extinguiu, a partir de 1.º de setembro de 1994, a UFIR diária de que trata a Lei n. 8.383, de 30 de dezembro de 1991.

A Lei n. 8.981, de 20 de janeiro de 1995, que altera a legislação tributária, fixa em seu art. 1.º a expressão monetária da Unidade Fiscal de Referência – UFIR.

O art. 6.º da Lei n. 10.192, de 14 de fevereiro de 2001, disciplinou o reajuste semestral da UFIR durante o ano de 1996 e anualmente após 1.º de janeiro de 1997. O § 3.º do art. 29 da Lei n. 10.522, de 19 de julho de 2002, extinguiu a UFIR, estabelecendo a reconversão dos créditos para o Real, para fins de débitos de qualquer natureza com a Fazenda Nacional.

– BNH (BANCO NACIONAL DA HABITAÇÃO)

O art. 1.º do Decreto-lei n. 2.291, de 21 de novembro de 1986, diz em seu *caput*: "é extinto o Banco Nacional da Habitação – BNH, empresa pública de que trata a Lei n. 5.762, de 14 de dezembro de 1971, por incorporação à Caixa Econômica Federal – CEF". A CEF sucede ao BNH a partir de então. Regulamenta a Caixa Econômica Federal o Decreto n. 6.473, de 5 de junho de 2008.

Mantivemos, nos textos legislativos constantes deste Código, as referências feitas ao BNH.

SÚMULAS

Constam deste volume apenas as Súmulas do STF, do TFR e do STJ relacionadas à legislação tributária.

Sendo assim, a inexistência de súmulas nesta obra não significa que elas tenham sido revogadas ou estejam prejudicadas.

Foram disponibilizadas todas as súmulas vinculantes do STF, tendo em vista seu interesse constitucional.

Em virtude de eventual proibição do uso de súmulas em concursos, inserimos nesta edição um recuo na parte destinada a elas, para a utilização de grampeador sem prejuízo do conteúdo da obra.

TEXTOS PARCIAIS

Alguns diplomas da legislação complementar deixam de constar integralmente. Nosso propósito foi o de criar espaço para normas mais utilizadas no dia a dia dos profissionais e acadêmicos. A obra mais ampla atenderá aqueles que, ao longo de tantos anos, vêm prestigiando nossos Códigos.

VALORES

São originais todos os valores citados na legislação constante deste Código.

Como muitos valores não comportavam transformação, em face das inúmeras modificações impostas à nossa moeda, entendemos que esta seria a melhor das medidas. Para conhecimento de nossos consulentes, este o histórico de nossa moeda:

a) O Decreto-lei n. 4.791, de 5 de outubro de 1942, instituiu o CRUZEIRO como unidade monetária brasileira, denominada CENTAVO a sua centésima parte. O cruzeiro passava a corresponder a mil-réis.

b) A Lei n. 4.511, de 1.º de dezembro de 1964, manteve o CRUZEIRO, mas determinou a extinção do CENTAVO.

c) O Decreto-lei n. 1, de 13 de novembro de 1965, instituiu o CRUZEIRO NOVO, correspondendo o cruzeiro até então vigente a um milésimo do cruzeiro novo, restabelecido o centavo. Sua vigência foi fixada para a partir de 13 de fevereiro de 1967, conforme Resolução n. 47, de 8 de fevereiro de 1967, do Banco Central da República do Brasil.

d) A Resolução n. 144, de 31 de março de 1970, do Banco Central do Brasil, determinou que a unidade do sistema monetário brasileiro passasse a denominar-se CRUZEIRO.

e) A Lei n. 7.214, de 15 de agosto de 1984, extinguiu o CENTAVO.

f) O Decreto-lei n. 2.284, de 10 de março de 1986, criou o CRUZADO, em substituição ao CRUZEIRO, correspondendo o cruzeiro a um milésimo do cruzado.

g) A Lei n. 7.730, de 31 de janeiro de 1989, instituiu o CRUZADO NOVO em substituição ao CRUZADO e manteve o CENTAVO. O cruzado novo correspondeu a um mil cruzados.

h) Por determinação da Lei n. 8.024, de 12 de abril de 1990, a moeda nacional passou a denominar-se CRUZEIRO, sem outra modificação, mantido o centavo e correspondendo o cruzeiro a um cruzado novo.

i) A Lei n. 8.697, de 27 de agosto de 1993, alterou a moeda nacional, estabelecendo a denominação CRUZEIRO REAL para a unidade do sistema monetário brasileiro. A unidade equivalia a um mil cruzeiros e sua centésima parte denominava-se CENTAVO.

j) A Lei n. 8.880, de 27 de maio de 1994, dispondo sobre o Programa de Estabilização Econômica e o Sistema Monetário Nacional, instituiu a UNIDADE REAL DE VALOR – URV.

k) A unidade do Sistema Monetário Nacional, por determinação da Lei n. 9.069, de 29 de junho de 1995 (art. 1.º), passou a ser o REAL. As importâncias em dinheiro serão grafadas precedidas do símbolo R$ (art. 1.º, § 1.º). A centésima parte do REAL, denominada "centavo", será escrita sob a forma decimal, precedida da vírgula que segue a unidade (art. 1.º, § 2.º).

Organizadores

ABREVIATURAS

ADC – Ação Declaratória de Constitucionalidade
ADCT – Ato das Disposições Constitucionais Transitórias
ADIN(s) – Ação(ões) Direta(s) de Inconstitucionalidade
ADPF – Arguição de Descumprimento de Preceito Fundamental
AGU – Advocacia-Geral da União
BTN – Bônus do Tesouro Nacional
CADE – Conselho Administrativo de Defesa Econômica
CBA – Código Brasileiro de Aeronáutica
CC – Código Civil
c/c – combinado com
CCom – Código Comercial
CDC – Código de Proteção e Defesa do Consumidor
CE – Código Eleitoral
CETRAN – Conselhos Estaduais de Trânsito
CF – Constituição Federal
CGSIM – Comitê para Gestão da Rede Nacional para a Simplificação do Registro e da Legalização de Empresas e Negócios
CGSN – Comitê Gestor do Simples Nacional
CJF – Conselho da Justiça Federal
CLT – Consolidação das Leis do Trabalho
CNAP – Cadastro Nacional de Aprendizagem Profissional
CNDT – Certidão Negativa de Débitos Trabalhistas
CNDU – Conselho Nacional de Desenvolvimento Urbano
CNJ – Conselho Nacional de Justiça
CNMP – Conselho Nacional do Ministério Público
CNPCP – Conselho Nacional de Política Criminal e Penitenciária
COAF – Conselho de Controle de Atividades Financeiras
CONAMA – Conselho Nacional do Meio Ambiente
CONANDA – Conselho Nacional dos Direitos da Criança e do Adolescente
CONASP – Conselho Nacional de Segurança Pública
CONTRADIFE – Conselho de Trânsito do Distrito Federal
CONTRAN – Conselho Nacional de Trânsito
CP – Código Penal

CPC – Código de Processo Civil
CPP – Código de Processo Penal
CRPS – Conselho de Recursos da Previdência Social
CTB – Código de Trânsito Brasileiro
CTN – Código Tributário Nacional
CTPS – Carteira de Trabalho e Previdência Social
CVM – Comissão de Valores Mobiliários
DJE – Diário da Justiça Eletrônico
DJU – Diário da Justiça da União
DNRC – Departamento Nacional de Registro do Comércio
DOU – Diário Oficial da União
DPU – Defensoria Pública da União
EAOAB – Estatuto da Advocacia e da Ordem dos Advogados do Brasil
EC – Emenda Constitucional
ECA – Estatuto da Criança e do Adolescente
EIRELI – Empresa Individual de Responsabilidade Limitada
FCDF – Fundo Constitucional do Distrito Federal
FGTS – Fundo de Garantia do Tempo de Serviço
INSS – Instituto Nacional do Seguro Social
JARI – Juntas Administrativas de Recursos de Infrações
JEFs – Juizados Especiais Federais
LCP – Lei das Contravenções Penais
LDA – Lei de Direitos Autorais
LEF – Lei de Execução Fiscal
LEP – Lei de Execução Penal
LINDB – Lei de Introdução às Normas do Direito Brasileiro
LOM – Lei Orgânica da Magistratura
LPI – Lei de Propriedade Industrial
LRP – Lei de Registros Públicos
LSA – Lei de Sociedades Anônimas
MTE – Ministério do Trabalho e Emprego
MVR – Maior Valor de Referência
OIT – Organização Internacional do Trabalho
OJ(s) – Orientação(ões) Jurisprudencial(ais)
OTN – Obrigação do Tesouro Nacional
PIA – Plano Individual de Atendimento
PNC – Plano Nacional de Cultura
PRONAC – Programa Nacional de Apoio à Cultura
PRONAICA – Programa Nacional de Atenção Integral à Criança e ao Adolescente

PRONASCI – Programa Nacional de Segurança Pública com Cidadania
RENACH – Registro Nacional de Carteiras de Habilitação
RENAVAM – Registro Nacional de Veículos Automotores
RERCT – Regime Especial de Regularização Cambial e Tributária
s. – seguinte(s)
SDI-1 – Subseção 1 da Seção Especializada em Dissídios Individuais
SDI-2 – Subseção 2 da Seção Especializada em Dissídios Individuais
SDC – Seção Especializada em Dissídios Coletivos
SENAR – Serviço Nacional de Aprendizes Rurais
SINAMOB – Sistema Nacional de Mobilização
SINASE – Sistema Nacional de Atendimento Socioeducativo
SINESP – Sistema Nacional de Informações de Segurança Pública, Prisionais e sobre Drogas
SNDC – Sistema Nacional de Defesa do Consumidor
SNIIC – Sistema Nacional de Informação e Indicadores Culturais
STF – Supremo Tribunal Federal
STJ – Superior Tribunal de Justiça
STM – Superior Tribunal Militar
SUDAM – Superintendência de Desenvolvimento da Amazônia
SUDECO – Superintendência de Desenvolvimento do Centro-Oeste
SUDENE – Superintendência de Desenvolvimento do Nordeste
SUFRAMA – Superintendência da Zona Franca de Manaus
TCU – Tribunal de Contas da União
TFR – Tribunal Federal de Recursos
TJLP – Taxa de Juros de Longo Prazo
TR – Taxa Referencial
TRD – Taxa Referencial Diária
TRF – Tribunal Regional Federal
TSE – Tribunal Superior Eleitoral
TST – Tribunal Superior do Trabalho
UFIR – Unidade Fiscal de Referência
URV – Unidade Real de Valor

ÍNDICE CRONOLÓGICO DA LEGISLAÇÃO

LEIS COMPLEMENTARES:

MEDIDAS PROVISÓRIAS:

ÍNDICE CRONOLÓGICO DA LEGISLAÇÃO ALTERADORA

I – DO TEXTO DO CÓDIGO:

DECRETO-LEI N. 27, DE 14 DE NOVEMBRO DE 1966
Acrescenta o art. 217 e renumera o seguinte para 218.

LEI COMPLEMENTAR N. 59, DE 22 DE DEZEMBRO DE 1988
Altera o art. 91.

LEI COMPLEMENTAR N. 104, DE 10 DE JANEIRO DE 2001
Acrescenta os arts. 155-A e 170-A.
Altera os arts. 9.º, 14, 43, 116, 151, 156, 198 e 199.

LEI COMPLEMENTAR N. 118, DE 9 DE FEVEREIRO DE 2005
Acrescenta os arts. 185-A e 191-A.
Altera os arts. 133, 155-A, 174, 185, 186, 187, 188 e 191.

LEI COMPLEMENTAR N. 143, DE 17 DE JULHO DE 2013
Altera o art. 92.
Revoga os arts. 86 a 89 e 93 a 95.

II – DA LEGISLAÇÃO COMPLEMENTAR:

DECRETO N. 9.017, DE 30 DE MARÇO DE 2017
Altera o art. 8.º do Decreto n. 6.306/07.
Revoga o inciso II do *caput* do art. 8.º do Decreto n. 6.036/07.

LEI N. 13.428, DE 30 DE MARÇO DE 2017
Altera os arts. 1.º, 5.º e 9.º da Lei n. 13.254/16.

LEI COMPLEMENTAR N. 159, DE 19 DE MAIO DE 2017
Altera o art. 32 da Lei Complementar n. 101/00.

LEI N. 13.464, DE 10 DE JULHO DE 2017
Altera o art. 1.º da Lei n. 11.457/07.

LEI N. 13.498, DE 26 DE OUTUBRO DE 2017
Altera o art. 16 da Lei n. 9.250/95.

LEI N. 13.506, DE 13 DE NOVEMBRO DE 2017
Altera o art. 66 da Lei n. 9.069/95.
Revoga o art. 76 da n. 9.069/95.
Revoga o inciso II do art. 3.º da Lei n. 9.873/99.

Código Tributário Nacional

ÍNDICE SISTEMÁTICO DO CÓDIGO TRIBUTÁRIO NACIONAL

(LEI N. 5.172, DE 25-10-1966)

Título IV
TAXAS

Título V
CONTRIBUIÇÃO DE MELHORIA

Título VI
DISTRIBUIÇÕES DE RECEITAS TRIBUTÁRIAS

Livro Segundo
NORMAS GERAIS DE DIREITO TRIBUTÁRIO

Título I
LEGISLAÇÃO TRIBUTÁRIA

Título II
OBRIGAÇÃO TRIBUTÁRIA

Título III
CRÉDITO TRIBUTÁRIO

Título IV
ADMINISTRAÇÃO TRIBUTÁRIA

Código Tributário Nacional

LEI N. 5.172, DE 25 DE OUTUBRO DE 1966 (*)

Dispõe sobre o sistema tributário nacional e institui normas gerais de direito tributário aplicáveis à União, Estados e Municípios.

O Presidente da República

Faço saber que o Congresso Nacional decreta e eu sanciono a seguinte Lei:

DISPOSIÇÃO PRELIMINAR

Art. 1.º Esta Lei regula, com fundamento na Emenda Constitucional n. 18, de 1.º de dezembro de 1965, o sistema tributário nacional e estabelece, com fundamento no art. 5.º, XV, *b*, da Constituição Federal, as normas gerais de direito tributário aplicáveis à União, aos Estados, ao Distrito Federal e aos Municípios, sem prejuízo da respectiva legislação complementar, supletiva ou regulamentar.

LIVRO PRIMEIRO
SISTEMA TRIBUTÁRIO NACIONAL

•• *Vide* arts. 145 a 162 da CF (sistema tributário nacional).

TÍTULO I
DISPOSIÇÕES GERAIS

Art. 2.º O sistema tributário nacional é regido pelo disposto na Emenda Constitucional n. 18, de 1.º de dezembro de 1965, em leis complementares, em resoluções do Senado Federal e, nos limites das respectivas competências, em leis federais, nas Constituições e em leis estaduais, e em leis municipais.

•• *Vide* art. 96 do CTN.

•• *Vide* Lei n. 4.320, de 17-3-1964 (normas gerais de direito financeiro).

•• *Vide* arts. 145 a 162 da CF (sistema tributário nacional).

Art. 3.º Tributo é toda prestação pecuniária compulsória, em moeda ou cujo valor nela se possa exprimir, que não constitua sanção de ato ilícito, instituída em lei e cobrada mediante atividade administrativa plenamente vinculada.

•• *Vide* Súmula 545 do STF.

Art. 4.º A natureza jurídica específica do tributo é determinada pelo fato gerador da respectiva obrigação, sendo irrelevantes para qualificá-la:

I – a denominação e demais características formais adotadas pela lei;

•• *Vide* art. 97, III, do CTN.

II – a destinação legal do produto da sua arrecadação.

•• *Vide* arts. 114 a 118 (fato gerador), e 97, IV (base de cálculo), do CTN.

Art. 5.º Os tributos são impostos, taxas e contribuições de melhoria.

•• *Vide* arts. 146, 148, 149, 149-A e 195, § 6.º, da CF.

(*) Publicada no *DOU*, de 27-10-1966, retificada em 31-10-1966. Por força do art. 7.º do Ato Complementar n. 36, de 13-3-1967, a Lei n. 5.172, de 25-10-1966, passou, incluídas as alterações posteriores, a denominar-se Código Tributário Nacional.

Título II
COMPETÊNCIA TRIBUTÁRIA

Capítulo I
DISPOSIÇÕES GERAIS

Art. 6.º A atribuição constitucional de competência tributária compreende a competência legislativa plena, ressalvadas as limitações contidas na Constituição Federal, nas Constituições dos Estados e nas Leis Orgânicas do Distrito Federal e dos Municípios, e observado o disposto nesta Lei.

Parágrafo único. Os tributos cuja receita seja distribuída, no todo ou em parte, a outras pessoas jurídicas de direito público pertencem à competência legislativa daquela a que tenham sido atribuídos.

Art. 7.º A competência tributária é indelegável, salvo atribuição das funções de arrecadar ou fiscalizar tributos, ou de executar leis, serviços, atos ou decisões administrativas em matéria tributária, conferida por uma pessoa jurídica de direito público a outra, nos termos do § 3.º do art. 18 da Constituição.

•• Refere-se, o texto acima, a dispositivo da CF de 1946.

§ 1.º A atribuição compreende as garantias e os privilégios processuais que competem à pessoa jurídica de direito público que a conferir.

•• *Vide* arts. 183 e s. do CTN.

§ 2.º A atribuição pode ser revogada, a qualquer tempo, por ato unilateral da pessoa jurídica de direito público que a tenha conferido.

§ 3.º Não constitui delegação de competência o cometimento, a pessoas de direito privado, do encargo ou da função de arrecadar tributos.

Art. 8.º O não exercício da competência tributária não a defere a pessoa jurídica de direito público diversa daquela a que a Constituição a tenha atribuído.

•• *Vide* art. 155, § 2.º, XII, *g* (concessão e revogação de isenções, incentivos e benefícios fiscais), da CF.

Capítulo II
LIMITAÇÕES DA COMPETÊNCIA TRIBUTÁRIA

•• *Vide* arts. 150 a 152 (limitações do poder de tributar) da CF.

Seção I
Disposições Gerais

Art. 9.º É vedado à União, aos Estados, ao Distrito Federal e aos Municípios:

•• *Vide* art. 150 (o que é vedado à União) da CF.

I – instituir ou majorar tributos sem que a lei o estabeleça, ressalvado, quanto à majoração, o disposto nos arts. 21, 26 e 65;

•• *Vide* art. 150, I (exigência e aumento de tributo), da CF.

II – cobrar imposto sobre o patrimônio e a renda com base em lei posterior à data inicial do exercício financeiro a que corresponda;

•• *Vide* art. 150, III (cobrança de tributos), da CF.

III – estabelecer limitações ao tráfego, no território nacional, de pessoas ou mercadorias, por meio de tributos interestaduais ou intermunicipais;

•• *Vide* art. 150, V (limitações ao tráfego de pessoas ou bens, por meio de tributos), da CF.

IV – cobrar imposto sobre:

a) o patrimônio, a renda ou os serviços uns dos outros;

•• *Vide* o disposto no § 2.º deste artigo.

•• *Vide* arts. 12 e 13 do CTN.

•• *Vide* art. 150, VI, *a*, e §§ 2.º e 3.º (instituição de impostos), da CF.

b) templos de qualquer culto;

•• *Vide* art. 150, VI, *b*, e § 4.º (instituição de impostos), da CF.

c) o patrimônio, a renda ou serviços dos partidos políticos, inclusive suas fundações, das entidades sindicais dos trabalhadores, das instituições de educação e de assistência social, sem fins lucrativos, observados os requisitos fixados na Seção II deste Capítulo;

•• Alínea *c* com redação determinada pela Lei Complementar n. 104, de 10-1-2001.

•• *Vide* art. 14, § 2.º, do CTN.

•• *Vide* art. 150, VI, *c*, e § 4.º (instituição de impostos), da CF.

d) papel destinado exclusivamente à impressão de jornais, periódicos e livros.

•• *Vide* art. 150, VI, *d* (instituição de impostos), da CF.

§ 1.º O disposto no inciso IV não exclui a atribuição, por lei, às entidades nele referidas, da condição de responsáveis pelos tributos que lhes caiba reter na fonte, e não as dispensa da prática de atos, previstos em lei, assecuratórios do cumprimento de obrigações tributárias por terceiros.

§ 2.º O disposto na alínea *a* do inciso IV aplica-se, exclusivamente, aos serviços próprios das pessoas jurídicas de direito público a que se refere este artigo, e inerentes aos seus objetivos.

Art. 10. É vedado à União instituir tributo que não seja uniforme em todo o território nacional, ou que importe distinção ou preferência em favor de determinado Estado ou Município.

•• *Vide* art. 151, I (o que é vedado à União), da CF.

Art. 11. É vedado aos Estados, ao Distrito Federal e aos Municípios estabelecer diferença tributária entre bens de qualquer natureza, em razão da sua procedência ou do seu destino.

•• *Vide* Súmula 591 do STF.

•• *Vide* art. 152 (o que é vedado aos Estados, Distrito Federal e Municípios) da CF.

Seção II
Disposições Especiais

Art. 12. O disposto na alínea *a* do inciso IV do art. 9.º, observado o disposto nos seus §§ 1.º e 2.º, é extensivo às autarquias criadas pela União, pelos Estados, pelo Distrito Federal, ou pelos Municípios, tão somente no que se refere ao patrimônio, à renda ou aos serviços vinculados às suas finalidades essenciais, ou delas decorrentes.

•• *Vide* Súmulas 73, 75, 336 e 583 do STF.

•• *Vide* art. 150, §§ 2.º e 3.º (instituição de impostos – vedações), da CF.

Art. 13. O disposto na alínea *a* do inciso IV do art. 9.º não se aplica aos serviços públicos concedidos, cujo tratamento tributário é estabelecido pelo poder concedente, no que se refere aos tributos de sua competência, ressalvado o que dispõe o parágrafo único.

Parágrafo único. Mediante lei especial e tendo em vista o interesse comum, a União pode instituir isenção de tributos federais, estaduais e municipais para os serviços públicos que conceder, observado o disposto no § 1.º do art. 9.º.

•• *Vide* Súmulas 77 a 79 e 81 do STF.

•• *Vide* art. 150, § 6.º (exigências para concessões), da CF.

Art. 14. O disposto na alínea *c* do inciso IV do art. 9.º é subordinado à observância dos seguintes requisitos pelas entidades nele referidas:

I – não distribuírem qualquer parcela de seu patrimônio ou de suas rendas, a qualquer título;

•• Inciso I com redação determinada pela Lei Complementar n. 104, de 10-1-2001.

II – aplicarem integralmente, no País, os seus recursos na manutenção dos seus objetivos institucionais;

III – manterem escrituração de suas receitas e despesas em livros revestidos de formalidades capazes de assegurar sua exatidão.

§ 1.º Na falta de cumprimento do disposto neste artigo, ou no § 1.º do art. 9.º, a autoridade competente pode suspender a aplicação do benefício.

§ 2.º Os serviços a que se refere a alínea c do inciso IV do art. 9.º são exclusivamente os diretamente relacionados com os objetivos institucionais das entidades de que trata este artigo, previsto nos respectivos estatutos ou atos constitutivos.

•• *Vide* art. 150, § 4.º (instituição de impostos – vedações), da CF.

Art. 15. Somente a União, nos seguintes casos excepcionais, pode instituir empréstimos compulsórios:

•• *Vide* art. 148 (instituição de empréstimo compulsório) da CF.

I – guerra externa, ou sua iminência;

II – calamidade pública que exija auxílio federal impossível de atender com os recursos orçamentários disponíveis;

III – conjuntura que exija a absorção temporária de poder aquisitivo.

Parágrafo único. A lei fixará obrigatoriamente o prazo do empréstimo e as condições de seu resgate, observando, no que for aplicável, o disposto nesta Lei.

Título III
IMPOSTOS

Capítulo I
DISPOSIÇÕES GERAIS

Art. 16. Imposto é o tributo cuja obrigação tem por fato gerador uma situação independente de qualquer atividade estatal específica, relativa ao contribuinte.

Art. 17. Os impostos componentes do sistema tributário nacional são exclusivamente os que constam deste Título, com as competências e limitações nele previstas.

•• *Vide* art. 217 do CTN.

•• *Vide* art. 154, I (instituição de impostos), da CF.

Art. 18. Compete:

I – à União instituir, nos Territórios Federais, os impostos atribuídos aos Estados e, se aqueles não forem divididos em Municípios, cumulativamente, os atribuídos a estes;

•• *Vide* arts. 147 e 156 (competência da União, em Território Federal) da CF.

II – ao Distrito Federal e aos Estados não divididos em Municípios instituir, cumulativamente, os impostos atribuídos aos Estados e aos Municípios.

•• *Vide* art. 155 (instituição de impostos pelos Estados e pelo Distrito Federal) da CF.

Capítulo II
IMPOSTOS SOBRE O COMÉRCIO EXTERIOR

Seção I
Imposto sobre a Importação

•• *Vide* art. 153, I (importação), da CF.

•• *Vide* Decreto-lei n. 37, de 18-11-1966 (imposto de importação e reorganização dos serviços aduaneiros).

Art. 19. O imposto, de competência da União, sobre a importação de produtos estrangeiros tem como fato gerador a entrada destes no território nacional.

•• *Vide* art. 74, II, do CTN.

•• *Vide* Decreto-lei n. 37, de 18-11-1966, art. 1.º (incidência do imposto de importação).

•• *Vide* Súmulas 89, 132, 142, 302 e 577 do STF.

•• *Vide* Lei n. 8.032, de 12-4-1990, art. 2.º (isenção ou redução de imposto de importação – limite).

Art. 20. A base de cálculo do imposto é:

I – quando a alíquota seja específica, a unidade de medida adotada pela lei tributária;

II – quando a alíquota seja *ad valorem*, o preço normal que o produto, ou seu similar, alcançaria, ao tempo da importação, em uma venda em condições de livre concorrência, para entrega no porto ou lugar de entrada do produto no País;

•• *Vide* arts. 2.º (base de cálculo do imposto) e 17 a 21 (similaridade) do Decreto-lei n. 37, de 18-11-1966.

III – quando se trate de produto apreendido

ou abandonado, levado a leilão, o preço da arrematação.

•• *Vide* Decreto-lei n. 37, de 18-11-1966, art. 2.º (base de cálculo do imposto).

Art. 21. O Poder Executivo pode, nas condições e nos limites estabelecidos em lei, alterar as alíquotas ou as bases de cálculo do imposto, a fim de ajustá-lo aos objetivos da política cambial e do comércio exterior.

•• *Vide* arts. 9.º, I, e 97, II e IV, do CTN.

•• *Vide* art. 153, § 1.º (alteração de alíquotas), da CF.

Art. 22. Contribuinte do imposto é:

•• O art. 217 do Decreto n. 6.759, de 5-2-2009, dispõe: "É contribuinte do imposto o exportador, assim considerada qualquer pessoa que promova a saída de mercadoria do território aduaneiro".

I – o importador ou quem a lei a ele equiparar;

•• *Vide* art. 32 e parágrafo único do Decreto-lei n. 37, de 18-11-1966 (imposto de importação; contribuinte e responsável).

II – o arrematante de produtos apreendidos ou abandonados.

•• *Vide* Decreto-lei n. 37, de 18-11-1966, art. 31 (contribuinte do imposto).

Seção II

Imposto sobre a Exportação

•• *Vide* art. 153, II (exportação de produtos nacionais ou nacionalizados), da CF.

•• *Vide* Decreto-lei n. 1.578, de 11-10-1977 (imposto de exportação).

Art. 23. O imposto, de competência da União, sobre a exportação, para o estrangeiro, de produtos nacionais ou nacionalizados tem como fato gerador a saída destes do território nacional.

•• *Vide* Decreto-lei n. 1.578, de 11-10-1977, art. 1.º e parágrafos (imposto de exportação – fato gerador).

Art. 24. A base de cálculo do imposto é:

I – quando a alíquota seja específica, a unidade de medida adotada pela lei tributária;

II – quando a alíquota seja *ad valorem*, o preço normal que o produto, ou seu similar, alcançaria, ao tempo da exportação, em uma venda em condições de livre concorrência.

Parágrafo único. Para os efeitos do inciso II, considera-se a entrega como efetuada no porto ou lugar da saída do produto, deduzidos os tributos diretamente incidentes sobre a operação de exportação e, nas vendas efetuadas a prazo superior aos correntes no mercado internacional, o custo do financiamento.

•• *Vide* Decreto-lei n. 1.578, de 11-10-1977, art. 2.º (base de cálculo).

Art. 25. A lei pode adotar como base de cálculo a parcela do valor ou do preço, referidos no artigo anterior, excedente de valor básico, fixado de acordo com os critérios e dentro dos limites por ela estabelecidos.

Art. 26. O Poder Executivo pode, nas condições e nos limites estabelecidos em lei, alterar as alíquotas ou as bases de cálculo do imposto, a fim de ajustá-lo aos objetivos da política cambial e do comércio exterior.

•• *Vide* arts. 9.º, I, e 97, II e IV, do CTN.

•• *Vide* Decreto-lei n. 1.578, de 11-10-1977, art. 3.º (imposto de exportação – alíquota).

Art. 27. Contribuinte do imposto é o exportador ou quem a lei a ele equiparar.

•• *Vide* Decreto-lei n. 1.578, de 11-10-1977, art. 5.º (contribuinte).

Art. 28. A receita líquida do imposto destina-se à formação de reservas monetárias, na forma da lei.

•• *Vide* Decreto-lei n. 1.578, de 11-10-1977, art. 9.º (reserva monetária).

Capítulo III

IMPOSTOS SOBRE O PATRIMÔNIO E A RENDA

Seção I

Imposto sobre a Propriedade Territorial Rural

•• *Vide* art. 153, VI e § 4.º (propriedade territorial rural – fixação de alíquotas), da CF.

•• *Vide* Lei n. 9.393, de 19-12-1996, regulamentada pelo Decreto n. 4.382, de 19-9-2002 (imposto sobre a propriedade territorial rural).

Art. 29. O imposto, de competência da União, sobre a propriedade territorial rural tem como fato gerador a propriedade, o domínio útil ou a posse de imóvel por natureza, como definido na lei civil, localizado fora da zona urbana do Município.

Art. 30. A base do cálculo do imposto é o valor fundiário.

•• *Vide* Lei n. 9.393, de 19-12-1996, art. 11, e Decreto n. 4.382, de 19-9-2002, art. 9.º.

Art. 31. Contribuinte do imposto é o proprietário do imóvel, o titular de seu domínio útil, ou o seu possuidor a qualquer título.

•• *Vide* Lei n. 9.393, de 19-12-1996, art. 10, e Decreto n. 4.382, de 19-9-2002, art. 5.º.

Seção II

Imposto sobre a Propriedade Predial e Territorial Urbana

•• *Vide* art. 156, I e § 1.º (imposto sobre propriedade predial e territorial urbana), da CF.

•• O art. 182, § 4.º, II, da CF institui e o art. 7.º da Lei n. 10.257, de 10-7-2001 (Estatuto da Cidade) dispõe sobre o IPTU progressivo no tempo como instrumento de política urbana.

Art. 32. O imposto, de competência dos Municípios, sobre a propriedade predial e territorial urbana tem como fato gerador a propriedade, o domínio útil ou a posse de bem imóvel por natureza ou por acessão física, como definido na lei civil, localizado na zona urbana do Município.

•• *Vide* art. 32 do Decreto-lei n. 57, de 18-11-1966, que dispõe sobre a aplicação deste artigo.

§ 1.º Para os efeitos deste imposto, entende-se como zona urbana a definida em lei municipal, observado o requisito mínimo da existência de melhoramentos indicados em pelo menos dois dos incisos seguintes, construídos ou mantidos pelo Poder Público:

I – meio-fio ou calçamento, com canalização de águas pluviais;

II – abastecimento de água;

III – sistema de esgotos sanitários;

IV – rede de iluminação pública, com ou sem posteamento para distribuição domiciliar;

V – escola primária ou posto de saúde a uma distância máxima de 3 (três) quilômetros do imóvel considerado.

§ 2.º A lei municipal pode considerar urbanas as áreas urbanizáveis, ou de expansão urbana, constantes de loteamentos aprovados pelos órgãos competentes, destinados à habitação, à indústria ou ao comércio, mesmo que localizados fora das zonas definidas nos termos do parágrafo anterior.

Art. 33. A base do cálculo do imposto é o valor venal do imóvel.

Parágrafo único. Na determinação da base de cálculo, não se considera o valor dos bens móveis mantidos, em caráter permanente ou temporário, no imóvel, para efeito de sua utilização, exploração, aformoseamento ou comodidade.

•• *Vide* art. 182, §§ 2.º e 4.º, II, da CF (função social da propriedade urbana).

Art. 34. Contribuinte do imposto é o proprietário do imóvel, o titular do seu domínio útil, ou o seu possuidor a qualquer título.

Seção III

Imposto sobre a Transmissão de Bens Imóveis e de Direitos a eles Relativos

•• *Vide* arts. 155, I, e 156, II, da CF (transmissão *causa mortis*, doação e transmissão *inter vivos*).

Art. 35. O imposto, de competência dos Estados, sobre a transmissão de bens imóveis e de direitos a eles relativos tem como fato gerador:

•• *Vide* arts. 155, I e § 1.º, I e II (competência dos Estados), e 156, § 2.º (competência dos municípios), da CF.

I – a transmissão, a qualquer título, da propriedade ou do domínio útil de bens imóveis, por natureza ou por acessão física, como definidos na lei civil;

II – a transmissão, a qualquer título, de direitos reais sobre imóveis, exceto os direitos reais de garantia;

•• *Vide* art. 156, II, da CF (transmissão *inter vivos*).

III – a cessão de direitos relativos às transmissões referidas nos incisos I e II.

Parágrafo único. Nas transmissões *causa mortis*, ocorrem tantos fatos geradores distintos quantos sejam os herdeiros ou legatários.

Art. 36. Ressalvado o disposto no artigo seguinte, o imposto não incide sobre a transmissão dos bens ou direitos referidos no artigo anterior:

•• *Vide* art. 156, § 2.º, I, da CF (transmissão de bens).

I – quando efetuada para sua incorporação ao patrimônio de pessoa jurídica em pagamento de capital nela subscrito;

II – quando decorrente da incorporação ou da fusão de uma pessoa jurídica por outra ou com outra.

Parágrafo único. O imposto não incide sobre a transmissão aos mesmos alienantes, dos bens e direitos adquiridos na forma do inciso I deste artigo, em decorrência da sua desincorporação do patrimônio da pessoa jurídica a que foram conferidos.

Art. 37. O disposto no artigo anterior não se aplica quando a pessoa jurídica adquirente tenha como atividade preponderante a venda ou locação de propriedade imobiliária ou a cessão de direitos relativos à sua aquisição.

§ 1.º Considera-se caracterizada a atividade preponderante referida neste artigo quando mais de 50% (cinquenta por cento) da receita operacional da pessoa jurídica adquirente, nos 2 (dois) anos anteriores e nos 2 (dois) anos subsequentes à aquisição, decorrer de transações mencionadas neste artigo.

•• *Vide* art. 156, §§ 2.º e 3.º, da CF (transmissão *inter vivos*).

§ 2.º Se a pessoa jurídica adquirente iniciar suas atividades após a aquisição, ou menos de 2 (dois) anos antes dela, apurar-se-á a preponderância referida no parágrafo anterior, levando em conta os 3 (três) primeiros anos seguintes à data da aquisição.

§ 3.º Verificada a preponderância referida neste artigo, tornar-se-á devido o imposto, nos termos da lei vigente à data da aquisição, sobre o valor do bem ou direito nessa data.

§ 4.º O disposto neste artigo não se aplica à transmissão de bens ou direitos, quando realizada em conjunto com a da totalidade do patrimônio da pessoa jurídica alienante.

Art. 38. A base de cálculo do imposto é o valor venal dos bens ou direitos transmitidos.

•• *Vide* nota ao art. 37 do CTN.

Art. 39. A alíquota do imposto não excederá os limites fixados em resolução do Senado Federal, que distinguirá, para efeito de aplicação de alíquota mais baixa, as transmissões que atendam à política nacional de habitação.

Art. 40. O montante do imposto é dedutível do devido à União, a título do imposto de que trata o art. 43, sobre o provento decorrente da mesma transmissão.

Art. 41. O imposto compete ao Estado da situação do imóvel transmitido, ou sobre que versarem os direitos cedidos, mesmo que a mutação patrimonial decorra de sucessão aberta no estrangeiro.

•• *Vide* art. 155, § 1.º, III, *a* e *b*, da CF (instituição de impostos; doador e *de cujus*).

Art. 42. Contribuinte do imposto é qualquer das partes na operação tributada, como dispuser a lei.

Seção IV

Imposto sobre a Renda e Proventos de qualquer Natureza

•• *Vide* art. 153, III, da CF (imposto de renda e proventos de qualquer natureza).

Art. 43. O imposto, de competência da União, sobre a renda e proventos de qualquer natureza tem como fato gerador a aquisição da disponibilidade econômica ou jurídica:

•• *Vide* art. 153, § 2.º, da CF (imposto de renda).

I – de renda, assim entendido o produto do capital, do trabalho ou da combinação de ambos;

II – de proventos de qualquer natureza, assim entendidos os acréscimos patrimoniais não compreendidos no inciso anterior.

§ 1.º A incidência do imposto independe da denominação da receita ou do rendimento, da localização, condição jurídica ou nacionalidade da fonte, da origem e da forma de percepção.

•• § 1.º acrescentado pela Lei Complementar n. 104, de 10-1-2001.

§ 2.º Na hipótese de receita ou de rendimento oriundos do exterior, a lei estabelecerá as condições e o momento em que se dará sua disponibilidade, para fins de incidência do imposto referido neste artigo.

•• § 2.º acrescentado pela Lei Complementar n. 104, de 10-1-2001.

Art. 44. A base de cálculo do imposto é o montante, real, arbitrado ou presumido, da renda ou dos proventos tributáveis.

Art. 45. Contribuinte do imposto é o titular da disponibilidade a que se refere o art. 43, sem prejuízo de atribuir a lei essa condição ao possuidor, a qualquer título, dos bens produtores de renda ou dos proventos tributáveis.

Parágrafo único. A lei pode atribuir à fonte pagadora da renda ou dos proventos tributáveis a condição de responsável pelo imposto cuja retenção e recolhimento lhe caibam.

Capítulo IV
IMPOSTOS SOBRE A PRODUÇÃO E A CIRCULAÇÃO

Seção I
Imposto sobre Produtos Industrializados

•• *Vide* art. 153, IV e §§ 1.º e 3.º, da CF (imposto sobre produtos industrializados).

•• O Decreto n. 7.212, de 15-6-2010, regulamenta a cobrança do Imposto sobre Produtos Industrializados – IPI.

Art. 46. O imposto, de competência da União, sobre produtos industrializados tem como fato gerador:

I – o seu desembaraço aduaneiro, quando de procedência estrangeira;

II – a sua saída dos estabelecimentos a que se refere o parágrafo único do art. 51;

III – a sua arrematação, quando apreendido ou abandonado e levado a leilão.

Parágrafo único. Para os efeitos deste imposto, considera-se industrializado o produto que tenha sido submetido a qualquer operação que lhe modifique a natureza ou a finalidade, ou o aperfeiçoe para o consumo.

Art. 47. A base de cálculo do imposto é:

I – no caso do inciso I do artigo anterior, o preço normal, como definido no inciso II do art. 20, acrescido do montante:

a) do Imposto sobre a Importação;

b) das taxas exigidas para entrada do produto no País;

c) dos encargos cambiais efetivamente pagos pelo importador ou dele exigíveis;

II – no caso do inciso II do artigo anterior:

a) o valor da operação de que decorrer a saída da mercadoria;

b) na falta do valor a que se refere a alínea anterior, o preço corrente da mercadoria, ou sua similar, no mercado atacadista da praça do remetente;

III – no caso do inciso III do artigo anterior, o preço da arrematação.

Art. 48. O imposto é seletivo em função da essencialidade dos produtos.

•• *Vide* art. 153, § 3.º, I, da CF (imposto seletivo).

Art. 49. O imposto é não cumulativo, dispondo a lei de forma que o montante devido resulte da diferença a maior, em determinado período, entre o imposto referente aos produtos saídos do estabelecimento e o pago relativamente aos produtos nele entrados.

Parágrafo único. O saldo verificado, em determinado período, em favor do contribuinte, transfere-se para o período ou períodos seguintes.

•• *Vide* art. 153, § 3.º, II, da CF (imposto não cumulativo).

Art. 50. Os produtos sujeitos ao imposto, quando remetidos de um para outro Estado, ou do ou para o Distrito Federal, serão acompanhados de nota fiscal de modelo especial, emitida em séries próprias e contendo, além dos elementos necessários ao controle fiscal, os dados indispensáveis à elaboração da estatística do comércio por cabotagem e demais vias internas.

Art. 51. Contribuinte do imposto é:

I – o importador ou quem a lei a ele equiparar;

II – o industrial ou quem a lei a ele equiparar;

III – o comerciante de produtos sujeitos ao imposto, que os forneça aos contribuintes definidos no inciso anterior;

IV – o arrematante de produtos apreendidos ou abandonados, levados a leilão.

Parágrafo único. Para os efeitos deste imposto, considera-se contribuinte autônomo qualquer estabelecimento de importador, industrial, comerciante ou arrematante.

Seção II

Imposto Estadual sobre Operações Relativas à Circulação de Mercadorias

•• *Vide* art. 155, II e § 2.º, da CF (imposto sobre operações relativas à circulação de mercadorias).

•• *Vide* Decreto-lei n. 406, de 31-12-1968 (normas gerais de Direito Financeiro aplicáveis ao ICM).

•• *Vide* Lei Complementar n. 87, de 13-9-1996.

Art. 52. (*Revogado pelo Decreto-lei n. 406, de 31-12-1968.*)

•• Transcrevemos o art. 52, § 3.º, II, desta Seção tendo em vista a redação determinada a este item II, pela Lei n. 5.589, de 3-7-1970, legislação posterior à sua revogação:

"Art. 52. O imposto, de competência dos Estados, sobre operações relativas à circulação de mercadorias tem como fato gerador a saída destas de estabelecimentos comercial, industrial ou produtor.

....

§ 3.º O imposto não incide:

....

II – sobre a alienação fiduciária em garantia, bem como na operação posterior ao vencimento do contrato de financiamento respectivo, efetuado pelo credor em razão do inadimplemento do devedor".

•• Ressalte-se o defeito técnico existente na Lei n. 5.589, de 3-7-1970. Referida lei, sem expressar qualquer revigoramento, deu nova redação ao item II do § 3.º do revogado art. 52 do CTN. Temos por certo que a intenção real do legislador foi dar nova redação ao item II do § 3.º do art. 1.º do Decreto-lei n. 406, de 31-12-1968, revogador daquele dispositivo do CTN. Se a revogação da lei pode ser expressa ou tácita, sua restauração será, sempre, expressa, consoante determinação do art. 2.º, § 3.º, da LINDB (Decreto-lei n. 4.657, de 4-9-1942).

Arts. 53 a 58. (*Revogados pelo Decreto-lei n. 406, de 31-12-1968.*)

Seção III

Imposto Municipal sobre Operações Relativas à Circulação de Mercadorias

Arts. 59 a 62. (*Revogados pelo Ato Complementar n. 31, de 28-12-1966.*)

Seção IV

Imposto sobre Operações de Crédito, Câmbio e Seguro, e sobre Operações Relativas a Títulos e Valores Mobiliários

•• *Vide* art. 153, V, da CF (operações de crédito, câmbio e seguro, ou relativas a títulos ou valores mobiliários).

•• Regulamento: *Vide* Decreto n. 6.306, de 14-12-2007.

Art. 63. O imposto, de competência da União, sobre operações de crédito, câmbio e seguro, e sobre operações relativas a títulos e valores mobiliários tem como fato gerador:

•• *Vide* art. 153, § 5.º, da CF (imposto sobre operações de crédito, câmbio e seguro, ou relativas a títulos ou valores mobiliários).

I – quanto às operações de crédito, a sua efetivação pela entrega total ou parcial do montante ou do valor que constitua o objeto da obrigação, ou sua colocação à disposição do interessado;

II – quanto às operações de câmbio, a sua efetivação pela entrega de moeda nacional ou estrangeira, ou de documento que a represente, ou sua colocação à disposição do interessado, em montante equivalente à moeda estrangeira ou nacional entregue ou posta à disposição por este;

III – quanto às operações de seguro, a sua efetivação pela emissão da apólice ou do documento equivalente, ou recebimento do prêmio, na forma da lei aplicável;

IV – quanto às operações relativas a títulos e valores mobiliários, a emissão, transmissão, pagamento ou resgate destes, na forma da lei aplicável.

Parágrafo único. A incidência definida no inciso I exclui a definida no inciso IV, e reciprocamente, quanto à emissão, ao pagamento ou resgate do título representativo de uma mesma operação de crédito.

•• *Vide* Lei n. 8.894, de 21-6-1994 (imposto sobre operações de crédito, câmbio e seguro, ou relativas a títulos e valores mobiliários).

•• *Vide* Lei n. 8.981, de 20-1-1995, arts. 65 e s.

Art. 64. A base de cálculo do imposto é:

I – quanto às operações de crédito, o montante da obrigação, compreendendo o principal e os juros;

II – quanto às operações de câmbio, o respectivo montante em moeda nacional, recebido, entregue ou posto à disposição;

III – quanto às operações de seguro, o montante do prêmio;

IV – quanto às operações relativas a títulos e valores mobiliários:

a) na emissão, o valor nominal mais o ágio, se houver;

b) na transmissão, o preço ou o valor nominal ou o valor da cotação em Bolsa, como determinar a lei;

c) no pagamento ou resgate, o preço.

Art. 65. O Poder Executivo pode, nas condições e nos limites estabelecidos em lei, alterar as alíquotas ou as bases de cálculo do imposto, a fim de ajustá-lo aos objetivos da política monetária.

Art. 66. Contribuinte do imposto é qualquer das partes na operação tributada, como dispuser a lei.

•• *Vide* art. 3.º da Lei n. 8.894, de 21-6-1994.

Art. 67. A receita líquida do imposto destina-se à formação de reservas monetárias, na forma da lei.

Seção V
Imposto sobre Serviços de Transportes e Comunicações

•• *Vide* Lei Complementar n. 87, de 13-9-1996.

Art. 68. O imposto, de competência da União, sobre serviços de transportes e comunicações tem como fato gerador:

•• *Vide* art. 155, II e § 2.º, da CF, que transfere mencionada competência para os Estados e Distrito Federal (ICMS).

I – a prestação do serviço de transporte, por qualquer via, de pessoas, bens, mercadorias ou valores, salvo quando o trajeto se contenha inteiramente no território de um mesmo Município;

II – a prestação do serviço de comunicações, assim se entendendo a transmissão e o recebimento, por qualquer processo, de mensagens escritas, faladas ou visuais, salvo quando os pontos de transmissão e de recebimento se situem no território de um mesmo Município e a mensagem em curso não possa ser captada fora desse território.

Art. 69. A base de cálculo do imposto é o preço do serviço.

Art. 70. Contribuinte do imposto é o prestador do serviço.

Seção VI
Imposto sobre Serviços de Qualquer Natureza

Arts. 71 a 73. (*Revogados pelo Decreto-lei n. 406, de 31-12-1968.*)

•• *Vide* Lei Complementar n. 116, de 31-7-2003, que passa a cuidar da matéria prevista, originariamente, nestes arts. 71 a 73.

CAPÍTULO V
IMPOSTOS ESPECIAIS

Seção I
Imposto sobre Operações Relativas a Combustíveis, Lubrificantes, Energia Elétrica e Minerais do País

•• *Vide* art. 155, II e § 2.º, XII, *h*, e §§ 3.º a 5.º, da CF.

Art. 74. O imposto, de competência da União, sobre operações relativas a combustíveis, lubrificantes, energia elétrica e minerais do País tem como fato gerador:

I – a produção, como definida no art. 46 e seu parágrafo único;

II – a importação, como definida no art. 19;

III – a circulação, como definida no art. 52;

•• O citado art. 52 acha-se revogado pelo Decreto-lei n. 406, de 31-12-1968.

IV – a distribuição, assim entendida a colocação do produto no estabelecimento consumidor ou em local de venda ao público;

V – o consumo, assim entendida a venda do produto ao público.

§ 1.º Para os efeitos deste imposto, a energia elétrica considera-se produto industrializado.

§ 2.º O imposto incide, uma só vez, sobre uma das operações previstas em cada inciso deste artigo, como dispuser a lei, e exclui quaisquer outros tributos, sejam quais forem sua natureza ou competência, incidentes sobre aquelas operações.

Art. 75. A lei observará o disposto neste Título relativamente:

I – ao Imposto sobre Produtos Industrializados, quando a incidência seja sobre a produção ou sobre o consumo;

II – ao Imposto sobre a Importação, quando a incidência seja sobre essa operação;

III – ao Imposto sobre Operações Relativas à Circulação de Mercadorias, quando a incidência seja sobre a distribuição.

Seção II
Impostos Extraordinários

•• *Vide* art. 154, II, da CF (impostos extraordinários).

Art. 76. Na iminência ou no caso de guerra externa, a União pode instituir, temporariamente, impostos extraordinários compreendidos ou não entre os referidos nesta Lei, suprimidos, gradativamente, no prazo máximo de 5 (cinco) anos, contados da celebração da paz.

Título IV
TAXAS

•• *Vide* art. 145, II, da CF (taxas).

Art. 77. As taxas cobradas pela União, pelos Estados, pelo Distrito Federal ou pelos Municípios, no âmbito de suas respectivas atribuições, têm como fato gerador o exercício regular do poder de polícia, ou a utilização, efetiva ou potencial, de serviço público específico e divisível, prestado ao contribuinte ou posto à sua disposição.

Parágrafo único. A taxa não pode ter base de cálculo ou fato gerador idênticos aos que correspondam a imposto, nem ser calculada em função do capital das empresas.

•• Parágrafo único com redação determinada pelo Ato Complementar n. 34, de 30-1-1967.

•• *Vide* art. 79 do CTN.

•• *Vide* art. 145, § 2.º, da CF (taxas, base de cálculo).

Art. 78. Considera-se poder de polícia atividade da administração pública que, limitando ou disciplinando direito, interesse ou liberdade, regula a prática de ato ou abstenção de fato, em razão de interesse público concernente à segurança, à higiene, à ordem, aos costumes, à disciplina da produção e do mercado, ao exercício de atividades econômicas dependentes de concessão ou autorização do Poder Público, à tranquilidade pública ou ao respeito à propriedade e aos direitos individuais ou coletivos.

•• *Caput*, com redação determinada pelo Ato Complementar n. 31, de 28-12-1966.

Parágrafo único. Considera-se regular o exercício do poder de polícia quando desempenhado pelo órgão competente nos limites da lei aplicável, com observância do processo legal e, tratando-se de atividade que a lei tenha como discricionária, sem abuso ou desvio de poder.

Art. 79. Os serviços públicos a que se refere o art. 77 consideram-se:

I – utilizados pelo contribuinte:

a) efetivamente, quando por ele usufruídos a qualquer título;

b) potencialmente, quando, sendo de utilização compulsória, sejam postos à sua disposição mediante atividade administrativa em efetivo funcionamento;

II – específicos, quando possam ser destacados em unidades autônomas de intervenção, de utilidade ou de necessidade públicas;

III – divisíveis, quando suscetíveis de utilização, separadamente, por parte de cada um dos seus usuários.

Art. 80. Para efeito de instituição e cobrança de taxas, consideram-se compreendidas no âmbito das atribuições da União, dos Estados, do Distrito Federal ou dos Municípios aquelas que, segundo a Constituição Federal, as Constituições dos Estados, as Leis Orgânicas do Distrito Federal e dos Municípios e a legislação com elas compatível, competem a cada uma dessas pessoas de direito público.

TÍTULO V
CONTRIBUIÇÃO DE MELHORIA

•• *Vide* art. 145, III, da CF (contribuição de melhoria).

Art. 81. A contribuição de melhoria cobrada pela União, pelos Estados, pelo Distrito Federal ou pelos Municípios, no âmbito de suas respectivas atribuições, é instituída para fazer face ao custo de obras públicas de que decorra valorização imobiliária, tendo como limite total a despesa realizada e como limite individual o acréscimo de valor que da obra resultar para cada imóvel beneficiado.

•• *Vide* Decreto-lei n. 195, de 24-2-1967 (cobrança da contribuição de melhoria).

Art. 82. A lei relativa à contribuição de melhoria observará os seguintes requisitos mínimos:

I – publicação prévia dos seguintes elementos:

a) memorial descritivo do projeto;

b) orçamento do custo da obra;

c) determinação da parcela do custo da obra a ser financiada pela contribuição;

d) delimitação da zona beneficiada;

e) determinação do fator de absorção do benefício da valorização para toda a zona ou para cada uma das áreas diferenciadas, nela contidas;

II – fixação de prazo não inferior a 30 (trinta) dias, para impugnação, pelos interessados, de qualquer dos elementos referidos no inciso anterior;

III – regulamentação do processo administrativo de instrução e julgamento da impugnação a que se refere o inciso anterior, sem prejuízo da sua apreciação judicial.

§ 1.º A contribuição relativa a cada imóvel será determinada pelo rateio da parcela do custo da obra a que se refere a alínea c, do inciso I, pelos imóveis situados na zona beneficiada em função dos respectivos fatores individuais de valorização.

§ 2.º Por ocasião do respectivo lançamento, cada contribuinte deverá ser notificado do montante da contribuição, da forma e dos prazos de seu pagamento e dos elementos que integraram o respectivo cálculo.

•• *Vide* Decreto n. 70.235, de 6-3-1972 (processo administrativo fiscal).

•• *Vide* arts. 142 a 146 (lançamento) do CTN.

TÍTULO VI
DISTRIBUIÇÕES DE RECEITAS TRIBUTÁRIAS

•• *Vide* arts. 157 a 162 da CF (repartição das receitas tributárias).

Capítulo I
DISPOSIÇÕES GERAIS

Art. 83. Sem prejuízo das demais disposições deste Título, os Estados e Municípios que celebrem com a União convênios destinados a assegurar ampla e eficiente coordenação dos respectivos programas de investimentos e serviços públicos, especialmente no campo da política tributária, poderão participar de até 10% (dez por cento) da arrecadação efetuada, nos respectivos territórios, proveniente do imposto referido no art. 43, incidente sobre o rendimento das pessoas físicas, e no art. 46, excluído o incidente sobre o fumo e bebidas alcoólicas.

Parágrafo único. O processo das distribuições previstas neste artigo será regulado nos convênios nele referidos.

Art. 84. A lei federal pode cometer aos Estados, ao Distrito Federal ou aos Municípios o encargo de arrecadar os impostos de competência da União, cujo produto lhes seja distribuído no todo ou em parte.

Parágrafo único. O disposto neste artigo aplica-se à arrecadação dos impostos de competência dos Estados, cujo produto estes venham a distribuir, no todo ou em parte, aos respectivos Municípios.

Capítulo II
IMPOSTO SOBRE A PROPRIEDADE TERRITORIAL RURAL E SOBRE A RENDA E PROVENTOS DE QUALQUER NATUREZA

Art. 85. Serão distribuídos pela União:

I – aos Municípios da localização dos imóveis, o produto da arrecadação do imposto a que se refere o art. 29;

II – aos Estados, ao Distrito Federal e aos Municípios, o produto da arrecadação, na fonte, do imposto a que se refere o art. 43, incidente sobre a renda das obrigações de sua dívida pública e sobre os proventos dos seus servidores e dos de suas autarquias.

§ 1.º Independentemente de ordem das autoridades superiores e sob pena de demissão, as autoridades arrecadadoras dos impostos a que se refere este artigo farão entrega, aos Estados, ao Distrito Federal e aos Municípios, das importâncias recebidas, à medida que forem sendo arrecadadas, em prazo não superior a 30 (trinta) dias, a contar da data de cada recolhimento.

•• *Vide* art. 162 da CF (arrecadação, divulgação).

§ 2.º A lei poderá autorizar os Estados, o Distrito Federal e os Municípios a incorporar definitivamente à sua receita o produto da arrecadação do imposto a que se refere o inciso II, estipulando as obrigações acessórias a serem cumpridas por aqueles no interesse da arrecadação, pela União, do imposto a ela devido pelos titulares da renda ou dos proventos tributados.

§ 3.º A lei poderá dispor que uma parcela, não superior a 20% (vinte por cento), do imposto de que trata o inciso I seja destinada ao custeio do respectivo serviço de lançamento e arrecadação.

•• Suspensa, por inconstitucionalidade, a execução deste § 3.º do art. 85 (Resolução do Senado Federal n. 337, de 27-9-1983).

Capítulo III
FUNDOS DE PARTICIPAÇÃO DOS ESTADOS E DOS MUNICÍPIOS

•• *Vide* arts. 159, I, *a*, *b*, 161, II, III e parágrafo único, da CF (arrecadação das receitas – e entrega) e arts. 34, § 2.º, e 39 do ADCT (Fundo de Participação).

Seção I
Constituição dos Fundos

Arts. 86 e 87. (*Revogados pela Lei Complementar n. 143, de 17-7-2013.*)

Seção II

Critério de Distribuição do Fundo de Participação dos Estados

Arts. 88 e 89. (*Revogados pela Lei Complementar n. 143, de 17-7-2013.*)

Art. 90. O fator representativo do inverso da renda *per capita*, a que se refere o inciso II do art. 88, será estabelecido da seguinte forma:

Inverso do índice relativo à renda per capita *da entidade participante:*	*Fator*
Até 0,0045	0,4
Acima de 0,0045 até 0,0055	0,5
Acima de 0,0055 até 0,0065	0,6
Acima de 0,0065 até 0,0075	0,7
Acima de 0,0075 até 0,0085	0,8
Acima de 0,0085 até 0,0095	0,9
Acima de 0,0095 até 0,0110	1,0
Acima de 0,0110 até 0,0130	1,2
Acima de 0,0130 até 0,0150	1,4
Acima de 0,0150 até 0,0170	1,6
Acima de 0,0170 até 0,0190	1,8
Acima de 0,0190 até 0,0220	2,0
Acima de 0,0220	2,5

Parágrafo único. Para os efeitos deste artigo, determina-se o índice relativo à renda *per capita* de cada entidade participante, tomando-se como 100 (cem) a renda *per capita* média do País.

Seção III

Critério de Distribuição do Fundo de Participação dos Municípios

Art. 91. Do Fundo de Participação dos Municípios a que se refere o art. 86, serão atribuídos:

•• *Caput* com redação determinada pelo Ato Complementar n. 35, de 28-2-1967.

I – 10% (dez por cento) aos Municípios das capitais dos Estados;

•• Inciso I com redação determinada pelo Ato Complementar n. 35, de 28-2-1967.

II – 90% (noventa por cento) aos demais Municípios do País.

•• Inciso II com redação determinada pelo Ato Complementar n. 35, de 28 -2-1967.

§ 1.º A parcela de que trata o inciso I será distribuída proporcionalmente a um coeficiente individual de participação, resultante do produto dos seguintes fatores:

•• § 1.º com redação determinada pelo Ato Complementar n. 35, de 28-2-1967.

a) fator representativo da população, assim estabelecido:

Percentual da população de cada Município em relação à do conjunto das capitais:	*Fator*
Até 2%	2
Mais de 2% até 5%:	
Pelos primeiros 2%	2
Cada 0,5% ou fração excedente, mais	0,5
Mais de 5%	5

b) fator representativo do inverso da renda *per capita* do respectivo Estado, de conformidade com o disposto no art. 90.

§ 2.º A distribuição da parcela a que se refere o item II deste artigo, deduzido o percentual referido no art. 3.º do Decreto-lei que estabelece a redação deste parágrafo, far-se-á atribuindo-se a cada Município um coeficiente individual de participação determinado na forma seguinte:

•• § 2.º com redação determinada pelo Ato Complementar n. 35, de 28-2-1967.

Categoria do Município, segundo seu número de habitantes | *Coeficiente a*) Até 16.980

Pelos primeiros 10.188........................ 0,6

Para cada 3.396 ou fração excedente, mais.. 0,2

b) Acima de 16.980 até 50.940

Pelos primeiros 16.980........................ 1,0

Para cada 6.792 ou fração excedente, mais.. 0,2

c) Acima de 50.940 até 101.880

Pelos primeiros 50.940........................ 2,0

Para cada 10.188 ou fração excedente, mais.. 0,2

d) Acima de 101.880 até 156.216

Pelos primeiros 101.880...................... 3,0

Para cada 13.584 ou fração excedente, mais.............................. 0,2

e) Acima de 156.216............................ 4,0

§ 3.º Para os efeitos deste artigo, consideram-se os Municípios regularmente instalados, fazendo-se a revisão das quotas anualmente, a partir de 1989, com base em dados oficiais de população produzidos pela Fundação Instituto Brasileiro de Geografia e Estatística – IBGE.

•• § 3.º com redação determinada pela Lei Complementar n. 59, de 22-12-1988.

§ 4.º (*Revogado pela Lei Complementar n. 91, de 22-12-1997.*)

§ 5.º (*Revogado pela Lei Complementar n. 91, de 22-12-1997.*)

Seção IV

Cálculo e Pagamento das Quotas Estaduais e Municipais

Art. 92. O Tribunal de Contas da União comunicará ao Banco do Brasil S.A., conforme os prazos a seguir especificados, os coeficientes individuais de participação nos fundos previstos no art. 159, I, *a*, *b* e *d*, da Constituição Federal que prevalecerão no exercício subsequente:

•• *Caput* com redação determinada pela Lei Complementar n. 143, de 17-7-2013.

I – até o último dia útil do mês de março de cada exercício financeiro, para cada Estado e para o Distrito Federal;

•• Inciso I acrescentado pela Lei Complementar n. 143, de 17-7-2013.

II – até o último dia útil de cada exercício financeiro, para cada Município.

•• Inciso II acrescentado pela Lei Complementar n. 143, de 17-7-2013.

Parágrafo único. Far-se-á nova comunicação sempre que houver, transcorrido o prazo fixado no inciso I do *caput*, a criação de novo Estado a ser implantado no exercício subsequente.

•• Parágrafo único acrescentado pela Lei Complementar n. 143, de 17-7-2013.

Art. 93. (*Revogado pela Lei Complementar n. 143, de 17-7-2013.*)

Seção V

Comprovação da Aplicação das Quotas Estaduais e Municipais

Arts. 94 e 95. (*Revogados pela Lei Complementar n. 143, de 17-7-2013.*)

Livro Segundo
NORMAS GERAIS DE DIREITO TRIBUTÁRIO

Título I
LEGISLAÇÃO TRIBUTÁRIA

Capítulo I
DISPOSIÇÕES GERAIS

Seção I
Disposição Preliminar

Art. 96. A expressão "legislação tributária" compreende as leis, os tratados e as convenções internacionais, os decretos e as normas complementares que versem, no todo ou em parte, sobre tributos e relações jurídicas a eles pertinentes.

•• *Vide* art. 2.º do CTN.

Seção II
Leis, Tratados e Convenções Internacionais e Decretos

Art. 97. Somente a lei pode estabelecer:

I – a instituição de tributos, ou a sua extinção;

•• *Vide* art. 150, I, da CF (exigência ou aumento de tributo).

II – a majoração de tributos, ou sua redução, ressalvado o disposto nos arts. 21, 26, 39, 57 e 65;

•• *Vide* Súmula 95 do STJ.

III – a definição do fato gerador da obrigação tributária principal, ressalvado o disposto no inciso I do § 3.º do art. 52, e do seu sujeito passivo;

•• O art. 52 foi revogado pelo Decreto-lei n. 406, de 31-12-1968.

•• *Vide* Súmula 129 do STJ.

IV – a fixação da alíquota do tributo e da sua base de cálculo, ressalvado o disposto nos arts. 21, 26, 39, 57 e 65;

•• O art. 57 foi revogado pelo Decreto-lei n. 406, de 31-12-1968.

•• *Vide* Súmulas 95 e 124 do STJ.

V – a cominação de penalidades para as ações ou omissões contrárias a seus dispositivos, ou para outras infrações nela definidas;

VI – as hipóteses de exclusão, suspensão e extinção de créditos tributários, ou de dispensa ou redução de penalidades.

§ 1.º Equipara-se à majoração do tributo a modificação de sua base de cálculo, que importe em torná-lo mais oneroso.

§ 2.º Não constitui majoração de tributo, para os fins do disposto no inciso II deste artigo, a atualização do valor monetário da respectiva base de cálculo.

Art. 98. Os tratados e as convenções internacionais revogam ou modificam a legislação tributária interna, e serão observados pela que lhes sobrevenha.

Art. 99. O conteúdo e o alcance dos decretos restringem-se aos das leis em função das quais sejam expedidos, determinados com observância das regras de interpretação estabelecidas nesta Lei.

Seção III
Normas Complementares

Art. 100. São normas complementares das leis, dos tratados e das convenções internacionais e dos decretos:

I – os atos normativos expedidos pelas autoridades administrativas;

II – as decisões dos órgãos singulares ou coletivos de jurisdição administrativa, a que a lei atribua eficácia normativa;

III – as práticas reiteradamente observadas pelas autoridades administrativas;

IV – os convênios que entre si celebrem a União, os Estados, o Distrito Federal e os Municípios.

Parágrafo único. A observância das normas referidas neste artigo exclui a imposição de penalidades, a cobrança de juros de mora e a atualização do valor monetário da base de cálculo do tributo.

Capítulo II
VIGÊNCIA DA LEGISLAÇÃO TRIBUTÁRIA

Art. 101. A vigência, no espaço e no tempo, da legislação tributária rege-se pelas disposições legais aplicáveis às normas jurídicas em geral, ressalvado o previsto neste Capítulo.

Art. 102. A legislação tributária dos Estados, do Distrito Federal e dos Municípios vigora, no País, fora dos respectivos territórios, nos limites em que lhe reconheçam extraterritorialidade os convênios de que participem, ou do que disponham esta ou outras leis de normas gerais expedidas pela União.

Art. 103. Salvo disposição em contrário, entram em vigor:

I – os atos administrativos a que se refere o inciso I do art. 100, na data da sua publicação;

II – as decisões a que se refere o inciso II do art. 100 quanto a seus efeitos normativos, 30 (trinta) dias após a data da sua publicação;

III – os convênios a que se refere o inciso IV do art. 100 na data neles prevista.

Art. 104. Entram em vigor no primeiro dia do exercício seguinte àquele em que ocorra a sua publicação os dispositivos de lei, referentes a impostos sobre o patrimônio ou a renda:

•• *Vide* art. 150, III, *b*, da CF (cobrança de tributos no mesmo exercício financeiro em que haja sido publicada a lei que os instituiu ou aumentou).

I – que instituem ou majoram tais impostos;

II – que definem novas hipóteses de incidência;

III – que extinguem ou reduzem isenções, salvo se a lei dispuser de maneira mais favorável ao contribuinte, e observado o disposto no art. 178.

Capítulo III
APLICAÇÃO DA LEGISLAÇÃO TRIBUTÁRIA

Art. 105. A legislação tributária aplica-se imediatamente aos fatos geradores futuros e aos pendentes, assim entendidos aqueles cuja ocorrência tenha tido início mas não esteja completa nos termos do art. 116.

Art. 106. A lei aplica-se a ato ou fato pretérito:

•• *Vide* Súmula 448 do STJ.

I – em qualquer caso, quando seja expressamente interpretativa, excluída a aplicação de penalidade à infração dos dispositivos interpretados;

II – tratando-se de ato não definitivamente julgado:

a) quando deixe de defini-lo como infração;

b) quando deixe de tratá-lo como contrário a qualquer exigência de ação ou omissão, desde que não tenha sido fraudulento e não tenha implicado em falta de pagamento de tributo;

c) quando lhe comine penalidade menos severa que a prevista na lei vigente ao tempo da sua prática.

Capítulo IV
INTERPRETAÇÃO E INTEGRAÇÃO DA LEGISLAÇÃO TRIBUTÁRIA

Art. 107. A legislação tributária será interpretada conforme o disposto neste Capítulo.

Art. 108. Na ausência de disposição expressa, a autoridade competente para aplicar a legislação tributária utilizará, sucessivamente, na ordem indicada:

I – a analogia;

II – os princípios gerais de direito tributário;

III – os princípios gerais de direito público;

IV – a equidade.

§ 1.º O emprego da analogia não poderá resultar na exigência de tributo não previsto em lei.

§ 2.º O emprego da equidade não poderá resultar na dispensa do pagamento de tributo devido.

Art. 109. Os princípios gerais de direito privado utilizam-se para pesquisa da definição, do conteúdo e do alcance de seus institutos, conceitos e formas, mas não para definição dos respectivos efeitos tributários.

Art. 110. A lei tributária não pode alterar a definição, o conteúdo e o alcance de institutos, conceitos e formas de direito privado, utilizados, expressa ou implicitamente, pela Constituição Federal, pelas Constituições dos Estados, ou pelas Leis Orgânicas do Distrito Federal ou dos Municípios, para definir ou limitar competências tributárias.

Art. 111. Interpreta-se literalmente a legislação tributária que disponha sobre:

I – suspensão ou exclusão do crédito tributário;

II – outorga de isenção;

III – dispensa do cumprimento de obrigações tributárias acessórias.

Art. 112. A lei tributária que define infrações, ou lhe comina penalidades, interpreta-se da maneira mais favorável ao acusado, em caso de dúvida quanto:

I – à capitulação legal do fato;

II – à natureza ou às circunstâncias materiais do fato, ou à natureza ou extensão dos seus efeitos;

III – à autoria, imputabilidade, ou punibilidade;

IV – à natureza da penalidade aplicável, ou à sua graduação.

Título II
OBRIGAÇÃO TRIBUTÁRIA

Capítulo I
DISPOSIÇÕES GERAIS

Art. 113. A obrigação tributária é principal ou acessória.

§ 1.º A obrigação principal surge com a ocorrência do fato gerador, tem por objeto o pagamento de tributo ou penalidade pecuniária e extingue-se juntamente com o crédito dela decorrente.

§ 2.º A obrigação acessória decorre da legislação tributária e tem por objeto as prestações, positivas ou negativas, nela previstas no interesse da arrecadação ou da fiscalização dos tributos.

§ 3.º A obrigação acessória, pelo simples fato da sua inobservância, converte-se em obrigação principal relativamente a penalidade pecuniária.

Capítulo II
FATO GERADOR

Art. 114. Fato gerador da obrigação principal é a situação definida em lei como necessária e suficiente à sua ocorrência.

Art. 115. Fato gerador da obrigação acessória é qualquer situação que, na forma da legislação aplicável, impõe a prática ou a abstenção de ato que não configure obrigação principal.

Art. 116. Salvo disposição de lei em contrário, considera-se ocorrido o fato gerador e existentes os seus efeitos:

I – tratando-se de situação de fato, desde o momento em que se verifiquem as circunstâncias materiais necessárias a que produza os efeitos que normalmente lhe são próprios;

II – tratando-se da situação jurídica, desde o momento em que esteja definitivamente constituída, nos termos de direito aplicável.

Parágrafo único. A autoridade administrativa poderá desconsiderar atos ou negócios jurídicos praticados com a finalidade de dissimular a ocorrência do fato gerador do tributo ou a natureza dos elementos constitutivos da obrigação tributária, observados os procedimentos a serem estabelecidos em lei ordinária.

Art. 117. Para os efeitos do inciso II do artigo anterior e salvo disposição de lei em contrário, os atos ou negócios jurídicos condicionais reputam-se perfeitos e acabados:

I – sendo suspensiva a condição, desde o momento de seu implemento;

II – sendo resolutória a condição, desde o momento da prática do ato ou da celebração do negócio.

Art. 118. A definição legal do fato gerador é interpretada abstraindo-se:

I – da validade jurídica dos atos efetivamente praticados pelos contribuintes, responsáveis, ou terceiros, bem como da natureza do seu objeto ou dos seus efeitos;

II – dos efeitos dos fatos efetivamente ocorridos.

CAPÍTULO III
SUJEITO ATIVO

Art. 119. Sujeito ativo da obrigação é a pessoa jurídica de direito público titular da competência para exigir o seu cumprimento.

Art. 120. Salvo disposição de lei em contrário, a pessoa jurídica de direito público, que se constituir pelo desmembramento territorial de outra, sub-roga-se nos direitos desta, cuja legislação tributária aplicará até que entre em vigor a sua própria.

CAPÍTULO IV
SUJEITO PASSIVO

Seção I
Disposições Gerais

Art. 121. Sujeito passivo da obrigação principal é a pessoa obrigada ao pagamento de tributo ou penalidade pecuniária.

Parágrafo único. O sujeito passivo da obrigação principal diz-se:

I – contribuinte, quando tenha relação pessoal e direta com a situação que constitua o respectivo fato gerador;

II – responsável, quando, sem revestir a condição de contribuinte, sua obrigação decorra de disposição expressa de lei.

Art. 122. Sujeito passivo da obrigação acessória é a pessoa obrigada às prestações que constituam o seu objeto.

Art. 123. Salvo disposições de lei em contrário, as convenções particulares, relativas à responsabilidade pelo pagamento de tributos, não podem ser opostas à Fazenda Pública, para modificar a definição legal do sujeito passivo das obrigações tributárias correspondentes.

Seção II
Solidariedade

Art. 124. São solidariamente obrigadas:

I – as pessoas que tenham interesse comum na situação que constitua o fato gerador da obrigação principal;

II – as pessoas expressamente designadas por lei.

Parágrafo único. A solidariedade referida neste artigo não comporta benefício de ordem.

Art. 125. Salvo disposição de lei em contrário, são os seguintes os efeitos da solidariedade:

I – o pagamento efetuado por um dos obrigados aproveita aos demais;

II – a isenção ou remissão de crédito exonera todos os obrigados, salvo se outorgada pessoalmente a um deles, subsistindo, nesse caso, a solidariedade quanto aos demais pelo saldo;

III – a interrupção da prescrição, em favor ou contra um dos obrigados, favorece ou prejudica aos demais.

Seção III
Capacidade Tributária

Art. 126. A capacidade tributária passiva independe:

I – da capacidade civil das pessoas naturais;

II – de achar-se a pessoa natural sujeita a medidas que importem privação ou limitação do exercício de atividades civis, comerciais ou profissionais, ou da administração direta de seus bens ou negócios;

III – de estar a pessoa jurídica regularmente constituída, bastando que configure uma unidade econômica ou profissional.

Seção IV
Domicílio Tributário

Art. 127. Na falta de eleição, pelo contribuinte ou responsável, de domicílio tributário, na forma da legislação aplicável, considera-se como tal:

I – quanto às pessoas naturais, a sua residência habitual, ou, sendo esta incerta ou desconhecida, o centro habitual de sua atividade;

II – quanto às pessoas jurídicas de direito privado ou às firmas individuais, o lugar da sua sede, ou, em relação aos atos ou fatos que derem origem à obrigação, o de cada estabelecimento;

III – quanto às pessoas jurídicas de direito público, qualquer de suas repartições no território da entidade tributante.

§ 1.º Quando não couber a aplicação das regras fixadas em qualquer dos incisos deste artigo, considerar-se-á como domicílio tributário do contribuinte ou responsável o lugar da situação dos bens ou da ocorrência dos atos ou fatos que deram origem à obrigação.

§ 2.º A autoridade administrativa pode recusar o domicílio eleito, quando impossibilite ou dificulte a arrecadação ou a fiscalização do tributo, aplicando-se então a regra do parágrafo anterior.

Capítulo V
RESPONSABILIDADE TRIBUTÁRIA

Seção I
Disposição Geral

Art. 128. Sem prejuízo do disposto neste Capítulo, a lei pode atribuir de modo expresso a responsabilidade pelo crédito tributário a terceira pessoa, vinculada ao fato gerador da respectiva obrigação, excluindo a responsabilidade do contribuinte ou atribuindo-a a este em caráter supletivo do cumprimento total ou parcial da referida obrigação.

Seção II
Responsabilidade dos Sucessores

Art. 129. O disposto nesta Seção aplica-se por igual aos créditos tributários definitivamente constituídos ou em curso de constituição à data dos atos nela referidos, e aos constituídos posteriormente aos mesmos atos, desde que relativos a obrigações tributárias surgidas até a referida data.

Art. 130. Os créditos tributários relativos a impostos cujo fato gerador seja a propriedade, o domínio útil ou a posse de bens imóveis, e bem assim os relativos a taxas pela prestação de serviços referentes a tais bens, ou a contribuições de melhoria, sub-rogam-se na pessoa dos respectivos adquirentes, salvo quando conste do título a prova de sua quitação.

Parágrafo único. No caso de arrematação em hasta pública, a sub-rogação ocorre sobre o respectivo preço.

Art. 131. São pessoalmente responsáveis:

I – o adquirente ou remitente, pelos tributos relativos aos bens adquiridos ou remidos;

•• Figurava no final deste item I a expressão "com inobservância do disposto no art. 191", suprimida pelo Decreto-lei n. 28, de 14-11-1966.

II – o sucessor a qualquer título e o cônjuge meeiro, pelos tributos devidos pelo *de cujus* até a data da partilha ou adjudicação, limitada esta responsabilidade ao montante do quinhão, do legado ou da meação;

III – o espólio, pelos tributos devidos pelo *de cujus* até a data da abertura da sucessão.

Art. 132. A pessoa jurídica de direito privado que resultar de fusão, transformação ou incorporação de outra ou em outra é responsável pelos tributos devidos até a data do ato pelas pessoas jurídicas de direito privado fusionadas, transformadas ou incorporadas.

•• *Vide* Súmula 554 do STJ.

Parágrafo único. O disposto neste artigo aplica-se aos casos de extinção de pessoas jurídicas de direito privado, quando a exploração da respectiva atividade seja continuada por qualquer sócio remanescente, ou seu espólio, sob a mesma ou outra razão social, ou sob firma individual.

Art. 133. A pessoa natural ou jurídica de direito privado que adquirir de outra, por qualquer título, fundo de comércio ou estabelecimento comercial, industrial ou profissional, e continuar a respectiva exploração, sob a mesma ou outra razão social ou sob firma ou nome individual, responde pelos tributos, relativos ao fundo ou estabelecimento adquirido, devidos até a data do ato:

•• *Vide* Súmula 554 do STJ.

I – integralmente, se o alienante cessar a exploração do comércio, indústria ou atividade;

II – subsidiariamente com o alienante, se este prosseguir na exploração ou iniciar dentro de 6 (seis) meses, a contar da data da alienação, nova atividade no mesmo ou em outro ramo de comércio, indústria ou profissão.

• A Instrução Normativa n. 1.565, de 11-5-2015, da Secretaria da Receita Federal do Brasil, estabelece procedimentos para o arrolamento de bens e direitos e representação para a propositura de medida cautelar fiscal.

§ 1.º O disposto no *caput* deste artigo não se aplica na hipótese de alienação judicial:

•• § 1.º, *caput*, acrescentado pela Lei Complementar n. 118, de 9-2-2005.

I – em processo de falência;

•• Inciso I acrescentado pela Lei Complementar n. 118, de 9-2-2005.

II – de filial ou unidade produtiva isolada, em processo de recuperação judicial.

•• Inciso II acrescentado pela Lei Complementar n. 118, de 9-2-2005.

§ 2.º Não se aplica o disposto no § 1.º deste artigo quando o adquirente for:

•• § 2.º, *caput*, acrescentado pela Lei Complementar n. 118, de 9-2-2005.

I – sócio da sociedade falida ou em recuperação judicial, ou sociedade controlada pelo devedor falido ou em recuperação judicial;

•• Inciso I acrescentado pela Lei Complementar n. 118, de 9-2-2005.

II – parente, em linha reta ou colateral até o 4.º (quarto) grau, consanguíneo ou afim, do devedor falido ou em recuperação judicial ou de qualquer de seus sócios; ou

•• Inciso II acrescentado pela Lei Complementar n. 118, de 9-2-2005.

III – identificado como agente do falido ou do devedor em recuperação judicial com o objetivo de fraudar a sucessão tributária.

•• Inciso III acrescentado pela Lei Complementar n. 118, de 9-2-2005.

§ 3.º Em processo da falência, o produto da alienação judicial de empresa, filial ou unidade produtiva isolada permanecerá em conta de depósito à disposição do juízo de falência pelo prazo de 1 (um) ano, contado da data de alienação, somente podendo ser utilizado para o pagamento de créditos extraconcursais ou de créditos que preferem ao tributário.

•• § 3.º acrescentado pela Lei Complementar n. 118, de 9-2-2005.

Seção III
Responsabilidade de Terceiros

Art. 134. Nos casos de impossibilidade de exigência do cumprimento da obrigação principal pelo contribuinte, respondem solidariamente com este nos atos em que intervierem ou pelas omissões de que forem responsáveis:

• A Instrução Normativa n. 1.565, de 11-5-2015, da Secretaria da Receita Federal do Brasil, estabelece procedimentos para o arrolamento de bens e direitos e representação para a propositura de medida cautelar fiscal.

I – os pais, pelos tributos devidos por seus filhos menores;

II – os tutores e curadores, pelos tributos devidos por seus tutelados ou curatelados;

III – os administradores de bens de terceiros, pelos tributos devidos por estes;

IV – o inventariante, pelos tributos devidos pelo espólio;

V – o síndico e o comissário, pelos tributos devidos pela massa falida ou pelo concordatário;

VI – os tabeliães, escrivães e demais serventuários de ofício, pelos tributos devidos sobre os atos praticados por eles, ou perante eles, em razão do seu ofício;

VII – os sócios, no caso de liquidação de sociedade de pessoas.

Parágrafo único. O disposto neste artigo só se aplica, em matéria de penalidades, às de caráter moratório.

Art. 135. São pessoalmente responsáveis pelos créditos correspondentes a obrigações tributárias resultantes de atos praticados com excesso de poderes ou infração de lei, contrato social ou estatutos:

I – as pessoas referidas no artigo anterior;

II – os mandatários, prepostos e empregados;

III – os diretores, gerentes ou representantes de pessoas jurídicas de direito privado.

•• *Vide* Súmula 430 do STJ.

Seção IV

Responsabilidade por Infrações

Art. 136. Salvo disposição de lei em contrário, a responsabilidade por infrações da legislação tributária independe da intenção do agente ou do responsável e da efetividade, natureza e extensão dos efeitos do ato.

Art. 137. A responsabilidade é pessoal ao agente:

I – quanto às infrações conceituadas por lei como crimes ou contravenções, salvo quando praticadas no exercício regular de administração, mandato, função, cargo ou emprego, ou no cumprimento de ordem expressa emitida por quem de direito;

II – quanto às infrações em cuja definição o dolo específico do agente seja elementar;

III – quanto às infrações que decorram direta e exclusivamente de dolo específico:

a) das pessoas referidas no art. 134, contra aquelas por quem respondem;

b) dos mandatários, prepostos ou empregados, contra seus mandantes, preponentes ou empregadores;

c) dos diretores, gerentes ou representantes de pessoas jurídicas de direito privado, contra estas.

Art. 138. A responsabilidade é excluída pela denúncia espontânea da infração, acompanhada, se for o caso, do pagamento do tributo devido e dos juros de mora, ou do depósito da importância arbitrada pela autoridade administrativa, quando o montante do tributo dependa de apuração.

Parágrafo único. Não se considera espontânea a denúncia apresentada após o início de qualquer procedimento administrativo ou medida de fiscalização, relacionados com a infração.

•• *Vide* Súmula 208 do TFR.

•• *Vide* Lei n. 9.249, de 26-12-1995, art. 34 (imposto de renda das pessoas jurídicas).

TÍTULO III
CRÉDITO TRIBUTÁRIO

CAPÍTULO I
DISPOSIÇÕES GERAIS

Art. 139. O crédito tributário decorre da obrigação principal e tem a mesma natureza desta.

Art. 140. As circunstâncias que modificam o crédito tributário, sua extensão ou seus efeitos, ou as garantias ou os privilégios a ele atribuídos, ou que excluem sua exigibilidade não afetam a obrigação tributária que lhe deu origem.

Art. 141. O crédito tributário regularmente constituído somente se modifica ou extingue, ou tem sua exigibilidade suspensa ou excluída, nos casos previstos nesta Lei, fora dos quais não podem ser dispensadas, sob pena de responsabilidade funcional na forma da lei, a sua efetivação ou as respectivas garantias.

Capítulo II
CONSTITUIÇÃO DO CRÉDITO TRIBUTÁRIO

Seção I
Lançamento

Art. 142. Compete privativamente à autoridade administrativa constituir o crédito tributário pelo lançamento, assim entendido o procedimento administrativo tendente a verificar a ocorrência do fato gerador da obrigação correspondente, determinar a matéria tributável, calcular o montante do tributo devido, identificar o sujeito passivo e, sendo caso, propor a aplicação da penalidade cabível.

•• *Vide* Súmula 153 do TFR.

Parágrafo único. A atividade administrativa de lançamento é vinculada e obrigatória, sob pena de responsabilidade funcional.

Art. 143. Salvo disposição de lei em contrário, quando o valor tributário esteja expresso em moeda estrangeira, no lançamento far-se-á sua conversão em moeda nacional ao câmbio do dia da ocorrência do fato gerador da obrigação.

Art. 144. O lançamento reporta-se à data da ocorrência do fato gerador da obrigação e rege-se pela lei então vigente, ainda que posteriormente modificada ou revogada.

§ 1.º Aplica-se ao lançamento a legislação que, posteriormente à ocorrência do fato gerador da obrigação, tenha instituído novos critérios de apuração ou processos de fiscalização, ampliado os poderes de investigação das autoridades administrativas, ou outorgado ao crédito maiores garantias ou privilégios, exceto, neste último caso, para o efeito de atribuir responsabilidade tributária a terceiros.

§ 2.º O disposto neste artigo não se aplica aos impostos lançados por períodos certos de tempo, desde que a respectiva lei fixe expressamente a data em que o fato gerador se considera ocorrido.

Art. 145. O lançamento regularmente notificado ao sujeito passivo só pode ser alterado em virtude de:

I – impugnação do sujeito passivo;

II – recurso de ofício;

III – iniciativa de ofício da autoridade administrativa, nos casos previstos no art. 149.

Art. 146. A modificação introduzida, de ofício ou em consequência de decisão administrativa ou judicial, nos critérios jurídicos adotados pela autoridade administrativa no exercício do lançamento somente pode ser efetivada, em relação a um mesmo sujeito passivo, quanto a fato gerador ocorrido posteriormente à sua introdução.

Seção II
Modalidades de Lançamento

Art. 147. O lançamento é efetuado com base na declaração do sujeito passivo ou de terceiro, quando um ou outro, na forma da legislação tributária, presta à autoridade administrativa informações sobre matéria de fato, indispensáveis à sua efetivação.

§ 1.º A retificação da declaração por iniciativa do próprio declarante, quando vise a reduzir ou a excluir tributo, só é admissível mediante comprovação do erro em que se funde, e antes de notificado o lançamento.

§ 2.º Os erros contidos na declaração e apuráveis pelo seu exame serão retificados de ofício pela autoridade administrativa a que competir a revisão daquela.

Art. 148. Quando o cálculo do tributo tenha por base, ou tome em consideração, o valor ou o preço de bens, direitos, serviços ou atos jurídicos, a autoridade lançadora, mediante processo regular, arbitrará aquele valor ou preço, sempre que sejam omissos ou não mereçam fé as declarações ou os esclarecimentos prestados, ou os documentos expedidos pelo sujeito passivo ou pelo terceiro legalmente obrigado, ressalvada, em caso de contestação, avaliação contraditória, administrativa ou judicial.

•• *Vide* Súmula 431 do STJ.

Art. 149. O lançamento é efetuado e revisto de ofício pela autoridade administrativa nos seguintes casos:

I – quando a lei assim o determine;

II – quando a declaração não seja prestada, por quem de direito, no prazo e na forma da legislação tributária;

III – quando a pessoa legalmente obrigada, embora tenha prestado declaração nos termos do inciso anterior, deixe de atender, no prazo e na forma da legislação tributária, a pedido de esclarecimento formulado pela autoridade administrativa, recuse-se a prestá-lo ou não o preste satisfatoriamente, a juízo daquela autoridade;

IV – quando se comprove falsidade, erro ou omissão quanto a qualquer elemento definido na legislação tributária como sendo de declaração obrigatória;

V – quando se comprove omissão ou inexatidão, por parte da pessoa legalmente obrigada, no exercício da atividade a que se refere o artigo seguinte;

VI – quando se comprove ação ou omissão do sujeito passivo, ou de terceiro legalmente obrigado, que dê lugar à aplicação de penalidade pecuniária;

VII – quando se comprove que o sujeito passivo, ou terceiro em benefício daquele, agiu com dolo, fraude ou simulação;

VIII – quando deva ser apreciado fato não conhecido ou não provado por ocasião do lançamento anterior;

IX – quando se comprove que, no lançamento anterior, ocorreu fraude ou falta funcional da autoridade que o efetuou, ou omissão, pela mesma autoridade, de ato ou formalidade especial.

Parágrafo único. A revisão do lançamento só pode ser iniciada enquanto não extinto o direito da Fazenda Pública.

Art. 150. O lançamento por homologação, que ocorre quanto aos tributos cuja legislação atribua ao sujeito passivo o dever de antecipar o pagamento sem prévio exame da autoridade administrativa, opera-se pelo ato em que a referida autoridade, tomando conhecimento da atividade assim exercida pelo obrigado, expressamente a homologa.

•• *Vide* Súmula 436 do STJ.

§ 1.º O pagamento antecipado pelo obrigado nos termos deste artigo extingue o crédito, sob condição resolutória da ulterior homologação do lançamento.

§ 2.º Não influem sobre a obrigação tributária quaisquer atos anteriores à homologação, praticados pelo sujeito passivo ou por terceiro, visando à extinção total ou parcial do crédito.

§ 3.º Os atos a que se refere o parágrafo anterior serão, porém, considerados na apuração do saldo porventura devido e, sendo o caso, na imposição de penalidade, ou sua graduação.

§ 4.º Se a lei não fixar prazo à homologação, será ele de 5 (cinco) anos, a contar da ocorrência do fato gerador; expirado esse prazo sem que a Fazenda Pública se tenha pronunciado, considera-se homologado o lançamento e definitivamente extinto o crédito, salvo se comprovada a ocorrência de dolo, fraude ou simulação.

Capítulo III
SUSPENSÃO DO CRÉDITO TRIBUTÁRIO

Seção I
Disposições Gerais

Art. 151. Suspendem a exigibilidade do crédito tributário:

I – moratória;

II – o depósito do seu montante integral;

III – as reclamações e os recursos, nos termos das leis reguladoras do processo tributário administrativo;

IV – a concessão de medida liminar em mandado de segurança;

•• *Vide* art. 63 da Lei n. 9.430, de 27-12-1996.

V – a concessão de medida liminar ou de tutela antecipada, em outras espécies de ação judicial;

•• Inciso V acrescentado pela Lei Complementar n. 104, de 10-1-2001.

•• *Vide* art. 63 da Lei n. 9.430, de 27-12-1996.

VI – o parcelamento.

•• Inciso VI acrescentado pela Lei Complementar n. 104, de 10-1-2001.

Parágrafo único. O disposto neste artigo não dispensa o cumprimento das obrigações acessórias dependentes da obrigação principal cujo crédito seja suspenso, ou dela consequentes.

Seção II
Moratória

Art. 152. A moratória somente pode ser concedida:

I – em caráter geral:

a) pela pessoa jurídica de direito público competente para instituir o tributo a que se refira;

b) pela União, quanto a tributos de competência dos Estados, do Distrito Federal ou dos Municípios, quando simultaneamente concedida quanto aos tributos de competência federal e às obrigações de direito privado;

II – em caráter individual, por despacho da autoridade administrativa, desde que autorizada por lei nas condições do inciso anterior.

Parágrafo único. A lei concessiva de moratória pode circunscrever expressamente a sua aplicabilidade a determinada região do território da pessoa jurídica de direito público que a expedir, ou a determinada classe ou categoria de sujeitos passivos.

Art. 153. A lei que conceda moratória em caráter geral ou autorize sua concessão em caráter individual especificará, sem prejuízo de outros requisitos:

I – o prazo de duração do favor;

II – as condições da concessão do favor em caráter individual;

III – sendo caso:

a) os tributos a que se aplica;

b) o número de prestações e seus vencimentos, dentro do prazo a que se refere o inciso I, podendo atribuir a fixação de uns e de outros à autoridade administrativa, para cada caso de concessão em caráter individual;

c) as garantias que devem ser fornecidas pelo beneficiado no caso de concessão em caráter individual.

Art. 154. Salvo disposição de lei em contrário, a moratória somente abrange os créditos definitivamente constituídos à data da lei ou do despacho que a conceder, ou cujo lançamento já tenha sido iniciado àquela data por ato regularmente notificado ao sujeito passivo.

Parágrafo único. A moratória não aproveita aos casos de dolo, fraude ou simulação do sujeito passivo ou do terceiro em benefício daquele.

Art. 155. A concessão da moratória em caráter individual não gera direito adquirido e será revogada de ofício, sempre que se apure que o beneficiado não satisfazia ou deixou de satisfazer as condições ou não cumpria ou deixou de cumprir os requisitos para a concessão do favor, cobrando-se o crédito acrescido de juros de mora:

I – com imposição da penalidade cabível, nos casos de dolo ou simulação do beneficiado, ou de terceiro em benefício daquele;

II – sem imposição de penalidade, nos demais casos.

Parágrafo único. No caso do inciso I deste artigo, o tempo decorrido entre a concessão da moratória e sua revogação não se computa para efeito da prescrição do direito à cobrança do crédito; no caso do inciso II deste artigo, a revogação só pode ocorrer antes de prescrito o referido direito.

•• *Vide* art. 161, § 1.º, do CTN.

Art. 155-A. O parcelamento será concedido na forma e condição estabelecidas em lei específica.

•• *Caput* acrescentado pela Lei Complementar n. 104, de 10-1-2001.

§ 1.º Salvo disposição de lei em contrário, o parcelamento do crédito tributário não exclui a incidência de juros e multas.

•• § 1.º acrescentado pela Lei Complementar n. 104, de 10-1-2001.

§ 2.º Aplicam-se, subsidiariamente, ao parcelamento as disposições desta Lei, relativas à moratória.

•• § 2.º acrescentado pela Lei Complementar n. 104, de 10-1-2001.

§ 3.º Lei específica disporá sobre as condições de parcelamento dos créditos tributários do devedor em recuperação judicial.

•• § 3.º acrescentado pela Lei Complementar n. 118, de 9-2-2005.

§ 4.º A inexistência da lei específica a que se refere o § 3.º deste artigo importa na aplicação das leis gerais de parcelamento do ente da Federação ao devedor em recuperação judicial, não podendo, neste caso, ser o prazo de parcelamento inferior ao concedido pela lei federal específica.

•• § 4.º acrescentado pela Lei Complementar n. 118, de 9-2-2005.

CAPÍTULO IV
EXTINÇÃO DO CRÉDITO TRIBUTÁRIO

Seção I
Modalidades de Extinção

Art. 156. Extinguem o crédito tributário:

I – o pagamento;

II – a compensação;

•• *Vide* Lei n. 8.383, de 30-12-1991, art. 66 (alteração da legislação do imposto de renda).

III – a transação;

IV – a remissão;

V – a prescrição e a decadência;

VI – a conversão de depósito em renda;

VII – o pagamento antecipado e a homologação do lançamento nos termos do disposto no art. 150 e seus §§ 1.º e 4.º;

VIII – a consignação em pagamento, nos termos do disposto no § 2.º do art. 164;

IX – a decisão administrativa irreformável, assim entendida a definitiva na órbita administrativa, que não mais possa ser objeto de ação anulatória;

X – a decisão judicial passada em julgado;

XI – a dação em pagamento em bens imóveis, na forma e condições estabelecidas em lei.

•• Inciso XI acrescentado pela Lei Complementar n. 104, de 10-1-2001.

•• Inciso regulamentado pela Lei n. 13.259, de 16-3-2016.

•• O art. 4.º da Lei n. 13.259, de 16-3-2016, dispõe:

"Art. 4.º O crédito tributário inscrito em dívida ativa da União poderá ser extinto, nos termos do inciso XI do *caput* do art. 156 da Lei n. 5.172, de 25 de outubro de 1966 – Código Tributário Nacional, mediante dação em pagamento de bens imóveis, a critério do credor, na forma desta Lei, desde que atendidas as seguintes condições:

•• *Caput* com redação determinada pela Lei n. 13.313, de 14-7-2016.

I – a dação seja precedida de avaliação do bem ou dos bens ofertados, que devem estar livres e desembaraçados de quaisquer ônus, nos termos de ato do Ministério da Fazenda; e

•• Inciso I com redação determinada pela Lei n. 13.313, de 14-7-2016.

II – a dação abranja a totalidade do crédito ou créditos que se pretende liquidar com atualização, juros, multa e encargos legais, sem desconto de qualquer natureza, assegurando-se ao devedor a possibilidade de complementação em dinheiro de eventual diferença entre os valores da totalidade da dívida e o valor do bem ou dos bens ofertados em dação.

•• Inciso II com redação determinada pela Lei n. 13.313, de 14-7-2016.

§ 1.º O disposto no *caput* não se aplica aos créditos tributários referentes ao Regime Especial Unificado de Arrecadação de Tributos e Contribuições devidos pelas Microempresas e Empresas de Pequeno Porte – Simples Nacional.

•• § 1.º acrescentado pela Lei n. 13.313, de 14-7-2016.

§ 2.º Caso o crédito que se pretenda extinguir seja objeto de discussão judicial, a dação em pagamento somente produzirá efeitos após a desistência da referida ação pelo devedor ou corresponsável e a renúncia do direito sobre o qual se funda a ação, devendo o devedor ou o corresponsável arcar com o pagamento das custas judiciais e honorários advocatícios.

•• § 2.º acrescentado pela Lei n. 13.313, de 14-7-2016.

§ 3.º A União observará a destinação específica dos créditos extintos por dação em pagamento, nos termos de ato do Ministério da Fazenda.

•• § 3.º acrescentado pela Lei n. 13.313, de 14-7-2016".

Parágrafo único. A lei disporá quanto aos efeitos da extinção total ou parcial do crédito sobre a ulterior verificação da irregularidade da sua constituição, observado o disposto nos arts. 144 e 149.

Seção II
Pagamento

Art. 157. A imposição de penalidade não ilide o pagamento integral do crédito tributário.

•• Mantivemos "ilide" conforme publicação oficial. Entendemos que o correto seria "elide".

•• *Vide* Súmula 560 do STF.

Art. 158. O pagamento de um crédito não importa em presunção de pagamento:

I – quando parcial, das prestações em que se decomponha;

II – quando total, de outros créditos referentes ao mesmo ou a outros tributos.

Art. 159. Quando a legislação tributária não dispuser a respeito, o pagamento é efetuado na repartição competente do domicílio do sujeito passivo.

Art. 160. Quando a legislação tributária não fixar o tempo do pagamento, o vencimento do crédito ocorre 30 (trinta) dias depois da data em que se considera o sujeito passivo notificado do lançamento.

Parágrafo único. A legislação tributária pode conceder desconto pela antecipação do pagamento, nas condições que estabeleça.

Art. 161. O crédito não integralmente pago no vencimento é acrescido de juros de mora, seja qual for o motivo determinante da falta, sem prejuízo da imposição das penalidades cabíveis e da aplicação de quaisquer medidas de garantia previstas nesta Lei ou em lei tributária.

§ 1.º Se a lei não dispuser de modo diverso, os juros de mora são calculados à taxa de 1% (um por cento) ao mês.

•• *Vide* Lei n. 8.981, de 20-1-1995, arts. 84, § 3.º, e 85 (alteração da legislação tributária).

•• *Vide* Lei n. 9.069, de 29-6-1995, art. 38, § 1.º (Plano Real).

•• *Vide* Lei n. 9.430, de 27-12-1996, art. 61.

§ 2.º O disposto neste artigo não se aplica na pendência de consulta formulada pelo devedor dentro do prazo legal para pagamento do crédito.

Art. 162. O pagamento é efetuado:

I – em moeda corrente, cheque ou vale postal;

II – nos casos previstos em lei, em estampilha, em papel selado, ou por processo mecânico.

§ 1.º A legislação tributária pode determinar as garantias exigidas para o pagamento por cheque ou vale postal, desde que não o torne impossível ou mais oneroso que o pagamento em moeda corrente.

§ 2.º O crédito pago por cheque somente se considera extinto com o resgate deste pelo sacado.

§ 3.º O crédito pagável em estampilha considera-se extinto com a inutilização regular daquela, ressalvado o disposto no art. 150.

§ 4.º A perda ou destruição da estampilha, ou o erro no pagamento por esta modalidade não dão direito à restituição, salvo nos casos expressamente previstos na legislação tributária, ou naqueles em que o erro seja imputável à autoridade administrativa.

§ 5.º O pagamento em papel selado ou por processo mecânico equipara-se ao pagamento em estampilha.

Art. 163. Existindo simultaneamente dois ou mais débitos vencidos do mesmo sujeito passivo para com a mesma pessoa jurídica de direito público, relativos ao mesmo ou a diferentes tributos ou provenientes de penalidade pecuniária ou juros de mora, a autoridade administrativa competente para receber o pagamento determinará a respectiva imputação, obedecidas as seguintes regras, na ordem em que enumeradas:

I – em primeiro lugar, aos débitos por obrigação própria, e em segundo lugar aos decorrentes de responsabilidade tributária;

II – primeiramente, às contribuições de melhoria, depois às taxas e por fim aos impostos;

III – na ordem crescente dos prazos de prescrição;

IV – na ordem decrescente dos montantes.

Art. 164. A importância do crédito tributário pode ser consignada judicialmente pelo sujeito passivo, nos casos:

I – de recusa de recebimento, ou subordinação deste ao pagamento de outro tributo ou de penalidade, ou ao cumprimento de obrigação acessória;

II – de subordinação do recebimento ao cumprimento de exigências administrativas sem fundamento legal;

III – de exigência, por mais de uma pessoa jurídica de direito público, de tributo idêntico sobre um mesmo fato gerador.

§ 1.º A consignação só pode versar sobre o crédito que o consignante se propõe pagar.

§ 2.º Julgada procedente a consignação, o pagamento se reputa efetuado e a importância consignada é convertida em renda; julgada improcedente a consignação no todo ou em parte, cobra-se o crédito acrescido de juros de mora, sem prejuízo das penalidades cabíveis.

Seção III
Pagamento Indevido

Art. 165. O sujeito passivo tem direito, independentemente de prévio protesto, à restituição total ou parcial do tributo, seja qual for a modalidade do seu pagamento, ressalvado o disposto no § 4.º do art. 162, nos seguintes casos:

I – cobrança ou pagamento espontâneo de tributo indevido ou maior que o devido em face da legislação tributária aplicável, ou da natureza ou circunstâncias materiais do fato gerador efetivamente ocorrido;

II – erro na edificação do sujeito passivo, na determinação da alíquota aplicável, no cálculo do montante do débito ou na elaboração ou conferência de qualquer documento relativo ao pagamento;

•• Mantivemos "edificação" conforme publicação oficial. Entendemos que o correto seria "identificação".

III – reforma, anulação, revogação ou rescisão de decisão condenatória.

Art. 166. A restituição de tributos que comportem, por sua natureza, transferência do respectivo encargo financeiro somente será feita a quem prove haver assumido referido encargo, ou, no caso de tê-lo transferido a terceiro, estar por este expressamente autorizado a recebê-la.

•• *Vide* Súmula 546 do STF.

•• "Se o contribuinte houver pago o imposto a um Estado quando devido a outro, terá direito à restituição do que houver recolhido indevidamente, feita a prova do pagamento ou do início deste ao Estado onde efetivamente devido" (art. 2.º, § 2.º, do Decreto-lei n. 834, de 8-9-1969).

Art. 167. A restituição total ou parcial do tributo dá lugar à restituição, na mesma proporção, dos juros de mora e das penalidades pecuniárias, salvo as referentes a infrações de caráter formal não prejudicadas pela causa da restituição.

Parágrafo único. A restituição vence juros não capitalizáveis, a partir do trânsito em julgado da decisão definitiva que a determinar.

Art. 168. O direito de pleitear a restituição extingue-se com o decurso do prazo de 5 (cinco) anos, contados:

I – nas hipóteses dos incisos I e II do art. 165, da data da extinção do crédito tributário;

•• *Vide* art. 3.º da Lei Complementar n. 118, de 9-2-2005.

II – na hipótese do inciso III do art. 165, da data em que se tornar definitiva a decisão administrativa ou passar em julgado a decisão judicial que tenha reformado, anulado, revogado ou rescindido a decisão condenatória.

Art. 169. Prescreve em 2 (dois) anos a ação anulatória da decisão administrativa que denegar a restituição.

Parágrafo único. O prazo de prescrição é interrompido pelo início da ação judicial, recomeçando o seu curso, por metade, a partir da data da intimação validamente feita ao representante judicial da Fazenda Pública interessada.

Seção IV

Demais Modalidades de Extinção

Art. 170. A lei pode, nas condições e sob as garantias que estipular, ou cuja estipulação em cada caso atribuir à autoridade administrativa, autorizar a compensação de créditos tributários com créditos líquidos e certos, vencidos ou vincendos, do sujeito passivo contra a Fazenda Pública.

Parágrafo único. Sendo vincendo o crédito do sujeito passivo, a lei determinará, para os efeitos deste artigo, a apuração do seu montante, não podendo, porém, cominar redução maior que a correspondente ao juro de 1% (um por cento) ao mês pelo tempo a decorrer entre a data da compensação e a do vencimento.

Art. 170-A. É vedada a compensação mediante o aproveitamento de tributo, objeto de contestação judicial pelo sujeito passivo, antes do trânsito em julgado da respectiva decisão judicial.

•• Artigo acrescentado pela Lei Complementar n. 104, de 10-1-2001.

Art. 171. A lei pode facultar, nas condições que estabeleça, aos sujeitos ativo e passivo da obrigação tributária celebrar transação que, mediante concessões mútuas, importe em determinação de litígio e consequente extinção de crédito tributário.

•• Mantivemos "determinação" conforme publicação oficial. Entendemos que o correto seria "terminação".

Parágrafo único. A lei indicará a autoridade competente para autorizar a transação em cada caso.

Art. 172. A lei pode autorizar a autoridade administrativa a conceder, por despacho fundamentado, remissão total ou parcial do crédito tributário, atendendo:

I – à situação econômica do sujeito passivo;

II – ao erro ou ignorância escusáveis do sujeito passivo, quanto a matéria de fato;

III – à diminuta importância do crédito tributário;

IV – a considerações de equidade, em relação com as características pessoais ou materiais do caso;

V – a condições peculiares a determinada região do território da entidade tributante.

Parágrafo único. O despacho referido neste artigo não gera direito adquirido, aplicando-se, quando cabível, o disposto no art. 155.

Art. 173. O direito de a Fazenda Pública constituir o crédito tributário extingue-se após 5 (cinco) anos, contados:

I – do primeiro dia do exercício seguinte àquele em que o lançamento poderia ter sido efetuado;

•• *Vide* Súmula 555 do STJ.

II – da data em que se tornar definitiva a decisão que houver anulado, por vício formal, o lançamento anteriormente efetuado.

Parágrafo único. O direito a que se refere este artigo extingue-se definitivamente com o decurso do prazo nele previsto, contado da data em que tenha sido iniciada a constituição do crédito tributário pela notificação, ao sujeito passivo, de qualquer medida preparatória indispensável ao lançamento.

Art. 174. A ação para a cobrança do crédito tributário prescreve em 5 (cinco) anos, contados da data da sua constituição definitiva.

Parágrafo único. A prescrição se interrompe:

I – pelo despacho do juiz que ordenar a citação em execução fiscal;

•• Inciso I com redação determinada pela Lei Complementar n. 118, de 9-2-2005.

II – pelo protesto judicial;

III – por qualquer ato judicial que constitua em mora o devedor;

IV – por qualquer ato inequívoco ainda que extrajudicial, que importe em reconhecimento do débito pelo devedor.

Capítulo V
EXCLUSÃO DO CRÉDITO TRIBUTÁRIO

Seção I
Disposições Gerais

Art. 175. Excluem o crédito tributário:

I – a isenção;

II – a anistia.

Parágrafo único. A exclusão do crédito tributário não dispensa o cumprimento das obrigações acessórias, dependentes da obrigação principal cujo crédito seja excluído, ou dela consequente.

Seção II
Isenção

Art. 176. A isenção, ainda quando prevista em contrato, é sempre decorrente de lei que especifique as condições e requisitos exigidos para a sua concessão, os tributos a que se aplica e, sendo caso, o prazo de sua duração.

Parágrafo único. A isenção pode ser restrita a determinada região do território da entidade tributante, em função de condições a ela peculiares.

•• *Vide* art. 151, I, da CF (instituição de produto – distinção ou preferência em relação a Estado, Distrito Federal ou a Município).

Art. 177. Salvo disposição de lei em contrário, a isenção não é extensiva:

I – às taxas e às contribuições de melhoria;

II – aos tributos instituídos posteriormente à sua concessão.

Art. 178. A isenção, salvo se concedida por prazo certo e em função de determinadas condições, pode ser revogada ou modificada por lei, a qualquer tempo, observado o disposto no inciso III do art. 104.

•• Artigo com redação determinada pela Lei Complementar n. 24, de 7-1-1975.

Art. 179. A isenção, quando não concedida em caráter geral, é efetivada, em cada caso, por despacho da autoridade administrativa, em requerimento com o qual o interessado faça prova do preenchimento das condições e do cumprimento dos requisitos previstos em lei ou contrato para sua concessão.

§ 1.º Tratando-se de tributo lançado por período certo de tempo, o despacho referido neste artigo será renovado antes da expiração de cada período, cessando automaticamente os seus efeitos a partir do primeiro dia do período para o qual o interessado deixar de promover a continuidade do reconhecimento da isenção.

§ 2.º O despacho referido neste artigo não gera direito adquirido, aplicando-se, quando cabível, o disposto no art. 155.

Seção III
Anistia

Art. 180. A anistia abrange exclusivamente as infrações cometidas anteriormente à vigência da lei que a concede, não se aplicando:

I – aos atos qualificados em lei como crimes ou contravenções e aos que, mesmo sem essa qualificação, sejam praticados com dolo, fraude ou simulação pelo sujeito passivo ou por terceiro em benefício daquele;

II – salvo disposição em contrário, às infrações resultantes de conluio entre duas ou mais pessoas naturais ou jurídicas.

Art. 181. A anistia pode ser concedida:

I – em caráter geral;

II – limitadamente:

a) às infrações da legislação relativa a determinado tributo;

b) às infrações punidas com penalidades pecuniárias até determinado montante, conjugadas ou não com penalidades de outra natureza;

c) a determinada região do território da entidade tributante, em função de condições a ela peculiares;

d) sob condição do pagamento de tributo no prazo fixado pela lei que a conceder, ou cuja fixação seja atribuída pela mesma lei à autoridade administrativa.

Art. 182. A anistia, quando não concedida em caráter geral, é efetivada, em cada caso, por despacho da autoridade administrativa, em requerimento com o qual o interessado faça prova do preenchimento das condições e do cumprimento dos requisitos previstos em lei para sua concessão.

Parágrafo único. O despacho referido neste artigo não gera direito adquirido, aplicando-se, quando cabível, o disposto no art. 155.

CAPÍTULO VI
GARANTIAS E PRIVILÉGIOS DO CRÉDITO TRIBUTÁRIO

Seção I
Disposições Gerais

Art. 183. A enumeração das garantias atribuídas neste Capítulo ao crédito tributário não exclui outras que sejam expressamente previstas em lei, em função da natureza ou das características do tributo a que se refiram.

Parágrafo único. A natureza das garantias atribuídas ao crédito tributário não altera a natureza deste nem a da obrigação tributária a que corresponda.

Art. 184. Sem prejuízo dos privilégios especiais sobre determinados bens, que sejam previstos em lei, responde pelo pagamento do crédito tributário a totalidade dos bens e das rendas, de qualquer origem ou natureza, do sujeito passivo, seu espólio ou sua massa falida, inclusive os gravados por ônus real ou cláusula de inalienabilidade ou impenhorabilidade, seja qual for a data da constituição do ônus ou da cláusula, excetuados unicamente os bens e rendas que a lei declare absolutamente impenhoráveis.

Art. 185. Presume-se fraudulenta a alienação ou oneração de bens ou rendas, ou seu começo, por sujeito passivo em débito para com a Fazenda Pública, por crédito tributário regularmente inscrito como dívida ativa.

•• *Caput* com redação determinada pela Lei Complementar n. 118, de 9-2-2005.

Parágrafo único. O disposto neste artigo não se aplica na hipótese de terem sido reservados, pelo devedor, bens ou rendas suficientes ao total pagamento da dívida inscrita.

•• Parágrafo único com redação determinada pela Lei Complementar n. 118, de 9-2-2005.

Art. 185-A. Na hipótese de o devedor tributário, devidamente citado, não pagar nem apresentar bens à penhora no prazo legal e não forem encontrados bens penhoráveis, o juiz determinará a indisponibilidade de seus bens e direitos, comunicando a decisão, preferencialmente por meio eletrônico, aos órgãos e entidades que promovem registros de transferência de bens, especialmente ao registro público de imóveis e às autoridades supervisoras do mercado bancário e do mercado de capitais, a fim de que, no âmbito de suas atribuições, façam cumprir a ordem judicial.

•• *Caput* acrescentado pela Lei Complementar n. 118, de 9-2-2005.

•• *Vide* Súmula 560 do STJ.

§ 1.º A indisponibilidade de que trata o *caput* deste artigo limitar-se-á ao valor total exigível, devendo o juiz determinar o imediato levantamento da indisponibilidade dos bens ou valores que excederem esse limite.

•• § 1.º acrescentado pela Lei Complementar n. 118, de 9-2-2005.

§ 2.º Os órgãos e entidades aos quais se fizer a comunicação de que trata o *caput* deste artigo enviarão imediatamente ao juízo a relação discriminada dos bens e direitos cuja indisponibilidade houverem promovido.

•• § 2.º acrescentado pela Lei Complementar n. 118, de 9-2-2005.

Seção II
Preferências

Art. 186. O crédito tributário prefere a qualquer outro, seja qual for a natureza ou o tempo da sua constituição, ressalvados os créditos decorrentes da legislação do trabalho ou do acidente do trabalho.

•• *Caput* com redação determinada pela Lei Complementar n. 118, de 9-2-2005.

Parágrafo único. Na falência:

•• Parágrafo único, *caput*, acrescentado pela Lei Complementar n. 118, de 9-2-2005.

I – o crédito tributário não prefere aos créditos extraconcursais ou às importâncias passíveis de restituição, nos termos da lei falimentar, nem aos créditos com garantia real, no limite do valor do bem gravado;

•• Inciso I acrescentado pela Lei Complementar n. 118, de 9-2-2005.

II – a lei poderá estabelecer limites e condições para a preferência dos créditos decorrentes da legislação do trabalho; e

•• Inciso II acrescentado pela Lei Complementar n. 118, de 9-2-2005.

III – a multa tributária prefere apenas aos créditos subordinados.

•• Inciso III acrescentado pela Lei Complementar n. 118, de 9-2-2005.

Art. 187. A cobrança judicial do crédito tributário não é sujeita a concurso de credores ou habilitação em falência, recuperação judicial, concordata, inventário ou arrolamento.

•• *Caput* com redação determinada pela Lei Complementar n. 118, de 9-2-2005.

•• A Lei n. 11.101, de 9-2-2005, substitui a concordata pela recuperação judicial e extrajudicial do empresário e da sociedade empresária.

Parágrafo único. O concurso de preferência somente se verifica entre pessoas jurídicas de direito público, na seguinte ordem:

I – União;

II – Estados, Distrito Federal e Territórios, conjuntamente e *pro rata*;

III – Municípios, conjuntamente e *pro rata*.

Art. 188. São extraconcursais os créditos tributários decorrentes de fatos geradores ocorridos no curso do processo de falência.

•• *Caput* com redação determinada pela Lei Complementar n. 118, de 9-2-2005.

§ 1.º Contestado o crédito tributário, o juiz remeterá as partes ao processo competente, mandando reservar bens suficientes à extinção total do crédito e seus acrescidos, se a massa não puder efetuar a garantia da instância por outra forma, ouvido, quanto à natureza e valor dos bens reservados, o representante da Fazenda Pública interessada.

§ 2.º O disposto neste artigo aplica-se aos processos de concordata.

Art. 189. São pagos preferencialmente a quaisquer créditos habilitados em inventário ou arrolamento, ou a outros encargos do monte, os créditos tributários vencidos ou vincendos, a cargo do *de cujus* ou de seu espólio, exigíveis no decurso do processo de inventário ou arrolamento.

Parágrafo único. Contestado o crédito tributário, proceder-se-á na forma do disposto no § 1.º do artigo anterior.

Art. 190. São pagos preferencialmente a quaisquer outros os créditos tributários vencidos ou vincendos, a cargo de pessoas jurídicas de direito privado em liquidação judicial ou voluntária, exigíveis no decurso da liquidação.

Art. 191. A extinção das obrigações do falido requer prova de quitação de todos os tributos.

•• Artigo com redação determinada pela Lei Complementar n. 118, de 9-2-2005.

Art. 191-A. A concessão de recuperação judicial depende da apresentação da prova de quitação de todos os tributos, observado o disposto nos arts. 151, 205 e 206 desta Lei.

•• Artigo acrescentado pela Lei Complementar n. 118, de 9-2-2005.

Art. 192. Nenhuma sentença de julgamento de partilha ou adjudicação será proferida sem prova da quitação de todos os tributos relativos aos bens do espólio, ou às suas rendas.

Art. 193. Salvo quando expressamente autorizado por lei, nenhum departamento da administração pública da União, dos Estados, do Distrito Federal ou dos Municípios, ou sua autarquia, celebrará contrato ou aceitará proposta em concorrência pública sem que contratante ou proponente faça prova da quitação de todos os tributos devidos à Fazenda Pública interessada, relativos à atividade em cujo exercício contrata ou concorre.

TÍTULO IV
ADMINISTRAÇÃO TRIBUTÁRIA

CAPÍTULO I
FISCALIZAÇÃO

•• O Decreto n. 7.574, de 29-9-2011, regulamenta o processo de determinação e exigência de créditos tributários da União, o processo de consulta sobre a aplicação da legislação tributária federal e outros processos que especifica, sobre matérias administradas pela Secretaria da Receita Federal do Brasil.

Art. 194. A legislação tributária, observado o disposto nesta Lei, regulará, em caráter geral, ou especificamente em função da natureza do tributo de que se tratar, a competência e os poderes das autoridades administrativas em matéria de fiscalização da sua aplicação.

Parágrafo único. A legislação a que se refere este artigo aplica-se às pessoas naturais ou jurídicas, contribuintes ou não, inclusive às que gozem de imunidade tributária ou de isenção de caráter pessoal.

Art. 195. Para os efeitos da legislação tributária, não têm aplicação quaisquer disposições legais excludentes ou limitativas do direito de examinar mercadorias, livros, arquivos, documentos, papéis e efeitos comerciais ou fiscais dos comerciantes, industriais ou produtores, ou da obrigação destes de exibi-los.

Parágrafo único. Os livros obrigatórios de escrituração comercial e fiscal e os comprovantes dos lançamentos neles efetuados serão conservados até que ocorra a prescrição dos créditos tributários decorrentes das operações a que se refiram.

Art. 196. A autoridade administrativa que proceder ou presidir a quaisquer diligências de fiscalização lavrará os termos necessários para que se documente o início do procedimento, na forma da legislação aplicável, que fixará prazo máximo para a conclusão daquelas.

Parágrafo único. Os termos a que se refere este artigo serão lavrados, sempre que possível, em um dos livros fiscais exibidos; quando lavrados em separado deles se entregará, à pessoa sujeita à fiscalização, cópia autenticada pela autoridade a que se refere este artigo.

Art. 197. Mediante intimação escrita, são obrigados a prestar à autoridade administrativa todas as informações de que disponham com relação aos bens, negócios ou atividades de terceiros:

I – os tabeliães, escrivães e demais serventuários de ofício;

II – os bancos, casas bancárias, Caixas Econômicas e demais instituições financeiras;

III – as empresas de administração de bens;

IV – os corretores, leiloeiros e despachantes oficiais;

V – os inventariantes;

VI – os síndicos, comissários e liquidatários;

VII – quaisquer outras entidades ou pessoas que a lei designe, em razão de seu cargo, ofício, função, ministério, atividade ou profissão.

Parágrafo único. A obrigação prevista neste artigo não abrange a prestação de informações quanto a fatos sobre os quais o informante esteja legalmente obrigado a observar segredo em razão de cargo, ofício, função, ministério, atividade ou profissão.

Art. 198. Sem prejuízo do disposto na legislação criminal, é vedada a divulgação, por parte da Fazenda Pública ou de seus servidores, de informação obtida em razão do ofício sobre a situação econômica ou financeira do sujeito passivo ou de terceiros e sobre a natureza e o estado de seus negócios ou atividades.

•• *Caput* com redação determinada pela Lei Complementar n. 104, de 10-1-2001.

§ 1.º Excetuam-se do disposto neste artigo, além dos casos previstos no art. 199, os seguintes:

I – requisição de autoridade judiciária no interesse da justiça;

II – solicitações de autoridade administrativa no interesse da Administração Pública, desde que seja comprovada a instauração regular de processo administrativo, no órgão ou na entidade respectiva, com o objetivo de investigar o sujeito passivo a que se refere a informação, por prática de infração administrativa.

•• § 1.º acrescentado pela Lei Complementar n. 104, de 10-1-2001.

§ 2.º O intercâmbio de informação sigilosa, no âmbito da Administração Pública, será realizado mediante processo regularmente instaurado, e a entrega será feita pessoalmente à autoridade solicitante, mediante recibo, que formalize a transferência e assegure a preservação do sigilo.

•• § 2.º acrescentado pela Lei Complementar n. 104, de 10-1-2001.

§ 3.º Não é vedada a divulgação de informações relativas a:

•• § 3.º, *caput*, acrescentado pela Lei Complementar n. 104, de 10-1-2001.

I – representações fiscais para fins penais;

•• Inciso I acrescentado pela Lei Complementar n. 104, de 10-1-2001.

II – inscrições na Dívida Ativa da Fazenda Pública;

•• Inciso II acrescentado pela Lei Complementar n. 104, de 10-1-2001.

III – parcelamento ou moratória.

•• Inciso III acrescentado pela Lei Complementar n. 104, de 10-1-2001.

Art. 199. A Fazenda Pública da União e as dos Estados, do Distrito Federal e dos Municípios prestar-se-ão mutuamente assistência para a fiscalização dos tributos respectivos e permuta de informações, na forma estabelecida, em caráter geral ou específico, por lei ou convênio.

Parágrafo único. A Fazenda Pública da União, na forma estabelecida em tratados, acordos ou convênios, poderá permutar informações com Estados estrangeiros no interesse da arrecadação e da fiscalização de tributos.

•• Parágrafo único acrescentado pela Lei Complementar n. 104, de 10-1-2001.

Art. 200. As autoridades administrativas federais poderão requisitar o auxílio da força pública federal, estadual ou municipal, e reciprocamente, quando vítimas de embaraço ou desacato no exercício de suas funções, ou quando necessário à efetivação de medida prevista na legislação tributária, ainda que não se configure fato definido em lei como crime ou contravenção.

Capítulo II
DÍVIDA ATIVA

•• *Vide* Lei n. 6.830, de 22-9-1980 (cobrança judicial da Dívida Ativa da Fazenda Pública – LEF).

Art. 201. Constitui dívida ativa tributária a proveniente de crédito dessa natureza, regularmente inscrita na repartição administrativa competente, depois de esgotado o prazo fixado, para pagamento, pela lei ou por decisão final proferida em processo regular.

Parágrafo único. A fluência de juros de mora não exclui, para os efeitos deste artigo, a liquidez do crédito.

Art. 202. O termo de inscrição da dívida ativa, autenticado pela autoridade competente, indicará obrigatoriamente:

I – o nome do devedor e, sendo caso, o dos corresponsáveis, bem como, sempre que possível, o domicílio ou a residência de um e de outros;

II – a quantia devida e a maneira de calcular os juros de mora acrescidos;

III – a origem e a natureza do crédito, mencionada especificamente a disposição da lei em que seja fundado;

IV – a data em que foi inscrita;

V – sendo caso, o número do processo administrativo de que se originar o crédito.

Parágrafo único. A certidão conterá, além dos requisitos deste artigo, a indicação do livro e da folha da inscrição.

Art. 203. A omissão de quaisquer dos requisitos previstos no artigo anterior ou o erro a eles relativo são causas de nulidade da inscrição e do processo de cobrança dela decorrente, mas a nulidade poderá ser sanada até a decisão de primeira instância, mediante substituição da certidão nula, devolvido ao sujeito passivo, acusado ou interessado, o prazo para defesa, que somente poderá versar sobre a parte modificada.

Art. 204. A dívida regularmente inscrita goza da presunção de certeza e liquidez e tem o efeito de prova pré-constituída.

Parágrafo único. A presunção a que se refere este artigo é relativa e pode ser ilidida por prova inequívoca, a cargo do sujeito passivo ou do terceiro a que aproveite.

Capítulo III
CERTIDÕES NEGATIVAS

Art. 205. A lei poderá exigir que a prova da quitação de determinado tributo, quando exigível, seja feita por certidão negativa, expedida à vista de requerimento do interessado, que contenha todas as informações necessárias à identificação de sua pessoa, domicílio fiscal e ramo de negócio ou atividade e indique o período a que se refere o pedido.

•• *Vide* Lei n. 7.711, de 22-12-1988 (administração tributária).

Parágrafo único. A certidão negativa será sempre expedida nos termos em que tenha sido requerida e será fornecida dentro de 10 (dez) dias da data da entrada do requerimento na repartição.

Art. 206. Tem os mesmos efeitos previstos no artigo anterior a certidão de que conste a existência de créditos não vencidos, em curso de cobrança executiva em que tenha sido efetivada a penhora, ou cuja exigibilidade esteja suspensa.

Art. 207. Independentemente de disposição legal permissiva, será dispensada a prova de quitação de tributos, ou o seu suprimento, quando se tratar de prática de ato indispensável para evitar a caducidade de direito, respondendo, porém, todos os participantes no ato pelo tributo porventura devido, juros de mora e penalidades cabíveis, exceto as relativas a infrações cuja responsabilidade seja pessoal ao infrator.

Art. 208. A certidão negativa expedida com dolo ou fraude, que contenha erro contra a Fazenda Pública, responsabiliza pessoalmente o funcionário que a expedir, pelo crédito tributário e juros de mora acrescidos.

Parágrafo único. O disposto neste artigo não exclui a responsabilidade criminal e funcional que no caso couber.

DISPOSIÇÕES FINAIS E TRANSITÓRIAS

Art. 209. A expressão "Fazenda Pública", quando empregada nesta Lei sem qualificação, abrange a Fazenda Pública da União, dos Estados, do Distrito Federal e dos Municípios.

Art. 210. Os prazos fixados nesta Lei ou na legislação tributária serão contínuos, excluindo-se na sua contagem o dia de início e incluindo-se o de vencimento.

Parágrafo único. Os prazos só se iniciam ou vencem em dia de expediente normal na repartição em que corra o processo ou deva ser praticado o ato.

Art. 211. Incumbe ao Conselho Técnico de Economia e Finanças, do Ministério da Fazenda, prestar assistência técnica aos governos estaduais e municipais, com o objetivo de assegurar a uniforme aplicação da presente Lei.

Art. 212. Os Poderes Executivos federal, estaduais e municipais expedirão, por decreto, dentro de 90 (noventa) dias da entrada em vigor desta Lei, a consolidação, em texto único, da legislação vigente, relativa a cada um dos tributos, repetindo-se esta providência até o dia 31 de janeiro de cada ano.

Art. 213. Os Estados pertencentes a uma mesma região geoeconômica celebrarão entre si convênios para o estabelecimento de alíquota uniforme para o imposto a que se refere o art. 52.

Parágrafo único. Os Municípios de um mesmo Estado procederão igualmente, no que se refere à fixação da alíquota de que trata o art. 60.

•• Revogados os arts. 52 e 60 citados, respectivamente, pelo Decreto-lei n. 406, de 31-12-1968, e pelo Ato Complementar n. 31, de 28-12-1966.

Art. 214. O Poder Executivo promoverá a realização de convênios com os Estados, para excluir ou limitar a incidência do Imposto sobre Operações Relativas à Circulação de Mercadorias, no caso de exportação para o Exterior.

•• *Vide* art. 155, § 2.º, XII, *e*, da CF (exclusão de incidência do imposto).

•• *Vide* Decreto-lei n. 406, de 31-12-1968, art. 5.º (imposto sobre circulação de mercadorias).

Art. 215. A lei estadual pode autorizar o Poder Executivo a reajustar, no exercício de 1967, a alíquota de imposto a que se refere o art. 52, dentro de limites e segundo critérios por ela estabelecidos.

•• Revogado o citado art. 52 pelo Decreto-lei n. 406, de 31-12-1968.

Art. 216. O Poder Executivo proporá as medidas legislativas adequadas a possibilitar, sem compressão dos investimentos previstos na proposta orçamentária de 1967, o cumprimento do disposto no art. 21 da Emenda Constitucional n. 18, de 1965.

Art. 217. As disposições desta Lei, notadamente as dos arts. 17, 74, § 2.º, e 77, parágrafo único, bem como a do art. 54 da Lei n. 5.025, de 10 de junho de 1966, não excluem a incidência e a exigibilidade:

•• *Caput* acrescentado pelo Decreto-lei n. 27, de 14-11-1966.

I – da "contribuição sindical", denominação que passa a ter o Imposto Sindical de que tratam os arts. 578 e s. da Consolidação das Leis do Trabalho, sem prejuízo do disposto no art. 16 da Lei n. 4.589, de 11 de dezembro de 1964;

•• Inciso I acrescentado pelo Decreto-lei n. 27, de 14-11-1966.

II – das denominadas "quotas de previdência" a que aludem os arts. 71 e 74 da Lei n. 3.807, de 26 de agosto de 1960, com as alterações determinadas pelo art. 34 da Lei n. 4.863, de 29 de novembro de 1965, que integram a contribuição da União para a Previdência Social, de que trata o art. 157, item XVI, da Constituição Federal;

•• Inciso II acrescentado pelo Decreto-lei n. 27, de 14-11-1966.

III – da contribuição destinada a constituir "Fundo de Assistência" e "Previdência do Trabalhador Rural", de que trata o art. 158 da Lei n. 4.214, de 2 de março de 1963;

•• Inciso III acrescentado pelo Decreto-lei n. 27, de 14-11-1966.

IV – da contribuição destinada ao Fundo de Garantia do Tempo de Serviço, criada pelo art. 2.º da Lei n. 5.107, de 13 de setembro de 1966;

•• Inciso IV acrescentado pelo Decreto-lei n. 27, de 14-11-1966.

V – das contribuições enumeradas no § 2.º do art. 34 da Lei n. 4.863, de 29 de novembro de 1965, com as alterações decorrentes do disposto nos arts. 22 e 23 da Lei n. 5.107, de 13 de setembro de 1966, e outras de fins sociais criadas por lei.

•• Inciso V acrescentado pelo Decreto-lei n. 27, de 14-11-1966.

Art. 218. Esta Lei entrará em vigor, em todo o território nacional, no dia 1.º de janeiro de 1967, revogadas as disposições em contrário, especialmente a Lei n. 854, de 10 de outubro de 1949.

Brasília, 25 de outubro de 1966; 145.º da Independência e 78.º da República.

H. Castello Branco

Legislação Complementar

Legislação Complementar

DECRETO-LEI N. 2.848, DE 7 DE DEZEMBRO DE 1940 (*)

Código Penal.

O Presidente da República, usando da atribuição que lhe confere o art. 180 da Constituição, decreta a seguinte Lei:

....

Parte Especial

....

Título II
DOS CRIMES CONTRA O PATRIMÔNIO

....

Capítulo V
DA APROPRIAÇÃO INDÉBITA

....

Apropriação indébita previdenciária

Art. 168-A. Deixar de repassar à previdência social as contribuições recolhidas dos contribuintes, no prazo e forma legal ou convencional:

Pena – reclusão, de 2 (dois) a 5 (cinco) anos, e multa.

•• *Caput* acrescentado pela Lei n. 9.983, de 14-7-2000.

•• *Vide* art. 83, *caput*, da Lei n. 9.430, de 27-12-1996.

(*) Publicado no *DOU*, de 31-12-1940, e retificado em 3-1-1941.

§ 1.º Nas mesmas penas incorre quem deixar de:

•• § 1.º, *caput*, acrescentado pela Lei n. 9.983, de 14-7-2000.

I – recolher, no prazo legal, contribuição ou outra importância destinada à previdência social que tenha sido descontada de pagamento efetuado a segurados, a terceiros ou arrecadada do público;

•• Inciso I acrescentado pela Lei n. 9.983, de 14-7-2000.

II – recolher contribuições devidas à previdência social que tenham integrado despesas contábeis ou custos relativos à venda de produtos ou à prestação de serviços;

•• Inciso II acrescentado pela Lei n. 9.983, de 14-7-2000.

III – pagar benefício devido a segurado, quando as respectivas cotas ou valores já tiverem sido reembolsados à empresa pela previdência social.

•• Inciso III acrescentado pela Lei n. 9.983, de 14-7-2000.

§ 2.º É extinta a punibilidade se o agente, espontaneamente, declara, confessa e efetua o pagamento das contribuições, importâncias ou valores e presta as informações devidas à previdência social, na forma definida em lei ou regulamento, antes do início da ação fiscal.

•• § 2.º acrescentado pela Lei n. 9.983, de 14-7-2000.

§ 3.º É facultado ao juiz deixar de aplicar a pena ou aplicar somente a de multa se o agente for primário e de bons antecedentes, desde que:

•• § 3.º, *caput*, acrescentado pela Lei n. 9.983, de 14-7-2000.

I – tenha promovido, após o início da ação fiscal e antes de oferecida a denúncia, o pagamento da contribuição social previdenciária, inclusive acessórios; ou

•• Inciso I acrescentado pela Lei n. 9.983, de 14-7-2000.

II – o valor das contribuições devidas, inclusive acessórios, seja igual ou inferior àquele estabelecido pela previdência social, administrativamente, como sendo o mínimo para o ajuizamento de suas execuções fiscais.

•• Inciso II acrescentado pela Lei n. 9.983, de 14-7-2000.

....

TÍTULO X
DOS CRIMES CONTRA A FÉ PÚBLICA

....

CAPÍTULO II
DA FALSIDADE DE TÍTULOS E OUTROS PAPÉIS PÚBLICOS

Falsificação de papéis públicos

Art. 293. Falsificar, fabricando-os ou alterando-os:

I – selo destinado a controle tributário, papel selado ou qualquer papel de emissão legal destinado à arrecadação de tributo;

•• Inciso I com redação determinada pela Lei n. 11.035, de 22-12-2004.

....

Pena – reclusão, de 2 (dois) a 8 (oito) anos, e multa.

§ 1.º Incorre na mesma pena quem:

•• § 1.º, *caput*, com redação determinada pela Lei n. 11.035, de 22-12-2004.

I – usa, guarda, possui ou detém qualquer dos papéis falsificados a que se refere este artigo;

•• Inciso I acrescentado pela Lei n. 11.035, de 22-12-2004.

II – importa, exporta, adquire, vende, troca, cede, empresta, guarda, fornece ou restitui à circulação selo falsificado destinado a controle tributário;

•• Inciso II acrescentado pela Lei n. 11.035, de 22-12-2004.

III – importa, exporta, adquire, vende, expõe à venda, mantém em depósito, guarda, troca, cede, empresta, fornece, porta ou, de qualquer forma, utiliza em proveito próprio ou alheio, no exercício de atividade comercial ou industrial, produto ou mercadoria:

a) em que tenha sido aplicado selo que se destine a controle tributário, falsificado;

b) sem selo oficial, nos casos em que a legislação tributária determina a obrigatoriedade de sua aplicação.

•• Inciso III acrescentado pela Lei n. 11.035, de 22-12-2004.

....

§ 4.º Quem usa ou restitui à circulação, embora recebido de boa-fé, qualquer dos papéis falsificados ou alterados, a que se referem este artigo e o seu § 2.º, depois de conhecer a falsidade ou alteração, incorre na pena de detenção, de 6 (seis) meses a 2 (dois) anos, ou multa.

....

TÍTULO XI
DOS CRIMES CONTRA A ADMINISTRAÇÃO PÚBLICA

CAPÍTULO I
DOS CRIMES PRATICADOS POR FUNCIONÁRIO PÚBLICO CONTRA A ADMINISTRAÇÃO EM GERAL

....

Concussão

Art. 316. Exigir, para si ou para outrem, direta ou indiretamente, ainda que fora da função ou antes de assumi-la, mas em razão dela, vantagem indevida:

Pena – reclusão, de 2 (dois) a 8 (oito) anos, e multa.

Excesso de exação

§ 1.º Se o funcionário exige tributo ou contribuição social que sabe ou deveria saber indevido, ou, quando devido, emprega na cobrança meio vexatório ou gravoso, que a lei não autoriza:

Pena – reclusão, de 3 (três) a 8 (oito) anos, e multa.

•• § 1.º com redação determinada pela Lei n. 8.137, de 27-12-1990.

....

Capítulo II
DOS CRIMES PRATICADOS POR PARTICULAR CONTRA A ADMINISTRAÇÃO EM GERAL

....

Descaminho

•• Rubrica com redação determinada pela Lei n. 13.008, de 26-6-2014.

Art. 334. Iludir, no todo ou em parte, o pagamento de direito ou imposto devido pela entrada, pela saída ou pelo consumo de mercadoria:

Pena – reclusão, de 1 (um) a 4 (quatro) anos.

•• *Caput* com redação determinada pela Lei n. 13.008, de 26-6-2014.

§ 1.º Incorre na mesma pena quem:

•• § 1.º com redação determinada pela Lei n. 13.008, de 26-6-2014.

I – pratica navegação de cabotagem, fora dos casos permitidos em lei;

•• Inciso I acrescentado pela Lei n. 13.008, de 26-6-2014.

II – pratica fato assimilado, em lei especial, a descaminho;

•• Inciso II acrescentado pela Lei n. 13.008, de 26-6-2014.

III – vende, expõe à venda, mantém em depósito ou, de qualquer forma, utiliza em proveito próprio ou alheio, no exercício de atividade comercial ou industrial, mercadoria de procedência estrangeira que introduziu clandestinamente no País ou importou fraudulentamente ou que sabe ser produto de introdução clandestina no território nacional ou de importação fraudulenta por parte de outrem;

•• Inciso III acrescentado pela Lei n. 13.008, de 26-6-2014.

IV – adquire, recebe ou oculta, em proveito próprio ou alheio, no exercício de atividade comercial ou industrial, mercadoria de procedência estrangeira, desacompanhada de documentação legal ou acompanhada de documentos que sabe serem falsos.

•• Inciso IV acrescentado pela Lei n. 13.008, de 26-6-2014.

§ 2.º Equipara-se às atividades comerciais, para os efeitos deste artigo, qualquer forma de comércio irregular ou clandestino de mercadorias estrangeiras, inclusive o exercido em residências.

•• § 2.º com redação determinada pela Lei n. 13.008, de 26-6-2014.

§ 3.º A pena aplica-se em dobro se o crime de descaminho é praticado em transporte aéreo, marítimo ou fluvial.

•• § 3.º com redação determinada pela Lei n. 13.008, de 26-6-2014.

Contrabando

•• Rubrica acrescentada pela Lei n. 13.008, de 26-6-2014.

Art. 334-A. Importar ou exportar mercadoria proibida:

Pena – reclusão, de 2 (dois) a 5 (cinco) anos.

•• *Caput* acrescentado pela Lei n. 13.008, de 26-6-2014.

§ 1.º Incorre na mesma pena quem:

•• § 1.º acrescentado pela Lei n. 13.008, de 26-6-2014.

I – pratica fato assimilado, em lei especial, a contrabando;

•• Inciso I acrescentado pela Lei n. 13.008, de 26-6-2014.

II – importa ou exporta clandestinamente mercadoria que dependa de registro, análise ou autorização de órgão público competente;

•• Inciso II acrescentado pela Lei n. 13.008, de 26-6-2014.

III – reinsere no território nacional mercadoria brasileira destinada à exportação;

•• Inciso III acrescentado pela Lei n. 13.008, de 26-6-2014.

IV – vende, expõe à venda, mantém em depósito ou, de qualquer forma, utiliza em proveito próprio ou alheio, no exercício de atividade comercial ou industrial, mercadoria proibida pela lei brasileira;

•• Inciso IV acrescentado pela Lei n. 13.008, de 26-6-2014.

V – adquire, recebe ou oculta, em proveito próprio ou alheio, no exercício de atividade comercial ou industrial, mercadoria proibida pela lei brasileira.

•• Inciso V acrescentado pela Lei n. 13.008, de 26-6-2014.

§ 2.º Equipara-se às atividades comerciais, para os efeitos deste artigo, qualquer forma de comércio irregular ou clandestino de mercadorias estrangeiras, inclusive o exercido em residências.

•• § 2.º acrescentado pela Lei n. 13.008, de 26-6-2014.

§ 3.º A pena aplica-se em dobro se o crime de contrabando é praticado em transporte aéreo, marítimo ou fluvial.

•• § 3.º acrescentado pela Lei n. 13.008, de 26-6-2014.

....

Sonegação de contribuição previdenciária

Art. 337-A. Suprimir ou reduzir contribuição social previdenciária e qualquer acessório, mediante as seguintes condutas:

•• *Caput* acrescentado pela Lei n. 9.983, de 14-7-2000.

•• *Vide* art. 83, *caput*, da Lei n. 9.430, de 27-12-1996.

•• *Vide* art. 5.º da Lei n. 13.254, de 13-1-2016.

I – omitir de folha de pagamento da empresa ou de documento de informações previsto pela legislação previdenciária segurados empregado, empresário, trabalhador avulso ou trabalhador autônomo ou a este equiparado que lhe prestem serviços;

•• Inciso I acrescentado pela Lei n. 9.983, de 14-7-2000.

II – deixar de lançar mensalmente nos títulos próprios da contabilidade da empresa as quantias descontadas dos segurados ou as devidas pelo empregador ou pelo tomador de serviços;

•• Inciso II acrescentado pela Lei n. 9.983, de 14-7-2000.

III – omitir, total ou parcialmente, receitas ou lucros auferidos, remunerações pagas ou creditadas e demais fatos geradores de contribuições sociais previdenciárias:

Pena – reclusão, de 2 (dois) a 5 (cinco) anos, e multa.

•• Inciso III acrescentado pela Lei n. 9.983, de 14-7-2000.

§ 1.º É extinta a punibilidade se o agente, espontaneamente, declara e confessa as contribuições, importâncias ou valores e presta as informações devidas à previdência social, na forma definida em lei ou regulamento, antes do início da ação fiscal.

•• § 1.º acrescentado pela Lei n. 9.983, de 14-7-2000.

§ 2.º É facultado ao juiz deixar de aplicar a pena ou aplicar somente a de multa se o agente for primário e de bons antecedentes, desde que:

•• § 2.º, *caput*, acrescentado pela Lei n. 9.983, de 14-7-2000.

I – (*Vetado.*)

•• Inciso I acrescentado pela Lei n. 9.983, de 14-7-2000.

II – o valor das contribuições devidas, inclusive acessórios, seja igual ou inferior àquele estabelecido pela previdência social, administrativamente, como sendo o mínimo para o ajuizamento de suas execuções fiscais.

•• Inciso II acrescentado pela Lei n. 9.983, de 14-7-2000.

§ 3.º Se o empregador não é pessoa jurídica e sua folha de pagamento mensal não ultrapassa R$ 1.510,00 (um mil, quinhentos e dez reais), o juiz poderá reduzir a pena de um terço até a metade ou aplicar apenas a de multa.

•• § 3.º acrescentado pela Lei n. 9.983, de 14-7-2000.

•• A Portaria n. 8, de 13-1-2017, do Ministério da Fazenda, estabelece que, a partir de 1.º-1-2017, o valor de que trata este parágrafo será de R$ 4.883,27 (quatro mil oitocentos e oitenta e três reais e vinte e sete centavos).

§ 4.º O valor a que se refere o parágrafo anterior será reajustado nas mesmas datas e nos mesmos índices do reajuste dos benefícios da previdência social.

•• § 4.º acrescentado pela Lei n. 9.983, de 14-7-2000.

....

Capítulo IV
DOS CRIMES CONTRA AS FINANÇAS PÚBLICAS

•• Capítulo IV acrescentado pela Lei n. 10.028, de 19-10-2000.

Contratação de operação de crédito

Art. 359-A. Ordenar, autorizar ou realizar operação de crédito, interno ou externo, sem prévia autorização legislativa:

Pena – reclusão, de 1 (um) a 2 (dois) anos.

•• *Caput* acrescentado pela Lei n. 10.028, de 19-10-2000.

Parágrafo único. Incide na mesma pena quem ordena, autoriza ou realiza operação de crédito, interno ou externo:

•• Parágrafo único, *caput*, acrescentado pela Lei n. 10.028, de 19-10-2000.

I – com inobservância de limite, condição ou montante estabelecido em lei ou em resolução do Senado Federal;

•• Inciso I acrescentado pela Lei n. 10.028, de 19-10-2000.

II – quando o montante da dívida consolidada ultrapassa o limite máximo autorizado por lei.

•• Inciso II acrescentado pela Lei n. 10.028, de 19-10-2000.

Inscrição de despesas não empenhadas em restos a pagar

Art. 359-B. Ordenar ou autorizar a inscrição em restos a pagar, de despesa que não tenha sido previamente empenhada ou que exceda limite estabelecido em lei:

Pena – detenção, de 6 (seis) meses a 2 (dois) anos.

•• Artigo acrescentado pela Lei n. 10.028, de 19-10-2000.

Assunção de obrigação no último ano do mandato ou legislatura

Art. 359-C. Ordenar ou autorizar a assunção de obrigação, nos 2 (dois) últimos quadrimestres do último ano do mandato ou legislatura, cuja despesa não possa ser paga no mesmo exercício financeiro ou, caso reste parcela a ser paga no exercício seguinte, que não tenha contrapartida suficiente de disponibilidade de caixa:

Pena – reclusão, de 1 (um) a 4 (quatro) anos.

•• Artigo acrescentado pela Lei n. 10.028, de 19-10-2000.

Ordenação de despesa não autorizada

Art. 359-D. Ordenar despesa não autorizada por lei:

Pena – reclusão, de 1 (um) a 4 (quatro) anos.

•• Artigo acrescentado pela Lei n. 10.028, de 19-10-2000.

•• *Vide* Súmula 599 do STJ.

Prestação de garantia graciosa

Art. 359-E. Prestar garantia em operação de crédito sem que tenha sido constituída contragarantia em valor igual ou superior ao valor da garantia prestada, na forma da lei:

Pena – detenção, de 3 (três) meses a 1 (um) ano.

•• Artigo acrescentado pela Lei n. 10.028, de 19-10-2000.

Não cancelamento de restos a pagar

Art. 359-F. Deixar de ordenar, de autorizar ou de promover o cancelamento do montante de restos a pagar inscrito em valor superior ao permitido em lei:

Pena – detenção, de 6 (seis) meses a 2 (dois) anos.

•• Artigo acrescentado pela Lei n. 10.028, de 19-10-2000.

Aumento de despesa total com pessoal no último ano do mandato ou legislatura

Art. 359-G. Ordenar, autorizar ou executar ato que acarrete aumento de despesa total com pessoal, nos 180 (cento e oitenta) dias anteriores ao final do mandato ou da legislatura:

Pena – reclusão, de 1 (um) a 4 (quatro) anos.

•• Artigo acrescentado pela Lei n. 10.028, de 19-10-2000.

Oferta pública ou colocação de títulos no mercado

Art. 359-H. Ordenar, autorizar ou promover a oferta pública ou a colocação no mercado financeiro de títulos da dívida pública sem que tenham sido criados por lei ou sem que estejam registrados em sistema centralizado de liquidação e de custódia:

Pena – reclusão, de 1 (um) a 4 (quatro) anos.

•• Artigo acrescentado pela Lei n. 10.028, de 19-10-2000.

DISPOSIÇÕES FINAIS

Art. 360. Ressalvada a legislação especial sobre os crimes contra a existência, a segurança e a integridade do Estado e contra a guarda e o emprego da economia popular, os crimes de imprensa e os de falência, os de responsabilidade do Presidente da República e dos Governadores ou Interventores, e os crimes militares, revogam-se as disposições em contrário.

Art. 361. Este Código entrará em vigor no dia 1.º de janeiro de 1942.

Rio de Janeiro, 7 de dezembro de 1940; 119.º da Independência e 52.º da República.

Getúlio Vargas

LEI N. 4.320, DE 17 DE MARÇO DE 1964 (*)

Estatui normas gerais de direito financeiro para elaboração e controle dos orçamentos e balanços da União, dos Estados, dos Municípios e do Distrito Federal.

DISPOSIÇÃO PRELIMINAR

Art. 1.º Esta Lei estatui normas gerais de direito financeiro para elaboração e controle dos orçamentos e balanços da União, dos Estados, dos Municípios e do Distrito Federal, de acordo com o disposto no art. 5.º, XV, *b*, da Constituição Federal.

•• Refere-se à CF de 1946. *Vide* arts. 24, I e II, 30, II, 165, §§ 5.º e 9.º, e 168 da CF.

(*) Publicada no *DOU*, de 23-3-1964. As partes vetadas pelo Presidente da República e mantidas pelo Congresso Nacional foram publicadas no *DOU*, de 5-5-1964. Os anexos aqui mencionados sofreram sucessivas alterações por atos administrativos. Optamos por não mantê-los na presente edição.

Título I
DA LEI DE ORÇAMENTO

Capítulo I
DISPOSIÇÕES GERAIS

Art. 2.º A Lei de Orçamento conterá a discriminação da receita e despesa de forma a evidenciar a política econômico-financeira e o programa de trabalho do Governo, obedecidos os princípios de unidade, universalidade e anualidade.

•• *Vide* art. 165, §§ 5.º a 8.º, da CF.

§ 1.º Integrarão a Lei de Orçamento:

I – sumário geral da receita por fontes e da despesa por funções do Governo;

II – quadro demonstrativo da receita e despesa segundo as categorias econômicas, na forma do Anexo n. 1;

III – quadro discriminativo da receita por fontes e respectiva legislação;

IV – quadro das dotações por órgãos do Governo e da Administração.

§ 2.º Acompanharão a Lei de Orçamento:

I – quadros demonstrativos da receita e planos de aplicação dos fundos especiais;

II – quadros demonstrativos da despesa, na forma dos Anexos n. 6 e 9;

III – quadro demonstrativo do programa anual de trabalho do Governo, em termos de realização de obras e de prestação de serviços.

Art. 3.º A Lei de Orçamento compreenderá todas as receitas, inclusive as de operações de crédito autorizadas em lei.

•• *Vide* arts. 167, III, e 165, § 8.º, da CF.

Parágrafo único. Não se consideram para os fins deste artigo as operações de crédito por antecipação da receita, as emissões de papel-moeda e outras entradas compensatórias no ativo e passivo financeiros.

•• Este parágrafo único foi vetado pelo Presidente e mantido pelo Congresso Nacional.

Art. 4.º A Lei de Orçamento compreenderá todas as despesas próprias dos órgãos do Governo e da Administração centralizada, ou que, por intermédio deles se devam realizar, observado o disposto no art. 2.º.

•• *Vide* art. 165, § 5.º, da CF.

Art. 5.º A Lei de Orçamento não consignará dotações globais destinadas a atender indiferentemente a despesas de pessoal, material, serviços de terceiros, transferências ou quaisquer outras, ressalvado o disposto no art. 20 e seu parágrafo único.

Art. 6.º Todas as receitas e despesas constarão da Lei de Orçamento pelos seus totais, vedadas quaisquer deduções.

§ 1.º As cotas de receitas que uma entidade pública deva transferir a outra incluir-se-ão, como despesa, no orçamento da entidade obrigada à transferência e, como receita, no orçamento da que as deva receber.

§ 2.º Para cumprimento do disposto no parágrafo anterior, o cálculo das cotas terá por base os dados apurados no balanço do exercício anterior àquele em que se elaborar a proposta orçamentária do Governo obrigado à transferência.

•• Este § 2.º foi vetado pelo Presidente e mantido pelo Congresso Nacional.

Art. 7.º A Lei de Orçamento poderá conter autorização ao Executivo para:

•• *Vide* arts. 165, § 8.º, e 167, III, da CF.

I – abrir créditos suplementares até determinada importância, obedecidas as disposições do art. 43;

•• A expressão "obedecidas as disposições do art. 43" foi vetada pelo Presidente e mantida pelo Congresso Nacional.

II – realizar, em qualquer mês do exercício financeiro, operações de crédito por antecipação da receita, para atender a insuficiências de caixa.

§ 1.º Em casos de déficit, a Lei de Orçamento indicará as fontes de recursos que o Poder Executivo fica autorizado a utilizar para atender a sua cobertura.

§ 2.º O produto estimado de operações de crédito e de alienação de bens imóveis somente se incluirá na receita quando umas e outras forem especificamente autorizadas pelo Poder Legislativo em forma que juridicamente possibilite ao Poder Executivo realizá-las no exercício.

§ 3.º A autorização legislativa a que se refere o parágrafo anterior, no tocante a operações de crédito, poderá constar da própria Lei de Orçamento.

Art. 8.º A discriminação da receita geral e da despesa de cada órgão do Governo ou unidade administrativa, a que se refere o art. 2.º, § 1.º, III e IV, obedecerá a forma do Anexo n. 2.

§ 1.º Os itens da discriminação da receita e da despesa, mencionados nos arts. 11, § 4.º, e 13, serão identificados por números de código decimal, na forma dos Anexos n. 3 e 4.

§ 2.º Completarão os números do código decimal referido no parágrafo anterior os algarismos caracterizadores da classificação funcional da despesa conforme estabelece o Anexo n. 5.

§ 3.º O código geral estabelecido nesta Lei não prejudicará a adoção de códigos locais.

CAPÍTULO II
DA RECEITA

Art. 9.º Tributo é a receita derivada, instituída pelas entidades de direito público, compreendendo os impostos, as taxas e contribuições, nos termos da Constituição e das leis vigentes em matéria financeira, destinando-se o seu produto ao custeio de atividades gerais ou específicas exercidas por essas entidades.

•• Este artigo foi vetado pelo Presidente e mantido pelo Congresso Nacional.

•• *Vide* art. 167, IV, da CF.

Art. 10. (*Vetado.*)

Art. 11. A receita classificar-se-á nas seguintes categorias econômicas: Receitas Correntes e Receitas de Capital.

•• *Caput* com redação determinada pelo Decreto-lei n. 1.939, de 20-5-1982.

§ 1.º São Receitas Correntes as receitas tributária, de contribuições, patrimonial, agropecuária, industrial, de serviços e outras e, ainda, as provenientes de recursos financeiros recebidos de outras pessoas de direito público ou privado, quando destinadas a atender despesas classificáveis em Despesas Correntes.

•• § 1.º com redação determinada pelo Decreto-lei n. 1.939, de 20-5-1982.

§ 2.º São Receitas de Capital as provenientes da realização de recursos financeiros oriundos de constituição de dívidas; da conversão, em espécie, de bens e direitos; os recursos recebidos de outras pessoas de direito público ou privado, destinados a atender despesas classificáveis em Despesas de Capital e, ainda, o superávit do Orçamento Corrente.

•• § 2.º com redação determinada pelo Decreto-lei n. 1.939, de 20-5-1982.

§ 3.º O superávit do Orçamento Corrente resultante do balanceamento dos totais das receitas e despesas correntes, apurado na demonstração a que se refere o Anexo n. 1, não constituirá item de receita orçamentária.

•• § 3.º com redação determinada pelo Decreto-lei n. 1.939, de 20-5-1982.

§ 4.º A classificação da receita obedecerá ao seguinte esquema:

Receitas Correntes:

Receita Tributária:

Impostos;

Taxas;

Contribuições de Melhoria;

Receita de Contribuições;

Receita Patrimonial;

Receita Agropecuária;

Receita Industrial;

Receita de Serviços;

Transferências Correntes.

Receitas de Capital:

Operações de Crédito;

Alienação de Bens;

Amortização de Empréstimos;

Transferências de Capital;

Outras Receitas de Capital.

•• § 4.º com redação determinada pelo Decreto-lei n. 1.939, de 20-5-1982.

•• Diz o art. 2.º do Decreto-lei n. 1.939, de 20-5-1982, referindo-se às novas disposições do art. 11, §§ 1.º a 4.º, desta Lei: "As disposições deste Decreto-lei serão aplicadas aos Orçamentos e Balanços a partir do exercício de 1983, inclusive, revogadas as disposições em contrário".

Capítulo III
DA DESPESA

Art. 12. A despesa será classificada nas seguintes categorias econômicas:

DESPESAS CORRENTES

Despesas de Custeio.

Transferências Correntes.

DESPESAS DE CAPITAL

Investimentos.

Inversões Financeiras.

Transferências de Capital.

§ 1.º Classificam-se como Despesas de Custeio as dotações para manutenção de serviços anteriormente criados, inclusive as destinadas a atender a obras de conservação e adaptação de bens imóveis.

§ 2.º Classificam-se como Transferências Correntes as dotações para despesas às quais não corresponda contraprestação direta em bens ou serviços, inclusive para contribuições e subvenções destinadas a atender à manifestação de outras entidades de direito público ou privado.

•• *Vide* arts. 157 a 162 da CF.

§ 3.º Consideram-se subvenções, para os efeitos desta Lei, as transferências destinadas a cobrir despesas de custeio das entidades beneficiadas, distinguindo-se como:

I – subvenções sociais, as que se destinem a instituições públicas ou privadas de caráter assistencial ou cultural, sem finalidade lucrativa;

II – subvenções econômicas, as que se destinem a empresas públicas ou privadas de caráter industrial, comercial, agrícola ou pastoril.

§ 4.º Classificam-se como investimentos as dotações para o planejamento e a execução de obras, inclusive as destinadas à aquisição de imóveis considerados necessários à realização destas últimas, bem como para os programas especiais de trabalho, aquisição de instalações, equipamentos e material permanente e constituição ou aumento do capital de empresas que não sejam de caráter comercial ou financeiro.

§ 5.º Classificam-se como Inversões Financeiras as dotações destinadas a:

I – aquisição de imóveis, ou de bens de capital já em utilização;

II – aquisição de títulos representativos do capital de empresas ou entidades de qualquer espécie, já constituídas, quando a operação não importe aumento do capital;

III – constituição ou aumento do capital de entidades ou empresas que visem a objetivos comerciais ou financeiros, inclusive operações bancárias ou de seguros.

§ 6.º São Transferências de Capital as dotações para investimentos ou inversões financeiras que outras pessoas de direito público ou privado devam realizar, independentemente de contraprestação direta em bens ou serviços, constituindo essas transferências auxílios ou contribuições, segundo derivem diretamente da Lei de Orçamento ou de lei especialmente anterior, bem como as dotações para amortização da dívida pública.

Art. 13. Observadas as categorias econômicas do art. 12, a discriminação ou especificação da despesa por elementos, em cada unidade administrativa ou órgão de governo, obedecerá ao seguinte esquema:

DESPESAS CORRENTES

Despesas de Custeio

Pessoal Civil.

Pessoal Militar.

Material de Consumo.

Serviços de Terceiros.

Encargos Diversos.

Transferências Correntes

Subvenções Sociais.

Subvenções Econômicas.

Inativos.

Pensionistas.

Salário-Família e Abono Familiar.

Juros da Dívida Pública.

Contribuições de Previdência Social.

Diversas Transferências Correntes.

DESPESAS DE CAPITAL

Investimentos

Obras Públicas.

Serviços em Regime de Programação Especial.

Equipamentos e Instalações.

Material Permanente.

Participação em Constituição ou Aumento de Capital de Empresas ou Entidades Industriais ou Agrícolas.

Inversões Financeiras

Aquisição de Imóveis.

Participação em Constituição ou Aumento de Capital de Empresas ou Entidades Comerciais ou Financeiras.

Aquisição de Títulos Representativos de Capital de Empresa em Funcionamento.

Constituição de Fundos Rotativos.

Concessão de Empréstimos.

Diversas Inversões Financeiras.

Transferência de Capital

Amortização da Dívida Pública.

Auxílios para Obras Públicas.

Auxílios para Equipamentos e Instalações.

Auxílios para Inversões Financeiras.

Outras Contribuições.

Art. 14. Constitui unidade orçamentária o agrupamento de serviços subordinados ao mesmo órgão ou repartição a que serão consignadas dotações próprias.

•• A expressão "subordinados ao mesmo órgão ou repartição" foi vetada pelo Presidente e mantida pelo Congresso Nacional.

Parágrafo único. Em casos excepcionais, serão consignadas dotações a unidades administrativas subordinadas ao mesmo órgão.

Art. 15. Na Lei de Orçamento a discriminação da despesa far-se-á, no mínimo, por elementos.

•• A expressão "no mínimo" foi vetada pelo Presidente e mantida pelo Congresso Nacional.

§ 1.º Entende-se por elementos o desdobramento da despesa com pessoal, material, serviços, obras e outros meios de que se serve a administração pública para consecução dos seus fin.

•• Este § 1.º foi vetado pelo Presidente e mantido pelo Congresso Nacional.

§ 2.º Para efeito de classificação da despesa, considera-se material permanente o de duração superior a 2 (dois) anos.

Seção I

Das Despesas Correntes

Subseção Única

Das transferências correntes

I) Das Subvenções Sociais

Art. 16. Fundamentalmente e nos limites das possibilidades financeiras a concessão de subvenções sociais visará a prestação de serviços essenciais de assistência social, médica e educacional, sempre que a suplementação de recursos de origem privada aplicados a esses objetivos revelar-se mais econômica.

Parágrafo único. O valor das subvenções, sempre que possível, será calculado com base em unidades de serviços efetivamente prestados ou postos à disposição dos interessados, obedecidos os padrões mínimos de eficiência previamente fixados.

Art. 17. Somente à instituição cujas condições de funcionamento forem julgadas satisfatórias pelos órgãos oficiais de fiscalização serão concedidas subvenções.

II) Das Subvenções Econômicas

Art. 18. A cobertura dos déficits de manutenção das empresas públicas, de natureza autárquica ou não, far-se-á mediante subvenções econômicas expressamente incluídas nas despesas correntes do orçamento da União, do Estado, do Município ou do Distrito Federal.

Parágrafo único. Consideram-se, igualmente, como subvenções econômicas:

a) as dotações destinadas a cobrir a diferença entre os preços de mercado e os preços de revenda, pelo Governo, de gêneros alimentícios ou outros materiais;

b) as dotações destinadas ao pagamento de bonificações a produtores de determinados gêneros ou materiais.

Art. 19. A Lei de Orçamento não consignará ajuda financeira, a qualquer título, a empresa de fins lucrativos, salvo quando se tratar de subvenções cuja concessão tenha sido expressamente autorizada em lei especial.

Seção II

Das Despesas de Capital

Subseção I

Dos investimentos

Art. 20. Os investimentos serão discriminados na Lei de Orçamento segundo os projetos de obras e de outras aplicações.

Parágrafo único. Os programas especiais de trabalho que, por sua natureza, não possam cumprir-se subordinadamente às normas gerais de execução da despesa poderão ser custeados por dotações globais, classificadas entre as Despesas de Capital.

Subseção II
Das transferências de capital

Art. 21. A Lei de Orçamento não consignará auxílio para investimentos que se devam incorporar ao patrimônio das empresas privadas de fins lucrativos.

Parágrafo único. O disposto neste artigo aplica-se às transferências de capital à conta de fundos especiais ou dotações sob regime excepcional de aplicação.

TÍTULO II
DA PROPOSTA ORÇAMENTÁRIA

CAPÍTULO I
CONTEÚDO E FORMA DA PROPOSTA ORÇAMENTÁRIA

Art. 22. A proposta orçamentária que o Poder Executivo encaminhará ao Poder Legislativo, nos prazos estabelecidos nas Constituições e nas Leis Orgânicas dos Municípios, compor-se-á de:

•• *Vide* art. 165 da CF.

I – mensagem, que conterá: exposição circunstanciada da situação econômico-financeira, documentada com demonstração da dívida fundada e flutuante, saldos de créditos especiais, restos a pagar e outros compromissos financeiros exigíveis; exposição e justificação da política econômico-financeira do Governo; justificação da receita e despesa, particularmente no tocante ao orçamento de capital;

II – projeto de Lei de Orçamento;

III – tabelas explicativas, das quais, além das estimativas de receita e despesa, constarão, em colunas distintas e para fins de comparação:

a) a receita arrecadada nos três últimos exercícios anteriores àquele em que se elaborou a proposta;

b) a receita prevista para o exercício em que se elabora a proposta;

c) a receita prevista para o exercício a que se refere a proposta;

d) a despesa realizada no exercício imediatamente anterior;

e) a despesa fixada para o exercício em que se elabora a proposta; e

f) a despesa prevista para o exercício a que se refere a proposta;

IV – especificação dos programas especiais de trabalho custeados por dotações globais, em termos de metas visadas, decompostas em estimativa do custo das obras a realizar e dos serviços a prestar, acompanhadas de justificação econômica, financeira, social e administrativa.

Parágrafo único. Constará da proposta orçamentária, para cada unidade administrativa, descrição sucinta de suas principais finalidades, com indicação da respectiva legislação.

CAPÍTULO II
DA ELABORAÇÃO DA PROPOSTA ORÇAMENTÁRIA

Seção I
Das Previsões Plurianuais

Art. 23. As receitas e despesas de capital serão objeto de um Quadro de Recursos e de Aplicação de Capital, aprovado por decreto do Poder Executivo, abrangendo, no mínimo, um triênio.

•• *Vide* arts. 165 e 167 da CF.

Parágrafo único. O Quadro de Recursos e de Aplicação de Capital será anualmente reajustado acrescentando-se-lhe as previsões de mais um ano, de modo a assegurar a projeção contínua dos períodos.

Art. 24. O Quadro de Recursos e de Aplicação de Capital abrangerá:

I – as despesas e, como couber, também as receitas previstas em planos especiais aprovados em lei e destinados a atender a regiões ou a setores da administração ou da economia;

II – as despesas à conta de fundos especiais e, como couber, as receitas que os constituam;

III – em anexos, as despesas de capital das entidades referidas no Título X desta Lei, com indicação das respectivas receitas, para as quais forem previstas transferências de capital.

Art. 25. Os programas constantes do Quadro de Recursos e de Aplicação de Capital sempre que possível serão correlacionados a metas objetivas em termos de realização de obras e de prestação de serviços.

Parágrafo único. Consideram-se metas os resultados que se pretendem obter com a realização de cada programa.

Art. 26. A proposta orçamentária conterá o programa anual atualizado dos investimentos, inversões financeiras e transferências previstos no Quadro de Recursos e de Aplicação de Capital.

Seção II
Das Previsões Anuais

Art. 27. As propostas parciais de orçamento guardarão estrita conformidade com a política econômico-financeira, o programa anual de trabalho do Governo e, quando fixado, o limite global máximo para o orçamento de cada unidade administrativa.

Art. 28. As propostas parciais das unidades administrativas, organizadas em formulário próprio, serão acompanhadas de:

I – tabelas explicativas da despesa, sob a forma estabelecida no art. 22, III, *d*, *e* e *f*;

II – justificação pormenorizada de cada dotação solicitada, com a indicação dos atos de aprovação de projetos e orçamentos de obras públicas, para cujo início ou prosseguimento ela se destina.

Art. 29. Caberá aos órgãos de contabilidade ou de arrecadação organizar demonstrações mensais da receita arrecadada, segundo as rubricas, para servirem de base a estimativa da receita na proposta orçamentária.

Parágrafo único. Quando houver órgão central de orçamento, essas demonstrações ser-lhe-ão remetidas mensalmente.

Art. 30. A estimativa da receita terá por base as demonstrações a que se refere o artigo anterior à arrecadação dos três últimos exercícios, pelo menos, bem como as circunstâncias de ordem conjuntural e outras, que possam afetar a produtividade de cada fonte de receita.

Art. 31. As propostas orçamentárias parciais serão revistas e coordenadas na proposta geral, considerando-se a receita estimada e as novas circunstâncias.

TÍTULO III
DA ELABORAÇÃO DA LEI DE ORÇAMENTO

Art. 32. Se não receber a proposta orçamentária no prazo fixado nas Constituições ou nas Leis Orgânicas dos Municípios, o Poder Legislativo considerará como proposta a Lei de Orçamento vigente.

•• *Vide* arts. 165, § 9.º, e 166, § 8.º, da CF.

•• *Vide* art. 35, § 2.º, do ADCT.

Art. 33. Não se admitirão emendas ao projeto de Lei de Orçamento que visem a:

•• *Vide* art. 166, § 3.º, III, da CF.

a) alterar a dotação solicitada para despesa de custeio, salvo quando provada, nesse ponto, a inexatidão da proposta;

b) conceder dotação para o início de obra cujo projeto não esteja aprovado pelos órgãos competentes;

c) conceder dotação para instalação ou funcionamento de serviço que não esteja anteriormente criado;

d) conceder dotação superior aos quantitativos previamente fixados em resolução do

Poder Legislativo para concessão de auxílios e subvenções.

Título IV
DO EXERCÍCIO FINANCEIRO

•• *Vide* art. 165, § 9.º, I, da CF.

Art. 34. O exercício financeiro coincidirá com o ano civil.

Art. 35. Pertencem ao exercício financeiro:

I – as receitas nele arrecadadas;

II – as despesas nele legalmente empenhadas.

Art. 36. Consideram-se Restos a Pagar as despesas empenhadas mas não pagas até o dia 31 de dezembro, distinguindo-se as processadas das não processadas.

Parágrafo único. Os empenhos que correm a conta de créditos com vigência plurianual, que não tenham sido liquidados, só serão computados como Restos a Pagar no último ano de vigência do crédito.

Art. 37. As despesas de exercícios encerrados, para as quais o orçamento respectivo consignava crédito próprio, com saldo suficiente para atendê-las, que não se tenham processado na época própria, bem como os Restos a Pagar com prescrição interrompida e os compromissos reconhecidos após o encerramento do exercício correspondente poderão ser pagos à conta de dotação específica consignada no orçamento, discriminada por elementos, obedecida, sempre que possível, a ordem cronológica.

Art. 38. Reverte à dotação a importância de despesa anulada no exercício: quando a anulação ocorrer após o encerramento deste considerar-se-á receita do ano em que se efetivar.

Art. 39. Os créditos da Fazenda Pública, de natureza tributária ou não tributária, serão escriturados como receita do exercício em que forem arrecadados, nas respectivas rubricas orçamentárias.

•• *Caput* com redação determinada pelo Decreto-lei n. 1.735, de 20-12-1979.

§ 1.º Os créditos de que trata este artigo, exigíveis pelo transcurso do prazo para pagamento, serão inscritos, na forma da legislação própria, como Dívida Ativa, em registro próprio, após apurada a sua liquidez e certeza, e a respectiva receita será escriturada a esse título.

•• § 1.º com redação determinada pelo Decreto-lei n. 1.735, de 20-12-1979.

§ 2.º Dívida Ativa Tributária é o crédito da Fazenda Pública dessa natureza, proveniente de obrigação legal relativa a tributos e respectivos adicionais e multas, e Dívida Ativa Não Tributária são os demais créditos da Fazenda Pública, tais como os provenientes de empréstimos compulsórios, contribuições estabelecidas em lei, multas de qualquer origem ou natureza, exceto as tributárias, foros, laudêmios, aluguéis ou taxas de ocupação, custas processuais, preços de serviços prestados por estabelecimentos públicos, indenizações, reposições, restituições, alcances dos responsáveis definitivamente julgados, bem assim os créditos decorrentes de obrigações em moeda estrangeira, de sub-rogação de hipoteca, fiança, aval ou outra garantia, de contratos em geral ou de outras obrigações legais.

•• § 2.º com redação determinada pelo Decreto-lei n. 1.735, de 20-12-1979.

§ 3.º O valor do crédito da Fazenda Nacional em moeda estrangeira será convertido ao correspondente valor na moeda nacional à taxa cambial oficial, para compra, na data da notificação ou intimação do devedor, pela autoridade administrativa, ou, à sua falta, na data da inscrição da Dívida Ativa, incidindo, a partir da conversão, a atualização monetária e os juros de mora, de acordo com preceitos legais pertinentes aos débitos tributários.

•• § 3.º com redação determinada pelo Decreto-lei n. 1.735, de 20-12-1979.

§ 4.º A receita da Dívida Ativa abrange os créditos mencionados nos parágrafos anteriores, bem como os valores correspondentes à respectiva atualização monetária, à multa e juros de mora e ao encargo de que tratam o art. 1.º do Decreto-lei n. 1.025, de 21 de outubro de 1969, e o art. 3.º do Decreto-lei n. 1.645, de 11 de dezembro de 1978.

•• § 4.º com redação determinada pelo Decreto-lei n. 1.735, de 20-12-1979.

§ 5.º A Dívida Ativa da União será apurada e inscrita na Procuradoria da Fazenda Nacional.

•• § 5.º com redação determinada pelo Decreto-lei n. 1.735, de 20-12-1979.

Título V
DOS CRÉDITOS ADICIONAIS

Art. 40. São créditos adicionais as autorizações de despesa não computadas ou insuficientemente dotadas na Lei de Orçamento.

Art. 41. Os créditos adicionais classificam-se em:

I – suplementares, os destinados a reforço de dotação orçamentária;

II – especiais, os destinados a despesas para as quais não haja dotação orçamentária específica;

III – extraordinários, os destinados a despesas urgentes e imprevistas, em caso de guerra, comoção intestina ou calamidade pública.

Art. 42. Os créditos suplementares e especiais serão autorizados por lei e abertos por decreto executivo.

Art. 43. A abertura dos créditos suplementares e especiais depende da existência de recursos disponíveis para ocorrer à despesa e será precedida de exposição justificativa.

•• Este artigo e seus parágrafos foram vetados pelo Presidente e mantidos pelo Congresso Nacional.

•• *Vide* art. 167, V, da CF.

§ 1.º Consideram-se recursos para o fim deste artigo, desde que não comprometidos:

I – o superávit financeiro apurado em balanço patrimonial do exercício anterior;

II – os provenientes de excesso de arrecadação;

III – os resultantes de anulação parcial ou total de dotações orçamentárias ou de créditos adicionais, autorizados em lei;

IV – o produto de operações de crédito autorizadas, em forma que juridicamente possibilite ao Poder Executivo realizá-las.

§ 2.º Entende-se por superávit financeiro a diferença positiva entre o ativo financeiro e o passivo financeiro, conjugando-se, ainda, os saldos dos créditos adicionais transferidos e as operações de crédito a eles vinculadas.

§ 3.º Entende-se por excesso de arrecadação, para os fins deste artigo, o saldo positivo das diferenças acumuladas mês a mês, entre a arrecadação prevista e a realizada, considerando-se, ainda, a tendência do exercício.

§ 4.º Para o fim de apurar os recursos utilizáveis, provenientes de excesso de arrecadação, deduzir-se-á a importância dos créditos extraordinários abertos no exercício.

Art. 44. Os créditos extraordinários serão abertos por decreto do Poder Executivo, que deles dará imediato conhecimento ao Poder Legislativo.

Art. 45. Os créditos adicionais terão vigência adstrita ao exercício financeiro em que forem abertos, salvo expressa disposição legal em contrário, quanto aos especiais e extraordinários.

•• *Vide* art. 167, § 2.º, da CF.

Art. 46. O ato que abrir crédito adicional indicará a importância, a espécie do mesmo e a classificação da despesa, até onde for possível.

Título VI
DA EXECUÇÃO DO ORÇAMENTO

Capítulo I
DA PROGRAMAÇÃO DA DESPESA

Art. 47. Imediatamente após a promulgação da Lei de Orçamento e com base nos limites nela fixados, o Poder Executivo aprovará um quadro de cotas trimestrais da despesa que cada unidade orçamentária fica autorizada a utilizar.

•• *Vide* art. 168 da CF.

Art. 48. A fixação das cotas a que se refere o artigo anterior atenderá aos seguintes objetivos:

a) assegurar às unidades orçamentárias, em tempo útil, a soma de recursos necessários e suficientes a melhor execução do seu programa anual de trabalho;

b) manter, durante o exercício, na medida do possível o equilíbrio entre a receita arrecadada e a despesa realizada, de modo a reduzir ao mínimo eventuais insuficiências de tesouraria.

Art. 49. A programação da despesa orçamentária, para efeito do disposto no artigo anterior, levará em conta os créditos adicionais e as operações extraorçamentárias.

Art. 50. As cotas trimestrais poderão ser alteradas durante o exercício, observados o limite da dotação e o comportamento da execução orçamentária.

CAPÍTULO II
DA RECEITA

Art. 51. Nenhum tributo será exigido ou aumentado sem que a lei o estabeleça, nenhum será cobrado em cada exercício sem prévia autorização orçamentária, ressalvados a tarifa aduaneira e o imposto lançado por motivo de guerra.

•• *Vide* art. 150, I e III, *b*, da CF.

Art. 52. São objeto de lançamento os impostos diretos e quaisquer outras rendas com vencimento determinado em lei, regulamento ou contrato.

•• O procedimento administrativo do lançamento hoje é tratado nos arts. 142 a 150 da Lei n. 5.172, de 25-10-1966 (CTN).

Art. 53. O lançamento da receita é ato da repartição competente, que verifica a procedência do crédito fiscal e a pessoa que lhe é devedora e inscreve o débito desta.

•• *Vide* nota ao artigo anterior.

Art. 54. Não será admitida a compensação da observação de recolher rendas ou receitas com direito creditório contra a Fazenda Pública.

Art. 55. Os agentes da arrecadação devem fornecer recibos das importâncias que arrecadarem.

§ 1.º Os recibos devem conter o nome da pessoa que paga a soma arrecadada, proveniência e classificação, bem como a data e assinatura do agente arrecadador.

•• Este § 1.º foi vetado pelo Presidente e mantido pelo Congresso Nacional.

§ 2.º Os recibos serão fornecidos em uma única via.

Art. 56. O recolhimento de todas as receitas far-se-á em estrita observância ao princípio de unidade de tesouraria, vedada qualquer fragmentação para criação de caixas especiais.

Art. 57. Ressalvado o disposto no parágrafo único do art. 3.º desta Lei serão classificadas como receita orçamentária, sob as rubricas próprias, todas as receitas arrecadadas, inclusive as provenientes de operações de crédito, ainda que não previstas no Orçamento.

•• A expressão "Ressalvado o disposto no parágrafo único do art. 3.º desta Lei" foi vetada pelo Presidente e mantida pelo Congresso Nacional.

•• *Vide* art. 150, I e III, *a* e *b*, da CF.

CAPÍTULO III
DA DESPESA

Art. 58. O empenho de despesa é o ato emanado de autoridade competente que cria para o Estado obrigação de pagamento pendente ou não de implemento de condição.

•• A expressão "ou não" foi vetada pelo Presidente e mantida pelo Congresso Nacional.

Art. 59. O empenho da despesa não poderá exceder o limite dos créditos concedidos.

•• *Caput* com redação determinada pela Lei n. 6.397, de 10-12-1976.

§ 1.º Ressalvado o disposto no art. 67 da Constituição Federal, é vedado aos Municípios empenhar, no último mês do mandato do prefeito, mais do que o duodécimo da despesa prevista no Orçamento vigente.

•• § 1.º com redação determinada pela Lei n. 6.397, de 10-12-1976.

•• Refere-se à CF de 1946 (iniciativa das Leis).

§ 2.º Fica, também, vedado aos Municípios, no mesmo período, assumir, por qualquer forma, compromissos financeiros para execução depois do término do mandato do prefeito.

•• § 2.º com redação determinada pela Lei n. 6.397, de 10-12-1976.

§ 3.º As disposições dos parágrafos anteriores não se aplicam nos casos comprovados de calamidade pública.

•• § 3.º com redação determinada pela Lei n. 6.397, de 10-12-1976.

§ 4.º Reputam-se nulos e de nenhum efeito os empenhos e atos praticados em desacordo com o disposto nos §§ 1.º e 2.º deste artigo, sem prejuízo da responsabilidade do prefeito nos termos do art. 1.º, V, do Decreto-lei n. 201, de 27 de fevereiro de 1967.

•• § 4.º com redação determinada pela Lei n. 6.397, de 10-12-1976.

Art. 60. É vedada a realização de despesa sem prévio empenho.

§ 1.º Em casos especiais previstos na legislação específica será dispensada a emissão da nota de empenho.

§ 2.º Será feito por estimativa o empenho da despesa cujo montante não se possa determinar.

§ 3.º É permitido o empenho global de despesas contratuais e outras, sujeitas a parcelamento.

Art. 61. Para cada empenho será extraído um documento denominado "nota de empenho" que indicará o nome do credor, a representação e a importância da despesa, bem como a dedução desta do saldo da dotação própria.

Art. 62. O pagamento da despesa só será efetuado quando ordenado após sua regular liquidação.

Art. 63. A liquidação da despesa consiste na verificação do direito adquirido pelo credor tendo por base os títulos e documentos comprobatórios do respectivo crédito.

§ 1.º Essa verificação tem por fim apurar:

I – a origem e o objeto do que se deve pagar;

II – a importância exata a pagar;

III – a quem se deve pagar a importância, para extinguir a obrigação.

§ 2.º A liquidação da despesa por fornecimentos feitos ou serviços prestados terá por base:

I – o contrato, ajuste ou acordo respectivo;

II – a nota de empenho;

III – os comprovantes da entrega de material ou da prestação efetiva do serviço.

Art. 64. A ordem de pagamento é o despacho exarado por autoridade competente, determinando que a despesa seja paga.

Parágrafo único. A ordem de pagamento só poderá ser exarada em documentos processados pelos serviços de contabilidade.

•• Este parágrafo único foi vetado pelo Presidente e mantido pelo Congresso Nacional.

Art. 65. O pagamento da despesa será efetuado por tesouraria ou pagadoria regularmente instituídos por estabelecimentos bancários credenciados e, em casos excepcionais, por meio de adiantamento.

Art. 66. As dotações atribuídas às diversas unidades orçamentárias poderão quando expressamente determinado na Lei de Orçamento ser movimentadas por órgãos centrais de administração geral.

Parágrafo único. É permitida a redistribuição de parcelas das dotações de pessoal, de uma para outra unidade orçamentária, quando considerada indispensável à movimentação de pessoal dentro das tabelas ou quadros comuns às unidades interessadas, a que se realize em obediência à legislação específica.

•• *Vide* art. 167, VI, da CF.

Art. 67. Os pagamentos devidos pela Fazenda Pública, em virtude de sentença judiciária, far-se-ão na ordem de apresentação dos precatórios e à conta dos créditos respectivos, sendo proibida a designação de casos ou de pessoas nas dotações orçamentárias e nos créditos adicionais abertos para esse fim.

•• *Vide* Lei n. 6.830, de 22-9-1980, sobre cobrança judicial da Dívida Ativa da Fazenda Pública.

Art. 68. O regime de adiantamento é aplicável aos casos de despesas expressamente definidos em lei e consiste na entrega de numerário a servidor, sempre precedida de empenho na dotação própria para o fim de realizar despesas que não possam subordinar-se ao processo normal de aplicação.

Art. 69. Não se fará adiantamento a servidor em alcance nem a responsável por dois adiantamentos.

•• A expressão "nem a responsável por dois adiantamentos" foi vetada pelo Presidente e mantida pelo Congresso Nacional.

Art. 70. A aquisição de material, o fornecimento e a adjudicação de obras e serviços serão regulados em lei, respeitado o princípio da concorrência.

TÍTULO VII
DOS FUNDOS ESPECIAIS

Art. 71. Constitui fundo especial o produto de receitas especificadas que por lei se vinculam à realização de determinados objetivos ou serviços, facultada a adoção de normas peculiares de aplicação.

•• *Vide* art. 167, IV, da CF e art. 36 do ADCT.

•• A Instrução Normativa n. 1.470, de 30-5-2014, da Secretaria da Receita Federal do Brasil, determina a obrigatoriedade de inscrição no Cadastro Nacional da Pessoa Jurídica (CNPJ) dos fundos a que se refere este artigo.

Art. 72. A aplicação das receitas orçamentárias vinculadas a fundos especiais far-se-á através de dotação consignada na Lei de Orçamento ou em créditos adicionais.

Art. 73. Salvo determinação em contrário da lei que o instituiu, o saldo positivo do fundo especial apurado em balanço será transferido para o exercício seguinte, a crédito do mesmo fundo.

Art. 74. A lei que instituir fundo especial poderá determinar normas peculiares de controle, prestação e tomada de contas, sem, de qualquer modo, elidir a competência específica do Tribunal de Contas ou órgão equivalente.

TÍTULO VIII
DO CONTROLE DA EXECUÇÃO ORÇAMENTÁRIA

CAPÍTULO I
DISPOSIÇÕES GERAIS

Art. 75. O controle da execução orçamentária compreenderá:

I – a legalidade dos atos de que resultem a arrecadação da receita ou a realização da despesa, o nascimento ou a extinção de direitos e obrigações;

II – a fidelidade funcional dos agentes da administração, responsáveis por bens e valores públicos;

III – o cumprimento do programa de trabalho expresso em termos monetários e em termos de realização de obras e prestação de serviços.

CAPÍTULO II
DO CONTROLE INTERNO

Art. 76. O Poder Executivo exercerá os três tipos de controle a que se refere o art. 75, sem prejuízo das atribuições do Tribunal de Contas ou órgão equivalente.

Art. 77. A verificação da legalidade dos atos de execução orçamentária será prévia, concomitante e subsequente.

Art. 78. Além da prestação ou tomada de contas anual, quando instituída em lei, ou por fim de gestão, poderá haver, a qualquer tempo, levantamento, prestação ou tomada de contas de todos os responsáveis por bens ou valores públicos.

Art. 79. Ao órgão incumbido da elaboração da proposta orçamentária ou a outro indicado na legislação, caberá o controle estabelecido no inciso III do art. 75.

Parágrafo único. Esse controle far-se-á, quando for o caso, em termos de unidades de medida, previamente estabelecidos para cada atividade.

Art. 80. Compete aos serviços de contabilidade ou órgãos equivalentes verificar a exata observância dos limites das cotas trimestrais atribuídas a cada unidade orçamentária, dentro do sistema que for instituído para esse fim.

Capítulo III
DO CONTROLE EXTERNO

Art. 81. O controle da execução orçamentária, pelo Poder Legislativo, terá por objetivo verificar a probidade da administração, a guarda e legal emprego dos dinheiros públicos e o cumprimento da Lei de Orçamento.

Art. 82. O Poder Executivo, anualmente, prestará contas ao Poder Legislativo, no prazo estabelecido nas Constituições ou nas Leis Orgânicas dos Municípios.

§ 1.º As contas do Poder Executivo serão submetidas ao Poder Legislativo, com parecer prévio do Tribunal de Contas ou órgão equivalente.

§ 2.º Ressalvada a competência do Tribunal de Contas ou órgão equivalente, a Câmara de Vereadores poderá designar peritos-contadores para verificarem as contas do prefeito e sobre elas emitirem parecer.

Título IX
DA CONTABILIDADE

Capítulo I
DISPOSIÇÕES GERAIS

Art. 83. A contabilidade evidenciará perante a Fazenda Pública a situação de todos quantos, de qualquer modo, arrecadem receitas, efetuem despesas, administrem ou guardem bens a ela pertencentes ou confiados.

Art. 84. Ressalvada a competência do Tribunal de Contas ou órgão equivalente, a tomada de contas dos agentes responsáveis por bens ou dinheiros públicos será realizada ou superintendida pelos serviços de contabilidade.

Art. 85. Os serviços de contabilidade serão organizados de forma a permitirem o acompanhamento da execução orçamentária, o conhecimento da composição patrimonial, a determinação dos custos dos serviços industriais, o levantamento dos balanços gerais, a análise e a interpretação dos resultados econômicos e financeiros.

Art. 86. A escrituração sintética das operações financeiras e patrimoniais efetuar-se-á pelo método das partidas dobradas.

Art. 87. Haverá controle contábil dos direitos e obrigações oriundos de ajustes ou contratos em que a administração pública for parte.

Art. 88. Os débitos e créditos serão escriturados com individuação do devedor ou do credor e especificação da natureza, importância e data do vencimento, quando fixada.

Art. 89. A contabilidade evidenciará os fatos ligados à administração orçamentária, financeira, patrimonial e industrial.

Capítulo II
DA CONTABILIDADE ORÇAMENTÁRIA E FINANCEIRA

Art. 90. A contabilidade deverá evidenciar, em seus registros, o montante dos créditos orçamentários vigentes, a despesa empenhada e a despesa realizada, à conta dos mesmos créditos, e às dotações disponíveis.

Art. 91. O registro contábil da receita e da despesa far-se-á de acordo com as especificações constantes da Lei de Orçamento e dos créditos adicionais.

Art. 92. A dívida flutuante compreende:

I – os restos a pagar, excluídos os serviços da dívida;

II – os serviços da dívida a pagar;

III – os depósitos;

IV – os débitos de tesouraria.

Parágrafo único. O registro dos Restos a Pagar far-se-á por exercício e por credor, distinguindo-se as despesas processadas das não processadas.

Art. 93. Todas as operações de que resultem débitos e créditos de natureza financeira, não compreendidas na execução orçamentária, serão também objeto de registro, individuação e controle contábil.

Capítulo III
DA CONTABILIDADE PATRIMONIAL E INDUSTRIAL

Art. 94. Haverá registros analíticos de todos os bens de caráter permanente, com indicação dos elementos necessários para a perfeita caracterização de cada um deles e dos agentes responsáveis pela sua guarda e administração.

Art. 95. A contabilidade manterá registros sintéticos dos bens móveis e imóveis.

Art. 96. O levantamento geral dos bens móveis e imóveis terá por base o inventário analítico de cada unidade administrativa e os elementos da escrituração sintética na contabilidade.

Art. 97. Para fins orçamentários e determinação dos devedores, ter-se-á o registro contábil das receitas patrimoniais, fiscalizando-se sua efetivação.

Art. 98. A dívida fundada compreende os compromissos de exigibilidade superior a 12 (doze) meses, contraídos para atender a desequilíbrio orçamentário ou a financeiro de obras e serviços públicos.

•• Este artigo e seu parágrafo foram vetados pelo Presidente e mantidos pelo Congresso Nacional.

Parágrafo único. A dívida fundada será escriturada com individuação e especificações que permitem verificar, a qualquer momento, a posição dos empréstimos, bem como os respectivos serviços de amortização e juros.

Art. 99. Os serviços públicos industriais, ainda que não organizados como empresa pública ou autárquica, manterão contabilidade especial para determinação dos custos, ingressos e resultados, sem prejuízo da escrituração patrimonial e financeira comum.

Art. 100. As alterações da situação líquida patrimonial, que abrangem os resultados da execução orçamentária, bem como as variações independentes dessa execução e as superveniências e insubsistências ativas e passivas, constituirão elementos da conta patrimonial.

Capítulo IV
DOS BALANÇOS

Art. 101. Os resultados gerais do exercício serão demonstrados no Balanço Orçamentário, no Balanço Financeiro, no Balanço Patrimonial, na Demonstração das Variações Patrimoniais, segundo os Anexos n. 12, 13, 14 e 15 e os quadros demonstrativos constantes dos Anexos n. 1, 6, 7, 8, 9, 10, 11, 16 e 17.

Art. 102. O Balanço Orçamentário demonstrará as receitas e despesas previstas em confronto com as realizadas.

Art. 103. O Balanço Financeiro demonstrará a receita e a despesa orçamentárias, bem como os recebimentos e os pagamentos de natureza extraorçamentária, conjugados com os saldos em espécie provenientes do exercício anterior, e os que se transferem para o exercício seguinte.

Parágrafo único. Os Restos a Pagar do exercício serão computados na receita extraorçamentária para compensar sua inclusão na despesa orçamentária.

Art. 104. A Demonstração das Variações Patrimoniais evidenciará as alterações verificadas no patrimônio, resultantes ou independentes da execução orçamentária, e indicará o resultado patrimonial do exercício.

Art. 105. O Balanço Patrimonial demonstrará:

I – o Ativo Financeiro;

II – o Ativo Permanente;

III – o Passivo Financeiro;

IV – o Passivo Permanente;

V – o Saldo Patrimonial;

VI – as Contas de Compensação.

§ 1.º O Ativo Financeiro compreenderá os créditos e valores realizáveis independentemente de autorização orçamentária e os valores numerários.

§ 2.º O Ativo Permanente compreenderá os bens, créditos e valores, cuja mobilização ou alienação dependa de autorização legislativa.

§ 3.º O Passivo Financeiro compreenderá as dívidas fundadas e outras, cujo pagamento independa de autorização orçamentária.

§ 4.º O Passivo Permanente compreenderá as dívidas fundadas e outras que dependam de autorização legislativa para amortização ou resgate.

§ 5.º Nas contas de compensação serão registrados os bens, valores, obrigações, e situações não compreendidas nos parágrafos anteriores e que, imediata ou indiretamente, possam vir a afetar o patrimônio.

Art. 106. A avaliação dos elementos patrimoniais obedecerá às normas seguintes:

I – os débitos e créditos, bem como os títulos de renda, pelo seu valor nominal, feita a conversão, quando em moeda estrangeira, à taxa de câmbio vigente na data do balanço;

II – os bens móveis e imóveis, pelo valor de aquisição ou pelo custo de produção ou de construção;

III – os bens de almoxarifado, pelo preço médio ponderado das compras.

§ 1.º Os valores em espécie, assim como os débitos e créditos, quando em moeda estrangeira, deverão figurar ao lado das correspondentes importâncias em moeda nacional.

§ 2.º As variações resultantes da conversão dos débitos, créditos e valores em espécie serão levadas à conta patrimonial.

§ 3.º Poderão ser feitas reavaliações dos bens móveis e imóveis.

Título X
DAS AUTARQUIAS E OUTRAS ENTIDADES

Art. 107. As entidades autárquicas ou paraestatais, inclusive de previdência social ou investidas de delegação para arrecadação de contribuições parafiscais da União, dos Estados, dos Municípios e do Distrito Federal, terão seus orçamentos aprovados por decreto do Poder Executivo, salvo se disposição legal expressa determinar que o sejam pelo Poder Legislativo.

Parágrafo único. Compreendem-se nesta disposição as empresas com autonomia financeira e administrativa cujo capital pertencer, integralmente, ao Poder Público.

•• *Vide* art. 165, § 5.º, da CF.

Art. 108. Os orçamentos das entidades referidas no artigo anterior vincular-se-ão ao orçamento da União, dos Estados, dos Municípios e do Distrito Federal, pela inclusão:

I – como receita, salvo disposição legal em contrário, de saldo positivo previsto entre os totais das receitas e despesas;

II – como subvenção econômica, na receita do orçamento da beneficiária, salvo disposição legal em contrário, do saldo negativo previsto entre os totais das receitas e despesas.

§ 1.º Os investimentos ou inversões financeiras da União, dos Estados, dos Municípios e do Distrito Federal, realizados por intermédio das entidades aludidas no artigo anterior, serão classificados como receita de capital destas e despesa de transferência de capital daqueles.

§ 2.º As previsões para depreciação serão computadas para efeito de apuração do saldo líquido das mencionadas entidades.

Art. 109. Os orçamentos e balanços das entidades compreendidas no art. 107 serão publicados como complemento dos orçamentos e balanços da União, dos Estados, dos Municípios e do Distrito Federal a que estejam vinculados.

Art. 110. Os orçamentos e balanços das entidades já referidas obedecerão aos padrões e normas instituídas por esta Lei, ajustados às respectivas peculiaridades.

Parágrafo único. Dentro do prazo que a legislação fixar, os balanços serão remetidos ao órgão central de contabilidade da União, dos Estados, dos Municípios e do Distrito Federal, para fins de incorporação dos resultados, salvo disposição legal em contrário.

TÍTULO XI
DISPOSIÇÕES FINAIS

Art. 111. O Conselho Técnico de Economia e Finanças do Ministério da Fazenda, além de outras apurações, para fins estatísticos, de interesse nacional, organizará e publicará o balanço consolidado das contas da União, Estados, Municípios e Distrito Federal, suas autarquias e outras entidades, bem como um quadro estruturalmente idêntico, baseado em dados orçamentários.

§ 1.º Os quadros referidos neste artigo terão a estrutura do Anexo n. 1.

§ 2.º O quadro baseado nos orçamentos será publicado até o último dia do primeiro semestre do próprio exercício e o baseado nos balanços, até o último dia do segundo semestre do exercício imediato àquele a que se referirem.

Art. 112. Para cumprimento do disposto no artigo precedente, a União, os Estados, os Municípios e o Distrito Federal remeterão ao mencionado órgão, até 30 de abril, os orçamentos do exercício, e até 30 de junho, os balanços do exercício anterior.

Parágrafo único. O pagamento, pela União, de auxílio ou contribuição a Estados, Municípios ou Distrito Federal, cuja concessão não decorra de imperativo constitucional, dependerá de prova do atendimento ao que se determina neste artigo.

Art. 113. Para fiel e uniforme aplicação das presentes normas, o Conselho Técnico de Economia e Finanças do Ministério da Fazenda atenderá a consultas, coligirá elementos, promoverá o intercâmbio de dados informativos, expedirá recomendações técnicas, quando solicitadas, e atualizará, sempre que julgar conveniente, os anexos que integram a presente Lei.

•• Os anexos aqui mencionados sofreram sucessivas alterações por atos administrativos. Optamos por não mantê-los na presente edição.

Parágrafo único. Para os fins previstos neste artigo, poderão ser promovidas, quando necessário, conferências ou reuniões técnicas, com a participação de representantes das entidades abrangidas por estas normas.

Art. 114. Os efeitos desta Lei são contados a partir de 1.º de janeiro de 1964, para o fim da elaboração dos orçamentos, e a partir de 1.º de janeiro de 1965, quanto às demais atividades estatuídas.

•• Artigo com redação determinada pela Lei n. 4.489, de 19-11-1964.

Art. 115. Revogam-se as disposições em contrário.

Brasília, 17 de março de 1964; 143.º da Independência e 76.º da República.

JOÃO GOULART

DECRETO-LEI N. 37, DE 18 DE NOVEMBRO DE 1966 (*)

Dispõe sobre o Imposto de Importação, reorganiza os serviços aduaneiros e dá outras providências.

O Presidente da República, usando da atribuição que lhe confere o art. 31, parágrafo único, do Ato Institucional n. 2, de 27 de outubro de 1965, decreta:

(*) Publicado no *DOU*, de 21-11-1966.

Título I
IMPOSTO DE IMPORTAÇÃO

Capítulo I
INCIDÊNCIA

Art. 1.º O Imposto de Importação incide sobre mercadoria estrangeira e tem como fato gerador sua entrada no território nacional.

•• *Caput* com redação determinada pelo Decreto-lei n. 2.472, de 1.º-9-1988.

§ 1.º Para fins de incidência do imposto, considerar-se-á também estrangeira a mercadoria nacional ou nacionalizada exportada, que retornar ao País, salvo se:

a) enviada em consignação e não vendida no prazo autorizado;

b) devolvida por motivo de defeito técnico, para reparo ou substituição;

c) por motivo de modificações na sistemática de importação por parte do país importador;

d) por motivo de guerra ou calamidade pública;

e) por outros fatores alheios à vontade do exportador.

•• § 1.º acrescentado pelo Decreto-lei n. 2.472, de 1.º-9-1988.

§ 2.º Para efeito de ocorrência do fato gerador, considerar-se-á entrada no território nacional a mercadoria que constar como tendo sido importada e cuja falta venha a ser apurada pela autoridade aduaneira.

•• § 2.º acrescentado pelo Decreto-lei n. 2.472, de 1.º-9-1988.

§ 3.º Para fins de aplicação do disposto no § 2.º deste artigo, o regulamento poderá estabelecer percentuais de tolerância para a falta apurada na importação de granéis que, por sua natureza ou condições de manuseio na descarga, estejam sujeitos a quebra ou decréscimo de quantidade ou peso.

•• § 3.º acrescentado pelo Decreto-lei n. 2.472, de 1.º-9-1988.

§ 4.º O imposto não incide sobre mercadoria estrangeira:

I – destruída sob controle aduaneiro, sem ônus para a Fazenda Nacional, antes de desembaraçada;

•• Inciso I com redação determinada pela Lei n. 12.350, de 20-12-2010.

II – em trânsito aduaneiro de passagem, acidentalmente destruída; ou

III – que tenha sido objeto de pena de perdimento, exceto na hipótese em que não seja localizada, tenha sido consumida ou revendida.

•• § 4.º acrescentado pela Lei n. 10.833, de 29-12-2003.

Capítulo II
BASE DE CÁLCULO

Art. 2.º A base de cálculo do imposto é:

I – quando a alíquota for específica, a quantidade de mercadoria, expressa na unidade de medida indicada na tarifa;

II – quando a alíquota for *ad valorem*, o valor aduaneiro apurado segundo normas do art. VII do Acordo Geral sobre Tarifas Aduaneiras e Comércio (GATT).

•• Artigo com redação determinada pelo Decreto-lei n. 2.472, de 1.º-9-1988.

....

Capítulo III
ISENÇÕES E REDUÇÕES

....

Seção V
Similaridade

Art. 17. A isenção do Imposto de Importação somente beneficia produto sem similar nacional, em condições de substituir o importado.

Parágrafo único. Excluem-se do disposto neste artigo:

I – os casos previstos no art. 13 e nos incisos IV a VIII do art. 15 deste Decreto-lei e no art. 4.º da Lei n. 3.244, de 14 de agosto de 1957;

II – as partes, peças, acessórios, ferramentas e utensílios:

a) que, em quantidade normal, acompanham o aparelho, instrumento, máquina ou equipamento;

b) destinados, exclusivamente, na forma do regulamento, ao reparo ou manutenção de aparelho, instrumento, máquina ou equipamento de procedência estrangeira, instalado ou em funcionamento no País;

III – os casos de importações resultando de concorrência com financiamento internacional superior a 15 (quinze) anos, em que tiver sido assegurada a participação da indústria nacional com uma margem de proteção não inferior a 15% (quinze por cento) sobre o preço do CIF, porto de desembarque brasileiro, de equipamento estrangeiro oferecido de acordo com as normas que regulam a matéria;

IV – (*Revogado pelo Decreto-lei n. 2.433, de 19-5-1988.*)

V – bens doados, destinados a fins culturais, científicos e assistenciais, desde que os beneficiários sejam entidades sem fins lucrativos.

•• Inciso V acrescentado pela Lei n. 10.833, de 29-12-2003.

Art. 18. O Conselho de Política Aduaneira formulará critérios, gerais ou específicos, para julgamento da similaridade, à vista das condições de oferta do produto nacional, e observadas as seguintes normas básicas:

I – preço não superior ao custo de importação em cruzeiros do similar estrangeiro, calculado com base no preço normal, acrescido dos tributos que incidem sobre a importação, e de outros encargos de efeito equivalente;

II – prazo de entrega normal ou corrente para o mesmo tipo de mercadoria;

III – qualidade equivalente e especificações adequadas.

§ 1.º Ao formular critérios de similaridade, o Conselho de Política Aduaneira considerará a orientação de órgãos governamentais incumbidos da política relativa a produtos ou a setores de produção.

§ 2.º Quando se tratar de projeto de interesse econômico fundamental, financiado por entidade internacional de crédito, poderão ser consideradas, para efeito de aplicação do disposto neste artigo, as condições especiais que regularem a participação da indústria nacional no fornecimento de bens.

§ 3.º Não será aplicável o conceito de similaridade quando importar em fracionamento da peça ou máquina, com prejuízo da garantia em funcionamento ou com retardamento substancial no prazo de entrega ou montagem.

Art. 19. A apuração da similaridade deverá ser feita pelo Conselho de Política Aduaneira, diretamente ou em colaboração com outros órgãos governamentais ou entidades de classe, antes da importação.

Parágrafo único. Os critérios de similaridade fixados na forma estabelecida neste Decreto-lei e seu regulamento serão observados pela Carteira de Comércio Exterior, quando do exame dos pedidos de importação.

Art. 20. Independem de apuração, para serem considerados similares, os produtos naturais ou com beneficiamento primário, as matérias-primas e os bens de consumo, de notória produção no País.

Art. 21. No caso das disposições da Tarifa Aduaneira que condicionam a incidência do imposto ou o nível de alíquota à exigência de similar, registrado, o Conselho de Política Aduaneira publicará a relação dos produtos com similar nacional.

CAPÍTULO IV
CÁLCULO E RECOLHIMENTO DO IMPOSTO

Art. 22. O imposto será calculado pela aplicação, das alíquotas previstas na Tarifa Aduaneira, sobre a base de cálculo definida no Capítulo II deste Título.

Art. 23. Quando se tratar de mercadoria despachada para consumo, considera-se ocorrido o fato gerador na data do registro, na repartição aduaneira, da declaração a que se refere o art. 44.

Parágrafo único. A mercadoria ficará sujeita aos tributos vigorantes na data em que a autoridade aduaneira efetuar o correspondente lançamento de ofício no caso de:

•• Parágrafo único, *caput*, com redação determinada pela Lei n. 12.350, de 20-12-2010.

I – falta, na hipótese a que se refere o § 2.º do art. 1.º; e

•• Inciso I acrescentado pela Lei n. 12.350, de 20-12-2010.

II – introdução no País sem o registro de declaração de importação, a que se refere o inciso III do § 4.º do art. 1.º.

•• Inciso II acrescentado pela Lei n. 12.350, de 20-12-2010.

Art. 24. Para efeito de cálculo do imposto, os valores expressos em moeda estrangeira serão convertidos em moeda nacional à taxa de câmbio vigente no momento da ocorrência do fato gerador.

Parágrafo único. A taxa a que se refere este artigo será estabelecida para venda da moeda respectiva no último dia útil de cada semana, para vigência na semana subsequente.

•• Parágrafo único com redação determinada pela Lei n. 7.683, de 2-12-1988.

Art. 25. Na ocorrência de dano casual ou de acidente, o valor aduaneiro da mercadoria será reduzido proporcionalmente ao prejuízo, para efeito de cálculo dos tributos devidos, observado o disposto no art. 60.

•• *Caput* com redação determinada pela Lei n. 12.350, de 20-12-2010.

Parágrafo único. Quando a alíquota for específica, o montante do imposto será reduzido proporcionalmente ao valor do prejuízo apurado.

Art. 26. Na transferência de propriedade ou uso de bens prevista no art. 11, os tributos e gravames cambiais dispensados quando da importação, serão reajustados pela aplicação dos índices de correção monetária fixados pelo Conselho Nacional de Economia e das taxas de depreciação estabelecidas no regulamento.

Art. 27. O recolhimento do imposto será realizado na forma e momento indicados no regulamento.

CAPÍTULO V
RESTITUIÇÃO

Art. 28. Conceder-se-á restituição do imposto, na forma do regulamento:

I – quando apurado excesso no pagamento, decorrente de erro de cálculo ou de aplicação de alíquota;

II – quando houver dano ou avaria, perda ou extravio.

§ 1.º A restituição de tributos independe da iniciativa do contribuinte, podendo processar-se de ofício, como estabelecer o regulamento sempre que se apurar excesso de pagamento na conformidade deste artigo.

§ 2.º As reclamações do importador quanto a erro ou engano, nas declarações, sobre quantidade ou qualidade da mercadoria, ou no caso do inciso II deste artigo, deverão ser apresentadas antes de sua saída de recintos aduaneiros.

Art. 29. A restituição será efetuada, mediante anulação contábil da respectiva receita, pela autoridade incumbida de promover a cobrança originária a qual, ao reconhecer o direito creditório contra a Fazenda Nacional, autorizará a entrega da importância considerada indevida.

§ 1.º Quando a importância a ser restituída for superior a cinco milhões de cruzeiros o chefe da repartição aduaneira recorrerá de ofício para o diretor do Departamento de Rendas Aduaneiras.

§ 2.º Nos casos de que trata o parágrafo anterior, a importância da restituição será classificada em conta de responsáveis, a débito dos beneficiários, até que seja anotada a decisão do diretor do Departamento de Rendas Aduaneiras.

Art. 30. Na restituição de depósitos, que também poderá processar-se de ofício, a importância da correção monetária, de que trata o art. 7.º, § 3.º, da Lei n. 4.357, de 16 de julho de 1964, obedecerá igualmente ao que dispõe o artigo anterior.

Capítulo VI
CONTRIBUINTES E RESPONSÁVEIS

Art. 31. É contribuinte do imposto:

I – o importador, assim considerada qualquer pessoa que promova a entrada de mercadoria estrangeira no território nacional;

II – o destinatário de remessa postal internacional indicado pelo respectivo remetente;

III – o adquirente de mercadoria entrepostada.

•• Artigo com redação determinada pelo Decreto-lei n. 2.472, de 1.º-9-1988.

Art. 32. É responsável pelo imposto:

I – o transportador, quando transportar mercadoria procedente do exterior ou sob controle aduaneiro, inclusive em percurso interno;

II – o depositário, assim considerada qualquer pessoa incumbida da custódia de mercadoria sob controle aduaneiro.

•• *Caput* e incisos com redação determinada pelo Decreto-lei n. 2.472, de 1.º-9-1988.

Parágrafo único. É responsável solidário:

•• Parágrafo único, *caput*, acrescentado pelo Decreto-lei n. 2.472, de 1.º-9-1988.

a) o adquirente ou cessionário de mercadoria beneficiada com isenção ou redução do imposto;

•• Alínea *a* acrescentada pelo Decreto-lei n. 2.472, de 1.º-9-1988.

b) o representante, no País, do transportador estrangeiro;

•• Alínea *b* acrescentada pelo Decreto-lei n. 2.472, de 1.º-9-1988.

c) o adquirente de mercadoria de procedência estrangeira, no caso de importação realizada por sua conta e ordem, por intermédio de pessoa jurídica importadora;

•• Alínea *c* acrescentada pela Lei n. 11.281, de 20 de fevereiro de 2006.

d) o encomendante predeterminado que adquire mercadoria de procedência estrangeira de pessoa jurídica importadora.

•• Alínea *d* acrescentada pela Lei n. 11.281, de 20 de fevereiro de 2006.

Título II
CONTROLE ADUANEIRO

Capítulo I
JURISDIÇÃO DOS SERVIÇOS ADUANEIROS

Art. 33. A jurisdição dos serviços aduaneiros se estende por todo o território aduaneiro, e abrange:

I – zona primária – compreendendo as faixas internas de portos e aeroportos, recintos alfandegados e locais habilitados nas fronteiras terrestres, bem como outras áreas nos quais se efetuem operações de carga e descarga de mercadoria, ou embarque e desembarque de passageiros, procedentes do exterior ou a ele destinados;

II – zona secundária – compreendendo a parte restante do território nacional, nela incluídos as águas territoriais e o espaço aéreo correspondente.

Parágrafo único. Para efeito de adoção de medidas de controle fiscal, poderão ser demarcadas, na orla marítima e na faixa de fronteira, zonas de vigilância aduaneira, nas quais a existência e a circulação de mercadoria estarão sujeitas às cautelas fiscais, proibições e restrições que forem prescritas no regulamento.

Art. 34. O regulamento disporá sobre:

I – registro de pessoas que cruzem as fronteiras;

II – apresentação de mercadorias às autoridades aduaneiras da jurisdição dos portos, aeroportos e outros locais de entrada e saída do território aduaneiro;

III – controle de veículos, mercadorias, animais e pessoas, na zona primária e na zona de vigilância aduaneira;

IV – apuração de infrações por descumprimento de medidas de controle estabelecidas pela legislação aduaneira.

Art. 35. Em tudo o que interessar à fiscalização aduaneira, na zona primária, a autoridade aduaneira tem precedência sobre as demais que ali exercem suas atribuições.

Art. 36. A fiscalização aduaneira poderá ser ininterrupta, em horários determinados, ou eventual, nos portos, aeroportos, pontos de fronteira e recintos alfandegados.

•• *Caput* com redação determinada pela Lei n. 10.833, de 29-12-2003.

§ 1.º A administração aduaneira determinará os horários e as condições de realização dos serviços aduaneiros, nos locais referidos no *caput*.

§ 2.º O atendimento em dias e horas fora do expediente normal da repartição aduaneira é considerado serviço extraordinário, caso em que os interessados deverão, na forma estabelecida em regulamento, ressarcir a Administração das despesas decorrentes dos serviços a eles efetivamente prestados, como tais também compreendida a remuneração dos funcionários.

•• § 2.º acrescentado pelo Decreto-lei n. 2.472, de 1.º-9-1988.

CAPÍTULO II
NORMAS GERAIS DO CONTROLE ADUANEIRO DE VEÍCULOS

Art. 37. O transportador deve prestar à Secretaria da Receita Federal, na forma e no prazo por ela estabelecidos, as informações sobre as cargas transportadas, bem como sobre a chegada de veículo procedente do exterior ou a ele destinado.

•• *Caput* com redação determinada pela Lei n. 10.833, de 29-12-2003.

§ 1.º O agente de carga, assim considerada qualquer pessoa que, em nome do importador ou do exportador, contrate o transporte de mercadoria, consolide ou desconsolide cargas e preste serviços conexos, e o operador portuário, também devem prestar as informações sobre as operações que executem e respectivas cargas.

•• § 1.º com redação determinada pela Lei n. 10.833, de 29-12-2003.

§ 2.º Não poderá ser efetuada qualquer operação de carga ou descarga, em embarcações, enquanto não forem prestadas as informações referidas neste artigo.

•• § 2.º com redação determinada pela Lei n. 10.833, de 29-12-2003.

§ 3.º A Secretaria da Receita Federal fica dispensada de participar da visita a embarcações prevista no art. 32 da Lei n. 5.025, de 10 de junho de 1966.

•• § 3.º com redação determinada pela Lei n. 10.833, de 29-12-2003.

•• Citada Lei n. 5.025, de 10-6-1966, dispõe sobre o intercâmbio comercial com o exterior, cria o Conselho Nacional do Comércio Exterior, e dá outras providências.

§ 4.º A autoridade aduaneira poderá proceder às buscas em veículos necessárias para prevenir e reprimir a ocorrência de infração à legislação, inclusive em momento anterior à prestação das informações referidas no *caput*.

•• Anterior parágrafo único renumerado pela Lei n. 10.833, de 29-12-2003.

....

Seção I
Despacho Aduaneiro

•• Seção I com denominação determinada pelo Decreto-lei n. 2.472, de 1.º-9-1988.

Art. 44. Toda mercadoria procedente do exterior por qualquer via, destinada a consumo ou a outro regime, sujeita ou não ao pagamento do imposto, deverá ser submetida a despacho aduaneiro, que será processado com base em declaração apresentada à repartição aduaneira no prazo e na forma prescritos em regulamento.

•• Artigo com redação determinada pelo Decreto-lei n. 2.472, de 1.º-9-1988.

Art. 45. As declarações do importador subsistem para quaisquer efeitos fiscais, ainda quando o despacho seja interrompido e a mercadoria abandonada.

•• Artigo com redação determinada pelo Decreto-lei n. 2.472, de 1.º-9-1988.

Art. 46. Além da declaração de que trata o art. 44 deste Decreto-lei e de outros documentos previstos em leis ou regulamentos, serão exigidas, para o processamento do despacho aduaneiro, a prova de posse ou propriedade da mercadoria e a fatura comercial, com as exceções que estabelecer o regulamento.

•• *Caput* com redação determinada pelo Decreto-lei n. 2.472, de 1.º-9-1988.

§ 1.º O conhecimento aéreo poderá equiparar-se à fatura comercial, se contiver as indicações de quantidade, espécie e valor das mercadorias que lhe correspondam.

•• § 1.º acrescentado pelo Decreto-lei n. 2.472, de 1.º-9-1988.

§ 2.º O regulamento disporá sobre dispensa de visto consular na fatura.

•• § 2.º acrescentado pelo Decreto-lei n. 2.472, de 1.º-9-1988.

Art. 47. Quando exigível depósito ou pagamento de quaisquer ônus financeiros ou cambiais, a tramitação do despacho aduaneiro ficará sujeita à prévia satisfação da mencionada exigência.

•• Artigo com redação determinada pelo Decreto-lei n. 2.472, de 1.º-9-1988.

Art. 48. Na hipótese de mercadoria, cuja importação esteja sujeita a restrições especiais distintas das de natureza cambial, que chegar ao País com inobservância das formalidades pertinentes, a autoridade aduaneira procederá de acordo com as leis e regulamentos que hajam estabelecido as referidas restrições.

•• Artigo com redação determinada pelo Decreto-lei n. 2.472, de 1.º-9-1988.

Art. 49. O despacho aduaneiro poderá ser efetuado em zona primária ou em outros locais admitidos pela autoridade aduaneira.

•• Artigo com redação determinada pelo Decreto-lei n. 2.472, de 1.º-9-1988.

Art. 50. A verificação de mercadoria, na conferência aduaneira ou em outra ocasião, será realizada por Auditor-Fiscal da Receita Federal do Brasil ou, sob a sua supervisão, por Analista-Tributário, na presença do viajante, do importador, do exportador ou de seus representantes, podendo ser adotados critérios de seleção e amostragem, de conformidade com o estabelecido pela Secretaria da Receita Federal do Brasil.

•• *Caput* com redação determinada pela Lei n. 12.350, de 20-12-2010.

§ 1.º Na hipótese de mercadoria depositada em recinto alfandegado, a verificação poderá ser realizada na presença do depositário ou de seus prepostos, dispensada a exigência da presença do importador ou do exportador.

•• § 1.º acrescentado pela Lei n. 10.833, de 29-12-2003.

§ 2.º A verificação de bagagem ou de outra mercadoria que esteja sob a responsabilidade do transportador poderá ser realizada na presença deste ou de seus prepostos, dispensada a exigência da presença do viajante, do importador ou do exportador.

•• § 2.º acrescentado pela Lei n. 10.833, de 29-12-2003.

§ 3.º Nas hipóteses dos §§ 1.º e 2.º, o depositário e o transportador, ou seus prepostos, representam o viajante, o importador ou o exportador, para efeitos de identificação, quantificação e descrição da mercadoria verificada.

•• § 3.º acrescentado pela Lei n. 10.833, de 29-12-2003.

Art. 51. Concluída a conferência aduaneira, sem exigência fiscal relativamente a valor aduaneiro, classificação ou outros elementos do despacho, a mercadoria será desembaraçada e posta à disposição do importador.

•• *Caput* com redação determinada pelo Decreto-lei n. 2.472, de 1.º-9-1988.

§ 1.º Se, no curso da conferência aduaneira, houver exigência fiscal na forma deste artigo, a mercadoria poderá ser desembaraçada, desde que, na forma do regulamento, sejam adotadas as indispensáveis cautelas fiscais.

•• § 1.º acrescentado pelo Decreto-lei n. 2.472, de 1.º-9-1988.

§ 2.º O regulamento disporá sobre os casos em que a mercadoria poderá ser posta à disposição do importador antecipadamente ao desembaraço.

•• § 2.º acrescentado pelo Decreto-lei n. 2.472, de 1.º-9-1988.

....

Seção II
Conclusão do Despacho

Art. 54. A apuração da regularidade do pagamento do imposto e demais gravames devidos à Fazenda Nacional ou do benefício fiscal aplicado, e da exatidão das informações prestadas pelo importador será realizada na forma que estabelecer o regulamento e processada no prazo de 5 (cinco) anos, contado do registro da declaração de que trata o art. 44 deste Decreto-lei.

•• Artigo com redação determinada pelo Decreto-lei n. 2.472, de 1.º-9-1988.

....

TÍTULO IV
INFRAÇÕES E PENALIDADES

CAPÍTULO I
INFRAÇÕES

Art. 94. Constitui infração toda ação ou omissão, voluntária ou involuntária, que importe inobservância, por parte da pessoa natural ou jurídica, de norma estabelecida neste Decreto-lei, no seu regulamento ou em ato administrativo de caráter normativo destinado a completá-los.

§ 1.º O regulamento e demais atos administrativos não poderão estabelecer ou disciplinar obrigação, nem definir infração ou cominar penalidade que estejam autorizadas ou previstas em lei.

§ 2.º Salvo disposição expressa em contrário, a responsabilidade por infração independe da intenção do agente ou do responsável e da efetividade, natureza e extensão dos efeitos do ato.

Art. 95. Respondem pela infração:

I – conjunta ou isoladamente, quem quer que, de qualquer forma, concorra para sua prática, ou dela se beneficie;

II – conjunta ou isoladamente, o proprietário e o consignatário do veículo, quanto à que decorrer do exercício de atividade própria do veículo, ou de ação ou omissão de seus tripulantes;

III – o comandante ou condutor de veículo nos casos do inciso anterior, quando o veículo proceder do exterior sem estar consignada a pessoa natural ou jurídica estabelecida no ponto de destino;

IV – a pessoa natural ou jurídica, em razão do despacho que promover, de qualquer mercadoria;

V – conjunta ou isoladamente, o adquirente de mercadoria de procedência estrangeira, no caso da importação realizada por sua conta e ordem, por intermédio de pessoa jurídica importadora;

•• Inciso V acrescentado pela Medida Provisória n. 2.158-35, de 24-8-2001.

VI – conjunta ou isoladamente, o encomendante predeterminado que adquire mercadoria de procedência estrangeira de pessoa jurídica importadora.

•• Inciso VI acrescentado pela Lei n. 11.281, de 20 de fevereiro de 2006.

CAPÍTULO II
PENALIDADES

Seção I
Espécies de Penalidades

Art. 96. As infrações estão sujeitas às seguintes penas, aplicáveis separada ou cumulativamente:

I – perda do veículo transportador;

II – perda da mercadoria;

III – multa;

IV – proibição de transacionar com repartição pública ou autárquica federal, empresa pública e sociedade de economia mista.

Seção II

Aplicação e Graduação das Penalidades

Art. 97. Compete à autoridade julgadora:

I – determinar a pena ou as penas aplicáveis ao infrator ou a quem deva responder pela infração, nos termos da lei;

II – fixar a quantidade da pena, respeitados os limites legais.

Art. 98. Quando a pena de multa for expressa em faixa variável de quantidade, o chefe da repartição aduaneira imporá a pena mínima prevista para a infração, só a majorando em razão de circunstância que demonstre a existência de artifício doloso na prática da infração, ou que importe agravar suas consequências ou retardar seu conhecimento pela autoridade fazendária.

Art. 99. Apurando-se, no mesmo processo, a prática de duas ou mais infrações pela mesma pessoa natural ou jurídica, aplicam-se cumulativamente, no grau correspondente, quando for o caso, as penas a elas cominadas, se as infrações não forem idênticas.

§ 1.º Quando se tratar de infração continuada em relação à qual tenham sido lavrados diversos autos ou representações, serão eles reunidos em um só processo, para imposição da pena.

§ 2.º Não se considera infração continuada a repetição de falta já arrolada em processo fiscal de cuja instauração o infrator tenha sido intimado.

Art. 100. Se do processo se apurar responsabilidade de duas ou mais pessoas, será imposta a cada uma delas a pena relativa à infração que houver cometido.

Art. 101. Não será aplicada penalidade – enquanto prevalecer o entendimento – a quem proceder ou pagar o imposto:

I – de acordo com interpretação fiscal constante de decisão irrecorrível de última instância administrativa, proferida em processo fiscal inclusive de consulta, seja o interessado parte ou não;

II – de acordo com interpretação fiscal constante de decisão de primeira instância proferida em processo fiscal, inclusive de consulta, em que o interessado for parte;

III – de acordo com interpretação fiscal constante de circular, instrução, portaria, ordem de serviço e outros atos interpretativos baixados pela autoridade fazendária competente.

Art. 102. A denúncia espontânea da infração, acompanhada, se for o caso, do pagamento do imposto e dos acréscimos, excluirá a imposição da correspondente penalidade.

•• *Caput* com redação determinada pelo Decreto-lei n. 2.472, de 1.º-9-1988.

§ 1.º Não se considera espontânea a denúncia apresentada:

•• § 1.º, *caput*, acrescentado pelo Decreto-lei n. 2.472, de 1.º-9-1988.

a) no curso do despacho aduaneiro, até o desembaraço da mercadoria;

•• Alínea *a* acrescentada pelo Decreto-lei n. 2.472, de 1.º-9-1988.

b) após o início de qualquer outro procedimento fiscal, mediante ato de ofício, escrito, praticado por servidor competente, tendente a apurar a infração.

•• Alínea *b* acrescentada pelo Decreto-lei n. 2.472, de 1.º-9-1988.

§ 2.º A denúncia espontânea exclui a aplicação de penalidades de natureza tributária ou administrativa, com exceção das penalidades aplicáveis na hipótese de mercadoria sujeita a pena de perdimento.

•• § 2.º com redação determinada pela Lei n. 12.350, de 20-12-2010.

Art. 103. A aplicação da penalidade fiscal, e seu cumprimento, não elidem, em caso algum, o pagamento dos tributos devidos e a regularização cambial nem prejudicam a aplicação das penas cominadas para o mesmo fato pela legislação criminal e especial.

Seção III
Perda do Veículo

Art. 104. Aplica-se a pena de perda do veículo nos seguintes casos:

I – quando o veículo transportador estiver em situação ilegal, quanto às normas que o habilitem a exercer a navegação ou o transporte internacional correspondente à sua espécie;

II – quando o veículo transportador efetuar operação de descarga de mercadoria estrangeira ou a carga de mercadoria nacional ou nacionalizada fora do porto, aeroporto ou outro local para isso habilitado;

III – quando a embarcação atracar a navio ou quando qualquer veículo, na zona primária, se colocar nas proximidades de outro, vindo um deles do exterior ou a eles destinado, de modo a tornar possível o transbordo de pessoa ou carga, sem observância das normas legais e regulamentares;

IV – quando a embarcação navegar dentro do porto, sem trazer escrito, em tipo destacado e em local visível do casco, seu nome de registro;

V – quando o veículo conduzir mercadoria sujeita à pena de perda, se pertencente ao responsável por infração punível com aquela sanção;

VI – quando o veículo terrestre utilizado no trânsito de mercadoria estrangeira desviar-se de sua rota legal, sem motivo justificado.

Parágrafo único. Aplicam-se cumulativamente:

•• Parágrafo único, *caput*, com redação determinada pela Lei n. 10.833, de 29-12-2003.

I – no caso do inciso II do *caput*, a pena de perdimento da mercadoria;

•• Inciso I com redação determinada pela Lei n. 10.833, de 29-12-2003.

II – no caso do inciso III do *caput*, a multa de R$ 200,00 (duzentos reais) por passageiro ou tripulante conduzido pelo veículo que efetuar a operação proibida, além do perdimento da mercadoria que transportar.

•• Inciso II com redação determinada pela Lei n. 10.833, de 29-12-2003.

Seção IV
Perda da Mercadoria

Art. 105. Aplica-se a pena de perda da mercadoria:

I – em operação de carga já carregada, em qualquer veículo ou dele descarregada ou em descarga, sem ordem, despacho ou licença, por escrito da autoridade aduaneira ou não cumprimento de outra formalidade especial estabelecida em texto normativo;

II – incluída em listas de sobressalentes e previsões de bordo quando em desacordo, quantitativo ou qualificativo, com as necessidades do serviço e do custeio do veículo e da manutenção de sua tripulação e passageiros;

III – oculta, a bordo do veículo ou na zona primária, qualquer que seja o processo utilizado;

IV – existente a bordo do veículo, sem registro um manifesto, em documento de efeito equivalente ou em outras declarações;

V – nacional ou nacionalizada em grande quantidade ou de vultoso valor, encontrada na zona de vigilância aduaneira, em circunstâncias que tornem evidente destinar-se a exportação clandestina;

VI – estrangeira ou nacional, na importação ou na exportação, se qualquer documento necessário ao seu embarque ou desembaraço tiver sido falsificado ou adulterado;

VII – nas condições do inciso anterior possuída a qualquer título ou para qualquer fim;

VIII – estrangeira que apresente característica essencial falsificada ou adulterada, que impeça ou dificulte sua identificação, ainda que a falsificação ou a adulteração não influa no seu tratamento tributário ou cambial;

IX – estrangeira, encontrada ao abandono, desacompanhada de prova de pagamento dos tributos aduaneiros, salvo as do art. 58;

X – estrangeira, exposta à venda, depositada ou em circulação comercial no país, se não for feita prova de sua importação regular;

XI – estrangeira, já desembaraçada e cujos tributos aduaneiros tenham sido pagos apenas em parte, mediante artifício doloso;

XII – estrangeira, chegada ao país com falsa declaração de conteúdo;

XIII – transferida a terceiro, sem o pagamento dos tributos aduaneiros e outros gravames, quando desembaraçada nos termos do inciso III do art. 13;

XIV – encontrada em poder de pessoa natural ou jurídica não habilitada, tratando-se de papel com linha ou marca d'água, inclusive aparas;

XV – constante de remessa postal internacional com falsa declaração de conteúdo;

XVI – fracionada em duas ou mais remessas postais ou encomendas aéreas internacionais visando a elidir, no todo ou em parte, o pagamento dos tributos aduaneiros ou quaisquer normas estabelecidas para o controle das importações ou, ainda, a beneficiar-se de regime de tributação simplificada;

•• Inciso XVI com redação determinada pelo Decreto-lei n. 1.804, de 3-9-1980.

XVII – estrangeira, em trânsito no território aduaneiro, quando o veículo terrestre que a conduzir, desviar-se de sua rota legal, sem motivo justificado;

XVIII – estrangeira, acondicionada sob fundo falso, ou de qualquer modo oculta;

XIX – estrangeira, atentatória à moral, aos bons costumes, à saúde ou ordem públicas.

Seção V
Multas

Art. 106. Aplicam-se as seguintes multas, proporcionais ao valor do imposto incidente sobre a importação da mercadoria ou o que incidiria se não houvesse isenção ou redução:

I – de 100% (cem por cento):

a) pelo não emprego dos bens de qualquer natureza nos fins ou atividades para que foram importados com isenção de tributos;

b) pelo desvio, por qualquer forma, dos bens importados com isenção ou redução de tributos;

c) pelo uso de falsidade nas provas exigidas para obtenção dos benefícios e estímulos previstos neste Decreto;

d) pela não apresentação de mercadoria depositada em entreposto aduaneiro;

II – de 50% (cinquenta por cento):

a) pela transferência, a terceiro, a qualquer título, dos bens importados com isenção de tributos, sem prévia autorização da repartição aduaneira, ressalvado o caso previsto no inciso XIII do art. 105;

b) pelo não retorno ao exterior, no prazo fixado, dos bens importados sob regime de admissão temporária;

c) pela importação, como bagagem de mercadoria que, por sua quantidade e características, revele finalidade comercial;

d) pelo extravio ou falta de mercadoria, inclusive apurado em ato de vistoria aduaneira;

III – de 20% (vinte por cento):

a) (*Revogada pela Lei n. 10.833, de 29-12-2003.*)

b) pela chegada ao país de bagagem e bens de passageiro fora dos prazos regulamentares, quando se tratar de mercadoria sujeita a tributação;

IV – de 10% (dez por cento):

a) (*Revogada pela Lei n. 10.833, de 29-12-2003.*)

b) pela apresentação de fatura comercial sem o visto consular, quando exige essa formalidade;

c) pela comprovação, fora do prazo, da chegada da mercadoria no destino, nos casos de reexportação e trânsito;

V – (*Revogado pela Lei n. 10.833, de 29-12-2003.*)

§ 1.º No caso de papel com linhas ou marcas d'água, as multas previstas nos incisos I e II serão de 150% e 75%, respectivamente, adotando-se, para calculá-las, a maior alíquota do imposto taxada para papel, similar, destinado a impressão, sem aquelas características.

•• § 1.º acrescentado pelo Decreto-lei n. 751, de 8-8-1969.

§ 2.º Aplicam-se as multas, calculadas pela forma referida no parágrafo anterior, de 75% e 20%, respectivamente, também nos seguintes casos:

•• § 2.º acrescentado pelo Decreto-lei n. 751, de 8-8-1969.

a) venda não faturada de sobra de papel não impresso (mantas, aparas de bobinas e restos de bobinas);

•• Alínea *a* acrescentada pelo Decreto-lei n. 751, de 8-8-1969.

b) venda de sobra de papel não impresso, mantas, aparas de bobinas e restos de bobinas, salvo a editoras ou, como matéria-prima a fábricas.

•• Alínea *b* acrescentada pelo Decreto-lei n. 751, de 8-8-1969.

Art. 107. Aplicam-se ainda as seguintes multas:

•• *Caput* com redação determinada pela Lei n. 10.833, de 19-12-2003.

I – de R$ 50.000,00 (cinquenta mil reais), por contêiner ou qualquer veículo contendo mercadoria, inclusive a granel, ingressado em local ou recinto sob controle aduaneiro, que não seja localizado;

•• Inciso I com redação determinada pela Lei n. 10.833, de 29-12-2003.

II – de R$ 15.000,00 (quinze mil reais), por contêiner ou veículo contendo mercadoria, inclusive a granel, no regime de trânsito aduaneiro, que não seja localizado;

•• Inciso II com redação determinada pela Lei n. 10.833, de 29-12-2003.

III – de R$ 10.000,00 (dez mil reais), por desacato à autoridade aduaneira;

•• Inciso III com redação determinada pela Lei n. 10.833, de 29-12-2003.

IV – de R$ 5.000,00 (cinco mil reais):

•• Inciso IV, *caput*, com redação determinada pela Lei n. 10.833, de 29-12-2003.

a) por ponto percentual que ultrapasse a margem de 5% (cinco por cento), na diferença de peso apurada em relação ao manifesto de carga a granel apresentado pelo transportador marítimo, fluvial ou lacustre;

•• Alínea *a* acrescentada pela Lei n. 10.833, de 29-12-2003.

b) por mês-calendário, a quem não apresentar à fiscalização os documentos relativos à operação que realizar ou em que intervier, bem como outros documentos exigidos pela Secretaria da Receita Federal, ou não mantiver os correspondentes arquivos em boa guarda e ordem;

•• Alínea *b* acrescentada pela Lei n. 10.833, de 29-12-2003.

c) a quem, por qualquer meio ou forma, omissiva ou comissiva, embaraçar, dificultar ou impedir ação de fiscalização aduaneira, inclusive no caso de não apresentação de resposta, no prazo estipulado, a intimação em procedimento fiscal;

•• Alínea *c* acrescentada pela Lei n. 10.833, de 29-12-2003.

d) a quem promover a saída de veículo de local ou recinto sob controle aduaneiro, sem autorização prévia da autoridade aduaneira;

•• Alínea *d* acrescentada pela Lei n. 10.833, de 29-12-2003.

e) por deixar de prestar informação sobre veículo ou carga nele transportada, ou sobre as operações que execute, na forma e no prazo estabelecidos pela Secretaria da Receita Federal, aplicada à empresa de transporte internacional, inclusive a prestadora de serviços de transporte internacional expresso porta a porta, ou ao agente de carga; e

•• Alínea *e* acrescentada pela Lei n. 10.833, de 29-12-2003.

f) por deixar de prestar informação sobre carga armazenada, ou sob sua responsabilidade, ou sobre as operações que execute, na forma e no prazo estabelecidos pela Secretaria da Receita Federal, aplicada ao depositário ou ao operador portuário;

•• Alínea *f* acrescentada pela Lei n. 10.833, de 29-12-2003.

V – de R$ 3.000,00 (três mil reais), ao transportador de carga ou de passageiro, pelo descumprimento de exigência estabelecida para a circulação de veículos e mercadorias em zona de vigilância aduaneira;

•• Inciso V com redação determinada pela Lei n. 10.833, de 29-12-2003.

VI – de R$ 2.000,00 (dois mil reais), no caso de violação de volume ou unidade de carga que contenha mercadoria sob controle aduaneiro, ou de dispositivo de segurança;

•• Inciso VI com redação determinada pela Lei n. 10.833, de 29-12-2003.

VII – de R$ 1.000,00 (mil reais):

•• Inciso VII, *caput*, com redação determinada pela Lei n. 10.833, de 29-12-2003.

a) por volume depositado em local ou recinto sob controle aduaneiro, que não seja localizado;

•• Alínea *a* acrescentada pela Lei n. 10.833, de 29-12-2003.

b) pela importação de mercadoria estrangeira atentatória à moral, aos bons costumes, à saúde ou à ordem pública, sem prejuízo da aplicação da pena prevista no inciso XIX do art. 105;

•• Alínea *b* acrescentada pela Lei n. 10.833, de 29-12-2003.

c) pela substituição do veículo transportador, em operação de trânsito aduaneiro, sem autorização prévia da autoridade aduaneira;

•• Alínea *c* acrescentada pela Lei n. 10.833, de 29-12-2003.

d) por dia, pelo descumprimento de condição estabelecida pela administração aduaneira para a prestação de serviços relacionados com o despacho aduaneiro;

•• Alínea *d* acrescentada pela Lei n. 10.833, de 29-12-2003.

e) por dia, pelo descumprimento de requisito, condição ou norma operacional para habilitar-se ou utilizar regime aduaneiro especial ou aplicado em áreas especiais, ou para habilitar-se ou manter recintos nos quais tais regimes sejam aplicados;

•• Alínea *e* acrescentada pela Lei n. 10.833, de 29-12-2003.

f) por dia, pelo descumprimento de requisito, condição ou norma operacional para executar atividades de movimentação e armazenagem de mercadorias sob controle aduaneiro, e serviços conexos; e

•• Alínea *f* acrescentada pela Lei n. 10.833, de 29-12-2003.

g) por dia, pelo descumprimento de condição estabelecida para utilização de procedimento aduaneiro simplificado;

•• Alínea *g* acrescentada pela Lei n. 10.833, de 29-12-2003.

VIII – de R$ 500,00 (quinhentos reais):

•• Inciso VIII acrescentado pela Lei n. 10.833, de 29-12-2003.

a) por ingresso de pessoa em local ou recinto sob controle aduaneiro sem a regular autorização, aplicada ao administrador do local ou recinto;

•• Alínea *a* acrescentada pela Lei n. 10.833, de 29-12-2003.

b) por tonelada de carga a granel depositada em local ou recinto sob controle aduaneiro, que não seja localizada;

•• Alínea *b* acrescentada pela Lei n. 10.833, de 29-12-2003.

c) por dia de atraso ou fração, no caso de veículo que, em operação de trânsito aduaneiro, chegar ao destino fora do prazo estabelecido, sem motivo justificado;

•• Alínea *c* acrescentada pela Lei n. 10.833, de 29-12-2003.

d) por erro ou omissão de informação em declaração relativa ao controle de papel imune; e

•• Alínea *d* acrescentada pela Lei n. 10.833, de 29-12-2003.

e) pela não apresentação do romaneio de carga (*packing-list*) nos documentos de instrução da declaração aduaneira;

•• Alínea *e* acrescentada pela Lei n. 10.833, de 29-12-2003.

IX – de R$ 300,00 (trezentos reais), por volume de mercadoria, em regime de trânsito aduaneiro, que não seja localizado no veículo transportador, limitada ao valor de R$ 15.000,00 (quinze mil reais);

•• Inciso IX acrescentado pela Lei n. 10.833, de 29-12-2003.

X – de R$ 200,00 (duzentos reais):

•• Inciso X, *caput*, acrescentado pela Lei n. 10.833, de 29-12-2003.

a) por tonelada de carga a granel em regime de trânsito aduaneiro que não seja localizada no veículo transportador, limitada ao valor de R$ 15.000,00 (quinze mil reais);

•• Alínea *a* acrescentada pela Lei n. 10.833, de 29-12-2003.

b) para a pessoa que ingressar em local ou recinto sob controle aduaneiro sem a regular autorização; e

•• Alínea *b* acrescentada pela Lei n. 10.833, de 29-12-2003.

c) pela apresentação de fatura comercial em desacordo com uma ou mais de uma das indicações estabelecidas no regulamento; e

•• Alínea *c* acrescentada pela Lei n. 10.833, de 29-12-2003.

XI – de R$ 100,00 (cem reais):

•• Inciso XI, *caput*, acrescentado pela Lei n. 10.833, de 29-12-2003.

a) por volume de carga não manifestada pelo transportador, sem prejuízo da aplicação da pena prevista no inciso IV do art. 105; e

•• Alínea *a* acrescentada pela Lei n. 10.833, de 29-12-2003.

b) por ponto percentual que ultrapasse a margem de 5% (cinco por cento), na diferença de peso apurada em relação ao manifesto de carga a granel apresentado pelo transportador rodoviário ou ferroviário.

•• Alínea *b* acrescentada pela Lei n. 10.833, de 29-12-2003.

§ 1.º O recolhimento das multas previstas nas alíneas e, *f* e *g* do inciso VII não garante o direito a regular operação do regime ou do recinto, nem a execução da atividade, do serviço ou do procedimento concedidos a título precário.

•• § 1.º acrescentado pela Lei n. 10.833, de 29-12-2003.

§ 2.º As multas previstas neste artigo não prejudicam a exigência dos impostos incidentes, a aplicação de outras penalidades cabíveis e a representação fiscal para fins penais, quando for o caso.

•• § 2.º acrescentado pela Lei n. 10.833, de 29-12-2003.

Art. 108. Aplica-se a multa de 50% (cinquenta por cento) da diferença de imposto apurada em razão de declaração indevida de mercadoria, ou atribuição de valor ou quantidade diferente do real, quando a diferença do imposto for superior a 10% (dez por cento) quanto ao preço e a 5% (cinco por cento) quanto a quantidade ou peso em relação ao declarado pelo importador.

Parágrafo único. Será de 100% (cem por cento) a multa relativa a falsa declaração correspondente ao valor, à natureza e à quantidade.

Art. 109. (*Revogado pela Lei n. 10.833, de 29-12-2003.*)

Art. 110. Todos os valores expressos em cruzeiros, nesta Lei, serão atualizados anualmente, segundo os índices de correção monetária fixados pelo Conselho Nacional de Economia.

Art. 111. Somente quando procedendo do exterior ou a ele se destinar, é alcançado pelas normas das Seções III, IV e V deste Capítulo, o veículo assim designado e suas operações ali indicadas.

Parágrafo único. Excluem-se da regra deste artigo os casos dos incisos V e VI do art. 104.

Art. 112. No caso de extravio ou falta de mercadoria previsto na alínea "d" do inciso II do art. 106, os tributos e multa serão calculados sobre o valor que constar do manifesto ou outros documentos ou sobre o valor da mercadoria contida em volume idêntico ao do manifesto, quando forem incompletas as declarações relativas ao não descarregado.

Parágrafo único. Se à declaração corresponder mais de uma alíquota da Tarifa Aduaneira, sendo impossível precisar a competente, por ser genérica a declaração, o cálculo se fará pela alíquota mais elevada.

Art. 113. No que couber, aplicam-se as disposições deste Capítulo a qualquer meio de transporte vindo do exterior ou a ele destinado, bem como a seu proprietário, condutor ou responsável, documentação, carga, tripulantes e passageiros.

Art. 114. No caso de o responsável pela infração conformar-se com o procedimento fiscal, poderão ser recolhidas, no prazo de 10 (dez) dias, independentemente do processo, as multas cominadas nos incisos III e V do art. 106 bem como no art. 108.

Parágrafo único. Não efetuado o pagamento do débito no prazo fixado, será instaurado processo fiscal, na forma do art.118.

Art. 115. Ao funcionário que houver apontado a infração serão adjudicados 40% (quarenta por cento) da multa aplicada, exceto nos casos dos incisos IV e V do art. 106, quando o produto dela será integralmente recolhido ao Tesouro Nacional, observado o que dispõe o art. 23 da Lei n. 4.863, de 29 de novembro de 1965.

•• A Lei n. 4.863, de 29-11-1965, que reajustava os vencimentos dos servidores civis e militares, dispõe em seu art. 23 que o Poder Executivo regulamentará a adjudicação dessa espécie de vantagem.

§ 1.º Quando a infração for apurada mediante denúncia, metade da quota-parte atribuída aos funcionários caberá ao denunciante.

§ 2.º Exclui-se da regra deste artigo a infração prevista no inciso I do art. 107.

Seção VI
Proibição de Transacionar

Art. 116. O devedor, inclusive o fiador, declarado remisso, é proibido de transacionar, a qualquer título, com repartição pública ou autárquica federal, empresa pública e sociedade de economia mista.

§ 1.º A declaração da remissão será feita pelo órgão aduaneiro local, após decorridos trinta dias da data em que se tornar irrecorrível, na esfera administrativa, a decisão condenatória, desde que o devedor não tenha feito prova de pagamento da dívida ou de ter iniciado, perante a autoridade judicial, ação anulatória de ato administrativo, com o depósito da importância em litígio, em dinheiro ou em títulos da dívida pública federal, na repartição competente de seu domicílio fiscal.

§ 2.º No caso do parágrafo anterior, o chefe da repartição fará a declaração nos 15 (quinze) dias seguintes ao término do prazo ali marcado, publicando a decisão no órgão oficial, ou, na sua falta, comunicando-a, para o mesmo fim, ao Departamento de Rendas Aduaneiras, sem prejuízo da sua afixação em lugar visível do prédio da repartição.

Art. 117. No caso de reincidência na fraude punida no parágrafo único do art. 108 e no inciso II do art. 60 da Lei n. 3.244, de 14 de agosto de 1957, com a redação que lhe dá o art. 169 deste Decreto-lei, o Diretor do Departamento de Rendas Aduaneiras:

•• Citado art. 60 da Lei n. 3.244, de 14-8-1957, foi revogado pela Lei n. 6.562, de 18-9-1978.

I – suspenderá, pelo prazo de 1 (um) a 5 (cinco) anos, a aceitação, por repartição aduaneira, de declaração apresentada pelo infrator;

II – aplicará a proibição de transacionar à firma ou sociedade estrangeira que, de qualquer modo, concorrer para a prática do ato.

TÍTULO V
PROCESSO FISCAL

CAPÍTULO I
DISPOSIÇÕES GERAIS

Art. 118. A infração será apurada mediante processo fiscal, que terá por base a representação ou auto lavrado pelo agente fiscal do imposto aduaneiro ou guarda aduaneiro, observadas, quanto a este, as restrições do regulamento.

Parágrafo único. O regulamento definirá os casos em que o processo fiscal terá por base a representação.

Art. 119. São anuláveis:

I – o auto, a representação ou o termo:

a) que não contenha elementos suficientes para determinar a infração e o infrator, ressalvados, quanto à identificação deste, os casos de abandono da mercadoria pelo próprio infrator;

b) lavrado por funcionário diferente do indicado no art. 118;

II – a decisão ou o despacho proferido por autoridade incompetente, ou com preterição do direito de defesa.

Parágrafo único. A nulidade é sanável pela repetição do ato ou suprida pela sua retificação ou complementação, nos termos do regulamento.

Art. 120. A nulidade de qualquer ato não prejudicará senão os posteriores que dele dependam diretamente ou dele sejam consequência.

Art. 121. Nas fases de defesa, recurso e pedido de reconsideração, dar-se-á vista do processo ao sujeito passivo de procedimento fiscal.

Art. 122. Compete o preparo do processo fiscal à repartição aduaneira com jurisdição no local onde se formalizar o procedimento.

Art. 123. O responsável pela infração será intimado a apresentar defesa no prazo de 30 (trinta) dias da ciência do procedimento fiscal, prorrogável por mais 10 (dez) dias, por motivo imperioso, alegado pelo interessado.

Parágrafo único. Se o término do prazo cair em dia em que não haja expediente normal na repartição, considerar-se-á prorrogado o prazo até o primeiro dia útil seguinte.

Art. 124. A intimação a que se refere o artigo anterior, ou para satisfazer qualquer exigência, obedecerá a uma das seguintes formas, como estabelecer o regulamento:

I – pessoalmente;

II – através do Correio, pelo sistema denominado "AR" (Aviso de Recebimento);

III – mediante publicação no Diário Oficial da União ou do Estado em que estiver localizada a repartição ou em jornal local de grande circulação;

IV – por edital afixado na portaria da repartição.

§ 1.º Omitida a data no recibo "AR" a que se refere o inciso II deste artigo, dar-se-á por feita a intimação 15 (quinze) dias depois da entrada da carta de notificação no Correio.

§ 2.º O regulamento estabelecerá os prazos não afixados neste Decreto-lei, para qualquer diligência.

Art. 125. A competência para julgamento do processo fiscal será estabelecida no regulamento.

Art. 126. As inexatidões materiais, devidas a lapso manifesto, e os erros de escrita ou cálculo, existentes na decisão, poderão ser corrigidos por despacho de ofício ou por provocação do interessado ao funcionário.

Art. 127. Proferida a decisão, dela serão cientificadas as partes, na forma do art. 124.

CAPÍTULO II
PEDIDO DE RECONSIDERAÇÃO E RECURSO

Art. 128. Da decisão caberá:

I – em primeira ou segunda instância, pedido de reconsideração apresentado no prazo de 30 (trinta) dias, que fluirá simultaneamente com o da interposição do recurso, quando for o caso;

II – recurso:

a) voluntário, em igual prazo, mediante prévio depósito do valor em litígio ou prestação de fiança idônea, para o Conselho Superior de Tarifa;

b) de ofício, na própria decisão ou posteriormente em novo despacho, quando o litígio, de valor superior a quinhentos mil cruzeiros, for decidido a favor da parte, total ou parcialmente.

Parágrafo único. No caso de restituição de tributo, o recurso será interposto para o diretor do Departamento de Rendas Aduaneiras, impondo-se o de ofício quando o litígio for de valor superior a cinco milhões de cruzeiros.

Art. 129. O recurso terá efeito suspensivo se voluntário, ou sem ele no de ofício.

§ 1.º No caso de apreensão julgada improcedente, a devolução da coisa de valor superior a quinhentos mil cruzeiros, antes do julgamento do recurso de ofício, dependerá de prévia observância da norma prevista no § 2.º do art. 71.

§ 2.º Não interposto o recurso de ofício cabível, cumpre ao funcionário autor do procedimento fiscal representar à autoridade prolatora da decisão, propondo a medida.

Art. 130. Ressalvados os casos de ausência de depósito ou fiança, compete à instância superior julgar da perempção do recurso.

....

TÍTULO VI
DECADÊNCIA E PRESCRIÇÃO

•• Título VI com denominação determinada pelo Decreto-lei n. 2.472, de 1.º-9-1988.

CAPÍTULO ÚNICO
DISPOSIÇÕES GERAIS

Art. 137. (*Revogado pela Lei n. 10.833, de 29-12-2003.*)

Art. 138. O direito de exigir o tributo extingue-se em 5 (cinco) anos, a contar do primeiro dia do exercício seguinte àquele em que poderia ter sido lançado.

•• *Caput* com redação determinada pelo Decreto-lei n. 2.472, de 1.º-9-1988.

Parágrafo único. Tratando-se de exigência de diferença de tributo, contar-se-á o prazo a partir do pagamento efetuado.

•• Parágrafo único com redação determinada pelo Decreto-lei n. 2.472, de 1.º-9-1988.

Art. 139. No mesmo prazo do artigo anterior se extingue o direito de impor penalidade, a contar da data da infração.

Art. 140. Prescreve em 5 (cinco) anos, a contar de sua constituição definitiva, a cobrança do crédito tributário.

•• Artigo com redação determinada pelo Decreto-lei n. 2.472, de 1.º-9-1988.

Art. 141. O prazo a que se refere o artigo anterior não corre:

•• *Caput* com redação determinada pelo Decreto-lei n. 2.472, de 1.º-9-1988.

I – enquanto o processo de cobrança depender de exigência a ser satisfeita pelo contribuinte;

•• Inciso I com redação determinada pelo Decreto-lei n. 2.472, de 1.º-9-1988.

II – até que a autoridade aduaneira seja diretamente informada pelo Juízo de Direito, Tribunal ou órgão do Ministério Público, da revogação de ordem ou decisão judicial que haja suspenso, anulado ou modificado exigência, inclusive no caso de sobrestamento do processo.

•• Inciso II com redação determinada pelo Decreto-lei n. 2.472, de 1.º-9-1988.

....

TÍTULO VIII
DISPOSIÇÕES FINAIS E TRANSITÓRIAS

....

Art. 169. Constituem infrações administrativas ao controle das importações:

•• *Caput* com redação determinada pela Lei n. 6.562, de 18-9-1978.

I – importar mercadorias do exterior:

•• Inciso I, *caput*, com redação determinada pela Lei n. 6.562, de 18-9-1978.

a) sem Guia de Importação ou documento equivalente, que implique a falta de depósito ou a falta de pagamento de quaisquer ônus financeiros ou cambiais:

Pena: multa de 100% (cem por cento) do valor da mercadoria.

•• Alínea *a* acrescentada pela Lei n. 6.562, de 18-9-1978.

b) sem Guia de Importação ou documento equivalente, que não implique a falta de depósito ou a falta de pagamento de quaisquer ônus financeiros ou cambiais:

Pena: multa de 30% (trinta por cento) do valor da mercadoria.

•• Alínea *b* acrescentada pela Lei n. 6.562, de 18-9-1978.

II – subfaturar ou superfaturar o preço ou valor da mercadoria:

Pena: multa de 100% (cem por cento) da diferença;

•• Inciso II com redação determinada pela Lei n. 6.562, de 18-9-1978.

III – descumprir outros requisitos de controle da importação, constantes ou não de Guia de Importação ou de documento equivalente:

•• Inciso III, *caput*, acrescentado pela Lei n. 6.562, de 18-9-1978.

a) embarque da mercadoria após vencido o prazo de validade da Guia de Importação respectiva ou do documento equivalente:

1 – até 20 (vinte) dias:

Pena: multa de 10% (dez por cento) do valor da mercadoria.

2 – de mais de 20 (vinte) até 40 (quarenta) dias:

Pena: multa de 20% (vinte por cento) do valor da mercadoria.

•• Alínea *a* acrescentada pela Lei n. 6.562, de 18-9-1978.

b) embarque da mercadoria antes de emitida a Guia de Importação ou documento equivalente:

Pena: multa de 30% (trinta por cento) do valor da mercadoria.

•• Alínea *b* acrescentada pela Lei n. 6.562, de 18-9-1978.

c) não apresentação ao órgão competente de relação discriminatória do material importado ou fazê-la fora do prazo, no caso de Guia de Importação ou de documento equivalente expedidos sob tal cláusula:

Pena: alternativamente, como abaixo indicado, consoante ocorra, respectivamente, uma das figuras do inciso I:

1 – no caso da alínea *a*: multa de 100% (cem por cento) do valor da mercadoria;

2 – no caso da alínea *b*: multa de 30% (trinta por cento) do valor da mercadoria.

•• Alínea *c* acrescentada pela Lei n. 6.562, de 18-9-1978.

d) não compreendidos nas alíneas anteriores:

Pena: multa de 20% (vinte por cento) do valor da mercadoria.

•• Alínea *d* acrescentada pela Lei n. 6.562, de 18-9-1978.

§ 1.º Após o vencimento dos prazos indicados no inciso III, alínea *a*, do *caput* deste artigo, a importação será considerada como tendo sido realizada sem Guia de Importação ou documento equivalente.

•• § 1.º com redação determinada pela Lei n. 10.833, de 29-12-2003.

§ 2.º As multas previstas neste artigo não poderão ser:

•• § 2.º, *caput*, com redação determinada pela Lei n. 10.833, de 29-12-2003.

I – inferiores a R$ 500,00 (quinhentos reais);

•• Inciso I com redação determinada pela Lei n. 10.833, de 29-12-2003.

II – superiores a R$ 5.000,00 (cinco mil reais) nas hipóteses previstas nas alíneas *a*, *b* e *c*, item 2, do inciso III do *caput* deste artigo.

•• Inciso II com redação determinada pela Lei n. 10.833, de 29-12-2003.

§ 3.º Os limites de valor, a que se refere o parágrafo anterior, serão atualizados anualmente pelo Secretário da Receita Federal, de acordo com o índice de correção das Obrigações Reajustáveis do Tesouro Nacional, desprezadas, para o limite mínimo, as frações de Cr$ 100,00 (cem cruzeiros) e para o limite máximo as frações de Cr$ 1.000,00 (hum mil cruzeiros).

•• § 3.º com redação determinada pela Lei n. 6.562, de 18-9-1978.

§ 4.º Salvo no caso do inciso II do *caput* deste artigo, na ocorrência simultânea de mais de uma infração, será punida apenas aquela a que for cominada a penalidade mais grave.

•• § 4.º acrescentado pela Lei n. 6.562, de 18-9-1978.

§ 5.º A aplicação das penas previstas neste artigo:

•• § 5.º, *caput*, acrescentado pela Lei n. 6.562, de 18-9-1978.

I – não exclui o pagamento dos tributos devidos, nem a imposição de outras penas, inclusive criminais, previstas em legislação específica;

•• Inciso I acrescentado pela Lei n. 6.562, de 18-9-1978.

II – não prejudica a imunidade e, salvo disposição expressa em contrário, a isenção de impostos, de que goze a importação, em virtude de lei ou de outro ato específico baixado pelo órgão competente;

•• Inciso II acrescentado pela Lei n. 6.562, de 18-9-1978.

III – não elide o depósito ou o pagamento de quaisquer ônus financeiros ou cambiais, quando a importação estiver sujeita ao cumprimento de tais requisitos.

•• Inciso III acrescentado pela Lei n. 6.562, de 18-9-1978.

§ 6.° Para efeito do disposto neste artigo, o valor da mercadoria será aquele obtido segundo a aplicação da legislação relativa à base de cálculo do Imposto sobre a Importação.

•• § 6.° acrescentado pela Lei n. 6.562, de 18-9-1978.

§ 7.° Não constituirão infrações:

•• § 7.°, *caput*, acrescentado pela Lei n. 6.562, de 18-9-1978.

I – a diferença, para mais ou para menos, não superior a 10% (dez por cento) quanto ao preço, e a 5% (cinco por cento) quanto à quantidade ou ao peso, desde que não ocorram concomitantemente;

•• Inciso I acrescentado pela Lei n. 6.562, de 18-9-1978.

II – nos casos do inciso III do *caput* deste artigo, se alterados pelo órgão competente os dados constantes da Guia de Importação ou de documento equivalente;

•• Inciso II acrescentado pela Lei n. 6.562, de 18-9-1978.

III – a importação de máquinas e equipamentos declaradamente originários de determinado país, constituindo um todo integrado, embora contenham partes ou componentes produzidos em outros países que não o indicado na Guia de Importação.

•• Inciso III acrescentado pela Lei n. 6.562, de 18-9-1978.

....

Art. 178. Este Decreto-lei entrará em vigor em 1.° de janeiro de 1967, salvo quanto às disposições que dependam de regulamentação, cuja vigência será fixada no regulamento.

Brasília, 18 de novembro de 1966, 145.° da Independência e 78.° da República.

H. Castello Branco

DECRETO-LEI N. 57, DE 18 DE NOVEMBRO DE 1966 (*)

Altera dispositivos sobre lançamento e cobrança do Imposto sobre a Propriedade Territorial Rural, institui normas sobre arrecadação da Dívida Ativa correspondente, e dá outras providências.

O Presidente da República, no uso das atribuições que lhe são conferidas pelo art. 31, parágrafo único, do Ato Institucional n. 2, de 27 de outubro de 1965, e pelo art. 2.° do Ato Complementar n. 23, de 20 de outubro de 1966, decreta:

Art. 1.° Os débitos dos contribuintes, relativos ao Imposto sobre a Propriedade Territorial Rural (ITR), Taxas de Serviços Cadastrais e respectivas multas, não liquidadas em cada exercício, serão inscritos como dívida ativa, acrescidos da multa de 20% (vinte por cento).

Art. 2.° A dívida ativa, de que trata o artigo anterior, enquanto não liquidada, estará sujeita à multa de 20% (vinte por cento) por exercício, devido a partir de primeiro de janeiro de cada ano, sempre sobre o montante do débito de 31 de dezembro do ano anterior.

§ 1.° Os débitos em dívida ativa, na data de primeiro de janeiro de cada exercício subsequente, estarão sujeitos aos juros de mora de 12% a.a. (doze por cento ao ano) e mais correção monetária, aplicados sobre o total da dívida em 31 de dezembro do exercício anterior.

§ 2.° O Conselho Nacional de Economia fixará os índices de correção monetária, específicos para o previsto no parágrafo anterior.

Art. 3.° Enquanto não for iniciada a cobrança judicial, os débitos inscritos em dívida ativa poderão ser incluídos na guia de arrecadação

(*) Publicado no *DOU*, de 21-11-1966. Regulamentado pelo Decreto n. 59.900, de 30-12-1966.

do ITR dos exercícios subsequentes, para sua liquidação conjunta.

Parágrafo único. Ressalvada a hipótese prevista neste artigo, não será permitido o pagamento dos tributos referentes a um exercício, sem que o contribuinte comprove a liquidação dos débitos do exercício anterior ou o competente depósito judicial das quantias devidas.

Art. 4.º Do produto do ITR e seus acrescidos, cabe ao Instituto Brasileiro de Reforma Agrária (IBRA) a parcela de 20% (vinte por cento) para custeio do respectivo serviço de lançamento e arrecadação.

•• Artigo suspenso pela Resolução do Senado Federal n. 337, de 27-9-1983.

Art. 5.º A taxa de serviços cadastrais cobrada pelo IBRA, pela emissão do Certificado de Cadastro, incide sobre todos os imóveis rurais, ainda que isentos do ITR.

•• O Decreto-lei n. 1.989, de 28-12-1982, dispõe sobre a taxa de serviços cadastrais de que trata este artigo.

•• O Decreto-lei n. 2.377, de 30-11-1987, estabelece em seu art. 1.º que ficam cancelados os débitos correspondentes aos exercícios de 1981 e 1986, concernente a imóveis rurais com área igual ou inferior a três módulos fiscais, relativos à taxa de serviço cadastral, de que trata este artigo.

§§ 1.º e 2.º (*Revogados pela Lei n. 5.868, de 12-12-1972.*)

Art. 6.º As isenções concedidas pelo art. 66 da Lei n. 4.504, de 30 de novembro de 1964, não se referem ao ITR e à Taxa de Serviços Cadastrais.

•• O art. 66 da Lei n. 4.504, de 30-11-1964, dispõe: "Art. 66. Os compradores e promitentes compradores de parcelas resultantes de colonização oficial ou particular, ficam isentos do pagamento dos tributos federais que incidam diretamente sobre o imóvel durante o período de cinco anos, a contar da data da compra ou compromisso. Parágrafo único. O órgão competente firmará convênios com o fim de obter, para os compradores e promitentes compradores, idênticas isenções de tributos estaduais e municipais".

Art. 7.º (*Revogado pela Lei n. 5.868, de 12-12-1972.*)

Art. 8.º Para fins de cadastramento e do lançamento do ITR, a área destinada a exploração mineral, em um imóvel rural, será considerada como inaproveitável, desde que seja comprovado que a mencionada destinação impede a exploração da mesma em atividades agrícolas, pecuária ou agroindustrial e que sejam satisfeitas as exigências estabelecidas na regulamentação deste Decreto-lei.

Art. 9.º Para fins de cadastramento e lançamento do ITR, as empresas industriais situadas em imóvel rural poderão incluir como inaproveitáveis as áreas ocupadas por suas instalações e as não cultivadas necessárias ao seu funcionamento, desde que feita a comprovação, junto ao IBRA, na forma do disposto na regulamentação deste Decreto-lei.

Art. 10. As notificações de lançamento e de cobrança do ITR e da Taxa de Cadastro considerar-se-ão feitas aos contribuintes, pela só publicação dos respectivos editais, no *Diário Oficial da União* e sua afixação na sede das Prefeituras em cujos municípios se localizam os imóveis, devendo os Prefeitos promoverem a mais ampla divul gação desses editais.

Parágrafo único. Até que sejam instalados os equipamentos próprios de computação do IBRA, que permitam a programação das emissões na forma estabelecida no inciso IV do art. 48 da Lei n. 4.504, de 30 de novembro de 1964, o período de emissão de Guias será de 1.º de abril a 31 de julho de cada exercício.

•• O referido inciso IV determina que as épocas de cobrança do ITR deverão ser fixadas em regulamento, de tal forma que em cada região se ajustem o mais possível aos períodos normais de comercialização da produção.

Art. 11. (*Revogado pela Lei n. 5.868, de 12-12-1972.*)

Art. 12. Os tabeliães e oficiais do Registro de Imóvel franquearão seus livros, registros e demais papéis ao IBRA, por seus representantes devidamente credenciados, para a obtenção de elementos necessários ao Cadastro de Imóveis Rurais.

Art. 13. As terras de empresas organizadas como pessoa jurídica, pública ou privada, somente poderão ser consideradas como terras racionalmente aproveitadas, para os fins de aplicação do § 7.º do art. 50 da Lei n. 4.504, de 30 de novembro de 1964, quando satisfaçam, comprovadamente, junto ao IBRA, as exigências da referida lei e estejam classificadas como empresas de capital aberto, na forma do disposto no art. 59 da Lei n. 4.728, de 14 de julho de 1965.

Art. 14. (*Revogado pela Lei n. 5.868, de 12-12-1972*).

Art. 15. O disposto no art. 32 da Lei n. 5.172, de 25 de outubro de 1966, não abrange o imóvel de que, comprovadamente, seja utilizado em exploração extrativa vegetal, agrícola, pecuária ou agroindustrial, incidindo assim, sobre o mesmo, o ITR e demais tributos com o mesmo cobrados.

•• A Resolução do Senado Federal n. 9, de 7-6-2005, suspendeu a revogação deste artigo.

Art. 16. Os loteamentos das áreas situadas fora da zona urbana, referidos no parágrafo 2.º do art. 32 da Lei n. 5.172 de 25 de outubro de 1966, só serão permitidos quando atendido o disposto no art. 61 da Lei n. 4.504, de 30 de novembro de 1964.

Art. 17. O Poder Executivo baixará dentro do prazo de 30 dias, regulamento sobre a aplicação deste Decreto-lei.

Art. 18. O presente Decreto-lei entra em vigor, na data de sua publicação, revogadas as disposições em contrário.

Brasília, 18 de novembro de 1966; 145.º da Independência e 78.º da República.

H. CASTELLO BRANCO

DECRETO-LEI N. 195, DE 24 DE FEVEREIRO DE 1967 (*)

Dispõe sobre a cobrança da Contribuição de Melhoria.

(*) Publicado no *DOU*, de 27-2-1967. Retificado em 8-3-1967.

O Presidente da República, usando das atribuições que lhe confere o § 2.º do art. 9.º do Ato Institucional n. 4, de 7 de dezembro de 1966, resolve baixar o seguinte Decreto-lei:

Art. 1.º A Contribuição de Melhoria, prevista na Constituição Federal, tem como fato gerador o acréscimo do valor do imóvel localizado nas áreas beneficiadas direta ou indiretamente por obras públicas.

Art. 2.º Será devida a Contribuição de Melhoria, no caso de valorização de imóveis de propriedade privada, em virtude de qualquer das seguintes obras públicas:

I – abertura, alargamento, pavimentação, iluminação, arborização, esgotos pluviais e outros melhoramentos de praças e vias públicas;

II – construção e ampliação de parques, campos de desportos, pontes, túneis e viadutos;

III – construção ou ampliação de sistemas de trânsito rápido, inclusive todas as obras e edificações necessárias ao funcionamento do sistema;

IV – serviços e obras de abastecimento de água potável, esgotos, instalações de redes elétricas, telefônicas, transportes e comunicações em geral ou de suprimento de gás, funiculares, ascensores e instalações de comodidade pública;

V – proteção contra secas, inundações, erosão, ressacas, e de saneamento e drenagem em geral, diques, cais, desobstrução de barras, portos e canais, retificação e regularização de cursos d'água e irrigação;

VI – construção de estradas de ferro e construção, pavimentação e melhoramento de estradas de rodagem;

VII – construção de aeródromos e aeroportos e seus acessos;

VIII – aterros e realizações de embelezamento em geral, inclusive desapropriações em desenvolvimento de plano de aspecto paisagístico.

Art. 3.º A Contribuição de Melhoria a ser exigida pela União, Estados, Distrito Federal e

Municípios, para fazer face ao custo das obras públicas, será cobrada pela Unidade administrativa que as realizar, adotando-se como critério o benefício resultante da obra, calculado através de índices cadastrais das respectivas zonas de influência, a serem fixados em regulamentação deste Decreto-lei.

§ 1.º A apuração, dependendo da natureza das obras, far-se-á levando em conta a situação do imóvel na zona de influência, sua testada, área, finalidade de exploração econômica e outros elementos a serem considerados, isolada ou conjuntamente.

§ 2.º A determinação da Contribuição de Melhoria far-se-á rateando, proporcionalmente, o custo parcial ou total das obras, entre todos os imóveis incluídos nas respectivas zonas de influência.

§ 3.º A Contribuição de Melhoria será cobrada dos proprietários de imóveis do domínio privado, situados nas áreas direta e indiretamente beneficiadas pela obra.

§ 4.º Reputam-se feitas pela União as obras executadas pelos Territórios.

Art. 4.º A cobrança da Contribuição de Melhoria terá como limite o custo das obras, computadas as despesas de estudos, projetos, fiscalização, desapropriações, administração, execução e financiamento, inclusive prêmios de reembolso e outras de praxe em financiamento ou empréstimos e terá a sua expressão monetária atualizada na época do lançamento mediante aplicação de coeficientes de correção monetária.

§ 1.º Serão incluídos, nos orçamentos de custo das obras, todos os investimentos necessários para que os benefícios delas decorrentes sejam integralmente alcançados pelos imóveis situados nas respectivas zonas de influência.

§ 2.º A percentagem do custo real a ser cobrada mediante Contribuição de Melhoria será fixada tendo em vista a natureza da obra, os benefícios para os usuários, as atividades econômicas predominantes e o nível de desenvolvimento da região.

Art. 5.º Para cobrança da Contribuição de Melhoria, a Administração competente deverá publicar edital, contendo, entre outros, os seguintes elementos:

I – delimitação das áreas direta e indiretamente beneficiadas e a relação dos imóveis nelas compreendidos;

II – memorial descritivo do projeto;

III – orçamento total ou parcial do custo das obras;

IV – determinação da parcela do custo das obras a ser ressarcida pela contribuição, com o correspondente plano de rateio entre os imóveis beneficiados.

Parágrafo único. O disposto neste artigo aplica-se, também, aos casos de cobrança da Contribuição de Melhoria por obras públicas em execução, constantes de projetos ainda não concluídos.

Art. 6.º Os proprietários de imóveis situados nas zonas beneficiadas pelas obras públicas têm o prazo de 30 (trinta) dias, a começar da data da publicação do edital referido no art. 5.º, para a impugnação de qualquer dos elementos dele constantes, cabendo ao impugnante o ônus da prova.

Art. 7.º A impugnação deverá ser dirigida à Administração competente, através de petição, que servirá para o início do processo administrativo conforme venha a ser regulamentado por decreto federal.

Art. 8.º Responde pelo pagamento da Contribuição de Melhoria o proprietário do imóvel ao tempo do seu lançamento, e esta responsabilidade se transmite aos adquirentes e sucessores, a qualquer título, do domínio do imóvel.

§ 1.º No caso de enfiteuse, responde pela Contribuição de Melhoria o enfiteuta.

§ 2.º No imóvel locado é lícito ao locador exigir aumento de aluguel correspondente a 10% (dez por cento) ao ano da Contribuição de Melhoria efetivamente paga.

§ 3.º É nula a cláusula do contrato de locação que atribua ao locatário o pagamento, no todo ou em parte, da Contribuição de Melhoria lançada sobre o imóvel.

§ 4.º Os bens indivisos serão considerados como pertencentes a um só proprietário e aquele que for lançado terá direito de exigir dos condôminos as parcelas que lhes couberem.

Art. 9.º Executada a obra de melhoramento na sua totalidade ou em parte suficiente para beneficiar determinados imóveis, de modo a justificar o início da cobrança da Contribuição de Melhoria, proceder-se-á ao lançamento referente a esses imóveis depois de publicado o respectivo demonstrativo de custos.

Art. 10. O órgão encarregado do lançamento deverá escriturar, em registro próprio, o débito da Contribuição de Melhoria correspondente a cada imóvel, notificando o proprietário, diretamente ou por edital, do:

I – valor da Contribuição de Melhoria lançada;

II – prazo para o seu pagamento, suas prestações e vencimentos;

III – prazo para a impugnação;

IV – local do pagamento.

Parágrafo único. Dentro do prazo que lhe for concedido na notificação do lançamento, que não será inferior a 30 (trinta) dias, o contribuinte poderá reclamar, ao órgão lançador, contra:

I – o erro na localização e dimensões do imóvel;

II – o cálculo dos índices atribuídos;

III – o valor da contribuição;

IV – o número de prestações.

Art. 11. Os requerimentos de impugnação de reclamação, como também quaisquer recursos administrativos, não suspendem o início ou prosseguimento das obras e nem terão efeito de obstar a administração a prática dos atos necessários ao lançamento e cobrança da Contribuição de Melhoria.

Art. 12. A Contribuição de Melhoria será paga pelo contribuinte de forma que a sua parcela anual não exceda a 3% (três por cento) do maior valor fiscal do seu imóvel, atualizado à época da cobrança.

§ 1.º O ato da autoridade que determinar o lançamento poderá fixar descontos para o pagamento à vista, ou em prazos menores do que o lançado.

§ 2.º As prestações da Contribuição de Melhoria serão corrigidas monetariamente, de acordo com os coeficientes aplicáveis na correção dos débitos fiscais.

§ 3.º O atraso no pagamento das prestações fixadas no lançamento sujeitará o contribuinte à multa de mora de 12% (doze por cento) ao ano.

§ 4.º É lícito ao contribuinte liquidar a Contribuição de Melhoria com títulos da dívida pública, emitidos especialmente para financiamento da obra pela qual foi lançado; neste caso, o pagamento será feito pelo valor nominal do título, se o preço do mercado for inferior.

§ 5.º No caso do serviço público concedido, o poder concedente poderá lançar e arrecadar a contribuição.

§ 6.º Mediante convênio, a União poderá legar aos Estados e Municípios, ou ao Distrito Federal, o lançamento e a arrecadação da Contribuição de Melhoria devida por obra pública federal, fixando a percentagem da receita, que caberá ao Estado ou Município que arrecadar a contribuição.

§ 7.º Nas obras federais, quando, por circunstâncias da área a ser lançada ou da natureza da obra, o montante previsto na arrecadação da Contribuição de Melhoria não compensar o lançamento pela União, ou por seus órgãos, o lançamento poderá ser delegado aos municípios interessados e neste caso:

a) caberão aos Municípios o lançamento, arrecadação e as receitas apuradas; e

b) o órgão federal delegante se limitará a fixar os índices e critérios para o lançamento.

Art. 13. A cobrança da Contribuição de Melhoria resultante de obras executadas pela União, situadas em áreas urbanas de um único Município, poderá ser efetuada pelo órgão arrecadador municipal, em convênio com o órgão federal que houver realizado as referidas obras.

Art. 14. A conservação, a operação e a manutenção das obras referidas no artigo anterior, depois de concluídas, constituem encargos do Município em que estiverem situadas.

Art. 15. Os encargos de conservação, operação e manutenção das obras de drenagem e irrigação, não abrangidas pelo art. 13 e implantadas através da Contribuição de Melhoria, serão custeados pelos seus usuários.

Art. 16. Do produto de arrecadação de Contribuição de Melhoria, nas áreas prioritárias para a Reforma Agrária, cobrada pela União e prevista como integrante do Fundo Nacional da Reforma Agrária (art. 28, I, da Lei n. 4.504, de 30-11-1964), o Instituto Brasileiro de Reforma Agrária destinará importância idêntica a recolhida, para ser aplicada em novas obras e projetos de Reforma Agrária pelo mesmo órgão que realizou as obras públicas do que decorreu a contribuição.

Art. 17. Para efeito do Imposto sobre a Renda, devido sobre a valorização imobiliária resultante de obra pública, deduzir-se-á a importância que o contribuinte houver pago, a título de Contribuição de Melhoria.

Art. 18. A dívida fiscal oriunda da Contribuição de Melhoria terá preferência sobre outras dívidas fiscais quanto ao imóvel beneficiado.

Art. 19. Fica revogada a Lei n. 854, de 10 de outubro de 1949, e demais disposições legais em contrário.

Art. 20. Dentro de 90 (noventa) dias o Poder Executivo baixará decreto regulamentando o presente Decreto-lei, que entra em vigor na data de sua publicação.

Brasília, 24 de fevereiro de 1967; 146.º da Independência e 79.º da República.

H. Castello Branco

DECRETO-LEI N. 406, DE 31 DE DEZEMBRO DE 1968 (*)

Estabelece normas gerais de direito financeiro, aplicáveis aos impostos sobre operações relativas à circulação de mercadorias e sobre serviços de qualquer natureza, e dá outras providências.

O Presidente da República, usando das atribuições que lhe confere o § 1.º do art. 2.º do Ato Institucional n. 5, de 13 de dezembro de 1968, resolve baixar o seguinte Decreto-lei:

Art. 1.º O Imposto sobre Operações Relativas à Circulação de Mercadorias tem como fato gerador:

I – a saída de mercadorias de estabelecimento comercial, industrial ou produtor;

II – a entrada em estabelecimento comercial, industrial ou produtor, de mercadoria importada do Exterior pelo titular do estabelecimento;

III – o fornecimento de alimentação, bebidas e outras mercadorias em restaurantes, bares, cafés e estabelecimentos similares.

§ 1.º Equipara-se à saída a transmissão da propriedade de mercadoria, quando esta não transitar pelo estabelecimento do transmitente.

§ 2.º Quando a mercadoria for remetida para armazém geral ou para depósito fechado do próprio contribuinte, no mesmo Estado, a saída considera-se ocorrida no lugar do estabelecimento remetente:

I – no momento da saída da mercadoria do armazém geral ou do depósito fechado, salvo se para retornar ao estabelecimento de origem;

II – no momento da transmissão de propriedade da mercadoria depositada em armazém geral ou em depósito fechado.

(*) Publicado no *DOU*, de 31-12-1968, retificado em 9-1-1969 e 4-2-1969.

§ 3.º O Imposto não incide:

I – sobre a saída de produtos industrializados destinados ao Exterior;

II – sobre a alienação fiduciária em garantia;

III – sobre a saída de estabelecimento prestador dos serviços a que se refere o art. 8.º, de mercadorias a serem ou que tenham sido utilizadas na prestação de tais serviços, ressalvados os casos de incidência previstos na lista de serviços tributados;

•• Inciso III com redação determinada pelo Decreto-lei n. 834, de 8-9-1969.

•• Referência prejudicada em face da revogação do art. 8.º pela Lei Complementar n. 116, de 31-7-2003, que passou a tratar do assunto.

IV – sobre a saída de estabelecimento de empresa de transporte ou de depósito por conta e ordem desta, de mercadorias de terceiros.

§ 4.º São isentas do imposto:

I – as saídas de vasilhame, recipientes e embalagens, inclusive sacaria, quando não cobrados do destinatário ou não computados no valor das mercadorias que acondicionam e desde que devam retornar ao estabelecimento remetente ou a outro do mesmo titular;

II – as saídas de vasilhame, recipiente e embalagens, inclusive sacaria, em retorno ao estabelecimento remetente ou a outro do mesmo titular ou a depósito em seu nome;

III – a saída de mercadorias destinadas ao mercado interno e produzidas em estabelecimentos industriais como resultado de concorrência internacional, com participação de indústrias do País, contra pagamento com recursos oriundos de divisas conversíveis provenientes de financiamento a longo prazo de instituições financeiras internacionais ou entidades governamentais estrangeiras;

IV – as entradas de mercadorias em estabelecimento do importador, quando importadas do Exterior e destinadas a fabricação de peças, máquinas e equipamentos para o mercado interno como resultado de concorrência internacional com participação da indústria do País, contra pagamento com recursos provenientes de divisas conversíveis provenientes de financiamento a longo prazo de instituições financeiras internacionais ou entidades governamentais estrangeiras;

V – a entrada de mercadorias importadas do Exterior quando destinadas à utilização como matéria-prima em processos de industrialização, em estabelecimento do importador, desde que a saída dos produtos industrializados resultantes fique efetivamente sujeita ao pagamento do imposto;

VI – a entrada de mercadorias cuja importação estiver isenta do imposto, de competência da União, sobre a importação de produtos estrangeiros;

VII – a entrada, em estabelecimento do importador, de mercadorias importadas do Exterior sob o regime de *drawback*;

VIII – a saída, de estabelecimento de empreiteiro de construção civil, obras hidráulicas e outras obras semelhantes, inclusive serviços auxiliares ou complementares, de mercadorias adquiridas de terceiros e destinadas às construções, obras ou serviços referidos a cargo do remetente;

•• Inciso VIII com redação determinada pelo Decreto-lei n. 834, de 8-9-1969.

IX – as saídas de mercadorias de estabelecimento de produtor para estabelecimento de cooperativa de que faça parte, situado no mesmo Estado;

X – as saídas de mercadorias de estabelecimento de cooperativa de produtores para estabelecimentos, no mesmo Estado, da própria cooperativa, de cooperativa central ou de federação de cooperativas de que a cooperativa remetente faça parte.

§ 5.º O disposto no § 3.º, I, aplica-se também à saída de mercadorias de estabelecimentos, indústrias ou de seus depósitos com destino:

I – a empresas comerciais que operem exclusivamente no comércio de exportação;

II – a armazéns alfandegados e entrepostos aduaneiros.

§ 6.º No caso do § 5.º, a reintrodução da mercadoria no mercado interno tornará exigível o imposto devido pela saída com destino aos estabelecimentos ali referidos.

§ 7.º Os Estados isentarão do Imposto de Circulação de Mercadorias a venda a varejo, diretamente ao consumidor, dos gêneros de primeira necessidade que especificarem, não podendo estabelecer diferença em função dos que participam da operação tributada.

Art. 2.º A base de cálculo do imposto é:

I – o valor da operação de que decorrer a saída da mercadoria;

II – na falta do valor a que se refere o inciso anterior, o preço corrente da mercadoria, ou sua similar, no mercado atacadista da praça remetente;

III – na falta do valor e na impossibilidade de determinar o preço aludido no inciso anterior:

a) se o remetente for industrial, o preço FOB estabelecimento industrial, à vista;

b) se o remetente for comerciante, o preço FOB estabelecimento comercial, à vista, em vendas a outros comerciantes ou industriais;

IV – no caso do inciso II do art. 1.º, a base de cálculo é o valor constante dos documentos de importação, convertido em cruzeiros à taxa cambial efetivamente aplicada em cada caso e acrescido do valor dos Impostos de Importação e sobre Produtos Industrializados e demais despesas aduaneiras efetivamente pagos.

§ 1.º Nas saídas de mercadorias para estabelecimento em outro Estado, pertencente ao mesmo titular ou seu representante, quando as mercadorias não devam sofrer, no estabelecimento de destino, alteração de qualquer espécie, salvo reacondicionamento e quando a remessa for feita por preço de venda a não contribuinte, uniforme em todo o País, a base de cálculo será equivalente a 75% (setenta e cinco por cento) deste preço.

§ 2.º Na hipótese do inciso III, *b*, deste artigo, se o estabelecimento comercial remetente não efetuar vendas a outros comerciantes ou a industriais, a base de cálculo será equivalente a 75% (setenta e cinco por cento) do preço de venda no estabelecimento remetente, observado o disposto no § 3.º.

§ 3.º Para aplicação do inciso III do *caput* deste artigo, adotar-se-á a média ponderada dos preços efetivamente cobrados pelo estabelecimento remetente, no segundo mês anterior ao da remessa.

§ 4.º Nas operações interestaduais entre estabelecimentos de contribuintes diferentes, quando houver reajuste do valor da operação depois da remessa, a diferença ficará sujeita ao imposto no estabelecimento de origem.

§ 5.º O montante do Imposto sobre Produtos Industrializados não integra a base de cálculo definida neste artigo:

I – quando a operação constitua fato gerador de ambos os tributos;

II – em relação a mercadorias sujeitas ao Imposto sobre Produtos Industrializados com base de cálculo relacionada com o preço máximo de vendas no varejo marcado pelo fabricante.

§ 6.º Nas saídas de mercadorias decorrentes de operações de vendas aos encarregados da execução da política de preços mínimos, a base de cálculo é o preço mínimo fixado pela autoridade federal competente.

§ 7.º O montante do Imposto de Circulação de Mercadorias integra a base de cálculo a que se refere este artigo, constituindo o respectivo destaque mera indicação para fins de controle.

§ 8.º Na saída de mercadorias para o Exterior ou para os estabelecimentos a que se refere o § 5.º do art. 1.º, a base de cálculo será o valor líquido faturado, a ele não se adicionando frete auferido por terceiro, seguro, ou despesas decorrentes do serviço de embarque por via aérea ou marítima.

§ 9.º Quando for atribuída a condição de responsável, ao industrial, ao comerciante atacadista ou ao produtor, relativamente ao imposto devido pelo comerciante varejista, a base de cálculo do imposto será:

a) o valor da operação promovida pelo responsável acrescido da margem estimada de lucro do comerciante varejista obtida mediante aplicação de percentual fixado em lei sobre aquele valor;

b) o valor da operação promovida pelo responsável, acrescido da margem de lucro atribuída ao revendedor, no caso de mercadorias com preço de venda, máximo ou único, marcado pelo fabricante ou fixado pela autoridade competente.

•• § 9.º acrescentado pela Lei Complementar n. 44, de 7-12-1983.

§ 10. Caso a margem de lucro efetiva seja normalmente superior à estimada na forma da alínea *a* do parágrafo anterior, o percentual ali estabelecido será substituído pelo que for determinado em convênio celebrado na forma do disposto no § 6.º do art. 23 da Constituição Federal.

•• § 10 acrescentado pela Lei Complementar n. 44, de 7-12-1983.

Art. 3.º O Imposto sobre Circulação de Mercadorias é não cumulativo, abatendo-se, em cada operação, o montante cobrado nas anteriores, pelo mesmo ou por outro Estado.

§ 1.º A lei estadual disporá de forma que o montante devido resulte da diferença a maior, em determinado período, entre o imposto referente às mercadorias saídas do estabelecimento e o pago relativamente às mercadorias nele entradas. O saldo verificado em determinado período a favor do contribuinte transfere-se para o período ou períodos seguintes.

§ 2.º Os Estados poderão facultar aos produtores a opção pelo abatimento de uma percentagem fixa, a título do montante do imposto pago relativamente às mercadorias entradas no respectivo estabelecimento.

§ 3.º Não se exigirá o estorno do imposto relativo às mercadorias entradas para utilização, como matéria-prima ou material secundário, na fabricação e embalagem dos produtos de que tratam o § 3.º, I, e o § 4.º, III, do art. 1.º. O disposto neste parágrafo não se aplica, salvo disposição da legislação estadual em contrário, às matérias-primas de origem animal ou vegetal que representem, individualmente, mais de 50% (cinquenta por cento) do valor do produto resultante de sua industrialização.

§ 4.º As empresas produtoras de discos fonográficos e de outros materiais de gravação de som poderão abater, do montante do Imposto de Circulação de Mercadorias, o valor dos direitos autorais, artísticos e conexos, comprovadamente pagos pela empresa, no mesmo período, aos autores e artistas, nacionais ou domiciliados no País, assim como aos seus herdeiros e sucessores, mesmo através de entidades que os representem.

§ 5.º Para efeito do cálculo a que se refere o § 1.º deste artigo, os Estados podem determinar a exclusão de imposto referente a mercadorias entradas no estabelecimento quando este imposto tiver sido devolvido, no todo ou em parte, ao próprio ou a outros contribuintes, por qualquer entidade tributante, mesmo sob forma de prêmio ou estímulo.

§ 6.º O disposto no parágrafo anterior não se aplica a mercadorias cuja industrialização for objeto de incentivo fiscal, prêmio ou estímulo, resultante de reconhecimento ou concessão por ato administrativo anterior a 31 de dezembro de 1968 e baseada em lei estadual promulgada até a mesma data.

•• § 6.º acrescentado pelo Decreto-lei n. 834, de 8-9-1969.

§ 7.º A lei estadual poderá estabelecer que o montante devido pelo contribuinte, em determinado período, seja calculado com base em valor fixado por estimativa, garantida, ao final do período, a complementação ou a restituição em moeda ou sob a forma de utilização como crédito fiscal, em relação, respectivamente, às quantias pagas com insuficiência ou em excesso.

•• § 7.º acrescentado pela Lei Complementar n. 44, de 7-12-1983.

Art. 4.º Em substituição ao sistema de que trata o artigo anterior, os Estados poderão dispor que o imposto devido resulte da diferença a maior, entre o montante do imposto relativo à operação a tributar e o pago na incidência anterior sobre a mesma mercadoria, nas seguintes hipóteses:

I – saída, de estabelecimentos comerciais atacadistas ou de cooperativas de beneficiamento e venda em comum, de produtos agrícolas *in natura* ou simplesmente beneficiados;

II – operações de vendedores ambulantes e de estabelecimentos de existência transitória.

Art. 5.º A alíquota do Imposto de Circulação de Mercadorias será uniforme para todas as mercadorias; o Senado Federal, através de resolução adotada por iniciativa do Presidente da República, fixará as alíquotas máximas para as operações internas, para as operações interestaduais e para as operações de exportação para o estrangeiro.

Parágrafo único. O limite a que se refere este artigo substituirá a alíquota estadual, quando esta for superior.

Art. 6.º Contribuinte do imposto é o comerciante, industrial ou produtor que promove a saída da mercadoria, o que a importa do Exterior ou que arremata em leilão ou adquire, em concorrência promovida pelo poder público, mercadoria importada e apreendida.

§ 1.º Consideram-se também contribuintes:

I – as sociedades civis de fins econômicos, inclusive cooperativas que pratiquem com habitualidade operações relativas à circulação de mercadorias;

II – as sociedades civis de fins não econômicos que explorem estabelecimentos industriais ou que pratiquem, com habitualidade, venda de mercadorias que para esse fim adquirem;

III – os órgãos da administração pública direta, as autarquias e empresas públicas, federais, estaduais ou municipais, que vendam, ainda que apenas a compradores de determinada categoria profissional ou funcional, mercadorias que, para esse fim, adquirirem ou produzirem.

§ 2.º Os Estados poderão considerar como contribuinte autônomo cada estabelecimento comercial, industrial ou produtor, permanente ou temporário, do contribuinte, inclusive veículos utilizados por este no comércio ambulante.

§ 3.º A lei estadual poderá atribuir a condição de responsável:

a) ao industrial, comerciante ou outra categoria de contribuinte, quanto ao imposto devido na operação ou operações anteriores promovidas com a mercadoria ou seus insumos;

b) ao produtor industrial ou comerciante atacadista, quanto ao imposto devido pelo comerciante varejista;

c) ao produtor ou industrial, quanto ao imposto devido pelo comerciante atacadista e pelo comerciante varejista;

d) aos transportadores, depositários e demais encarregados da guarda ou comercialização de mercadorias.

•• § 3.º acrescentado pela Lei Complementar n. 44, de 7-12-1983.

§ 4.º Caso o responsável e o contribuinte substituído estejam estabelecidos em Estados diversos, a substituição dependerá de convênio entre os Estados interessados.

•• § 4.º acrescentado pela Lei Complementar n. 44, de 7-12-1983.

Art. 7.º Nas remessas de mercadorias para fora do Estado será obrigatória a emissão de documento fiscal, segundo modelo estabelecido em decreto do Poder Executivo federal.

Art. 8.º (*Revogado pela Lei Complementar n. 116, de 31-7-2003.*)

•• *Vide* Lei Complementar n. 116, de 31-7-2003.

Art. 9.º A base de cálculo do imposto é o preço do serviço.

§ 1.º Quando se tratar de prestação de serviços sob a forma de trabalho pessoal do próprio contribuinte, o imposto será calculado, por meio de alíquotas fixas ou variáveis, em função da natureza do serviço ou de outros fatores pertinentes, nestes não compreendida a importância paga a título de remuneração do próprio trabalho.

•• *Vide* art. 8.º, II, da Lei Complementar n. 116, de 31-7-2003.

§ 2.º Na prestação dos serviços a que se referem os itens 19 e 20 da lista anexa o imposto será calculado sobre o preço deduzido das parcelas correspondentes:

a) ao valor dos materiais fornecidos pelo prestador dos serviços;

b) ao valor das subempreitadas já tributadas pelo imposto.

•• § 2.º com redação determinada pelo Decreto-lei n. 834, de 8-9-1969.

§ 3.º Quando os serviços a que se referem os itens 1, 4, 8, 25, 52, 88, 89, 90, 91 e 92 da lista anexa forem prestados por sociedades, estas ficarão sujeitas ao imposto na forma do § 1.º, calculado em relação a cada profissional habilitado, sócio, empregado ou não, que preste serviços em nome da sociedade, embora assumindo responsabilidade pessoal, nos termos da lei aplicável.

•• § 3.º com redação dada pela Lei Complementar n. 56, de 15-12-1987.

§ 4.º Na prestação do serviço a que se refere o item 101 da Lista Anexa, o imposto é calculado sobre a parcela do preço correspondente à proporção direta da parcela da extensão da rodovia explorada, no território do Município, ou da metade da extensão de ponte que una dois Municípios.

•• § 4.º acrescentado pela Lei Complementar n. 100, de 22-12-1999.

§ 5.º A base de cálculo apurado nos termos do parágrafo anterior:

I – é reduzida, nos Municípios onde não haja posto de cobrança de pedágio, para 60% (sessenta por cento) de seu valor;

II – é acrescida, nos Municípios onde haja posto de cobrança de pedágio, do complemento necessário à sua integralidade em relação à rodovia explorada.

•• § 5.º acrescentado pela Lei Complementar n. 100, de 22-12-1999.

§ 6.º Para efeitos do disposto nos §§ 4.º e 5.º, considera-se rodovia explorada o trecho limitado pelos pontos equidistantes entre cada posto de cobrança de pedágio ou entre o mais próximo deles e o ponto inicial ou terminal da rodovia.

•• § 6.º acrescentado pela Lei Complementar n. 100, de 22-12-1999.

Arts. 10 a 12. (*Revogados pela Lei Complementar n. 116, de 31-7-2003.*)

Art. 13. Revogam-se os arts. 52, 53, 54, 55, 56, 57, 58, 71, 72 e 73 da Lei n. 5.172, de 25 de outubro de 1966, com suas modificações posteriores, bem como todas as demais disposições em contrário.

Art. 14. Este Decreto-lei entrará em vigor em 1.º de janeiro de 1969.

Brasília, 31 de dezembro de 1968; 147.º da Independência e 80.º da República.

A. Costa e Silva

LISTA DE SERVIÇOS (*)

Serviços de:

1 – Médicos, inclusive análises clínicas, eletricidade médica, radioterapia, ultrassonografia, radiologia, tomografia e congêneres.

2 – Hospitais, clínicas, sanatórios, laboratórios de análise, ambulatórios, prontos-socorros, manicômios, casas de saúde, de repouso e de recuperação e congêneres.

3 – Bancos de sangue, leite, pele, olhos, sêmen e congêneres.

4 – Enfermeiros, obstetras, ortópticos, fonoaudiólogos, protéticos (prótese dentária).

(*) Com redação determinada pela Lei Complementar n. 56, de 15-12-1987. *Vide* Lista de Serviços da Lei Complementar n. 116, de 31-7-2003.

5 – Assistência médica e congêneres previstos nos itens 1, 2 e 3 desta lista, prestados através de planos de medicina de grupo, convênios, inclusive com empresas para assistência a empregados.

6 – Planos de saúde, prestados por empresa que não esteja incluída no item 5 desta lista e que se cumpram através de serviços prestados por terceiros, contratados pela empresa ou apenas pagos por esta, mediante indicação do beneficiário do plano.

7 – (*Vetado*.)

8 – Médicos veterinários.

9 – Hospitais veterinários, clínicas veterinárias e congêneres.

10 – Guarda, tratamento, amestramento, adestramento, embelezamento, alojamento e congêneres, relativos a animais.

11 – Barbeiros, cabeleireiros, manicuros, pedicuros, tratamento de pele, depilação e congêneres.

12 – Banhos, duchas, sauna, massagens, ginásticas e congêneres.

13 – Varrição, coleta, remoção e incineração de lixo.

14 – Limpeza e dragagem de portos, rios e canais.

15 – Limpeza, manutenção e conservação de imóveis, inclusive vias públicas, parques e jardins.

16 – Desinfecção, imunização, higienização, desratização e congêneres.

17 – Controle e tratamento de efluentes de qualquer natureza e de agentes físicos e biológicos.

18 – Incineração de resíduos quaisquer.

19 – Limpeza de chaminés.

20 – Saneamento ambiental e congêneres.

21 – Assistência técnica (*Vetado*).

22 – Assessoria ou consultoria de qualquer natureza, não contida em outros itens desta lista, organização, programação, planejamento, assessoria, processamento de dados, consultoria técnica, financeira ou administrativa (*Vetado*).

23 – Planejamento, coordenação, programação ou organização técnica, financeira ou administrativa (*Vetado*).

24 – Análises, inclusive de sistemas, exames, pesquisas e informações, coleta e processamento de dados de qualquer natureza.

25 – Contabilidade, auditoria, guarda-livros, técnicos em contabilidade e congêneres.

26 – Perícias, laudos, exames técnicos e análises técnicas.

27 – Traduções e interpretações.

28 – Avaliação de ben.

29 – Datilografia, estenografia, expediente, secretaria em geral e congêneres.

30 – Projetos, cálculos e desenhos técnicos de qualquer natureza.

31 – Aerofotogrametria (inclusive interpretação), mapeamento e topografia.

32 – Execução, por administração, empreitada ou subempreitada, de construção civil, de obras hidráulicas e outras obras semelhantes e respectiva engenharia consultiva, inclusive serviços auxiliares ou complementares (exceto o fornecimento de mercadorias produzidas pelo prestador de serviços, fora do local da prestação dos serviços, que fica sujeito ao ICM).

33 – Demolição.

34 – Reparação, conservação e reforma de edifícios, estradas, pontes, portos e congêneres (exceto o fornecimento de mercadorias produzidas pelo prestador de serviços fora do local da prestação dos serviços, que fica sujeito ao ICM).

35 – Pesquisa, perfuração, cimentação, perfilagem (*Vetado*), estimulação e outros serviços relacionados com a ex-

ploração e explotação de petróleo e gás natural.

36 – Florestamento e reflorestamento.

37 – Escoramento e contenção de encostas e serviços congêneres.

38 – Paisagismo, jardinagem e decoração (exceto o fornecimento de mercadorias, que fica sujeito ao ICM).

39 – Raspagem, calafetação, polimento, lustração de pisos, paredes e divisórias.

40 – Ensino, instrução, treinamento, avaliação de conhecimentos, de qualquer grau ou natureza.

41 – Planejamento, organização e administração de feiras, exposições, congressos e congêneres.

42 – Organização de festas e recepções: *buffet* (exceto o fornecimento de alimentação e bebidas, que fica sujeito ao ICM).

43 – Administração de bens e negócios de terceiros e de consórcio (*Vetado*).

44 – Administração de fundos mútuos (exceto a realizada por instituições autorizadas a funcionar pelo Banco Central).

45 – Agenciamento, corretagem ou intermediação de câmbio, de seguros e de planos de previdência privada.

46 – Agenciamento, corretagem ou intermediação de títulos quaisquer (exceto os serviços executados por instituições autorizadas a funcionar pelo Banco Central).

47 – Agenciamento, corretagem ou intermediação de direitos da propriedade industrial, artística ou literária.

48 – Agenciamento, corretagem ou intermediação de contratos de franquia (*franchise*) e de faturação (*factoring*) (excetuam-se os serviços prestados por instituições autorizadas a funcionar pelo Banco Central).

49 – Agenciamento, organização, promoção e execução de programas de turismo, passeios, excursões, guias de turismo e congêneres.

50 – Agenciamento, corretagem ou intermediação de bens móveis e imóveis não abrangidos nos itens 45, 46, 47 e 48.

51 – Despachantes.

52 – Agentes da propriedade industrial.

53 – Agentes da propriedade artística ou literária.

54 – Leilão.

55 – Regulação de sinistros cobertos por contratos de seguros; inspeção e avaliação de riscos para cobertura de contratos de seguros; prevenção e gerência de riscos seguráveis, prestados por quem não seja o próprio segurado ou companhia de seguro.

56 – Armazenamento, depósito, carga, descarga, arrumação e guarda de bens de qualquer espécie (exceto depósitos feitos em instituições financeiras autorizadas a funcionar pelo Banco Central).

57 – Guarda e estacionamento de veículos automotores terrestres.

58 – Vigilância ou segurança de pessoas e bens.

59 – Transporte, coleta, remessa ou entrega de bens ou valores, dentro do território do município.

60 – Diversões públicas:

a) (*Vetado*), cinemas, (*Vetado*), *taxi dancings* e congêneres;

b) bilhares, boliches, corridas de animais e outros jogos;

c) exposições com cobrança de ingresso;

d) bailes, *shows*, festivais, recitais e congêneres, inclusive espetáculos que sejam também transmitidos, mediante compra de direitos para tanto, pela televisão ou pelo rádio;

e) jogos eletrônicos;

f) competições esportivas ou de destreza física ou intelectual, com ou sem a participação do espectador, inclusive a venda de direitos à transmissão pelo rádio ou pela televisão;

g) execução de música, individualmente ou por conjuntos (*Vetado*).

61 – Distribuição e venda de bilhetes de loteria, cartões, pules ou cupons de apostas, sorteios ou prêmios.

62 – Fornecimento de música, mediante transmissão por qualquer processo, para vias públicas ou ambientes fechados (exceto transmissões radiofônicas ou de televisão).

63 – Gravação e distribuição de filmes e *video tapes*.

64 – Fonografia ou gravação de sons ou ruídos, inclusive trucagem, dublagem e mixagem sonora.

65 – Fotografia e cinematografia, inclusive revelação, ampliação, cópia, reprodução e trucagem.

66 – Produção, para terceiros, mediante ou sem encomenda prévia, de espetáculos, entrevistas e congêneres.

67 – Colocação de tapetes e cortinas, com material fornecido pelo usuário final do serviço.

68 – Lubrificação, limpeza e revisão de máquinas, veículos, aparelhos e equipamentos (exceto o fornecimento de peças e partes, que fica sujeito ao ICM).

69 – Conserto, restauração, manutenção e conservação de máquinas, veículos, motores, elevadores ou de qualquer objeto (exceto o fornecimento de peças e partes, que fica sujeito ao ICM).

70 – Recondicionamento de motores (o valor das peças fornecidas pelo prestador do serviço fica sujeito ao ICM).

71 – Recauchutagem ou regeneração de pneus para o usuário final.

72 – Recondicionamento, acondicionamento, pintura, beneficiamento, lavagem, secagem, tingimento, galvanoplastia, anodização, corte, recorte, polimento, plastificação e congêneres, de objetos não destinados à industrialização ou comercialização.

73 – Lustração de bens móveis quando o serviço for prestado para usuário final do objeto lustrado.

74 – Instalação e montagem de aparelhos, máquinas e equipamentos, prestados ao usuário final do serviço, exclusivamente com material por ele fornecido.

75 – Montagem industrial, prestada ao usuário final do serviço, exclusivamente com material por ele fornecido.

76 – Cópia ou reprodução, por quaisquer processos, de documentos e outros papéis, plantas ou desenhos.

77 – Composição gráfica, fotocomposição, clicheria, zincografia, litografia e fotolitografia.

78 – Colocação de molduras e afins, encadernação, gravação e douração de livros, revistas e congêneres.

79 – Locação de bens móveis, inclusive arrendamento mercantil.

80 – Funerais.

81 – Alfaiataria e costura, quando o material for fornecido pelo usuário final, exceto aviamento.

82 – Tinturaria e lavanderia.

83 – Taxidermia.

84 – Recrutamento, agenciamento, seleção, colocação ou fornecimento de mão de obra, mesmo em caráter temporário, inclusive por empregados do prestador do serviço ou por trabalhadores avulsos por ele contratados.

85 – Propaganda e publicidade, inclusive promoção de vendas, planejamento de campanhas ou sistemas de publicidade, elaboração de desenhos, textos e demais materiais publicitários (exceto sua impressão, reprodução ou fabricação).

86 – Veiculação e divulgação de textos, desenhos e outros materiais de publicidade, por qualquer meio (exceto em jornais, periódicos, rádios e televisão).

87 – Serviços portuários e aeroportuários; utilização de porto ou aeroporto; atracação; capatazia; armazenagem interna, externa e especial; suprimento de água, serviços acessórios; movimentação de mercadoria fora do cais.

88 – Advogados.

89 – Engenheiros, arquitetos, urbanistas, agrônomos.

90 – Dentistas.

91 – Economistas.

92 – Psicólogos.

93 – Assistentes sociais.

94 – Relações públicas.

95 – Cobranças e recebimentos por conta de terceiros, inclusive direitos autorais, protestos de títulos, sustação de protestos, devolução de títulos não pagos, manutenção de títulos vencidos, fornecimentos de posição de cobrança ou recebimento e outros serviços correlatos da cobrança ou recebimento (este item abrange também os serviços prestados por instituições autorizadas a funcionar pelo Banco Central).

96 – Instituições financeiras autorizadas a funcionar pelo Banco Central: fornecimento de talão de cheques; emissão de cheques administrativos; transferência de fundos; devolução de cheques; sustação de pagamento de cheques; ordens de pagamento e de créditos, por qualquer meio; emissão e renovação de cartões magnéticos; consultas em terminais eletrônicos; pagamentos por conta de terceiros, inclusive os feitos fora do estabelecimento; elaboração de ficha cadastral; aluguel de cofres; fornecimento de segunda via de avisos de lançamento de extrato de contas; emissão de carnês (neste item não está abrangido o ressarcimento, a instituições financeiras, de gastos com portes do Correio, telegramas, telex e teleprocessamento, necessários à prestação dos serviços).

97 – Transporte de natureza estritamente municipal.

98 – Comunicações telefônicas de um para outro aparelho dentro do mesmo município.

99 – Hospedagem em hotéis, motéis, pensões e congêneres (o valor da alimentação, quando incluído no preço da diária, fica sujeito ao Imposto sobre Serviços).

100 – Distribuição de bens de terceiros em representação de qualquer natureza.

101 – Exploração de rodovia mediante cobrança de preço dos usuários, envolvendo execução de serviços de conservação, manutenção, melhoramentos para adequação de capacidade e segurança de trânsito, operação, monitoração, assistência aos usuários e outros definidos em contratos, atos de concessão ou de permissão ou em normas oficiais.

•• Item 101 acrescentado pela Lei Complementar n. 100, de 22-12-1999.

DECRETO N. 70.235, DE 6 DE MARÇO DE 1972 (*)

Dispõe sobre o processo administrativo fiscal e dá outras providências.

O Presidente da República, usando das atribuições que lhe confere o art. 81, III, da Constituição e tendo em vista o disposto no art. 2.° do Decreto-lei n. 822, de 5 de setembro de 1969, decreta:

(*) Publicado no *DOU*, de 7-3-1972.

DISPOSIÇÃO PRELIMINAR

Art. 1.º Este Decreto rege o processo administrativo de determinação e exigência dos créditos tributários da União e o de consulta sobre a aplicação da legislação tributária federal.

CAPÍTULO I
DO PROCESSO FISCAL

Seção I
Dos Atos e Termos Processuais

Art. 2.º Os atos e termos processuais, quando a lei não prescrever forma determinada, conterão somente o indispensável à sua finalidade, sem espaço em branco, e sem entrelinhas, rasuras ou emendas não ressalvadas.

Parágrafo único. Os atos e termos processuais poderão ser formalizados, tramitados, comunicados e transmitidos em formato digital, conforme disciplinado em ato da administração tributária.

•• Parágrafo único com redação determinada pela Lei n. 12.865, de 9-10-2013.

•• O Decreto n. 7.574, de 29-9-2011, regulamenta o processo de determinação e exigência de créditos tributários da União, o processo de consulta sobre a aplicação da legislação tributária federal e outros processos que especifica, sobre matérias administradas pela Secretaria da Receita Federal do Brasil.

Art. 3.º A autoridade local fará realizar, no prazo de 30 (trinta) dias, os atos processuais que devam ser praticados em sua jurisdição, por solicitação de outra autoridade preparadora ou julgadora.

Art. 4.º Salvo disposição em contrário, o servidor executará os atos processuais no prazo de 8 (oito) dias.

Seção II
Dos Prazos

Art. 5.º Os prazos serão contínuos, excluindo-se na sua contagem o dia do início e incluindo-se o do vencimento.

Parágrafo único. Os prazos só se iniciam ou vencem no dia de expediente normal no órgão em que corra o processo ou deva ser praticado o ato.

Art. 6.º *(Revogado pela Lei n. 8.748, de 9-12-1993.)*

Seção III
Do Procedimento

Art. 7.º O procedimento fiscal tem início com:

I – o primeiro ato de ofício, escrito, praticado por servidor competente, cientificado o sujeito passivo da obrigação tributária ou seu preposto;

II – a apreensão de mercadorias, documentos ou livros;

III – o começo de despacho aduaneiro de mercadoria importada.

§ 1.º O início do procedimento exclui a espontaneidade do sujeito passivo em relação aos atos anteriores e, independentemente de intimação, a dos demais envolvidos nas infrações verificadas.

§ 2.º Para os efeitos do disposto no § 1.º, os atos referidos nos incisos I e II valerão pelo prazo de 60 (sessenta) dias, prorrogável, sucessivamente, por igual período com qualquer outro ato escrito que indique o prosseguimento dos trabalhos.

Art. 8.º Os termos decorrentes de atividade fiscalizadora serão lavrados, sempre que possível, em livro fiscal, extraindo-se cópia para anexação ao processo; quando não lavrados em livro, entregar-se-á cópia autenticada à pessoa sob fiscalização.

Art. 9.º A exigência do crédito tributário e a aplicação de penalidade isolada serão formalizados em autos de infração ou notificações de lançamento, distintos para cada tributo ou penalidade, os quais deverão estar instruídos com todos os termos, depoimentos, laudos e demais elementos de prova indispensáveis à comprovação do ilícito.

•• *Caput* com redação determinada pela Lei n. 11.941, de 27-5-2009.

§ 1.º Os autos de infração e as notificações de lançamento de que trata o *caput* deste artigo, formalizados em relação ao mesmo sujeito passivo, podem ser objeto de um único processo, quando a comprovação dos ilícitos depender dos mesmos elementos de prova.

•• § 1.º com redação determinada pela Lei n. 11.196, de 21-11-2005.

§ 2.º Os procedimentos de que tratam este artigo e o art. 7.º serão válidos, mesmo que formalizados por servidor competente de jurisdição diversa da do domicílio tributário do sujeito passivo.

•• § 2.º com redação determinada pela Lei n. 8.748, de 9-12-1993.

§ 3.º A formalização da exigência, nos termos do parágrafo anterior, previne a jurisdição e prorroga a competência da autoridade que dela primeiro conhecer.

•• § 3.º com redação determinada pela Lei n. 8.748, de 9-12-1993.

§ 4.º O disposto no *caput* deste artigo aplica-se também nas hipóteses em que, constatada infração à legislação tributária, dela não resulte exigência de crédito tributário.

•• § 4.º acrescentado pela Lei n. 11.941, de 27-5-2009.

§ 5.º Os autos de infração e as notificações de lançamento de que trata o *caput* deste artigo, formalizados em decorrência de fiscalização relacionada a regime especial unificado de arrecadação de tributos, poderão conter lançamento único para todos os tributos por eles abrangidos.

•• § 5.º acrescentado pela Lei n. 11.941, de 27-5-2009.

§ 6.º O disposto no *caput* deste artigo não se aplica às contribuições de que trata o art. 3.º da Lei n. 11.457, de 16 de março de 2007.

•• § 6.º acrescentado pela Lei n. 11.941, de 27-5-2009.

Art. 10. O auto de infração será lavrado por servidor competente, no local da verificação da falta, e conterá obrigatoriamente:

I – a qualificação do autuado;

II – o local, a data e a hora da lavratura;

III – a descrição do fato;

IV – a disposição legal infringida e a penalidade aplicável;

V – a determinação da exigência e a intimação para cumpri-la ou impugná-la no prazo de 30 (trinta) dias;

VI – a assinatura do autuante e a indicação de seu cargo ou função e o número de matrícula.

Art. 11. A notificação de lançamento será expedida pelo órgão que administra o tributo e conterá obrigatoriamente:

I – a qualificação do notificado;

II – o valor do crédito tributário e o prazo para recolhimento ou impugnação;

III – a disposição legal infringida, se for o caso;

IV – a assinatura do chefe do órgão expedidor ou de outro servidor autorizado e a indicação de seu cargo ou função e o número de matrícula.

Parágrafo único. Prescinde de assinatura a notificação de lançamento emitida por processo eletrônico.

Art. 12. O servidor que verificar a ocorrência de infração à legislação tributária federal e não for competente para formalizar a exigência comunicará o fato, em representação circunstanciada, a seu chefe imediato, que adotará as providências necessárias.

Art. 13. A autoridade preparadora determinará que seja informado, no processo, se o infrator é reincidente, conforme definição da lei específica, se essa circunstância não tiver sido declarada na formalização da exigência.

Art. 14. A impugnação da exigência instaura a fase litigiosa do procedimento.

Art. 14-A. No caso de determinação e exigência de créditos tributários da União cujo sujeito passivo seja órgão ou entidade de direito público da administração pública federal, a submissão do litígio à composição extrajudicial pela Advocacia-Geral da União é considerada reclamação, para fins do disposto no inciso III do art. 151 da Lei n. 5.172, de 25 de outubro de 1966 – Código Tributário Nacional.

•• Artigo acrescentado pela Lei n. 13.140, de 26-6-2015.

Art. 15. A impugnação, formalizada por escrito e instruída com os documentos em que se fundamentar, será apresentada ao órgão preparador no prazo de 30 (trinta) dias, contados da data em que for feita a intimação da exigência.

Parágrafo único. (*Revogado pela Lei n. 11.941, de 27-5-2009.*)

Art. 16. A impugnação mencionará:

I – a autoridade julgadora a quem é dirigida;

II – a qualificação do impugnante;

III – os motivos de fato e de direito em que se fundamenta, os pontos de discordância e as razões e provas que possuir;

•• Inciso III com redação determinada pela Lei n. 8.748, de 9-12-1993.

IV – as diligências, ou perícias que o impugnante pretenda sejam efetuadas, expostos os motivos que as justifiquem, com a formulação dos quesitos referentes aos exames desejados, assim como, no caso de perícia, o nome e a qualificação profissional do seu perito;

•• Inciso IV com redação determinada pela Lei n. 8.748, de 9-12-1993.

V – se a matéria impugnada foi submetida à apreciação judicial, devendo ser juntada cópia da petição.

•• Inciso V acrescentado pela Lei n. 11.196, de 21-11-2005.

§ 1.º Considerar-se-á não formulado o pedido de diligência ou perícia que deixar de atender aos requisitos previstos no inciso IV do art. 16.

•• § 1.º acrescentado pela Lei n. 8.748, de 9-12-1993.

§ 2.º É defeso ao impugnante, ou a seu representante legal, empregar expressões injuriosas nos escritos apresentados no processo, cabendo ao julgador, de ofício ou a requerimento do ofendido, mandar riscá-las.

•• § 2.º acrescentado pela Lei n. 8.748, de 9-12-1993.

§ 3.º Quando o impugnante alegar direito municipal, estadual ou estrangeiro, provar-lhe-á o teor e a vigência, se assim o determinar o julgador.

•• § 3.º acrescentado pela Lei n. 8.748, de 9-12-1993.

§ 4.º A prova documental será apresentada na impugnação, precluindo o direito de o impugnante fazê-lo em outro momento processual, a menos que:

a) fique demonstrada a impossibilidade de sua apresentação oportuna, por motivo de força maior;

b) refira-se a fato ou a direito superveniente;

c) destine-se a contrapor fatos ou razões posteriormente trazidas aos autos.

•• § 4.º acrescentado pela Lei n. 9.532, de 10-12-1997.

§ 5.º A juntada de documentos após a impugnação deverá ser requerida à autoridade julgadora, mediante petição em que se demonstre, com fundamentos, a ocorrência de uma das condições previstas nas alíneas do parágrafo anterior.

•• § 5.º acrescentado pela Lei n. 9.532, de 10-12-1997.

§ 6.º Caso já tenha sido proferida a decisão, os documentos apresentados permanecerão nos autos para, se for interposto recurso, serem apreciados pela autoridade julgadora de segunda instância.

•• § 6.º acrescentado pela Lei n. 9.532, de 10-12-1997.

Art. 17. Considerar-se-á não impugnada a matéria que não tenha sido expressamente contestada pelo impugnante.

•• Artigo com redação determinada pela Lei n. 9.532, de 10-12-1997.

Art. 18. A autoridade julgadora de primeira instância determinará, de ofício ou a requerimento do impugnante, a realização de diligências ou perícias, quando entendê-las necessárias, indeferindo as que considerar prescindíveis ou impraticáveis, observando o disposto no art. 28, *in fine*.

•• *Caput* com redação determinada pela Lei n. 8.748, de 9-12-1993.

§ 1.º Deferido o pedido de perícia, ou determinada de ofício, sua realização, a autoridade designará servidor para, como perito da União, a ela proceder e intimará o perito do sujeito passivo a realizar o exame requerido, cabendo a ambos apresentar os respectivos laudos em prazo que será fixado segundo o grau de complexidade dos trabalhos a serem executados.

•• § 1.º com redação determinada pela Lei n. 8.748, de 9-12-1993.

§ 2.º Os prazos para realização de diligência ou perícia poderão ser prorrogados, a juízo da autoridade.

•• § 2.º com redação determinada pela Lei n. 8.748, de 9-12-1993.

§ 3.º Quando, em exames posteriores, diligências ou perícias, realizados no curso do processo, forem verificadas incorreções, omissões ou inexatidões de que resultem agravamento da exigência inicial, inovação ou alteração da fundamentação legal da exigência, será lavrado auto de infração ou emitida notificação de lançamento complementar, devolvendo-se, ao sujeito passivo, prazo para impugnação no concernente à matéria modificada.

•• § 3.º com redação determinada pela Lei n. 8.748, de 9-12-1993.

Art. 19. (*Revogado pela Lei n. 8.748, de 9-12-1993.*)

Art. 20. No âmbito da Secretaria da Receita Federal, a designação de servidor para proceder aos exames relativos a diligências ou perícias recairá sobre Auditor-Fiscal do Tesouro Nacional.

•• Artigo com redação determinada pela Lei n. 8.748, de 9-12-1993.

•• A Secretaria da Receita Federal passa a denominar-se Secretaria da Receita Federal do Brasil, por força da Lei n. 11.457, de 16-3-2007.

Art. 21. Não sendo cumprida nem impugnada a exigência, a autoridade preparadora declarará a revelia, permanecendo o processo no órgão preparador, pelo prazo de 30 (trinta) dias, para cobrança amigável.

•• *Caput* com redação determinada pela Lei n. 8.748, de 9-12-1993.

§ 1.º No caso de impugnação parcial, não cumprida a exigência relativa à parte não litigiosa do crédito, o órgão preparador, antes da remessa dos autos a julgamento, providenciará a formação de autos apartados para a imediata cobrança da parte não contestada, consignando essa circunstância no processo original.

•• § 1.º com redação determinada pela Lei n. 8.748, de 9-12-1993.

§ 2.º A autoridade preparadora, após a declaração de revelia e findo o prazo previsto no *caput* deste artigo, procederá, em relação às mercadorias e outros bens perdidos em razão de exigência não impugnada, na forma do art. 63.

•• § 2.º com redação determinada pela Lei n. 8.748, de 9-12-1993.

§ 3.º Esgotado o prazo de cobrança amigável sem que tenha sido pago o crédito tributário, o órgão preparador declarará o sujeito passivo devedor remisso e encaminhará o processo à autoridade competente para promover a cobrança executiva.

§ 4.º O disposto no parágrafo anterior aplicar-se-á aos casos em que o sujeito passivo não cumprir as condições estabelecidas para a concessão de moratória.

§ 5.º A autoridade preparadora, após a declaração de revelia e findo o prazo previsto no *caput* deste artigo, procederá, em relação às mercadorias ou outros bens perdidos em razão de exigência não impugnada, na forma do art. 63.

Art. 22. O processo será organizado em ordem cronológica e terá suas folhas numeradas e rubricadas.

Seção IV
Da Intimação

Art. 23. Far-se-á a intimação:

I – pessoal, pelo autor do procedimento ou por agente do órgão preparador, na repartição ou fora dela, provada com a assinatura do sujeito passivo, seu mandatário ou preposto, ou, no caso de recusa, com declaração escrita de quem o intimar;

•• Inciso I com redação determinada pela Lei n. 9.532, de 10-12-1997.

II – por via postal, telegráfica ou por qualquer outro meio ou via, com prova de recebimento no domicílio tributário eleito pelo sujeito passivo;

•• Inciso II com redação determinada pela Lei n. 9.532, de 10-12-1997.

III – por meio eletrônico, com prova de recebimento, mediante:

a) envio ao domicílio tributário do sujeito passivo; ou

b) registro em meio magnético ou equivalente utilizado pelo sujeito passivo.

•• Inciso III com redação determinada pela Lei n. 11.196, de 21-11-2005.

§ 1.º Quando resultar improfícuo um dos meios previstos no *caput* deste artigo ou quando o sujeito passivo tiver sua inscrição declarada inapta perante o cadastro fiscal, a intimação poderá ser feita por edital publicado:

•• § 1.º, *caput*, com redação determinada pela Lei n. 11.941, de 27-5-2009.

I – no endereço da administração tributária na internet;

•• Inciso I acrescentado pela Lei n. 11.196, de 21-11-2005.

II – em dependência, franqueada ao público, do órgão encarregado da intimação; ou

•• Inciso II acrescentado pela Lei n. 11.196, de 21-11-2005.

III – uma única vez, em órgão da imprensa oficial local.

•• Inciso III acrescentado pela Lei n. 11.196, de 21-11-2005.

§ 2.º Considera-se feita a intimação:

I – na data da ciência do intimado ou da declaração de quem fizer a intimação, se pessoal;

II – no caso do inciso II do *caput* deste artigo, na data do recebimento ou, se omitida, 15 (quinze) dias após a data da expedição da intimação;

•• Inciso II com redação determinada pela Lei n. 9.532, de 10-12-1997.

III – se por meio eletrônico:

•• Inciso III, *caput*, com redação determinada pela Lei n. 12.844, de 19-7-2013.

a) 15 (quinze) dias contados da data registrada no comprovante de entrega no domicílio tributário do sujeito passivo;

•• Alínea *a* com redação determinada pela Lei n. 12.844, de 19-7-2013.

b) na data em que o sujeito passivo efetuar consulta no endereço eletrônico a ele atribuído pela administração tributária, se ocorrida antes do prazo previsto na alínea *a*; ou

•• Alínea *b* com redação determinada pela Lei n. 12.844, de 19-7-2013.

c) na data registrada no meio magnético ou equivalente utilizado pelo sujeito passivo;

•• Alínea *c* com redação determinada pela Lei n. 12.844, de 19-7-2013.

IV – 15 (quinze) dias após a publicação do edital, se este for o meio utilizado.

•• Inciso IV acrescentado pela Lei n. 11.196, de 21-11-2005.

§ 3.º Os meios de intimação previstos nos incisos do *caput* deste artigo não estão sujeitos a ordem de preferência.

•• § 3.º com redação determinada pela Lei n. 11.196, de 21-11-2005.

§ 4.º Para fins de intimação, considera-se domicílio tributário do sujeito passivo:

•• § 4.º, *caput*, com redação determinada pela Lei n. 11.196, de 21-11-2005.

I – o endereço postal por ele fornecido, para fins cadastrais, à administração tributária; e

•• Inciso I acrescentado pela Lei n. 11.196, de 21-11-2005.

II – o endereço eletrônico a ele atribuído pela administração tributária, desde que autorizado pelo sujeito passivo.

•• Inciso II acrescentado pela Lei n. 11.196, de 21-11-2005.

§ 5.º O endereço eletrônico de que trata este artigo somente será implementado com expresso consentimento do sujeito passivo, e a administração tributária informar-lhe-á as normas e condições de sua utilização e manutenção.

•• § 5.º acrescentado pela Lei n. 11.196, de 21-11-2005.

§ 6.º As alterações efetuadas por este artigo serão disciplinadas em ato da administração tributária.

•• § 6.º acrescentado pela Lei n. 11.196, de 21-11-2005.

§ 7.º Os Procuradores da Fazenda Nacional serão intimados pessoalmente das decisões do Conselho de Contribuintes e da Câmara Superior de Recursos Fiscais, do Ministério da Fazenda na sessão das respectivas câmaras subsequente à formalização do acórdão.

•• § 7.º acrescentado pela Lei n. 11.457, de 16-3-2007.

•• A Lei n. 11.941, de 27-5-2009, em seu art. 48, determina que, a partir de sua publicação, os Conselhos de Contribuintes e a Câmara Superior de Recursos Fiscais ficam unificados em um órgão, denominado "Conselho Administrativo de Recursos Fiscais", com competência para julgar recursos de ofício e voluntários de decisão de primeira instância, bem como recursos especiais, sobre a aplicação da legislação referente a tributos administrados pela Secretaria da Receita Federal do Brasil.

§ 8.º Se os Procuradores da Fazenda Nacional não tiverem sido intimados pessoalmente em até 40 (quarenta) dias contados da formalização do acórdão do Conselho de Contribuintes ou da Câmara Superior de Recursos Fiscais, do Ministério da Fazenda, os respectivos autos serão remetidos e entregues, mediante protocolo, à Procuradoria da Fazenda Nacional, para fins de intimação.

•• § 8.º acrescentado pela Lei n. 11.457, de 16-3-2007.

•• *Vide* nota ao § 7.º deste artigo.

§ 9.º Os Procuradores da Fazenda Nacional serão considerados intimados pessoalmente das decisões do Conselho de Contribuintes e da Câmara Superior de Recursos Fiscais, do Ministério da Fazenda, com o término do prazo de 30 (trinta) dias contados da data em que os respectivos autos forem entregues à Procuradoria na forma do § 8.º deste artigo.

•• § 9.º acrescentado pela Lei n. 11.457, de 16-3-2007.

•• *Vide* nota ao § 7.º deste artigo.

Seção V

Da Competência

Art. 24. O preparo do processo compete à autoridade local do órgão encarregado da administração do tributo.

Parágrafo único. Quando o ato for praticado por meio eletrônico, a administração tributária poderá atribuir o preparo do processo a unidade da administração tributária diversa da prevista no *caput* deste artigo.

•• Parágrafo único acrescentado pela Lei n. 11.941, de 27-5-2009.

Art. 25. O julgamento do processo de exigência de tributos ou contribuições administrados pela Secretaria da Receita Federal compete:

•• *Caput* com redação determinada pela Medida Provisória n. 2.158-35, de 24-8-2001.

I – em primeira instância, às Delegacias da Receita Federal de Julgamento, órgãos de deliberação interna e natureza colegiada da Secretaria da Receita Federal;

•• Inciso I com redação determinada pela Medida Provisória n. 2.158-35, de 24-8-2001.

II – em segunda instância, ao Conselho Administrativo de Recursos Fiscais, órgão colegiado, paritário, integrante da estrutura do Ministério da Fazenda, com atribuição de julgar recursos de ofício e voluntários de decisão de primeira instância, bem como recursos de natureza especial.

•• Inciso II com redação determinada pela Lei n. 11.941, de 27-5-2009.

§ 1.º O Conselho Administrativo de Recursos Fiscais será constituído por seções e pela Câmara Superior de Recursos Fiscais.

•• § 1.º com redação determinada pela Lei n. 11.941, de 27-5-2009.

§ 2.º As seções serão especializadas por matéria e constituídas por câmaras.

•• § 2.º com redação determinada pela Lei n. 11.941, de 27-5-2009.

§ 3.º A Câmara Superior de Recursos Fiscais será constituída por turmas, compostas pelos Presidentes e Vice-Presidentes das câmaras.

•• § 3.º com redação determinada pela Lei n. 11.941, de 27-5-2009.

§ 4.º As câmaras poderão ser divididas em turmas.

•• § 4.º com redação determinada pela Lei n. 11.941, de 27-5-2009.

§ 5.º O Ministro de Estado da Fazenda poderá criar, nas seções, turmas especiais, de caráter temporário, com competência para julgamento de processos que envolvam valores reduzidos, que poderão funcionar nas cidades onde estão localizadas as Superintendências Regionais da Receita Federal do Brasil.

•• § 5.º com redação determinada pela Lei n. 11.941, de 27-5-2009.

§ 6.º (*Vetado.*)

•• § 6.º com redação determinada pela Lei n. 11.941, de 27-5-2009.

§ 7.º As turmas da Câmara Superior de Recursos Fiscais serão constituídas pelo Presidente do Conselho Administrativo de Recursos Fiscais, pelo Vice-Presidente, pelos Presidentes e pelos Vice-Presidentes das câmaras, respeitada a paridade.

•• § 7.º acrescentado pela Lei n. 11.941, de 27-5-2009.

§ 8.º A presidência das turmas da Câmara Superior de Recursos Fiscais será exercida pelo Presidente do Conselho Administrativo de Recursos Fiscais e a vice-presidência, por conselheiro representante dos contribuintes.

•• § 8.º acrescentado pela Lei n. 11.941, de 27-5-2009.

§ 9.º Os cargos de Presidente das Turmas da Câmara Superior de Recursos Fiscais, das câmaras, das suas turmas e das turmas especiais serão ocupados por conselheiros representantes da Fazenda Nacional, que, em caso de empate, terão o voto de qualidade, e os cargos de Vice-Presidente, por representantes dos contribuintes.

•• § 9.º acrescentado pela Lei n. 11.941, de 27-5-2009.

§ 10. Os conselheiros serão designados pelo Ministro de Estado da Fazenda para mandato, limitando-se as reconduções, na forma e no prazo estabelecidos no regimento interno.

•• § 10 acrescentado pela Lei n. 11.941, de 27-5-2009.

§ 11. O Ministro de Estado da Fazenda, observado o devido processo legal, decidirá sobre a perda do mandato dos conselheiros que incorrerem em falta grave, definida no regimento interno.

•• § 11 acrescentado pela Lei n. 11.941, de 27-5-2009.

Art. 26. Compete ao Ministro da Fazenda, em instância especial:

I – julgar recursos de decisões dos Conselhos de Contribuintes, interpostos pelos procuradores representantes da Fazenda junto aos mesmos Conselhos;

II – decidir sobre as propostas de aplicação de equidade apresentadas pelos Conselhos de Contribuintes.

Art. 26-A. No âmbito do processo administrativo fiscal, fica vedado aos órgãos de julgamento afastar a aplicação ou deixar de observar tratado, acordo internacional, lei ou decreto, sob fundamento de inconstitucionalidade.

•• *Caput* com redação determinada pela Lei n. 11.941, de 27-5-2009.

§§ 1.º a 5.º (*Revogados pela Lei n. 11.941, de 27-5-2009.*)

§ 6.º O disposto no *caput* deste artigo não se aplica aos casos de tratado, acordo internacional, lei ou ato normativo:

•• § 6.º, *caput*, acrescentado pela Lei n. 11.941, de 27-5-2009.

I – que já tenha sido declarado inconstitucional por decisão definitiva plenária do Supremo Tribunal Federal;

•• Inciso I acrescentado pela Lei n. 11.941, de 27-5-2009.

II – que fundamente crédito tributário objeto de:

•• Inciso II, *caput*, acrescentado pela Lei n. 11.941, de 27-5-2009.

a) dispensa legal de constituição ou de ato declaratório do Procurador-Geral da Fazenda Nacional, na forma dos arts. 18 e 19 da Lei n. 10.522, de 19 de julho de 2002;

•• Alínea *a* acrescentada pela Lei n. 11.941, de 27-5-2009.

b) súmula da Advocacia-Geral da União, na forma do art. 43 da Lei Complementar n. 73, de 10 de fevereiro de 1993; ou

•• Alínea *b* acrescentada pela Lei n. 11.941, de 27-5-2009.

c) pareceres do Advogado-Geral da União aprovados pelo Presidente da República, na forma do art. 40 da Lei Complementar n. 73, de 10 de fevereiro de 1993.

•• Alínea *c* acrescentada pela Lei n. 11.941, de 27-5-2009.

Seção VI
Do Julgamento em Primeira Instância

Art. 27. Os processos remetidos para apreciação da autoridade julgadora de primeira instância deverão ser qualificados e identificados, tendo prioridade no julgamento aqueles em que estiverem presentes as circunstâncias de crime contra a ordem tributária ou de elevado valor, este definido em ato do Ministro de Estado da Fazenda.

•• *Caput* com redação determinada pela Lei n. 9.532, de 10-12-1997.

Parágrafo único. Os processos serão julgados na ordem e nos prazos estabelecidos em ato do Secretário da Receita Federal, observada a prioridade de que trata o *caput* deste artigo.

•• Parágrafo único acrescentado pela Lei n. 9.532, de 10-12-1997.

Art. 28. Na decisão em que for julgada questão preliminar será também julgado o mérito, salvo quando incompatíveis, e dela constará o indeferimento fundamentado do pedido de diligência ou perícia, se for o caso.

•• Artigo com redação determinada pela Lei n. 8.748, de 9-12-1993.

Art. 29. Na apreciação da prova, a autoridade julgadora formará livremente sua convicção, podendo determinar as diligências que entender necessárias.

Art. 30. Os laudos ou pareceres do Laboratório Nacional de Análises, do Instituto Nacional de Tecnologia e de outros órgãos federais congêneres serão adotados nos aspectos técnicos de sua competência, salvo se comprovada a improcedência desses laudos ou pareceres.

§ 1.º Não se considera como aspecto técnico a classificação fiscal de produtos.

§ 2.º A existência no processo de laudos ou pareceres técnicos não impede a autoridade julgadora de solicitar outros a qualquer dos órgãos referidos neste artigo.

§ 3.º Atribuir-se-á eficácia aos laudos e pareceres técnicos sobre produtos, exarados em outros processos administrativos fiscais e transladados mediante certidão de inteiro teor ou cópia fiel, nos seguintes casos:

•• § 3.º, *caput*, acrescentado pela Lei n. 9.532, de 10-12-1997.

a) quando tratarem de produtos originários do mesmo fabricante, com igual denominação, marca e especificação;

•• Alínea *a* acrescentada pela Lei n. 9.532, de 10-12-1997.

b) quando tratarem de máquinas, aparelhos, equipamentos, veículos e outros produtos complexos de fabricação em série, do mesmo fabricante, com iguais especificações, marca e modelo.

•• Alínea *b* acrescentada pela Lei n. 9.532, de 10-12-1997.

Art. 31. A decisão conterá relatório resumido do processo, fundamentos legais, conclusão e ordem de intimação, devendo referir-se, expressamente, a todos os autos de infração e notificações de lançamento objeto do processo, bem como às razões de defesa suscitadas pelo impugnante contra todas as exigências.

•• Artigo com redação determinada pela Lei n. 8.748, de 9-12-1993.

Art. 32. As inexatidões materiais devidas a lapso manifesto e os erros de escrita ou de cálculos existentes na decisão poderão ser corrigidos de ofício ou a requerimento do sujeito passivo.

Art. 33. Da decisão caberá recurso voluntário, total ou parcial, com efeito suspensivo, dentro dos 30 (trinta) dias seguintes à ciência da decisão.

§ 1.º (*Revogado pela Lei n. 12.096, de 24-11-2009.*)

§ 2.º Em qualquer caso, o recurso voluntário somente terá seguimento se o recorrente arrolar bens e direitos de valor equivalente a 30% (trinta por cento) da exigência fiscal definida na decisão, limitado o arrolamento, sem prejuízo do seguimento do recurso, ao total do ativo permanente se pessoa jurídica ou ao patrimônio se pessoa física.

•• § 2.º acrescentado pela Lei n. 10.522, de 19-7-2002.

•• O STF, na ADIn n. 1.976-7, de 28-3-2007, declara a inconstitucionalidade do art. 32 da Medida Provisória n. 1.699-41, de 27 de outubro de 1998, convertida na Lei n. 10.522, de 19-7-2002, que deu nova redação para este parágrafo.

§ 3.º O arrolamento de que trata o § 2.º será realizado preferencialmente sobre bens imóveis.

•• § 3.º acrescentado pela Lei n. 10.522, de 19-7-2002.

§ 4.º O Poder Executivo editará as normas regulamentares necessárias à operacionalização do arrolamento previsto no § 2.º.

•• § 4.º acrescentado pela Lei n. 10.522, de 19-7-2002.

Art. 34. Autoridade de primeira instância recorrerá de ofício sempre que a decisão:

I – exonerar o sujeito passivo do pagamento de tributo e encargos de multa de valor total (lançamento principal e decorrentes) a ser fixado em ato do Ministro de Estado da Fazenda;

•• Inciso I com redação determinada pela Lei n. 9.532, de 10-12-1997.

II – deixar de aplicar pena de perda de mercadorias ou outros bens cominada à infração denunciada na formalização da exigência.

§ 1.º O recurso será interposto mediante declaração na própria decisão.

§ 2.º Não sendo interposto o recurso, o servidor que verificar o fato representará à autoridade julgadora, por intermédio de seu chefe imediato, no sentido de que seja observada aquela formalidade.

Art. 35. O recurso, mesmo perempto, será encaminhado ao órgão de segunda instância, que julgará a perempção.

Art. 36. Da decisão de primeira instância não cabe pedido de reconsideração.

Seção VII

Do Julgamento em Segunda Instância

Art. 37. O julgamento no Conselho Administrativo de Recursos Fiscais far-se-á conforme dispuser o regimento interno.

•• *Caput* com redação determinada pela Lei n. 11.941, de 27-5-2009.

§ 1.º (*Revogado pelo Decreto n. 83.304, de 28-3-1979.*)

§ 2.º Caberá recurso especial à Câmara Superior de Recursos Fiscais, no prazo de 15 (quinze) dias da ciência do acórdão ao interessado:

I – (*Vetado.*)

II – de decisão que der à lei tributária interpretação divergente da que lhe tenha dado outra Câmara, turma de Câmara, turma especial ou a própria Câmara Superior de Recursos Fiscais.

•• § 2.º com redação determinada pela Lei n. 11.941, de 27-5-2009.

§ 3.º Caberá pedido de reconsideração, com efeito suspensivo, no prazo de 30 (trinta) dias, contados da ciência:

•• A Lei n. 11.941, de 27-5-2009, propôs nova redação para o *caput* deste § 3.º, mas o texto foi vetado.

I – (*Revogado pela Lei n. 11.941, de 27-5-2009.*)

II – (*Revogado pela Lei n. 11.941, de 27-5-2009.*)

Art. 38. O julgamento em outros órgãos da administração federal far-se-á de acordo com a legislação própria, ou, na sua falta, conforme dispuser o órgão que administra o tributo.

Seção VIII

Do Julgamento em Instância Especial

Art. 39. Não cabe pedido de reconsideração de ato do Ministro da Fazenda que julgar ou decidir as matérias de sua competência.

Art. 40. As propostas de aplicação de equidade apresentadas pelos Conselhos de Contribuintes atenderão às características pessoais ou materiais da espécie julgada e serão restritas à dispensa total ou parcial de penalidade pecuniária, nos casos em que não houver reincidência nem sonegação, fraude ou conluio.

Art. 41. O órgão preparador dará ciência ao sujeito passivo da decisão do Ministro da Fazenda, intimando-o, quando for o caso, a cumpri-la, no prazo de 30 (trinta) dias.

Seção IX
Da Eficácia e Execução das Decisões

Art. 42. São definitivas as decisões:

I – de primeira instância, esgotado o prazo para recurso voluntário sem que este tenha sido interposto;

II – de segunda instância, de que não caiba recurso ou, se cabível, quando decorrido o prazo sem sua interposição;

III – de instância especial.

Parágrafo único. Serão também definitivas as decisões de primeira instância na parte que não for objeto de recurso voluntário ou não estiver sujeita a recurso de ofício.

Art. 43. A decisão definitiva contrária ao sujeito passivo será cumprida no prazo para cobrança amigável fixado no art. 21, aplicando-se, no caso de descumprimento, o disposto no § 3.º do mesmo artigo.

§ 1.º A quantia depositada para evitar a correção monetária do crédito tributário ou para liberar mercadoria será convertida em renda se o sujeito passivo não comprovar, no prazo legal, a propositura de ação judicial.

§ 2.º Se o valor depositado não for suficiente para cobrir o crédito tributário, aplicar-se-á à cobrança do restante o disposto no *caput* deste artigo; se exceder o exigido, a autoridade promoverá a restituição da quantia excedente, na forma da legislação específica.

Art. 44. A decisão que declarar a perda de mercadoria ou outros bens será executada pelo órgão preparador, findo o prazo previsto no art. 21, segundo dispuser a legislação aplicável.

Art. 45. No caso de decisão definitiva favorável ao sujeito passivo, cumpre à autoridade preparadora exonerá-lo, de ofício, dos gravames decorrentes do litígio.

Capítulo II
DO PROCESSO DA CONSULTA

Art. 46. O sujeito passivo poderá formular consulta sobre dispositivos da legislação tributária aplicáveis a fato determinado.

Parágrafo único. Os órgãos da administração pública e as entidades representativas de categorias econômicas ou profissionais também poderão formular consulta.

Art. 47. A consulta deverá ser apresentada por escrito, no domicílio tributário do consulente, ao órgão local da entidade incumbida de administrar o tributo sobre que versa.

Art. 48. Salvo o disposto no artigo seguinte, nenhum procedimento fiscal será instaurado contra o sujeito passivo relativamente à espécie consultada, a partir da apresentação da consulta até o trigésimo dia subsequente à data da ciência:

I – de decisão de primeira instância da qual não haja sido interposto recurso;

II – de decisão de segunda instância.

Art. 49. A consulta não suspende o prazo para recolhimento de tributo, retido na fonte ou autolançado antes ou depois de sua apresentação, nem o prazo para apresentação de declaração de rendimentos.

Art. 50. A decisão de segunda instância não obriga ao recolhimento de tributo que deixou de ser retido ou autolançado após a decisão reformada e de acordo com a orientação desta, no período compreendido entre as datas de ciência das duas decisões.

Art. 51. No caso de consulta formulada por entidade representativa de categoria econômica ou profissional, os efeitos referidos no art. 48 só alcançam seus associados ou filiados depois de cientificado o consulente da decisão.

Art. 52. Não produzirá efeito a consulta formulada:

I – em desacordo com os arts. 46 e 47;

II – por quem tiver sido intimado a cumprir obrigação relativa ao fato objeto da consulta;

III – por quem estiver sob procedimento fiscal iniciado para apurar fatos que se relacionem com a matéria consultada;

IV – quando o fato já houver sido objeto de decisão anterior, ainda não modificada, proferida em consulta ou litígio em que tenha sido parte o consulente;

V – quando o fato estiver disciplinado em ato normativo, publicado antes de sua apresentação;

VI – quando o fato estiver definido ou declarado em disposição literal da lei;

VII – quando o fato for definido como crime ou contravenção penal;

VIII – quando não descrever, completa ou exatamente, a hipótese a que se referir, ou não contiver os elementos necessários à sua solução, salvo se a inexatidão ou omissão for escusável, a critério da autoridade julgadora.

Art. 53. O preparo do processo compete ao órgão local da entidade encarregada da administração do tributo.

Art. 54. O julgamento compete:

I – em primeira instância:

a) aos superintendentes regionais da Receita Federal, quanto aos tributos administrados pela Secretaria da Receita Federal, atendida, no julgamento, a orientação emanada dos atos normativos da Coordenação do Sistema de Tributação;

•• A Secretaria da Receita Federal passa a denominar-se Secretaria da Receita Federal do Brasil, por força da Lei n. 11.457, de 16-3-2007.

b) às autoridades referidas na alínea *b* do inciso I do art. 25;

II – em segunda instância:

a) ao coordenador do Sistema de Tributação da Secretaria da Receita Federal, salvo quanto aos tributos incluídos na competência julgadora de outro órgão da administração federal;

b) à autoridade mencionada na legislação dos tributos ressalvados na alínea precedente ou, na falta dessa indicação, à que for designada pela entidade que administra o tributo;

III – em instância única, ao coordenador do Sistema de Tributação, quanto às consultas relativas aos tributos administrados pela Secretaria da Receita Federal e formuladas:

a) sobre classificação fiscal de mercadorias;

b) pelos órgãos centrais da administração pública;

c) por entidades representativas de categorias econômicas ou profissionais, de âmbito nacional.

Art. 55. Compete à autoridade julgadora declarar a ineficácia da consulta.

Art. 56. Cabe recurso voluntário, com efeito suspensivo, de decisão de primeira instância, dentro de 30 (trinta) dias, contados da ciência.

Art. 57. A autoridade de primeira instância recorrerá de ofício de decisão favorável ao consulente.

Art. 58. Não cabe pedido de reconsideração de decisão proferida em processo de consulta, inclusive da que declarar a sua ineficácia.

Capítulo III
DAS NULIDADES

Art. 59. São nulos:

I – os atos e termos lavrados por pessoa incompetente;

II – os despachos e decisões proferidos por autoridade incompetente ou com preterição do direito de defesa.

§ 1.º A nulidade de qualquer ato só prejudica os posteriores que dele diretamente dependam ou sejam consequência.

§ 2.º Na declaração de nulidade, a autoridade dirá os atos alcançados e determinará as providências necessárias ao prosseguimento ou solução do processo.

§ 3.º Quando puder decidir do mérito a favor do sujeito passivo a quem aproveitaria a declaração de nulidade, a autoridade julgadora não a pronunciará nem mandará repetir o ato ou suprir-lhe a falta.

•• § 3.º acrescentado pela Lei n. 8.748, de 9-12-1993.

Art. 60. As irregularidades, incorreções e omissões diferentes das referidas no artigo anterior não importarão em nulidade e serão sanadas quando resultarem em prejuízo para o sujeito passivo, salvo se este lhes houver dado causa, ou quando não influírem na solução do litígio.

Art. 61. A nulidade será declarada pela autoridade competente para praticar o ato ou julgar a sua legitimidade.

Capítulo IV
DISPOSIÇÕES FINAIS E TRANSITÓRIAS

Art. 62. Durante a vigência de medida judicial que determinar a suspensão da cobrança do tributo não será instaurado procedimento fiscal contra o sujeito passivo favorecido pela decisão, relativamente à matéria sobre que versar a ordem de suspensão.

Parágrafo único. Se a medida referir-se à matéria objeto de processo fiscal, o curso deste não será suspenso exceto quanto aos atos executórios.

Art. 63. A destinação de mercadorias ou outros bens apreendidos ou dados em garantia de pagamento do crédito tributário obedecerá às normas estabelecidas na legislação aplicável.

Art. 64. Os documentos que instruem o processo poderão ser restituídos, em qualquer fase, a requerimento do sujeito passivo, desde que a medida não prejudique a instrução e deles fique cópia autenticada no processo.

Art. 64-A. Os documentos que instruem o processo poderão ser objeto de digitalização, observado o disposto nos arts. 1.º e 3.º da Lei n. 12.682, de 9 de julho de 2012.

•• Artigo acrescentado pela Lei n. 12.865, de 9-10-2013.

Art. 64-B. No processo eletrônico, os atos, documentos e termos que o instruem poderão ser natos digitais ou produzidos por meio de digitalização, observado o disposto na Medida Provisória n. 2.200-2, de 24 de agosto de 2001.

•• *Caput* acrescentado pela Lei n. 12.865, de 9-10-2013.

§ 1.º Os atos, termos e documentos submetidos a digitalização pela administração tributária e armazenados eletronicamente possuem o mesmo valor probante de seus originais.

•• § 1.º acrescentado pela Lei n. 12.865, de 9-10-2013.

§ 2.º Os autos de processos eletrônicos, ou parte deles, que tiverem de ser remetidos a órgãos ou entidades que não disponham de sistema compatível de armazenagem e tramitação poderão ser encaminhados impressos em papel ou por meio digital, conforme disciplinado em ato da administração tributária.

•• § 2.º acrescentado pela Lei n. 12.865, de 9-10-2013.

§ 3.º As matrizes físicas dos atos, dos termos e dos documentos digitalizados e armazenados eletronicamente, nos termos do § 1.º, poderão ser descartadas, conforme regulamento.

•• § 3.º acrescentado pela Lei n. 13.097, de 19-1-2015.

Art. 65. O disposto neste Decreto não prejudicará a validade dos atos praticados na vigência da legislação anterior.

§ 1.º O preparo dos processos em curso, até a decisão de primeira instância, continuará regido pela legislação precedente.

§ 2.º Não se modificarão os prazos iniciados antes da entrada em vigor deste Decreto.

Art. 66. O Conselho Superior de Tarifa passa a denominar-se 4.º Conselho de Contribuintes.

•• O 4.º Conselho de Contribuintes passou, por determinação do art. 2.º do Decreto n. 79.630, de 29-4-1977, a denominar-se 3.º Conselho de Contribuintes.

Art. 67. Os Conselhos de Contribuintes, no prazo de 90 (noventa) dias, adaptarão seus regimentos internos às disposições deste Decreto.

Art. 68. Revogam-se as disposições em contrário.

Brasília, 6 de março de 1972; 151.º da Independência e 84.º da República.

Emílio G. Médici

LEI N. 6.099, DE 12 DE SETEMBRO DE 1974 (*)

Dispõe sobre o tratamento tributário das operações de arrendamento mercantil, e dá outras providências.

O Presidente da República:

Faço saber que o Congresso Nacional decreta e eu sanciono a seguinte Lei:

Art. 1.º O tratamento tributário das operações de arrendamento mercantil reger-se-á pelas disposições desta Lei.

•• *Vide* art. 49 da Lei n. 12.973, de 13-5-2014.

Parágrafo único. Considera-se arrendamento mercantil, para os efeitos desta Lei, o negócio jurídico realizado entre pessoa jurídica, na qualidade de arrendadora, e pessoa física ou jurídica, na qualidade de arrendatária, e que tenha por objeto o arrendamento de bens adquiridos pela arrendadora, segundo especificações da arrendatária e para uso próprio desta.

•• Parágrafo único com redação determinada pela Lei n. 7.132, de 26-10-1983.

•• *Vide* Súmula 564 do STJ.

Art. 2.º Não terá o tratamento previsto nesta Lei o arrendamento de bens contratado entre pessoas jurídicas direta ou indiretamente coligadas ou interdependentes, assim como o contratado com o próprio fabricante.

§ 1.º O Conselho Monetário Nacional especificará em regulamento os casos de coligação e interdependência.

§ 2.º Somente farão jus ao tratamento previsto nesta Lei as operações realizadas ou por empresas arrendadoras que fizerem dessa operação o objeto principal de sua atividade ou que centralizarem tais operações em um departamento especializado com escrituração própria.

(*) Publicada no *DOU*, de 13, e retificada em 20-9-1974.

Art. 3.º Serão escriturados em conta especial do ativo imobilizado da arrendadora os bens destinados a arrendamento mercantil.

Art. 4.º A pessoa jurídica arrendadora manterá registro individualizado que permita a verificação do fator determinante da receita e do tempo efetivo de arrendamento.

Art. 5.º Os contratos de arrendamento mercantil conterão as seguintes disposições:

a) prazo do contrato;

b) valor de cada contraprestação por períodos determinados, não superiores a 1 (um) semestre;

c) opção de compra ou renovação de contrato, como faculdade do arrendatário;

d) preço para opção de compra ou critério para sua fixação, quando for estipulada esta cláusula.

Parágrafo único. Poderá o Conselho Monetário Nacional, nas operações que venha a definir, estabelecer que as contraprestações sejam estipuladas por períodos superiores aos previstos na alínea *b* deste artigo.

•• Parágrafo único acrescentado pela Lei n. 7.132, de 26-10-1983.

Art. 6.º O Conselho Monetário Nacional poderá estabelecer índices máximos para a soma das contraprestações, acrescidas do preço para exercício da opção da compra nas operações de arrendamento mercantil.

§ 1.º Ficam sujeitas à regra deste artigo as prorrogações do arrendamento nele referido.

§ 2.º Os índices de que trata este artigo serão fixados, considerando o custo do arrendamento em relação ao do financiamento da compra e venda.

Art. 7.º Todas as operações de arrendamento mercantil subordinam-se ao controle e fiscalização do Banco Central do Brasil, segundo normas estabelecidas pelo Conselho Monetário Nacional, a elas se aplicando, no que couber, as disposições da Lei n. 4.595, de 31 de dezembro de 1964, e legislação posterior relativa ao Sistema Financeiro Nacional.

Art. 8.º O Conselho Monetário Nacional poderá baixar resolução disciplinando as condições segundo as quais as instituições financeiras poderão financiar suas controladas, coligadas ou interdependentes que se especializarem em operações de arrendamento mercantil.

•• *Caput* com redação determinada pela Lei n. 11.882, de 23-12-2008.

Parágrafo único. A aquisição de debêntures emitidas por sociedades de arrendamento mercantil, em mercado primário ou secundário, constitui obrigação de natureza cambiária, não caracterizando operação de empréstimo ou adiantamento.

•• Parágrafo único acrescentado pela Lei n. 11.882, de 23-12-2008.

Art. 9.º As operações de arrendamento mercantil contratadas com o próprio vendedor do bem ou com pessoas jurídicas a ele vinculadas, mediante quaisquer das relações previstas no art. 2.º desta Lei, poderão também ser realizadas por instituições financeiras expressamente autorizadas pelo Conselho Monetário Nacional, que estabelecerá as condições para a realização das operações previstas neste artigo.

•• *Caput* com redação determinada pela Lei n. 7.132, de 26-10-1983.

Parágrafo único. Nos casos deste artigo, o prejuízo decorrente da venda do bem não será dedutível na determinação do lucro real.

•• Parágrafo único com redação determinada pela Lei n. 7.132, de 26-10-1983.

Art. 10. Somente poderão ser objeto de arrendamento mercantil os bens de produção estrangeira que forem enumerados pelo Conselho Monetário Nacional, que poderá, também, estabelecer condições para seu arrendamento a empresas cujo controle acionário pertencer a pessoas residentes no Exterior.

Art. 11. Serão considerados como custo ou despesa operacional da pessoa jurídica arrendatária as contraprestações pagas ou creditadas por força do contrato de arrendamento mercantil.

§ 1.º A aquisição pelo arrendatário de bens arrendados em desacordo com as disposições desta Lei será considerada operação de compra e venda a prestação.

§ 2.º O preço de compra e venda, no caso do parágrafo anterior, será o total das contraprestações pagas durante a vigência do arrendamento, acrescido da parcela paga a título de preço de aquisição.

§ 3.º Na hipótese prevista no § 1.º deste artigo, as importâncias já deduzidas, como custo ou despesa operacional pela adquirente, acrescerão ao lucro tributável pelo Imposto sobre a Renda, no exercício correspondente à respectiva dedução.

§ 4.º O imposto não recolhido, na hipótese do parágrafo anterior, será devido com acréscimo de juros e correção monetária, multa e demais penalidades legais.

Art. 12. Serão admitidas como custos das pessoas jurídicas arrendadoras as cotas de depreciação do preço de aquisição de bem arrendado, calculadas de acordo com a vida útil do bem.

§ 1.º Entende-se por vida útil do bem o prazo durante o qual se possa esperar a sua efetiva utilização econômica.

§ 2.º A Secretaria da Receita Federal publicará periodicamente o prazo de vida útil admissível, em condições normais, para cada espécie de bem.

•• A Secretaria da Receita Federal passa a denominar-se Secretaria da Receita Federal do Brasil, por força da Lei n. 11.457, de 16-3-2007.

§ 3.º Enquanto não forem publicados os prazos de vida útil de que trata o parágrafo anterior, a sua determinação se fará segundo as normas previstas pela legislação do Imposto sobre a Renda para fixação da taxa de depreciação.

Art. 13. Nos casos de operações de vendas de bens que tenham sido objeto de arrendamento mercantil, o saldo não depreciado será admitido como custo para efeito de apuração do lucro tributável pelo Imposto sobre a Renda.

Art. 14. Não será dedutível, para fins de apuração do lucro tributável pelo Imposto sobre a Renda, a diferença a menor entre o valor contábil residual do bem arrendado e o seu preço de venda, quando do exercício da opção de compra.

Art. 15. (*Revogado pela Lei n. 12.973, de 13-5-2014.*)

Art. 16. Os contratos de arrendamento mercantil celebrados com entidades domiciliadas no Exterior serão submetidos a registro no Banco Central do Brasil.

•• *Caput* com redação determinada pela Lei n. 7.132, de 26-10-1983.

§ 1.º O Conselho Monetário Nacional estabelecerá as normas para a concessão do registro a que se refere este artigo, observando as seguintes condições:

a) razoabilidade da contraprestação e de sua composição;

b) critérios para fixação do prazo de vida útil do bem;

c) compatibilidade do prazo de arrendamento do bem com a sua vida útil;

d) relação entre o preço internacional do bem e o custo total do arrendamento;

e) cláusula de opção de compra ou renovação do contrato;

f) outras cautelas ditadas pela política econômico-financeira nacional.

•• § 1.º com redação determinada pela Lei n. 7.132, de 26-10-1983.

§ 2.º Mediante prévia autorização do Banco Central do Brasil, segundo normas para este fim expedidas pelo Conselho Monetário Nacional, os bens objeto das operações de que trata este artigo poderão ser arrendados a sociedades arrendadoras domiciliadas no País, para o fim de subarrendamento.

•• § 2.º com redação determinada pela Lei n. 7.132, de 26-10-1983.

§ 3.º Estender-se-ão ao subarrendamento as normas aplicáveis aos contratos de arrendamento mercantil celebrados com entidades domiciliadas no Exterior.

•• § 3.º com redação determinada pela Lei n. 7.132, de 26-10-1983.

§ 4.º No subarrendamento poderá haver vínculo de coligação ou de interdependência entre a entidade domiciliada no Exterior e a sociedade arrendatária subarrendadora, domiciliada no País.

•• § 4.º com redação determinada pela Lei n. 7.132, de 26-10-1983.

§ 5.º Mediante as condições que estabelecer, o Conselho Monetário Nacional poderá autorizar o registro de contratos sem cláusula de opção de compra, bem como fixar prazos mínimos para as operações previstas neste artigo.

•• § 5.º com redação determinada pela Lei n. 7.132, de 26-10-1983.

Art. 17. A entrada no território nacional dos bens objeto de arrendamento mercantil, contratado com entidades arrendadoras domiciliadas no Exterior, não se confunde com o regime de admissão temporária de que trata o Decreto-lei n. 37, de 18 de novembro de 1966, e se sujeitará a todas as normas legais que regem a importação.

•• Artigo com redação determinada pela Lei n. 7.132, de 26-10-1983.

Art. 18. A base de cálculo, para efeito do Imposto sobre Produtos Industrializados, do fato gerador que ocorrer por ocasião da remessa de bens importados ao estabelecimento da empresa arrendatária, corresponderá ao preço atacado desse bem na praça em que a empresa arrendadora estiver domiciliada.

•• *Caput* com redação determinada pela Lei n. 7.132, de 26-10-1983.

§ 1.º (*Revogado pela Lei n. 9.532, de 10-12-1997.*)

§ 2.º Nas hipóteses em que o preço dos bens importados para o fim de arrendamento for igual ou superior ao que seria pago pelo arrendatário se os importasse diretamente, a base de cálculo mencionada no *caput* deste artigo será o valor que servir de base para o recolhimento do Imposto sobre Produtos Industrializados, por ocasião do desembaraço alfandegário desses bens.

Art. 19. Fica equiparada à exportação a compra e venda de bens no mercado interno, para o fim específico de arrendamento pelo comprador a arrendatário domiciliado no Exterior.

Art. 20. São assegurados ao vendedor dos bens de que trata o artigo anterior todos os benefícios fiscais concedidos por lei para incentivo à exportação, observadas as condições de qualidade da pessoa do vendedor e outras exigidas para os casos de exportação direta ou indireta.

§ 1.º Os benefícios fiscais de que trata este artigo serão concedidos sobre o equivalente em moeda nacional de garantia irrevogável do pagamento das contraprestações do arrendamento contratado, limitada a base de cálculo ao preço da compra e venda.

§ 2.º Para os fins do disposto no § 1.º, a equivalência em moeda nacional será determinada pela maior taxa de câmbio do dia da utilização dos benefícios fiscais, quando o pagamento das contraprestações do arrendamento contratado for efetivado em moeda estrangeira de livre conversibilidade.

•• § 2.º com redação determinada pela Lei n. 12.024, de 27-8-2009.

Art. 21. O Ministro da Fazenda poderá estender aos arrendatários de máquinas, aparelhos e equipamentos de produção nacional, objeto de arrendamento mercantil, os benefícios de que trata o Decreto-lei n. 1.136, de 7 de dezembro de 1970.

Art. 22. As pessoas jurídicas que estiverem operando com arrendamento de bens, e que se ajustarem às disposições desta Lei dentro de 180 (cento e oitenta) dias, a contar da sua vigência, terão as suas operações regidas por este Diploma legal, desde que ajustem convenientemente os seus contratos, mediante instrumentos de aditamento.

Art. 23. Fica o Conselho Monetário Nacional autorizado a:

a) expedir normas que visem a estabelecer mecanismos reguladores das atividades previstas nesta Lei, inclusive excluir modalidades de operações do tratamento nela previsto e limitar ou proibir sua prática por determinadas categorias de pessoas físicas ou jurídicas;

•• Alínea *a* com redação determinada pela Lei n. 7.132, de 26-10-1983.

b) enumerar restritivamente os bens que não poderão ser objeto de arrendamento mercantil, tendo em vista a política econômico-financeira do País.

Art. 24. A cessão do contrato de arrendamento mercantil a entidade domiciliada no Exterior reger-se-á pelo disposto nesta Lei e dependerá de prévia autorização do Banco Central do Brasil, conforme normas expedidas pelo Conselho Monetário Nacional.

•• *Caput* acrescentado pela Lei n. 7.132, de 26-10-1983.

Parágrafo único. Observado o disposto neste artigo, poderão ser transferidos, exclusiva e independentemente da cessão do contrato, os direitos de crédito relativos às contraprestações devidas.

•• Parágrafo único acrescentado pela Lei n. 7.132, de 26-10-1983.

Art. 25. Esta Lei entrará em vigor na data de sua publicação, revogadas as disposições em contrário.

•• Primitivo art. 24 renumerado pela Lei n. 7.132, de 26-10-1983.

Brasília, 12 de setembro de 1974; 153.º da Independência e 86.º da República.

ERNESTO GEISEL

LEI COMPLEMENTAR N. 24, DE 7 DE JANEIRO DE 1975 (*)

Dispõe sobre os convênios para a concessão de isenções do imposto sobre

(*) Publicada no *DOU*, de 9-1-1975.

operações relativas à circulação de mercadorias e dá outras providências.

O Presidente da República

Faço saber que o Congresso Nacional decreta e eu sanciono a seguinte Lei Complementar:

Art. 1.º As isenções do imposto sobre operações relativas à circulação de mercadorias serão concedidas ou revogadas nos termos de convênios celebrados e ratificados pelos Estados e pelo Distrito Federal, segundo esta Lei.

Parágrafo único. O disposto neste artigo também se aplica:

I – à redução da base de cálculo;

II – à devolução total ou parcial, direta ou indireta, condicionada ou não, do tributo, ao contribuinte, a responsável ou a terceiros;

III – à concessão de créditos presumidos;

IV – a quaisquer outros incentivos ou favores fiscais ou financeiro-fiscais, concedidos com base no Imposto de Circulação de Mercadorias, dos quais resulte redução ou eliminação, direta ou indireta, do respectivo ônus;

V – às prorrogações e às extensões das isenções vigentes nesta data.

Art. 2.º Os convênios a que alude o art. 1.º serão celebrados em reuniões para as quais tenham sido convocados representantes de todos os Estados e do Distrito Federal, sob a presidência de representantes do Governo Federal.

§ 1.º As reuniões se realizarão com a presença de representantes da maioria das Unidades da Federação.

§ 2.º A concessão de benefícios dependerá sempre de decisão unânime dos Estados representados; a sua revogação total ou parcial dependerá de aprovação de 4/5 (quatro quintos), pelo menos, dos representantes presentes.

§ 3.º Dentro de 10 (dez) dias, contados da data final da reunião a que se refere este artigo, a resolução nela adotada será publicada no *Diário Oficial da União*.

Art. 3.º Os convênios podem dispor que a aplicação de qualquer de suas cláusulas seja limitada a uma ou a algumas Unidades da Federação.

Art. 4.º Dentro do prazo de 15 (quinze) dias contados da publicação dos convênios no *Diário Oficial da União*, e independentemente de qualquer outra comunicação, o Poder Executivo de cada Unidade da Federação publicará decreto ratificando ou não os convênios celebrados, considerando-se ratificação tácita dos convênios a falta de manifestação no prazo assinalado neste artigo.

§ 1.º O disposto neste artigo aplica-se também às Unidades da Federação cujos representantes não tenham comparecido à reunião em que hajam sido celebrados os convênios.

§ 2.º Considerar-se-á rejeitado o convênio que não for expressa ou tacitamente ratificado pelo Poder Executivo de todas as Unidades da Federação ou, nos casos de revogação a que se refere o art. 2.º, § 2.º, desta Lei, pelo Poder Executivo de, no mínimo, 4/5 (quatro quintos) das Unidades da Federação.

Art. 5.º Até 10 (dez) dias depois de findo o prazo de ratificação dos convênios, promover-se-á, segundo o disposto em Regimento, a publicação relativa à ratificação ou à rejeição no *Diário Oficial da União*.

Art. 6.º Os convênios entrarão em vigor no trigésimo dia após a publicação a que se refere o art. 5.º, salvo disposição em contrário.

Art. 7.º Os convênios ratificados obrigam todas as Unidades da Federação inclusive as que, regularmente convocadas, não se tenham feito representar na reunião.

Art. 8.º A inobservância dos dispositivos desta Lei acarretará, cumulativamente:

I – a nulidade do ato e a ineficácia do crédito fiscal atribuído ao estabelecimento recebedor da mercadoria;

II – a exigibilidade do imposto não pago ou devolvido e a ineficácia da lei ou ato que conceda remissão do débito correspondente.

Parágrafo único. As sanções previstas neste artigo poder-se-ão acrescer a presunção de irregularidade das contas correspondentes ao exercício, a juízo do Tribunal de Contas da União, e a suspensão do pagamento das quotas referentes ao Fundo de Participação, ao Fundo Especial e aos impostos referidos nos itens VIII e IX do art. 21 da Constituição Federal.

Art. 9.º É vedado aos Municípios, sob pena das sanções previstas no artigo anterior, concederem qualquer dos benefícios relacionados no art. 1.º no que se refere à sua parcela na receita do imposto de circulação de mercadorias.

Art. 10. Os convênios definirão as condições gerais em que se poderão conceder, unilateralmente, anistia, remissão, transação, moratória, parcelamento de débitos fiscais e ampliação do prazo de recolhimento do imposto de circulação de mercadorias.

Art. 11. O Regimento das reuniões de representantes das Unidades da Federação será aprovado em convênio.

Art. 12. São mantidos os benefícios fiscais decorrentes de convênios regionais e nacionais vigentes à data desta Lei, até que revogados ou alterados por outro.

§ 1.º Continuam em vigor os benefícios fiscais ressalvados pelo § 6.º do art. 3.º do Decreto-lei n. 406, de 31 de dezembro de 1968, com a redação que lhe deu o art. 5.º do Decreto-lei n. 834, de 8 de setembro de 1969, até o vencimento do prazo ou cumprimento das condições correspondentes.

§ 2.º Quaisquer outros benefícios fiscais concedidos pela legislação estadual considerar-se-ão revogados se não forem convalidados pelo primeiro convênio que se realizar na forma desta Lei, ressalvados os concedidos por prazo certo ou em função de determinadas condições que já tenham sido incorporadas ao patrimônio jurídico de contribuinte. O prazo para a celebração deste convênio será de 90 (noventa) dias a contar da data da publicação desta Lei.

§ 3.º A convalidação de que trata o parágrafo anterior se fará pela aprovação de 2/3 (dois terços) dos representantes presentes, observando-se, na respectiva ratificação, este *quorum* e o mesmo processo do disposto no art. 4.º.

Art. 13. O art. 178 do Código Tributário Nacional (Lei n. 5.172, de 25-10-1966) passa a vigorar com a seguinte redação:

•• Alteração já processada no diploma modificado.

Art. 14. Sairão com suspensão do Imposto de Circulação de Mercadorias:

I – as mercadorias remetidas pelo estabelecimento do produtor para estabelecimento de Cooperativa de que faça parte, situada no mesmo Estado;

II – as mercadorias remetidas pelo estabelecimento de Cooperativa de Produtores, para estabelecimento, no mesmo Estado, da própria Cooperativa, de Cooperativa Central ou de Federação de Cooperativas de que a Cooperativa remetente faça parte.

§ 1.º O imposto devido pelas saídas mencionadas nos incisos I e II será recolhido pelo destinatário quando da saída subsequente, esteja esta sujeita ou não ao pagamento do tributo.

§ 2.º Ficam revogados os incisos IX e X do art. 1.º da Lei Complementar n. 4, de 2 de dezembro de 1969.

Art. 15. O disposto nesta Lei não se aplica às indústrias instaladas ou que vierem a instalar-se na Zona Franca de Manaus, sendo vedado às demais Unidades da Federação determinar a exclusão de incentivo fiscal, prêmio ou estímulo concedido pelo Estado do Amazonas.

Art. 16. Esta Lei entrará em vigor na data de sua publicação, revogadas as disposições em contrário.

Brasília, em 7 de janeiro de 1975; 154.º da Independência e 87.º da República.

Ernesto Geisel

DECRETO-LEI N. 1.578, DE 11 DE OUTUBRO DE 1977 (*)

Dispõe sobre o Imposto sobre a Exportação, e dá outras providências.

O Presidente da República, no uso das atribuições que lhe confere o art. 55, II, da Constituição, decreta:

Art. 1.º O Imposto sobre a Exportação, para o estrangeiro, de produto nacional ou nacionalizado tem como fato gerador a saída deste do território nacional.

§ 1.º Considera-se ocorrido o fato gerador no momento da expedição da Guia de Exportação ou documento equivalente.

§ 2.º (*Revogado pela Lei n. 9.019, de 30-3-1995.*)

§ 3.º O Poder Executivo relacionará os produtos sujeitos ao imposto.

•• § 3.º acrescentado pela Lei n. 9.716, de 26-11-1998.

Art. 2.º A base de cálculo do imposto é o preço normal que o produto, ou seu similar, alcançaria, ao tempo da exportação, em uma venda em condições de livre concorrência no mercado internacional, observadas as normas expedidas pelo Poder Executivo, mediante ato da CAMEX – Câmara de Comércio Exterior.

•• *Caput* com redação determinada pela Medida Provisória n. 2.158-35, de 24-8-2001.

§ 1.º O preço à vista do produto, FOB ou posto na fronteira, é indicativo do preço normal.

§ 2.º Quando o preço do produto for de difícil apuração ou for susceptível de oscilações bruscas no mercado internacional, o Poder Executivo, mediante ato da CAMEX, fixará critérios específicos ou estabelecerá pauta de valor mínimo, para apuração de base de cálculo.

•• § 2.º com redação determinada pela Medida Provisória n. 2.158-35, de 24-8-2001.

§ 3.º Para efeito de determinação da base de cálculo do imposto, o preço de venda das mercadorias exportadas não poderá ser inferior ao seu custo de aquisição ou produção, acrescido dos impostos e das contribuições incidentes e de margem de lucro de 15% (quinze por cento) sobre a soma dos custos, mais impostos e contribuições.

•• § 3.º acrescentado pela Lei n. 9.716, de 26-11-1998.

Art. 3.º A alíquota do imposto é de 30% (trinta por cento), facultado ao Poder Executivo reduzi-la ou aumentá-la, para atender aos objetivos da política cambial e do comércio exterior.

•• *Caput* com redação determinada pela Lei n. 9.716, de 26-11-1998.

Parágrafo único. Em caso de elevação, a alíquota do imposto não poderá ser superior a 5 (cinco) vezes o percentual fixado neste artigo.

•• Parágrafo único com redação determinada pela Lei n. 9.716, de 26-11-1998.

Art. 4.º O pagamento do imposto será realizado na forma e no momento fixados pelo Ministro da Fazenda, que poderá determinar sua exigibilidade antes da efetiva saída do produto a ser exportado.

Parágrafo único. Poderá ser dispensada a cobrança do imposto em função do destino da mercadoria exportada, observadas normas editadas pelo Ministro de Estado da Fazenda.

•• Parágrafo único acrescentado pela Lei n. 9.716, de 26-11-1998.

Art. 5.º O contribuinte do imposto é o exportador, assim considerado qualquer pessoa que promova a saída do produto do território nacional.

Art. 6.º Não efetivada a exportação do produto ou ocorrendo o seu retorno na forma do art. 11 do Decreto-lei n. 491, de 5 de março de 1969, a quantia paga a título de imposto será restituída a requerimento do interessado acompanhado da respectiva documentação comprobatória.

(*) Publicado no *DOU*, de 12-10-1977.

Art. 7.º *(Revogado pela Lei n. 10.833, de 29-12-2003.)*

Art. 8.º No que couber, aplicar-se-á, subsidiariamente, ao Imposto sobre a Exportação a legislação relativa ao Imposto sobre a Importação.

Art. 9.º O produto da arrecadação do Imposto sobre a Exportação constituirá reserva monetária, a crédito do Banco Central do Brasil, a qual só poderá ser aplicada na forma estabelecida pelo Conselho Monetário Nacional.

Art. 10. A CAMEX expedirá normas complementares a este decreto-lei, respeitado o disposto no § 2.º do art. 1.º, *caput* e § 2.º do art. 2.º, e arts. 3.º e 9.º

•• Artigo com redação determinada pela Medida Provisória n. 2.158-35, de 24-8-2001.

Art. 11. Este Decreto-lei entrará em vigor na data de sua publicação, revogadas a Lei n. 5.072, de 12 de agosto de 1966, e demais disposições em contrário.

Brasília, 11 de outubro de 1977; 156.º da Independência e 89.º da República.

ERNESTO GEISEL

LEI N. 6.830, DE 22 DE SETEMBRO DE 1980 (*)

Dispõe sobre a cobrança judicial da Dívida Ativa da Fazenda Pública e dá outras providências.

O Presidente da República:

Faço saber que o Congresso Nacional decreta e eu sanciono a seguinte Lei:

Art. 1.º A execução judicial para cobrança da Dívida Ativa da União, dos Estados, do Distrito Federal, dos Municípios e respectivas autarquias será regida por esta Lei e, subsidiariamente, pelo Código de Processo Civil.

Art. 2.º Constitui Dívida Ativa da Fazenda Pública aquela definida como tributária ou não tributária na Lei n. 4.320, de 17 de março de 1964, com as alterações posteriores, que estatui normas gerais de direito financeiro para elaboração e controle dos orçamentos e balanços da União, dos Estados, dos Municípios e do Distrito Federal.

§ 1.º Qualquer valor, cuja cobrança seja atribuída por lei às entidades de que trata o art. 1.º, será considerado Dívida Ativa da Fazenda Pública.

§ 2.º A Dívida Ativa da Fazenda Pública, compreendendo a tributária e a não tributária, abrange atualização monetária, juros e multa de mora e demais encargos previstos em lei ou contrato.

§ 3.º A inscrição, que se constitui no ato de controle administrativo da legalidade, será feita pelo órgão competente para apurar a liquidez e certeza do crédito e suspenderá a prescrição, para todos os efeitos de direito, por 180 (cento e oitenta) dias ou até a distribuição da execução fiscal, se esta ocorrer antes de findo aquele prazo.

§ 4.º A Dívida Ativa da União será apurada e inscrita na Procuradoria da Fazenda Nacional.

§ 5.º O Termo de Inscrição de Dívida Ativa deverá conter:

I – o nome do devedor, dos corresponsáveis e, sempre que conhecido, o domicílio ou residência de um e de outros;

II – o valor originário da dívida, bem como o termo inicial e a forma de calcular os juros de mora e demais encargos previstos em lei ou contrato;

III – a origem, a natureza e o fundamento legal ou contratual da dívida;

IV – a indicação, se for o caso, de estar a dívida sujeita à atualização monetária, bem

(*) Publicada no *DOU*, de 24-9-1980.

como o respectivo fundamento legal e o termo inicial para o cálculo;

V – a data e o número da inscrição, no Registro de Dívida Ativa; e

VI – o número do processo administrativo ou do auto de infração, se neles estiver apurado o valor da dívida.

§ 6.º A Certidão de Dívida Ativa conterá os mesmos elementos do Termo de Inscrição e será autenticada pela autoridade competente.

§ 7.º O Termo de Inscrição e a Certidão de Dívida Ativa poderão ser preparados e numerados por processo manual, mecânico ou eletrônico.

§ 8.º Até a decisão de primeira instância, a Certidão de Dívida Ativa poderá ser emendada ou substituída, assegurada ao executado a devolução do prazo para embargos.

§ 9.º O prazo para a cobrança das contribuições previdenciárias continua a ser o estabelecido no art. 144 da Lei n. 3.807, de 26 de agosto de 1960.

•• A Lei n. 3.807, de 26-8-1960, foi revogada pela Lei n. 8.212, de 24-7-1991, que passou a tratar da seguridade social e das contribuições previdenciárias.

Art. 3.º A Dívida Ativa regularmente inscrita goza da presunção de certeza e liquidez.

Parágrafo único. A presunção a que se refere este artigo é relativa e pode ser ilidida por prova inequívoca, a cargo do executado ou de terceiro, a quem aproveite.

Art. 4.º A execução fiscal poderá ser promovida contra:

I – o devedor;

II – o fiador;

III – o espólio;

IV – a massa;

V – o responsável, nos termos da lei, por dívidas, tributárias ou não, de pessoas físicas ou pessoas jurídicas de direito privado; e

VI – os sucessores a qualquer título.

§ 1.º Ressalvado o disposto no art. 31, o síndico, o comissário, o liquidante, o inventariante e o administrador, nos casos de falência, concordata, liquidação, inventário, insolvência ou concurso de credores, se, antes de garantidos os créditos da Fazenda Pública, alienarem ou derem em garantia quaisquer dos bens administrados, respondem, solidariamente, pelo valor desses ben.

§ 2.º À Dívida Ativa da Fazenda Pública, de qualquer natureza, aplicam-se as normas relativas à responsabilidade prevista na legislação tributária, civil e comercial.

§ 3.º Os responsáveis, inclusive as pessoas indicadas no § 1.º deste artigo, poderão nomear bens livres e desembaraçados do devedor, tantos quantos bastem para pagar a dívida. Os bens dos responsáveis ficarão, porém, sujeitos à execução, se os do devedor forem insuficientes à satisfação da dívida.

§ 4.º Aplica-se à Dívida Ativa da Fazenda Pública de natureza não tributária o disposto nos arts. 186 e 188 a 192 do Código Tributário Nacional.

Art. 5.º A competência para processar e julgar a execução da Dívida Ativa da Fazenda Pública exclui a de qualquer outro juízo, inclusive o da falência, da concordata, da liquidação, da insolvência ou do inventário.

Art. 6.º A petição inicial indicará apenas:

•• *Vide* Súmulas 558 e 559 do STJ.

I – o juiz a quem é dirigida;

II – o pedido; e

III – o requerimento para a citação.

§ 1.º A petição inicial será instruída com a Certidão da Dívida Ativa, que dela fará parte integrante, como se estivesse transcrita.

§ 2.º A petição inicial e a Certidão de Dívida Ativa poderão constituir um único documento, preparado inclusive por processo eletrônico.

§ 3.º A produção de provas pela Fazenda Pública independe de requerimento na petição inicial.

§ 4.º O valor da causa será o da dívida constante da certidão, com os encargos legais.

Art. 7.º O despacho do juiz que deferir a inicial importa em ordem para:

I – citação, pelas sucessivas modalidades previstas no art. 8.º;

II – penhora, se não for paga a dívida, nem garantida a execução, por meio de depósito, fiança ou seguro-garantia;

•• Inciso II com redação determinada pela Lei n. 13.043, de 13-11-2014.

III – arresto, se o executado não tiver domicílio ou dele se ocultar;

IV – registro da penhora ou do arresto, independentemente do pagamento de custas ou outras despesas, observado o disposto no art. 14; e

V – avaliação dos bens penhorados ou arrestados.

Art. 8.º O executado será citado para, no prazo de 5 (cinco) dias, pagar a dívida com os juros e multa de mora e encargos indicados na Certidão de Dívida Ativa, ou garantir a execução, observadas as seguintes normas:

I – a citação será feita pelo correio, com aviso de recepção, se a Fazenda Pública não a requerer por outra forma;

II – a citação pelo correio considera-se feita na data da entrega da carta no endereço do executado; ou, se a data for omitida, no aviso de recepção, 10 (dez) dias após a entrega da carta à agência postal;

III – se o aviso de recepção não retornar no prazo de 15 (quinze) dias da entrega da carta à agência postal, a citação será feita por oficial de justiça ou por edital;

IV – o edital de citação será afixado na sede do juízo, publicado uma só vez no órgão oficial, gratuitamente, como expediente judiciário, com o prazo de 30 (trinta) dias, e conterá, apenas, a indicação da exequente, o nome do devedor e dos corresponsáveis, a quantia devida, a natureza da dívida, a data e o número da inscrição no Registro da Dívida Ativa, o prazo e o endereço da sede do juízo.

§ 1.º O executado ausente do País será citado por edital, com prazo de 60 (sessenta) dias.

§ 2.º O despacho do juiz, que ordenar a citação, interrompe a prescrição.

Art. 9.º Em garantia da execução, pelo valor da dívida, juros e multa de mora e encargos indicados na Certidão da Dívida Ativa, o executado poderá:

I – efetuar depósito em dinheiro, à ordem do juízo em estabelecimento oficial de crédito, que assegure atualização monetária;

II – oferecer fiança bancária ou seguro-garantia;

•• Inciso II com redação determinada pela Lei n. 13.043, de 13-11-2014.

III – nomear bens à penhora, observada a ordem do art. 11; ou

IV – indicar à penhora bens oferecidos por terceiros e aceitos pela Fazenda Pública.

§ 1.º O executado só poderá indicar e o terceiro oferecer bem imóvel à penhora com o consentimento expresso do respectivo cônjuge.

§ 2.º Juntar-se-á aos autos a prova do depósito, da fiança bancária, do seguro-garantia ou da penhora dos bens do executado ou de terceiros.

•• § 2.º com redação determinada pela Lei n. 13.043, de 13-11-2014.

§ 3.º A garantia da execução, por meio de depósito em dinheiro, fiança bancária ou seguro-garantia, produz os mesmos efeitos da penhora.

•• § 3.º com redação determinada pela Lei n. 13.043, de 13-11-2014.

§ 4.º Somente o depósito em dinheiro, na forma do art. 32, faz cessar a responsabilidade pela atualização monetária e juros de mora.

§ 5.º A fiança bancária prevista no inciso II obedecerá às condições preestabelecidas pelo Conselho Monetário Nacional.

§ 6.º O executado poderá pagar parcela da dívida, que julgar incontroversa, e garantir a execução do saldo devedor.

Art. 10. Não ocorrendo o pagamento, nem a garantia da execução de que trata o art. 9.º, a penhora poderá recair em qualquer bem do executado, exceto os que a lei declare absolutamente impenhoráveis.

Art. 11. A penhora ou arresto de bens obedecerá à seguinte ordem:

I – dinheiro;

II – título da dívida pública, bem como título de crédito, que tenham cotação em Bolsa;

III – pedras e metais preciosos;

IV – imóveis;

V – navios e aeronaves;

VI – veículos;

VII – móveis ou semoventes; e

VIII – direitos e ações.

§ 1.º Excepcionalmente, a penhora poderá recair sobre estabelecimento comercial, industrial ou agrícola, bem como em plantações ou edifícios em construção.

§ 2.º A penhora efetuada em dinheiro será convertida no depósito de que trata o inciso I do art. 9.º.

§ 3.º O juiz ordenará a remoção do bem penhorado para depósito judicial, particular ou da Fazenda Pública exequente, sempre que esta o requerer, em qualquer fase do processo.

Art. 12. Na execução fiscal, far-se-á a intimação da penhora ao executado, mediante publicação, no órgão oficial, do ato de juntada do termo ou do auto de penhora.

§ 1.º Nas comarcas do interior dos Estados, a intimação poderá ser feita pela remessa de cópia do termo ou do auto de penhora, pelo correio, na forma estabelecida no art. 8.º, I e II, para a citação.

§ 2.º Se a penhora recair sobre imóvel, far-se-á a intimação ao cônjuge, observadas as normas previstas para a citação.

§ 3.º Far-se-á a intimação da penhora pessoalmente ao executado se, na citação feita pelo correio, o aviso de recepção não contiver a assinatura do próprio executado, ou de seu representante legal.

Art. 13. O termo ou auto de penhora conterá, também, a avaliação dos bens penhorados, efetuada por quem o lavrar.

§ 1.º Impugnada a avaliação, pelo executado, ou pela Fazenda Pública, antes de publicado o edital de leilão, o juiz, ouvida a outra parte, nomeará avaliador oficial para proceder a nova avaliação dos bens penhorados.

§ 2.º Se não houver, na comarca, avaliador oficial ou este não puder apresentar o laudo de avaliação no prazo de 15 (quinze) dias, será nomeada pessoa ou entidade habilitada, a critério do juiz.

§ 3.º Apresentado o laudo, o juiz decidirá de plano sobre a avaliação.

Art. 14. O oficial de justiça entregará contrafé e cópia do termo ou do auto de penhora ou arresto, com a ordem de registro de que trata o art. 7.º, IV:

I – no ofício próprio, se o bem for imóvel ou a ele equiparado;

II – na repartição competente para emissão de certificado de registro, se for veículo;

III – na Junta Comercial, na Bolsa de Valores, e na sociedade comercial, se forem ações, debênture, parte beneficiária, cota ou qualquer outro título, crédito ou direito societário nominativo.

Art. 15. Em qualquer fase do processo, será deferida pelo juiz:

I – ao executado, a substituição da penhora por depósito em dinheiro, fiança bancária ou seguro-garantia; e

•• Inciso I com redação determinada pela Lei n. 13.043, de 13-11-2014.

II – à Fazenda Pública, a substituição dos bens penhorados por outros, independentemente da ordem enumerada no art. 11, bem como o reforço da penhora insuficiente.

Art. 16. O executado oferecerá embargos, no prazo de 30 (trinta) dias, contados:

I – do depósito;

II – da juntada da prova da fiança bancária ou do seguro-garantia;

•• Inciso II com redação determinada pela Lei n. 13.043, de 13-11-2014.

III – da intimação da penhora.

§ 1.º Não são admissíveis embargos do executado antes de garantida a execução.

§ 2.º No prazo dos embargos, o executado deverá alegar toda matéria útil à defesa, requerer provas e juntar aos autos os documentos e rol de testemunhas, até três, ou, a critério do juiz, até o dobro desse limite.

§ 3.º Não será admitida reconvenção, nem compensação, e as exceções, salvo as de suspeição, incompetência e impedimento, serão arguidas como matéria preliminar e serão processadas e julgadas com os embargos.

•• *Vide* Súmula 394 do STJ.

Art. 17. Recebidos os embargos, o juiz mandará intimar a Fazenda, para impugná-los no prazo de 30 (trinta) dias, designando, em seguida, audiência de instrução e julgamento.

Parágrafo único. Não se realizará audiência, se os embargos versarem sobre matéria de direito ou, sendo de direito e de fato, a prova for exclusivamente documental, caso em que o juiz proferirá a sentença no prazo de 30 (trinta) dias.

Art. 18. Caso não sejam oferecidos os embargos, a Fazenda Pública manifestar-se-á sobre a garantia da execução.

Art. 19. Não sendo embargada a execução ou sendo rejeitados os embargos, no caso de garantia prestada por terceiro, será este intimado, sob pena de contra ele prosseguir a execução nos próprios autos, para, no prazo de 15 (quinze) dias:

I – remir o bem, se a garantia for real; ou

II – pagar o valor da dívida, juros e multa de mora e demais encargos, indicados na Certidão de Dívida Ativa, pelos quais se obrigou, se a garantia for fidejussória.

Art. 20. Na execução por carta, os embargos do executado serão oferecidos no juízo deprecado, que os remeterá ao juízo deprecante, para instrução e julgamento.

Parágrafo único. Quando os embargos tiverem por objeto vícios ou irregularidades de atos do próprio juízo deprecado, caber-lhe-á unicamente o julgamento dessa matéria.

Art. 21. Na hipótese de alienação antecipada dos bens penhorados, o produto será depositado em garantia da execução, nos termos previstos no art. 9.º, I.

Art. 22. A arrematação será precedida de edital, afixado no local do costume, na sede do juízo, e publicado, em resumo, uma só vez, gratuitamente, como expediente judiciário, no órgão oficial.

§ 1.º O prazo entre as datas de publicação do edital e do leilão não poderá ser superior a 30 (trinta), nem inferior a 10 (dez) dias.

§ 2.º O representante judicial da Fazenda Pública será intimado, pessoalmente, da realização do leilão, com a antecedência prevista no parágrafo anterior.

Art. 23. A alienação de quaisquer bens penhorados será feita em leilão público, no lugar designado pelo juiz.

§ 1.º A Fazenda Pública e o executado poderão requerer que os bens sejam leiloados englobadamente ou em lotes que indicarem.

§ 2.º Cabe ao arrematante o pagamento da comissão do leiloeiro e demais despesas indicadas no edital.

Art. 24. A Fazenda Pública poderá adjudicar os bens penhorados:

I – antes do leilão, pelo preço da avaliação, se a execução não for embargada ou se rejeitados os embargos;

II – findo o leilão:

a) se não houver licitante, pelo preço da avaliação;

b) havendo licitantes, com preferência, em igualdade de condições com a melhor oferta, no prazo de 30 (trinta) dias.

Parágrafo único. Se o preço da avaliação ou o valor da melhor oferta for superior ao dos créditos da Fazenda Pública, a adjudicação somente será deferida pelo juiz se a diferença for depositada, pela exequente, à ordem do juízo, no prazo de 30 (trinta) dias.

Art. 25. Na execução fiscal, qualquer intimação ao representante judicial da Fazenda Pública será feita pessoalmente.

Parágrafo único. A intimação de que trata este artigo poderá ser feita mediante vista dos autos, com imediata remessa ao representante judicial da Fazenda Pública, pelo cartório ou secretaria.

Art. 26. Se, antes da decisão de primeira instância, a inscrição de Dívida Ativa for, a qualquer título, cancelada, a execução fiscal será extinta, sem qualquer ônus para as partes.

Art. 27. As publicações de atos processuais poderão ser feitas resumidamente ou reunir num só texto os de diferentes processos.

Parágrafo único. As publicações farão sempre referência ao número do processo no respectivo juízo e ao número da correspondente inscrição de Dívida Ativa, bem como ao nome das partes e de seus advogados, suficientes para a sua identificação.

Art. 28. O juiz, a requerimento das partes, poderá, por conveniência da unidade da garantia da execução, ordenar a reunião de processos contra o mesmo devedor.

Parágrafo único. Na hipótese deste artigo, os processos serão redistribuídos ao juízo da primeira distribuição.

•• *Vide* Súmula 515 do STJ.

Art. 29. A cobrança judicial da Dívida Ativa da Fazenda Pública não é sujeita a concurso de credores ou habilitação em falência, concordata, liquidação, inventário ou arrolamento.

Parágrafo único. O concurso de preferência somente se verifica entre pessoas jurídicas de direito público, na seguinte ordem:

I – União e suas autarquias;

II – Estados, Distrito Federal e Territórios e suas autarquias, conjuntamente e *pro rata*;

III – Municípios e suas autarquias, conjuntamente e *pro rata*.

Art. 30. Sem prejuízo dos privilégios especiais sobre determinados bens, que sejam previstos em lei, responde pelo pagamento da Dívida Ativa da Fazenda Pública a totalidade dos bens e das rendas, de qualquer origem ou natureza, do sujeito passivo, seu espólio ou sua massa, inclusive os gravados por ônus real ou cláusula de inalienabilidade ou impenhorabilidade, seja qual for a data da constituição do ônus ou da cláusula, excetuados unicamente os bens e rendas que a lei declara absolutamente impenhoráveis.

Art. 31. Nos processos de falência, concordata, liquidação, inventário, arrolamento ou concurso de credores, nenhuma alienação será judicialmente autorizada sem a prova de quitação da Dívida Ativa ou a concordância da Fazenda Pública.

Art. 32. Os depósitos judiciais em dinheiro serão obrigatoriamente feitos:

I – na Caixa Econômica Federal, de acordo com o Decreto-lei n. 1.737, de 20 de dezembro de 1979, quando relacionados com a execução fiscal proposta pela União ou suas autarquias;

II – na Caixa Econômica ou no banco oficial da unidade federativa ou, à sua falta, na Caixa Econômica Federal, quando relacionados com execução fiscal proposta pelo Estado, Distrito Federal, Municípios e suas autarquias.

§ 1.º Os depósitos de que trata este artigo estão sujeitos à atualização monetária, segundo os índices estabelecidos para os débitos tributários federais.

§ 2.º Após o trânsito em julgado da decisão, o depósito, monetariamente atualizado, será devolvido ao depositante ou entregue à Fazenda Pública, mediante ordem do juízo competente.

Art. 33. O juízo, de ofício, comunicará à repartição competente da Fazenda Pública, para fins de averbação no Registro da Dívida Ativa, a decisão final, transitada em julgado, que der por improcedente a execução, total ou parcialmente.

Art. 34. Das sentenças de primeira instância proferidas em execuções de valor igual ou inferior a 50 (cinquenta) Obrigações do Tesouro Nacional – OTN, só se admitirão embargos infringentes e de declaração.

•• Extinção da OTN: Lei n. 7.730, de 31-1-1989. *Vide* Nota dos Organizadores.

§ 1.º Para os efeitos deste artigo, considerar-se-á o valor da dívida monetariamente atualizado e acrescido de multa e juros de mora e demais encargos legais, na data da distribuição.

§ 2.º Os embargos infringentes, instruídos, ou não, com documentos novos, serão deduzidos, no prazo de 10 (dez) dias perante o mesmo juízo, em petição fundamentada.

§ 3.º Ouvido o embargado, no prazo de 10 (dez) dias, serão os autos conclusos ao juiz, que, dentro de 20 (vinte) dias, os rejeitará ou reformará a sentença.

Art. 35. Nos processos regulados por esta Lei, poderá ser dispensada a audiência de revisor, no julgamento das apelações.

Art. 36. Compete à Fazenda Pública baixar normas sobre o recolhimento da Dívida Ativa respectiva, em juízo ou fora dele, e aprovar, inclusive, os modelos de documentos de arrecadação.

Art. 37. O auxiliar de justiça que, por ação ou omissão, culposa ou dolosa, prejudicar a execução, será responsabilizado, civil, penal e administrativamente.

Parágrafo único. O oficial de justiça deverá efetuar, em 10 (dez) dias, as diligências que lhe forem ordenadas, salvo motivo de força maior devidamente justificado perante o juízo.

Art. 38. A discussão judicial da Dívida Ativa da Fazenda Pública só é admissível em execução, na forma desta Lei, salvo as hipóteses de mandado de segurança, ação de repetição do indébito ou ação anulatória do ato declarativo da dívida, esta precedida do depósito preparatório do valor do débito, monetariamente corrigido e acrescido dos juros e multa de mora e demais encargos.

Parágrafo único. A propositura, pelo contribuinte, da ação prevista neste artigo importa em renúncia ao poder de recorrer na esfera administrativa e desistência do recurso acaso interposto.

Art. 39. A Fazenda Pública não está sujeita ao pagamento de custas e emolumentos. A prática dos atos judiciais de seu interesse independerá de preparo ou de prévio depósito.

Parágrafo único. Se vencida, a Fazenda Pública ressarcirá o valor das despesas feitas pela parte contrária.

Art. 40. O juiz suspenderá o curso da execução, enquanto não for localizado o devedor ou encontrados bens sobre os quais possa recair a penhora, e, nesses casos, não correrá o prazo de prescrição.

§ 1.º Suspenso o curso da execução, será aberta vista dos autos ao representante judicial da Fazenda Pública.

§ 2.º Decorrido o prazo máximo de 1 (um) ano, sem que seja localizado o devedor ou encontrados bens penhoráveis, o juiz ordenará o arquivamento dos autos.

§ 3.º Encontrados que sejam, a qualquer tempo, o devedor ou os bens, serão desarquivados os autos para prosseguimento da execução.

§ 4.º Se da decisão que ordenar o arquivamento tiver decorrido o prazo prescricional, o juiz, depois de ouvida a Fazenda Pública, poderá, de ofício, reconhecer a prescrição intercorrente e decretá-la de imediato.

•• § 4.º acrescentado pela Lei n. 11.051, de 29-12-2004.

§ 5.º A manifestação prévia da Fazenda Pública prevista no § 4.º deste artigo será dispensada no caso de cobranças judiciais cujo valor seja inferior ao mínimo fixado por ato do Ministro de Estado da Fazenda.

•• § 5.º acrescentado pela Lei n. 11.960, de 29-6-2009.

Art. 41. O processo administrativo correspondente à inscrição de Dívida Ativa, à execução fiscal ou à ação proposta contra a Fazenda Pública será mantido na repartição competente, dele se extraindo as cópias autenticadas ou certidões, que forem requeridas pelas partes ou requisitadas pelo juiz ou pelo Ministério Público.

Parágrafo único. Mediante requisição do juiz à repartição competente, com dia e hora previamente marcados, poderá o processo administrativo ser exibido, na sede do juízo, pelo funcionário para esse fim designado, lavrando o serventuário termo da ocorrência, com indicação, se for o caso, das peças a serem trasladadas.

Art. 42. Revogadas as disposições em contrário, esta Lei entrará em vigor 90 (noventa) dias após a data de sua publicação.

Brasília, em 22 de setembro de 1980; 159.º da Independência e 92.º da República.

João Figueiredo

LEI N. 7.711, DE 22 DE DEZEMBRO DE 1988 (*)

Dispõe sobre formas de melhoria da administração tributária, e dá outras providências.

O Presidente da República.

Faço saber que o Congresso Nacional decreta e eu sanciono a seguinte Lei:

Art. 1.º Sem prejuízo do disposto em leis especiais, a quitação de créditos tributários exigíveis, que tenham por objeto tributos e penalidades pecuniárias, bem como contribuições federais e outras imposições pecuniárias compulsórias, será comprovada nas seguintes hipóteses:

I – transferência de domicílio para o exterior;

•• O STF, nas ADIns n. 173-6 e 394-1 (*DOU* de 15-10-2008), declarou a inconstitucionalidade deste inciso.

II – habilitação e licitação promovida por órgão da Administração Federal Direta, Indireta ou fundacional ou por entidade controlada direta ou indiretamente pela União;

•• O STF, nas ADIns n. 173-6 e 394-1 (*DOU* de 15-10-2008), que declararam a inconstitucionalidade dos incisos I, III e IV, e §§ 1.º, 2.º e 3.º deste artigo, explicitou a revogação deste inciso pela Lei n. 8.666, de 21-6-1993, no que concerne à regularidade fiscal.

III – registro ou arquivamento de contrato social, alteração contratual e distrato social perante o registro público competente, exceto quando praticado por microempresa, conforme definida na legislação de regência;

•• O STF, nas ADIns n. 173-6 e 394-1 (*DOU* de 15-10-2008), declarou a inconstitucionalidade deste inciso.

IV – quando o valor da operação for igual ou superior ao equivalente a 5.000 (cinco mil) Obrigações do Tesouro Nacional – OTN:

•• O STF, nas ADIns n. 173-6 e 394-1 (*DOU* de 15-10-2008), declarou a inconstitucionalidade deste inciso.

a) registro de contrato ou outros documentos em Cartórios de Registro de Títulos e Documentos;

b) registro em Cartório de Registro de Imóveis;

c) operação de empréstimo e de financiamento junto à instituição financeira, exceto quando destinada a saldar dívidas para com as Fazendas Nacional, Estaduais ou Municipais.

§ 1.º Nos casos das alíneas *a* e *b* do inciso IV, a exigência deste artigo é aplicável às partes intervenientes.

•• O STF, nas ADIns n. 173-6 e 394-1 (*DOU* de 15-10-2008), declarou a inconstitucionalidade deste parágrafo.

§ 2.º Para os fins de que trata este artigo, a Secretaria da Receita Federal, segundo normas a serem dispostas em Regulamento, remeterá periodicamente aos órgãos ou entidades sob a responsabilidade das quais se realizarem os atos mencionados nos incisos III e IV relação dos contribuintes com débitos que se tornarem definitivos na instância administrativa, procedendo às competentes exclusões, nos casos de quitação ou garantia da dívida.

•• O STF, nas ADIns n. 173-6 e 394-1 (*DOU* de 15-10-2008), declarou a inconstitucionalidade deste parágrafo.

•• A Secretaria da Receita Federal passa a denominar-se Secretaria da Receita Federal do Brasil, por força da Lei n. 11.457, de 16-3-2007.

§ 3.º A prova de quitação prevista neste artigo será feita por meio de certidão ou outro documento hábil, emitido pelo órgão competente.

•• O STF, nas ADIns n. 173-6 e 394-1 (*DOU* de 15-10-2008), declarou a inconstitucionalidade deste parágrafo.

(*) Publicada no *DOU*, de 23-12-1988. Sobre OTN, *vide* Nota dos Organizadores.

Art. 2.º Fica autorizado o Ministério da Fazenda a estabelecer convênio com as Fazendas Estaduais e Municipais para extensão àquelas esferas de governo das hipóteses previstas no art. 1.º desta Lei.

Art. 3.º A partir do exercício de 1989 fica instituído programa de trabalho de "Incentivo à Arrecadação da Dívida Ativa da União", constituído de projetos destinados ao incentivo da arrecadação, administrativa ou judicial, de receitas inscritas como Dívida Ativa da União, à implementação, desenvolvimento e modernização de redes e sistemas de processamento de dados, no custeio de taxas, custas e emolumentos relacionados com a execução fiscal e a defesa judicial da Fazenda Nacional e sua representação em Juízo, em causas de natureza fiscal, bem assim diligências, publicações, *pro labore* de peritos técnicos, de êxito, inclusive a seus procuradores e ao Ministério Público Estadual e de avaliadores e contadores, e aos serviços relativos à penhora de bens e à remoção e depósito de bens penhorados ou adjudicados à Fazenda Nacional.

•• *Caput* regulamentado pelo Decreto n. 98.135, de 12-9-1989.

....

Art. 4.º A partir do exercício de 1989, o produto da arrecadação de multas, inclusive as que fazem parte do valor pago por execução da Dívida Ativa e de sua respectiva correção monetária, incidentes sobre os tributos e contribuições administrados pela Secretaria da Receita Federal e próprios da União, constituirá receita do Fundo instituído pelo Decreto-lei n. 1.437, de 17 de dezembro de 1975, excluídas as transferências tributárias constitucionais para Estados, Distrito Federal e Municípios.

•• *Vide* nota ao art. 1.º, § 2.º.

....

Art. 7.º A receita proveniente de multas, bem assim de juros de mora, relativa aos impostos constitutivos dos Fundos de Participação de Estados, Distrito Federal e Municípios, são partes integrantes deles na proporção estabelecida na Constituição Federal.

....

Art. 9.º Esta Lei entra em vigor na data de sua publicação.

Art. 10. Revogam-se o inciso II do art. 8.º do Decreto-lei n. 1.437, de 17 de dezembro de 1975, e demais disposições em contrário.

Brasília, 22 de dezembro de 1988; 167.º da Independência e 100.º da República.

José Sarney

LEI N. 7.713, DE 22 DE DEZEMBRO DE 1988 (*)

Altera a legislação do Imposto sobre a Renda, e dá outras providências.

O Presidente da República.

Faço saber que o Congresso Nacional decreta e eu sanciono a seguinte Lei:

Art. 1.º Os rendimentos e ganhos de capital percebidos a partir de 1.º de janeiro de 1989, por pessoas físicas residentes ou domiciliadas no Brasil, serão tributados pelo Imposto sobre a Renda na forma da legislação vigente, com as modificações introduzidas por esta Lei.

Art. 2.º O Imposto sobre a Renda das pessoas físicas será devido, mensalmente, à medida em que os rendimentos e ganhos de capital forem percebidos.

Art. 3.º O imposto incidirá sobre o rendimento bruto, sem qualquer dedução, ressalvado o disposto nos arts. 9.º a 14 desta Lei.

§ 1.º Constituem rendimento bruto todo o produto do capital, do trabalho ou da combinação de ambos, os alimentos e pensões percebidos em dinheiro, e ainda os proventos de qualquer natureza, assim também entendidos os acréscimos patrimoniais não correspondentes aos rendimentos declarados.

(*) Publicada no *DOU*, de 23-12-1988.

§ 2.º Integrará o rendimento bruto, como ganho de capital, o resultado da soma dos ganhos auferidos no mês, decorrentes de alienação de bens ou direitos de qualquer natureza, considerando-se como ganho a diferença positiva entre o valor de transmissão do bem ou direito e o respectivo custo de aquisição corrigido monetariamente, observado o disposto nos arts. 15 a 22 desta Lei.

§ 3.º Na apuração do ganho de capital serão consideradas as operações que importem alienação, a qualquer título, de bens ou direitos ou cessão ou promessa de cessão de direitos à sua aquisição, tais como as realizadas por compra e venda, permuta, adjudicação, desapropriação, dação em pagamento, doação, procuração em causa própria, promessa de compra e venda, cessão de direitos ou promessa de cessão de direitos e contratos afins.

§ 4.º A tributação independe da denominação dos rendimentos, títulos ou direitos, da localização, condição jurídica ou nacionalidade da fonte, da origem dos bens produtores da renda, e da forma de percepção das rendas ou proventos, bastando, para a incidência do imposto, o benefício do contribuinte por qualquer forma e a qualquer título.

§ 5.º Ficam revogados todos os dispositivos legais concessivos de isenção ou exclusão, da base de cálculo do Imposto sobre a Renda das pessoas físicas, de rendimentos e proventos de qualquer natureza, bem como os que autorizam redução do imposto por investimento de interesse econômico ou social.

§ 6.º Ficam revogados todos os dispositivos legais que autorizam deduções cedulares ou abatimentos da renda bruta do contribuinte, para efeito de incidência do Imposto sobre a Renda.

Art. 4.º Fica suprimida a classificação por cédulas dos rendimentos e ganhos de capital percebidos pelas pessoas físicas.

Art. 5.º Salvo disposição em contrário, o imposto retido na fonte sobre rendimentos e ganhos de capital percebidos por pessoas físicas será considerado redução do apurado na forma dos arts. 23 e 24 desta Lei.

Art. 6.º Ficam isentos do Imposto sobre a Renda os seguintes rendimentos percebidos por pessoas físicas:

I – a alimentação, o transporte e os uniformes ou vestimentas especiais de trabalho, fornecidos gratuitamente pelo empregador a seus empregados, ou a diferença entre o preço cobrado e o valor de mercado;

II – as diárias destinadas, exclusivamente, ao pagamento de despesas de alimentação e pousada, por serviço eventual realizado em município diferente do da sede de trabalho;

III – o valor locativo do prédio construído, quando ocupado por seu proprietário ou cedido gratuitamente para uso do cônjuge ou de parentes de primeiro grau;

IV – as indenizações por acidentes de trabalho;

V – a indenização e o aviso-prévio pagos por despedida ou rescisão de contrato de trabalho, até o limite garantido por lei, bem como o montante recebido pelos empregados e diretores, ou respectivos beneficiários, referente aos depósitos, juros e correção monetária creditados em contas vinculadas, nos termos da legislação do Fundo de Garantia do Tempo de Serviço;

VI – o montante dos depósitos, juros, correção monetária e quotas-partes creditados em contas individuais pelo Programa de Integração Social e pelo Programa de Formação do Patrimônio do Servidor Público;

VII – os seguros recebidos de entidades de previdência privada decorrentes de morte ou invalidez permanente do participante;

•• Inciso VII com redação determinada pela Lei n. 9.250, de 26-12-1995.

VIII – as contribuições pagas pelos empregadores relativas a programas de previdência privada em favor de seus empregados e dirigentes;

IX – os valores resgatados dos Planos de Poupança e Investimentos – PAIT, de que trata o Decreto-lei n. 2.292, de 21 de novembro de

1986, relativamente à parcela correspondente às contribuições efetuadas pelo participante;

X – as contribuições empresariais a Plano de Poupança e Investimento – PAIT, a que se refere o art. 5.º, § 2.º, do Decreto-lei n. 2.292, de 21 de novembro de 1986;

XI – o pecúlio recebido pelos aposentados que voltam a trabalhar em atividade sujeita ao regime previdenciário, quando dela se afastarem, e pelos trabalhadores que ingressarem nesse regime após completarem 60 (sessenta) anos de idade, pago pelo Instituto Nacional de Previdência Social ao segurado ou a seus dependentes, após sua morte, nos termos do art. 1.º da Lei n. 6.243, de 24 de setembro de 1975;

XII – as pensões e os proventos concedidos de acordo com os Decretos-leis n. 8.794 e 8.795, de 23 de janeiro de 1946, e Lei n. 2.579, de 23 de agosto de 1955, e art. 30 da Lei n. 4.242, de 17 de julho de 1963, em decorrência de reforma ou falecimento de ex-combatente da Força Expedicionária Brasileira;

XIII – capital das apólices de seguro ou pecúlio pago por morte do segurado, bem como os prêmios de seguro restituídos em qualquer caso, inclusive no de renúncia do contrato;

XIV – os proventos de aposentadoria ou reforma motivada por acidente em serviço e os percebidos pelos portadores de moléstia profissional, tuberculose ativa, alienação mental, esclerose múltipla, neoplasia maligna, cegueira, hanseníase, paralisia irreversível e incapacitante, cardiopatia grave, doença de Parkinson, espondiloartrose anquilosante, nefropatia grave, hepatopatia grave, estados avançados da doença de Paget (osteíte deformante), contaminação por radiação, síndrome da imunodeficiência adquirida, com base em conclusão da medicina especializada, mesmo que a doença tenha sido contraída depois da aposentadoria ou reforma;

•• Inciso XIV com redação determinada pela Lei n. 11.052, de 29-12-2004.

XV – os rendimentos provenientes de aposentadoria e pensão, de transferência para a reserva remunerada ou de reforma pagos pela Previdência Social da União, dos Estados, do Distrito Federal e dos Municípios, por qualquer pessoa jurídica de direito público interno ou por entidade de previdência privada, a partir do mês em que o contribuinte completar 65 (sessenta e cinco) anos de idade, sem prejuízo da parcela isenta prevista na tabela de incidência mensal do imposto, até o valor de:

•• Inciso XV, *caput*, com redação determinada pela Lei n. 11.482, de 31-5-2007.

a) R$ 1.313,69 (mil, trezentos e treze reais e sessenta e nove centavos), por mês, para o ano-calendário de 2007;

•• Alínea *a* acrescentada pela Lei n. 11.482, de 31-5-2007.

b) R$ 1.372,81 (mil, trezentos e setenta e dois reais e oitenta e um centavos), por mês, para o ano-calendário de 2008;

•• Alínea *b* acrescentada pela Lei n. 11.482, de 31-5-2007.

c) R$ 1.434,59 (mil, quatrocentos e trinta e quatro reais e cinquenta e nove centavos), por mês, para o ano-calendário de 2009;

•• Alínea *c* acrescentada pela Lei n. 11.482, de 31-5-2007.

d) R$ 1.499,15 (mil, quatrocentos e noventa e nove reais e quinze centavos), por mês, para o ano-calendário de 2010;

•• Alínea *d* com redação determinada pela Lei n. 12.469, de 26-8-2011.

e) R$ 1.566,61 (mil, quinhentos e sessenta e seis reais e sessenta e um centavos), por mês, para o ano-calendário de 2011;

•• Alínea *e* acrescentada pela Lei n. 12.469, de 26-8-2011.

f) R$ 1.637,11 (mil, seiscentos e trinta e sete reais e onze centavos), por mês, para o ano-calendário de 2012;

•• Alínea *f* acrescentada pela Lei n. 12.469, de 26-8-2011.

g) R$ 1.710,78 (mil, setecentos e dez reais e setenta e oito centavos), por mês, para o ano-calendário de 2013;

•• Alínea *g* acrescentada pela Lei n. 12.469, de 26-8-2011.

h) R$ 1.787,77 (mil, setecentos e oitenta e sete reais e setenta e sete centavos), por mês, para o ano-calendário de 2014 e nos meses de janeiro a março do ano-calendário de 2015; e

•• Alínea *h* com redação determinada pela Lei n. 13.149, de 21-7-2015.

i) R$ 1.903,98 (mil, novecentos e três reais e noventa e oito centavos), por mês, a partir do mês de abril do ano-calendário de 2015;

•• Alínea *i* acrescentada pela Lei n. 13.149, de 21-7-2015.

XVI – o valor dos bens adquiridos por doação ou herança;

XVII – os valores decorrentes de aumento de capital:

a) mediante a incorporação de reservas ou lucros que tenham sido tributados na forma do art. 36 desta Lei;

b) efetuado com observância do disposto no art. 63 do Decreto-lei n. 1.598, de 26 de dezembro de 1977, relativamente aos lucros apurados em períodos-base encerrados anteriormente à vigência desta Lei;

XVIII – a correção monetária de investimentos, calculada aos mesmos índices aprovados para os Bônus do Tesouro Nacional – BTN, e desde que seu pagamento ou crédito ocorra em intervalos não inferiores a 30 (trinta) dias;

•• Inciso XVIII com redação determinada pela Lei n. 7.799, de 10-7-1989.

XIX – a diferença entre o valor de aplicação e o de resgate de quotas de fundos de aplicações de curto prazo;

XX – ajuda de custo destinada a atender às despesas com transporte, frete e locomoção do beneficiado e seus familiares, em caso de remoção de um município para outro, sujeita à comprovação posterior pelo contribuinte;

XXI – os valores recebidos a título de pensão quando o beneficiário desse rendimento for portador das doenças relacionadas no inciso XIV deste artigo, exceto as decorrentes de moléstia profissional, com base em conclusão da medicina especializada, mesmo que a doença tenha sido contraída após a concessão da pensão;

•• Inciso XXI acrescentado pela Lei n. 8.541, de 23-12-1992.

XXII – os valores pagos em espécie pelos Estados, Distrito Federal e Municípios, relativos ao Imposto sobre Operações relativas à Circulação de Mercadorias e sobre Prestações de Serviços de Transporte Interestadual e Intermunicipal e de Comunicação – ICMS e ao Imposto sobre Serviços de Qualquer Natureza – ISS, no âmbito de programas de concessão de crédito voltados ao estímulo à solicitação de documento fiscal na aquisição de mercadorias e serviços;

•• Inciso XXII acrescentado pela Lei n. 11.945, de 4-6-2009.

XXIII – o valor recebido a título de vale-cultura.

•• Inciso XXIII acrescentado pela Lei n. 12.761, de 27-12-2012.

Parágrafo único. O disposto no inciso XXII do *caput* deste artigo não se aplica aos prêmios recebidos por meio de sorteios, em espécie, bens ou serviços, no âmbito dos referidos programas.

•• Parágrafo único acrescentado pela Lei n. 11.945, de 4-6-2009.

Art. 7.º Ficam sujeitos à incidência do Imposto sobre a Renda na fonte, calculado de acordo com o disposto no art. 25 desta Lei:

•• *Vide* Lei n. 11.482, de 31-5-2007.

I – os rendimentos do trabalho assalariado, pagos ou creditados por pessoas físicas ou jurídicas;

II – os demais rendimentos percebidos por pessoas físicas, que não estejam sujeitos à tributação exclusiva na fonte, pagos ou creditados por pessoas jurídicas.

§ 1.º O imposto a que se refere este artigo será retido por ocasião de cada pagamento ou crédito e, se houver mais de um pagamento ou crédito, pela mesma fonte pagadora, aplicar-se-á a alíquota correspondente à soma dos rendimentos pagos ou creditados à pessoa física no mês, a qualquer título.

§ 2.º (*Revogado pela Lei n. 8.218, de 29-8-1991.*)

§ 3.º (*Vetado.*)

Art. 8.º Fica sujeita ao pagamento do Imposto sobre a Renda, calculado de acordo com o disposto no art. 25 desta Lei, a pessoa física que receber de outra pessoa física, ou de fontes situadas no exterior, rendimentos e ganhos de capital que não tenham sido tributados na fonte, no País.

•• *Vide* Lei n. 11.482, de 31-5-2007.

§ 1.º O disposto neste artigo se aplica, também, aos emolumentos e custas dos serventuários da Justiça, como tabeliães, notários, oficiais públicos e outros, quando não forem remunerados exclusivamente pelos cofres públicos.

§ 2.º O imposto de que trata este artigo deverá ser pago até o último dia útil da 1.ª (primeira) quinzena do mês subsequente ao da percepção dos rendimentos.

Art. 9.º Quando o contribuinte auferir rendimentos da prestação de serviços de transporte, em veículo próprio locado, ou adquirido com reservas de domínio ou alienação fiduciária, o Imposto sobre a Renda incidirá sobre:

I – 10% (dez por cento) do rendimento bruto, decorrente do transporte de carga;

•• Inciso I com redação determinada pela Lei n. 12.794, de 2-4-2013, em vigor a partir de 1.º-1-2013.

II – 60% (sessenta por cento) do rendimento bruto, decorrente do transporte de passageiros.

Parágrafo único. O percentual referido no item I deste artigo aplica-se também sobre o rendimento bruto da prestação de serviços com trator, máquina de terraplenagem, colheitadeira e assemelhados.

Art. 10. O imposto incidirá sobre 10% (dez por cento) do rendimento bruto auferido pelos garimpeiros matriculados nos termos do art. 73 do Decreto-lei n. 227, de 28 de fevereiro de 1967, renumerado pelo art. 2.º do Decreto-lei n. 318, de 14 de março de 1967, na venda a empresas legalmente habilitadas de metais preciosos, pedras preciosas e semipreciosas por eles extraídos.

Parágrafo único. A prova de origem dos rendimentos de que trata este artigo far-se-á com base na via da nota de aquisição destinada ao garimpeiro pela empresa compradora.

Art. 11. Os titulares dos serviços notariais e de registro a que se refere o art. 236 da Constituição da República, desde que mantenham escrituração das receitas e das despesas, poderão deduzir dos emolumentos recebidos, para efeito da incidência do imposto:

I – a remuneração paga a terceiros, desde que com vínculo empregatício, inclusive encargos trabalhistas e previdenciários;

II – os emolumentos pagos a terceiros;

III – as despesas de custeio necessárias à manutenção dos serviços notariais e de registro.

§ 1.º Fica ainda assegurada aos odontólogos a faculdade de deduzir, da receita decorrente do exercício da respectiva profissão, as despesas com a aquisição do material odontológico por eles aplicadas nos serviços prestados aos seus pacientes, assim como as despesas com o pagamento dos profissionais dedicados à prótese e à anestesia, eventualmente utilizados na prestação dos serviços, desde que, em qualquer caso, mantenham escrituração das receitas e despesas realizadas.

•• § 1.º acrescentado pela Lei n. 7.975, de 26-12-1989.

§ 2.º (*Vetado.*)

•• § 2.º acrescentado pela Lei n. 7.975, de 26-12-1989.

Art. 12. (*Revogado pela Lei n. 13.149, de 21-7-2015.*)

Art. 12-A. Os rendimentos recebidos acumuladamente e submetidos à incidência do imposto sobre a renda com base na tabela progressiva, quando correspondentes a anos-calendário anteriores ao do recebimento, serão tributados exclusivamente na fonte, no mês do recebimento ou crédito, em separado dos demais rendimentos recebidos no mês.

•• *Caput* com redação determinada pela Lei n. 13.149, de 21-7-2015.

•• A Instrução Normativa n. 1.500, de 29-10-2014, da Secretaria da Receita Federal do Brasil, dispõe sobre normas gerais de tributação relativas ao imposto sobre a renda das pessoas físicas.

§ 1.º O imposto será retido, pela pessoa física ou jurídica obrigada ao pagamento ou pela instituição financeira depositária do crédito, e calculado sobre o montante dos rendimentos pagos, mediante a utilização de tabela progressiva resultante da multiplicação da quantidade de meses a que se refiram os rendimentos pelos valores constantes da tabela progressiva mensal correspondente ao mês do recebimento ou crédito.

•• § 1.º acrescentado pela Lei n. 12.350, de 20-12-2010.

§ 2.º Poderão ser excluídas as despesas, relativas ao montante dos rendimentos tributáveis, com ação judicial necessárias ao seu recebimento, inclusive de advogados, se tiverem sido pagas pelo contribuinte, sem indenização.

•• § 2.º acrescentado pela Lei n. 12.350, de 20-12-2010.

§ 3.º A base de cálculo será determinada mediante a dedução das seguintes despesas relativas ao montante dos rendimentos tributáveis:

•• § 3.º, *caput*, acrescentado pela Lei n. 12.350, de 20-12-2010.

I – importâncias pagas em dinheiro a título de pensão alimentícia em face das normas do Direito de Família, quando em cumprimento de decisão judicial, de acordo homologado judicialmente ou de separação ou divórcio consensual realizado por escritura pública; e

•• Inciso I acrescentado pela Lei n. 12.350, de 20-12-2010.

II – contribuições para a Previdência Social da União, dos Estados, do Distrito Federal e dos Municípios.

•• Inciso II acrescentado pela Lei n. 12.350, de 20-12-2010.

§ 4.º Não se aplica ao disposto neste artigo o constante no art. 27 da Lei n. 10.833, de 29 de dezembro de 2003, salvo o previsto nos seus §§ 1.º e 3.º.

•• § 4.º acrescentado pela Lei n. 12.350, de 20-12-2010.

§ 5.º O total dos rendimentos de que trata o *caput*, observado o disposto no § 2.º, poderá integrar a base de cálculo do Imposto sobre a Renda na Declaração de Ajuste Anual do ano-calendário do recebimento, à opção irretratável do contribuinte.

•• § 5.º acrescentado pela Lei n. 12.350, de 20-12-2010.

§ 6.º Na hipótese do § 5.º, o Imposto sobre a Renda Retido na Fonte será considerado antecipação do imposto devido apurado na Declaração de Ajuste Anual.

•• § 6.º acrescentado pela Lei n. 12.350, de 20-12-2010.

§ 7.º Os rendimentos de que trata o *caput*, recebidos entre 1.º de janeiro de 2010 e o dia anterior ao de publicação da Lei resultante da conversão da Medida Provisória n. 497, de 27 de julho de 2010, poderão ser tributados na forma deste artigo, devendo ser informados na Declaração de Ajuste Anual referente ao ano-calendário de 2010.

•• § 7.º acrescentado pela Lei n. 12.350, de 20-12-2010.

§ 8.º (*Vetado*.)

•• § 8.º acrescentado pela Lei n. 12.350, de 20-12-2010.

§ 9.º A Secretaria da Receita Federal do Brasil disciplinará o disposto neste artigo.

•• § 9.º acrescentado pela Lei n. 12.350, de 20-12-2010.

Art. 12-B. Os rendimentos recebidos acumuladamente, quando correspondentes ao ano-calendário em curso, serão tributados, no mês do recebimento ou crédito, sobre o total dos rendimentos, diminuídos do valor das despesas com ação judicial necessárias ao seu recebimento, inclusive de advogados, se tiverem sido pagas pelo contribuinte, sem indenização.

•• Artigo 12-B acrescentado pela Lei n. 13.149, de 21-7-2015.

Arts. 13 e 14. (*Revogados pela Lei n. 8.383, de 30-12-1991.*)

Art. 15. (*Revogado pela Lei n. 7.774, de 8-6-1989.*)

Art. 16. O custo de aquisição dos bens e direitos será o preço ou valor pago, e, na ausência deste, conforme o caso:

I – o valor atribuído para efeito de pagamento do Imposto sobre a Transmissão;

II – o valor que tenha servido de base para o cálculo do Imposto sobre a Importação acrescido do valor dos tributos e das despesas de desembaraço aduaneiro;

III – o valor da avaliação no inventário ou arrolamento;

IV – o valor de transmissão utilizado, na aquisição, para cálculo do ganho de capital do alienante;

V – seu valor corrente, na data da aquisição.

§ 1.º O valor da contribuição de melhoria integra o custo do imóvel.

§ 2.º O custo de aquisição de títulos e valores mobiliários, de quotas de capital e dos bens fungíveis será a média ponderada dos custos unitários, por espécie, desses bens.

§ 3.º No caso de participações societárias resultantes de aumento de capital por incorporação de lucros e reservas, que tenham sido tributados na forma do art. 36 desta Lei, o custo de aquisição é igual à parcela do lucro ou reserva capitalizado, que corresponder ao sócio ou acionista beneficiário.

§ 4.º O custo é considerado igual a 0 (zero) no caso das participações societárias resultantes de aumento de capital por incorporação de lucros e reservas, no caso de partes beneficiárias adquiridas gratuitamente, assim como de qualquer bem cujo valor não possa ser determinado nos termos previstos neste artigo.

Art. 17. O valor de aquisição de cada bem ou direito, expresso em cruzados novos, apurado de acordo com o artigo anterior, deverá ser corrigido monetariamente, a partir da data do pagamento, da seguinte forma:

•• *Caput* com redação determinada pela Lei n. 7.959, de 21-12-1989.

I – até janeiro de 1989, pela variação da OTN;

•• Inciso I acrescentado pela Lei n. 7.959, de 21-12-1989.

II – nos meses de fevereiro a abril de 1989, pelas seguintes variações: em fevereiro, 31,2025%; em março, 30,5774%; em abril, 9,2415%;

•• Inciso II acrescentado pela Lei n. 7.959, de 21-12-1989.

III – a partir de maio de 1989, pela variação do BTN.

•• Inciso III acrescentado pela Lei n. 7.959, de 21-12-1989.

§ 1.º Na falta de documento que comprove a data do pagamento, no caso de bens e direitos adquiridos até 31 de dezembro de 1988, a conversão poderá ser feita pelo valor da OTN no mês de dezembro do ano em que este tiver constado pela primeira vez na declaração de bens.

•• § 1.º com redação determinada pela Lei n. 7.799, de 10-7-1989.

§ 2.º Os bens ou direitos da mesma espécie, pagos em datas diferentes, mas que constem agrupadamente na declaração de bens, poderão ser convertidos na forma do parágrafo anterior, desde que tomados isoladamente em relação ao ano da aquisição.

§ 3.º No caso do parágrafo anterior, não sendo possível identificar o ano dos pagamentos, a conversão será efetuada tomando-se por base o ano da aquisição mais recente.

§ 4.º No caso de aquisição com pagamento parcelado, a correção monetária será efetivada em relação a cada parcela.

•• § 4.º com redação determinada pela Lei n. 7.799, de 10-7-1989.

Art. 18. Para apuração do valor a ser tributado, no caso de alienação de bens imóveis, poderá ser aplicado um percentual de redução sobre o ganho de capital apurado, segundo o ano de aquisição ou incorporação do bem, de acordo com a seguinte Tabela:

Ano de Aquisição ou Incorporação	Percentual de Redução %
Até 1969	100
1970	95
1971	90
1972	85
1973	80
1974	75
1975	70
1976	65
1977	60
1978	55

1979	50
1980	45
1981	40
1982	35
1983	30
1984	25
1985	20
1986	15
1987	10
1988	5

Parágrafo único. Não haverá redução, relativamente aos imóveis cuja aquisição venha a ocorrer a partir de 1.º de janeiro de 1989.

Art. 19. Valor da transmissão é o preço efetivo da operação de venda ou da cessão de direitos, ressalvado o disposto no art. 20 desta Lei.

Parágrafo único. Nas operações em que o valor não se expressar em dinheiro, o valor da transmissão será arbitrado segundo o valor de mercado.

Art. 20. A autoridade lançadora, mediante processo regular, arbitrará o valor ou preço, sempre que não mereça fé, por notoriamente diferente do de mercado, o valor ou preço informado pelo contribuinte, ressalvada em caso de contestação, avaliação contraditória, administrativa ou judicial.

Parágrafo único. (*Vetado.*)

Art. 21. Nas alienações a prazo, o ganho de capital será tributado na proporção das parcelas recebidas em cada mês, considerando-se a respectiva atualização monetária, se houver.

Art. 22. Na determinação do ganho de capital serão excluídos:

I – o ganho de capital decorrente da alienação do único imóvel que o titular possua, desde que não tenha realizado outra operação nos últimos 5 (cinco) anos e o valor da alienação não seja superior ao equivalente a setenta milhões de cruzeiros no mês da operação;

•• Inciso com redação determinada pela Lei n. 8.134, de 27-12-1990, corrigido pela Lei n. 8.218, de 29-8-1991.

II – (*Revogado pela Lei n. 8.014, de 6-4-1990.*)

III – as transferências *causa mortis* e as doações em adiantamento da legítima;

IV – o ganho de capital auferido na alienação de bens de pequeno valor, definido pelo Poder Executivo.

Parágrafo único. Não se considera ganho de capital o valor decorrente de indenização por desapropriação para fins de reforma agrária, conforme o disposto no § 5.º do art. 184 da Constituição Federal, e de liquidação de sinistro, furto ou roubo, relativo a objeto segurado.

Arts. 23 e 24. (*Revogados pela Lei n. 8.134, de 27-12-1990.*)

Art. 25. O imposto será calculado, observado o seguinte:

•• *Caput* com redação determinada pela Lei n. 8.269, de 16-12-1991.

•• *Vide* Lei n. 11.482, de 31-5-2007.

I – se o rendimento mensal for de até Cr$ 750.000,00, será deduzida uma parcela correspondente a Cr$ 250.000,00 e, sobre o saldo remanescente incidirá alíquota de 10% (dez por cento);

•• Inciso I com redação determinada pela Lei n. 8.269, de 16-12-1991.

II – se o rendimento mensal for superior a Cr$ 750.000,00, será deduzida uma parcela correspondente a Cr$ 550.000,00 e, sobre o saldo remanescente incidirá alíquota de 25% (vinte e cinco por cento).

•• Inciso II com redação determinada pela Lei n. 8.269, de 16-12-1991.

§ 1.º Na determinação da base de cálculo sujeita a incidência do imposto poderão ser deduzidos:

•• § 1.º, *caput*, com redação determinada pela Lei n. 8.269, de 16-12-1991.

a) Cr$ 20.000,00 por dependente, até o limite de 5 (cinco) dependentes;

•• Alínea *a* com redação determinada pela Lei n. 8.269, de 16-12-1991.

b) Cr$ 250.000,00 correspondentes à parcela isenta dos rendimentos provenientes de aposentadoria e pensão, transferência para reserva remunerada ou reforma pagos pela Previdência Social da União, dos Estados, do Distrito Federal e dos Municípios, ou por qualquer pessoa jurídica de direito público interno, a partir do mês em que o contribuinte completar 65 (sessenta e cinco) anos de idade;

•• Alínea *b* com redação determinada pela Lei n. 8.269, de 16-12-1991.

c) o valor da contribuição paga, no mês, para a previdência social da União, dos Estados, do Distrito Federal e dos Municípios;

•• Alínea *c* com redação determinada pela Lei n. 8.269, de 16-12-1991.

d) o valor da pensão judicial paga.

•• Alínea *d* com redação determinada pela Lei n. 8.269, de 16-12-1991.

§ 2.º As disposições deste artigo aplicam-se aos pagamentos efetuados a partir de 1.º de dezembro de 1991.

•• § 2.º com redação determinada pela Lei n. 8.269, de 16-12-1991.

Art. 26. O valor da gratificação de Natal (13.º salário) a que se referem as Leis n. 4.090, de 13 de julho de 1962, e n. 4.281, de 8 de novembro de 1963, e o art. 10 do Decreto-lei n. 2.413, de 10 de fevereiro de 1988, será tributado à mesma alíquota (art. 25) a que estiver sujeito o rendimento mensal do contribuinte, antes de sua inclusão.

Art. 27. (*Revogado pela Lei n. 9.250, de 26-12-1995.*)

Arts. 28 e 29. (*Revogados pela Lei n. 8.134, de 27-12-1990.*)

Art. 30. Permanecem em vigor as isenções de que tratam os arts. 3.º a 7.º do Decreto-lei n. 1.380, de 23 de dezembro de 1974, e o art. 5.º da Lei n. 4.506, de 30 de novembro de 1964.

•• O Decreto-lei n. 1.380, de 23-12-1974, foi revogado pela Lei n. 9.250, de 26-12-1995.

Art. 31. Ficam sujeitos à incidência do Imposto sobre a Renda na fonte, calculado de acordo com o disposto no art. 25 desta Lei, relativamente à parcela correspondente às contribuições cujo ônus não tenha sido do beneficiário ou quando os rendimentos e ganhos de capital produzidos pelo patrimônio da entidade de previdência não tenham sido tributados na fonte:

•• *Caput* com redação determinada pela Lei n. 7.751, de 14-4-1989.

I – as importâncias pagas ou creditadas a pessoas físicas, sob a forma de resgate, pecúlio ou renda periódica, pelas entidades de previdência privada;

II – os valores resgatados dos Planos de Poupança e Investimento – PAIT de que trata o Decreto-lei n. 2.292, de 21 de novembro de 1986.

§ 1.º O imposto será retido por ocasião do pagamento ou crédito, pela entidade de previdência privada, no caso do inciso I, e pelo administrador da carteira, fundo ou clube PAIT, no caso do inciso II.

§ 2.º (*Vetado*.)

Art. 32. Ficam sujeitos à incidência do Imposto sobre a Renda na fonte, à alíquota de 25% (vinte e cinco por cento):

I – os benefícios líquidos resultantes da amortização antecipada, mediante sorteio, dos títulos de economia denominados capitalização;

II – os benefícios atribuídos aos portadores de títulos de capitalização nos lucros da empresa emitente.

§ 1.º A alíquota prevista neste artigo será de 15% (quinze por cento) em relação aos prêmios pagos aos proprietários e criadores de cavalos de corrida.

§ 2.º O imposto de que trata este artigo será considerado:

a) antecipação do devido na declaração de rendimentos, quando o beneficiário for pessoa jurídica tributada com base no lucro real;

b) devido exclusivamente na fonte, nos demais casos, inclusive quando o beneficiário for pessoa jurídica isenta.

§ 3.º (*Vetado*.)

Art. 33. Ressalvado o disposto em normas especiais, no caso de ganho de capital auferido por residente ou domiciliado no exterior, o imposto será devido, à alíquota de 25% (vinte e cinco por cento), no momento da alienação do bem ou direito.

Parágrafo único. O imposto deverá ser pago no prazo de 15 (quinze) dias contados da realização da operação ou por ocasião da remessa, sempre que esta ocorrer antes desse prazo.

Art. 34. Na inexistência de outros bens sujeitos a inventário ou arrolamento, os valores relativos ao Imposto sobre a Renda e outros tributos administrados pela Secretaria da Receita Federal, bem como o resgate de quotas dos fundos fiscais criados pelos Decretos-leis n. 157, de 10 de fevereiro de 1967, e 880, de 18 de setembro de 1969, não recebidos em vida pelos respectivos titulares, poderão ser restituídos ao cônjuge, filho e demais dependentes do contribuinte falecido, inexigível a apresentação de alvará judicial.

•• A Secretaria da Receita Federal passa a denominar-se Secretaria da Receita Federal do Brasil, por força da Lei n. 11.457, de 16-3-2007.

Parágrafo único. Existindo outros bens sujeitos a inventário ou arrolamento, a restituição ao meeiro, herdeiros ou sucessores, far-se-á na forma e condições do alvará expedido pela autoridade judicial para essa finalidade.

Art. 35. O sócio-quotista, o acionista ou o titular da empresa individual ficará sujeito ao Imposto sobre a Renda na fonte, à alíquota de 8% (oito por cento), calculado com base no lucro líquido apurado pelas pessoas jurídicas na data do encerramento do período-base.

•• A Resolução n. 82, de 18-11-1996, do Senado Federal, suspende, em parte, a execução da Lei n. 7.713, de 22-12-1988, no que diz respeito à expressão *o acionista* contida neste artigo.

§ 1.º Para efeito da incidência de que trata este artigo, o lucro líquido do período-base apurado com observância da legislação comercial, será ajustado pela:

a) adição do valor das provisões não dedutíveis na determinação do lucro real, exceto a provisão para o Imposto sobre a Renda;

b) adição do valor da reserva de reavaliação, baixado no curso do período-base, que não tenha sido computado no lucro líquido;

c) exclusão do valor, corrigido monetariamente, das provisões adicionadas, na forma da alínea *a*, que tenham sido baixadas no curso do período-base, utilizando-se a variação do BTN Fiscal;

•• Alínea *c* com redação determinada pela Lei n. 7.799, de 10-7-1989.

d) compensação de prejuízos contábeis apurados em balanço de encerramento de período-base anterior, desde que tenham sido compensados contabilmente, ressalvado o disposto no § 2.º deste artigo;

e) exclusão do resultado positivo da avaliação de investimentos pelo valor de patrimônio líquido;

f) exclusão dos lucros e dividendos derivados de investimentos avaliados pelo custo de aquisição, que tenham sido computados como receita;

g) adição do resultado negativo da avaliação de investimentos pelo valor de patrimônio líquido.

•• Alíneas *e*, *f* e *g* acrescentadas pela Lei n. 7.959, de 21-12-1989.

§ 2.º Não poderão ser compensados os prejuízos:

a) que absorverem lucros ou reservas que não tenham sido tributados na forma deste artigo;

b) absorvidos na redução de capital que tenha sido aumentado com os benefícios do art. 63 do Decreto-lei n. 1.598, de 26 de dezembro de 1977.

§ 3.º O disposto nas alíneas *a* e *c* do § 1.º não se aplica em relação às provisões admitidas pela Comissão de Valores Mobiliários, Banco Central do Brasil e Superintendência de Seguros Privados, quando constituídas por pessoas jurídicas submetidas à orientação normativa dessas entidades.

§ 4.º O imposto de que trata este artigo:

a) será considerado devido exclusivamente na fonte, quando o beneficiário do lucro for pessoa física;

b) (*Revogada pela Lei n. 7.959, de 21-12-1989.*)

c) poderá ser compensado com o imposto incidente na fonte sobre a parcela dos lucros apurados pelas pessoas jurídicas, que corresponder à participação de beneficiário, pessoa física ou jurídica, residente ou domiciliado no exterior.

§ 5.º É dispensada a retenção na fonte do imposto a que se refere este artigo sobre a parcela do lucro líquido que corresponder à participação de pessoa jurídica imune ou isenta do imposto de renda.

•• § 5.º com redação determinada pela Lei n. 7.730, de 31-1-1989.

§ 6.º O disposto neste artigo se aplica em relação ao lucro líquido apurado nos períodos-base encerrados a partir da data da vigência desta Lei.

Art. 36. Os lucros que forem tributados na forma do artigo anterior, quando distribuídos, não estarão sujeitos à incidência do Imposto sobre a Renda na fonte.

Parágrafo único. Incide, entretanto, o Imposto sobre a Renda na fonte:

a) em relação aos lucros que não tenham sido tributados na forma do artigo anterior;

b) no caso de pagamento, crédito, entrega, emprego ou remessa de lucros, quando o beneficiário for residente ou domiciliado no exterior.

Art. 37. O imposto a que se refere o art. 36 desta Lei será convertido em número de OTN, pelo valor desta no mês de encerramento do período-base e deverá ser pago até o último dia útil do 4.º (quarto) mês subsequente ao do encerramento do período-base.

Art. 38. O disposto no art. 63 do Decreto-lei n. 1.598, de 26 de dezembro de 1977, somente se aplicará aos lucros e reservas relativos a resultados de períodos-base encerrados anteriormente à data da vigência desta Lei.

Art. 39. O disposto no art. 36 desta Lei não se aplicará às sociedades civis de que trata o art. 1.º do Decreto-lei n. 2.397, de 21 de dezembro de 1987.

Art. 40. Fica sujeita ao pagamento do Imposto sobre a Renda à alíquota de 10% (dez por cento), a pessoa física que auferir ganhos líquidos nas operações realizadas nas Bolsas de Valores, de Mercadorias, de Futuros e Assemelhadas, ressalvado o disposto no inciso II do art. 22 desta Lei.

•• *Caput* com redação determinada pela Lei n. 7.751, de 14-4-1989.

§ 1.º Considera-se ganho líquido o resultado positivo auferido nas operações ou contratos liquidados em cada mês, admitida a dedução dos custos e despesas efetivamente incorridos, necessários à realização das operações, e à compensação das perdas efetivas ocorridas no mesmo período.

§ 2.º O ganho líquido será constituído:

a) no caso dos mercados à vista, pela diferença positiva entre o valor de transmissão do ativo e o custo de aquisição do mesmo;

b) no caso do mercado de opções:

1 – nas operações tendo por objeto a opção, a diferença positiva apurada entre o valor das posições encerradas ou não exercidas até o vencimento da opção;

2 – nas operações de exercício, a diferença positiva apurada entre o valor de venda à vista ou o preço médio à vista na data do exercício e o preço fixado para o exercício, ou a diferença positiva entre o preço do exercício acrescido do prêmio e o custo de aquisição;

•• Alíneas *a* e *b* com redação determinada pela Lei n. 7.730, de 31-1-1989.

c) no caso dos mercados a termo, a diferença positiva apurada entre o valor da venda a vista ou o preço médio a vista na data da liquidação do contrato a termo e o preço neste estabelecido;

d) no caso dos mercados futuros, o resultado líquido positivo dos ajustes diários apurados no período.

§ 3.º Se o contribuinte apurar resultado negativo no mês será admitida a sua apropriação nos meses subsequentes.

•• § 3.º com redação determinada pela Lei n. 7.730, de 31-1-1989.

§ 4.º O imposto deverá ser pago até o último dia útil da 1.ª (primeira) quinzena do mês subsequente ao da percepção dos rendimentos.

§ 5.º (*Revogado pela Lei n. 8.014, de 6-4-1990.*)

§ 6.º O Poder Executivo poderá baixar normas para apuração e demonstração de ganhos líquidos, bem como autorizar a compensação de perdas entre dois ou mais mercados ou modalidades operacionais, previstos neste artigo.

Art. 41. As deduções de despesas, bem como a compensação de perdas previstas no artigo anterior, serão admitidas exclusivamente para as operações realizadas em mercados organizados, geridos ou sob a responsabilidade de instituição credenciada pelo Poder Executivo e com objetivos semelhantes aos das Bolsas de Valores, de mercadorias ou de futuros.

Art. 42. (*Revogado pela Lei n. 8.134, de 27-12-1990.*)

Art. 43. Fica sujeito à incidência do Imposto sobre a Renda na fonte, à alíquota de 7,5% (sete inteiros e cinco décimos por cento), o rendimento bruto produzido por quaisquer aplicações financeiras.

•• *Caput* com redação determinada pela Lei n. 7.738, de 9-3-1989.

§ 1.º O disposto neste artigo aplica-se, também, às operações de financiamento realizadas em Bolsas de Valores, de mercadorias, de futuros ou assemelhadas.

•• § 1.º com redação determinada pela Lei n. 7.738, de 9-3-1989.

§ 2.º O disposto neste artigo não se aplica ao rendimento bruto auferido:

a) em aplicações em fundos de curto prazo, tributados nos termos do Decreto-lei n. 2.458, de 25 de agosto de 1988;

b) em operações financeiras de curto prazo, assim consideradas as de prazo inferior a 90 (noventa) dias, que serão tributadas às seguintes alíquotas, sobre o rendimento bruto:

1 – quando a operação se iniciar e encerrar no mesmo dia, 40% (quarenta por cento);

2 – nas demais operações, 10% (dez por cento), quando o beneficiário se identificar e 30% (trinta por cento), quando o beneficiário não se identificar.

•• § 2.º com redação determinada pela Lei n. 7.738, de 9-3-1989.

§ 3.º Nas operações tendo por objeto Letras Financeiras do Tesouro – LFT ou títulos estaduais e municipais a elas equiparados, o Imposto sobre a Renda na fonte será calculado à alíquota de:

a) 40% (quarenta por cento), em se tratando de operação de curto prazo; e

b) 25% (vinte e cinco por cento), quando o prazo da operação for igual ou superior a 90 (noventa) dias.

•• § 3.º com redação determinada pela Lei n. 7.738, de 9-3-1989.

§ 4.º A base de cálculo do Imposto sobre a Renda na fonte sobre as operações de que trata o § 3.º será constituída pelo rendimento que exceder à remuneração calculada com base na taxa referencial acumulada da Letra Financeira do Tesouro no período, divulgada pelo Banco Central do Brasil.

•• § 4.º com redação determinada pela Lei n. 7.738, de 9-3-1989.

§ 5.º O Imposto sobre a Renda será retido pela fonte pagadora:

a) em relação aos juros de depósitos em cadernetas de poupança, na data do crédito ou pagamento;

b) em relação às operações de financiamento realizadas em bolsas de valores, de mercadorias, de futuros e assemelhadas, na liquidação;

c) nos demais casos, na data da cessão, liquidação ou resgate, ou nos pagamentos periódicos de rendimentos.

•• § 5.º com redação determinada pela Lei n. 7.738, de 9-3-1989.

§ 6.º Nas aplicações em fundos em condomínio, exceto os de curto prazo, ou clubes de investimentos, efetuadas até 31 de dezembro de 1988, o rendimento real será determinado tomando-se por base o valor da quota em 1.º de janeiro de 1989, facultado à administradora optar pela tributação do rendimento no ato da liquidação ou resgate do título ou aplicação, em substituição à tributação quando do resgate das quotas.

•• § 6.º com redação determinada pela Lei n. 7.738, de 9-3-1989.

§ 7.º A alíquota de que trata o *caput* aplicar-se-á aos rendimentos de títulos, obrigações ou aplicações produzidas a partir do período iniciado em 16 de janeiro de 1989, mesmo quando adquiridos ou efetuadas anteriormente a esta data.

•• § 7.º com redação determinada pela Lei n. 7.738, de 9-3-1989.

§ 8.º As alíquotas de que tratam os §§ 2.º e 3.º, incidentes sobre rendimentos auferidos em operações de curto prazo, são aplicáveis às operações iniciadas a partir de 13 de fevereiro de 1989.

•• § 8.º com redação determinada pela Lei n. 7.738, de 9-3-1989.

Art. 44. O imposto de que trata o artigo anterior será considerado:

I – antecipação do devido na declaração de rendimentos, quando o beneficiário for pessoa jurídica tributada com base no lucro real;

II – devido exclusivamente na fonte nos demais casos, inclusive quando o beneficiário for pessoa jurídica isenta, observado o disposto no art. 47 desta Lei.

Art. 45. (*Revogado pela Lei n. 8.134, de 27-12-1990.*)

Art. 46. (*Revogado pela Lei n. 7.730, de 31-1-1989.*)

Art. 47. Fica sujeito à incidência do Imposto sobre a Renda exclusivamente na fonte, à alíquota de 30% (trinta por cento), todo rendimento real ou ganho de capital pago a beneficiário não identificado.

Art. 48. A tributação de que tratam os artigos 7.º, 8.º e 23 não se aplica aos rendimentos e ganhos de capital tributados na forma dos arts. 41 e 47 desta Lei.

Art. 49. O disposto nesta Lei não se aplica aos rendimentos da atividade agrícola e pastoril, que serão tributados na forma da legislação específica.

Art. 50. (*Vetado.*)

Art. 51. A isenção do Imposto sobre a Renda de que trata o art. 11, item I, da Lei n. 7.256, de 27 de novembro de 1984, não se aplica à empresa que se encontre nas situações previstas no art. 3.º, itens I a V, da referida lei, nem às empresas que prestem serviços profissionais de corretor, despachante, ator, empresário e produtor de espetáculos públicos, cantor, músico, médico, dentista, enfermeiro, engenheiro, físico, químico, economista, contador, auditor, estatístico, administrador, programador, analista de sistema, advogado, psicólogo, professor, jornalista, publicitário, ou assemelhados, e qualquer outra profissão cujo exercício dependa de habilitação profissional legalmente exigida.

•• A Lei n. 7.256, de 27-11-1984, foi expressamente revogada pela Lei n. 9.841, de 5-10-1999, que passou a dispor sobre as microempresas – ME e as empresas de pequeno porte – EPP. A Lei Complementar n. 123, de 14-12-2006, dispõe atualmente sobre a matéria.

Art. 52. A falta ou insuficiência de recolhimento do imposto ou de quota deste, nos prazos fixados nesta Lei, apresentada ou não a declaração, sujeitará o contribuinte às multas e acréscimos previstos na legislação do Imposto sobre a Renda.

Art. 53. Os juros e as multas serão calculados sobre o imposto ou quota, observado o seguinte:

a) quando expresso em BTN, serão convertidos em cruzados novos pelo valor do BTN no mês do pagamento;

b) quando expresso em BTN Fiscal, serão convertidos em cruzados novos pelo valor do BTN Fiscal no dia do pagamento.

•• Artigo com redação determinada pela Lei n. 7.799, de 10-7-1989.

Art. 54. Fica o Poder Executivo autorizado a implantar medidas de estímulo à eficiência da atividade fiscal em programas especiais de fiscalização.

Art. 55. Fica reduzida para 1% (um por cento) a alíquota aplicável às importâncias pagas ou creditadas, a partir do mês de janeiro de 1989, a pessoas jurídicas, civis ou mercantis, pela prestação de serviços de limpeza, conservação, segurança, vigilância e por locação de mão de obra, de que trata o art. 3.º do Decreto-lei n. 2.462, de 30 de agosto de 1988.

Art. 56. (*Revogado pela Lei n. 9.430, de 27-12-1996.*)

Art. 57. Esta Lei entra em vigor em 1.º de janeiro de 1989.

Art. 58. Revogam-se o art. 50 da Lei n. 4.862, de 29 de novembro de 1965, os arts. 1.º a 9.º do Decreto-lei n. 1.510, de 27 de dezembro de 1976, os arts. 65 e 66 do Decreto-lei n. 1.598, de 26 de dezembro de 1977, os arts. 1.º a 4.º do Decreto-lei n. 1.641, de 7 de dezembro de 1978, os arts. 12 e 13 do Decreto-lei n. 1.950, de 14 de julho de 1982, os arts. 15 e 100 da Lei n. 7.450, de 23 de dezembro de 1985, o art. 18 do Decreto-lei n. 2.287, de 23 de julho de 1986, o item IV e o parágrafo único, do art. 12, do Decreto-lei n. 2.292, de 21 de novembro de 1986, o item III, do art. 2.º, do Decreto-lei n. 2.301, de 21 de novembro de 1986, o item III, do art. 7.º, do Decreto-lei n. 2.394, de 21 de dezembro de 1987, e demais disposições em contrário.

Brasília, 22 de dezembro de 1988, 167.º da Independência e 100.º da República.

José Sarney

LEI N. 8.023, DE 12 DE ABRIL DE 1990 (*)

Altera a legislação do Imposto de Renda sobre o resultado da atividade rural e dá outras providências.

O Presidente da República.

Faço saber que o Congresso Nacional decreta e eu sanciono a seguinte Lei:

Art. 1.º Os resultados provenientes da atividade rural estarão sujeitos ao Imposto de Renda de conformidade com o disposto nesta Lei.

Art. 2.º Considera-se atividade rural:

I – a agricultura;

II – a pecuária;

III – a extração e a exploração vegetal e animal;

IV – a exploração da apicultura, avicultura, cunicultura, suinocultura, sericicultura, piscicultura e outras culturas animais;

V – a transformação de produtos decorrentes da atividade rural, sem que sejam alteradas a composição e as características do produto *in natura*, feita pelo próprio agricultor ou criador, com equipamentos e utensílios usualmente empregados nas atividades rurais, utilizando exclusivamente matéria-prima produzida na área rural explorada, tais como a pasteurização e o acondicionamento do leite, assim como o mel e o suco de laranja, acondicionados em embalagem de apresentação.

•• Inciso V com redação determinada pela Lei n. 9.250, de 26-12-1995.

Parágrafo único. O disposto neste artigo não se aplica à mera intermediação de animais e de produtos agrícolas.

•• Parágrafo único acrescentado pela Lei n. 9.250, de 26-12-1995.

(*) Publicada no *DOU*, de 13-4-1990.

Art. 3.º O resultado da exploração da atividade rural será obtido por uma das formas seguintes:

I – simplificada, mediante prova documental, dispensada escrituração, quando a receita bruta total auferida no ano-base não ultrapassar 70.000 (setenta mil) BTN;

II – escritural, mediante escrituração rudimentar, quando a receita bruta total do ano-base for superior a 70.000 (setenta mil) BTN e igual ou inferior a 700.000 (setecentos mil) BTN;

III – contábil, mediante escrituração regular em livros devidamente registrados, até o encerramento do ano-base, em órgãos da Secretaria da Receita Federal, quando a receita bruta total no ano-base for superior a 700.000 (setecentos mil) BTN.

•• A Secretaria da Receita Federal passa a denominar-se Secretaria da Receita Federal do Brasil, por força da Lei n. 11.457, de 16-3-2007.

Parágrafo único. Os livros ou fichas de escrituração e os documentos que servirem de base à declaração deverão ser conservados pelo contribuinte à disposição da autoridade fiscal, enquanto não ocorrer a prescrição quinquenal.

Art. 4.º Considera-se resultado da atividade rural a diferença entre os valores das receitas recebidas e das despesas pagas no ano-base.

§ 1.º É indedutível o valor da correção monetária dos empréstimos contraídos para financiamento da atividade rural.

§ 2.º Os investimentos são considerados despesa no mês do efetivo pagamento.

§ 3.º Na alienação de bens utilizados na produção, o valor da terra nua não constitui receita da atividade agrícola e será tributado de acordo com o disposto no art. 3.º, combinado com os arts. 18 a 22 da Lei n. 7.713, de 22 de dezembro de 1988.

Art. 5.º À opção do contribuinte, pessoa física, na composição da base de cálculo, o resultado da atividade rural, quando positivo, limitar-se-á a 20% (vinte por cento) da receita bruta no ano-base.

Parágrafo único. A falta de escrituração prevista nos incisos II e III do art. 3.º implicará o arbitramento do resultado à razão de 20% (vinte por cento) da receita bruta no ano-base.

Art. 6.º Considera-se investimento na atividade rural, para os propósitos do art. 4.º, a aplicação de recursos financeiros, exceto a parcela que corresponder ao valor da terra nua, com vistas ao desenvolvimento da atividade para expansão da produção ou melhoria da produtividade agrícola.

Art. 7.º A base de cálculo do imposto da pessoa física será constituída pelo resultado da atividade rural apurado no ano-base, com os seguintes ajustes:

I – acréscimo do valor de que trata o § 1.º do art. 9.º;

II – dedução do valor a que se refere o *caput* do art. 9.º;

III e IV – (*Revogados pela Lei n. 8.383, de 30-12-1991.*)

§§ 1.º e 2.º (*Revogados pela Lei n. 8.383, de 30-12-1991.*)

Art. 8.º O resultado da atividade rural e da base de cálculo do imposto terá seus valores expressos em quantidades de BTN.

Parágrafo único. As receitas, despesas e demais valores que integram o resultado e a base de cálculo serão convertidos em BTN pelo valor deste no mês do efetivo recebimento ou pagamento.

Art. 9.º (*Revogado pela Lei n. 9.249, de 26-12-1995.*)

Art. 10. (*Revogado pela Lei n. 8.383, de 30-12-1991.*)

Art. 11. (*Revogado pela Lei n. 8.134, de 27-12-1990.*)

Art. 12. (*Revogado pela Lei n. 9.249, de 26-12-1995.*)

§ 1.º Na redução da base de cálculo, o saldo médio anual dos depósitos de que trata o art. 9.º será expresso em cruzados novos e corresponderá a 1/12 (um doze avos) da soma dos saldos médios mensais dos depósitos.

§ 2.º Os bens do ativo imobilizado, exceto a terra nua, quando destinados à produção, poderão ser depreciados integralmente, no próprio ano da aquisição.

§ 3.º O imposto de que trata este artigo será pago de conformidade com as normas aplicáveis às demais pessoas jurídicas.

Art. 13. Os arrendatários, os condôminos e os parceiros na exploração da atividade rural, comprovada a situação documentalmente, pagarão o imposto de conformidade com o disposto nesta Lei, separadamente, na proporção dos rendimentos que couber a cada um.

Art. 14. O prejuízo apurado pela pessoa física e pela pessoa jurídica poderá ser compensado com o resultado positivo obtido nos anos-base posteriores.

Parágrafo único. O disposto neste artigo aplica-se, inclusive, ao saldo de prejuízos anteriores, constante da declaração de rendimentos relativa ao ano-base de 1989.

Art. 15. O excesso de redução por investimentos constante da declaração relativa ao ano-base de 1989 poderá ser compensado com o resultado de até 3 (três) anos-base seguintes.

Art. 16. Os valores das compensações a serem efetuadas pela pessoa física, nos termos dos arts. 14 e 15, deverão ser expressos:

I – em se tratando de prejuízo ocorrido a partir do ano-base de 1990, em quantidade de BTN resultante da apuração da base de cálculo do imposto;

II – em se tratando de prejuízos anteriores ao ano-base de 1990 ou excesso de redução por investimentos, constantes da declaração de rendimentos relativa ao ano-base de 1989, em quantidade de BTN equivalente ao quociente resultante da divisão dos respectivos valores, em cruzados novos, por NCz$ 7,1324.

Parágrafo único. A pessoa física que, na apuração da base de cálculo do imposto, optar pela aplicação do disposto no art. 5.º perderá o direito à compensação do total dos prejuízos ou excessos de redução por investimento correspondentes a anos-base anteriores ao da opção.

Art. 17. Os valores dos estoques finais dos rebanhos, constantes da declaração relativa ao ano-base de 1989, serão expressos em quantidades de BTN, equivalente ao quociente obtido dividindo-se o respectivo montante, em cruzados novos, por NCz$ 2,4042.

Art. 18. A inclusão, na apuração do resultado da atividade rural, de rendimentos auferidos em outras atividades que não as previstas no art. 2.º, com o objetivo de desfrutar de tributação mais favorecida, constitui fraude e sujeita o infrator à multa de 150% (cento e cinquenta por cento) do valor da diferença do imposto devido, sem prejuízo de outras cominações legais.

Art. 19. O disposto nos arts. 35 a 39 da Lei n. 7.713, de 22 de dezembro de 1988, aplica-se ao lucro líquido do período-base apurado pelas pessoas jurídicas de que trata o art. 12.

Art. 20. Na programação especial relativa às operações oficiais de crédito na atividade de política de preços agrícolas e de custeio agropecuário serão previstos, além de outros, recursos equivalentes à estimativa de arrecadação do imposto de renda sobre os resultados decorrentes da atividade rural de que trata esta Lei.

Art. 21. O Poder Executivo expedirá os atos que se fizerem necessários à execução do disposto nesta Lei.

Art. 22. Esta Lei entra em vigor na data de sua publicação.

Art. 23. Revogam-se os Decretos-leis n. 902, de 30 de setembro de 1969, 1.074, de 20 de janeiro de 1970, os arts. 1.º, 4.º e 5.º do Decreto-lei n. 1.382, de 26 de dezembro de 1974, e demais disposições em contrário.

Brasília, em 12 de abril de 1990; 169.º da Independência e 102.º da República.

FERNANDO COLLOR

LEI N. 8.032, DE 12 DE ABRIL DE 1990 (*)

Dispõe sobre a isenção ou redução de impostos de importação e dá outras providências.

O Presidente da República.

Faço saber que o Congresso Nacional decreta e eu sanciono a seguinte Lei:

Art. 1.º Ficam revogadas as isenções e reduções do Imposto de Importação e do Imposto sobre Produtos Industrializados, de caráter geral ou especial, que beneficiam bens de procedência estrangeira, ressalvadas as hipóteses previstas nos arts. 2.º a 6.º desta Lei.

Parágrafo único. As ressalvas estabelecidas no *caput* deste artigo aplicam-se às importações realizadas nas situações relacionadas no inciso I do art. 2.º.

•• Parágrafo único com redação determinada pela Lei n. 13.243, de 11-1-2016.

Art. 2.º As isenções e reduções do Imposto de Importação ficam limitadas, exclusivamente:

I – às importações realizadas:

a) pela União, pelos Estados, pelo Distrito Federal, pelos Territórios, pelos Municípios e pelas respectivas autarquias;

b) pelos partidos políticos e pelas instituições de educação ou de assistência social;

c) pelas Missões Diplomáticas e Repartições Consulares de caráter permanente e pelos respectivos integrantes;

(*) Publicada no *DOU*, de 12-4-1990.

d) pelas representações de organismos internacionais de caráter permanente, inclusive os de âmbito regional, dos quais o Brasil seja membro, e pelos respectivos integrantes;

e) por Instituições Científica, Tecnológica e de Inovação (ICTs), definidas pela Lei n. 10.973, de 2 de dezembro de 2004;

•• Alínea *e* com redação determinada pela Lei n. 13.243, de 11-1-2016.

f) por cientistas e pesquisadores, nos termos do § 2.º do art. 1.º da Lei n. 8.010, de 29 de março de 1990;

•• Alínea *f* acrescentada pela Lei n. 10.964, de 28-11-2004.

g) por empresas, na execução de projetos de pesquisa, desenvolvimento e inovação, cujos critérios e habilitação serão estabelecidos pelo poder público, na forma de regulamento;

•• Alínea *g* acrescentada pela Lei n. 13.243, de 11-1-2016.

II – aos casos de:

a) importação de livros, jornais, periódicos e do papel destinado à sua reprodução;

b) amostras e remessas postais internacionais, sem valor comercial;

c) remessas postais e encomendas aéreas internacionais destinadas a pessoa física;

d) bagagem de viajantes procedentes do exterior ou da Zona Franca de Manaus;

e) bens adquiridos em Loja Franca, no País;

f) bens trazidos do exterior, referidos na alínea *b* do § 2.º do art. 1.º do Decreto-lei n. 2.120, de 14 de maio de 1984;

g) bens importados sob o regime aduaneiro especial de que trata o inciso III do art. 78 do Decreto-lei n. 37, de 18 de novembro de 1966;

h) gêneros alimentícios de primeira necessidade, fertilizantes e defensivos para aplicação na agricultura ou pecuária, bem assim matérias-primas para sua produção no País, importados ao amparo do art. 4.º da Lei n. 3.244, de 14 de agosto de 1957, com a redação dada pelo art. 7.º do Decreto-lei n. 63, de 21 de novembro de 1966;

i) bens importados ao amparo da Lei n. 7.232, de 29 de outubro de 1984;

j) partes, peças e componentes destinados ao reparo, revisão e manutenção de aeronaves e embarcações;

l) importação de medicamentos destinados ao tratamento de aidéticos, bem como de instrumental científico destinado à pesquisa da Síndrome da Deficiência Imunológica Adquirida, sem similar nacional, os quais ficarão isentos, também, dos tributos internos;

m) bens importados pelas áreas de livre comércio;

n) bens adquiridos para industrialização nas Zonas de Processamento de Exportações (ZPEs).

§ 1.º As isenções referidas neste artigo serão concedidas com observância da legislação respectiva.

•• § 1.º renumerado pela Lei n. 13.243, de 11-1-2016.

§ 2.º (*Vetado.*)

•• § 2.º acrescentado pela Lei n. 13.243, de 11-1-2016.

Art. 3.º Fica assegurada a isenção ou redução do Imposto sobre Produtos Industrializados, conforme o caso:

I – nas hipóteses previstas no art. 2.º desta Lei, desde que satisfeitos os requisitos e condições exigidos para a concessão do benefício análogo relativo ao Imposto de Importação;

II – nas hipóteses de tributação especial de bagagem ou de tributação simplificada de remessas postais e encomendas aéreas internacionais.

Art. 4.º Fica igualmente assegurado às importações efetuadas para a Zona Franca de Manaus e Amazônia Ocidental o tratamento tributário previsto nos arts. 3.º e 7.º do Decreto-lei n. 288, de 28 de fevereiro de 1967, e no art. 2.º do Decreto-lei n. 356, de 15 de agosto de 1968, com a redação dada pelo art. 3.º do Decreto-lei n. 1.435, de 16 de dezembro de 1975.

Art. 5.º O regime aduaneiro especial de que trata o inciso II do art. 78 do Decreto-lei n. 37, de 18 de novembro de 1966, poderá ser aplicado à importação de matérias-primas, produtos intermediários e componentes destinados à fabricação, no País, de máquinas e equipamentos a serem fornecidos no mercado interno, em decorrência de licitação internacional, contra pagamento em moeda conversível proveniente de financiamento concedido por instituição financeira internacional, da qual o Brasil participe, ou por entidade governamental estrangeira ou, ainda, pelo Banco Nacional de Desenvolvimento Econômico e Social (BNDES), com recursos captados no exterior.

•• Artigo com redação determinada pela Lei n. 10.184, de 12-2-2001.

•• A Lei n. 11.732, de 30-6-2008, determina em seu art. 3.º que, para efeito de interpretação desse art. 5.º, licitação internacional é aquela promovida tanto por pessoas jurídicas de direito público como por pessoas jurídicas de direito privado do setor público e do setor privado.

Art. 6.º Os bens objeto de isenção ou redução do Imposto de Importação, em decorrência de acordos internacionais firmados pelo Brasil, terão o tratamento tributário neles previsto.

Art. 7.º Os bens importados com alíquota 0 (zero) do Imposto de Importação estão sujeitos aos tributos internos, nos termos das respectivas legislações.

Art. 8.º (*Revogado pela Lei n. 8.085, de 23-10-1990.*)

Art. 9.º (*Revogado pela Lei n. 10.206, de 23-3-2001.*)

§ 1.º (*Vetado.*)

§ 2.º É vedada a concessão de recursos do Fundo da Marinha Mercante a fundo perdido, ressalvadas as operações já autorizadas na data da publicação desta Lei.

§ 3.º O produto da arrecadação do Adicional de Tarifa Portuária – ATP (Lei n. 7.700, de 21-12-1988) passa a ser aplicado, a partir de 1.º de janeiro de 1991, pelo Banco Nacional do Desenvolvimento Econômico e Social de acordo com normas baixadas pelos Ministérios da Infraestrutura e da Economia, Fazenda e Planejamento.

Art. 10. O disposto no art. 1.º desta Lei não se aplica:

I – às isenções e reduções comprovadamente concedidas nos termos da legislação respectiva até a data da entrada em vigor desta Lei;

II – aos bens importados, a título definitivo, amparados por isenção ou redução na forma da legislação anterior, cujas guias de importação tenham sido emitidas até a data da entrada em vigor desta Lei.

III – (*Vetado.*)

Art. 11. Ficam suspensas por 180 (cento e oitenta) dias a criação e implantação de Zonas de Processamento de Exportações (ZPEs) a que se refere o Decreto-lei n. 2.452, de 29 de julho de 1988, e aprovação de projetos industriais, e instalação de empresas nas já criadas.

Art. 12. Esta Lei entra em vigor na data de sua publicação.

Art. 13. Revogam-se o Decreto-lei n. 1.953, de 3 de agosto de 1982, e demais disposições em contrário.

Brasília, em 12 de abril de 1990; 169.º da Independência e 102.º da República.

FERNANDO COLLOR

LEI N. 8.134, DE 27 DE DEZEMBRO DE 1990 (*)

Altera a legislação do imposto de renda e dá outras providências.

Faço saber que o Presidente da República adotou a Medida Provisória n. 284, de 1990, que o Congresso Nacional aprovou, e eu, Nelson Carneiro, Presidente do Senado Federal, para os efeitos do disposto no parágrafo único do art. 62 da Constituição Federal, promulgo a seguinte lei:

Art. 1.º A partir do exercício financeiro de 1991, os rendimentos e ganhos de capital percebidos por pessoas físicas residentes ou domiciliadas no Brasil serão tributados pelo imposto de renda na forma da legislação vigente, com as modificações introduzidas por esta Lei.

Art. 2.º O imposto de renda das pessoas físicas será devido à medida em que os rendimentos e ganhos de capital forem percebidos, sem prejuízo do ajuste estabelecido no art. 11.

Art. 3.º O imposto de renda na fonte, de que tratam os arts. 7.º e 12 da Lei n. 7.713, de 22 de dezembro de 1988, incidirá sobre os valores efetivamente pagos no mês.

Art. 4.º Em relação aos rendimentos percebidos a partir de 1.º de janeiro de 1991, o imposto de que trata o art. 8.º da Lei n. 7.713, de 1988:

I – será calculado sobre os rendimentos efetivamente recebidos no mês;

II – deverá ser pago até o último dia útil da primeira quinzena do mês subsequente ao da percepção dos rendimentos.

Art. 5.º Salvo disposição em contrário, o imposto retido na fonte (art. 3.º) ou pago pelo contribuinte (art. 4.º) será considerado redução do apurado na forma do art. 11, I.

Parágrafo único. Pagamentos não obrigatórios do imposto, efetuados durante o ano-base, não poderão ser deduzidos do imposto apurado na declaração (art. 11, I).

Art. 6.º O contribuinte que perceber rendimentos do trabalho não assalariado, inclusive os titulares dos serviços notariais e de registro, a que se refere o art. 236 da Constituição, e os leiloeiros, poderão deduzir, da receita decorrente do exercício da respectiva atividade:

I – a remuneração paga a terceiros, desde que com vínculo empregatício, e os encargos trabalhistas e previdenciários;

II – os emolumentos pagos a terceiros;

III – as despesas de custeio pagas, necessárias à percepção da receita e à manutenção da fonte produtora.

§ 1.º O disposto neste artigo não se aplica:

(*) Publicada no *DOU*, de 28-12-1990.

a) a quotas de depreciação de instalações, máquinas e equipamentos, bem como a despesas de arrendamento;

•• Alínea *a* com redação determinada pela Lei n. 9.250, de 26-12-1995.

b) a despesas de locomoção e transporte, salvo no caso de representante comercial autônomo;

•• Alínea *b* com redação determinada pela Lei n. 9.250, de 26-12-1995.

c) em relação aos rendimentos a que se referem os arts. 9.º e 10 da Lei n. 7.713, de 1988.

§ 2.º O contribuinte deverá comprovar a veracidade das receitas e das despesas, mediante documentação idônea, escrituradas em livro-caixa, que serão mantidos em seu poder, à disposição da fiscalização, enquanto não ocorrer a prescrição ou decadência.

§ 3.º As deduções de que trata este artigo não poderão exceder à receita mensal da respectiva atividade, permitido o cômputo do excesso de deduções nos meses seguintes, até dezembro, mas o excedente de deduções, porventura existente no final do ano-base, não será transposto para o ano seguinte.

§ 4.º Sem prejuízo do disposto no art. 11 da Lei n. 7.713, de 1988, e na Lei n. 7.975, de 26 de dezembro de 1989, as deduções de que tratam os incisos I a III deste artigo somente serão admitidas em relação aos pagamentos efetuados a partir de 1.º de janeiro de 1991.

Art. 7.º Na determinação da base de cálculo sujeita à incidência mensal do imposto de renda, poderão ser deduzidas:

I – a soma dos valores referidos no art. 6.º, observada a vigência estabelecida no § 4.º do mesmo artigo;

II – as contribuições para a Previdência Social da União, dos Estados, do Distrito Federal e dos Municípios;

III – as demais deduções admitidas na legislação em vigor, ressalvado o disposto no artigo seguinte.

Parágrafo único. A dedução de que trata o inc. II deste artigo somente será admitida em relação à base de cálculo a ser determinada a partir de janeiro de 1991.

Art. 8.º Na declaração anual (art. 9.º), poderão ser deduzidos:

I – os pagamentos feitos, no ano-base, a médicos, dentistas, psicólogos, fisioterapeutas, fonoaudiólogos, terapeutas ocupacionais e hospitais, bem como as despesas provenientes de exames laboratoriais e serviços radiológicos;

II – as contribuições e doações efetuadas a entidades de que trata o art. 1.º da Lei n. 3.830, de 25 de novembro de 1960, observadas as condições estabelecidas no art. 2.º da mesma lei;

III – as doações de que trata o art. 260 da Lei n. 8.069, de 13 de julho de 1990;

IV – a soma dos valores referidos no art. 7.º, observada a vigência estabelecida no parágrafo único do mesmo artigo.

§ 1.º O disposto no inciso I deste artigo:

a) aplica-se também aos pagamentos feitos a empresas brasileiras, ou autorizadas a funcionar no País, destinados à cobertura de despesas com hospitalização e cuidados médicos e dentários, e a entidades que assegurem direito de atendimento ou ressarcimento de despesas de natureza médica, odontológica e hospitalar;

b) restringe-se aos pagamentos feitos pelo contribuinte relativo ao seu próprio tratamento e ao de seus dependentes;

c) é condicionado a que os pagamentos sejam especificados e comprovados, com indicação do nome, endereço e número de inscrição no Cadastro de Pessoas Físicas ou no Cadastro de Pessoas Jurídicas, de quem os recebeu, podendo, na falta de documentação, ser feita indicação do cheque nominativo pelo qual foi efetuado o pagamento.

§ 2.º Não se incluem entre as deduções de que trata o inciso I deste artigo as despesas cobertas por apólices de seguro ou quando ressarcidas por entidades de qualquer espécie.

§ 3.º As deduções previstas nos incisos II e III deste artigo estão limitadas, respectivamente, a 5% (cinco por cento) e 10% (dez por cento) de todos os rendimentos computados na base de cálculo do imposto, na declaração anual (art. 10, I), diminuídos das despesas mencionadas nos incisos I a III do art. 6.º e no inciso II do art. 7.º.

§ 4.º A dedução das despesas previstas no art. 7.º, III, da Lei n. 8.023, de 12 de abril de 1990, poderá ser efetuada pelo valor integral, observado o disposto neste artigo.

Art. 9.º As pessoas físicas deverão apresentar anualmente declaração de rendimentos, na qual se determinará o saldo do imposto a pagar ou a restituir.

Parágrafo único. A declaração, em modelo aprovado pelo Departamento da Receita Federal, deverá ser apresentada até o dia 25 (vinte e cinco) do mês de abril do ano subsequente ao da percepção dos rendimentos ou ganhos de capital.

Art. 10. A base de cálculo do imposto, na declaração anual, será a diferença entre as somas dos seguintes valores:

I – de todos os rendimentos percebidos pelo contribuinte durante o ano-base, exceto os isentos, os não tributáveis e os tributados exclusivamente na fonte; e

II – das deduções de que trata o art. 8.º.

Art. 11. O saldo do imposto a pagar ou a restituir na declaração anual (art. 9.º) será determinado com observância das seguintes normas:

I – será apurado o imposto progressivo mediante aplicação da tabela (art. 12) sobre a base de cálculo (art. 10);

II – será deduzido o valor original, excluída a correção monetária, do imposto pago ou retido na fonte durante o ano-base, correspondente a rendimentos incluídos na base de cálculo (art. 10);

III – *(Revogado pela Lei n. 8.383, de 30-12-1991.)*

Parágrafo único. *(Revogado pela Lei n. 8.383, de 30-12-1991.)*

Art. 12. Para fins do ajuste de que trata o artigo anterior, o imposto de renda será calculado mediante aplicação, sobre a base de cálculo (art. 10), de alíquotas progressivas, previstas no art. 25 da Lei n. 7.713, de 1988, constantes de tabela anual.

Parágrafo único. A tabela anual de que trata este artigo corresponderá à soma dos valores, em cruzeiros, constantes das 12 (doze) tabelas mensais de incidência do imposto de renda na fonte (Lei n. 7.713, de 1988, art. 25), que tiverem vigorado durante o respectivo ano-base.

Art. 13. O saldo do imposto a pagar ou a restituir (art. 11, III) será convertido em quantidade de BTN pelo valor deste no mês de janeiro do exercício financeiro correspondente.

§ 1.º O imposto de renda relativo à atividade rural será apurado, em quantidade de BTN, segundo o disposto na Lei n. 8.023, de 1990, e será adicionado ao saldo do imposto de que trata este artigo.

§ 2.º Resultando fração na apuração da quantidade de BTN, considerar-se-ão as duas primeiras casas decimais, desprezando-se as outras.

Art. 14. O saldo do imposto (art. 13) poderá ser pago em até 6 (seis) quotas iguais, mensais e sucessivas, observado o seguinte:

I – nenhuma quota será inferior a 35 (trinta e cinco) BTN e o imposto de valor inferior a 70 (setenta) BTN será pago de uma só vez;

II – a primeira quota ou quota única será paga no mês de abril do ano subsequente ao da percepção dos rendimentos;

III – as quotas vencerão no dia 25 de cada mês;

IV – fica facultado ao contribuinte, após o encerramento do ano-base, antecipar o pagamento do imposto ou de quotas.

Parágrafo único. A quantidade de BTN de que trata este artigo será reconvertida em cruzeiros pelo valor do BTN no mês do pagamento do imposto ou quota.

Art. 15. Para efeito de cálculo do imposto, os valores, em cruzeiros, constantes das tabelas progressivas mensais, serão somados, relativamente ao número de meses do período abrangido pela tributação, no ano-calendário, nos casos de declaração apresentada:

I – em nome do espólio, no exercício em que for homologada a partilha ou feita a adjudicação dos bens;

II – por contribuinte, residente ou domiciliado no Brasil, no exercício em que se retirar em caráter definitivo do território nacional.

Art. 16. O imposto de renda previsto no art. 26 da Lei n. 7.713, de 1988, incidente sobre o 13.º salário (art. 7.º, VIII, da Constituição), será calculado de acordo com as seguintes normas:

I – não haverá retenção na fonte, pelo pagamento de antecipações;

II – será devido, sobre o valor integral, no mês de sua quitação;

III – a tributação ocorrerá exclusivamente na fonte e separadamente dos demais rendimentos do beneficiário;

IV – serão admitidas as deduções autorizadas pelo art. 7.º desta Lei, observada a vigência estabelecida no parágrafo único do mesmo artigo;

V – a apuração do imposto far-se-á na forma do art. 25 da Lei n. 7.713, de 1988, com a alteração procedida pelo art. 1.º da Lei n. 7.959, de 21 de dezembro de 1989.

Art. 17. O imposto de renda retido na fonte sobre aplicações financeiras de renda fixa será considerado:

I – antecipação do devido na declaração, quando o beneficiário for pessoa jurídica tributada com base no lucro real;

II – devido exclusivamente na fonte, nos demais casos.

Parágrafo único. Aplica-se aos juros produzidos pelas letras hipotecárias emitidas sob a forma exclusivamente escritural ou nominativa não transferível por endosso, o mesmo regime de tributação, pelo imposto de renda, dos depósitos de poupança.

Art. 18. É sujeita ao pagamento do imposto de renda, à alíquota de 25% (vinte e cinco por cento), a pessoa física que perceber:

I – ganhos de capital na alienação de bens ou direitos de qualquer natureza, de que tratam os §§ 2.º e 3.º do art. 3.º da Lei n. 7.713, de 1988, observado o disposto no art. 21 da mesma Lei;

II – ganhos líquidos nas operações realizadas em bolsas de valores, de mercadorias, de futuros e assemelhadas, de que tratam o art. 55 da Lei n. 7.799, de 10 de julho de 1989, e a Lei n. 8.014, de 6 de abril de 1990.

§ 1.º O imposto de que trata este artigo deverá ser pago até o último dia útil da primeira quinzena do mês subsequente ao da percepção dos mencionados ganhos.

§ 2.º Os ganhos a que se referem os incisos I e II deste artigo serão apurados e tributados em separado e não integrarão a base de cálculo do imposto de renda, na declaração anual, e o imposto pago não poderá ser deduzido do devido na declaração.

Art. 19. As pessoas físicas ou jurídicas que efetuarem pagamentos com retenção do imposto de renda na fonte deverão fornecer à pessoa física beneficiária, até o dia 28 de fevereiro, documento comprobatório, em 2 (duas) vias, com indicação da natureza e montante do pagamento, das deduções e do imposto de renda retido no ano anterior.

§ 1.º Tratando-se de rendimentos sobre os quais não tenha havido retenção do imposto de renda na fonte, o comprovante de que trata este artigo deverá ser fornecido, no mesmo prazo, ao beneficiário que o tenha solicitado até o dia 31 de janeiro.

§ 2.º As pessoas físicas ou jurídicas que deixarem de fornecer aos beneficiários, dentro do prazo, ou fornecerem com inexatidão, o documento a que se refere este artigo ficarão sujeitas ao pagamento de multa de 35 (trinta e cinco) BTN por documento.

§ 3.º À fonte pagadora que prestar informação falsa sobre pagamento ou imposto retido na fonte será aplicada multa de 150% (cento e cinquenta por cento) sobre o valor que for indevidamente utilizado como redução do imposto de renda devido, independentemente de outras penalidades administrativas ou criminais cabíveis.

§ 4.º Na mesma penalidade incorrerá aquele que se beneficiar da informação, sabendo da falsidade.

Art. 20. Para efeito de justificar acréscimo patrimonial dos contribuintes a que se referem os arts. 9.º e 10 da Lei n. 7.713, de 1988, somente será considerado o valor correspondente à parcela sobre a qual houver incidido o imposto de renda, em cada ano-base.

Art. 21. Para efeito de redução do imposto (art. 11, II) na declaração de rendimentos relativa ao exercício financeiro de 1991, ano-base de 1990, os valores, correspondentes ao imposto, pagos pelo contribuinte nos termos dos arts. 8.º e 23 da Lei n. 7.713, de 1988, serão considerados pelos seus valores originais, excluída a correção monetária.

Art. 22. Os ganhos percebidos pelo contribuinte, no ano-base de 1990, na alienação de bens e direitos e nas operações em bolsas de valores, de mercadorias, de futuros e assemelhadas, não integrarão a base de cálculo do imposto na declaração do exercício financeiro de 1991 e o imposto pago não poderá ser deduzido do devido na declaração.

§ 1.º O contribuinte que não houver efetuado o pagamento do imposto, relativo aos ganhos a que se refere este artigo, deverá adicioná-lo ao apurado na declaração.

§ 2.º Na hipótese do parágrafo anterior, o imposto deverá ser calculado segundo as normas da legislação vigente na data da ocorrência do fato gerador.

Art. 23. A falta ou insuficiência de pagamento do imposto ou de quota deste, nos prazos fixados nesta Lei, apresentada ou não a declaração, sujeitará o contribuinte às multas e acréscimos previstos na legislação em vigor e à correção monetária com base na variação do valor do BTN.

Art. 24. A partir do exercício financeiro de 1991, não serão admitidas as deduções, para efeito do imposto de renda, previstas nas Leis n. 7.505, de 2 de julho de 1986, e 7.752, de 14 de abril de 1989.

Art. 25. A partir de 1.º de janeiro de 1991, o rendimento real auferido no resgate de quotas de fundos mútuos de ações ou clubes de investimento, constituídos com observância da legislação pertinente, auferido por beneficiário pessoa física e pessoa jurídica não tributada pelo lucro real, inclusive isenta, sujeita-se à tributação exclusiva na fonte à alíquota de 25% (vinte e cinco por cento).

§ 1.º Considera-se rendimento real para os fins deste artigo a diferença positiva entre o valor de resgate da quota e o valor médio das aplicações atualizado monetariamente pela variação do BTN Fiscal.

§ 2.º Em relação às aplicações realizadas pelo quotista, anteriormente a 1.º de janeiro de 1991, é facultado considerar com valor médio das aplicações, de que trata o § 1.º, o valor ajustado da quota em 31 de dezembro de 1990, para cuja determinação a carteira do fundo de ações ou clube de investimento, naquela data, será valorizada mediante multiplicação da quantidade de ações pelos respectivos preços médios ponderados, calculados com base nas transações realizadas em bolsas de valores no mês de dezembro de 1990.

§ 3.º O imposto será retido pelo administrador do fundo ou clube de investimento na data do resgate e recolhido na forma e prazos da legislação vigente.

§ 4.º Os ganhos líquidos a que se refere o art. 55 da Lei n. 7.799, de 1989, e o rendimento real das aplicações financeiras de renda fixa, auferidos pelos fundos e clubes de investimento de que trata este artigo, não estão sujeitos à incidência do imposto de renda.

§ 5.º O disposto no parágrafo anterior aplica-se aos resgates de títulos e aplicações de renda fixa realizados a partir de 1.º de janeiro de 1991 e aos ganhos líquidos de operações liquidadas ou encerradas a partir da mesma data.

Art. 26. O disposto no artigo anterior não se aplica:

I – aos resgates de quotas dos fundos de renda fixa, que continuam tributados na forma do art. 47 da Lei n. 7.799, de 1989;

II – aos resgates de quotas dos fundos de aplicação de curto prazo, que continuam tributados na forma do art. 48 da Lei n. 7.799, de 1989, com as alterações do art. 1.º da Lei n. 7.856, de 24 de outubro de 1989.

Art. 27. Na determinação do ganho líquido de operações realizadas no mercado à vista de bolsas de valores é facultado ao contribuinte, relativamente às ações adquiridas anteriormente a 1.º de janeiro de 1991, considerar como custo médio de aquisição o preço médio ponderado da ação no mês de dezembro de 1990, calculado com base nas transações realizadas em bolsas de valores.

Art. 28. O Poder Executivo fica autorizado a estabelecer critério alternativo para a determinação de valores e custos médios, em relação aos constantes dos arts. 25 e 27, quando não ocorrerem transações em bolsa no mês de dezembro de 1990 ou quando as transações não refletirem condições normais de mercado.

Art. 29. Para efeito de determinação do imposto de renda da atividade rural, de que trata a Lei n. 8.023, de 1990, o contribuinte, pessoa física ou jurídica, poderá, excepcionalmente, no exercício financeiro de 1991, ano-base de 1990, reduzir em até 40% (quarenta por cento) o valor da base de cálculo para a cobrança do tributo.

Parágrafo único. A parcela de redução que exceder a 10% (dez por cento) do valor da base de cálculo do imposto será adicionada ao resultado da atividade rural para compor a base de cálculo do imposto, relativa ao ano-base de 1991, exercício financeiro de 1992.

Art. 30. O inciso I do art. 22 da Lei n. 7.713, de 1988, passa a vigorar com a seguinte redação:

•• Alteração já processada no diploma modificado.

Art. 31. O Poder Executivo promoverá, mediante decreto, a consolidação da legislação relativa ao imposto de renda e proventos de qualquer natureza.

Art. 32. Esta Lei entra em vigor na data de sua publicação.

Art. 33. Revogam-se o inciso I e os §§ 1.º a 7.º do art. 14, os arts. 23, 24, 28, 29, 42 e 45 da Lei n. 7.713, de 1988, o parágrafo único do art. 2.º da Lei n. 7.797, de 10 de julho de 1989, os §§ 4.º e 5.º do art. 55 da Lei n. 7.799, de 1989, o art. 5.º da Lei n. 7.959, de 1989, o art. 5.º da Lei n. 8.012, de 1990, os §§ 1.º e 2.º do art. 10 e o art. 11 da Lei n. 8.023, de 1990, e demais disposições em contrário.

Senado Federal, em 27 de dezembro de 1990; 169.º da Independência e 102.º da República.

Nelson Carneiro

LEI N. 8.137, DE 27 DE DEZEMBRO DE 1990 (*)

Define crimes contra a ordem tributária, econômica e contra as relações de consumo, e dá outras providências.

O Presidente da República.

Faço saber que o Congresso Nacional decreta e eu sanciono a seguinte Lei:

(*) Publicada no *DOU*, de 28-12-1990.

Capítulo I
DOS CRIMES CONTRA A ORDEM TRIBUTÁRIA

•• O art. 87 da Lei n. 12.529, de 30-11-2011, estabelece que, nos crimes contra a ordem tributária tipificados nesta Lei, e nos demais crimes diretamente relacionados à prática de cartel, a celebração do acordo de leniência determina a suspensão do curso do prazo prescricional e impede o oferecimento da denúncia com relação ao agente beneficiário da leniência.

Seção I
Dos Crimes Praticados por Particulares

Art. 1.º Constitui crime contra a ordem tributária suprimir ou reduzir tributo, ou contribuição social e qualquer acessório, mediante as seguintes condutas:

•• Sobre suspensão da pretensão punitiva do Estado e extinção da punibilidade dos crimes previstos neste artigo, tratam as Leis n. 9.249, de 26-12-1995, art. 34; n. 9.964, de 10-4-2000, art. 15; e n. 10.684, de 30-5-2003, art. 9.º.

•• *Vide* art. 83 da Lei n. 9.430, de 27-12-1996.

•• *Vide* art. 1.º, I, do Decreto n. 2.730, de 10-8-1998.

•• *Vide* Súmula Vinculante 24 do STF.

•• *Vide* Lei n. 13.254, de 13-1-2016.

I – omitir informação, ou prestar declaração falsa às autoridades fazendárias;

II – fraudar a fiscalização tributária, inserindo elementos inexatos, ou omitindo operação de qualquer natureza, em documento ou livro exigido pela lei fiscal;

III – falsificar ou alterar nota fiscal, fatura, duplicata, nota de venda, ou qualquer outro documento relativo à operação tributável;

IV – elaborar, distribuir, fornecer, emitir ou utilizar documento que saiba ou deva saber falso ou inexato;

V – negar ou deixar de fornecer, quando obrigatório, nota fiscal ou documento equivalente, relativa a venda de mercadoria ou prestação de serviço, efetivamente realizada, ou fornecê-la em desacordo com a legislação.

Pena – reclusão, de 2 (dois) a 5 (cinco) anos, e multa.

Parágrafo único. A falta de atendimento da exigência da autoridade, no prazo de 10 (dez) dias, que poderá ser convertido em horas em razão da maior ou menor complexidade da matéria ou da dificuldade quanto ao atendimento da exigência, caracteriza a infração prevista no inciso V.

Art. 2.º Constitui crime da mesma natureza:

•• Sobre suspensão da pretensão punitiva do Estado e extinção da punibilidade dos crimes previstos neste artigo, tratam as Leis n. 9.249, de 26-12-1995, art. 34; n. 9.964, de 10-4-2000, art. 15; e n. 10.684, de 30-5-2003, art. 9.º.

•• *Vide* art. 83 da Lei n. 9.430, de 27-12-1996.

•• *Vide* art. 1.º, I, do Decreto n. 2.730, de 10-8-1998.

I – fazer declaração falsa ou omitir declaração sobre rendas, bens ou fatos, ou empregar outra fraude, para eximir-se, total ou parcialmente, de pagamento de tributo;

•• *Vide* Lei n. 13.254, de 13-1-2016.

II – deixar de recolher, no prazo legal, valor de tributo ou de contribuição social, descontado ou cobrado, na qualidade de sujeito passivo de obrigação e que deveria recolher aos cofres públicos;

•• *Vide* Lei n. 13.254, de 13-1-2016.

III – exigir, pagar ou receber, para si ou para o contribuinte beneficiário, qualquer percentagem sobre a parcela dedutível ou deduzida de imposto ou de contribuição como incentivo fiscal;

IV – deixar de aplicar, ou aplicar em desacordo com o estatuído, incentivo fiscal ou parcelas de imposto liberadas por órgão ou entidade de desenvolvimento;

•• *Vide* Lei n. 13.254, de 13-1-2016.

V – utilizar ou divulgar programa de processamento de dados que permita ao sujeito passivo da obrigação tributária possuir informação contábil diversa daquela que é, por lei, fornecida à Fazenda Pública.

Pena – detenção, de 6 (seis) meses a 2 (dois) anos, e multa.

Seção II
Dos Crimes Praticados por Funcionários Públicos

Art. 3.º Constitui crime funcional contra a ordem tributária, além dos previstos no Decreto-lei n. 2.848, de 7 de dezembro de 1940 – Código Penal (Título XI, Capítulo I):

•• O art. 34 da Lei n. 9.249, de 26-12-1995, dispõe sobre a extinção da punibilidade dos crimes previstos neste artigo.

•• O Decreto n. 325, de 1.º-11-1991, disciplina a comunicação ao Ministério Público Federal da prática de ilícitos penais previstos na legislação tributária e de crime funcional contra a ordem tributária, e dá outras providências.

I – extraviar livro oficial, processo fiscal ou qualquer documento, de que tenha a guarda em razão da função; sonegá-lo, ou inutilizá-lo, total ou parcialmente, acarretando pagamento indevido ou inexato de tributo ou contribuição social;

II – exigir, solicitar ou receber, para si ou para outrem, direta ou indiretamente, ainda que fora da função ou antes de iniciar seu exercício, mas em razão dela, vantagem indevida; ou aceitar promessa de tal vantagem, para deixar de lançar ou cobrar tributo ou contribuição social, ou cobrá-los parcialmente;

Pena – reclusão, de 3 (três) a 8 (oito) anos, e multa.

III – patrocinar, direta ou indiretamente, interesse privado perante a administração fazendária, valendo-se da qualidade de funcionário público.

Pena – reclusão, de 1 (um) a 4 (quatro) anos, e multa.

CAPÍTULO II
DOS CRIMES CONTRA A ORDEM ECONÔMICA E AS RELAÇÕES DE CONSUMO

Art. 4.º Constitui crime contra a ordem econômica:

•• O art. 34 da Lei n. 9.249, de 26-12-1995, dispõe sobre a extinção da punibilidade dos crimes previstos neste artigo.

I – abusar do poder econômico, dominando o mercado ou eliminando, total ou parcialmente, a concorrência mediante qualquer forma de ajuste ou acordo de empresas;

•• Inciso I com redação determinada pela Lei n. 12.529, de 30-11-2011.

a) a *f*) (*Revogadas pela Lei n. 12.529, de 30-11-2011.*)

II – formar acordo, convênio, ajuste ou aliança entre ofertantes, visando:

•• Inciso II, *caput*, com redação determinada pela Lei n. 12.529, de 30-11-2011.

a) à fixação artificial de preços ou quantidades vendidas ou produzidas;

•• Alínea *a* com redação determinada pela Lei n. 12.529, de 30-11-2011.

b) ao controle regionalizado do mercado por empresa ou grupo de empresas;

•• Alínea *b* com redação determinada pela Lei n. 12.529, de 30-11-2011.

c) ao controle, em detrimento da concorrência, de rede de distribuição ou de fornecedores.

•• Alínea *c* com redação determinada pela Lei n. 12.529, de 30-11-2011.

Pena – reclusão, de 2 (dois) a 5 (cinco) anos e multa.

III a VII – (*Revogados pela Lei n. 12.529, de 30-11-2011.*)

Arts. 5.º e 6.º (*Revogados pela Lei n. 12.529, de 30-11-2011.*)

Art. 7.º Constitui crime contra as relações de consumo:

•• O art. 34 da Lei n. 9.249, de 26-12-1995, dispõe sobre a extinção da punibilidade dos crimes previstos neste artigo.

I – favorecer ou preferir, sem justa causa, comprador ou freguês, ressalvados os sistemas de entrega ao consumo por intermédio de distribuidores ou revendedores;

II – vender ou expor à venda mercadoria cuja embalagem, tipo, especificação, peso ou composição esteja em desacordo com as prescrições legais, ou que não corresponda à respectiva classificação oficial;

III – misturar gêneros e mercadorias de espécies diferentes, para vendê-los ou expô-los à venda como puros; misturar gêneros e mercadorias de qualidades desiguais para vendê-los ou expô-los à venda por preço estabelecido para os de mais alto custo;

IV – fraudar preços por meio de:

a) alteração, sem modificação essencial ou de qualidade, de elementos tais como denominação, sinal externo, marca, embalagem, especificação técnica, descrição, volume, peso, pintura ou acabamento de bem ou serviço;

b) divisão em partes de bem ou serviço, habitualmente oferecido à venda em conjunto;

c) junção de bens ou serviços, comumente oferecidos à venda em separado;

d) aviso de inclusão de insumo não empregado na produção do bem ou na prestação dos serviços;

V – elevar o valor cobrado nas vendas a prazo de bens ou serviços, mediante a exigência de comissão ou de taxa de juros ilegais;

VI – sonegar insumos ou bens, recusando-se a vendê-los a quem pretenda comprá-los nas condições publicamente ofertadas, ou retê-los para o fim de especulação;

VII – induzir o consumidor ou usuário a erro, por via de indicação ou afirmação falsa ou enganosa sobre a natureza, qualidade de bem ou serviço, utilizando-se de qualquer meio, inclusive a veiculação ou divulgação publicitária;

VIII – destruir, inutilizar ou danificar matéria-prima ou mercadoria, com o fim de provocar alta de preço, em proveito próprio ou de terceiros;

IX – vender, ter em depósito para vender ou expor à venda ou, de qualquer forma, entregar matéria-prima ou mercadoria, em condições impróprias ao consumo.

Pena – detenção, de 2 (dois) a 5 (cinco) anos, ou multa.

Parágrafo único. Nas hipóteses dos incisos II, III e IX pune-se a modalidade culposa, reduzindo-se a pena e a detenção de 1/3 (um terço) ou a de multa à quinta parte.

Capítulo III
DAS MULTAS

Art. 8.º Nos crimes definidos nos arts. 1.º a 3.º desta Lei, a pena de multa será fixada entre 10 (dez) e 360 (trezentos e sessenta) dias-multa, conforme seja necessário e suficiente para reprovação e prevenção do crime.

Parágrafo único. O dia-multa será fixado pelo juiz em valor não inferior a 14 (quatorze) nem superior a 200 (duzentos) Bônus do Tesouro Nacional – BTN.

Art. 9.º A pena de detenção ou reclusão poderá ser convertida em multa de valor equivalente a:

I – 200.000 (duzentos mil) até 5.000.000 (cinco milhões) de BTN, nos crimes definidos no art. 4.º;

II – 5.000 (cinco mil) até 200.000 (duzentos mil) BTN, nos crimes definidos nos arts. 5.º e 6.º;

III – 50.000 (cinquenta mil) até 1.000.000 (um milhão) de BTN, nos crimes definidos no art. 7.º.

•• Sobre valores, *vide* Nota dos Organizadores.

Art. 10. Caso o juiz, considerado o ganho ilícito e a situação econômica do réu, verifique a insuficiência ou excessiva onerosidade das penas pecuniárias previstas nesta Lei, poderá diminuí-las até a 10.ª (décima) parte ou elevá-las ao décuplo.

Capítulo IV
DAS DISPOSIÇÕES GERAIS

Art. 11. Quem, de qualquer modo, inclusive por meio de pessoa jurídica, concorre para os crimes definidos nesta Lei, incide nas penas a estes cominadas, na medida de sua culpabilidade.

Parágrafo único. Quando a venda ao consumidor for efetuada por sistema de entrega ao consumo ou por intermédio de distribuidor ou revendedor, seja em regime de concessão comercial ou outro em que o preço ao consumidor é estabelecido ou sugerido pelo fabricante ou concedente, o ato por este praticado não alcança o distribuidor ou revendedor.

Art. 12. São circunstâncias que podem agravar de 1/3 (um terço) até a metade as penas previstas nos arts. 1.º, 2.º e 4.º a 7.º:

I – ocasionar grave dano à coletividade;

II – ser o crime cometido por servidor público no exercício de suas funções;

III – ser o crime praticado em relação à prestação de serviços ou ao comércio de bens essenciais à vida ou à saúde.

Art. 13. (*Vetado.*)

Art. 14. (*Revogado pela Lei n. 8.383, de 30-12-1991.*)

Art. 15. Os crimes previstos nesta Lei são de ação penal pública, aplicando-se-lhes o disposto no art. 100 do Decreto-lei n. 2.848, de 7 de dezembro de 1940 – Código Penal.

Art. 16. Qualquer pessoa poderá provocar a iniciativa do Ministério Público nos crimes descritos nesta Lei, fornecendo-lhe por escrito informações sobre o fato e a autoria, bem como indicando o tempo, o lugar e os elementos de convicção.

Parágrafo único. Nos crimes previstos nesta Lei, cometidos em quadrilha ou coautoria, o coautor ou partícipe que através de confissão espontânea revelar à autoridade policial ou judicial toda a trama delituosa terá a sua pena reduzida de 1 (um) a 2/3 (dois terços).

•• Parágrafo único acrescentado pela Lei n. 9.080, de 19-7-1995.

Art. 17. Compete ao Departamento Nacional de Abastecimento e Preços, quando e se necessário, providenciar a desapropriação de estoques, a fim de evitar crise no mercado ou colapso no abastecimento.

Art. 18. (*Revogado pela Lei n. 8.176, de 8-2-1991.*)

....

Art. 20. O § 1.º do art. 316 do Decreto-lei n. 2.848, de 7 de dezembro de 1940 – Código Penal, passa a ter a seguinte redação:

"Art. 316. ....

§ 1.º Se o funcionário exige tributo ou contribuição social que sabe ou deveria saber indevido, ou, quando devido, emprega na cobrança meio vexatório ou gravoso, que a lei não autoriza.

Pena – reclusão, de 3 (três) a 8 (oito) anos, e multa".

Art. 21. O art. 318 do Decreto-lei n. 2.848, de 7 de dezembro de 1940 – Código Penal, quanto à fixação da pena, passa a ter a seguinte redação:

"Art. 318. ....

Pena – reclusão, de 3 (três) a 8 (oito) anos, e multa".

Art. 22. Esta Lei entra em vigor na data de sua publicação.

Art. 23. Revogam-se as disposições em contrário e, em especial, o art. 279 do Decreto-lei n. 2.848, de 7 de dezembro de 1940 – Código Penal.

Brasília, 27 de dezembro de 1990; 169.º da Independência e 102.º da República.

FERNANDO COLLOR

LEI N. 8.383, DE 30 DE DEZEMBRO DE 1991 (*)

Institui a Unidade Fiscal de Referência, altera a legislação do imposto de renda, e dá outras providências.

O Presidente da República

Faço saber que o Congresso Nacional decreta e eu sanciono a seguinte Lei:

CAPÍTULO I
DA UNIDADE DE REFERÊNCIA – UFIR

Art. 1.º Fica instituída a Unidade Fiscal de Referência – UFIR, como medida de valor e

(*) Publicada no *DOU*, de 31-12-1991. *Vide*, sobre UFIR, Nota dos Organizadores.

parâmetro de atualização monetária de tributos e de valores expressos em cruzeiros na legislação tributária federal, bem como os relativos a multas e penalidades de qualquer natureza.

§ 1.º O disposto neste Capítulo aplica-se a tributos e contribuições sociais, inclusive previdenciárias, de intervenção no domínio econômico e de interesse de categorias profissionais ou econômicas.

§ 2.º É vedada a utilização da UFIR em negócio jurídico como referencial de correção monetária do preço de bens ou serviços e de salários, aluguéis ou *royalties*.

Art. 2.º A expressão monetária da UFIR mensal será fixa em cada mês-calendário; e da UFIR diária ficará sujeita a variação em cada dia e a do primeiro dia do mês será igual à da UFIR do mesmo mês.

•• *Vide* art. 43 da Lei n. 9.069, de 29-6-1995, que declara extinta a partir de 1.º-9-1994, a UFIR diária de que trata esta Lei.

§ 1.º O Ministério da Economia, Fazenda e Planejamento, por intermédio do Departamento da Receita Federal, divulgará a expressão monetária da UFIR mensal:

a) até o dia 1.º de janeiro de 1992, para esse mês, mediante a aplicação, sobre Cr$ 126,8621, do Índice Nacional de Preços ao Consumidor – INPC acumulado desde fevereiro até novembro de 1991, e do Índice de Preços ao Consumidor Ampliado – IPCA, de dezembro de 1991, apurados pelo Instituto Brasileiro de Geografia e Estatística (IBGE);

b) até o primeiro dia de cada mês, a partir de 1.º de fevereiro de 1992, com base no IPCA.

§ 2.º O IPCA, a que se refere o parágrafo anterior, será constituído por série especial cuja apuração compreenderá o período entre o dia 16 do mês anterior e o dia 15 do mês de referência.

§ 3.º Interrompida a apuração ou divulgação da série especial do IPCA, a expressão monetária da UFIR será estabelecida com base nos indicadores disponíveis, observada precedência em relação àqueles apurados por instituições oficiais de pesquisa.

§ 4.º No caso do parágrafo anterior, o Departamento da Receita Federal divulgará a metodologia adotada para a determinação da expressão monetária da UFIR.

§ 5.º (*Revogado pela Lei n. 9.069, de 29-6-1995.*)

§ 6.º A expressão monetária do Fator de Atualização Patrimonial – FAP, instituído em decorrência da Lei n. 8.200, de 28 de junho de 1991, será igual, no mês de dezembro de 1991, à expressão monetária da UFIR apurada conforme a alínea *a* do § 1.º deste artigo.

§ 7.º A expressão monetária do coeficiente utilizado na apuração do ganho de capital, de que trata a Lei n. 8.218, de 29 de agosto de 1991, corresponderá, a partir de janeiro de 1992, à expressão monetária da UFIR mensal.

Art. 3.º Os valores expressos em cruzeiros na legislação tributária ficam convertidos em quantidade de UFIR, utilizando-se como divisores:

I – o valor de Cr$ 215,6656, se relativos a multas e penalidades de qualquer natureza;

II – o valor de Cr$ 126,8621, nos demais casos.

Capítulo II
DO IMPOSTO DE RENDA DAS PESSOAS FÍSICAS

Art. 4.º A renda e os proventos de qualquer natureza, inclusive os rendimentos e ganhos de capital, percebidos por pessoas físicas residentes ou domiciliadas no Brasil, serão tributados pelo imposto de renda na forma da legislação vigente, com as modificações introduzidas por esta Lei.

Art. 5.º A partir de 1.º de janeiro do ano-calendário de 1992, o imposto de renda incidente sobre os rendimentos de que tratam os arts. 7.º, 8.º e 12 da Lei n. 7.713, de 22 de dezembro de 1988, será calculado de acordo com a seguinte tabela progressiva:

Base de cálculo (em UFIR)	Parcela a deduzir da base de cálculo (em UFIR)	Alíquota
Até 1.000	—	Insento
Acima de 1.000 até 1.950	1.000	15%
Acima de 1.950	1.380	25%

•• *Vide* art. 1.º da Lei n. 11.482, de 31-5-2007.

Parágrafo único. O imposto de que trata este artigo será calculado sobre os rendimentos efetivamente recebidos em cada mês.

Art. 6.º O imposto sobre os rendimentos de que trata o art. 8.º da Lei n. 7.713, de 1988:

I – será convertido em quantidade de UFIR pelo valor desta no mês em que os rendimentos forem recebidos;

II – deverá ser pago até o último dia útil do mês subsequente ao da percepção dos rendimentos.

Parágrafo único. A quantidade de UFIR de que trata o inciso I será reconvertida em cruzeiros pelo valor de UFIR no mês do pagamento do imposto.

Art. 7.º Sem prejuízo dos pagamentos obrigatórios estabelecidos na legislação, fica facultado ao contribuinte efetuar, no curso do ano, complementação do imposto que for devido sobre os rendimentos recebidos.

Art. 8.º O imposto retido na fonte ou pago pelo contribuinte, salvo disposição em contrário, será deduzido do apurado na forma do inciso I do art. 15 desta Lei.

Parágrafo único. Para efeito da redução, o imposto retido ou pago será convertido em quantidade de UFIR pelo valor desta:

a) no mês em que os rendimentos forem pagos ao beneficiário, no caso de imposto retido na fonte;

b) no mês do pagamento do imposto, nos demais casos.

Art. 9.º As receitas e despesas a que se refere o art. 6.º da Lei n. 8.134, de 27 de dezembro de 1990, serão convertidas em quantidade de UFIR pelo valor desta no mês em que forem recebidas ou pagas, respectivamente.

Art. 10. Na determinação da base de cálculo sujeita à incidência mensal do imposto de renda poderão ser deduzidas:

I – a soma dos valores referidos nos incisos do art. 6.º da Lei n. 8.134, de 1990;

II – as importâncias pagas em dinheiro a título de alimentos ou pensões, em cumprimento de acordo ou decisão judicial, inclusive a prestação de alimentos provisionais;

III – a quantia equivalente a cem UFIR por dependente;

•• Inciso III com redação determinada pela Lei n. 9.069, de 29-6-1995.

IV – as contribuições para a Previdência Social da União, dos Estados, do Distrito Federal e dos Municípios;

V – o valor de 1.000 (mil) UFIR, correspondente à parcela isenta dos rendimentos provenientes de aposentadoria e pensão, transferência para reserva remunerada ou reforma pagos pela Previdência Social da União, dos Estados, do Distrito Federal e dos Municípios, ou por qualquer pessoa jurídica de direito público interno, a partir do mês em que o contribuinte completar sessenta e cinco anos de idade.

Art. 11. Na declaração de ajuste anual (art. 12) poderão ser deduzidos:

I – os pagamentos feitos, no ano-calendário, a médicos, dentistas, psicólogos, fisioterapeutas, fonoaudiólogos, terapeutas ocupacionais e hospitais, bem como as despesas provenientes de exames laboratoriais e serviços radiológicos;

II – as contribuições e doações efetuadas a entidades de que trata o art. 1.º da Lei n. 3.830, de 25 de novembro de 1960, observadas as condições estabelecidas no art. 2.º da mesma Lei;

III – as doações de que trata o art. 260 da Lei n. 8.069, de 13 de julho de 1990;

IV – a soma dos valores referidos no art. 10 desta Lei;

V – as despesas feitas com instrução do contribuinte e seus dependentes até o limite anual individual de 650 (seiscentos e cinquenta) UFIR.

§ 1.º O disposto no inciso I:

a) aplica-se, também, aos pagamentos feitos a empresas brasileiras ou autorizadas a funcionar no País, destinados à cobertura de despesas com hospitalização e cuidados médicos e dentários, bem como a entidades que assegurem direito de atendimento ou ressarcimento de despesas de natureza médica, odontológica e hospitalar;

b) restringe-se aos pagamentos feitos pelo contribuinte, relativos ao seu próprio tratamento e ao de seus dependentes;

c) é condicionado a que os pagamentos sejam especificados e comprovados, com indicação do nome, endereço e número de inscrição no Cadastro de Pessoas Físicas ou no Cadastro de Pessoas Jurídicas de quem os recebeu, podendo, na falta de documentação, ser feita indicação do cheque nominativo pelo qual foi efetuado o pagamento.

§ 2.º Não se incluem entre as deduções de que trata o inciso I deste artigo as despesas ressarcidas por entidade de qualquer espécie.

§ 3.º A soma das deduções previstas nos incisos II e III está limitada a 10% (dez por cento) da base de cálculo do imposto, na declaração de ajuste anual.

§ 4.º As deduções de que trata este artigo serão convertidas em quantidade de UFIR pelo valor desta no mês do pagamento ou no mês em que tiverem sido consideradas na base de cálculo sujeita à incidência mensal do imposto.

Art. 12. As pessoas físicas deverão apresentar anualmente declaração de ajuste, na qual se determinará o saldo do imposto a pagar ou valor a ser restituído.

§ 1.º Os ganhos a que se referem o art. 26 desta Lei e o inciso I do art. 18 da Lei n. 8.134, de 1990, serão apurados e tributados em separado, não integrarão a base de cálculo do imposto de renda na declaração de ajuste anual e o imposto pago não poderá ser deduzido na declaração.

§ 2.º A declaração de ajuste anual, em modelo aprovado pelo Departamento da Receita Federal, deverá ser apresentada até o último dia útil do mês de abril do ano subsequente ao da percepção dos rendimentos ou ganhos de capital.

§ 3.º Ficam dispensadas da apresentação de declaração:

a) as pessoas físicas cujos rendimentos do trabalho assalariado, no ano-calendário, inclusive Gratificação de Natal ou Gratificação Natalina, conforme o caso, acrescidos dos demais rendimentos recebidos, exceto os não tributados ou tributados exclusivamente na fonte, sejam iguais ou inferiores a 13.000 (treze mil) UFIR;

b) os aposentados, inativos e pensionistas da Previdência Social da União, dos Estados, do Distrito Federal e dos Municípios ou dos respectivos Tesouros, cujos proventos e pensões no ano-calendário, acrescidos dos demais rendimentos recebidos, exceto os não tributados ou tributados exclusivamente na fonte, sejam iguais ou inferiores a 13.000 (treze mil) UFIR;

c) outras pessoas físicas declaradas em ato do Ministro da Economia, Fazenda e Planejamento, cuja qualificação fiscal assegure a preservação dos controles fiscais pela administração tributária.

Art. 13. Para efeito de cálculo do imposto a pagar ou do valor a ser restituído, os rendimentos serão convertidos em quantidade de UFIR pelo valor desta no mês em que forem recebidos pelo beneficiado.

Parágrafo único. A base de cálculo do imposto, na declaração de ajuste anual, será a diferença entre as somas, em quantidade de UFIR:

a) de todos os rendimentos percebidos durante o ano-calendário, exceto os isentos, os não tributáveis e os tributados exclusivamente na fonte; e

b) das deduções de que trata o art. 11 desta Lei.

Art. 14. O resultado da atividade rural será apurado segundo o disposto na Lei n. 8.023, de 12 de abril de 1990, e, quando positivo, integrará a base de cálculo do imposto definida no artigo anterior.

§ 1.º O resultado da atividade rural e a base de cálculo do imposto serão expressos em quantidade de UFIR.

§ 2.º As receitas, despesas e demais valores, que integram o resultado e a base de cálculo, serão convertidos em UFIR pelo valor desta no mês do efetivo pagamento ou recebimento.

Art. 15. O saldo do imposto a pagar ou o valor a ser restituído na declaração de ajuste anual (art. 12) será determinado com observância das seguintes normas:

I – será calculado o imposto progressivo de acordo com a tabela (art. 16);

II – será deduzido o imposto pago ou retido na fonte, correspondente a rendimentos incluídos na base de cálculo;

III – o montante assim determinado, expresso em quantidade de UFIR, constituirá, se positivo, o saldo do imposto a pagar e, se negativo, o valor a ser restituído.

Art. 16. Para fins do ajuste de que trata o artigo anterior, o imposto de renda progressivo será calculado de acordo com a seguinte tabela:

Base de cálculo (em UFIR)	Parcela a deduzir da base de cálculo (em UFIR)	Alíquota
Até 12.000	—	Insento
Acima de 12.000 até 23.400	15	15%
Acima de 23.400	25	25%

•• *Vide* art. 1.º da Lei n. 11.482, de 31-5-2007.

Art. 17. O saldo do imposto (art. 15, III) poderá ser pago em até 6 (seis) quotas iguais, mensais e sucessivas, observado o seguinte:

I – nenhuma quota será inferior a 50 (cinquenta) UFIR e o imposto de valor inferior a 100 (cem) UFIR será pago de uma só vez;

II – a primeira quota ou quota única deverá ser paga no mês de abril do ano subsequente ao da percepção dos rendimentos;

III – as quotas vencerão no último dia útil de cada mês;

IV – é facultado ao contribuinte antecipar, total ou parcialmente, o pagamento do imposto ou das quotas.

Parágrafo único. A quantidade de UFIR será reconvertida em cruzeiros pelo valor da UFIR no mês do pagamento do imposto ou da respectiva quota.

Art. 18. Para cálculo do imposto, os valores da tabela progressiva anual (art. 16) serão divididos proporcionalmente ao número de meses do período abrangido pela tributação, em relação ao ano-calendário, nos casos de declaração apresentada:

I – em nome do espólio, no exercício em que for homologada a partilha ou feita a adjudicação dos bens;

II – pelo contribuinte, residente ou domiciliado no Brasil, que se retirar em caráter definitivo do território nacional.

Art. 19. As pessoas físicas ou jurídicas que efetuarem pagamentos com retenção do imposto de renda na fonte deverão fornecer à pessoa física beneficiária, até o dia 28 de fevereiro, documento comprobatório, em 2 (duas) vias, com indicação da natureza e do montante do pagamento, das deduções e do imposto de renda retido no ano anterior.

§ 1.º Tratando-se de rendimentos pagos por pessoas jurídicas, quando não tenha havido retenção do imposto de renda na fonte, o comprovante deverá ser fornecido no mesmo prazo ao contribuinte que o tenha solicitado até o dia 15 de janeiro do ano subsequente.

§ 2.º No documento de que trata este artigo, o imposto retido na fonte, as deduções e os rendimentos deverão ser informados por seus valores em cruzeiros e em quantidade de UFIR, convertidos segundo o disposto na alínea *a* do parágrafo único do art. 8.º, no § 4.º do art. 11 e no art. 13 desta Lei.

§ 3.º As pessoas físicas ou jurídicas que deixarem de fornecer aos beneficiários, dentro do prazo, ou fornecerem com inexatidão, o documento a que se refere este artigo ficarão sujeitas ao pagamento de multa de 35 (trinta e cinco) UFIR por documento.

§ 4.º À fonte pagadora que prestar informação falsa sobre rendimentos pagos, deduções, ou imposto retido na fonte, será aplicada a multa de 150% (cento e cinquenta por cento) sobre o valor que for indevidamente utilizável como redução do imposto de renda devido, independentemente de outras penalidades administrativas ou criminais.

§ 5.º Na mesma penalidade incorrerá aquele que se beneficiar da informação sabendo ou devendo saber da falsidade.

CAPÍTULO III

DA TRIBUTAÇÃO DAS OPERAÇÕES FINANCEIRAS

Art. 20. O rendimento produzido por aplicação financeira de renda fixa iniciada a partir de 1.º de janeiro de 1992, auferido por qualquer beneficiário, inclusive pessoa jurídica isenta, sujeita-se à incidência do imposto sobre a renda na fonte às alíquotas seguintes:

I – (*Revogado pela Lei n. 8.541, de 23-12-1992.*)

II – demais operações: 30% (trinta por cento).

§ 1.º O disposto neste artigo aplica-se, inclusive, às operações de financiamento realizadas em bolsas de valores, de mercadorias, de futuros e assemelhadas, na forma da legislação em vigor.

§ 2.º Fica dispensada a retenção do imposto de renda na fonte em relação à operação iniciada e encerrada no mesmo dia quando o alienante for instituição financeira, sociedade de arrendamento mercantil, sociedade corretora de títulos e valores mobiliários ou sociedade distribuidora de títulos e valores mobiliários.

§ 3.º A base de cálculo do imposto é constituída pela diferença positiva entre o valor da alienação, líquido do imposto sobre operações de crédito, câmbio e seguro, e sobre operações relativas a títulos e valores mobiliários – IOF (art. 18 da Lei n. 8.088, de 31 de outubro de 1990) e o valor da aplicação financeira de renda fixa, atualizado com base na variação acumulada da UFIR diária, desde a data inicial da operação até a da alienação.

§ 4.º Serão adicionados ao valor de alienação, para fins de composição da base de cálculo do imposto, os rendimentos periódicos produzidos pelo título ou aplicação, bem como qualquer remuneração adicional aos rendimentos prefixados, pagos ou creditados ao alienante e não submetidos à incidência do imposto de renda na fonte, atualizados com base na variação acumulada da UFIR diária, desde a data do crédito ou pagamento até a da alienação.

§ 5.º Para fins da incidência do imposto de renda na fonte, a alienação compreende qualquer forma de transmissão da propriedade, bem como a liquidação, resgate ou repactuação do título ou aplicação.

§ 6.º Fica incluída na tabela "D" a que se refere o art. 4.º, inciso II, da Lei n. 7.940, de 20 de dezembro de 1989, sujeita à alíquota de até 0,64% (sessenta e quatro centésimos por cento), a operação de registro de emissão de outros valores mobiliários.

Art. 21. Nas aplicações em fundos de renda fixa, resgatadas a partir de 1.º de janeiro de 1992, a base de cálculo do imposto de renda na fonte será constituída pela diferença positiva entre o valor do resgate, líquido de IOF, e o custo de aquisição da quota, atualizado com base na variação acumulada da UFIR diária, desde a data da conversão da aplicação em quotas até a da reconversão das quotas em cruzeiros.

§ 1.º Na determinação do custo de aquisição da quota, quando atribuída a remuneração ao valor resgatado, observar-se-á a precedência segundo a ordem sequencial direta das aplicações realizadas pelo beneficiário.

§ 2.º (*Revogado pela Lei n. 8.894, de 21-6-1994.*)

§ 3.º O imposto de renda na fonte, calculado à alíquota de 30% (trinta por cento), e o IOF serão retidos pelo administrador do fundo de renda fixa na data do resgate.

§ 4.º Excluem-se do disposto neste artigo as aplicações em Fundo de Aplicação Financeira – FAF, que continuam sujeitas à tributação pelo imposto de renda na fonte à alíquota de 5% (cinco por cento) sobre o rendimento bruto apropriado diariamente ao quotista.

§ 5.º Na determinação da base de cálculo do imposto em relação ao resgate de quota existente em 31 de dezembro de 1991, adotar-se-á, a título de custo de aquisição, o valor da quota na mesma data.

Art. 22. São isentos do imposto de renda na fonte:

I – os rendimentos creditados ao quotista pelo Fundo de Investimento em Quotas de Fundos de Aplicação, correspondente aos créditos apropriados por FAF;

II – os rendimentos auferidos por FAF, tributados quando da apropriação ao quotista.

Art. 23. A operação de mútuo e a operação de compra vinculada à revenda, no mercado secundário, tendo por objeto ouro, ativo financeiro, iniciadas a partir de 1.º de janeiro de 1992, ficam equiparadas à operação de renda fixa para fins de incidência do imposto de renda na fonte.

§ 1.º Constitui fato gerador do imposto a liquidação da operação de mútuo ou a revenda de ouro, ativo financeiro.

§ 2.º A base de cálculo do imposto nas operações de mútuo será constituída:

a) pelo valor do rendimento em moeda corrente, atualizado entre a data do recebimento e a data de liquidação do contrato; ou

b) quando o rendimento for fixado em quantidade de ouro, pelo valor da conversão do ouro em moeda corrente, estabelecido com base nos preços médios das operações realizadas no mercado à vista da bolsa em que ocorrer o maior volume de ouro transacionado na data de liquidação do contrato.

§ 3.º A base de cálculo nas operações de revenda e de compra de ouro, quando vinculadas, será constituída pela diferença positiva entre o valor de revenda e o de compra do ouro, atualizada com base na variação acumulada da UFIR diária, entre a data de início e de encerramento da operação.

§ 4.º O valor da operação de que trata a alínea *a* do § 2.º será atualizado com base na UFIR diária.

§ 5.º O imposto de renda na fonte será calculado aplicando-se alíquotas previstas no art. 20, de acordo com o prazo de operação.

§ 6.º Fica o Poder Executivo autorizado a baixar normas com vistas a definir as características da operação de compra vinculada à revenda, bem como a equiparar às operações de que trata este artigo outras que, pelas suas características, produzam os mesmos efeitos das operações indicadas.

§ 7.º O Conselho Monetário Nacional poderá estabelecer prazo mínimo para as operações de que trata este artigo.

Art. 24. (*Revogado pela Lei n. 8.541, de 23-12-1992.*)

Art. 25. O rendimento auferido no resgate, a partir de 1.º de janeiro de 1992, de quota de fundo mútuo de ações, clube de investimento e outros fundos da espécie, inclusive Plano de Poupança e Investimentos – PAIT, de que trata o Decreto-lei n. 2.292, de 21 de novembro de 1986, constituídos segundo a legislação aplicável, quando o beneficiário for pessoa física ou pessoa jurídica não tributada com base no lucro real, inclusive isenta, sujeita-se à incidência do imposto de renda na fonte à alíquota de 25% (vinte e cinco por cento).

§ 1.º A base de cálculo do imposto é constituída pela diferença positiva entre o valor de resgate e o custo médio de aquisição da quota, atualizado com base na variação acumulada da UFIR diária da data da conversão em quotas até a de reconversão das quotas em cruzeiros.

§ 2.º Os ganhos líquidos a que se refere o artigo seguinte e os rendimentos produzidos por aplicações financeiras de renda fixa, auferidos por fundo mútuo de ações, clube de investimentos e outros fundos da espécie, não estão sujeitos à incidência do imposto de renda na fonte.

§ 3.º O imposto será retido pelo administrador do fundo ou clube de investimento na data do resgate.

§ 4.º Fica o Poder Executivo autorizado a permitir a compensação de perdas ocorridas em aplicações de que trata este artigo.

Art. 26. Ficam sujeitas ao pagamento do imposto de renda, à alíquota de vinte e cinco por cento, a pessoa física e a pessoa jurídica não tributada com base no lucro real, inclusive isenta, que auferirem ganhos líquidos nas operações realizadas nas bolsas de valores, de mercadorias, de futuros e assemelhadas, encerradas a partir de 1.º de janeiro de 1992.

§ 1.º Os custos de aquisição, os preços de exercício e os prêmios serão considerados pelos valores médios pagos, atualizados com base na variação acumulada da UFIR diária da data da aquisição até a data da alienação do ativo.

§ 2.º O Poder Executivo poderá baixar normas para apuração e demonstração dos ganhos líquidos, bem como autorizar a compensação de perdas em um mesmo ou entre dois ou mais mercados ou modalidades operacionais, previstos neste artigo, ressalvado o disposto no art. 28 desta Lei.

§ 3.º O disposto neste artigo aplica-se, também, aos ganhos líquidos decorrentes da alienação de ouro, ativo financeiro, fora da bolsa, com a interveniência de instituições integrantes do Sistema Financeiro Nacional.

§ 4.º O imposto de que trata este artigo será apurado mensalmente.

Art. 27. As deduções de despesas, bem como a compensação de perdas na forma prevista no § 2.º do artigo precedente, são admitidas exclusivamente para as operações realizadas nos mercados organizados, geridos ou sob responsabilidade de instituição credenciada pelo Poder Executivo e com objetivos semelhantes aos das bolsas de valores, de mercadorias ou de futuros.

Art. 28. Os prejuízos decorrentes de operações financeiras de compra e subsequente venda ou de venda e subsequente compra, realizadas no mesmo dia (*day-trade*), tendo por objeto ativo, título, valor mobiliário ou direito de natureza e características semelhantes, somente podem ser compensados com ganhos auferidos em operações da mesma espécie ou em operações de cobertura (*hedge*) à qual estejam vinculadas nos termos admitidos pelo Poder Executivo.

§ 1.º O ganho líquido mensal correspondente às operações *day-trade*, quando auferido por beneficiário dentre os referidos no art. 26, integra a base de cálculo do imposto de renda de que trata o mesmo artigo.

§ 2.º Os prejuízos decorrentes de operações realizadas fora de mercados organizados, geridos ou sob responsabilidade de instituição credenciada pelo Poder Público, não podem ser deduzidos da base de cálculo do imposto de renda e da apuração do ganho líquido de que trata o art. 26, bem como não podem ser compensados com ganhos auferidos em operações de espécie, realizadas em qualquer mercado.

Art. 29. Os residentes ou domiciliados no exterior sujeitam-se às mesmas normas de tributação pelo imposto de renda, previstas para os residentes ou domiciliados no País, em relação aos:

I – rendimentos decorrentes de aplicações financeiras de renda fixa;

II – ganhos líquidos auferidos em operações realizadas em bolsas de valores, de mercadorias, de futuros e assemelhadas;

III – rendimentos obtidos em aplicações em fundos e clubes de investimentos de renda variável.

•• *Caput* e incisos com redação determinada pela Lei n. 8.849, de 28-1-1994.

Parágrafo único. Sujeitam-se à tributação pelo imposto de renda, nos termos dos arts. 31 a 33, os rendimentos e ganhos de capital decorrentes de aplicações financeiras, auferidos por fundos, sociedades de investimento e carteiras de valores mobiliários de que participem, exclusivamente, pessoas físicas ou jurídicas, fundos ou outras entidades de investimento coletivo residentes, domiciliadas ou com sede no exterior.

•• Parágrafo único com redação determinada pela Lei n. 8.849, de 28-1-1994.

Art. 30. O investimento estrangeiro nos mercados financeiros e de valores mobiliários somente poderá ser realizado no País por intermédio de representante legal, previamente designado dentre as instituições autorizadas pelo Poder Executivo a prestar tal serviço e que será responsável, nos termos do art. 128 do Código Tributário Nacional (Lei n. 5.172, de 25 de outubro de 1966), pelo cumprimento das obrigações tributárias decorrentes das operações que realizar por conta e ordem do representado.

•• *Caput* com redação determinada pela Lei n. 8.849, de 28-1-1994.

§ 1.º O representante legal não será responsável pela retenção e recolhimento do imposto de renda na fonte sobre aplicações financeiras quando, nos termos da legislação pertinente, tal responsabilidade for atribuída a terceiro.

•• § 1.º com redação determinada pela Lei n. 8.849, de 28-1-1994.

§ 2.º O Poder Executivo poderá excluir determinadas categorias de investidores da obrigatoriedade prevista neste artigo.

•• § 2.º com redação determinada pela Lei n. 8.849, de 28-1-1994.

Art. 31. Sujeitam-se à tributação pelo imposto de renda, à alíquota de 25% (vinte e cinco por cento), os rendimentos e ganhos de capital auferidos no resgate pelo quotista, quando distribuídos, sob qualquer forma e a qualquer título, por fundos em condomínio, a que se refere o art. 50 da Lei n. 4.728, de 14 de julho de 1965, constituídos na forma prescrita pelo Conselho Monetário Nacional e mantidos com recursos provenientes de conversão de débitos externos brasileiros, e de que participem, exclusivamente, pessoas físicas ou jurídicas, fundos ou outras entidades de investimentos coletivos, residentes, domiciliados, ou com sede no exterior.

•• *Caput* com redação determinada pela Lei n. 8.849, de 28-1-1994.

§ 1.º A base de cálculo do imposto é constituída pela diferença positiva entre o valor de resgate e o custo médio de aquisição da quota, atualizados com base na variação acumulada da UFIR diária da data da aplicação até a data da distribuição ao exterior.

•• § 1.º com redação determinada pela Lei n. 8.849, de 28-1-1994.

§ 2.º Os rendimentos e ganhos de capital auferidos pelas carteiras dos fundos em condomínio de que trata este artigo, ficam excluídos da retenção do imposto de renda na fonte e do imposto de renda sobre o ganho líquido mensal.

•• § 2.º com redação determinada pela Lei n. 8.849, de 28-1-1994.

Art. 32. Ressalvados os rendimentos de Fundos de Aplicação Financeira – FAF, que continuam tributados de acordo com o disposto no art. 21, § 4.º, ficam sujeitos ao imposto de renda na fonte, à alíquota de 15% (quinze por cento), os rendimentos auferidos:

I – pelas entidades mencionadas nos arts. 1.º e 2.º do Decreto-lei n. 2.285, de 23 de julho de 1986;

II – pelas sociedades de investimento a que se refere o art. 49 da Lei n. 4.728, de 1965, de que participem investidores estrangeiros;

III – pelas carteiras de valores mobiliários, inclusive vinculadas à emissão, no exterior, de certificados representativos de ações, mantidas por investidores estrangeiros.

•• *Caput* e incisos com redação determinada pela Lei n. 8.849, de 28-1-1994.

§ 1.º Os ganhos de capital ficam excluídos da incidência do imposto de renda quando auferidos e distribuídos, sob qualquer forma e a qualquer título, inclusive em decorrência de liquidação parcial ou total do investimento pelos fundos, sociedades ou carteiras referidos no *caput* deste artigo.

•• § 1.º com redação determinada pela Lei n. 8.849, de 28-1-1994.

§ 2.º Para os efeitos deste artigo, consideram-se:

a) rendimentos: quaisquer valores que constituam remuneração de capital aplicado, inclusive aquela produzida por títulos de renda variável, tais como juros, prêmios, comissões, ágio, deságio, dividendos, bonificações em dinheiro e participações nos lucros, bem como os resultados positivos auferidos em aplicações nos fundos e clubes de investimento de que trata o art. 25;

b) ganhos de capital, os resultados positivos auferidos:

b.1) nas operações realizadas em bolsas de valores, de mercadorias, de futuros e assemelhadas;

b.2) nas operações com ouro, ativo financeiro, fora de bolsa, intermediadas por instituições integrantes do Sistema Financeiro Nacional.

•• § 2.º com redação determinada pela Lei n. 8.849, de 28-1-1994.

§ 3.º A base de cálculo do imposto de renda sobre os rendimentos auferidos pelas entidades de que trata este artigo será apurada:

a) de acordo com os critérios previstos no § 3.º do art. 20 e no art. 21, no caso de aplicações de renda fixa;

b) de acordo com o tratamento previsto no § 4.º do art. 20, no caso de rendimentos periódicos ou qualquer remuneração adicional não submetidos à incidência do imposto de renda na fonte;

c) pelo valor do respectivo rendimento ou resultado positivo nos demais casos.

•• § 3.º com redação determinada pela Lei n. 8.849, de 28-1-1994.

§ 4.º Na apuração do imposto de que trata este artigo serão indedutíveis os prejuízos apurados em operações de renda fixa e de renda variável.

•• § 4.º com redação determinada pela Lei n. 8.849, de 28-1-1994.

§ 5.º O disposto neste artigo alcança, exclusivamente, as entidades que atenderem às normas e condições estabelecidas pelo Conselho Monetário Nacional, não se aplicando, entretanto, aos fundos em condomínio referidos no art. 31.

•• § 5.º com redação determinada pela Lei n. 8.849, de 28-1-1994.

Art. 33. O imposto de renda na fonte sobre os rendimentos auferidos pelas entidades de que trata o art. 32, será devido por ocasião da cessão, resgate, repactuação ou liquidação de cada operação de renda fixa, ou do recebimento ou crédito, o que primeiro ocorrer, de outros rendimentos, inclusive dividendos e bonificações em dinheiro.

•• *Caput* com redação determinada pela Lei n. 8.849, de 28-1-1994.

§ 1.º Com exceção do imposto sobre aplicações no FAF, o imposto sobre os demais rendimentos será retido pela instituição administradora do fundo, sociedade de investimento ou carteira, e pelo banco custodiante, no caso de certificados representativos de ações, sendo considerado, mesmo no caso do FAF, como exclusivo de fonte.

•• § 1.º com redação determinada pela Lei n. 8.849, de 28-1-1994.

§ 2.º No caso de rendimentos auferidos em operações realizadas antes de 1.º de janeiro de 1994 e ainda não distribuídos, a base de cálculo do imposto de renda de que trata este artigo será determinada de acordo com as normas da legislação aplicável às operações de renda fixa realizadas por residentes no País, ressalvado o disposto no art. 34, devendo o imposto ser calculado à alíquota de 15% (quinze por cento) e recolhido pelos administradores dos fundos, sociedades ou carteiras até 31 de janeiro de 1994 ou na data da distribuição dos rendimentos, se ocorrer primeiro, sem atualização monetária.

•• § 2.º com redação determinada pela Lei n. 8.849, de 28-1-1994.

§ 3.º Os dividendos que foram atribuídos às ações integrantes do patrimônio do fundo, sociedade ou carteira, serão registrados, na data em que as ações foram cotadas sem os respectivos direitos (ex-dividendos), em conta representativa de rendimentos a receber, em contrapartida à diminuição de idêntico valor da parcela do ativo correspondente às ações as quais se vinculam, acompanhados de transferência para a receita de dividendos de igual valor a débito da conta de resultado de variação da carteira de ações.

•• § 3.º com redação determinada pela Lei n. 8.849, de 28-1-1994.

§ 4.º Os rendimentos submetidos à sistemática de tributação de que trata este artigo não se sujeitam à nova incidência do imposto de renda quando distribuídos.

•• § 4.º com redação determinada pela Lei n. 8.849, de 28-1-1994.

§ 5.º O imposto deverá ser convertido em quantidade de UFIR diária pelo valor desta no dia da ocorrência do fato gerador, e pago no prazo previsto no art. 52, inciso II, alínea *d*.

•• § 5.º com redação determinada pela Lei n. 8.849, de 28-1-1994.

Art. 34. As disposições dos arts. 31 a 33 desta Lei abrangem as operações compreendidas no período entre 15 de junho de 1989, inclusive, e 1.º de janeiro de 1992, exceto em relação ao imposto de que trata o art. 3.º do Decreto-lei n. 1.986, de 28 de dezembro de 1982, vedada a restituição ou compensação de imposto pago no mesmo período.

Art. 35. Na cessão, liquidação ou resgate, será apresentada a nota de aquisição do título ou o documento relativo à aplicação, que identifique as partes envolvidas na operação.

§ 1.º Quando não apresentado o documento de que trata este artigo, considerar-se-á como preço de aquisição o valor da emissão ou o da primeira colocação do título, prevalecendo o menor.

§ 2.º Não comprovado o valor a que se refere o § 1.º, a base de cálculo do imposto de renda na fonte será arbitrada em 50% (cinquenta por cento) do valor bruto da alienação.

§ 3.º Fica dispensada a exigência prevista neste artigo relativamente a título ou aplicação revestidos, exclusivamente, da forma escritural.

Art. 36. O imposto de renda retido na fonte sobre aplicações financeiras ou pago sobre ganhos líquidos mensais de que trata o art. 26 será considerado:

I – se o beneficiário for pessoa jurídica tributada com base no lucro real: antecipação do devido na declaração;

II – se o beneficiário for pessoa física ou pessoa jurídica não tributada com base no lucro real, inclusive isenta: tributação definitiva, vedada a compensação na declaração de ajuste anual.

Art. 37. A alíquota do imposto de renda na fonte sobre rendimentos produzidos por títulos ou aplicações integrantes do patrimônio do fundo de renda fixa de que trata o art. 21 desta Lei será de 25% (vinte e cinco por cento) e na base de cálculo será considerado como valor de alienação aquele pelo qual o título ou aplicação constar da carteira no dia 31 de dezembro de 1991.

Parágrafo único. O recolhimento do imposto será efetuado pelo administrador do fundo, sem correção monetária, até o dia seguinte ao da alienação do título ou resgate da aplicação.

CAPÍTULO IV
DO IMPOSTO DE RENDA DAS PESSOAS JURÍDICAS

Art. 38. A partir do mês de janeiro de 1992, o imposto de renda das pessoas jurídicas será devido mensalmente, à medida que os lucros forem auferidos.

§ 1.° Para efeito do disposto neste artigo, as pessoas jurídicas deverão apurar, mensalmente, a base de cálculo do imposto e o imposto devido.

§ 2.° A base de cálculo do imposto será convertida em quantidade de UFIR diária pelo valor desta no último dia do mês a que corresponder.

§ 3.° O imposto devido será calculado mediante a aplicação da alíquota sobre a base de cálculo expressa em UFIR.

§ 4.° Do imposto apurado na forma do parágrafo anterior a pessoa jurídica poderá diminuir:

a) os incentivos fiscais de dedução do imposto devido, podendo o valor excedente ser compensado nos meses subsequentes, observados os limites e prazos fixados na legislação específica;

b) os incentivos fiscais de redução e isenção do imposto, calculados com base no lucro da exploração apurado mensalmente;

c) o imposto de renda retido na fonte sobre receitas computadas na base de cálculo do imposto.

§ 5.° Os valores de que tratam as alíneas do parágrafo anterior serão convertidos em quantidade de UFIR diária pelo valor desta no último dia do mês a que corresponderem.

§ 6.° O saldo do imposto devido em cada mês será pago até o último dia útil do mês subsequente.

§ 7.° O prejuízo apurado na demonstração do lucro real em um mês poderá ser compensado com o lucro real dos meses subsequentes.

§ 8.° Para efeito de compensação, o prejuízo será corrigido monetariamente com base na variação acumulada da UFIR diária.

§ 9.° Os resultados apurados em cada mês serão corrigidos monetariamente (Lei n. 8.200, de 1991).

Art. 39. As pessoas jurídicas tributadas com base no lucro real poderão optar pelo pagamento, até o último dia útil do mês subsequente, do imposto devido mensalmente, calculado por estimativa, observado o seguinte:

I – nos meses de janeiro a abril, o imposto estimado corresponderá, em cada mês, a um duodécimo do imposto e adicional apurados em balanço ou balancete anual levantado em 31 de dezembro do ano anterior ou, na inexistência deste, a um sexto do imposto e adicional apurados no balanço ou balancete semestral levantado em 30 de junho do ano anterior;

II – nos meses de maio a agosto, o imposto estimado corresponderá, em cada mês, a um duodécimo do imposto e adicional apurados no balanço anual de 31 de dezembro do ano anterior;

III – nos meses de setembro a dezembro, o imposto estimado corresponderá, em cada mês, a um sexto do imposto e adicional apurados em balanço ou balancete semestral levantado em 30 de junho do ano em curso.

§ 1.° A opção será efetuada na data do pagamento do imposto correspondente ao mês de janeiro e só poderá ser alterada em relação ao imposto referente aos meses do ano subsequente.

§ 2.º A pessoa jurídica poderá suspender ou reduzir o pagamento do imposto mensal estimado, enquanto balanços ou balancetes mensais demonstrarem que o valor acumulado já pago excede o valor do imposto calculado com base no lucro real do período em curso.

§ 3.º O imposto apurado nos balanços ou balancetes será convertido em quantidade de UFIR diária pelo valor desta no último dia do mês a que se referir.

§ 4.º O imposto de renda retido na fonte sobre rendimentos computados na determinação do lucro real poderá ser deduzido do imposto estimado de cada mês.

§ 5.º A diferença entre o imposto devido, apurado na declaração de ajuste anual (art. 43), e a importância paga nos termos deste artigo será:

a) paga em quota única, até a data fixada para a entrega da declaração de ajuste anual, se positiva;

b) compensada, corrigida monetariamente, com o imposto mensal a ser pago nos meses subsequentes ao fixado para a entrega da declaração de ajuste anual, se negativa, assegurada a alternativa de requerer a restituição do montante pago indevidamente.

Art. 40. (*Revogado pela Lei n. 8.541, de 23-12-1992.*)

Art. 41. A tributação com base no lucro arbitrado somente será admitida em caso de lançamento de ofício, observadas a legislação vigente e as alterações introduzidas por esta Lei.

§ 1.º O lucro arbitrado e a contribuição social serão apurados mensalmente.

§ 2.º O lucro arbitrado, diminuído do imposto de renda da pessoa jurídica e da contribuição social, será considerado distribuído aos sócios ou ao titular da empresa e tributado exclusivamente na fonte à alíquota de 25% (vinte e cinco por cento).

§ 3.º A contribuição social sobre o lucro das pessoas jurídicas tributadas com base no lucro arbitrado será devida mensalmente.

Art. 42. (*Revogado pela Lei n. 9.317, de 5-12-1996.*)

Art. 43. As pessoas jurídicas deverão apresentar, em cada ano, declaração de ajuste anual consolidando os resultados mensais auferidos nos meses de janeiro a dezembro do ano anterior, nos seguintes prazos:

I – até o último dia útil do mês de março, as tributadas com base no lucro presumido;

II – até o último dia útil do mês de abril, as tributadas com base no lucro real;

III – até o último dia útil do mês de junho, as demais.

Parágrafo único. Os resultados mensais serão apurados, ainda que a pessoa jurídica tenha optado pela forma de pagamento do imposto e adicional referida no art. 39.

Art. 44. Aplicam-se à contribuição social sobre o lucro (Lei n. 7.689, de 1988) e ao imposto incidente na fonte sobre o lucro líquido (Lei n. 7.713, de 1988, art. 35) as mesmas normas de pagamento estabelecidas para o imposto de renda das pessoas jurídicas.

Parágrafo único. (*Revogado pela Lei n. 8.981, de 20-1-1995.*)

Art. 45. O valor em cruzeiros do imposto ou contribuição será determinado mediante a multiplicação da sua quantidade em UFIR pelo valor da UFIR diária na data do pagamento.

Art. 46. As pessoas jurídicas tributadas com base no lucro real poderão depreciar, em 24 (vinte e quatro) quotas mensais, o custo de aquisição ou construção de máquinas e equipamentos novos, adquiridos entre 1.º de janeiro de 1992 e 31 de dezembro de 1994, utilizados em processo industrial da adquirente.

•• *Caput* com redação determinada pela Lei n. 8.643, de 31-3-1993.

§ 1.º A parcela da depreciação acelerada que exceder à depreciação normal constituirá exclusão do lucro líquido e será escriturada no livro de apuração do lucro real.

§ 2.º O total da depreciação acumulada, incluída a normal e a parcela excedente, não poderá ultrapassar o custo de aquisição do bem, corrigido monetariamente.

§ 3.º A partir do mês em que for atingido o limite de que trata o parágrafo anterior, a depreciação normal, corrigida monetariamente, registrada na escrituração comercial, deverá ser adicionada ao lucro líquido para determinar o lucro real.

§ 4.º Para efeito do disposto nos §§ 2.º e 3.º deste artigo, a conta de depreciação excedente à normal, registrada no livro de apuração do lucro real, será corrigida monetariamente.

§ 5.º As disposições contidas neste artigo aplicam-se às máquinas e equipamentos objeto de contratos de arrendamento mercantil.

Art. 47. (*Revogado pela Lei n. 8.981, de 20-1-1995.*)

Art. 48. A partir de 1.º de janeiro de 1992, a correção monetária das demonstrações financeiras será efetuada com base na UFIR diária.

Art. 49. A partir do mês de janeiro de 1992, o adicional de que trata o art. 25 da Lei n. 7.450, de 23 de dezembro de 1985, incidirá à alíquota de 10% (dez por cento) sobre a parcela do lucro real ou arbitrado, apurado mensalmente, que exceder a 25.000 (vinte e cinco mil) UFIR.

Parágrafo único. A alíquota será de 15% (quinze por cento) para os bancos comerciais, bancos de investimento, bancos de desenvolvimento, caixas econômicas, sociedades de crédito, financiamento e investimento, sociedades de crédito imobiliário, sociedades corretoras, distribuidora de títulos e valores mobiliários e empresas de arrendamento mercantil.

Art. 50. As despesas referidas na alínea *b* do parágrafo único do art. 52 e no item 2 da alínea *e* do parágrafo único do art. 71, da Lei n. 4.506, de 30 de novembro de 1964, decorrentes de contratos que, posteriormente a 31 de dezembro de 1991, venham a ser assinados, averbados no Instituto Nacional da Propriedade Industrial (INPI) e registrados no Banco Central do Brasil, passam a ser dedutíveis para fins de apuração do lucro real, observados os limites e condições estabelecidos pela legislação em vigor.

Parágrafo único. A vedação contida no art. 14 da Lei n. 4.131, de 3 de setembro de 1962, não se aplica às despesas dedutíveis na forma deste artigo.

Art. 51. Os balanços ou balancetes referidos nesta Lei deverão ser levantados com observância das leis comerciais e fiscais e transcritos no Diário ou no Livro de Apuração do Lucro Real.

Capítulo V
DA ATUALIZAÇÃO E DO PAGAMENTO DE IMPOSTOS E CONTRIBUIÇÕES

Art. 52. Em relação aos fatos geradores que vierem a ocorrer a partir de 1.º de novembro de 1993, os pagamentos dos impostos e contribuições relacionados a seguir deverão ser efetuados nos seguintes prazos:

•• *Caput* com redação determinada pela Lei n. 8.850, de 28-1-1994.

I – Imposto sobre Produtos Industrializados – IPI:

•• Inciso I, *caput*, com redação determinada pela Lei n. 8.850, de 28-1-1994.

•• *Vide* arts. 44 e 93, III, da Lei n. 10.833, de 29-12-2003.

a) no caso dos produtos classificados no código 2402.20.00, da Nomenclatura Comum do Mercosul – NCM, até o 10.º (décimo) dia do mês subsequente ao mês de ocorrência dos fatos geradores, observado o disposto no § 4.º deste artigo;

•• Alínea *a* com redação determinada pela Lei n. 11.933, de 28-4-2009.

b) (*Revogada pela Lei n. 11.774, de 17-9-2008.*)

c) no caso dos demais produtos, até o 25.º (vigésimo quinto) dia do mês subsequente ao mês de ocorrência dos fatos geradores, pelas demais pessoas jurídicas, observado o disposto no § 4.º deste artigo;

•• Alínea *c* com redação determinada pela Lei n. 11.933, de 28-4-2009.

II – Imposto de Renda na Fonte – IRF:

•• Inciso II, *caput*, com redação determinada pela Lei n. 8.850, de 28-1-1994.

a) até o último dia útil do mês subsequente ao de ocorrência do fato gerador ou na data da remessa, quando esta for efetuada antes, no caso de lucro de filiais, sucursais, agências ou representações, no País, de pessoas jurídicas com sede no exterior;

•• Alínea *a* com redação determinada pela Lei n. 8.850, de 28-1-1994.

b) na data da ocorrência do fato gerador, nos casos dos demais rendimentos atribuídos a residentes ou domiciliados no exterior;

•• Alínea *b* com redação determinada pela Lei n. 8.850, de 28-1-1994.

c) até o último dia útil do mês subsequente ao da distribuição automática dos lucros, no caso de que trata o art. 1.º do Decreto-lei n. 2.397, de 21 de dezembro de 1987;

•• Alínea *c* com redação determinada pela Lei n. 8.850, de 28-1-1994.

d) até o terceiro dia útil da quinzena subsequente à de ocorrência dos fatos geradores, nos demais casos;

•• Alínea *d* com redação determinada pela Lei n. 8.850, de 28-1-1994.

III – imposto sobre operações de crédito, câmbio e seguro e sobre operações relativas a títulos e valores mobiliários – IOF:

•• Inciso III, *caput*, com redação determinada pela Lei n. 8.850, de 28-1-1994.

a) até o terceiro dia útil da quinzena subsequente à de ocorrência dos fatos geradores, no caso de aquisição de ouro, ativo financeiro, bem assim nos de que tratam os incisos II a IV do art. 1.º da Lei n. 8.033, de 12 de abril de 1990;

•• Alínea *a* com redação determinada pela Lei n. 8.850, de 28-1-1994.

b) até o terceiro dia útil do decêndio subsequente ao de cobrança ou registro contábil do imposto, nos demais casos;

•• Alínea *b* com redação determinada pela Lei n. 8.850, de 28-1-1994.

IV – contribuição para financiamento da Seguridade Social (COFINS), instituída pela Lei Complementar n. 70, de 30 de dezembro de 1991, e contribuições para o Programa de Integração Social e para o Programa de Formação do Patrimônio do Servidor Público (PIS/PASEP), até o quinto dia útil do mês subsequente ao de ocorrência dos fatos geradores.

•• Inciso IV com redação determinada pela Lei n. 8.850, de 28-1-1994.

§ 1.º O imposto incidente sobre ganhos de capital na alienação de bens ou direitos (Lei n. 8.134, de 27 de dezembro de 1990, art. 18) deverá ser pago até o último dia útil do mês subsequente àquele em que os ganhos houverem sido percebidos.

•• § 1.º com redação determinada pela Lei n. 8.850, de 28-1-1994.

§ 2.º O imposto, apurado mensalmente, sobre os ganhos líquidos auferidos em operações realizadas em bolsas de valores, de mercadorias, de futuros e assemelhadas, será pago até o último dia útil do mês subsequente àquele em que os ganhos houverem sido percebidos.

•• § 2.º com redação determinada pela Lei n. 8.850, de 28-1-1994.

§ 3.º O disposto no inciso I do *caput* deste artigo não se aplica ao IPI incidente no desembaraço aduaneiro dos produtos importados.

•• § 3.º acrescentado pela Lei n. 11.774, de 17-9-2008.

§ 4.º Se o dia do vencimento de que tratam as alíneas *a* e *c* do inciso I do *caput* deste artigo não for dia útil, considerar-se-á antecipado o prazo para o primeiro dia útil que o anteceder.

•• § 4.º com redação determinada pela Lei n. 11.933, de 28-4-2009.

Art. 53. Os tributos e contribuições relacionados a seguir serão convertidos em quantidade de UFIR diária pelo valor desta:

I – IPI, no último dia do decêndio de ocorrência dos fatos geradores;

II – IRF, no dia da ocorrência do fato gerador;

III – IOF:

a) no último dia da quinzena de ocorrência dos fatos geradores, na hipótese de aquisição de ouro, ativo financeiro;

b) no dia da ocorrência dos fatos geradores, ou da apuração da base de cálculo, nos demais casos;

IV – contribuição para o financiamento da Seguridade Social (COFINS), instituída pela Lei Complementar n. 70, de 1991, e contribuições para o Programa de Integração Social e para o Programa de Formação do Patrimônio do Servidor Público (PIS/PASEP), no último dia do mês de ocorrência dos fatos geradores;

V – demais tributos, contribuições e receitas da União, arrecadados pela Secretaria da Receita Federal, não referidos nesta Lei, nas datas dos respectivos vencimentos;

•• A Secretaria da Receita Federal passa a denominar-se Secretaria da Receita Federal do Brasil, por força da Lei n. 11.457, de 16-3-2007.

VI – contribuições previdenciárias, no primeiro dia do mês subsequente ao de competência.

•• *Caput* e incisos com redação determinada pela Lei n. 8.850, de 28-1-1994.

Parágrafo único. O imposto de que tratam os parágrafos do artigo anterior será convertido em quantidade de UFIR pelo valor desta no mês do recebimento ou ganho.

•• Parágrafo único com redação determinada pela Lei n. 8.850, de 28-1-1994.

CAPÍTULO VI
DA ATUALIZAÇÃO DE DÉBITOS FISCAIS

Art. 54. Os débitos de qualquer natureza para com a Fazenda Nacional e os decorrentes de contribuições arrecadadas pela União, constituídos ou não, vencidos até 31 de dezembro de 1991 e não pagos até 2 de janeiro de 1992, serão atualizados monetariamente com base na legislação aplicável e convertidos, nessa data, em quantidade de UFIR diária.

§ 1.º Os juros de mora calculados até 2 de janeiro de 1992 serão, também, convertidos em quantidade de UFIR, na mesma data.

§ 2.º Sobre a parcela correspondente ao tributo ou contribuição, convertida em quantidade de UFIR, incidirão juros moratórios à razão de 1% (um por cento), por mês-calendário ou fração, a partir de fevereiro de 1992, inclusive, além da multa de mora ou de ofício.

§ 3.º O valor a ser recolhido será obtido multiplicando-se a correspondente quantidade de UFIR pelo valor diário desta na data do pagamento.

Art. 55. Os débitos que forem objeto de parcelamento serão consolidados na data da concessão e expressos em quantidade de UFIR diária.

§ 1.º O valor do débito consolidado, expresso em quantidade de UFIR, será dividido pelo número de parcelas mensais concedidas.

§ 2.º O valor de cada parcela mensal, por ocasião do pagamento, será acrescido de juros na forma da legislação pertinente.

§ 3.º Para efeito de pagamento, o valor em cruzeiros de cada parcela mensal será determinado mediante a multiplicação de seu valor, expresso em quantidade de UFIR, pelo valor desta no dia do pagamento.

Art. 56. No caso de parcelamento concedido administrativamente até o dia 31 de dezembro de 1991, o saldo devedor, a partir de 1.º de janeiro de 1992, será expresso em quantidade de UFIR diária mediante a divisão do débito, atualizado monetariamente, pelo valor da UFIR diária no dia 1.º de janeiro de 1992.

Parágrafo único. O valor em cruzeiros do débito ou da parcela será determinado mediante a multiplicação da respectiva quantidade de UFIR pelo valor diário desta na data do pagamento.

Art. 57. Os débitos de qualquer natureza para com a Fazenda Nacional, bem como os decorrentes de contribuições arrecadadas pela União, poderão, sem prejuízo da respectiva liquidez e certeza, ser inscritos como Dívida Ativa da União, pelo valor expresso em quantidade de UFIR.

§ 1.º Os débitos de que trata este artigo, que forem objeto de parcelamento, serão consolidados na data de sua concessão e expressos em quantidade de UFIR.

§ 2.º O encargo referido no art. 1.º do Decreto-lei n. 1.025, de 21 de outubro de 1969, modificado pelo art. 3.º do Decreto-lei n. 1.569, de 8 de agosto de 1977, e art. 3.º do Decreto-lei n. 1.645, de 11 de dezembro de 1978, será calculado sobre o montante do débito, inclusive multas, atualizado monetariamente e acrescido de juros e multa de mora.

Art. 58. No caso de lançamento de ofício, a base de cálculo, o imposto, as contribuições arrecadadas pela União e os acréscimos legais serão expressos em UFIR diária ou mensal, conforme a legislação de regência do tributo ou contribuição.

Parágrafo único. Os juros e a multa de lançamento de ofício serão calculados com base no imposto ou contribuição expresso em quantidade de UFIR.

CAPÍTULO VII
DAS MULTAS E DOS JUROS DE MORA

Art. 59. Os tributos e contribuições administrados pelo Departamento da Receita Federal, que não forem pagos até a data do vencimento, ficarão sujeitos à multa de mora de 20% (vinte por cento) e a juros de mora de 1% (um por cento) ao mês-calendário ou fração, calculados sobre o valor do tributo ou contribuição corrigido monetariamente.

§ 1.º A multa de mora será reduzida a 10% (dez por cento), quando o débito for pago até o último dia útil do mês subsequente ao do vencimento.

§ 2.º A multa incidirá a partir do primeiro dia após o vencimento do débito; os juros, a partir do primeiro dia do mês subsequente.

Art. 60. *(Revogado pela Lei n. 11.941, de 27-5-2009.)*

Art. 61. As contribuições previdenciárias arrecadadas pelo Instituto Nacional de Seguro Social – INSS ficarão sujeitas à multa variável, de caráter não relevável, nos seguintes percentuais, incidentes sobre os valores atualizados monetariamente até a data do pagamento:

I – 10% (dez por cento) sobre os valores das contribuições em atraso que, até a data do pagamento, não tenham sido incluídas em notificação de débito;

II – 20% (vinte por cento) sobre os valores pagos dentro de 15 (quinze) dias contados da data do recebimento da correspondente notificação de débito;

III – 30% (trinta por cento) sobre todos os valores pagos mediante parcelamento, desde que requerido no prazo do inciso anterior;

IV – 60% (sessenta por cento) sobre os valores pagos em quaisquer outros casos, inclusive por falta de cumprimento de acordo para o parcelamento.

Parágrafo único. É facultada a realização de depósito, à disposição da Seguridade Social, sujeito aos mesmos percentuais dos incisos I e II, conforme o caso, para apresentação de defesa.

CAPÍTULO VIII
DAS DISPOSIÇÕES FINAIS E TRANSITÓRIAS

....

Art. 63. *(Revogado pela Lei n. 11.033, de 21-12-2004.)*

Art. 64. Responderão como coautores de crime de falsidade o gerente e o administrador de instituição financeira ou assemelhadas que concorrerem para que seja aberta conta ou movimentados recursos sob nome:

I – falso;

II – de pessoa física ou de pessoa jurídica inexistente;

III – de pessoa jurídica liquidada de fato ou sem representação regular.

Parágrafo único. É facultado às instituições financeiras e às assemelhadas solicitar ao Departamento da Receita Federal a confirmação do número de inscrição no Cadastro de Pessoas Físicas ou no Cadastro Geral de Contribuintes.

Art. 65. Terá o tratamento de permuta a entrega, pelo licitante vencedor, de títulos da dívida pública federal ou de outros créditos contra a União, como contrapartida à aquisição das ações ou quotas leiloadas no âmbito do Programa Nacional de Desestatização.

§ 1.º Na hipótese de adquirente pessoa física, deverá ser considerado como custo de aquisição das ações ou quotas da empresa privatizável o custo de aquisição dos direitos contra a União, corrigido monetariamente até a data da permuta.

§ 2.º Na hipótese de pessoa jurídica não tributada com base no lucro real, o custo de aquisição será apurado na forma do parágrafo anterior.

§ 3.º No caso de pessoa jurídica tributada com base no lucro real, o custo de aquisição das ações ou quotas leiloadas será igual ao valor contábil dos títulos ou créditos entregues pelo adquirente na data da operação.

§ 4.º Quando se configurar, na aquisição, investimento relevante em coligada ou controlada, avaliável pelo valor do patrimônio líquido, a adquirente deverá registrar o valor da equivalência no patrimônio adquirido, em conta própria de investimentos, e o valor do ágio ou deságio na aquisição em subconta do mesmo investimento, que deverá ser computado na determinação do lucro real do mês de realização do investimento, a qualquer título.

Art. 66. Nos casos de pagamento indevido ou a maior de tributos, contribuições federais, inclusive previdenciárias, e receitas patrimoniais, mesmo quando resultante de reforma, anulação, revogação, ou rescisão de decisão condenatória, o contribuinte poderá efetuar a compensação desse valor no recolhimento de importância correspondente a período subsequente.

•• *Caput* com redação determinada pela Lei n. 9.069, de 29-6-1995.

§ 1.º A compensação só poderá ser efetuada entre tributos, contribuições e receitas da mesma espécie.

•• § 1.º com redação determinada pela Lei n. 9.069, de 29-6-1995.

§ 2.º É facultado ao contribuinte optar pelo pedido de restituição.

§ 3.º A compensação ou restituição será efetuada pelo valor do tributo ou contribuição ou receita corrigido monetariamente com base na variação da UFIR.

•• § 3.º com redação determinada pela Lei n. 9.069, de 29-6-1995.

§ 4.º As Secretarias da Receita Federal e do Patrimônio da União e o Instituto Nacional de Seguro Social – INSS expedirão as instruções necessárias ao cumprimento do disposto neste artigo.

•• § 4.º com redação determinada pela Lei n. 9.069, de 29-6-1995.

Art. 67. A competência de que trata o art. 1.º da Lei n. 8.022, de 12 de abril de 1990, relativa à apuração, inscrição e cobrança da Dívida Ativa oriunda das receitas arrecadadas pelo Instituto Nacional de Colonização e Reforma Agrária – INCRA, bem como a representação judicial nas respectivas execuções fiscais, cabe à Procuradoria-Geral da Fazenda Nacional.

Art. 68. O Anexo I do Decreto-lei n. 2.225, de 10 de janeiro de 1985, passa a vigorar na forma do Anexo I a esta Lei.

Parágrafo único. Fica igualmente aprovado o Anexo II a esta Lei, que altera a composição prevista no Decreto-lei n. 2.192, de 26 de dezembro de 1984.

•• Os anexos previstos no *caput* e no parágrafo único deste artigo deixam de ser publicados, por não interessarem à obra.

Art. 69. O produto da arrecadação de multas, inclusive as que fazem parte do valor pago por execução da Dívida Ativa e de sua respectiva correção monetária, incidentes sobre tributos e contribuições administrados pelo Departamento da Receita Federal e próprios da União, bem como daquelas aplicadas à rede arrecadadora de receitas federais, constituirá receita do Fundo instituído pelo Decreto-lei n. 1.437, de 17 de dezembro de 1975, sem prejuízo do disposto na legislação pertinente, excluídas as transferências constitucionais para os Estados, o Distrito Federal e os Municípios.

Art. 70. Ficam isentas dos tributos incidentes sobre a importação as mercadorias destinadas a consumo no recinto de congressos, feiras e exposições internacionais, e eventos assemelhados, a título de promoção ou degustação, de montagem ou conservação de estandes, ou de demonstração de equipamentos em exposição.

§ 1.º A isenção não se aplica a mercadorias destinadas à montagem de estandes, susceptíveis de serem aproveitadas após o evento.

§ 2.º É condição para gozo da isenção que nenhum pagamento, a qualquer título, seja efetuado ao exterior, em relação às mercadorias mencionadas no *caput* deste artigo.

§ 3.º A importação das mercadorias objeto da isenção fica dispensada da Guia de importação mas sujeita-se a limites de quantidade e valor, além de outros requisitos estabelecidos pelo Ministro da Economia, Fazenda e Planejamento.

Art. 71. As pessoas jurídicas de que trata o art. 1.º do Decreto-lei n. 2.397, de 21 de dezembro de 1987, que preencham os requisitos dos incisos I e II do art. 40, poderão optar pela tributação com base no lucro presumido.

Parágrafo único. Em caso de opção, a pessoa jurídica pagará o imposto correspondente ao ano-calendário de 1992, obedecendo ao disposto no art. 40, sem prejuízo do pagamento do imposto devido por seus sócios no exercício de 1992, ano-base de 1991.

Art. 72. Ficam isentas do IOF as operações de financiamento para a aquisição de automóveis de passageiros de fabricação nacional de até 127 HP de potência bruta (SAE), quando adquiridos por:

I – motoristas profissionais que, na data da publicação desta Lei, exerçam comprovadamente em veículo de sua propriedade a atividade de condutor autônomo de passageiros, na condição de titular de autorização, permissão ou concessão do poder concedente e que destinem o automóvel à utilização na categoria de aluguel (táxi);

II – motoristas profissionais autônomos titulares de autorização, permissão ou concessão para exploração do serviço de transporte individual de passageiros (táxi), impedidos de continuar exercendo essa atividade em virtude de destruição completa, furto ou roubo do veículo, desde que destinem o veículo adquirido à utilização na categoria de aluguel (táxi);

III – cooperativas de trabalho que sejam permissionárias ou concessionárias de transporte público de passageiros, na categoria de aluguel (táxi), desde que tais veículos se destinem à utilização nessa atividade;

IV – pessoas portadoras de deficiência física, atestada pelo Departamento de Trânsito do Estado onde residirem em caráter permanente, cujo laudo de perícia médica especifique:

a) o tipo de defeito físico e a total incapacidade do requerente para dirigir automóveis convencionais;

b) a habilitação do requerente para dirigir veículo com adaptações especiais, descritas no referido laudo;

V – trabalhador desempregado ou subempregado, titular de financiamento do denominado Projeto Balcão de Ferramentas, destinado à aquisição de maquinário, equipamentos e ferramentas que possibilitem a aquisição de bens e a prestação de serviços à comunidade.

§ 1.º O benefício previsto neste artigo:

a) poderá ser utilizado uma única vez;

b) será reconhecido pelo Departamento da Receita Federal mediante prévia verificação de que o adquirente possui os requisitos.

§ 2.º Na hipótese do inciso V, o reconhecimento ficará adstrito aos tomadores residentes na área de atuação do Projeto, os quais serão indicados pelos Governos Estaduais, mediante convênio celebrado com a Caixa Econômica Federal.

§ 3.º A alienação do veículo antes de 3 (três) anos contados da data de sua aquisição, a pessoas que não satisfaçam as condições e os requisitos, acarretará o pagamento, pelo alienante, da importância correspondente à diferença da alíquota aplicável à operação e a de que trata este artigo, calculada sobre o valor do financiamento, sem prejuízo da incidência dos demais encargos previstos na legislação tributária.

....

Art. 74. Integrarão a remuneração dos beneficiários:

I – a contraprestação de arrendamento mercantil ou o aluguel ou, quando for o caso, os respectivos encargos de depreciação, atualizados monetariamente até a data do balanço:

a) de veículo utilizado no transporte de administradores, diretores, gerentes e seus assessores ou de terceiros em relação à pessoa jurídica;

b) de imóvel cedido para uso de qualquer pessoa dentre as referidas na alínea precedente;

II – as despesas com benefícios e vantagens concedidos pela empresa a administradores, diretores, gerentes e seus assessores, pagos diretamente ou através da contratação de terceiros, tais como:

a) a aquisição de alimentos ou quaisquer outros bens para utilização pelo beneficiário fora do estabelecimento da empresa;

b) os pagamentos relativos a clubes e assemelhados;

c) o salário e respectivos encargos sociais de empregados postos à disposição ou cedidos, pela empresa, a administradores, diretores, gerentes e seus assessores ou de terceiros;

d) a conservação, o custeio e a manutenção dos bens referidos no item I.

§ 1.º A empresa identificará os beneficiários das despesas e adicionará aos respectivos salários os valores a elas correspondentes.

§ 2.º A inobservância do disposto neste artigo implicará a tributação dos respectivos valores, exclusivamente na fonte, à alíquota de 33% (trinta e três por cento).

Art. 75. Sobre os lucros apurados a partir de 1.º de janeiro de 1993 não incidirá o imposto de renda na fonte sobre o lucro líquido, de que trata o art. 35 da Lei n. 7.713, de 1988, permanecendo em vigor a não incidência do imposto sobre o que for distribuído a pessoas físicas ou jurídicas, residentes ou domiciliadas no País.

Parágrafo único. (*Vetado.*)

Art. 76. Não mais será exigido o imposto suplementar de renda de que trata o art. 43 da Lei n. 4.131, de 3 de setembro de 1962, com a redação dada pelo art. 1.º do Decreto-lei n. 2.073, de 20 de junho de 1983, relativamente aos triênios encerrados posteriormente a 31 de dezembro de 1991.

Art. 77. A partir de 1.º de janeiro de 1993, a alíquota do imposto de renda incidente na fonte sobre lucros e dividendos de que trata o art. 97 do Decreto-lei n. 5.844, de 23 de setembro de 1943, com as modificações posteriormente introduzidas, passará a ser de 15% (quinze por cento).

Art. 78. Relativamente ao exercício financeiro de 1992, ano-base de 1991, o saldo do imposto a pagar ou o valor a ser restituído, apurado pelas pessoas físicas de acordo com a Lei n. 8.134, de 1990, será convertido em quantidade de UFIR pelo valor desta no mês de janeiro de 1992.

§ 1.º O saldo do imposto devido será pago nos prazos e condições fixados na legislação vigente.

§ 2.º Os valores em cruzeiros do imposto ou de quota deste, bem assim o do saldo a ser restituído, serão determinados mediante a multiplicação de seu valor, expresso em quantidade de UFIR, pelo valor desta no mês de pagamento.

Art. 79. O valor do imposto de renda incidente sobre o lucro real, presumido ou arbitrado, da contribuição social sobre o lucro (Lei n. 7.689, de 1988) e do imposto sobre o lucro líquido (Lei n. 7.713, de 1988, art. 35), relativos ao exercício financeiro de 1992, período-base de 1991, será convertido em quantidade de UFIR diária, segundo o valor desta no dia 1.º de janeiro de 1992.

Parágrafo único. Os impostos e a contribuição social, bem como cada duodécimo ou quota destes, serão reconvertidos em cruzeiros mediante a multiplicação da quantidade de UFIR diária pelo valor dela na data do pagamento.

Art. 80. Fica autorizada a compensação do valor pago ou recolhido a título de encargo relativo à Taxa Referencial Diária – TRD acumulada entre a data da ocorrência do fato gerador e a do vencimento dos tributos e contribuições federais, inclusive previdenciárias, pagos ou recolhidos a partir de 4 de fevereiro de 1991.

Art. 81. A compensação dos valores de que trata o artigo precedente, pagos pelas pessoas jurídicas, dar-se-á na forma a seguir:

I – os valores referentes à TRD pagos em relação a parcelas do imposto de renda das pessoas jurídicas, imposto de renda na fonte sobre o lucro líquido (Lei n. 7.713, de 1988, art. 35), bem como correspondentes a recolhimento do imposto de renda retido na fonte sobre rendimentos de qualquer espécie poderão ser compensados com impostos da mesma espécie ou entre si, dentre os referidos neste inciso, inclusive com os valores a recolher a título de parcela estimada do imposto de renda;

II – os valores referentes à TRD pagos em relação às parcelas da contribuição social sobre o lucro (Lei n. 7.689, de 1988), do FINSOCIAL e do PIS/PASEP, somente poderão ser compensados com as parcelas a pagar de contribuições da mesma espécie;

III – os valores referentes à TRD recolhidos em relação a parcelas do Imposto sobre Produtos Industrializados – IPI e os pagos em relação às parcelas dos demais tributos ou contribuições somente poderão ser compensados com parcelas de tributos e contribuições da mesma espécie.

Art. 82. Fica a pessoa física autorizada a compensar os valores referentes à TRD, pagos sobre as parcelas de imposto de renda por ela devidas, relacionadas a seguir:

I – quotas do imposto de renda das pessoas físicas;

II – parcelas devidas a título de "carnê-leão";

III – imposto de renda sobre ganho de capital na alienação de bens móveis ou imóveis;

IV – imposto de renda sobre ganhos líquidos apurados no mercado de renda variável.

Art. 83. Na impossibilidade da compensação total ou parcial dos valores referentes à TRD, o saldo não compensado terá o tratamento de crédito de imposto de renda, que poderá ser compensado com o imposto apurado na declaração de ajuste anual da pessoa jurídica ou física, a ser apresentada a partir do exercício financeiro de 1992.

Art. 84. Alternativamente ao procedimento autorizado no artigo anterior, o contribuinte poderá pleitear a restituição do valor referente à TRD mediante processo regular apresentado na repartição do Departamento da Receita Federal do seu domicílio fiscal, observando as exigências de comprovação do valor a ser restituído.

Art. 85. Ficam convalidados os procedimentos de compensação de valores referentes à TRD pagos ou recolhidos e efetuados antes da vigência desta Lei, desde que tenham sido observadas as normas e condições da mesma.

Art. 86. As pessoas jurídicas de que trata o art. 3.º do Decreto-lei n. 2.354, de 24 de agosto de 1987, deverão pagar o imposto de renda relativo ao período-base encerrado em 31 de dezembro de 1991 e o relativo aos meses dos anos-calendário de 1992 e 1993, da seguinte forma:

I – o do período-base encerrado em 31 de dezembro de 1991:

a) nos meses de janeiro a março, em duodécimos mensais, na forma do referido Decreto-lei;

b) nos meses de abril a junho, em quotas mensais, iguais e sucessivas, vencendo-se cada uma no último dia útil dos mesmos meses;

II – o dos meses do ano-calendário de 1992, em nove parcelas mensais e sucessivas, vencíveis, cada uma, no último dia útil a partir do mês de julho, observado o seguinte:

a) em julho de 1992, o referente aos meses de janeiro e fevereiro;

b) em agosto de 1992, o referente aos meses de março e abril;

c) em setembro de 1992, o referente aos meses de maio e junho;

d) em outubro de 1992, o referente ao mês de julho;

e) em novembro de 1992, o referente ao mês de agosto;

f) em dezembro de 1992, o referente ao mês de setembro;

g) em janeiro de 1993, o referente ao mês de outubro;

h) em fevereiro de 1993, o referente ao mês de novembro; e,

i) em março de 1993, o referente ao mês de dezembro;

III – (*Revogado pela Lei n. 8.541, de 23-12-1992.*)

§ 1.º Ressalvado o disposto no § 2.º, as pessoas jurídicas de que trata este artigo poderão optar pelo pagamento do imposto correspondente aos meses do ano-calendário de 1992, calculado por estimativa, da seguinte forma:

a) nos meses de julho, agosto e setembro de 1992, no último dia útil de cada um, dois duodécimos do imposto e adicional apurados no balanço anual levantado em 31 de dezembro de 1991;

b) nos meses de outubro de 1992 a março de 1993, no último dia útil de cada um, um sexto do imposto e adicional apurados em balanço ou balancete semestral levantado em 30 de junho de 1992.

§ 2.º No ano-calendário de 1992, não poderá optar pelo pagamento do imposto calculado por estimativa a pessoa jurídica que, no exercício de 1992, período-base de 1991, apresentou prejuízo fiscal.

§ 3.º (*Revogado pela Lei n. 8.541, de 23-12-1992.*)

§ 4.º As pessoas jurídicas que exercerem a opção prevista nos parágrafos anteriores deverão observar o disposto nos §§ 4.º e 5.º do art. 39.

§ 5.º As disposições deste artigo aplicam-se também ao pagamento da contribuição social sobre o lucro (Lei n. 7.689, de 1988) e do imposto de renda incidente na fonte sobre o lucro líquido (Lei n. 7.713, de 1988, art. 35), correspondente ao período-base encerrado em 31 de dezembro de 1991 e ao ano-calendário de 1992.

§ 6.º O imposto de renda e a contribuição social serão convertidos em quantidade de UFIR diária pelo valor desta no último dia do mês a que corresponderem.

§ 7.º É facultado à pessoa jurídica pagar antecipadamente o imposto, duodécimo ou quota.

§ 8.º (*Revogado pela Lei n. 8.541, de 23-12-1992.*)

Art. 87. As pessoas jurídicas tributadas com base no lucro real, não submetidas ao disposto no artigo anterior, deverão pagar o imposto de renda relativo ao período-base encerrado em 31 de dezembro de 1991 e o relativo aos meses dos anos-calendário de 1992 e 1993, da seguinte forma:

I – o do período-base encerrado em 31 de dezembro de 1991, em seis quotas mensais, iguais e sucessivas, vencíveis no último dia útil dos meses de abril a setembro de 1992;

II – o dos meses do ano-calendário de 1992, em 6 (seis) quotas mensais e sucessivas, vencíveis no último dia útil, a partir do mês de outubro de 1992, observado o seguinte:

a) em outubro de 1992, o imposto referente aos meses de janeiro e fevereiro;

b) em novembro de 1992, o imposto referente aos meses de março e abril;

c) em dezembro de 1992, o imposto referente aos meses de maio e junho;

d) em janeiro de 1993, o imposto referente aos meses de julho e agosto;

e) em fevereiro de 1993, o imposto referente aos meses de setembro e outubro;

f) em março de 1993, o imposto referente aos meses de novembro e dezembro;

III – (*Revogado pela Lei n. 8.541, de 23-12-1992.*)

§ 1.º As pessoas jurídicas de que trata este artigo poderão optar pelo pagamento do imposto correspondente aos meses dos anos-calendário de 1992 e 1993, calculado por estimativa, da seguinte forma:

I – o relativo ao ano-calendário de 1992, nos meses de outubro de 1992 a março de 1993, no último dia útil de cada um, dois sextos do imposto e adicional apurados em balanço ou balancete semestral levantado em 30 de junho de 1992;

II – (*Revogado pela Lei n. 8.541, de 23-12-1992.*)

§ 2.º As disposições deste artigo aplicam-se também ao pagamento da contribuição social sobre o lucro (Lei n. 7.689, de 1988), correspondente ao período-base encerrado em 31 de dezembro de 1991 e aos anos-calendário de 1992 e 1993, estendendo-se o mesmo regime ao imposto sobre o lucro líquido (Lei n. 7.713, de 1988, art. 35), enquanto este vigorar.

§ 3.º O imposto de renda e a contribuição social serão convertidos em quantidade de UFIR diária pelo valor desta no último dia do mês a que corresponder.

§ 4.º É facultado à pessoa jurídica pagar antecipadamente o imposto, duodécimo ou quota.

§ 5.º A partir do mês de fevereiro de 1994, as pessoas jurídicas de que trata este artigo iniciarão o pagamento do imposto referente aos meses do ano em curso.

Art. 88. (*Revogado pela Lei n. 8.541, de 23-12-1992.*)

Art. 89. As empresas que optarem pela tributação com base no lucro presumido deverão pagar o imposto de renda da pessoa jurídica e a contribuição social sobre o lucro (Lei n. 7.689, de 1988):

I – relativos ao período-base de 1991, nos prazos fixados na legislação em vigor, sem as modificações introduzidas por esta Lei;

II – a partir do ano-calendário de 1992, segundo o disposto no art. 40.

Art. 90. A pessoa jurídica que, no ano-calendário de 1991, tiver auferido receita bruta total igual ou inferior a um bilhão de cruzeiros poderá optar pela tributação com base no lucro presumido no ano-calendário de 1992.

Art. 91. As parcelas de antecipação do imposto de renda e da contribuição social sobre o lucro, relativas ao exercício financeiro de 1992, pagas no ano de 1991, serão corrigidas monetariamente com base na variação acumulada no INPC desde o mês do pagamento até dezembro de 1991.

Parágrafo único. A contrapartida do registro da correção monetária referida neste artigo será escriturada como variação monetária ativa, na data do balanço.

Art. 92. (*Revogado pela Lei n. 9.430, de 27-12-1996.*)

....

Art. 94. O Ministro da Economia, Fazenda e Planejamento expedirá os atos necessários à execução do disposto nesta Lei, observados os princípios e as diretrizes nela estabelecidos, objetivando, especialmente, a simplificação e a desburocratização dos procedimentos.

Parágrafo único. (*Revogado pela Lei n. 8.541, de 23-12-1992.*)

Art. 95. O Ministro da Economia, Fazenda e Planejamento poderá, em 1992 e 1993, alongar o prazo de pagamento dos impostos e da contribuição social sobre o lucro, se a conjuntura econômica assim o exigir.

Art. 96. No exercício financeiro de 1992, ano-calendário de 1991, o contribuinte apresentará declaração de bens na qual os bens e direitos serão individualmente avaliados a valor de mercado no dia 31 de dezembro de 1991, e convertidos em quantidade de UFIR pelo valor desta no mês de janeiro de 1992.

§ 1.° A diferença entre o valor de mercado referido neste artigo e o constante de declarações de exercícios anteriores será considerada rendimento isento.

§ 2.° A apresentação da declaração de bens com estes avaliados em valores de mercado não exime os declarantes de manter e apresentar elementos que permitam a identificação de seus custos de aquisição.

§ 3.° A autoridade lançadora, mediante processo regular, arbitrará o valor informado, sempre que este não mereça fé, por notoriamente diferente do de mercado, ressalvada, em caso de contestação, avaliação contraditória administrativa ou judicial.

§ 4.° Todos e quaisquer bens e direitos adquiridos, a partir de 1.° de janeiro de 1992, serão informados, nas declarações de bens de exercícios posteriores, pelos respectivos valores em UFIR, convertidos com base no valor desta no mês de aquisição.

§ 5.° Na apuração de ganhos de capital na alienação dos bens e direitos de que trata este artigo será considerado custo de aquisição o valor em UFIR:

a) constante da declaração relativa ao exercício financeiro de 1992, relativamente aos bens e direitos adquiridos até 31 de dezembro de 1991;

b) determinado na forma do parágrafo anterior, relativamente aos bens e direitos adquiridos a partir de 1.° de janeiro de 1992.

§ 6.° A conversão, em quantidade de UFIR, das aplicações financeiras em títulos e valores mobiliários de renda variável, bem como em ouro ou certificados representativos de ouro, ativo financeiro, será realizada adotando-se o maior dentre os seguintes valores:

a) de aquisição, acrescido da correção monetária e da variação da Taxa Referencial Diária – TRD até 31 de dezembro de 1991, nos termos admitidos em lei;

b) de mercado, assim entendido o preço médio ponderado das negociações do ativo, ocorridas na última quinzena do mês de dezembro de 1991, em bolsas do País, desde que reflitam condições regulares de oferta e procura, ou o valor da quota resultante da avaliação da carteira do fundo mútuo de ações ou clube de investimento, exceto Plano de Poupança e Investimento – PAIT, em 31 de dezembro de 1991, mediante aplicação dos preços médios ponderados.

§ 7.° Excluem-se do disposto neste artigo os direitos ou créditos relativos a operações financeiras de renda fixa, que serão informados pelos valores de aquisição ou aplicação, em cruzeiros.

§ 8.° A isenção de que trata o § 1.° não alcança:

a) os direitos ou créditos de que trata o parágrafo precedente;

b) os bens adquiridos até 31 de dezembro de 1990, não relacionados na declaração de bens relativa ao exercício de 1991.

§ 9.° Os bens adquiridos no ano-calendário de 1991 serão declarados em moeda corrente nacional, pelo valor de aquisição, e em UFIR, pelo valor de mercado em 31 de dezembro de 1991.

§ 10. O Poder Executivo fica autorizado a baixar as instruções necessárias à aplicação deste artigo, bem como a estabelecer critério alternativo para determinação do valor de mercado de títulos e valores mobiliários, se não ocorrerem negociações nos termos do § 6.º.

Art. 97. Esta Lei entra em vigor na data de sua publicação e produzirá efeitos a partir de 1.º de janeiro de 1992.

Art. 98. Revogam-se o art. 44 da Lei n. 4.131, de 3 de setembro de 1962, os §§ 1.º e 2.º do art. 11 da Lei n. 4.357, de 16 de julho de 1964, o art. 2.º da Lei n. 4.729, de 14 de julho de 1965, o art. 5.º do Decreto-lei n. 1.060, de 21 de outubro de 1969, os arts. 13 e 14 da Lei n. 7.713, de 1988, os incisos III e IV e os §§ 1.º e 2.º do art. 7.º e o art. 10 da Lei n. 8.023, de 1990, o inciso III e parágrafo único do art. 11 da Lei n. 8.134, de 27 de dezembro de 1990 e o art. 14 da Lei n. 8.137, de 27 de dezembro de 1990.

Brasília, 30 de dezembro de 1991; 170.º da Independência e 103.º da República.

Fernando Collor

LEI COMPLEMENTAR N. 70, DE 30 DE DEZEMBRO DE 1991 (*)

Institui contribuição para financiamento da Seguridade Social, eleva a alíquota da contribuição social sobre o lucro das instituições financeiras, e dá outras providências.

O Presidente da República.

(*) Publicada no *DOU*, de 31-12-1991.

Faço saber que o Congresso Nacional decreta e eu sanciono a seguinte Lei Complementar:

Art. 1.º Sem prejuízo da cobrança das contribuições para o Programa de Integração Social – PIS e para o Programa de Formação do Patrimônio do Servidor Público – PASEP, fica instituída contribuição social para financiamento da Seguridade Social, nos termos do inciso I do art. 195 da Constituição Federal, devida pelas pessoas jurídicas, inclusive as a elas equiparadas pela legislação do Imposto sobre a Renda, destinadas exclusivamente às despesas com atividades-fins das áreas de saúde, previdência e assistência social.

•• O Decreto n. 4.524, de 17-12-2002, regulamenta a Contribuição para o Financiamento da Seguridade Social – COFINS, instituída por esta Lei Complementar.

Art. 2.º A contribuição de que trata o artigo anterior será de 2% (dois por cento) e incidirá sobre o faturamento mensal, assim considerado a receita bruta das vendas de mercadorias, de mercadorias e serviços e de serviço de qualquer natureza.

Parágrafo único. Não integra a receita de que trata este artigo, para efeito de determinação da base de cálculo da contribuição, o valor:

a) do imposto sobre produtos industrializados, quando destacado em separado no documento fiscal;

b) das vendas canceladas, das devolvidas e dos descontos a qualquer título concedidos incondicionalmente.

Art. 3.º A base de cálculo da contribuição mensal devida pelos fabricantes de cigarros, na condição de contribuintes e de substitutos dos comerciantes varejistas, será obtida multiplicando-se o preço de venda do produto no varejo por 118% (cento e dezoito por cento).

•• A Lei n. 11.196, de 21-11-2005, altera o percentual multiplicador a que se refere este artigo para 291,69% (duzentos e noventa e um inteiros e sessenta e nove centésimos por cento).

Art. 4.º A contribuição mensal devida pelos distribuidores de derivados de petróleo e álcool etílico hidratado para fins carburantes, na condição de substitutos dos comerciantes varejistas, será calculada sobre o menor valor, no País, constante da tabela de preços máximos fixados para venda a varejo, sem prejuízo da contribuição incidente sobre suas próprias vendas.

Art. 5.º A contribuição será convertida, no primeiro dia do mês subsequente ao de ocorrência do fato gerador, pela medida de valor e parâmetro de atualização monetária diária utilizada para os tributos federais, e paga até o dia vinte do mesmo mês.

•• *Vide* art. 57 da Lei n. 9.069, de 29-6-1995 (prazo de pagamento da contribuição).

Art. 6.º São isentas da contribuição:

I – (*Revogado pela Medida Provisória n. 2.158-35, de 24-8-2001.*)

II – as sociedades civis de que trata o art. 1.º do Decreto-lei n. 2.397, de 21 de dezembro de 1987;

•• *Vide* Súmula 508 do STJ.

•• *Vide* art. 56 da Lei n. 9.430, de 27-12-1996.

III – (*Revogado pela Medida Provisória n. 2.158-35, de 24-8-2001.*)

IV – a Academia Brasileira de Letras, a Associação Brasileira de Imprensa e o Instituto Histórico e Geográfico Brasileiro.

•• Inciso IV acrescentado pela Lei n. 13.353, de 3-11-2016.

Art. 7.º (*Revogado pela Medida Provisória n. 2.158-35, de 24-8-2001.*)

Art. 8.º (*Vetado.*)

Art. 9.º A contribuição social sobre o faturamento de que trata esta Lei Complementar não extingue as atuais fontes de custeio da Seguridade Social, salvo a prevista no art. 23, I, da Lei n. 8.212, de 24 de julho de 1991, a qual deixará de ser cobrada a partir da data em que for exigível a contribuição ora instituída.

Art. 10. O produto da arrecadação da contribuição social sobre o faturamento, instituída por esta Lei Complementar, observado o disposto na segunda parte do art. 33 da Lei n. 8.212, de 24 de julho de 1991, integrará o Orçamento da Seguridade Social.

Parágrafo único. À contribuição referida neste artigo aplicam-se as normas relativas ao processo administrativo-fiscal de determinação e exigência de créditos tributários federais, bem como, subsidiariamente e no que couber, as disposições referentes ao Imposto sobre a Renda, especialmente quanto a atraso de pagamento e quanto a penalidades.

Art. 11. Fica elevada em 8 (oito) pontos percentuais a alíquota referida no § 1.º do art. 23 da Lei n. 8.212, de 24 de julho de 1991, relativa à contribuição social sobre o lucro das instituições a que se refere o § 1.º do art. 22 da mesma lei, mantidas as demais normas da Lei n. 7.689, de 15 de dezembro de 1988, com as alterações posteriormente introduzidas.

Parágrafo único. As pessoas jurídicas sujeitas ao disposto neste artigo ficam excluídas do pagamento da contribuição social sobre o faturamento, instituída pelo art. 1.º desta Lei Complementar.

Art. 12. Sem prejuízo do disposto na legislação em vigor, as instituições financeiras, as sociedades corretoras e distribuidoras de títulos e valores mobiliários, as sociedades de investimento e as de arrendamento mercantil, os agentes do Sistema Financeiro da Habitação, as bolsas de valores, de mercadorias, de futuros e instituições assemelhadas e seus associados, e as empresas administradoras de cartões de crédito fornecerão à Receita Federal, nos termos estabelecidos pelo Ministro da Economia, Fazenda e Planejamento, informações cadastrais sobre os usuários dos respectivos serviços, relativas ao nome, à filiação, ao endereço e ao número de inscrição do cliente no Cadastro de Pessoas Físicas – CPF ou no Cadastro Geral de Contribuintes – CGC.

§ 1.º Às informações recebidas nos termos deste artigo aplica-se o disposto no § 7.º do art. 38 da Lei n. 4.595, de 31 de dezembro de 1964.

§ 2.º As informações de que trata o *caput* deste artigo serão prestadas a partir das relações de usuários constantes dos registros relativos ao ano-calendário de 1992.

§ 3.º A não observância do disposto neste artigo sujeitará o infrator, independentemente de outras penalidades administrativas, à multa equivalente a trinta e cinco unidades de valor referidas no art. 5.º desta Lei Complementar, por usuário omitido.

Art. 13. Esta Lei Complementar entra em vigor na data de sua publicação, produzindo efeitos a partir do primeiro dia do mês seguinte aos 90 (noventa) dias posteriores àquela publicação, mantidos, até essa data, o Decreto-lei n. 1.940, de 25 de maio de 1982 e alterações posteriores, a alíquota fixada no art. 11 da Lei n. 8.114, de 12 de dezembro de 1990.

Art. 14. Revoga-se o art. 2.º do Decreto-lei n. 326, de 8 de maio de 1967 e demais disposições em contrário.

Brasília, 30 de dezembro de 1991; 170.º da Independência e 103.º da República.

FERNANDO COLLOR

LEI N. 8.541, DE 23 DE DEZEMBRO DE 1992 (*)

Altera a legislação do imposto de renda e dá outras providências.

O Vice-Presidente da República no exercício do cargo de Presidente da República.

Faço saber que o Congresso Nacional decreta e eu sanciono a seguinte Lei:

TÍTULO I
DO IMPOSTO DE RENDA DAS PESSOAS JURÍDICAS

CAPÍTULO I
DO IMPOSTO SOBRE A RENDA MENSAL

Art. 1.º A partir do mês de janeiro de 1993, o imposto sobre a renda e adicional das pessoas jurídicas, inclusive das equiparadas, das sociedades civis em geral, das sociedades cooperativas, em relação aos resultados obtidos em suas operações ou atividades estranhas a sua finalidade, nos termos da legislação em vigor, e, por opção, o das sociedades civis de prestação de serviços relativos às profissões regulamentadas, será devido mensalmente, à medida em que os lucros forem sendo auferidos.

Art. 2.º A base de cálculo do imposto será o lucro real, presumido ou arbitrado, apurada mensalmente, convertida em quantidade de Unidade Fiscal de Referência – UFIR (Lei n. 8.383, de 30-12-1991, art. 1.º) diária pelo valor desta no último dia do período-base.

Seção I
Imposto Sobre a Renda Mensal Calculado com Base no Lucro Real

Art. 3.º A pessoa jurídica, tributada com base no lucro real, deverá apurar mensalmente os seus resultados, com observância da legislação comercial e fiscal.

§ 1.º O imposto será calculado mediante a aplicação da alíquota de 25% (vinte e cinco por cento) sobre o lucro real mensal expresso em quantidade de UFIR diária.

§ 2.º Do imposto apurado na forma do parágrafo anterior a pessoa jurídica poderá excluir o valor:

a) dos incentivos fiscais de dedução do imposto, podendo o valor excedente ser compensado nos meses subsequentes, observados os limites e prazos fixados na legislação específica;

b) dos incentivos fiscais de redução e isenção do imposto, calculados com base no lucro da exploração apurado mensalmente;

c) do imposto de renda retido na fonte e incidente sobre receitas computadas na base de cálculo do imposto.

§ 3.º Os valores de que trata o parágrafo anterior serão convertidos em quantidade de UFIR diária pelo valor desta no último dia do período-base.

(*) Publicada no *DOU*, de 24-12-1992.

§ 4.º O valor do imposto a pagar, em cada mês, será recolhido até o último dia útil do mês subsequente ao de apuração, reconvertido para cruzeiro com base na expressão monetária da UFIR diária vigente no dia anterior ao do pagamento.

§ 5.º Nos casos em que o imposto de renda retido na fonte, de que trata o § 2.º, alínea c, deste artigo, seja superior ao devido, a diferença, corrigida monetariamente, poderá ser compensada com o imposto mensal a pagar relativo aos meses subsequentes.

§ 6.º Para os efeitos fiscais, os resultados apurados no encerramento de cada período-base mensal serão corrigidos monetariamente.

Art. 4.º (*Revogado pela Lei n. 9.532, de 10-12-1997.*)

Subseção I

Das pessoas jurídicas obrigadas à apuração do lucro real

Art. 5.º Sem prejuízo do pagamento mensal do imposto sobre a renda, de que trata o art. 3.º, desta Lei, a partir de 1.º de janeiro de 1993, ficarão obrigadas à apuração do lucro real as pessoas jurídicas:

I – cuja receita bruta total, acrescida das demais receitas e dos ganhos de capital, no ano-calendário anterior, tiver ultrapassado o limite correspondente a 9.600.000 (nove milhões e seiscentas mil) UFIR, ou o proporcional ao número de meses do período quando inferior a 12 (doze) meses;

II – constituídas sob a forma de sociedade por ações, de capital aberto;

III – cujas atividades sejam de bancos comerciais, bancos de investimentos, bancos de desenvolvimento, caixas econômicas, sociedades de crédito, financiamento e investimento, sociedades de crédito imobiliário, sociedades corretoras, distribuidoras de títulos e valores mobiliários, empresas de arrendamento mercantil, cooperativas de crédito, empresas de seguros privados e de capitalização e entidades de previdência privada aberta;

IV – que se dediquem à compra e à venda, ao loteamento, à incorporação ou à construção de imóveis e à execução de obras da construção civil;

V – que tenham sócio ou acionista residente ou domiciliado no exterior;

VI – que sejam sociedades controladoras, controladas e coligadas, na forma da legislação vigente;

VII – constituídas sob qualquer forma societária, e que de seu capital participem entidades da administração pública, direta ou indireta, federal, estadual ou municipal;

VIII – que sejam filiais, sucursais, agências ou representações, no País, de pessoas jurídicas com sede no exterior;

IX – que forem incorporadas, fusionadas ou cindidas no ano-calendário em que ocorrerem as respectivas incorporações, fusões ou cisões;

X – que gozem de incentivos fiscais calculados com base no lucro da exploração.

Subseção II

Das alterações na apuração do lucro real

Art. 6.º (*Vetado.*)

Art. 7.º As obrigações referentes a tributos ou contribuições somente serão dedutíveis, para fins de apuração do lucro real, quando pagas.

§ 1.º Os valores das provisões, constituídas com base nas obrigações de que trata o *caput* deste artigo, registrados como despesas indedutíveis, serão adicionados ao lucro líquido, para efeito de apuração do lucro real, e excluídos no período-base em que a obrigação provisionada for efetivamente paga.

§ 2.º Na determinação do lucro real, a pessoa jurídica não poderá deduzir como custo ou despesa o imposto sobre a renda de que for sujeito passivo como contribuinte ou como responsável em substituição ao contribuinte.

§ 3.º A dedutibilidade, como custo ou despesa, de rendimentos pagos ou creditados a terceiros abrange o imposto sobre os rendimentos que o contribuinte, como fonte pagadora, tiver o dever legal de reter e recolher, ainda que o contribuinte assuma o ônus do imposto.

§ 4.º Os impostos pagos pela pessoa jurídica na aquisição de bens do ativo permanente poderão, a seu critério, ser registrados como custo de aquisição ou deduzidos como despesas operacionais, salvo os pagos na importação de bens que se acrescerão ao custo de aquisição.

§ 5.º Não são dedutíveis como custo ou despesas operacionais as multas por infrações fiscais, salvo as de natureza compensatória e as impostas por infrações de que não resultem falta ou insuficiência de pagamento de tributo.

Art. 8.º Serão consideradas como redução indevida do lucro real, de conformidade com as disposições contidas no art. 6.º, § 5.º, alínea *b*, do Decreto-lei n. 1.598, de 26 de dezembro de 1977, as importâncias contabilizadas como custo ou despesa, relativas a tributos ou contribuições, sua respectiva atualização monetária e as multas, juros e outros encargos, cuja exigibilidade esteja suspensa nos termos do art. 151 da Lei n. 5.172, de 25 de outubro de 1966, haja ou não depósito judicial em garantia.

Art. 9.º O percentual admitido para a determinação do valor da provisão para créditos de liquidação duvidosa, previsto no art. 61, § 2.º, da Lei n. 4.506, de 30 de novembro de 1964, passa a ser de até 1,5% (um e meio por cento).

Parágrafo único. O percentual a que se refere este artigo será de até 0,5% (meio por cento) para as pessoas jurídicas referidas no art. 5.º, inciso III, desta Lei.

Art. 10. A partir de 1.º de janeiro de 1993, a pessoa jurídica estará sujeita a um adicional do imposto de renda à alíquota de 10% (dez por cento) sobre a parcela do lucro real ou arbitrado que ultrapassar:

I – 25.000 (vinte e cinco mil) UFIR, para as pessoas jurídicas que apurarem a base de cálculo mensalmente;

II – 300.000 (trezentas mil) UFIR, para as pessoas jurídicas que apurarem o lucro real anualmente.

§ 1.º A alíquota de adicional de que trata este artigo será de 15% (quinze por cento) para os bancos comerciais, bancos de investimento, bancos de desenvolvimento, caixas econômicas, sociedades de crédito, financiamento e investimento, sociedades de crédito imobiliário, sociedades corretoras, distribuidoras de títulos e valores mobiliários e empresas de arrendamento mercantil.

§ 2.º O valor do adicional será recolhido integralmente, não sendo permitidas quaisquer deduções.

§ 3.º O limite previsto no inciso II do *caput* deste artigo será proporcional ao número de meses do ano-calendário, no caso de período-base inferior a 12 (doze) meses.

Art. 11. O valor dos impostos recolhidos na forma dos arts. 29, 31 e 36, desta Lei, mantidas as demais disposições sobre a matéria, integrará o cálculo dos incentivos fiscais de que trata o Decreto-lei n. 1.376, de 12 de dezembro de 1974 (FINOR/FINAM/FUNRES).

Subseção III
Dos prejuízos fiscais

Art. 12. (*Revogado pela Lei n. 8.981, de 20-1-1995.*)

Seção II
Imposto Sobre a Renda Mensal Calculado com Base no Lucro Presumido

Subseção I
Disposições gerais

Art. 13. Poderão optar pela tributação com base no lucro presumido as pessoas jurídicas cuja receita bruta total, acrescida das demais receitas e ganhos de capital, tenha sido igual ou inferior a 9.600.000 (nove milhões e seiscentas mil) UFIR no ano-calendário anterior.

§ 1.º O limite será calculado tomando-se por base as receitas mensais, divididas pelos valores da UFIR do último dia, dos meses correspondentes.

§ 2.º Sem prejuízo do recolhimento do imposto sobre a renda mensal de que trata esta seção, a opção pela tributação com base no lucro presumido será exercida e considerada definitiva pela entrega da declaração prevista no art. 18, inciso III, desta Lei.

§ 3.º A pessoa jurídica que iniciar atividade ou que resultar de qualquer das operações relacionadas no art. 5.º, inciso IX, desta Lei, que não esteja obrigada a tributação pelo lucro real poderá optar pela tributação com base no lucro presumido, no respectivo ano-calendário.

§ 4.º A pessoa jurídica que não exercer a opção prevista no § 2.º deste artigo deverá apurar o lucro real em 31 de dezembro de cada ano ou na data de encerramento de sua atividade, com base na legislação em vigor e com as alterações desta Lei, e deduzir do imposto apurado com base no lucro real o imposto recolhido na forma desta seção.

§ 5.º A diferença do imposto apurada na forma do parágrafo anterior será paga em cota única, até a data fixada para a entrega da declaração, quando positiva; e compensada com imposto devido nos meses subsequentes ao fixado para a entrega da declaração anual, ou restituída, se negativa.

Subseção II
Da tributação com base no lucro presumido

Art. 14. A base de cálculo do imposto será determinada mediante a aplicação do percentual de 3,5% (três e meio por cento) sobre a receita bruta mensal auferida na atividade, expressa em cruzeiros.

§ 1.º Nas seguintes atividades o percentual de que trata este artigo será de:

a) 3% (três por cento) sobre a receita bruta mensal auferida na revenda de combustível;

b) 8% (oito por cento) sobre a receita bruta mensal auferida sobre a prestação de serviços em geral, inclusive sobre os serviços de transporte, exceto o de cargas;

c) 20% (vinte por cento) sobre a receita bruta mensal auferida com as atividades de:

c.1) prestação de serviços, cuja receita remunere essencialmente o exercício pessoal, por parte dos sócios, de profissões que dependam de habilitação profissional legalmente exigida; e

c.2) intermediação de negócios, da administração de imóveis, locação ou administração de bens móveis;

d) 3,5% (três e meio por cento) sobre a receita bruta mensal auferida na prestação de serviços hospitalares.

§ 2.º No caso de atividades diversificadas, será aplicado o percentual correspondente a cada atividade.

§ 3.º Para os efeitos desta Lei, a receita bruta das vendas e serviços compreende o produto da venda de bens nas operações de conta própria, o preço dos serviços prestados e o resultado auferido nas operações de conta alheia.

§ 4.º Na receita bruta não se incluem as vendas canceladas, os descontos incondicionais concedidos e os impostos não cumulativos cobrados destacadamente do comprador ou contratante, e do qual o vendedor dos bens ou prestador dos serviços seja mero depositário.

§ 5.º A base de cálculo será convertida em quantidade de UFIR diária pelo valor desta no último dia do mês a que se referir.

Art. 15. O imposto sobre a renda mensal será calculado mediante a aplicação da alíquota de 25% (vinte e cinco por cento) sobre a base de cálculo expressa em quantidade de UFIR diária.

§ 1.º Do imposto apurado na forma do *caput* deste artigo a pessoa jurídica poderá excluir o valor dos incentivos fiscais de dedução do imposto, podendo o valor excedente ser compensado nos meses subsequentes, observados os limites e prazos fixados na legislação específica.

§ 2.º O imposto sobre a renda na fonte, pago ou retido, sobre as receitas incluídas na base de cálculo de que trata o art. 14, desta Lei, será compensado com o valor do imposto devido mensalmente e apurado nos termos deste artigo.

§ 3.º Para os efeitos do parágrafo anterior, o imposto pago ou retido, constante de documento hábil, e os incentivos de que trata o § 1.º, deste artigo, serão convertidos em quantidade de UFIR diária pelo valor desta no último dia do mês a que se referir o pagamento ou a retenção.

§ 4.º Nos casos em que o imposto sobre a renda pago ou retido na fonte seja superior ao devido, a diferença, corrigida monetariamente, poderá ser compensada com o imposto mensal dos meses subsequentes.

Art. 16. O imposto será pago até o último dia útil do mês subsequente ao de apuração, reconvertido para cruzeiro com base na expressão monetária da UFIR diária vigente no dia anterior ao do pagamento.

Subseção III

Da tributação mensal dos demais resultados e ganhos de capital

Art. 17. Os resultados positivos decorrentes de receitas não compreendidas na base de cálculo do art. 14, § 3.º, desta Lei, inclusive os ganhos de capital, serão tributados mensalmente, a partir de 1.º de janeiro de 1993, à alíquota de 25% (vinte e cinco por cento).

§ 1.º Entre os resultados a que alude o *caput* deste artigo, não se incluem os valores tributados na forma dos arts. 29 e 36, desta Lei, bem como as variações monetárias ativas decorrentes das operações mencionadas nos referidos artigos.

§ 2.º O ganho de capital, nas alienações de bens do ativo permanente e das aplicações em ouro não tributadas na forma do art. 29 desta Lei, corresponderá à diferença positiva verificada, no mês, entre o valor da alienação e o respectivo custo de aquisição, corrigido monetariamente, até a data da operação.

§ 3.º A base de cálculo do imposto de que trata este artigo será a soma dos resultados positivos e dos ganhos de capital, convertida em quantidade de UFIR diária pelo valor desta no último dia do período-base.

§ 4.º O imposto será pago até o último dia útil do mês subsequente ao de apuração, reconvertido para cruzeiro com base na expressão monetária da UFIR diária vigente no dia anterior ao do pagamento.

Subseção IV

Das demais obrigações das pessoas jurídicas optantes pela tributação com base no lucro presumido

Art. 18. A pessoa jurídica que optar pela tributação com base no lucro presumido deverá adotar os seguintes procedimentos:

I – escriturar os recebimentos e pagamentos ocorridos em cada mês, em Livro-Caixa, exceto se mantiver escrituração contábil nos termos da legislação comercial;

II – escriturar, ao término do ano-calendário, o Livro Registro de Inventário de seus estoques, exigido pelo art. 2.º, da Lei n. 154, de 25 de novembro de 1947;

III – apresentar, até o último dia útil do mês de abril do ano-calendário seguinte ou no mês subsequente ao de encerramento da atividade, Declaração Simplificada de Rendimentos e Informações, em modelo próprio aprovado pela Secretaria da Receita Federal;

•• A Secretaria da Receita Federal passa a denominar-se Secretaria da Receita Federal do Brasil, por força da Lei n. 11.457, de 16-3-2007.

IV – manter em boa guarda e ordem, enquanto não decorrido o prazo decadencial e não prescritas eventuais ações que lhes sejam pertinentes, todos os livros de escrituração obrigatórios, por legislação fiscal específica, bem como os documentos e demais papéis que serviram de base para apurar os valores indicados na Declaração Anual Simplificada de Rendimentos e Informações.

Art. 19. A pessoa jurídica que obtiver, no decorrer do ano-calendário, receita excedente ao limite previsto no art. 13 desta Lei, a partir do ano-calendário seguinte pagará o imposto sobre a renda com base no lucro real.

Parágrafo único. A pessoa jurídica que não mantiver escrituração comercial ficará obrigada a realizar, no dia 1.º de janeiro do ano-calendário seguinte, levantamento patrimonial, a fim de elaborar balanço de abertura e iniciar escrituração contábil.

Art. 20. Os rendimentos, efetivamente pagos a sócios ou titular de empresa individual e escriturados nos livros indicados no art. 18, inciso I, desta Lei, que ultrapassarem o valor do lucro presumido deduzido do imposto sobre a renda correspondente serão tributados na fonte e na declaração anual dos referidos beneficiários.

Seção III

Imposto Sobre a Renda Mensal Calculado com Base no Lucro Arbitrado

Subseção I

Disposições gerais

Art. 21. (*Revogado pela Lei n. 8.981, de 20-1-1995.*)

Subseção II

Da tributação com base no lucro arbitrado

Art. 22. Presume-se, para os efeitos legais, rendimento pago aos sócios ou acionistas das pessoas jurídicas, na proporção da participação no capital social, ou integralmente ao titular da empresa individual, o lucro arbitrado deduzido do imposto de renda da pessoa jurídica e da contribuição social sobre o lucro.

Parágrafo único. O rendimento referido no *caput* deste artigo será tributado, exclusivamente na fonte, à alíquota de 25% (vinte e cinco por cento), devendo o imposto ser recolhido até o último dia útil do mês seguinte ao do arbitramento.

Seção IV

Imposto Sobre a Renda Mensal Calculado por Estimativa

Subseção I

Disposições gerais

Art. 23. As pessoas jurídicas tributadas com base no lucro real poderão optar pelo pagamento do imposto mensal calculado por estimativa.

§ 1.º A opção será formalizada mediante o pagamento espontâneo do imposto relativo ao mês de janeiro ou do mês de início de atividade.

§ 2.º A opção de que trata o *caput* deste artigo poderá ser exercida em qualquer dos outros meses do ano-calendário uma única vez, vedada a prerrogativa prevista no art. 26, desta Lei.

§ 3.º A pessoa jurídica que optar pelo disposto no *caput*, deste artigo, poderá alterar sua opção e passar a recolher o imposto com base no lucro real mensal, desde que cumpra o disposto no art. 3.º, desta Lei.

§ 4.º O imposto recolhido por estimativa, exercida a opção prevista no § 3.º, deste artigo, será deduzido do apurado com base no lucro real dos meses correspondentes e os eventuais excessos serão compensados, corrigidos monetariamente, nos meses subsequentes.

§ 5.º Se do cálculo previsto no § 4.º deste artigo, resultar saldo de imposto a pagar, este será recolhido, corrigido monetariamente, na forma da legislação aplicável.

Subseção II

Da tributação por estimativa

Art. 24. No cálculo do imposto mensal por estimativa aplicar-se-ão as disposições pertinentes a apuração do lucro presumido e dos demais resultados positivos e ganhos de capital, previstas nos arts. 13 a 17 desta Lei, observado o seguinte:

a) (*Revogada pela Lei n. 9.069, de 29-6-1995.*)

b) as pessoas jurídicas e equiparadas que explorem atividades imobiliárias, tais como loteamento de terrenos, incorporação imobiliária ou construção de prédios destinados à venda, deverão considerar como receita bruta o montante efetivamente recebido, não gravado com cláusula de efeito suspensivo, relativo às unidades imobiliárias vendidas, inclusive as receitas transferidas da conta de "Resultado de Exercícios Futuros" (Lei n. 6.404, de 15 de dezembro de

1976, art. 181) e os custos recuperados de períodos anteriores;

c) no caso das pessoas jurídicas a que se refere o art. 5.°, inciso III, desta Lei, a base de cálculo do imposto será determinada mediante a aplicação do percentual de 6% (seis por cento) sobre a receita bruta mensal;

d) as pessoas jurídicas obrigadas a tributação pelo lucro real, beneficiárias dos incentivos fiscais de isenção e redução calculados com base no lucro da exploração, deverão:

d.1) aplicar as disposições pertinentes à apuração do lucro presumido, segregando as receitas brutas mensais de suas diversas atividades;

d.2) considerar os incentivos de redução e isenção no cálculo do imposto incidente sobre o lucro presumido das atividades incentivadas.

§ 1.° O imposto de renda retido na fonte sobre receitas computadas na determinação da base de cálculo poderá ser deduzido do imposto devido em cada mês (art. 15, § 2.°, desta Lei).

§ 2.° (*Vetado.*)

Art. 25. A pessoa jurídica que exercer a opção prevista no art. 23, desta Lei, deverá apurar o lucro real em 31 de dezembro de cada ano ou na data de encerramento de suas atividades, com base na legislação em vigor e com as alterações desta Lei.

§ 1.° O imposto recolhido por estimativa na forma do art. 24, desta Lei, será deduzido, corrigido monetariamente, do apurado na declaração anual, e a variação monetária ativa será computada na determinação do lucro real.

§ 2.° Para efeito de correção monetária das demonstrações financeiras, o resultado apurado no encerramento de cada período-base anual será corrigido monetariamente.

§ 3.° A pessoa jurídica incorporada, fusionada ou cindida deverá determinar o lucro real com base no balanço que serviu para a realização das operações de incorporação, fusão ou cisão.

§ 4.° O lucro real apurado nos termos deste artigo será convertido em quantidade de UFIR pelo valor desta no último dia do período de apuração.

Art. 26. Se não estiver obrigada à apuração do lucro real nos termos do art. 5.° desta Lei, a pessoa jurídica poderá, no ato da entrega da declaração anual ou de encerramento, optar pela tributação com base no lucro presumido, atendidas as disposições previstas no art. 18 desta Lei.

Art. 27. A pessoa jurídica tributada com base no lucro real e que tiver lucro diferido por permissão legal, cuja realização estiver vinculada ao seu efetivo recebimento, deverá, se optar pelo recolhimento do imposto mensal com base nas regras previstas no art. 23, desta Lei, adicionar à base de cálculo do imposto mensal o lucro contido na parcela efetivamente recebida, ainda que exerça a opção de que trata o art. 26, desta Lei.

Art. 28. As pessoas jurídicas que optarem pelo disposto no art. 23, desta Lei, deverão apurar o imposto na declaração anual do lucro real, e a diferença verificada entre o imposto devido na declaração e o imposto pago referente aos meses do período-base anual será:

I – paga em quota única, até a data fixada para entrega da declaração anual quando positiva;

II – compensada, corrigida monetariamente, com o imposto mensal a ser pago nos meses subsequentes ao fixado para a entrega da declaração anual se negativa, assegurada a alternativa de restituição do montante pago a maior corrigido monetariamente.

Seção V
Imposto Sobre a Renda Mensal Calculado Sobre Rendas Variáveis

Art. 29. Ficam sujeitas ao pagamento do imposto sobre a renda, à alíquota de 25% (vinte e cinco por cento), as pessoas jurídicas, inclusive isentas, que auferirem ganhos líquidos em operações realizadas, a partir de 1.° de janeiro de 1993, nas bolsas de valores, de mercadorias, de futuros e assemelhadas.

§ 1.º Considera-se ganho líquido o resultado positivo auferido nas operações ou contratos liquidados em cada mês, admitida a dedução dos custos e despesas efetivamente incorridos, necessários à realização das operações.

§ 2.º O ganho líquido será:

a) no caso dos mercados à vista, a diferença positiva entre o valor da transmissão do ativo e o seu custo de aquisição, corrigido monetariamente;

b) no caso do mercado de opções, a diferença positiva apurada na negociação desses ativos ou no exercício das opções de compra ou de venda;

c) no caso dos mercados a termo, a diferença positiva apurada entre o valor da venda à vista na data da liquidação do contrato a termo e o preço neste estabelecido;

d) no caso dos mercados futuros, o resultado líquido positivo dos ajustes diários apurados no período.

§ 3.º O disposto neste artigo aplica-se também aos ganhos líquidos auferidos na alienação de ouro, ativo financeiro, fora de bolsa, bem como aos ganhos auferidos na alienação de ações no mercado de balcão.

§ 4.º O resultado decorrente das operações de que trata este artigo será apurado mensalmente, ressalvado o disposto no art. 28 da Lei n. 8.383, de 30 de dezembro de 1991, e terá o seguinte tratamento:

I – se positivo (ganho líquido), será tributado em separado, devendo ser excluído do lucro líquido para efeito de determinação do lucro real;

II – se negativo (perda líquida), será indedutível para efeito de determinação do lucro real, admitida sua compensação, corrigido monetariamente pela variação da UFIR diária, com os resultados positivos da mesma natureza em meses subsequentes.

§ 5.º O imposto de que trata este artigo será:

I – definitivo, não podendo ser compensado com o imposto sobre a renda apurado com base no lucro real, presumido ou arbitrado;

II – indedutível na apuração do lucro real;

III – convertido em quantidade de UFIR diária pelo valor desta no último dia do mês a que se referir;

IV – pago até o último dia útil do mês subsequente ao da apuração, reconvertido para cruzeiros pelo valor da UFIR diária vigente no dia anterior ao do pagamento.

§ 6.º O custo de aquisição dos ativos objeto das operações de que trata este artigo será corrigido monetariamente pela variação acumulada da UFIR diária, da data de aquisição até a data de venda, sendo que, no caso de várias aquisições da mesma espécie de ativo, no mesmo dia, será considerado como custo de aquisição o valor médio pago.

§ 7.º A partir de 1.º de janeiro de 1993, a variação monetária do custo de aquisição dos ativos, a que se refere o § 6.º deste artigo, será apropriada segundo o regime de competência.

§ 8.º Nos casos dos mercados de opções e a termo, o disposto neste artigo aplica-se às operações iniciadas a partir de 1.º de janeiro de 1993.

§ 9.º Excluem-se do disposto neste artigo os ganhos líquidos nas alienações de participações societárias permanentes em sociedades coligadas e controladas e os resultantes da alienação de participações societárias que permaneceram no ativo da pessoa jurídica até o término do ano-calendário seguinte ao de suas aquisições.

§ 10. (*Vetado*.)

Capítulo II
DO IMPOSTO CALCULADO SOBRE O LUCRO INFLACIONÁRIO ACUMULADO

Art. 30. A pessoa jurídica deverá considerar realizado mensalmente, no mínimo, 1/240, ou o valor efetivamente realizado, nos termos da legislação em vigor, do lucro inflacionário acumulado e do saldo credor da diferença de correção monetária complementar IPC/BTNF (Lei n. 8.200, de 28-6-1991, art. 3.º).

Art. 31. À opção da pessoa jurídica, o lucro inflacionário acumulado e o saldo credor da diferença de correção monetária complementar IPC/BTNF (Lei n. 8.200, de 28-6-1991, art. 3.º) existente em 31 de dezembro de 1992, corrigidos monetariamente, poderão ser considerados realizados mensalmente e tributados da seguinte forma:

I – 1/120 à alíquota de 20% (vinte por cento); ou

II – 1/60 à alíquota de 18% (dezoito por cento); ou

III – 1/36 à alíquota de 15% (quinze por cento); ou

IV – 1/12 à alíquota de 10% (dez por cento); ou

V – em cota única à alíquota de 5% (cinco por cento).

§ 1.º O lucro inflacionário acumulado realizado na forma deste artigo será convertido em quantidade de UFIR diária pelo valor desta no último dia do período-base.

§ 2.º O imposto calculado nos termos deste artigo será pago até o último dia útil do mês subsequente ao da realização, reconvertido para cruzeiro, com base na expressão monetária da UFIR diária vigente no dia anterior ao do pagamento.

§ 3.º O imposto de que trata este artigo será considerado como de tributação exclusiva.

§ 4.º A opção de que trata o *caput* deste artigo, que deverá ser feita até o dia 31 de dezembro de 1994, será irretratável e manifestada através do pagamento do imposto sobre o lucro inflacionário acumulado, cumpridas as instruções baixadas pela Secretaria da Receita Federal.

•• A Secretaria da Receita Federal passa a denominar-se Secretaria da Receita Federal do Brasil, por força da Lei n. 11.457, de 16-3-2007.

Art. 32. A partir do exercício financeiro de 1995, a parcela de realização mensal do lucro inflacionário acumulado, a que se refere o art. 30 desta Lei, será de, no mínimo, 1/120.

Art. 33. A pessoa jurídica optante pela tributação com base no lucro presumido, que possuir saldo de lucro inflacionário acumulado anterior à opção, deverá tributar mensalmente o correspondente a 1/240 deste saldo até 31 de dezembro de 1994 e 1/120 a partir do exercício financeiro de 1995.

Parágrafo único. Poderá a pessoa jurídica de que trata este artigo fazer a opção pela tributação prevista no art. 31 desta Lei.

Art. 34. A pessoa jurídica que optar pelo disposto no art. 31 desta Lei poderá quitar, com títulos da Dívida Pública Mobiliária Federal, nos termos e condições definidos pelo Poder Executivo, o imposto incidente sobre a parcela que exceder o valor de realização, mínima ou efetiva, do lucro inflacionário, conforme prevista pela legislação vigente.

Parágrafo único. Para os efeitos deste artigo, o imposto será calculado à alíquota de 25% (vinte e cinco por cento).

Art. 35. Nos casos de incorporação, fusão, cisão total ou encerramento de atividades, a pessoa jurídica incorporada, fusionada, cindida ou extinta deverá considerar integralmente realizado o valor total do lucro inflacionário acumulado, corrigido monetariamente. Na cisão parcial, a realização será proporcional à parcela do ativo, sujeito à correção monetária que tiver sido vertida.

Parágrafo único. A pessoa jurídica, que tiver realizado o lucro inflacionário nos termos do *caput* deste artigo deverá recolher o saldo remanescente do imposto até o décimo dia subsequente à data do evento, não se lhes aplicando as reduções de alíquotas mencionadas no art. 31 desta Lei.

Título II
DO IMPOSTO DE RENDA RETIDO NA FONTE

Capítulo I
IMPOSTO SOBRE A RENDA CALCULADO SOBRE APLICAÇÕES FINANCEIRAS DE RENDA FIXA

Art. 36. Os rendimentos auferidos pelas pessoas jurídicas, inclusive isentas, em aplicações financeiras de renda fixa iniciadas a partir de 1.º de janeiro de 1993 serão tributadas, exclusivamente na fonte, na forma da legislação vigente, com as alterações introduzidas por esta Lei.

§ 1.º O valor que servir de base de cálculo do imposto de que trata este artigo será excluído do lucro líquido para efeito de determinação do lucro real.

§ 2.º O valor das aplicações de que trata este artigo deve ser corrigido monetariamente pela variação acumulada da UFIR diária da data da aplicação até a data da cessão, resgate, repactuação ou liquidação da operação.

§ 3.º A variação monetária ativa de que trata o parágrafo anterior comporá o lucro real mensal ou anual, devendo ser apropriada pelo regime de competência.

§ 4.º O imposto retido na fonte lançado como despesa será indedutível na apuração do lucro real.

§ 5.º O disposto neste artigo contempla as aplicações efetuadas nos fundos de investimento de que trata o art. 25 da Lei n. 8.383, de 30 de dezembro de 1991.

§ 6.º O disposto neste artigo se aplica às operações de renda fixa iniciadas e encerradas no mesmo dia (*day-trade*).

§ 7.º Fica mantida a tributação sobre as aplicações em Fundo de Aplicação Financeira – FAF (Lei n. 8.383, de 30-12-1991, art. 21, § 4.º), nos termos previstos na referida lei.

§ 8.º O disposto neste artigo não se aplica aos ganhos nas operações de mútuo entre pessoas jurídicas controladoras, controladas ou coligadas.

Art. 37. Não incidirá o imposto de renda na fonte de que trata o art. 36 desta Lei sobre os rendimentos auferidos por instituição financeira, inclusive sociedades de seguro, previdência e capitalização, sociedade corretora de títulos e valores mobiliários e sociedade distribuidora de títulos e valores mobiliários, ressalvadas as aplicações de que trata o art. 21, § 4.º, da Lei n. 8.383, de 30 de dezembro de 1991.

§ 1.º Os rendimentos auferidos pelas entidades de que trata este artigo em aplicações financeiras de renda fixa deverão compor o lucro real.

§ 2.º Excluem-se do disposto neste artigo os rendimentos auferidos pelas associações de poupança e empréstimo em aplicações financeiras de renda fixa.

Título III
DA CONTRIBUIÇÃO SOCIAL

Capítulo I
DA APURAÇÃO E PAGAMENTO DA CONTRIBUIÇÃO SOCIAL

Art. 38. Aplicam-se à contribuição social sobre o lucro (Lei n. 7.689, de 15-12-1988) as mesmas normas de pagamento estabelecidas por esta Lei para o imposto de renda das pessoas jurídicas, mantida a base de cálculo e alíquotas previstas na legislação em vigor, com as alterações introduzidas por esta Lei.

§ 1.º A base de cálculo da contribuição social para as empresas que exercerem a opção a que se refere o art. 23 desta Lei será o valor correspondente a 10% (dez por cento) da receita bruta mensal, acrescido dos demais resultados e ganhos de capital.

§ 2.º A base de cálculo da contribuição social será convertida em quantidade de UFIR diária pelo valor desta no último dia do período-base.

§ 3.º A contribuição será paga até o último dia útil do mês subsequente ao de apuração, reconvertida para cruzeiro com base na expressão monetária da UFIR diária vigente no dia anterior ao do pagamento.

Art. 39. A base de cálculo da contribuição social sobre o lucro, apurada no encerramento do ano-calendário, pelas empresas referidas no art. 38, § 1.º, desta Lei, será convertida em UFIR diária tomando-se por base o valor desta no último dia do período.

§ 1.º A contribuição social, determinada e recolhida na forma do art. 38 desta Lei, será deduzida da contribuição apurada no encerramento do ano-calendário.

§ 2.º A diferença entre a contribuição devida, apurada na forma deste artigo, e a importância paga nos termos do art. 38, § 1.º, desta Lei, será:

a) paga em quota única, até a data fixada para entrega da declaração anual, quando positiva;

b) compensada, corrigida monetariamente, com a contribuição mensal a ser paga nos meses subsequentes ao fixado para entrega da declaração anual, se negativa, assegurada a alternativa de restituição do montante pago a maior.

Título IV
DAS PENALIDADES

Capítulo I
DISPOSIÇÕES GERAIS

Art. 40. A falta ou insuficiência de pagamento do imposto e contribuição social sobre o lucro previsto nesta Lei implicará o lançamento, de ofício, dos referidos valores com acréscimos e penalidades legais.

Art. 41. A falta ou insuficiência de recolhimento do imposto sobre a renda mensal, no ano-calendário, implicará o lançamento, de ofício, observados os seguintes procedimentos:

I – para as pessoas jurídicas de que trata o art. 5.º desta Lei o imposto será exigido com base no lucro real ou arbitrado;

II – para as demais pessoas jurídicas, o imposto será exigido com base no lucro presumido ou arbitrado.

Art. 42. A suspensão ou a redução indevida do recolhimento do imposto decorrente do exercício da opção prevista no art. 23 desta Lei sujeitará a pessoa jurídica ao seu recolhimento integral com os acréscimos legais.

Parágrafo único. (*Revogado pela Lei n. 8.981, de 20-1-1995.*)

Capítulo II
DA OMISSÃO DE RECEITA

Arts. 43 e 44. (*Revogados pela Lei n. 9.249, de 26-12-1995.*)

Título V
DO IMPOSTO SOBRE A RENDA DAS PESSOAS FÍSICAS

Art. 45. Estão sujeitas à incidência do imposto de renda na fonte, à alíquota de 1,5% (um e meio por cento), as importâncias pagas ou creditadas por pessoas jurídicas a cooperativas de trabalho, associações de profissionais ou assemelhadas, relativas a serviços pessoais que lhes forem prestados por associados destas ou colocados à disposição.

•• *Caput* com redação determinada pela Lei n. 8.981, de 20-1-1995.

§ 1.º O imposto retido será compensado pelas cooperativas de trabalho, associações ou assemelhadas com o imposto retido por ocasião do pagamento dos rendimentos aos associados.

•• § 1.º com redação determinada pela Lei n. 8.981, de 20-1-1995.

§ 2.º O imposto retido na forma deste artigo poderá ser objeto de pedido de restituição, desde que a cooperativa, associação ou assemelhada comprove, relativamente a cada ano-calendário, a impossibilidade de sua compensação, na forma e condições definidas em ato normativo do Ministro da Fazenda.

•• § 2.º com redação determinada pela Lei n. 8.981, de 20-1-1995.

Art. 46. O imposto sobre a renda incidente sobre os rendimentos pagos em cumprimento de decisão judicial será retido na fonte pela pessoa física ou jurídica obrigada ao pagamento, no momento em que, por qualquer forma, o rendimento se torne disponível para o beneficiário.

§ 1.º Fica dispensada a soma dos rendimentos pagos no mês, para aplicação da alíquota correspondente, nos casos de:

I – juros e indenizações por lucros cessantes;

II – honorários advocatícios;

III – remuneração pela prestação de serviços de engenheiro, médico, contador, leiloeiro, perito, assistente técnico, avaliador, síndico, testamenteiro e liquidante.

§ 2.º Quando se tratar de rendimento sujeito a aplicação da tabela progressiva, deverá ser utilizada a tabela vigente no mês de pagamento.

Art. 47. No art. 6.º da Lei n. 7.713, de 22 de dezembro de 1988, dê-se ao inciso XIV nova redação e acrescente-se um novo inciso de número XXI, tudo nos seguintes termos:

•• Alterações já processadas no diploma modificado.

Art. 48. Ficam isentos do Imposto sobre a Renda os rendimentos percebidos pelas pessoas físicas decorrentes de seguro-desemprego, auxílio-natalidade, auxílio-doença, auxílio-funeral e auxílio-acidente, pagos pela previdência oficial da União, dos Estados, do Distrito Federal e dos Municípios e pelas entidades de previdência privada.

•• Artigo com redação determinada pela Lei n. 9.250, de 26-12-1995.

TÍTULO VI
DAS DISPOSIÇÕES FINAIS E TRANSITÓRIAS

Art. 49. A pessoa jurídica estará obrigada a apuração do lucro real, no ano-calendário de 1993, se, no ano-calendário de 1992, a soma da receita bruta anual, acrescida das demais receitas e ganhos de capital, for igual ou superior a 9.600.000 (nove milhões e seiscentas mil) UFIR.

§ 1.º Para fins de apuração do limite previsto neste artigo, as receitas serão convertidas, mês a mês, em quantidade de UFIR, pelo valor desta no último dia do mês em que forem auferidas.

§ 2.º O limite deste artigo será reduzido proporcionalmente ao número de meses do período, nos casos de início de atividade, no ano-calendário de 1992.

Art. 50. Não será admitido pedido de reconsideração de julgamento dos Conselhos de Contribuintes.

Art. 51. As pessoas jurídicas tributadas com base no lucro real, no ano-calendário de 1992, poderão, excepcionalmente, no ano-calendário de 1993, efetuar o pagamento do imposto de renda mensal, da seguinte forma:

a) em abril de 1993, o imposto e adicional dos meses de janeiro e fevereiro;

b) em maio de 1993, o imposto e adicional dos meses de março e abril;

c) a partir de junho de 1993, o imposto e adicional referentes aos respectivos meses imediatamente anteriores.

Art. 52. As pessoas jurídicas de que trata a Lei n. 7.256, de 27 de novembro de 1984 (microempresas), deverão apresentar, até o último dia útil do mês de abril do ano-calendário seguinte, a Declaração Anual Simplificada de Rendimentos e Informações, em modelo aprovado pela Secretaria da Receita Federal.

•• A Secretaria da Receita Federal passa a denominar-se Secretaria da Receita Federal do Brasil, por força da Lei n. 11.457, de 16-3-2007.

•• A Lei n. 7.256, de 27-11-1984 foi revogada pela Lei n. 9.841, de 5-10-1999. Atualmente regula a matéria a Lei Complementar n. 123, de 14-12-2006 – Estatuto da Microempresa e da Empresa de Pequeno Porte.

Art. 53. O Ministro da Fazenda fica autorizado a baixar as instruções necessárias para a simplificação da apuração do imposto sobre a renda das pessoas jurídicas, bem como alterar os limites previstos nos arts. 5.º, I, e 13, desta Lei.

Art. 54. O Ministro da Fazenda expedirá os atos necessários para permitir que as pessoas jurídicas sujeitas à apuração do lucro real apresentem declarações de rendimentos através de meios magnéticos ou de transmissão de dados, assim como para disciplinar o cumprimento das obrigações tributárias principais, mediante débito em conta corrente bancária.

....

Art. 57. Esta Lei entra em vigor na data de sua publicação e produzirá efeitos a partir de 1.º de janeiro de 1993, revogando-se as disposições em contrário e, especificamente, os:

I – art. 16 do Decreto-lei n. 1.598, de 26 de dezembro de 1977;

II – art. 26 da Lei n. 7.799, de 10 de julho de 1989;

III – arts. 19 e 27, da Lei n. 8.218, de 29 de agosto de 1991;

IV – inciso I do art. 20, art. 24, art. 40, inciso III, e §§ 3.º e 8.º do art. 86, inciso III do *caput* e inciso II do § 1.º do art. 87, art. 88 e parágrafo único do art. 94, da Lei n. 8.383, de 30 de dezembro de 1991.

Brasília, 23 de dezembro de 1992; 171.º da Independência e 104.º da República.

ITAMAR FRANCO

LEI N. 8.894, DE 21 DE JUNHO DE 1994 (*)

Dispõe sobre o Imposto sobre Operações de Crédito, Câmbio e Seguro, ou relativas a Títulos e Valores Mobiliários, e dá outras providências.

(*) Publicada no *DOU*, de 22-6-1994. *Vide* Decreto n. 6.306, de 14-12-2007.

Faço saber que o Presidente da República adotou a Medida Provisória n. 513, de 1994, que o Congresso Nacional aprovou, e eu, Humberto Lucena, Presidente do Senado Federal, para os efeitos do disposto no parágrafo único do art. 62 da Constituição Federal, promulgo a seguinte Lei:

Art. 1.º O Imposto sobre Operações de Crédito, Câmbio e Seguro, ou relativas a Títulos e Valores Mobiliários será cobrado à alíquota máxima de 1,5% (um e meio por cento) ao dia, sobre o valor das operações de crédito e relativas a títulos e valores mobiliários.

§ 1.º No caso de operações envolvendo contratos derivativos, a alíquota máxima é de 25% (vinte e cinco por cento) sobre o valor da operação.

•• § 1.º acrescentado pela Lei n. 12.543, de 8-12-2011.

§ 2.º O Poder Executivo, obedecidos os limites máximos fixados neste artigo, poderá alterar as alíquotas tendo em vista os objetivos das políticas monetária e fiscal.

•• § 2.º acrescentado pela Lei n. 12.543, de 8-12-2011.

Art. 2.º Considera-se valor da operação:

I – nas operações de crédito, o valor do principal que constitua o objeto da obrigação, ou sua colocação à disposição do interessado;

II – nas operações relativas a títulos e valores mobiliários:

a) o valor de aquisição, resgate, cessão ou repactuação;

b) o valor do pagamento para a liquidação das operações referidas na alínea anterior, quando inferior a 95% (noventa e cinco por cento) do valor inicial da operação, expressos, respectivamente, em quantidade de Unidade Fiscal de Referência – UFIR diária;

c) o valor nocional ajustado dos contratos, no caso de contratos derivativos.

•• Alínea *c* acrescentada pela Lei n. 12.543, de 8-12-2011.

§ 1.º Serão acrescidos ao valor do resgate ou cessão de títulos e valores mobiliários os rendimentos periódicos recebidos pelo aplicador ou cedente durante o período da operação, atualizados pela variação acumulada da UFIR diária no período.

§ 2.° O disposto no inciso II, alínea *a*, aplica-se, inclusive, às operações de financiamento realizadas em bolsas de valores, de mercadorias, de futuros e assemelhadas.

§ 3.° Para fins do disposto na alínea *c* do inciso II do *caput*, considera-se como valor nocional ajustado o produto do valor de referência do contrato (valor nocional) pela variação do preço do derivativo em relação à variação do preço do seu ativo subjacente (ativo objeto).

•• § 3.° acrescentado pela Lei n. 12.543, de 8-12-2011.

§ 4.° A pessoa jurídica exportadora, relativamente às operações de *hedge*, poderá descontar do IOF a recolher na condição de contribuinte, devido em cada período, o IOF apurado e recolhido na forma da alínea *c* do inciso II do *caput*.

•• § 4.° acrescentado pela Lei n. 12.543, de 8-12-2011.

§ 5.° Na impossibilidade de efetuar o desconto de que trata o § 4.°, a pessoa jurídica poderá solicitar restituição ou compensar o valor correspondente com imposto e contribuições administrados pela Secretaria da Receita Federal do Brasil, exceto as contribuições sociais previstas nas alíneas *a*, *b* e *c* do parágrafo único do art. 11 da Lei n. 8.212, de 24 de julho de 1991.

•• § 5.° acrescentado pela Lei n. 12.543, de 8-12-2011.

§ 6.° A parcela do IOF descontado ou compensado na forma deste artigo não será dedutível para fins de determinação do lucro real e da base de cálculo da Contribuição Social sobre o Lucro Líquido (CSLL).

•• § 6.° acrescentado pela Lei n. 12.543, de 8-12-2011.

§ 7.° A Secretaria da Receita Federal do Brasil disciplinará o disposto nos §§ 4.° e 5.° deste artigo.

•• § 7.° acrescentado pela Lei n. 12.543, de 8-12-2011.

Art. 3.° São contribuintes do imposto:

I – os tomadores de crédito, na hipótese prevista no art. 2.°, inciso I;

II – os adquirentes de títulos e valores mobiliários e os titulares de aplicações financeiras, na hipótese prevista no art. 2.°, inciso II, alínea *a*;

III – as instituições financeiras e demais instituições autorizadas a funcionar pelo Banco Central do Brasil, na hipótese prevista no art. 2.°, inciso II, alínea *b*;

IV – os titulares dos contratos, na hipótese prevista na alínea *c* do inciso II do art. 2.°.

•• Inciso IV acrescentado pela Lei n. 12.543, de 8-12-2011.

Art. 4.° O imposto de que trata o art. 2.°, II, *a*, será excluído da base de cálculo do imposto de renda incidente sobre o rendimento de operações com títulos e valores mobiliários, excetuadas as aplicações a que se refere o § 4.° do art. 21 da Lei n. 8.383, de 30 de dezembro de 1991.

Art. 5.° O Imposto sobre Operações de Crédito, Câmbio e Seguro, ou relativas a Títulos e Valores Mobiliários – IOF, incidente sobre operações de câmbio será cobrado à alíquota de 25% (vinte e cinco por cento) sobre o valor de liquidação da operação cambial.

Parágrafo único. O Poder Executivo poderá reduzir e restabelecer a alíquota fixada neste artigo, tendo em vista os objetivos das políticas monetária, cambial e fiscal.

•• *Vide* art. 15 do Decreto n. 6.306, de 14-12-2007.

Art. 6.° São contribuintes do IOF incidente sobre operações de câmbio os compradores ou vendedores da moeda estrangeira na operação referente a transferência financeira para ou do exterior, respectivamente.

Parágrafo único. As instituições autorizadas a operar em câmbio são responsáveis pela retenção e recolhimento do imposto.

Art. 6.°-A. São isentos do imposto de que trata esta Lei a Academia Brasileira de Letras, a Associação Brasileira de Imprensa e o Instituto Histórico e Geográfico Brasileiro.

•• Artigo acrescentado pela Lei n. 13.353, de 3-11-2016.

Art. 7.° O Poder Executivo regulamentará o disposto nesta Lei.

Art. 8.º Ficam convalidados os atos praticados com base na Medida Provisória n. 487, de 29 de abril de 1994.

Art. 9.º Esta Lei entra em vigor na data de sua publicação.

Art. 10. Ficam revogados o art. 18 da Lei n. 8.088, de 31 de outubro de 1990, e, em relação ao imposto de que trata esta Lei, as isenções previstas no art. 14 da Lei n. 8.313, de 23 de dezembro de 1991, no § 2.º do art. 21 da Lei n. 8.383, de 1991, e no art. 16 da Lei n. 8.668, de 25 de junho de 1993.

Senado Federal, em 21 de junho de 1994; 173.º da Independência e 106.º da República.

Humberto Lucena

LEI N. 8.981, DE 20 DE JANEIRO DE 1995 (*)

Altera a legislação tributária federal e dá outras providências.

Faço saber que o Presidente da República adotou a Medida Provisória n. 812, de 1994, que o Congresso Nacional aprovou, e eu, Humberto Lucena, Presidente do Senado Federal, para os efeitos do disposto no parágrafo único do art. 62 da Constituição Federal, promulgo a seguinte Lei:

CAPÍTULO I
DISPOSIÇÕES GERAIS

Art. 1.º A partir do ano-calendário de 1995 a expressão monetária da Unidade Fiscal de Referência – UFIR será fixa por períodos trimestrais.

§ 1.º O Ministério da Fazenda divulgará a expressão monetária da UFIR trimestral com base no IPCA – Série Especial de que trata o art. 2.º da Lei n. 8.383, de 30 de dezembro de 1991.

§ 2.º O IPCA – Série Especial será apurado a partir do período de apuração iniciado em 16 de dezembro de 1994 e divulgado trimestralmente pela Fundação Instituto Brasileiro de Geografia e Estatística (FIBGE).

§ 3.º A expressão monetária da UFIR referente ao primeiro trimestre de 1995 é de R$ 0,6767.

Art. 2.º Para efeito de aplicação dos limites, bem como dos demais valores expressos em UFIR na legislação federal, a conversão dos valores em Reais para UFIR será efetuada utilizando-se o valor da UFIR vigente no trimestre de referência.

Art. 3.º A base de cálculo e o imposto de renda das pessoas jurídicas tributadas com base no lucro real, presumido ou arbitrado, correspondentes aos períodos-base encerrados no ano-calendário de 1994, serão expressos em quantidade de UFIR, observada a legislação então vigente.

Art. 4.º O imposto de renda devido pelas pessoas físicas, correspondente ao ano-calendário de 1994, será expresso em quantidade de UFIR, observada a legislação então vigente.

Art. 5.º Os débitos de qualquer natureza para com a Fazenda Nacional e os decorrentes de contribuições arrecadadas pela União, constituídos ou não, cujos fatos geradores ocorrerem até 31 de dezembro de 1994, inclusive os que foram objeto de parcelamento, expressos em quantidade de UFIR, serão reconvertidos para Real com base no valor desta fixado para o trimestre do pagamento.

Parágrafo único. O disposto neste artigo se aplica também às contribuições sociais arrecadadas pelo Instituto Nacional de Seguro Social – INSS, relativas a períodos de competência anteriores a 1.º de janeiro de 1995.

Art. 6.º Os tributos e contribuições sociais, cujos fatos geradores vierem a ocorrer a partir de 1.º de janeiro de 1995, serão apurados em Reais.

(*) Publicada no *DOU*, de 23-1-1995. *Vide*, sobre UFIR, Nota dos Organizadores.

Capítulo II
DO IMPOSTO DE RENDA DAS PESSOAS FÍSICAS

Seção I
Disposições Gerais

Art. 7.º A partir de 1.º de janeiro de 1995, a renda e os proventos de qualquer natureza, inclusive os rendimentos e ganhos de capital, percebidos por pessoas físicas residentes ou domiciliadas no Brasil, serão tributados pelo imposto de renda na forma da legislação vigente, com as modificações introduzidas por esta Lei.

Seção II
Da Incidência Mensal do Imposto

Arts. 8.º a 10. (*Revogados pela Lei n. 9.250, de 26-12-1995.*)

Seção III
Da Declaração de Rendimentos

Arts. 11 a 20. (*Revogados pela Lei n. 9.250, de 26-12-1995.*)

Seção IV
Tributação dos Ganhos de Capital das Pessoas Físicas

Art. 21. O ganho de capital percebido por pessoa física em decorrência da alienação de bens e direitos de qualquer natureza sujeita-se à incidência do imposto sobre a renda, com as seguintes alíquotas:

•• *Caput* com redação determinada pela Lei n. 13.259, de 16-3-2016.

•• O art. 2.º da Lei n. 13.259, de 16-3-2016, dispõe: " Art. 2.º O ganho de capital percebido por pessoa jurídica em decorrência da alienação de bens e direitos do ativo não circulante sujeita-se à incidência do imposto sobre a renda, com a aplicação das alíquotas previstas no *caput* do art. 21 da Lei n. 8.981, de 20 de janeiro de 1995, e do disposto nos §§ 1.º, 3.º e 4.º do referido artigo, exceto para as pessoas jurídicas tributadas com base no lucro real, presumido ou arbitrado".

I – 15% (quinze por cento) sobre a parcela dos ganhos que não ultrapassar R$ 5.000.000,00 (cinco milhões de reais);

•• Inciso I acrescentado pela Lei n. 13.259, de 16-3-2016.

II – 17,5% (dezessete inteiros e cinco décimos por cento) sobre a parcela dos ganhos que exceder R$ 5.000.000,00 (cinco milhões de reais) e não ultrapassar R$ 10.000.000,00 (dez milhões de reais);

•• Inciso II acrescentado pela Lei n. 13.259, de 16-3-2016.

III – 20% (vinte por cento) sobre a parcela dos ganhos que exceder R$ 10.000.000,00 (dez milhões de reais) e não ultrapassar R$ 30.000.000,00 (trinta milhões de reais); e

•• Inciso III acrescentado pela Lei n. 13.259, de 16-3-2016.

IV – 22,5% (vinte e dois inteiros e cinco décimos por cento) sobre a parcela dos ganhos que ultrapassar R$ 30.000.000,00 (trinta milhões de reais).

•• Inciso IV acrescentado pela Lei n. 13.259, de 16-3-2016.

§ 1.º O imposto de que trata este artigo deverá ser pago até o último dia útil do mês subsequente ao da percepção dos ganhos.

§ 2.º Os ganhos a que se refere este artigo serão apurados e tributados em separado e não integrarão a base de cálculo do imposto de renda na declaração de ajuste anual, e o imposto pago não poderá ser deduzido do devido na declaração.

§ 3.º Na hipótese de alienação em partes do mesmo bem ou direito, a partir da segunda operação, desde que realizada até o final do ano-calendário seguinte ao da primeira operação, o ganho de capital deve ser somado aos ganhos auferidos nas operações anteriores, para fins da apuração do imposto na forma do *caput*, deduzindo-se o montante do imposto pago nas operações anteriores.

•• § 3.º acrescentado pela Lei n. 13.259, de 16-3-2016.

§ 4.º Para fins do disposto neste artigo, considera-se integrante do mesmo bem ou direito o conjunto de ações ou quotas de uma mesma pessoa jurídica.

•• § 4.º acrescentado pela Lei n. 13.259, de 16-3-2016.

§ 5.º (*Vetado.*)

•• § 5.º acrescentado pela Lei n. 13.259, de 16-3-2016.

Art. 22. Na apuração dos ganhos de capital na alienação de bens e direitos será considerado como custo de aquisição:

I – no caso de bens e direitos adquiridos até 31 de dezembro de 1994, o valor em UFIR, apurado na forma da legislação então vigente;

II – no caso de bens e direitos adquiridos a partir de 1.º de janeiro de 1995, o valor pago convertido em UFIR com base no valor desta fixado para o trimestre de aquisição ou de cada pagamento, quando se tratar de pagamento parcelado.

Parágrafo único. O custo de aquisição em UFIR será reconvertido para Reais com base no valor da UFIR vigente no trimestre em que ocorrer a alienação.

Art. 23. (*Revogado pela Lei n. 9.250, de 26-12-1995.*)

Seção V

Declaração de Bens e Direitos

Art. 24. A partir do exercício financeiro de 1996, a pessoa física deverá apresentar relação pormenorizada de todos os bens e direitos, em Reais, que, no país ou no exterior, constituam, em 31 de dezembro do ano-calendário anterior, seu patrimônio e o de seus dependentes.

Parágrafo único. Os valores dos bens e direitos adquiridos até 31 de dezembro de 1994, declarados em UFIR, serão reconvertidos para Reais, para efeito de preenchimento da declaração de bens e direitos a partir do ano-calendário de 1995, exercício de 1996, com base no valor da UFIR vigente no primeiro trimestre do ano-calendário de 1995.

Capítulo III
DO IMPOSTO DE RENDA DAS PESSOAS JURÍDICAS

Seção I

Normas Gerais

Art. 25. A partir de 1.º de janeiro de 1995, o imposto de renda das pessoas jurídicas, inclusive das equiparadas, será devido à medida em que os rendimentos, ganhos e lucros forem sendo auferidos.

Art. 26. As pessoas jurídicas determinarão o imposto de renda segundo as regras aplicáveis ao regime de tributação com base no lucro real, presumido ou arbitrado.

§ 1.º É facultado às sociedades civis de prestação de serviços relativos às profissões regulamentadas (art. 1.º do Decreto-lei n. 2.397, de 21-12-1987) optarem pelo regime de tributação com base no lucro real ou presumido.

§ 2.º Na hipótese do parágrafo anterior, a opção, de caráter irretratável, se fará mediante o pagamento do imposto correspondente ao mês de janeiro do ano-calendário da opção ou do mês de início da atividade.

Seção II

Do Pagamento Mensal do Imposto

Art. 27. Para efeito de apuração do imposto de renda, relativo aos fatos geradores ocorridos em cada mês, a pessoa jurídica determinará a base de cálculo mensalmente, de acordo com as regras previstas nesta Seção, sem prejuízo do ajuste previsto no art. 37.

Art. 28. (*Revogado pela Lei n. 9.249, de 26-12-1995.*)

Art. 29. No caso das pessoas jurídicas a que se refere o art. 36, inciso III, desta Lei, a base de cálculo do imposto será determinada mediante a aplicação do percentual de 9% (nove por cento) sobre a receita bruta.

§ 1.º Poderão ser deduzidas da receita bruta:

a) no caso das instituições financeiras, sociedades corretoras de títulos, valores mobiliários e câmbio, e sociedades distribuidoras de títulos e valores mobiliários:

a.1) as despesas incorridas na captação de recursos de terceiros;

a.2) as despesas com obrigações por refinanciamentos, empréstimos e repasses de recursos de órgãos e instituições oficiais e do exterior;

a.3) as despesas de cessão de créditos;

a.4) as despesas de câmbio;

a.5) as perdas com títulos e aplicações financeiras de renda fixa;

a.6) as perdas nas operações de renda variável previstas no inciso III do art. 77;

b) no caso de empresas de seguros privados: o cosseguro e resseguro cedidos, os valores referentes a cancelamentos e restituições de prêmios e a parcela dos prêmios destinada à constituição de provisões ou reservas técnicas;

c) no caso de entidades de previdência privada abertas e de empresas de capitalização: a parcela das contribuições e prêmios, respectivamente, destinada à constituição de provisões ou reservas técnicas;

d) no caso de operadoras de planos de assistência à saúde: as corresponsabilidades cedidas e a parcela das contraprestações pecuniárias destinada à constituição de provisões técnicas.

•• Alínea *d* acrescentada pela Medida Provisória n. 2.158-35, de 24-8-2001.

§ 2.º É vedada a dedução de qualquer despesa administrativa.

Art. 30. As pessoas jurídicas que explorem atividades imobiliárias relativas a loteamento de terrenos, incorporação imobiliária, construção de prédios destinados à venda, bem como a venda de imóveis construídos ou adquiridos para revenda, deverão considerar como receita bruta o montante efetivamente recebido, relativo às unidades imobiliárias vendidas.

Parágrafo único. O disposto neste artigo aplica-se, inclusive, aos casos de empreitada ou fornecimento contratado nas condições do art. 10 do Decreto-lei n. 1.598, de 26 de dezembro de 1977, com pessoa jurídica de direito público, ou empresa sob seu controle, empresa pública, sociedade de economia mista ou sua subsidiária.

•• Parágrafo único acrescentado pela Lei n. 9.065, de 20-6-1995.

Art. 31. (*Revogado pela Lei n. 12.973, de 13-5-2014.*)

Art. 32. Os ganhos de capital, demais receitas e os resultados positivos decorrentes de receitas não abrangidas pelo artigo anterior, serão acrescidos à base de cálculo determinada na forma dos arts. 28 ou 29, para efeito de incidência do imposto de renda de que trata esta Seção.

§ 1.º O disposto neste artigo não se aplica aos rendimentos tributados na forma dos arts. 65, 66, 67, 70, 72, 73 e 74, decorrentes das operações ali mencionadas, bem como aos lucros, dividendos ou resultado positivo decorrente da avaliação de investimentos pela equivalência patrimonial.

§ 2.º O ganho de capital nas alienações de bens ou direitos classificados como investimento, imobilizado ou intangível e de aplicações em ouro, não tributadas na forma do art. 72, corresponderá à diferença positiva verificada entre o valor da alienação e o respectivo valor contábil.

•• § 2.º com redação determinada pela Lei n. 12.973, de 13-5-2014.

§ 3.º Na apuração dos valores de que trata o *caput*, deverão ser considerados os respectivos valores decorrentes do ajuste a valor presente de que trata o inciso VIII do *caput* do art. 183 da Lei n. 6.404, de 15 de dezembro de 1976.

•• § 3.º acrescentado pela Lei n. 12.973, de 13-5-2014.

§ 4.º Para fins do disposto no § 2.º, poderão ser considerados no valor contábil, e na proporção deste, os respectivos valores decorrentes dos efeitos do ajuste a valor presente de que trata o inciso III do *caput* do art. 184 da Lei n. 6.404, de 15 de dezembro de 1976.

•• § 4.º acrescentado pela Lei n. 12.973, de 13-5-2014.

§ 5.º Os ganhos decorrentes de avaliação de ativo ou passivo com base no valor justo não integrarão a base de cálculo do imposto, no momento em que forem apurados.

•• § 5.º acrescentado pela Lei n. 12.973, de 13-5-2014.

§ 6.º Para fins do disposto no *caput*, os ganhos e perdas decorrentes de avaliação do ativo com base em valor justo não serão considerados como parte integrante do valor contábil.

•• § 6.º acrescentado pela Lei n. 12.973, de 13-5-2014.

§ 7.º O disposto no § 6.º não se aplica aos ganhos que tenham sido anteriormente computados na base de cálculo do imposto.

•• § 7.º acrescentado pela Lei n. 12.973, de 13-5-2014.

Art. 33. (*Revogado pela Lei n. 9.430, de 27-12-1996.*)

Art. 34. Para efeito de pagamento, a pessoa jurídica poderá deduzir, do imposto apurado no mês, o imposto de renda pago ou retido na fonte sobre as receitas que integraram a base de cálculo correspondente (arts. 28 ou 29), bem como os incentivos de dedução do imposto, relativos ao Programa de Alimentação do Trabalhador, Vale-Transporte, Doações aos Fundos da Criança e do Adolescente, Atividades Culturais ou Artísticas e Atividade Audiovisual, observados os limites e prazos previstos na legislação vigente.

•• Artigo com redação determinada pela Lei n. 9.065, de 20-6-1995.

Art. 35. A pessoa jurídica poderá suspender ou reduzir o pagamento do imposto devido em cada mês, desde que demonstre, através de balanços ou balancetes mensais, que o valor acumulado já pago excede o valor do imposto, inclusive adicional, calculado com base no lucro real do período em curso.

•• *Vide* art. 35, parágrafo único, da Lei n. 12.973, de 13-5-2014.

§ 1.º Os balanços ou balancetes de que trata este artigo:

a) deverão ser levantados com observância das leis comerciais e fiscais e transcritos no livro Diário;

b) somente produzirão efeitos para determinação da parcela do imposto de renda e da contribuição social sobre o lucro devidos no decorrer do ano-calendário.

§ 2.º Estão dispensadas do pagamento de que tratam os arts. 28 e 29 as pessoas jurídicas que, através de balanço ou balancetes mensais, demonstrem a existência de prejuízos fiscais apurados a partir do mês de janeiro do ano-calendário.

•• § 2.º com redação determinada pela Lei n. 9.065, de 20-6-1995.

§ 3.º O pagamento mensal, relativo ao mês de janeiro do ano-calendário, poderá ser efetuado com base em balanço ou balancete mensal, desde que neste fique demonstrado que o imposto devido no período é inferior ao calculado com base no disposto nos arts. 28 e 29.

•• § 3.º acrescentado pela Lei n. 9.065, de 20-6-1995.

§ 4.º O Poder Executivo poderá baixar instruções para a aplicação do disposto neste artigo.

•• § 4.º acrescentado pela Lei n. 9.065, de 20-6-1995.

Seção III
Do Regime de Tributação com Base no Lucro Real

Art. 36. (*Revogado pela Lei n. 9.718, de 27-11-1998.*)

Art. 37. Sem prejuízo dos pagamentos mensais do imposto, as pessoas jurídicas obrigadas ao regime de tributação com base no lucro real (art. 36) e as pessoas jurídicas que não optarem pelo regime de tributação com base no lucro presumido (art. 44) deverão, para efeito de determinação do saldo de imposto a pagar ou a ser compensado, apurar o lucro real em 31 de dezembro de cada ano-calendário ou na data da extinção.

§ 1.º A determinação do lucro real será precedida da apuração do lucro líquido com observância das disposições das leis comerciais.

§ 2.º Sobre o lucro real será aplicada a alíquota de 25% (vinte e cinco por cento), sem prejuízo do disposto no art. 39.

§ 3.º Para efeito de determinação do saldo do imposto a pagar ou a ser compensado, a pessoa jurídica poderá deduzir do imposto devido o valor:

a) dos incentivos fiscais de dedução do imposto, observados os limites e prazos fixados na legislação vigente, bem como o disposto no § 2.º do art. 39;

b) dos incentivos fiscais de redução e isenção do imposto, calculados com base no lucro da exploração;

c) do imposto de renda pago ou retido na fonte, incidentes sobre receitas computadas na determinação do lucro real;

d) do imposto de renda calculado na forma dos arts. 27 a 35 desta Lei, pago mensalmente.

§ 4.º (*Revogado pela Lei n. 9.430, de 27-12-1996.*)

§ 5.º O disposto no *caput* somente alcança as pessoas jurídicas que:

a) efetuaram o pagamento do imposto de renda e da contribuição social sobre o lucro, devidos no curso do ano-calendário, com base nas regras previstas nos arts. 27 a 34;

b) demonstrarem, através de balanços ou balancetes mensais (art. 35):

b.1) que o valor pago a menor decorreu da apuração do lucro real e da base de cálculo da contribuição social sobre o lucro, na forma da legislação comercial e fiscal; ou

b.2) a existência de prejuízos fiscais, a partir do mês de janeiro do referido ano-calendário.

•• Alínea *b* com redação determinada pela Lei n. 9.065, de 20-6-1995.

§ 6.º As pessoas jurídicas não enquadradas nas disposições contidas no § 5.º deverão determinar, mensalmente, o lucro real e a base de cálculo da contribuição social sobre o lucro, de acordo com a legislação comercial e fiscal.

§ 7.º Na hipótese do parágrafo anterior o imposto e a contribuição social sobre o lucro devidos terão por vencimento o último dia útil do mês subsequente ao de encerramento do período mensal.

Art. 38. (*Revogado pela Lei n. 9.430, de 27-12-1996.*)

Art. 39. O lucro real ou arbitrado da pessoa jurídica estará sujeito a um adicional do imposto de renda à alíquota de:

I – 12% (doze por cento) sobre a parcela do lucro real que ultrapassar R$ 180.000,00 até R$ 780.000,00;

II – 18% (dezoito por cento) sobre a parcela do lucro real que ultrapassar R$ 780.000,00;

III – 12% (doze por cento) sobre a parcela do lucro arbitrado que ultrapassar R$ 15.000,00 até R$ 65.000,00;

IV – 18% (dezoito por cento) sobre a parcela do lucro arbitrado que ultrapassar R$ 65.000,00.

§ 1.º Os limites previstos nos incisos I e II serão proporcionais ao número de meses transcorridos do ano-calendário, quando o período de apuração for inferior a doze meses.

§ 2.º O valor do adicional será recolhido integralmente, não sendo permitidas quaisquer deduções.

Art. 40. (*Revogado pela Lei n. 9.430, de 27-12-1996.*)

Subseção I
Das alterações na apuração do lucro real

Art. 41. Os tributos e contribuições são dedutíveis, na determinação do lucro real, segundo o regime de competência.

§ 1.º O disposto neste artigo não se aplica aos tributos e contribuições cuja exigibilidade esteja suspensa, nos termos dos incisos II a IV do art. 151 da Lei n. 5.172, de 25 de outubro de 1966, haja ou não depósito judicial.

§ 2.º Na determinação do lucro real, a pessoa jurídica não poderá deduzir como custo ou despesa o imposto de renda de que for sujeito passivo como contribuinte ou responsável em substituição ao contribuinte.

§ 3.º A dedutibilidade, como custo ou despesa, de rendimentos pagos ou creditados a terceiros abrange o imposto sobre os rendimentos que o contribuinte, como fonte pagadora, tiver o dever legal de reter e recolher, ainda que assuma o ônus do imposto.

§ 4.º Os impostos pagos pela pessoa jurídica na aquisição de bens do ativo permanente poderão, a seu critério, ser registrados como custo de aquisição ou deduzidos como despesas operacionais, salvo os pagos na importação de bens que se acrescerão ao custo de aquisição.

§ 5.º Não são dedutíveis como custo ou despesas operacionais as multas por infrações fiscais, salvo as de natureza compensatória e as impostas por infrações de que não resultem falta ou insuficiência de pagamento de tributo.

§ 6.º As contribuições sociais incidentes sobre o faturamento ou receita bruta e sobre o valor das importações, pagas pela pessoa jurídica na aquisição de bens destinados ao ativo permanente, serão acrescidas ao custo de aquisição.

•• § 6.º acrescentado pela Lei n. 10.865, de 30-4-2004.

Art. 42. A partir de 1.º de janeiro de 1995, para efeito de determinar o lucro real, o lucro líquido ajustado pelas adições e exclusões previstas ou autorizadas pela legislação do imposto de renda poderá ser reduzido em no máximo 30% (trinta por cento).

Parágrafo único. A parcela dos prejuízos fiscais apurados até 31 de dezembro de 1994, não compensada em razão do disposto no *caput* deste artigo poderá ser utilizada nos anos-calendário subsequentes.

Art. 43. (*Revogado pela Lei n. 9.430, de 27-12-1996.*)

Seção IV
Do Regime de Tributação com Base no Lucro Presumido

Art. 44. As pessoas jurídicas, cuja receita total, no ano-calendário anterior, tenha sido igual ou inferior a R$ 12.000.000,00 (doze milhões de reais), poderão optar, por ocasião da entrega da declaração de rendimentos, pelo regime de tributação com base no lucro presumido.

•• *Caput* com redação determinada pela Lei n. 9.065, de 20-6-1995. Valor corrigido pela Lei n. 9.249, de 26-12-1995.

§ 1.º O limite previsto neste artigo será proporcional ao número de meses do ano-calendário, no caso de início de atividade.

§ 2.º Na hipótese deste artigo, o imposto de renda devido, relativo aos fatos geradores ocorridos em cada mês (arts. 27 a 32) será considerado definitivo.

§ 3.º (*Revogado pela Lei n. 9.065, de 20-6-1995.*)

Art. 45. A pessoa jurídica habilitada à opção pelo regime de tributação com base no lucro presumido deverá manter:

I – escrituração contábil nos termos da legislação comercial;

II – Livro Registro de Inventário, no qual deverão constar registrados os estoques existentes no término do ano-calendário abrangido pelo regime de tributação simplificada;

III – em boa guarda e ordem, enquanto não decorrido o prazo decadencial e não prescritas eventuais ações que lhes sejam pertinentes, todos os livros de escrituração obrigatórios por legislação fiscal específica, bem como os documentos e demais papéis que serviram de base para escrituração comercial e fiscal.

Parágrafo único. O disposto no inciso I deste artigo não se aplica à pessoa jurídica que, no decorrer do ano-calendário, mantiver livro Caixa, no qual deverá estar escriturado toda a movimentação financeira, inclusive bancária.

Art. 46. (*Revogado pela Lei n. 9.249, de 26-12-1995.*)

Seção V
Do Regime de Tributação com Base no Lucro Arbitrado

Art. 47. O lucro da pessoa jurídica será arbitrado quando:

I – o contribuinte, obrigado à tributação com base no lucro real ou submetido ao regime de tributação de que trata o Decreto-lei n. 2.397, de 1987, não mantiver escrituração na forma das leis comerciais e fiscais, ou deixar de elaborar as demonstrações financeiras exigidas pela legislação fiscal;

II – a escrituração a que estiver obrigado o contribuinte revelar evidentes indícios de fraude ou contiver vícios, erros ou deficiências que a tornem imprestável para:

a) identificar a efetiva movimentação financeira, inclusive bancária; ou

b) determinar o lucro real;

III – o contribuinte deixar de apresentar à autoridade tributária os livros e documentos da escrituração comercial e fiscal, ou o livro Caixa, na hipótese de que trata o art. 45, parágrafo único;

IV – o contribuinte optar indevidamente pela tributação com base no lucro presumido;

V – o comissário ou representante da pessoa jurídica estrangeira deixar de cumprir o disposto no § 1.º do art. 76 da Lei n. 3.470, de 28 de novembro de 1958;

VI – (*Revogado pela Lei n. 9.718, de 27-11-1998.*)

VII – o contribuinte não mantiver, em boa ordem e segundo as normas contábeis recomendadas, livro Razão ou fichas utilizados para resumir e totalizar, por conta ou subconta, os lançamentos efetuados no Diário;

VIII – o contribuinte não escriturar ou deixar de apresentar à autoridade tributária os livros ou registros auxiliares de que trata o § 2.º do art. 177 da Lei n. 6.404, de 15 de dezembro de 1976, e § 2.º do art. 8.º do Decreto-lei n. 1.598, de 26 de dezembro de 1977.

•• Inciso VIII acrescentado pela Lei n. 11.941, de 27-5-2009.

§ 1.º Quando conhecida a receita bruta, o contribuinte poderá efetuar o pagamento do imposto de renda correspondente com base nas regras previstas nesta Seção.

§ 2.º Na hipótese do parágrafo anterior:

a) a apuração do imposto de renda com base no lucro arbitrado abrangerá todo o ano-calendário, assegurada a tributação com base no lucro real relativa aos meses não submetidos ao arbitramento, se a pessoa jurídica dispuser de escrituração exigida pela legislação comercial e fiscal que demonstre o lucro real dos períodos não abrangido por aquela modalidade de tributação, observado o disposto no § 5.º do art. 37;

b) o imposto apurado com base no lucro real, na forma da alínea anterior, terá por vencimento o último dia útil do mês subsequente ao de encerramento do referido período.

Art. 48. (*Revogado pela Lei n. 9.249, de 26-12-1995.*)

Art. 49. As pessoas jurídicas que se dedicarem à venda de imóveis construídos ou adquiridos para revenda, ao loteamento de terrenos e à incorporação de prédios em condomínio terão seus lucros arbitrados deduzindo-se da receita bruta o custo do imóvel devidamente comprovado.

Parágrafo único. O lucro arbitrado será tributado na proporção da receita recebida ou cujo recebimento esteja previsto para o próprio mês.

Art. 50. (*Revogado pela Lei n. 9.430, de 27-12-1996.*)

Art. 51. O lucro arbitrado das pessoas jurídicas, quando não conhecida a receita bruta, será determinado através de procedimento de ofício, mediante a utilização de uma das seguintes alternativas de cálculo:

I – 1,5 (um inteiro e cinco décimos) do lucro real referente ao último período em que pessoa jurídica manteve escrituração de acordo com as leis comerciais e fiscais, atualizado monetariamente;

II – 0,04 (quatro centésimos) da soma dos valores do ativo circulante, realizável a longo prazo e permanente, existentes no último balanço patrimonial conhecido, atualizado monetariamente;

III – 0,07 (sete centésimos) do valor do capital, inclusive a sua correção monetária contabilizada como reserva de capital, constante do último balanço patrimonial conhecido ou registrado nos atos de constituição ou alteração da sociedade, atualizado monetariamente;

IV – 0,05 (cinco centésimos) do valor do patrimônio líquido constante do último balanço patrimonial conhecido, atualizado monetariamente;

V – 0,4 (quatro décimos) do valor das compras de mercadorias efetuadas no mês;

VI – 0,4 (quatro décimos) da soma, em cada mês, dos valores da folha de pagamento dos empregados e das compras de matérias-primas, produtos intermediários e materiais de embalagem;

VII – 0,8 (oito décimos) da soma dos valores devidos no mês a empregados;

VIII – 0,9 (nove décimos) do valor mensal do aluguel devido.

§ 1.º As alternativas previstas nos incisos V, VI e VII, a critério da autoridade lançadora, poderão ter sua aplicação limitada, respectivamente, às atividades comerciais, industriais e de prestação de serviços e, no caso de empresas com atividade mista, ser adotados isoladamente em cada atividade.

§ 2.º Para os efeitos da aplicação do disposto no inciso I, quando o lucro real for decorrente de período-base anual, o valor que servirá de base ao arbitramento será proporcional ao número de meses do período-base considerado.

§ 3.º Para cálculo da atualização monetária a que se referem os incisos deste artigo, serão adotados os índices utilizados para fins de correção monetária das demonstrações financeiras, tomando-se como termo inicial a data do encerramento do período-base utilizado, e, como termo final, o mês a que se referir o arbitramento.

§ 4.º Nas alternativas previstas nos incisos V e VI do *caput*, as compras serão consideradas pelos valores totais das operações, devendo ser incluídos os valores decorrentes do ajuste a valor presente de que trata o inciso III do art. 184 da Lei n. 6.404, de 15 de dezembro de 1976.

•• § 4.º acrescentado pela Lei n. 12.973, de 13-5-2014.

Arts. 52 e 53. (*Revogados pela Lei n. 9.430, de 27-12-1996.*)

Art. 54. (*Revogado pela Lei n. 9.249, de 26-12-1995.*)

Art. 55. O lucro arbitrado na forma do art. 51 constituirá também base de cálculo da contribuição social sobre o lucro, de que trata a Lei n. 7.689, de 15 de dezembro de 1988.

Seção VI
Da Declaração de Rendimentos das Pessoas Jurídicas

Art. 56. As pessoas jurídicas deverão apresentar, até o último dia útil do mês de março, declaração de rendimentos demonstrando os resultados auferidos no ano-calendário anterior.

•• *Caput* com redação determinada pela Lei n. 9.065, de 20-6-1995.

§ 1.º A declaração de rendimentos será entregue na unidade local da Secretaria da Receita Federal que jurisdicionar o declarante ou nos estabelecimentos bancários autorizados, localizados na mesma jurisdição.

•• A Secretaria da Receita Federal passa a denominar-se Secretaria da Receita Federal do Brasil, por força da Lei n. 11.457, de 16-3-2007.

§ 2.º No caso de encerramento de atividades, a declaração de rendimentos deverá ser entregue até o último dia útil do mês subsequente ao da extinção.

§ 3.º A declaração de rendimentos das pessoas jurídicas deverá ser apresentada em meio magnético, ressalvado o disposto no parágrafo subsequente.

•• § 3.º com redação determinada pela Lei n. 9.532, de 10-12-1997.

§ 4.º O Ministro de Estado da Fazenda poderá permitir que as empresas de que trata a Lei n. 9.317, de 5 de dezembro de 1996, optantes pelo SIMPLES, apresentem suas declarações por meio de formulários.

•• § 4.º com redação determinada pela Lei n. 9.532, de 10-12-1997.

Capítulo IV
DA CONTRIBUIÇÃO SOCIAL SOBRE O LUCRO

Art. 57. Aplicam-se à Contribuição Social sobre o Lucro (Lei n. 7.689, de 1988) as mesmas normas de apuração e de pagamento estabelecidas para o imposto de renda das pessoas jurídicas, inclusive no que se refere ao disposto no art. 38, mantidas a base de cálculo e as alíquotas previstas na legislação em vigor, com as alterações introduzidas por esta Lei.

•• *Caput* com redação determinada pela Lei n. 9.065, de 20-6-1995.

§ 1.º Para efeito de pagamento mensal, a base de cálculo da contribuição social será o valor correspondente a 10% (dez por cento) do somatório:

a) da receita bruta mensal;

b) das demais receitas e ganhos de capital;

c) dos ganhos líquidos obtidos em operações realizadas nos mercados de renda variável;

d) dos rendimentos produzidos por aplicações financeiras de renda fixa.

§ 2.º No caso das pessoas jurídicas de que trata o inciso III do art. 36, a base de cálculo da contribuição social corresponderá ao valor decorrente da aplicação do percentual de 9% (nove por cento) sobre a receita bruta ajustada, quando for o caso, pelo valor das deduções previstas no art. 29.

•• § 2.º com redação determinada pela Lei n. 9.065, de 20-6-1995.

§ 3.º A pessoa jurídica que determinar o imposto de renda a ser pago em cada mês com base no lucro real (art. 35), deverá efetuar o pagamento da contribuição social sobre o lucro, calculando-a com base no lucro líquido ajustado apurado em cada mês.

§ 4.º No caso de pessoa jurídica submetida ao regime de tributação com base no lucro real, a contribuição determinada na forma dos §§ 1.º a 3.º será deduzida da contribuição apurada no encerramento do período de apuração.

Art. 58. Para efeito de determinação da base de cálculo da contribuição social sobre o lucro, o lucro líquido ajustado poderá ser reduzido por compensação da base de cálculo negativa, apurada em períodos-base anteriores em, no máximo, 30% (trinta por cento).

Art. 59. A contribuição social sobre o lucro das sociedades civis, submetidas ao regime de tributação de que trata o art. 1.º do Decreto-lei n. 2.397, de 1987, deverá ser paga até o último dia útil do mês de janeiro de cada ano-calendário.

CAPÍTULO V
DA TRIBUTAÇÃO DO IMPOSTO DE RENDA NA FONTE

Art. 60. Estão sujeitas ao desconto do imposto de renda na fonte, à alíquota de 5% (cinco por cento), as importâncias pagas às pessoas jurídicas:

I – a título de juros e de indenizações por lucros cessantes, decorrentes de sentença judicial;

II – (*Revogado pela Lei n. 9.249, de 26-12-1995.*)

Parágrafo único. O imposto descontado na forma deste artigo será deduzido do imposto devido apurado no encerramento do período-base.

Art. 61. Fica sujeito à incidência do imposto de renda exclusivamente na fonte, à alíquota de 35% (trinta e cinco por cento), todo pagamento efetuado pelas pessoas jurídicas a beneficiário não identificado, ressalvado o disposto em normas especiais.

§ 1.º A incidência prevista no *caput* aplica-se, também, aos pagamentos efetuados ou aos recursos entregues a terceiros ou sócios, acionistas ou titular, contabilizados ou não, quando não for comprovada a operação ou a sua causa, bem como à hipótese de que trata o § 2.º, do art. 74 da Lei n. 8.383, de 1991.

§ 2.º Considera-se vencido o imposto de renda na fonte no dia do pagamento da referida importância.

§ 3.º O rendimento de que trata este artigo será considerado líquido, cabendo o reajustamento do respectivo rendimento bruto sobre o qual recairá o imposto.

Art. 62. A partir de 1.º de janeiro de 1995, a alíquota do imposto de renda na fonte de que trata o art. 44 da Lei n. 8.541, de 1992, será de 35% (trinta e cinco por cento).

Art. 63. Os prêmios distribuídos sob a forma de bens e serviços, através de concursos e sorteios de qualquer espécie, estão sujeitos à incidência do imposto, à alíquota de 20% (vinte por cento), exclusivamente na fonte.

•• *Caput* com redação determinada pela Lei n. 9.065, de 20-6-1995, e retificado em 3-7-1995.

§ 1.º O imposto de que trata este artigo incidirá sobre o valor de mercado do prêmio, na data da distribuição.

•• § 1.º com redação determinada pela Lei n. 11.196, de 21-11-2005.

•• *Vide* art. 132, IV, *b*, da Lei n. 11.196, de 21-11-2005.

§ 2.° Compete à pessoa jurídica que proceder à distribuição de prêmios, efetuar o pagamento do imposto correspondente, não se aplicando o reajustamento da base de cálculo.

§ 3.° O disposto neste artigo não se aplica aos prêmios em dinheiro, que continuam sujeitos à tributação na forma do art. 14 da Lei n. 4.506, de 30 de novembro de 1964.

Art. 64. O art. 45 da Lei n. 8.541, de 1992, passa a ter a seguinte redação:

•• Alteração já processada no texto da referida Lei.

Capítulo VI
DA TRIBUTAÇÃO DAS OPERAÇÕES FINANCEIRAS

Seção I
Do Mercado de Renda Fixa

Art. 65. O rendimento produzido por aplicação financeira de renda fixa, auferido por qualquer beneficiário, inclusive pessoa jurídica isenta, a partir de 1.° de janeiro de 1995, sujeita-se à incidência do imposto de renda na fonte à alíquota de 10% (dez por cento).

§ 1.° A base de cálculo do imposto é constituída pela diferença positiva entre o valor da alienação, líquido do imposto sobre operações de crédito, câmbio e seguro, e sobre operações relativas a títulos ou valores mobiliários – IOF, de que trata a Lei n. 8.894, de 21 de junho de 1994, e o valor da aplicação financeira.

§ 2.° Para fins de incidência do imposto de renda na fonte, a alienação compreende qualquer forma de transmissão da propriedade, bem como a liquidação, resgate, cessão ou repactuação do título ou aplicação.

§ 3.° Os rendimentos periódicos produzidos por título ou aplicação, bem como qualquer remuneração adicional aos rendimentos prefixados, serão submetidos à incidência do imposto de renda na fonte por ocasião de sua percepção.

•• O art. 5.° da Lei n. 12.431, de 24-6-2011, dispõe: "Art. 5.° O Imposto sobre a Renda incidente sobre os rendimentos periódicos a que se refere o § 3.° do art. 65 da Lei n. 8.981, de 1995, incidirá, *pro-rata tempore*, sobre a parcela do rendimento produzido entre a data de aquisição ou a data do pagamento periódico anterior e a data de sua percepção, podendo ser deduzida da base de cálculo a parcela dos rendimentos correspondente ao período entre a data do pagamento do rendimento periódico anterior e a data de aquisição do título. § 1.° Ocorrido o primeiro pagamento periódico de rendimentos após a aquisição do título sem alienação pelo adquirente, a parcela do rendimento não submetida à incidência do imposto sobre a renda na fonte deverá ser deduzida do custo de aquisição para fins de apuração da base de cálculo do imposto, quando de sua alienação. § 2.° As instituições intervenientes deverão manter registro que permitam verificar a correta apuração da base de cálculo do imposto de que trata este artigo, na forma regulamentada pela Secretaria da Receita Federal do Brasil".

§ 4.° O disposto neste artigo aplica-se também:

a) às operações conjugadas que permitam a obtenção de rendimentos predeterminados, realizadas nas bolsas de valores, de mercadorias, de futuros e assemelhadas, bem como no mercado de balcão;

b) às operações de transferência de dívidas realizadas com instituição financeira, demais instituições autorizadas a funcionar pelo Banco Central do Brasil ou com pessoa jurídica não financeira;

c) aos rendimentos auferidos pela entrega de recursos a pessoa jurídica, sob qualquer forma e a qualquer título, independentemente de ser ou não a fonte pagadora instituição autorizada a funcionar pelo Banco Central do Brasil.

§ 5.° Em relação às operações de que tratam as alíneas *a* e *b* do § 4.°, a base de cálculo do imposto será:

a) o resultado positivo auferido no encerramento ou liquidação das operações conjugadas;

b) a diferença positiva entre o valor da dívida e o valor entregue à pessoa jurídica responsável pelo pagamento da obrigação, acrescida do respectivo imposto de renda retido.

§ 6.° Fica o Poder Executivo autorizado a baixar normas com vistas a definir as características das operações de que tratam as alíneas *a* e *b* do § 4.°.

§ 7.° O imposto de que trata este artigo será retido:

a) por ocasião do recebimento dos recursos destinados ao pagamento de dívidas, no caso de que trata a alínea *b* do § 4.º;

b) por ocasião do pagamento dos rendimentos, ou da alienação do título ou da aplicação, nos demais casos.

§ 8.º É responsável pela retenção do imposto a pessoa jurídica que receber os recursos, no caso de operações de transferência de dívidas, e a pessoa jurídica que efetuar o pagamento do rendimento, nos demais casos.

Art. 66. Nas aplicações em fundos de renda fixa, inclusive, em Fundo de Aplicação Financeira – FAF, resgatadas a partir de 1.º de janeiro de 1995, a base de cálculo do imposto sobre a renda na fonte será constituída pela diferença positiva entre o valor do resgate, líquido de IOF, e o valor de aquisição da quota.

Parágrafo único. O imposto, calculado à alíquota de 10% (dez por cento), será retido pelo administrador do fundo na data do resgate.

Art. 67. As aplicações financeiras de que tratam os arts. 65, 66 e 70, existentes em 31 de dezembro de 1994, terão os respectivos rendimentos apropriados *pro rata tempore* até aquela data e tributados nos termos da legislação à época vigente.

§ 1.º O imposto apurado nos termos deste artigo será adicionado àquele devido por ocasião da alienação ou resgate do título ou aplicação.

§ 2.º Para efeitos de apuração da base de cálculo do imposto quando da alienação ou resgate, o valor dos rendimentos, apropriado nos termos deste artigo, será acrescido ao valor de aquisição da aplicação financeira.

§ 3.º O valor de aquisição existente em 31 de dezembro de 1994, expresso em quantidade de UFIR, será convertido em Real, pelo valor de R$ 0,6767.

§ 4.º Excluem-se do disposto neste artigo as aplicações em Fundo de Aplicação Financeira – FAF existentes em 31 de dezembro de 1994, cujo valor de aquisição será apurado com base no valor da quota na referida data.

§ 5.º Os rendimentos das aplicações financeiras de que trata este artigo, produzidos a partir de 1.º de janeiro de 1995, poderão ser excluídos do lucro real, para efeito de incidência do adicional do imposto de renda de que trata o art. 39.

§ 6.º A faculdade prevista no parágrafo anterior não se aplica aos rendimentos das aplicações financeiras auferidos por instituição financeira, sociedade corretora de títulos e valores mobiliários, sociedade distribuidora de títulos e valores mobiliários, sociedades de seguro, previdência e capitalização.

Art. 68. São isentos do imposto de renda:

I – os rendimentos auferidos pelas carteiras dos fundos de renda fixa;

II – os rendimentos auferidos nos resgates de quotas de fundos de investimentos, de titularidade de fundos cujos recursos sejam aplicados na aquisição de quotas de fundos de investimentos;

III – os rendimentos auferidos por pessoa física em contas de depósitos de poupança, de Depósitos Especiais Remunerados – DER e sobre os juros produzidos por letras hipotecárias.

Art. 69. Ficam revogadas as isenções previstas na legislação do imposto de renda sobre os rendimentos auferidos por pessoas jurídicas em contas de depósitos de poupança, de Depósitos Especiais Remunerados – DER e sobre os juros produzidos por letras hipotecárias.

Parágrafo único. O imposto devido sobre os rendimentos de que trata este artigo será retido por ocasião do crédito ou pagamento do rendimento.

Art. 70. As operações de mútuo e de compra vinculada à revenda, no mercado secundário, tendo por objeto ouro, ativo financeiro, continuam equiparadas às operações de renda fixa para fins de incidência do imposto de renda na fonte.

§ 1.º Constitui fato gerador do imposto:

a) na operação de mútuo, o pagamento ou crédito do rendimento ao mutuante;

b) na operação de compra vinculada à revenda, a operação de revenda do ouro.

§ 2.º A base de cálculo do imposto será constituída:

a) na operação de mútuo, pelo valor do rendimento pago ou creditado ao mutuante;

b) na operação de compra vinculada à revenda, pela diferença positiva entre o valor de revenda e o de compra do ouro.

§ 3.º A base de cálculo do imposto, em Reais, na operação de mútuo, quando o rendimento for fixado em quantidade de ouro, será apurada com base no preço médio verificado no mercado à vista da bolsa em que ocorrer o maior volume de operações com ouro, na data da liquidação do contrato, acrescida do imposto de renda retido na fonte.

§ 4.º No caso de pessoa jurídica tributada com base no lucro real deverão ser ainda observados que:

a) a diferença positiva entre o valor de mercado, na data do mútuo, e o custo de aquisição do ouro será incluída pelo mutuante na apuração do ganho líquido de que trata o art. 72;

b) as alterações no preço do ouro durante o decurso do prazo do contrato de mútuo, em relação ao preço verificado na data de realização do contrato, serão reconhecidas pelo mutuante e pelo mutuário como receita ou despesa, segundo o regime de competência;

c) para efeito do disposto na alínea *b* será considerado o preço médio do ouro verificado no mercado à vista da bolsa em que ocorrer o maior volume de operações, na data do registro da variação.

§ 5.º O imposto de renda na fonte será calculado aplicando-se a alíquota prevista no art. 65.

§ 6.º Fica o Poder Executivo autorizado a baixar normas com vistas a definir as características da operação de compra vinculada à revenda de que trata este artigo.

Art. 71. Fica dispensada a retenção do imposto de renda na fonte sobre rendimentos de aplicações financeiras de renda fixa ou de renda variável quando o beneficiário do rendimento declarar à fonte pagadora, por escrito, sua condição de entidade imune.

•• Artigo com redação determinada pela Lei n. 9.065, de 20-6-1995.

Seção II

Do Mercado de Renda Variável

Art. 72. Os ganhos líquidos auferidos, a partir de 1.º de janeiro de 1995, por qualquer beneficiário, inclusive pessoa jurídica isenta, em operações realizadas nas bolsas de valores, de mercadorias, de futuros e assemelhadas, serão tributados pelo imposto de renda na forma da legislação vigente, com as alterações introduzidas por esta Lei.

§ 1.º A alíquota do imposto será de 10% (dez por cento), aplicável sobre os ganhos líquidos apurados mensalmente.

§ 2.º Os custos de aquisição dos ativos objeto das operações de que trata este artigo serão:

a) considerados pela média ponderada dos custos unitários;

b) convertidos em Real pelo valor de R$ 0,6767, no caso de ativos existentes em 31 de dezembro de 1994, expressos em quantidade de UFIR.

§ 3.º O disposto neste artigo aplica-se também:

a) aos ganhos líquidos auferidos por qualquer beneficiário, na alienação de ouro, ativo financeiro, fora de bolsa;

b) aos ganhos líquidos auferidos pelas pessoas jurídicas na alienação de participações societárias, fora de bolsa.

§ 4.º As perdas apuradas nas operações de que trata este artigo poderão ser compensadas com os ganhos líquidos auferidos nos meses subsequentes, em operações da mesma natureza.

§§ 5.º e 6.º (*Revogados pela Lei n. 9.959, de 27-1-2000.*)

§ 7.º O disposto nos §§ 4.º e 5.º aplica-se, inclusive, às perdas existentes em 31 de dezembro de 1994.

§ 8.º Ficam isentos do imposto de renda os ganhos líquidos auferidos por pessoa física em operações no mercado à vista de ações nas bolsas de valores e em operações com ouro, ativo financeiro, cujo valor das alienações realizadas em cada mês seja igual ou inferior a 5.000,00 UFIR, para o conjunto de ações e para o ouro, ativo financeiro, respectivamente.

Art. 73. O rendimento auferido no resgate de quota de fundo de ações, de *commodities*, de investimento no exterior, clube de investimento e outros fundos da espécie, por qualquer beneficiário, inclusive pessoa jurídica isenta, sujeita-se à incidência do imposto de renda na fonte à alíquota de 10% (dez por cento).

§ 1.º A base de cálculo do imposto é constituída pela diferença positiva entre o valor de resgate, líquido de IOF, e o valor de aquisição da quota.

§ 2.º Os ganhos líquidos previstos nos arts. 72 a 74 e os rendimentos produzidos por aplicações financeiras de renda fixa auferidos pelas carteiras dos fundos e clubes de que trata este artigo são isentos de imposto de renda.

§ 3.º O imposto de que trata este artigo será retido pelo administrador do fundo ou clube na data do resgate.

§ 4.º As aplicações nos fundos e clubes de que trata este artigo, existentes em 31 de dezembro de 1994, terão os respectivos rendimentos apropriados *pro rata tempore* até aquela data.

§ 5.º No resgate de quotas, existentes em 31 de dezembro de 1994, deverão ser observados os seguintes procedimentos:

a) se o valor de aquisição da aplicação, calculado segundo o disposto no § 2.º do art. 67, for inferior ao valor de resgate, o imposto devido será acrescido do imposto apurado nos termos daquele artigo;

b) em qualquer outro caso, a base de cálculo do imposto no resgate das quotas será a diferença positiva entre o valor de resgate, líquido do IOF, e o valor original de aquisição, aplicando-se a alíquota vigente em 31 de dezembro de 1994.

§ 6.º Para efeito da apuração prevista na alínea *b* do § 5.º, o valor original de aquisição em 31 de dezembro de 1994, expresso em quantidade de UFIR, será convertido em Real pelo valor de R$ 0,6767.

§ 7.º Os rendimentos produzidos a partir de 1.º de janeiro de 1995, referentes a aplicações existentes em 31 de dezembro de 1994 nos fundos e clubes de que trata este artigo, poderão ser excluídos do lucro real para efeito de incidência do adicional do imposto de renda de que trata o art. 39.

Art. 74. Ficam sujeitos à incidência do imposto de renda na fonte, à alíquota de 10% (dez por cento), os rendimentos auferidos em operações de *swap*.

§ 1.º A base de cálculo do imposto das operações de que trata este artigo será o resultado positivo auferido na liquidação do contrato de *swap*.

§ 2.º O imposto será retido pela pessoa jurídica que efetuar o pagamento do rendimento, na data da liquidação do respectivo contrato.

§ 3.º Somente será admitido o reconhecimento de perdas em operações de *swap* registradas nos termos da legislação vigente.

Art. 75. Ressalvado o disposto no § 3.º do art. 74, fica o Poder Executivo autorizado a permitir a compensação dos resultados apurados nas operações de que tratam os arts. 73 e 74, definindo as condições para a sua realização.

Seção III

Das Disposições Comuns à Tributação das Operações Financeiras

Art. 76. O imposto de renda retido na fonte sobre os rendimentos de aplicações financeiras de renda fixa e de renda variável, ou pago sobre os ganhos líquidos mensais, será:

•• *Caput* com redação determinada pela Lei n. 9.065, de 20-6-1995.

I – deduzido do apurado no encerramento do período ou na data da extinção, no caso de pessoa jurídica submetida ao regime de tributação com base no lucro real;

II – definitivo, no caso de pessoa jurídica não submetida ao regime de tributação com base no lucro real, inclusive isenta, e de pessoa física.

§ 1.º No caso de sociedade civil de prestação de serviços, submetida ao regime de tributação de que trata o art. 1.º do Decreto-lei n. 2.397, de 1987, o imposto poderá ser compensado com o imposto retido por ocasião do pagamento dos rendimentos aos sócios beneficiários.

§ 2.º Os rendimentos de aplicações financeiras de renda fixa e de renda variável e os ganhos líquidos produzidos a partir de 1.º de janeiro de 1995 integrarão o lucro real.

§ 3.º As perdas incorridas em operações iniciadas e encerradas no mesmo dia (*day-trade*), realizadas em mercado de renda fixa ou de renda variável, não serão dedutíveis na apuração do lucro real.

§ 4.º Ressalvado o disposto no parágrafo anterior, as perdas apuradas nas operações de que tratam os arts. 72 a 74 somente serão dedutíveis na determinação do lucro real até o limite dos ganhos auferidos em operações previstas naqueles artigos.

§ 5.º Na hipótese do § 4.º, a parcela das perdas adicionadas poderá, nos anos-calendário subsequentes, ser excluída na determinação do lucro real, até o limite correspondente à diferença positiva apurada em cada ano, entre os ganhos e perdas decorrentes das operações realizadas.

•• § 5.º com redação determinada pela Lei n. 9.065, de 20-6-1995.

§ 6.º Fica reduzida a zero a alíquota do IOF incidente sobre operações com títulos e valores mobiliários de renda fixa e de renda variável.

§ 7.º O disposto no § 6.º não elide a faculdade do Poder Executivo alterar a alíquota daquele imposto, conforme previsto no § 1.º do art. 153 da Constituição Federal e no parágrafo único do art. 1.º da Lei n. 8.894, de 21 de junho de 1994.

Art. 77. O regime de tributação previsto neste Capítulo não se aplica aos rendimentos ou ganhos líquidos:

•• *Caput* com redação determinada pela Lei n. 9.065, de 20-6-1995.

I – em aplicações financeiras de renda fixa de titularidade de instituição financeira, inclusive sociedade de seguro, previdência e capitalização, sociedade corretora de títulos, valores mobiliários e câmbio, sociedade distribuidora de títulos e valores mobiliários ou sociedade de arrendamento mercantil;

•• Inciso I com redação determinada pela Lei n. 9.065, de 20-6-1995.

II – (*Revogado pela Lei n. 10.833, de 29-12-2003.*)

III – nas operações de renda variável realizadas em bolsa, no mercado de balcão organizado, autorizado pelo órgão competente, ou através de fundos de investimento, para a carteira própria das entidades citadas no inciso I;

•• Inciso III com redação determinada pela Lei n. 9.249, de 26-12-1995.

IV – na alienação de participações societárias permanentes em sociedades coligadas e controladas, e de participações societárias que permaneceram no ativo da pessoa jurídica até o término do ano-calendário seguinte ao de suas aquisições;

V – em operações de cobertura (*hedge*) realizadas em bolsa de valores, de mercadoria e de futuros ou no mercado de balcão.

§ 1.º Para efeito do disposto no inciso V, consideram-se de cobertura (*hedge*) as operações destinadas, exclusivamente, à proteção contra riscos inerentes às oscilações de preço ou de taxas, quando o objeto do contrato negociado:

a) estiver relacionado com as atividades operacionais da pessoa jurídica;

b) destinar-se à proteção de direitos ou obrigações da pessoa jurídica.

§ 2.º O Poder Executivo poderá definir requisitos adicionais para a caracterização das operações de que trata o parágrafo anterior, bem como estabelecer procedimentos para registro e apuração dos ajustes diários incorridos nessas operações.

§ 3.º Os rendimentos e ganhos líquidos de que trata este artigo deverão compor a base de cálculo prevista nos arts. 28 ou 29 e o lucro real.

§ 4.º Para as associações de poupança e empréstimo, os rendimentos e ganhos líquidos auferidos nas aplicações financeiras serão tributados de forma definitiva, à alíquota de 25% (vinte e cinco por cento) sobre a base de cálculo prevista no art. 29.

•• § 4.º com redação determinada pela Lei n. 9.065, de 20-6-1995.

Seção IV
Da Tributação das Operações Financeiras Realizadas por Residentes ou Domiciliados no Exterior

Art. 78. Os residentes ou domiciliados no exterior sujeitam-se às mesmas normas de tributação pelo imposto de renda, previstas para os residentes ou domiciliados no país, em relação aos:

I – rendimentos decorrentes de aplicações financeiras de renda fixa;

II – ganhos líquidos auferidos em operações realizadas em bolsas de valores, de mercadorias, de futuros e assemelhadas;

III – rendimentos obtidos em aplicações em fundos de renda fixa e de renda variável e em clubes de investimentos.

Parágrafo único. Sujeitam-se à tributação pelo imposto de renda, nos termos dos arts. 80 a 82, os rendimentos e ganhos de capital decorrentes de aplicações financeiras, auferidos por fundos, sociedades de investimento e carteiras de valores mobiliários de que participem, exclusivamente, pessoas físicas ou jurídicas, fundos ou outras entidades de investimento coletivo residentes, domiciliados ou com sede no exterior.

Art. 79. O investimento estrangeiro nos mercados financeiros e de valores mobiliários somente poderá ser realizado no país por intermédio de representante legal, previamente designado dentre as instituições autorizadas pelo Poder Executivo a prestar tal serviço e que será responsável, nos termos do art. 128 do Código Tributário Nacional (Lei n. 5.172, de 25-10-1966) pelo cumprimento das obrigações tributárias decorrentes das operações que realizar por conta e ordem do representado.

§ 1.º O representante legal não será responsável pela retenção e recolhimento do imposto de renda na fonte sobre aplicações financeiras quando, nos termos da legislação pertinente tal responsabilidade for atribuída a terceiro.

§ 2.º O Poder Executivo poderá excluir determinadas categorias de investidores da obrigatoriedade prevista neste artigo.

Art. 80. Sujeitam-se à tributação pelo imposto de renda, à alíquota de 10% (dez por cento), os rendimentos e ganhos de capital auferidos no resgate pelo quotista, quando distribuídos, sob qualquer forma e a qualquer título, por fundos em condomínio, a que se refere o art. 50 da Lei n. 4.728, de 14 de julho de 1965, constituídos na forma prescrita pelo Conselho Monetário Nacional e mantidos com recursos provenientes de conversão de débitos externos brasileiros, e de que participem, exclusivamente, pessoas físicas ou jurídicas, fundos ou outras entidades de investimentos coletivos, residentes, domiciliados, ou com sede no exterior.

§ 1.º A base de cálculo do imposto é constituída pela diferença positiva entre o valor de resgate e o custo de aquisição da quota.

§ 2.º Os rendimentos e ganhos de capital auferidos pelas carteiras dos fundos de que trata este artigo, são isentos de imposto de renda.

Art. 81. Ficam sujeitos ao imposto de renda na fonte, à alíquota de 10% (dez por cento), os rendimentos auferidos:

I – pelas entidades mencionadas nos arts. 1.º e 2.º do Decreto-lei n. 2.285, de 23 de julho de 1986;

II – pelas sociedades de investimento a que se refere o art. 49 da Lei n. 4.728, de 1965, de que participem, exclusivamente, investidores estrangeiros;

III – pelas carteiras de valores mobiliários, inclusive vinculadas à emissão, no exterior, de certificados representativos de ações, mantidas, exclusivamente, por investidores estrangeiros.

§ 1.º Os ganhos de capital ficam excluídos da incidência do imposto de renda quando auferidos e distribuídos, sob qualquer forma e a qualquer título, inclusive em decorrência de liquidação parcial ou total do investimento pelos fundos, sociedades ou carteiras referidos no *caput* deste artigo.

§ 2.º Para os efeitos deste artigo, consideram-se:

a) rendimentos: quaisquer valores que constituam remuneração de capital aplicado, inclusive aquela produzida por títulos de renda variável, tais como juros, prêmios, comissões, ágio, deságio e participações nos lucros, bem como os resultados positivos auferidos em aplicações nos fundos e clubes de investimento de que trata o art. 73;

•• O *caput* do art. 1.º da Lei n. 12.431, de 24-6-2011, dispõe: "Art. 1.º Fica reduzida a zero a alíquota do imposto sobre a renda incidente sobre os rendimentos definidos nos termos da alínea *a* do § 2.º do art. 81 da Lei n. 8.981, de 20 de janeiro de 1995, produzidos por títulos ou valores mobiliários adquiridos a partir de 1.º de janeiro de 2011, objeto de distribuição pública, de emissão de pessoas jurídicas de direito privado não classificadas como instituições financeiras e regulamentados pela Comissão de Valores Mobiliários ou pelo Conselho Monetário Nacional, quando pagos, creditados, entregues ou remetidos a beneficiário residente ou domiciliado no exterior, exceto em país que não tribute a renda ou que a tribute à alíquota máxima inferior a vinte por cento".

b) ganhos de capital, os resultados positivos auferidos:

b.1) nas operações realizadas em bolsas de valores, de mercadorias, de futuros e assemelhadas, com exceção das operações conjugadas de que trata a alínea *a* do § 4.º do art. 65;

b.2) nas operações com ouro, ativo financeiro, fora de bolsa.

§ 3.º A base de cálculo do imposto de renda sobre os rendimentos auferidos pelas entidades de que trata este artigo será apurada:

a) de acordo com os critérios previstos nos arts. 65 a 67 no caso de aplicações de renda fixa;

b) de acordo com o tratamento previsto no § 3.º do art. 65 no caso de rendimentos periódicos;

c) pelo valor do respectivo rendimento ou resultado positivo, nos demais casos.

§ 4.º Na apuração do imposto de que trata este artigo serão indedutíveis os prejuízos apurados em operações de renda fixa e de renda variável.

§ 5.º O disposto neste artigo alcança, exclusivamente, as entidades que atenderem às normas e condições estabelecidas pelo Conselho Monetário Nacional, não se aplicando, entretanto, aos fundos em condomínio referidos no art. 80.

§ 6.º Os dividendos e as bonificações em dinheiro estão sujeitos ao imposto de renda à alíquota de 15% (quinze por cento).

Art. 82. O imposto de renda na fonte sobre os rendimentos auferidos pelas entidades de que trata o art. 81, será devido por ocasião da cessão, resgate, repactuação ou liquidação de cada operação de renda fixa, ou do recebimento ou crédito, o que primeiro ocorrer, de outros rendimentos, inclusive dividendos e bonificações em dinheiro.

§ 1.º (*Revogado pela Lei n. 9.430, de 27-12-1996.*)

§ 2.º Os dividendos que forem atribuídos às ações integrantes do patrimônio do fundo, sociedade ou carteira, serão registrados, na data em que as ações forem cotadas sem os respectivos direitos (ex-dividendos), em conta representativa de rendimentos a receber, em contrapartida à diminuição de idêntico valor da parcela do ativo correspondente às ações às quais se vinculam, acompanhados de transferência para a receita de dividendos de igual valor a débito da conta de resultado de variação da carteira de ações.

§ 3.º Os rendimentos submetidos à sistemática de tributação de que trata este artigo não se sujeitam a nova incidência do imposto de renda quando distribuídos.

§ 4.º (*Revogado pela Lei n. 11.196, de 21-11-2005.*)

Capítulo VII
DOS PRAZOS DE RECOLHIMENTO

Art. 83. Em relação aos fatos geradores cuja ocorrência se verifique a partir de 1.º de janeiro de 1995, os pagamentos do imposto de renda retido na fonte, do imposto sobre operações de crédito, câmbio e seguro e sobre operações relativas a títulos e valores mobiliários e da contribuição para o Programa de Integração Social – PIS/PASEP deverão ser efetuados nos seguintes prazos:

I e II – (*Revogados pela Lei n. 11.196, de 21-11-2005.*)

III – Contribuição para o Programa de Integração Social e para o Programa de Formação do Patrimônio do Servidor Público (PIS/PASEP): até o último dia útil da quinzena subsequente ao mês de ocorrência dos fatos geradores.

Capítulo VIII
DAS PENALIDADES E DOS ACRÉSCIMOS MORATÓRIOS

Art. 84. Os tributos e contribuições sociais arrecadados pela Secretaria da Receita Federal, cujos fatos geradores vierem a ocorrer a partir de 1.º de janeiro de 1995, não pagos nos prazos previstos na legislação tributária serão acrescidos de:

•• A Secretaria da Receita Federal passa a denominar-se Secretaria da Receita Federal do Brasil, por força da Lei n. 11.457, de 16-3-2007.

I – juros de mora, equivalentes à taxa média mensal de captação do Tesouro Nacional relativa à Dívida Mobiliária Federal Interna;

II – multa de mora aplicada da seguinte forma:

a) 10% (dez por cento), se o pagamento se verificar no próprio mês do vencimento;

b) 20% (vinte por cento), quando o pagamento ocorrer no mês seguinte ao do vencimento;

c) 30% (trinta por cento), quando o pagamento for efetuado a partir do segundo mês subsequente ao do vencimento.

§ 1.º Os juros de mora incidirão a partir do primeiro dia do mês subsequente ao do vencimento, e a multa de mora, a partir do primeiro dia após o vencimento do débito.

§ 2.º O percentual dos juros de mora relativo ao mês em que o pagamento estiver sendo efetuado será de 1% (um por cento).

§ 3.º Em nenhuma hipótese os juros de mora previstos no inciso I, deste artigo, poderão ser inferiores à taxa de juros estabelecida no art. 161, § 1.º, da Lei n. 5.172, de 25 de outubro de 1966, no art. 59 da Lei n. 8.383, de 1991, e no art. 3.º da Lei n. 8.620, de 5 de janeiro de 1993.

•• Referido art. 3.º da Lei n. 8.620, de 5-1-1993, encontra-se revogado por força da Lei n. 9.528, de 10-12-1997.

•• *Vide* Lei n. 9.430, de 27-12-1996, art. 61.

§ 4.º Os juros de mora de que trata o inciso I, deste artigo, serão aplicados também às contribuições sociais arrecadadas pelo INSS e aos débitos para com o patrimônio imobiliário, quando não recolhidos nos prazos previstos na legislação específica.

§ 5.º Em relação aos débitos referidos no art. 5.º desta Lei incidirão, a partir de 1.º de janeiro de 1995, juros de mora de 1% (um por cento) ao mês-calendário ou fração.

§ 6.º O disposto no § 2.º aplica-se, inclusive, às hipóteses de pagamento parcelado de tributos e contribuições sociais, previstos nesta Lei.

§ 7.º A Secretaria do Tesouro Nacional divulgará mensalmente a taxa a que se refere o inciso I deste artigo.

§ 8.º O disposto neste artigo aplica-se aos demais créditos da Fazenda Nacional, cuja inscrição e cobrança como Dívida Ativa da União seja de competência da Procuradoria-Geral da Fazenda Nacional.

•• § 8.º acrescentado pela Lei n. 10.522, de 19-7-2002.

Art. 85. O produto da arrecadação dos juros de mora, no que diz respeito aos tributos e contribuições, exceto as contribuições arrecadadas pelo INSS, integra os recursos referidos nos arts. 3.º, parágrafo único, 4.º e 5.º, § 1.º, da Lei n. 7.711, de 22 de dezembro de 1988, e no art. 69 da Lei n. 8.383, de 1991, até o limite de juros previstos no art. 161, § 1.°, da Lei n. 5.172, de 25 de outubro de 1966.

Art. 86. As pessoas físicas ou jurídicas que efetuarem pagamentos com retenção do imposto de renda na fonte, deverão fornecer à pessoa física ou jurídica beneficiária, até o dia 31 de janeiro, documento comprobatório, em duas vias, com indicação da natureza e do montante do pagamento, das deduções e do imposto de renda retido no ano-calendário anterior, quando for o caso.

§ 1.° No documento de que trata este artigo, o imposto retido na fonte, as deduções e os rendimentos, deverão ser informados por seus valores em Reais.

§ 2.° As pessoas físicas ou jurídicas que deixarem de fornecer aos beneficiários, dentro do prazo, ou fornecerem com inexatidão, o documento a que se refere este artigo, ficarão sujeitas ao pagamento de multa de 50 (cinquenta) UFIR por documento.

§ 3.° À fonte pagadora que prestar informação falsa sobre rendimentos pagos, deduções ou imposto retido na fonte, será aplicada multa de 300% (trezentos por cento) sobre o valor que for indevidamente utilizável, como redução do imposto de renda a pagar ou aumento do imposto a restituir ou compensar, independentemente de outras penalidades administrativas ou criminais.

§ 4.° Na mesma penalidade incorrerá aquele que se beneficiar da informação, sabendo ou devendo saber da sua falsidade.

Art. 87. Aplicar-se-ão às microempresas, as mesmas penalidades previstas na legislação do imposto de renda para as demais pessoas jurídicas.

Art. 88. A falta de apresentação da declaração de rendimentos ou a sua apresentação fora do prazo fixado, sujeitará a pessoa física ou jurídica:

I – à multa de mora de 1% (um por cento) ao mês ou fração sobre o imposto de renda devido, ainda que integralmente pago;

II – à multa de 200 (duzentas) UFIR a 8.000 (oito mil) UFIR, no caso de declaração de que não resulte imposto devido.

§ 1.° O valor mínimo a ser aplicado será:

a) de 200 (duzentas) UFIR, para as pessoas físicas;

b) de 500 (quinhentas) UFIR, para as pessoas jurídicas.

§ 2.° A não regularização no prazo previsto na intimação, ou em caso de reincidência, acarretará o agravamento da multa em 100% (cem por cento) sobre o valor anteriormente aplicado.

§ 3.° As reduções previstas no art. 6.° da Lei n. 8.218, de 29 de agosto de 1991 e art. 60 da Lei n. 8.383, de 1991, não se aplicam às multas previstas neste artigo.

§ 4.° (*Revogado pela Lei n. 9.065, de 20-6-1995.*)

Art. 89. (*Revogado pela Lei n. 9.430, de 27-12-1996.*)

Art. 90. O art. 14 da Lei n. 8.847, de 28 de janeiro de 1994, com a redação dada pelo art. 6.° da Lei n. 8.850, de 28 de janeiro de 1994, passa a vigorar com a seguinte redação:

•• Alteração prejudicada em face da posterior revogação do artigo citado pela Lei n. 9.393, de 19-12-1996.

Capítulo IX
DO PARCELAMENTO DE DÉBITOS

Art. 91. (*Revogado pela Lei n. 10.522, de 19-7-2002.*)

Art. 92. Os débitos vencidos até 31 de outubro de 1994 poderão ser parcelados em até 60 (sessenta) prestações, desde que os pedidos sejam apresentados na unidade da Secretaria da Receita Federal da jurisdição do contribuinte até 31 de março de 1995.

•• A Secretaria da Receita Federal passa a denominar-se Secretaria da Receita Federal do Brasil, por força da Lei n. 11.457, de 16-3-2007.

Parágrafo único. Sobre os débitos parcelados nos termos deste artigo, não incidirá o encargo adicional de que trata a alínea *b.1* do parágrafo único do art. 91.

Arts. 93 e 94. (*Revogados pela Lei n. 10.522, de 19-7-2002.*)

CAPÍTULO X
DAS DISPOSIÇÕES FINAIS

Art. 95. As empresas industriais titulares de Programas Especiais de Exportação aprovados até 3 de junho de 1993, pela Comissão para Concessão de Benefícios Fiscais a Programas Especiais de Exportação – BEFIEX, poderão compensar o prejuízo fiscal verificado em um período-base com o lucro real determinado nos seis anos-calendário subsequentes, independentemente da distribuição de lucros ou dividendos a seus sócios ou acionistas.

•• Artigo com redação determinada pela Lei n. 9.065, de 20-6-1995.

Art. 96. A opção de que trata o § 4.º do art. 31 da Lei n. 8.541, de 1992, relativo ao imposto incidente sobre o lucro inflacionário acumulado realizado no mês de dezembro de 1994, será manifestada pelo pagamento até o vencimento da 1.ª quota ou quota única do respectivo tributo.

Art. 97. A falta ou insuficiência de pagamento do imposto de renda e da contribuição social sobre o lucro está sujeita aos acréscimos legais previstos na legislação tributária federal.

Parágrafo único. No caso de lançamento de ofício, no decorrer do ano-calendário, será observada a forma de apuração da base de cálculo do imposto adotada pela pessoa jurídica.

Art. 98. (*Revogado pela Lei n. 9.430, de 27-12-1996.*)

Art. 99. No caso de lançamento de ofício, as penalidades previstas na legislação tributária federal, expressas em UFIR, serão reconvertidas para Reais, quando aplicadas a infrações cometidas a partir de 1.º de janeiro de 1995.

Art. 100. Poderão ser excluídos do lucro líquido, para determinação do lucro real e da base de cálculo da contribuição social sobre o lucro, os juros reais produzidos por Notas do Tesouro Nacional – NTN, emitidas para troca compulsória no âmbito do Programa Nacional de Privatização – PND.

Parágrafo único. O valor excluído será controlado na parte *B* do Livro de Apuração do Lucro Real – LALUR, e computado na determinação do lucro real e da contribuição social sobre o lucro no período do seu recebimento.

....

Art. 102. O disposto nos arts. 100 e 101 aplica-se, inclusive, em relação ao ano-calendário de 1994.

Art. 103. As pessoas jurídicas que explorarem atividade comercial de vendas de produtos e serviços poderão promover depreciação acelerada dos equipamentos Emissores de Cupom Fiscal – ECF novos, que vierem a ser adquiridos no período compreendido entre 1.º de janeiro de 1995 a 31 de dezembro de 1995.

§ 1.º A depreciação acelerada de que trata este artigo será calculada pela aplicação da taxa de depreciação usualmente admitida, sem prejuízo da depreciação normal.

§ 2.º O total acumulado da depreciação, inclusive a normal, não poderá ultrapassar o custo de aquisição do bem.

§ 3.º O disposto neste artigo somente alcança os equipamentos:

a) que identifiquem no cupom fiscal emitido os produtos ou serviços vendidos; e

b) cuja utilização tenha sido autorizada pelo órgão competente dos Estados, do Distrito Federal ou dos Municípios.

Arts. 104 e 105. (*Revogados pela Lei n. 9.065, de 20-6-1995.*)

Art. 106. Fica o Poder Executivo autorizado a alterar a forma de fixação da taxa de câmbio, para cálculo dos impostos incidentes na importação, de que trata o parágrafo único do art. 24 do Decreto-lei n. 37, de 18 de novembro de 1966, com a redação dada pelo art. 1.º da Lei n. 7.683, de 2 de dezembro de 1988.

....

Art. 113. (*Revogado pela Lei n. 9.065, de 20-6-1995.*)

Art. 114. O lucro inflacionário acumulado existente em 31 de dezembro de 1994, continua submetido aos critérios de realização previstos na Lei n. 7.799, de 10 de julho de 1989, observado o disposto no art. 32, da Lei n. 8.541, de 1992.

Art. 115. O disposto nos arts. 48 a 51, 53, 55 e 56 da Medida Provisória n. 785, de 23 de dezembro de 1994, aplica-se somente aos fatos geradores ocorridos até 31 de dezembro de 1994.

Art. 116. Esta Lei entra em vigor na data de sua publicação, produzindo efeitos a partir de 1.º de janeiro de 1995.

Art. 117. Revogam-se as disposições em contrário, e, especificamente:

I – os arts. 12 e 21, e o parágrafo único do art. 42 da Lei n. 8.541, de 23 de dezembro de 1992;

II – o parágrafo único do art. 44 e o art. 47 da Lei n. 8.383, de 30 de dezembro de 1991;

III – o art. 8.º do Decreto-lei n. 2.287, de 23 de julho de 1986;

IV – o § 3.º do art. 3.º da Lei n. 8.847, de 28 de janeiro de 1994;

V – o art. 5.º da Lei n. 8.850, de 28 de janeiro de 1994;

VI – o art. 6.º da Lei n. 7.965, de 22 de dezembro de 1989.

Senado Federal, em 20 de janeiro de 1995.

SENADOR HUMBERTO LUCENA

LEI N. 9.069, DE 29 DE JUNHO DE 1995 (*)

(*) Publicada no *DOU*, de 30-6-1995. *Vide* Lei n. 10.192, de 14-2-2001.

Dispõe sobre o Plano Real, o Sistema Monetário Nacional, estabelece as regras e condições de emissão do REAL e os critérios para conversão das obrigações para o REAL, e dá outras providências.

O Presidente da República.

Faço saber que o Congresso Nacional decreta e eu sanciono a seguinte Lei:

CAPÍTULO I
DO SISTEMA MONETÁRIO NACIONAL

Art. 1.º A partir de 1.º de julho de 1994, a unidade do Sistema Monetário Nacional passa a ser o REAL (art. 2.º da Lei n. 8.880, de 27-5-1994), que terá curso legal em todo o território nacional.

§ 1.º As importâncias em dinheiro serão grafadas precedidas do símbolo R$.

§ 2.º A centésima parte do REAL, denominada centavo, será escrita sob a forma decimal, precedida da vírgula que segue a unidade.

§ 3.º A paridade entre o REAL e o Cruzeiro Real, a partir de 1.º de julho de 1994, será igual à paridade entre a Unidade Real de Valor – URV e o Cruzeiro Real fixada pelo Banco Central do Brasil para o dia 30 de junho de 1994.

§ 4.º A paridade de que trata o parágrafo anterior permanecerá fixa para os fins previstos no art. 3.º, § 3.º, da Lei n. 8.880, de 27 de maio de 1994, e no art. 2.º desta Lei.

§ 5.º Admitir-se-á fracionamento especial da unidade monetária nos mercados de valores mobiliários e de títulos da dívida pública, na cotação de moedas estrangeiras, na Unidade Fiscal de Referência – UFIR e na determinação da expressão monetária de outros valores que necessitem da avaliação de grandezas inferiores ao centavo, sendo as frações resultantes desprezadas ao final dos cálculos.

•• *Vide*, sobre UFIR, Nota dos Organizadores.

Art. 2.º O Cruzeiro Real, a partir de 1.º de julho de 1994, deixa de integrar o Sistema

Monetário Nacional, permanecendo em circulação como meio de pagamento as cédulas e moedas dele representativas, pelo prazo de 30 (trinta) dias, na forma prevista nos §§ 3.º e 4.º do art. 3.º da Lei n. 8.880, de 1994.

§ 1.º Até o último dia útil de julho de 1994, os cheques ainda emitidos com indicação de valor em Cruzeiros Reais serão acolhidos pelas instituições financeiras e pelos serviços de compensação, sem prejuízo do direito ao crédito, nos termos da legislação pertinente.

§ 2.º Os prazos previstos neste artigo poderão ser prorrogados pelo Banco Central do Brasil.

§ 3.º Os documentos de que trata o § 1.º serão acolhidos e contabilizados com a paridade fixada, na forma do § 3.º do art. 1.º, para o dia 1.º de julho de 1994.

Art. 3.º O Banco Central do Brasil emitirá o REAL mediante a prévia vinculação de reservas internacionais em valor equivalente, observado o disposto no art. 4.º desta Lei.

§ 1.º As reservas internacionais passíveis de utilização para composição do lastro para emissão do REAL são os ativos de liquidez internacional denominados ou conversíveis em dólares dos Estados Unidos da América.

§ 2.º A paridade a ser obedecida, para fins da equivalência a que se refere o *caput* deste artigo, será de um dólar dos Estados Unidos da América para cada REAL emitido.

§ 3.º Os rendimentos resultantes das aplicações das reservas vinculadas não se incorporarão a estas, sendo incorporados às reservas não vinculadas administradas pelo Banco Central do Brasil.

§ 4.º O Conselho Monetário Nacional, segundo critérios aprovados pelo Presidente da República:

I – regulamentará o lastreamento do REAL;

II – definirá a forma como o Banco Central do Brasil administrará as reservas internacionais vinculadas;

III – poderá modificar a paridade a que se refere o § 2.º deste artigo.

§ 5.º O Ministro da Fazenda submeterá ao Presidente da República os critérios de que trata o parágrafo anterior.

Art. 4.º Observado o disposto nos artigos anteriores, o Banco Central do Brasil deverá obedecer, no tocante às emissões de REAL, o seguinte:

I – limite de crescimento para o trimestre outubro-dezembro/94 de 13,33% (treze vírgula trinta e três por cento), para as emissões de REAL sobre o saldo de 30 de setembro de 1994;

II – limite de crescimento percentual nulo no quarto trimestre de 1994, para as emissões de REAL no conceito ampliado;

III – nos trimestres seguintes, obedecido o objetivo de assegurar a estabilidade da moeda, a programação monetária de que trata o art. 6.º desta Lei estimará os percentuais de alteração das emissões de REAL em ambos os conceitos mencionados acima.

§ 1.º Para os propósitos do contido no *caput* deste artigo, o Conselho Monetário Nacional, tendo presente o objetivo de assegurar a estabilidade da moeda, definirá os componentes do conceito ampliado de emissão, nele incluídas as emissões lastreadas de que trata o art. 3.º desta Lei.

§ 2.º O Conselho Monetário Nacional, para atender a situações extraordinárias, poderá autorizar o Banco Central do Brasil a exceder em até 20% (vinte por cento) os valores resultantes dos percentuais previstos no *caput* deste artigo.

§ 3.º O Conselho Monetário Nacional, por intermédio do Ministro de Estado da Fazenda, submeterá ao Presidente da República os critérios referentes a alteração de que trata o § 2.º deste artigo.

§ 4.º O Conselho Monetário Nacional, de acordo com diretrizes do Presidente da República, regulamentará o disposto neste artigo, inclusive no que diz respeito à apuração dos valores das emissões autorizadas e em circulação e à definição de emissões no conceito ampliado.

Art. 5.º Serão grafadas em REAL, a partir de 1.º de julho de 1994, as demonstrações contábeis e financeiras, os balanços, os cheques, os títulos, os preços, os precatórios, os valores de contratos e todas as demais expressões pecuniárias que se possam traduzir em moeda nacional.

....

CAPÍTULO VI
DAS DISPOSIÇÕES TRIBUTÁRIAS

Art. 36. A partir de 1.º de julho de 1994, ficará interrompida, até 31 de dezembro de 1994, a aplicação da Unidade Fiscal de Referência – UFIR, exclusivamente para efeito de atualização dos tributos, contribuições federais e receitas patrimoniais, desde que os respectivos créditos sejam pagos nos prazos originais previstos na legislação.

§ 1.º No caso de tributos e contribuições apurados em declaração de rendimentos, a interrupção da UFIR abrangerá o período compreendido entre a data de encerramento do período de apuração e a data de vencimento.

§ 2.º Para os efeitos da interrupção de que trata o *caput* deste artigo, a reconversão para REAL será efetuada com base no valor da UFIR utilizada para a respectiva conversão.

§ 3.º Aos créditos tributários não pagos nos prazos previstos na legislação tributária aplica-se a atualização monetária pela variação da UFIR, a partir do mês de ocorrência do fato gerador, ou, quando for o caso, a partir do mês correspondente ao término do período de apuração, nos termos da legislação pertinente, sem prejuízo da multa e de acréscimos legais pertinentes.

§ 4.º Aos débitos para com o patrimônio imobiliário da União não pagos nos prazos previstos na legislação patrimonial, ou à diferença de valor recolhido a menor, aplica-se a atualização monetária pela variação da UFIR entre o mês do vencimento, ou da ocorrência do fato gerador, e o mês do efetivo pagamento, além da multa de que trata o art. 59 da Lei n. 8.383, de 30 de dezembro de 1991, e de acréscimos legais pertinentes.

§ 5.º Às contribuições sociais arrecadadas pelo Instituto Nacional do Seguro Social – INSS, quando não recolhidas nos prazos previstos na legislação específica, aplica-se a atualização monetária pela variação da UFIR entre o mês subsequente ao de competência e o mês do efetivo recolhimento, sem prejuízo da multa e de acréscimos legais pertinentes.

§ 6.º O disposto no *caput* deste artigo não se aplica aos débitos incluídos em parcelamento.

Art. 37. No caso de tributos, contribuições e outros débitos para com a Fazenda Nacional pagos indevidamente, dentro do prazo previsto no art. 36 desta Lei, a compensação ou restituição será efetuada com base na variação da UFIR calculada a partir do mês seguinte ao pagamento.

Art. 38. Nas situações de que tratam os §§ 3.º, 4.º e 5.º do art. 36 desta Lei, os juros de mora serão equivalentes, a partir de 1.º de julho de 1994, ao excedente da variação acumulada da Taxa Referencial – TR em relação à variação da UFIR no mesmo período.

§ 1.º Em nenhuma hipótese os juros de mora previstos no *caput* deste artigo poderão ser inferiores à taxa de juros estabelecida no art. 161, § 1.º, da Lei n. 5.172, de 25 de outubro de 1966, no art. 59 da Lei n. 8.383, de 1991, e no art. 3.º da Lei n. 8.620, de 5 de janeiro de 1993.

•• Referido art. 3.º da Lei n. 8.620, de 5-1-1993, encontra-se revogado por força da Lei n. 9.528, de 10-12-1997.

•• *Vide* Lei n. 9.430, de 27-12-1996, art. 61.

§ 2.º O disposto no *caput* deste artigo não se aplica aos débitos incluídos em parcelamento concedido anteriormente à data de entrada em vigor desta Lei.

Art. 39. O imposto sobre rendimentos de que trata o art. 8.º da Lei n. 7.713, de 22 de dezembro de 1988, pago na forma do art. 36 desta Lei, será, para efeito de redução do imposto devido na declaração de ajuste anual, convertido em quantidade de UFIR pelo valor desta no mês em que os rendimentos forem recebidos.

Art. 40. O produto da arrecadação dos juros de mora de que trata o art. 38 desta Lei, no que diz respeito aos tributos e contribuições, exceto as contribuições sociais arrecadadas pelo INSS, integra os recursos referidos nos arts. 3.º, parágrafo único, 4.º e 5.º, § 1.º, da Lei n. 7.711, de 22 de dezembro de 1988, e no art. 69 da Lei n. 8.383, de 1991, até o limite de juros previsto no art. 161, § 1.º, da Lei n. 5.172, de 25 de outubro de 1966.

Art. 41. A restituição do imposto de renda da pessoa física, apurada na declaração de rendimentos relativa ao exercício financeiro de 1995, será reconvertida em REAL com base no valor da UFIR no mês do recebimento.

Art. 42. As pessoas jurídicas farão levantamento de demonstrações contábeis e financeiras extraordinárias, com vistas à adaptação dos respectivos lançamentos aos preceitos desta Lei.

Parágrafo único. O Poder Executivo regulamentará o disposto neste artigo.

Art. 43. Fica extinta, a partir de 1.º de setembro de 1994, a UFIR diária de que trata a Lei n. 8.383, de 30 de dezembro de 1991.

Art. 44. A correção monetária das unidades fiscais estaduais e municipais será feita pelos mesmos índices e com a mesma periodicidade com que será corrigida a Unidade Fiscal de Referência – UFIR, de que trata a Lei n. 8.383, de 30 de dezembro de 1991.

....

Art. 46. Os valores constantes da legislação tributária, expressos ou com referencial em UFIR diária serão, a partir de 1.º de setembro de 1994, expressos ou referenciados em UFIR.

Parágrafo único. Para efeito de aplicação dos limites previstos na legislação tributária federal, a conversão dos valores em REAL para UFIR será efetuada com base na UFIR vigente no mês de referência.

Art. 47. A partir de 1.º de setembro de 1994, a correção monetária das demonstrações financeiras será efetuada com base na UFIR.

Parágrafo único. O período da correção será o compreendido entre o último balanço corrigido e o primeiro dia do mês seguinte àquele em que o balanço deverá ser corrigido.

Art. 48. A partir de 1.º de setembro de 1994, a base de cálculo do imposto de renda das pessoas jurídicas será convertida em quantidade de UFIR, mediante a divisão do valor do lucro real, presumido ou arbitrado, pelo valor da UFIR vigente no mês subsequente ao de encerramento do período-base de sua apuração.

§ 1.º O disposto neste artigo aplica-se também à base de cálculo do imposto de renda mensal determinada com base nas regras de estimativa e à tributação dos demais resultados e ganhos de capital (art. 17 da Lei n. 8.541, de 23-12-1992).

§ 2.º Na hipótese de incorporação, fusão, cisão ou extinção da pessoa jurídica, no curso do período-base, a base de cálculo do imposto será convertida em quantidade de UFIR, com base no valor desta vigente no mês de encerramento do período-base.

Art. 49. O imposto de renda da pessoa jurídica será calculado mediante a aplicação da alíquota sobre a base de cálculo expressa em UFIR.

Art. 50. Aplicam-se à Contribuição Social sobre o Lucro (Lei n. 7.689, de 15-12-1988) as mesmas normas de conversão em UFIR da base de cálculo e de pagamento estabelecidas por esta Lei para o imposto de renda das pessoas jurídicas.

Art. 51. O imposto de renda retido na fonte ou pago pelo contribuinte relativo a fatos geradores ocorridos a partir de 1.º de setembro de 1994, incidente sobre receitas computadas na base de cálculo do imposto de renda da pessoa jurídica será, para efeito de compensação, convertido em quantidade de UFIR, tomando por base o valor desta no mês subsequente ao da retenção.

Parágrafo único. A conversão em quantidade de UFIR prevista neste artigo aplica-se, também, aos incentivos fiscais de dedução do imposto e de redução e isenção calculados com base no lucro da exploração.

Art. 52. São dedutíveis, na determinação do lucro real e da base de cálculo da Contribuição Social sobre o Lucro, segundo o regime de competência, as contrapartidas de variação monetária de obrigações, inclusive de tributos e contribuições, ainda que não pagos, e perdas cambiais e monetárias na realização de créditos.

Art. 53. Os rendimentos das aplicações financeiras de renda fixa e os ganhos líquidos nos mercados de renda variável continuam apurados e tributados na forma da legislação vigente, com as seguintes alterações:

I – a partir de 1.º de setembro de 1994, o valor aplicado e o custo de aquisição serão convertidos em UFIR pelo valor desta no mês da aplicação ou aquisição, e reconvertidos em REAL pelo valor da UFIR do mês do resgate ou da liquidação da operação;

II – o valor das aplicações financeiras e do custo dos ativos existentes em 31 de agosto de 1994, expresso em quantidade de UFIR, será reconvertido em REAL na forma prevista na alínea anterior.

§ 1.º O disposto neste artigo aplica-se também aos rendimentos auferidos no resgate de quotas de fundos e clubes de investimento, excetuados os rendimentos do fundo de que trata o § 4.º do art. 21 da Lei n. 8.383, de 30 de dezembro de 1991.

§ 2.º São isentos do imposto de renda os rendimentos auferidos nos resgates de quotas de fundos de investimento, de titularidade de fundos cujos recursos sejam aplicados na aquisição de quotas de fundos de investimento.

§ 3.º Fica mantido, em relação ao Fundo de Investimento em Quotas de Fundos de Aplicação Financeira, o disposto no art. 22, inciso I, da Lei n. 8.383, de 30 de dezembro de 1991.

Art. 54. Constituem aplicações financeiras de renda fixa, para os efeitos da legislação tributária, as operações de transferência de dívidas realizadas com instituições financeiras e demais instituições autorizadas a funcionar pelo Banco Central do Brasil.

Parágrafo único. Para os efeitos do art. 18 da Lei Complementar n. 77, de 13 de julho de 1993, o cedente da dívida é titular da aplicação e beneficiário da liquidação da operação.

Art. 55. Em relação aos fatos geradores que vierem a ocorrer a partir de 1.º de setembro de 1994, os tributos e contribuições arrecadados pela Secretaria da Receita Federal serão convertidos em quantidade de UFIR com base no valor desta no mês em que ocorrer o fato gerador ou no mês em que se encerrar o período de apuração.

•• A Secretaria da Receita Federal passa a denominar-se Secretaria da Receita Federal do Brasil, por força da Lei n. 11.457, de 16-3-2007.

§ 1.º Para efeito de pagamento, a reconversão para REAL far-se-á mediante a multiplicação da respectiva quantidade de UFIR pelo valor desta vigente no mês do pagamento, observado o disposto no art. 36 desta Lei.

§ 2.º A reconversão para REAL, nos termos do parágrafo anterior, aplica-se, inclusive, aos tributos e contribuições relativos a fatos geradores anteriores a 1.º de setembro de 1994, expressos em UFIR, diária ou mensal, conforme a legislação de regência.

Art. 56. A partir da competência setembro de 1994, as contribuições sociais arrecadadas pelo INSS serão convertidas em UFIR com base no valor desta no mês subsequente ao de competência.

Parágrafo único. Aplica-se às contribuições de que trata este artigo o disposto nos §§ 1.º e 2.º do artigo anterior.

Art. 57. Em relação aos fatos geradores cuja ocorrência se verifique a partir de 1.º de agosto de 1994, o pagamento da Contribuição para o Financiamento da Seguridade Social – COFINS, instituída pela Lei Complementar n. 70, de 30 de dezembro de 1991, e das contribuições para o Programa de Integração Social e para o Programa de Formação do Patrimônio do Servidor Público – PIS/PASEP deverá ser efetuado até o último dia útil do primeiro decêndio subsequente ao mês de ocorrência dos fatos geradores.

Art. 58. O inciso III do art. 10 e o art. 66 da Lei n. 8.383, de 30 de dezembro de 1991, passam a vigorar com a seguinte redação:

•• Alterações já processadas no texto da referida Lei.

Art. 59. A prática de atos que configurem crimes contra a ordem tributária (Lei n. 8.137, de 27-12-1990), bem assim a falta de emissão de notas fiscais, nos termos da Lei n. 8.846, de 21 de janeiro de 1994, acarretarão à pessoa jurídica infratora a perda, no ano-calendário correspondente, dos incentivos e benefícios de redução ou isenção previstos na legislação tributária.

Art. 60. A concessão ou reconhecimento de qualquer incentivo ou benefício fiscal, relativos a tributos e contribuições administrados pela Secretaria da Receita Federal, fica condicionada à comprovação pelo contribuinte, pessoa física ou jurídica, da quitação de tributos e contribuições federais.

•• A Secretaria da Receita Federal passa a denominar-se Secretaria da Receita Federal do Brasil, por força da Lei n. 11.457, de 16-3-2007.

Art. 61. A partir de 1.º de setembro de 1994, os débitos de qualquer natureza para com a Fazenda Nacional e os decorrentes de contribuições arrecadadas pela União, constituídos ou não, cujos fatos geradores ocorreram até 31 de agosto de 1994, expressos em UFIR, serão convertidos para REAL com base no valor desta no mês do pagamento.

Art. 62. Os débitos de qualquer natureza para com a Fazenda Nacional e os decorrentes de contribuições arrecadadas pela União, constituídos ou não, cujos fatos geradores ocorram a partir de 1.º de setembro de 1994, serão convertidos em quantidade de UFIR, com base no valor desta no mês da ocorrência do fato gerador, e reconvertidos para REAL mediante a multiplicação da quantidade de UFIR pelo valor desta vigente no mês do pagamento.

Parágrafo único. No caso das contribuições sociais arrecadadas pelo INSS, a conversão dos débitos para UFIR terá por base o valor desta no mês subsequente ao de competência da contribuição.

Art. 63. No caso de parcelamento concedido administrativamente até o dia 31 de agosto de 1994, o valor do débito ou da parcela a pagar será determinado mediante a multiplicação da respectiva quantidade de UFIR pelo valor desta no mês do pagamento.

Art. 64. No caso de parcelamento concedido administrativamente a partir de 1.º de setembro de 1994, o valor do débito será consolidado em UFIR, conforme a legislação aplicável, e reconvertido para REAL mediante a multiplicação da quantidade de UFIR pelo valor desta vigente no mês do pagamento.

CAPÍTULO VII
DISPOSIÇÕES ESPECIAIS

Art. 65. O ingresso no País e a saída do País de moeda nacional e estrangeira devem ser realizados exclusivamente por meio de instituição autorizada a operar no mercado de câmbio, à qual cabe a perfeita identificação do cliente ou do beneficiário.

•• *Caput* com redação determinada pela Lei n. 12.865, de 9-10-2013.

§ 1.º Excetua-se do disposto no *caput* deste artigo o porte, em espécie, dos valores:

I – quando em moeda nacional, até R$ 10.000,00 (dez mil reais);

II – quando em moeda estrangeira, o equivalente a R$ 10.000,00 (dez mil reais);

III – quando comprovada a sua entrada no País ou sua saída do País, na forma prevista na regulamentação pertinente.

§ 2.º O Banco Central do Brasil, segundo diretrizes do Conselho Monetário Nacional, regulamentará o disposto neste artigo, dispondo, inclusive, sobre a forma, os limites e as condições de ingresso no País e saída do País de moeda nacional e estrangeira.

•• § 2.º com redação determinada pela Lei n. 12.865, de 9-10-2013.

§ 3.º A não observância do contido neste artigo, além das sanções penais previstas na legislação específica, e após o devido processo legal, acarretará a perda do valor excedente dos limites referidos no § 1.º deste artigo, em favor do Tesouro Nacional.

Art. 66. As instituições financeiras e as demais instituições autorizadas a funcionar pelo Banco Central do Brasil que apresentem insuficiência nos recolhimentos compulsórios ou efetuem saques a descoberto na conta Reservas Bancárias estão sujeitas aos custos financeiros estabelecidos pelo Banco Central do Brasil.

•• *Caput* com redação determinada pela Lei n. 13.506, de 13-11-2017.

Art. 67. *(Revogado pela Lei n. 13.506, de 13-11-2017).*

Art. 68. Os depósitos das instituições financeiras bancárias mantidos no Banco Central do Brasil e contabilizados na conta "Reservas Bancárias" são impenhoráveis e não responderão por qualquer tipo de dívida civil, comercial, fiscal, previdenciária, trabalhista ou de outra natureza, contraída por essas instituições ou quaisquer outras a elas ligadas.

Parágrafo único. A impenhorabilidade de que trata o *caput* deste artigo não se aplica aos débitos contratuais efetuados pelo Banco Central do Brasil e aos decorrentes das relações das instituições financeiras com o Banco Central do Brasil.

Art. 69. A partir de 1.º de julho de 1994, fica vedada a emissão, pagamento e compensação de cheque de valor superior a R$ 100,00 (cem REAIS), sem identificação do beneficiário.

Parágrafo único. O Conselho Monetário Nacional regulamentará o disposto neste artigo.

Art. 70. A partir de 1.º de julho de 1994, o reajuste e a revisão dos preços públicos e das tarifas de serviços públicos far-se-ão:

I – conforme atos, normas e critérios a serem fixados pelo Ministro da Fazenda; e

II – anualmente.

§ 1.º O Poder Executivo poderá reduzir o prazo previsto no inciso II deste artigo.

§ 2.º O disposto neste artigo aplica-se, inclusive, à fixação dos níveis das tarifas para o serviço público de energia elétrica, reajustes e revisões de que trata a Lei n. 8.631, de 4 de março de 1993.

Art. 71. Ficam suspensas, até 30 de junho de 1995:

I – a concessão de avais e quaisquer outras garantias, para qualquer fim, pelo Tesouro Nacional ou em seu nome;

II – a abertura de créditos especiais no Orçamento Geral da União;

III – a colocação, por parte dos Órgãos Autônomos, Autarquias, Empresas Públicas, Sociedades de Economia Mista e Fundações da União, e demais entidades, controladas direta ou indiretamente pela União, de qualquer título ou obrigação no exterior, exceto quando vinculado à amortização de principal corrigido de dívida interna ou externa;

IV – a contratação, por parte dos órgãos e entidades mencionados no inciso anterior, de novas operações de crédito interno ou externo, exceto quando vinculada à amortização de principal corrigido de dívida interna ou externa, quando referente a operações mercantis ou quando relativa a créditos externos de entidades oficiais de financiamentos de projetos públicos;

V – a conversão, em títulos públicos federais, de créditos oriundos da Conta de Resultados a Compensar – CRC, objeto da Lei n. 8.631, de 1993, com as alterações da Lei n. 8.724, de 28 de outubro de 1993.

§ 1.º O Poder Executivo poderá prorrogar o prazo de que trata o *caput* deste artigo.

§ 2.º Durante o prazo de que trata o *caput* deste artigo, qualquer pedido de crédito adicional suplementar ao Orçamento Geral da União deverá ser previamente apreciado pela Junta de Conciliação Orçamentária e Financeira de que trata o Decreto de 19 de março de 1993, para fins de compatibilização com os recursos orçamentários.

§ 3.° O disposto nos incisos I, IV e V deste artigo não se aplica ao Banco Central do Brasil e às instituições financeiras públicas federais.

§ 4.° Em casos excepcionais, e desde que de acordo com as metas de emissão de moeda constantes desta Lei, o Presidente da República, por proposta do Ministro de Estado da Fazenda, poderá afastar a suspensão de que trata este artigo.

....

Capítulo VIII
DAS DISPOSIÇÕES FINAIS

Art. 83. Observado o disposto no § 3.° do art. 23 desta Lei, ficam revogadas as Leis n. 5.601, de 26 de agosto de 1970, e n. 8.646, de 7 de abril de 1993, o inciso III do art. 2.° da Lei n. 8.021, de 12 de abril de 1990, o parágrafo único do art. 10 da Lei n. 8.177, de 1.° de março de 1991, acrescentado pelo art. 27 da Lei n. 8.178, de 1.° de março de 1991, o art. 16 da Lei n. 8.178, de 1.° de março de 1991, o § 5.° do art. 2.° da Lei n. 8.383, de 30 de dezembro de 1991, a alínea *a* do art. 24 da Lei n. 8.541, de 23 de dezembro de 1992, o art. 11 da Lei n. 8.631, de 4 de março de 1993, o § 1.° do art. 65 da Lei n. 8.694, de 12 de agosto de 1993, o art. 11 da Lei n. 8.880, de 27 de maio de 1994, o art. 59 da Lei n. 8.884, de 11 de junho de 1994, e demais disposições em contrário.

Parágrafo único. Aplicam-se somente aos fatos geradores ocorridos até 31 de dezembro de 1994 os seguintes dispositivos:

I – art. 10, inciso III, da Lei n. 8.383, de 1991, com a redação dada pelo art. 58 desta Lei;

II – arts. 38, 48 a 51, 53, 55 a 57 desta Lei, este último no que diz respeito apenas às Contribuições para o Programa de Integração Social e para o Programa de Formação do Patrimônio do Servidor Público – PIS/PASEP.

Art. 84. Ficam convalidados os atos praticados com base nas Medidas Provisórias n. 542, de 30 de junho de 1994; n. 566, de 29 de julho de 1994; n. 596, de 26 de agosto de 1994; n. 635, de 27 de setembro de 1994; n. 681, de 27 de outubro de 1994; n. 731, de 25 de novembro de 1994; n. 785, de 23 de dezembro de 1994; n. 851, de 20 de janeiro de 1995; n. 911, de 21 de fevereiro de 1995; n. 953, de 23 de março de 1995; n. 978, de 20 de abril de 1995; n. 1.004, de 19 de maio de 1995; e n. 1.027, de 20 de junho de 1995.

Art. 85. Esta Lei entra em vigor na data de sua publicação.

Brasília, 29 de junho de 1995; 174.° da Independência e 107.° da República.

Fernando Henrique Cardoso

LEI N. 9.249, DE 26 DE DEZEMBRO DE 1995 (*)

Altera a legislação do Imposto sobre a Renda das pessoas jurídicas, bem como da contribuição social sobre o lucro líquido, e dá outras providências.

O Presidente da República.

Faço saber que o Congresso Nacional decreta e eu sanciono a seguinte Lei:

Art. 1.° As bases de cálculo e o valor dos tributos e contribuições federais serão expressos em Reais.

(*) Publicada no *DOU*, de 27-12-1995.

Art. 2.º O Imposto sobre a Renda das pessoas jurídicas e a contribuição social sobre o lucro líquido serão determinados segundo as normas da legislação vigente, com as alterações desta Lei.

Art. 3.º A alíquota do Imposto sobre a Renda das pessoas jurídicas é de 15% (quinze por cento).

§ 1.º A parcela do lucro real, presumido ou arbitrado, que exceder o valor resultante da multiplicação de R$ 20.000,00 (vinte mil reais) pelo número de meses do respectivo período de apuração, sujeita-se à incidência de adicional de imposto de renda à alíquota de 10% (dez por cento).

•• § 1.º com redação determinada pela Lei n. 9.430, de 27-12-1996.

§ 2.º O disposto no parágrafo anterior aplica-se, inclusive, nos casos de incorporação, fusão ou cisão e de extinção de pessoa jurídica pelo encerramento da liquidação.

•• § 2.º com redação determinada pela Lei n. 9.430, de 27-12-1996.

§ 3.º O disposto neste artigo aplica-se, inclusive, à pessoa jurídica que explore atividade rural de que trata a Lei n. 8.023, de 12 de abril de 1990.

§ 4.º O valor do adicional será recolhido integralmente, não sendo permitidas quaisquer deduções.

Art. 4.º Fica revogada a correção monetária das demonstrações financeiras de que tratam a Lei n. 7.799, de 10 de julho de 1989, e o art. 1.º da Lei n. 8.200, de 28 de junho de 1991.

Parágrafo único. Fica vedada a utilização de qualquer sistema de correção monetária de demonstrações financeiras, inclusive para fins societários.

....

Art. 6.º Os valores controlados na parte "B" do Livro de Apuração do Lucro Real existentes em 31 de dezembro de 1995, somente serão corrigidos monetariamente até essa data, observada a legislação então vigente, ainda que venham a ser adicionados, excluídos ou compensados em períodos-base posteriores.

Parágrafo único. A correção dos valores referidos neste artigo será efetuada tomando-se por base o valor da UFIR vigente em 1.º de janeiro de 1996.

Art. 7.º O saldo do lucro inflacionário acumulado, remanescente em 31 de dezembro de 1995, corrigido monetariamente até essa data, será realizado de acordo com as regras da legislação então vigente.

§ 1.º Para fins do cálculo do lucro inflacionário realizado nos períodos-base posteriores, os valores dos ativos que estavam sujeitos a correção monetária, existentes em 31 de dezembro de 1995, deverão ser registrados destacadamente na contabilidade da pessoa jurídica.

§ 2.º O disposto no parágrafo único do art. 6.º aplica-se à correção dos valores de que trata este artigo.

§ 3.º À opção da pessoa jurídica, o lucro inflacionário acumulado existente em 31 de dezembro de 1995, corrigido monetariamente até essa data, com base no parágrafo único do art. 6.º, poderá ser considerado realizado integralmente e tributado à alíquota de 10% (dez por cento).

§ 4.º A opção de que trata o parágrafo anterior, que deverá ser feita até 31 de dezembro de 1996, será irretratável e manifestada através do pagamento do imposto em cota única, podendo alcançar também o saldo do lucro inflacionário a realizar relativo à opção prevista no art. 31 da Lei n. 8.541, de 23 de dezembro de 1992.

§ 5.º O imposto de que trata o § 3.º será considerado como de tributação exclusiva.

Art. 8.º Permanecem em vigor as normas aplicáveis às contrapartidas de variações monetárias dos direitos de crédito e das obrigações do contribuinte em função da taxa de câmbio ou de índices ou coeficientes aplicáveis por disposição legal ou contratual.

Art. 9.º A pessoa jurídica poderá deduzir, para efeitos da apuração do lucro real, os juros pagos ou creditados individualizadamente a titular, sócios ou acionistas, a título de remuneração do capital próprio, calculados sobre as contas do patrimônio líquido e limitados à variação, *pro rata* dia, da Taxa de Juros de Longo Prazo – TJLP.

§ 1.º O efetivo pagamento ou crédito dos juros fica condicionado à existência de lucros, computados antes da dedução dos juros, ou de lucros acumulados e reservas de lucros, em montante igual ou superior ao valor de 2 (duas) vezes os juros a serem pagos ou creditados.

•• § 1.º com redação determinada pela Lei n. 9.430, de 27-12-1996.

§ 2.º Os juros ficarão sujeitos à incidência do Imposto sobre a Renda na fonte à alíquota de 15% (quinze por cento), na data do pagamento ou crédito ao beneficiário.

§ 3.º O imposto retido na fonte será considerado:

I – antecipação do devido na declaração de rendimentos, no caso de beneficiário pessoa jurídica tributada com base no lucro real;

II – tributação definitiva, no caso de beneficiário pessoa física ou pessoa jurídica não tributada com base no lucro real, inclusive isenta, ressalvado o disposto no § 4.º.

§ 4.º (*Revogado pela Lei n. 9.430, de 27-12-1996.*)

§ 5.º No caso de beneficiário sociedade civil de prestação de serviços, submetida ao regime de tributação de que trata o art. 1.º do Decreto-lei n. 2.397, de 21 de dezembro de 1987, o imposto poderá ser compensado com o retido por ocasião do pagamento dos rendimentos aos sócios beneficiários.

§ 6.º No caso de beneficiário pessoa jurídica tributada com base no lucro real, o imposto de que trata o § 2.º poderá ainda ser compensado com o retido por ocasião do pagamento ou crédito de juros, a título de remuneração de capital próprio, a seu titular, sócios ou acionistas.

§ 7.º O valor dos juros pagos ou creditados pela pessoa jurídica, a título de remuneração do capital próprio, poderá ser imputado ao valor dos dividendos de que trata o art. 202 da Lei n. 6.404, de 15 de dezembro de 1976, sem prejuízo do disposto no § 2.º.

§ 8.º Para fins de cálculo da remuneração prevista neste artigo, serão consideradas exclusivamente as seguintes contas do patrimônio líquido:

•• § 8.º, *caput*, com redação determinada pela Lei n. 12.973, de 13-5-2014.

I – capital social;

•• Inciso I acrescentado pela Lei n. 12.973, de 13-5-2014.

II – reservas de capital;

•• Inciso II acrescentado pela Lei n. 12.973, de 13-5-2014.

III – reservas de lucros;

•• Inciso III acrescentado pela Lei n. 12.973, de 13-5-2014.

IV – ações em tesouraria; e

•• Inciso IV acrescentado pela Lei n. 12.973, de 13-5-2014.

V – prejuízos acumulados.

•• Inciso V acrescentado pela Lei n. 12.973, de 13-5-2014.

§§ 9.º e 10. (*Revogados pela Lei n. 9.430, de 27-12-1996.*)

§ 11. O disposto neste artigo aplica-se à Contribuição Social sobre o Lucro Líquido.

•• § 11 acrescentado pela Lei n. 12.973, de 13-5-2014.

§ 12. Para fins de cálculo da remuneração prevista neste artigo, a conta capital social, prevista no inciso I do § 8.º deste artigo, inclui todas as espécies de ações previstas no art. 15 da Lei n. 6.404, de 15 de dezembro de 1976, ainda que classificadas em contas de passivo na escrituração comercial.

•• § 12 acrescentado pela Lei n. 12.973, de 13-5-2014.

Art. 10. Os lucros ou dividendos calculados com base nos resultados apurados a partir do mês de janeiro de 1996, pagos ou creditados pelas pessoas jurídicas tributadas com base no lucro real, presumido ou arbitrado, não ficarão sujeitos à incidência do Imposto sobre a Renda na fonte, nem integrarão a base de cálculo de Imposto sobre a Renda do beneficiário, pessoa física ou jurídica, domiciliado no País ou no exterior.

§ 1.º No caso de quotas ou ações distribuídas em decorrência de aumento de capital por incorporação de lucros apurados, a partir do mês de janeiro de 1996, ou de reservas constituídas com esses lucros, o custo de aquisição será igual à parcela do lucro ou reserva capitalizado, que corresponder ao sócio ou acionista.

•• § 1.º renumerado pela Lei n. 12.973, de 13-5-2014.

§ 2.º A não incidência prevista no *caput* inclui os lucros ou dividendos pagos ou creditados a beneficiários de todas as espécies de ações previstas no art. 15 da Lei n. 6.404, de 15 de dezembro de 1976, ainda que a ação seja classificada em conta de passivo ou que a remuneração seja classificada como despesa financeira na escrituração comercial.

•• § 2.º acrescentado pela Lei n. 12.973, de 13-5-2014.

§ 3.º Não são dedutíveis na apuração do lucro real e da base de cálculo da CSLL os lucros ou dividendos pagos ou creditados a beneficiários de qualquer espécie de ação prevista no art. 15 da Lei n. 6.404, de 15 de dezembro de 1976, ainda que classificados como despesa financeira na escrituração comercial.

•• § 3.º acrescentado pela Lei n. 12.973, de 13-5-2014.

Art. 11. Os rendimentos produzidos por aplicação financeira de renda fixa, auferidos por qualquer beneficiário, inclusive pessoa jurídica isenta, sujeitam-se à incidência do Imposto sobre a Renda à alíquota de 15% (quinze por cento).

§ 1.º Os rendimentos de que trata este artigo serão apropriados *pro rata tempore* até 31 de dezembro de 1995 e tributados, no que se refere à parcela relativa a 1995, nos termos da legislação então vigente.

§ 2.º (*Revogado pela Lei n. 9.430, de 27-12-1996.*)

§ 3.º O disposto neste artigo não elide as regras previstas nos arts. 76 e 77 da Lei n. 8.981, de 20 de janeiro de 1995.

Art. 12. O inciso III do art. 77 da Lei n. 8.981, de 20 de janeiro de 1995, passa a vigorar com a seguinte redação:

•• Alteração já processada no texto da Lei modificada.

Art. 13. Para efeito de apuração do lucro real e da base de cálculo da contribuição social sobre o lucro líquido, são vedadas as seguintes deduções independentemente do disposto no art. 47 da Lei n. 4.506, de 30 de novembro de 1964:

I – de qualquer provisão, exceto as constituídas para o pagamento de férias de empregados e de décimo terceiro salário, de que trata o art. 43 da Lei n. 8.981, de 20 de janeiro de 1995, com as alterações da Lei n. 9.065, de 20 de junho de 1995, e as provisões técnicas das companhias de seguro e de capitalização, bem como das entidades de previdência privada, cuja constituição é exigida pela legislação especial a elas aplicável;

II – das contraprestações de arrendamento mercantil e do aluguel de bens móveis ou imóveis, exceto quando relacionados intrinsecamente com a produção ou comercialização dos bens e serviços;

III – de despesas de depreciação, amortização, manutenção, reparo, conservação, impostos, taxas, seguros e quaisquer outros gastos com bens móveis ou imóveis, exceto se intrinsecamente relacionados com a produção ou comercialização dos bens e serviços;

IV – das despesas com alimentação de sócios, acionistas e administradores;

V – das contribuições não compulsórias, exceto as destinadas a custear seguros e planos de saúde, e benefícios complementares assemelhados aos da previdência social, instituídos em favor dos empregados e dirigentes da pessoa jurídica;

VI – das doações, exceto as referidas no § 2.º;

VII – das despesas com brindes;

VIII – de despesas de depreciação, amortização e exaustão geradas por bem objeto de arrendamento mercantil pela arrendatária, na hipótese em que esta reconheça contabilmente o encargo.

•• Inciso VIII acrescentado pela Lei n. 12.973, de 13-5-2014.

§ 1.º Admitir-se-ão como dedutíveis as despesas com alimentação fornecida pela pessoa jurídica, indistintamente, a todos os seus empregados.

§ 2.º Poderão ser deduzidas as seguintes doações:

I – as de que trata a Lei n. 8.313, de 23 de dezembro de 1991;

II – as efetuadas às instituições de ensino e pesquisa cuja criação tenha sido autorizada por lei federal e que preencham os requisitos dos incisos I e II do art. 213 da Constituição Federal, até o limite de 1,5% (um e meio por cento) do lucro operacional, antes de computada a sua dedução e a de que trata o inciso seguinte;

III – as doações, até o limite de 2% (dois por cento) do lucro operacional da pessoa jurídica, antes de computada a sua dedução, efetuadas a entidades civis, legalmente constituídas no Brasil, sem fins lucrativos, que prestem serviços gratuitos em benefício de empregados da pessoa jurídica doadora, e respectivos dependentes, ou em benefício da comunidade onde atuem, observadas as seguintes regras:

a) as doações, quando em dinheiro, serão feitas mediante crédito em conta corrente bancária diretamente em nome da entidade beneficiária;

b) a pessoa jurídica doadora manterá em arquivo, à disposição da fiscalização, declaração, segundo modelo aprovado pela Secretaria da Receita Federal, fornecida pela entidade beneficiária, em que esta se compromete a aplicar integralmente os recursos recebidos na realização de seus objetivos sociais, com identificação da pessoa física responsável pelo seu cumprimento, e a não distribuir lucros, bonificações ou vantagens a dirigentes, mantenedores ou associados, sob nenhuma forma ou pretexto;

•• A Secretaria da Receita Federal passa a denominar-se Secretaria da Receita Federal do Brasil, por força da Lei n. 11.457, de 16-3-2007.

c) a entidade beneficiária deverá ser organização da sociedade civil, conforme a Lei n. 13.019, de 31 de julho de 2014, desde que cumpridos os requisitos previstos nos arts. 3.º e 16 da Lei n. 9.790, de 23 de março de 1999, independentemente de certificação.

•• Alínea *c* com redação determinada pela Lei n. 13.204, de 14-12-2015.

•• A Lei n. 13.169, de 6-10-2015, propôs o acréscimo do art. 13-A a esta Lei, porém teve seu texto vetado.

Art. 14. Para efeito de apuração do lucro real, fica vedada a exclusão, do lucro líquido do exercício, do valor do lucro da exploração de atividades monopolizadas de que tratam o § 2.º do art. 2.º da Lei n. 6.264, de 18 de novembro de 1975, e o § 2.º do art. 19 do Decreto-lei n. 1.598, de 26 de dezembro de 1977, com a redação dada pelo Decreto-lei n. 1.730, de 17 de dezembro de 1979.

Art. 15. A base de cálculo do imposto, em cada mês, será determinada mediante a aplicação do percentual de 8% (oito por cento) sobre a receita bruta auferida mensalmente, observado o disposto no art. 12 do Decreto-lei n. 1.598, de 26 de dezembro de 1977, deduzida das devoluções, vendas canceladas e dos descontos incondicionais concedidos, sem prejuízo do disposto nos arts. 30, 32, 34 e 35 da Lei n. 8.981, de 20 de janeiro de 1995.

•• *Caput* com redação determinada pela Lei n. 12.973, de 13-5-2014.

§ 1.º Nas seguintes atividades, o percentual de que trata este artigo será de:

I – 1,6% (um inteiro e seis décimos por cento), para a atividade de revenda, para consumo de combustível derivado de petróleo, álcool etílico carburante e gás natural;

II – 16% (dezesseis por cento):

a) para a atividade de prestação de serviços de transporte, exceto o de carga, para o qual se aplicará o percentual previsto no *caput* deste artigo;

b) para as pessoas jurídicas a que se refere o inciso III do art. 36 da Lei n. 8.981, de 20 de janeiro de 1995, observado o disposto nos §§ 1.º e 2.º do art. 29 da referida lei;

III – 32% (trinta e dois por cento), para as atividades de:

a) prestação de serviços em geral, exceto a de serviços hospitalares e de auxílio diagnóstico e terapia, patologia clínica, imagenologia, anatomia patológica e citopatologia, medicina nuclear e análises e patologias clínicas, desde que a prestadora destes serviços seja organizada sob a forma de sociedade empresária e atenda às normas da Agência Nacional de Vigilância Sanitária – Anvisa;

•• Alínea *a* com redação determinada pela Lei n. 11.727, de 23-6-2008.

•• *Vide* art. 41, VI, da Lei n. 11.727, de 23-6-2008.

b) intermediação de negócios;

c) administração, locação ou cessão de bens imóveis, móveis e direitos de qualquer natureza;

d) prestação cumulativa e contínua de serviços de assessoria creditícia, mercadológica, gestão de crédito, seleção de riscos, administração de contas a pagar e a receber, compra de direitos creditórios resultantes de vendas mercantis a prazo ou de prestação de serviços (*factoring*);

e) prestação de serviços de construção, recuperação, reforma, ampliação ou melhoramento de infraestrutura vinculados a contrato de concessão de serviço público.

•• Alínea e acrescentada pela Lei n. 12.973, de 13-5-2014.

§ 2.º No caso de atividades diversificadas será aplicado o percentual correspondente a cada atividade.

§ 3.º As receitas provenientes de atividade incentivada não comporão a base de cálculo do imposto, na proporção do benefício a que a pessoa jurídica, submetida ao regime de tributação com base no lucro real, fizer jus.

§ 4.º O percentual de que trata este artigo também será aplicado sobre a receita financeira da pessoa jurídica que explore atividades imobiliárias relativas a loteamento de terrenos, incorporação imobiliária, construção de prédios destinados à venda, bem como a venda de imóveis construídos ou adquiridos para a revenda, quando decorrente da comercialização de imóveis e for apurada por meio de índices ou coeficientes previstos em contrato.

•• § 4.º acrescentado pela Lei n. 11.196, de 21-11-2005.

•• *Vide* art. 132, IV, *b*, da Lei n. 11.196, de 21-11-2005.

Art. 16. O lucro arbitrado das pessoas jurídicas será determinado mediante a aplicação, sobre a receita bruta, quando conhecida, dos percentuais fixados no art. 15, acrescidos de 20% (vinte por cento).

Parágrafo único. No caso das instituições a que se refere o inciso III do art. 36 da Lei n. 8.981, de 20 de janeiro de 1995, o percentual para determinação do lucro arbitrado será de 45% (quarenta e cinco por cento).

Art. 17. Para os fins de apuração do ganho de capital, as pessoas físicas e as pessoas jurídicas não tributadas com base no lucro real observarão os seguintes procedimentos:

I – tratando-se de bens e direitos cuja aquisição tenha ocorrido até o final de 1995, o custo de aquisição poderá ser corrigido monetariamente até 31 de dezembro desse ano, tomando-se por base o valor da UFIR vigente em 1.º de janeiro de 1996, não se lhe aplicando qualquer correção monetária a partir dessa data;

II – tratando-se de bens e direitos adquiridos após 31 de dezembro de 1995, ao custo de aquisição dos bens e direitos não será atribuída qualquer correção monetária.

Art. 18. O ganho de capital auferido por residente ou domiciliado no exterior será apurado e tributado de acordo com as regras aplicáveis aos residentes no País.

Art. 19. A partir de 1.º de janeiro de 1996, a alíquota da contribuição social sobre o lucro líquido, de que trata a Lei n. 7.689, de 15 de dezembro de 1988, passa a ser de 8% (oito por cento).

Parágrafo único. O disposto neste artigo não se aplica às instituições a que se refere o § 1.º do art. 22 da Lei n. 8.212, de 24 de julho de 1991, para as quais a alíquota da contribuição social será de 18% (dezoito por cento).

Base de Cálculo da CSLL – Estimativa e Presumido

Art. 20. A base de cálculo da Contribuição Social sobre o Lucro Líquido devida pelas pessoas jurídicas que efetuarem o pagamento mensal ou trimestral a que se referem os arts. 2.º, 25 e 27 da Lei n. 9.430, de 27 de dezembro de 1996, corresponderá a 12% (doze por cento) sobre a receita bruta definida pelo art. 12 do Decreto-lei n. 1.598, de 26 de dezembro de 1977, auferida no período, deduzida das devoluções, vendas canceladas e dos descontos incondicionais concedidos, exceto para as pessoas jurídicas que exerçam as atividades a que se refere o inciso III do § 1.º do art. 15, cujo percentual corresponderá a 32% (trinta e dois por cento).

•• *Caput* com redação determinada pela Lei n. 12.973, de 13-5-2014.

§ 1.º A pessoa jurídica submetida ao lucro presumido poderá, excepcionalmente, em relação ao 4.º (quarto) trimestre-calendário de 2003, optar pelo lucro real, sendo definitiva a tributação pelo lucro presumido relativa aos 3 (três) primeiros trimestres.

•• § 1.º acrescentado pela Lei n. 11.196, de 21-11-2005.

•• *Vide* art. 132, IV, *b*, da Lei n. 11.196, de 21-11-2005.

§ 2.º O percentual de que trata o *caput* deste artigo também será aplicado sobre a receita financeira de que trata o § 4.º do art. 15 desta Lei.

•• § 2.º acrescentado pela Lei n. 11.196, de 21-11-2005.

•• *Vide* art. 132, IV, *b*, da Lei n. 11.196, de 21-11-2005.

Incorporação, Fusão e Cisão

Art. 21. A pessoa jurídica que tiver parte ou todo o seu patrimônio absorvido em virtude de incorporação, fusão ou cisão deverá levantar balanço específico para esse fim, observada a legislação comercial.

•• *Caput* com redação determinada pela Lei n. 12.973, de 13-5-2014.

§ 1.º O balanço a que se refere este artigo deverá ser levantado até 30 (trinta) dias antes do evento.

§§ 2.º e 3.º (*Revogados pela Lei n. 12.973, de 13-5-2014.*)

§ 4.º A pessoa jurídica incorporada, fusionada ou cindida deverá apresentar declaração de rendimentos correspondente ao período transcorrido durante o ano-calendário em seu próprio nome, até o último dia útil do mês subsequente ao do evento.

Art. 22. Os bens e direitos do ativo da pessoa jurídica, que forem entregues ao titular ou a sócio ou acionista a título de devolução de sua participação no capital social, poderão ser avaliados pelo valor contábil ou de mercado.

§ 1.º No caso de a devolução realizar-se pelo valor de mercado, a diferença entre este e o valor contábil dos bens ou direitos entregues será considerada ganho de capital, que será computado nos resultados da pessoa jurídica tributada com base no lucro real ou na base de cálculo do Imposto sobre a Renda e da contribuição social sobre o lucro líquido devidos pela pessoa jurídica tributada com base no lucro presumido ou arbitrado.

§ 2.º Para o titular, sócio ou acionista, pessoa jurídica, os bens ou direitos recebidos em devolução de sua participação no capital serão registrados pelo valor contábil da participação ou pelo valor de mercado, conforme avaliado pela pessoa jurídica que esteja devolvendo capital.

§ 3.º Para o titular, sócio ou acionista, pessoa física, os bens ou direitos recebidos em devolução de sua participação no capital serão informados, na declaração de bens correspondente à declaração de rendimentos do respectivo ano-base, pelo valor contábil ou de mercado, conforme avaliado pela pessoa jurídica.

§ 4.º A diferença entre o valor de mercado e o valor constante da declaração de bens, no caso de pessoa física, ou o valor contábil, no caso de pessoa jurídica, não será computada, pelo titular, sócio ou acionista, na base de cálculo do Imposto sobre a Renda ou da contribuição social sobre o lucro líquido.

Art. 23. As pessoas físicas poderão transferir a pessoas jurídicas, a título de integralização de capital, bens e direitos pelo valor constante da respectiva declaração de bens ou pelo valor de mercado.

§ 1.º Se a entrega for feita pelo valor constante da declaração de bens, as pessoas físicas deverão lançar nesta declaração as ações ou quotas subscritas pelo mesmo valor dos bens ou direitos transferidos, não se aplicando o disposto no art. 60 do Decreto-lei n. 1.598, de 26 de dezembro de 1977, e no art. 20, II, do Decreto-lei n. 2.065, de 26 de outubro de 1983.

§ 2.º Se a transferência não se fizer pelo valor constante da declaração de bens, a diferença a maior será tributável como ganho de capital.

Art. 24. Verificada a omissão de receita, a autoridade tributária determinará o valor do imposto e do adicional a serem lançados de acordo com o regime de tributação a que estiver submetida a pessoa jurídica no período-base a que corresponder a omissão.

§ 1.º No caso de pessoa jurídica com atividades diversificadas tributadas com base no lucro presumido ou arbitrado, não sendo possível a identificação da atividade a que se refere a receita omitida, esta será adicionada àquela a que corresponder o percentual mais elevado.

§ 2.º O valor da receita omitida será considerado na determinação da base de cálculo para o lançamento da Contribuição Social sobre o Lucro Líquido – CSLL, da Contribuição para o Financiamento da Seguridade Social – COFINS, da Contribuição para o PIS/Pasep e das contribuições previdenciárias incidentes sobre a receita.

•• § 2.º com redação determinada pela Lei n. 11.941, de 27-5-2009.

§ 3.º (*Revogado pela Lei n. 9.430, de 27-12-1996.*)

§ 4.º Para a determinação do valor da Contribuição para o Financiamento da Seguridade Social – COFINS e da Contribuição para o PIS/Pasep, na hipótese de a pessoa jurídica auferir receitas sujeitas a alíquotas diversas, não sendo possível identificar a alíquota aplicável à receita omitida, aplicar-se-á a esta a alíquota mais elevada entre aquelas previstas para as receitas auferidas pela pessoa jurídica.

•• § 4.º acrescentado pela Lei n. 11.941, de 27-5-2009.

§ 5.º Na hipótese de a pessoa jurídica sujeitar-se ao recolhimento da COFINS e da Contribuição para o PIS/Pasep, calculadas por unidade de medida de produto, não sendo possível identificar qual o produto vendido ou a quantidade que se refere à receita omitida, a contribuição será determinada com base na alíquota *ad valorem* mais elevada entre aquelas previstas para as receitas auferidas pela pessoa jurídica.

•• § 5.º acrescentado pela Lei n. 11.941, de 27-5-2009.

§ 6.º Na determinação da alíquota mais elevada, considerar-se-ão:

•• § 6.º, *caput*, acrescentado pela Lei n. 11.941, de 27-5-2009.

I – para efeito do disposto nos §§ 4.º e 5.º deste artigo, as alíquotas aplicáveis às receitas auferidas pela pessoa jurídica no ano-calendário em que ocorreu a omissão;

•• Inciso I acrescentado pela Lei n. 11.941, de 27-5-2009.

II – para efeito do disposto no § 5.º deste artigo, as alíquotas *ad valorem* correspondentes àquelas fixadas por unidade de medida do produto, bem como as alíquotas aplicáveis às demais receitas auferidas pela pessoa jurídica.

•• Inciso II acrescentado pela Lei n. 11.941, de 27-5-2009.

Art. 25. Os lucros, rendimentos e ganhos de capital auferidos no exterior serão computados na determinação do lucro real das pessoas jurídicas correspondente ao balanço levantado em 31 de dezembro de cada ano.

§ 1.º Os rendimentos e ganhos de capital auferidos no exterior serão computados na apuração do lucro líquido das pessoas jurídicas com observância do seguinte:

I – os rendimentos e ganhos de capital serão convertidos em Reais de acordo com a taxa de câmbio, para venda, na data em que forem contabilizados no Brasil;

II – caso a moeda em que for auferido o rendimento ou ganho de capital não tiver cotação no Brasil, será ela convertida em dólares norte-americanos e, em seguida, em Reais.

§ 2.º Os lucros auferidos por filiais, sucursais ou controladas, no exterior, de pessoas jurídicas domiciliadas no Brasil serão computados na apuração do lucro real com observância do seguinte:

I – as filiais, sucursais e controladas deverão demonstrar a apuração dos lucros que auferirem em cada um de seus exercícios fiscais, segundo as normas da legislação brasileira;

II – os lucros a que se refere o inciso I serão adicionados ao lucro líquido da matriz ou controladora, na proporção de sua participação acionária, para apuração do lucro real;

III – se a pessoa jurídica se extinguir no curso do exercício, deverá adicionar ao seu lucro líquido os lucros auferidos por filiais, sucursais ou controladas, até a data do balanço de encerramento;

IV – as demonstrações financeiras das filiais, sucursais e controladas que embasarem as demonstrações em Reais deverão ser mantidas no Brasil pelo prazo previsto no art. 173 da Lei n. 5.172, de 25 de outubro de 1966.

§ 3.º Os lucros auferidos no exterior por coligadas de pessoas jurídicas domiciliadas no Brasil serão computados na apuração do lucro real com observância do seguinte:

I – os lucros realizados pela coligada serão adicionados ao lucro líquido, na proporção da participação da pessoa jurídica no capital da coligada;

II – os lucros a serem computados na apuração do lucro real são apurados no balanço ou balanços levantados pela coligada no curso do período-base da pessoa jurídica;

III – se a pessoa jurídica se extinguir no curso do exercício, deverá adicionar ao seu lucro líquido, para apuração do lucro real, sua participação nos lucros da coligada apurados por esta em balanços levantados até a data do balanço de encerramento da pessoa jurídica;

IV – a pessoa jurídica deverá conservar em seu poder cópia das demonstrações financeiras da coligada.

§ 4.º Os lucros a que se referem os §§ 2.º e 3.º serão convertidos em Reais pela taxa de câmbio, para venda, do dia das demonstrações financeiras em que tenham sido apurados os lucros da filial, sucursal, controlada ou coligada.

§ 5.º Os prejuízos e perdas decorrentes das operações referidas neste artigo não serão compensados com lucros auferidos no Brasil.

§ 6.º Os resultados da avaliação dos investimentos no exterior, pelo método da equivalência patrimonial, continuarão a ter o tratamento previsto na legislação vigente, sem prejuízo do disposto nos §§ 1.º, 2.º e 3.º.

§ 7.º Os lucros serão apurados segundo as normas da legislação comercial do país de domicílio.

•• § 7.º acrescentado pela Lei n. 12.973, de 13-5-2014.

Art. 26. A pessoa jurídica poderá compensar o Imposto sobre a Renda incidente, no exterior, sobre os lucros, rendimentos e ganhos de capital computados no lucro real, até o limite do Imposto sobre a Renda incidente, no Brasil, sobre os referidos lucros, rendimentos ou ganhos de capital.

§ 1.º Para efeito de determinação do limite do *caput*, o imposto incidente, no Brasil, correspondente aos lucros, rendimentos ou ganhos de capital auferidos no exterior, será proporcional ao total do imposto e adicional devidos pela pessoa jurídica no Brasil.

§ 2.º Para fins de compensação, o documento relativo ao Imposto sobre a Renda incidente no exterior deverá ser reconhecido pelo respectivo órgão arrecadador e pelo Consulado da Embaixada Brasileira no país em que for devido o imposto.

§ 3.º O Imposto sobre a Renda a ser compensado será convertido em quantidade de Reais de acordo com a taxa de câmbio, para venda, na data em que o imposto foi pago; caso a moeda em que o imposto foi pago não tiver cotação no Brasil, será ela convertida em dólares norte-americanos e, em seguida, em Reais.

Art. 27. As pessoas jurídicas que tiverem lucros, rendimentos ou ganhos de capital oriundos do exterior estão obrigadas ao regime de tributação com base no lucro real.

Art. 28. A alíquota do Imposto sobre a Renda de que tratam o art. 77 da Lei n. 3.470, de 28 de novembro de 1958, e o art. 100 do Decreto-lei n. 5.844, de 23 de setembro de 1943, com as modificações posteriormente introduzidas, passa, a partir de 1.º de janeiro de 1996, a ser de 15% (quinze por cento).

Art. 29. Os limites a que se referem os arts. 36, I, e 44, da Lei n. 8.981, de 20 de janeiro de 1995, com a redação dada pela Lei n. 9.065, de 20 de junho de 1995, passam a ser de R$ 12.000.000,00 (doze milhões de reais).

Art. 30. Os valores constantes da legislação tributária, expressos em quantidade de UFIR, serão convertidos em Reais pelo valor da UFIR vigente em 1.º de janeiro de 1996.

Art. 31. (*Revogado pela Lei n. 12.973, de 13-5-2014.*)

Arts. 32 e 33. (*Vetados.*)

Art. 34. Extingue-se a punibilidade dos crimes definidos na Lei n. 8.137, de 27 de dezembro de 1990, e na Lei n. 4.729, de 14 de julho de 1965, quando o agente promover o pagamento do tributo ou contribuição social, inclusive acessórios, antes do recebimento da denúncia.

•• *Vide* art. 83, § 6.º, da Lei n. 9.430, de 27-12-1996.

§§ 1.e 2.º (*Vetados.*)

Art. 35. Esta Lei entra em vigor na data de sua publicação, produzindo efeitos a partir de 1.º de janeiro de 1996.

Art. 36. Ficam revogadas as disposições em contrário, especialmente:

I – o Decreto-lei n. 1.215, de 4 de maio de 1972, observado o disposto no art. 178 da Lei n. 5.172, de 25 de outubro de 1966;

II – os arts. 2.º a 19 da Lei n. 7.799, de 10 de julho de 1989;

III – os arts. 9.º e 12 da Lei n. 8.023, de 12 de abril de 1990;

IV – os arts. 43 e 44 da Lei n. 8.541, de 23 de dezembro de 1992;

V – o art. 28 e os incisos VI, XI e XII, e o parágrafo único do art. 36, os arts. 46, 48 e 54, e o inciso II do art. 60, todos da Lei n. 8.981, de 20 de janeiro de 1995, alterada pela Lei n. 9.065, de 20 de junho de 1995, e o art. 10 da Lei n. 9.065, de 20 de junho de 1995.

Brasília, 26 de dezembro de 1995; 174.º da Independência e 107.º da República.

FERNANDO HENRIQUE CARDOSO

LEI N. 9.250, DE 26 DE DEZEMBRO DE 1995 (*)

Altera a legislação do Imposto sobre a Renda das pessoas físicas, e dá outras providências.

O Presidente da República.

Faço saber que o Congresso Nacional decreta e eu sanciono a seguinte Lei:

(*) Publicada no *DOU*, de 27-12-1995.

CAPÍTULO I
DISPOSIÇÕES PRELIMINARES

Art. 1.º A partir de 1.º de janeiro de 1996 o Imposto sobre a Renda das pessoas físicas será determinado segundo as normas da legislação vigente, com as alterações desta Lei.

Art. 2.º Os valores expressos em UFIR na legislação do Imposto sobre a Renda das pessoas físicas ficam convertidos em Reais, tomando-se por base o valor da UFIR vigente em 1.º de janeiro de 1996.

CAPÍTULO II
DA INCIDÊNCIA MENSAL DO IMPOSTO

Art. 3.º O Imposto sobre a Renda incidente sobre os rendimentos de que tratam os arts. 7.º, 8.º e 12 da Lei n. 7.713, de 22 de dezembro de 1988, será calculado de acordo com a seguinte tabela progressiva em Reais:

Base de Cálculo em (R$)	Alíquota (%)	Parcela a deduzir do IR (R$)
Até 900,00	–	–
Acima de 900,00 até 1.800,00	15	135
Acima de 1.800,00	25	315

•• *Vide* art. 1.º da Lei n. 11.482, de 31-5-2007.

Parágrafo único. O imposto de que trata este artigo será calculado sobre os rendimentos efetivamente recebidos em cada mês.

Art. 4.º Na determinação da base de cálculo sujeita à incidência mensal do Imposto sobre a Renda poderão ser deduzidas:

I – a soma dos valores referidos no art. 6.º da Lei n. 8.134, de 27 de dezembro de 1990;

II – as importâncias pagas a título de pensão alimentícia em face das normas do Direito de Família, quando em cumprimento de decisão judicial, inclusive a prestação de alimentos provisionais, de acordo homologado judicialmente, ou de escritura pública a que se refere o art. 1.124-A da Lei n. 5.869, de 11 de janeiro de 1973 – Código de Processo Civil;

•• Inciso II com redação determinada pela Lei n. 11.727, de 23-6-2008.

•• *Vide* art. 41, V, da Lei n. 11.727, de 23-6-2008.

•• A referência é feita ao CPC de 1973. *Vide* art. 733 do CPC de 2015, que dispõe: "Art. 733. O divórcio consensual, a separação consensual e a extinção consensual de união estável, não havendo nascituro ou filhos incapazes e observados os requisitos legais, poderão ser realizados por escritura pública, da qual constarão as disposições de que trata o art. 731".

III – a quantia, por dependente, de:

•• Inciso III, *caput*, com redação determinada pela Lei n. 11.482, de 31-5-2007.

a) R$ 132,05 (cento e trinta e dois reais e cinco centavos), para o ano-calendário de 2007;

•• Alínea *a* acrescentada pela Lei n. 11.482, de 31-5-2007.

b) R$ 137,99 (cento e trinta e sete reais e noventa e nove centavos), para o ano-calendário de 2008;

•• Alínea *b* acrescentada pela Lei n. 11.482, de 31-5-2007.

c) R$ 144,20 (cento e quarenta e quatro reais e vinte centavos), para o ano-calendário de 2009;

•• Alínea *c* acrescentada pela Lei n. 11.482, de 31-5-2007.

d) R$ 150,69 (cento e cinquenta reais e sessenta e nove centavos), para o ano-calendário de 2010;

•• Alínea *d* com redação determinada pela Lei n. 12.469, de 26-8-2011.

e) R$ 157,47 (cento e cinquenta e sete reais e quarenta e sete centavos), para o ano-calendário de 2011;

•• Alínea *e* acrescentada pela Lei n. 12.469, de 26-8-2011.

f) R$ 164,56 (cento e sessenta e quatro reais e cinquenta e seis centavos), para o ano-calendário de 2012;

•• Alínea *f* acrescentada pela Lei n. 12.469, de 26-8-2011.

g) R$ 171,97 (cento e setenta e um reais e noventa e sete centavos), para o ano-calendário de 2013;

•• Alínea *g* acrescentada pela Lei n. 12.469, de 26-8-2011.

h) R$ 179,71 (cento e setenta e nove reais e setenta e um centavos), para o ano-calendário de 2014 e nos meses de janeiro a março do ano-calendário de 2015; e

•• Alínea *h* com redação determinada pela Lei n. 13.149, de 21-7-2015.

i) R$ 189,59 (cento e oitenta e nove reais e cinquenta e nove centavos), a partir do mês de abril do ano-calendário de 2015;

•• Alínea *i* acrescentada pela Lei n. 13.149, de 21-7-2015.

IV – as contribuições para a Previdência Social da União, dos Estados, do Distrito Federal e dos Municípios;

V – as contribuições para as entidades de previdência privada domiciliadas no País, cujo ônus tenha sido do contribuinte, destinadas a custear benefícios complementares assemelhados aos da Previdência Social;

VI – a quantia, correspondente à parcela isenta dos rendimentos provenientes de aposentadoria e pensão, transferência para a reserva remunerada ou reforma, pagos pela Previdência Social da União, dos Estados, do Distrito Federal e dos Municípios, por qualquer pessoa jurídica de direito público interno ou por entidade de previdência privada, a partir do mês em que o contribuinte completar 65 (sessenta e cinco) anos de idade, de:

•• Inciso VI, *caput*, com redação determinada pela Lei n. 11.482, de 31-5-2007.

a) R$ 1.313,69 (mil, trezentos e treze reais e sessenta e nove centavos), por mês, para o ano-calendário de 2007;

•• Alínea *a* acrescentada pela Lei n. 11.482, de 31-5-2007.

b) R$ 1.372,81 (mil, trezentos e setenta e dois reais e oitenta e um centavos), por mês, para o ano-calendário de 2008;

•• Alínea *b* acrescentada pela Lei n. 11.482, de 31-5-2007.

c) R$ 1.434,59 (mil, quatrocentos e trinta e quatro reais e cinquenta e nove centavos), por mês, para o ano-calendário de 2009;

•• Alínea *c* acrescentada pela Lei n. 11.482, de 31-5-2007.

d) R$ 1.499,15 (mil, quatrocentos e noventa e nove reais e quinze centavos), por mês, para o ano-calendário de 2010;

•• Alínea *d* com redação determinada pela Lei n. 12.469, de 26-8-2011.

e) R$ 1.566,61 (mil, quinhentos e sessenta e seis reais e sessenta e um centavos), por mês, para o ano-calendário de 2011;

•• Alínea *e* acrescentada pela Lei n. 12.469, de 26-8-2011.

f) R$ 1.637,11 (mil, seiscentos e trinta e sete reais e onze centavos), por mês, para o ano-calendário de 2012;

•• Alínea *f* acrescentada pela Lei n. 12.469, de 26-8-2011.

g) R$ 1.710,78 (mil, setecentos e dez reais e setenta e oito centavos), por mês, para o ano-calendário de 2013;

•• Alínea *g* acrescentada pela Lei n. 12.469, de 26-8-2011.

h) R$ 1.787,77 (mil, setecentos e oitenta e sete reais e setenta e sete centavos), por mês, para o ano-calendário de 2014 e nos meses de janeiro a março do ano-calendário de 2015; e

•• Alínea *h* com redação determinada pela Lei n. 13.149, de 21-7-2015.

i) R$ 1.903,98 (mil, novecentos e três reais e noventa e oito centavos), por mês, a partir do mês de abril do ano-calendário de 2015;

•• Alínea *i* acrescentada pela Lei n. 13.149, de 21-7-2015.

VII – as contribuições para as entidades fechadas de previdência complementar de natureza pública de que trata o § 15 do art. 40 da Constituição Federal, cujo ônus tenha sido do contribuinte, destinadas a custear benefícios complementares assemelhados aos da Previdência Social.

•• Inciso VII com redação determinada pela Lei n. 13.043, de 13-11-2014.

Parágrafo único. A dedução permitida pelo inciso V aplica-se exclusivamente à base de cálculo relativa aos seguintes rendimentos, assegurada, nos demais casos, a dedução dos valores pagos a esse título, por ocasião da apuração da base de cálculo do imposto devido no ano-calendário, conforme disposto na alínea e do inciso II do art. 8.° desta Lei:

•• Parágrafo único com redação determinada pela Lei n. 13.202, de 8-12-2015.

I – do trabalho com vínculo empregatício ou de administradores; e

•• Inciso I acrescentado pela Lei n. 13.202, de 8-12-2015.

II – proventos de aposentados e pensionistas, quando a fonte pagadora for responsável pelo desconto e respectivo pagamento das contribuições previdenciárias.

•• Inciso II acrescentado pela Lei n. 13.202, de 8-12-2015.

Art. 5.° As pessoas físicas residentes ou domiciliadas no Brasil que recebam rendimentos de trabalho assalariado, em moeda estrangeira, de autarquias ou repartições do Governo brasileiro, situadas no exterior, estão sujeitas ao Imposto sobre a Renda na fonte incidente sobre a base de cálculo de que trata o art. 4.°, mediante utilização da tabela progressiva de que trata o art. 3.°.

§ 1.° Os rendimentos em moeda estrangeira serão convertidos em Reais, mediante utilização do valor do dólar dos Estados Unidos da América fixado para compra pelo Banco Central do Brasil para o último dia útil da primeira quinzena do mês anterior ao do pagamento do rendimento.

§ 2.° As deduções de que tratam os incisos II, IV e V do art. 4.° serão convertidas em Reais, mediante utilização do valor do dólar dos Estados Unidos da América fixado para venda pelo Banco Central do Brasil para o último dia útil da primeira quinzena do mês anterior ao do pagamento do rendimento.

§ 3.° As pessoas físicas computarão, na determinação da base de cálculo de que trata o art. 4.° e na declaração de rendimentos, 25% (vinte e cinco por cento) do total dos rendimentos do trabalho assalariado recebidos nas condições referidas neste artigo.

Art. 6.° Os rendimentos recebidos de fontes situadas no exterior, sujeitos a tributação no Brasil, bem como o imposto pago no exterior, serão convertidos em Reais mediante utilização do valor do dólar dos Estados Unidos da América fixado para compra pelo Banco Central do Brasil para o último dia útil da primeira quinzena do mês anterior ao do recebimento do rendimento.

Capítulo III
DA DECLARAÇÃO DE RENDIMENTOS

Art. 7.° A pessoa física deverá apurar o saldo em Reais do imposto a pagar ou o valor a ser restituído, relativamente aos rendimentos percebidos no ano-calendário, e apresentar anualmente, até o último dia útil do mês de abril do ano-calendário subsequente, declaração de rendimentos em modelo aprovado pela Secretaria da Receita Federal.

•• A Secretaria da Receita Federal passa a denominar-se Secretaria da Receita Federal do Brasil, por força da Lei n. 11.457, de 16-3-2007.

§ 1.° O prazo de que trata este artigo aplica-se inclusive à declaração de rendimentos relativa ao exercício de 1996, ano-calendário de 1995.

§ 2.° O Ministro de Estado da Fazenda poderá estabelecer limites e condições para dispensar pessoas físicas da obrigação de apresentar declaração de rendimentos.

•• § 2.° com redação determinada pela Lei n. 9.532, de 10-12-1997.

§ 3.° Fica o Ministro da Fazenda autorizado a prorrogar o prazo para a apresentação da declaração, dentro do exercício financeiro.

§ 4.° Homologada a partilha ou feita a adjudicação dos bens, deverá ser apresentada pelo inventariante, dentro de 30 (trinta) dias contados da data em que transitar em julgado a sentença respectiva, declaração dos rendimentos correspondentes ao período de 1.° de janeiro até a data da homologação ou adjudicação.

§ 5.º Se a homologação ou adjudicação ocorrer antes do prazo anualmente fixado para a entrega das declarações de rendimentos, juntamente com a declaração referida no parágrafo anterior deverá ser entregue a declaração dos rendimentos correspondente ao ano-calendário anterior.

Art. 8.º A base de cálculo do imposto devido no ano-calendário será a diferença entre as somas:

I – de todos os rendimentos percebidos durante o ano-calendário, exceto os isentos, os não tributáveis, os tributáveis exclusivamente na fonte e os sujeitos à tributação definitiva;

II – das deduções relativas:

a) aos pagamentos efetuados, no ano-calendário, a médicos, dentistas, psicólogos, fisioterapeutas, fonoaudiólogos, terapeutas ocupacionais e hospitais, bem como as despesas com exames laboratoriais, serviços radiológicos, aparelhos ortopédicos e próteses ortopédicas e dentárias;

b) a pagamentos de despesas com instrução do contribuinte e de seus dependentes, efetuados a estabelecimentos de ensino, relativamente à educação infantil, compreendendo as creches e as pré-escolas; ao ensino fundamental; ao ensino médio; à educação superior, compreendendo os cursos de graduação e de pós-graduação (mestrado, doutorado e especialização); e à educação profissional, compreendendo o ensino técnico e o tecnológico, até o limite anual individual de:

•• Alínea *b*, *caput*, com redação determinada pela Lei n. 11.482, de 31-5-2007.

1. R$ 2.480,66 (dois mil, quatrocentos e oitenta reais e sessenta e seis centavos) para o ano-calendário de 2007;

•• Item 1 com redação determinada pela Lei n. 11.482, de 31-5-2007.

2. R$ 2.592,29 (dois mil, quinhentos e noventa e dois reais e vinte e nove centavos) para o ano-calendário de 2008;

•• Item 2 com redação determinada pela Lei n. 11.482, de 31-5-2007.

3. R$ 2.708,94 (dois mil, setecentos e oito reais e noventa e quatro centavos) para o ano-calendário de 2009;

•• Item 3 com redação determinada pela Lei n. 11.482, de 31-5-2007.

4. R$ 2.830,84 (dois mil, oitocentos e trinta reais e oitenta e quatro centavos) para o ano-calendário de 2010;

•• Item 4 com redação determinada pela Lei n. 12.469, de 26-8-2011.

5. (*Revogado pela Lei n. 11.482, de 31-5-2007.*)

6. R$ 2.958,23 (dois mil, novecentos e cinquenta e oito reais e vinte e três centavos) para o ano-calendário de 2011;

•• Item 6 acrescentado pela Lei n. 12.469, de 26-8-2011.

7. R$ 3.091,35 (três mil, noventa e um reais e trinta e cinco centavos) para o ano-calendário de 2012;

•• Item 7 acrescentado pela Lei n. 12.469, de 26-8-2011.

8. R$ 3.230,46 (três mil, duzentos e trinta reais e quarenta e seis centavos) para o ano-calendário de 2013;

•• Item 8 acrescentado pela Lei n. 12.469, de 26-8-2011.

9. R$ 3.375,83 (três mil, trezentos e setenta e cinco reais e oitenta e três centavos) para o ano-calendário de 2014; e

•• Item 9 com redação determinada pela Lei n. 13.149, de 21-7-2015.

10. R$ 3.561,50 (três mil, quinhentos e sessenta e um reais e cinquenta centavos), a partir do ano-calendário de 2015;

•• Item 10 acrescentado pela Lei n. 13.149, de 21-7-2015.

c) à quantia, por dependente, de:

•• Alínea *c*, *caput*, com redação determinada pela Lei n. 11.482, de 31-5-2007.

1. R$ 1.584,60 (mil, quinhentos e oitenta e quatro reais e sessenta centavos) para o ano-calendário de 2007;

•• Item 1 com redação determinada pela Lei n. 11.482, de 31-5-2007.

2. R$ 1.655,88 (mil, seiscentos e cinquenta e cinco reais e oitenta e oito centavos) para o ano-calendário de 2008;

•• Item 2 com redação determinada pela Lei n. 11.482, de 31-5-2007.

3. R$ 1.730,40 (mil, setecentos e trinta reais e quarenta centavos) para o ano-calendário de 2009;

•• Item 3 com redação determinada pela Lei n. 11.482, de 31-5-2007.

4. R$ 1.808,28 (mil, oitocentos e oito reais e vinte e oito centavos) para o ano-calendário de 2010;

•• Item 4 com redação determinada pela Lei n. 12.469, de 26-8-2011.

5. R$ 1.889,64 (mil, oitocentos e oitenta e nove reais e sessenta e quatro centavos) para o ano-calendário de 2011;

•• Item 5 acrescentado pela Lei n. 12.469, de 26-8-2011.

6. R$ 1.974,72 (mil, novecentos e setenta e quatro reais e setenta e dois centavos) para o ano-calendário de 2012;

•• Item 6 acrescentado pela Lei n. 12.469, de 26-8-2011.

7. R$ 2.063,64 (dois mil, sessenta e três reais e sessenta e quatro centavos) para o ano-calendário de 2013;

•• Item 7 acrescentado pela Lei n. 12.469, de 26-8-2011.

8. R$ 2.156,52 (dois mil, cento e cinquenta e seis reais e cinquenta e dois centavos) para o ano-calendário de 2014; e

•• Item 8 com redação determinada pela Lei n. 13.149, de 21-7-2015.

9. R$ 2.275,08 (dois mil, duzentos e setenta e cinco reais e oito centavos) a partir do ano-calendário de 2015;

•• Item 9 acrescentado pela Lei n. 13.149, de 21-7-2015.

d) às contribuições para a Previdência Social da União, dos Estados, do Distrito Federal e dos Municípios;

e) às contribuições para as entidades de previdência privada domiciliadas no País, cujo ônus tenha sido do contribuinte, destinadas a custear benefícios complementares assemelhados aos da Previdência Social;

f) às importâncias pagas a título de pensão alimentícia em face das normas do Direito de Família, quando em cumprimento de decisão judicial, inclusive a prestação de alimentos provisionais, de acordo homologado judicialmente, ou de escritura pública a que se refere o art. 1.124-A da Lei n. 5.869, de 11 de janeiro de 1973 – Código de Processo Civil;

•• Alínea *f* com redação determinada pela Lei n. 11.727, de 23-6-2008.

•• *Vide* art. 41, V, da Lei n. 11.727, de 23-6-2008.

•• *Vide* nota ao art. 4.º, II, desta Lei.

g) às despesas escrituradas no Livro Caixa, previstas nos incisos I a III do art. 6.º da Lei n. 8.134, de 27 de dezembro de 1990, no caso de trabalho não assalariado, inclusive dos leiloeiros e dos titulares de serviços notariais e de registro;

h) (*Vetado*.)

•• Alínea *h* acrescentada pela Lei n. 12.469, de 26-8-2011.

i) às contribuições para as entidades fechadas de previdência complementar de natureza pública de que trata o § 15 do art. 40 da Constituição Federal, cujo ônus tenha sido do contribuinte, destinadas a custear benefícios complementares assemelhados aos da Previdência Social.

•• Alínea *i* com redação determinada pela Lei n. 13.043, de 13-11-2014.

j) (*Vetado*.)

•• A Lei n. 13.149, de 21-7-2015, propôs o acréscimo desta alínea, todavia teve seu texto vetado.

§ 1.º A quantia correspondente à parcela isenta dos rendimentos provenientes de aposentadoria e pensão, transferência para a reserva remunerada ou reforma, pagos pela Previdência Social da União, dos Estados, do Distrito Federal e dos Municípios, por qualquer pessoa jurídica de direito público interno, ou por entidade de previdência privada, representada pela soma dos valores mensais computados a partir do mês em que o contribuinte completar 65 (sessenta e cinco) anos de idade, não integrará a soma de que trata o inciso I.

§ 2.º O disposto na alínea *a* do inciso II:

I – aplica-se, também, aos pagamentos efetuados a empresas domiciliadas no País, destinados à cobertura de despesas com hospitalização, médicas e odontológicas, bem como a entidades que assegurem direito de atendimento ou ressarcimento de despesas da mesma natureza;

II – restringe-se aos pagamentos efetuados pelo contribuinte, relativos ao próprio tratamento e ao de seus dependentes;

III – limita-se a pagamentos especificados e comprovados, com indicação do nome, endereço e número de inscrição no Cadastro de Pessoas Físicas – CPF ou no Cadastro Geral de Contribuintes – CGC de quem os recebeu, podendo, na falta de documentação, ser feita indicação do cheque nominativo pelo qual foi efetuado o pagamento;

IV – não se aplica às despesas ressarcidas por entidade de qualquer espécie ou cobertas por contrato de seguro;

V – no caso de despesas com aparelhos ortopédicos e próteses ortopédicas e dentárias, exige-se a comprovação com receituário médico e nota fiscal em nome do beneficiário.

§ 3.º As despesas médicas e de educação dos alimentandos, quando realizadas pelo alimentante em virtude de cumprimento de decisão judicial, de acordo homologado judicialmente ou de escritura pública a que se refere o art. 1.124-A da Lei n. 5.869, de 11 de janeiro de 1973 – Código de Processo Civil, poderão ser deduzidas pelo alimentante na determinação da base de cálculo do imposto de renda na declaração, observado, no caso de despesas de educação, o limite previsto na alínea *b* do inciso II do *caput* deste artigo.

•• § 3.º com redação determinada pela Lei n. 11.727, de 23-6-2008.

•• *Vide* art. 41, V, da Lei n. 11.727, de 23-6-2008.

•• *Vide* nota ao art. 4.º, II, desta Lei.

§ 4.º (*Vetado*.)

•• § 4.º acrescentado pela Lei n. 12.469, de 26-8-2011.

Art. 9.º O resultado da atividade rural, apurado na forma da Lei n. 8.023, de 12 de abril de 1990, com as alterações posteriores, quando positivo, integrará a base de cálculo do imposto, definida no artigo anterior.

Art. 10. O contribuinte poderá optar por desconto simplificado, que substituirá todas as deduções admitidas na legislação, correspondente à dedução de 20% (vinte por cento) do valor dos rendimentos tributáveis na Declaração de Ajuste Anual, independentemente do montante desses rendimentos, dispensadas a comprovação da despesa e a indicação de sua espécie, limitada a:

•• *Caput* com redação determinada pela Lei n. 11.482, de 31-5-2007.

I – R$ 11.669,72 (onze mil, seiscentos e sessenta e nove reais e setenta e dois centavos) para o ano-calendário de 2007;

•• Inciso I acrescentado pela Lei n. 11.482, de 31-5-2007.

II – R$ 12.194,86 (doze mil, cento e noventa e quatro reais e oitenta e seis centavos) para o ano-calendário de 2008;

•• Inciso II acrescentado pela Lei n. 11.482, de 31-5-2007.

III – R$ 12.743,63 (doze mil, setecentos e quarenta e três reais e sessenta e três centavos) para o ano-calendário de 2009;

•• Inciso III acrescentado pela Lei n. 11.482, de 31-5-2007.

IV – R$ 13.317,09 (treze mil, trezentos e dezessete reais e nove centavos) para o ano-calendário de 2010;

•• Inciso IV com redação determinada pela Lei n. 12.469, de 26-8-2011.

V – R$ 13.916,36 (treze mil, novecentos e dezesseis reais e trinta e seis centavos) para o ano-calendário de 2011;

•• Inciso V acrescentado pela Lei n. 12.469, de 26-8-2011.

VI – R$ 14.542,60 (quatorze mil, quinhentos e quarenta e dois reais e sessenta centavos) para o ano-calendário de 2012;

•• Inciso VI acrescentado pela Lei n. 12.469, de 26-8-2011.

VII – R$ 15.197,02 (quinze mil, cento e noventa e sete reais e dois centavos) para o ano-calendário de 2013;

•• Inciso VII acrescentado pela Lei n. 12.469, de 26-8-2011.

VIII – R$ 15.880,89 (quinze mil, oitocentos e oitenta reais e oitenta e nove centavos) para o ano-calendário de 2014; e

•• Inciso VIII com redação determinada pela Lei n. 13.149, de 21-7-2015.

IX – R$ 16.754,34 (dezesseis mil, setecentos e cinquenta e quatro reais e trinta e quatro centavos) a partir do ano-calendário de 2015.

•• Inciso IX acrescentado pela Lei n. 13.149, de 21-7-2015.

Parágrafo único. O valor deduzido não poderá ser utilizado para comprovação de acréscimo patrimonial, sendo considerado rendimento consumido.

•• Parágrafo único com redação determinada pela Lei n. 11.482, de 31-5-2007.

Art. 11. O Imposto sobre a Renda devido na declaração será calculado mediante utilização da seguinte tabela:

Base de Cálculo (R$)	Alíquota (%)	Parcela a Deduzir do IR (R$)
Até 10.800,00	—	—
Acima de 10.800,00 até 21.600,00	15	1.620,00
Acima de 21.600,00	25	3.780,00

•• *Vide* art. 1.º da Lei n. 11.482, de 31-5-2007.

Art. 12. Do imposto apurado na forma do artigo anterior, poderão ser deduzidos:

I – as contribuições feitas aos Fundos controlados pelos Conselhos Municipais, Estaduais e Nacional dos Direitos da Criança e do Adolescente e pelos Conselhos Municipais, Estaduais e Nacional do Idoso;

•• Inciso I com redação determinada pela Lei n. 12.213, de 20-1-2010.

II – as contribuições efetivamente realizadas em favor de projetos culturais, aprovados na forma da regulamentação do Programa Nacional de Apoio à Cultura – PRONAC, instituído pelo art. 1.º da Lei n. 8.313, de 23 de dezembro de 1991;

III – os investimentos feitos a título de incentivo às atividades audiovisuais, na forma e condições previstas nos arts. 1.º e 4.º da Lei n. 8.685, de 20 de julho de 1993;

IV – (*Vetado*.)

V – o imposto retido na fonte ou o pago, inclusive a título de recolhimento complementar, correspondente aos rendimentos incluídos na base de cálculo;

VI – o imposto pago no exterior de acordo com o previsto no art. 5.º da Lei n. 4.862, de 29 de novembro de 1965;

VII – até o exercício de 2019, ano-calendário de 2018, a contribuição patronal paga à Previdência Social pelo empregador doméstico incidente sobre o valor da remuneração do empregado; e

•• Inciso VII com redação determinada pela Lei n. 13.097, de 19-1-2015.

•• O art. 8.º da Lei n. 11.324, de 19-7-2006, estabelece que, em relação às contribuições patronais pagas, esta Lei produz efeitos a partir do mês de janeiro de 2006.

VIII – doações e patrocínios diretamente efetuados por pessoas físicas no âmbito do Programa Nacional de Apoio à Atenção Oncológica – PRONON e do Programa Nacional de Apoio à Atenção da Saúde da Pessoa com Deficiência – PRONAS/PCD, previamente aprovados pelo Ministério da Saúde.

•• Inciso VIII acrescentado pela Lei n. 12.715, de 17-9-2012.

§ 1.º A soma das deduções a que se referem os incisos I a IV não poderá reduzir o imposto devido em mais de 12% (doze por cento).

§ 2.º (*Vetado.*)

§ 3.º A dedução de que trata o inciso VII do *caput* deste artigo:

•• § 3.º, *caput*, acrescentado pela Lei n. 11.324, de 19-7-2006.

I – está limitada:

•• Inciso I, *caput*, acrescentado pela Lei n. 11.324, de 19-7-2006.

a) a 1 (um) empregado doméstico por declaração, inclusive no caso da declaração em conjunto;

•• Alínea *a* acrescentada pela Lei n. 11.324, de 19-7-2006.

b) ao valor recolhido no ano-calendário a que se referir a declaração;

•• Alínea *b* acrescentada pela Lei n. 11.324, de 19-7-2006.

II – aplica-se somente ao modelo completo de Declaração de Ajuste Anual;

•• Inciso II acrescentado pela Lei n. 11.324, de 19-7-2006.

III – não poderá exceder:

•• Inciso III, *caput*, acrescentado pela Lei n. 11.324, de 19-7-2006.

a) ao valor da contribuição patronal calculada sobre 1 (um) salário mínimo mensal, sobre o 13.º (décimo terceiro) salário e sobre a remuneração adicional de férias, referidos também a 1 (um) salário mínimo;

•• Alínea *a* acrescentada pela Lei n. 11.324, de 19-7-2006.

•• O art. 8.º da Lei n. 11.324, de 19-7-2006, estabelece que, em relação às contribuições patronais pagas, esta Lei produz efeitos a partir do mês de janeiro de 2006.

b) ao valor do imposto apurado na forma do art. 11 desta Lei, deduzidos os valores de que tratam os incisos I a III do *caput* deste artigo;

•• Alínea *b* acrescentada pela Lei n. 11.324, de 19-7-2006.

IV – fica condicionada à comprovação da regularidade do empregador doméstico perante o regime geral de previdência social quando se tratar de contribuinte individual.

•• Inciso IV acrescentado pela Lei n. 11.324, de 19-7-2006.

Art. 13. O montante determinado na forma do artigo anterior constituirá, se positivo, saldo do imposto a pagar e, se negativo, valor a ser restituído.

Parágrafo único. Quando positivo, o saldo do imposto deverá ser pago até o último dia útil do mês fixado para a entrega da declaração de rendimentos.

Art. 14. À opção do contribuinte, o saldo do imposto a pagar poderá ser parcelado em até 8 (oito) quotas iguais, mensais e sucessivas, observado o seguinte:

•• *Caput* com redação determinada pela Lei n. 11.311, de 13-6-2006.

I – nenhuma quota será inferior a R$ 50,00 (cinquenta reais), e o imposto de valor inferior a R$ 100,00 (cem reais) será pago de uma só vez;

II – a primeira quota deverá ser paga no mês fixado para a entrega da declaração de rendimentos;

III – as demais quotas, acrescidas de juros equivalentes à taxa referencial do Sistema Especial de Liquidação e de Custódia – SELIC para títulos federais, acumulada mensalmente, calculados a partir da data prevista para a entrega da declaração de rendimentos até o mês anterior ao do pagamento e de 1% (um por cento) no mês do pagamento, vencerão no último dia útil de cada mês;

IV – é facultado ao contribuinte antecipar, total ou parcialmente, o pagamento do imposto ou das quotas.

Art. 15. Nos casos de encerramento de espólio e de saída definitiva do território nacional, o imposto de renda devido será calculado mediante a utilização dos valores correspondentes à soma das tabelas progressivas mensais relativas aos meses do período abrangido pela tributação no ano-calendário.

•• Artigo com redação determinada pela Lei n. 11.311, de 13-6-2006.

Art. 16. O valor da restituição do Imposto sobre a Renda da pessoa física, apurado em declaração de rendimentos, será acrescido de juros equivalentes à taxa referencial do Sistema Especial de Liquidação e de Custódia – SELIC para títulos federais, acumulada mensalmente, calculados a partir da data prevista para a entrega da declaração de rendimentos até o mês anterior ao da liberação da restituição e de 1%

(um por cento) no mês em que o recurso for colocado no banco à disposição do contribuinte.

Parágrafo único. Será obedecida a seguinte ordem de prioridade para recebimento da restituição do imposto de renda:

•• Parágrafo único, *caput*, acrescentado pela Lei n. 13.498, de 26-10-2017.

I – idosos, nos termos definidos pelo inciso IX do § 1.° do art. 3.° da Lei n. 10.741, de 1.° de outubro de 2003;

•• Inciso I acrescentado pela Lei n. 13.498, de 26-10-2017.

II – contribuintes cuja maior fonte de renda seja o magistério;

•• Inciso II acrescentado pela Lei n. 13.498, de 26-10-2017.

III – demais contribuintes.

•• Inciso III acrescentado pela Lei n. 13.498, de 26-10-2017.

Capítulo IV
TRIBUTAÇÃO DA ATIVIDADE RURAL

Art. 17. O art. 2.° da Lei n. 8.023, de 12 de abril de 1990, passa a vigorar com a seguinte redação:

•• Alteração já processada no texto da Lei modificada.

Art. 18. O resultado da exploração da atividade rural apurado pelas pessoas físicas, a partir do ano-calendário de 1996, será apurado mediante escrituração do Livro Caixa, que deverá abranger as receitas, as despesas de custeio, os investimentos e demais valores que integram a atividade.

§ 1.° O contribuinte deverá comprovar a veracidade das receitas e das despesas escrituradas no Livro Caixa, mediante documentação idônea que identifique o adquirente ou beneficiário, o valor e a data da operação, a qual será mantida em seu poder à disposição da fiscalização, enquanto não ocorrer a decadência ou prescrição.

§ 2.° A falta da escrituração prevista neste artigo implicará arbitramento da base de cálculo à razão de 20% (vinte por cento) da receita bruta do ano-calendário.

§ 3.° Aos contribuintes que tenham auferido receitas anuais até o valor de R$ 56.000,00 (cinquenta e seis mil reais) faculta-se apurar o resultado da exploração da atividade rural, mediante prova documental, dispensado o registro do Livro Caixa.

Art. 19. O resultado positivo obtido na exploração da atividade rural pela pessoa física poderá ser compensado com prejuízos apurados em anos-calendário anteriores.

Parágrafo único. A pessoa física fica obrigada à conservação e guarda do Livro Caixa e dos documentos fiscais que demonstram a apuração do prejuízo a compensar.

Art. 20. O resultado decorrente da atividade rural, exercida no Brasil por residente ou domiciliado no exterior, apurado por ocasião do encerramento do ano-calendário, constituirá a base de cálculo do imposto e será tributado à alíquota de 15% (quinze por cento).

§ 1.° Na hipótese de que trata este artigo, a apuração do resultado deverá ser feita por procurador, a quem compete reter e recolher o imposto devido, não sendo permitidas a opção pelo arbitramento de 20% (vinte por cento) da receita bruta e a compensação de prejuízos apurados.

§ 2.° O imposto apurado deverá ser pago na data da ocorrência do fato gerador.

§ 3.° Ocorrendo remessa de lucros antes do encerramento do ano-calendário, o imposto deverá ser recolhido no ato sobre o valor remetido por ocasião do evento, exceto no caso de devolução de capital.

Art. 21. O resultado da atividade rural exercida no exterior, por residentes e domiciliados no Brasil, convertido em Reais mediante utilização do valor do dólar dos Estados Unidos da América fixado para compra pelo Banco Central do Brasil, para o último dia do ano-calendário a que se refere o resultado, sujeita-se ao mesmo tratamento tributário previsto no art. 9.°, vedada a compensação de resultado positivo obtido no exterior, com resultado negativo obtido no País.

Capítulo V
TRIBUTAÇÃO DOS GANHOS DE CAPITAL DAS PESSOAS FÍSICAS

Art. 22. Fica isento do imposto de renda o

ganho de capital auferido na alienação de bens e direitos de pequeno valor, cujo preço unitário de alienação, no mês em que esta se realizar, seja igual ou inferior a:

•• *Caput* com redação determinada pela Lei n. 11.196, de 21-11-2005.

•• *Vide* art. 132, II, *d*, da Lei n. 11.196, de 21-11-2005.

I – R$ 20.000,00 (vinte mil reais), no caso de alienação de ações negociadas no mercado de balcão;

•• Inciso I acrescentado pela Lei n. 11.196, de 21-11-2005.

•• *Vide* art. 132, II, *d*, da Lei n. 11.196, de 21-11-2005.

II – R$ 35.000,00 (trinta e cinco mil reais), nos demais casos.

•• Inciso II acrescentado pela Lei n. 11.196, de 21-11-2005.

•• *Vide* art. 132, II, *d*, da Lei n. 11.196, de 21-11-2005.

Parágrafo único. No caso de alienação de diversos bens ou direitos da mesma natureza, será considerado, para os efeitos deste artigo, o valor do conjunto dos bens alienados no mês.

Art. 23. Fica isento do Imposto sobre a Renda o ganho de capital auferido na alienação do único imóvel que o titular possua, cujo valor de alienação seja de até R$ 440.000,00 (quatrocentos e quarenta mil reais), desde que não tenha sido realizada qualquer outra alienação nos últimos 5 (cinco) anos.

Art. 24. Na apuração do ganho de capital de bens adquiridos por meio de arrendamento mercantil, será considerado custo de aquisição o valor residual do bem acrescido dos valores pagos a título de arrendamento.

Capítulo VI
DA DECLARAÇÃO DE BENS E DIREITOS

Art. 25. Como parte integrante da declaração de rendimentos, a pessoa física apresentará relação pormenorizada dos bens imóveis e móveis e direitos que, no País ou no exterior, constituam o seu patrimônio e o de seus dependentes, em 31 de dezembro do ano-calendário, bem como os bens e direitos adquiridos e alienados no mesmo ano.

§ 1.º Devem ser declarados:

I – os bens imóveis, os veículos automotores, as embarcações e as aeronaves, independentemente do valor de aquisição;

II – os demais bens móveis, tais como antiguidades, obras de arte, objetos de uso pessoal e utensílios, adquiridos a partir do ano-calendário de 1996, cujo valor de aquisição unitário seja igual ou superior a R$ 5.000,00 (cinco mil reais);

III – os saldos de aplicações financeiras e de conta corrente bancária cujo valor individual, em 31 de dezembro do ano-calendário, exceda a R$ 140,00 (cento e quarenta reais);

IV – os investimentos em participações societárias, em ações negociadas ou não em bolsa de valores e em ouro, ativo financeiro, adquiridos a partir do ano-calendário de 1996, cujo valor de aquisição unitário seja igual ou superior a R$ 1.000,00 (um mil reais).

§ 2.º Os bens serão declarados discriminadamente pelos valores de aquisição em Reais, constantes dos respectivos instrumentos de transferência de propriedade ou da nota fiscal.

§ 3.º Os bens existentes no exterior devem ser declarados pelos valores de aquisição constantes dos respectivos instrumentos de transferência de propriedade, segundo a moeda do país em que estiverem situados, convertidos em Reais pela cotação cambial de venda do dia da transmissão da propriedade.

§ 4.º Os depósitos mantidos em instituições financeiras no exterior devem ser relacionados na declaração de bens, a partir do ano-calendário de 1999, pelo valor do saldo desses depósitos em moeda estrangeira convertido em reais pela cotação cambial de compra em 31 de dezembro, sendo isento o acréscimo patrimonial decorrente da variação cambial.

•• § 4.º com redação determinada pela Medida Provisória n. 2.189-49, de 23-8-2001.

§ 5.º Na declaração de bens e direitos, também deverão ser consignados os ônus reais e obrigações da pessoa física e de seus dependentes, em 31 de dezembro do ano-calendário, cujo valor seja superior a R$ 5.000,00 (cinco mil reais).

§ 6.º O disposto nos incisos II e IV do § 1.º poderá ser observado na declaração de bens referente ao ano-calendário de 1995, com relação aos bens móveis e aos investimentos adquiridos anteriormente a 1996.

Capítulo VII
DISPOSIÇÕES GERAIS

Art. 26. Ficam isentas do Imposto sobre a Renda as bolsas de estudo e de pesquisa caracterizadas como doação, quando recebidas exclusivamente para proceder a estudos ou pesquisas e desde que os resultados dessas atividades não representem vantagem para o doador, nem importem contraprestação de serviços.

Parágrafo único. Não caracterizam contraprestação de serviços nem vantagem para o doador, para efeito da isenção referida no *caput*, as bolsas de estudo recebidas pelos médicos residentes, nem as bolsas recebidas pelos servidores das redes públicas de educação profissional, científica e tecnológica que participem das atividades do Pronatec, nos termos do § 1.º do art. 9.º da Lei n. 12.513, de 26 de outubro de 2011.

•• Parágrafo único com redação determinada pela Lei n. 12.816, de 5-6-2013.

Art. 27. O art. 48 da Lei n. 8.541, de 23 de dezembro de 1992, passa a vigorar com a seguinte redação:

•• Alteração já processada no diploma modificado.

Art. 28. O inciso XV do art. 6.º da Lei n. 7.713, de 22 de dezembro de 1988, passa a vigorar com a seguinte redação:

•• Alteração prejudicada em face de posterior modificação do dispositivo pela Lei n. 11.482, de 31-5-2007.

Art. 29. Estão isentos do Imposto sobre a Renda na fonte os rendimentos pagos a pessoa física, residente ou domiciliada no exterior, por autarquias ou repartições do Governo brasileiro situadas fora do Território Nacional e que correspondam a serviços prestados a esses órgãos.

Art. 30. A partir de 1.º de janeiro de 1996, para efeito do reconhecimento de novas isenções de que tratam os incisos XIV e XXI do art. 6.º da Lei n. 7.713, de 22 de dezembro de 1988, com a redação dada pelo art. 47 da Lei n. 8.541, de 23 de dezembro de 1992, a moléstia deverá ser comprovada mediante laudo pericial emitido por serviço médico oficial, da União, dos Estados, do Distrito Federal e dos Municípios.

• *Vide* Súmula 598 do STJ.

§ 1.º O serviço médico oficial fixará o prazo de validade do laudo pericial, no caso de moléstias passíveis de controle.

§ 2.º Na relação das moléstias a que se refere o inciso XIV do art. 6.º da Lei n. 7.713, de 22 de dezembro de 1988, com a redação dada pelo art. 47 da Lei n. 8.541, de 23 de dezembro de 1992, fica incluída a fibrose cística (mucoviscidose).

Art. 31. (*Vetado*.)

Art. 32. O inciso VII do art. 6.º da Lei n. 7.713, de 22 de dezembro de 1988, passa a vigorar com a seguinte redação:

•• Alteração já processada no texto da Lei modificada.

Art. 33. Sujeitam-se à incidência do Imposto sobre a Renda na fonte e na declaração de ajuste anual os benefícios recebidos de entidade de previdência privada, bem como as importâncias correspondentes ao resgate de contribuições.

Parágrafo único. (*Vetado*.)

Art. 34. As alíneas *a* e *b* do § 1.º do art. 6.º da Lei n. 8.134, de 27 de dezembro de 1990, passam a vigorar com a seguinte redação:

•• Alteração já processada no texto da Lei modificada.

Art. 35. Para efeito do disposto nos arts. 4.º, III, e 8.º, II, alínea *c*, poderão ser considerados como dependentes:

I – o cônjuge;

II – o companheiro ou a companheira, desde que haja vida em comum por mais de 5 (cinco) anos, ou por período menor, se da união resultou filho;

III – a filha, o filho, a enteada ou o enteado, até 21 (vinte e um) anos, ou de qualquer idade quando incapacitado física ou mentalmente para o trabalho;

IV – o menor pobre, até 21 (vinte e um) anos, que o contribuinte crie e eduque e do qual detenha a guarda judicial;

V – o irmão, o neto ou o bisneto, sem arrimo dos pais, até 21 (vinte e um) anos, desde que o contribuinte detenha a guarda judicial, ou de qualquer idade quando incapacitado física ou mentalmente para o trabalho;

VI – os pais, os avós ou os bisavós, desde que não aufiram rendimentos, tributáveis ou não, superiores ao limite de isenção mensal;

VII – o absolutamente incapaz, do qual o contribuinte seja tutor ou curador.

§ 1.º Os dependentes a que se referem os incisos III e V deste artigo poderão ser assim considerados quando maiores até 24 (vinte e quatro) anos de idade, se ainda estiverem cursando estabelecimento de ensino superior ou escola técnica de segundo grau.

§ 2.º Os dependentes comuns poderão, opcionalmente, ser considerados por qualquer um dos cônjuges.

§ 3.º No caso de filhos de pais separados, poderão ser considerados dependentes os que ficarem sob a guarda do contribuinte, em cumprimento de decisão judicial ou acordo homologado judicialmente.

§ 4.º É vedada a dedução concomitante do montante referente a um mesmo dependente, na determinação da base de cálculo do imposto, por mais de um contribuinte.

§ 5.º Sem prejuízo do disposto no inciso IX do parágrafo único do art. 3.º da Lei n. 10.741, de 1.º de outubro de 2003, a pessoa com deficiência, ou o contribuinte que tenha dependente nessa condição, tem preferência na restituição referida no inciso III do art. 4.º e na alínea c do inciso II do art. 8.º.

•• § 5.º acrescentado pela Lei n. 13.146, de 6-7-2015, em vigor 180 dias da data de sua publicação (*DOU* de 7-7-2015).

CAPÍTULO VIII
DISPOSIÇÕES FINAIS E TRANSITÓRIAS

Art. 36. O contribuinte que no ano-calendário de 1995 tiver auferido rendimentos tributáveis até o limite de R$ 21.458,00 (vinte e um mil, quatrocentos e cinquenta e oito reais) poderá optar pelo regime de tributação simplificada de que trata o art. 10.

Art. 37. Fica a Secretaria da Receita Federal autorizada a:

•• A Secretaria da Receita Federal passa a denominar-se Secretaria da Receita Federal do Brasil, por força da Lei n. 11.457, de 16-3-2007.

I – instituir modelo de documento fiscal a ser emitido por profissionais liberais;

II – celebrar, em nome da União, convênio com os Estados, Distrito Federal e Municípios, objetivando instituir cadastro único de contribuintes, em substituição aos cadastros federal, estaduais e municipais.

Art. 38. Os processos fiscais relativos a tributos e contribuições federais e a penalidades isoladas e as declarações não poderão sair dos órgãos da Secretaria da Receita Federal, salvo quando se tratar de:

•• *Vide* nota ao *caput* do artigo anterior.

I – encaminhamento de recursos à instância superior;

II – restituições de autos aos órgãos de origem;

III – encaminhamento de documentos para fins de processamento de dados.

§ 1.º Nos casos a que se referem os incisos I e II deverá ficar cópia autenticada dos documentos essenciais na repartição.

§ 2.º É facultado o fornecimento de cópia do processo ao sujeito passivo ou a seu mandatário.

Art. 39. A compensação de que trata o art. 66 da Lei n. 8.383, de 30 de dezembro de 1991, com a redação dada pelo art. 58 da Lei n. 9.069, de 29 de junho de 1995, somente poderá ser efetuada com o recolhimento de importância correspondente a imposto, taxa, contribuição federal ou receitas patrimoniais de mesma espécie e destinação constitucional, apurado em períodos subsequentes.

§§ 1.º a 3.º (*Vetados.*)

§ 4.º A partir de 1.º de janeiro de 1996, a compensação ou restituição será acrescida de juros equivalentes à taxa referencial do Sistema Especial de Liquidação e de Custódia – SELIC para títulos federais, acumulada mensalmente, calculados a partir da data do pagamento indevido ou a maior até o mês anterior ao da compensação ou restituição e de 1% (um por cento) relativamente ao mês em que estiver sendo efetuada.

Art. 40. A base de cálculo mensal do Imposto sobre a Renda das pessoas jurídicas prestadoras de serviços em geral, cuja receita bruta anual seja de até R$ 120.000,00 (cento e vinte mil reais), será determinada mediante a aplicação do percentual de 16% (dezesseis por cento) sobre a receita bruta auferida mensalmente, observado o disposto nos arts. 30 a 35 da Lei n. 8.981, de 20 de janeiro de 1995.

Parágrafo único. O disposto neste artigo não se aplica às pessoas jurídicas que prestam serviços hospitalares e de transporte, bem como às sociedades prestadoras de serviços de profissões legalmente regulamentadas.

Art. 41. Esta Lei entra em vigor na data de sua publicação.

Art. 42. Revogam-se as disposições em contrário e, especialmente, o Decreto-lei n. 1.380, de 23 de dezembro de 1974, o art. 27 da Lei n. 7.713, de 22 de dezembro de 1988, o art. 26 da Lei n. 8.218, de 29 de agosto de 1991, e os arts. 8.º a 20 e 23 da Lei n. 8.981, de 20 de janeiro de 1995.

Brasília, 26 de dezembro de 1995; 174.º da Independência e 107.º da República.

FERNANDO HENRIQUE CARDOSO

LEI COMPLEMENTAR N. 87, DE 13 DE SETEMBRO DE 1996 (*)

Dispõe sobre o imposto dos Estados e do Distrito Federal sobre operações relativas à circulação de mercadorias e sobre prestações de serviços de transporte interestadual e intermunicipal e de comunicação, e dá outras providências.

O Presidente da República.

Faço saber que o Congresso Nacional decreta e eu sanciono a seguinte Lei:

Art. 1.º Compete aos Estados e ao Distrito Federal instituir o imposto sobre operações relativas à circulação de mercadorias e sobre prestações de serviços de transporte interestadual e intermunicipal e de comunicação, ainda que as operações e as prestações se iniciem no exterior.

Art. 2.º O imposto incide sobre:

•• *Vide* Súmula 334 do STJ.

I – operações relativas à circulação de mercadorias, inclusive o fornecimento de alimentação e bebidas em bares, restaurantes e estabelecimentos similares;

II – prestações de serviços de transporte interestadual e intermunicipal, por qualquer via, de pessoas, bens, mercadorias ou valores;

III – prestações onerosas de serviços de comunicação, por qualquer meio, inclusive a geração, a emissão, a recepção, a transmissão, a retransmissão, a repetição e a ampliação de comunicação de qualquer natureza;

•• *Vide* Súmula 350 do STJ.

(*) Publicada no *DOU*, de 16-9-1996. Esta norma é correntemente denominada Lei Kandir.

IV – fornecimento de mercadorias com prestação de serviços não compreendidos na competência tributária dos Municípios;

V – fornecimento de mercadorias com prestação de serviços sujeitos ao imposto sobre serviços, de competência dos Municípios, quando a lei complementar aplicável expressamente o sujeitar à incidência do imposto estadual.

§ 1.º O imposto incide também:

I – sobre a entrada de mercadoria ou bem importados do exterior, por pessoa física ou jurídica, ainda que não seja contribuinte habitual do imposto, qualquer que seja a sua finalidade;

•• Inciso I com redação determinada pela Lei Complementar n. 114, de 16-12-2002.

II – sobre o serviço prestado no exterior ou cuja prestação se tenha iniciado no exterior;

III – sobre a entrada, no território do Estado destinatário, de petróleo, inclusive lubrificantes e combustíveis líquidos e gasosos dele derivados, e de energia elétrica, quando não destinados à comercialização ou à industrialização, decorrentes de operações interestaduais, cabendo o imposto ao Estado onde estiver localizado o adquirente.

§ 2.º A caracterização do fato gerador independe da natureza jurídica da operação que o constitua.

Art. 3.º O imposto não incide sobre:

I – operações com livros, jornais, periódicos e o papel destinado a sua impressão;

II – operações e prestações que destinem ao exterior mercadorias, inclusive produtos primários e produtos industrializados semielaborados, ou serviços;

•• *Vide* art. 155, X, *a*, da CF.

III – operações interestaduais relativas a energia elétrica e petróleo, inclusive lubrificantes e combustíveis líquidos e gasosos dele derivados, quando destinados à industrialização ou à comercialização;

IV – operações com ouro, quando definido em lei como ativo financeiro ou instrumento cambial;

V – operações relativas a mercadorias que tenham sido ou que se destinem a ser utilizadas na prestação, pelo próprio autor da saída, de serviço de qualquer natureza definido em lei complementar como sujeito ao imposto sobre serviços, de competência dos Municípios, ressalvadas as hipóteses previstas na mesma lei complementar;

VI – operações de qualquer natureza de que decorra a transferência de propriedade de estabelecimento industrial, comercial ou de outra espécie;

VII – operações decorrentes de alienação fiduciária em garantia, inclusive a operação efetuada pelo credor em decorrência do inadimplemento do devedor;

VIII – operações de arrendamento mercantil, não compreendida a venda do bem arrendado ao arrendatário;

IX – operações de qualquer natureza de que decorra a transferência de bens móveis salvados de sinistro para companhias seguradoras.

Parágrafo único. Equipara-se às operações de que trata o inciso II a saída de mercadoria realizada com o fim específico de exportação para o exterior, destinada a:

I – empresa comercial exportadora, inclusive *tradings* ou outro estabelecimento da mesma empresa;

II – armazém alfandegado ou entreposto aduaneiro.

Art. 4.º Contribuinte é qualquer pessoa, física ou jurídica, que realize, com habitualidade ou em volume que caracterize intuito comercial, operações de circulação de mercadoria ou prestações de serviços de transporte interestadual e intermunicipal e de comunicação, ainda que as operações e as prestações se iniciem no exterior.

Parágrafo único. É também contribuinte a pessoa física ou jurídica que, mesmo sem habitualidade ou intuito comercial:

•• Parágrafo único, *caput*, com redação determinada pela Lei Complementar n. 114, de 16-12-2002.

I – importe mercadorias ou bens do exterior, qualquer que seja a sua finalidade;

•• Inciso I com redação determinada pela Lei Complementar n. 114, de 16-12-2002.

II – seja destinatária de serviço prestado no exterior ou cuja prestação se tenha iniciado no exterior;

III – adquira em licitação mercadorias ou bens apreendidos ou abandonados;

•• Inciso III com redação determinada pela Lei Complementar n. 114, de 16-12-2002.

IV – adquira lubrificantes e combustíveis líquidos e gasosos derivados de petróleo e energia elétrica oriundos de outro Estado, quando não destinados à comercialização ou à industrialização.

•• Inciso IV com redação determinada pela Lei Complementar n. 102, de 11-7-2000.

Art. 5.° Lei poderá atribuir a terceiros a responsabilidade pelo pagamento do imposto e acréscimos devidos pelo contribuinte ou responsável, quando os atos ou omissões daqueles concorrerem para o não recolhimento do tributo.

Art. 6.° Lei estadual poderá atribuir a contribuinte do imposto ou a depositário a qualquer título a responsabilidade pelo seu pagamento, hipótese em que assumirá a condição de substituto tributário.

•• *Caput* com redação determinada pela Lei Complementar n. 114, de 16-12-2002.

§ 1.° A responsabilidade poderá ser atribuída em relação ao imposto incidente sobre uma ou mais operações ou prestações, sejam antecedentes, concomitantes ou subsequentes, inclusive ao valor decorrente da diferença entre alíquotas interna e interestadual nas operações e prestações que destinem bens e serviços a consumidor final localizado em outro Estado, que seja contribuinte do imposto.

§ 2.° A atribuição de responsabilidade dar-se-á em relação a mercadorias, bens ou serviços previstos em lei de cada Estado.

•• § 2.° com redação determinada pela Lei Complementar n. 114, de 16-12-2002.

Art. 7.° Para efeito de exigência do imposto por substituição tributária, inclui-se, também, como fato gerador do imposto, a entrada de mercadoria ou bem no estabelecimento do adquirente ou em outro por ele indicado.

Art. 8.° A base de cálculo, para fins de substituição tributária, será:

I – em relação às operações ou prestações antecedentes ou concomitantes, o valor da operação ou prestação praticado pelo contribuinte substituído;

II – em relação às operações ou prestações subsequentes, obtida pelo somatório das parcelas seguintes:

a) o valor da operação ou prestação própria realizada pelo substituto tributário ou pelo substituído intermediário;

b) o montante dos valores de seguro, de frete e de outros encargos cobrados ou transferíveis aos adquirentes ou tomadores de serviço;

c) a margem de valor agregado, inclusive lucro, relativa às operações ou prestações subsequentes.

§ 1.° Na hipótese de responsabilidade tributária em relação às operações ou prestações antecedentes, o imposto devido pelas referidas operações ou prestações será pago pelo responsável, quando:

I – da entrada ou recebimento da mercadoria, do bem ou do serviço;

•• Inciso I com redação determinada pela Lei Complementar n. 114, de 16-12-2002.

II – da saída subsequente por ele promovida, ainda que isenta ou não tributada;

III – ocorrer qualquer saída ou evento que impossibilite a ocorrência do fato determinante do pagamento do imposto.

§ 2.º Tratando-se de mercadoria ou serviço cujo preço final a consumidor, único ou máximo, seja fixado por órgão público competente, a base de cálculo do imposto, para fins de substituição tributária, é o referido preço por ele estabelecido.

§ 3.º Existindo preço final a consumidor sugerido pelo fabricante ou importador, poderá a lei estabelecer como base de cálculo este preço.

§ 4.º A margem a que se refere a alínea c do inciso II do *caput* será estabelecida com base em preços usualmente praticados no mercado considerado, obtidos por levantamento, ainda que por amostragem ou através de informações e outros elementos fornecidos por entidades representativas dos respectivos setores, adotando-se a média ponderada dos preços coletados, devendo os critérios para sua fixação ser previstos em lei.

§ 5.º O imposto a ser pago por substituição tributária, na hipótese do inciso II do *caput*, corresponderá à diferença entre o valor resultante da aplicação da alíquota prevista para as operações ou prestações internas do Estado de destino sobre a respectiva base de cálculo e o valor do imposto devido pela operação ou prestação própria do substituto.

§ 6.º Em substituição ao disposto no inciso II do *caput*, a base de cálculo em relação às operações ou prestações subsequentes poderá ser o preço a consumidor final usualmente praticado no mercado considerado, relativamente ao serviço, à mercadoria ou sua similar, em condições de livre concorrência, adotando-se para sua apuração as regras estabelecidas no § 4.º deste artigo.

•• § 6.º acrescentado pela Lei Complementar n. 114, de 16-12-2002.

Art. 9.º A adoção do regime de substituição tributária em operações interestaduais dependerá de acordo específico celebrado pelos Estados interessados.

§ 1.º A responsabilidade a que se refere o art. 6.º poderá ser atribuída:

I – ao contribuinte que realizar operação interestadual com petróleo, inclusive lubrificantes, combustíveis líquidos e gasosos dele derivados, em relação às operações subsequentes;

II – às empresas geradoras ou distribuidoras de energia elétrica, nas operações internas e interestaduais, na condição de contribuinte ou de substituto tributário, pelo pagamento do imposto, desde a produção ou importação até a última operação, sendo seu cálculo efetuado sobre o preço praticado na operação final, assegurado seu recolhimento ao Estado onde deva ocorrer essa operação.

§ 2.º Nas operações interestaduais com as mercadorias de que tratam os incisos I e II do parágrafo anterior, que tenham como destinatário consumidor final, o imposto incidente na operação será devido ao Estado onde estiver localizado o adquirente e será pago pelo remetente.

Art. 10. É assegurado ao contribuinte substituído o direito à restituição do valor do imposto pago por força da substituição tributária, correspondente ao fato gerador presumido que não se realizar.

§ 1.º Formulado o pedido de restituição e não havendo deliberação no prazo de 90 (noventa) dias, o contribuinte substituído poderá se creditar, em sua escrita fiscal, do valor objeto do pedido, devidamente atualizado segundo os mesmos critérios aplicáveis ao tributo.

§ 2.º Na hipótese do parágrafo anterior, sobrevindo decisão contrária irrecorrível, o contribuinte substituído, no prazo de 15 (quinze) dias da respectiva notificação, procederá ao estorno dos créditos lançados, também devidamente atualizados, com o pagamento dos acréscimos legais cabíveis.

Art. 11. O local da operação ou da prestação, para os efeitos da cobrança do imposto e definição do estabelecimento responsável, é:

I – tratando-se de mercadoria ou bem:

a) o do estabelecimento onde se encontre, no momento da ocorrência do fato gerador;

b) onde se encontre, quando em situação irregular pela falta de documentação fiscal ou quando acompanhado de documentação inidônea, como dispuser a legislação tributária;

c) o do estabelecimento que transfira a propriedade, ou o título que a represente, de mercadoria por ele adquirida no País e que por ele não tenha transitado;

d) importado do exterior, o do estabelecimento onde ocorrer a entrada física;

e) importado do exterior, o do domicílio do adquirente, quando não estabelecido;

f) aquele onde seja realizada a licitação, no caso de arrematação de mercadoria ou bem importados do exterior e apreendidos ou abandonados;

•• Alínea *f* com redação determinada pela Lei Complementar n. 114, de 16-12-2002.

g) o do Estado onde estiver localizado o adquirente, inclusive consumidor final, nas operações interestaduais com energia elétrica e petróleo, lubrificantes e combustíveis dele derivados, quando não destinados à industrialização ou à comercialização;

h) o do Estado de onde o ouro tenha sido extraído, quando não considerado como ativo financeiro ou instrumento cambial;

i) o de desembarque do produto, na hipótese de captura de peixes, crustáceos e moluscos;

II – tratando-se de prestação de serviço de transporte:

a) onde tenha início a prestação;

b) onde se encontre o transportador, quando em situação irregular pela falta de documentação fiscal ou quando acompanhada de documentação inidônea, como dispuser a legislação tributária;

c) o do estabelecimento destinatário do serviço, na hipótese do inciso XIII do art. 12 e para os efeitos do § 3.° do art. 13;

III – tratando-se de prestação onerosa de serviço de comunicação:

a) o da prestação do serviço de radiodifusão sonora e de som e imagem, assim entendido o da geração, emissão, transmissão e retransmissão, repetição, ampliação e recepção;

b) o do estabelecimento da concessionária ou da permissionária que forneça ficha, cartão, ou assemelhados com que o serviço é pago;

c) o do estabelecimento destinatário do serviço, na hipótese e para os efeitos do inciso XIII do art. 12;

c-1) o do estabelecimento ou domicílio do tomador do serviço, quando prestado por meio de satélite;

•• Alínea *c-1* acrescentada pela Lei Complementar n. 102, de 11-7-2000.

d) onde seja cobrado o serviço, nos demais casos;

IV – tratando-se de serviços prestados ou iniciados no exterior, o do estabelecimento ou do domicílio do destinatário.

§ 1.° O disposto na alínea *c* do inciso I não se aplica às mercadorias recebidas em regime de depósito de contribuinte de Estado que não o do depositário.

§ 2.° Para os efeitos da alínea *h* do inciso I, o ouro, quando definido como ativo financeiro ou instrumento cambial, deve ter sua origem identificada.

§ 3.° Para efeito desta Lei Complementar, estabelecimento é o local, privado ou público, edificado ou não, próprio ou de terceiro, onde pessoas físicas ou jurídicas exerçam suas atividades em caráter temporário ou permanente, bem como onde se encontrem armazenadas mercadorias, observado, ainda, o seguinte:

I – na impossibilidade de determinação do estabelecimento, considera-se como tal o local em que tenha sido efetuada a operação ou prestação, encontrada a mercadoria ou constatada a prestação;

II – é autônomo cada estabelecimento do mesmo titular;

III – considera-se também estabelecimento autônomo o veículo usado no comércio ambulante e na captura de pescado;

IV – respondem pelo crédito tributário todos os estabelecimentos do mesmo titular.

§ 4.º (*Vetado.*)

§ 5.º Quando a mercadoria for remetida para armazém geral ou para depósito fechado do próprio contribuinte, no mesmo Estado, a posterior saída considerar-se-á ocorrida no estabelecimento do depositante, salvo se para retornar ao estabelecimento remetente.

§ 6.º Na hipótese do inciso III do *caput* deste artigo, tratando-se de serviços não medidos, que envolvam localidades situadas em diferentes unidades da Federação e cujo preço seja cobrado por períodos definidos, o imposto devido será recolhido em partes iguais para as unidades da Federação onde estiverem localizados o prestador e o tomador.

•• § 6.º acrescentado pela Lei Complementar n. 102, de 11-7-2000.

Art. 12. Considera-se ocorrido o fato gerador do imposto no momento:

I – da saída de mercadoria de estabelecimento de contribuinte, ainda que para outro estabelecimento do mesmo titular;

II – do fornecimento de alimentação, bebidas e outras mercadorias por qualquer estabelecimento;

III – da transmissão a terceiro de mercadoria depositada em armazém geral ou em depósito fechado, no Estado do transmitente;

IV – da transmissão de propriedade de mercadoria, ou de título que a represente, quando a mercadoria não tiver transitado pelo estabelecimento transmitente;

V – do início da prestação de serviços de transporte interestadual e intermunicipal, de qualquer natureza;

VI – do ato final do transporte iniciado no exterior;

VII – das prestações onerosas de serviços de comunicação, feita por qualquer meio, inclusive a geração, a emissão, a recepção, a transmissão, a retransmissão, a repetição e a ampliação de comunicação de qualquer natureza;

VIII – do fornecimento de mercadoria com prestação de serviços:

a) não compreendidos na competência tributária dos Municípios;

b) compreendidos na competência tributária dos Municípios e com indicação expressa de incidência do imposto de competência estadual, como definido na lei complementar aplicável;

IX – do desembaraço aduaneiro de mercadorias ou bens importados do exterior;

•• Inciso IX com redação determinada pela Lei Complementar n. 114, de 16-12-2002.

X – do recebimento, pelo destinatário, de serviço prestado no exterior;

XI – da aquisição em licitação pública de mercadorias ou bens importados do exterior e apreendidos ou abandonados;

•• Inciso XI com redação determinada pela Lei Complementar n. 114, de 16-12-2002.

XII – da entrada no território do Estado de lubrificantes e combustíveis líquidos e gasosos derivados de petróleo e energia elétrica oriundos de outro Estado, quando não destinados à comercialização ou à industrialização;

•• Inciso XII com redação determinada pela Lei Complementar n. 102, de 11-7-2000.

XIII – da utilização, por contribuinte, de serviço cuja prestação se tenha iniciado em outro Estado e não esteja vinculada a operação ou prestação subsequente.

§ 1.º Na hipótese do inciso VII, quando o serviço for prestado mediante pagamento em ficha, cartão ou assemelhados, considera-se ocorrido o fato gerador do imposto quando do fornecimento desses instrumentos ao usuário.

§ 2.º Na hipótese do inciso IX, após o desembaraço aduaneiro, a entrega, pelo depositário, de mercadoria ou bem importados do exterior deverá ser autorizada pelo órgão responsável pelo seu desembaraço, que somente se fará mediante a exibição do comprovante de pagamento do imposto incidente no ato do despacho aduaneiro, salvo disposição em contrário.

§ 3.º Na hipótese de entrega de mercadoria ou bem importados do exterior antes do desembaraço aduaneiro, considera-se ocorrido o fato gerador neste momento, devendo a autoridade responsável, salvo disposição em contrário, exigir a comprovação do pagamento do imposto.

•• § 3.º acrescentado pela Lei Complementar n. 114, de 16-12-2002.

Art. 13. A base de cálculo do imposto é:

I – na saída de mercadoria prevista nos incisos I, III e IV do art. 12, o valor da operação;

II – na hipótese do inciso II do art. 12, o valor da operação, compreendendo mercadoria e serviço;

III – na prestação de serviço de transporte interestadual e intermunicipal e de comunicação, o preço do serviço;

IV – no fornecimento de que trata o inciso VIII do art. 12:

a) o valor da operação, na hipótese da alínea *a*;

b) o preço corrente da mercadoria fornecida ou empregada, na hipótese da alínea *b*;

V – na hipótese do inciso IX do art. 12, a soma das seguintes parcelas:

a) o valor da mercadoria ou bem constante dos documentos de importação, observado o disposto no art. 14;

b) imposto de importação;

c) imposto sobre produtos industrializados;

d) imposto sobre operações de câmbio;

e) quaisquer outros impostos, taxas, contribuições e despesas aduaneiras;

•• Alínea *e* com redação determinada pela Lei Complementar n. 114, de 16-12-2002.

VI – na hipótese do inciso X do art. 12, o valor da prestação do serviço, acrescido, se for o caso, de todos os encargos relacionados com a sua utilização;

VII – no caso do inciso XI do art. 12, o valor da operação acrescido do valor dos impostos de importação e sobre produtos industrializados e de todas as despesas cobradas ou debitadas ao adquirente;

VIII – na hipótese do inciso XII do art. 12, o valor da operação de que decorrer a entrada;

IX – na hipótese do inciso XIII do art. 12, o valor da prestação no Estado de origem.

§ 1.º Integra a base de cálculo do imposto, inclusive na hipótese do inciso V do *caput* deste artigo:

•• § 1.º, *caput*, com redação determinada pela Lei Complementar n. 114, de 16-12-2002.

I – o montante do próprio imposto, constituindo o respectivo destaque mera indicação para fins de controle;

II – o valor correspondente a:

a) seguros, juros e demais importâncias pagas, recebidas ou debitadas, bem como descontos concedidos sob condição;

b) frete, caso o transporte seja efetuado pelo próprio remetente ou por sua conta e ordem e seja cobrado em separado.

§ 2.º Não integra a base de cálculo do imposto o montante do Imposto sobre Produtos Industrializados, quando a operação, realizada entre contribuintes e relativa a produto destinado à industrialização ou à comercialização, configurar fato gerador de ambos os impostos.

§ 3.º No caso do inciso IX, o imposto a pagar será o valor resultante da aplicação do percentual equivalente à diferença entre a alíquota interna e a interestadual, sobre o valor ali previsto.

§ 4.º Na saída de mercadoria para estabelecimento localizado em outro Estado, pertencente ao mesmo titular, a base de cálculo do imposto é:

I – o valor correspondente à entrada mais recente da mercadoria;

II – o custo da mercadoria produzida, assim entendida a soma do custo da matéria-prima, material secundário, mão de obra e acondicionamento;

III – tratando-se de mercadorias não industrializadas, o seu preço corrente no mercado atacadista do estabelecimento remetente.

§ 5.º Nas operações e prestações interestaduais entre estabelecimentos de contribuintes diferentes, caso haja reajuste do valor depois da remessa ou da prestação, a diferença fica sujeita ao imposto no estabelecimento do remetente ou do prestador.

Art. 14. O preço de importação expresso em moeda estrangeira será convertido em moeda nacional pela mesma taxa de câmbio utilizada no cálculo do imposto de importação, sem qualquer acréscimo ou devolução posterior se houver variação da taxa de câmbio até o pagamento efetivo do preço.

Parágrafo único. O valor fixado pela autoridade aduaneira para base de cálculo do imposto de importação, nos termos da lei aplicável, substituirá o preço declarado.

Art. 15. Na falta do valor a que se referem os incisos I e VIII do art. 13, a base de cálculo do imposto é:

I – o preço corrente da mercadoria, ou de seu similar, no mercado atacadista do local da operação ou, na sua falta, no mercado atacadista regional, caso o remetente seja produtor, extrator ou gerador, inclusive de energia;

II – o preço FOB estabelecimento industrial à vista, caso o remetente seja industrial;

III – o preço FOB estabelecimento comercial à vista, na venda a outros comerciantes ou industriais, caso o remetente seja comerciante.

§ 1.º Para aplicação dos incisos II e III do *caput*, adotar-se-á sucessivamente:

I – o preço efetivamente cobrado pelo estabelecimento remetente na operação mais recente;

II – caso o remetente não tenha efetuado venda de mercadoria, o preço corrente da mercadoria ou de seu similar no mercado atacadista do local da operação ou, na falta deste, no mercado atacadista regional.

§ 2.º Na hipótese do inciso III do *caput*, se o estabelecimento remetente não efetue vendas a outros comerciantes ou industriais ou, em qualquer caso, se não houver mercadoria similar, a base de cálculo será equivalente a 75% (setenta e cinco por cento) do preço de venda corrente no varejo.

Art. 16. Nas prestações sem preço determinado, a base de cálculo do imposto é o valor corrente do serviço, no local da prestação.

Art. 17. Quando o valor do frete, cobrado por estabelecimento pertencente ao mesmo titular da mercadoria ou por outro estabelecimento de empresa que com aquele mantenha relação de interdependência, exceder os níveis normais de preços em vigor, no mercado local, para serviço semelhante, constantes de tabelas elaboradas pelos órgãos competentes, o valor excedente será havido como parte do preço da mercadoria.

Parágrafo único. Considerar-se-ão interdependentes duas empresas quando:

I – uma delas, por si, seus sócios ou acionistas, e respectivos cônjuges ou filhos menores, for titular de mais de 50% (cinquenta por cento) do capital da outra;

II – uma mesma pessoa fizer parte de ambas, na qualidade de diretor, ou sócio com funções de gerência, ainda que exercidas sob outra denominação;

III – uma delas locar ou transferir a outra, a qualquer título, veículo destinado ao transporte de mercadorias.

Art. 18. Quando o cálculo do tributo tenha por base, ou tome em consideração, o valor ou o preço de mercadorias, bens, serviços ou direitos, a autoridade lançadora, mediante processo regular, arbitrará aquele valor ou preço, sempre que sejam omissos ou não mereçam fé as declarações ou os esclarecimentos prestados, ou os documentos expedidos pelo sujeito passivo ou pelo terceiro legalmente obrigado, ressalvada, em caso de contestação, avaliação contraditória, administrativa ou judicial.

Art. 19. O imposto é não cumulativo, compensando-se o que for devido em cada operação relativa à circulação de mercadorias ou prestação de serviços de transporte interestadual e intermunicipal e de comunicação com o montante cobrado nas anteriores pelo mesmo ou por outro Estado.

Art. 20. Para a compensação a que se refere o artigo anterior, é assegurado ao sujeito passivo o direito de creditar-se do imposto anteriormente cobrado em operações de que tenha resultado a entrada de mercadoria, real ou simbólica, no estabelecimento, inclusive a destinada ao seu uso ou consumo ou ao ativo permanente, ou o recebimento de serviços de transporte interestadual e intermunicipal ou de comunicação.

§ 1.º Não dão direito a crédito as entradas de mercadorias ou utilização de serviços resultantes de operações ou prestações isentas ou não tributadas, ou que se refiram a mercadorias ou serviços alheios à atividade do estabelecimento.

§ 2.º Salvo prova em contrário, presumem-se alheios à atividade do estabelecimento os veículos de transporte pessoal.

§ 3.º É vedado o crédito relativo a mercadoria entrada no estabelecimento ou a prestação de serviços a ele feita:

I – para integração ou consumo em processo de industrialização ou produção rural, quando a saída do produto resultante não for tributada ou estiver isenta do imposto, exceto se tratar-se de saída para o exterior;

II – para comercialização ou prestação de serviço, quando a saída ou a prestação subsequente não forem tributadas ou estiverem isentas do imposto, exceto as destinadas ao exterior.

§ 4.º Deliberação dos Estados, na forma do art. 28, poderá dispor que não se aplique, no todo ou em parte, a vedação prevista no parágrafo anterior.

§ 5.º Para efeito do disposto no *caput* deste artigo, relativamente aos créditos decorrentes de entrada de mercadorias no estabelecimento destinadas ao ativo permanente, deverá ser observado:

•• § 5.º, *caput*, com redação determinada pela Lei Complementar n. 102, de 11-7-2000.

•• O STF, na ADIn n. 2.325-0, em medida liminar concedida aos 23-9-2004, determinou para este dispositivo eficácia a partir de 1.º-1-2001, vigência consentânea com o dispositivo constitucional da anterioridade.

I – a apropriação será feita à razão de 1/48 (um quarenta e oito avos) por mês, devendo a primeira fração ser apropriada no mês em que ocorrer a entrada no estabelecimento;

•• Inciso I acrescentado pela Lei Complementar n. 102, de 11-7-2000.

II – em cada período de apuração do imposto, não será admitido o creditamento de que trata o inciso I, em relação à proporção das operações de saídas ou prestações isentas ou não tributadas sobre o total das operações de saídas ou prestações efetuadas no mesmo período;

•• Inciso II acrescentado pela Lei Complementar n. 102, de 11-7-2000.

III – para aplicação do disposto nos incisos I e II deste parágrafo, o montante do crédito a ser apropriado será obtido multiplicando-se o valor total do respectivo crédito pelo fator igual a 1/48 (um quarenta e oito avos) da relação entre o valor das operações de saídas e prestações tributadas e o total das operações de saídas e prestações do período, equiparando-se às tributadas, para fins deste inciso, as saídas e prestações com destino ao exterior ou as saídas de papel destinado à impressão de livros, jornais e periódicos;

•• Inciso III com redação determinada pela Lei Complementar n. 120, de 29-12-2005.

IV – o quociente de 1/48 (um quarenta e oito avos) será proporcionalmente aumentado ou diminuído, *pro rata die*, caso o período de apuração seja superior ou inferior a um mês;

•• Inciso IV acrescentado pela Lei Complementar n. 102, de 11-7-2000.

V – na hipótese de alienação dos bens do ativo permanente, antes de decorrido o prazo de 4 (quatro) anos contado da data de sua aquisição, não será admitido, a partir da data da alienação, o creditamento de que trata este parágrafo em relação à fração que corresponderia ao restante do quadriênio;

•• Inciso V acrescentado pela Lei Complementar n. 102, de 11-7-2000.

VI – serão objeto de outro lançamento, além do lançamento em conjunto com os demais créditos, para efeito da compensação prevista neste artigo e no art. 19, em livro próprio ou de outra forma que a legislação determinar, para aplicação do disposto nos incisos I a V deste parágrafo; e

•• Inciso VI acrescentado pela Lei Complementar n. 102, de 11-7-2000.

VII – ao final do quadragésimo oitavo mês contado da data da entrada do bem no estabelecimento, o saldo remanescente do crédito será cancelado.

•• Inciso VII acrescentado pela Lei Complementar n. 102, de 11-7-2000.

•• O STF, na ADIn n. 2.325-0, em medida liminar concedida aos 23-9-2004, determinou para este dispositivo eficácia a partir de 1.º-1-2001, vigência consentânea com o dispositivo constitucional da anterioridade.

§ 6.º Operações tributadas, posteriores a saídas de que trata o § 3.º, dão ao estabelecimento que as praticar direito a creditar-se do imposto cobrado nas operações anteriores às isentas ou não tributadas sempre que a saída isenta ou não tributada seja relativa a:

I – produtos agropecuários;

II – quando autorizado em lei estadual, outras mercadorias.

Art. 21. O sujeito passivo deverá efetuar o estorno do imposto de que se tiver creditado sempre que o serviço tomado ou a mercadoria entrada no estabelecimento:

I – for objeto de saída ou prestação de serviço não tributada ou isenta, sendo esta circunstância imprevisível na data da entrada da mercadoria ou da utilização do serviço;

II – for integrada ou consumida em processo de industrialização, quando a saída do produto resultante não for tributada ou estiver isenta do imposto;

III – vier a ser utilizada em fim alheio à atividade do estabelecimento;

IV – vier a perecer, deteriorar-se ou extraviar-se.

§ 1.º (*Revogado pela Lei Complementar n. 102, de 11-7-2000.*)

§ 2.º Não se estornam créditos referentes a mercadorias e serviços que venham a ser objeto de operações ou prestações destinadas ao exterior ou de operações com o papel destinado à impressão de livros, jornais e periódicos.

•• § 2.º com redação determinada pela Lei Complementar n. 120, de 29-12-2005.

§ 3.º O não creditamento ou o estorno a que se referem o § 3.º do art. 20 e o *caput* deste artigo não impedem a utilização dos mesmos créditos em operações posteriores, sujeitas ao imposto, com a mesma mercadoria.

§§ 4.º a 8.º (*Revogados pela Lei Complementar n. 102, de 11-7-2000.*)

Art. 22. (*Vetado.*)

Art. 23. O direito de crédito, para efeito de compensação com débito do imposto, reconhecido ao estabelecimento que tenha recebido as mercadorias ou para o qual tenham sido prestados os serviços, está condicionado à idoneidade da documentação e, se for o caso, à escrituração nos prazos e condições estabelecidos na legislação.

•• *Vide* Súmula 509 do STJ.

Parágrafo único. O direito de utilizar o crédito extingue-se depois de decorridos 5

(cinco) anos contados da data de emissão do documento.

Art. 24. A legislação tributária estadual disporá sobre o período de apuração do imposto. As obrigações consideram-se vencidas na data em que termina o período de apuração e são liquidadas por compensação ou mediante pagamento em dinheiro como disposto neste artigo:

I – as obrigações consideram-se liquidadas por compensação até o montante dos créditos escriturados no mesmo período mais o saldo credor de período ou períodos anteriores, se for o caso;

II – se o montante dos débitos do período superar o dos créditos, a diferença será liquidada dentro do prazo fixado pelo Estado;

III – se o montante dos créditos superar os dos débitos, a diferença será transportada para o período seguinte.

Art. 25. Para efeito de aplicação do disposto no art. 24, os débitos e créditos devem ser apurados em cada estabelecimento, compensando-se os saldos credores e devedores entre os estabelecimentos do mesmo sujeito passivo localizados no Estado.

•• *Caput* com redação determinada pela Lei Complementar n. 102, de 11-7-2000.

§ 1.º Saldos credores acumulados a partir da data de publicação desta Lei Complementar por estabelecimentos que realizem operações e prestações de que tratam o inciso II do art. 3.º e seu parágrafo único podem ser, na proporção que estas saídas representem do total das saídas realizadas pelo estabelecimento:

I – imputados pelo sujeito passivo a qualquer estabelecimento seu no Estado;

II – havendo saldo remanescente, transferidos pelo sujeito passivo a outros contribuintes do mesmo Estado, mediante a emissão pela autoridade competente de documento que reconheça o crédito.

§ 2.º Lei estadual poderá, nos demais casos de saldos credores acumulados a partir da vigência desta Lei Complementar, permitir que:

I – sejam imputados pelo sujeito passivo a qualquer estabelecimento seu no Estado;

II – sejam transferidos, nas condições que definir, a outros contribuintes do mesmo Estado.

Art. 26. Em substituição ao regime de apuração mencionado nos arts. 24 e 25, a lei estadual poderá estabelecer:

I – que o cotejo entre créditos e débitos se faça por mercadoria ou serviço dentro de determinado período;

II – que o cotejo entre créditos e débitos se faça por mercadoria ou serviço em cada operação;

III – que, em função do porte ou da atividade do estabelecimento, o imposto seja pago em parcelas periódicas e calculado por estimativa, para um determinado período, assegurado ao sujeito passivo o direito de impugná-la e instaurar processo contraditório.

§ 1.º Na hipótese do inciso III, ao fim do período, será feito o ajuste com base na escrituração regular do contribuinte, que pagará a diferença apurada, se positiva; caso contrário, a diferença será compensada com o pagamento referente ao período ou períodos imediatamente seguintes.

§ 2.º A inclusão de estabelecimento no regime de que trata o inciso III não dispensa o sujeito passivo do cumprimento de obrigações acessórias.

Arts. 27 a 30. (*Vetados.*)

Art. 31. Nos exercícios financeiros de 2003 a 2006, a União entregará mensalmente recursos aos Estados e seus Municípios, obedecidos os montantes, os critérios, os prazos e as demais condições fixadas no Anexo desta Lei Complementar.

•• *Caput* com redação determinada pela Lei Complementar n. 115, de 26-12-2002.

•• *Vide* art. 91, § 3.º, do ADCT.

§ 1.º Do montante de recursos que couber a cada Estado, a União entregará, diretamente:

•• § 1.º, *caput*, com redação determinada pela Lei Complementar n. 115, de 26-12-2002.

I – 75% (setenta e cinco por cento) ao próprio Estado; e

II – 25% (vinte e cinco por cento) aos respectivos Municípios, de acordo com os critérios previstos no parágrafo único do art. 158 da Constituição Federal.

§ 2.º Para atender ao disposto no *caput*, os recursos do Tesouro Nacional serão provenientes:

•• § 2.º, *caput*, com redação determinada pela Lei Complementar n. 115, de 26-12-2002.

I – da emissão de títulos de sua responsabilidade, ficando autorizada, desde já, a inclusão nas leis orçamentárias anuais de estimativa de receita decorrente dessas emissões, bem como de dotação até os montantes anuais previstos no Anexo, não se aplicando neste caso, desde que atendidas as condições e os limites globais fixados pelo Senado Federal, quaisquer restrições ao acréscimo que acarretará no endividamento da União;

II – de outras fontes de recursos.

§ 3.º A entrega dos recursos a cada unidade federada, na forma e condições detalhadas no Anexo, especialmente no seu item 3, será satisfeita, primeiro, para efeito de pagamento ou compensação da dívida da respectiva unidade, inclusive de sua administração indireta, vencida e não paga junto à União, bem como para o ressarcimento à União de despesas decorrentes de eventuais garantias honradas de operações de crédito externas. O saldo remanescente, se houver, será creditado em moeda corrente.

•• § 3.º com redação determinada pela Lei Complementar n. 115, de 26-12-2002.

§ 4.º A entrega dos recursos a cada unidade federada, na forma e condições detalhadas no Anexo, subordina-se à existência de disponibilidades orçamentárias consignadas a essa finalidade na respectiva Lei Orçamentária Anual da União, inclusive eventuais créditos adicionais.

•• § 4.º com redação determinada pela Lei Complementar n. 115, de 26-12-2002.

§ 4.º-A. (*Revogado pela Lei Complementar n. 115, de 26-12-2002.*)

§ 5.º Para efeito da apuração de que trata o art. 4.º da Lei Complementar n. 65, de 15 de abril de 1991, será considerado o valor das respectivas exportações de produtos industrializados, inclusive de semielaborados, não submetidas à incidência do imposto sobre operações relativas à circulação de mercadorias e sobre prestações de serviços de transporte interestadual e intermunicipal e de comunicação, em 31 de julho de 1996.

•• § 5.º com redação determinada pela Lei Complementar n. 102, de 11-7-2000.

Art. 32. A partir da data de publicação desta Lei Complementar:

I – o imposto não incidirá sobre operações que destinem ao exterior mercadorias, inclusive produtos primários e produtos industrializados semielaborados, bem como sobre prestações de serviços para o exterior;

II – darão direito de crédito, que não será objeto de estorno, as mercadorias entradas no estabelecimento para integração ou consumo em processo de produção de mercadorias industrializadas, inclusive semielaboradas, destinadas ao exterior;

III – entra em vigor o disposto no Anexo integrante desta Lei Complementar.

Art. 33. Na aplicação do art. 20 observar-se-á o seguinte:

I – somente darão direito de crédito as mercadorias destinadas ao uso ou consumo do estabelecimento nele entradas a partir de 1.º de janeiro de 2020;

•• Inciso I com redação determinada pela Lei Complementar n. 138, de 29-12-2010.

II – somente dará direito a crédito a entrada de energia elétrica no estabelecimento:

•• Inciso II, *caput*, com redação determinada pela Lei Complementar n. 102, de 11-7-2000.

•• O STF na ADIn n. 2.325-0, em medida liminar concedida aos 23-9-2004, determinou para este dispositivo eficácia a partir de 1.º-1-2001, vigência consentânea com o dispositivo constitucional da anterioridade.

a) quando for objeto de operação de saída de energia elétrica;

•• Alínea *a* com redação determinada pela Lei Complementar n. 102, de 11-7-2000.

b) quando consumida no processo de industrialização;

•• Alínea *b* com redação determinada pela Lei Complementar n. 102, de 11-7-2000.

c) quando seu consumo resultar em operação de saída ou prestação para o exterior, na proporção destas sobre as saídas ou prestações totais; e

•• Alínea *c* com redação determinada pela Lei Complementar n. 102, de 11-7-2000.

d) a partir de 1.º de janeiro de 2020, nas demais hipóteses;

•• Alínea *d* com redação determinada pela Lei Complementar n. 138, de 29-12-2010.

III – somente darão direito de crédito as mercadorias destinadas ao ativo permanente do estabelecimento, nele entradas a partir da data da entrada desta Lei Complementar em vigor;

IV – somente dará direito a crédito o recebimento de serviços de comunicação utilizados pelo estabelecimento:

•• Inciso IV, *caput*, acrescentado pela Lei Complementar n. 102, de 11-7-2000.

a) ao qual tenham sido prestados na execução de serviços da mesma natureza;

•• Alínea *a* acrescentada pela Lei Complementar n. 102, de 11-7-2000.

b) quando sua utilização resultar em operação de saída ou prestação para o exterior, na proporção desta sobre as saídas ou prestações totais; e

•• Alínea *b* acrescentada pela Lei Complementar n. 102, de 11-7-2000.

c) a partir de 1.º de janeiro de 2020, nas demais hipóteses.

•• Alínea *c* com redação determinada pela Lei Complementar n. 138, de 29-12-2010.

•• *Vide* nota ao inciso II deste artigo.

Art. 34. (*Vetado*.)

Art. 35. As referências feitas aos Estados nesta Lei Complementar entendem-se feitas também ao Distrito Federal.

Art. 36. Esta Lei Complementar entra em vigor no primeiro dia do segundo mês seguinte ao da sua publicação, observado o disposto nos arts. 32 e 33 e no Anexo integrante desta Lei Complementar.

Brasília, 13 de setembro de 1996; 175.º da Independência e 108.º da República.

FERNANDO HENRIQUE CARDOSO

Anexo

•• Anexo com redação determinada pela Lei Complementar n. 115, de 26-12-2002.

•• *Vide* art. 91, § 3.º, do ADCT.

1. A entrega de recursos a que se refere o art. 31 da Lei Complementar n. 87, de 13 de setembro de 1996, será realizada da seguinte forma:

1.1. a União entregará aos Estados e aos seus Municípios, no exercício financeiro de 2003, o valor de até R$ 3.900.000.000,00 (três bilhões e novecentos milhões de reais), desde que respeitada a dotação consignada da Lei Orçamentária Anual da União de 2003 e eventuais créditos adicionais;

1.2. nos exercícios financeiros de 2004 a 2006, a União entregará aos Estados e aos seus Municípios os montantes consignados a essa finalidade nas correspondentes Leis Orçamentárias Anuais da União;

1.3. a cada mês, o valor a ser entregue aos Estados e aos seus Municípios corresponderá ao montante do saldo orçamentário existente no dia 1.º, dividido pelo número de meses remanescentes no ano;

1.3.1. nos meses de janeiro e fevereiro de 2003, o saldo orçamentário, para efeito do cálculo da parcela pertencente a cada Estado e a seus Municípios, segundo os coeficientes individuais de participação definidos no item 1.5 deste Anexo, corresponderá ao montante remanescente após a dedução dos valores de entrega mencionados no art. 3.º desta Lei Complementar;

1.3.1.1. nesses meses, a parcela pertencente aos Estados que fizerem jus ao disposto no art. 3.º desta Lei Complementar corresponderá ao somatório dos montantes derivados da aplicação do referido artigo e dos coeficientes individuais de participação definidos no item 1.5 deste Anexo;

1.3.2. no mês de dezembro, o valor de entrega corresponderá ao saldo orçamentário existente no dia 15;

1.4. os recursos serão entregues aos Estados e aos seus respectivos Municípios no último dia útil de cada mês;

1.5. a parcela pertencente a cada Estado, incluídas as parcelas de seus Municípios, será proporcional aos seguintes coeficientes individuais de participação:

AC	0,09104%
AL	0,84022%
AP	0,40648%
AM	1,00788%
BA	3,71666%
CE	1,62881%
DF	0,80975%
ES	4,26332%
GO	1,33472%
MA	1,67880%
MT	1,94087%
MS	1,23465%
MG	12,90414%
PA	4,36371%
PB	0,28750%
PR	10,08256%
PE	1,48565%
PI	0,30165%
RJ	5,86503%
RN	0,36214%
RS	10,04446%
RO	0,24939%
RR	0,03824%
SC	3,59131%
SP	31,14180%
SE	0,25049%
TO	0,07873%
TOTAL	100,00000%

2. Caberá ao Ministério da Fazenda apurar o montante mensal a ser entregue aos Estados e aos seus Municípios.

2.1. o Ministério da Fazenda publicará no Diário Oficial da União, até cinco dias úteis antes da data prevista para a efetiva entrega dos recursos, o resultado do cálculo do montante a ser entregue aos Estados e aos seus Municípios, o qual, juntamente com o detalhamento da memória de cálculo, será remetido, no mesmo prazo, ao Tribunal de Contas da União;

2.2. do montante dos recursos que cabe a cada Estado, a União entregará, diretamente ao próprio Estado, setenta e cinco por cento, e aos seus Municípios, vinte e cinco por cento, distribuídos segundo os mesmos critérios de rateio aplicados às parcelas de receita que lhes cabem do ICMS;

2.3. antes do início de cada exercício financeiro, o Estado comunicará ao Ministério da Fazenda os coeficientes de participação dos respectivos Municípios no rateio da parcela do ICMS a serem aplicados no correspondente exercício, observado o seguinte:

2.3.1. o atraso na comunicação dos coeficientes acarretará a suspensão da transferência dos recursos ao Estado e aos respectivos Municípios até que seja regularizada a entrega das informações;

2.3.1.1. os recursos em atraso e os do mês em que ocorrer o fornecimento das informações serão entregues no último dia útil do mês seguinte à regularização, se esta ocorrer após o décimo quinto dia; caso contrário, a entrega dos recursos ocorrerá no último dia útil do próprio mês da regularização.

3. A forma de entrega dos recursos a cada Estado e a cada Município observará o disposto neste item.

3.1. para efeito de entrega dos recursos à unidade federada e por uma das duas formas previstas no subitem 3.3 serão obrigatoriamente considerados, pela ordem e até o montante total da entrega apurado no respectivo período, os valores das seguintes dívidas:

3.1.1. contraídas junto ao Tesouro Nacional pela unidade federada vencidas e não pagas, computadas primeiro as da administração direta e depois as da administração indireta;

3.1.2. contraídas pela unidade federada com garantia da União, inclusive dívida externa, vencidas e não pagas, sempre computadas inicialmente as da administração direta e posteriormente as da administração indireta;

3.1.3. contraídas pela unidade federada junto aos demais entes da administração federal, direta e indireta, vencidas e não pagas, sempre computadas inicialmente as da administração direta e posteriormente as da administração indireta;

3.2. para efeito do disposto no subitem 3.1.3, ato do Poder Executivo Federal poderá autorizar:

3.2.1. a inclusão, como mais uma opção para efeito da entrega dos recursos, e na ordem que determinar, do valor correspondente a título da respectiva unidade federada na carteira da União, inclusive entes de sua administração indireta, primeiro relativamente aos valores vencidos e não pagos e, depois, aos vincendos no mês seguinte àquele em que serão entregues os recursos;

3.2.2. a suspensão temporária da dedução de dívida compreendida pelo subitem 3.1.3, quando não estiverem disponíveis, no prazo devido, as necessárias informações;

3.3. os recursos a serem entregues mensalmente à unidade federada, equivalentes ao montante das dívidas apurado na forma do subitem 3.1, e do anterior, serão satisfeitos pela União por uma das seguintes formas:

3.3.1. entrega de obrigações do Tesouro Nacional, de série especial, inalienáveis, com vencimento não inferior a dez anos, remunerados por taxa igual ao custo médio das dívidas da respectiva unidade federada junto ao Tesouro Nacional, com poder liberatório para pagamento das referidas dívidas; ou

3.3.2. correspondente compensação;

3.4. os recursos a serem entregues mensalmente à unidade federada equivalentes à diferença positiva entre o valor total que lhe cabe e o valor da dívida apurada nos termos dos subitens 3.1 e 3.2, e liquidada na forma do subitem anterior, serão satisfeitos por meio de crédito, em moeda corrente, à conta bancária do beneficiário.

4. As referências deste Anexo feitas aos Estados entendem-se também feitas ao Distrito Federal.

LEI N. 9.393, DE 19 DE DEZEMBRO DE 1996 (*)

Dispõe sobre o Imposto sobre a Propriedade Territorial Rural – ITR, sobre o pagamento da dívida representada por Títulos da Dívida Agrária, e dá outras providências.

O Presidente da República

Faço saber que o Congresso Nacional decreta e eu sanciono a seguinte Lei:

Capítulo I
DO IMPOSTO SOBRE A PROPRIEDADE TERRITORIAL RURAL – ITR

Seção I
Do Fato Gerador do ITR

Definição

Art. 1.º O Imposto sobre a Propriedade Territorial Rural – ITR, de apuração anual, tem como fato gerador a propriedade, o domínio útil ou a posse de imóvel por natureza, localizado fora da zona urbana do município, em 1.º de janeiro de cada ano.

§ 1.º O ITR incide inclusive sobre o imóvel declarado de interesse social para fins de reforma agrária, enquanto não transferida a propriedade, exceto se houver imissão prévia na posse.

§ 2.º Para os efeitos desta Lei, considera-se imóvel rural a área contínua, formada de uma ou mais parcelas de terras, localizada na zona rural do município.

§ 3.º O imóvel que pertencer a mais de um município deverá ser enquadrado no município onde fique a sede do imóvel e, se esta não existir, será enquadrado no município onde se localize a maior parte do imóvel.

Imunidade

Art. 2.º Nos termos do art. 153, § 4.º, *in fine*, da Constituição, o imposto não incide sobre pequenas glebas rurais, quando as explore, só ou com sua família, o proprietário que não possua outro imóvel.

Parágrafo único. Para os efeitos deste artigo, pequenas glebas rurais são os imóveis com área igual ou inferior a:

I – 100 ha, se localizado em município compreendido na Amazônia Ocidental ou no Pantanal mato-grossense e sul-mato-grossense;

II – 50 ha, se localizado em município compreendido no Polígono das Secas ou na Amazônia Oriental;

III – 30 ha, se localizado em qualquer outro município.

Seção II
Da Isenção

Art. 3.º São isentos do imposto:

I – o imóvel rural compreendido em programa oficial de reforma agrária, caracterizado pelas autoridades competentes como assentamento, que, cumulativamente, atenda aos seguintes requisitos:

a) seja explorado por associação ou cooperativa de produção;

b) a fração ideal por família assentada não ultrapasse os limites estabelecidos no artigo anterior;

c) o assentado não possua outro imóvel;

II – o conjunto de imóveis rurais de um mesmo proprietário, cuja área total observe os limites fixados no parágrafo único do artigo anterior, desde que, cumulativamente, o proprietário:

a) o explore só ou com sua família, admitida ajuda eventual de terceiros;

b) não possua imóvel urbano.

Art. 3.º-A. Os imóveis rurais oficialmente reconhecidos como áreas ocupadas por remanescentes de comunidades de quilombos que estejam sob a ocupação direta e sejam explorados, individual ou coletivamente, pelos membros

(*) Publicada no *DOU*, de 20-12-1996. Regulamentada pelo Decreto n. 4.382, de 19-9-2002.

destas comunidades são isentos do Imposto sobre a Propriedade Territorial Rural – ITR.

•• *Caput* acrescentado pela Lei n. 13.043, de 13-11-2014.

§ 1.º Ficam dispensados a constituição de créditos da Fazenda Nacional, a inscrição na Dívida Ativa da União e o ajuizamento da respectiva execução fiscal, e cancelados o lançamento e a inscrição relativos ao ITR referentes aos imóveis rurais de que trata o *caput* a partir da data do registro do título de domínio previsto no art. 68 do Ato das Disposições Constitucionais Transitórias.

•• § 1.º acrescentado pela Lei n. 13.043, de 13-11-2014.

§ 2.º Observada a data prevista no § 1.º, não serão aplicadas as penalidades estabelecidas nos arts. 7.º e 9.º para fatos geradores ocorridos até a data de publicação da lei decorrente da conversão da Medida Provisória n. 651, de 9 de julho de 2014, e ficam anistiados os valores decorrentes de multas lançadas pela apresentação da declaração do ITR fora do prazo.

•• § 2.º acrescentado pela Lei n. 13.043, de 13-11-2014.

Seção III
Do Contribuinte e do Responsável

Contribuinte

Art. 4.º Contribuinte do ITR é o proprietário de imóvel rural, o titular de seu domínio útil ou o seu possuidor a qualquer título.

Parágrafo único. O domicílio tributário do contribuinte é o município de localização do imóvel, vedada a eleição de qualquer outro.

Responsável

Art. 5.º É responsável pelo crédito tributário o sucessor, a qualquer título, nos termos dos arts. 128 a 133 da Lei n. 5.172, de 25 de outubro de 1966 (Código Tributário Nacional).

Seção IV
Das Informações Cadastrais

Entrega do DIAC

Art. 6.º O contribuinte ou o seu sucessor comunicará ao órgão local da Secretaria da Receita Federal, por meio do Documento de Informação e Atualização Cadastral do ITR – DIAC, as informações cadastrais correspondentes a cada imóvel, bem como qualquer alteração ocorrida, na forma estabelecida pela Secretaria da Receita Federal.

•• A Secretaria da Receita Federal passa a denominar-se Secretaria da Receita Federal do Brasil, por força da Lei n. 11.457, de 16-3-2007.

§ 1.º É obrigatória, no prazo de 60 (sessenta) dias, contado de sua ocorrência, a comunicação das seguintes alterações:

I – desmembramento;

II – anexação;

III – transmissão, por alienação da propriedade ou dos direitos a ela inerentes, a qualquer título;

IV – sucessão *causa mortis*;

V – cessão de direitos;

VI – constituição de reservas ou usufruto.

§ 2.º As informações cadastrais integrarão o Cadastro de Imóveis Rurais – CAFIR, administrado pela Secretaria da Receita Federal, que poderá, a qualquer tempo, solicitar informações visando à sua atualização.

§ 3.º Sem prejuízo do disposto no parágrafo único do art. 4.º, o contribuinte poderá indicar no DIAC, somente para fins de intimação, endereço diferente daquele constante do domicílio tributário, que valerá para esse efeito até ulterior alteração.

Entrega do DIAC Fora do Prazo

Art. 7.º No caso de apresentação espontânea do DIAC fora do prazo estabelecido pela Secretaria da Receita Federal, será cobrada multa de 1% (um por cento) ao mês ou fração sobre o imposto devido não inferior a R$ 50,00 (cinquenta reais), sem prejuízo da multa e dos juros de mora pela falta ou insuficiência de recolhimento do imposto ou quota.

•• *Vide* nota ao *caput* do artigo anterior.

Seção V
Da Declaração Anual

Art. 8.º O contribuinte do ITR entregará, obrigatoriamente, em cada ano, o Documento de Informação e Apuração do ITR – DIAT, correspondente a cada imóvel, observadas data e condições fixadas pela Secretaria da Receita Federal.

•• A Secretaria da Receita Federal passa a denominar-se Secretaria da Receita Federal do Brasil, por força da Lei n. 11.457, de 16-3-2007.

§ 1.º O contribuinte declarará, no DIAT, o Valor da Terra Nua – VTN correspondente ao imóvel.

§ 2.º O VTN refletirá o preço de mercado de terras, apurado em 1.º de janeiro do ano a que se referir o DIAT, e será considerado autoavaliação da terra nua a preço de mercado.

§ 3.º O contribuinte cujo imóvel se enquadre nas hipóteses estabelecidas nos arts. 2.º, 3.º e 3.º-A fica dispensado da apresentação do DIAT.

•• § 3.º com redação determinada pela Lei n. 13.043, de 13-11-2014.

Entrega do DIAT Fora do Prazo

Art. 9.º A entrega do DIAT fora do prazo estabelecido sujeitará o contribuinte à multa de que trata o art. 7.º, sem prejuízo da multa e dos juros de mora pela falta ou insuficiência de recolhimento do imposto ou quota.

Seção VI
Da Apuração e do Pagamento

Subseção I
Da apuração

Apuração pelo Contribuinte

Art. 10. A apuração e o pagamento do ITR serão efetuados pelo contribuinte, independentemente de prévio procedimento da administração tributária, nos prazos e condições estabelecidos pela Secretaria da Receita Federal, sujeitando-se a homologação posterior.

•• *Vide* nota ao art. 6.º, *caput*, desta Lei.

§ 1.º Para os efeitos de apuração do ITR, considerar-se-á:

I – VTN, o valor do imóvel, excluídos os valores relativos a:

a) construções, instalações e benfeitorias;

b) culturas permanentes e temporárias;

c) pastagens cultivadas e melhoradas;

d) florestas plantadas;

II – área tributável, a área total do imóvel, menos as áreas:

a) de preservação permanente e de reserva legal, previstas na Lei n. 12.651, de 25 de maio de 2012;

•• Alínea *a* com redação determinada pela Lei n. 12.844, de 19-7-2013.

b) de interesse ecológico para a proteção dos ecossistemas, assim declaradas mediante ato do órgão competente, federal ou estadual, e que ampliem as restrições de uso previstas na alínea anterior;

c) comprovadamente imprestáveis para qualquer exploração agrícola, pecuária, granjeira, aquícola, ou florestal, declaradas de interesse ecológico mediante ato do órgão competente, federal ou estadual;

d) sob regime de servidão ambiental;

•• Alínea *d* com redação determinada pela Lei n. 12.651, de 25-5-2012.

e) cobertas por florestas nativas, primárias ou secundárias em estágio médio ou avançado de regeneração.

•• Alínea *e* acrescentada pela Lei n. 11.428, de 22-12-2006.

f) alagadas para fins de constituição de reservatório de usinas hidrelétricas autorizada pelo poder público.

•• Alínea *f* acrescentada pela Lei n. 11.727, de 23-6-2008.

III – VTNt, o valor da terra nua tributável, obtido pela multiplicação do VTN pelo quociente entre a área tributável e a área total;

IV – área aproveitável, a que for passível de exploração agrícola, pecuária, granjeira, aquícola ou florestal, excluídas as áreas:

a) ocupadas por benfeitorias úteis e necessárias;

b) de que tratam as alíneas do inciso II deste parágrafo;

•• Alínea *b* com redação determinada pela Lei n. 11.428, de 22-12-2006.

V – área efetivamente utilizada, a porção do imóvel que no ano anterior tenha:

a) sido plantada com produtos vegetais;

b) servido de pastagem, nativa ou plantada, observados índices de lotação por zona de pecuária;

c) sido objeto de exploração extrativa, observados os índices de rendimento por produto e a legislação ambiental;

d) servido para exploração de atividades granjeira e aquícola;

e) sido o objeto de implantação de projeto técnico, nos termos do art. 7.º da Lei n. 8.629, de 25 de fevereiro de 1993;

VI – Grau de Utilização – GU, a relação percentual entre a área efetivamente utilizada e a área aproveitável.

§ 2.º As informações que permitam determinar o GU deverão constar do DIAT.

§ 3.º Os índices a que se refere as alíneas *b* e *c* do inciso V do § 1.º, serão fixados, ouvido o Conselho Nacional de Política Agrícola, pela Secretaria da Receita Federal que dispensará da sua aplicação os imóveis com área inferior a:

a) 1.000 ha, se localizados em municípios compreendidos na Amazônia Ocidental ou no Pantanal mato-grossense e sul-mato-grossense;

b) 500 ha, se localizados em municípios compreendidos no Polígono das Secas ou na Amazônia Oriental;

c) 200 ha, se localizados em qualquer outro município.

§ 4.º Para os fins do inciso V do § 1.º, o contribuinte poderá valer-se dos dados sobre a área utilizada e respectiva produção, fornecidos pelo arrendatário ou parceiro, quando o imóvel, ou parte dele, estiver sendo explorado em regime de arrendamento ou parceria.

§ 5.º Na hipótese de que trata a alínea *c* do inciso V do § 1.º, será considerada a área total objeto de plano de manejo sustentado, desde que aprovado pelo órgão competente, e cujo cronograma esteja sendo cumprido pelo contribuinte.

§ 6.º Será considerada como efetivamente utilizada a área dos imóveis rurais que, no ano anterior, estejam:

I – comprovadamente situados em área de ocorrência de calamidade pública decretada pelo Poder Público, de que resulte frustração de safras ou destruição de pastagens;

II – oficialmente destinados à execução de atividades de pesquisa e experimentação que objetivem o avanço tecnológico da agricultura.

§ 7.º A declaração para fim de isenção do ITR relativa às áreas de que tratam as alíneas *a* e *d* do inciso II, § 1.º, deste artigo, não está sujeita à prévia comprovação por parte do declarante, ficando o mesmo responsável pelo pagamento do imposto correspondente, com juros e multa previstos nesta Lei, caso fique comprovado que a sua declaração não é verdadeira, sem prejuízo de outras sanções aplicáveis.

•• § 7.º acrescentado pela Medida Provisória n. 2.166-67, de 24-8-2001.

Valor do Imposto

Art. 11. O valor do imposto será apurado aplicando-se sobre o Valor da Terra Nua Tributável – VTNt a alíquota correspondente, prevista no Anexo desta Lei, considerados a área total do imóvel e o Grau de Utilização – GU.

§ 1.º Na hipótese de inexistir área aproveitável após efetuadas as exclusões previstas no art. 10, § 1.º, inciso IV, serão aplicadas as alíquotas correspondentes aos imóveis com grau de utilização superior a 80% (oitenta por cento), observada a área total do imóvel.

§ 2.º Em nenhuma hipótese o valor do imposto devido será inferior a R$ 10,00 (dez reais).

Subseção II
Do pagamento

Prazo

Art. 12. O imposto deverá ser pago até o último dia útil do mês fixado para a entrega do DIAT.

Parágrafo único. À opção do contribuinte, o imposto a pagar poderá ser parcelado em até 3 (três) quotas iguais, mensais e consecutivas, observando-se que:

I – nenhuma quota será inferior a R$ 50,00 (cinquenta reais);

II – a primeira quota ou quota única deverá ser paga até a data fixada no *caput*;

III – as demais quotas, acrescidas de juros equivalentes à taxa referencial do Sistema de Liquidação e de Custódia (SELIC) para títulos federais, acumulada mensalmente, calculados a partir do primeiro dia do mês subsequente à data fixada no *caput* até o último dia do mês anterior ao do pagamento, e de 1% (um por cento) no mês do pagamento, vencerão no último dia útil de cada mês;

IV – é facultado ao contribuinte antecipar, total ou parcialmente, o pagamento do imposto ou das quotas.

Pagamento Fora do Prazo

Art. 13. O pagamento do ITR fora dos prazos previstos nesta Lei será acrescido de:

I – multa de mora calculada à taxa de 0,33%, por dia de atraso, não podendo ultrapassar 20% (vinte por cento), calculada a partir do primeiro dia subsequente ao do vencimento do prazo previsto para o pagamento do imposto até o dia em que ocorrer o seu pagamento;

II – juros de mora calculados à taxa a que se refere o art. 12, parágrafo único, inciso III, a partir do primeiro dia do mês subsequente ao vencimento do prazo até o mês anterior ao do pagamento, e de 1% (um por cento) no mês do pagamento.

Seção VII
Dos Procedimentos de Ofício

Art. 14. No caso de falta de entrega do DIAC ou do DIAT, bem assim de subavaliação ou prestação de informações inexatas, incorretas ou fraudulentas, a Secretaria da Receita Federal procederá à determinação e ao lançamento de ofício do imposto, considerando informações sobre preços de terras, constantes de sistema a ser por ela instituído, e os dados de área total, área tributável e grau de utilização do imóvel, apurados em procedimentos de fiscalização.

•• A Secretaria da Receita Federal passa a denominar-se Secretaria da Receita Federal do Brasil, por força da Lei n. 11.457, de 16-3-2007.

§ 1.º As informações sobre preços de terra observarão os critérios estabelecidos no art. 12, § 1.º, II da Lei n. 8.629, de 25 de fevereiro de 1993, e considerarão levantamentos realizados pelas Secretarias de Agricultura das Unidades Federadas ou dos Municípios.

•• A Medida Provisória n. 2.183-56, de 24-8-2001, alterou a redação do referido § 1.º do art. 12 da Lei n. 8.629, de 25-2-1993.

§ 2.º As multas cobradas em virtude do disposto neste artigo serão aquelas aplicáveis aos demais tributos federais.

Seção VIII
Da Administração do Imposto

Competência da Secretaria da Receita Federal

Art. 15. Compete à Secretaria da Receita Federal a administração do ITR, incluídas as atividades de arrecadação, tributação e fiscalização.

•• *Vide* nota ao *caput* do artigo anterior.

Parágrafo único. No processo administrativo fiscal, compreendendo os procedimentos destinados à determinação e exigência do imposto, imposição de penalidades, repetição de indébito e solução de consultas, bem assim na compensação do imposto, observar-se-á a legislação prevista para os demais tributos federais.

Convênios de Cooperação

Art. 16. A Secretaria da Receita Federal poderá celebrar convênio com o Instituto Nacional de Colonização e Reforma Agrária – INCRA, com a finalidade de delegar as atividades de fiscalização das informações sobre os imóveis rurais, contidas no DIAC e no DIAT.

•• *Vide* nota ao art. 14, *caput*, desta Lei.

§ 1.º No exercício da delegação a que se refere este artigo, o INCRA poderá celebrar convênios de cooperação com o Instituto Brasileiro do Meio Ambiente e dos Recursos Naturais Renováveis – IBAMA, Fundação Nacional do Índio – FUNAI e Secretarias Estaduais de Agricultura.

§ 2.º No uso de suas atribuições, os agentes do INCRA terão acesso ao imóvel de propriedade particular, para levantamento de dados e informações.

§ 3.º A Secretaria da Receita Federal, com o apoio do INCRA, administrará o CAFIR e colocará as informações nele contidas à disposição daquela Autarquia, para fins de levantamento e pesquisa de dados e de proposição de ações administrativas e judiciais.

•• § 3.º com redação determinada pela Lei n. 10.267, de 28-8-2001.

§ 4.º Às informações a que se refere o § 3.º aplica-se o disposto no art. 198 da Lei n. 5.172, de 25 de outubro de 1966.

•• § 4.º com redação determinada pela Lei n. 10.267, de 28-8-2001.

Art. 17. A Secretaria da Receita Federal poderá, também, celebrar convênios com:

•• A Secretaria da Receita Federal passa a denominar-se Secretaria da Receita Federal do Brasil, por força da Lei n. 11.457, de 16-3-2007.

I – órgãos da administração tributária das unidades federadas, visando delegar competência para a cobrança e o lançamento do ITR;

II – a Confederação Nacional da Agricultura – CNA e a Confederação Nacional dos Trabalhadores na Agricultura – CONTAG, com a finalidade de fornecer dados cadastrais de imóveis rurais que possibilitem a cobrança das contribuições sindicais devidas àquelas entidades.

Seção IX

Das Disposições Gerais

Dívida Ativa – Penhora ou Arresto

Art. 18. Na execução de dívida ativa, decorrente de crédito tributário do ITR, na hipótese de penhora ou arresto de bens, previstos no art. 11 da Lei n. 6.830, de 22 de setembro de 1980, será penhorado ou arrestado, preferencialmente, imóvel rural, não tendo recaído a penhora ou o arresto sobre dinheiro.

§ 1.º No caso de imóvel rural penhorado ou arrestado, na lavratura do termo ou auto de penhora, deverá ser observado, para efeito de avaliação, o VTN declarado e o disposto no art. 14.

§ 2.º A Fazenda Pública poderá, ouvido o INCRA, adjudicar, para fins fundiários, o imóvel rural penhorado, se a execução não for embargada ou se rejeitados os embargos.

§ 3.º O depósito da diferença de que trata o parágrafo único do art. 24 da Lei n. 6.830, de 22 de setembro de 1980, poderá ser feito em Títulos da Dívida Agrária, até o montante equivalente ao VTN declarado.

§ 4.º Na hipótese do § 2.º, o imóvel passará a integrar o patrimônio do INCRA, e a carta de adjudicação e o registro imobiliário serão expedidos em seu nome.

Valores para Apuração de Ganho de Capital

Art. 19. A partir do dia 1.º de janeiro de 1997, para fins de apuração de ganho de capital, nos termos da legislação do imposto de renda, considera-se custo de aquisição e valor da venda do imóvel rural o VTN declarado, na forma do art. 8.º, observado o disposto no art. 14, respectivamente, nos anos da ocorrência de sua aquisição e de sua alienação.

Parágrafo único. Na apuração de ganho de capital correspondente a imóvel rural adquirido anteriormente à data a que se refere este artigo, será considerado custo de aquisição o valor constante da escritura pública, observado o disposto no art. 17 da Lei n. 9.249, de 26 de dezembro de 1995.

Incentivos Fiscais e Crédito Rural

Art. 20. A concessão de incentivos fiscais e de crédito rural, em todas as suas modalidades, bem assim a constituição das respectivas contrapartidas ou garantias, ficam condicionadas à comprovação do recolhimento do ITR, relativo ao imóvel rural, correspondente aos últimos 5 (cinco) exercícios, ressalvados os casos em que a exigibilidade do imposto esteja suspensa, ou em curso de cobrança executiva em que tenha sido efetivada a penhora.

Parágrafo único. É dispensada a comprovação de regularidade do recolhimento do imposto relativo ao imóvel rural, para efeito de concessão de financiamento ao amparo do Programa Nacional de Fortalecimento da Agricultura Familiar – PRONAF.

Registro Público

Art. 21. É obrigatória a comprovação do pagamento do ITR, referente aos 5 (cinco) últimos exercícios, para serem praticados quaisquer dos atos previstos nos arts. 167 e 168 da Lei n. 6.015, de 31 de dezembro de 1973 (Lei dos Registros Públicos), observada a ressalva prevista no *caput* do artigo anterior, *in fine*.

Parágrafo único. São solidariamente responsáveis pelo imposto e pelos acréscimos legais, nos termos do art. 134 da Lei n. 5.172, de 25 de outubro de 1966 – Código Tributário Nacional, os serventuários do registro de imóveis que descumprirem o disposto neste artigo, sem prejuízo de outras sanções legais.

Depósito Judicial na Desapropriação

Art. 22. O valor da terra nua para fins do depósito judicial, a que se refere o inciso I do art. 6.º da Lei Complementar n. 76, de 6 de julho de 1993, na hipótese de desapropriação do imóvel rural de que trata o art. 184 da Constituição, não poderá ser superior ao VTN declarado, observado o disposto no art. 14.

Parágrafo único. A desapropriação por valor inferior ao declarado não autorizará a redução de imposto a ser pago, nem a restituição de quaisquer importâncias já recolhidas.

Capítulo II
DAS DISPOSIÇÕES FINAIS

Art. 23. Esta Lei entra em vigor na data de sua publicação, produzindo efeitos, quanto aos arts. 1.º a 22, a partir de 1.º de janeiro de 1997.

Art. 24. Revogam-se os arts. 1.º a 22 e 25 da Lei n. 8.847, de 28 de janeiro de 1994.

Brasília, 19 de dezembro de 1996; 175.º da Independência e 108.º da República.

Fernando Henrique Cardoso

Anexo
TABELA DE ALÍQUOTAS

(Art. 11)

Área total do imóvel (em hectares)	Grau de Utilização – GU (em %)				
	Maior que 80	Maior que 65 até 80	Maior que 50 até 65	Maior que 30 até 50	Até 30
Até 50	0,03	0,20	0,40	0,70	1,00
Maior que 50 até 200	0,07	0,40	0,80	1,40	2,00
Maior que 200 até 500	0,10	0,60	1,30	2,30	3,30
Maior que 500 até 1.000	0,15	0,85	1,90	3,30	4,70
Maior que 1.000 até 5.000	0,30	1,60	3,40	6,00	8,60
Acima de 5.000	0,45	3,00	6,40	12,00	20,00

LEI N. 9.430, DE 27 DE DEZEMBRO DE 1996 (*)

Dispõe sobre a legislação tributária federal, as contribuições para a seguridade social, o processo administrativo de consulta e dá outras providências.

O Presidente da República

Faço saber que o Congresso Nacional decreta e eu sanciono a seguinte Lei:

CAPÍTULO I
IMPOSTO DE RENDA – PESSOA JURÍDICA

Seção I
Apuração da Base de Cálculo

Período de Apuração Trimestral

Art. 1.º A partir do ano-calendário de 1997, o imposto de renda das pessoas jurídicas será determinado com base no lucro real, presumido, ou arbitrado, por períodos de apuração trimestrais, encerrados nos dias 31 de março, 30 de junho, 30 de setembro e 31 de dezembro de cada ano-calendário, observada a legislação vigente, com as alterações desta Lei.

§ 1.º Nos casos de incorporação, fusão ou cisão, a apuração da base de cálculo e do imposto de renda devido será efetuada na data do evento, observado o disposto no art. 21 da Lei n. 9.249, de 26 de dezembro de 1995.

§ 2.º Na extinção da pessoa jurídica, pelo encerramento da liquidação, a apuração da base de cálculo e do imposto devido será efetuada na data desse evento.

Pagamento por Estimativa

Art. 2.º A pessoa jurídica sujeita a tributação com base no lucro real poderá optar pelo pagamento do imposto, em cada mês, determinado sobre base de cálculo estimada, mediante a aplicação dos percentuais de que trata o art. 15 da Lei n. 9.249, de 26 de dezembro de 1995, sobre a receita bruta definida pelo art. 12 do Decreto-lei n. 1.598, de 26 de dezembro de 1977, auferida mensalmente, deduzida das devoluções, vendas canceladas e dos descontos incondicionais concedidos, observado o disposto nos §§ 1.º e 2.º do art. 29 e nos arts. 30, 32, 34 e 35 da Lei n. 8.981, de 20 de janeiro de 1995.

•• *Caput* com redação determinada pela Lei n. 12.973, de 13-5-2014.

•• *Vide* art. 35, parágrafo único, da Lei n. 12.973, de 13-5-2014.

§ 1.º O imposto a ser pago mensalmente na forma deste artigo será determinado mediante a aplicação, sobre a base de cálculo, da alíquota de 15% (quinze por cento).

§ 2.º A parcela da base de cálculo, apurada mensalmente, que exceder a R$ 20.000,00 (vinte mil reais) ficará sujeita à incidência de adicional de imposto de renda à alíquota de 10% (dez por cento).

§ 3.º A pessoa jurídica que optar pelo pagamento do imposto na forma deste artigo deverá apurar o lucro real em 31 de dezembro de cada ano, exceto nas hipóteses de que tratam os §§ 1.º e 2.º do artigo anterior.

§ 4.º Para efeito de determinação do saldo de imposto a pagar ou a ser compensado, a pessoa jurídica poderá deduzir do imposto devido o valor:

I – dos incentivos fiscais de dedução do imposto, observados os limites e prazos fixados na legislação vigente, bem como o disposto no § 4.º do art. 3.º da Lei n. 9.249, de 26 de dezembro de 1995;

II – dos incentivos fiscais de redução e isenção do imposto, calculados com base no lucro da exploração;

III – do imposto de renda pago ou retido na fonte, incidente sobre receitas computadas na determinação do lucro real;

(*) Publicada no *DOU*, de 30-12-1996.

IV – do imposto de renda pago na forma deste artigo.

Seção II
Pagamento do Imposto

Escolha da Forma de Pagamento

Art. 3.º A adoção da forma de pagamento do imposto prevista no art. 1.º, pelas pessoas jurídicas sujeitas ao regime do lucro real, ou a opção pela forma do art. 2.º será irretratável para todo o ano-calendário.

Parágrafo único. A opção pela forma estabelecida no art. 2.º será manifestada com o pagamento do imposto correspondente ao mês de janeiro ou de início de atividade.

Adicional do Imposto de Renda

Art. 4.º Os §§ 1.º e 2.º do art. 3.º da Lei n. 9.249, de 26 de dezembro de 1995, passam a vigorar com a seguinte redação:

•• Alteração já processada na norma modificada.

Imposto Correspondente a Período Trimestral

Art. 5.º O imposto de renda devido, apurado na forma do art. 1.º, será pago em quota única, até o último dia útil do mês subsequente ao do encerramento do período de apuração.

§ 1.º À opção da pessoa jurídica, o imposto devido poderá ser pago em até 3 (três) quotas mensais, iguais e sucessivas, vencíveis no último dia útil dos 3 (três) meses subsequentes ao de encerramento do período de apuração a que corresponder.

§ 2.º Nenhuma quota poderá ter valor inferior a R$ 1.000,00 (mil reais) e o imposto de valor inferior a R$ 2.000,00 (dois mil reais) será pago em quota única, até o último dia útil do mês subsequente ao do encerramento do período de apuração.

§ 3.º As quotas do imposto serão acrescidas de juros equivalentes à taxa referencial do Sistema Especial de Liquidação e Custódia – SELIC, para títulos federais, acumulada mensalmente, calculados a partir do primeiro dia do segundo mês subsequente ao do encerramento do período de apuração até o último dia do mês anterior ao do pagamento e de 1% (um por cento) no mês do pagamento.

§ 4.º Nos casos de incorporação, fusão ou cisão e de extinção da pessoa jurídica pelo encerramento da liquidação, o imposto devido deverá ser pago até o último dia útil do mês subsequente ao do evento, não se lhes aplicando a opção prevista no § 1.º.

Pagamento por Estimativa

Art. 6.º O imposto devido, apurado na forma do art. 2.º, deverá ser pago até o último dia útil do mês subsequente àquele a que se referir.

§ 1.º O saldo do imposto apurado em 31 de dezembro receberá o seguinte tratamento:

•• § 1.º, *caput*, com redação determinada pela Lei n. 12.844, de 19-7-2013.

I – se positivo, será pago em quota única, até o último dia útil do mês de março do ano subsequente, observado o disposto no § 2.º; ou

•• Inciso I com redação determinada pela Lei n. 12.844, de 19-7-2013.

II – se negativo, poderá ser objeto de restituição ou de compensação nos termos do art. 74.

•• Inciso II com redação determinada pela Lei n. 12.844, de 19-7-2013.

§ 2.º O saldo do imposto a pagar de que trata o inciso I do parágrafo anterior será acrescido de juros calculados à taxa a que se refere o § 3.º do art. 5.º, a partir de 1.º de fevereiro até o último dia do mês anterior ao do pagamento e de 1% (um por cento) no mês do pagamento.

§ 3.º O prazo a que se refere o inciso I do § 1.º não se aplica ao imposto relativo ao mês de dezembro, que deverá ser pago até o último dia útil do mês de janeiro do ano subsequente.

Disposições Transitórias

Art. 7.º Alternativamente ao disposto no art. 40 da Lei n. 8.981, de 20 de janeiro de 1995, com as alterações da Lei n. 9.065, de 20 de junho de 1995, a pessoa jurídica tributada com base no lucro real ou presumido poderá efetuar o pagamento do saldo do imposto devido, apurado em 31 de dezembro de 1996, em até 4 (quatro) quotas mensais, iguais e sucessivas, devendo a primeira ser paga até o último dia útil do mês de março de 1997 e as demais no último dia útil dos meses subsequentes.

•• O art. 40 da Lei n. 8.981, de 20-1-1995, encontra-se revogado pela Lei n. 9.430, de 27-12-1996.

§ 1.º Nenhuma quota poderá ter valor inferior a R$ 1.000,00 (mil reais) e o imposto de valor inferior a R$ 2.000,00 (dois mil reais) será pago em quota única, até o último dia útil do mês de março de 1997.

§ 2.º As quotas do imposto serão acrescidas de juros calculados à taxa a que se refere o § 3.º do art. 5.º, a partir de 1.º de abril de 1997 até o último dia do mês anterior ao do pagamento e de 1% (um por cento) no mês do pagamento.

§ 3.º Havendo saldo de imposto pago a maior, a pessoa jurídica poderá compensá-lo com o imposto devido, correspondente aos períodos de apuração subsequentes, facultado o pedido de restituição.

Art. 8.º As pessoas jurídicas, mesmo as que não tenham optado pela forma de pagamento do art. 2.º, deverão calcular e pagar o imposto de renda relativo aos meses de janeiro e fevereiro de 1997 de conformidade com o referido dispositivo.

Parágrafo único. Para as empresas submetidas às normas do art. 1.º o imposto pago com base na receita bruta auferida nos meses de janeiro e fevereiro de 1997 será deduzido do que for devido em relação ao período de apuração encerrado no dia 31 de março de 1997.

Seção III
Perdas no Recebimento de Créditos
Dedução

Art. 9.º As perdas no recebimento de créditos decorrentes das atividades da pessoa jurídica poderão ser deduzidas como despesas, para determinação do lucro real, observado o disposto neste artigo.

§ 1.º Poderão ser registrados como perda os créditos:

I – em relação aos quais tenha havido a declaração de insolvência do devedor, em sentença emanada do Poder Judiciário;

II – sem garantia, de valor:

a) até R$ 5.000,00 (cinco mil reais), por operação, vencidos há mais de 6 (seis) meses, independentemente de iniciados os procedimentos judiciais para o seu recebimento;

b) acima de R$ 5.000,00 (cinco mil reais) até R$ 30.000,00 (trinta mil reais), por operação, vencidos há mais de 1 (um) ano, independentemente de iniciados os procedimentos judiciais para o seu recebimento, porém, mantida a cobrança administrativa;

c) superior a R$ 30.000,00 (trinta mil reais), vencidos há mais de 1 (um) ano, desde que iniciados e mantidos os procedimentos judiciais para o seu recebimento;

III – com garantia, vencidos há mais de 2 (dois) anos, desde que iniciados e mantidos os procedimentos judiciais para o seu recebimento ou o arresto das garantias;

IV – contra devedor declarado falido ou pessoa jurídica em concordata ou recuperação judicial, relativamente à parcela que exceder o valor que esta tenha se comprometido a pagar, observado o disposto no § 5.º.

•• Inciso IV com redação determinada pela Lei n. 13.097, de 19-1-2015.

§ 2.º No caso de contrato de crédito em que o não pagamento de uma ou mais parcelas implique o vencimento automático de todas as demais parcelas vincendas, os limites a que se referem as alíneas *a* e *b* do inciso II do § 1.º e as alíneas *a* e *b* do inciso II do § 7.º serão considerados em relação ao total dos créditos, por operação, com o mesmo devedor.

•• § 2.º com redação determinada pela Lei n. 13.097, de 19-1-2015.

§ 3.º Para os fins desta Lei, considera-se crédito garantido o proveniente de vendas com reserva de domínio, de alienação fiduciária em garantia ou de operações com outras garantias reais.

§ 4.º No caso de crédito com pessoa jurídica em processo falimentar, em concordata ou em recuperação judicial, a dedução da perda será admitida a partir da data da decretação da falência ou do deferimento do processamento da concordata ou recuperação judicial, desde que a credora tenha adotado os procedimentos judiciais necessários para o recebimento do crédito.

•• § 4.º com redação determinada pela Lei n. 13.097, de 19-1-2015.

§ 5.º A parcela do crédito cujo compromisso de pagar não houver sido honrado pela pessoa jurídica em concordata ou recuperação judicial poderá, também, ser deduzida como perda, observadas as condições previstas neste artigo.

•• § 5.º com redação determinada pela Lei n. 13.097, de 19-1-2015.

§ 6.º Não será admitida a dedução de perda no recebimento de créditos com pessoa jurídica que seja controladora, controlada, coligada ou interligada, bem como com pessoa física que seja acionista controlador, sócio, titular ou administrador da pessoa jurídica credora, ou parente até o terceiro grau dessas pessoas físicas.

§ 7.º Para os contratos inadimplidos a partir da data de publicação da Medida Provisória n. 656, de 7 de outubro de 2014, poderão ser registrados como perda os créditos:

•• § 7.º, *caput*, acrescentado pela Lei n. 13.097, de 19-1-2015.

I – em relação aos quais tenha havido a declaração de insolvência do devedor, em sentença emanada do Poder Judiciário;

•• Inciso I acrescentado pela Lei n. 13.097, de 19-1-2015.

II – sem garantia, de valor:

•• Inciso II, *caput*, acrescentado pela Lei n. 13.097, de 19-1-2015.

a) até R$ 15.000,00 (quinze mil reais), por operação, vencidos há mais de seis meses, independentemente de iniciados os procedimentos judiciais para o seu recebimento;

•• Alínea *a* acrescentada pela Lei n. 13.097, de 19-1-2015.

b) acima de R$ 15.000,00 (quinze mil reais) até R$ 100.000,00 (cem mil reais), por operação, vencidos há mais de um ano, independentemente de iniciados os procedimentos judiciais para o seu recebimento, mantida a cobrança administrativa; e

•• Alínea *b* acrescentada pela Lei n. 13.097, de 19-1-2015.

c) superior a R$ 100.000,00 (cem mil reais), vencidos há mais de um ano, desde que iniciados e mantidos os procedimentos judiciais para o seu recebimento;

•• Alínea *c* acrescentada pela Lei n. 13.097, de 19-1-2015.

III – com garantia, vencidos há mais de dois anos, de valor:

•• Inciso III, *caput*, acrescentado pela Lei n. 13.097, de 19-1-2015.

a) até R$ 50.000,00 (cinquenta mil reais), independentemente de iniciados os procedimentos judiciais para o seu recebimento ou o arresto das garantias; e

•• Alínea *a* acrescentada pela Lei n. 13.097, de 19-1-2015.

b) superior a R$ 50.000,00 (cinquenta mil reais), desde que iniciados e mantidos os procedimentos judiciais para o seu recebimento ou o arresto das garantias; e

•• Alínea *b* acrescentada pela Lei n. 13.097, de 19-1-2015.

IV – contra devedor declarado falido ou pessoa jurídica em concordata ou recuperação judicial, relativamente à parcela que exceder o valor que esta tenha se comprometido a pagar, observado o disposto no § 5.º.

•• Inciso IV acrescentado pela Lei n. 13.097, de 19-1-2015.

Registro Contábil das Perdas

Art. 10. Os registros contábeis das perdas admitidas nesta Lei serão efetuados a débito de conta de resultado e a crédito:

I – da conta que registra o crédito de que trata a alínea *a* do inciso II do § 1.º do art. 9.º e a alínea *a* do inciso II do § 7.º do art. 9.º;

•• Inciso I com redação determinada pela Lei n. 13.097, de 19-1-2015.

II – de conta redutora do crédito, nas demais hipóteses.

§ 1.º Ocorrendo a desistência da cobrança pela via judicial, antes de decorridos 5 (cinco) anos do vencimento do crédito, a perda eventualmente registrada deverá ser estornada ou adicionada ao lucro líquido, para determinação do lucro real correspondente ao período de apuração em que se der a desistência.

§ 2.º Na hipótese do parágrafo anterior, o imposto será considerado como postergado desde o período de apuração em que tenha sido reconhecida a perda.

§ 3.º Se a solução da cobrança se der em virtude de acordo homologado por sentença judicial, o valor da perda a ser estornado ou adicionado ao lucro líquido para determinação do lucro real será igual à soma da quantia recebida com o saldo a receber renegociado, não sendo aplicável o disposto no parágrafo anterior.

§ 4.º Os valores registrados na conta redutora do crédito referida no inciso II do *caput* poderão ser baixados definitivamente em contrapartida à conta que registre o crédito, a partir do período de apuração em que se completar 5 (cinco) anos do vencimento do crédito sem que o mesmo tenha sido liquidado pelo devedor.

Encargos Financeiros de Créditos Vencidos

Art. 11. Após 2 (dois) meses do vencimento do crédito, sem que tenha havido o seu recebimento, a pessoa jurídica credora poderá excluir do lucro líquido, para determinação do lucro real, o valor dos encargos financeiros incidentes sobre o crédito, contabilizado como receita, auferido a partir do prazo definido neste artigo.

§ 1.º Ressalvadas as hipóteses das alíneas *a* e *b* do inciso II do § 1.º do art. 9.º, das alíneas *a* e *b* do inciso II do § 7.º do art. 9.º e da alínea *a* do inciso III do § 7.º do art. 9.º, o disposto neste artigo somente se aplica quando a pessoa jurídica houver tomado as providências de caráter judicial necessárias ao recebimento do crédito.

•• § 1.º com redação determinada pela Lei n. 13.097, de 19-1-2015.

§ 2.º Os valores excluídos deverão ser adicionados no período de apuração em que, para os fins legais, se tornarem disponíveis para a pessoa jurídica credora ou em que reconhecida a respectiva perda.

§ 3.º A partir da citação inicial para o pagamento do débito, a pessoa jurídica devedora deverá adicionar ao lucro líquido, para determinação do lucro real, os encargos incidentes sobre o débito vencido e não pago que tenham sido deduzidos como despesa ou custo, incorridos a partir daquela data.

§ 4.º Os valores adicionados a que se refere o parágrafo anterior poderão ser excluídos do lucro líquido, para determinação do lucro real, no período de apuração em que ocorra a quitação do débito por qualquer forma.

Créditos Recuperados

Art. 12. Deverá ser computado na determinação do lucro real o montante dos créditos deduzidos que tenham sido recuperados, em qualquer época ou a qualquer título, inclusive nos casos de novação da dívida ou do arresto dos bens recebidos em garantia real.

§ 1.º Os bens recebidos a título de quitação do débito serão escriturados pelo valor do crédito ou avaliados pelo valor definido na decisão judicial que tenha determinado sua incorporação ao patrimônio do credor.

•• Primitivo parágrafo único renumerado pela Lei n. 12.431, de 24-6-2011.

§ 2.º Nas operações de crédito realizadas por instituições financeiras autorizadas a funcionar pelo Banco Central do Brasil, nos casos de renegociação de dívida, o reconhecimento da receita para fins de incidência de imposto sobre a renda e da Contribuição Social sobre o Lucro

Líquido ocorrerá no momento do efetivo recebimento do crédito.

•• § 2.º com redação determinada pela Lei n. 12.715, de 17-9-2012.

Disposição Transitória

Art. 13. No balanço levantado para determinação do lucro real em 31 de dezembro de 1996, a pessoa jurídica poderá optar pela constituição de provisão para créditos de liquidação duvidosa na forma do art. 43 da Lei n. 8.981, de 20 de janeiro de 1995, com as alterações da Lei n. 9.065, de 20 de junho de 1995, ou pelos critérios de perdas a que se referem os arts. 9.º a 12.

Saldo de Provisões Existentes em 31-12-1996

Art. 14. A partir do ano-calendário de 1997, ficam revogadas as normas previstas no art. 43 da Lei n. 8.981, de 20 de janeiro de 1995, com as alterações da Lei n. 9.065, de 20 de junho de 1995, bem como a autorização para a constituição de provisão nos termos dos artigos citados, contida no inciso I do art. 13 da Lei n. 9.249, de 26 de dezembro de 1995.

§ 1.º A pessoa jurídica que, no balanço de 31 de dezembro de 1996, optar pelos critérios de dedução de perdas de que tratam os arts. 9.º a 12 deverá, nesse mesmo balanço, reverter os saldos das provisões para créditos de liquidação duvidosa, constituídas na forma do art. 43 da Lei n. 8.981, de 20 de janeiro de 1995, com as alterações da Lei n. 9.065, de 20 de junho de 1995.

§ 2.º Para a pessoa jurídica que, no balanço de 31 de dezembro de 1996, optar pela constituição de provisão na forma do art. 43 da Lei n. 8.981, de 20 de janeiro de 1995, com as alterações da Lei n. 9.065, de 20 de junho de 1995, a reversão a que se refere o parágrafo anterior será efetuada no balanço correspondente ao primeiro período de apuração encerrado em 1997, se houver adotado o regime de apuração trimestral, ou no balanço de 31 de dezembro de 1997 ou da data da extinção, se houver optado pelo pagamento mensal de que trata o art. 2.º.

§ 3.º Nos casos de incorporação, fusão ou cisão, a reversão de que trata o parágrafo anterior será efetuada no balanço que servir de base à apuração do lucro real correspondente.

Seção IV
Rendimentos do Exterior

Compensação de Imposto Pago

Art. 15. A pessoa jurídica domiciliada no Brasil que auferir, de fonte no exterior, receita decorrente da prestação de serviços efetuada diretamente poderá compensar o imposto pago no país de domicílio da pessoa física ou jurídica contratante, observado o disposto no art. 26 da Lei n. 9.249, de 26 de dezembro de 1995.

Lucros e Rendimentos

Art. 16. Sem prejuízo do disposto nos arts. 25, 26 e 27 da Lei n. 9.249, de 26 de dezembro de 1995, os lucros auferidos por filiais, sucursais, controladas e coligadas, no exterior, serão:

I – considerados de forma individualizada, por filial, sucursal, controlada ou coligada;

II – arbitrados, os lucros das filiais, sucursais e controladas, quando não for possível a determinação de seus resultados, com observância das mesmas normas aplicáveis às pessoas jurídicas domiciliadas no Brasil e computados na determinação do lucro real.

§ 1.º Os resultados decorrentes de aplicações financeiras de renda variável no exterior, em um mesmo país, poderão ser consolidados para efeito de cômputo do ganho, na determinação do lucro real.

§ 2.º Para efeito da compensação de imposto pago no exterior, a pessoa jurídica:

I – com relação aos lucros, deverá apresentar as demonstrações financeiras correspondentes, exceto na hipótese do inciso II do *caput* deste artigo;

II – fica dispensada da obrigação a que se refere o § 2.º do art. 26 da Lei n. 9.249, de 26 de dezembro de 1995, quando comprovar que a legislação do país de origem do lucro, rendimento ou ganho de capital prevê a incidência do imposto de renda que houver sido pago, por meio do documento de arrecadação apresentado.

§ 3.º Na hipótese de arbitramento do lucro da pessoa jurídica domiciliada no Brasil, os lucros, rendimentos e ganhos de capital oriundos do exterior serão adicionados ao lucro arbitrado para determinação da base de cálculo do imposto.

§ 4.º Do imposto devido correspondente a lucros, rendimentos ou ganhos de capital oriundos do exterior não será admitida qualquer destinação ou dedução a título de incentivo fiscal.

Operações de Cobertura em Bolsa do Exterior

Art. 17. Serão computados na determinação do lucro real os resultados líquidos, positivos ou negativos, obtidos em operações de cobertura (*hedge*) realizadas em mercados de liquidação futura, diretamente pela empresa brasileira, em bolsas no exterior.

Parágrafo único. A Secretaria da Receita Federal e o Banco Central do Brasil expedirão instruções para a apuração do resultado líquido, sobre a movimentação de divisas relacionadas com essas operações, e outras que se fizerem necessárias à execução do disposto neste artigo.

•• Parágrafo único acrescentado pela Lei n. 11.033, de 21-12-2004.

•• A Secretaria da Receita Federal passa a denominar-se Secretaria da Receita Federal do Brasil, por força da Lei n. 11.457, de 16-3-2007.

Seção V

Preços de Transferência

Bens, Serviços e Direitos Adquiridos no Exterior

Art. 18. Os custos, despesas e encargos relativos a bens, serviços e direitos, constantes dos documentos de importação ou de aquisição, nas operações efetuadas com pessoa vinculada, somente serão dedutíveis na determinação do lucro real até o valor que não exceda ao preço determinado por um dos seguintes métodos:

I – Método dos Preços Independentes Comparados – PIC: definido como a média aritmética ponderada dos preços de bens, serviços ou direitos, idênticos ou similares, apurados no mercado brasileiro ou de outros países, em operações de compra e venda empreendidas pela própria interessada ou por terceiros, em condições de pagamento semelhantes;

•• Inciso I com redação determinada pela Lei n. 12.715, de 17-9-2012.

II – Método do Preço de Revenda menos Lucro – PRL: definido como a média aritmética ponderada dos preços de venda, no País, dos bens, direitos ou serviços importados, em condições de pagamento semelhantes e calculados conforme a metodologia a seguir:

•• Inciso II, *caput*, com redação determinada pela Lei n. 12.715, de 17-9-2012.

a) preço líquido de venda: a média aritmética ponderada dos preços de venda do bem, direito ou serviço produzido, diminuídos dos descontos incondicionais concedidos, dos impostos e contribuições sobre as vendas e das comissões e corretagens pagas;

•• Alínea *a* com redação determinada pela Lei n. 12.715, de 17-9-2012.

b) percentual de participação dos bens, direitos ou serviços importados no custo total do bem, direito ou serviço vendido: a relação percentual entre o custo médio ponderado do bem, direito ou serviço importado e o custo total médio ponderado do bem, direito ou serviço vendido, calculado em conformidade com a planilha de custos da empresa;

•• Alínea *b* com redação determinada pela Lei n. 12.715, de 17-9-2012.

c) participação dos bens, direitos ou serviços importados no preço de venda do bem, direito ou serviço vendido: aplicação do percentual de participação do bem, direito ou serviço importado no custo total, apurada conforme a alínea *b*, sobre o preço líquido de venda calculado de acordo com a alínea *a*;

•• Alínea *c* com redação determinada pela Lei n. 12.715, de 17-9-2012.

d) margem de lucro: a aplicação dos percentuais previstos no § 12, conforme setor econômico da pessoa jurídica sujeita ao controle de preços de transferência, sobre a participação do bem, direito ou serviço importado no preço de venda do bem, direito ou serviço vendido, calculado de acordo com a alínea *c*; e

•• Alínea *d* com redação determinada pela Lei n. 12.715, de 17-9-2012.

1 e 2. (*Revogados pela Lei n. 12.715, de 17-9-2012.*)

e) preço parâmetro: a diferença entre o valor da participação do bem, direito ou serviço importado no preço de venda do bem, direito ou serviço vendido, calculado conforme a alínea *c*; e a "margem de lucro", calculada de acordo com a alínea *d*; e

•• Alínea *e* com redação determinada pela Lei n. 12.715, de 17-9-2012.

1. 60% (sessenta por cento), calculada sobre o preço de revenda após deduzidos os valores referidos nas alíneas anteriores e do valor agregado no País, na hipótese de bens importados aplicados à produção;

•• Item 1 acrescentado pela Lei n. 9.959, de 27-1-2000.

2. 20% (vinte por cento), calculada sobre o preço de revenda, nas demais hipóteses;

•• Item 2 acrescentado pela Lei n. 9.959, de 27-1-2000.

III – Método do Custo de Produção mais Lucro – CPL: definido como o custo médio ponderado de produção de bens, serviços ou direitos, idênticos ou similares, acrescido dos impostos e taxas cobrados na exportação no país onde tiverem sido originariamente produzidos, e de margem de lucro de 20% (vinte por cento), calculada sobre o custo apurado.

•• Inciso III com redação determinada pela Lei n. 12.715, de 17-9-2012.

§ 1.º As médias aritméticas ponderadas dos preços de que tratam os incisos I e II do *caput* e o custo médio ponderado de produção de que trata o inciso III do *caput* serão calculados considerando-se os preços praticados e os custos incorridos durante todo o período de apuração da base de cálculo do imposto sobre a renda a que se referirem os custos, despesas ou encargos.

•• § 1.º com redação determinada pela Lei n. 12.715, de 17-9-2012.

§ 2.º Para efeito do disposto no inciso I, somente serão consideradas as operações de compra e venda praticadas entre compradores e vendedores não vinculados.

§ 3.º Para efeito do disposto no inciso II, somente serão considerados os preços praticados pela empresa com compradores não vinculados.

§ 4.º Na hipótese de utilização de mais de um método, será considerado dedutível o maior valor apurado, observado o disposto no parágrafo subsequente.

§ 5.º Se os valores apurados segundo os métodos mencionados neste artigo, forem superiores ao de aquisição, constante dos respectivos documentos, a dedutibilidade fica limitada ao montante deste último.

§ 6.º Não integram o custo, para efeito do cálculo disposto na alínea *b* do inciso II do *caput*, o valor do frete e do seguro, cujo ônus tenha sido do importador, desde que tenham sido contratados com pessoas:

•• § 6.º, *caput*, com redação determinada pela Lei n. 12.715, de 17-9-2012.

I – não vinculadas; e

•• Inciso I acrescentado pela Lei n. 12.715, de 17-9-2012.

II – que não sejam residentes ou domiciliadas em países ou dependências de tributação favorecida, ou que não estejam amparados por regimes fiscais privilegiados.

•• Inciso II acrescentado pela Lei n. 12.715, de 17-9-2012.

§ 6.º-A. Não integram o custo, para efeito do cálculo disposto na alínea *b* do inciso II do *caput*, os tributos incidentes na importação e os gastos no desembaraço aduaneiro.

•• § 6.º-A acrescentado pela Lei n. 12.715, de 17-9-2012.

§ 7.º A parcela dos custos que exceder ao valor determinado de conformidade com este artigo deverá ser adicionada ao lucro líquido, para determinação do lucro real.

§ 8.º A dedutibilidade dos encargos de depreciação ou amortização dos bens e direitos fica limitada, em cada período de apuração, ao montante calculado com base no preço determinado na forma deste artigo.

§ 9.º O disposto neste artigo não se aplica aos casos de *royalties* e assistência técnica, científica, administrativa ou assemelhada, os quais permanecem subordinados às condições de dedutibilidade constantes da legislação vigente.

§ 10. Relativamente ao método previsto no inciso I do *caput*, as operações utilizadas para fins de cálculo devem:

•• § 10, *caput*, acrescentado pela Lei n. 12.715, de 17-9-2012.

I – representar, ao menos, 5% (cinco por cento) do valor das operações de importação sujeitas ao controle de preços de transferência, empreendidas pela pessoa jurídica, no período de apuração, quanto ao tipo de bem, direito ou serviço importado, na hipótese em que os dados utilizados para fins de cálculo digam respeito às suas próprias operações; e

•• Inciso I acrescentado pela Lei n. 12.715, de 17-9-2012.

II – corresponder a preços independentes realizados no mesmo ano-calendário das respectivas operações de importações sujeitas ao controle de preços de transferência.

•• Inciso II acrescentado pela Lei n. 12.715, de 17-9-2012.

§ 11. Na hipótese do inciso II do § 10, não havendo preço independente no ano-calendário da importação, poderá ser utilizado preço independente relativo à operação efetuada no ano-calendário imediatamente anterior ao da importação, ajustado pela variação cambial do período.

•• § 11 acrescentado pela Lei n. 12.715, de 17-9-2012.

§ 12. As margens a que se refere a alínea *d* do inciso II do *caput* serão aplicadas de acordo com o setor da atividade econômica da pessoa jurídica brasileira sujeita aos controles de preços de transferência e incidirão, independentemente de submissão a processo produtivo ou não no Brasil, nos seguintes percentuais:

•• § 12 acrescentado pela Lei n. 12.715, de 17-9-2012.

I – 40% (quarenta por cento), para os setores de:

•• Inciso I, *caput*, acrescentado pela Lei n. 12.715, de 17-9-2012.

a) produtos farmoquímicos e farmacêuticos;

•• Alínea *a* acrescentada pela Lei n. 12.715, de 17-9-2012.

b) produtos do fumo;

•• Alínea *b* acrescentada pela Lei n. 12.715, de 17-9-2012.

c) equipamentos e instrumentos ópticos, fotográficos e cinematográficos;

•• Alínea *c* acrescentada pela Lei n. 12.715, de 17-9-2012.

d) máquinas, aparelhos e equipamentos para uso odonto-médico-hospitalar;

•• Alínea *d* acrescentada pela Lei n. 12.715, de 17-9-2012.

e) extração de petróleo e gás natural; e

•• Alínea *e* acrescentada pela Lei n. 12.715, de 17-9-2012.

f) produtos derivados do petróleo;

•• Alínea *f* acrescentada pela Lei n. 12.715, de 17-9-2012.

II – 30% (trinta por cento) para os setores de:

•• Inciso II, *caput*, acrescentado pela Lei n. 12.715, de 17-9-2012.

a) produtos químicos;

•• Alínea *a* acrescentada pela Lei n. 12.715, de 17-9-2012.

b) vidros e de produtos do vidro;

•• Alínea *b* acrescentada pela Lei n. 12.715, de 17-9-2012.

c) celulose, papel e produtos de papel; e

•• Alínea *c* acrescentada pela Lei n. 12.715, de 17-9-2012.

d) metalurgia; e

•• Alínea *d* acrescentada pela Lei n. 12.715, de 17-9-2012.

III – 20% (vinte por cento) para os demais setores.

•• Inciso III acrescentado pela Lei n. 12.715, de 17-9-2012.

§ 13. Na hipótese em que a pessoa jurídica desenvolva atividades enquadradas em mais de um inciso do § 12, deverá ser adotada para fins de cálculo do PRL a margem correspondente ao setor da atividade para o qual o bem importado tenha sido destinado, observado o disposto no § 14.

•• § 13 acrescentado pela Lei n. 12.715, de 17-9-2012.

§ 14. Na hipótese de um mesmo bem importado ser revendido e aplicado na produção de um ou mais produtos, ou na hipótese de o bem importado ser submetido a diferentes processos produtivos no Brasil, o preço parâmetro final será a média ponderada dos valores encontrados mediante a aplicação do método PRL, de acordo com suas respectivas destinações.

•• § 14 acrescentado pela Lei n. 12.715, de 17-9-2012.

§ 15. No caso de ser utilizado o método PRL, o preço parâmetro deverá ser apurado considerando-se os preços de venda no período em que os produtos forem baixados dos estoques para resultado.

•• § 15 acrescentado pela Lei n. 12.715, de 17-9-2012.

§ 16. Na hipótese de importação de *commodities* sujeitas à cotação em bolsas de mercadorias e futuros internacionalmente reconhecidas, deverá ser utilizado o Método do Preço sob Cotação na Importação – PCI definido no art. 18-A.

•• § 16 acrescentado pela Lei n. 12.715, de 17-9-2012.

§ 17. Na hipótese do inciso I do § 10, não havendo operações que representem 5% (cinco por cento) do valor das importações sujeitas ao controle de preços de transferência no período de apuração, o percentual poderá ser complementado com as importações efetuadas no ano-calendário imediatamente anterior, ajustado pela variação cambial do período.

•• § 17 acrescentado pela Lei n. 12.715, de 17-9-2012.

Art. 18-A. O Método do Preço sob Cotação na Importação – PCI é definido como os valores médios diários da cotação de bens ou direitos sujeitos a preços públicos em bolsas de mercadorias e futuros internacionalmente reconhecidas.

•• *Caput* acrescentado pela Lei n. 12.715, de 17-9-2012.

§ 1.º Os preços dos bens importados e declarados por pessoas físicas ou jurídicas residentes ou domiciliadas no País serão comparados com os preços de cotação desses bens, constantes em bolsas de mercadorias e futuros internacionalmente reconhecidas, ajustados para mais ou para menos do prêmio médio de mercado, na data da transação, nos casos de importação de:

•• § 1.º, *caput*, acrescentado pela Lei n. 12.715, de 17-9-2012.

I – pessoas físicas ou jurídicas vinculadas;

•• Inciso I acrescentado pela Lei n. 12.715, de 17-9-2012.

II – residentes ou domiciliadas em países ou dependências com tributação favorecida; ou

•• Inciso II acrescentado pela Lei n. 12.715, de 17-9-2012.

III – pessoas físicas ou jurídicas beneficiadas por regimes fiscais privilegiados.

•• Inciso III acrescentado pela Lei n. 12.715, de 17-9-2012.

§ 2.º Não havendo cotação disponível para o dia da transação, deverá ser utilizada a última cotação conhecida.

•• § 2.º acrescentado pela Lei n. 12.715, de 17-9-2012.

§ 3.º Na hipótese de ausência de identificação da data da transação, a conversão será efetuada considerando-se a data do registro da declaração de importação de mercadoria.

•• § 3.º acrescentado pela Lei n. 12.715, de 17-9-2012.

§ 4.º Na hipótese de não haver cotação dos bens em bolsas de mercadorias e futuros internacionalmente reconhecidas, os preços dos bens importados a que se refere o § 1.º poderão ser comparados com os obtidos a partir de fontes de dados independentes fornecidas por instituições de pesquisa setoriais internacionalmente reconhecidas.

•• § 4.º acrescentado pela Lei n. 12.715, de 17-9-2012.

§ 5.º A Secretaria da Receita Federal do Brasil do Ministério da Fazenda disciplinará a aplicação do disposto neste artigo, inclusive a divulgação das bolsas de mercadorias e futuros e das instituições de pesquisas setoriais internacionalmente reconhecidas para cotação de preços.

•• § 5.º acrescentado pela Lei n. 12.715, de 17-9-2012.

Receitas Oriundas de Exportações para o Exterior

Art. 19. As receitas auferidas nas operações efetuadas com pessoa vinculada ficam sujeitas a arbitramento quando o preço médio de venda dos bens, serviços ou direitos, nas exportações efetuadas durante o respectivo período de apuração da base de cálculo do imposto de renda, for inferior a 90% (noventa por cento) do preço médio praticado na venda dos mesmos bens, serviços ou direitos, no mercado brasileiro, durante o mesmo período, em condições de pagamento semelhantes.

§ 1.º Caso a pessoa jurídica não efetue operações de venda no mercado interno, a determinação dos preços médios a que se refere o *caput* será efetuada com dados de outras empresas que pratiquem a venda de bens, serviços ou direitos, idênticos ou similares, no mercado brasileiro.

§ 2.º Para efeito de comparação, o preço de venda:

I – no mercado brasileiro, deverá ser considerado líquido dos descontos incondicionais concedidos, do imposto sobre a circulação de mercadorias e serviços, do imposto sobre serviços e das contribuições para a seguridade social – COFINS e para o PIS/PASEP;

II – nas exportações, será tomado pelo valor depois de diminuído dos encargos de frete e seguro, cujo ônus tenha sido da empresa exportadora.

§ 3.º Verificado que o preço de venda nas exportações é inferior ao limite de que trata este artigo, as receitas das vendas nas exportações serão determinadas tomando-se por base o valor apurado segundo um dos seguintes métodos:

I – Método do Preço de Venda nas Exportações – PVEx: definido como a média aritmética dos preços de venda nas exportações efetuadas pela própria empresa, para outros clientes, ou por outra exportadora nacional de bens, serviços ou direitos, idênticos ou similares, durante o mesmo período de apuração da base de cálculo do imposto de renda e em condições de pagamento semelhantes;

II – Método do Preço de Venda por Atacado no País de Destino, Diminuído do Lucro – PVA: definido como a média aritmética dos preços de venda de bens, idênticos ou similares, praticados no mercado atacadista do país de destino, em condições de pagamento semelhantes, diminuídos dos tributos incluídos no preço, cobrados no referido país, e de margem de lucro de 15% (quinze por cento) sobre o preço de venda no atacado;

III – Método do Preço de Venda a Varejo no País de Destino, Diminuído do Lucro – PVV: definido como a média aritmética dos preços de venda de bens, idênticos ou similares, praticados no mercado varejista do país de destino, em condições de pagamento semelhantes, diminuídos dos tributos incluídos no preço, cobrados no referido país, e de margem de lucro de 30% (trinta por cento) sobre o preço de venda no varejo;

IV – Método do Custo de Aquisição ou de Produção mais Tributos e Lucro – CAP: definido como a média aritmética dos custos de aquisição ou de produção dos bens, serviços ou direitos, exportados, acrescidos dos impostos e contribuições cobrados no Brasil e de margem de lucro de 15% (quinze por cento) sobre a soma dos custos mais impostos e contribuições.

§ 4.º As médias aritméticas de que trata o parágrafo anterior serão calculadas em relação ao período de apuração da respectiva base de cálculo do imposto de renda da empresa brasileira.

§ 5.º Na hipótese de utilização de mais de um método, será considerado o menor dos valores apurados, observado o disposto no parágrafo subsequente.

§ 6.º Se o valor apurado segundo os métodos mencionados no § 3.º for inferior aos preços de venda constantes dos documentos de exportação, prevalecerá o montante da receita reconhecida conforme os referidos documentos.

§ 7.º A parcela das receitas, apurada segundo o disposto neste artigo, que exceder ao valor já apropriado na escrituração da empresa deverá ser adicionada ao lucro líquido, para determinação do lucro real, bem como ser computada na determinação do lucro presumido e do lucro arbitrado.

§ 8.º Para efeito do disposto no § 3.º, somente serão consideradas as operações de compra e venda praticadas entre compradores e vendedores não vinculados.

§ 9.º Na hipótese de exportação de *commodities* sujeitas à cotação em bolsas de mercadorias e futuros internacionalmente reconhecidas, deverá ser utilizado o Método do Preço sob Cotação na Exportação – PECEX, definido no art. 19-A.

•• § 9.º acrescentado pela Lei n. 12.715, de 17-9-2012.

Art. 19-A. O Método do Preço sob Cotação na Exportação – PECEX é definido como os valores médios diários da cotação de bens ou direitos sujeitos a preços públicos em bolsas de mercadorias e futuros internacionalmente reconhecidas.

•• *Caput* acrescentado pela Lei n. 12.715, de 17-9-2012.

§ 1.º Os preços dos bens exportados e declarados por pessoas físicas ou jurídicas residentes ou domiciliadas no País serão comparados com os preços de cotação dos bens, constantes em bolsas de mercadorias e futuros internacionalmente reconhecidas, ajustados para mais ou para menos do prêmio médio de mercado, na data da transação, nos casos de exportação para:

•• § 1.º, *caput*, acrescentado pela Lei n. 12.715, de 17-9-2012.

I – pessoas físicas ou jurídicas vinculadas;

•• Inciso I acrescentado pela Lei n. 12.715, de 17-9-2012.

II – residentes ou domiciliadas em países ou dependências com tributação favorecida; ou

•• Inciso II acrescentado pela Lei n. 12.715, de 17-9-2012.

III – pessoas físicas ou jurídicas beneficiadas por regimes fiscais privilegiados.

•• Inciso III acrescentado pela Lei n. 12.715, de 17-9-2012.

§ 2.º Não havendo cotação disponível para o dia da transação, deverá ser utilizada a última cotação conhecida.

•• § 2.º acrescentado pela Lei n. 12.715, de 17-9-2012.

§ 3.º Na hipótese de ausência de identificação da data da transação, a conversão será efetuada considerando-se a data de embarque dos bens exportados.

•• § 3.º acrescentado pela Lei n. 12.715, de 17-9-2012.

§ 4.º As receitas auferidas nas operações de que trata o *caput* ficam sujeitas ao arbitramento de preços de transferência, não se aplicando o percentual de 90% (noventa por cento) previsto no *caput* do art. 19.

•• § 4.º acrescentado pela Lei n. 12.715, de 17-9-2012.

§ 5.º Na hipótese de não haver cotação dos bens em bolsas de mercadorias e futuros internacionalmente reconhecidas, os preços dos bens exportados a que se refere o § 1.º poderão ser comparados:

•• § 5.º, *caput*, acrescentado pela Lei n. 12.715, de 17-9-2012.

I – com os obtidos a partir de fontes de dados independentes fornecidas por instituições de pesquisa setoriais internacionalmente reconhecidas; ou

•• Inciso I acrescentado pela Lei n. 12.715, de 17-9-2012.

II – com os preços definidos por agências ou órgãos reguladores e publicados no *Diário Oficial da União*.

•• Inciso II acrescentado pela Lei n. 12.715, de 17-9-2012.

§ 6.º A Secretaria da Receita Federal do Brasil do Ministério da Fazenda disciplinará o disposto neste artigo, inclusive a divulgação das bolsas de mercadorias e futuros e das instituições de pesquisas setoriais internacionalmente reconhecidas para cotação de preços.

•• § 6.º acrescentado pela Lei n. 12.715, de 17-9-2012.

§ 7.º (*Vetado*.)

Art. 20. O Ministro de Estado da Fazenda poderá, em circunstâncias justificadas, alterar os percentuais de que tratam os arts. 18 e 19, de ofício ou mediante requerimento conforme o § 2.º do art. 21.

•• Artigo com redação determinada pela Lei n. 12.715, de 17-9-2012.

Art. 20-A. A partir do ano-calendário de 2012, a opção por um dos métodos previstos nos arts. 18 e 19 será efetuada para o ano-calendário e não poderá ser alterada pelo contribuinte uma vez iniciado o procedimento fiscal, salvo quando, em seu curso, o método ou algum de seus critérios de cálculo venha a ser desqualificado pela fiscalização, situação esta em que deverá ser intimado o sujeito passivo para, no prazo de 30 (trinta) dias, apresentar novo cálculo de acordo com qualquer outro método previsto na legislação.

•• *Caput* acrescentado pela Lei n. 12.715, de 17-9-2012.

§ 1.º A fiscalização deverá motivar o ato caso desqualifique o método eleito pela pessoa jurídica.

•• § 1.º acrescentado pela Lei n. 12.715, de 17-9-2012.

§ 2.º A autoridade fiscal responsável pela verificação poderá determinar o preço parâmetro, com base nos documentos de que dispuser, e aplicar um dos métodos previstos nos arts. 18 e 19, quando o sujeito passivo, após decorrido o prazo de que trata o *caput*:

•• § 2.º, *caput*, acrescentado pela Lei n. 12.715, de 17-9-2012.

I – não apresentar os documentos que deem suporte à determinação do preço praticado nem às respectivas memórias de cálculo para apuração do preço parâmetro, segundo o método escolhido;

•• Inciso I acrescentado pela Lei n. 12.715, de 17-9-2012.

II – apresentar documentos imprestáveis ou insuficientes para demonstrar a correção do cálculo do preço parâmetro pelo método escolhido; ou

•• Inciso II acrescentado pela Lei n. 12.715, de 17-9-2012.

III – deixar de oferecer quaisquer elementos úteis à verificação dos cálculos para apuração do preço parâmetro, pelo método escolhido, quando solicitados pela autoridade fiscal.

•• Inciso III acrescentado pela Lei n. 12.715, de 17-9-2012.

§ 3.º A Secretaria da Receita Federal do Brasil do Ministério da Fazenda definirá o prazo e a forma de opção de que trata o *caput*.

•• § 3.º acrescentado pela Lei n. 12.715, de 17-9-2012.

Art. 20-B. A utilização do método de cálculo de preço parâmetro, de que tratam os arts. 18 e 19, deve ser consistente por bem, serviço ou direito, para todo o ano-calendário.

•• Artigo acrescentado pela Lei n. 12.715, de 17-9-2012.

Apuração dos Preços Médios

Art. 21. Os custos e preços médios a que se referem os arts. 18 e 19 deverão ser apurados com base em:

I – publicações ou relatórios oficiais do governo do país do comprador ou vendedor ou declaração da autoridade fiscal desse mesmo país, quando com ele o Brasil mantiver acordo para evitar a bitributação ou para intercâmbio de informações;

II – pesquisas efetuadas por empresa ou instituição de notório conhecimento técnico ou publicações técnicas, em que se especifiquem o setor, o período, as empresas pesquisadas e a margem encontrada, bem como identifiquem, por empresa, os dados coletados e trabalhados.

§ 1.º As publicações, as pesquisas e os relatórios oficiais a que se refere este artigo somente serão admitidos como prova se houverem sido realizados com observância de métodos de avaliação internacionalmente adotados e se referirem a período contemporâneo com o de apuração da base de cálculo do imposto de renda da empresa brasileira.

§ 2.º Admitir-se-ão margens de lucro diversas das estabelecidas nos arts. 18 e 19, desde que o contribuinte as comprove, com base em publicações, pesquisas ou relatórios elaborados de conformidade com o disposto neste artigo.

§ 3.º As publicações técnicas, as pesquisas e os relatórios a que se refere este artigo poderão ser desqualificados mediante ato do Secretário da Receita Federal, quando considerados inidôneos ou inconsistentes.

Juros

Art. 22. Os juros pagos ou creditados a pessoa vinculada somente serão dedutíveis para fins de determinação do lucro real até o montante que não exceda ao valor calculado com base em taxa determinada conforme este artigo acrescida de margem percentual a título de *spread*, a ser definida por ato do Ministro de Estado da Fazenda com base na média de mercado, proporcionalizados em função do período a que se referirem os juros.

•• *Caput* com redação determinada pela Lei n. 12.766, de 27-12-2012.

§ 1.º No caso de mútuo com pessoa vinculada, a pessoa jurídica mutuante, domiciliada no Brasil, deverá reconhecer, como receita financeira correspondente à operação, no mínimo o valor apurado segundo o disposto neste artigo.

§ 2.º Para efeito do limite a que se refere este artigo, os juros serão calculados com base no valor da obrigação ou do direito, expresso na moeda objeto do contrato e convertida em reais pela taxa de câmbio, divulgada pelo Banco Central do Brasil, para a data do termo final do cálculo dos juros.

§ 3.º O valor dos encargos que exceder o limite referido no *caput* e a diferença de receita apurada na forma do parágrafo anterior serão adicionados à base de cálculo do imposto de renda devido pela empresa no Brasil, inclusive ao lucro presumido ou arbitrado.

§ 4.º (*Revogado pela Lei n. 12.715, de 17-9-2012.*)

§ 5.º (*Revogado pela Lei n. 12.766, de 27-12-2012.*)

§ 6.º A taxa de que trata o *caput* será a taxa:

•• § 6.º, *caput*, acrescentado pela Lei n. 12.766, de 27-12-2012.

I – de mercado dos títulos soberanos da República Federativa do Brasil emitidos no mercado externo em dólares dos Estados Unidos da América, na hipótese de operações em dólares dos Estados Unidos da América com taxa prefixada;

•• Inciso I acrescentado pela Lei n. 12.766, de 27-12-2012.

II – de mercado dos títulos soberanos da República Federativa do Brasil emitidos no mercado externo em reais, na hipótese de operações em reais no exterior com taxa prefixada; e

•• Inciso II acrescentado pela Lei n. 12.766, de 27-12-2012.

III – *London Interbank Offered Rate – LIBOR* pelo prazo de 6 (seis) meses, nos demais casos.

•• Inciso III acrescentado pela Lei n. 12.766, de 27-12-2012.

§ 7.º O Ministro de Estado da Fazenda poderá fixar a taxa de que trata o *caput* na hipótese de operações em reais no exterior com taxa flutuante.

•• § 7.º acrescentado pela Lei n. 12.766, de 27-12-2012.

§ 8.º Na hipótese do inciso III do § 6.º, para as operações efetuadas em outras moedas nas quais não seja divulgada taxa *Libor* própria, deverá ser utilizado o valor da taxa *Libor* para depósitos em dólares dos Estados Unidos da América.

•• § 8.º acrescentado pela Lei n. 12.766, de 27-12-2012.

§ 9.º A verificação de que trata este artigo deve ser efetuada na data da contratação da operação e será aplicada aos contratos celebrados a partir de 1.º de janeiro de 2013.

•• § 9.º acrescentado pela Lei n. 12.766, de 27-12-2012.

§ 10. Para fins do disposto no § 9.º, a novação e a repactuação são consideradas novos contratos.

•• § 10 acrescentado pela Lei n. 12.766, de 27-12-2012.

§ 11. O disposto neste artigo será disciplinado pela Secretaria da Receita Federal do Brasil, inclusive quanto às especificações e condições de utilização das taxas previstas no *caput* e no § 6.º.

•• § 11 acrescentado pela Lei n. 12.766, de 27-12-2012.

•• A Lei n. 13.097, de 19-1-2015, propôs o acréscimo do § 12 a este artigo, porém teve seu texto vetado.

Pessoa Vinculada – Conceito

Art. 23. Para efeito dos arts. 18 a 22, será considerada vinculada à pessoa jurídica domiciliada no Brasil:

I – a matriz desta, quando domiciliada no exterior;

II – a sua filial ou sucursal, domiciliada no exterior;

III – a pessoa física ou jurídica, residente ou domiciliada no exterior, cuja participação societária no seu capital social a caracterize como sua controladora ou coligada, na forma definida nos §§ 1.º e 2.º do art. 243 da Lei n. 6.404, de 15 de dezembro de 1976;

IV – a pessoa jurídica domiciliada no exterior que seja caracterizada como sua controlada ou coligada, na forma definida nos §§ 1.º e 2.º do art. 243 da Lei n. 6.404, de 15 de dezembro de 1976;

V – a pessoa jurídica domiciliada no exterior, quando esta e a empresa domiciliada no Brasil estiverem sob controle societário ou administrativo comum ou quando pelo menos 10% (dez por cento) do capital social de cada uma pertencer a uma mesma pessoa física ou jurídica;

VI – a pessoa física ou jurídica, residente ou domiciliada no exterior, que, em conjunto com a pessoa jurídica domiciliada no Brasil, tiver participação societária no capital social de uma terceira pessoa jurídica, cuja soma as caracterize como controladoras ou coligadas desta, na forma definida nos §§ 1.º e 2.º do art. 243 da Lei n. 6.404, de 15 de dezembro de 1976;

VII – a pessoa física ou jurídica, residente ou domiciliada no exterior, que seja sua associada, na forma de consórcio ou condomínio, conforme definido na legislação brasileira, em qualquer empreendimento;

VIII – a pessoa física residente no exterior que for parente ou afim até o terceiro grau, cônjuge ou companheiro de qualquer de seus diretores ou de seu sócio ou acionista controlador em participação direta ou indireta;

IX – a pessoa física ou jurídica, residente ou domiciliada no exterior, que goze de exclusividade, como seu agente, distribuidor ou concessionário, para a compra e venda de bens, serviços ou direitos;

X – a pessoa física ou jurídica, residente ou domiciliada no exterior, em relação à qual a pessoa jurídica domiciliada no Brasil goze de exclusividade, como agente, distribuidora ou concessionária, para a compra e venda de bens, serviços ou direitos.

Países com Tributação Favorecida

Art. 24. As disposições relativas a preços, custos e taxas de juros, constantes dos arts. 18 a 22, aplicam-se, também, às operações efetuadas por pessoa física ou jurídica residente ou domiciliada no Brasil, com qualquer pessoa física ou jurídica, ainda que não vinculada, residente ou domiciliada em país que não tribute a renda ou que a tribute a alíquota máxima inferior a 20% (vinte por cento).

•• *Vide* art. 9.º, § 5.º, da Medida Provisória n. 2.159-70, de 24-8-2001.

•• O art. 27 da Lei n. 12.249, de 11-6-2010, dispõe:

"Art. 27. A transferência do domicílio fiscal da pessoa física residente e domiciliada no Brasil para país ou dependência com tributação favorecida ou regime fiscal privilegiado, nos termos a que se referem, respectivamente, os arts. 24 e 24-A da Lei n. 9.430, de 27 de dezembro de 1996, somente terá seus efeitos reconhecidos a partir da data em que o contribuinte comprove: I – ser residente de fato naquele país ou dependência; ou II – sujeitar-se a imposto sobre a totalidade dos rendimentos do trabalho e do capital, bem como o efetivo pagamento desse imposto. Parágrafo único. Consideram-se residentes de fato, para os fins do disposto no inciso I do *caput* deste artigo, as pessoas físicas que tenham efetivamente permanecido no país ou dependência por mais de 183 (cento e oitenta e três) dias, consecutivos ou não, no período de até 12 (doze) meses, ou que comprovem ali se localizarem a residência habitual de sua família e a maior parte de seu patrimônio".

§ 1.º Para efeito do disposto na parte final deste artigo, será considerada a legislação tributária do referido país, aplicável às pessoas físicas ou às pessoas jurídicas, conforme a natureza do ente com o qual houver sido praticada a operação.

§ 2.º No caso de pessoa física residente no Brasil:

I – o valor apurado segundo os métodos de que trata o art. 18 será considerado como custo de aquisição para efeito de apuração de ganho de capital na alienação do bem ou direito;

II – o preço relativo ao bem ou direito alienado, para efeito de apuração de ganho de capital, será o apurado de conformidade com o disposto no art. 19;

III – será considerado como rendimento tributável o preço dos serviços prestados apurado de conformidade com o disposto no art. 19;

IV – serão considerados como rendimento tributável os juros determinados de conformidade com o art. 22.

§ 3.º Para os fins do disposto neste artigo, considerar-se-á separadamente a tributação do trabalho e do capital, bem como as dependências do país de residência ou domicílio.

•• § 3.º acrescentado pela Lei n. 10.451, de 10-5-2002.

§ 4.º Considera-se também país ou dependência com tributação favorecida aquele cuja legislação não permita o acesso a informações relativas à composição societária de pessoas jurídicas, à sua titularidade ou à identificação do beneficiário efetivo de rendimentos atribuídos a não residentes.

•• § 4.º acrescentado pela Lei n. 11.727, de 23-6-2008.

•• *Vide* art. 41, VI, da Lei n. 11.727, de 23-6-2008.

Art. 24-A. Aplicam-se às operações realizadas em regime fiscal privilegiado as disposições relativas a preços, custos e taxas de juros constantes dos arts. 18 a 22 desta Lei, nas transações entre pessoas físicas ou jurídicas residentes e domiciliadas no País com qualquer pessoa física ou jurídica, ainda que não vinculada, residente ou domiciliada no exterior.

•• *Caput* acrescentado pela Lei n. 11.727, de 23-6-2008.

•• *Vide* art. 41, VI, da Lei n. 11.727, de 23-6-2008.

Parágrafo único. Para os efeitos deste artigo, considera-se regime fiscal privilegiado aquele que apresentar uma ou mais das seguintes características:

•• Parágrafo único, *caput*, com redação determinada pela Lei n. 11.941, de 27-5-2009.

I – não tribute a renda ou a tribute à alíquota máxima inferior a 20% (vinte por cento);

•• Inciso I acrescentado pela Lei n. 11.727, de 23-6-2008.

II – conceda vantagem de natureza fiscal a pessoa física ou jurídica não residente:

a) sem exigência de realização de atividade econômica substantiva no país ou dependência;

b) condicionada ao não exercício de atividade econômica substantiva no país ou dependência;

•• Inciso II acrescentado pela Lei n. 11.727, de 23-6-2008.

III – não tribute, ou o faça em alíquota máxima inferior a 20% (vinte por cento), os rendimentos auferidos fora de seu território;

•• Inciso III acrescentado pela Lei n. 11.727, de 23-6-2008.

IV – não permita o acesso a informações relativas à composição societária, titularidade de bens ou direitos ou às operações econômicas realizadas.

•• Inciso IV acrescentado pela Lei n. 11.727, de 23-6-2008.

Art. 24-B. O Poder Executivo poderá reduzir ou restabelecer os percentuais de que tratam o *caput* do art. 24 e os incisos I e III do parágrafo único do art. 24-A, ambos desta Lei.

•• *Caput* acrescentado pela Lei n. 11.727, de 23-6-2008.

•• *Vide* art. 41, VI, da Lei n. 11.727, de 23-6-2008.

Parágrafo único. O uso da faculdade prevista no *caput* deste artigo poderá também ser aplicado, de forma excepcional e restrita, a países que componham blocos econômicos dos quais o País participe.

•• Parágrafo único acrescentado pela Lei n. 11.727, de 23-6-2008.

Seção VI
Lucro Presumido
Determinação

Art. 25. O lucro presumido será o montante determinado pela soma das seguintes parcelas:

I – o valor resultante da aplicação dos percentuais de que trata o art. 15 da Lei n. 9.249, de 26 de dezembro de 1995, sobre a receita bruta definida pelo art. 12 do Decreto-lei n. 1.598, de 26 de dezembro de 1977, auferida no período de apuração de que trata o art. 1.º, deduzida das devoluções e vendas canceladas e dos descontos incondicionais concedidos; e

•• Inciso I com redação determinada pela Lei n. 12.973, de 13-5-2014.

II – os ganhos de capital, os rendimentos e ganhos líquidos auferidos em aplicações financeiras, as demais receitas, os resultados positivos decorrentes de receitas não abrangidas pelo inciso I, com os respectivos valores decorrentes do ajuste a valor presente de que trata o inciso VIII do *caput* do art. 183 da Lei n. 6.404, de 15 de dezembro de 1976, e demais valores determinados nesta Lei, auferidos naquele mesmo período.

•• Inciso II com redação determinada pela Lei n. 12.973, de 13-5-2014.

•• *Vide* art. 7.º, *caput*, da Lei n. 12.973, de 13-5-2014.

§ 1.º O ganho de capital nas alienações de investimentos, imobilizados e intangíveis corresponderá à diferença positiva entre o valor da alienação e o respectivo valor contábil.

•• § 1.º acrescentado pela Lei n. 12.973, de 13-5-2014.

§ 2.º Para fins do disposto no § 1.º, poderão ser considerados no valor contábil, e na proporção deste, os respectivos valores decorrentes dos efeitos do ajuste a valor presente de que trata o inciso III do *caput* do art. 184 da Lei n. 6.404, de 15 de dezembro de 1976.

•• § 2.º acrescentado pela Lei n. 12.973, de 13-5-2014.

§ 3.º Os ganhos decorrentes de avaliação de ativo ou passivo com base no valor justo não integrarão a base de cálculo do imposto, no momento em que forem apurados.

•• § 3.º acrescentado pela Lei n. 12.973, de 13-5-2014.

§ 4.º Para fins do disposto no inciso II do *caput*, os ganhos e perdas decorrentes de avaliação do ativo com base em valor justo não serão considerados como parte integrante do valor contábil.

•• § 4.º acrescentado pela Lei n. 12.973, de 13-5-2014.

§ 5.º O disposto no § 4.º não se aplica aos ganhos que tenham sido anteriormente computados na base de cálculo do imposto.

•• § 5.º acrescentado pela Lei n. 12.973, de 13-5-2014.

Opção

Art. 26. A opção pela tributação com base no lucro presumido será aplicada em relação a todo o período de atividade da empresa em cada ano-calendário.

§ 1.º A opção de que trata este artigo será manifestada com o pagamento da primeira ou única quota do imposto devido correspondente ao primeiro período de apuração de cada ano-calendário.

§ 2.º A pessoa jurídica que houver iniciado atividade a partir do segundo trimestre manifestará a opção de que trata este artigo com o pagamento da primeira ou única quota do imposto devido relativa ao período de apuração do início de atividade.

§ 3.º A pessoa jurídica que houver pago o imposto com base no lucro presumido e que, em relação ao mesmo ano-calendário, alterar a opção, passando a ser tributada com base no lucro real, ficará sujeita ao pagamento de multa e juros moratórios sobre a diferença de imposto paga a menor.

§ 4.º A mudança de opção a que se refere o parágrafo anterior somente será admitida quando formalizada até a entrega da correspondente declaração de rendimentos e antes de iniciado procedimento de ofício relativo a qualquer dos períodos de apuração do respectivo ano-calendário.

Seção VII

Lucro Arbitrado

Determinação

Art. 27. O lucro arbitrado será o montante determinado pela soma das seguintes parcelas:

I – o valor resultante da aplicação dos percentuais de que trata o art. 16 da Lei n. 9.249, de 26 de dezembro de 1995, sobre a receita bruta definida pelo art. 12 do Decreto-lei n. 1.598, de 26 de dezembro de 1977, auferida no período de apuração de que trata o art. 1.º, deduzida das devoluções e vendas canceladas e dos descontos incondicionais concedidos; e

•• Inciso I com redação determinada pela Lei n. 12.973, de 13-5-2014.

II – os ganhos de capital, os rendimentos e ganhos líquidos auferidos em aplicações financeiras, as demais receitas, os resultados positivos decorrentes de receitas não abrangidas pelo inciso I do *caput*, com os respectivos valores decorrentes do ajuste a valor presente de que trata o inciso VIII do *caput* do art. 183 da Lei n. 6.404, de 15 de dezembro de 1976, e demais valores determinados nesta Lei, auferidos naquele mesmo período.

•• Inciso II com redação determinada pela Lei n. 12.973, de 13-5-2014.

•• *Vide* art. 7.º, parágrafo único, da Lei n. 12.973, de 13-5-2014.

§ 1.º Na apuração do lucro arbitrado, quando não conhecida a receita bruta, os coeficientes de que tratam os incisos II, III e IV do art. 51 da Lei n. 8.981, de 20 de janeiro de 1995, deverão ser multiplicados pelo número de meses do período de apuração.

§ 2.º Na hipótese de utilização das alternativas de cálculo previstas nos incisos V a VIII do art. 51 da Lei n. 8.981, de 20 de janeiro de 1995, o lucro arbitrado será o valor resultante da soma dos valores apurados para cada mês do período de apuração.

§ 3.º O ganho de capital nas alienações de investimentos, imobilizados e intangíveis corresponderá à diferença positiva entre o valor da alienação e o respectivo valor contábil.

•• § 3.º acrescentado pela Lei n. 12.973, de 13-5-2014.

§ 4.º Para fins do disposto no § 3.º, poderão ser considerados no valor contábil, e na proporção deste, os respectivos valores decorrentes dos efeitos do ajuste a valor presente de que trata o inciso III do *caput* do art. 184 da Lei n. 6.404, de 15 de dezembro de 1976.

•• § 4.º acrescentado pela Lei n. 12.973, de 13-5-2014.

§ 5.º Os ganhos decorrentes de avaliação de ativo ou passivo com base no valor justo não integrarão a base de cálculo do imposto, no momento em que forem apurados.

•• § 5.º acrescentado pela Lei n. 12.973, de 13-5-2014.

§ 6.º Para fins do disposto no inciso II do *caput*, os ganhos e perdas decorrentes de avaliação do ativo com base em valor justo não serão considerados como parte integrante do valor contábil.

•• § 6.º acrescentado pela Lei n. 12.973, de 13-5-2014.

§ 7.º O disposto no § 6.º não se aplica aos ganhos que tenham sido anteriormente computados na base de cálculo do imposto.

•• § 7.º acrescentado pela Lei n. 12.973, de 13-5-2014.

CAPÍTULO II
CONTRIBUIÇÃO SOCIAL SOBRE O LUCRO LÍQUIDO

Seção I
Apuração da Base de Cálculo e Pagamento

Normas Aplicáveis

Art. 28. Aplicam-se à apuração da base de cálculo e ao pagamento da contribuição social sobre o lucro líquido as normas da legislação vigente e as correspondentes aos arts. 1.º a 3.º, 5.º a 14, 17 a 24-B, 26, 55 e 71.

•• Artigo com redação determinada pela Lei n. 12.715, de 17-9-2012.

Empresas sem Escrituração Contábil

Art. 29. A base de cálculo da contribuição social sobre o lucro líquido, devida pelas pessoas jurídicas tributadas com base no lucro presumido ou arbitrado e pelas demais empresas dispensadas de escrituração contábil, corresponderá à soma dos valores:

I – de que trata o art. 20 da Lei n. 9.249, de 26 de dezembro de 1995;

II – os ganhos de capital, os rendimentos e ganhos líquidos auferidos em aplicações financeiras, as demais receitas, os resultados positivos decorrentes de receitas não abrangidas pelo inciso I do *caput*, com os respectivos valores decorrentes do ajuste a valor presente de que trata o inciso VIII do *caput* do art. 183 da Lei n. 6.404, de 15 de dezembro de 1976, e demais valores determinados nesta Lei, auferidos naquele mesmo período.

•• Inciso II com redação determinada pela Lei n. 12.973, de 13-5-2014.

•• *Vide* art. 7.º, parágrafo único, da Lei n. 12.973, de 13-5-2014.

Pagamento Mensal Estimado

Art. 30. A pessoa jurídica que houver optado pelo pagamento do imposto de renda na forma do art. 2.º fica, também, sujeita ao pagamento mensal da contribuição social sobre o lucro líquido, determinada mediante a aplicação da alíquota a que estiver sujeita sobre a base de cálculo apurada na forma dos incisos I e II do artigo anterior.

Capítulo III
IMPOSTO SOBRE PRODUTOS INDUSTRIALIZADOS

Contribuinte Substituto

Art. 31. O art. 35 da Lei n. 4.502, de 30 de novembro de 1964, passa a vigorar com a seguinte redação:

"Art. 35. ....

....

II – como contribuinte substituto:

....

c) o industrial ou equiparado, mediante requerimento, nas operações anteriores, concomitantes ou posteriores às saídas que promover, nas hipóteses e condições estabelecidas pela Secretaria da Receita Federal.

§ 1.º Nos casos das alíneas *a* e *b* do inciso II deste artigo, o pagamento do imposto não exclui a responsabilidade por infração do contribuinte originário quando este for identificado, e será considerado como efetuado fora do prazo, para todos os efeitos legais.

§ 2.º Para implementar o disposto na alínea *c* do inciso II, a Secretaria da Receita Federal poderá instituir regime especial de suspensão do imposto".

Capítulo IV
PROCEDIMENTOS DE FISCALIZAÇÃO

•• O Decreto n. 7.574, de 29-9-2011, regulamenta o processo de determinação e exigência de créditos tributários da União, o processo de consulta sobre a aplicação da legislação tributária federal e outros processos que especifica, sobre matérias administradas pela Secretaria da Receita Federal do Brasil.

Seção I
Suspensão da Imunidade e da Isenção

Art. 32. A suspensão da imunidade tributária, em virtude de falta de observância de requisitos legais, deve ser procedida de conformidade com o disposto neste artigo.

§ 1.º Constatado que entidade beneficiária de imunidade de tributos federais de que trata a alínea *c* do inciso VI do art. 150 da Constituição Federal não está observando requisito ou condição previstos nos arts. 9.º, § 1.º, e 14, da Lei n. 5.172, de 25 de outubro de 1966 – Código Tributário Nacional, a fiscalização tributária expedirá notificação fiscal, na qual relatará os fatos que determinam a suspensão do benefício, indicando inclusive a data da ocorrência da infração.

§ 2.º A entidade poderá, no prazo de 30 (trinta) dias da ciência da notificação, apresentar as alegações e provas que entender necessárias.

§ 3.º O Delegado ou Inspetor da Receita Federal decidirá sobre a procedência das alegações, expedindo o ato declaratório suspensivo do benefício, no caso de improcedência, dando, de sua decisão, ciência à entidade.

§ 4.º Será igualmente expedido o ato suspensivo se decorrido o prazo previsto no § 2.º sem qualquer manifestação da parte interessada.

§ 5.º A suspensão da imunidade terá como termo inicial a data da prática da infração.

§ 6.º Efetivada a suspensão da imunidade:

I – a entidade interessada poderá, no prazo de 30 (trinta) dias da ciência, apresentar impugnação ao ato declaratório, a qual será objeto de decisão pela Delegacia da Receita Federal de Julgamento competente;

II – a fiscalização de tributos federais lavrará auto de infração, se for o caso.

§ 7.º A impugnação relativa à suspensão da imunidade obedecerá às demais normas reguladoras do processo administrativo fiscal.

§ 8.º A impugnação e o recurso apresentados pela entidade não terão efeito suspensivo em relação ao ato declaratório contestado.

§ 9.º Caso seja lavrado auto de infração, as impugnações contra o ato declaratório e contra a exigência de crédito tributário serão reunidas em um único processo, para serem decididas simultaneamente.

§ 10. Os procedimentos estabelecidos neste artigo aplicam-se, também, às hipóteses de suspensão de isenções condicionadas, quando a entidade beneficiária estiver descumprindo as condições ou requisitos impostos pela legislação de regência.

§ 11. (*Revogado pela Lei n. 13.165, de 29-9-2015.*)

§ 12. A entidade interessada disporá de todos os meios legais para impugnar os fatos que determinam a suspensão do benefício.

•• § 12 acrescentado pela Lei n. 11.941, de 27-5-2009.

Seção II

Regimes Especiais de Fiscalização

Art. 33. A Secretaria da Receita Federal pode determinar regime especial para cumprimento de obrigações, pelo sujeito passivo, nas seguintes hipóteses:

•• A Secretaria da Receita Federal passa a denominar-se Secretaria da Receita Federal do Brasil, por força da Lei n. 11.457, de 16-3-2007.

I – embaraço à fiscalização, caracterizado pela negativa não justificada de exibição de livros e documentos em que se assente a escrituração das atividades do sujeito passivo, bem como pelo não fornecimento de informações sobre bens, movimentação financeira, negócio ou atividade, próprios ou de terceiros, quando intimado, e demais hipóteses que autorizam a requisição do auxílio da força pública, nos termos do art. 200 da Lei n. 5.172, de 25 de outubro de 1966;

II – resistência à fiscalização, caracterizada pela negativa de acesso ao estabelecimento, ao domicílio fiscal ou a qualquer outro local onde se desenvolvam as atividades do sujeito passivo, ou se encontrem bens de sua posse ou propriedade;

III – evidências de que a pessoa jurídica esteja constituída por interpostas pessoas que não sejam os verdadeiros sócios ou acionistas, ou o titular, no caso de firma individual;

IV – realização de operações sujeitas à incidência tributária, sem a devida inscrição no cadastro de contribuintes apropriado;

V – prática reiterada de infração da legislação tributária;

VI – comercialização de mercadorias com evidências de contrabando ou descaminho;

VII – incidência em conduta que enseje representação criminal, nos termos da legislação que rege os crimes contra a ordem tributária.

§ 1.º O regime especial de fiscalização será aplicado em virtude de ato do Secretário da Receita Federal.

§ 2.º O regime especial pode consistir, inclusive, em:

I – manutenção de fiscalização ininterrupta no estabelecimento do sujeito passivo;

II – redução, à metade, dos períodos de apuração e dos prazos de recolhimento dos tributos;

III – utilização compulsória de controle eletrônico das operações realizadas e recolhimento diário dos respectivos tributos;

IV – exigência de comprovação sistemática do cumprimento das obrigações tributárias;

V – controle especial da impressão e emissão de documentos comerciais e fiscais e da movimentação financeira.

§ 3.º As medidas previstas neste artigo poderão ser aplicadas isolada ou cumulativamente, por tempo suficiente à normalização do cumprimento das obrigações tributárias.

§ 4.º A imposição do regime especial não elide a aplicação de penalidades previstas na legislação tributária.

§ 5.º Às infrações cometidas pelo contribuinte durante o período em que estiver submetido a regime especial de fiscalização será aplicada a multa de que trata o inciso I do *caput* do art. 44 desta Lei, duplicando-se o seu percentual.

•• § 5.º com redação determinada pela Lei n. 11.488, de 15-6-2007.

Seção III
Documentação Fiscal

Acesso à Documentação

Art. 34. São também passíveis de exame os documentos do sujeito passivo, mantidos em arquivos magnéticos ou assemelhados, encontrados no local da verificação, que tenham relação direta ou indireta com a atividade por ele exercida.

Retenção de Livros e Documentos

Art. 35. Os livros e documentos poderão ser examinados fora do estabelecimento do sujeito passivo, desde que lavrado termo escrito de retenção pela autoridade fiscal, em que se especifiquem a quantidade, espécie, natureza e condições dos livros e documentos retidos.

§ 1.º Constituindo os livros ou documentos prova da prática de ilícito penal ou tributário, os originais retidos não serão devolvidos, extraindo-se cópia para entrega ao interessado.

§ 2.º Excetuado o disposto no parágrafo anterior, devem ser devolvidos os originais dos documentos retidos para exame, mediante recibo.

Lacração de Arquivos

Art. 36. A autoridade fiscal encarregada de diligência ou fiscalização poderá promover a lacração de móveis, caixas, cofres ou depósitos onde se encontram arquivos e documentos, toda vez que ficar caracterizada a resistência ou o embaraço à fiscalização, ou ainda quando as circunstâncias ou a quantidade de documentos não permitirem sua identificação e conferência no local ou no momento em que foram encontrados.

Parágrafo único. O sujeito passivo e demais responsáveis serão previamente notificados para acompanharem o procedimento de rompimento do lacre e identificação dos elementos de interesse da fiscalização.

Guarda de Documentos

Art. 37. Os comprovantes da escrituração da pessoa jurídica, relativos a fatos que repercutam em lançamentos contábeis de exercícios futuros, serão conservados até que se opere a decadência do direito de a Fazenda Pública constituir os créditos tributários relativos a esses exercícios.

Arquivos Magnéticos

Art. 38. O sujeito passivo usuário de sistema de processamento de dados deverá manter documentação técnica completa e atualizada do sistema, suficiente para possibilitar a sua auditoria, facultada a manutenção em meio magnético, sem prejuízo da sua emissão gráfica, quando solicitada.

Extravio de Livros e Documentos

Art. 39. (*Revogado pela Lei n. 9.532, de 10-12-1997.*)

Seção IV
Omissão de Receita

Falta de Escrituração de Pagamentos

Art. 40. A falta de escrituração de pagamentos efetuados pela pessoa jurídica, assim como a manutenção, no passivo, de obrigações cuja exigibilidade não seja comprovada, caracterizam, também, omissão de receita.

Levantamento Quantitativo por Espécie

Art. 41. A omissão de receita poderá, também, ser determinada a partir de levantamento por espécie das quantidades de matérias-primas e produtos intermediários utilizados no processo produtivo da pessoa jurídica.

§ 1.º Para os fins deste artigo, apurar-se-á a diferença, positiva ou negativa, entre a soma das quantidades de produtos em estoque no início do período com a quantidade de produtos fabricados com as matérias-primas e produtos intermediários utilizados e a soma das quantidades de produtos cuja venda houver sido registrada na escrituração contábil da empresa com as quantidades em estoque, no final do período de apuração, constantes do livro de Inventário.

§ 2.º Considera-se receita omitida, nesse caso, o valor resultante da multiplicação das diferenças de quantidades de produtos ou de matérias-primas e produtos intermediários pelos respectivos preços médios de venda ou de compra, conforme o caso, em cada período de apuração abrangido pelo levantamento.

§ 3.º Os critérios de apuração de receita omitida de que trata este artigo aplicam-se, também, às empresas comerciais, relativamente às mercadorias adquiridas para revenda.

Depósitos Bancários

Art. 42. Caracterizam-se também omissão de receita ou de rendimento os valores creditados em conta de depósito ou de investimento mantida junto a instituição financeira, em relação aos quais o titular, pessoa física ou jurídica, regularmente intimado, não comprove, mediante documentação hábil e idônea, a origem dos recursos utilizados nessas operações.

§ 1.º O valor das receitas ou dos rendimentos omitido será considerado auferido ou recebido no mês do crédito efetuado pela instituição financeira.

§ 2.º Os valores cuja origem houver sido comprovada, que não houverem sido computados na base de cálculo dos impostos e contribuições a que estiverem sujeitos, submeter-se-ão às normas de tributação específicas, previstas na legislação vigente à época em que auferidos ou recebidos.

§ 3.º Para efeito de determinação da receita omitida, os créditos serão analisados individualizadamente, observado que não serão considerados:

I – os decorrentes de transferências de outras contas da própria pessoa física ou jurídica;

II – no caso de pessoa física, sem prejuízo do disposto no inciso anterior, os de valor individual igual ou inferior a R$ 1.000,00 (mil reais), desde que o seu somatório, dentro do ano-calendário, não ultrapasse o valor de R$ 12.000,00 (doze mil reais).

•• A Lei n. 9.481, de 13-8-1997, alterou os valores constantes deste inciso para R$ 12.000,00 (doze mil reais) e R$ 80.000,00 (oitenta mil reais), respectivamente.

§ 4.º Tratando-se de pessoa física, os rendimentos omitidos serão tributados no mês em que considerados recebidos, com base na tabela progressiva vigente à época em que tenha sido efetuado o crédito pela instituição financeira.

§ 5.º Quando provado que os valores creditados na conta de depósito ou de investimento pertencem a terceiro, evidenciando interposição de pessoa, a determinação dos rendimentos ou receitas será efetuada em relação ao terceiro, na condição de efetivo titular da conta de depósito ou de investimento.

•• § 5.º acrescentado pela Lei n. 10.637, de 30-12-2002.

§ 6.º Na hipótese de contas de depósito ou de investimento mantidas em conjunto, cuja declaração de rendimentos ou de informações dos titulares tenham sido apresentadas em separado, e não havendo comprovação da origem dos recursos nos termos deste artigo, o valor dos rendimentos ou receitas será imputado a cada titular mediante divisão entre o total dos rendimentos ou receitas pela quantidade de titulares.

•• § 6.º acrescentado pela Lei n. 10.637, de 30-12-2002.

Seção V
Normas sobre o Lançamento de Tributos e Contribuições

Auto de Infração sem Tributo

Art. 43. Poderá ser formalizada exigência de crédito tributário correspondente exclusivamente a multa ou a juros de mora, isolada ou conjuntamente.

Parágrafo único. Sobre o crédito constituído na forma deste artigo, não pago no respectivo vencimento, incidirão juros de mora, calculados à taxa a que se refere o § 3.º do art. 5.º, a partir do primeiro dia do mês subsequente ao vencimento do prazo até o mês anterior ao do pagamento e de 1% (um por cento) no mês de pagamento.

Multas de Lançamento de Ofício

Art. 44. Nos casos de lançamento de ofício, serão aplicadas as seguintes multas:

•• *Caput* com redação determinada pela Lei n. 11.488, de 15-6-2007.

I – de 75% (setenta e cinco por cento) sobre a totalidade ou diferença de imposto ou contribuição nos casos de falta de pagamento ou recolhimento, de falta de declaração e nos de declaração inexata;

•• Inciso I com redação determinada pela Lei n. 11.488, de 15-6-2007.

II – de 50% (cinquenta por cento), exigida isoladamente, sobre o valor do pagamento mensal:

•• Inciso II, *caput*, com redação determinada pela Lei n. 11.488, de 15-6-2007.

a) na forma do art. 8.º da Lei n. 7.713, de 22 de dezembro de 1988, que deixar de ser efetuado, ainda que não tenha sido apurado imposto a pagar na declaração de ajuste, no caso de pessoa física;

•• Alínea *a* acrescentada pela Lei n. 11.488, de 15-6-2007.

b) na forma do art. 2.º desta Lei, que deixar de ser efetuado, ainda que tenha sido apurado prejuízo fiscal ou base de cálculo negativa para a contribuição social sobre o lucro líquido, no ano-calendário correspondente, no caso de pessoa jurídica.

•• Alínea *b* acrescentada pela Lei n. 11.488, de 15-6-2007.

§ 1.º O percentual de multa de que trata o inciso I do *caput* deste artigo será duplicado nos casos previstos nos arts. 71, 72 e 73 da Lei n. 4.502, de 30 de novembro de 1964, independentemente de outras penalidades administrativas ou criminais cabíveis.

•• § 1.º, *caput*, com redação determinada pela Lei n. 11.488, de 15-6-2007.

I a IV – (*Revogados pela Lei n. 11.488, de 15-6-2007.*)

V – (*Revogado pela Lei n. 9.716, de 26-11-1998.*)

§ 2.º Os percentuais de multa a que se referem o inciso I do *caput* e o § 1.º deste artigo serão aumentados de metade, nos casos de não atendimento pelo sujeito passivo, no prazo marcado, de intimação para:

•• § 2.º, *caput*, com redação determinada pela Lei n. 11.488, de 15-6-2007.

I – prestar esclarecimentos;

•• Inciso I acrescentado pela Lei n. 11.488, de 15-6-2007.

II – apresentar os arquivos ou sistemas de que tratam os arts. 11 a 13 da Lei n. 8.218, de 29 de agosto de 1991;

•• Inciso II acrescentado pela Lei n. 11.488, de 15-6-2007.

III – apresentar a documentação técnica de que trata o art. 38 desta Lei.

•• Inciso III acrescentado pela Lei n. 11.488, de 15-6-2007.

§ 3.º Aplicam-se às multas de que trata este artigo as reduções previstas no art. 6.º da Lei n. 8.218, de 29 de agosto de 1991, e no art. 60 da Lei n. 8.383, de 30 de dezembro de 1991.

§ 4.º As disposições deste artigo aplicam-se, inclusive, aos contribuintes que derem causa a ressarcimento indevido de tributo ou contribuição decorrente de qualquer incentivo ou benefício fiscal.

§ 5.º Aplica-se também, no caso de que seja comprovadamente constatado dolo ou má-fé do contribuinte, a multa de que trata o inciso I do *caput* sobre:

•• § 5.º, *caput*, acrescentado pela Lei n. 12.249, de 11-6-2010.

I – a parcela do imposto a restituir informado pelo contribuinte pessoa física, na Declaração de Ajuste Anual, que deixar de ser restituída por infração à legislação tributária; e

•• Inciso I acrescentado pela Lei n. 12.249, de 11-6-2010.

II – (*Vetado*.)

•• Inciso II acrescentado pela Lei n. 12.249, de 11-6-2010.

Arts. 45 e 46. (*Revogados pela Lei n. 11.488, de 15-6-2007.*)

Seção VI
Aplicação de Acréscimos de Procedimento Espontâneo

Art. 47. A pessoa física ou jurídica submetida a ação fiscal por parte da Secretaria da Receita Federal poderá pagar, até o 20.º (vigésimo) dia subsequente à data de recebimento do termo de início de fiscalização, os tributos e contribuições já declarados, de que for sujeito passivo como contribuinte ou responsável, com os acréscimos legais aplicáveis nos casos de procedimento espontâneo.

•• Artigo com redação determinada pela Lei n. 9.532, de 10-12-1997.

•• A Secretaria da Receita Federal passa a denominar-se Secretaria da Receita Federal do Brasil, por força da Lei n. 11.457, de 16-3-2007.

Capítulo V
DISPOSIÇÕES GERAIS

Seção I
Processo Administrativo de Consulta

Art. 48. No âmbito da Secretaria da Receita Federal, os processos administrativos de consulta serão solucionados em instância única.

•• *Vide* nota ao artigo anterior.

§ 1.º A competência para solucionar a consulta ou declarar sua ineficácia, na forma disciplinada pela Secretaria da Receita Federal do Brasil, poderá ser atribuída:

•• § 1.º, *caput*, com redação determinada pela Lei n. 12.788, de 14-1-2013.

I – a unidade central; ou

•• Inciso I com redação determinada pela Lei n. 12.788, de 14-1-2013.

II – a unidade descentralizada.

•• Inciso II com redação determinada pela Lei n. 12.788, de 14-1-2013.

§ 2.º Os atos normativos expedidos pelas autoridades competentes serão observados quando da solução da consulta.

§ 3.º Não cabe recurso nem pedido de reconsideração da solução da consulta ou do despacho que declarar sua ineficácia.

§ 4.º As soluções das consultas serão publicadas pela imprensa oficial, na forma disposta em ato normativo emitido pela Secretaria da Receita Federal.

§ 5.º Havendo diferença de conclusões entre soluções de consultas relativas a uma mesma matéria, fundada em idêntica norma jurídica, cabe recurso especial, sem efeito suspensivo, para o órgão de que trata o inciso I do § 1.º.

§ 6.º O recurso de que trata o parágrafo anterior pode ser interposto pelo destinatário da solução divergente, no prazo de 30 (trinta) dias, contados da ciência da solução.

§ 7.º Cabe a quem interpuser o recurso comprovar a existência das soluções divergentes sobre idênticas situações.

§ 8.º O juízo de admissibilidade do recurso será realizado na forma disciplinada pela Secretaria da Receita Federal do Brasil.

•• § 8.º com redação determinada pela Lei n. 12.788, de 14-1-2013.

§ 9.º Qualquer servidor da administração tributária deverá, a qualquer tempo, formular representação ao órgão que houver proferido a decisão, encaminhando as soluções divergentes sobre a mesma matéria, de que tenha conhecimento.

§ 10. O sujeito passivo que tiver conhecimento de solução divergente daquela que esteja observando em decorrência de resposta a consulta anteriormente formulada, sobre idêntica matéria, poderá adotar o procedimento previsto no § 5.°, no prazo de 30 (trinta) dias contados da respectiva publicação.

§ 11. A solução da divergência acarretará, em qualquer hipótese, a edição de ato específico, uniformizando o entendimento, com imediata ciência ao destinatário da solução reformada, aplicando-se seus efeitos a partir da data da ciência.

§ 12. Se, após a resposta à consulta, a administração alterar o entendimento nela expresso, a nova orientação atingirá, apenas, os fatos geradores que ocorram após dado ciência ao consulente ou após a sua publicação pela imprensa oficial.

§ 13. A partir de 1.° de janeiro de 1997, cessarão todos os efeitos decorrentes de consultas não solucionadas definitivamente, ficando assegurado aos consulentes, até 31 de janeiro de 1997:

I – a não instauração de procedimento de fiscalização em relação à matéria consultada;

II – a renovação da consulta anteriormente formulada, à qual serão aplicadas as normas previstas nesta Lei.

§ 14. A consulta poderá ser formulada por meio eletrônico, na forma disciplinada pela Secretaria da Receita Federal do Brasil.

•• § 14 acrescentado pela Lei n. 12.788, de 14-1-2013.

§ 15. O Poder Executivo regulamentará prazo para solução das consultas de que trata este artigo.

•• § 15 acrescentado pela Lei n. 12.788, de 14-1-2013.

Art. 49. Não se aplicam aos processos de consulta no âmbito da Secretaria da Receita Federal as disposições dos arts. 54 a 58 do Decreto n. 70.235, de 6 de março de 1972.

•• A Secretaria da Receita Federal passa a denominar-se Secretaria da Receita Federal do Brasil, por força da Lei n. 11.457, de 16-3-2007.

Art. 50. Aplicam-se aos processos de consulta relativos à classificação de mercadorias as disposições dos arts. 46 a 53 do Decreto n. 70.235, de 6 de março de 1972, e do art. 48 desta Lei.

§ 1.° O órgão de que trata o inciso I do § 1.° do art. 48 poderá alterar ou reformar, de ofício, as decisões proferidas nos processos relativos à classificação de mercadorias.

§ 2.° Da alteração ou reforma mencionada no parágrafo anterior, deverá ser dada ciência ao consulente.

§ 3.° Em relação aos atos praticados até a data da ciência ao consulente, nos casos de que trata o § 1.° deste artigo, aplicam-se as conclusões da decisão proferida pelo órgão regional da Secretaria da Receita Federal.

•• *Vide* nota ao art. 49 desta Lei.

§ 4.° O envio de conclusões decorrentes de decisões proferidas em processos de consulta sobre classificação de mercadorias, para órgãos do Mercado Comum do Sul – MERCOSUL, será efetuado exclusivamente pelo órgão de que trata o inciso I do § 1.° do art. 48.

Seção II
Normas sobre o Lucro Presumido e Arbitrado

Art. 51. Os juros de que trata o art. 9.° da Lei n. 9.249, de 26 de dezembro de 1995, bem como os rendimentos e ganhos líquidos decorrentes de quaisquer operações financeiras, serão adicionados ao lucro presumido ou arbitrado, para efeito de determinação do imposto de renda devido.

Parágrafo único. O imposto de renda incidente na fonte sobre os rendimentos de que trata este artigo será considerado como antecipação do devido na declaração de rendimentos.

Art. 52. Na apuração de ganho de capital de pessoa jurídica tributada pelo lucro presumido ou arbitrado, os valores acrescidos em virtude de reavaliação somente poderão ser computados como parte integrante dos custos de aquisição dos bens e direitos se a empresa comprovar que os valores acrescidos foram computados na determinação da base de cálculo do imposto de renda.

Art. 53. Os valores recuperados, correspondentes a custos e despesas, inclusive com perdas no recebimento de créditos, deverão ser adicionados ao lucro presumido ou arbitrado para determinação do imposto de renda, salvo se o contribuinte comprovar não os ter deduzido em período anterior no qual tenha se submetido ao regime de tributação com base no lucro real ou que se refiram a período no qual tenha se submetido ao regime de tributação com base no lucro presumido ou arbitrado.

Art. 54. A pessoa jurídica que, até o ano-calendário anterior, houver sido tributada com base no lucro real deverá adicionar à base de cálculo do imposto de renda, correspondente ao primeiro período de apuração no qual houver optado pela tributação com base no lucro presumido ou for tributada com base no lucro arbitrado, os saldos dos valores cuja tributação havia diferido, independentemente da necessidade de controle no livro de que trata o inciso I do *caput* do art. 8.º do Decreto-lei n. 1.598, de 26 de dezembro de 1977.

•• Artigo com redação determinada pela Lei n. 12.973, de 13-5-2014.

Seção III

Normas Aplicáveis a Atividades Especiais

Sociedades Civis

Art. 55. As sociedades civis de prestação de serviços profissionais relativos ao exercício de profissão legalmente regulamentada de que trata o art. 1.º do Decreto-lei n. 2.397, de 21 de dezembro de 1987, passam, em relação aos resultados auferidos a partir de 1.º de janeiro de 1997, a ser tributadas pelo imposto de renda de conformidade com as normas aplicáveis às demais pessoas jurídicas.

Art. 56. As sociedades civis de prestação de serviços de profissão legalmente regulamentada passam a contribuir para a seguridade social com base na receita bruta da prestação de serviços, observadas as normas da Lei Complementar n. 70, de 30 de dezembro de 1991.

•• *Vide* Súmula 508 do STJ.

•• *Vide* art. 6.º, II, da Lei Complementar n. 70, de 30-12-1991.

Parágrafo único. Para efeito da incidência da contribuição de que trata este artigo, serão consideradas as receitas auferidas a partir do mês de abril de 1997.

Art. 56-A. A entidade privada de abrangência nacional e sem fins lucrativos, constituída pelo conjunto das cooperativas de crédito e dos bancos cooperativos, na forma da legislação e regulamentação próprias, destinada a administrar mecanismo de proteção a titulares de créditos contra essas instituições e a contribuir para a manutenção da estabilidade e a prevenção de insolvência e de outros riscos dessas instituições, é isenta do imposto de renda, inclusive do incidente sobre ganhos líquidos mensais e do retido na fonte sobre os rendimentos de aplicação financeira de renda fixa e de renda variável, bem como da contribuição social sobre o lucro líquido.

•• *Caput* acrescentado pela Lei n. 12.873, de 24-10-2013.

§ 1.º Para efeito de gozo da isenção, a referida entidade deverá ter seu estatuto e seu regulamento aprovados pelo Conselho Monetário Nacional.

•• § 1.º acrescentado pela Lei n. 12.873, de 24-10-2013.

§ 2.º Ficam autorizadas as transferências, para a entidade mencionada no *caput*, de recursos oriundos de recolhimentos realizados pelas cooperativas de crédito e bancos cooperativos, de forma direta ou indireta, ao Fundo Garantidor de Crédito de que trata o art. 4.º da Lei n. 9.710, de 19 de novembro de 1998.

•• § 2.º acrescentado pela Lei n. 12.873, de 24-10-2013.

§ 3.º As transferências dos recursos de que trata o § 2.º não serão tributadas, nos termos deste artigo.

•• § 3.º acrescentado pela Lei n. 12.873, de 24-10-2013.

§ 4.º Em caso de dissolução, por qualquer motivo, da entidade de que trata o *caput*, os recursos eventualmente devolvidos às associadas estarão sujeitos à tributação na instituição recebedora, na forma da legislação vigente.

•• § 4.º acrescentado pela Lei n. 12.873, de 24-10-2013.

§ 5.º O disposto neste artigo entra em vigor no dia seguinte ao da aprovação pelo Conselho Monetário Nacional do estatuto e do regulamento da entidade de que trata o *caput*.

•• § 5.º acrescentado pela Lei n. 12.873, de 24-10-2013.

Associações de Poupança e Empréstimo

Art. 57. As Associações de Poupança e Empréstimo pagarão o imposto de renda correspondente aos rendimentos e ganhos líquidos, auferidos em aplicações financeiras, à alíquota de 15% (quinze por cento), calculado sobre 28% (vinte e oito por cento) do valor dos referidos rendimentos e ganhos líquidos.

Parágrafo único. O imposto incidente na forma deste artigo será considerado tributação definitiva.

Empresas de *Factoring*

Art. 58. Fica incluído no art. 36 da Lei n. 8.981, de 20 de janeiro de 1995, com as alterações da Lei n. 9.065, de 20 de junho de 1995, o seguinte inciso XV:

•• Alteração prejudicada em face da revogação do art. 36 pela Lei n. 9.718, de 27-11-1998.

Atividade Florestal

Art. 59. Considera-se, também, como atividade rural o cultivo de florestas que se destinem ao corte para comercialização, consumo ou industrialização.

Liquidação Extrajudicial e Falência

Art. 60. As entidades submetidas aos regimes de liquidação extrajudicial e de falência sujeitam-se às normas de incidência dos impostos e contribuições de competência da União aplicáveis às pessoas jurídicas, em relação às operações praticadas durante o período em que perdurarem os procedimentos para a realização de seu ativo e o pagamento do passivo.

Seção IV
Acréscimos Moratórios

Multas e Juros

Art. 61. Os débitos para com a União, decorrentes de tributos e contribuições administrados pela Secretaria da Receita Federal, cujos fatos geradores ocorrerem a partir de 1.º de janeiro de 1997, não pagos nos prazos previstos na legislação específica, serão acrescidos de multa de mora, calculada à taxa de 0,33% (trinta e três centésimos por cento), por dia de atraso.

•• A Secretaria da Receita Federal passa a denominar-se Secretaria da Receita Federal do Brasil, por força da Lei n. 11.457, de 16-3-2007.

§ 1.º A multa de que trata este artigo será calculada a partir do 1.º (primeiro) dia subsequente ao do vencimento do prazo previsto para o pagamento do tributo ou da contribuição até o dia em que ocorrer o seu pagamento.

§ 2.º O percentual de multa a ser aplicado fica limitado a 20% (vinte por cento).

§ 3.º Sobre os débitos a que se refere este artigo incidirão juros de mora calculados à taxa a que se refere o § 3.º do art. 5.º, a partir do 1.º (primeiro) dia do mês subsequente ao vencimento do prazo até o mês anterior ao do pagamento e de 1% (um por cento) no mês de pagamento.

Pagamento em Quotas-Juros

Art. 62. Os juros a que se referem o inciso III do art. 14 e o art. 16, ambos da Lei n. 9.250, de 26 de dezembro de 1995, serão calculados à taxa a que se refere o § 3.º do art. 5.º, a partir do 1.º (primeiro) dia do mês subsequente ao previsto para a entrega tempestiva da declaração de rendimentos.

Parágrafo único. As quotas do imposto sobre a propriedade territorial rural a que se refere a alínea c do parágrafo único do art. 14 da Lei n. 8.847, de 28 de janeiro de 1994, serão acrescidas de juros calculados à taxa a que se refere o § 3.º do art. 5.º, a partir do 1.º (primeiro) dia do mês subsequente àquele em que o contribuinte for notificado até o último dia do mês anterior ao do pagamento e de 1% (um por cento) no mês do pagamento.

•• O art. 14 da Lei n. 8.847, de 28-1-1994, foi revogado pela Lei n. 9.393, de 19-12-1996.

Débitos com Exigibilidade Suspensa

Art. 63. Na constituição de crédito tributário destinada a prevenir a decadência, relativo a tributo de competência da União, cuja exigibilidade houver sido suspensa na forma dos incisos IV e V do art. 151 da Lei n. 5.172, de 25 de outubro de 1966, não caberá lançamento de multa de ofício.

•• *Caput* com redação determinada pela Medida Provisória n. 2.158-35, de 24-8-2001.

§ 1.º O disposto neste artigo aplica-se, exclusivamente, aos casos em que a suspensão da exigibilidade do débito tenha ocorrido antes do início de qualquer procedimento de ofício a ele relativo.

§ 2.º A interposição da ação judicial favorecida com a medida liminar interrompe a incidência da multa de mora, desde a concessão da medida judicial, até 30 (trinta) dias após a data da publicação da decisão judicial que considerar devido o tributo ou contribuição.

Seção V
Arrecadação de Tributos e Contribuições

Retenção de Tributos e Contribuições

Art. 64. Os pagamentos efetuados por órgãos, autarquias e fundações da administração pública federal a pessoas jurídicas, pelo fornecimento de bens ou prestação de serviços, estão sujeitos à incidência, na fonte, do imposto sobre a renda, da contribuição social sobre o lucro líquido, da contribuição para seguridade social – COFINS e da contribuição para o PIS/PASEP.

§ 1.º A obrigação pela retenção é do órgão ou entidade que efetuar o pagamento.

§ 2.º O valor retido, correspondente a cada tributo ou contribuição, será levado a crédito da respectiva conta de receita da União.

§ 3.º O valor do imposto e das contribuições sociais retido será considerado como antecipação do que for devido pelo contribuinte em relação ao mesmo imposto e às mesmas contribuições.

§ 4.º O valor retido correspondente ao imposto de renda e a cada contribuição social somente poderá ser compensado com o que for devido em relação à mesma espécie de imposto ou contribuição.

§ 5.º O imposto de renda a ser retido será determinado mediante a aplicação da alíquota de 15% (quinze por cento) sobre o resultado da multiplicação do valor a ser pago pelo percentual de que trata o art. 15 da Lei n. 9.249, de 26 de dezembro de 1995, aplicável à espécie de receita correspondente ao tipo de bem fornecido ou de serviço prestado.

§ 6.º O valor da contribuição social sobre o lucro líquido, a ser retido, será determinado mediante a aplicação da alíquota de 1% (um por cento), sobre o montante a ser pago.

§ 7.º O valor da contribuição para a seguridade social – COFINS, a ser retido, será determinado mediante a aplicação da alíquota respectiva sobre o montante a ser pago.

§ 8.º O valor da contribuição para o PIS/PASEP, a ser retido, será determinado mediante a aplicação da alíquota respectiva sobre o montante a ser pago.

§ 9.º Até 31 de dezembro de 2017, fica dispensada a retenção dos tributos na fonte de que trata o *caput* sobre os pagamentos efetuados por órgãos ou entidades da administração pública federal, mediante a utilização do Cartão de Pagamento do Governo Federal – CPGF, no caso de compra de passagens aéreas diretamente das companhias aéreas prestadoras de serviços de transporte aéreo.

•• § 9.º acrescentado pela Lei n. 13.043, de 13-11-2014.

Art. 65. O Banco do Brasil S.A. deverá reter, no ato do pagamento ou crédito, a contribuição para o PIS/PASEP incidente nas transferências voluntárias da União para suas autarquias e fundações e para os Estados, Distrito Federal e Municípios, suas autarquias e fundações.

Art. 66. As cooperativas que se dedicam a vendas em comum, referidas no art. 82 da Lei n. 5.764, de 16 de dezembro de 1971, que recebam para comercialização a produção de suas associadas, são responsáveis pelo recolhimento da Contribuição para Financiamento da Seguridade Social – COFINS, instituída pela Lei Complementar n. 70, de 30 de dezembro de 1991 e da Contribuição para o Programa de Integração Social – PIS, criada pela Lei Complementar n. 7, de 7 de setembro de 1970, com suas posteriores modificações.

§ 1.º O valor das contribuições recolhidas pelas cooperativas mencionadas no *caput* deste artigo, deverá ser por elas informado, individualizadamente, às suas filiadas, juntamente com o montante do faturamento relativo às vendas dos produtos de cada uma delas, com vistas a atender aos procedimentos contábeis exigidos pela legislação.

§ 2.º O disposto neste artigo aplica-se a procedimento idêntico que, eventualmente, tenha sido anteriormente adotado pelas cooperativas centralizadoras de vendas, inclusive quanto ao recolhimento da Contribuição para o Fundo de Investimento Social – FINSOCIAL, criada pelo Decreto-lei n. 1.940, de 25 de maio de 1982, com suas posteriores modificações.

§ 3.º A Secretaria da Receita Federal poderá baixar as normas necessárias ao cumprimento e controle das disposições contidas neste artigo.

•• A Secretaria da Receita Federal passa a denominar-se Secretaria da Receita Federal do Brasil, por força da Lei n. 11.457, de 16-3-2007.

Dispensa de Retenção de Imposto de Renda

Art. 67. Fica dispensada a retenção de imposto de renda, de valor igual ou inferior a R$ 10,00 (dez reais), incidente na fonte sobre rendimentos que devam integrar a base de cálculo do imposto devido na declaração de ajuste anual.

Utilização de DARF

Art. 68. É vedada a utilização de Documento de Arrecadação de Receitas Federais para o pagamento de tributos e contribuições de valor inferior a R$ 10,00 (dez reais).

§ 1.º O imposto ou contribuição administrado pela Secretaria da Receita Federal, arrecadado sob um determinado código de receita, que, no período de apuração, resultar inferior a R$ 10,00 (dez reais), deverá ser adicionado ao imposto ou contribuição de mesmo código, correspondente aos períodos subsequentes, até que o total seja igual ou superior a R$ 10,00 (dez reais), quando, então, será pago ou recolhido no prazo estabelecido na legislação para este último período de apuração.

•• *Vide* nota ao art. 61, *caput*, desta Lei.

§ 2.º O critério a que se refere o parágrafo anterior aplica-se, também, ao imposto sobre operações de crédito, câmbio e seguro e sobre operações relativas a títulos e valores mobiliários – IOF.

Art. 68-A. O Poder Executivo poderá elevar para até R$ 100,00 (cem reais) os limites e valores de que tratam os arts. 67 e 68 desta Lei, inclusive de forma diferenciada por tributo, regime de tributação ou de incidência, relativos à utilização do Documento de Arrecadação de Receitas Federais, podendo reduzir ou restabelecer os limites e valores que vier a fixar.

•• Artigo acrescentado pela Lei n. 11.941, de 27-5-2009.

Imposto Retido na Fonte – Responsabilidade

Art. 69. É responsável pela retenção e recolhimento do imposto de renda na fonte, incidente sobre os rendimentos auferidos pelos fundos, sociedades de investimentos e carteiras de que trata o art. 81 da Lei n. 8.981, de 20 de janeiro de 1995, a pessoa jurídica que efetuar o pagamento dos rendimentos.

Seção VI
Casos Especiais de Tributação

Multas por Rescisão de Contrato

Art. 70. A multa ou qualquer outra vantagem paga ou creditada por pessoa jurídica, ainda que a título de indenização, a beneficiária pessoa física ou jurídica, inclusive isenta, em virtude de rescisão de contrato, sujeitam-se à incidência do imposto de renda na fonte à alíquota de 15% (quinze por cento).

§ 1.º A responsabilidade pela retenção e recolhimento do imposto de renda é da pessoa jurídica que efetuar o pagamento ou crédito da multa ou vantagem.

§ 2.º O imposto será retido na data do pagamento ou crédito da multa ou vantagem.

•• § 2.º com redação determinada pela Lei n. 11.196, de 21-11-2005.

•• *Vide* art. 132, IV, *b*, da Lei n. 11.196, de 21-11-2005.

§ 3.º O valor da multa ou vantagem será:

I – computado na apuração da base de cálculo do imposto devido na declaração de ajuste anual da pessoa física;

II – computado como receita, na determinação do lucro real;

III – acrescido ao lucro presumido ou arbitrado, para determinação da base de cálculo do imposto devido pela pessoa jurídica.

§ 4.º O imposto retido na fonte, na forma deste artigo, será considerado como antecipação do devido em cada período de apuração, nas hipóteses referidas no parágrafo anterior, ou como tributação definitiva, no caso de pessoa jurídica isenta.

§ 5.º O disposto neste artigo não se aplica às indenizações pagas ou creditadas em conformidade com a legislação trabalhista e àquelas destinadas a reparar danos patrimoniais.

Ganhos em Mercado de Balcão

Art. 71. Sem prejuízo do disposto no art. 74 da Lei n. 8.981, de 20 de janeiro de 1995, os ganhos auferidos por qualquer beneficiário, inclusive pessoa jurídica isenta, nas demais operações realizadas em mercados de liquidação futura, fora de bolsa, serão tributados de acordo com as normas aplicáveis aos ganhos líquidos auferidos em operações de natureza semelhante realizadas em bolsa.

§ 1.º Não se aplica aos ganhos auferidos nas operações de que trata este artigo o disposto no § 1.º do art. 81 da Lei n. 8.981, de 20 de janeiro de 1995.

§ 2.º Somente será admitido o reconhecimento de perdas nas operações registradas nos termos da legislação vigente.

•• § 2.º com redação determinada pela Lei n. 10.833, de 29-12-2003.

Remuneração de Direitos

Art. 72. Estão sujeitas à incidência do imposto na fonte, à alíquota de 15% (quinze por cento), as importâncias pagas, creditadas, entregues, empregadas ou remetidas para o exterior pela aquisição ou pela remuneração, a qualquer título, de qualquer forma de direito, inclusive à transmissão, por meio de rádio ou televisão ou por qualquer outro meio, de quaisquer filmes ou eventos, mesmo os de competições desportivas das quais faça parte representação brasileira.

Seção VII
Restituição e Compensação de Tributos e Contribuições

Art. 73. A restituição e o ressarcimento de tributos administrados pela Secretaria da Receita Federal do Brasil ou a restituição de pagamentos efetuados mediante DARF e GPS cuja receita não seja administrada pela Secretaria da Receita Federal do Brasil será efetuada depois de verificada a ausência de débitos em nome do sujeito passivo credor perante a Fazenda Nacional.

•• *Caput* com redação determinada pela Lei n. 12.844, de 19-7-2013.

I e II – (*Revogados pela Lei n. 12.844, de 19-7-2013.*)

Parágrafo único. Existindo débitos, não parcelados ou parcelados sem garantia, inclusive inscritos em Dívida Ativa da União, os créditos serão utilizados para quitação desses débitos, observado o seguinte:

•• Parágrafo único, *caput*, acrescentado pela Lei n. 12.844, de 19-7-2013.

I – o valor bruto da restituição ou do ressarcimento será debitado à conta do tributo a que se referir;

•• Inciso I acrescentado pela Lei n. 12.844, de 19-7-2013.

II – a parcela utilizada para a quitação de débitos do contribuinte ou responsável será creditada à conta do respectivo tributo.

•• Inciso II acrescentado pela Lei n. 12.844, de 19-7-2013.

Art. 74. O sujeito passivo que apurar crédito, inclusive os judiciais com trânsito em julgado, relativo a tributo ou contribuição administrado pela Secretaria da Receita Federal, passível de restituição ou de ressarcimento, poderá utilizá-lo na compensação de débitos próprios relativos a quaisquer tributos e contribuições administrados por aquele Órgão.

•• *Caput* com redação determinada pela Lei n. 10.637, de 30-12-2002.

•• A Secretaria da Receita Federal passa a denominar-se Secretaria da Receita Federal do Brasil, por força da Lei n. 11.457, de 16-3-2007.

§ 1.º A compensação de que trata o *caput* será efetuada mediante a entrega, pelo sujeito passivo, de declaração na qual constarão informações relativas aos créditos utilizados e aos respectivos débitos compensados.

•• § 1.º acrescentado pela Lei n. 10.637, de 30-12-2002.

§ 2.º A compensação declarada à Secretaria da Receita Federal extingue o crédito tributário, sob condição resolutória de sua ulterior homologação.

•• § 2.º acrescentado pela Lei n. 10.637, de 30-12-2002.

§ 3.º Além das hipóteses previstas nas leis específicas de cada tributo ou contribuição, não poderão ser objeto de compensação mediante entrega, pelo sujeito passivo, da declaração referida no § 1.º:

•• § 3.º, *caput*, com redação determinada pela Lei n. 10.833, de 29-12-2003.

I – o saldo a restituir apurado na Declaração de Ajuste Anual do Imposto de Renda da Pessoa Física;

•• Inciso I com redação determinada pela Lei n. 10.637, de 30-12-2002.

II – os débitos relativos a tributos e contribuições devidos no registro da Declaração de Importação;

•• Inciso II com redação determinada pela Lei n. 10.637, de 30-12-2002.

III – os débitos relativos a tributos e contribuições administrados pela Secretaria da Receita Federal que já tenham sido encaminhados à Procuradoria-Geral da Fazenda Nacional para inscrição em Dívida Ativa da União;

•• Inciso III acrescentado pela Lei n. 10.833, de 29-12-2003.

IV – o débito consolidado em qualquer modalidade de parcelamento concedido pela Secretaria da Receita Federal – SRF;

•• Inciso IV com redação determinada pela Lei n. 11.051, de 29-12-2004.

•• A Secretaria da Receita Federal passa a denominar-se Secretaria da Receita Federal do Brasil, por força da Lei n. 11.457, de 16-3-2007.

V – o débito que já tenha sido objeto de compensação não homologada, ainda que a compensação se encontre pendente de decisão definitiva na esfera administrativa; e

•• Inciso V com redação determinada pela Lei n. 11.051, de 29-12-2004.

VI – o valor objeto de pedido de restituição ou de ressarcimento já indeferido pela autoridade competente da Secretaria da Receita Federal – SRF, ainda que o pedido se encontre pendente de decisão definitiva na esfera administrativa.

•• Inciso VI acrescentado pela Lei n. 11.051, de 29-12-2004.

•• *Vide* nota ao inciso IV deste parágrafo.

§ 4.º Os pedidos de compensação pendentes de apreciação pela autoridade administrativa serão considerados declaração de compensação, desde o seu protocolo, para os efeitos previstos neste artigo.

•• § 4.º acrescentado pela Lei n. 10.637, de 30-12-2002.

§ 5.º O prazo para homologação da compensação declarada pelo sujeito passivo será de 5 (cinco) anos, contado da data da entrega da declaração de compensação.

•• § 5.º com redação determinada pela Lei n. 10.833, de 29-12-2003.

§ 6.º A declaração de compensação constitui confissão de dívida e instrumento hábil e suficiente para a exigência dos débitos indevidamente compensados.

•• § 6.º acrescentado pela Lei n. 10.833, de 29-12-2003.

§ 7.º Não homologada a compensação, a autoridade administrativa deverá cientificar o sujeito passivo e intimá-lo a efetuar, no prazo de 30 (trinta) dias, contado da ciência do ato que não a homologou, o pagamento dos débitos indevidamente compensados.

•• § 7.º acrescentado pela Lei n. 10.833, de 29-12-2003.

§ 8.º Não efetuado o pagamento no prazo previsto no § 7.º, o débito será encaminhado à Procuradoria-Geral da Fazenda Nacional para inscrição em Dívida Ativa da União, ressalvado o disposto no § 9.º.

•• § 8.º acrescentado pela Lei n. 10.833, de 29-12-2003.

§ 9.º É facultado ao sujeito passivo, no prazo referido no § 7.º, apresentar manifestação de inconformidade contra a não homologação da compensação.

•• § 9.º acrescentado pela Lei n. 10.833, de 29-12-2003.

§ 10. Da decisão que julgar improcedente a manifestação de inconformidade caberá recurso ao Conselho de Contribuintes.

•• § 10 acrescentado pela Lei n. 10.833, de 29-12-2003.

§ 11. A manifestação de inconformidade e o recurso de que tratam os §§ 9.º e 10 obedecerão ao rito processual do Decreto n. 70.235, de 6 de março de 1972, e enquadram-se no disposto no inciso III do art. 151 da Lei n. 5.172, de 25 de outubro de 1966 – Código Tributário Nacional, relativamente ao débito objeto da compensação.

•• § 11 acrescentado pela Lei n. 10.833, de 29-12-2003.

§ 12. Será considerada não declarada a compensação nas hipóteses:

•• § 12, *caput*, com redação determinada pela Lei n. 11.051, de 29-12-2004.

I – previstas no § 3.º deste artigo;

•• Inciso I acrescentado pela Lei n. 11.051, de 29-12-2004.

II – em que o crédito:

•• Inciso II, *caput*, acrescentado pela Lei n. 11.051, de 29-12-2004.

a) seja de terceiros;

•• Alínea *a* acrescentada pela Lei n. 11.051, de 29-12-2004.

b) refira-se a "crédito-prêmio" instituído pelo art. 1.º do Decreto-lei n. 491, de 5 de março de 1969;

•• Alínea *b* acrescentada pela Lei n. 11.051, de 29-12-2004.

c) refira-se a título público;

•• Alínea *c* acrescentada pela Lei n. 11.051, de 29-12-2004.

d) seja decorrente de decisão judicial não transitada em julgado; ou

•• Alínea *d* acrescentada pela Lei n. 11.051, de 29-12-2004.

e) não se refira a tributos e contribuições administrados pela Secretaria da Receita Federal – SRF;

•• Alínea *e* acrescentada pela Lei n. 11.051, de 29-12-2004.

f) tiver como fundamento a alegação de inconstitucionalidade de lei, exceto nos casos em que a lei:

1 – tenha sido declarada inconstitucional pelo Supremo Tribunal Federal em ação direta de inconstitucionalidade ou em ação declaratória de constitucionalidade;

2 – tenha tido sua execução suspensa pelo Senado Federal;

3 – tenha sido julgada inconstitucional em sentença judicial transitada em julgado a favor do contribuinte; ou

4 – seja objeto de súmula vinculante aprovada pelo Supremo Tribunal Federal nos termos do art. 103-A da Constituição Federal.

•• Alínea *f* acrescentada pela Lei n. 11.941, de 27-5-2009.

§ 13. O disposto nos §§ 2.° e 5.° a 11 deste artigo não se aplica às hipóteses previstas no § 12 deste artigo.

•• § 13 acrescentado pela Lei n. 11.051, de 29-12-2004.

§ 14. A Secretaria da Receita Federal – SRF disciplinará o disposto neste artigo, inclusive quanto à fixação de critérios de prioridade para apreciação de processos de restituição, de ressarcimento e de compensação.

•• § 14 acrescentado pela Lei n. 11.051, de 29-12-2004.

§§ 15 e 16. (*Revogados pela Lei n. 13.137, de 19-6-2015, em vigor na data da publicação da Medida Provisória n. 668, de 30-1-2015 – DOU de 30-1-2015.*)

§ 17. Será aplicada multa isolada de 50% (cinquenta por cento) sobre o valor do débito objeto de declaração de compensação não homologada, salvo no caso de falsidade da declaração apresentada pelo sujeito passivo.

•• § 17 com redação determinada pela Lei n. 13.097, de 19-1-2015.

§ 18. No caso de apresentação de manifestação de inconformidade contra a não homologação da compensação, fica suspensa a exigibilidade da multa de ofício de que trata o § 17, ainda que não impugnada essa exigência, enquadrando-se no disposto no inciso III do art. 151 da Lei n. 5.172, de 25 de outubro de 1966 – Código Tributário Nacional.

•• § 18 acrescentado pela Lei n. 12.844, de 19-7-2013.

Seção VIII
Unidade Fiscal de Referência – UFIR

Art. 75. A partir de 1.° de janeiro de 1997, a atualização do valor da Unidade Fiscal de Referência – UFIR, de que trata o art. 1.° da Lei n. 8.383, de 30 de dezembro de 1991, com as alterações posteriores, será efetuada por períodos anuais, em 1.° de janeiro.

Parágrafo único. No âmbito da legislação tributária federal, a UFIR será utilizada exclusivamente para a atualização dos créditos tributários da União, objeto de parcelamento concedido até 31 de dezembro de 1994.

Seção IX
Competências dos Conselhos de Contribuintes

Art. 76. Fica o Poder Executivo autorizado a alterar as competências relativas às matérias objeto de julgamento pelos Conselhos de Contribuintes do Ministério da Fazenda.

Seção X
Dispositivo Declarado Inconstitucional

Art. 77. Fica o Poder Executivo autorizado a disciplinar as hipóteses em que a administração tributária federal, relativamente aos créditos tributários baseados em dispositivo declarado inconstitucional por decisão definitiva do Supremo Tribunal Federal, possa:

I – abster-se de constituí-los;

II – retificar o seu valor ou declará-los extintos, de ofício, quando houverem sido constituídos anteriormente, ainda que inscritos em dívida ativa;

III – formular desistência de ações de execução fiscal já ajuizadas, bem como deixar de interpor recursos de decisões judiciais.

Seção XI
Juros sobre o Capital Próprio

Art. 78. O § 1.° do art. 9.° da Lei n. 9.249, de 26 de dezembro de 1995, passa a vigorar com a seguinte redação:

•• Alteração já processada na norma modificada.

Seção XII
Admissão Temporária

Art. 79. Os bens admitidos temporariamente no País, para utilização econômica, ficam sujeitos ao pagamento dos impostos incidentes na importação proporcionalmente ao tempo de sua permanência em território nacional, nos termos e condições estabelecidos em regulamento.

Parágrafo único. O Poder Executivo poderá excepcionar, em caráter temporário, a aplicação do disposto neste artigo em relação a determinados bens.

•• Parágrafo único acrescentado pela Medida Provisória n. 2.189-49, de 23-8-2001.

Capítulo VI
DISPOSIÇÕES FINAIS

Empresa Inidônea

Art. 80. As pessoas jurídicas que, estando obrigadas, deixarem de apresentar declarações e demonstrativos por 5 (cinco) ou mais exercícios poderão ter sua inscrição no Cadastro Nacional da Pessoa Jurídica – CNPJ baixada, nos termos e condições definidos pela Secretaria da Receita Federal do Brasil, se, intimadas por edital, não regularizarem sua situação no prazo de 60 (sessenta) dias, contado da data da publicação da intimação.

•• *Caput* com redação determinada pela Lei n. 11.941, de 27-5-2009.

§ 1.º Poderão ainda ter a inscrição no CNPJ baixada, nos termos e condições definidos pela Secretaria da Receita Federal do Brasil, as pessoas jurídicas:

•• § 1.º, *caput*, com redação determinada pela Lei n. 11.941, de 27-5-2009.

I – que não existam de fato; ou

•• Inciso I acrescentado pela Lei n. 11.941, de 27-5-2009.

II – que, declaradas inaptas, nos termos do art. 81 desta Lei, não tenham regularizado sua situação nos 5 (cinco) exercícios subsequentes.

•• Inciso II acrescentado pela Lei n. 11.941, de 27-5-2009.

§ 2.º No edital de intimação, que será publicado no *Diário Oficial da União*, as pessoas jurídicas serão identificadas pelos respectivos números de inscrição no CNPJ.

•• § 2.º com redação determinada pela Lei n. 11.941, de 27-5-2009.

§ 3.º Decorridos 90 (noventa) dias da publicação do edital de intimação, a Secretaria da Receita Federal do Brasil publicará no *Diário Oficial da União* a relação de CNPJ das pessoas jurídicas que houverem regularizado sua situação, tornando-se automaticamente baixadas, nessa data, as inscrições das pessoas jurídicas que não tenham providenciado a regularização.

•• § 3.º com redação determinada pela Lei n. 11.941, de 27-5-2009.

§ 4.º A Secretaria da Receita Federal do Brasil manterá, para consulta, em seu sítio na internet, informação sobre a situação cadastral das pessoas jurídicas inscritas no CNPJ.

•• § 4.º acrescentado pela Lei n. 11.941, de 27-5-2009.

Art. 80-A. Poderão ter sua inscrição no CNPJ baixada, nos termos e condições definidos pela Secretaria da Receita Federal do Brasil, as pessoas jurídicas que estejam extintas, canceladas ou baixadas nos respectivos órgãos de registro.

•• Artigo acrescentado pela Lei n. 11.941, de 27-5-2009.

Art. 80-B. O ato de baixa da inscrição no CNPJ não impede que, posteriormente, sejam lançados ou cobrados os débitos de natureza tributária da pessoa jurídica.

•• Artigo acrescentado pela Lei n. 11.941, de 27-5-2009.

Art. 80-C. Mediante solicitação da pessoa jurídica, poderá ser restabelecida a inscrição no CNPJ, observados os termos e condições definidos pela Secretaria da Receita Federal do Brasil.

•• Artigo acrescentado pela Lei n. 11.941, de 27-5-2009.

Art. 81. Poderá ser declarada inapta, nos termos e condições definidos pela Secretaria da Receita Federal do Brasil, a inscrição no CNPJ da pessoa jurídica que, estando obrigada, deixar de apresentar declarações e demonstrativos em 2 (dois) exercícios consecutivos.

•• *Caput* com redação determinada pela Lei n. 11.941, de 27-5-2009.

§ 1.º Será também declarada inapta a inscrição da pessoa jurídica que não comprove a origem, a disponibilidade e a efetiva transferência, se for o caso, dos recursos empregados em operações de comércio exterior.

•• § 1.º acrescentado pela Lei n. 10.637, de 30-12-2002.

§ 2.º Para fins do disposto no § 1.º, a comprovação da origem de recursos provenientes do exterior dar-se-á mediante, cumulativamente:

•• § 2.º, *caput*, acrescentado pela Lei n. 10.637, de 30-12-2002.

I – prova do regular fechamento da operação de câmbio, inclusive com a identificação da instituição financeira no exterior encarregada da remessa dos recursos para o País;

•• Inciso I acrescentado pela Lei n. 10.637, de 30-12-2002.

II – identificação do remetente dos recursos, assim entendido como a pessoa física ou jurídica titular dos recursos remetidos.

•• Inciso II acrescentado pela Lei n. 10.637, de 30-12-2002.

§ 3.º No caso de o remetente referido no inciso II do § 2.º ser pessoa jurídica deverão ser também identificados os integrantes de seus quadros societário e gerencial.

•• § 3.º acrescentado pela Lei n. 10.637, de 30-12-2002.

§ 4.º O disposto nos §§ 2.º e 3.º aplica-se, também, na hipótese de que trata o § 2.º do art. 23 do Decreto-lei n. 1.455, de 7 de abril de 1976.

•• § 4.º acrescentado pela Lei n. 10.637, de 30-12-2002.

§ 5.º Poderá também ser declarada inapta a inscrição no CNPJ da pessoa jurídica que não for localizada no endereço informado ao CNPJ, nos termos e condições definidos pela Secretaria da Receita Federal do Brasil.

•• § 5.º acrescentado pela Lei n. 11.941, de 27-5-2009.

Art. 82. Além das demais hipóteses de inidoneidade de documentos previstos na legislação, não produzirá efeitos tributários em favor de terceiros interessados, o documento emitido por pessoa jurídica cuja inscrição no Cadastro Geral de Contribuintes tenha sido considerada ou declarada inapta.

Parágrafo único. O disposto neste artigo não se aplica aos casos em que o adquirente de bens, direitos e mercadorias ou o tomador de serviços comprovarem a efetivação do pagamento do preço respectivo e o recebimento dos bens, direitos e mercadorias ou utilização dos serviços.

Crime contra a Ordem Tributária

Art. 83. A representação fiscal para fins penais relativa aos crimes contra a ordem tributária previstos nos arts. 1.º e 2.º da Lei n. 8.137, de 27 de dezembro de 1990, e aos crimes contra a Previdência Social, previstos nos arts. 168-A e 337-A do Decreto-lei n. 2.848, de 7 de dezembro de 1940 (Código Penal), será encaminhada ao Ministério Público depois de proferida a decisão final, na esfera administrativa, sobre a exigência fiscal do crédito tributário correspondente.

•• *Caput* com redação determinada pela Lei n. 12.350, de 20-12-2010.

•• *Vide* Decreto n. 2.730, de 10-8-1998, que dispõe sobre a representação fiscal de que trata este artigo.

§ 1.º Na hipótese de concessão de parcelamento do crédito tributário, a representação fiscal para fins penais somente será encaminhada ao Ministério Público após a exclusão da pessoa física ou jurídica do parcelamento.

•• § 1.º acrescentado pela Lei n. 12.382, de 25-2-2011.

§ 2.º É suspensa a pretensão punitiva do Estado referente aos crimes previstos no *caput*, durante o período em que a pessoa física ou a pessoa jurídica relacionada com o agente dos aludidos crimes estiver incluída no parcelamento, desde que o pedido de parcelamento tenha sido formalizado antes do recebimento da denúncia criminal.

•• § 2.º acrescentado pela Lei n. 12.382, de 25-2-2011.

•• *Vide* art. 9.º da Lei n. 10.684, de 30-5-2003.

§ 3.º A prescrição criminal não corre durante o período de suspensão da pretensão punitiva.

•• § 3.º acrescentado pela Lei n. 12.382, de 25-2-2011.

§ 4.º Extingue-se a punibilidade dos crimes referidos no *caput* quando a pessoa física ou a pessoa jurídica relacionada com o agente efetuar o pagamento integral dos débitos oriundos de tributos, inclusive acessórios, que tiverem sido objeto de concessão de parcelamento.

•• § 4.º acrescentado pela Lei n. 12.382, de 25-2-2011.

§ 5.º O disposto nos §§ 1.º a 4.º não se aplica nas hipóteses de vedação legal de parcelamento.

•• § 5.º acrescentado pela Lei n. 12.382, de 25-2-2011.

§ 6.º As disposições contidas no *caput* do art. 34 da Lei n. 9.249, de 26 de dezembro de 1995, aplicam-se aos processos administrativos e aos inquéritos e processos em curso, desde que não recebida a denúncia pelo juiz.

•• Primitivo parágrafo único renumerado pela Lei n. 12.382, de 25-2-2011.

Art. 84. Nos casos de incorporação, fusão ou cisão de empresa incluída no Programa Nacional de Desestatização, bem como nos programas de desestatização das Unidades Federadas e dos Municípios, não ocorrerá a realização do lucro inflacionário acumulado relativamente à parcela do ativo sujeito a correção monetária até 31 de dezembro de 1995, que houver sido vertida.

§ 1.º O lucro inflacionário acumulado da empresa sucedida, correspondente aos ativos vertidos sujeitos a correção monetária até 31 de dezembro de 1995, será integralmente transferido para a sucessora, nos casos de incorporação e fusão.

§ 2.º No caso de cisão, o lucro inflacionário acumulado será transferido, para a pessoa jurídica que absorver o patrimônio da empresa cindida, na proporção das contas do ativo, sujeitas a correção monetária até 31 de dezembro de 1995, que houverem sido vertidas.

§ 3.º O lucro inflacionário transferido na forma deste artigo será realizado e submetido a tributação, na pessoa jurídica sucessora, com observância do disposto na legislação vigente.

Fretes Internacionais

Art. 85. Ficam sujeitos ao imposto de renda na fonte, à alíquota de 15% (quinze por cento), os rendimentos recebidos por companhias de navegação aérea e marítima, domiciliadas no exterior, de pessoas físicas ou jurídicas residentes ou domiciliadas no Brasil.

Parágrafo único. O imposto de que trata este artigo não será exigido das companhias aéreas e marítimas domiciliadas em países que não tributam, em decorrência da legislação interna ou de acordos internacionais, os rendimentos auferidos por empresas brasileiras que exercem o mesmo tipo de atividade.

Art. 86. Nos casos de pagamento de contraprestação de arrendamento mercantil, do tipo financeiro, a beneficiária pessoa jurídica domiciliada no exterior, a Secretaria da Receita Federal expedirá normas para excluir da base de cálculo do imposto de renda incidente na fonte a parcela remetida que corresponder ao valor do bem arrendado.

Vigência

Art. 87. Esta Lei entra em vigor na data da sua publicação, produzindo efeitos financeiros a partir de 1.º de janeiro de 1997.

Revogação

Art. 88. Revogam-se:

I – o § 2.º do art. 97 do Decreto-lei n. 5.844, de 23 de setembro de 1943, o Decreto-lei n. 7.885, de 21 de agosto de 1945, o art. 46 da Lei n. 4.862, de 29 de novembro de 1965 e o art. 56 da Lei n. 7.713, de 22 de dezembro de 1988;

II – o Decreto-lei n. 165, de 13 de fevereiro de 1967;

III – o § 3.º do art. 21 do Decreto-lei n. 401, de 30 de dezembro de 1968;

IV – o Decreto-lei n. 716, de 30 de julho de 1969;

V – o Decreto-lei n. 815, de 4 de setembro de 1969, o Decreto-lei n. 1.139, de 21 de dezembro de 1970, o art. 87 da Lei n. 7.450, de 23 de dezembro de 1985 e os arts. 11 e 12 do Decreto-lei n. 2.303, de 21 de novembro de 1986;

VI – o art. 3.º do Decreto-lei n. 1.118, de 10 de agosto de 1970, o art. 6.º do Decreto-lei n. 1.189, de 24 de setembro de 1971 e o inciso IX do art. 1.º da Lei n. 8.402, de 8 de janeiro de 1992;

VII – o art. 9.º do Decreto-lei n. 1.351, de 24 de outubro de 1974, o Decreto-lei n. 1.411, de 31 de julho de 1975 e o Decreto-lei n. 1.725, de 7 de dezembro de 1979;

VIII – o art. 9.º do Decreto-lei n. 1.633, de 9 de agosto de 1978;

IX – o número 4 da alínea *b* do § 1.º do art. 35 do Decreto-lei n. 1.598, de 26 de dezembro de 1977, com a redação dada pelo inciso VI do art. 1.º do Decreto-lei n. 1.730, de 17 de dezembro de 1979;

X – o Decreto-lei n. 1.811, de 27 de outubro de 1980, e o art. 3.º da Lei n. 7.132, de 26 de outubro de 1983;

XI – o art. 7.º do Decreto-lei n. 1.814, de 28 de novembro de 1980;

XII – o Decreto-lei n. 2.227, de 16 de janeiro de 1985;

XIII – os arts. 29 e 30 do Decreto-lei n. 2.341, de 29 de junho de 1987;

XIV – os arts. 1.º e 2.º do Decreto-lei n. 2.397, de 21 de dezembro de 1987;

XV – o art. 8.º do Decreto-lei n. 2.429, de 14 de abril de 1988;

XVI – *(Revogado pela Lei n. 11.508, de 20-7-2007.)*

XVII – o art. 40 da Lei n. 7.799, de 10 de julho de 1989;

XVIII – o § 5.º do art. 6.º da Lei n. 8.021, de 12 de abril de 1990;

XIX – o art. 22 da Lei n. 8.218, de 29 de agosto de 1991;

XX – o art. 92 da Lei n. 8.383, de 30 de dezembro de 1991;

XXI – o art. 6.º da Lei n. 8.661, de 2 de junho de 1993;

XXII – o art. 1.º da Lei n. 8.696, de 26 de agosto de 1993;

XXIII – o parágrafo único do art. 3.º da Lei n. 8.846, de 21 de janeiro de 1994;

XXIV – o art. 33, o § 4.º do art. 37 e os arts. 38, 50, 52 e 53, o § 1.º do art. 82 e art. 98, todos da Lei n. 8.981, de 20 de janeiro de 1995;

XXV – o art. 89 da Lei n. 8.981, de 20 de janeiro de 1995, com a redação dada pela Lei n. 9.065, de 20 de junho de 1995;

XXVI – os §§ 4.º, 9.º e 10 do art. 9.º, o § 2.º do art. 11, e o § 3.º do art. 24, todos da Lei n. 9.249, de 26 de dezembro de 1995;

XXVII – a partir de 1.º de abril de 1997, o art. 40 da Lei n. 8.981, de 1995, com as alterações introduzidas pela Lei n. 9.065, de 20 de junho de 1995.

Brasília, 27 de dezembro de 1996; 175.º da Independência e 108.º da República.

FERNANDO HENRIQUE CARDOSO

LEI COMPLEMENTAR N. 91, DE 22 DE DEZEMBRO DE 1997 (*)

Dispõe sobre a fixação dos coeficientes do Fundo de Participação dos Municípios.

O Presidente da República

Faço saber que o Congresso Nacional decreta e eu sanciono a seguinte Lei Complementar:

Art. 1.º Fica atribuído aos municípios, exceto os de Capital, coeficiente individual no Fundo de Participação dos Municípios – FPM, segundo seu número de habitantes, conforme estabelecido no § 2.º do art. 91 da Lei n. 5.172, de 25 de outubro de 1966, com a redação dada pelo Decreto-lei n. 1.881, de 27 de agosto de 1981.

(*) Publicada no *DOU*, de 23-12-1997.

§ 1.º Para os efeitos deste artigo, consideram-se os municípios regularmente instalados, fazendo-se a revisão de suas quotas anualmente, com base nos dados oficiais de população produzidos pela Fundação Instituto Brasileiro de Geografia e Estatística – IBGE, nos termos do § 2.º, do art. 102 da Lei n. 8.443, de 16 de julho de 1992.

§ 2.º Ficam mantidos, a partir do exercício de 1998, os coeficientes do Fundo de Participação dos Municípios – FPM atribuídos em 1997 aos municípios que apresentarem redução de seus coeficientes pela aplicação do disposto no *caput* deste artigo.

Art. 2.º A partir de 1.º de janeiro de 1999, os ganhos adicionais em cada exercício, decorrentes do disposto no § 2.º do art. 1.º desta Lei Complementar, terão aplicação de redutor financeiro para redistribuição automática aos demais participantes do Fundo de Participação dos Municípios – FPM, na forma do que dispõe o § 2.º do art. 91 da Lei n. 5.172, de 25 de outubro de 1966, com a redação dada pelo Decreto-lei n. 1.881, de 27 de agosto de 1981.

§ 1.º O redutor financeiro a que se refere o *caput* deste artigo será de:

I – 20% (vinte por cento) no exercício de 1999;

II – 40% (quarenta por cento) no exercício de 2000;

•• A Lei Complementar n. 106, de 23-3-2001, propôs nova redação para este inciso, porém teve seu texto vetado.

III – trinta pontos percentuais no exercício financeiro de 2001;

•• Inciso III com redação determinada pela Lei Complementar n. 106, de 23-3-2001.

IV – quarenta pontos percentuais no exercício financeiro de 2002;

•• Inciso IV com redação determinada pela Lei Complementar n. 106, de 23-3-2001.

V – cinquenta pontos percentuais no exercício financeiro de 2003;

•• Inciso V acrescentado pela Lei Complementar n. 106, de 23-3-2001.

VI – sessenta pontos percentuais no exercício financeiro de 2004;

•• Inciso VI acrescentado pela Lei Complementar n. 106, de 23-3-2001.

VII – setenta pontos percentuais no exercício financeiro de 2005;

•• Inciso VII acrescentado pela Lei Complementar n. 106, de 23-3-2001.

VIII – oitenta pontos percentuais no exercício financeiro de 2006;

•• Inciso VIII acrescentado pela Lei Complementar n. 106, de 23-3-2001.

IX – noventa pontos percentuais no exercício financeiro de 2007.

•• Inciso IX acrescentado pela Lei Complementar n. 106, de 23-3-2001.

§ 2.º A partir de 1.º de janeiro de 2008, os Municípios a que se refere o § 2.º do art. 1.º desta Lei Complementar terão seus coeficientes individuais no Fundo de Participação dos Municípios – FPM fixados em conformidade com o que dispõe o *caput* do art. 1.º.

•• § 2.º com redação determinada pela Lei Complementar n. 106, de 23-3-2001.

Art. 3.º Os Municípios que se enquadrarem no coeficiente três inteiros e oito décimos passam, a partir de 1.º de janeiro de 1999, a participar da Reserva do Fundo de Participação dos Municípios – FPM, prevista no art. 2.º do Decreto-lei n. 1.881, de 27 de agosto de 1981.

§ 1.º Aos Municípios que se enquadrarem nos coeficientes três inteiros e oito décimos e quatro no Fundo de Participação dos Municípios – FPM será atribuído coeficiente de participação conforme estabelecido no parágrafo único do art. 3.º do Decreto-lei n. 1.881, de 27 de agosto de 1981.

§ 2.º Aplica-se aos Municípios participantes da Reserva de que trata o *caput* deste artigo o disposto no § 2.º do art. 1.º e no art. 2.º desta Lei Complementar.

Art. 4.º Aos Municípios das capitais dos Estados, inclusive a Capital Federal, será atribuído coeficiente individual de participação conforme estabelecido no § 1.º do art. 91 da Lei n. 5.172, de 25 de outubro de 1966.

Parágrafo único. Aplica-se aos Municípios de que trata o *caput* o disposto no § 2.º do art. 1.º e no art. 2.º desta Lei Complementar.

Art. 5.º Compete à Fundação Instituto Brasileiro de Geografia e Estatística – IBGE apurar a renda *per capita* para os efeitos desta Lei Complementar.

Art. 6.º Esta Lei Complementar entra em vigor na data de sua publicação, produzindo efeitos a partir de 1.º de janeiro de 1998.

Art. 7.º Revogam-se as disposições em contrário, em especial a Lei Complementar n. 71, de 3 de setembro de 1992; a Lei Complementar n. 74, de 30 de abril de 1993, os §§ 4.º e 5.º do art. 91 da Lei n. 5.172, de 25 de outubro de 1966.

Brasília, 22 de dezembro de 1997; 176.º da Independência e 109.º da República.

FERNANDO HENRIQUE CARDOSO

DECRETO N. 2.730, DE 10 DE AGOSTO DE 1998 (*)

Dispõe sobre o encaminhamento ao Ministério Público Federal da representação fiscal para fins penais de que trata o art. 83 da Lei n. 9.430, de 27 de dezembro de 1996.

O Presidente da República, no uso da atribuição que lhe confere o art. 84, IV, da Constituição, e tendo em vista o disposto no art. 83 da Lei n. 9.430, de 27 de dezembro de 1996, decreta:

Art. 1.º O Auditor-Fiscal do Tesouro Nacional formalizará representação fiscal, para os fins do art. 83 da Lei n. 9.430, de 27 de dezembro de 1996, em autos separados e protocolizada na mesma data da lavratura do auto de infração, sempre que, no curso de ação fiscal de que resulte lavratura de auto de infração de exigência de crédito de tributos e contribuições administrados pela Secretaria da Receita Federal do Ministério da Fazenda ou decorrente de apreensão de bens sujeitos à pena de perdimento, constatar fato que configure, em tese:

•• A Secretaria da Receita Federal passa a denominar-se Secretaria da Receita Federal do Brasil, por força da Lei n. 11.457, de 16-3-2007.

I – crime contra a ordem tributária tipificado nos arts. 1.º ou 2.º da Lei n. 8.137, de 27 de dezembro de 1990;

II – crime de contrabando ou descaminho.

Art. 2.º Encerrado o processo administrativo-fiscal, os autos da representação fiscal para fins penais serão remetidos ao Ministério Público Federal, se:

I – mantida a imputação de multa agravada, o crédito de tributos e contribuições, inclusive acessórios, não for extinto pelo pagamento;

II – aplicada, administrativamente, a pena de perdimento de bens, estiver configurado, em tese, crime de contrabando ou descaminho.

Art. 3.º O Secretário da Receita Federal disciplinará os procedimentos necessários à execução deste Decreto.

•• A Portaria n. 2.439, de 21-12-2010, da Secretaria da Receita Federal do Brasil, estabelece procedimentos a serem observados na comunicação ao Ministério Público Federal de fatos que configurem, em tese, crimes contra a ordem tributária; contra a Previdência Social; contra a Administração Pública Federal, em detrimento da Fazenda Nacional; contra Administração Pública Estrangeira; bem como crimes de contrabando ou descaminho, de falsidade de títulos, papéis e documentos públicos e de "lavagem" ou ocultação de bens, direitos e valores.

Art. 4.º Este Decreto entra em vigor na data de sua publicação.

Art. 5.º Fica revogado o Decreto n. 982, de 12 de novembro de 1993.

Brasília, 10 de agosto de 1998; 177.º da Independência e 110.º da República.

FERNANDO HENRIQUE CARDOSO

(*) Publicado no *DOU*, de 11-8-1998.

LEI N. 9.703, DE 17 DE NOVEMBRO DE 1998 (*)

Dispõe sobre os depósitos judiciais e extrajudiciais de tributos e contribuições federais.

Faço saber que o Presidente da República adotou a Medida Provisória n. 1.721, de 1998, que o Congresso Nacional aprovou, e eu, Antonio Carlos Magalhães, Presidente, para os efeitos do disposto no parágrafo único do art. 62 da Constituição Federal, promulgo a seguinte Lei:

Art. 1.º Os depósitos judiciais e extrajudiciais, em dinheiro, de valores referentes a tributos e contribuições federais, inclusive seus acessórios, administrados pela Secretaria da Receita Federal do Ministério da Fazenda, serão efetuados na Caixa Econômica Federal, mediante Documento de Arrecadação de Receitas Federais – DARF, específico para essa finalidade.

•• A Secretaria da Receita Federal passa a denominar-se Secretaria da Receita Federal do Brasil, por força da Lei n. 11.457, de 16-3-2007.

§ 1.º O disposto neste artigo aplica-se, inclusive, aos débitos provenientes de tributos e contribuições inscritos em Dívida Ativa da União.

§ 2.º Os depósitos serão repassados pela Caixa Econômica Federal para a Conta Única do Tesouro Nacional, independentemente de qualquer formalidade, no mesmo prazo fixado para recolhimento dos tributos e das contribuições federais.

§ 3.º Mediante ordem da autoridade judicial ou, no caso de depósito extrajudicial, da autoridade administrativa competente, o valor do depósito, após o encerramento da lide ou do processo litigioso, será:

I – devolvido ao depositante pela Caixa Econômica Federal, no prazo máximo de 24 (vinte e quatro) horas, quando a sentença lhe for favorável ou na proporção em que o for, acrescido de juros, na forma estabelecida pelo § 4.º do art. 39 da Lei n. 9.250, de 26 de dezembro de 1995, e alterações posteriores; ou

II – transformado em pagamento definitivo, proporcionalmente à exigência do correspondente tributo ou contribuição, inclusive seus acessórios, quando se tratar de sentença ou decisão favorável à Fazenda Nacional.

§ 4.º Os valores devolvidos pela Caixa Econômica Federal serão debitados à Conta Única do Tesouro Nacional, em subconta de restituição.

§ 5.º A Caixa Econômica Federal manterá controle dos valores depositados ou devolvidos.

Art. 2.º Observada a legislação própria, o disposto nesta Lei aplica-se aos depósitos judiciais e extrajudiciais referentes às contribuições administradas pelo Instituto Nacional do Seguro Social.

Art. 2.º-A. Aos depósitos efetuados antes de 1.º de dezembro de 1998 será aplicada a sistemática prevista nesta Lei de acordo com um cronograma fixado por ato do Ministério da Fazenda, sendo obrigatória a sua transferência à conta única do Tesouro Nacional.

•• *Caput* acrescentado pela Lei n. 12.058, de 13-10-2009.

•• O art. 4.º da Lei n. 12.099, de 27-11-2009, dispõe: "Art. 4.º A transferência dos depósitos a que se refere o art. 2.º-A da Lei n. 9.703, de 17-11-1998, deverá ocorrer em até 180 (cento e oitenta) dias a partir da publicação desta Lei".

§ 1.º Os juros dos depósitos referidos no *caput* serão calculados à taxa originalmente devida até a data da transferência à conta única do Tesouro Nacional.

•• § 1.º acrescentado pela Lei n. 12.099, de 27-11-2009.

(*) Publicada no *DOU*, de 18-11-1998. O Decreto n. 2.850, de 27-11-1998, disciplina os procedimentos pertinentes aos depósitos judiciais e extrajudiciais, de valores de tributos e contribuições federais administrados pela Secretaria da Receita Federal, de que trata esta Lei. *Vide* Lei Complementar n. 151, de 5-8-2015.

§ 2.° Após a transferência à conta única do Tesouro Nacional, os juros dos depósitos referidos no *caput* serão calculados na forma estabelecida pelo § 4.° do art. 39 da Lei n. 9.250, de 26 de dezembro de 1995.

•• § 2.° acrescentado pela Lei n. 12.099, de 27-11-2009.

§ 3.° A inobservância da transferência obrigatória de que trata o *caput* sujeita os recursos depositados à remuneração na forma estabelecida pelo § 4.° do art. 39 da Lei n. 9.250, de 26 de dezembro de 1995, desde a inobservância, e os administradores das instituições financeiras às penalidades previstas na Lei n. 4.595, de 31 de dezembro de 1964.

•• § 3.° acrescentado pela Lei n. 12.099, de 27-11-2009.

§ 4.° (*Vetado.*)

•• § 4.° acrescentado pela Lei n. 12.099, de 27-11-2009.

Art. 3.° Os procedimentos para execução desta Lei serão disciplinados em regulamento.

Art. 4.° Esta Lei entra em vigor na data de sua publicação, aplicando-se aos depósitos efetuados a partir de 1.° de dezembro de 1998.

Congresso Nacional, em 17 de novembro de 1998; 177.° da Independência e 110.° da República.

Antonio Carlos Magalhães

LEI N. 9.716, DE 26 DE NOVEMBRO DE 1998 (*)

Dá nova redação aos arts. 1.°, 2.°, 3.° e 4.° do Decreto-lei n. 1.578, de 11 de outubro de 1977, que dispõe sobre o imposto de exportação, e dá outras providências.

Faço saber que o Presidente da República adotou a Medida Provisória n. 1.725, de 1998, que o Congresso Nacional aprovou, e eu, Antonio Carlos Magalhães, Presidente, para os efeitos do disposto no parágrafo único do art. 62 da Constituição Federal, promulgo a seguinte Lei:

Art. 1.° Os arts. 1.°, 2.°, 3.° e 4.° do Decreto-lei n. 1.578, de 11 de outubro de 1977, passam a vigorar com a seguinte redação:

•• Alterações já processadas no texto do diploma citado.

Art. 2.° Na hipótese em que a saída do produto industrializado for beneficiada com isenção em virtude de incentivo fiscal, o crédito do IPI poderá ser:

I – utilizado para compensação com o incidente na saída de outros produtos industrializados pela mesma pessoa jurídica;

II – objeto de pedido de restituição, em espécie, ou para compensação com outros tributos e contribuições administrados pela Secretaria da Receita Federal, observadas normas por esta editadas.

•• A Secretaria da Receita Federal passa a denominar-se Secretaria da Receita Federal do Brasil, por força da Lei n. 11.457, de 16-3-2007.

Art. 3.° Fica instituída a Taxa de Utilização do Sistema Integrado de Comércio Exterior – SISCOMEX, administrada pela Secretaria da Receita Federal do Ministério da Fazenda.

•• *Vide* nota ao artigo anterior.

§ 1.° A taxa a que se refere este artigo será devida no Registro da Declaração de Importação, à razão de:

I – R$ 30,00 (trinta reais) por Declaração de Importação;

II – R$ 10,00 (dez reais) para cada adição de mercadorias à Declaração de Importação, observado limite fixado pela Secretaria da Receita Federal.

§ 2.° Os valores de que trata o parágrafo anterior poderão ser reajustados, anualmente, mediante ato do Ministro de Estado da Fazenda,

(*) Publicada no *DOU*, de 27-11-1998.

conforme a variação dos custos de operação e dos investimentos no SISCOMEX.

§ 3.º Aplicam-se à cobrança da taxa de que trata este artigo as normas referentes ao Imposto de Importação.

§ 4.º O produto da arrecadação da taxa a que se refere este artigo fica vinculado ao Fundo Especial de Desenvolvimento e Aperfeiçoamento das Atividades de Fiscalização – FUNDAF, instituído pelo art. 6.º do Decreto-lei n. 1.437, de 17 de dezembro de 1975.

§ 5.º O disposto neste artigo aplica-se em relação às importações registradas a partir de 1.º de janeiro de 1999.

Art. 4.º Fica restabelecida a destinação, ao FUNDAF, da receita de que trata o § 3.º do art. 61 da Lei n. 9.430, de 27 de dezembro de 1996.

Art. 5.º As pessoas jurídicas que tenham como objeto social, declarado em seus atos constitutivos, a compra e venda de veículos automotores poderão equiparar, para efeitos tributários, como operação de consignação, as operações de venda de veículos usados, adquiridos para revenda, bem assim dos recebidos como parte do preço da venda de veículos novos ou usados.

•• *Vide* art. 10, VII, *c*, da Lei n. 10.833, de 29-12-2003.

Parágrafo único. Os veículos usados, referidos neste artigo, serão objeto de Nota Fiscal de Entrada e, quando da venda, de Nota Fiscal de Saída, sujeitando-se ao respectivo regime fiscal aplicável às operações de consignação.

Art. 6.º Esta Lei entra em vigor na data de sua publicação.

Art. 7.º Fica revogado o inciso V do § 1.º do art. 44 da Lei n. 9.430, de 27 de dezembro de 1996.

Congresso Nacional, em 26 de novembro de 1998; 177.º da Independência e 110.º da República.

Antonio Carlos Magalhães

LEI N. 9.718, DE 27 DE NOVEMBRO DE 1998 (*)

Altera a Legislação Tributária Federal.

O Presidente da República.

Faço saber que o Congresso Nacional decreta e eu sanciono a seguinte Lei:

Art. 1.º Esta Lei aplica-se no âmbito da legislação tributária federal, relativamente às contribuições para os Programas de Integração Social e de Formação do Patrimônio do Servidor Público – PIS/PASEP e à Contribuição para o Financiamento da Seguridade Social – COFINS, de que tratam o art. 239 da Constituição e a Lei Complementar n. 70, de 30 de dezembro de 1991, ao Imposto sobre a Renda e ao Imposto sobre Operações de Crédito, Câmbio e Seguro, ou relativos a Títulos ou Valores Mobiliários – IOF.

CAPÍTULO I
DA CONTRIBUIÇÃO PARA O PIS/PASEP E COFINS

Art. 2.º As contribuições para o PIS/PASEP e a COFINS, devidas pelas pessoas jurídicas de direito privado, serão calculadas com base no seu faturamento, observadas a legislação vigente e as alterações introduzidas por esta Lei.

•• Artigo com redação determinada pela Medida Provisória n. 2.158-35, de 24-8-2001.

Art. 3.º O faturamento a que se refere o art. 2.º compreende a receita bruta de que trata o art. 12 do Decreto-lei n. 1.598, de 26 de dezembro de 1977.

•• *Caput* com redação determinada pela Lei n. 12.973, de 13-5-2014.

§ 1.º (*Revogado pela Lei n. 11.941, de 27-5-2009.*)

(*) Publicada no *DOU*, de 28-11-1998.

§ 2.º Para fins de determinação da base de cálculo das contribuições a que se refere o art. 2.º, excluem-se da receita bruta:

I – as vendas canceladas e os descontos incondicionais concedidos;

•• Inciso I com redação determinada pela Lei n. 12.973, de 13-5-2014.

II – as reversões de provisões e recuperações de créditos baixados como perda, que não representem ingresso de novas receitas, o resultado positivo da avaliação de investimento pelo valor do patrimônio líquido e os lucros e dividendos derivados de participações societárias, que tenham sido computados como receita bruta;

•• Inciso II com redação determinada pela Lei n. 12.973, de 13-5-2014.

III – (*Revogado pela Medida Provisória n. 2.158-35, de 24-8-2001.*)

IV – as receitas de que trata o inciso IV do *caput* do art. 187 da Lei n. 6.404, de 15 de dezembro de 1976, decorrentes da venda de bens do ativo não circulante, classificado como investimento, imobilizado ou intangível;

•• Inciso IV com redação determinada pela Lei n. 13.043, de 13-11-2014.

V – (*Revogado pela Lei n. 12.973, de 13-5-2014.*)

VI – a receita reconhecida pela construção, recuperação, ampliação ou melhoramento da infraestrutura, cuja contrapartida seja ativo intangível representativo de direito de exploração, no caso de contratos de concessão de serviços públicos.

•• Inciso VI acrescentado pela Lei n. 12.973, de 13-5-2014.

§ 3.º (*Revogado pela Lei n. 11.051, de 29-12-2004.*)

§ 4.º Nas operações de câmbio, realizadas por instituição autorizada pelo Banco Central do Brasil, considera-se receita bruta a diferença positiva entre o preço de venda e o preço de compra da moeda estrangeira.

§ 5.º Na hipótese das pessoas jurídicas referidas no § 1.º do art. 22 da Lei n. 8.212, de 24 de julho de 1991, serão admitidas, para os efeitos da COFINS, as mesmas exclusões e deduções facultadas para fins de determinação da base de cálculo da contribuição para o PIS/PASEP.

§ 6.º Na determinação da base de cálculo das contribuições para o PIS/PASEP e COFINS, as pessoas jurídicas referidas no § 1.º do art. 22 da Lei n. 8.212, de 1991, além das exclusões e deduções mencionadas no § 5.º, poderão excluir ou deduzir:

•• *Vide* art. 8.º, I, da Lei n. 10.637, de 30-12-2002.

•• O art. 18 da Lei n. 10.684, de 30-5-2003, estabelece que fica elevada para quatro por cento a alíquota da Contribuição para o Financiamento da Seguridade Social – COFINS devida pelas pessoas jurídicas referidas neste parágrafo.

•• *Vide* art. 10, I, da Lei n. 10.833, de 29-12-2003.

I – no caso de bancos comerciais, bancos de investimentos, bancos de desenvolvimento, caixas econômicas, sociedades de crédito, financiamento e investimento, sociedades de crédito imobiliário, sociedades corretoras, distribuidoras de títulos e valores mobiliários, empresas de arrendamento mercantil e cooperativas de crédito:

a) despesas incorridas nas operações de intermediação financeira;

b) despesas de obrigações por empréstimos, para repasse, de recursos de instituições de direito privado;

c) deságio na colocação de títulos;

d) perdas com títulos de renda fixa e variável, exceto com ações;

e) perdas com ativos financeiros e mercadorias, em operações de *hedge*;

II – no caso de empresas de seguros privados, o valor referente às indenizações correspondentes aos sinistros ocorridos, efetivamente pago, deduzido das importâncias recebidas a título de cosseguro e resseguro, salvados e outros ressarcimentos;

III – no caso de entidades de previdência privada, abertas e fechadas, os rendimentos auferidos nas aplicações financeiras destinadas ao pagamento de benefícios de aposentadoria, pensão, pecúlio e de resgates;

IV – no caso de empresas de capitalização, os rendimentos auferidos nas aplicações financeiras destinadas ao pagamento de resgate de títulos.

•• § 6.º acrescentado pela Medida Provisória n. 2.158-35, de 24-8-2001.

§ 7.º As exclusões previstas nos incisos III e IV do § 6.º restringem-se aos rendimentos de aplicações financeiras proporcionados pelos ativos garantidores das provisões técnicas, limitados esses ativos ao montante das referidas provisões.

•• § 7.º acrescentado pela Medida Provisória n. 2.158-35, de 24-8-2001.

§ 8.º Na determinação da base de cálculo da contribuição para o PIS/PASEP e COFINS, poderão ser deduzidas as despesas de captação de recursos incorridas pelas pessoas jurídicas que tenham por objeto a securitização de créditos:

•• § 8.º, *caput*, acrescentado pela Medida Provisória n. 2.158-35, de 24-8-2001.

I – imobiliários, nos termos da Lei n. 9.514, de 20 de novembro de 1997;

•• Inciso I acrescentado pela Medida Provisória n. 2.158-35, de 24-8-2001.

II – financeiros, observada a regulamentação editada pelo Conselho Monetário Nacional;

•• Inciso II acrescentado pela Medida Provisória n. 2.158-35, de 24-8-2001.

III – agrícolas, conforme ato do Conselho Monetário Nacional.

•• Inciso III acrescentado pela Lei n. 11.196, de 21-11-2005.

•• *Vide* art. 132, II, *d*, da Lei n. 11.196, de 21-11-2005.

•• *Vide* art. 8.º, I, da Lei n. 10.637, de 30-12-2002.

•• O art. 18 da Lei n. 10.684, de 30-5-2003, estabelece que fica elevada para quatro por cento a alíquota da Contribuição para o Financiamento da Seguridade Social – COFINS devida pelas pessoas jurídicas referidas neste parágrafo.

•• *Vide* art. 10, I, da Lei n. 10.833, de 29-12-2003.

§ 9.º Na determinação da base de cálculo da contribuição para o PIS/PASEP e COFINS, as operadoras de planos de assistência à saúde poderão deduzir:

I – corresponsabilidades cedidas;

II – a parcela das contraprestações pecuniárias destinada à constituição de provisões técnicas;

III – o valor referente às indenizações correspondentes aos eventos ocorridos, efetivamente pago, deduzido das importâncias recebidas a título de transferência de responsabilidades.

•• § 9.º acrescentado pela Medida Provisória n. 2.158-35, de 24-8-2001.

•• Dispõe o art. 92 da Medida Provisória n. 2.158-35, de 24-8-2001: "Art. 92. Esta Medida Provisória entra em vigor na data de sua publicação, produzindo efeitos: (...) IV – relativamente aos fatos geradores ocorridos a partir de: a) 1.º de dezembro de 2001, relativamente ao disposto no § 9.º do art. 3.º da Lei n. 9.718, de 1998;".

•• *Vide* art. 8.º, I, da Lei n. 10.637, de 30-12-2002.

•• *Vide* art. 10, I, da Lei n. 10.833, de 29-12-2003.

§ 9.º-A. Para efeito de interpretação, o valor referente às indenizações correspondentes aos eventos ocorridos de que trata o inciso III do § 9.º entende-se o total dos custos assistenciais decorrentes da utilização pelos beneficiários da cobertura oferecida pelos planos de saúde, incluindo-se neste total os custos de beneficiários da própria operadora e os beneficiários de outra operadora atendidos a título de transferência de responsabilidade assumida.

•• § 9.º-A acrescentado pela Lei n. 12.873, de 24-10-2013.

§ 9.º-B. Para efeitos de interpretação do *caput*, não são considerados receita bruta das administradoras de benefícios os valores devidos a outras operadoras de planos de assistência à saúde.

•• § 9.º-B acrescentado pela Lei n. 12.995, de 18-6-2014.

§ 10. Em substituição à remuneração por meio do pagamento de tarifas, as pessoas jurídicas que prestem serviços de arrecadação de receitas federais poderão excluir da base de cálculo da COFINS o valor a elas devido em cada período de apuração como remuneração por esses serviços, dividido pela alíquota referida no art. 18 da Lei n. 10.684, de 30 de maio de 2003.

•• § 10 acrescentado pela Lei n. 12.844, de 19-7-2013.

§ 11. Caso não seja possível fazer a exclusão de que trata o § 10 na base de cálculo da COFINS referente ao período em que auferida remuneração, o montante excedente poderá ser excluído da base de cálculo da COFINS dos períodos subsequentes.

•• § 11 acrescentado pela Lei n. 12.844, de 19-7-2013.

§ 12. A Secretaria da Receita Federal do Brasil do Ministério da Fazenda disciplinará o disposto nos §§ 10 e 11, inclusive quanto à definição do valor devido como remuneração dos serviços de arrecadação de receitas federais.

•• § 12 acrescentado pela Lei n. 12.844, de 19-7-2013.

§ 13. A contribuição incidente na hipótese de contratos, com prazo de execução superior a 1 (um) ano, de construção por empreitada ou de fornecimento, a preço predeterminado, de bens ou serviços a serem produzidos será calculada sobre a receita apurada de acordo com os critérios de reconhecimento adotados pela legislação do imposto sobre a renda, previstos para a espécie de operação.

•• § 13 acrescentado pela Lei n. 12.973, de 13-5-2014.

§ 14. A pessoa jurídica poderá excluir da base de cálculo da Contribuição para o PIS/Pasep e da Cofins incidentes sobre a receita decorrente da alienação de participação societária o valor despendido para aquisição dessa participação, desde que a receita de alienação não tenha sido excluída da base de cálculo das mencionadas contribuições na forma do inciso IV do § 2.° do art. 3.°.

•• § 14 acrescentado pela Lei n. 13.043, de 13-11-2014.

Art. 4.° As contribuições para os Programas de Integração Social e de Formação do Patrimônio do Servidor Público – PIS/PASEP e para o Financiamento da Seguridade Social – COFINS devidas pelos produtores e importadores de derivados de petróleo serão calculadas, respectivamente, com base nas seguintes alíquotas:

•• *Caput* com redação determinada pela Lei n. 10.865, de 30-4-2004.

I – 5,08% (cinco inteiros e oito centésimos por cento) e 23,44% (vinte e três inteiros e quarenta e quatro centésimos por cento), incidentes sobre a receita bruta decorrente da venda de gasolinas e suas correntes, exceto gasolina de aviação;

•• Inciso I com redação determinada pela Lei n. 10.865, de 30-4-2004.

•• *Vide* art. 23, I e § 5.°, da Lei n. 10.865, de 30-4-2004, que dispõe sobre a opção pelo regime especial de apuração e pagamento da contribuição para o PIS/PASEP e da COFINS.

II – 4,21% (quatro inteiros e vinte e um centésimos por cento) e 19,42% (dezenove inteiros e quarenta e dois centésimos por cento), incidentes sobre a receita bruta decorrente da venda de óleo diesel e suas correntes;

•• Inciso II com redação determinada pela Lei n. 10.865, de 30-4-2004.

•• *Vide* art. 23, II e § 5.°, da Lei n. 10.865, de 30-4-2004.

III – 10,2% (dez inteiros e dois décimos por cento) e 47,4% (quarenta e sete inteiros e quatro décimos por cento) incidentes sobre a receita bruta decorrente da venda de gás liquefeito de petróleo – GLP derivado de petróleo e de gás natural;

•• Inciso III com redação determinada pela Lei n. 11.051, de 29-12-2004.

•• *Vide* art. 23, III e § 5.°, da Lei n. 10.865, de 30-4-2004.

IV – 0,65% (sessenta e cinco centésimos por cento) e 3% (três por cento) incidentes sobre a receita bruta decorrente das demais atividades.

•• Inciso IV acrescentado pela Lei n. 9.990, de 21-7-2000.

Parágrafo único. (*Revogado pela Lei n. 9.990, de 21-7-2000.*)

Art. 5.° A Contribuição para o PIS/Pasep e a Cofins incidentes sobre a receita bruta auferida na venda de álcool, inclusive para fins carburantes, serão calculadas com base nas alíquotas, respectivamente, de:

•• *Caput* com redação determinada pela Lei n. 11.727, de 23-6-2008.

•• *Vide* art. 41, IV, da Lei n. 11.727, de 23-6-2008.

I – 1,5% (um inteiro e cinco décimos por cento) e 6,9% (seis inteiros e nove décimos por cento), no caso de produtor ou importador; e

•• Inciso I com redação determinada pela Lei n. 11.727, de 23-6-2008.

II – 3,75% (três inteiros e setenta e cinco centésimos por cento) e 17,25% (dezessete inteiros e vinte e cinco centésimos por cento), no caso de distribuidor.

•• Inciso II com redação determinada pela Lei n. 11.727, de 23-6-2008.

§ 1.º Ficam reduzidas a 0% (zero por cento) as alíquotas da Contribuição para o PIS/Pasep e da Cofins incidentes sobre a receita bruta de venda de álcool, inclusive para fins carburantes, quando auferida:

•• § 1.º, *caput*, acrescentado pela Lei n. 11.727, de 23-6-2008.

I – por distribuidor, no caso de venda de álcool anidro adicionado à gasolina;

•• Inciso I acrescentado pela Lei n. 11.727, de 23-6-2008.

II – por comerciante varejista, em qualquer caso;

•• Inciso II acrescentado pela Lei n. 11.727, de 23-6-2008.

III – nas operações realizadas em bolsa de mercadorias e futuros.

•• Inciso III acrescentado pela Lei n. 11.727, de 23-6-2008.

§ 2.º A redução a 0 (zero) das alíquotas previstas no inciso III do § 1.º deste artigo não se aplica às operações em que ocorra liquidação física do contrato.

•• § 2.º acrescentado pela Lei n. 11.727, de 23-6-2008.

§ 3.º As demais pessoas jurídicas que comerciem álcool não enquadradas como produtor, importador, distribuidor ou varejista ficam sujeitas às disposições da legislação da Contribuição para o PIS/Pasep e da Cofins aplicáveis à pessoa jurídica distribuidora.

•• § 3.º acrescentado pela Lei n. 11.727, de 23-6-2008.

§ 4.º O produtor, o importador e o distribuidor de que trata o *caput* deste artigo poderão optar por regime especial de apuração e pagamento da Contribuição para o PIS/Pasep e da Cofins, no qual as alíquotas específicas das contribuições são fixadas, respectivamente, em:

•• § 4.º, *caput*, acrescentado pela Lei n. 11.727, de 23-6-2008.

•• *Vide* art. 8.º da Lei n. 11.727, de 23-6-2008.

I – R$ 23,38 (vinte e três reais e trinta e oito centavos) e R$ 107,52 (cento e sete reais e cinquenta e dois centavos) por metro cúbico de álcool, no caso de venda realizada por produtor ou importador;

•• Inciso I acrescentado pela Lei n. 11.727, de 23-6-2008.

•• O Decreto n. 6.573, de 19-9-2008, reduz as alíquotas previstas neste inciso para R$ 8,57 (oito reais e cinquenta e sete centavos) e R$ 39,43 (trinta e nove reais e quarenta e três centavos) por metro cúbico de álcool, no caso de venda realizada por produtor ou importador.

II – R$ 58,45 (cinquenta e oito reais e quarenta e cinco centavos) e R$ 268,80 (duzentos e sessenta e oito reais e oitenta centavos) por metro cúbico de álcool, no caso de venda realizada por distribuidor.

•• Inciso II acrescentado pela Lei n. 11.727, de 23-6-2008.

•• O Decreto n. 6.573, de 19-9-2008, reduz as alíquotas previstas neste inciso para R$ 21,43 (vinte e um reais e quarenta e três centavos) e R$ 98,57 (noventa e oito reais e cinquenta e sete centavos) por metro cúbico de álcool, no caso de venda realizada por distribuidor.

•• *Vide* art. 8.º da Lei n. 11.727, de 23-6-2008.

§ 5.º A opção prevista no § 4.º deste artigo será exercida, segundo normas e condições estabelecidas pela Secretaria da Receita Federal do Brasil, até o último dia útil do mês de novembro de cada ano-calendário, produzindo efeitos, de forma irretratável, durante todo o ano-calendário subsequente ao da opção.

•• § 5.º acrescentado pela Lei n. 11.727, de 23-6-2008.

§ 6.º No caso da opção efetuada nos termos dos §§ 4.º e 5.º deste artigo, a Secretaria da Receita Federal do Brasil divulgará o nome da pessoa jurídica optante e a data de início da opção.

•• § 6.º acrescentado pela Lei n. 11.727, de 23-6-2008.

§ 7.º A opção a que se refere este artigo será automaticamente prorrogada para o ano-calendário seguinte, salvo se a pessoa jurídica dela desistir, nos termos e condições estabelecidos pela Secretaria da Receita Federal do Brasil, até o último dia útil do mês de novembro do ano-

-calendário, hipótese em que a produção de efeitos se dará a partir do dia 1.º de janeiro do ano-calendário subsequente.

•• § 7.º acrescentado pela Lei n. 11.727, de 23-6-2008.

§ 8.º Fica o Poder Executivo autorizado a fixar coeficientes para redução das alíquotas previstas no *caput* e no § 4.º deste artigo, as quais poderão ser alteradas, para mais ou para menos, em relação a classe de produtores, produtos ou sua utilização.

•• § 8.º acrescentado pela Lei n. 11.727, de 23-6-2008.

•• O Decreto n. 6.573, de 19-9-2008, fixa em 0,6333 o coeficiente de redução das alíquotas da Contribuição para o PIS/PASEP e da COFINS, de que trata este parágrafo.

§ 9.º Na hipótese do § 8.º deste artigo, os coeficientes estabelecidos para o produtor e o importador poderão ser diferentes daqueles estabelecidos para o distribuidor.

•• § 9.º acrescentado pela Lei n. 11.727, de 23-6-2008.

§ 10. A aplicação dos coeficientes de que tratam os §§ 8.º e 9.º deste artigo não poderá resultar em alíquotas da Contribuição para o PIS/Pasep e da Cofins superiores a, respectivamente, 1,65% (um inteiro e sessenta e cinco centésimos por cento) e 7,6% (sete inteiros e seis décimos por cento) do preço médio de venda no varejo.

•• § 10 acrescentado pela Lei n. 11.727, de 23-6-2008.

§ 11. O preço médio a que se refere o § 10 deste artigo será determinado a partir de dados colhidos por instituição idônea, de forma ponderada com base nos volumes de álcool comercializados nos Estados e no Distrito Federal nos 12 (doze) meses anteriores ao da fixação dos coeficientes de que tratam os §§ 8.º e 9.º deste artigo.

•• § 11 acrescentado pela Lei n. 11.727, de 23-6-2008.

§ 12. No ano-calendário em que a pessoa jurídica iniciar atividades de produção, importação ou distribuição de álcool, a opção pelo regime especial poderá ser exercida em qualquer data, produzindo efeitos a partir do primeiro dia do mês em que for exercida.

•• § 12 acrescentado pela Lei n. 11.727, de 23-6-2008.

§ 13. O produtor e o importador de álcool, inclusive para fins carburantes, sujeitos ao regime de apuração não cumulativa da Contribuição para o PIS/Pasep e da Cofins, podem descontar créditos relativos à aquisição do produto para revenda de outro produtor ou de outro importador.

•• § 13 com redação determinada pela Lei n. 12.859, de 10-9-2013.

§ 14. Os créditos de que trata o § 13 deste artigo correspondem aos valores da Contribuição para o PIS/Pasep e da Cofins devidos pelo vendedor em decorrência da operação.

•• § 14 acrescentado pela Lei n. 11.727, de 23-6-2008.

§ 15. O disposto no § 14 deste artigo não se aplica às aquisições de álcool anidro para adição à gasolina, hipótese em que os valores dos créditos serão estabelecidos por ato do Poder Executivo.

•• § 15 acrescentado pela Lei n. 11.727, de 23-6-2008.

•• O Decreto n. 6.573, de 19-9-2008, determina que os valores dos créditos da Contribuição para o PIS/PASEP e da COFINS de que trata este parágrafo ficam estabelecidos, respectivamente, em R$ 3,21 (três reais e vinte e um centavos) e R$ 14,79 (quatorze reais e setenta e nove centavos) por metro cúbico de álcool, no caso de venda realizada por produtor ou importador; e R$ 16,07 (dezesseis reais e sete centavos) e R$ 73,93 (setenta e três reais e noventa e três centavos) por metro cúbico de álcool, no caso de venda realizada por distribuidor.

§ 16. Observado o disposto nos §§ 14 e 15 deste artigo, não se aplica às aquisições de que trata o § 13 deste artigo o disposto na alínea *b* do inciso I do *caput* do art. 3.º da Lei n. 10.637, de 30 de dezembro de 2002, e na alínea *b* do inciso I do *caput* do art. 3.º da Lei n. 10.833, de 29 de dezembro de 2003.

•• § 16 acrescentado pela Lei n. 11.727, de 23-6-2008.

§ 17. Na hipótese de o produtor ou importador efetuar a venda de álcool, inclusive para fins carburantes, para pessoa jurídica com a qual mantenha relação de interdependência, o valor tributável não poderá ser inferior a 32,43% (trinta e dois inteiros e quarenta e três centésimos por cento) do preço corrente de venda desse produto aos consumidores na praça desse produtor ou importador.

•• § 17 acrescentado pela Lei n. 11.727, de 23-6-2008.

•• A Lei n. 12.350, de 20-12-2010, propôs a revogação deste parágrafo, mas teve seu texto vetado.

§ 18. Para os efeitos do § 17 deste artigo, na verificação da existência de interdependência entre 2 (duas) pessoas jurídicas, aplicar-se-ão as disposições do art. 42 da Lei n. 4.502, de 30 de novembro de 1964.

•• § 18 acrescentado pela Lei n. 11.727, de 23-6-2008.

•• A Lei n. 12.350, de 20-12-2010, propôs a revogação deste parágrafo, mas teve seu texto vetado.

§ 19. O disposto no § 3.º não se aplica às pessoas jurídicas controladas por produtores de álcool ou interligadas a produtores de álcool, seja diretamente ou por intermédio de cooperativas de produtores, ficando sujeitas às disposições da legislação da contribuição para o PIS/Pasep e da Cofins aplicáveis à pessoa jurídica produtora.

•• § 19 acrescentado pela Lei n. 11.945, de 4-6-2009.

Art. 6.º O disposto no art. 4.º desta Lei aplica-se, também, aos demais produtores e importadores dos produtos ali referidos.

•• *Caput* com redação determinada pela Lei n. 9.990, de 21-7-2000.

Parágrafo único. (*Revogado pela Lei n. 11.727, de 23-6-2008.*)

Art. 7.º No caso de construção por empreitada ou de fornecimento a preço predeterminado de bens ou serviços, contratados por pessoa jurídica de direito público, empresa pública, sociedade de economia mista ou suas subsidiárias, o pagamento das contribuições de que trata o art. 2.º desta Lei poderá ser diferido, pelo contratado, até a data do recebimento do preço.

Parágrafo único. A utilização do tratamento tributário previsto no *caput* deste artigo é facultada ao subempreiteiro ou subcontratado, na hipótese de subcontratação parcial ou total da empreitada ou do fornecimento.

Art. 8.º Fica elevada para 3% (três por cento) a alíquota da COFINS.

§§ 1.º a 4.º (*Revogados pela Medida Provisória n. 2.158-35, de 24-8-2001.*)

Art. 8.º-A. Fica elevada para 4% (quatro por cento) a alíquota da Contribuição para o Financiamento da Seguridade Social – COFINS devida pelas pessoas jurídicas referidas no § 9.º do art. 3.º desta Lei, observada a norma de interpretação do § 9.º-A, produzindo efeitos a partir do 1.º (primeiro) dia do 4.º (quarto) mês subsequente ao da publicação da lei decorrente da conversão da Medida Provisória n. 619, de 6 de junho de 2013, exclusivamente quanto à alíquota.

•• Artigo 8.º-A acrescentado pela Lei n. 12.873, de 24-10-2013.

Art. 8.º-B. A Cofins incidente sobre as receitas decorrentes da alienação de participações societárias deve ser apurada mediante a aplicação da alíquota de 4% (quatro por cento).

•• Artigo acrescentado pela Lei n. 13.043, de 13-11-2014.

Capítulo II
DO IMPOSTO SOBRE A RENDA

Art. 9.º As variações monetárias dos direitos de crédito e das obrigações do contribuinte, em função da taxa de câmbio ou de índices ou coeficientes aplicáveis por disposição legal ou contratual serão consideradas, para efeitos da legislação do imposto de renda, da contribuição social sobre o lucro líquido, da contribuição PIS/PASEP e da COFINS, como receitas ou despesas financeiras, conforme o caso.

....

Art. 11. Sem prejuízo do disposto nos incisos III e IV do art. 7.º da Lei n. 9.532, de 1997, a pessoa jurídica sucessora poderá classificar, no patrimônio líquido, alternativamente ao disposto no § 2.º do mencionado artigo, a conta que registrar o ágio ou deságio nele mencionado.

Parágrafo único. O disposto neste artigo aplica-se aos fatos geradores ocorridos a partir de 1.º de janeiro de 1998.

Art. 12. Sem prejuízo das normas de tributação aplicáveis aos não residentes no País, sujeitar-se-á à tributação pelo imposto de renda, como residente, a pessoa física que ingressar no Brasil:

I – com visto temporário:

a) para trabalhar com vínculo empregatício, em relação aos fatos geradores ocorridos a partir da data de sua chegada;

b) por qualquer outro motivo, e permanecer por período superior a 183 (cento e oitenta e três) dias, consecutivos ou não, contado, dentro de um intervalo de 12 (doze) meses, da data de qualquer chegada, em relação aos fatos geradores ocorridos a partir do dia subsequente àquele em que se completar referido período de permanência;

II – com visto permanente, em relação aos fatos geradores ocorridos a partir de sua chegada.

Parágrafo único. A Secretaria da Receita Federal expedirá normas quanto às obrigações acessórias decorrentes da aplicação do disposto neste artigo.

•• A Secretaria da Receita Federal passa a denominar-se Secretaria da Receita Federal do Brasil, por força da Lei n. 11.457, de 16-3-2007.

Art. 13. A pessoa jurídica cuja receita bruta total no ano-calendário anterior tenha sido igual ou inferior a R$ 78.000.000,00 (setenta e oito milhões de reais) ou a R$ 6.500.000,00 (seis milhões e quinhentos mil reais) multiplicado pelo número de meses de atividade do ano-calendário anterior, quando inferior a 12 (doze) meses, poderá optar pelo regime de tributação com base no lucro presumido.

•• *Caput* com redação determinada pela Lei n. 12.814, de 16-5-2013.

§ 1.º A opção pela tributação com base no lucro presumido será definitiva em relação a todo o ano-calendário.

§ 2.º Relativamente aos limites estabelecidos neste artigo, a receita bruta auferida no ano anterior será considerada segundo o regime de competência ou de caixa, observado o critério adotado pela pessoa jurídica, caso tenha, naquele ano, optado pela tributação com base no lucro presumido.

Art. 14. Estão obrigadas à apuração do lucro real as pessoas jurídicas:

I – cuja receita total no ano-calendário anterior seja superior ao limite de R$ 78.000.000,00 (setenta e oito milhões de reais) ou proporcional ao número de meses do período, quando inferior a 12 (doze) meses;

•• Inciso I com redação determinada pela Lei n. 12.814, de 16-5-2013.

II – cujas atividades sejam de bancos comerciais, bancos de investimentos, bancos de desenvolvimento, caixas econômicas, sociedades de crédito, financiamento e investimento, sociedades de crédito imobiliário, sociedades corretoras de títulos, valores mobiliários e câmbio, distribuidoras de títulos e valores mobiliários, empresas de arrendamento mercantil, cooperativas de crédito, empresas de seguros privados e de capitalização e entidades de previdência privada aberta;

III – que tiverem lucros, rendimentos ou ganhos de capital oriundos do exterior;

IV – que, autorizadas pela legislação tributária, usufruam de benefícios fiscais relativos à isenção ou redução do imposto;

V – que, no decorrer do ano-calendário, tenham efetuado pagamento mensal pelo regime de estimativa, na forma do art. 2.º da Lei n. 9.430, de 1996;

VI – que explorem as atividades de prestação cumulativa e contínua de serviços de assessoria creditícia, mercadológica, gestão de crédito, seleção e riscos, administração de contas a pagar e a receber, compras de direitos creditórios resultantes de vendas mercantis a prazo ou de prestação de serviços (*factoring*);

VII – que explorem as atividades de securitização de créditos imobiliários, financeiros e do agronegócio.

•• Inciso VII acrescentado pela Lei n. 12.249, de 11-6-2010.

CAPÍTULO III
DO IMPOSTO SOBRE OPERAÇÕES DE CRÉDITO, CÂMBIO E SEGURO, OU RELATIVAS A TÍTULOS OU VALORES MOBILIÁRIOS

•• Regulamento: Decreto n. 6.306, de 14-12-2007.

Art. 15. A alíquota do Imposto sobre Operações de Crédito, Câmbio e Seguro, ou relativas a Títulos ou Valores Mobiliários – IOF nas operações de seguro será de 25% (vinte e cinco por cento).

•• *Vide* art. 22 do Decreto n. 6.306, de 14-12-2007.

CAPÍTULO IV
DAS DISPOSIÇÕES GERAIS E FINAIS

Art. 16. A pessoa jurídica que, obrigada a apresentar, à Secretaria da Receita Federal, declaração de informações, deixar de fazê-lo ou fizer após o prazo fixado para sua apresentação, sujeitar-se-á à multa de 1% (um por cento) ao mês ou fração, incidente sobre o imposto de renda devido, ainda que integralmente pago, relativo ao ano-calendário a que corresponderem as respectivas informações.

•• A Secretaria da Receita Federal passa a denominar-se Secretaria da Receita Federal do Brasil, por força da Lei n. 11.457, de 16-3-2007.

Parágrafo único. Ao disposto neste artigo aplicam-se as normas constantes dos §§ 1.° a 3.° do art. 88 da Lei n. 8.981, de 20 de janeiro de 1995, e do art. 27 da Lei n. 9.532, de 1997.

Art. 17. Esta Lei entra em vigor na data de sua publicação, produzindo efeitos:

I – em relação aos arts. 2.° a 8.°, para os fatos geradores ocorridos a partir de 1.° de fevereiro de 1999;

II – em relação aos arts. 9.° e 12 a 15, a partir de 1.° de janeiro de 1999.

Art. 18. Ficam revogados, a partir de 1.° de janeiro de 1999:

I – o § 2.° do art. 1.° do Decreto-lei n. 1.330, de 13 de maio de 1974;

II – o § 2.° do art. 4.° do Decreto-lei n. 1.506, de 23 de dezembro de 1976;

III – o art. 36 e o inciso VI do art. 47 da Lei n. 8.981, de 1995;

IV – o § 4.° do art. 15 da Lei n. 9.532, de 1997.

Brasília, 27 de novembro de 1998; 177.° da Independência e 110.° da República.

FERNANDO HENRIQUE CARDOSO

LEI N. 9.779, DE 19 DE JANEIRO DE 1999 (*)

Altera a legislação do Imposto sobre a Renda, relativamente à tributação dos Fundos de Investimento Imobiliário e dos rendimentos auferidos em aplicação ou operação financeira de renda fixa ou variável, ao Sistema Integrado de Pagamento de Impostos e Contribuições das Microempresas e das Empresas de Pequeno Porte – SIMPLES, à incidência sobre rendimentos de beneficiários no exterior, bem assim a legislação do Imposto sobre Produtos Industrializados – IPI, relativamente ao aproveitamento de créditos e à equiparação de atacadista a estabelecimento industrial, do Imposto sobre Operações de Crédito, Câmbio e Seguros ou relativas a Títulos e Valores Mobiliários – IOF, relativamente às operações de mútuo, e da Contribuição Social sobre o Lucro Líquido, relativamente às despesas financeiras, e dá outras providências.

Faço saber que o Presidente da República adotou a Medida Provisória n. 1.788, de 29 de

(*) Publicada no *DOU*, de 20-1-1999.

dezembro de 1998, que o Congresso Nacional aprovou, e eu, Antonio Carlos Magalhães, Presidente, para os efeitos do disposto no parágrafo único do art. 62 da Constituição Federal, promulgo a seguinte Lei:

....

Art. 3.º Os lucros acumulados até 31 de dezembro de 1998 pelos Fundos de Investimento Imobiliário constituídos antes da publicação desta Lei, que forem distribuídos até 31 de janeiro de 1999, sujeitar-se-ão à incidência do imposto de renda na fonte à alíquota de 20% (vinte por cento).

Parágrafo único. Os lucros a que se refere este artigo, distribuídos após 31 de janeiro de 1999, sujeitar-se-ão à incidência do imposto de renda na fonte à alíquota de 25% (vinte e cinco por cento).

Art. 4.º Ressalvada a responsabilidade da fonte pagadora pela retenção do imposto sobre os rendimentos de que trata o art. 16-A da Lei n. 8.668, de 1993, com a redação dada por esta Lei, fica a instituição administradora do Fundo de Investimento Imobiliário responsável pelo cumprimento das demais obrigações tributárias, inclusive acessórias, do Fundo.

Art. 5.º Os rendimentos auferidos em qualquer aplicação ou operação financeira de renda fixa ou de renda variável sujeitam-se à incidência do imposto de renda na fonte, mesmo no caso das operações de cobertura (*hedge*), realizadas por meio de operações de *swap* e outras, nos mercados de derivativos.

Parágrafo único. A retenção na fonte de que trata este artigo não se aplica no caso de beneficiário referido no inciso I do art. 77 da Lei n. 8.981, de 20 de janeiro de 1995, com redação dada pela Lei n. 9.065, de 20 de junho de 1995.

....

Art. 7.º Os rendimentos do trabalho, com ou sem vínculo empregatício, de aposentadoria, de pensão e os da prestação de serviços, pagos, creditados, entregues, empregados ou remetidos a residentes ou domiciliados no exterior, sujeitam-se à incidência do imposto de renda na fonte à alíquota de 25% (vinte e cinco por cento).

•• *Caput* com redação determinada pela Lei n. 13.315, de 20-7-2016.

• A Instrução Normativa n. 252, de 3-12-2002, da Secretaria da Receita Federal, dispõe sobre a incidência do imposto de renda na fonte sobre rendimentos pagos, creditados, empregados, entregues ou remetidos para pessoas jurídicas domiciliadas no exterior.

§ 1.º (*Vetado.*)

•• § 1.º acrescentado pela Lei n. 13.315, de 20-7-2016.

§ 2.º (*Vetado.*)

•• § 2.º acrescentado pela Lei n. 13.315, de 20-7-2016.

Art. 8.º Ressalvadas as hipóteses a que se referem os incisos V, VIII, IX, X e XI do art. 1.º da Lei n. 9.481, de 13 de agosto de 1997, os rendimentos decorrentes de qualquer operação, em que o beneficiário seja residente ou domiciliado em país que não tribute a renda ou que a tribute à alíquota máxima inferior a 20% (vinte por cento), a que se refere o art. 24 da Lei n. 9.430, de 27 de dezembro de 1996, sujeitam-se à incidência do imposto de renda na fonte à alíquota de 25% (vinte e cinco por cento).

Art. 9.º Os juros e comissões correspondentes à parcela dos créditos de que trata o inciso XI do art. 1.º da Lei n. 9.481, de 1997, não aplicada no financiamento de exportações, sujeita-se à incidência do imposto de renda na fonte à alíquota de 25% (vinte e cinco por cento).

Parágrafo único. O imposto a que se refere este artigo será recolhido até o último dia útil do 1.º (primeiro) decêndio do mês subsequente ao de apuração dos referidos juros e comissões.

•• Parágrafo único com redação determinada pela Lei n. 11.488, de 15-6-2007.

....

Art. 11. O saldo credor do Imposto sobre Produtos Industrializados – IPI, acumulado em cada trimestre-calendário, decorrente de aquisição de matéria-prima, produto intermediário e material de embalagem, aplicados na industrialização, inclusive de produto isento ou tributado à alíquota zero, que o contribuinte não puder compensar com o IPI devido na saída de outros produtos, poderá ser utilizado de conformidade com o disposto nos arts. 73 e 74 da Lei n. 9.430, de 1996, observadas normas expedidas pela Secretaria da Receita Federal – SRF, do Ministério da Fazenda.

•• A Secretaria da Receita Federal passa a denominar-se Secretaria da Receita Federal do Brasil, por força da Lei n. 11.457, de 16-3-2007.

....

Art. 13. As operações de crédito correspondentes a mútuo de recursos financeiros entre pessoas jurídicas ou entre pessoa jurídica e pessoa física sujeitam-se à incidência do IOF segundo as mesmas normas aplicáveis às operações de financiamento e empréstimos praticadas pelas instituições financeiras.

§ 1.º Considera-se ocorrido o fato gerador do IOF, na hipótese deste artigo, na data da concessão do crédito.

§ 2.º Responsável pela cobrança e recolhimento do IOF de que trata este artigo é a pessoa jurídica que conceder o crédito.

§ 3.º O imposto cobrado na hipótese deste artigo deverá ser recolhido até o terceiro dia útil da semana subsequente à da ocorrência do fato gerador.

•• Regulamenta a cobrança do IOF o Decreto n. 6.306, de 14-12-2007.

....

Art. 15. Serão efetuados, de forma centralizada, pelo estabelecimento matriz da pessoa jurídica:

I – o recolhimento do imposto de renda retido na fonte sobre quaisquer rendimentos;

II – a apuração do crédito presumido do Imposto sobre Produtos Industrializados – IPI de que trata a Lei n. 9.363, de 13 de dezembro de 1996;

III – a apuração e o pagamento das contribuições para o Programa de Integração Social e para o Programa de Formação do Patrimônio do Servidor Público – PIS/PASEP e para o Financiamento da Seguridade Social – COFINS;

IV – a apresentação das declarações de débitos e créditos de tributos e contribuições federais e as declarações de informações, observadas normas estabelecidas pela Secretaria da Receita Federal.

•• A Secretaria da Receita Federal passa a denominar-se Secretaria da Receita Federal do Brasil, por força da Lei n. 11.457, de 16-3-2007.

Art. 16. Compete à Secretaria da Receita Federal dispor sobre as obrigações acessórias relativas aos impostos e contribuições por ela administrados, estabelecendo, inclusive, forma, prazo e condições para o seu cumprimento e o respectivo responsável.

•• *Vide* nota ao art. 15, IV, desta Lei.

Art. 17. Fica concedido ao contribuinte ou responsável exonerado do pagamento de tributo ou contribuição por decisão judicial proferida, em qualquer grau de jurisdição, com fundamento em inconstitucionalidade de lei, que houver sido declarada constitucional pelo Supremo Tribunal Federal, em ação direta de constitucionalidade ou inconstitucionalidade, o prazo até o último dia útil do mês de janeiro de 1999 para o pagamento, isento de multa e juros de mora, da exação alcançada pela decisão declaratória, cujo fato gerador tenha ocorrido posteriormente à data de publicação do pertinente acórdão do Supremo Tribunal Federal.

•• A Medida Provisória n. 2.158-35, de 24-8-2001, prorrogou o prazo previsto neste artigo para o último dia útil do mês de fevereiro de 1999. Relativamente às contribuições arrecadadas pelo INSS, o prazo fica prorrogado para o último dia útil do mês de abril de 1999.

§ 1.º O disposto neste artigo estende-se:

I – aos casos em que a declaração de constitucionalidade tenha sido proferida pelo Supremo Tribunal Federal, em recurso extraordinário;

II – a contribuinte ou responsável favorecido por decisão judicial definitiva em matéria tributária, proferida sob qualquer fundamento, em qualquer grau de jurisdição;

III – aos processos judiciais ajuizados até 31 de dezembro de 1998, exceto os relativos à execução da Dívida Ativa da União.

•• § 1.º acrescentado pela Medida Provisória n. 2.158-35, de 24-8-2001.

§ 2.º O pagamento na forma do *caput* deste artigo aplica-se à exação relativa a fato gerador:

I – ocorrido a partir da data da publicação do primeiro Acórdão do Tribunal Pleno do Supremo Tribunal Federal, na hipótese do inciso I do § 1.º;

II – ocorrido a partir da data da publicação da decisão judicial, na hipótese do inciso II do § 1.º;

III – alcançado pelo pedido, na hipótese do inciso III do § 1.º.

•• § 2.º acrescentado pela Medida Provisória n. 2.158-35, de 24-8-2001.

§ 3.º O pagamento referido neste artigo:

I – importa em confissão irretratável da dívida;

II – constitui confissão extrajudicial, nos termos dos arts. 348, 353 e 354 do Código de Processo Civil;

•• A referência é feita ao CPC de 1973. Dispositivos correspondentes no CPC de 2015: arts. 389, 394 e 395.

III – poderá ser parcelado em até 6 (seis) parcelas iguais, mensais e sucessivas, vencendo-se a primeira no mesmo prazo estabelecido no *caput* para o pagamento integral e as demais no último dia útil dos meses subsequentes;

IV – relativamente aos tributos e contribuições administrados pela Secretaria da Receita Federal, poderá ser efetuado em quota única, até o último dia útil do mês de julho de 1999.

•• § 3.º acrescentado pela Medida Provisória n. 2.158-35, de 24-8-2001.

•• A Secretaria da Receita Federal passa a denominar-se Secretaria da Receita Federal do Brasil, por força da Lei n. 11.457, de 16-3-2007.

§ 4.º As prestações do parcelamento referido no inciso III do § 3.º serão acrescidas de juros equivalentes à taxa referencial do Sistema Especial de Liquidação e de Custódia – SELIC, para títulos federais, acumulada mensalmente, calculados a partir do mês de vencimento da primeira parcela até o mês anterior ao pagamento e de um por cento no mês do pagamento.

•• § 4.º acrescentado pela Medida Provisória n. 2.158-35, de 24-8-2001.

§ 5.º Na hipótese do inciso IV do § 3.º, os juros a que se refere o § 4.º serão calculados a partir do mês de fevereiro de 1999.

•• § 5.º acrescentado pela Medida Provisória n. 2.158-35, de 24-8-2001.

§ 6.º O pagamento nas condições deste artigo poderá ser parcial, referente apenas a determinado objeto da ação judicial, quando esta envolver mais de um objeto.

•• § 6.º acrescentado pela Medida Provisória n. 2.158-35, de 24-8-2001.

§ 7.º No caso de pagamento parcial, o disposto nos incisos I e II do § 3.º alcança exclusivamente os valores pagos.

•• § 7.º acrescentado pela Medida Provisória n. 2.158-35, de 24-8-2001.

§ 8.º Aplica-se o disposto neste artigo às contribuições arrecadadas pelo Instituto Nacional do Seguro Social – INSS.

•• § 8.º acrescentado pela Medida Provisória n. 2.158-35, de 24-8-2001.

Art. 18. O importador, antes de aplicada a pena de perdimento da mercadoria na hipótese a que se refere o inciso II do art. 23 do Decreto-lei n. 1.455, de 7 de abril de 1976, poderá iniciar o respectivo despacho aduaneiro, mediante o cumprimento das formalidades exigidas e o pagamento dos tributos incidentes na importação, acrescidos dos juros e da multa de que trata o art. 61 da Lei n. 9.430, de 1996, e das despesas decorrentes da permanência da mercadoria em recinto alfandegado.

•• O inciso II do art. 23 do Decreto-lei n. 1.455, de 7-4-1976, dispõe sobre mercadorias importadas consideradas abandonadas pelo decurso do prazo de permanência em recintos alfandegados.

Parágrafo único. Para efeito do disposto neste artigo, considera-se ocorrido o fato gerador, e devidos os tributos incidentes na importação, na data do vencimento do prazo de permanência da mercadoria no recinto alfandegado.

Art. 19. A pena de perdimento, aplicada na hipótese a que se refere o *caput* do art. 18, poderá ser convertida, a requerimento do importador, antes de ocorrida a destinação, em multa equivalente ao valor aduaneiro da mercadoria.

Parágrafo único. A entrega da mercadoria ao importador, em conformidade com o disposto neste artigo, fica condicionada à comprovação do pagamento da multa e ao atendimento das normas de controle administrativo.

Art. 20. A SRF expedirá os atos necessários à aplicação do disposto nos arts. 18 e 19.

Art. 21. Esta Lei entra em vigor na data de sua publicação.

Art. 22. Ficam revogados:

I – a partir da publicação desta Lei, o art. 19 da Lei n. 9.532, de 1997;

II – a partir de 1.º de janeiro de 1999:

a) o art. 13 da Lei n. 8.218, de 29 de agosto de 1991, com redação dada pela Lei n. 8.383, de 30 de dezembro de 1991;

b) o art. 42 da Lei n. 9.532, de 1997.

Congresso Nacional, em 19 de janeiro de 1999; 178.º da Independência e 111.º da República.

Antonio Carlos Magalhães

LEI N. 9.873, DE 23 DE NOVEMBRO DE 1999 (*)

Estabelece prazo de prescrição para o exercício de ação punitiva pela Administração Pública Federal, direta e indireta, e dá outras providências.

Faço saber que o Presidente da República adotou a Medida Provisória n. 1.859-17, de 1999, que o Congresso Nacional aprovou, e eu, Antonio Carlos Magalhães, Presidente, para os efeitos do disposto no parágrafo único do art. 62 da Constituição Federal, promulgo a seguinte Lei:

Art. 1.º Prescreve em 5 (cinco) anos a ação punitiva da Administração Pública Federal, direta e indireta, no exercício do poder de polícia, objetivando apurar infração à legislação em vigor, contados da data da prática do ato ou, no caso de infração permanente ou continuada, do dia em que tiver cessado.

§ 1.º Incide a prescrição no procedimento administrativo paralisado por mais de 3 (três) anos, pendente de julgamento ou despacho, cujos autos serão arquivados de ofício ou mediante requerimento da parte interessada, sem prejuízo da apuração da responsabilidade funcional decorrente da paralisação, se for o caso.

§ 2.º Quando o fato objeto da ação punitiva da Administração também constituir crime, a prescrição reger-se-á pelo prazo previsto na lei penal.

Art. 1.º-A. Constituído definitivamente o crédito não tributário, após o término regular do processo administrativo, prescreve em 5 (cinco) anos a ação de execução da administração pública federal relativa a crédito decorrente da aplicação de multa por infração à legislação em vigor.

•• Artigo acrescentado pela Lei n. 11.941, de 27-5-2009.

Art. 2.º Interrompe-se a prescrição da ação punitiva:

•• *Caput* com redação determinada pela Lei n. 11.941, de 27-5-2009.

I – pela notificação ou citação do indiciado ou acusado, inclusive por meio de edital;

•• Inciso I com redação determinada pela Lei n. 11.941, de 27-5-2009.

(*) Publicada no *DOU*, de 24-11-1999.

II – por qualquer ato inequívoco, que importe apuração do fato;

III – pela decisão condenatória recorrível;

IV – por qualquer ato inequívoco que importe em manifestação expressa de tentativa de solução conciliatória no âmbito interno da administração pública federal.

•• Inciso IV acrescentado pela Lei n. 11.941, de 27-5-2009.

Art. 2.º-A. Interrompe-se o prazo prescricional da ação executória:

•• *Caput* acrescentado pela Lei n. 11.941, de 27-5-2009.

I – pelo despacho do juiz que ordenar a citação em execução fiscal;

•• Inciso I acrescentado pela Lei n. 11.941, de 27-5-2009.

II – pelo protesto judicial;

•• Inciso II acrescentado pela Lei n. 11.941, de 27-5-2009.

III – por qualquer ato judicial que constitua em mora o devedor;

•• Inciso III acrescentado pela Lei n. 11.941, de 27-5-2009.

IV – por qualquer ato inequívoco, ainda que extrajudicial, que importe em reconhecimento do débito pelo devedor;

•• Inciso IV acrescentado pela Lei n. 11.941, de 27-5-2009.

V – por qualquer ato inequívoco que importe em manifestação expressa de tentativa de solução conciliatória no âmbito interno da administração pública federal.

•• Inciso V acrescentado pela Lei n. 11.941, de 27-5-2009.

Art. 3.º Suspende-se a prescrição durante a vigência:

I – dos compromissos de cessação ou de desempenho, respectivamente, previstos nos arts. 53 e 58 da Lei n. 8.884, de 11 de junho de 1994;

II – (*Revogado pela Lei n.13.506, de 13-11-2017*);

Art. 4.º Ressalvadas as hipóteses de interrupção previstas no art. 2.º, para as infrações ocorridas há mais de 3 (três) anos, contados do dia 1.º de julho de 1998, a prescrição operará em 2 (dois) anos, a partir dessa data.

Art. 5.º O disposto nesta Lei não se aplica às infrações de natureza funcional e aos processos e procedimentos de natureza tributária.

Art. 6.º Ficam convalidados os atos praticados com base na Medida Provisória n. 1.859-16, de 24 de setembro de 1999.

Art. 7.º Esta Lei entra em vigor na data de sua publicação.

Art. 8.º Ficam revogados o art. 33 da Lei n. 6.385, de 1976, com a redação dada pela Lei n. 9.457, de 1997, o art. 28 da Lei n. 8.884, de 1994, e demais disposições em contrário, ainda que constantes de lei especial.

Congresso Nacional, em 23 de novembro de 1999; 178.º da Independência e 111.º da República.

Antonio Carlos Magalhães

LEI N. 9.964, DE 10 DE ABRIL DE 2000 (*)

Institui o Programa de Recuperação Fiscal – Refis e dá outras providências, e altera as Leis n. 8.036, de 11 de maio de 1990, e 8.844, de 20 de janeiro de 1994.

O Presidente da República.

Faço saber que o Congresso Nacional decreta e eu sanciono a seguinte Lei:

Art. 1.º É instituído o Programa de Recuperação Fiscal – Refis, destinado a promover a regularização de créditos da União, decorrentes de débitos de pessoas jurídicas, relativos a tributos e contribuições, administrados pela Secretaria da Receita Federal e pelo Instituto Na-

(*) Publicada no *DOU*, de 11-4-2000. Regulamentada pelos Decretos n. 3.431, de 24-4-2000, e n. 3.712, de 27-12-2000.

cional do Seguro Social – INSS, com vencimento até 29 de fevereiro de 2000, constituídos ou não, inscritos ou não em dívida ativa, ajuizados ou a ajuizar, com exigibilidade suspensa ou não, inclusive os decorrentes de falta de recolhimento de valores retidos.

•• A Secretaria da Receita Federal passa a denominar-se Secretaria da Receita Federal do Brasil, por força da Lei n. 11.457, de 16-3-2007.

§ 1.º O Refis será administrado por um Comitê Gestor, com competência para implementar os procedimentos necessários à execução do Programa, observado o disposto no regulamento.

§ 2.º O Comitê Gestor será integrado por um representante de cada órgão a seguir indicado, designados por seus respectivos titulares:

I – Ministério da Fazenda:

a) Secretaria da Receita Federal, que o presidirá;

b) Procuradoria-Geral da Fazenda Nacional;

II – (*Revogado pela Lei n. 11.941, de 27-5-2009.*)

§ 3.º O Refis não alcança débitos:

I – de órgãos da administração pública direta, das fundações instituídas e mantidas pelo poder público e das autarquias;

II – relativos ao Imposto sobre a Propriedade Territorial Rural – ITR;

III – relativos a pessoa jurídica cindida a partir de 1.º de outubro de 1999.

Art. 2.º O ingresso no Refis dar-se-á por opção da pessoa jurídica, que fará jus a regime especial de consolidação e parcelamento dos débitos fiscais a que se refere o art. 1.º.

§ 1.º A opção poderá ser formalizada até o último dia útil do mês de abril de 2000.

§ 2.º Os débitos existentes em nome da optante serão consolidados tendo por base a data da formalização do pedido de ingresso no Refis.

§ 3.º A consolidação abrangerá todos os débitos existentes em nome da pessoa jurídica, na condição de contribuinte ou responsável, constituídos ou não, inclusive os acréscimos legais relativos a multa, de mora ou de ofício, a juros moratórios e demais encargos, determinados nos termos da legislação vigente à época da ocorrência dos respectivos fatos geradores.

§ 4.º O débito consolidado na forma deste artigo:

I – independentemente da data de formalização da opção, sujeitar-se-á, a partir de 1.º de março de 2000, a juros correspondentes à variação mensal da Taxa de Juros de Longo Prazo – TJLP, vedada a imposição de qualquer outro acréscimo;

•• Inciso I com redação determinada pela Lei n. 10.189, de 14-2-2001.

II – será pago em parcelas mensais e sucessivas, vencíveis no último dia útil de cada mês, sendo o valor de cada parcela determinado em função de percentual da receita bruta do mês imediatamente anterior, apurada na forma do art. 31 e parágrafo único da Lei n. 8.981, de 20 de janeiro de 1995, não inferior a:

a) 0,3% (três décimos por cento), no caso de pessoa jurídica optante pelo Sistema Integrado de Pagamento de Impostos e Contribuições das Microempresas e Empresas de Pequeno Porte – Simples e de entidade imune ou isenta por finalidade ou objeto;

b) 0,6% (seis décimos por cento), no caso de pessoa jurídica submetida ao regime de tributação com base no lucro presumido;

c) 1,2% (um inteiro e dois décimos por cento), no caso de pessoa jurídica submetida ao regime de tributação com base no lucro real, relativamente às receitas decorrentes das atividades comerciais, industriais, médico-hospitalares, de transporte, de ensino e de construção civil;

d) 1,5% (um inteiro e cinco décimos por cento), nos demais casos.

§ 5.º No caso de sociedade em conta de participação, os débitos e as receitas brutas serão considerados individualizadamente, por sociedade.

§ 6.º Na hipótese de crédito com exigibilidade suspensa por força do disposto no inciso IV do art. 151 da Lei n. 5.172, de 25 de outubro de 1966, a inclusão, no Refis, dos respectivos débitos, implicará dispensa dos juros de mora incidentes até a data de opção, condicionada ao encerramento do feito por desistência expressa e irrevogável da respectiva ação judicial e de qualquer outra, bem assim à renúncia do direito, sobre os mesmos débitos, sobre o qual se funda a ação.

§ 7.º Os valores correspondentes a multa, de mora ou de ofício, e a juros moratórios, inclusive as relativas a débitos inscritos em dívida ativa, poderão ser liquidados, observadas as normas constitucionais referentes à vinculação e à partilha de receitas, mediante:

I – compensação de créditos, próprios ou de terceiros, relativos a tributo ou contribuição incluído no âmbito do Refis;

II – a utilização de prejuízo fiscal e de base de cálculo negativa da contribuição social sobre o lucro líquido, próprios ou de terceiros, estes declarados à Secretaria da Receita Federal até 31 de outubro de 1999.

•• A Secretaria da Receita Federal passa a denominar-se Secretaria da Receita Federal do Brasil, por força da Lei n. 11.457, de 16-3-2007.

§ 8.º Na hipótese do inciso II do § 7.º, o valor a ser utilizado será determinado mediante a aplicação, sobre o montante do prejuízo fiscal e da base de cálculo negativa, das alíquotas de 15% (quinze por cento) e de 8% (oito por cento), respectivamente.

§ 9.º Ao disposto neste artigo aplica-se a redução de multa a que se refere o art. 60 da Lei n. 8.383, de 30 de dezembro de 1991.

§ 10. A multa de mora incidente sobre os débitos relativos às contribuições administradas pelo INSS, incluídas no Refis em virtude de confissão espontânea, sujeita-se ao limite estabelecido no art. 61 da Lei n. 9.430, de 27 de dezembro de 1996.

Art. 3.º A opção pelo Refis sujeita a pessoa jurídica a:

I – confissão irrevogável e irretratável dos débitos referidos no art. 2.º;

II – autorização de acesso irrestrito, pela Secretaria da Receita Federal, às informações relativas à sua movimentação financeira, ocorrida a partir da data de opção pelo Refis;

•• A Secretaria da Receita Federal passa a denominar-se Secretaria da Receita Federal do Brasil, por força da Lei n. 11.457, de 16-3-2007.

III – acompanhamento fiscal específico, com fornecimento periódico, em meio magnético, de dados, inclusive os indiciários de receitas;

IV – aceitação plena e irretratável de todas as condições estabelecidas;

V – cumprimento regular das obrigações para com o Fundo de Garantia do Tempo de Serviço – FGTS e para com o ITR;

VI – pagamento regular das parcelas do débito consolidado, bem assim dos tributos e das contribuições com vencimento posterior a 29 de fevereiro de 2000.

§ 1.º A opção pelo Refis exclui qualquer outra forma de parcelamento de débitos relativos aos tributos e às contribuições referidos no art. 1.º.

§ 2.º O disposto nos incisos II e III do *caput* aplica-se, exclusivamente, ao período em que a pessoa jurídica permanecer no Refis.

§ 3.º A opção implica manutenção automática dos gravames decorrentes de medida cautelar fiscal e das garantias prestadas nas ações de execução fiscal.

§ 4.º Ressalvado o disposto no § 3.º, a homologação da opção pelo Refis é condicionada à prestação de garantia ou, a critério da pessoa jurídica, ao arrolamento dos bens integrantes do seu patrimônio, na forma do art. 64 da Lei n. 9.532, de 10 de dezembro de 1997.

§ 5.º São dispensadas das exigências referidas no § 4.º as pessoas jurídicas optantes pelo Simples e aquelas cujo débito consolidado seja inferior a R$ 500.000,00 (quinhentos mil reais).

§ 6.º Não poderão optar pelo Refis as pessoas jurídicas de que tratam os incisos II e VI do art. 14 da Lei n. 9.718, de 27 de novembro de 1998.

Art. 4.º As pessoas jurídicas de que tratam os incisos I e III a V do art. 14 da Lei n. 9.718, de 1998, poderão optar, durante o período em que submetidas ao Refis, pelo regime de tributação com base no lucro presumido.

•• *Caput* regulamentado pela Instrução Normativa n. 16, da Secretaria da Receita Federal, de 15-2-2001.

Parágrafo único. Na hipótese deste artigo, as pessoas jurídicas referidas no inciso III do art. 14 da Lei n. 9.718, de 1998, deverão adicionar os lucros, rendimentos e ganhos de capital oriundos do exterior ao lucro presumido e à base de cálculo da contribuição social sobre o lucro líquido.

Art. 5.º A pessoa jurídica optante pelo Refis será dele excluída nas seguintes hipóteses, mediante ato do Comitê Gestor:

I – inobservância de qualquer das exigências estabelecidas nos incisos I a V do *caput* do art. 3.º;

II – inadimplência, por 3 (três) meses consecutivos ou 6 (seis) meses alternados, o que primeiro ocorrer, relativamente a qualquer dos tributos e das contribuições abrangidos pelo Refis, inclusive os com vencimento após 29 de fevereiro de 2000;

III – constatação, caracterizada por lançamento de ofício, de débito correspondente a tributo ou contribuição abrangidos pelo Refis e não incluídos na confissão a que se refere o inciso I do *caput* do art. 3.º, salvo se integralmente pago no prazo de 30 (trinta) dias, contado da ciência do lançamento ou da decisão definitiva na esfera administrativa ou judicial;

IV – compensação ou utilização indevida de créditos, prejuízo fiscal ou base de cálculo negativa referidos nos §§ 7.º e 8.º do art. 2.º;

V – decretação de falência, extinção, pela liquidação, ou cisão da pessoa jurídica;

•• Das hipóteses de inaplicabilidade deste inciso: *vide* art. 4.º da Lei n. 10.189, de 14-2-2001.

VI – concessão de medida cautelar fiscal, nos termos da Lei n. 8.397, de 6 de janeiro de 1992;

VII – prática de qualquer procedimento tendente a subtrair receita da optante, mediante simulação de ato;

VIII – declaração de inaptidão da inscrição no Cadastro Nacional da Pessoa Jurídica, nos termos dos arts. 80 e 81 da Lei n. 9.430, de 1996;

IX – decisão definitiva, na esfera judicial, total ou parcialmente desfavorável à pessoa jurídica, relativa ao débito referido no § 6.º do art. 2.º e não incluído no Refis, salvo se integralmente pago no prazo de 30 (trinta) dias, contado da ciência da referida decisão;

X – arbitramento do lucro da pessoa jurídica, nos casos de determinação da base de cálculo do imposto de renda por critério diferente do da receita bruta;

XI – suspensão de suas atividades relativas a seu objeto social ou não auferimento de receita bruta por 9 (nove) meses consecutivos.

§ 1.º A exclusão da pessoa jurídica do Refis implicará exigibilidade imediata da totalidade do crédito confessado e ainda não pago e automática execução da garantia prestada, restabelecendo-se, em relação ao montante não pago, os acréscimos legais na forma da legislação aplicável à época da ocorrência dos respectivos fatos geradores.

§ 2.º A exclusão, nas hipóteses dos incisos I, II e III deste artigo, produzirá efeitos a partir do mês subsequente àquele em que for cientificado o contribuinte.

§ 3.º Na hipótese do inciso III, e observado o disposto no § 2.º, a exclusão dar-se-á, na data da decisão definitiva, na esfera administrativa ou judicial, quando houver sido contestado o lançamento.

....

Art. 7.º Na hipótese de quitação integral dos débitos para com o FGTS, referente a competências anteriores a janeiro de 2000, incidirá, sobre o valor acrescido da TR, o percentual de multa de 5% (cinco por cento) e de juros de mora de 0,25% (vinte e cinco centésimos por cento), por mês de atraso, desde que o pagamento seja efetuado até 30 de junho de 2000.

Parágrafo único. O disposto neste artigo aplica-se aos débitos em cobrança administrativa ou judicial, notificados ou não, ainda que amparados por acordo de parcelamento.

....

Art. 9.° O Poder Executivo editará as normas regulamentares necessárias à execução do Refis, especialmente em relação:

I – às modalidades de garantia passíveis de aceitação;

II – à fixação do percentual da receita bruta a ser utilizado para determinação das parcelas mensais, que poderá ser diferenciado em função da atividade econômica desenvolvida pela pessoa jurídica;

III – às formas de homologação da opção e de exclusão da pessoa jurídica do Refis, bem assim às suas consequências;

IV – à forma de realização do acompanhamento fiscal específico;

V – às exigências para fins de liquidação na forma prevista nos §§ 7.° e 8.° do art. 2.°.

Art. 10. O tratamento tributário simplificado e favorecido das microempresas e das empresas de pequeno porte é o estabelecido pela Lei n. 9.317, de 5 de dezembro de 1996, e alterações posteriores, não se aplicando, para esse efeito, as normas constantes da Lei n. 9.841, de 5 de outubro de 1999.

•• As Leis n. 9.317, de 5-12-1996, e 9.841, de 5-10-1999, foram revogadas pela Lei Complementar n. 123, de 14-12-2006, que institui o Estatuto Nacional das Microempresas e Empresas de Pequeno Porte.

Art. 11. Os pagamentos efetuados no âmbito do Refis serão alocados proporcionalmente, para fins de amortização do débito consolidado, tendo por base a relação existente, na data-base da consolidação, entre o valor consolidado de cada tributo e contribuição, incluído no Programa, e o valor total parcelado.

Art. 12. Alternativamente ao ingresso no Refis, a pessoa jurídica poderá optar pelo parcelamento, em até 60 (sessenta) parcelas mensais, iguais e sucessivas, dos débitos referidos no art. 1.°, observadas todas as demais regras aplicáveis àquele Programa.

•• *Vide* art. 23 da Lei n. 10.637, de 30-12-2002.

§ 1.° O valor de cada parcela não poderá ser inferior a:

I – R$ 300,00 (trezentos reais), no caso de pessoa jurídica optante pelo Simples;

II – R$ 1.000,00 (um mil reais), no caso de pessoa jurídica submetida ao regime de tributação com base no lucro presumido;

III – R$ 3.000,00 (três mil reais), nos demais casos.

§ 2.° Ao disposto neste artigo não se aplica a restrição de que trata o inciso II do § 3.° do art. 1.°.

Art. 13. Os débitos não tributários inscritos em dívida ativa, com vencimento até 29 de fevereiro de 2000, poderão ser parcelados em até 60 (sessenta) parcelas mensais, iguais e sucessivas, perante a Procuradoria-Geral da Fazenda Nacional, observadas as demais regras aplicáveis ao parcelamento de que trata o art. 12.

§ 1.° Para débitos não tributários inscritos, sujeitos ao parcelamento simplificado ou para os quais não se exige garantia no parcelamento ordinário, não se aplica a vedação de novos parcelamentos.

§ 2.° Para os débitos não tributários inscritos, não alcançados pelo disposto no § 1.°, admitir-se-á o reparcelamento, desde que requerido até o último dia útil do mês de abril de 2000.

§ 3.° O disposto neste artigo aplica-se à verba de sucumbência devida por desistência de ação judicial para fins de inclusão dos respectivos débitos, inclusive no âmbito do INSS, no Refis ou no parcelamento alternativo a que se refere o art. 2.°.

•• Da verba de sucumbência prevista neste parágrafo: *vide* o § 3.° do art. 5.° da Lei n. 10.189, de 14-2-2001.

§ 4.° Na hipótese do § 3.°, o parcelamento deverá ser solicitado pela pessoa jurídica no prazo de 30 (trinta) dias, contado da data em que efetivada a desistência, na forma e condições a serem estabelecidas pelos órgãos competentes.

Art. 14. As obrigações decorrentes dos débitos incluídos no Refis ou nos parcelamentos referidos nos arts. 12 e 13 não serão consideradas para fins de determinação de índices econômicos vinculados a licitações promovidas pela administração pública direta ou indireta, bem assim a operações de financiamentos realizadas por instituições financeiras oficiais federais.

Art. 15. É suspensa a pretensão punitiva do Estado, referente aos crimes previstos nos arts. 1.º e 2.º da Lei n. 8.137, de 27 de dezembro de 1990, e no art. 95 da Lei n. 8.212, de 24 de julho de 1991, durante o período em que a pessoa jurídica relacionada com o agente dos aludidos crimes estiver incluída no Refis, desde que a inclusão no referido Programa tenha ocorrido antes do recebimento da denúncia criminal.

§ 1.º A prescrição criminal não corre durante o período de suspensão da pretensão punitiva.

§ 2.º O disposto neste artigo aplica-se, também:

I – a programas de recuperação fiscal instituídos pelos Estados, pelo Distrito Federal e pelos Municípios, que adotem, no que couber, normas estabelecidas nesta Lei;

II – aos parcelamentos referidos nos arts. 12 e 13.

§ 3.º Extingue-se a punibilidade dos crimes referidos neste artigo quando a pessoa jurídica relacionada com o agente efetuar o pagamento integral dos débitos oriundos de tributos e contribuições sociais, inclusive acessórios, que tiverem sido objeto de concessão de parcelamento antes do recebimento da denúncia criminal.

Art. 16. Na hipótese de novação ou repactuação de débitos de responsabilidade de pessoas jurídicas optantes pelo Refis ou pelo parcelamento alternativo a que se refere o art. 12, a recuperação de créditos anteriormente deduzidos como perda, até 31 de dezembro de 1999, será, para fins do disposto no art. 12 da Lei n. 9.430, de 1996, computada na determinação do lucro real e da base de cálculo da contribuição social sobre o lucro líquido, pelas pessoas jurídicas de que trata o inciso II do art. 14 da Lei n. 9.718, de 1998, à medida do efetivo recebimento, na forma a ser estabelecida pela Secretaria da Receita Federal.

•• A Secretaria da Receita Federal passa a denominar-se Secretaria da Receita Federal do Brasil, por força da Lei n. 11.457, de 16-3-2007.

Parágrafo único. O disposto neste artigo aplica-se aos débitos vinculados ao Programa de Revitalização de Cooperativas de Produção Agropecuária – Recoop, instituído pela Medida Provisória n. 1.961-20, de 2 de março de 2000, ainda que a pessoa jurídica devedora não seja optante por qualquer das formas de parcelamento referida no *caput*.

Art. 17. São convalidados os atos praticados com base na Medida Provisória n. 2.004-5, de 11 de fevereiro de 2000.

Art. 18. Esta Lei entra em vigor na data de sua publicação.

Brasília, 10 de abril de 2000; 179.º da Independência e 112.º da República.

FERNANDO HENRIQUE CARDOSO

LEI COMPLEMENTAR N. 101, DE 4 DE MAIO DE 2000 (*)

Estabelece normas de finanças públicas voltadas para a responsabilidade na gestão fiscal e dá outras providências.

O Presidente da República

Faço saber que o Congresso Nacional decreta e eu sanciono a seguinte Lei Complementar:

(*) Publicada no *DOU*, de 5-5-2000. *Vide* arts. 359-A a 359-H do Decreto-lei n. 2.848, de 7-12-1940 (CP), que dispõem sobre os crimes contra as finanças públicas.

Capítulo I
DISPOSIÇÕES PRELIMINARES

Art. 1.º Esta Lei Complementar estabelece normas de finanças públicas voltadas para a responsabilidade na gestão fiscal, com amparo no Capítulo II do Título VI da Constituição.

§ 1.º A responsabilidade na gestão fiscal pressupõe a ação planejada e transparente, em que se previnem riscos e corrigem desvios capazes de afetar o equilíbrio das contas públicas, mediante o cumprimento de metas de resultados entre receitas e despesas e a obediência a limites e condições no que tange a renúncia de receita, geração de despesas com pessoal, da seguridade social e outras, dívidas consolidada e mobiliária, operações de crédito, inclusive por antecipação de receita, concessão de garantia e inscrição em Restos a Pagar.

§ 2.º As disposições desta Lei Complementar obrigam a União, os Estados, o Distrito Federal e os Municípios.

§ 3.º Nas referências:

I – à União, aos Estados, ao Distrito Federal e aos Municípios, estão compreendidos:

a) o Poder Executivo, o Poder Legislativo, neste abrangidos os Tribunais de Contas, o Poder Judiciário e o Ministério Público;

b) as respectivas administrações diretas, fundos, autarquias, fundações e empresas estatais dependentes;

II – a Estados entende-se considerado o Distrito Federal;

III – a Tribunais de Contas estão incluídos: Tribunal de Contas da União, Tribunal de Contas do Estado e, quando houver, Tribunal de Contas dos Municípios e Tribunal de Contas do Município.

Art. 2.º Para os efeitos desta Lei Complementar, entende-se como:

I – ente da Federação: a União, cada Estado, o Distrito Federal e cada Município;

II – empresa controlada: sociedade cuja maioria do capital social com direito a voto pertença, direta ou indiretamente, a ente da Federação;

III – empresa estatal dependente: empresa controlada que receba do ente controlador recursos financeiros para pagamento de despesas com pessoal ou de custeio em geral ou de capital, excluídos, no último caso, aqueles provenientes de aumento de participação acionária;

IV – receita corrente líquida: somatório das receitas tributárias, de contribuições, patrimoniais, industriais, agropecuárias, de serviços, transferências correntes e outras receitas também correntes, deduzidos:

a) na União, os valores transferidos aos Estados e Municípios por determinação constitucional ou legal, e as contribuições mencionadas na alínea *a* do inciso I e no inciso II do art. 195, e no art. 239 da Constituição;

b) nos Estados, as parcelas entregues aos Municípios por determinação constitucional;

c) na União, nos Estados e nos Municípios, a contribuição dos servidores para o custeio do seu sistema de previdência e assistência social e as receitas provenientes da compensação financeira citada no § 9.º do art. 201 da Constituição.

§ 1.º Serão computados no cálculo da receita corrente líquida os valores pagos e recebidos em decorrência da Lei Complementar n. 87, de 13 de setembro de 1996, e do fundo previsto pelo art. 60 do Ato das Disposições Constitucionais Transitórias.

§ 2.º Não serão considerados na receita corrente líquida do Distrito Federal e dos Estados do Amapá e de Roraima os recursos recebidos da União para atendimento das despesas de que trata o inciso V do § 1.º do art. 19.

§ 3.º A receita corrente líquida será apurada somando-se as receitas arrecadadas no mês em referência e nos onze anteriores, excluídas as duplicidades.

CAPÍTULO II
DO PLANEJAMENTO

Seção I
Do Plano Plurianual

Art. 3.º (*Vetado.*)

Seção II
Da Lei de Diretrizes Orçamentárias

Art. 4.º A lei de diretrizes orçamentárias atenderá o disposto no § 2.º do art. 165 da Constituição e:

I – disporá também sobre:

a) equilíbrio entre receitas e despesas;

b) critérios e forma de limitação de empenho, a ser efetivada nas hipóteses previstas na alínea *b* do inciso II deste artigo, no art. 9.º e no inciso II do § 1.º do art. 31;

c) e *d*) (*Vetadas.*)

e) normas relativas ao controle de custos e à avaliação dos resultados dos programas financiados com recursos dos orçamentos;

f) demais condições e exigências para transferências de recursos a entidades públicas e privadas;

II e III – (*Vetados.*)

§ 1.º Integrará o projeto de lei de diretrizes orçamentárias Anexo de Metas Fiscais, em que serão estabelecidas metas anuais, em valores correntes e constantes, relativas a receitas, despesas, resultados nominal e primário e montante da dívida pública, para o exercício a que se referirem e para os dois seguintes.

§ 2.º O Anexo conterá, ainda:

I – avaliação do cumprimento das metas relativas ao ano anterior;

II – demonstrativo das metas anuais, instruído com memória e metodologia de cálculo que justifiquem os resultados pretendidos, comparando-as com as fixadas nos três exercícios anteriores, e evidenciando a consistência delas com as premissas e os objetivos da política econômica nacional;

III – evolução do patrimônio líquido, também nos últimos três exercícios, destacando a origem e a aplicação dos recursos obtidos com a alienação de ativos;

IV – avaliação da situação financeira e atuarial:

a) dos regimes geral de previdência social e próprio dos servidores públicos e do Fundo de Amparo ao Trabalhador;

b) dos demais fundos públicos e programas estatais de natureza atuarial;

V – demonstrativo da estimativa e compensação da renúncia de receita e da margem de expansão das despesas obrigatórias de caráter continuado.

§ 3.º A lei de diretrizes orçamentárias conterá Anexo de Riscos Fiscais, onde serão avaliados os passivos contingentes e outros riscos capazes de afetar as contas públicas, informando as providências a serem tomadas, caso se concretizem.

§ 4.º A mensagem que encaminhar o projeto da União apresentará, em anexo específico, os objetivos das políticas monetária, creditícia e cambial, bem como os parâmetros e as projeções para seus principais agregados e variáveis, e ainda as metas de inflação, para o exercício subsequente.

Seção III
Da Lei Orçamentária Anual

Art. 5.º O projeto de lei orçamentária anual, elaborado de forma compatível com o plano plurianual, com a lei de diretrizes orçamentárias e com as normas desta Lei Complementar:

I – conterá, em anexo, demonstrativo da compatibilidade da programação dos orçamentos com os objetivos e metas constantes do documento de que trata o § 1.º do art. 4.º;

II – será acompanhado do documento a que se refere o § 6.º do art. 165 da Constituição, bem como das medidas de compensação a renúncias de receita e ao aumento de despesas obrigatórias de caráter continuado;

III – conterá reserva de contingência, cuja forma de utilização e montante, definido com base na receita corrente líquida, serão estabelecidos na lei de diretrizes orçamentárias, destinada ao:

a) (*Vetado.*)

b) atendimento de passivos contingentes e outros riscos e eventos fiscais imprevistos.

§ 1.º Todas as despesas relativas à dívida pública, mobiliária ou contratual, e as receitas que as atenderão, constarão da lei orçamentária anual.

§ 2.º O refinanciamento da dívida pública constará separadamente na lei orçamentária e nas de crédito adicional.

§ 3.º A atualização monetária do principal da dívida mobiliária refinanciada não poderá superar a variação do índice de preços previsto na lei de diretrizes orçamentárias, ou em legislação específica.

§ 4.º É vedado consignar na lei orçamentária crédito com finalidade imprecisa ou com dotação ilimitada.

§ 5.º A lei orçamentária não consignará dotação para investimento com duração superior a um exercício financeiro que não esteja previsto no plano plurianual ou em lei que autorize a sua inclusão, conforme disposto no § 1.º do art. 167 da Constituição.

§ 6.º Integrarão as despesas da União, e serão incluídas na lei orçamentária, as do Banco Central do Brasil relativas a pessoal e encargos sociais, custeio administrativo, inclusive os destinados a benefícios e assistência aos servidores, e a investimentos.

§ 7.º (*Vetado.*)

Art. 6.º (*Vetado.*)

Art. 7.º O resultado do Banco Central do Brasil, apurado após a constituição ou reversão de reservas, constitui receita do Tesouro Nacional, e será transferido até o décimo dia útil subsequente à aprovação dos balanços semestrais.

§ 1.º O resultado negativo constituirá obrigação do Tesouro para com o Banco Central do Brasil e será consignado em dotação específica no orçamento.

§ 2.º O impacto e o custo fiscal das operações realizadas pelo Banco Central do Brasil serão demonstrados trimestralmente, nos termos em que dispuser a lei de diretrizes orçamentárias da União.

§ 3.º Os balanços trimestrais do Banco Central do Brasil conterão notas explicativas sobre os custos da remuneração das disponibilidades do Tesouro Nacional e da manutenção das reservas cambiais e a rentabilidade de sua carteira de títulos, destacando os de emissão da União.

Seção IV
Da Execução Orçamentária e do Cumprimento das Metas

Art. 8.º Até 30 (trinta) dias após a publicação dos orçamentos, nos termos em que dispuser a lei de diretrizes orçamentárias e observado o disposto na alínea *c* do inciso I do art. 4.º, o Poder Executivo estabelecerá a programação financeira e o cronograma de execução mensal de desembolso.

Parágrafo único. Os recursos legalmente vinculados a finalidade específica serão utilizados exclusivamente para atender ao objeto de sua vinculação, ainda que em exercício diverso daquele em que ocorrer o ingresso.

Art. 9.º Se verificado, ao final de um bimestre, que a realização da receita poderá não comportar o cumprimento das metas de resultado primário ou nominal estabelecidas no Anexo de Metas Fiscais, os Poderes e o Ministério Público promoverão, por ato próprio e nos montantes necessários, nos 30 (trinta) dias subsequentes, limitação de empenho e movimentação financeira, segundo os critérios fixados pela lei de diretrizes orçamentárias.

§ 1.º No caso de restabelecimento da receita prevista, ainda que parcial, a recomposição das dotações cujos empenhos foram limitados dar-se-á de forma proporcional às reduções efetivadas.

§ 2.º Não serão objeto de limitação as despesas que constituam obrigações constitucionais e legais do ente, inclusive aquelas destinadas ao pagamento do serviço da dívida, e as ressalvadas pela lei de diretrizes orçamentárias.

§ 3.º No caso de os Poderes Legislativo e Judiciário e o Ministério Público não promoverem a limitação no prazo estabelecido no *caput*, é o Poder Executivo autorizado a limitar os valores financeiros segundo os critérios fixados pela lei de diretrizes orçamentárias.

•• O STF, na ADIn n. 2.238-5, concedeu medida cautelar em 22-2-2001, para suspender a eficácia deste parágrafo.

§ 4.º Até o final dos meses de maio, setembro e fevereiro, o Poder Executivo demonstrará e avaliará o cumprimento das metas fiscais de cada quadrimestre, em audiência pública na comissão referida no § 1.º do art. 166 da Constituição ou equivalente nas Casas Legislativas estaduais e municipais.

§ 5.º No prazo de 90 (noventa) dias após o encerramento de cada semestre, o Banco Central do Brasil apresentará, em reunião conjunta das comissões temáticas pertinentes do Congresso Nacional, avaliação do cumprimento dos objetivos e metas das políticas monetária, creditícia e cambial, evidenciando o impacto e o custo fiscal de suas operações e os resultados demonstrados nos balanços.

Art. 10. A execução orçamentária e financeira identificará os beneficiários de pagamento de sentenças judiciais, por meio de sistema de contabilidade e administração financeira, para fins de observância da ordem cronológica determinada no art. 100 da Constituição.

Capítulo III
DA RECEITA PÚBLICA

Seção I
Da Previsão e da Arrecadação

Art. 11. Constituem requisitos essenciais da responsabilidade na gestão fiscal a instituição, previsão e efetiva arrecadação de todos os tributos da competência constitucional do ente da Federação.

Parágrafo único. É vedada a realização de transferências voluntárias para o ente que não observe o disposto no *caput*, no que se refere aos impostos.

Art. 12. As previsões de receita observarão as normas técnicas e legais, considerarão os efeitos das alterações na legislação, da variação do índice de preços, do crescimento econômico ou de qualquer outro fator relevante e serão acompanhadas de demonstrativo de sua evolução nos últimos três anos, da projeção para os dois seguintes àquele a que se referirem, e da metodologia de cálculo e premissas utilizadas.

§ 1.º Reestimativa de receita por parte do Poder Legislativo só será admitida se comprovado erro ou omissão de ordem técnica ou legal.

§ 2.º O montante previsto para as receitas de operações de crédito não poderá ser superior ao das despesas de capital constantes do projeto de lei orçamentária.

•• O STF, em liminar concedida aos 9-5-2002, no julgamento da ADI n. 2.238-5 (*DOU* de 21-5-2002), suspendeu a eficácia deste parágrafo.

§ 3.º O Poder Executivo de cada ente colocará à disposição dos demais Poderes e do Ministério Público, no mínimo 30 (trinta) dias antes do prazo final para encaminhamento de suas propostas orçamentárias, os estudos e as estimativas das receitas para o exercício subsequente, inclusive da corrente líquida, e as respectivas memórias de cálculo.

Art. 13. No prazo previsto no art. 8.º, as receitas previstas serão desdobradas, pelo Poder Executivo, em metas bimestrais de arrecadação, com a especificação, em separado, quando cabível, das medidas de combate à evasão e à sonegação, da quantidade e valores de ações ajuizadas para cobrança da dívida ativa, bem como da evolução do montante dos créditos tributários passíveis de cobrança administrativa.

Seção II

Da Renúncia de Receita

Art. 14. A concessão ou ampliação de incentivo ou benefício de natureza tributária da qual decorra renúncia de receita deverá estar acompanhada de estimativa do impacto orçamentário-financeiro no exercício em que deva iniciar sua vigência e nos dois seguintes, atender ao disposto na lei de diretrizes orçamentárias e a pelo menos uma das seguintes condições:

I – demonstração pelo proponente de que a renúncia foi considerada na estimativa de receita da lei orçamentária, na forma do art. 12, e de que não afetará as metas de resultados fiscais previstas no anexo próprio da lei de diretrizes orçamentárias;

II – estar acompanhada de medidas de compensação, no período mencionado no *caput*, por meio do aumento de receita, proveniente da elevação de alíquotas, ampliação da base de cálculo, majoração ou criação de tributo ou contribuição.

•• A Lei Complementar n. 148, de 25-11-2014, propôs nova redação para este inciso, porém teve o texto vetado.

•• A Lei Complementar n. 148, de 25-11-2014, propôs o acréscimo de um inciso III para este artigo, porém teve o texto vetado.

§ 1.º A renúncia compreende anistia, remissão, subsídio, crédito presumido, concessão de isenção em caráter não geral, alteração de alíquota ou modificação de base de cálculo que implique redução discriminada de tributos ou contribuições, e outros benefícios que correspondam a tratamento diferenciado.

•• A Lei Complementar n. 148, de 25-11-2014, propôs nova redação para este § 1.º, porém teve o texto vetado.

§ 2.º Se o ato de concessão ou ampliação do incentivo ou benefício de que trata o *caput* deste artigo decorrer da condição contida no inciso II, o benefício só entrará em vigor quando implementadas as medidas referidas no mencionado inciso.

•• A Lei Complementar n. 148, de 25-11-2014, propôs nova redação para este § 2.º, porém teve o texto vetado.

§ 3.º O disposto neste artigo não se aplica:

•• A Lei Complementar n. 148, de 25-11-2014, propôs nova redação para este § 3.º, *caput*, porém teve o texto vetado.

I – às alterações das alíquotas dos impostos previstos nos incisos I, II, IV e V do art. 153 da Constituição, na forma do seu § 1.º;

•• A Lei Complementar n. 148, de 25-11-2014, propôs nova redação para este inciso I, porém teve o texto vetado.

II – ao cancelamento de débito cujo montante seja inferior ao dos respectivos custos de cobrança.

•• A Lei Complementar n. 148, de 25-11-2014, propôs o acréscimo dos incisos III, IV e V para este parágrafo, porém teve o texto vetado.

Capítulo IV
DA DESPESA PÚBLICA

Seção I

Da Geração da Despesa

Art. 15. Serão consideradas não autorizadas, irregulares e lesivas ao patrimônio público a geração de despesa ou assunção de obrigação que não atendam o disposto nos arts. 16 e 17.

Art. 16. A criação, expansão ou aperfeiçoamento de ação governamental que acarrete aumento da despesa será acompanhado de:

I – estimativa do impacto orçamentário-financeiro no exercício em que deva entrar em vigor e nos dois subsequentes;

II – declaração do ordenador da despesa de que o aumento tem adequação orçamentária e financeira com a lei orçamentária anual e compatibilidade com o plano plurianual e com a lei de diretrizes orçamentárias.

§ 1.º Para os fins desta Lei Complementar, considera-se:

I – adequada com a lei orçamentária anual, a despesa objeto de dotação específica e suficiente, ou que esteja abrangida por crédito genérico, de forma que somadas todas as despesas da mesma espécie, realizadas e a realizar, previstas no programa de trabalho, não sejam ultrapassados os limites estabelecidos para o exercício;

II – compatível com o plano plurianual e a lei de diretrizes orçamentárias, a despesa que se conforme com as diretrizes, objetivos, prioridades e metas previstos nesses instrumentos e não infrinja qualquer de suas disposições.

§ 2.º A estimativa de que trata o inciso I do *caput* será acompanhada das premissas e metodologia de cálculo utilizadas.

§ 3.º Ressalva-se do disposto neste artigo a despesa considerada irrelevante, nos termos em que dispuser a lei de diretrizes orçamentárias.

§ 4.º As normas do *caput* constituem condição prévia para:

I – empenho e licitação de serviços, fornecimento de bens ou execução de obras;

II – desapropriação de imóveis urbanos a que se refere o § 3.º do art. 182 da Constituição.

Subseção I
Da despesa obrigatória de caráter continuado

Art. 17. Considera-se obrigatória de caráter continuado a despesa corrente derivada de lei, medida provisória ou ato administrativo normativo que fixem para o ente a obrigação legal de sua execução por um período superior a dois exercícios.

§ 1.º Os atos que criarem ou aumentarem despesa de que trata o *caput* deverão ser instruídos com a estimativa prevista no inciso I do art. 16 e demonstrar a origem dos recursos para seu custeio.

§ 2.º Para efeito do atendimento do § 1.º, o ato será acompanhado de comprovação de que a despesa criada ou aumentada não afetará as metas de resultados fiscais previstas no anexo referido no § 1.º do art. 4.º, devendo seus efeitos financeiros, nos períodos seguintes, ser compensados pelo aumento permanente de receita ou pela redução permanente de despesa.

§ 3.º Para efeito do § 2.º, considera-se aumento permanente de receita o proveniente da elevação de alíquotas, ampliação da base de cálculo, majoração ou criação de tributo ou contribuição.

§ 4.º A comprovação referida no § 2.º, apresentada pelo proponente, conterá as premissas e metodologia de cálculo utilizadas, sem prejuízo do exame de compatibilidade da despesa com as demais normas do plano plurianual e da lei de diretrizes orçamentárias.

§ 5.º A despesa de que trata este artigo não será executada antes da implementação das medidas referidas no § 2.º, as quais integrarão o instrumento que a criar ou aumentar.

§ 6.º O disposto no § 1.º não se aplica às despesas destinadas ao serviço da dívida nem ao reajustamento de remuneração de pessoal de que trata o inciso X do art. 37 da Constituição.

§ 7.º Considera-se aumento de despesa a prorrogação daquela criada por prazo determinado.

Seção II
Das Despesas com Pessoal

Subseção I
Definições e limites

Art. 18. Para os efeitos desta Lei Complementar, entende-se como despesa total com pessoal: o somatório dos gastos do ente da Federação com os ativos, os inativos e os pensionistas, relativos a mandatos eletivos, cargos, funções ou empregos, civis, militares e de membros de Poder, com quaisquer espécies remuneratórias, tais como vencimentos e vantagens, fixas e variáveis, subsídios, proventos da aposentadoria, reformas e pensões, inclusive adicionais, gratificações, horas extras e vantagens pessoais de qualquer natureza, bem como encargos sociais e contribuições recolhidas pelo ente às entidades de previdência.

§ 1.º Os valores dos contratos de terceirização de mão de obra que se referem à substituição de servidores e empregados públicos serão contabilizados como "Outras Despesas de Pessoal".

§ 2.º A despesa total com pessoal será apurada somando-se a realizada no mês em referência com as dos onze imediatamente anteriores, adotando-se o regime de competência.

Art. 19. Para os fins do disposto no *caput* do art. 169 da Constituição, a despesa total com pessoal, em cada período de apuração e em cada ente da Federação, não poderá exceder os percentuais da receita corrente líquida, a seguir discriminados:

I – União: 50% (cinquenta por cento);

II – Estados: 60% (sessenta por cento);

III – Municípios: 60% (sessenta por cento).

§ 1.º Na verificação do atendimento dos limites definidos neste artigo, não serão computadas as despesas:

I – de indenização por demissão de servidores ou empregados;

II – relativas a incentivos à demissão voluntária;

III – derivadas da aplicação do disposto no inciso II do § 6.º do art. 57 da Constituição;

IV – decorrentes de decisão judicial e da competência de período anterior ao da apuração a que se refere o § 2.º do art. 18;

V – com pessoal, do Distrito Federal e dos Estados do Amapá e Roraima, custeadas com recursos transferidos pela União na forma dos incisos XIII e XIV do art. 21 da Constituição e do art. 31 da Emenda Constitucional n. 19;

VI – com inativos, ainda que por intermédio de fundo específico, custeadas por recursos provenientes:

a) da arrecadação de contribuições dos segurados;

b) da compensação financeira de que trata o § 9.º do art. 201 da Constituição;

c) das demais receitas diretamente arrecadadas por fundo vinculado a tal finalidade, inclusive o produto da alienação de bens, direitos e ativos, bem como seu superávit financeiro.

§ 2.º Observado o disposto no inciso IV do § 1.º, as despesas com pessoal decorrentes de sentenças judiciais serão incluídas no limite do respectivo Poder ou órgão referido no art. 20.

Art. 20. A repartição dos limites globais do art. 19 não poderá exceder os seguintes percentuais:

I – na esfera federal:

a) 2,5% (dois inteiros e cinco décimos por cento) para o Legislativo, incluído o Tribunal de Contas da União;

b) 6% (seis por cento) para o Judiciário;

c) 40,9% (quarenta inteiros e nove décimos por cento) para o Executivo, destacando-se 3% (três por cento) para as despesas com pessoal decorrentes do que dispõem os incisos XIII e XIV do art. 21 da Constituição e o art. 31 da Emenda Constitucional n. 19, repartidos de forma proporcional à média das despesas relativas a cada um destes dispositivos, em percentual da receita corrente líquida, verificadas nos três exercícios financeiros imediatamente anteriores ao da publicação desta Lei Complementar;

d) 0,6% (seis décimos por cento) para o Ministério Público da União;

II – na esfera estadual:

a) 3% (três por cento) para o Legislativo, incluído o Tribunal de Contas do Estado;

b) 6% (seis por cento) para o Judiciário;

c) 49% (quarenta e nove por cento) para o Executivo;

d) 2% (dois por cento) para o Ministério Público dos Estados;

III – na esfera municipal:

a) 6% (seis por cento) para o Legislativo, incluído o Tribunal de Contas do Município, quando houver;

b) 54% (cinquenta e quatro por cento) para o Executivo.

§ 1.º Nos Poderes Legislativo e Judiciário de cada esfera, os limites serão repartidos entre seus órgãos de forma proporcional à média das despesas com pessoal, em percentual da receita corrente líquida, verificadas nos três exercícios financeiros imediatamente anteriores ao da publicação desta Lei Complementar.

§ 2.º Para efeito deste artigo entende-se como órgão:

I – o Ministério Público;

II – no Poder Legislativo:

a) Federal, as respectivas Casas e o Tribunal de Contas da União;

b) Estadual, a Assembleia Legislativa e os Tribunais de Contas;

c) do Distrito Federal, a Câmara Legislativa e o Tribunal de Contas do Distrito Federal;

d) Municipal, a Câmara de Vereadores e o Tribunal de Contas do Município, quando houver;

III – no Poder Judiciário:

a) Federal, os tribunais referidos no art. 92 da Constituição;

b) Estadual, o Tribunal de Justiça e outros, quando houver.

§ 3.º Os limites para as despesas com pessoal do Poder Judiciário, a cargo da União por força do inciso XIII do art. 21 da Constituição, serão estabelecidos mediante aplicação da regra do § 1.º.

§ 4.º Nos Estados em que houver Tribunal de Contas dos Municípios, os percentuais definidos nas alíneas *a* e *c* do inciso II do *caput* serão, respectivamente, acrescidos e reduzidos em 0,4% (quatro décimos por cento).

§ 5.º Para os fins previstos no art. 168 da Constituição, a entrega dos recursos financeiros correspondentes à despesa total com pessoal por Poder e órgão será a resultante da aplicação dos percentuais definidos neste artigo, ou aqueles fixados na lei de diretrizes orçamentárias.

§ 6.º (*Vetado*.)

Subseção II

Do controle da despesa total com pessoal

Art. 21. É nulo de pleno direito o ato que provoque aumento da despesa com pessoal e não atenda:

I – as exigências dos arts. 16 e 17 desta Lei Complementar, e o disposto no inciso XIII do art. 37 e no § 1.º do art. 169 da Constituição;

II – o limite legal de comprometimento aplicado às despesas com pessoal inativo.

•• O STF, em liminar concedida aos 12-2-2003, no julgamento da ADI n. 2.238-5 (*DOU* de 19-2-2003), conferiu interpretação conforme a CF, para que se entenda como limite legal o previsto em lei complementar.

Parágrafo único. Também é nulo de pleno direito o ato de que resulte aumento da despesa com pessoal expedido nos 180 (cento e oitenta) dias anteriores ao final do mandato do titular do respectivo Poder ou órgão referido no art. 20.

Art. 22. A verificação do cumprimento dos limites estabelecidos nos arts. 19 e 20 será realizada ao final de cada quadrimestre.

Parágrafo único. Se a despesa total com pessoal exceder a 95% (noventa e cinco por cento) do limite, são vedados ao Poder ou órgão referido no art. 20 que houver incorrido no excesso:

I – concessão de vantagem, aumento, reajuste ou adequação de remuneração a qualquer título, salvo os derivados de sentença judicial ou de determinação legal ou contratual, ressalvada a revisão prevista no inciso X do art. 37 da Constituição;

II – criação de cargo, emprego ou função;

III – alteração de estrutura de carreira que implique aumento de despesa;

IV – provimento de cargo público, admissão ou contratação de pessoal a qualquer título, ressalvada a reposição decorrente de aposentadoria ou falecimento de servidores das áreas de educação, saúde e segurança;

V – contratação de hora extra, salvo no caso do disposto no inciso II do § 6.º do art. 57 da Constituição e as situações previstas na lei de diretrizes orçamentárias.

Art. 23. Se a despesa total com pessoal, do Poder ou órgão referido no art. 20, ultrapassar os limites definidos no mesmo artigo, sem prejuízo das medidas previstas no art. 22, o percentual excedente terá de ser eliminado nos dois quadrimestres seguintes, sendo pelo menos 1/3 (um terço) no primeiro, adotando-se, entre outras, as providências previstas nos §§ 3.º e 4.º do art. 169 da Constituição.

§ 1.º No caso do inciso I do § 3.º do art. 169 da Constituição, o objetivo poderá ser alcançado tanto pela extinção de cargos e funções quanto pela redução dos valores a eles atribuídos.

•• O STF, em liminar concedida aos 9-5-2002, no julgamento da ADI n. 2.238-5 (*DOU* de 21-5-2002), suspendeu a eficácia deste parágrafo.

§ 2.º É facultada a redução temporária da jornada de trabalho com adequação dos vencimentos à nova carga horária.

•• O STF, em liminar concedida aos 9-5-2002, no julgamento da ADI n. 2.238-5 (*DOU* de 21-5-2002), suspendeu a eficácia deste parágrafo.

§ 3.º Não alcançada a redução no prazo estabelecido, e enquanto perdurar o excesso, o ente não poderá:

I – receber transferências voluntárias;

II – obter garantia, direta ou indireta, de outro ente;

III – contratar operações de crédito, ressalvadas as destinadas ao refinanciamento da dívida mobiliária e as que visem à redução das despesas com pessoal.

§ 4.º As restrições do § 3.º aplicam-se imediatamente se a despesa total com pessoal exceder o limite no primeiro quadrimestre do último ano do mandato dos titulares de Poder ou órgão referidos no art. 20.

Seção III

Das Despesas com a Seguridade Social

Art. 24. Nenhum benefício ou serviço relativo à seguridade social poderá ser criado, majorado ou estendido sem a indicação da fonte de custeio total, nos termos do § 5.º do art. 195 da Constituição, atendidas ainda as exigências do art. 17.

§ 1.º É dispensada da compensação referida no art. 17 o aumento de despesa decorrente de:

I – concessão de benefício a quem satisfaça as condições de habilitação prevista na legislação pertinente;

II – expansão quantitativa do atendimento e dos serviços prestados;

III – reajustamento de valor do benefício ou serviço, a fim de preservar o seu valor real.

§ 2.º O disposto neste artigo aplica-se a benefício ou serviço de saúde, previdência e assistência social, inclusive os destinados aos servidores públicos e militares, ativos e inativos, e aos pensionistas.

CAPÍTULO V
DAS TRANSFERÊNCIAS VOLUNTÁRIAS

Art. 25. Para efeito desta Lei Complementar, entende-se por transferência voluntária a entrega de recursos correntes ou de capital a outro ente da Federação, a título de cooperação, auxílio ou assistência financeira, que não decorra de determinação constitucional, legal ou os destinados ao Sistema Único de Saúde.

§ 1.º São exigências para a realização de transferência voluntária, além das estabelecidas na lei de diretrizes orçamentárias:

I – existência de dotação específica;

II – (*Vetado*.)

III – observância do disposto no inciso X do art. 167 da Constituição;

IV – comprovação, por parte do beneficiário, de:

a) que se acha em dia quanto ao pagamento de tributos, empréstimos e financiamentos devidos ao ente transferidor, bem como quanto à prestação de contas de recursos anteriormente dele recebidos;

b) cumprimento dos limites constitucionais relativos à educação e à saúde;

c) observância dos limites das dívidas consolidada e mobiliária, de operações de crédito, inclusive por antecipação de receita, de inscrição em Restos a Pagar e de despesa total com pessoal;

d) previsão orçamentária de contrapartida.

§ 2.º É vedada a utilização de recursos transferidos em finalidade diversa da pactuada.

§ 3.º Para fins da aplicação das sanções de suspensão de transferências voluntárias constantes desta Lei Complementar, excetuam-se aquelas relativas a ações de educação, saúde e assistência social.

Capítulo VI
DA DESTINAÇÃO DE RECURSOS PÚBLICOS PARA O SETOR PRIVADO

Art. 26. A destinação de recursos para, direta ou indiretamente, cobrir necessidades de pessoas físicas ou déficits de pessoas jurídicas deverá ser autorizada por lei específica, atender às condições estabelecidas na lei de diretrizes orçamentárias e estar prevista no orçamento ou em seus créditos adicionais.

§ 1.º O disposto no *caput* aplica-se a toda a administração indireta, inclusive fundações públicas e empresas estatais, exceto, no exercício de suas atribuições precípuas, as instituições financeiras e o Banco Central do Brasil.

§ 2.º Compreende-se incluída a concessão de empréstimos, financiamentos e refinanciamentos, inclusive as respectivas prorrogações e a composição de dívidas, a concessão de subvenções e a participação em constituição ou aumento de capital.

Art. 27. Na concessão de crédito por ente da Federação a pessoa física, ou jurídica que não esteja sob seu controle direto ou indireto, os encargos financeiros, comissões e despesas congêneres não serão inferiores aos definidos em lei ou ao custo de captação.

Parágrafo único. Dependem de autorização em lei específica as prorrogações e composições de dívidas decorrentes de operações de crédito, bem como a concessão de empréstimos ou financiamentos em desacordo com o *caput*, sendo o subsídio correspondente consignado na lei orçamentária.

Art. 28. Salvo mediante lei específica, não poderão ser utilizados recursos públicos, inclusive de operações de crédito, para socorrer instituições do Sistema Financeiro Nacional, ainda que mediante a concessão de empréstimos de recuperação ou financiamentos para mudança de controle acionário.

§ 1.º A prevenção de insolvência e outros riscos ficará a cargo de fundos, e outros mecanismos, constituídos pelas instituições do Sistema Financeiro Nacional, na forma da lei.

§ 2.º O disposto no *caput* não proíbe o Banco Central do Brasil de conceder às instituições financeiras operações de redesconto e de empréstimos de prazo inferior a 360 (trezentos e sessenta) dias.

Capítulo VII
DA DÍVIDA E DO ENDIVIDAMENTO

Seção I
Definições Básicas

Art. 29. Para os efeitos desta Lei Complementar, são adotadas as seguintes definições:

I – dívida pública consolidada ou fundada: montante total, apurado sem duplicidade, das obrigações financeiras do ente da Federação, assumidas em virtude de leis, contratos, convênios ou tratados e da realização de operações de crédito, para amortização em prazo superior a 12 (doze) meses;

II – dívida pública mobiliária: dívida pública representada por títulos emitidos pela União, inclusive os do Banco Central do Brasil, Estados e Municípios;

III – operação de crédito: compromisso financeiro assumido em razão de mútuo, abertura de crédito, emissão e aceite de título, aquisição financiada de bens, recebimento antecipado de valores provenientes da venda a termo de bens e serviços, arrendamento mercantil e outras operações assemelhadas, inclusive com o uso de derivativos financeiros;

IV – concessão de garantia: compromisso de adimplência de obrigação financeira ou contratual assumida por ente da Federação ou entidade a ele vinculada;

V – refinanciamento da dívida mobiliária: emissão de títulos para pagamento do principal acrescido da atualização monetária.

§ 1.º Equipara-se a operação de crédito a assunção, o reconhecimento ou a confissão de dívidas pelo ente da Federação, sem prejuízo do cumprimento das exigências dos arts. 15 e 16.

§ 2.º Será incluída na dívida pública consolidada da União a relativa à emissão de títulos de responsabilidade do Banco Central do Brasil.

§ 3.º Também integram a dívida pública consolidada as operações de crédito de prazo inferior a 12 (doze) meses cujas receitas tenham constado do orçamento.

§ 4.º O refinanciamento do principal da dívida mobiliária não excederá, ao término de cada exercício financeiro, o montante do final do exercício anterior, somado ao das operações de crédito autorizadas no orçamento para este efeito e efetivamente realizadas, acrescido de atualização monetária.

Seção II

Dos Limites da Dívida Pública e das Operações de Crédito

Art. 30. No prazo de 90 (noventa) dias após a publicação desta Lei Complementar, o Presidente da República submeterá ao:

I – Senado Federal: proposta de limites globais para o montante da dívida consolidada da União, Estados e Municípios, cumprindo o que estabelece o inciso VI do art. 52 da Constituição, bem como de limites e condições relativos aos incisos VII, VIII e IX do mesmo artigo;

II – Congresso Nacional: projeto de lei que estabeleça limites para o montante da dívida mobiliária federal a que se refere o inciso XIV do art. 48 da Constituição, acompanhado da demonstração de sua adequação aos limites fixados para a dívida consolidada da União, atendido o disposto no inciso I do § 1.º deste artigo.

§ 1.º As propostas referidas nos incisos I e II do *caput* e suas alterações conterão:

I – demonstração de que os limites e condições guardam coerência com as normas estabelecidas nesta Lei Complementar e com os objetivos da política fiscal;

II – estimativas do impacto da aplicação dos limites a cada uma das três esferas de governo;

III – razões de eventual proposição de limites diferenciados por esfera de governo;

IV – metodologia de apuração dos resultados primário e nominal.

§ 2.º As propostas mencionadas nos incisos I e II do *caput* também poderão ser apresentadas em termos de dívida líquida, evidenciando a forma e a metodologia de sua apuração.

§ 3.º Os limites de que tratam os incisos I e II do *caput* serão fixados em percentual da receita corrente líquida para cada esfera de governo e aplicados igualmente a todos os entes da Federação que a integrem, constituindo, para cada um deles, limites máximos.

§ 4.º Para fins de verificação do atendimento do limite, a apuração do montante da dívida consolidada será efetuada ao final de cada quadrimestre.

§ 5.º No prazo previsto no art. 5.º, o Presidente da República enviará ao Senado Federal ou ao Congresso Nacional, conforme o caso, proposta de manutenção ou alteração dos limites e condições previstos nos incisos I e II do *caput*.

§ 6.º Sempre que alterados os fundamentos das propostas de que trata este artigo, em razão de instabilidade econômica ou alterações nas políticas monetária ou cambial, o Presidente da República poderá encaminhar ao Senado Federal ou ao Congresso Nacional solicitação de revisão dos limites.

§ 7.º Os precatórios judiciais não pagos durante a execução do orçamento em que houverem sido incluídos integram a dívida consolidada, para fins de aplicação dos limites.

Seção III

Da Recondução da Dívida aos Limites

Art. 31. Se a dívida consolidada de um ente da Federação ultrapassar o respectivo limite ao final de um quadrimestre, deverá ser a ele reconduzida até o término dos três subsequentes, reduzindo o excedente em pelo menos 25% (vinte e cinco por cento) no primeiro.

§ 1.° Enquanto perdurar o excesso, o ente que nele houver incorrido:

I – estará proibido de realizar operação de crédito interna ou externa, inclusive por antecipação de receita, ressalvado o refinanciamento do principal atualizado da dívida mobiliária;

II – obterá resultado primário necessário à recondução da dívida ao limite, promovendo, entre outras medidas, limitação de empenho, na forma do art. 9.°.

§ 2.° Vencido o prazo para retorno da dívida ao limite, e enquanto perdurar o excesso, o ente ficará também impedido de receber transferências voluntárias da União ou do Estado.

§ 3.° As restrições do § 1.° aplicam-se imediatamente se o montante da dívida exceder o limite no primeiro quadrimestre do último ano do mandato do Chefe do Poder Executivo.

§ 4.° O Ministério da Fazenda divulgará, mensalmente, a relação dos entes que tenham ultrapassado os limites das dívidas consolidada e mobiliária.

§ 5.° As normas deste artigo serão observadas nos casos de descumprimento dos limites da dívida mobiliária e das operações de crédito internas e externas.

Seção IV
Das Operações de Crédito

Subseção I
Da contratação

Art. 32. O Ministério da Fazenda verificará o cumprimento dos limites e condições relativos à realização de operações de crédito de cada ente da Federação, inclusive das empresas por eles controladas, direta ou indiretamente.

§ 1.° O ente interessado formalizará seu pleito fundamentando-o em parecer de seus órgãos técnicos e jurídicos, demonstrando a relação custo-benefício, o interesse econômico e social da operação e o atendimento das seguintes condições:

I – existência de prévia e expressa autorização para a contratação, no texto da lei orçamentária, em créditos adicionais ou lei específica;

II – inclusão no orçamento ou em créditos adicionais dos recursos provenientes da operação, exceto no caso de operações por antecipação de receita;

III – observância dos limites e condições fixados pelo Senado Federal;

IV – autorização específica do Senado Federal, quando se tratar de operação de crédito externo;

V – atendimento do disposto no inciso III do art. 167 da Constituição;

VI – observância das demais restrições estabelecidas nesta Lei Complementar.

§ 2.° As operações relativas à dívida mobiliária federal autorizadas, no texto da lei orçamentária ou de créditos adicionais, serão objeto de processo simplificado que atenda às suas especificidades.

§ 3.° Para fins do disposto no inciso V do § 1.°, considerar-se-á, em cada exercício financeiro, o total dos recursos de operações de crédito nele ingressados e o das despesas de capital executadas, observado o seguinte:

I – não serão computadas nas despesas de capital as realizadas sob a forma de empréstimo ou financiamento a contribuinte, com o intuito de promover incentivo fiscal, tendo por base tributo de competência do ente da Federação, se resultar a diminuição, direta ou indireta, do ônus deste;

II – se o empréstimo ou financiamento a que se refere o inciso I for concedido por instituição financeira controlada pelo ente da Federação, o valor da operação será deduzido das despesas de capital;

III – (*Vetado.*)

§ 4.° Sem prejuízo das atribuições próprias do Senado Federal e do Banco Central do Brasil, o Ministério da Fazenda efetuará o registro eletrônico centralizado e atualizado das dívidas públicas interna e externa, garantido o acesso público às informações, que incluirão:

I – encargos e condições de contratação;

II – saldos atualizados e limites relativos às dívidas consolidada e mobiliária, operações de crédito e concessão de garantias.

§ 5.º Os contratos de operação de crédito externo não conterão cláusula que importe na compensação automática de débitos e créditos.

§ 6.º O prazo de validade da verificação dos limites e das condições de que trata este artigo e da análise realizada para a concessão de garantia pela União será de, no mínimo, 90 (noventa) dias e, no máximo, 270 (duzentos e setenta) dias, a critério do Ministério da Fazenda.

•• § 6.º acrescentado pela Lei Complementar n. 159, de 19-5-2017.

Art. 33. A instituição financeira que contratar operação de crédito com ente da Federação, exceto quando relativa à dívida mobiliária ou à externa, deverá exigir comprovação de que a operação atende às condições e limites estabelecidos.

§ 1.º A operação realizada com infração do disposto nesta Lei Complementar será considerada nula, procedendo-se ao seu cancelamento, mediante a devolução do principal, vedados o pagamento de juros e demais encargos financeiros.

§ 2.º Se a devolução não for efetuada no exercício de ingresso dos recursos, será consignada reserva específica na lei orçamentária para o exercício seguinte.

§ 3.º Enquanto não efetuado o cancelamento, a amortização, ou constituída a reserva, aplicam-se as sanções previstas nos incisos do § 3.º do art. 23.

§ 4.º Também se constituirá reserva, no montante equivalente ao excesso, se não atendido o disposto no inciso III do art. 167 da Constituição, consideradas as disposições do § 3.º do art. 32.

Subseção II

Das vedações

Art. 34. O Banco Central do Brasil não emitirá títulos da dívida pública a partir de 2 (dois) anos após a publicação desta Lei Complementar.

Art. 35. É vedada a realização de operação de crédito entre um ente da Federação, diretamente ou por intermédio de fundo, autarquia, fundação ou empresa estatal dependente, e outro, inclusive suas entidades da administração indireta, ainda que sob a forma de novação, refinanciamento ou postergação de dívida contraída anteriormente.

§ 1.º Excetuam-se da vedação a que se refere o *caput* as operações entre instituição financeira estatal e outro ente da Federação, inclusive suas entidades da administração indireta, que não se destinem a:

I – financiar, direta ou indiretamente, despesas correntes;

II – refinanciar dívidas não contraídas junto à própria instituição concedente.

§ 2.º O disposto no *caput* não impede Estados e Municípios de comprar títulos da dívida da União como aplicação de suas disponibilidades.

Art. 36. É proibida a operação de crédito entre uma instituição financeira estatal e o ente da Federação que a controle, na qualidade de beneficiário do empréstimo.

Parágrafo único. O disposto no *caput* não proíbe instituição financeira controlada de adquirir, no mercado, títulos da dívida pública para atender investimento de seus clientes, ou títulos da dívida de emissão da União para aplicação de recursos próprios.

Art. 37. Equiparam-se a operações de crédito e estão vedados:

I – captação de recursos a título de antecipação de receita de tributo ou contribuição cujo fato gerador ainda não tenha ocorrido, sem prejuízo do disposto no § 7.º do art. 150 da Constituição;

II – recebimento antecipado de valores de empresa em que o Poder Público detenha, direta ou indiretamente, a maioria do capital social com direito a voto, salvo lucros e dividendos, na forma da legislação;

III – assunção direta de compromisso, confissão de dívida ou operação assemelhada, com fornecedor de bens, mercadorias ou serviços, mediante emissão, aceite ou aval de título de crédito, não se aplicando esta vedação a empresas estatais dependentes;

IV – assunção de obrigação, sem autorização orçamentária, com fornecedores para pagamento a posteriori de bens e serviços.

Subseção III

Das operações de crédito por antecipação de receita orçamentária

Art. 38. A operação de crédito por antecipação de receita destina-se a atender insuficiência de caixa durante o exercício financeiro e cumprirá as exigências mencionadas no art. 32 e mais as seguintes:

I – realizar-se-á somente a partir do décimo dia do início do exercício;

II – deverá ser liquidada, com juros e outros encargos incidentes, até o dia dez de dezembro de cada ano;

III – não será autorizada se forem cobrados outros encargos que não a taxa de juros da operação, obrigatoriamente prefixada ou indexada à taxa básica financeira, ou à que vier a esta substituir;

IV – estará proibida:

a) enquanto existir operação anterior da mesma natureza não integralmente resgatada;

b) no último ano de mandato do Presidente, Governador ou Prefeito Municipal.

§ 1.º As operações de que trata este artigo não serão computadas para efeito do que dispõe o inciso III do art. 167 da Constituição, desde que liquidadas no prazo definido no inciso II do *caput*.

§ 2.º As operações de crédito por antecipação de receita realizadas por Estados ou Municípios serão efetuadas mediante abertura de crédito junto à instituição financeira vencedora em processo competitivo eletrônico promovido pelo Banco Central do Brasil.

§ 3.º O Banco Central do Brasil manterá sistema de acompanhamento e controle do saldo do crédito aberto e, no caso de inobservância dos limites, aplicará as sanções cabíveis à instituição credora.

Subseção IV

Das operações com o Banco Central do Brasil

Art. 39. Nas suas relações com ente da Federação, o Banco Central do Brasil está sujeito às vedações constantes do art. 35 e mais às seguintes:

I – compra de título da dívida, na data de sua colocação no mercado, ressalvado o disposto no § 2.º deste artigo;

II – permuta, ainda que temporária, por intermédio de instituição financeira ou não, de título da dívida de ente da Federação por título da dívida pública federal, bem como a operação de compra e venda, a termo, daquele título, cujo efeito final seja semelhante à permuta;

III – concessão de garantia.

§ 1.º O disposto no inciso II, *in fine*, não se aplica ao estoque de Letras do Banco Central do Brasil, Série Especial, existente na carteira das instituições financeiras, que pode ser refinanciado mediante novas operações de venda a termo.

§ 2.º O Banco Central do Brasil só poderá comprar diretamente títulos emitidos pela União para refinanciar a dívida mobiliária federal que estiver vencendo na sua carteira.

§ 3.º A operação mencionada no § 2.º deverá ser realizada à taxa média e condições alcançadas no dia, em leilão público.

§ 4.º É vedado ao Tesouro Nacional adquirir títulos da dívida pública federal existentes na carteira do Banco Central do Brasil, ainda que com cláusula de reversão, salvo para reduzir a dívida mobiliária.

Seção V

Da Garantia e da Contragarantia

Art. 40. Os entes poderão conceder garantia em operações de crédito internas ou externas, observados o disposto neste artigo, as normas do art. 32 e, no caso da União, também os limites e as condições estabelecidos pelo Senado Federal.

§ 1.º A garantia estará condicionada ao oferecimento de contragarantia, em valor igual ou superior ao da garantia a ser concedida, e à adimplência da entidade que a pleitear relativamente a suas obrigações junto ao garantidor e às entidades por este controladas, observado o seguinte:

I – não será exigida contragarantia de órgãos e entidades do próprio ente;

II – a contragarantia exigida pela União a Estado ou Município, ou pelos Estados aos Municípios, poderá consistir na vinculação de receitas tributárias diretamente arrecadadas e provenientes de transferências constitucionais, com outorga de poderes ao garantidor para retê-las e empregar o respectivo valor na liquidação da dívida vencida.

§ 2.º No caso de operação de crédito junto a organismo financeiro internacional, ou a instituição federal de crédito e fomento para o repasse de recursos externos, a União só prestará garantia a ente que atenda, além do disposto no § 1.º, as exigências legais para o recebimento de transferências voluntárias.

§§ 3.º e 4.º (*Vetados.*)

§ 5.º É nula a garantia concedida acima dos limites fixados pelo Senado Federal.

§ 6.º É vedado às entidades da administração indireta, inclusive suas empresas controladas e subsidiárias, conceder garantia, ainda que com recursos de fundos.

§ 7.º O disposto no § 6.º não se aplica à concessão de garantia por:

I – empresa controlada a subsidiária ou controlada sua, nem à prestação de contragarantia nas mesmas condições;

II – instituição financeira a empresa nacional, nos termos da lei.

§ 8.º Excetua-se do disposto neste artigo a garantia prestada:

I – por instituições financeiras estatais, que se submeterão às normas aplicáveis às instituições financeiras privadas, de acordo com a legislação pertinente;

II – pela União, na forma de lei federal, a empresas de natureza financeira por ela controladas, direta e indiretamente, quanto às operações de seguro de crédito à exportação.

§ 9.º Quando honrarem dívida de outro ente, em razão de garantia prestada, a União e os Estados poderão condicionar as transferências constitucionais ao ressarcimento daquele pagamento.

§ 10. O ente da Federação cuja dívida tiver sido honrada pela União ou por Estado, em decorrência de garantia prestada em operação de crédito, terá suspenso o acesso a novos créditos ou financiamentos até a total liquidação da mencionada dívida.

Seção VI

Dos Restos a Pagar

Art. 41. (*Vetado.*)

Art. 42. É vedado ao titular de Poder ou órgão referido no art. 20, nos últimos dois quadrimestres do seu mandato, contrair obrigação de despesa que não possa ser cumprida integralmente dentro dele, ou que tenha parcelas a serem pagas no exercício seguinte sem que haja suficiente disponibilidade de caixa para este efeito.

Parágrafo único. Na determinação da disponibilidade de caixa serão considerados os encargos e despesas compromissadas a pagar até o final do exercício.

Capítulo VIII
DA GESTÃO PATRIMONIAL

Seção I

Das Disponibilidades de Caixa

Art. 43. As disponibilidades de caixa dos entes da Federação serão depositadas conforme estabelece o § 3.º do art. 164 da Constituição.

§ 1.º As disponibilidades de caixa dos regimes de previdência social, geral e próprio dos servidores públicos, ainda que vinculadas a fundos específicos a que se referem os arts. 249 e 250 da Constituição, ficarão depositadas em conta separada das demais disponibilidades de cada ente e aplicadas nas condições de mercado, com observância dos limites e condições de proteção e prudência financeira.

§ 2.º É vedada a aplicação das disponibilidades de que trata o § 1.º em:

I – títulos da dívida pública estadual e municipal, bem como em ações e outros papéis relativos às empresas controladas pelo respectivo ente da Federação;

II – empréstimos, de qualquer natureza, aos segurados e ao Poder Público, inclusive a suas empresas controladas.

Seção II
Da Preservação do Patrimônio Público

Art. 44. É vedada a aplicação da receita de capital derivada da alienação de bens e direitos que integram o patrimônio público para o financiamento de despesa corrente, salvo se destinada por lei aos regimes de previdência social, geral e próprio dos servidores públicos.

Art. 45. Observado o disposto no § 5.º do art. 5.º, a lei orçamentária e as de créditos adicionais só incluirão novos projetos após adequadamente atendidos os em andamento e contempladas as despesas de conservação do patrimônio público, nos termos em que dispuser a lei de diretrizes orçamentárias.

Parágrafo único. O Poder Executivo de cada ente encaminhará ao Legislativo, até a data do envio do projeto de lei de diretrizes orçamentárias, relatório com as informações necessárias ao cumprimento do disposto neste artigo, ao qual será dada ampla divulgação.

Art. 46. É nulo de pleno direito ato de desapropriação de imóvel urbano expedido sem o atendimento do disposto no § 3.º do art. 182 da Constituição, ou prévio depósito judicial do valor da indenização.

Seção III
Das Empresas Controladas pelo Setor Público

Art. 47. A empresa controlada que firmar contrato de gestão em que se estabeleçam objetivos e metas de desempenho, na forma da lei, disporá de autonomia gerencial, orçamentária e financeira, sem prejuízo do disposto no inciso II do § 5.º do art. 165 da Constituição.

Parágrafo único. A empresa controlada incluirá em seus balanços trimestrais nota explicativa em que informará:

I – fornecimento de bens e serviços ao controlador, com respectivos preços e condições, comparando-os com os praticados no mercado;

II – recursos recebidos do controlador, a qualquer título, especificando valor, fonte e destinação;

III – venda de bens, prestação de serviços ou concessão de empréstimos e financiamentos com preços, taxas, prazos ou condições diferentes dos vigentes no mercado.

Capítulo IX
DA TRANSPARÊNCIA, CONTROLE E FISCALIZAÇÃO

Seção I
Da Transparência da Gestão Fiscal

Art. 48. São instrumentos de transparência da gestão fiscal, aos quais será dada ampla divulgação, inclusive em meios eletrônicos de acesso público: os planos, orçamentos e leis de diretrizes orçamentárias; as prestações de contas e o respectivo parecer prévio; o Relatório Resumido da Execução Orçamentária e o Relatório de Gestão Fiscal; e as versões simplificadas desses documentos.

§ 1.º A transparência será assegurada também mediante:

•• Primitivo parágrafo único renumerado pela Lei Complementar n. 156, de 28-12-2016.

I – incentivo à participação popular e realização de audiências públicas, durante os processos de elaboração e discussão dos planos, lei de diretrizes orçamentárias e orçamentos;

•• Inciso I acrescentado pela Lei Complementar n. 131, de 27-5-2009.

II – liberação ao pleno conhecimento e acompanhamento da sociedade, em tempo real, de informações pormenorizadas sobre a execução orçamentária e financeira, em meios eletrônicos de acesso público; e

•• Inciso II com redação determinada pela Lei Complementar n. 156, de 28-12-2016.

III – adoção de sistema integrado de administração financeira e controle, que atenda a padrão mínimo de qualidade estabelecido pelo Poder Executivo da União e ao disposto no art. 48-A.

•• Inciso III acrescentado pela Lei Complementar n. 131, de 27-5-2009.

•• O Decreto n. 7.185, de 27-5-2010, dispõe sobre o padrão mínimo de qualidade do sistema integrado de administração financeira e controle, no âmbito de cada ente da Federação, nos termos deste inciso.

§ 2.º A União, os Estados, o Distrito Federal e os Municípios disponibilizarão suas informações e dados contábeis, orçamentários e fiscais conforme periodicidade, formato e sistema estabelecidos pelo órgão central de contabilidade da União, os quais deverão ser divulgados em meio eletrônico de amplo acesso público.

•• § 2.º acrescentado pela Lei Complementar n. 156, de 28-12-2016.

§ 3.º Os Estados, o Distrito Federal e os Municípios encaminharão ao Ministério da Fazenda, nos termos e na periodicidade a serem definidos em instrução específica deste órgão, as informações necessárias para a constituição do registro eletrônico centralizado e atualizado das dívidas públicas interna e externa, de que trata o § 4.º do art. 32.

•• § 3.º acrescentado pela Lei Complementar n. 156, de 28-12-2016.

§ 4.º A inobservância do disposto nos §§ 2.º e 3.º ensejará as penalidades previstas no § 2.º do art. 51.

•• § 4.º acrescentado pela Lei Complementar n. 156, de 28-12-2016.

§ 5.º Nos casos de envio conforme disposto no § 2.º, para todos os efeitos, a União, os Estados, o Distrito Federal e os Municípios cumprem o dever de ampla divulgação a que se refere o *caput*.

•• § 5.º acrescentado pela Lei Complementar n. 156, de 28-12-2016.

§ 6.º Todos os Poderes e órgãos referidos no art. 20, incluídos autarquias, fundações públicas, empresas estatais dependentes e fundos, do ente da Federação devem utilizar sistemas únicos de execução orçamentária e financeira, mantidos e gerenciados pelo Poder Executivo, resguardada a autonomia.

•• § 6.º acrescentado pela Lei Complementar n. 156, de 28-12-2016.

Art. 48-A. Para os fins a que se refere o inciso II do parágrafo único do art. 48, os entes da Federação disponibilizarão a qualquer pessoa física ou jurídica o acesso a informações referentes a:

•• *Caput* acrescentado pela Lei Complementar n. 131, de 27-5-2009.

I – quanto à despesa: todos os atos praticados pelas unidades gestoras no decorrer da execução da despesa, no momento de sua realização, com a disponibilização mínima dos dados referentes ao número do correspondente processo, ao bem fornecido ou ao serviço prestado, à pessoa física ou jurídica beneficiária do pagamento e, quando for o caso, ao procedimento licitatório realizado;

•• Inciso I acrescentado pela Lei Complementar n. 131, de 27-5-2009.

II – quanto à receita: o lançamento e o recebimento de toda a receita das unidades gestoras, inclusive referente a recursos extraordinários.

•• Inciso II acrescentado pela Lei Complementar n. 131, de 27-5-2009.

Art. 49. As contas apresentadas pelo Chefe do Poder Executivo ficarão disponíveis, durante todo o exercício, no respectivo Poder Legislativo e no órgão técnico responsável pela sua elaboração, para consulta e apreciação pelos cidadãos e instituições da sociedade.

Parágrafo único. A prestação de contas da União conterá demonstrativos do Tesouro Nacional e das agências financeiras oficiais de fomento, incluído o Banco Nacional de Desenvolvimento Econômico e Social, especificando os empréstimos e financiamentos concedidos com recursos oriundos dos orçamentos fiscal e da seguridade social e, no caso das agências financeiras, avaliação circunstanciada do impacto fiscal de suas atividades no exercício.

Seção II
Da Escrituração e Consolidação das Contas

Art. 50. Além de obedecer às demais normas de contabilidade pública, a escrituração das contas públicas observará as seguintes:

I – a disponibilidade de caixa constará de registro próprio, de modo que os recursos vinculados a órgão, fundo ou despesa obrigatória fiquem identificados e escriturados de forma individualizada;

II – a despesa e a assunção de compromisso serão registradas segundo o regime de competência, apurando-se, em caráter complementar, o resultado dos fluxos financeiros pelo regime de caixa;

III – as demonstrações contábeis compreenderão, isolada e conjuntamente, as transações e operações de cada órgão, fundo ou entidade da administração direta, autárquica e fundacional, inclusive empresa estatal dependente;

IV – as receitas e despesas previdenciárias serão apresentadas em demonstrativos financeiros e orçamentários específicos;

V – as operações de crédito, as inscrições em Restos a Pagar e as demais formas de financiamento ou assunção de compromissos junto a terceiros, deverão ser escrituradas de modo a evidenciar o montante e a variação da dívida pública no período, detalhando, pelo menos, a natureza e o tipo de credor;

VI – a demonstração das variações patrimoniais dará destaque à origem e ao destino dos recursos provenientes da alienação de ativos.

§ 1.º No caso das demonstrações conjuntas, excluir-se-ão as operações intragovernamentais.

§ 2.º A edição de normas gerais para consolidação das contas públicas caberá ao órgão central de contabilidade da União, enquanto não implantado o conselho de que trata o art. 67.

§ 3.º A Administração Pública manterá sistema de custos que permita a avaliação e o acompanhamento da gestão orçamentária, financeira e patrimonial.

Art. 51. O Poder Executivo da União promoverá, até o dia trinta de junho, a consolidação, nacional e por esfera de governo, das contas dos entes da Federação relativas ao exercício anterior, e a sua divulgação, inclusive por meio eletrônico de acesso público.

§ 1.º Os Estados e os Municípios encaminharão suas contas ao Poder Executivo da União nos seguintes prazos:

I – Municípios, com cópia para o Poder Executivo do respectivo Estado, até trinta de abril;

II – Estados, até trinta e um de maio.

§ 2.º O descumprimento dos prazos previstos neste artigo impedirá, até que a situação seja regularizada, que o ente da Federação receba transferências voluntárias e contrate operações de crédito, exceto as destinadas ao refinanciamento do principal atualizado da dívida mobiliária.

Seção III
Do Relatório Resumido
da Execução Orçamentária

Art. 52. O relatório a que se refere o § 3.º do art. 165 da Constituição abrangerá todos os Poderes e o Ministério Público, será publicado até 30 (trinta) dias após o encerramento de cada bimestre e composto de:

I – balanço orçamentário, que especificará, por categoria econômica, as:

a) receitas por fonte, informando as realizadas e a realizar, bem como a previsão atualizada;

b) despesas por grupo de natureza, discriminando a dotação para o exercício, a despesa liquidada e o saldo;

II – demonstrativos da execução das:

a) receitas, por categoria econômica e fonte, especificando a previsão inicial, a previsão atualizada para o exercício, a receita realizada no bimestre, a realizada no exercício e a previsão a realizar;

b) despesas, por categoria econômica e grupo de natureza da despesa, discriminando dotação inicial, dotação para o exercício, despesas empenhada e liquidada, no bimestre e no exercício;

c) despesas, por função e subfunção.

§ 1.º Os valores referentes ao refinanciamento da dívida mobiliária constarão destacadamente nas receitas de operações de crédito e nas despesas com amortização da dívida.

§ 2.º O descumprimento do prazo previsto neste artigo sujeita o ente às sanções previstas no § 2.º do art. 51.

Art. 53. Acompanharão o Relatório Resumido demonstrativos relativos a:

I – apuração da receita corrente líquida, na forma definida no inciso IV do art. 2.º, sua evolução, assim como a previsão de seu desempenho até o final do exercício;

II – receitas e despesas previdenciárias a que se refere o inciso IV do art. 50;

III – resultados nominal e primário;

IV – despesas com juros, na forma do inciso II do art. 4.º;

V – Restos a Pagar, detalhando, por Poder e órgão referido no art. 20, os valores inscritos, os pagamentos realizados e o montante a pagar.

§ 1.º O relatório referente ao último bimestre do exercício será acompanhado também de demonstrativos:

I – do atendimento do disposto no inciso III do art. 167 da Constituição, conforme o § 3.º do art. 32;

II – das projeções atuariais dos regimes de previdência social, geral e próprio dos servidores públicos;

III – da variação patrimonial, evidenciando a alienação de ativos e a aplicação dos recursos dela decorrentes.

§ 2.º Quando for o caso, serão apresentadas justificativas:

I – da limitação de empenho;

II – da frustração de receitas, especificando as medidas de combate à sonegação e à evasão fiscal, adotadas e a adotar, e as ações de fiscalização e cobrança.

Seção IV
Do Relatório de Gestão Fiscal

Art. 54. Ao final de cada quadrimestre será emitido pelos titulares dos Poderes e órgãos referidos no art. 20 Relatório de Gestão Fiscal, assinado pelo:

I – Chefe do Poder Executivo;

II – Presidente e demais membros da Mesa Diretora ou órgão decisório equivalente, conforme regimentos internos dos órgãos do Poder Legislativo;

III – Presidente de Tribunal e demais membros de Conselho de Administração ou órgão decisório equivalente, conforme regimentos internos dos órgãos do Poder Judiciário;

IV – Chefe do Ministério Público, da União e dos Estados.

Parágrafo único. O relatório também será assinado pelas autoridades responsáveis pela administração financeira e pelo controle interno, bem como por outras definidas por ato próprio de cada Poder ou órgão referido no art. 20.

Art. 55. O relatório conterá:

I – comparativo com os limites de que trata esta Lei Complementar, dos seguintes montantes:

a) despesa total com pessoal, distinguindo a com inativos e pensionistas;

b) dívidas consolidada e mobiliária;

c) concessão de garantias;

d) operações de crédito, inclusive por antecipação de receita;

e) despesas de que trata o inciso II do art. 4.º;

II – indicação das medidas corretivas adotadas ou a adotar, se ultrapassado qualquer dos limites;

III – demonstrativos, no último quadrimestre:

a) do montante das disponibilidades de caixa em trinta e um de dezembro;

b) da inscrição em Restos a Pagar, das despesas:

1) liquidadas;

2) empenhadas e não liquidadas, inscritas por atenderem a uma das condições do inciso II do art. 41;

3) empenhadas e não liquidadas, inscritas até o limite do saldo da disponibilidade de caixa;

4) não inscritas por falta de disponibilidade de caixa e cujos empenhos foram cancelados;

c) do cumprimento do disposto no inciso II e na alínea *b* do inciso IV do art. 38.

§ 1.º O relatório dos titulares dos órgãos mencionados nos incisos II, III e IV do art. 54 conterá apenas as informações relativas à alínea *a* do inciso I, e os documentos referidos nos incisos II e III.

§ 2.º O relatório será publicado até 30 (trinta) dias após o encerramento do período a que corresponder, com amplo acesso ao público, inclusive por meio eletrônico.

§ 3.º O descumprimento do prazo a que se refere o § 2.º sujeita o ente à sanção prevista no § 2.º do art. 51.

§ 4.º Os relatórios referidos nos arts. 52 e 54 deverão ser elaborados de forma padronizada, segundo modelos que poderão ser atualizados pelo conselho de que trata o art. 67.

Seção V

Das Prestações de Contas

Art. 56. As contas prestadas pelos Chefes do Poder Executivo incluirão, além das suas próprias, as dos Presidentes dos órgãos dos Poderes Legislativo e Judiciário e do Chefe do Ministério Público, referidos no art. 20, as quais receberão parecer prévio, separadamente, do respectivo Tribunal de Contas.

§ 1.º As contas do Poder Judiciário serão apresentadas no âmbito:

I – da União, pelos Presidentes do Supremo Tribunal Federal e dos Tribunais Superiores, consolidando as dos respectivos tribunais;

II – dos Estados, pelos Presidentes dos Tribunais de Justiça, consolidando as dos demais tribunais.

§ 2.º O parecer sobre as contas dos Tribunais de Contas será proferido no prazo previsto no art. 57 pela comissão mista permanente referida no § 1.º do art. 166 da Constituição ou equivalente das Casas Legislativas estaduais e municipais.

§ 3.º Será dada ampla divulgação dos resultados da apreciação das contas, julgadas ou tomadas.

Art. 57. Os Tribunais de Contas emitirão parecer prévio conclusivo sobre as contas no prazo de 60 (sessenta) dias do recebimento, se outro não estiver estabelecido nas constituições estaduais ou nas leis orgânicas municipais.

•• O STF, em liminar concedida aos 8-8-2007, no julgamento da ADI n. 2.238-5 (*DOU* de 17-8-2007), suspendeu a eficácia deste artigo.

§ 1.º No caso de Municípios que não sejam capitais e que tenham menos de 200.000 (duzentos mil) habitantes o prazo será de 180 (cento e oitenta) dias.

§ 2.º Os Tribunais de Contas não entrarão em recesso enquanto existirem contas de Poder, ou órgão referido no art. 20, pendentes de parecer prévio.

Art. 58. A prestação de contas evidenciará o desempenho da arrecadação em relação à previsão, destacando as providências adotadas no âmbito da fiscalização das receitas e combate à sonegação, as ações de recuperação de créditos nas instâncias administrativa e judicial, bem como as demais medidas para incremento das receitas tributárias e de contribuições.

Seção VI

Da Fiscalização da Gestão Fiscal

Art. 59. O Poder Legislativo, diretamente ou com o auxílio dos Tribunais de Contas, e o sistema de controle interno de cada Poder e do Ministério Público, fiscalizarão o cumprimento das normas desta Lei Complementar, com ênfase no que se refere a:

I – atingimento das metas estabelecidas na lei de diretrizes orçamentárias;

II – limites e condições para realização de operações de crédito e inscrição em Restos a Pagar;

III – medidas adotadas para o retorno da despesa total com pessoal ao respectivo limite, nos termos dos arts. 22 e 23;

IV – providências tomadas, conforme o disposto no art. 31, para recondução dos montantes das dívidas consolidada e mobiliária aos respectivos limites;

V – destinação de recursos obtidos com a alienação de ativos, tendo em vista as restrições constitucionais e as desta Lei Complementar;

VI – cumprimento do limite de gastos totais dos legislativos municipais, quando houver.

§ 1.º Os Tribunais de Contas alertarão os Poderes ou órgãos referidos no art. 20 quando constatarem:

I – a possibilidade de ocorrência das situações previstas no inciso II do art. 4.º e no art. 9.º;

II – que o montante da despesa total com pessoal ultrapassou 90% (noventa por cento) do limite;

III – que os montantes das dívidas consolidada e mobiliária, das operações de crédito e da concessão de garantia se encontram acima de 90% (noventa por cento) dos respectivos limites;

IV – que os gastos com inativos e pensionistas se encontram acima do limite definido em lei;

V – fatos que comprometam os custos ou os resultados dos programas ou indícios de irregularidades na gestão orçamentária.

§ 2.º Compete ainda aos Tribunais de Contas verificar os cálculos dos limites da despesa total com pessoal de cada Poder e órgão referido no art. 20.

§ 3.º O Tribunal de Contas da União acompanhará o cumprimento do disposto nos §§ 2.º, 3.º e 4.º do art. 39.

CAPÍTULO X
DISPOSIÇÕES FINAIS E TRANSITÓRIAS

Art. 60. Lei estadual ou municipal poderá fixar limites inferiores àqueles previstos nesta Lei Complementar para as dívidas consolidada e mobiliária, operações de crédito e concessão de garantias.

Art. 61. Os títulos da dívida pública, desde que devidamente escriturados em sistema centralizado de liquidação e custódia, poderão ser oferecidos em caução para garantia de empréstimos, ou em outras transações previstas em lei, pelo seu valor econômico, conforme definido pelo Ministério da Fazenda.

Art. 62. Os Municípios só contribuirão para o custeio de despesas de competência de outros entes da Federação se houver:

I – autorização na lei de diretrizes orçamentárias e na lei orçamentária anual;

II – convênio, acordo, ajuste ou congênere, conforme sua legislação.

Art. 63. É facultado aos Municípios com população inferior a 50.000 (cinquenta mil) habitantes optar por:

I – aplicar o disposto no art. 22 e no § 4.º do art. 30 ao final do semestre;

II – divulgar semestralmente:

a) (*Vetado*.)

b) o Relatório de Gestão Fiscal;

c) os demonstrativos de que trata o art. 53;

III – elaborar o Anexo de Política Fiscal do plano plurianual, o Anexo de Metas Fiscais e o Anexo de Riscos Fiscais da lei de diretrizes orçamentárias e o anexo de que trata o inciso I do art. 5.º a partir do quinto exercício seguinte ao da publicação desta Lei Complementar.

§ 1.º A divulgação dos relatórios e demonstrativos deverá ser realizada em até 30 (trinta) dias após o encerramento do semestre.

§ 2.º Se ultrapassados os limites relativos à despesa total com pessoal ou à dívida consolidada, enquanto perdurar esta situação, o Município ficará sujeito aos mesmos prazos de verificação e de retorno ao limite definidos para os demais entes.

Art. 64. A União prestará assistência técnica e cooperação financeira aos Municípios para a modernização das respectivas administrações tributária, financeira, patrimonial e previdenciária, com vistas ao cumprimento das normas desta Lei Complementar.

§ 1.º A assistência técnica consistirá no treinamento e desenvolvimento de recursos humanos e na transferência de tecnologia, bem como no apoio à divulgação dos instrumentos de que trata o art. 48 em meio eletrônico de amplo acesso público.

§ 2.º A cooperação financeira compreenderá a doação de bens e valores, o financiamento por intermédio das instituições financeiras federais e o repasse de recursos oriundos de operações externas.

Art. 65. Na ocorrência de calamidade pública reconhecida pelo Congresso Nacional, no caso da União, ou pelas Assembleias Legislativas, na hipótese dos Estados e Municípios, enquanto perdurar a situação:

I – serão suspensas a contagem dos prazos e as disposições estabelecidas nos arts. 23, 31 e 70;

II – serão dispensados o atingimento dos resultados fiscais e a limitação de empenho prevista no art. 9.º.

Parágrafo único. Aplica-se o disposto no *caput* no caso de estado de defesa ou de sítio, decretado na forma da Constituição.

Art. 66. Os prazos estabelecidos nos arts. 23, 31 e 70 serão duplicados no caso de crescimento real baixo ou negativo do Produto Interno Bruto (PIB) nacional, regional ou estadual por período igual ou superior a 4 (quatro) trimestres.

§ 1.º Entende-se por baixo crescimento a taxa de variação real acumulada do Produto Interno Bruto inferior a 1% (um por cento), no período correspondente aos 4 (quatro) últimos trimestres.

§ 2.º A taxa de variação será aquela apurada pela Fundação Instituto Brasileiro de Geografia e Estatística ou outro órgão que vier a substituí-la, adotada a mesma metodologia para apuração dos PIB nacional, estadual e regional.

§ 3.º Na hipótese do *caput*, continuarão a ser adotadas as medidas previstas no art. 22.

§ 4.º Na hipótese de se verificarem mudanças drásticas na condução das políticas monetária e cambial, reconhecidas pelo Senado Federal, o prazo referido no *caput* do art. 31 poderá ser ampliado em até 4 (quatro) quadrimestres.

Art. 67. O acompanhamento e a avaliação, de forma permanente, da política e da operacionalidade da gestão fiscal serão realizados por conselho de gestão fiscal, constituído por representantes de todos os Poderes e esferas de Governo, do Ministério Público e de entidades técnicas representativas da sociedade, visando a:

I – harmonização e coordenação entre os entes da Federação;

II – disseminação de práticas que resultem em maior eficiência na alocação e execução do gasto público, na arrecadação de receitas, no controle do endividamento e na transparência da gestão fiscal;

III – adoção de normas de consolidação das contas públicas, padronização das prestações de contas e dos relatórios e demonstrativos de gestão fiscal de que trata esta Lei Complementar, normas e padrões mais simples para os pequenos Municípios, bem como outros, necessários ao controle social;

IV – divulgação de análises, estudos e diagnósticos.

§ 1.º O conselho a que se refere o *caput* instituirá formas de premiação e reconhecimento público aos titulares de Poder que alcançarem resultados meritórios em suas políticas de desenvolvimento social, conjugados com a prática de uma gestão fiscal pautada pelas normas desta Lei Complementar.

§ 2.º Lei disporá sobre a composição e a forma de funcionamento do conselho.

Art. 68. Na forma do art. 250 da Constituição, é criado o Fundo do Regime Geral de Previdência Social, vinculado ao Ministério da Previdência e Assistência Social, com a finalidade de prover recursos para o pagamento dos benefícios do regime geral da previdência social.

§ 1.º O Fundo será constituído de:

I – bens móveis e imóveis, valores e rendas do Instituto Nacional do Seguro Social não utilizados na operacionalização deste;

II – bens e direitos que, a qualquer título, lhe sejam adjudicados ou que lhe vierem a ser vinculados por força de lei;

III – receita das contribuições sociais para a seguridade social, previstas na alínea *a* do inciso I e no inciso II do art. 195 da Constituição;

IV – produto da liquidação de bens e ativos de pessoa física ou jurídica em débito com a Previdência Social;

V – resultado da aplicação financeira de seus ativos;

VI – recursos provenientes do orçamento da União.

§ 2.º O Fundo será gerido pelo Instituto Nacional do Seguro Social, na forma da lei.

Art. 69. O ente da Federação que mantiver ou vier a instituir regime próprio de previdência social para seus servidores conferir-lhe-á caráter contributivo e o organizará com base em normas de contabilidade e atuária que preservem seu equilíbrio financeiro e atuarial.

Art. 70. O Poder ou órgão referido no art. 20 cuja despesa total com pessoal no exercício anterior ao da publicação desta Lei Complementar estiver acima dos limites estabelecidos nos arts. 19 e 20 deverá enquadrar-se no respectivo limite em até dois exercícios, eliminando o excesso, gradualmente, à razão de, pelo menos, 50% a.a. (cinquenta por cento ao ano), mediante a adoção, entre outras, das medidas previstas nos arts. 22 e 23.

Parágrafo único. A inobservância do disposto no *caput*, no prazo fixado, sujeita o ente às sanções previstas no § 3.º do art. 23.

Art. 71. Ressalvada a hipótese do inciso X do art. 37 da Constituição, até o término do terceiro exercício financeiro seguinte à entrada em vigor desta Lei Complementar, a despesa total com pessoal dos Poderes e órgãos referidos no art. 20 não ultrapassará, em percentual da receita corrente líquida, a despesa verificada no exercício imediatamente anterior, acrescida de até 10% (dez por cento), se esta for inferior ao limite definido na forma do art. 20.

Art. 72. A despesa com serviços de terceiros dos Poderes e órgãos referidos no art. 20 não poderá exceder, em percentual da receita corrente líquida, a do exercício anterior à entrada em vigor desta Lei Complementar, até o término do terceiro exercício seguinte.

•• O STF, na ADIn n. 2.238-5, concedeu medida cautelar em 12-2-2003, conferindo interpretação conforme à CF, para que se entendam como serviços de terceiros os serviços permanentes.

Art. 73. As infrações dos dispositivos desta Lei Complementar serão punidas segundo o Decreto-lei n. 2.848, de 7 de dezembro de 1940 (Código Penal); a Lei n. 1.079, de 10 de abril de 1950; o Decreto-lei n. 201, de 27 de fevereiro de 1967; a Lei n. 8.429, de 2 de junho de 1992; e demais normas da legislação pertinente.

Art. 73-A. Qualquer cidadão, partido político, associação ou sindicato é parte legítima para denunciar ao respectivo Tribunal de Contas e ao órgão competente do Ministério Público o descumprimento das prescrições estabelecidas nesta Lei Complementar.

•• Artigo acrescentado pela Lei Complementar n. 131, de 27-5-2009.

Art. 73-B. Ficam estabelecidos os seguintes prazos para o cumprimento das determinações dispostas nos incisos II e III do parágrafo único do art. 48 e do art. 48-A:

•• *Caput* acrescentado pela Lei Complementar n. 131, de 27-5-2009.

I – 1 (um) ano para a União, os Estados, o Distrito Federal e os Municípios com mais de 100.000 (cem mil) habitantes;

•• Inciso I acrescentado pela Lei Complementar n. 131, de 27-5-2009.

II – 2 (dois) anos para os Municípios que tenham entre 50.000 (cinquenta mil) e 100.000 (cem mil) habitantes;

•• Inciso II acrescentado pela Lei Complementar n. 131, de 27-5-2009.

III – 4 (quatro) anos para os Municípios que tenham até 50.000 (cinquenta mil) habitantes.

•• Inciso III acrescentado pela Lei Complementar n. 131, de 27-5-2009.

Parágrafo único. Os prazos estabelecidos neste artigo serão contados a partir da data de publicação da lei complementar que introduziu os dispositivos referidos no *caput* deste artigo.

•• Parágrafo único acrescentado pela Lei Complementar n. 131, de 27-5-2009.

Art. 73-C. O não atendimento, até o encerramento dos prazos previstos no art. 73-B, das determinações contidas nos incisos II e III do parágrafo único do art. 48 e no art. 48-A sujeita o ente à sanção prevista no inciso I do § 3.º do art. 23.

•• Artigo acrescentado pela Lei Complementar n. 131, de 27-5-2009.

Art. 74. Esta Lei Complementar entra em vigor na data da sua publicação.

Art. 75. Revoga-se a Lei Complementar n. 96, de 31 de maio de 1999.

Brasília, 4 de maio de 2000; 179.º da Independência e 112.º da República.

FERNANDO HENRIQUE CARDOSO

LEI COMPLEMENTAR N. 102, DE 11 DE JULHO DE 2000 (*)

Altera dispositivos da Lei Complementar n. 87, de 13 de setembro de 1996, que "dispõe sobre o imposto dos Estados e do Distrito Federal sobre operações relativas à circulação de mercadorias e sobre prestações de serviços de transporte interestadual e intermunicipal e de comunicação, e dá outras providências".

(*) Publicada no *DOU*, de 12-7-2000.

O Presidente da República

Faço saber que o Congresso Nacional decreta e eu sanciono a seguinte Lei Complementar:

Art. 1.º A Lei Complementar n. 87, de 13 de setembro de 1996, passa a vigorar com as seguintes alterações:

•• Alterações já processadas no diploma modificado.

•• Prejudicada a alteração determinada por este artigo ao art. 31 da Lei Complementar n. 87, de 13-9-1996, bem como em seu Anexo, tendo em vista disposições expressas do art. 1.º da Lei Complementar n. 115, de 26-12-2002.

Art. 2.º No período compreendido entre 1.º de janeiro de 2000 e 31 de dezembro de 2002, o Anexo da Lei Complementar n. 87, de 1996, vigorará com a redação do Anexo desta Lei Complementar, restabelecendo-se a redação anterior a partir do período de competência de janeiro de 2003.

Art. 3.º A mudança na sistemática de entrega de recursos prevista no art. 31 da Lei Complementar n. 87, de 1996, não poderá implicar interrupção no fluxo mensal de entrega de recursos aos Estados e aos seus Municípios, devendo os valores de entrega correspondentes aos períodos de competência dos meses de novembro e dezembro de 1999, de que trata o item 3 do Anexo à referida Lei Complementar, ser entregue pela União aos Estados e aos seus Municípios, até fevereiro de 2003.

•• *Vide* nota ao art. 1.º desta Lei.

•• Dispõe o art. 3.º, *caput*, da Lei Complementar n. 115, de 26-12-2002: "Os valores de entrega correspondentes aos períodos de competência dos meses de novembro e dezembro de 1999, mencionados no art. 3.º da Lei Complementar n. 102, de 11 de julho de 2000, que não tenham sido utilizados nas condições previstas nos §§ 3.º e 4.º do referido artigo, serão repassados pela União aos Estados e aos seus Municípios em janeiro e fevereiro de 2003, respectivamente".

§ 1.º Os valores de entrega correspondentes aos períodos de competência dos meses de novembro e dezembro de 1999 serão atualizados pelo Índice Geral de Preços, conceito Disponibilidade Interna, IGP-DI, da Fundação Getúlio Vargas, ou na sua ausência por outro índice de preços de caráter nacional que o substitua, a partir de fevereiro e março de 2000, respectivamente, até o mês anterior da efetiva entrega.

§ 2.º Para a atualização a que se refere o § 1.º, no mês da efetiva entrega, a atualização será feita pela variação *pro rata die*, tomando-se como referência o índice do mês imediatamente anterior.

§ 3.º A qualquer momento, os créditos a que se refere o *caput* deste artigo, correspondentes à cota-parte do Estado, poderão ser utilizados para o abatimento do saldo devedor remanescente da amortização extraordinária a que se refere o art. 7.º da Lei n. 9.496, de 11 de setembro de 1997.

§ 4.º A partir do exercício de 2001, os créditos a que se refere o *caput* deste artigo, correspondentes à cota-parte do Estado, poderão ser utilizados para abatimento do estoque da dívida dos Estados refinanciada pela União sob a égide da Lei n. 9.496, de 1997.

§ 5.º A distribuição das cotas-partes dos Municípios a que se refere o *caput* deste artigo observará os índices vigentes para o exercício de 1999.

Art. 4.º Os saldos credores acumulados na forma prevista nos §§ 1.º e 2.º do art. 25 da Lei Complementar n. 87, de 1996, existentes em 31 de dezembro de 1999 e ainda não compensados ou transferidos até a data da entrada em vigor desta Lei Complementar, podem ser, a requerimento do sujeito passivo e a critério de cada um dos Estados, transferidos a outros contribuintes do mesmo Estado, para compensação parcelada, mediante a emissão, pela autoridade competente, de documento que reconheça o crédito.

Art. 5.º Os Estados em atraso na apresentação das informações de que trata o subitem 8.2 do Anexo à Lei Complementar n. 87, de 1996, terão prazo de 3 (três) meses após a publicação desta Lei Complementar para fornecê-las ao Ministério da Fazenda, que entregará os valores relativos aos períodos de competência até dezembro de 1999, na forma então vigente.

Art. 6.º A compatibilização de que trata o subitem 8.3 do Anexo à Lei Complementar n. 87, de 1996, será realizada por meio de acréscimos ou descontos dos recursos devidos pela União às unidades federadas por força do Anexo a esta Lei Complementar.

§ 1.º O disposto no *caput* deste artigo também se aplica às distribuições de recursos realizadas em 1997, 1998 e 1999, suplementarmente àquelas previstas no Anexo à Lei Complementar n. 87, de 1996.

§ 2.º Antes de aplicado o disposto no item 5 do Anexo a esta Lei Complementar, será deduzido integralmente o eventual saldo remanescente do adiantamento de que trata o item 4 do Anexo à Lei Complementar n. 87, de 1996, atualizado pela variação do índice previsto no § 1.º do art. 3.º desta Lei Complementar.

Art. 7.º Esta Lei Complementar entra em vigor no primeiro dia do mês subsequente ao da sua publicação.

Art. 8.º Ficam revogados os §§ 1.º e 4.º a 8.º do art. 21 da Lei Complementar n. 87, de 13 de setembro de 1996.

Brasília, 11 de julho de 2000; 179.º da Independência e 112.º da República.

FERNANDO HENRIQUE CARDOSO

Anexo

(à Lei Complementar n. 102, de 11 de julho de 2000)

•• Referido anexo foi substituído pelo Anexo à Lei Complementar n. 115, de 26-12-2002, e consta da Lei Complementar n. 87, de 13-9-1996, constante desta obra.

LEI N. 10.189, DE 14 DE FEVEREIRO DE 2001 (*)

Dispõe sobre o Programa de Recuperação Fiscal – Refis.

(*) Publicada no *DOU*, de 16-2-2001. O Decreto n. 3.712, de 27-12-2000, dispõe sobre o Programa de Recuperação Fiscal – Refis.

Faço saber que o Presidente da República adotou a Medida Provisória n. 2.061-4, de 2001, que o Congresso Nacional aprovou, e eu, Antonio Carlos Magalhães, Presidente, para os efeitos do disposto no parágrafo único do art. 62 da Constituição Federal, promulgo a seguinte Lei:

Art. 1.º O inciso I do § 4.º do art. 2.º da Lei n. 9.964, de 10 de abril de 2000, passa a vigorar com a seguinte redação:

•• Alteração já processada no diploma modificado.

Art. 2.º As pessoas jurídicas optantes pelo Refis ou pelo parcelamento a ele alternativo poderão, excepcionalmente, parcelar os débitos relativos aos tributos e às contribuições referidos no art. 1.º da Lei n. 9.964, de 2000, com vencimento entre 1.º de março e 15 de setembro de 2000, em até seis parcelas mensais, iguais e sucessivas.

§ 1.º O parcelamento de que trata este artigo será requerido junto ao órgão a que estiver vinculado o débito, até o último dia útil do mês de novembro de 2000.

§ 2.º O débito objeto do parcelamento será consolidado na data da concessão.

§ 3.º O valor de cada prestação não poderá ser inferior a R$ 50,00 (cinquenta reais).

§ 4.º O valor de cada prestação mensal, por ocasião do pagamento, será acrescido de juros equivalentes à Taxa Referencial do Sistema Especial de Liquidação e Custódia (SELIC), para títulos federais, acumulada mensalmente, calculados a partir da data do deferimento até o mês anterior ao do pagamento, e de um por cento relativamente ao mês em que o pagamento estiver sendo efetuado.

§ 5.º O pagamento da primeira parcela deverá ser efetuado no mês em que for protocolizado o pedido de parcelamento, vencendo-se as demais parcelas até o último dia útil de cada mês subsequente.

§ 6.º A falta de pagamento de duas prestações implicará a rescisão do parcelamento e a exclusão da pessoa jurídica do Refis.

§ 7.º Relativamente aos débitos parcelados na forma deste artigo não será exigida garantia ou arrolamento de bens, observado o disposto no § 3.º do art. 3.º da Lei n. 9.964, de 2000.

Art. 3.º Na hipótese de opções formalizadas com base na Lei n. 10.002, de 14 de setembro de 2000, a pessoa jurídica optante deverá adotar, para fins de determinação da parcela mensal, nos seis primeiros meses do parcelamento, o dobro do percentual a que estiver sujeito, nos termos estabelecidos no inciso II do § 4.º do art. 2.º da Lei n. 9.964, de 2000.

§ 1.º Na hipótese de opção pelo parcelamento alternativo ao Refis, a pessoa jurídica deverá pagar, nos primeiros seis meses, duas parcelas a cada mês.

§ 2.º A formalização da opção referida no *caput* dar-se-á pela postagem do respectivo termo nas agências da Empresa Brasileira de Correios e Telégrafos – ECT ou, nas hipóteses estabelecidas pelo Poder Executivo, inclusive por intermédio do Comitê Gestor do Refis, nas unidades da Secretaria da Receita Federal, da Procuradoria-Geral da Fazenda Nacional e do Instituto Nacional do Seguro Social – INSS.

Art. 4.º Não se aplica o disposto no inciso V do art. 5.º da Lei n. 9.964, de 2000, na hipótese de cisão da pessoa jurídica optante pelo Refis, desde que, cumulativamente:

I – o débito consolidado seja atribuído integralmente a uma única pessoa jurídica;

II – as pessoas jurídicas que absorverem o patrimônio vertido assumam, de forma expressa, irrevogável e irretratável, entre si e, no caso de cisão parcial, com a própria cindida, a condição de responsáveis solidários pela totalidade do débito consolidado, independentemente da proporção do patrimônio vertido.

§ 1.º O disposto no inciso V do art. 5.º da Lei n. 9.964, de 2000, também não se aplica na hipótese de cisão de pessoa jurídica optante pelo parcelamento alternativo ao Refis.

§ 2.º Na hipótese do *caput* deste artigo:

I – a pessoa jurídica a quem for atribuído o débito consolidado, independentemente da data da cisão, será considerada optante pelo Refis, observadas as demais normas e condições estabelecidas para o Programa;

II – a assunção da responsabilidade solidária estabelecida no inciso II do *caput* será comunicada ao Comitê Gestor;

III – as parcelas mensais serão determinadas com base no somatório das receitas brutas das pessoas jurídicas que absorveram patrimônio vertido e, no caso de cisão parcial, da própria cindida;

IV – as garantias apresentadas ou o arrolamento de bens serão mantidos integralmente.

Art. 5.° Aplica-se às formas de parcelamento referidas nos arts. 12 e 13 da Lei n. 9.964, de 2000, o prazo de opção estabelecido pelo parágrafo único do art. 1.° da Lei n. 10.002, de 2000.

•• A Lei n. 10.002, de 14-9-2000, dispõe no parágrafo único do art. 1.°, que "a opção ao REFIS poderá ser formalizada até 90 (noventa) dias, contados a partir da data de publicação desta Lei".

§ 1.° Poderão, também, ser parcelados, em até sessenta parcelas mensais e sucessivas, observadas as demais normas estabelecidas para o parcelamento a que se refere o art. 13 da Lei n. 9.964, de 2000, os débitos de natureza não tributária não inscritos em dívida ativa.

§ 2.° O parcelamento de que trata o parágrafo anterior deverá ser requerido no prazo referido no *caput*, perante órgão encarregado da administração do respectivo débito.

§ 3.° Na hipótese do § 3.° do art. 13 da Lei n. 9.964, de 2000, o valor da verba de sucumbência será de até um por cento do valor do débito consolidado, incluído no Refis ou no parcelamento alternativo a que se refere o art. 12 da referida Lei, decorrente da desistência da respectiva ação judicial.

Art. 6.° Ficam convalidados os atos praticados com base na Medida Provisória n. 2.061-3, de 27 de dezembro de 2000.

Art. 7.° Esta Lei entra em vigor na data de sua publicação, aplicando-se, no que couber, às opções efetuadas até o último dia útil do mês de abril de 2000.

Congresso Nacional, em 14 de fevereiro de 2001; 180.° da Independência e 113.° da República.

Antonio Carlos Magalhães

LEI COMPLEMENTAR N. 110, DE 29 DE JUNHO DE 2001 (*)

Institui contribuições sociais, autoriza créditos de complementos de atualização monetária em contas vinculadas do Fundo de Garantia do Tempo de Serviço – FGTS, e dá outras providências.

O Presidente da República

Faço saber que o Congresso Nacional decreta e eu sanciono a seguinte Lei Complementar:

Art. 1.° Fica instituída contribuição social devida pelos empregadores em caso de despedida de empregado sem justa causa, à alíquota de 10% (dez por cento) sobre o montante de todos os depósitos devidos, referentes ao Fundo de Garantia do Tempo de Serviço – FGTS, durante a vigência do contrato de trabalho, acrescido das remunerações aplicáveis às contas vinculadas.

Parágrafo único. Ficam isentos da contribuição social instituída neste artigo os empregadores domésticos.

•• Artigo regulamentado pelo Decreto n. 3.914, de 11-9-2001.

Art. 2.° Fica instituída contribuição social devida pelos empregadores, à alíquota de 0,5%

(*) Publicada no *DOU*, de 30-6-2001. *Vide* Decreto n. 3.914, de 11-9-2001, que regulamenta o disposto nesta Lei Complementar. *Vide* Súmula Vinculante 1.

(cinco décimos por cento) sobre a remuneração devida, no mês anterior, a cada trabalhador, incluídas as parcelas de que trata o art. 15 da Lei n. 8.036, de 11 de maio de 1990.

§ 1.º Ficam isentas da contribuição social instituída neste artigo:

I – as empresas inscritas no Sistema Integrado de Pagamento de Impostos e Contribuições das Microempresas e Empresas de Pequeno Porte – SIMPLES, desde que o faturamento anual não ultrapasse o limite de R$ 1.200.000,00 (um milhão e duzentos mil reais);

II – as pessoas físicas, em relação à remuneração de empregados domésticos; e

III – as pessoas físicas, em relação à remuneração de empregados rurais, desde que sua receita bruta anual não ultrapasse o limite de R$ 1.200.000,00 (um milhão e duzentos mil reais).

§ 2.º A contribuição será devida pelo prazo de 60 (sessenta) meses, a contar de sua exigibilidade.

•• Artigo regulamentado pelo Decreto n. 3.914, de 11-9-2001.

Art. 3.º Às contribuições sociais de que tratam os arts. 1.º e 2.º aplicam-se as disposições da Lei n. 8.036, de 11 de maio de 1990, e da Lei n. 8.844, de 20 de janeiro de 1994, inclusive quanto a sujeição passiva e equiparações, prazo de recolhimento, administração, fiscalização, lançamento, consulta, cobrança, garantias, processo administrativo de determinação e exigência de créditos tributários federais.

§ 1.º As contribuições sociais serão recolhidas na rede arrecadadora e transferidas à Caixa Econômica Federal, na forma do art. 11 da Lei n. 8.036, de 11 de maio de 1990, e as respectivas receitas serão incorporadas ao FGTS.

§ 2.º A falta de recolhimento ou o recolhimento após o vencimento do prazo sem os acréscimos previstos no art. 22 da Lei n. 8.036, de 11 de maio de 1990, sujeitarão o infrator à multa de 75% (setenta e cinco por cento), calculada sobre a totalidade ou a diferença da contribuição devida.

§ 3.º A multa será duplicada na ocorrência das hipóteses previstas no art. 23, § 3.º, da Lei n. 8.036, de 11 de maio de 1990, sem prejuízo das demais cominações legais.

Art. 4.º Fica a Caixa Econômica Federal autorizada a creditar nas contas vinculadas do FGTS, a expensas do próprio Fundo, o complemento de atualização monetária resultante da aplicação, cumulativa, dos percentuais de 16,64% (dezesseis inteiros e sessenta e quatro centésimos por cento) e de 44,08% (quarenta e quatro inteiros e oito décimos por cento), sobre os saldos das contas mantidas, respectivamente, no período de 1.º de dezembro de 1988 a 28 de fevereiro de 1989 e durante o mês de abril de 1990, desde que:

•• O Decreto n. 3.913, de 11-9-2001, dispõe em seu art. 1.º: "Este Decreto regulamenta a forma de apuração dos complementos de atualização monetária das contas vinculadas do FGTS, de que trata a Lei Complementar n. 110, de 29 de junho de 2001, relativos aos saldos mantidos no período de 1.º de dezembro de 1988 a 28 de fevereiro de 1989 e no mês de abril de 1990, a forma e os prazos para lançamento dos respectivos créditos nas contas vinculadas e a forma de adesão às condições de resgate dos referidos créditos".

•• Dispõe a Lei n. 10.555, de 13-11-2002, em seu art. 1.º, *caput*: "Fica a Caixa Econômica Federal autorizada a creditar em contas vinculadas específicas do FGTS, a expensas do próprio Fundo, os valores do complemento de atualização monetária de que trata o art. 4.º da Lei Complementar n. 110, de 29 de junho de 2001, cuja importância, em 10 de julho de 2001, seja igual ou inferior a R$ 100,00 (cem reais)".

I – o titular da conta vinculada firme o Termo de Adesão de que trata esta Lei Complementar;

II – até o 63.º (sexagésimo terceiro) mês a partir da data de publicação desta Lei Complementar, estejam em vigor as contribuições sociais de que tratam os arts. 1.º e 2.º; e

III – a partir do 64.º (sexagésimo quarto) mês da publicação desta Lei Complementar, permaneça em vigor a contribuição social de que trata o art. 1.º.

Parágrafo único. O disposto nos arts. 9.º, II, e 22, § 2.º, da Lei n. 8.036, de 11 de maio de 1990, não se aplica, em qualquer hipótese, como decorrência da efetivação do crédito de complemento de atualização monetária de que trata o *caput* deste artigo.

Art. 5.º O complemento de que trata o art. 4.º será remunerado até o dia 10 do mês subsequente ao da publicação desta Lei Complementar, com base nos mesmos critérios de remuneração utilizados para as contas vinculadas.

Parágrafo único. O montante apurado na data a que se refere o *caput* será remunerado, a partir do dia 11 do mês subsequente ao da publicação desta Lei Complementar, com base na Taxa Referencial – TR, até que seja creditado na conta vinculada do trabalhador.

Art. 6.º O Termo de Adesão a que se refere o inciso I do art. 4.º, a ser firmado no prazo e na forma definidos em Regulamento, conterá:

•• Dispõe a Lei n. 10.555, de 13-11-2002, em seu art. 2.º: "O titular de conta vinculada do FGTS, com idade igual ou superior a sessenta anos ou que vier a completar essa idade a qualquer tempo, fará jus ao crédito do complemento de atualização monetária de que trata a Lei Complementar n. 110, de 2001, com a redução nela prevista, em parcela única, desde que tenha firmado o termo de adesão de que trata o art. 6.º da mencionada Lei Complementar".

I – a expressa concordância do titular da conta vinculada com a redução do complemento de que trata o art. 4.º, acrescido da remuneração prevista no *caput* do art. 5.º, nas seguintes proporções:

a) 0% (zero por cento) sobre o total do complemento de atualização monetária de valor até R$ 2.000,00 (dois mil reais);

b) 8% (oito por cento) sobre o total do complemento de atualização monetária de valor de R$ 2.000,01 (dois mil reais e um centavo) a R$ 5.000,00 (cinco mil reais);

c) 12% (doze por cento) sobre o total do complemento de atualização monetária de valor de R$ 5.000,01 (cinco mil reais e um centavo) a R$ 8.000,00 (oito mil reais);

d) 15% (quinze por cento) sobre o total do complemento de atualização monetária de valor acima de R$ 8.000,00 (oito mil reais);

II – a expressa concordância do titular da conta vinculada com a forma e os prazos do crédito na conta vinculada, especificados a seguir:

a) complemento de atualização monetária no valor total de R$ 1.000,00 (um mil reais), até junho de 2002, em uma única parcela, para os titulares de contas vinculadas que tenham firmado o Termo de Adesão até o último dia útil do mês imediatamente anterior;

b) complemento de atualização monetária no valor total de R$ 1.000,01 (um mil reais e um centavo) a R$ 2.000,00 (dois mil reais), em duas parcelas semestrais, com o primeiro crédito em julho de 2002, sendo a primeira parcela de R$ 1.000,00 (um mil reais), para os titulares de contas vinculadas que tenham firmado o Termo de Adesão até o último dia útil do mês imediatamente anterior;

c) complemento de atualização monetária no valor total de R$ 2.000,01 (dois mil reais e um centavo) a R$ 5.000,00 (cinco mil reais), em cinco parcelas semestrais, com o primeiro crédito em janeiro de 2003, para os titulares de contas vinculadas que tenham firmado o Termo de Adesão até o último dia útil do mês imediatamente anterior;

d) complemento de atualização monetária no valor total de R$ 5.000,01 (cinco mil reais e um centavo) a R$ 8.000,00 (oito mil reais), em sete parcelas semestrais, com o primeiro crédito em julho de 2003, para os titulares de contas vinculadas que tenham firmado o Termo de Adesão até o último dia útil do mês imediatamente anterior;

e) complemento de atualização monetária no valor total acima de R$ 8.000,00 (oito mil reais), em sete parcelas semestrais, com o primeiro crédito em janeiro de 2004, para os titulares de contas vinculadas que tenham firmado o Termo de Adesão até o último dia útil do mês imediatamente anterior; e

III – declaração do titular da conta vinculada, sob as penas da lei, de que não está nem ingressará em juízo discutindo os complementos de atualização monetária relativos a junho de 1987, ao período de 1.º de dezembro de 1988 a 28 de fevereiro de 1989, a abril e maio de 1990 e a fevereiro de 1991.

§ 1.º No caso da alínea *b* do inciso I, será creditado valor de R$ 2.000,00 (dois mil reais), quando a aplicação do percentual de redução resultar em quantia inferior a este.

§ 2.º No caso da alínea *c* do inciso I, será creditado valor de R$ 4.600,00 (quatro mil e seiscentos reais), quando a aplicação do percentual de redução resultar em quantia inferior a este.

§ 3.º No caso da alínea d do inciso I será creditado valor de R$ 7.040,00 (sete mil e quarenta reais), quando a aplicação do percentual de redução resultar em quantia inferior a este.

§ 4.º Para os trabalhadores que vierem a firmar seus termos de adesão após as datas previstas nas alíneas *a* a *d* do inciso II, os créditos em suas contas vinculadas iniciar-se-ão no mês subsequente ao da assinatura do Termo de Adesão, observadas as demais regras constantes nesses dispositivos, quanto a valores, número e periodicidade de pagamento de parcelas.

§ 5.º As faixas de valores mencionadas no inciso II do *caput* serão definidas pelos complementos a que se refere o art. 4.º, acrescidos da remuneração prevista no *caput* do art. 5.º, antes das deduções de que tratam o inciso I do *caput* e os §§ 1.º e 2.º.

§ 6.º O titular da conta vinculada fará jus ao crédito de que trata o inciso II do *caput* deste artigo, em uma única parcela, até junho de 2002, disponível para imediata movimentação a partir desse mês, nas seguintes situações:

I – na hipótese de o titular ou qualquer de seus dependentes for acometido de neoplasia maligna, nos termos do inciso XI do art. 20 da Lei n. 8.036, de 11 de maio de 1990;

II – quando o titular ou qualquer de seus dependentes for portador do vírus HIV;

III – se o trabalhador, com crédito de até R$ 2.000,00 (dois mil reais), for aposentado por invalidez, em função de acidente do trabalho ou doença profissional, ou aposentado maior de 65 (sessenta e cinco) anos de idade;

IV – quando o titular ou qualquer de seus dependentes for acometido de doença terminal.

§ 7.º O complemento de atualização monetária de valor total acima de R$ 2.000,00 (dois mil reais) poderá, a critério do titular da conta vinculada, ser resgatado mediante entrega, em julho de 2002, ou nos 6 (seis) meses seguintes, no caso de adesões que se efetuarem até dezembro de 2002, de documento de quitação com o FGTS autorizando a compra de título, lastreado nas receitas decorrentes das contribuições instituídas pelos arts. 1.º e 2.º desta Lei Complementar, de valor de face equivalente ao valor do referido complemento nos termos e condições estabelecidas pelo Conselho Monetário Nacional – CMN.

Art. 7.º Ao titular da conta vinculada que se encontre em litígio judicial visando ao pagamento dos complementos de atualização monetária relativos a junho de 1987, dezembro de 1988 a fevereiro de 1989, abril e maio de 1990 e fevereiro de 1991, é facultado receber, na forma do art. 4.º, os créditos de que trata o art. 6.º, firmando transação a ser homologada no juízo competente.

Art. 8.º A movimentação da conta vinculada, no que se refere ao crédito do complemento de atualização monetária, observará as condições previstas no art. 20 da Lei n. 8.036, de 11 de maio de 1990, inclusive nos casos em que o direito do titular à movimentação da conta tenha sido implementado em data anterior à da publicação desta Lei Complementar.

Art. 9.º As despesas com as obrigações decorrentes dos montantes creditados na forma do art. 6.º poderão ser diferidas contabilmente, para apropriação no resultado do balanço do FGTS, no prazo de até 15 (quinze) anos, a contar da publicação desta Lei Complementar.

Art. 10. Os bancos que, no período de dezembro de 1988 a março de 1989 e nos meses de abril e maio de 1990, eram depositários das contas vinculadas do FGTS, ou seus sucessores, repassarão à Caixa Econômica Federal, até 31 de janeiro de 2002, as informações cadastrais e financeiras necessárias ao cálculo do complemento de atualização monetária de que trata o art. 4.º.

§ 1.º A Caixa Econômica Federal estabelecerá a forma e o cronograma dos repasses das informações de que trata o *caput* deste artigo.

§ 2.º Pelo descumprimento dos prazos e das demais obrigações estipuladas com base neste artigo, os bancos de que trata o *caput* sujeitam-se ao pagamento de multa equivalente a 10% (dez por cento) do somatório dos saldos das contas das quais eram depositários, remunerados segundo os mesmos critérios previstos no art. 5.º.

§ 3.º Os órgãos responsáveis pela auditoria integrada do FGTS examinarão e homologarão, no prazo de 60 (sessenta) dias, a contar da publicação desta Lei Complementar, o aplicativo a ser utilizado na validação das informações de que trata este artigo.

Art. 11. A Caixa Econômica Federal, até 30 de abril de 2002, divulgará aos titulares de contas vinculadas os respectivos valores dos complementos de atualização monetária a que têm direito, com base nas informações cadastrais e financeiras de que trata o art. 10.

Art. 12. O Tesouro Nacional fica subsidiariamente obrigado à liquidação dos valores a que se refere o art. 4.º, nos prazos e nas condições estabelecidos nos arts. 5.º e 6.º, até o montante da diferença porventura ocorrida entre o valor arrecadado pelas contribuições sociais de que tratam os arts. 1.º e 2.º e aquele necessário ao resgate dos compromissos assumidos.

Art. 13. As leis orçamentárias anuais referentes aos exercícios de 2001, 2002 e 2003 assegurarão destinação integral ao FGTS de valor equivalente à arrecadação das contribuições de que tratam os arts. 1.º e 2.º desta Lei Complementar.

Art. 14. Esta Lei Complementar entra em vigor na data de sua publicação, produzindo efeitos:

•• O STF, nas ADIns n. 2.556 e n. 2.568, julgou parcialmente procedente a ação, para declarar a inconstitucionalidade deste *caput*, no que se refere à expressão "produzindo efeitos".

I – 90 (noventa) dias a partir da data inicial de sua vigência, relativamente à contribuição social de que trata o art. 1.º; e

•• O STF, nas ADIns n. 2.556 e n. 2.568, julgou parcialmente procedente a ação para declarar a inconstitucionalidade deste inciso.

II – a partir do 1.º (primeiro) dia do mês seguinte ao 90.º (nonagésimo) dia da data de início de sua vigência, no tocante à contribuição social de que trata o art. 2.º.

•• O STF, nas ADIns n. 2.556 e n. 2.568, julgou parcialmente procedente a ação para declarar a inconstitucionalidade deste inciso.

Brasília, 29 de junho de 2001; 180.º da Independência e 113.º da República.

FERNANDO HENRIQUE CARDOSO

MEDIDA PROVISÓRIA N. 2.159-70, DE 24 DE AGOSTO DE 2001 (*)

Altera a legislação do imposto de renda e dá outras providências.

O Presidente da República, no uso da atribuição que lhe confere o art. 62 da Constituição, adota a seguinte Medida Provisória, com força de lei:

Art. 1.º A pessoa jurídica, cujos créditos com pessoa jurídica de direito público ou com empresa sob seu controle, empresa pública, sociedade de economia mista ou sua subsidiária, decorrentes de construção por empreitada, de fornecimento de bens ou de prestação de serviços, forem quitados pelo Poder Público com títulos de sua emissão, inclusive com Certificados de Securitização, emitidos especificamente para

(*) Publicada no *DOU*, de 27-8-2001.

essa finalidade, poderá computar a parcela do lucro, correspondente a esses créditos, que houver sido diferida na forma do disposto nos §§ 3.º e 4.º do art. 10 do Decreto-lei n. 1.598, de 26 de dezembro de 1977, na determinação do lucro real do período-base do resgate dos títulos ou de sua alienação sob qualquer forma.

Art. 2.º O disposto no art. 65 da Lei n. 8.383, de 30 de dezembro de 1991, aplica-se, também, nos casos de entrega, pelo licitante vencedor, de títulos da dívida pública do Estado, do Distrito Federal ou do Município, como contrapartida à aquisição de ações ou quotas de empresa sob controle direto ou indireto das referidas pessoas jurídicas de direito público, nos casos de desestatização por elas promovidas.

Art. 3.º Fica reduzida para quinze por cento a alíquota do imposto de renda incidente na fonte sobre as importâncias pagas, creditadas, entregues, empregadas ou remetidas ao exterior a título de remuneração de serviços técnicos e de assistência técnica, e a título de róialties, de qualquer natureza, a partir do início da cobrança da contribuição instituída pela Lei n. 10.168, de 29 de dezembro de 2000.

Art. 4.º É concedido crédito incidente sobre a Contribuição de Intervenção no Domínio Econômico, instituída pela Lei n. 10.168, de 2000, aplicável às importâncias pagas, creditadas, entregues, empregadas ou remetidas para o exterior a título de róialties referentes a contratos de exploração de patentes e de uso de marcas.

§ 1.º O crédito referido no *caput*:

I – será determinado com base na contribuição devida, incidente sobre pagamentos, créditos, entregas, emprego ou remessa ao exterior a título de róialties de que trata o *caput* deste artigo, mediante utilização dos seguintes percentuais:

a) cem por cento, relativamente aos períodos de apuração encerrados a partir de 1.º de janeiro de 2001 até 31 de dezembro de 2003;

b) setenta por cento, relativamente aos períodos de apuração encerrados a partir de 1.º de janeiro de 2004 até 31 de dezembro de 2008;

c) trinta por cento, relativamente aos períodos de apuração encerrados a partir de 1.º de janeiro de 2009 até 31 de dezembro de 2013;

II – será utilizado, exclusivamente, para fins de dedução da contribuição incidente em operações posteriores, relativas a róialties previstos no *caput* deste artigo.

§ 2.º O Comitê Gestor definido no art. 5.º da Lei n. 10.168, de 2000, será composto por representantes do Governo Federal, do setor industrial e do segmento acadêmico-científico.

Art. 5.º Não incidirá o imposto de renda na fonte sobre os rendimentos pagos ou creditados a empresa domiciliada no exterior, pela contraprestação de serviços de telecomunicações, por empresa de telecomunicação que centralize, no Brasil, a prestação de serviços de rede corporativa de pessoas jurídicas.

Parágrafo único. Para efeitos deste artigo, considera-se rede corporativa a rede de telecomunicações privativa de uma empresa ou entidade, a qual interliga seus vários pontos de operações no Brasil e no exterior.

Art. 6.º Os bens do ativo permanente imobilizado, exceto a terra nua, adquiridos por pessoa jurídica que explore a atividade rural, para uso nessa atividade, poderão ser depreciados integralmente no próprio ano da aquisição.

Art. 7.º Exclui-se da incidência do imposto de renda na fonte e na declaração de rendimentos o valor do resgate de contribuições de previdência privada, cujo ônus tenha sido da pessoa física, recebido por ocasião de seu desligamento do plano de benefícios da entidade, que corresponder às parcelas de contribuições efetuadas no período de 1.º de janeiro de 1989 a 31 de dezembro de 1995.

Art. 8.º Serão admitidos como despesas com instrução, previstas no art. 8.º, II, *b*, da Lei n. 9.250, de 26 de dezembro de 1995, os pagamentos efetuados a creches.

Art. 9.º Fica reduzida a zero, relativamente aos fatos geradores ocorridos a partir de 1.º de janeiro de 2001, a alíquota do imposto de renda incidente sobre remessas, para o exterior, destinadas exclusivamente ao pagamento de despesas relacionadas com pesquisa de mercado para produtos brasileiros de exportação, bem como aquelas decorrentes de participação em exposições, feiras e eventos semelhantes, inclusive aluguéis e arrendamentos de estandes e locais de exposição, vinculadas à promoção de produtos brasileiros, bem assim de despesas com propaganda realizadas no âmbito desses eventos.

§ 1.º O Poder Executivo estabelecerá as condições e as exigências para a aplicação do disposto neste artigo.

§ 2.º Relativamente ao período de 1.º de janeiro de 2001 a 31 de dezembro de 2003, a renúncia anual de receita decorrente da redução de alíquota referida no *caput* será apurada, pelo Poder Executivo, mediante projeção da renúncia efetiva verificada no primeiro semestre.

§ 3.º Para os fins do disposto no art. 14 da Lei Complementar n. 101, de 4 de maio de 2000, o montante anual da renúncia, apurado na forma do § 2.º, nos meses de setembro de cada ano, será custeado à conta de fontes financiadoras da reserva de contingência, salvo se verificado excesso de arrecadação, apurado também na forma do § 2.º, em relação à previsão de receitas, para o mesmo período, deduzido o valor da renúncia.

§ 4.º O excesso de arrecadação porventura apurado nos termos do § 3.º, *in fine*, será utilizado para compensação do montante da renúncia.

§ 5.º A alíquota referida no *caput*, na hipótese de pagamentos a residente ou domiciliados em países que não tribute a renda ou que a tribute à alíquota máxima inferior a 20% (vinte por cento), a que se refere o art. 24 da Lei n. 9.430, de 27 de dezembro de 1996, será de 25% (vinte e cinco por cento).

Art. 10. Ficam convalidados os atos praticados com base na Medida Provisória n. 2.159-69, de 27 de julho de 2001.

Art. 11. Esta Medida Provisória entra em vigor na data de sua publicação.

Brasília, 24 de agosto de 2001; 180.º da Independência e 113.º da República.

FERNANDO HENRIQUE CARDOSO

DECRETO N. 3.914, DE 11 DE SETEMBRO DE 2001 (*)

Dispõe sobre a regulamentação das contribuições sociais instituídas pela Lei Complementar n. 110, de 29 de junho de 2001.

O Presidente da República, no uso da atribuição que lhe confere o art. 84, IV, da Constituição, decreta:

Art. 1.º Este Decreto dispõe sobre a regulamentação da contribuição social devida por despedida de empregado sem justa causa e da contribuição social incidente sobre a remuneração mensal do trabalhador, instituídas pelos arts. 1.º e 2.º da Lei Complementar n. 110, de 29 de junho de 2001.

Art. 2.º A contribuição social que tem por fato gerador a despedida de empregado sem justa causa é devida em relação às despedidas que ocorrerem a partir de 28 de setembro de 2001, inclusive.

§ 1.º A base de cálculo da contribuição é o montante dos depósitos do Fundo de Garantia do Tempo de Serviço – FGTS, acrescidos das remunerações previstas no art. 13 da Lei n. 8.036, de 11 de maio de 1990, bem como nos arts. 11 da Lei n. 7.839, de 12 de outubro de

(*) Publicado no *DOU*, de 12-9-2001.

1989, e 3.º e 4.º da Lei n. 5.107, de 13 de setembro de 1966, enquanto vigentes, devidos durante a vigência do contrato de trabalho.

§ 2.º O valor do complemento de atualização monetária de que trata o art. 4.º, com a remuneração prevista no art. 5.º e com a redução cabível especificada no inciso I do art. 6.º, todos da Lei Complementar n. 110, de 2001, que esteja registrado, na data da rescisão do contrato de trabalho, na conta vinculada do trabalhador que tenha firmado o Termo de Adesão a que se refere o art. 4.º, I, da mesma Lei Complementar, integra a base de cálculo da contribuição de que trata este artigo.

§ 3.º O valor da contribuição será determinado pela aplicação da alíquota de 10% (dez por cento) sobre o valor da base de cálculo especificada nos §§ 1.º e 2.º.

§ 4.º A contribuição deve ser paga nos seguintes prazos:

I – até o primeiro dia útil imediato ao término do contrato, no caso em que o empregador concede o aviso-prévio nos termos do art. 487 da Consolidação das Leis do Trabalho – CLT; ou

II – até o décimo dia, contado da data da notificação da demissão, quando da ausência do aviso-prévio, indenização do mesmo ou dispensa de seu cumprimento.

§ 5.º Os empregadores domésticos ficam isentos da contribuição social de que trata este artigo.

Art. 3.º A contribuição social incidente sobre a remuneração do trabalhador é devida a partir da remuneração relativa ao mês de outubro de 2001 até a remuneração relativa ao mês de setembro de 2006.

§ 1.º A contribuição incide sobre a remuneração paga ou devida, no mês anterior, a cada trabalhador.

§ 2.º A base de cálculo da contribuição é o valor da remuneração paga ou devida a cada trabalhador, computadas as parcelas de que trata o art. 15 da Lei n. 8.036, de 1990.

§ 3.º O valor do pagamento antecipado de remuneração ou de gratificação de Natal integra a base de cálculo da contribuição social relativa ao mês em que ocorrer o pagamento antecipado.

§ 4.º O valor da contribuição será determinado pela aplicação da alíquota de 0,5% (cinco décimos por cento) sobre a base de cálculo especificada nos §§ 2.º e 3.º.

§ 5.º A contribuição incidente sobre a remuneração paga ou devida em cada mês deve ser paga até o dia 7 do mês subsequente ou, não havendo expediente bancário no dia 7, até o último dia útil que o anteceder.

§ 6.º Ficam isentas da contribuição social de que trata este artigo:

I – as empresas inscritas no Sistema Integrado de Pagamento de Impostos e Contribuições das Microempresas e Empresas de Pequeno Porte – SIMPLES, desde que o faturamento anual não ultrapasse o limite de R$ 1.200.000,00 (um milhão e duzentos mil reais);

II – as pessoas físicas, em relação à remuneração de empregados domésticos; e

III – as pessoas físicas, em relação à remuneração de empregados rurais, desde que sua receita bruta anual não ultrapasse o limite de R$ 1.200.000,00 (um milhão e duzentos mil reais).

§ 7.º Para os fins do disposto no § 6.º, poderão ser utilizadas informações constantes dos cadastros administrados pela Secretaria da Receita Federal, na forma estabelecida em convênio.

•• A Secretaria da Receita Federal passa a denominar-se Secretaria da Receita Federal do Brasil, por força da Lei n. 11.457, de 16-3-2007.

Art. 4.º O sujeito passivo das contribuições sociais de que trata este Decreto é o empregador, considerado como tal a pessoa física ou a pessoa jurídica de direito privado ou de direito público, da administração pública direta, indireta ou fundacional de qualquer dos Poderes, da União, dos Estados, do Distrito Federal e dos

Municípios, que admitir trabalhadores a seu serviço, bem assim aquele que, regido por legislação especial, encontrar-se nessa condição ou figurar como fornecedor ou tomador de mão de obra, independente da responsabilidade solidária ou subsidiária a que eventualmente venha obrigar-se.

Parágrafo único. Para os efeitos deste Decreto, considera-se empregado ou trabalhador toda pessoa física que prestar serviços a empregador, a locador ou tomador de mão de obra, excluídos os eventuais, os autônomos e os servidores públicos civis e militares sujeitos a regime jurídico próprio.

Art. 5.º O pagamento das contribuições sociais de que trata este Decreto fora dos prazos estabelecidos sujeita o infrator aos acréscimos previstos no art. 22 da Lei n. 8.036, de 1990, e nos §§ 2.º e 3.º do art. 3.º da Lei Complementar n. 110, de 2001.

Art. 6.º A exigência fiscal da contribuição social, que não tenha sido paga por iniciativa do contribuinte, será formalizada em notificação de débito, lavrada por Auditor-Fiscal do Trabalho ou pela Repartição competente do Ministério do Trabalho e Emprego, nos termos de ato normativo do Ministro de Trabalho e Emprego.

Art. 7.º As contribuições sociais de que trata este Decreto, inclusive os acréscimos legais correspondentes, serão pagos na rede bancária arrecadadora do FGTS, na forma a ser estabelecida pelo Agente Operador do FGTS.

§ 1.º Os valores recolhidos pela rede bancária serão transferidos à Caixa Econômica Federal no segundo dia útil subsequente à data em que tenham sido recolhidos.

§ 2.º A Caixa Econômica Federal procederá ao registro das receitas, relativas às contribuições sociais que lhe forem transferidas pela rede bancária, no Sistema Integrado de Administração Financeira do Governo Federal – SIAFI, na forma regulada pelo Ministério da Fazenda.

Art. 8.º A falta de pagamento das contribuições de que trata este Decreto resultará no impedimento da emissão, pela Caixa Econômica Federal, do Certificado de Regularidade do FGTS, sem prejuízo das demais cominações legais cabíveis.

Art. 9.º O Ministério do Trabalho e Emprego expedirá as normas para disciplinar os procedimentos de administração das contribuições sociais de que trata este Decreto.

Art. 10. Este Decreto entra em vigor na data de sua publicação.

Brasília, 11 de setembro de 2001; 180.º da Independência e 113.º da República.

FERNANDO HENRIQUE CARDOSO

LEI N. 10.426, DE 24 DE ABRIL DE 2002 (*)

Altera a legislação tributária federal e dá outras providências.

Faço saber que o Presidente da República adotou a Medida Provisória n. 16, de 2001, que o Congresso Nacional aprovou, e eu, Ramez Tebet, Presidente da Mesa do Congresso Nacional, para os efeitos do disposto no art. 62 da Constituição Federal, com a redação dada pela Emenda Constitucional n. 32, de 2001, promulgo a seguinte Lei:

Art. 1.º Em relação ao estoque de ações existente em 31 de dezembro de 2001, fica facultado à pessoa física e à pessoa jurídica isenta ou sujeita ao regime de tributação de que trata a Lei n. 9.317, de 5 de dezembro de 1996, efetuar o pagamento do Imposto de Renda incidente sobre ganhos líquidos em operações realizadas no mercado à vista de bolsa de valores, sem alienar a ação, à alíquota de dez por cento.

(*) Publicada no *DOU*, de 25-4-2002.

§ 1.º O imposto de que trata este artigo:

I – terá como base de cálculo a diferença positiva entre o preço médio ponderado da ação verificado na Bolsa de Valores de São Paulo, no mês de dezembro de 2001, ou no mês anterior mais próximo, caso não tenha havido negócios com a ação naquele mês, e o seu custo médio de aquisição;

II – será pago pelo contribuinte de forma definitiva, sem direito a qualquer restituição ou compensação, até 31 de janeiro de 2002;

III – abrangerá a totalidade de ações de uma mesma companhia, pertencentes à optante, por espécie e classe.

§ 2.º O preço médio ponderado de que trata o § 1.º:

I – constituirá o novo custo de aquisição, para efeito de apuração do imposto quando da efetiva alienação da ação;

II – será divulgado por meio de relação editada pela Secretaria da Receita Federal.

•• A Secretaria da Receita Federal passa a denominar-se Secretaria da Receita Federal do Brasil, por força da Lei n. 11.457, de 16-3-2007.

Art. 2.º O disposto no art. 1.º aplica-se também no caso de ações negociadas à vista em mercado de balcão organizado, mantido por entidade cujo objeto social seja análogo ao das bolsas de valores e que funcione sob a supervisão e fiscalização da Comissão de Valores Mobiliários.

Parágrafo único. A Secretaria da Receita Federal divulgará também relação contendo os preços das ações negociadas na entidade de que trata este artigo, que serão avaliadas pelo mesmo critério previsto no inciso I do § 1.º do art. 1.º.

•• A Secretaria da Receita Federal passa a denominar-se Secretaria da Receita Federal do Brasil, por força da Lei n. 11.457, de 16-3-2007.

Art. 3.º As aplicações existentes em 31 de dezembro de 2001 nos fundos de investimento de que trata o § 6.º do art. 28 da Lei n. 9.532, de 10 de dezembro de 1997, com as alterações introduzidas pelos arts. 1.º e 2.º da Medida Provisória n. 2.189-49, de 23 de agosto de 2001, terão os respectivos rendimentos apropriados *pro rata tempore* até aquela data.

§ 1.º No resgate de quotas referentes às aplicações de que trata este artigo serão observados os seguintes procedimentos:

I – se o valor de aquisição, acrescido dos rendimentos apropriados até 31 de dezembro de 2001, for inferior ao valor de resgate, o Imposto de Renda devido será o resultado da soma das parcelas correspondentes a dez por cento dos rendimentos apropriados até aquela data e a vinte por cento dos rendimentos apropriados entre 1.º de janeiro de 2002 e a data do resgate;

II – se o valor de aquisição, acrescido dos rendimentos apropriados até 31 de dezembro de 2001, for superior ao valor de resgate, a base de cálculo do imposto será a diferença positiva entre o valor de resgate e o valor de aquisição, sendo aplicada alíquota de dez por cento.

§ 2.º O disposto neste artigo aplica-se também aos clubes de investimento que mantenham em suas carteiras percentual mínimo de sessenta e sete por cento de ações negociadas no mercado à vista de bolsa de valores ou de entidade referida no art. 2.º.

Art. 4.º (*Revogado pela Lei n. 11.053, de 29-12-2004.*)

Art. 5.º As entidades fechadas de previdência complementar ficam isentas da Contribuição Social sobre o Lucro Líquido (CSLL), relativamente aos fatos geradores ocorridos a partir de 1.º de janeiro de 2002.

Art. 6.º As perdas apuradas no resgate de quotas de fundo de investimento poderão ser compensadas com rendimentos auferidos em resgates ou incidências posteriores, no mesmo ou em outro fundo de investimento administrado pela mesma pessoa jurídica, desde que sujeitos à mesma alíquota do Imposto de Renda, observados os procedimentos definidos pela Secretaria da Receita Federal.

•• A Secretaria da Receita Federal passa a denominar-se Secretaria da Receita Federal do Brasil, por força da Lei n. 11.457, de 16-3-2007.

Art. 7.º O sujeito passivo que deixar de apresentar Declaração de Informações Econômico-Fiscais da Pessoa Jurídica – DIPJ, Declaração de Débitos e Créditos Tributários Federais – DCTF, Declaração Simplificada da Pessoa Jurídica, Declaração de Imposto de Renda Retido na Fonte – DIRF e Demonstrativo de Apuração de Contribuições Sociais – Dacon, nos prazos fixados, ou que as apresentar com incorreções ou omissões, será intimado a apresentar declaração original, no caso de não apresentação, ou a prestar esclarecimentos, nos demais casos, no prazo estipulado pela Secretaria da Receita Federal – SRF, e sujeitar-se-á às seguintes multas:

•• *Caput* com redação determinada pela Lei n. 11.051, de 29-12-2004.

•• A Secretaria da Receita Federal passa a denominar-se Secretaria da Receita Federal do Brasil, por força da Lei n. 11.457, de 16-3-2007.

I – de dois por cento ao mês-calendário ou fração, incidente sobre o montante do Imposto de Renda da pessoa jurídica informado na DIPJ, ainda que integralmente pago, no caso de falta de entrega desta Declaração ou entrega após o prazo, limitada a vinte por cento, observado o disposto no § 3.º;

II – de dois por cento ao mês-calendário ou fração, incidente sobre o montante dos tributos e contribuições informados na DCTF, na Declaração Simplificada da Pessoa Jurídica ou na Dirf, ainda que integralmente pago, no caso de falta de entrega destas Declarações ou entrega após o prazo, limitada a vinte por cento, observado o disposto no § 3.º;

III – de 2% (dois por cento) ao mês-calendário ou fração, incidente sobre o montante da Cofins, ou, na sua falta, da contribuição para o PIS/Pasep, informado no Dacon, ainda que integralmente pago, no caso de falta de entrega desta Declaração ou entrega após o prazo, limitada a 20% (vinte por cento), observado o disposto no § 3.º deste artigo; e

•• Inciso III com redação determinada pela Lei n. 11.051, de 29-12-2004.

IV – de R$ 20,00 (vinte reais) para cada grupo de 10 (dez) informações incorretas ou omitidas.

•• Inciso IV acrescentado pela Lei n. 11.051, de 29-12-2004.

§ 1.º Para efeito de aplicação das multas previstas nos incisos I, II e III do *caput* deste artigo, será considerado como termo inicial o dia seguinte ao término do prazo originalmente fixado para a entrega da declaração e como termo final a data da efetiva entrega ou, no caso de não apresentação, da lavratura do auto de infração.

•• § 1.º com redação determinada pela Lei n. 11.051, de 29-12-2004.

§ 2.º Observado o disposto no § 3.º, as multas serão reduzidas:

I – à metade, quando a declaração for apresentada após o prazo, mas antes de qualquer procedimento de ofício;

II – a setenta e cinco por cento, se houver a apresentação da declaração no prazo fixado em intimação.

§ 3.º A multa mínima a ser aplicada será de:

•• A Lei n. 11.727, de 23-6-2008, determina que até 31-12-2008, a multa a que se refere este parágrafo, quando aplicada a associação sem fins lucrativos que tenha observado o disposto em um dos incisos do § 2.º deste artigo, será reduzida a 10% (dez por cento).

I – duzentos reais, tratando-se de pessoa física, pessoa jurídica inativa e pessoa jurídica optante pelo regime de tributação previsto na Lei n. 9.317, de 1996;

II – quinhentos reais, nos demais casos.

§ 4.º Considerar-se-á não entregue a declaração que não atender às especificações técnicas estabelecidas pela Secretaria da Receita Federal.

§ 5.º Na hipótese do § 4.º, o sujeito passivo será intimado a apresentar nova declaração, no prazo de dez dias, contados da ciência da intimação, e sujeitar-se-á à multa prevista no inciso I do *caput*, observado o disposto nos §§ 1.º a 3.º.

§ 6.º No caso de a obrigação acessória referente ao Demonstrativo de Apuração de Contribuições Sociais – DACON ter periodicidade semestral, a multa de que trata o inciso III do *caput* deste artigo será calculada com base nos valores da Contribuição para o Financiamento da Seguridade Social – COFINS ou da Contribuição para o PIS/Pasep, informados nos demonstrativos mensais entregues após o prazo.

•• § 6.º acrescentado pela Lei n. 11.941, de 27-5-2009.

Art. 8.º Os serventuários da Justiça deverão informar as operações imobiliárias anotadas, averbadas, lavradas, matriculadas ou registradas nos Cartórios de Notas ou de Registro de Imóveis, Títulos e Documentos sob sua responsabilidade, mediante a apresentação de Declaração sobre Operações Imobiliárias (DOI), em meio magnético, nos termos estabelecidos pela Secretaria da Receita Federal.

•• *Vide* nota ao art. 2.º, parágrafo único, desta Lei.

§ 1.º A cada operação imobiliária corresponderá uma DOI, que deverá ser apresentada até o último dia útil do mês subsequente ao da anotação, averbação, lavratura, matrícula ou registro da respectiva operação, sujeitando-se o responsável, no caso de falta de apresentação, ou apresentação da declaração após o prazo fixado, à multa de zero vírgula um por cento ao mês-calendário ou fração, sobre o valor da operação, limitada a um por cento, observado o disposto no inciso III do § 2.º.

§ 2.º A multa de que trata o § 1.º:

I – terá como termo inicial o dia seguinte ao término do prazo originalmente fixado para a entrega da declaração e como termo final a data da efetiva entrega ou, no caso de não apresentação, da lavratura do auto de infração;

II – será reduzida:

a) à metade, caso a declaração seja apresentada antes de qualquer procedimento de ofício;

b) a setenta e cinco por cento, caso a declaração seja apresentada no prazo fixado em intimação;

III – será de, no mínimo, R$ 20,00 (vinte reais).

•• Inciso III com redação determinada pela Lei n. 10.865, de 30-4-2004.

§ 3.º O responsável que apresentar DOI com incorreções ou omissões será intimado a apresentar declaração retificadora, no prazo estabelecido pela Secretaria da Receita Federal, e sujeitar-se-á à multa de cinquenta reais por informação inexata, incompleta ou omitida, que será reduzida em cinquenta por cento, caso a retificadora seja apresentada no prazo fixado.

Art. 9.º Sujeita-se à multa de que trata o inciso I do *caput* do art. 44 da Lei n. 9.430, de 27 de dezembro de 1996, duplicada na forma de seu § 1.º, quando for o caso, a fonte pagadora obrigada a reter imposto ou contribuição no caso de falta de retenção ou recolhimento, independentemente de outras penalidades administrativas ou criminais cabíveis.

•• *Caput* com redação determinada pela Lei n. 11.488, de 15-6-2007.

Parágrafo único. As multas de que trata este artigo serão calculadas sobre a totalidade ou diferença de tributo ou contribuição que deixar de ser retida ou recolhida, ou que for recolhida após o prazo fixado.

Art. 10. Esta Lei entra em vigor na data de sua publicação.

Congresso Nacional, em 24 de abril de 2002; 181.º da Independência e 114.º da República.

Ramez Tebet

LEI N. 10.451, DE 10 DE MAIO DE 2002 (*)

Altera a legislação tributária federal e dá outras providências.

(*) Publicada no *DOU*, de 13-5-2002.

O Presidente da República

Faço saber que o Congresso Nacional decreta e eu sanciono a seguinte Lei:

Art. 1.º O Imposto de Renda incidente sobre os rendimentos de pessoas físicas será calculado de acordo com as seguintes tabelas progressivas mensal e anual, em reais:

Tabela Progressiva Mensal

Base de cálculo (R$)	Alíquota (%)	Parcela a deduzir do IR (R$)
Até 1.058,00	—	—
De 1.058,01 até 2.115,00	15	158,70
Acima de 2.115,00	27,5	423,08

Tabela Progressiva Anual

Base de cálculo (R$)	Alíquota (%)	Parcela a deduzir do IR (R$)
Até 12.696,00	—	—
De 12.696,01 até 25.380,00	15	1.904,40
Acima de 25.380,00	27,5	5.076,90

•• Sobre os valores constantes destas tabelas *vide* art. 1.º da Lei n. 11.482, de 31-5-2007.

Art. 2.º Os arts. 4.º, 8.º e 10 da Lei n. 9.250, de 26 de dezembro de 1995, passam a vigorar com a seguinte redação:

•• Alterações prejudicadas em face de modificações posteriores.

Art. 3.º O art. 24 da Lei n. 9.430, de 27 de dezembro de 1996, passa a vigorar acrescido do seguinte § 3.º:

•• Alteração já processada no diploma modificado.

Art. 4.º As disposições relativas a preços, custos e taxas de juros, constantes dos arts. 18 a 22 da Lei n. 9.430, de 27 de dezembro de 1996, aplicam-se, também, às operações efetuadas por pessoa física ou jurídica residente ou domiciliada no Brasil, com qualquer pessoa física ou jurídica, ainda que não vinculada, residente ou domiciliada em país ou dependência cuja legislação interna oponha sigilo relativo à composição societária de pessoas jurídicas ou à sua titularidade.

Art. 5.º Na hipótese de doação de livros, objetos fonográficos ou iconográficos, obras audiovisuais e obras de arte, para os quais seja atribuído valor de mercado, efetuada por pessoa física a órgãos públicos, autarquias, fundações públicas ou entidades civis sem fins lucrativos, desde que os bens doados sejam incorporados ao acervo de museus, bibliotecas ou centros de pesquisa ou ensino, no Brasil, com acesso franqueado ao público em geral:

I – o doador deverá considerar como valor de alienação o constante em sua declaração de bens;

II – o donatário registrará os bens recebidos pelo valor atribuído no documento de doação.

Parágrafo único. No caso de alienação dos bens recebidos em doação, será considerado, para efeito de apuração de ganho de capital, custo de aquisição igual a zero.

Art. 6.º O campo de incidência do Imposto sobre Produtos Industrializados (IPI) abrange todos os produtos com alíquota, ainda que zero, relacionados na Tabela de Incidência do Imposto sobre Produtos Industrializados (TIPI), aprovada pelo Decreto n. 4.070, de 28 de dezembro de 2001, observadas as disposições contidas nas respectivas notas complementares, excluídos aqueles a que corresponde a notação "NT" (não tributado).

Art. 7.º Para efeito do disposto no art. 4.º, I e II, do Decreto-lei n. 1.199, de 27 de dezembro de 1971, o percentual de incidência é o constante da TIPI, aprovada pelo Decreto n. 4.070, de 28 de dezembro de 2001.

•• A referência ao Decreto n. 4.070, de 28-12-2001, encontra-se prejudicada pela revogação expressa determinada pelo Decreto n. 4.542, de 26-12-2002. O Decreto n. 7.660, de 23-12-2011, aprovou a TIPI vigente.

Art. 8.º Até 31 de dezembro de 2015, é concedida isenção do Imposto de Importação e do Imposto sobre Produtos Industrializados incidentes na importação de equipamentos ou materiais esportivos destinados às competições, ao treinamento e à preparação de atletas e equipes brasileiras.

•• *Caput* com redação determinada pela Lei n. 12.649, de 17-5-2012.

§ 1.º A isenção de que trata o *caput* aplica-se exclusivamente às competições desportivas em jogos olímpicos, paraolímpicos, pan-americanos, parapan-americanos, nacionais e mundiais.

•• § 1.º com redação determinada pela Lei n. 12.649, de 17-5-2012.

§ 2.º A isenção aplica-se a equipamento ou material esportivo, sem similar nacional, homologado pela entidade desportiva internacional da respectiva modalidade esportiva, para as competições a que se refere o § 1.º.

•• § 2.º com redação determinada pela Lei n. 12.649, de 17-5-2012.

§ 3.º Quando fabricados no Brasil, os materiais e equipamentos de que trata o *caput* deste artigo são isentos do Imposto sobre Produtos Industrializados.

•• § 3.º acrescentado pela Lei n. 12.649, de 17-5-2012.

Art. 9.º São beneficiários da isenção de que trata o art. 8.º desta Lei os órgãos da União, dos Estados, do Distrito Federal e dos Municípios e suas respectivas autarquias e fundações, os atletas das modalidades olímpicas e paraolímpicas e os das competições mundiais, o Comitê Olímpico Brasileiro – COB e o Comitê Paraolímpico Brasileiro – CPB, bem como as entidades nacionais de administração do desporto que lhes sejam filiadas ou vinculadas.

•• Artigo com redação determinada pela Lei n. 11.827, de 20-11-2008.

Art. 10. O direito à fruição do benefício fiscal de que trata o art. 8.º fica condicionado:

I – à comprovação da regularidade fiscal do beneficiário, relativamente aos tributos e contribuições federais;

II – à manifestação do Ministério do Esporte sobre:

•• Inciso II com redação determinada pela Lei n. 11.116, de 18-5-2005.

a) o atendimento do requisito estabelecido no § 1.º do art. 8.º;

b) a condição de beneficiário da isenção ou da alíquota zero, do importador ou adquirente, nos termos do art. 9.º desta Lei; e

•• Alínea *b* com redação determinada pela Lei n. 11.827, de 20-11-2008.

c) a adequação dos equipamentos e materiais importados ou adquiridos no mercado interno, quanto à sua natureza, quantidade e qualidade, ao desenvolvimento do programa de trabalho do atleta ou da entidade do desporto a que se destinem.

Parágrafo único. Tratando-se de produtos destinados à modalidade de tiro esportivo, a manifestação quanto ao disposto nas alíneas *a* e *c* do inciso II será do órgão competente do Ministério da Defesa.

Art. 11. Os produtos importados ou adquiridos no mercado interno na forma do art. 8.º desta Lei poderão ser transferidos pelo valor de aquisição, sem o pagamento dos respectivos impostos:

•• *Caput* com redação determinada pela Lei n. 11.827, de 20-11-2008.

I – para qualquer pessoa e a qualquer título, após o decurso do prazo de quatro anos, contado da data do registro da Declaração de Importação ou da emissão da Nota Fiscal de aquisição do fabricante nacional; ou

II – a qualquer tempo e qualquer título, para pessoa física ou jurídica que atenda às condições estabelecidas nos arts. 8.º a 10 desta Lei, desde que a transferência seja previamente aprovada pela Secretaria da Receita Federal do Brasil.

•• Inciso II com redação determinada pela Lei n. 11.827, de 20-11-2008.

§ 1.º As transferências, a qualquer título, que não atendam às condições estabelecidas nos incisos I e II do *caput* sujeitarão o beneficiário importador ou adquirente ao pagamento dos impostos que deixaram de ser pagos por ocasião da importação ou da aquisição no mercado interno, com acréscimo de juros e de multa de mora ou de ofício.

§ 2.º Na hipótese do § 1.º deste artigo, o adquirente, a qualquer título, de produto beneficiado com a isenção ou alíquota zero é responsável solidário pelo pagamento dos impostos e respectivos acréscimos.

•• § 2.º com redação determinada pela Lei n. 11.827, de 20-11-2008.

Art. 12. (*Revogado pela Lei n. 11.827, de 20-11-2008.*)

Art. 13. O Poder Executivo regulamentará o disposto nos arts. 8.º a 11 desta Lei.

•• Artigo com redação determinada pela Lei n. 11.827, de 20-11-2008.

Art. 14. Ficam revogados os arts. 13 e 15 da Lei n. 9.493, de 10 de setembro de 1997.

Art. 15. Esta Lei entra em vigor na data de sua publicação, produzindo efeitos, no caso do:

I – art. 1.º, em relação aos fatos geradores ocorridos entre 1.º de janeiro e 31 de dezembro de 2002;

II – art. 2.º, em relação aos fatos geradores ocorridos a partir de 1.º de janeiro de 2002.

Brasília, 10 de maio de 2002; 181.º da Independência e 114.º da República.

FERNANDO HENRIQUE CARDOSO

DECRETO N. 4.382, DE 19 DE SETEMBRO DE 2002 (*)

Regulamenta a tributação, fiscalização, arrecadação e administração do Imposto sobre a Propriedade Territorial Rural – ITR.

O Presidente da República, no uso da atribuição que lhe confere o art. 84, inciso IV, da Constituição, decreta:

Art. 1.º O Imposto sobre a Propriedade Territorial Rural – ITR será cobrado e fiscalizado em conformidade com o disposto neste Decreto.

LIVRO I
DA TRIBUTAÇÃO

TÍTULO I
DA INCIDÊNCIA

Art. 2.º O Imposto sobre a Propriedade Territorial Rural, de apuração anual, tem como fato gerador a propriedade, o domínio útil ou a posse de imóvel por natureza, localizado fora da zona urbana do município, em 1.º de janeiro de cada ano (Lei n. 9.393, de 19-12-1996, art. 1.º).

§ 1.º O ITR incide sobre a propriedade rural declarada de utilidade ou necessidade pública, ou interesse social, inclusive para fins de reforma agrária:

I – até a data da perda da posse pela imissão prévia do Poder Público na posse;

II – até a data da perda do direito de propriedade pela transferência ou pela incorporação do imóvel ao patrimônio do Poder Público.

§ 2.º A desapropriação promovida por pessoa jurídica de direito privado delegatária ou concessionária de serviço público não exclui a incidência do ITR sobre o imóvel rural expropriado.

TÍTULO II
DA IMUNIDADE

Art. 3.º São imunes do ITR:

I – a pequena gleba rural, desde que o seu proprietário a explore só ou com sua família, e

(*) Publicado no *DOU*, de 20-9-2002.

não possua outro imóvel (Constituição Federal – CF, art. 153, § 4.º; Lei n. 9.393, de 1996, arts. 2.º e 4.º);

II – os imóveis rurais da União, dos Estados, do Distrito Federal e dos Municípios (CF, art. 150, inciso VI, alínea *a*);

III – os imóveis rurais de autarquias e fundações instituídas e mantidas pelo Poder Público, desde que vinculados às suas finalidades essenciais ou às delas decorrentes (CF, art. 150, inciso VI, alínea *a* e § 2.º);

IV – os imóveis rurais de instituições de educação e de assistência social, sem fins lucrativos, relacionados às suas finalidades essenciais (CF, art. 150, inciso VI, alínea *c* e § 4.º).

§ 1.º Pequena gleba rural é o imóvel com área igual ou inferior a (Lei n. 9.393, de 1996, art. 2.º, parágrafo único):

I – cem hectares, se localizado em município compreendido na Amazônia Ocidental ou no Pantanal mato-grossense e sul-mato-grossense;

II – cinquenta hectares, se localizado em município compreendido no Polígono das Secas ou na Amazônia Oriental;

III – trinta hectares, se localizado em qualquer outro município.

§ 2.º Para o gozo da imunidade, as instituições de educação ou de assistência social devem prestar os serviços para os quais houverem sido instituídas e os colocar à disposição da população em geral, em caráter complementar às atividades do Estado, sem fins lucrativos, e atender aos seguintes requisitos (Lei n. 5.172, de 25-10-1966 – Código Tributário Nacional, art. 14, com a redação dada pela Lei Complementar n. 104, de 10-1-2001, art. 1.º; Lei n. 9.532, de 10-12-1997, art. 12):

I – não distribuir qualquer parcela de seu patrimônio ou de suas rendas, a qualquer título;

II – aplicar integralmente, no País, seus recursos na manutenção e desenvolvimento dos seus objetivos institucionais;

III – não remunerar, por qualquer forma, seus dirigentes pelos serviços prestados;

IV – manter escrituração completa de suas receitas e despesas em livros revestidos das formalidades que assegurem a respectiva exatidão;

V – conservar em boa ordem, pelo prazo de cinco anos, contado da data da emissão, os documentos que comprovem a origem de suas receitas e a efetivação de suas despesas, bem assim a realização de quaisquer outros atos ou operações que venham a modificar sua situação patrimonial;

VI – apresentar, anualmente, declaração de rendimentos, em conformidade com o disposto em ato da Secretaria da Receita Federal;

•• A Secretaria da Receita Federal passa a denominar-se Secretaria da Receita Federal do Brasil, por força da Lei n. 11.457, de 16-3-2007.

VII – assegurar a destinação de seu patrimônio a outra instituição que atenda às condições para o gozo da imunidade, no caso de incorporação, fusão, cisão ou de encerramento de suas atividades, ou a órgão público;

VIII – outros requisitos, estabelecidos em lei específica, relacionados com o funcionamento das entidades a que se refere este parágrafo.

Título III
DA ISENÇÃO

Art. 4.º São isentos do imposto (Lei n. 9.393, de 1996, art. 3.º):

I – o imóvel rural compreendido em programa oficial de reforma agrária, caracterizado pelas autoridades competentes como assentamento, que, cumulativamente, atenda aos seguintes requisitos (Lei n. 9.393, de 1996, art. 3.º, inciso I):

a) seja explorado por associação ou cooperativa de produção;

b) a fração ideal por família assentada não ultrapasse os limites da pequena gleba rural, fixados no § 1.º do art. 3.º;

c) o assentado não possua outro imóvel;

II – o conjunto de imóveis rurais de um mesmo proprietário, cuja área total em cada região observe o respectivo limite da pequena gleba rural, fixado no § 1.º do art. 3.º, desde que, cumulativamente, o proprietário (Lei n. 9.393, de 1996, art. 3.º, inciso II):

a) o explore só ou com sua família, admitida ajuda eventual de terceiros;

b) não possua imóvel urbano.

§ 1.º Entende-se por ajuda eventual de terceiros o trabalho, remunerado ou não, de natureza eventual ou temporária, realizado nas épocas de maiores serviços.

§ 2.º Para fins do disposto no inciso II do *caput* deste artigo, deve ser considerado o somatório das áreas dos imóveis rurais por região em que se localizem, o qual não poderá suplantar o limite da pequena gleba rural da respectiva região.

Título IV
DO SUJEITO PASSIVO DA OBRIGAÇÃO TRIBUTÁRIA

Capítulo I
DO CONTRIBUINTE

Art. 5.º Contribuinte do ITR é o proprietário de imóvel rural, o titular de seu domínio útil ou o seu possuidor a qualquer título (Lei n. 5.172, de 1966, art. 31; Lei n. 9.393, de 1996, art. 4.º).

Capítulo II
DO RESPONSÁVEL

Art. 6.º É responsável pelo crédito tributário o sucessor, a qualquer título, nos termos dos arts. 128 a 133 da Lei n. 5.172, de 1966 – Código Tributário Nacional (Lei n. 9.393, de 1996, art. 5.º).

Título V
DO DOMICÍLIO TRIBUTÁRIO

Art. 7.º Para efeito da legislação do ITR, o domicílio tributário do contribuinte ou responsável é o município de localização do imóvel rural, vedada a eleição de qualquer outro (Lei n. 9.393, de 1996, art. 4.º, parágrafo único).

§ 1.º O imóvel rural cuja área estenda-se a mais de um município deve ser enquadrado no município em que se localize sua sede ou, se esta não existir, no município onde se encontre a maior parte da área do imóvel (Lei n. 9.393, de 1996, art. 1.º, § 3.º).

§ 2.º Sem prejuízo do disposto no *caput* deste artigo e no inciso II do art. 53, o sujeito passivo pode informar à Secretaria da Receita Federal endereço, localizado ou não em seu domicílio tributário, que constará no Cadastro de Imóveis Rurais – CAFIR e valerá, até ulterior alteração, somente para fins de intimação (Lei n. 9.393, de 1996, art. 6.º, § 3.º).

•• A Secretaria da Receita Federal passa a denominar-se Secretaria da Receita Federal do Brasil, por força da Lei n. 11.457, de 16-3-2007.

Título VI
DA APURAÇÃO DO IMPOSTO

Capítulo I
DISPOSIÇÃO PRELIMINAR

Art. 8.º A apuração e o pagamento do ITR devem ser efetuados pelo contribuinte ou responsável, independentemente de prévio procedimento da administração tributária, nos prazos e condições estabelecidos pela Secretaria da Receita Federal, sujeitando-se a homologação posterior (Lei n. 9.393, de 1996, art. 10).

•• *Vide* nota ao art. 7.º, § 2.º, deste Decreto.

Capítulo II
DA DETERMINAÇÃO DA BASE DE CÁLCULO

Seção I
Do Imóvel Rural

Art. 9.º Para efeito de determinação da base de cálculo do ITR, considera-se imóvel rural a área contínua, formada de uma ou mais parcelas de terras, localizada na zona rural do município, ainda que, em relação a alguma parte do imóvel, o sujeito passivo detenha apenas a posse (Lei n. 9.393, de 1996, art. 1.º, § 2.º).

Parágrafo único. Considera-se área contínua a área total do prédio rústico, mesmo que fisicamente dividida por ruas, estradas, rodovias, ferrovias, ou por canais ou cursos de água.

Seção II
Da Área Tributável

Art. 10. Área tributável é a área total do imóvel, excluídas as áreas (Lei n. 9.393, de 1996, art. 10, § 1.º, inciso II):

I – de preservação permanente (Lei n. 4.771, de 15-9-1965 – Código Florestal, arts. 2.º e 3.º, com a redação dada pela Lei n. 7.803, de 18-7-1989, art. 1.º);

•• A Lei n. 4.771, de 15-9-1965, foi revogada pela Lei n. 12.651, de 25-5-2012 – novo Código Florestal.

II – de reserva legal (Lei n. 4.771, de 1965, art. 16, com a redação dada pela Medida Provisória n. 2.166-67, de 24-8-2001, art. 1.º);

III – de reserva particular do patrimônio natural (Lei n. 9.985, de 18-7-2000, art. 21; Decreto n. 1.922, de 5-6-1996);

IV – de servidão florestal (Lei n. 4.771, de 1965, art. 44-A, acrescentado pela Medida Provisória n. 2.166-67, de 2001);

•• *Vide* nota ao inciso I deste artigo.

V – de interesse ecológico para a proteção dos ecossistemas, assim declaradas mediante ato do órgão competente, federal ou estadual, e que ampliem as restrições de uso previstas nos incisos I e II do *caput* deste artigo (Lei n. 9.393, de 1996, art. 10, § 1.º, inciso II, alínea *b*);

VI – comprovadamente imprestáveis para a atividade rural, declaradas de interesse ecológico mediante ato do órgão competente, federal ou estadual (Lei n. 9.393, de 1996, art. 10, § 1.º, inciso II, alínea *c*).

§ 1.º A área do imóvel rural que se enquadrar, ainda que parcialmente, em mais de uma das hipóteses previstas no *caput* deverá ser excluída uma única vez da área total do imóvel, para fins de apuração da área tributável.

§ 2.º A área total do imóvel deve se referir à situação existente na data da efetiva entrega da Declaração do Imposto sobre a Propriedade Territorial Rural – DITR.

§ 3.º Para fins de exclusão da área tributável, as áreas do imóvel rural a que se refere o *caput* deverão:

I – ser obrigatoriamente informadas em Ato Declaratório Ambiental – ADA, protocolado pelo sujeito passivo no Instituto Brasileiro do Meio Ambiente e dos Recursos Naturais Renováveis – IBAMA, nos prazos e condições fixados em ato normativo (Lei n. 6.938, de 31-8-1981, art. 17-O, § 5.º, com a redação dada pelo art. 1.º da Lei n. 10.165, de 27-12-2000); e

II – estar enquadradas nas hipóteses previstas nos incisos I a VI em 1.º de janeiro do ano de ocorrência do fato gerador do ITR.

§ 4.º O IBAMA realizará vistoria por amostragem nos imóveis rurais que tenham utilizado o ADA para os efeitos previstos no § 3.º e, caso os dados constantes no Ato não coincidam com os efetivamente levantados por seus técnicos, estes lavrarão, de ofício, novo ADA, contendo os dados reais, o qual será encaminhado à Secretaria da Receita Federal, que apurará o ITR efetivamente devido e efetuará, de ofício, o lançamento da diferença de imposto com os acréscimos legais cabíveis (Lei n. 6.938, de 1981, art. 17-O, § 5.º, com a redação dada pelo art. 1.º da Lei n. 10.165, de 2000).

•• A Secretaria da Receita Federal passa a denominar-se Secretaria da Receita Federal do Brasil, por força da Lei n. 11.457, de 16-3-2007.

Seção III
Da Área Não tributável

Subseção I
Das áreas de preservação permanente

Art. 11. Consideram-se de preservação permanente (Lei n. 4.771, de 1965, arts. 2.º e 3.º, com a redação dada pelas Leis n. 7.511, de 7-9-1986, art. 1.º, e 7.803, de 18-9-1989, art. 1.º):

•• A Lei n. 4.771, de 15-9-1965, foi revogada pela Lei n. 12.651, de 25-5-2012 – novo Código Florestal.

I – as florestas e demais formas de vegetação natural situadas:

a) ao longo dos rios ou de qualquer curso d'água desde o seu nível mais alto em faixa marginal cuja largura mínima será:

1. de trinta metros para os cursos d'água de menos de dez metros de largura;

2. de cinquenta metros para os cursos d'água que tenham de dez a cinquenta metros de largura;

3. de cem metros para os cursos d'água que tenham de cinquenta a duzentos metros de largura;

4. de duzentos metros para os cursos d'água que tenham de duzentos a seiscentos metros de largura;

5. de quinhentos metros para os cursos d'água que tenham largura superior a seiscentos metros;

b) ao redor das lagoas, lagos ou reservatórios d'água naturais ou artificiais;

c) nas nascentes, ainda que intermitentes e nos chamados "olhos-d'água", qualquer que seja a sua situação topográfica, num raio mínimo de cinquenta metros de largura;

d) no topo de morros, montes, montanhas e serras;

e) nas encostas ou partes destas, com declividade superior a quarenta e cinco graus, equivalente a cem por cento na linha de maior declive;

f) nas restingas, como fixadoras de dunas ou estabilizadoras de mangues;

g) nas bordas dos tabuleiros ou chapadas, a partir da linha de ruptura do relevo, em faixa nunca inferior a cem metros em projeções horizontais;

h) em altitude superior a mil e oitocentos metros, qualquer que seja a vegetação;

II – as florestas e demais formas de vegetação natural, declaradas de preservação permanente por ato do Poder Público, quando destinadas:

a) a atenuar a erosão das terras;

b) a fixar as dunas;

c) a formar faixas de proteção ao longo de rodovias e ferrovias;

d) a auxiliar a defesa do território nacional a critério das autoridades militares;

e) a proteger sítios de excepcional beleza ou de valor científico ou histórico;

f) a asilar exemplares da fauna ou flora ameaçados de extinção;

g) a manter o ambiente necessário à vida das populações silvícolas;

h) a assegurar condições de bem-estar público.

§ 1.º A supressão total ou parcial de florestas de preservação permanente só será admitida com prévia autorização do Poder Executivo Federal, quando for necessária à execução de obras, planos, atividades ou projetos de utilidade pública ou interesse social.

§ 2.º As florestas que integram o Patrimônio Indígena ficam sujeitas ao regime de preservação permanente, nos termos da alínea *g* do inciso II do *caput* deste artigo.

Subseção II
Das áreas de reserva legal

Art. 12. São áreas de reserva legal aquelas averbadas à margem da inscrição de matrícula do imóvel, no registro de imóveis competente, nas quais é vedada a supressão da cobertura vegetal, admitindo-se apenas sua utilização sob regime de manejo florestal sustentável (Lei n. 4.771, de 1965, art. 16, com a redação dada pela Medida Provisória n. 2.166-67, de 2001).

•• *Vide* nota ao art. 11 desta Lei.

§ 1.º Para efeito da legislação do ITR, as áreas a que se refere o *caput* deste artigo devem estar averbadas na data de ocorrência do respectivo fato gerador.

§ 2.º Na posse, a reserva legal é assegurada por Termo de Ajustamento de Conduta, firmado pelo possuidor com o órgão ambiental estadual ou federal competente, com força de título executivo e contendo, no mínimo, a localização da reserva legal, as suas características ecológicas básicas e a proibição de supressão de sua vegetação (Lei n. 4.771, de 1965, art. 16, § 10, acrescentado pela Medida Provisória n. 2.166-67, de 2001, art. 1.º).

Subseção III
Das áreas de reserva particular do patrimônio natural

Art. 13. Consideram-se de reserva particular do patrimônio natural as áreas privadas gravadas com perpetuidade, averbadas à margem da inscrição de matrícula do imóvel, no registro de imóveis competente, destinadas à conservação da diversidade biológica, nas quais somente poderão ser permitidas a pesquisa científica e a visitação com objetivos turísticos, recreativos e educacionais, reconhecidas pelo IBAMA (Lei n. 9.985, de 18-6-2000, art. 21).

Parágrafo único. Para efeito da legislação do ITR, as áreas a que se refere o *caput* deste artigo devem estar averbadas na data de ocorrência do respectivo fato gerador.

Subseção IV
Das áreas de servidão florestal

Art. 14. São áreas de servidão florestal aquelas averbadas à margem da inscrição de matrícula do imóvel, no registro de imóveis competente, nas quais o proprietário voluntariamente renuncia, em caráter permanente ou temporário, a direitos de supressão ou exploração da vegetação nativa, localizadas fora das áreas de reserva legal e de preservação permanente (Lei n. 4.771, de 1965, art. 44-A, acrescentado pela Medida Provisória n. 2.166-67, de 2001, art. 2.º).

•• *Vide* nota ao art. 11 desta Lei.

Parágrafo único. Para efeito da legislação do ITR, as áreas a que se refere o *caput* deste artigo devem estar averbadas na data de ocorrência do respectivo fato gerador.

Subseção V
Das áreas de interesse ecológico

Art. 15. São áreas de interesse ecológico aquelas assim declaradas mediante ato do órgão competente, federal ou estadual, que (Lei n. 9.393, de 1996, art. 10, § 1.º, inciso II, alíneas *b* e *c*):

I – se destinem à proteção dos ecossistemas e ampliem as restrições de uso previstas nos incisos I e II do *caput* do art. 10; ou

II – sejam comprovadamente imprestáveis para a atividade rural.

Seção IV
Da Área Aproveitável

Art. 16. Área aproveitável, passível de exploração agrícola, pecuária, granjeira, aquícola ou florestal, é a área total do imóvel, excluídas (Lei n. 9.393, de 1996, art. 10, § 1.º, inciso IV):

I – as áreas não tributáveis a que se referem os incisos I a VI do art. 10;

II – as áreas ocupadas com benfeitorias úteis e necessárias.

Benfeitorias Úteis e Necessárias

Art. 17. Para fins do disposto no inciso II do art. 16, consideram-se ocupadas por benfeitorias úteis e necessárias (Lei n. 3.071, de 1.º-1-1916 – Código Civil, art. 63):

•• A Lei n. 10.406, de 10-1-2002, revoga expressamente a Lei n. 3.071, de 1916, e passa a tratar sobre benfeitorias em seu art. 96.

I – as áreas com casas de moradia, galpões para armazenamento da produção, banheiros para gado, valas, silos, currais, açudes e estradas internas e de acesso;

II – as áreas com edificações e instalações destinadas a atividades educacionais, recreativas e de assistência à saúde dos trabalhadores rurais;

III – as áreas com instalações de beneficiamento ou transformação da produção agropecuária e de seu armazenamento;

IV – outras instalações que se destinem a aumentar ou facilitar o uso do imóvel rural, bem assim a conservá-lo ou evitar que ele se deteriore.

Seção V
Da Área Utilizada

Subseção I
Das disposições gerais

Art. 18. Área efetivamente utilizada pela atividade rural é a porção da área aproveitável do imóvel rural que, no ano anterior ao de ocorrência do fato gerador do ITR, tenha (Lei n. 9.393, de 1996, art. 10, § 1.º, inciso V, e § 6.º):

I – sido plantada com produtos vegetais;

II – servido de pastagem, nativa ou plantada, observados, quando aplicáveis, os índices de lotação por zona de pecuária a que se refere o art. 24;

III – sido objeto de exploração extrativa, observados, quando aplicáveis, os índices de rendimento por produto a que se refere o art. 27 e a legislação ambiental;

IV – servido para a exploração de atividade granjeira ou aquícola;

V – sido objeto de implantação de projeto técnico, nos termos do art. 7.º da Lei n. 8.629, de 25 de fevereiro de 1993.

§ 1.º Consideram-se utilizadas para a exploração de atividade granjeira ou aquícola as áreas ocupadas com benfeitorias, construções e instalações para a criação, dentre outros, de suínos, coelhos, bichos-da-seda, abelhas, aves, peixes, crustáceos, répteis e anfíbios.

§ 2.º Considera-se como efetivamente utilizada a área do imóvel rural que, no ano anterior, esteja:

I – comprovadamente situado em área de ocorrência de calamidade pública decretada pelo Poder Público, de que resulte frustração de safras ou destruição de pastagens;

II – oficialmente destinado à execução de atividades de pesquisa e experimentação que objetivem o avanço tecnológico da agricultura.

Art. 19. Para fins de enquadramento nas hipóteses previstas no art. 18, o contribuinte poderá valer-se dos dados sobre a área utilizada e respectiva produção, fornecidos pelo arrendatário ou parceiro, quando o imóvel, ou parte dele, estiver sendo explorado em regime de arrendamento ou parceria (Lei n. 9.393, de 1996, art. 10, § 4.º).

Art. 20. Caso haja anexação de área entre 1.º de janeiro e a data da efetiva entrega da DITR, o adquirente deve informar na sua declaração os dados relativos à utilização da área incorporada no ano anterior ao de ocorrência do fato gerador.

Art. 21. No caso de consórcio ou intercalação de culturas, considera-se efetivamente utilizada a área total do consórcio ou intercalação (Lei n. 8.629, de 25-2-1993, art. 6.º, § 4.º).

Art. 22. No caso de mais de um cultivo no ano, com um ou mais produtos, na mesma área, considera-se efetivamente utilizada a maior área cultivada no ano considerado (Lei n. 8.629, de 1993, art. 6.º, § 5.º).

Subseção II
Da área plantada com produtos vegetais

Art. 23. Área plantada com produtos vegetais é a porção do imóvel explorada com culturas temporárias ou permanentes, inclusive com reflorestamentos de essências exóticas ou nativas, destinadas a consumo próprio ou comércio, considerando-se:

I – essências exóticas as espécies florestais originárias de região fitogeográfica diversa daquela em que se localiza o imóvel rural;

II – essências nativas as espécies florestais originárias da região fitogeográfica em que se localiza o imóvel rural.

Parágrafo único. Considera-se área plantada com produtos vegetais a área efetivamente utilizada com a produção de forrageira de corte destinada a alimentação de animais de outro imóvel rural.

Subseção III
Da área servida de pastagem

Art. 24. Para fins do disposto no inciso II do art. 18, área servida de pastagem é aquela ocupada por pastos naturais, melhorados ou plantados e por forrageiras de corte que tenha, efetivamente, sido utilizada para alimentação de animais de grande e médio porte, observados os índices de lotação por zona de pecuária, estabelecidos em ato da Secretaria da Receita Federal, ouvido o Conselho Nacional de Política Agrícola (Lei n. 9.393, de 1996, art. 10, § 1.º, inciso V, alínea *b*, e § 3.º).

•• A Secretaria da Receita Federal passa a denominar-se Secretaria da Receita Federal do Brasil, por força da Lei n. 11.457, de 16-3-2007.

Parágrafo único. Estão dispensados da aplicação dos índices de lotação por zona de pecuária os imóveis rurais com área inferior a (Lei n. 9.393, de 1996, art. 10, § 3.º):

I – mil hectares, se localizados em municípios compreendidos na Amazônia Ocidental ou no Pantanal mato-grossense e sul-mato-grossense;

II – quinhentos hectares, se localizados em municípios compreendidos no Polígono das Secas ou na Amazônia Oriental;

III – duzentos hectares, se localizados em qualquer outro município.

Art. 25. Para fins de cálculo do grau de utilização do imóvel rural, considera-se área servida de pastagem a menor entre a declarada pelo contribuinte e a obtida pelo quociente entre a quantidade de cabeças do rebanho ajustada e o índice de lotação por zona de pecuária.

Parágrafo único. Consideram-se, dentre outros, animais de médio porte os ovinos e caprinos e animais de grande porte os bovinos, bufalinos, equinos, asininos e muares, independentemente de idade ou sexo.

Art. 26. Caso o imóvel rural esteja dispensado da aplicação de índices de lotação por zona de pecuária a que se refere o *caput* do art. 24, considera-se área servida de pastagem a área efetivamente utilizada pelo contribuinte para tais fins.

Subseção IV
Da área objeto de exploração extrativa

Art. 27. Área objeto de exploração extrativa é aquela servida para a atividade de extração e coleta de produtos vegetais nativos, não plantados, inclusive a exploração madeireira de florestas nativas, observados a legislação ambiental e os índices de rendimento por produto estabelecidos em ato da Secretaria da Receita Federal, ouvido o Conselho Nacional de Política Agrícola (Lei n. 9.393, de 1996, art. 10, § 1.º, inciso V, alínea *c*, e § 3.º).

•• *Vide* nota ao art. 24, *caput*, deste Decreto.

Parágrafo único. Estão dispensados da aplicação dos índices de rendimento por produto os imóveis rurais com área inferior a (Lei n. 9.393, de 1996, art. 10, § 3.º):

I – mil hectares, se localizados em municípios compreendidos na Amazônia Ocidental ou no Pantanal mato-grossense e sul-mato-grossense;

II – quinhentos hectares, se localizados em municípios compreendidos no Polígono das Secas ou na Amazônia Oriental;

III – duzentos hectares, se localizados em qualquer outro município.

Art. 28. Para fins de cálculo do grau de utilização do imóvel rural, considera-se área objeto de exploração extrativa a menor entre o somatório das áreas declaradas com cada produto da atividade extrativa e o somatório dos quocientes entre a quantidade extraída de cada produto declarado e o respectivo índice de rendimento mínimo por hectare.

§ 1.º Na ausência de índice de rendimento para determinado produto vegetal ou florestal extrativo, considera-se área objeto de exploração extrativa, para fins de cálculo do grau de utilização, a área efetivamente utilizada pelo contribuinte nesta atividade (Lei n. 8.629, de 1993, art. 6.º, § 6.º).

§ 2.º Estão dispensadas da aplicação dos índices de rendimento mínimo para produtos vegetais e florestais as áreas do imóvel exploradas com produtos vegetais extrativos, mediante plano de manejo sustentado, desde que aprovado pelo IBAMA até 31 de dezembro do ano anterior ao de ocorrência do fato gerador do ITR, e cujo cronograma esteja sendo cumprido pelo contribuinte (Lei n. 9.393, de 1996, art. 10, § 5.º).

Seção VI
Da Área Não Utilizada

Art. 29. A área não utilizada pela atividade rural é composta pelas parcelas da área aproveitável do imóvel que, no ano anterior ao de ocorrência do fato gerador do ITR, não tenham sido objeto de qualquer exploração ou tenham sido utilizadas para fins diversos da atividade rural, tais como:

I – áreas ocupadas por benfeitorias não abrangidas pelo disposto no art. 17;

II – a área correspondente à diferença entre as áreas declaradas como servidas de pastagem e as áreas servidas de pastagem utilizadas para o cálculo do grau de utilização do imóvel rural, observado o disposto nos arts. 24 a 26;

III – a área correspondente à diferença entre as áreas declaradas de exploração extrativa e as áreas de exploração extrativa utilizadas para o cálculo do grau de utilização do imóvel rural, observado o disposto nos arts. 27 e 28.

Parágrafo único. As áreas não utilizadas pela atividade rural, anexadas após 1.º de janeiro até a data da efetiva entrega da DITR, devem ser declaradas conforme sua situação no ano anterior ao de ocorrência do fato gerador.

Cálculo da Área Não Utilizada
pela Atividade Rural

Art. 30. A área não utilizada pela atividade rural é obtida pela soma das áreas mencionadas no art. 29.

Seção VII
Do Cálculo do Imposto

Subseção I
Do grau de utilização

Art. 31. Grau de utilização é a relação percentual entre a área efetivamente utilizada pela atividade rural e a área aproveitável do imóvel, constituindo critério, juntamente com a área total do imóvel rural, para a determinação das alíquotas do ITR, conforme descrito no art. 34 (Lei n. 9.393, de 1996, art. 10, § 1.º, inciso VI).

Subseção II
Da base de cálculo

Valor da Terra Nua

Art. 32. O Valor da Terra Nua – VTN é o valor de mercado do imóvel, excluídos os valores de mercado relativos a (Lei n. 9.393, de 1996, art. 8.º, § 2.º, art. 10, § 1.º, inciso I):

I – construções, instalações e benfeitorias;

II – culturas permanentes e temporárias;

III – pastagens cultivadas e melhoradas;

IV – florestas plantadas.

§ 1.º O VTN refletirá o preço de mercado de terras, apurado em 1.º de janeiro do ano de ocorrência do fato gerador, e será considerado autoavaliação da terra nua a preço de mercado (Lei n. 9.393, de 1996, art. 8.º, § 2.º).

§ 2.º Incluem-se no conceito de construções, instalações e benfeitorias, os prédios, depósitos, galpões, casas de trabalhadores, estábulos, currais, mangueiras, aviários, pocilgas e outras instalações para abrigo ou tratamento de animais, terreiros e similares para secagem de produtos agrícolas, eletricidade rural, colocação de água subterrânea, abastecimento ou distribuição de águas, barragens, represas, tanques, cercas e, ainda, as benfeitorias não relacionadas com a atividade rural.

Valor da Terra Nua Tributável

Art. 33. O Valor da Terra Nua Tributável – VTNT é obtido mediante a multiplicação do VTN pelo quociente entre a área tributável, definida no art. 10, e a área total do imóvel (Lei n. 9.393, de 1996, art. 10, § 1.º, inciso III).

Subseção III
Das alíquotas

Art. 34. A alíquota utilizada para cálculo do ITR é estabelecida para cada imóvel rural, com base em sua área total e no respectivo grau de utilização, conforme a tabela seguinte (Lei n. 9.393, de 1996, art. 11 e Anexo):

Área total do imóvel (em hectares)	Grau de Utilização – GU (em %)				
	Maior que 80	Maior que 65 até 80	Maior que 50 até 65	Maior que 30 até 50	Até 30
Até 50	0,03	0,20	0,40	0,70	1,00
Maior que 50 até 200	0,07	0,40	0,80	1,40	2,00
Maior que 200 até 500	0,10	0,60	1,30	2,30	3,30
Maior que 500 até 1.000	0,15	0,85	1,90	3,30	4,70
Maior que 1.000 até 5.000	0,30	1,60	3,40	6,00	8,60
Acima de 5.000	0,45	3,00	6,40	12,00	20,00

Subseção IV

Do cálculo do valor do imposto

Art. 35. O valor do imposto a ser pago é obtido mediante a multiplicação do VTNT pela alíquota correspondente, obtida nos termos do art. 34, considerados a área total e o grau de utilização do imóvel rural (Lei n. 9.393, de 1996, art. 11).

§ 1.º Na hipótese de inexistir área aproveitável após as exclusões previstas nos incisos I e II do art. 16, serão aplicadas as alíquotas correspondentes aos imóveis rurais com grau de utilização superior a oitenta por cento, observada a área total do imóvel (Lei n. 9.393, de 1996, art. 11, § 1.º).

§ 2.º Em nenhuma hipótese o valor do imposto devido será inferior a dez reais (Lei n. 9.393, de 1996, art. 11, § 2.º).

Livro II
DA ADMINISTRAÇÃO DO IMPOSTO

Título I
DO LANÇAMENTO

Capítulo I
DA DECLARAÇÃO

Seção I

Da Composição

Art. 36. A DITR correspondente a cada imóvel rural, é composta pelos seguintes documentos:

I – Documento de Informação e Atualização Cadastral do ITR – DIAC, destinado à coleta de informações cadastrais do imóvel rural e de seu titular (Lei n. 9.393, de 1996, art. 6.º);

II – Documento de Informação e Apuração do ITR – DIAT, destinado à apuração do imposto (Lei n. 9.393, de 1996, art. 8.º).

Seção II

Dos Meios de Apresentação

Art. 37. A DITR obedecerá ao modelo aprovado pela Secretaria da Receita Federal e, nos termos do art. 44, poderá ser apresentada:

•• A Secretaria da Receita Federal passa a denominar-se Secretaria da Receita Federal do Brasil, por força da Lei n. 11.457, de 16-3-2007.

I – em meio eletrônico, observado o disposto no art. 11 da Medida Provisória n. 2.200-2, de 24 de agosto de 2001;

II – em formulário.

Parágrafo único. A declaração em formulário deverá ser apresentada em duas vias e será assinada pelo sujeito passivo ou seu representante legal, declarando este que o faz em nome daquele.

Seção III
Da Obrigatoriedade de Entrega

Subseção I
Das disposições gerais

Espólio

Art. 38. O imóvel rural que, na data da efetiva entrega da DITR, pertencer a espólio deve ser declarado em nome deste pelo inventariante ou, se este ainda não houver sido nomeado, pelo cônjuge meeiro, companheiro ou sucessor a qualquer título.

Parágrafo único. As declarações não entregues pelo *de cujus* são apresentadas em nome do espólio.

Condomínio

Art. 39. Deve ser declarado em sua totalidade o imóvel rural que for titulado a várias pessoas, enquanto este for mantido indiviso (Lei n. 5.172, de 1966, art. 124, inciso I).

Documentos Comprobatórios

Art. 40. Os documentos que comprovem as informações prestadas na DITR não devem ser anexados à declaração, devendo ser mantidos em boa guarda à disposição da Secretaria da Receita Federal, até que ocorra a prescrição dos créditos tributários relativos às situações e aos fatos a que se refiram (Lei n. 5.172, de 1966, art. 195, parágrafo único).

•• *Vide* nota ao art. 37, *caput*, deste Decreto.

Subseção II
Do documento de informação e atualização cadastral do ITR – DIAC

Art. 41. O contribuinte ou o seu sucessor deve comunicar anualmente à Secretaria da Receita Federal, por meio do preenchimento do DIAC, integrante da DITR, as informações cadastrais correspondentes a cada imóvel rural e a seu titular (Lei n. 9.393, de 1996, art. 6.º).

•• *Vide* nota ao art. 37, *caput*, deste Decreto.

Parágrafo único. As informações de que trata o *caput* deste artigo integrarão o CAFIR, cuja administração caberá à Secretaria da Receita Federal, que poderá, a qualquer tempo, solicitar informações visando à sua atualização (Lei n. 9.393, de 1996, art. 6.º, § 2.º).

•• *Vide* nota ao art. 37, *caput*, deste Decreto.

Alterações Cadastrais

Art. 42. Devem ser obrigatoriamente comunicadas à Secretaria da Receita Federal as seguintes alterações relativas ao imóvel rural (Lei n. 9.393, de 1996, art. 6.º, § 1.º):

•• *Vide* nota ao art. 37, *caput*, deste Decreto.

I – desmembramento;

II – anexação;

III – transmissão, por alienação da propriedade ou dos direitos a ela inerentes, a qualquer título;

IV – sucessão *causa mortis*;

V – cessão de direitos;

VI – constituição de reservas ou usufruto.

Parágrafo único. A comunicação de que trata o *caput* deste artigo deve ser feita no prazo de sessenta dias, contado da data da ocorrência da alteração (Lei n. 9.393, de 1996, art. 6.º, § 1.º).

Subseção III
Do documento de informação e apuração do ITR – DIAT

Art. 43. O contribuinte deve prestar anualmente à Secretaria da Receita Federal as informações necessárias ao cálculo do ITR e apurar o valor do imposto correspondente a cada imóvel rural, por meio do preenchimento do DIAT, integrante da DITR (Lei n. 9.393, de 1996, art. 8.º).

•• *Vide* nota ao art. 37, *caput*, deste Decreto.

Parágrafo único. As pessoas isentas do pagamento ou imunes do ITR estão dispensadas de preencher o DIAT (Lei n. 9.393, de 1996, art. 8.º, § 3.º).

Seção IV
Dos Termos, Locais, Formas, Prazos e Condições para a Apresentação da DITR

Art. 44. A Secretaria da Receita Federal disporá sobre os termos, locais, formas, prazos e condições para a apresentação da DITR (Lei n. 9.393, de 1996, arts. 6.º e 8.º).

•• *Vide* nota ao art. 37, *caput*, deste Decreto.

CAPÍTULO II
DA RETIFICAÇÃO DA DECLARAÇÃO

Seção I
Da Retificação Antes de Iniciada a Fiscalização

Art. 45. A retificação da DITR, antes de iniciado o procedimento de lançamento de ofício, terá a mesma natureza da declaração originariamente apresentada e não depende de autorização da autoridade administrativa (Medida Provisória n. 2.189-49, de 23-8-2001, art. 18).

Parágrafo único. A Secretaria da Receita Federal estabelecerá as hipóteses de admissibilidade e os procedimentos aplicáveis à retificação da declaração (Medida Provisória n. 2.189-49, de 2001, art. 18, parágrafo único).

•• *Vide* nota ao art. 37, *caput*, deste Decreto.

Seção II
Da Retificação Após Iniciada a Fiscalização

Art. 46. O sujeito passivo que, depois de iniciado o procedimento de lançamento de ofício, requerer a retificação da DITR não se eximirá, por isso, das penalidades previstas na legislação tributária (Lei n. 5.172, de 1966, art. 138; Decreto n. 70.235, de 6-3-1972, art. 7.º, § 1.º).

CAPÍTULO III
DA REVISÃO DA DECLARAÇÃO

Art. 47. A DITR está sujeita a revisão pela Secretaria da Receita Federal, que, se for o caso, pode exigir do sujeito passivo a apresentação dos comprovantes necessários à verificação da autenticidade das informações prestadas.

•• *Vide* nota ao art. 37, *caput*, deste Decreto.

§ 1.º A revisão é feita com elementos de que dispuser a Secretaria da Receita Federal, esclarecimentos verbais ou escritos solicitados ao contribuinte ou por outros meios previstos na legislação.

•• *Vide* nota ao *caput* deste artigo.

§ 2.º O contribuinte que deixar de atender ao pedido de esclarecimentos ficará sujeito ao lançamento de ofício de que tratam os arts. 50 e 51 (Lei n. 5.172, de 1966, art. 149, inciso III).

CAPÍTULO IV
DO LANÇAMENTO DO IMPOSTO

Seção I
Da Disposição Preliminar

Art. 48. O lançamento do ITR é procedimento de competência privativa da autoridade administrativa, que se opera de ofício ou por homologação, destinado à constituição do crédito tributário (Lei n. 5.172, de 1966, art. 142; Lei n. 9.393, de 1996, arts. 10 e 14).

Parágrafo único. A atividade administrativa de lançamento é vinculada e obrigatória, sob pena de responsabilidade funcional (Lei n. 5.172, de 1966, art. 142, parágrafo único).

Seção II
Do Lançamento por Homologação

Art. 49. O lançamento por homologação pressupõe a atribuição ao sujeito passivo do dever de antecipar o pagamento do imposto sem prévio exame da autoridade administrativa, e opera-se pelo ato em que a referida autoridade, tomando conhecimento da atividade assim exercida pelo obrigado, expressamente a homologa (Lei n. 5.172, de 1966, art. 150, *caput*).

§ 1.º O pagamento antecipado pelo obrigado nos termos deste artigo extingue o crédito, sob condição resolutória da ulterior homologação ao lançamento (Lei n. 5.172, de 1966, art. 150, § 1.º).

§ 2.º Não influem sobre a obrigação tributária quaisquer atos anteriores à homologação, praticados pelo sujeito passivo ou por terceiro, visando à extinção total ou parcial do crédito (Lei n. 5.172, de 1966, art. 150, § 2.º).

§ 3.º Os atos a que se refere o § 2.º serão, porém, considerados na apuração do saldo porventura devido e, sendo o caso, na imposição de penalidade, ou sua graduação (Lei n. 5.172, de 1966, art. 150, § 3.º).

§ 4.º Se a lei não fixar prazo para a homologação, será ele de cinco anos, a contar da ocorrência do fato gerador; expirado esse prazo sem que a Fazenda Pública se tenha pronunciado, considera-se homologado o lançamento e definitivamente extinto o crédito, salvo se comprovada a ocorrência de dolo, fraude ou simulação (Lei n. 5.172, de 1966, art. 150, § 4.º).

Seção III
Do Lançamento de Ofício

Subseção I
Das disposições gerais

Art. 50. Caso o sujeito passivo deixe de tomar as iniciativas necessárias ao lançamento por homologação pela Fazenda Pública, esta deve proceder à determinação e ao lançamento de ofício do crédito tributário (Lei n. 5.172, de 1966, art. 149, inciso V; Lei n. 9.393, de 1996, art. 14).

Art. 51. O lançamento será efetuado de ofício quando o sujeito passivo (Lei n. 5.172, de 1966, art. 149; Lei n. 9.393, de 1996, art. 14):

I – não apresentar a DITR;

II – deixar de atender aos pedidos de esclarecimentos que lhe forem dirigidos, recusar-se a prestá-los ou não os prestar satisfatoriamente no tempo aprazado;

III – apresentar declaração inexata, considerando-se como tal a que contiver ou omitir qualquer elemento que implique redução do imposto a pagar;

IV – não efetuar ou efetuar com inexatidão o pagamento do imposto devido;

V – estiver sujeito, por ação ou omissão, à aplicação de penalidade pecuniária.

Parágrafo único. O crédito tributário também deve ser lançado de ofício nos casos em que o sujeito passivo tenha informado o enquadramento em hipóteses de imunidade, isenção ou redução do imposto, mas não tenha cumprido ou tenha deixado de cumprir, na data de ocorrência do fato gerador, os requisitos necessários.

Subseção II
Do sistema de preços de terras

Art. 52. No caso de falta de entrega do DIAC ou do DIAT, bem assim de subavaliação ou prestação de informações inexatas, incorretas ou fraudulentas, a Secretaria da Receita Federal procederá à determinação e ao lançamento de ofício do imposto, considerando as informações sobre preços de terras constantes em sistema a ser por ela instituído, e os dados de área total, área tributável e grau de utilização do imóvel rural apurados em procedimentos de fiscalização (Lei n. 9.393, de 1996, art. 14).

•• A Secretaria da Receita Federal passa a denominar-se Secretaria da Receita Federal do Brasil, por força da Lei n. 11.457, de 16-3-2007.

§ 1.º As informações sobre preços de terras observarão os critérios legalmente estabelecidos e considerarão levantamentos realizados pelas Secretarias de Agricultura das Unidades Federadas ou dos Municípios (Lei n. 9.393, de 1996, art. 14, § 1.º).

§ 2.º As multas cobradas em virtude do disposto neste artigo serão aquelas aplicáveis aos demais tributos federais (Lei n. 9.393, de 1996, art. 14, § 2.º).

Subseção III
Da intimação

Art. 53. O sujeito passivo deve ser intimado do início do procedimento, do pedido de esclarecimentos ou da lavratura do auto de infração

(Decreto n. 70.235, de 1972, art. 23, com a redação dada pelo art. 67 da Lei n. 9.532, de 1997):

I – pessoalmente, pelo autor do procedimento ou por agente do órgão preparador, na repartição ou fora dela, provada a intimação com a assinatura do sujeito passivo, seu mandatário ou preposto, ou, no caso de recusa, com declaração escrita de quem o intimar;

II – por via postal, telegráfica ou por qualquer outro meio ou via, com prova de recebimento, no endereço informado para tal fim, conforme previsto no § 2.º do art. 7.º, ou no domicílio tributário do sujeito passivo;

III – por edital, quando resultarem improfícuos os meios referidos nos incisos I e II.

§ 1.º O edital deve ser publicado, uma única vez, em órgão de imprensa oficial local, ou afixado em dependência, franqueada ao público, do órgão encarregado da intimação (Decreto n. 70.235, de 1972, art. 23, § 1.º).

§ 2.º Considera-se feita a intimação (Decreto n. 70.235, de 1972, art. 23, § 2.º):

I – na data da ciência do intimado ou da declaração de quem fizer a intimação, se pessoal;

II – no caso do inciso II do *caput* deste artigo, na data do recebimento ou, se omitida, quinze dias após a data da expedição da intimação;

III – quinze dias após a publicação ou afixação do edital, se este for o meio utilizado.

§ 3.º Os meios de intimação previstos nos incisos I e II do *caput* deste artigo não estão sujeitos a ordem de preferência (Decreto n. 70.235, de 1972, art. 23, § 3.º).

Seção IV
Da Decadência

Art. 54. O direito de a Secretaria da Receita Federal constituir o crédito tributário extingue-se após cinco anos, contados (Lei n. 5.172, de 1966, art. 173):

•• A Secretaria da Receita Federal passa a denominar-se Secretaria da Receita Federal do Brasil, por força da Lei n. 11.457, de 16-3-2007.

I – do primeiro dia do exercício seguinte àquele em que o lançamento poderia ter sido efetuado;

II – da data em que se tornar definitiva a decisão que houver anulado, por vício formal, o lançamento anteriormente efetuado.

Parágrafo único. O direito a que se refere este artigo extingue-se definitivamente com o decurso do prazo nele previsto, contado da data em que tenha sido iniciada a constituição do crédito tributário pela notificação, ao sujeito passivo, de qualquer medida preparatória indispensável ao lançamento (Lei n. 5.172, de 1966, art. 173, parágrafo único).

TÍTULO II
DO PAGAMENTO, DA COMPENSAÇÃO E DA RESTITUIÇÃO DO IMPOSTO

CAPÍTULO I
DO PAGAMENTO

Seção I
Das Disposições Preliminares

Art. 55. O pagamento deve ser feito por meio de Documento de Arrecadação de Receitas Federais – DARF, devendo o seu produto ser obrigatoriamente recolhido à conta do Tesouro Nacional.

Art. 56. O DARF obedecerá ao modelo aprovado pela Secretaria da Receita Federal e sua utilização pelo sujeito passivo far-se-á de acordo com instruções específicas.

§ 1.º Nos documentos de arrecadação, o sujeito passivo deve indicar o código do tributo, o número de inscrição no Cadastro de Pessoas Físicas – CPF ou no Cadastro Nacional da Pessoa Jurídica – CNPJ, conforme o caso, o número do imóvel rural, além de outros elementos qualificativos ou informativos.

•• A Secretaria da Receita Federal passa a denominar-se Secretaria da Receita Federal do Brasil, por força da Lei n. 11.457, de 16-3-2007.

§ 2.º É vedada a utilização de DARF para o pagamento de imposto de valor inferior a dez reais (Lei n. 9.430, de 27-12-1996, art. 68).

Utilização de TDA

Art. 57. É facultado ao sujeito passivo o pagamento de até cinquenta por cento do valor original do ITR com Títulos da Dívida Agrária – TDA (Lei n. 4.504, de 30-11-1964, art. 105, § 1.º, alínea *a*).

Seção II
Do Prazo para Pagamento

Art. 58. O imposto deve ser pago até o último dia útil do mês fixado para a entrega da DITR (Lei n. 9.393, de 1996, art. 12).

Seção III
Do Pagamento em Quotas

Art. 59. À opção do contribuinte, o imposto a pagar pode ser parcelado em até três quotas iguais, mensais e consecutivas, observando-se que (Lei n. 9.393, de 1996, art. 12, parágrafo único):

I – nenhuma quota será inferior a cinquenta reais;

II – a primeira quota deve ser paga no prazo estabelecido pelo art. 58;

III – as demais quotas, acrescidas de juros equivalentes à taxa referencial do Sistema de Liquidação e de Custódia – SELIC para títulos federais, acumulada mensalmente, calculados a partir do primeiro dia do mês subsequente ao prazo estabelecido pelo art. 58 até o último dia do mês anterior ao do pagamento, e de um por cento no mês do pagamento, vencerão no último dia útil de cada mês;

IV – é facultado ao contribuinte antecipar, total ou parcialmente, o pagamento do imposto ou das quotas.

Seção IV
Do Pagamento Fora do Prazo

Art. 60. A falta ou insuficiência de pagamento do imposto, no prazo previsto, sujeita o contribuinte ao pagamento do valor que deixou de ser pago, acrescido de (Lei n. 9.393, de 1996, art. 13):

I – multa de mora calculada à taxa de trinta e três centésimos por cento, por dia de atraso, não podendo ultrapassar a vinte por cento, calculada a partir do primeiro dia útil subsequente ao do vencimento do prazo previsto para pagamento do imposto até o dia em que ocorrer o seu pagamento;

II – juros de mora equivalentes à taxa referencial SELIC para títulos federais, acumulada mensalmente, calculados a partir do primeiro dia do mês subsequente ao vencimento do prazo para pagamento até o mês anterior ao do pagamento, e de um por cento no mês do efetivo pagamento.

Seção V
Da Prova de Quitação

Art. 61. A prova de quitação do crédito tributário será feita por meio de certidão emitida, no âmbito de suas atribuições, pela Secretaria da Receita Federal ou pela Procuradoria-Geral da Fazenda Nacional (Lei n. 7.711, de 22-12-1988, art. 1.º, § 3.º).

•• *Vide* nota ao art. 52, *caput*, deste Decreto.

§ 1.º A certidão será eficaz, dentro do seu prazo de validade e para o fim a que se destina, perante qualquer órgão ou entidade da Administração Federal, Estadual e Municipal, direta ou indireta (Decreto-lei n. 1.715, de 22-11-1979, art. 1.º, § 2.º).

§ 2.º Tem os mesmos efeitos previstos neste artigo a certidão de que conste a existência de créditos não vencidos, em curso de cobrança executiva em que tenha sido efetivada a penhora, ou cuja exigibilidade esteja suspensa (Lei n. 5.172, de 1966, art. 206).

Incentivos Fiscais e Crédito Rural

Art. 62. A concessão de incentivos fiscais e de crédito rural, em todas as suas modalidades, bem assim a constituição das respectivas contrapartidas ou garantias, ficam condicionadas à comprovação do pagamento do ITR relativo ao imóvel rural, correspondente aos últimos cinco exercícios, ressalvados os casos em que a exigibilidade do imposto esteja suspensa, ou em curso de cobrança executiva em que tenha sido efetivada a penhora (Lei n. 9.393, de 1996, art. 20).

Parágrafo único. É dispensada a comprovação de regularidade de pagamento do imposto relativo ao imóvel rural para efeito de concessão de financiamento ao amparo do Programa Nacional de Fortalecimento da Agricultura Familiar – PRONAF (Lei n. 9.393, de 1996, art. 20, parágrafo único).

Registro Público

Art. 63. É obrigatória a comprovação do pagamento do ITR, referente aos cinco últimos exercícios, para serem praticados quaisquer dos atos previstos nos arts. 167 e 168 da Lei n. 6.015, de 31 de dezembro de 1973 – Lei dos Registros Públicos, observada a ressalva prevista no *caput* do art. 62 (Lei n. 9.393, de 1996, art. 21).

Parágrafo único. São solidariamente responsáveis pelo imposto e pelos acréscimos legais, nos termos do art. 134 da Lei n. 5.172, de 1966, os serventuários do registro de imóveis que descumprirem o disposto neste artigo, sem prejuízo de outras sanções legais (Lei n. 9.393, de 1996, art. 21, parágrafo único).

CAPÍTULO II
DA COMPENSAÇÃO

Seção I
Compensação Espontânea pelo Contribuinte

Art. 64. Nos casos de pagamento indevido ou a maior de ITR, mesmo quando resultante de reforma, anulação, revogação ou rescisão de decisão condenatória, o contribuinte poderá efetuar a compensação desse valor no recolhimento de importância correspondente a ITR apurado em período subsequente (Lei n. 8.383, de 30-12-1991, art. 66, com a redação dada pela Lei n. 9.069, de 29-6-1995, art. 58).

§ 1.º Entende-se por recolhimento ou pagamento indevido ou a maior aquele proveniente de (Lei n. 5.172, de 1966, art. 165):

I – cobrança ou pagamento espontâneo de imposto, quando efetuado por erro, ou em duplicidade, ou sem que haja débito a liquidar, em face da legislação tributária aplicável, ou da natureza ou circunstâncias materiais do fato gerador efetivamente ocorrido;

II – erro na identificação do sujeito passivo, na determinação da alíquota aplicável, no cálculo do montante do débito ou na elaboração ou conferência de qualquer documento relativo ao recolhimento ou pagamento;

III – reforma, anulação, revogação ou rescisão de decisão condenatória.

§ 2.º É facultado ao contribuinte optar pelo pedido de restituição (Lei n. 8.383, de 1991, art. 66, § 2.º, com a redação dada pela Lei n. 9.069, de 1995, art. 58).

§ 3.º A compensação somente poderá ser efetuada pelo contribuinte titular do crédito oriundo do recolhimento ou pagamento indevido ou a maior.

§ 4.º A Secretaria da Receita Federal expedirá as instruções necessárias ao cumprimento do disposto neste artigo (Lei n. 8.383, de 1991, art. 66, § 4.º, com a redação dada pela Lei n. 9.069, de 1995, art. 58).

•• A Secretaria da Receita Federal passa a denominar-se Secretaria da Receita Federal do Brasil, por força da Lei n. 11.457, de 16-3-2007.

Seção II
Compensação Requerida pelo Contribuinte

Art. 65. A Secretaria da Receita Federal, atendendo a requerimento do contribuinte, poderá autorizar a utilização de créditos a serem a ele restituídos ou ressarcidos para a quitação de quaisquer tributos ou contribuições sob sua administração, ainda que não sejam da mesma espécie nem tenham a mesma destinação constitucional (Lei n. 9.430, de 1996, art. 74).

•• A Secretaria da Receita Federal passa a denominar-se Secretaria da Receita Federal do Brasil, por força da Lei n. 11.457, de 16-3-2007.

Seção III

Compensação pela Autoridade Administrativa

Art. 66. Os créditos do sujeito passivo constantes em pedidos de restituição ou ressarcimento de imposto serão utilizados para quitação de seus débitos em procedimentos internos da Secretaria da Receita Federal, observado o seguinte (Lei n. 9.430, de 1996, art. 73):

•• *Vide* nota ao art. 65 deste Decreto.

I – o valor bruto da restituição ou ressarcimento será debitado à conta do tributo ou da contribuição a que se referir;

II – a parcela utilizada para a quitação de débitos do contribuinte ou responsável será creditada à conta do ITR.

§ 1.º A compensação de ofício será precedida de notificação ao sujeito passivo para que se manifeste sobre o procedimento, no prazo de quinze dias, sendo o seu silêncio considerado como aquiescência.

§ 2.º No caso de discordância do sujeito passivo, a Secretaria da Receita Federal reterá o valor da restituição até que o débito seja liquidado.

§ 3.º A Secretaria da Receita Federal, reconhecendo o direito de crédito do sujeito passivo para restituição, compensará este crédito com eventuais débitos do requerente.

§ 4.º Quando o montante da restituição for superior ao do débito, a Secretaria da Receita Federal efetuará o pagamento da diferença ao sujeito passivo.

§ 5.º Caso a quantia a ser restituída seja inferior ao valor dos débitos, o correspondente crédito tributário é extinto no montante equivalente à compensação, cabendo à Secretaria da Receita Federal adotar as providências para cobrança do saldo remanescente.

Seção IV

Acréscimo de Juros

Art. 67. O valor a ser utilizado na compensação será acrescido de juros obtidos pela aplicação da taxa referencial SELIC para títulos federais, acumulada mensalmente a partir do mês subsequente ao do pagamento indevido ou a maior até o mês anterior ao da compensação, e de um por cento relativamente ao mês em que estiver sendo efetuada (Lei n. 9.250, de 1995, art. 39, § 4.º; Lei n. 9.532, de 1997, art. 73).

Capítulo III
DA RESTITUIÇÃO

Art. 68. Nos casos de pagamento indevido ou a maior de ITR, mesmo quando resultante de reforma, anulação, revogação ou rescisão de decisão condenatória, o contribuinte poderá optar pelo pedido de restituição do valor pago indevidamente ou a maior, observado o disposto nos arts. 66 e 69 (Lei n. 8.383, de 1991, art. 66, § 2.º, com a redação dada pela Lei n. 9.069, de 1995, art. 58).

§ 1.º Entende-se por recolhimento ou pagamento indevido ou a maior aquele proveniente de (Lei n. 5.172, de 1966, art. 165):

I – cobrança ou pagamento espontâneo de imposto, quando efetuado por erro, ou em duplicidade, ou sem que haja débito a liquidar, em face da legislação tributária aplicável, ou da natureza ou circunstâncias materiais do fato gerador efetivamente ocorrido;

II – erro na identificação do sujeito passivo, na determinação da alíquota aplicável, no cálculo do montante do débito ou na elaboração ou conferência de qualquer documento relativo ao recolhimento ou pagamento;

III – reforma, anulação, revogação ou rescisão de decisão condenatória.

§ 2.º O valor da restituição será acrescido de juros obtidos pela aplicação da taxa referencial SELIC para títulos federais, acumulada mensalmente a partir do mês subsequente ao do pagamento indevido ou a maior até o mês anterior ao da compensação ou restituição, e de um por cento relativamente ao mês em que estiver sendo efetuada (Lei n. 9.250, de 1995, art. 39, § 4.º; Lei n. 9.532, de 1997, art. 73).

§ 3.º A Secretaria da Receita Federal expedirá as instruções necessárias ao cumprimento do disposto neste artigo (Lei n. 8.383, de 1991, art. 66, § 4.º, com a redação dada pela Lei n. 9.069, de 1995, art. 58).

•• *Vide* nota ao art. 65 deste Decreto.

Direito de Pleitear a Restituição

Art. 69. O direito de pleitear a restituição do imposto extingue-se com o decurso do prazo de cinco anos, contados (Lei n. 5.172, de 1966, art. 168):

I – da data do pagamento indevido;

II – da data em que se tornar definitiva a decisão administrativa ou passar em julgado a decisão judicial que tenha reformado, anulado, revogado ou rescindido a decisão condenatória.

Parágrafo único. O pedido de restituição, dirigido à autoridade competente, suspende o prazo previsto no *caput* deste artigo até que seja proferida decisão final na órbita administrativa (Decreto-lei n. 5.844, de 23-9-1943, art. 170, § 4.º, acrescentado pela Lei n. 154, de 25-11-1947, art. 1.º).

Título III
DA PRESCRIÇÃO

Art. 70. A ação para cobrança do crédito tributário prescreve em cinco anos, contados da data da sua constituição definitiva (Lei n. 5.172, de 1966, art. 174).

§ 1.º A prescrição se interrompe (Lei n. 5.172, de 1966, art. 174, parágrafo único):

I – pela citação pessoal feita ao devedor;

II – pelo protesto judicial;

III – por qualquer ato judicial que constitua em mora o devedor;

IV – por qualquer ato inequívoco, ainda que extrajudicial, que importe reconhecimento do débito pelo devedor.

§ 2.º A inscrição do débito como Dívida Ativa, pelo órgão competente, suspenderá a fluência do prazo prescricional, para todos os efeitos de direito, por cento e oitenta dias ou até a distribuição da execução fiscal, se esta ocorrer antes de findo aquele prazo (Lei n. 6.830, de 22-9-1980, art. 2.º, § 3.º).

§ 3.º O despacho do juiz, que ordenar a citação do executado, interrompe a fluência do prazo prescricional (Lei n. 6.830, de 1980, art. 8.º, § 2.º).

Título IV
DA FISCALIZAÇÃO

Art. 71. A legislação tributária que trata da competência e dos poderes das autoridades administrativas em matéria de fiscalização aplica-se às pessoas naturais ou jurídicas, contribuintes ou não, inclusive às que gozam de imunidade tributária ou de isenção (Lei n. 5.172, de 1966, art. 194).

Art. 72. Para os efeitos da legislação tributária, não têm aplicação quaisquer disposições legais excludentes ou limitativas do direito de examinar mercadorias, livros, arquivos, documentos, papéis e efeitos comerciais ou fiscais, dos comerciantes, industriais ou produtores, ou da obrigação destes de exibi-los (Lei n. 5.172, de 1966, art. 195).

Parágrafo único. Os livros obrigatórios de escrituração comercial e fiscal e os comprovantes dos lançamentos neles efetuados serão conservados até que ocorra a prescrição dos créditos tributários decorrentes das operações a que se refiram (Lei n. 5.172, de 1966, art. 195, parágrafo único).

Convênios

Art. 73. A Secretaria da Receita Federal poderá celebrar convênio com o Instituto Nacional de Colonização e Reforma Agrária – INCRA, com a finalidade de delegar as atividades de fiscalização das informações sobre os imóveis rurais, contidas no DIAC e no DIAT (Lei n. 9.393, de 1996, art. 16).

•• A Secretaria da Receita Federal passa a denominar-se Secretaria da Receita Federal do Brasil, por força da Lei n. 11.457, de 16-3-2007.

§ 1.º No exercício da delegação a que se refere este artigo, o INCRA poderá celebrar convênios de cooperação com o IBAMA, a Fundação Nacional do Índio – FUNAI e as Secretarias Estaduais de Agricultura (Lei n. 9.393, de 1996, art. 16, § 1.º).

§ 2.º No uso de suas atribuições, os agentes do INCRA terão acesso ao imóvel de propriedade particular, para levantamento de dados e informações (Lei n. 9.393, de 1996, art. 16, § 2.º).

§ 3.º A Secretaria da Receita Federal, com o apoio do INCRA, administrará o CAFIR e colocará as informações nele contidas à disposição daquela Autarquia, para fins de levantamento e pesquisa de dados e de proposição de ações administrativas e judiciais (Lei n. 9.393, de 1996, art. 16, § 3.º, com a redação dada pela Lei n. 10.267, de 28 de agosto de 2001, art. 5.º).

•• *Vide* nota ao *caput* deste artigo.

§ 4.º Às informações a que se refere o § 3.º aplica-se o disposto no art. 198 da Lei n. 5.172, de 1966 (Lei n. 9.393, de 1996, art. 16, § 4.º, com a redação dada pela Lei n. 10.267, de 28-8-2001, art. 5.º).

Art. 74. A Secretaria da Receita Federal poderá, também, celebrar convênios com (Lei n. 9.393, de 1996, art. 17):

•• *Vide* nota ao art. 73, *caput*, deste Decreto.

I – órgãos da administração tributária das unidades federadas, visando delegar competência para a cobrança e o lançamento do ITR;

II – a Confederação Nacional da Agricultura – CNA e a Confederação Nacional dos Trabalhadores na Agricultura – CONTAG, com a finalidade de fornecer dados cadastrais de imóveis rurais que possibilitem a cobrança das contribuições sindicais devidas àquelas entidades.

Título V
DAS PENALIDADES

Capítulo I
DA MULTA POR ATRASO NA ENTREGA DA DECLARAÇÃO

Art. 75. No caso de apresentação espontânea da DITR fora do prazo estabelecido pela Secretaria da Receita Federal, será cobrada multa de um por cento ao mês-calendário ou fração sobre o imposto devido, sem prejuízo da multa e dos juros de mora pela falta ou insuficiência de recolhimento do imposto ou quota (Lei n. 9.393, de 1996, arts. 7.º e 9.º).

•• *Vide* nota ao art. 73, *caput*, deste Decreto.

Parágrafo único. Em nenhuma hipótese o valor da multa de que trata o *caput* deste artigo será inferior a cinquenta reais (Lei n. 9.393, de 1996, art. 11, § 2.º).

Capítulo II
DAS MULTAS DE LANÇAMENTO DE OFÍCIO

Art. 76. Nos casos de lançamento de ofício, serão aplicadas as seguintes multas, calculadas sobre a totalidade ou diferença do ITR (Lei n. 9.393, de 1996, art. 14, § 2.º; Lei n. 9.430, de 1996, art. 44):

I – de setenta e cinco por cento, nos casos de falta de pagamento, de pagamento após o vencimento do prazo, sem o acréscimo de multa moratória, de falta de declaração e nos de declaração inexata, excetuada a hipótese do inciso seguinte;

II – cento e cinquenta por cento, nos casos de evidente intuito de sonegação, fraude ou conluio, independentemente de outras penalidades administrativas ou criminais cabíveis.

§ 1.º As multas de que trata este artigo serão exigidas (Lei n. 9.430, de 1996, art. 44, § 1.º):

I – juntamente com o ITR, quando não houver sido anteriormente pago;

II – isoladamente, quando o ITR houver sido pago após o vencimento do prazo previsto, mas sem o acréscimo de multa de mora.

§ 2.º As multas a que se referem os incisos I e II do *caput* deste artigo passarão a ser de cento e doze inteiros e cinco décimos por cento e duzentos e vinte e cinco por cento, respectivamente, nos casos de não atendimento pelo sujeito passivo, no prazo marcado, de intimação para (Lei n. 9.430, de 1996, art. 44, § 2.º, com a redação dada pela Lei n. 9.532, de 1997, art. 70):

I – prestar esclarecimentos;

II – apresentar os arquivos digitais ou sistemas de processamento eletrônico de dados utilizados para registrar negócios e atividades econômicas ou financeiras, escriturar livros ou elaborar documentos de natureza contábil ou fiscal;

III – apresentar a documentação técnica e atualizada sobre o sistema de processamento de dados por ele utilizado, suficiente para possibilitar a sua auditoria (Lei n. 9.430, de 1996, art. 38).

§ 3.º Será concedida redução de cinquenta por cento da multa de lançamento de ofício ao contribuinte que, notificado, efetuar o pagamento do débito no prazo legal de impugnação (Lei n. 8.218, de 29-8-1991, art. 6.º; Lei n. 9.430, de 1996, art. 44, § 3.º).

§ 4.º Se houver impugnação tempestiva, a redução será de trinta por cento se o pagamento do débito for efetuado dentro de trinta dias da ciência da decisão de primeira instância (Lei n. 8.218, de 1991, art. 6.º, parágrafo único; Lei n. 9.430, de 1996, art. 44, § 3.º).

§ 5.º Será concedida redução de quarenta por cento da multa de lançamento de ofício ao contribuinte que, notificado, requerer o parcelamento do débito no prazo legal de impugnação (Lei n. 8.383, de 1991, art. 60; Lei n. 9.430, de 1996, art. 44, § 3.º).

§ 6.º Havendo impugnação tempestiva, a redução será de vinte por cento, se o parcelamento for requerido dentro de trinta dias da ciência da decisão de primeira instância (Lei n. 8.383, de 1991, art. 60, § 1.º; Lei n. 9.430, de 1996, art. 44, § 3.º).

§ 7.º A rescisão do parcelamento, motivada pelo descumprimento das normas que o regulam, implicará restabelecimento do montante da multa proporcionalmente ao valor da receita não satisfeito (Lei n. 8.383, de 1991, art. 60, § 2.º; Lei n. 9.430, de 1996, art. 44, § 3.º).

Sonegação

Art. 77. Sonegação é toda ação ou omissão dolosa tendente a impedir ou retardar, total ou parcialmente, o conhecimento por parte da autoridade administrativa (Lei n. 4.502, de 30-11-1964, art. 71):

I – da ocorrência do fato gerador da obrigação tributária principal, sua natureza ou circunstâncias materiais;

II – das condições pessoais do contribuinte, suscetíveis de afetar a obrigação tributária principal ou o crédito tributário correspondente.

Fraude

Art. 78. Fraude é toda ação ou omissão dolosa tendente a impedir ou retardar, total ou parcialmente, a ocorrência do fato gerador da obrigação tributária principal, ou a excluir ou modificar as suas características essenciais, de modo a reduzir o montante do imposto devido ou a evitar ou diferir o seu pagamento (Lei n. 4.502, de 1964, art. 72).

Conluio

Art. 79. Conluio é o ajuste doloso entre duas ou mais pessoas naturais ou jurídicas, visando a qualquer dos efeitos referidos nos arts. 77 e 78 (Lei n. 4.502, de 1964, art. 73).

Título VI
DAS DISPOSIÇÕES GERAIS

Art. 80. Compete à Secretaria da Receita Federal a administração do ITR, incluídas as atividades de arrecadação, tributação e fiscalização (Lei n. 9.393, de 1996, art. 15).

•• A Secretaria da Receita Federal passa a denominar-se Secretaria da Receita Federal do Brasil, por força da Lei n. 11.457, de 16-3-2007.

Parágrafo único. No processo administrativo fiscal, compreendendo os procedimentos destinados a determinação e exigência do imposto, imposição de penalidades, repetição de indébito e solução de consultas, bem assim a compensação do imposto, observar-se-á a legislação prevista para os demais tributos federais (Lei n. 9.393, de 1996, art. 15, parágrafo único).

Art. 81. Os prazos fixados neste Decreto serão contínuos, excluindo-se, em sua contagem, o dia de início e incluindo-se o de vencimento (Lei n. 5.172, de 1966, art. 210).

Parágrafo único. Os prazos só se iniciam ou vencem em dia de expediente normal na repartição em que corra o processo ou deva ser praticado o ato (Lei n. 5.172, de 1966, art. 210, parágrafo único).

Art. 82. Este Decreto entra em vigor na data de sua publicação.

Brasília, 19 de setembro de 2002; 181.º da Independência e 114.º da República.

Fernando Henrique Cardoso

LEI N. 10.637, DE 30 DE DEZEMBRO DE 2002 (*)

Dispõe sobre a não cumulatividade na cobrança da contribuição para os Programas de Integração Social (PIS) e de Formação do Patrimônio do Servidor Público (PASEP), nos casos que especifica; sobre o pagamento e o parcelamento de débitos tributários federais, a compensação de créditos fiscais, a declaração de inaptidão de inscrição de pessoas jurídicas, a legislação aduaneira, e dá outras providências.

O Presidente da República

Faço saber que o Congresso Nacional decreta e eu sanciono a seguinte Lei:

Capítulo I
DA COBRANÇA NÃO CUMULATIVA DO PIS E DO PASEP

•• *Vide* arts. 15 e 16 da Lei n. 10.833, de 29-12-2003.

Art. 1.º A Contribuição para o PIS/Pasep, com a incidência não cumulativa, incide sobre o total das receitas auferidas no mês pela pessoa jurídica, independentemente de sua denominação ou classificação contábil.

•• *Caput* com redação determinada pela Lei n. 12.973, de 13-5-2014.

§ 1.º Para efeito do disposto neste artigo, o total das receitas compreende a receita bruta de que trata o art. 12 do Decreto-lei n. 1.598, de 26 de dezembro de 1977, e todas as demais receitas auferidas pela pessoa jurídica com os respectivos valores decorrentes do ajuste a valor presente de que trata o inciso VIII do *caput* do art. 183 da Lei n. 6.404, de 15 de dezembro de 1976.

•• § 1.º com redação determinada pela Lei n. 12.973, de 13-5-2014.

§ 2.º A base de cálculo da Contribuição para o PIS/Pasep é o total das receitas auferidas pela pessoa jurídica, conforme definido no *caput* e no § 1.º.

•• § 2.º com redação determinada pela Lei n. 12.973, de 13-5-2014.

(*) Publicada no *DOU*, de 31-12-2002 – Edição extra.

§ 3.º Não integram a base de cálculo a que se refere este artigo, as receitas:

I – decorrentes de saídas isentas da contribuição ou sujeitas à alíquota zero;

II – (*Vetado*.)

III – auferidas pela pessoa jurídica revendedora, na revenda de mercadorias em relação às quais a contribuição seja exigida da empresa vendedora, na condição de substituta tributária;

IV – (*Revogado pela Lei n. 11.727, de 23-6-2008*.)

V – referentes a:

a) vendas canceladas e aos descontos incondicionais concedidos;

b) reversões de provisões e recuperações de créditos baixados como perda, que não representem ingresso de novas receitas, o resultado positivo da avaliação de investimentos pelo valor do patrimônio líquido e os lucros e dividendos derivados de participações societárias, que tenham sido computados como receita;

•• Alínea *b* com redação determinada pela Lei n. 12.973, de 13-5-2014.

VI – de que trata o inciso IV do *caput* do art. 187 da Lei n. 6.404, de 15 de dezembro de 1976, decorrentes da venda de bens do ativo não circulante, classificado como investimento, imobilizado ou intangível;

•• Inciso VI com redação determinada pela Lei n. 12.973, de 13-5-2014.

VII – decorrentes de transferência onerosa a outros contribuintes do Imposto sobre Operações relativas à Circulação de Mercadorias e sobre Prestações de Serviços de Transporte Interestadual e Intermunicipal e de Comunicação – ICMS de créditos de ICMS originados de operações de exportação, conforme o disposto no inciso II do § 1.º do art. 25 da Lei Complementar n. 87, de 13 de setembro de 1996;

•• Inciso VII acrescentado pela Lei n. 11.945, de 4-6-2009.

VIII – financeiras decorrentes do ajuste a valor presente de que trata o inciso VIII do *caput* do art. 183 da Lei n. 6.404, de 15 de dezembro de 1976, referentes a receitas excluídas da base de cálculo da Contribuição para o PIS/PASEP;

•• Inciso VIII acrescentado pela Lei n. 12.973, de 13-5-2014.

IX – relativas aos ganhos decorrentes de avaliação de ativo e passivo com base no valor justo;

•• Inciso IX acrescentado pela Lei n. 12.973, de 13-5-2014.

X – de subvenções para investimento, inclusive mediante isenção ou redução de impostos, concedidas como estímulo à implantação ou expansão de empreendimentos econômicos e de doações feitas pelo poder público;

•• Inciso X acrescentado pela Lei n. 12.973, de 13-5-2014.

XI – reconhecidas pela construção, recuperação, reforma, ampliação ou melhoramento da infraestrutura, cuja contrapartida seja ativo intangível representativo de direito de exploração, no caso de contratos de concessão de serviços públicos;

•• Inciso XI acrescentado pela Lei n. 12.973, de 13-5-2014.

XII – relativas ao valor do imposto que deixar de ser pago em virtude das isenções e reduções de que tratam as alíneas *a*, *b*, *c* e *e* do § 1.º do art. 19 do Decreto-lei n. 1.598, de 26 de dezembro de 1977; e

•• Inciso XII acrescentado pela Lei n. 12.973, de 13-5-2014.

XIII – relativas ao prêmio na emissão de debêntures.

•• Inciso XIII acrescentado pela Lei n. 12.973, de 13-5-2014.

Art. 2.º Para determinação do valor da contribuição para o PIS/PASEP aplicar-se-á, sobre a base de cálculo apurada conforme o disposto no art. 1.º, a alíquota de 1,65% (um inteiro e sessenta e cinco centésimos por cento).

•• *Vide* arts. 14 a 16 da Lei n. 10.833, de 29-12-2003.

§ 1.º Excetua-se do disposto no *caput* a receita bruta auferida pelos produtores ou importadores, que devem aplicar as alíquotas previstas:

•• § 1.º, *caput*, acrescentado pela Lei n. 10.865, de 30-4-2004.

•• *Vide* art. 46, IV, da Lei n. 10.865, de 30-4-2004.

I – nos incisos I a III do art. 4.º da Lei n. 9.718, de 27 de novembro de 1998, e alterações posteriores, no caso de venda de gasolinas e suas correntes, exceto gasolina de aviação, óleo diesel e suas correntes e gás liquefeito de petróleo – GLP derivado de petróleo e de gás natural;

•• Inciso I com redação determinada pela Lei n. 10.925, de 23-7-2004.

....

§ 1.º-A. Excetua-se do disposto no *caput* deste artigo a receita bruta auferida pelos produtores, importadores ou distribuidores com a venda de álcool, inclusive para fins carburantes, à qual se aplicam as alíquotas previstas no *caput* e no § 4.º do art. 5.º da Lei n. 9.718, de 27 de novembro de 1998.

•• § 1.º-A acrescentado pela Lei n. 11.727, de 23-6-2008.

•• *Vide* art. 41, IV, da Lei n. 11.727, de 23-6-2008.

§ 2.º Excetua-se do disposto no *caput* deste artigo a receita bruta decorrente da venda de papel imune a impostos de que trata o art. 150, VI, *d*, da Constituição Federal, quando destinado à impressão de periódicos, que fica sujeita à alíquota de 0,8% (oito décimos por cento).

•• § 2.º acrescentado pela Lei n. 10.865, de 30-4-2004.

•• *Vide* art. 46, IV, da Lei n. 10.865, de 30-4-2004.

....

§ 4.º Excetua-se do disposto no *caput* deste artigo a receita bruta auferida por pessoa jurídica industrial estabelecida na Zona Franca de Manaus, decorrente da venda de produção própria, consoante projeto aprovado pelo Conselho de Administração da Superintendência da Zona Franca de Manaus – SUFRAMA, que fica sujeita, ressalvado o disposto nos §§ 1.º a 3.º deste artigo, às alíquotas de:

•• § 4.º, *caput*, acrescentado pela Lei n. 10.996, de 15-12-2004.

I – 0,65% (sessenta e cinco centésimos por cento), no caso de venda efetuada a pessoa jurídica estabelecida:

a) na Zona Franca de Manaus; e

b) fora da Zona Franca de Manaus, que apure a Contribuição para o PIS/PASEP no regime de não cumulatividade;

•• Inciso I e alíneas acrescentados pela Lei n. 10.996, de 15-12-2004.

II – 1,3% (um inteiro e três décimos por cento), no caso de venda efetuada a:

a) pessoa jurídica estabelecida fora da Zona Franca de Manaus, que apure o imposto de renda com base no lucro presumido;

b) pessoa jurídica estabelecida fora da Zona Franca de Manaus, que apure o imposto de renda com base no lucro real e que tenha sua receita, total ou parcialmente, excluída do regime de incidência não cumulativa da Contribuição para o PIS/PASEP;

c) pessoa jurídica estabelecida fora da Zona Franca de Manaus e que seja optante pelo Sistema Integrado de Pagamento de Impostos e Contribuições – SIMPLES; e

d) órgãos da administração federal, estadual, distrital e municipal.

•• Inciso II e alíneas acrescentados pela Lei n. 10.996, de 15-12-2004.

§ 5.º O disposto no § 4.º também se aplica à receita bruta auferida por pessoa jurídica industrial ou comercial estabelecida nas Áreas de Livre Comércio de que tratam as Leis n. 7.965, de 22 de dezembro de 1989, 8.210, de 19 de julho de 1991, e 8.256, de 25 de novembro de 1991, o art. 11 da Lei n. 8.387, de 30 de dezembro de 1991, e a Lei n. 8.857, de 8 de março de 1994.

•• § 5.º acrescentado pela Lei n. 11.945, de 4-6-2009.

§ 6.º A exigência prevista no § 4.º deste artigo relativa ao projeto aprovado não se aplica às pessoas jurídicas comerciais referidas no § 5.º deste artigo.

•• § 6.º acrescentado pela Lei n. 11.945, de 4-6-2009.

Art. 3.º Do valor apurado na forma do art. 2.º a pessoa jurídica poderá descontar créditos calculados em relação a:

I – bens adquiridos para revenda, exceto em relação às mercadorias e aos produtos referidos:

•• Inciso I, *caput*, com redação determinada pela Lei n. 10.865, de 30-4-2004.

a) no inciso III do § 3.º do art. 1.º desta Lei; e

•• Alínea *a* com redação determinada pela Lei n. 11.727, de 23-6-2008.

•• *Vide* art. 41, IV, da Lei n. 11.727, de 23-6-2008.

b) nos §§ 1.º e 1.º-A do art. 2.º desta Lei;

•• Alínea *b* com redação determinada pela Lei n. 11.787, de 25-9-2008.

•• *Vide* art. 46, IV, da Lei n. 10.865, de 30-4-2004.

....

IV – aluguéis de prédios, máquinas e equipamentos, pagos a pessoa jurídica, utilizados nas atividades da empresa;

V – valor das contraprestações de operações de arrendamento mercantil de pessoa jurídica, exceto de optante pelo Sistema Integrado de Pagamento de Impostos e Contribuições das Microempresas e das Empresas de Pequeno Porte – SIMPLES;

•• Inciso V com redação determinada pela Lei n. 10.865, de 30-4-2004.

•• *Vide* art. 46, IV, da Lei n. 10.865, de 30-4-2004.

VI – máquinas, equipamentos e outros bens incorporados ao ativo imobilizado, adquiridos ou fabricados para locação a terceiros ou para utilização na produção de bens destinados à venda ou na prestação de serviços;

•• Inciso VI com redação determinada pela Lei n. 11.196, de 21-11-2005.

•• *Vide* art. 132, III, *d*, da Lei n. 11.196, de 21-11-2005.

•• A Lei n. 11.529, de 22-10-2007, dispõe sobre os créditos da Contribuição para o PIS/PASEP e da COFINS, de que trata este inciso.

VII – edificações e benfeitorias em imóveis de terceiros, quando o custo, inclusive de mão de obra, tenha sido suportado pela locatária;

VIII – bens recebidos em devolução, cuja receita de venda tenha integrado faturamento do mês ou de mês anterior, e tributada conforme o disposto nesta Lei;

IX – energia elétrica e energia térmica, inclusive sob a forma de vapor, consumidas nos estabelecimentos da pessoa jurídica;

•• Inciso IX com redação determinada pela Lei n. 11.488, de 15-6-2007.

X – vale-transporte, vale-refeição ou vale-alimentação, fardamento ou uniforme fornecidos aos empregados por pessoa jurídica que explore as atividades de prestação de serviços de limpeza, conservação e manutenção;

•• Inciso X acrescentado pela Lei n. 11.898, de 8-1-2009.

XI – bens incorporados ao ativo intangível, adquiridos para utilização na produção de bens destinados a venda ou na prestação de serviços.

•• Inciso XI acrescentado pela Lei n. 12.973, de 13-5-2014.

§ 1.º O crédito será determinado mediante a aplicação da alíquota prevista no *caput* do art. 2.º desta Lei sobre o valor:

•• § 1.º, *caput*, com redação determinada pela Lei n. 10.865, de 30-4-2004.

•• *Vide* art. 46, IV, da Lei n. 10.865, de 30-4-2004.

I – dos itens mencionados nos incisos I e II do *caput*, adquiridos no mês;

II – dos itens mencionados nos incisos IV, V e IX do *caput*, incorridos no mês;

•• Inciso II com redação determinada pela Lei n. 10.684, de 30-5-2003.

III – dos encargos de depreciação e amortização dos bens mencionados nos incisos VI, VII e XI do *caput*, incorridos no mês;

•• Inciso III com redação determinada pela Lei n. 12.973, de 13-5-2014.

IV – dos bens mencionados no inciso VIII do *caput*, devolvidos no mês.

§ 2.º Não dará direito a crédito o valor:

•• § 2.º, *caput*, com redação determinada pela Lei n. 10.865, de 30-4-2004.

I – de mão de obra paga a pessoa física; e

•• Inciso I acrescentado pela Lei n. 10.865, de 30-4-2004.

II – da aquisição de bens ou serviços não sujeitos ao pagamento da contribuição, inclusive no caso de isenção, esse último quando revendidos ou utilizados como insumo em produtos ou serviços sujeitos à alíquota 0 (zero), isentos ou não alcançados pela contribuição.

•• Inciso II acrescentado pela Lei n. 10.865, de 30-4-2004.

•• *Vide* art. 46, IV, da Lei n. 10.865, de 30-4-2004.

§ 3.º O direito ao crédito aplica-se, exclusivamente, em relação:

I – aos bens e serviços adquiridos de pessoa jurídica domiciliada no País;

II – aos custos e despesas incorridos, pagos ou creditados a pessoa jurídica domiciliada no País;

III – aos bens e serviços adquiridos e aos custos e despesas incorridos a partir do mês em que se iniciar a aplicação do disposto nesta Lei.

§ 4.º O crédito não aproveitado em determinado mês poderá sê-lo nos meses subsequentes.

§§ 5.º e 6.º (*Vetados.*)

§ 7.º Na hipótese de a pessoa jurídica sujeitar-se à incidência não cumulativa da contribuição para o PIS/PASEP, em relação apenas a parte de suas receitas, o crédito será apurado, exclusivamente, em relação aos custos, despesas e encargos vinculados a essas receitas.

§ 8.º Observadas as normas a serem editadas pela Secretaria da Receita Federal, no caso de custos, despesas e encargos vinculados às receitas referidas no § 7.º e àquelas submetidas ao regime de incidência cumulativa dessa contribuição, o crédito será determinado, a critério da pessoa jurídica, pelo método de:

I – apropriação direta, inclusive em relação aos custos, por meio de sistema de contabilidade de custos integrada e coordenada com a escrituração; ou

II – rateio proporcional, aplicando-se aos custos, despesas e encargos comuns a relação percentual existente entre a receita bruta sujeita à incidência não cumulativa e a receita bruta total, auferidas em cada mês.

§ 9.º O método eleito pela pessoa jurídica será aplicado consistentemente por todo o ano-calendário, observadas as normas a serem editadas pela Secretaria da Receita Federal.

•• A Secretaria da Receita Federal passa a denominar-se Secretaria da Receita Federal do Brasil, por força da Lei n. 11.457, de 16-3-2007.

§§ 10 e 11. (*Revogados pela Lei n. 10.925, de 23-7-2004.*)

§ 12. Ressalvado o disposto no § 2.º deste artigo e nos §§ 1.º a 3.º do art. 2.º desta Lei, na aquisição de mercadoria produzida por pessoa jurídica estabelecida na Zona Franca de Manaus, consoante projeto aprovado pelo Conselho de Administração da Superintendência da Zona Franca de Manaus – SUFRAMA, o crédito será determinado mediante a aplicação da alíquota de 1% (um por cento) e, na situação de que trata a alínea *b* do inciso II do § 4.º do art. 2.º desta Lei, mediante a aplicação da alíquota de 1,65% (um inteiro e sessenta e cinco centésimos por cento).

•• § 12 com redação determinada pela Lei n. 11.307, de 19-5-2006.

§ 13. Não integram o valor das máquinas, equipamentos e outros bens fabricados para incorporação ao ativo imobilizado na forma do inciso VI do *caput* deste artigo os custos de que tratam os incisos do § 2.º deste artigo.

•• § 13 acrescentado pela Lei n. 11.196, de 21-11-2005.

•• *Vide* art. 132, III, *d*, da Lei n. 11.196, de 21-11-2005.

§ 15. O disposto no § 12 deste artigo também se aplica na hipótese de aquisição de mercadoria produzida por pessoa jurídica estabelecida nas Áreas de Livre Comércio de que tratam as Leis n. 7.965, de 22 de dezembro de 1989, 8.210, de 19 de julho de 1991, e 8.256, de 25 de novembro de 1991, o art. 11 da Lei n. 8.387, de 30 de dezembro de 1991, e a Lei n. 8.857, de 8 de março de 1994.

•• § 15 acrescentado pela Lei n. 11.945, de 4-6-2009.

§ 16. Ressalvado o disposto no § 2.º deste artigo e nos §§ 1.º a 3.º do art. 2.º desta Lei, na hipótese de aquisição de mercadoria revendida por pessoa jurídica comercial estabelecida nas Áreas de Livre Comércio referidas no § 15, o crédito será determinado mediante a aplicação da alíquota de 0,65% (sessenta e cinco centésimos por cento).

•• § 16 acrescentado pela Lei n. 11.945, de 4-6-2009.

§ 17. No cálculo do crédito de que tratam os incisos do *caput*, poderão ser considerados os valores decorrentes do ajuste a valor presente de que trata o inciso III do *caput* do art. 184 da Lei n. 6.404, de 15 de dezembro de 1976.

•• § 17 acrescentado pela Lei n. 12.973, de 13-5-2014.

§ 18. O disposto nos incisos VI e VII do *caput* não se aplica no caso de bem objeto de arrendamento mercantil, na pessoa jurídica arrendatária.

•• § 18 acrescentado pela Lei n. 12.973, de 13-5-2014.

§ 19. Para fins do disposto nos incisos VI e VII do *caput*, fica vedado o desconto de quaisquer créditos calculados em relação a:

•• § 19, *caput*, acrescentado pela Lei n. 12.973, de 13-5-2014.

I – encargos associados a empréstimos registrados como custo na forma da alínea *b* do § 1.º do art. 17 do Decreto-lei n. 1.598, de 26 de dezembro de 1977; e

•• Inciso I acrescentado pela Lei n. 12.973, de 13-5-2014.

II – custos estimados de desmontagem e remoção do imobilizado e de restauração do local em que estiver situado.

•• Inciso II acrescentado pela Lei n. 12.973, de 13-5-2014.

§ 20. No cálculo dos créditos a que se referem os incisos VI e VII do *caput*, não serão computados os ganhos e perdas decorrentes de avaliação de ativo com base no valor justo.

•• § 20 acrescentado pela Lei n. 12.973, de 13-5-2014.

•• Sobre a vigência desta alteração, *vide* art. 119 da Lei n. 12.973, de 13-5-2014.

§ 21. Na execução de contratos de concessão de serviços públicos, os créditos gerados pelos serviços de construção, recuperação, reforma, ampliação ou melhoramento de infraestrutura, quando a receita correspondente tiver contrapartida em ativo intangível, representativo de direito de exploração, ou em ativo financeiro, somente poderão ser aproveitados, no caso do ativo intangível, à medida que este for amortizado e, no caso do ativo financeiro, na proporção de seu recebimento, excetuado, para ambos os casos, o crédito previsto no inciso VI do *caput*.

•• § 21 acrescentado pela Lei n. 12.973, de 13-5-2014.

§ 22. O disposto no inciso XI do *caput* não se aplica ao ativo intangível referido no § 21.

•• § 22 acrescentado pela Lei n. 12.973, de 13-5-2014.

•• A Lei n. 13.097, de 19-1-2015, propôs o acréscimo do § 23 a este artigo, porém teve seu texto vetado.

Art. 4.º O contribuinte da contribuição para o PIS/PASEP é a pessoa jurídica que auferir as receitas a que se refere o art. 1.º.

Art. 5.º A contribuição para o PIS/PASEP não incidirá sobre as receitas decorrentes das operações de:

I – exportação de mercadorias para o exterior;

II – prestação de serviços para pessoa física ou jurídica residente ou domiciliada no exterior, cujo pagamento represente ingresso de divisas;

•• Inciso II com redação determinada pela Lei n. 10.865, de 30-4-2004.

III – vendas a empresa comercial exportadora com o fim específico de exportação.

•• A Lei n. 13.169, de 6-10-2015, propôs o acréscimo do inciso IV a este artigo, porém teve seu texto vetado.

§ 1.º Na hipótese deste artigo, a pessoa jurídica vendedora poderá utilizar o crédito apurado na forma do art. 3.º para fins de:

I – dedução do valor da contribuição a recolher, decorrente das demais operações no mercado interno;

II – compensação com débitos próprios, vencidos ou vincendos, relativos a tributos e contribuições administrados pela Secretaria da Receita Federal, observada a legislação específica aplicável à matéria.

•• A Secretaria da Receita Federal passa a denominar-se Secretaria da Receita Federal do Brasil, por força da Lei n. 11.457, de 16-3-2007.

§ 2.º A pessoa jurídica que, até o final de cada trimestre do ano civil, não conseguir utilizar o crédito por qualquer das formas previstas no §

1.º, poderá solicitar o seu ressarcimento em dinheiro, observada a legislação específica aplicável à matéria.

•• A Lei n. 13.097, de 19-1-2015, propôs o acréscimo do § 3.º a este artigo, porém teve seu texto vetado.

Art. 5.º-A. Ficam reduzidas a 0 (zero) as alíquotas da contribuição para o PIS/PASEP e da COFINS incidentes sobre as receitas decorrentes da comercialização de matérias-primas, produtos intermediários e materiais de embalagem, produzidos na Zona Franca de Manaus para emprego em processo de industrialização por estabelecimentos industriais ali instalados e consoante projetos aprovados pelo Conselho de Administração da Superintendência da Zona Franca de Manaus – SUFRAMA.

•• Artigo com redação determinada pela Lei n. 10.865, de 30-4-2004.

•• A Lei n. 10.925, de 23-7-2004, propôs nova redação para este artigo, porém teve o seu texto vetado.

Art. 6.º (*Revogado pela Lei n. 10.833, de 29-12-2003.*)

Art. 7.º A empresa comercial exportadora que houver adquirido mercadorias de outra pessoa jurídica, com o fim específico de exportação para o exterior, que, no prazo de 180 (cento e oitenta) dias, contado da data da emissão da nota fiscal pela vendedora, não comprovar o seu embarque para o exterior, ficará sujeita ao pagamento de todos os impostos e contribuições que deixaram de ser pagos pela empresa vendedora, acrescidos de juros de mora e multa, de mora ou de ofício, calculados na forma da legislação que rege a cobrança do tributo não pago.

§ 1.º Para efeito do disposto neste artigo, considera-se vencido o prazo para o pagamento na data em que a empresa vendedora deveria fazê-lo, caso a venda houvesse sido efetuada para o mercado interno.

§ 2.º No pagamento dos referidos tributos, a empresa comercial exportadora não poderá deduzir, do montante devido, qualquer valor a título de crédito de Imposto sobre Produtos Industrializados (IPI) ou de contribuição para o PIS/PASEP, decorrente da aquisição das mercadorias e serviços objeto da incidência.

§ 3.º A empresa deverá pagar, também, os impostos e contribuições devidos nas vendas para o mercado interno, caso, por qualquer forma, tenha alienado ou utilizado as mercadorias.

Art. 8.º Permanecem sujeitas às normas da legislação da contribuição para o PIS/PASEP, vigentes anteriormente a esta Lei, não se lhes aplicando as disposições dos arts. 1.º a 6.º:

I – as pessoas jurídicas referidas nos §§ 6.º, 8.º e 9.º do art. 3.º da Lei n. 9.718, de 27 de novembro de 1998 (parágrafos introduzidos pela Medida Provisória n. 2.158-35, de 24-8-2001), e Lei n. 7.102, de 20 de junho de 1983;

II – as pessoas jurídicas tributadas pelo imposto de renda com base no lucro presumido ou arbitrado;

III – as pessoas jurídicas optantes pelo SIMPLES;

IV – as pessoas jurídicas imunes a impostos;

V – os órgãos públicos, as autarquias e fundações públicas federais, estaduais e municipais, e as fundações cuja criação tenha sido autorizada por lei, referidas no art. 61 do Ato das Disposições Constitucionais Transitórias da Constituição de 1988;

VI – (*Vetado.*)

VII – as receitas decorrentes das operações:

a) (*Revogada pela Lei n. 11.727, de 23-6-2008.*)

b) sujeitas à substituição tributária da contribuição para o PIS/PASEP;

c) referidas no art. 5.º da Lei n. 9.716, de 26 de novembro de 1998;

VIII – as receitas decorrentes de prestação de serviços de telecomunicações;

IX – (*Vetado.*)

X – as sociedades cooperativas;

•• Inciso X acrescentado pela Lei n. 10.684, de 30-5-2003.

•• A Lei n. 12.973, de 13-5-2014, propôs nova redação para este inciso, mas teve seu texto vetado.

XI – as receitas decorrentes de prestação de serviços das empresas jornalísticas e de radiodifusão sonora e de sons e imagens;

•• Inciso XI acrescentado pela Lei n. 10.684, de 30-5-2003.

XII – as receitas decorrentes de operações de comercialização de pedra britada, de areia para construção civil e de areia de brita;

•• Inciso XII acrescentado pela Lei n. 12.693, de 24-7-2012.

•• A Lei n. 12.715, de 17-9-2012, propôs nova redação para este inciso XII, porém teve seu texto vetado.

XIII – as receitas decorrentes da alienação de participações societárias.

•• Inciso XIII acrescentado pela Lei n. 13.043, de 13-11-2014.

Art. 9.º (*Vetado*.)

Art. 10. A contribuição de que trata o art. 1.º desta Lei deverá ser paga até o 25.º (vigésimo quinto) dia do mês subsequente ao de ocorrência do fato gerador.

•• *Caput* com redação determinada pela Lei n. 11.933, de 28-4-2009.

Parágrafo único. Se o dia do vencimento de que trata o *caput* deste artigo não for dia útil, considerar-se-á antecipado o prazo para o primeiro dia útil que o anteceder.

•• Parágrafo único acrescentado pela Lei n. 11.933, de 28-4-2009.

Art. 11. A pessoa jurídica contribuinte do PIS/PASEP, submetida à apuração do valor devido na forma do art. 3.º, terá direito a desconto correspondente ao estoque de abertura dos bens de que tratam os incisos I e II desse artigo, adquiridos de pessoa jurídica domiciliada no País, existentes em 1.º de dezembro de 2002.

§ 1.º O montante de crédito presumido será igual ao resultado da aplicação do percentual de 0,65% (sessenta e cinco centésimos por cento) sobre o valor do estoque.

§ 2.º O crédito presumido calculado segundo os §§ 1.º e 7.º será utilizado em 12 (doze) parcelas mensais, iguais e sucessivas, a partir da data a que se refere o *caput* deste artigo.

•• § 2.º com redação determinada pela Lei n. 10.865, de 30-4-2004.

•• *Vide* art. 46, IV, da Lei n. 10.865, de 30-4-2004.

§ 3.º A pessoa jurídica que, tributada com base no lucro presumido, passar a adotar o regime de tributação com base no lucro real, terá, na hipótese de, em decorrência dessa opção, sujeitar-se à incidência não cumulativa da contribuição para o PIS/PASEP, direito a desconto correspondente ao estoque de abertura dos bens e ao aproveitamento do crédito presumido na forma prevista neste artigo.

§ 4.º O disposto no *caput* aplica-se também aos estoques de produtos acabados e em elaboração.

•• § 4.º acrescentado pela Lei n. 10.684, de 30-5-2003.

§ 5.º O disposto neste artigo aplica-se, também, aos estoques de produtos que não geraram crédito na aquisição, em decorrência do disposto nos §§ 7.º a 9.º do art. 3.º desta Lei, destinados à fabricação dos produtos de que tratam as Leis n. 9.990, de 21 de julho de 2000, 10.147, de 21 de dezembro de 2000, 10.485, de 3 de julho de 2002, e 10.560, de 13 de novembro de 2002, ou quaisquer outros submetidos à incidência monofásica da contribuição.

•• § 5.º acrescentado pela Lei n. 10.865, de 30-4-2004.

•• *Vide* art. 46, IV, da Lei n. 10.865, de 30-4-2004.

§ 6.º As disposições do § 5.º não se aplicam aos estoques de produtos adquiridos a alíquota 0 (zero), isentos ou não alcançados pela incidência da contribuição.

•• § 6.º acrescentado pela Lei n. 10.865, de 30-4-2004.

•• *Vide* art. 46, IV, da Lei n. 10.865, de 30-4-2004.

§ 7.º O montante do crédito presumido de que trata o § 5.º deste artigo será igual ao resultado da aplicação da alíquota de 1,65% (um inteiro e sessenta e cinco centésimos por cento) sobre o valor do estoque, inclusive para as pessoas jurídicas fabricantes dos produtos referidos no art. 51 da Lei n. 10.833, de 29 de dezembro de 2003.

•• § 7.º com redação determinada pela Lei n. 10.925, de 23-7-2004.

Art. 12. Até 31 de dezembro de 2003, o Poder Executivo submeterá ao Congresso Nacional projeto de lei tornando não cumulativa a cobrança da Contribuição para o Financiamento da Seguridade Social (COFINS).

Parágrafo único. O projeto conterá também a modificação, se necessária, da alíquota da contribuição para o PIS/PASEP, com a finalidade de manter constante, em relação a períodos anteriores, a parcela da arrecadação afetada pelas alterações introduzidas por esta Lei.

Capítulo II
DAS OUTRAS DISPOSIÇÕES RELATIVAS À LEGISLAÇÃO TRIBUTÁRIA E ADUANEIRA

Art. 13. Poderão ser pagos até o último dia útil de janeiro de 2003, em parcela única, os débitos a que se refere o art. 11 da Medida Provisória n. 2.158-35, de 24 de agosto de 2001, vinculados ou não a qualquer ação judicial, relativos a fatos geradores ocorridos até 30 de abril de 2002.

§ 1.º Para os efeitos deste artigo, a pessoa jurídica deverá comprovar a desistência expressa e irrevogável de todas as ações judiciais que tenham por objeto os tributos a serem pagos e renunciar a qualquer alegação de direito sobre a qual se fundam as referidas ações.

§ 2.º Na hipótese de que trata este artigo, serão dispensados os juros de mora devidos até janeiro de 1999, sendo exigido esse encargo, na forma do § 4.º do art. 17 da Lei n. 9.779, de 19 de janeiro de 1999, acrescido pela Medida Provisória n. 2.158-35, de 24 de agosto de 2001, a partir do mês:

I – de fevereiro do referido ano, no caso de fatos geradores ocorridos até janeiro de 1999;

II – seguinte ao da ocorrência do fato gerador, nos demais casos.

§ 3.º Na hipótese deste artigo, a multa, de mora ou de ofício, incidente sobre o débito constituído ou não, será reduzida no percentual fixado no *caput* do art. 6.º da Lei n. 8.218, de 29 de agosto de 1991.

§ 4.º Para efeito do disposto no *caput*, se os débitos forem decorrentes de lançamento de ofício e se encontrarem com exigibilidade suspensa por força do inciso III do art. 151 da Lei n. 5.172, de 25 de outubro de 1966, o sujeito passivo deverá desistir expressamente e de forma irrevogável da impugnação ou do recurso interposto.

Art. 14. Os débitos de que trata o art. 13, relativos a fatos geradores vinculados a ações judiciais propostas pelo sujeito passivo contra exigência de imposto ou contribuição instituído após 1.º de janeiro de 1999 ou contra majoração, após aquela data, de tributo ou contribuição anteriormente instituído, poderão ser pagos em parcela única até o último dia útil de janeiro de 2003 com a dispensa de multas moratória e punitivas.

§ 1.º Para efeito deste artigo, o contribuinte ou o responsável deverá comprovar a desistência expressa e irrevogável de todas as ações judiciais que tenham por objeto os tributos a serem pagos na forma do *caput*, e renunciar a qualquer alegação de direito sobre as quais se fundam as referidas ações.

§ 2.º O benefício de que trata este artigo somente poderá ser usufruído caso o contribuinte ou o responsável pague integralmente, no mesmo prazo estabelecido no *caput*, os débitos nele referidos, relativos a fatos geradores ocorridos de maio de 2002 até o mês anterior ao do pagamento.

§ 3.º Na hipótese deste artigo, os juros de mora devidos serão determinados pela variação mensal da Taxa de Juros de Longo Prazo (TJLP).

Art. 15. Relativamente aos tributos e contribuições administrados pela Secretaria da Receita Federal, o contribuinte ou o responsável que, a partir de 15 de maio de 2002, tenha efetuado pagamento de débitos, em conformidade com norma de caráter exonerativo, e divergir em relação ao valor de débito constituído de ofício, poderá impugnar, com base nas normas estabelecidas no Decreto n. 70.235, de 6 de março de 1972, a parcela não reconhecida como devida, desde que a impugnação:

•• A Secretaria da Receita Federal passa a denominar-se Secretaria da Receita Federal do Brasil, por força da Lei n. 11.457, de 16-3-2007.

I – seja apresentada juntamente com o pagamento do valor reconhecido como devido;

II – verse, exclusivamente, sobre a divergência de valor, vedada a inclusão de quaisquer outras matérias, em especial as de direito em que se fundaram as respectivas ações judiciais ou impugnações e recursos anteriormente apresentados contra o mesmo lançamento;

III – seja precedida do depósito da parcela não reconhecida como devida, determinada de conformidade com o disposto na Lei n. 9.703, de 17 de novembro de 1998.

§ 1.º Da decisão proferida em relação à impugnação de que trata este artigo caberá recurso nos termos do Decreto n. 70.235, de 6 de março de 1972.

§ 2.º A conclusão do processo administrativo-fiscal, por decisão definitiva em sua esfera ou desistência do sujeito passivo, implicará a imediata conversão em renda do depósito efetuado, na parte favorável à Fazenda Nacional, transformando-se em pagamento definitivo.

§ 3.º A parcela depositada nos termos do inciso III do *caput* que venha a ser considerada indevida por força da decisão referida no § 2.º sujeitar-se-á ao disposto na Lei n. 9.703, de 17 de novembro de 1998.

§ 4.º O disposto neste artigo também se aplica a majoração ou a agravamento de multa de ofício, na hipótese do art. 13.

Art. 16. Aplica-se o disposto nos arts. 13 e 14 às contribuições arrecadadas pelo Instituto Nacional do Seguro Social (INSS), observada regulamentação editada por esse órgão, em especial quanto aos procedimentos no âmbito de seu contencioso administrativo.

Art. 17. A opção pela modalidade de pagamento de débitos prevista no *caput* do art. 5.º da Medida Provisória n. 2.222, de 4 de setembro de 2001, poderá ser exercida até o último dia útil do mês de janeiro de 2003, desde que o pagamento seja efetuado em parcela única até essa data.

•• A Lei n. 11.053, de 29-12-2004, revogou, a partir de 1.º-1-2005, a Medida Provisória n. 2.222, de 4-9-2001.

Parágrafo único. Os débitos a serem pagos em decorrência do disposto no *caput* serão acrescidos de juros equivalentes à taxa do Sistema Especial de Liquidação e Custódia (SELIC) para títulos federais, acumulada mensalmente, calculados a partir do mês de janeiro de 2002 até o mês anterior ao do pagamento, e adicionados de 1% (um por cento) relativamente ao mês em que o pagamento estiver sendo feito.

Art. 18. Os débitos relativos à contribuição para o Programa de Formação do Patrimônio do Servidor Público (PASEP) dos Estados, do Distrito Federal e dos Municípios, bem como de suas autarquias e fundações públicas, sem exigibilidade suspensa, correspondentes a fato gerador ocorrido até 30 de abril de 2002, poderão ser pagos mediante regime especial de parcelamento, por opção da pessoa jurídica de direito público interno devedora.

Parágrafo único. A opção referida no *caput* deverá ser formalizada até o último dia útil do mês de setembro de 2002, nos termos e condições estabelecidos pela Secretaria da Receita Federal.

•• A Secretaria da Receita Federal passa a denominar-se Secretaria da Receita Federal do Brasil, por força da Lei n. 11.457, de 16-3-2007.

Art. 19. O regime especial de parcelamento referido no art. 18 implica a consolidação dos débitos na data da opção e abrangerá a totalidade dos débitos existentes em nome da optante, constituídos ou não, inclusive os juros de mora incidentes até a data de opção.

Parágrafo único. O débito consolidado na forma deste artigo:

I – sujeitar-se-á, a partir da data da consolidação, a juros equivalentes à taxa do SELIC para títulos federais, acumulada mensalmente, calculados a partir da data de deferimento do pedido até o mês anterior ao do pagamento, e adicionados de 1% (um por cento) relativamente ao mês em que o pagamento estiver sendo feito;

II – será pago mensalmente, até o último dia útil da primeira quinzena de cada mês, no valor equivalente a 5% (cinco por cento) do valor devido no mesmo mês pela optante, relativo ao PASEP correspondente ao fato gerador ocorrido no mês imediatamente anterior, até a liquidação total do débito;

III – a última parcela será paga pelo valor residual do débito, quando inferior ao referido no inciso II.

Art. 20. A opção pelo regime especial de parcelamento referido no art. 18 sujeita a pessoa jurídica:

I – à confissão irrevogável e irretratável dos débitos referidos no art. 19;

II – ao pagamento regular das parcelas do débito consolidado, bem como dos valores devidos relativos ao PASEP decorrentes de fatos geradores ocorridos posteriormente a 30 de abril de 2002.

Parágrafo único. A opção pelo regime especial exclui qualquer outra forma de parcelamento de débitos relativos ao PASEP.

Art. 21. A pessoa jurídica optante pelo regime especial de parcelamento referido no art. 18 será dele excluída nas seguintes hipóteses:

I – inobservância da exigência estabelecida no inciso I do art. 20;

II – inadimplência, por 2 (dois) meses consecutivos ou 6 (seis) alternados, relativamente ao PASEP, inclusive decorrente de fatos geradores ocorridos posteriormente a 30 de abril de 2002.

§ 1.º A exclusão da pessoa jurídica do regime especial implicará exigibilidade imediata da totalidade do crédito confessado e ainda não pago.

§ 2.º A exclusão será formalizada por meio de ato da Secretaria da Receita Federal e produzirá efeitos a partir do mês subsequente àquele em que a pessoa jurídica optante for cientificada.

•• *Vide* nota ao art. 18, parágrafo único, deste Decreto.

Art. 22. (*Vetado*.)

Art. 23. A opção pelo parcelamento alternativo ao REFIS de que trata o art. 12 da Lei n. 9.964, de 10 de abril de 2000, regularmente efetuada, poderá ser convertida em opção pelo REFIS, e vice-versa, na hipótese de erro de fato cometido por ocasião do primeiro pagamento efetuado, observadas as normas estabelecidas pelo Comitê Gestor do referido Programa.

§ 1.º A mudança de opção referida neste artigo deverá ser solicitada até o último dia útil do mês de janeiro de 2003.

§ 2.º A pessoa jurídica excluída do parcelamento alternativo ao REFIS em razão de pagamento de parcela em valor inferior ao fixado no art. 12, § 1.º, da Lei n. 9.964, de 10 de abril de 2000, acrescido de juros correspondentes à variação mensal da Taxa de Juros de Longo Prazo (TJLP), poderá ter sua opção restabelecida, observado o disposto no *caput*.

§ 3.º A conversão da opção nos termos deste artigo não implica restituição ou compensação de valores já pagos.

Art. 24. O *caput* do art. 10 da Lei n. 10.522, de 19 de julho de 2002, passa a vigorar com a seguinte redação:

> "Art. 10. Os débitos de qualquer natureza para com a Fazenda Nacional poderão ser parcelados em até sessenta parcelas mensais, a exclusivo critério da autoridade fazendária, na forma e condições previstas nesta Lei".

Art. 25. Relativamente aos tributos e contribuições administrados pela Secretaria da Receita Federal, na hipótese de, na data do pagamento realizado de conformidade com norma de caráter exonerativo, o contribuinte ou o responsável estiver sob ação de fiscalização relativamente à matéria a ser objeto desse pagamento, a parcela não reconhecida como devida poderá ser impugnada no prazo fixado na intimação constante do auto de infração ou da notificação de lançamento, nas condições estabelecidas pela referida norma, inclusive em relação ao depósito da respectiva parcela dentro do prazo previsto para o pagamento do valor reconhecido como devido.

•• A Secretaria da Receita Federal passa a denominar-se Secretaria da Receita Federal do Brasil, por força da Lei n. 11.457, de 16-3-2007.

Art. 26. Poderão optar pelo Sistema Integrado de Pagamento de Impostos e Contribuições das Microempresas e das Empresas de Pequeno Porte (SIMPLES), nas condições estabelecidas pela Lei n. 9.317, de 5 de dezembro de 1996, as pessoas jurídicas que se dediquem exclusivamente às atividades de:

•• A Lei n. 9.317, de 5-12-1996, foi revogada pela Lei Complementar n. 123, de 14-12-2006.

I – agência de viagem e turismo;

II a IX – (*Vetados.*)

Art. 27. A operação de comércio exterior realizada mediante utilização de recursos de terceiro presume-se por conta e ordem deste, para fins de aplicação do disposto nos arts. 77 a 81 da Medida Provisória n. 2.158-35, de 24 de agosto de 2001.

Art. 28. As empresas de transporte internacional que operem em linha regular, por via aérea ou marítima, deverão prestar informações sobre tripulantes e passageiros, na forma e no prazo estabelecidos pela Secretaria da Receita Federal.

•• *Vide* nota ao art. 25 deste Decreto.

Parágrafo único. O descumprimento do disposto neste artigo ensejará a aplicação de multa no valor de:

I – R$ 5.000,00 (cinco mil reais) por veículo cujas informações não sejam prestadas; ou

II – R$ 200,00 (duzentos reais) por informação omitida, limitado ao valor de R$ 5.000,00 (cinco mil reais) por veículo.

....

Art. 30. A falta de prestação das informações a que se refere o art. 5.º da Lei Complementar n. 105, de 10 de janeiro de 2001, ou sua apresentação de forma inexata ou incompleta, sujeita a pessoa jurídica às seguintes penalidades:

I – R$ 50,00 (cinquenta reais) por grupo de cinco informações inexatas, incompletas ou omitidas;

II – R$ 5.000,00 (cinco mil reais) por mês-calendário ou fração, independentemente da sanção prevista no inciso I, na hipótese de atraso na entrega da declaração que venha a ser instituída para o fim de apresentação das informações.

§ 1.º O disposto no inciso II do *caput* aplica-se também à declaração que não atenda às especificações que forem estabelecidas pela Secretaria da Receita Federal, inclusive quando exigida em meio digital.

•• A Secretaria da Receita Federal passa a denominar-se Secretaria da Receita Federal do Brasil, por força da Lei n. 11.457, de 16-3-2007.

§ 2.º As multas de que trata este artigo serão:

I – apuradas considerando o período compreendido entre o dia seguinte ao término do prazo fixado para a entrega da declaração até a data da efetiva entrega;

II – majoradas em 100% (cem por cento), na hipótese de lavratura de auto de infração.

§ 3.º Na hipótese de lavratura de auto de infração, caso a pessoa jurídica não apresente a declaração, serão lavrados autos de infração complementares até a sua efetiva entrega.

Art. 31. A falta de apresentação dos elementos a que se refere o art. 6.º da Lei Complementar n. 105, de 10 de janeiro de 2001, ou sua apresentação de forma inexata ou incompleta, sujeita a pessoa jurídica à multa equivalente a 2% (dois por cento) do valor das operações objeto da requisição, apurado por meio de procedimento fiscal junto à própria pessoa jurídica ou ao titular da conta de depósito ou da aplicação financeira, bem como a terceiros, por mês-calendário ou fração de atraso, limitada a

10% (dez por cento), observado o valor mínimo de R$ 50.000,00 (cinquenta mil reais).

Parágrafo único. À multa de que trata este artigo aplica-se o disposto nos §§ 2.º e 3.º do art. 30.

Art. 32. As entidades fechadas de previdência complementar poderão excluir da base de cálculo da contribuição para o PIS/PASEP e da COFINS, além dos valores já previstos na legislação vigente, os referentes a:

I – rendimentos relativos a receitas de aluguel, destinados ao pagamento de benefícios de aposentadoria, pensão, pecúlio e resgates;

II – receita decorrente da venda de bens imóveis, destinada ao pagamento de benefícios de aposentadoria, pensão, pecúlio e resgates;

III – resultado positivo auferido na reavaliação da carteira de investimentos imobiliários referida nos incisos I e II.

Parágrafo único. As entidades de que trata o *caput* poderão pagar em parcela única, até o último dia útil do mês de novembro de 2002, com dispensa de juros e multa, os débitos relativos à contribuição para o PIS/PASEP e à COFINS, constituídos ou não, inscritos ou não em Dívida Ativa, ajuizados ou a ajuizar, referentes a fatos geradores ocorridos até 31 de julho de 2002 e decorrentes de:

I – rendimentos relativos a receitas de aluguel, destinados ao pagamento de benefícios de aposentadoria, pensão, pecúlio e resgates;

II – receita decorrente da venda de bens imóveis, destinada ao pagamento de benefícios de aposentadoria, pensão, pecúlio e resgates;

III – resultado positivo auferido na reavaliação da carteira de investimentos imobiliários referida nos incisos I e II.

Art. 33. (*Vetado.*)

Art. 34. A condição e a vedação estabelecidas, respectivamente, no art. 13, § 2.º, III, *b*, da Lei n. 9.249, de 26 de dezembro de 1995, e no art. 12, § 2.º, *a*, da Lei n. 9.532, de 10 de dezembro de 1997, não alcançam a hipótese de remuneração de dirigente, em decorrência de vínculo empregatício, pelas Organizações da Sociedade Civil de Interesse Público (OSCIP), qualificadas segundo as normas estabelecidas na Lei n. 9.790, de 23 de março de 1999, e pelas Organizações Sociais (OS), qualificadas consoante os dispositivos da Lei n. 9.637, de 15 de maio de 1998.

Parágrafo único. O disposto neste artigo aplica-se somente à remuneração não superior, em seu valor bruto, ao limite estabelecido para a remuneração de servidores do Poder Executivo Federal.

Art. 35. A receita decorrente da avaliação de títulos e valores mobiliários, instrumentos financeiros, derivativos e itens objeto de *hedge*, registrada pelas instituições financeiras e demais entidades autorizadas a funcionar pelo Banco Central do Brasil, instituições autorizadas a operar pela Superintendência de Seguros Privados – SUSEP e sociedades autorizadas a operar em seguros ou resseguros em decorrência da valoração a preço de mercado no que exceder ao rendimento produzido até a referida data somente será computada na base de cálculo do Imposto de Renda das Pessoas Jurídicas, da Contribuição Social sobre o Lucro Líquido, da Contribuição para o Financiamento da Seguridade Social (COFINS) e da contribuição para o PIS/PASEP quando da alienação dos respectivos ativos.

§ 1.º Na hipótese de desvalorização decorrente da avaliação mencionada no *caput*, o reconhecimento da perda para efeito do Imposto de Renda das Pessoas Jurídicas e da Contribuição Social sobre o Lucro Líquido será computada também quando da alienação.

§ 2.º Para fins do disposto neste artigo, considera-se alienação qualquer forma de transmissão da propriedade, bem como a liquidação, o resgate e a cessão dos referidos títulos e valores mobiliários, instrumentos financeiros derivativos e itens objeto de *hedge*.

§ 3.º Os registros contábeis de que trata este artigo serão efetuados em contrapartida à conta de ajustes específica para esse fim, na forma a ser estabelecida pela Secretaria da Receita Federal.

•• *Vide* nota ao art. 30, § 1.º, deste Decreto.

§ 4.º Ficam convalidados os procedimentos efetuados anteriormente à vigência desta Lei, no curso do ano-calendário de 2002, desde que observado o disposto neste artigo.

Art. 36. (*Revogado pela Lei n. 11.196, de 21-11-2005.*)

Art. 37. (*Revogado pela Lei n. 11.727, de 23-6-2008.*)

Art. 38. Fica instituído, em relação aos tributos e contribuições administrados pela Secretaria da Receita Federal, bônus de adimplência fiscal, aplicável às pessoas jurídicas submetidas ao regime de tributação com base no lucro real ou presumido.

§ 1.º O bônus referido no *caput*:

I – corresponde a 1% (um por cento) da base de cálculo da CSLL determinada segundo as normas estabelecidas para as pessoas jurídicas submetidas ao regime de apuração com base no lucro presumido;

II – será calculado em relação à base de cálculo referida no inciso I, relativamente ao ano-calendário em que permitido seu aproveitamento.

§ 2.º Na hipótese de período de apuração trimestral, o bônus será calculado em relação aos 4 (quatro) trimestres do ano-calendário e poderá ser deduzido da CSLL devida correspondente ao último trimestre.

§ 3.º Não fará jus ao bônus a pessoa jurídica que, nos últimos 5 (cinco) anos-calendário, se enquadre em qualquer das seguintes hipóteses, em relação a tributos e contribuições administrados pela Secretaria da Receita Federal:

•• A Secretaria da Receita Federal passa a denominar-se Secretaria da Receita Federal do Brasil, por força da Lei n. 11.457, de 16-3-2007.

I – lançamento de ofício;

II – débitos com exigibilidade suspensa;

III – inscrição em dívida ativa;

IV – recolhimentos ou pagamentos em atraso;

V – falta ou atraso no cumprimento de obrigação acessória.

§ 4.º Na hipótese de decisão definitiva, na esfera administrativa ou judicial, que implique desoneração integral da pessoa jurídica, as restrições referidas nos incisos I e II do § 3.º serão desconsideradas desde a origem.

§ 5.º O período de 5 (cinco) anos-calendário será computado por ano completo, inclusive aquele em relação ao qual dar-se-á o aproveitamento do bônus.

§ 6.º A dedução do bônus dar-se-á em relação à CSLL devida no ano-calendário.

§ 7.º A parcela do bônus que não puder ser aproveitada em determinado período poderá sê-lo em períodos posteriores, vedado o ressarcimento ou a compensação distinta da referida neste artigo.

§ 8.º A utilização indevida do bônus instituído por este artigo implica a imposição da multa de que trata o inciso I do *caput* do art. 44 da Lei n. 9.430, de 27 de dezembro de 1996, duplicando-se o seu percentual, sem prejuízo do disposto no § 2.º.

•• § 8.º com redação determinada pela Lei n. 11.488, de 15-6-2007.

§ 9.º O bônus será registrado na contabilidade da pessoa jurídica beneficiária:

I – na aquisição do direito, a débito de conta de Ativo Circulante e a crédito de Lucro ou Prejuízos Acumulados;

II – na utilização, a débito da provisão para pagamento da CSLL e a crédito da conta de Ativo Circulante referida no inciso I.

§ 10. A Secretaria da Receita Federal estabelecerá as normas necessárias à aplicação deste artigo.

•• *Vide* nota ao *caput* deste artigo.

Arts. 39 e 40. (*Revogados pela Lei n. 11.196, de 21-11-2005.*)

Art. 41. (*Vetado.*)

Arts. 42 e 43. (*Revogados pela Lei n. 11.196, de 21-11-2005.*)

Art. 44. (*Vetado.*)

Art. 45. Nos casos de apuração de excesso de custo de aquisição de bens, direitos e serviços, importados de empresas vinculadas e que sejam considerados indedutíveis na determinação do lucro real e da base de cálculo da contribuição social sobre o lucro líquido, apurados na forma do art. 18 da Lei n. 9.430, de 27 de dezembro de 1996, a pessoa jurídica deverá ajustar o excesso de custo, determinado por um dos métodos previstos na legislação, no encerramento do período de apuração, contabilmente, por meio de lançamento a débito de conta de resultados acumulados e a crédito de:

I – conta do ativo onde foi contabilizada a aquisição dos bens, direitos ou serviços e que permanecerem ali registrados ao final do período de apuração; ou

II – conta própria de custo ou de despesa do período de apuração, que registre o valor dos bens, direitos ou serviços, no caso de esses ativos já terem sido baixados da conta de ativo que tenha registrado a sua aquisição.

§ 1.º No caso de bens classificáveis no ativo permanente e que tenham gerado quotas de depreciação, amortização ou exaustão, no ano-calendário da importação, o valor do excesso de preço de aquisição na importação deverá ser creditado na conta de ativo em cujas quotas tenham sido debitadas, em contrapartida à conta de resultados acumulados a que se refere o *caput*.

§ 2.º Caso a pessoa jurídica opte por adicionar, na determinação do lucro real e da base de cálculo da contribuição social sobre o lucro líquido, o valor do excesso apurado em cada período de apuração somente por ocasião da realização por alienação ou baixa a qualquer título do bem, direito ou serviço adquirido, o valor total do excesso apurado no período de aquisição deverá ser excluído do patrimônio líquido, para fins de determinação da base de cálculo dos juros sobre o capital próprio, de que trata o art. 9.º da Lei n. 9.249, de 26 de dezembro de 1995, alterada pela Lei n. 9.430, de 27 de dezembro de 1996.

§ 3.º Na hipótese do § 2.º, a pessoa jurídica deverá registrar o valor total do excesso de preço de aquisição em subconta própria que registre o valor do bem, serviço ou direito adquirido no exterior.

Art. 46. O art. 13, *caput*, e o art. 14, I, da Lei n. 9.718, de 27 de novembro de 1998, passam a vigorar com a seguinte redação:

•• Alteração já processada no diploma modificado.

Art. 47. A pessoa jurídica integrante do Mercado Atacadista de Energia Elétrica (MAE), instituído pela Lei n. 10.433, de 24 de abril de 2002, poderá optar por regime especial de tributação, relativamente à contribuição para o Programa de Integração Social e de Formação do Patrimônio do Servidor Público (PIS/PASEP) e à Contribuição para o Financiamento da Seguridade Social (COFINS).

•• *Vide* art. 10, X, da Lei n. 10.833, de 29-12-2003.

§ 1.º A opção pelo regime especial referido no *caput*:

I – será exercida mediante simples comunicado, nos termos e condições estabelecidos pela Secretaria da Receita Federal;

II – produzirá efeitos em relação aos fatos geradores ocorridos a partir do mês subsequente ao do exercício da opção.

§ 2.º Para os fins do regime especial referido no *caput*, considera-se receita bruta auferida nas operações de compra e venda de energia elétrica realizadas na forma da regulamentação de que trata o art. 14 da Lei n. 9.648, de 27 de maio de 1998, com a redação dada pela Lei n. 10.433, de 24 de abril de 2002, para efeitos de incidência da contribuição para o PIS/PASEP e da COFINS, os resultados positivos apurados mensalmente pela pessoa jurídica optante.

§ 3.º Na determinação da base de cálculo da contribuição para o PIS/PASEP e da COFINS, a pessoa jurídica optante poderá deduzir os valores devidos, correspondentes a ajustes de contabilizações encerradas de operações de compra e venda de energia elétrica, realizadas no âmbito do MAE, quando decorrentes de:

I – decisão proferida em processo de solução de conflitos, no âmbito do MAE, da Agência Nacional de Energia Elétrica (ANEEL) ou em processo de arbitragem, na forma prevista no § 3.º do art. 2.º da Lei n. 10.433, de 24 de abril de 2002;

II – resolução da ANEEL;

III – decisão proferida no âmbito do Poder Judiciário, transitada em julgado; e

IV – (*Vetado*.)

§ 4.º A dedução de que trata o § 3.º é permitida somente na hipótese em que o ajuste de contabilização caracterize anulação de receita sujeita à incidência do PIS/PASEP e da COFINS na forma estabelecida pela Secretaria da Receita Federal.

•• A Secretaria da Receita Federal passa a denominar-se Secretaria da Receita Federal do Brasil, por força da Lei n. 11.457, de 16-3-2007.

§ 5.º Sem prejuízo do disposto nos §§ 3.º e 4.º, geradoras de energia elétrica optantes poderão excluir da base de cálculo da contribuição para o PIS/PASEP e da COFINS o valor da receita auferida com a venda compulsória de energia elétrica por meio do Mecanismo de Realocação de Energia, de que trata a alínea *b* do parágrafo único do art. 14 da Lei n. 9.648, de 27 de maio de 1998, introduzida pela Lei n. 10.433, de 24 de abril de 2002.

§ 6.º Aplicam-se ao regime especial de que trata este artigo as demais normas aplicáveis às contribuições referidas no *caput*, observado o que se segue:

I – em relação ao PIS/PASEP, não se aplica o disposto nos arts. 1.º a 6.º;

II – em relação aos fatos geradores ocorridos até 31 de agosto de 2002, o pagamento dos valores devidos correspondentes à COFINS e ao PIS/PASEP poderá ser feito com dispensa de multa e de juros moratórios, desde que efetuado em parcela única, até o último dia útil do mês de setembro de 2002.

§ 7.º (*Vetado*.)

Art. 48. (*Vetado*.)

Art. 49. O art. 74 da Lei n. 9.430, de 27 de dezembro de 1996, passa a vigorar com a seguinte redação:

•• Alteração já processada no diploma modificado.

....

Art. 55. (*Revogado pela Lei n. 12.973, de 13-5-2014*.)

....

Art. 57. O encargo de que trata o art 1.º do Decreto-lei n. 1.025, de 21 de outubro de 1969, inclusive na condição de que trata o art. 3.º do Decreto-lei n. 1.569, de 8 de agosto de 1977, nos pagamentos de débitos relativos a tributos e contribuições administrados pela Secretaria da Receita Federal, inscritos na Dívida Ativa da União, e efetuados a partir de 15 de maio de 2002, em virtude de norma de caráter exonerativo, inclusive nas hipóteses de que tratam os arts. 13 e 14 desta Lei, será calculado sobre os valores originalmente devidos, limitado ao valor correspondente à multa calculada nos termos do § 3.º do art. 13.

•• A Secretaria da Receita Federal passa a denominar-se Secretaria da Receita Federal do Brasil, por força da Lei n. 11.457, de 16-3-2007.

Art. 58. O art. 42 da Lei n. 9.430, de 27 de dezembro de 1996, passa a vigorar acrescido dos seguintes §§ 5.º e 6.º:

•• Alteração já processada no diploma modificado.

....

Art. 60. O art. 81 da Lei n. 9.430, de 27 de dezembro de 1996, passa a vigorar com as seguintes alterações:

•• Alteração já processada no diploma modificado.

....

Art. 62. O art. 15 da Lei n. 10.451, de 10 de maio de 2002, passa a vigorar com a seguinte redação:

•• Alteração já processada no diploma modificado.

Art. 63. O art. 21 da Lei n. 9.532, de 10 de dezembro de 1997, alterada pela Lei n. 9.887, de 7 de dezembro de 1999, passa a vigorar com a seguinte redação:

"Art. 21. Relativamente aos fatos geradores ocorridos durante os anos-calendário de 1998 a 2003, a alíquota de 25% (vinte e cinco por cento), constante das tabelas de que tratam os arts. 3.° e 11 da Lei n. 9.250, de 26 de dezembro de 1995, e as correspondentes parcelas a deduzir, passam a ser, respectivamente, a alíquota, de 27,5% (vinte e sete inteiros e cinco décimos por cento), e as parcelas a deduzir, até 31 de dezembro de 2001, de R$ 360,00 (trezentos e sessenta reais) e R$ 4.320,00 (quatro mil, trezentos e vinte reais), e a partir de 1.° de janeiro de 2002, aquelas determinadas pelo art. 1.° da Lei n. 10.451, de 10 de maio de 2002, a saber, de R$ 423,08 (quatrocentos e vinte e três reais e oito centavos) e R$ 5.076,90 (cinco mil e setenta e seis reais e noventa centavos).

Parágrafo único. São restabelecidas, relativamente aos fatos geradores ocorridos a partir de 1.° de janeiro de 2004, a alíquota de 25% (vinte e cinco por cento) e as respectivas parcelas a deduzir de R$ 370,20 (trezentos e setenta reais e vinte centavos) e de R$ 4.442,40 (quatro mil, quatrocentos e quarenta e dois reais e quarenta centavos), de que tratam os arts. 3.° e 11 da Lei n. 9.250, de 26 de dezembro de 1995, modificados em coerência com o art. 1.° da Lei n. 10.451, de 10 de maio de 2002".

....

Capítulo III
DAS DISPOSIÇÕES FINAIS

Art. 66. A Secretaria da Receita Federal e a Procuradoria-Geral da Fazenda Nacional editarão, no âmbito de suas respectivas competências, as normas necessárias à aplicação do disposto nesta Lei.

•• A Secretaria da Receita Federal passa a denominar-se Secretaria da Receita Federal do Brasil, por força da Lei n. 11.457, de 16-3-2007.

Art. 67. (*Vetado.*)

Art. 68. Esta Lei entra em vigor na data de sua publicação, produzindo efeitos:

I – a partir de 1.° de outubro de 2002, em relação aos arts. 29 e 49;

II – a partir de 1.° de dezembro de 2002, em relação aos arts. 1.° a 6.° e 8.° a 11;

III – a partir de 1.° de janeiro de 2003, em relação aos arts. 34, 37 a 44, 46 e 48;

IV – a partir da data da publicação desta Lei, em relação aos demais artigos.

Brasília, 30 de dezembro de 2002; 181.° da Independência e 114.° da República.

Fernando Henrique Cardoso

LEI N. 10.684, DE 30 DE MAIO DE 2003 (*)

Altera a legislação tributária, dispõe sobre parcelamento de débitos junto à Secretaria da Receita Federal, à Procuradoria-Geral da Fazenda Nacional e ao Instituto Nacional do Seguro Social e dá outras providências.

O Presidente da República

Faço saber que o Congresso Nacional decreta e eu sanciono a seguinte Lei:

(*) Publicada no *DOU*, de 31-5-2003 – Edição Extra. Retificada em 6 e 9-6-2003. A Secretaria da Receita Federal passa a denominar-se Secretaria da Receita Federal do Brasil, por força da Lei n. 11.457, de 16-3-2007.

Art. 1.º Os débitos junto à Secretaria da Receita Federal ou à Procuradoria-Geral da Fazenda Nacional, com vencimento até 28 de fevereiro de 2003, poderão ser parcelados em até cento e oitenta prestações mensais e sucessivas.

§ 1.º O disposto neste artigo aplica-se aos débitos constituídos ou não, inscritos ou não como Dívida Ativa, mesmo em fase de execução fiscal já ajuizada, ou que tenham sido objeto de parcelamento anterior, não integralmente quitado, ainda que cancelado por falta de pagamento.

§ 2.º Os débitos ainda não constituídos deverão ser confessados, de forma irretratável e irrevogável.

§ 3.º O débito objeto do parcelamento será consolidado no mês do pedido e será dividido pelo número de prestações, sendo que o montante de cada parcela mensal não poderá ser inferior a:

I – um inteiro e cinco décimos por cento da receita bruta auferida, pela pessoa jurídica, no mês imediatamente anterior ao do vencimento da parcela, exceto em relação às optantes pelo Sistema Simplificado de Pagamento de Impostos e Contribuições das Microempresas e das Empresas de Pequeno Porte – SIMPLES, instituído pela Lei n. 9.317, de 5 de dezembro de 1996, e às microempresas e empresas de pequeno porte enquadradas no disposto no art. 2.º da Lei n. 9.841, de 5 de outubro de 1999, observado o disposto no art. 8.º desta Lei, salvo na hipótese do inciso II deste parágrafo, o prazo mínimo de cento e vinte meses;

•• *Vide* Lei Complementar n. 123, de 14-12-2006, que revoga os mencionados diplomas.

II – dois mil reais, considerado cumulativamente com o limite estabelecido no inciso I, no caso das pessoas jurídicas ali referidas;

III – cinquenta reais, no caso de pessoas físicas.

§ 4.º Relativamente às pessoas jurídicas optantes pelo SIMPLES e às microempresas e empresas de pequeno porte, enquadradas no disposto no art. 2.º da Lei n. 9.841, de 5 de outubro de 1999, o valor da parcela mínima mensal corresponderá a um cento e oitenta avos do total do débito ou a três décimos por cento da receita bruta auferida no mês imediatamente anterior ao do vencimento da parcela, o que for menor, não podendo ser inferior a:

•• *Vide* Lei Complementar n. 123, de 14-12-2006, que revoga mencionada Lei.

I – cem reais, se enquadrada na condição de microempresa;

II – duzentos reais, se enquadrada na condição de empresa de pequeno porte.

§ 5.º Aplica-se o disposto no § 4.º às pessoas jurídicas que foram excluídas ou impedidas de ingressar no SIMPLES exclusivamente em decorrência do disposto no inciso XV do art. 9.º da Lei n. 9.317, de 5 de dezembro de 1996, desde que a pessoa jurídica exerça a opção pelo SIMPLES até o último dia útil de 2003, com efeitos a partir de 1.º de janeiro de 2004, nos termos e condições definidos pela Secretaria da Receita Federal.

•• *Vide* Lei Complementar n. 123, de 14-12-2006, que revoga mencionada Lei.

§ 6.º O valor de cada uma das parcelas, determinado na forma dos §§ 3.º e 4.º, será acrescido de juros correspondentes à variação mensal da Taxa de Juros de Longo Prazo – TJLP, a partir do mês subsequente ao da consolidação, até o mês do pagamento.

§ 7.º Para os fins da consolidação referida no § 3.º, os valores correspondentes à multa, de mora ou de ofício, serão reduzidos em cinquenta por cento.

§ 8.º A redução prevista no § 7.º não será cumulativa com qualquer outra redução admitida em lei, ressalvado o disposto no § 11.

§ 9.º Na hipótese de anterior concessão de redução de multa em percentual diverso de cinquenta por cento, prevalecerá o percentual referido no § 7.º, determinado sobre o valor original da multa.

§ 10. A opção pelo parcelamento de que trata este artigo exclui a concessão de qualquer outro, extinguindo os parcelamentos anteriormente concedidos, admitida a transferência de seus saldos para a modalidade desta Lei.

§ 11. O sujeito passivo fará jus a redução adicional da multa, após a redução referida no § 7.°, à razão de vinte e cinco centésimos por cento sobre o valor remanescente para cada ponto percentual do saldo do débito que for liquidado até a data prevista para o requerimento do parcelamento referido neste artigo, após deduzida a primeira parcela determinada nos termos do § 3.° ou 4.°.

Art. 2.° Os débitos incluídos no Programa de Recuperação Fiscal – REFIS, de que trata a Lei n. 9.964, de 10 de abril de 2000, ou no parcelamento a ele alternativo, poderão, a critério da pessoa jurídica, ser parcelados nas condições previstas no art. 1.°, nos termos a serem estabelecidos pelo Comitê Gestor do mencionado Programa.

Parágrafo único. Na hipótese deste artigo:

I – a opção pelo parcelamento na forma deste artigo implica desistência compulsória e definitiva do REFIS ou do parcelamento a ele alternativo;

II – as contribuições arrecadadas pelo Instituto Nacional do Seguro Social – INSS retornarão à administração daquele órgão, sujeitando-se à legislação específica a elas aplicável;

III – será objeto do parcelamento nos termos do art. 1.° o saldo devedor dos débitos relativos aos tributos administrados pela Secretaria da Receita Federal.

Art. 3.° Ressalvado o disposto no art. 2.°, não será concedido o parcelamento de que trata o art. 1.° na hipótese de existência de parcelamentos concedidos sob outras modalidades, admitida a transferência dos saldos remanescentes para a modalidade prevista nesta Lei, mediante requerimento do sujeito passivo.

Art. 4.° O parcelamento a que se refere o art. 1.°:

I – deverá ser requerido, inclusive na hipótese de transferência de que tratam os arts. 2.° e 3.°, até o último dia útil do segundo mês subsequente ao da publicação desta Lei, perante a unidade da Secretaria da Receita Federal ou da Procuradoria-Geral da Fazenda Nacional, responsável pela cobrança do respectivo débito;

•• O art. 13 da Lei n. 10.743, de 9-10-2003, prorroga o prazo previsto neste inciso para até 31-8-2003, observadas as demais normas constantes desta Lei.

II – somente alcançará débitos que se encontrarem com exigibilidade suspensa por força dos incisos III a V do art. 151 da Lei n. 5.172, de 25 de outubro de 1966, no caso de o sujeito passivo desistir expressamente e de forma irrevogável da impugnação ou do recurso interposto, ou da ação judicial proposta, e renunciar a quaisquer alegações de direito sobre as quais se fundam os referidos processos administrativos e ações judiciais, relativamente à matéria cujo respectivo débito queira parcelar;

III – reger-se-á pelas disposições da Lei n. 10.522, de 19 de julho de 2002, ressalvado o disposto no seu art. 14;

IV – aplica-se, inclusive, à totalidade dos débitos apurados segundo o SIMPLES;

V – independerá de apresentação de garantia ou de arrolamento de bens, mantidas aquelas decorrentes de débitos transferidos de outras modalidades de parcelamento ou de execução fiscal.

Parágrafo único. Na hipótese do inciso II, o valor da verba de sucumbência será de um por cento do valor do débito consolidado decorrente da desistência da respectiva ação judicial.

Art. 5.° Os débitos junto ao Instituto Nacional do Seguro Social – INSS, oriundos de contribuições patronais, com vencimento até 28 de fevereiro de 2003, serão objeto de acordo para pagamento parcelado em até cento e oitenta prestações mensais, observadas as condições fixadas neste artigo, desde que requerido até o último dia útil do segundo mês subsequente ao da publicação desta Lei.

•• O art. 13 da Lei n. 10.743, de 9-10-2003, prorroga o prazo previsto neste artigo para até 31-8-2003, observadas as demais normas constantes desta Lei.

§ 1.º Aplica-se ao parcelamento de que trata este artigo o disposto nos §§ 1.º a 11 do art. 1.º, observado o disposto no art. 8.º.

§ 2.º (*Vetado.*)

§ 3.º A concessão do parcelamento independerá de apresentação de garantias ou de arrolamento de bens, mantidas aquelas decorrentes de débitos transferidos de outras modalidades de parcelamento ou de execução fiscal.

Art. 6.º Os depósitos existentes, vinculados aos débitos a serem parcelados nos termos dos arts. 1.º e 5.º, serão automaticamente convertidos em renda da União ou da Seguridade Social ou do Instituto Nacional do Seguro Social – INSS, conforme o caso, concedendo-se o parcelamento sobre o saldo remanescente.

Art. 7.º O sujeito passivo será excluído dos parcelamentos a que se refere esta Lei na hipótese de inadimplência, por três meses consecutivos ou seis meses alternados, o que primeiro ocorrer, relativamente a qualquer dos tributos e das contribuições referidos nos arts. 1.º e 5.º, inclusive os com vencimento após 28 de fevereiro de 2003.

Art. 8.º Na hipótese de a pessoa jurídica manter parcelamentos de débitos com base no art. 1.º e no art. 5.º, simultaneamente, o percentual a que se refere o inciso I do § 3.º do art. 1.º será reduzido para setenta e cinco centésimos por cento.

§ 1.º Caberá à pessoa jurídica requerer a redução referida no *caput* até o prazo fixado no inciso I do art. 4.º e no *caput* do art. 5.º.

§ 2.º Ocorrendo liquidação, rescisão ou extinção de um dos parcelamentos, inclusive por exclusão do sujeito passivo, nos termos do art. 7.º, aplica-se o percentual fixado no inciso I do § 3.º do art. 1.º ao parcelamento remanescente, a partir do mês subsequente ao da ocorrência da liquidação, extinção ou rescisão do parcelamento obtido junto ao outro órgão.

§ 3.º A pessoa jurídica deverá informar a liquidação, rescisão ou extinção do parcelamento ao órgão responsável pelo parcelamento remanescente, até o último dia útil do mês subsequente ao da ocorrência do evento, bem como efetuar o recolhimento da parcela referente àquele mês observando o percentual fixado no inciso I do § 3.º do art. 1.º.

§ 4.º O desatendimento do disposto nos parágrafos anteriores implicará a exclusão do sujeito passivo do parcelamento remanescente e a aplicação do disposto no art. 11.

Art. 9.º É suspensa a pretensão punitiva do Estado, referente aos crimes previstos nos arts. 1.º e 2.º da Lei n. 8.137, de 27 de dezembro de 1990, e nos arts. 168-A e 337-A do Decreto-lei n. 2.848, de 7 de dezembro de 1940 – Código Penal, durante o período em que a pessoa jurídica relacionada com o agente dos aludidos crimes estiver incluída no regime de parcelamento.

•• *Vide* art. 83 da Lei n. 9.430, de 27-12-1996.

§ 1.º A prescrição criminal não corre durante o período de suspensão da pretensão punitiva.

§ 2.º Extingue-se a punibilidade dos crimes referidos neste artigo quando a pessoa jurídica relacionada com o agente efetuar o pagamento integral dos débitos oriundos de tributos e contribuições sociais, inclusive acessórios.

Art. 10. A Secretaria da Receita Federal, a Procuradoria-Geral da Fazenda Nacional e o Instituto Nacional do Seguro Social – INSS expedirão, no âmbito de suas respectivas competências, os atos necessários à execução desta Lei.

Parágrafo único. Serão consolidados, por sujeito passivo, os débitos perante a Secretaria da Receita Federal e a Procuradoria-Geral da Fazenda Nacional.

Art. 11. Ao sujeito passivo que, optando por parcelamento a que se referem os arts. 1.º e 5.º, dele for excluído, será vedada a concessão de qualquer outra modalidade de parcelamento até 31 de dezembro de 2006.

Art. 12. A exclusão do sujeito passivo do parcelamento a que se refere esta Lei, inclusive a prevista no § 4.° do art. 8.°, independerá de notificação prévia e implicará exigibilidade imediata da totalidade do crédito confessado e ainda não pago e automática execução da garantia prestada, quando existente, restabelecendo-se, em relação ao montante não pago, os acréscimos legais na forma da legislação aplicável à época da ocorrência dos respectivos fatos geradores.

Art. 13. Os débitos relativos à contribuição para o Programa de Formação do Patrimônio do Servidor Público (PASEP) dos Estados, do Distrito Federal e dos Municípios, bem como de suas autarquias e fundações públicas, com vencimento até 31 de dezembro de 2002, poderão ser pagos mediante regime especial de parcelamento, por opção da pessoa jurídica de direito público interno devedora.

Parágrafo único. A opção referida no *caput* deverá ser formalizada até o último dia útil do segundo mês subsequente ao da publicação desta Lei, nos termos e condições estabelecidos pela Secretaria da Receita Federal.

Art. 14. O regime especial de parcelamento referido no art. 13 implica a consolidação dos débitos na data da opção e abrangerá a totalidade dos débitos existentes em nome do optante, constituídos ou não, inclusive os juros de mora incidentes até a data de opção.

Parágrafo único. O débito consolidado na forma deste artigo:

I – sujeitar-se-á, a partir da data da consolidação, a juros equivalentes à taxa referencial do Sistema Especial de Liquidação e de Custódia – SELIC para títulos federais, acumulada mensalmente, calculados a partir da data de deferimento do pedido até o mês anterior ao do pagamento, e adicionados de um por cento relativamente ao mês em que o pagamento estiver sendo feito;

II – será pago mensalmente, até o último dia útil da primeira quinzena de cada mês, no valor equivalente a, no mínimo, um cento e vinte avos do total do débito consolidado;

III – o valor de cada parcela não poderá ser inferior a dois mil reais.

Art. 15. A opção pelo regime especial de parcelamento referido no art. 13 sujeita a pessoa jurídica optante:

I – à confissão irrevogável e irretratável dos débitos referidos no art. 14;

II – ao pagamento regular das parcelas do débito consolidado, bem como dos valores devidos relativos ao PASEP com vencimento após dezembro de 2002.

Parágrafo único. A opção pelo regime especial exclui qualquer outra forma de parcelamento de débitos relativos ao PASEP.

Art. 16. A pessoa jurídica optante pelo regime especial de parcelamento referido no art. 13 será dele excluída nas seguintes hipóteses:

I – inobservância da exigência estabelecida no art. 15;

II – inadimplência, por dois meses consecutivos ou seis alternados, relativamente ao PASEP, inclusive aqueles com vencimento após dezembro de 2002.

§ 1.° A exclusão da pessoa jurídica do regime especial implicará exigibilidade imediata da totalidade do crédito confessado e ainda não pago.

§ 2.° A exclusão será formalizada por meio de ato da Secretaria da Receita Federal e produzirá efeitos a partir do mês subsequente àquele em que a pessoa jurídica optante for cientificada.

Art. 17. Sem prejuízo do disposto no art. 15 da Medida Provisória n. 2.158-35, de 24 de agosto de 2001, e no art. 1.° da Medida Provisória n. 101, de 30 de dezembro de 2002, as sociedades cooperativas de produção agropecuária e de eletrificação rural poderão excluir da base de cálculo da contribuição para o Programa de Integração Social e de Formação do Patrimônio do Servidor Público – PIS/Pasep e da Contribuição Social para o Financiamento da

Seguridade Social – COFINS os custos agregados ao produto agropecuário dos associados, quando da sua comercialização e os valores dos serviços prestados pelas cooperativas de eletrificação rural a seus associados.

•• A Medida Provisória n. 101, de 30-12-2002, foi convertida na Lei n. 10.676, de 22-5-2003.

Parágrafo único. O disposto neste artigo alcança os fatos geradores ocorridos a partir da vigência da Medida Provisória n. 1.858-10, de 26 de outubro de 1999.

•• *Vide* art. 29 desta Lei.

Art. 18. Fica elevada para quatro por cento a alíquota da Contribuição para o Financiamento da Seguridade Social – COFINS devida pelas pessoas jurídicas referidas nos §§ 6.º e 8.º do art. 3.º da Lei n. 9.718, de 27 de novembro de 1998.

•• *Vide* art. 29 desta Lei.

....

Art. 22. O art. 20 da Lei n. 9.249, de 26 de dezembro de 1995, passa a vigorar com a seguinte redação:

•• Alteração já processada no diploma modificado.

•• *Vide* art. 29 desta Lei.

Art. 23. O art. 9.º da Lei n. 9.317, de 5 de dezembro de 1996, passa a vigorar acrescido do seguinte parágrafo:

•• Alteração já processada no diploma modificado.

....

Art. 25. Os arts. 1.º, 3.º, 5.º, 8.º, 11 e 29 da Lei n. 10.637, de 30 de dezembro de 2002, passam a vigorar com a seguinte redação:

•• Alterações já processadas no diploma modificado.

•• *Vide* art. 29 desta Lei.

....

Art. 27. (*Vetado*.)

Art. 28. Fica o Poder Executivo autorizado a emitir títulos da dívida pública atualizados de acordo com as disposições do inciso I do § 4.º do art. 2.º da Lei n. 9.964, de 10 de abril de 2000, com prazo de vencimento determinado em função do prazo médio estimado da carteira de recebíveis do Programa de Recuperação Fiscal – REFIS, instituído pela referida Lei, os quais terão poder liberatório perante a Secretaria da Receita Federal e o Instituto Nacional do Seguro Social quanto às dívidas inscritas no referido programa, diferindo-se os efeitos tributários de sua utilização, em função do prazo médio da dívida do contribuinte.

Art. 29. Esta Lei entra em vigor na data de sua publicação, produzindo efeitos:

I – em relação ao art. 17, a partir de 1.º de janeiro de 2003;

II – em relação ao art. 25, a partir de 1.º de fevereiro de 2003;

III – em relação aos arts. 18, 19, 20 e 22, a partir do mês subsequente ao do termo final do prazo nonagesimal, a que refere o § 6.º do art. 195 da Constituição Federal.

Brasília, 30 de maio de 2003; 182.º da Independência e 115.º da República.

LUIZ INÁCIO LULA DA SILVA

LEI COMPLEMENTAR N. 116, DE 31 DE JULHO DE 2003 (*)

Dispõe sobre o Imposto Sobre Serviços de Qualquer Natureza, de competência dos Municípios e do Distrito Federal, e dá outras providências.

O Presidente da República

Faço saber que o Congresso Nacional decreta e eu sanciono a seguinte Lei Complementar:

(*) Publicada no *DOU*, de 1.º-8-2003.

Art. 1.º O Imposto Sobre Serviços de Qualquer Natureza, de competência dos Municípios e do Distrito Federal, tem como fato gerador a prestação de serviços constantes da lista anexa, ainda que esses não se constituam como atividade preponderante do prestador.

§ 1.º O imposto incide também sobre o serviço proveniente do exterior do País ou cuja prestação se tenha iniciado no exterior do País.

§ 2.º Ressalvadas as exceções expressas na lista anexa, os serviços nela mencionados não ficam sujeitos ao Imposto Sobre Operações Relativas à Circulação de Mercadorias e Prestações de Serviços de Transporte Interestadual e Intermunicipal e de Comunicação – ICMS, ainda que sua prestação envolva fornecimento de mercadorias.

§ 3.º O imposto de que trata esta Lei Complementar incide ainda sobre os serviços prestados mediante a utilização de bens e serviços públicos explorados economicamente mediante autorização, permissão ou concessão, com o pagamento de tarifa, preço ou pedágio pelo usuário final do serviço.

§ 4.º A incidência do imposto não depende da denominação dada ao serviço prestado.

Art. 2.º O imposto não incide sobre:

I – as exportações de serviços para o exterior do País;

II – a prestação de serviços em relação de emprego, dos trabalhadores avulsos, dos diretores e membros de conselho consultivo ou de conselho fiscal de sociedades e fundações, bem como dos sócios-gerentes e dos gerentes-delegados;

III – o valor intermediado no mercado de títulos e valores mobiliários, o valor dos depósitos bancários, o principal, juros e acréscimos moratórios relativos a operações de crédito realizadas por instituições financeiras.

Parágrafo único. Não se enquadram no disposto no inciso I os serviços desenvolvidos no Brasil, cujo resultado aqui se verifique, ainda que o pagamento seja feito por residente no exterior.

Art. 3.º O serviço considera-se prestado, e o imposto, devido, no local do estabelecimento prestador ou, na falta do estabelecimento, no local do domicílio do prestador, exceto nas hipóteses previstas nos incisos I a XXV, quando o imposto será devido no local:

•• *Caput* com redação determinada pela Lei Complementar n. 157, de 29-12-2016.

I – do estabelecimento do tomador ou intermediário do serviço ou, na falta de estabelecimento, onde ele estiver domiciliado, na hipótese do § 1.º do art. 1.º desta Lei Complementar;

II – da instalação dos andaimes, palcos, coberturas e outras estruturas, no caso dos serviços descritos no subitem 3.05 da lista anexa;

III – da execução da obra, no caso dos serviços descritos no subitem 7.02 e 7.19 da lista anexa;

IV – da demolição, no caso dos serviços descritos no subitem 7.04 da lista anexa;

V – das edificações em geral, estradas, pontes, portos e congêneres, no caso dos serviços descritos no subitem 7.05 da lista anexa;

VI – da execução da varrição, coleta, remoção, incineração, tratamento, reciclagem, separação e destinação final de lixo, rejeitos e outros resíduos quaisquer, no caso dos serviços descritos no subitem 7.09 da lista anexa;

VII – da execução da limpeza, manutenção e conservação de vias e logradouros públicos, imóveis, chaminés, piscinas, parques, jardins e congêneres, no caso dos serviços descritos no subitem 7.10 da lista anexa;

VIII – da execução da decoração e jardinagem, do corte e poda de árvores, no caso dos serviços descritos no subitem 7.11 da lista anexa;

IX – do controle e tratamento do efluente de qualquer natureza e de agentes físicos, químicos e biológicos, no caso dos serviços descritos no subitem 7.12 da lista anexa;

X e XI – (*Vetados.*)

XII – do florestamento, reflorestamento, semeadura, adubação, reparação de solo, plantio, silagem, colheita, corte, descascamento de árvores, silvicultura, exploração florestal e serviços congêneres indissociáveis da formação, manutenção e colheita de florestas para quaisquer fins e por quaisquer meios;

•• Inciso XII com redação determinada pela Lei Complementar n. 157, de 29-12-2016.

XIII – da execução dos serviços de escoramento, contenção de encostas e congêneres, no caso dos serviços descritos no subitem 7.17 da lista anexa;

XIV – da limpeza e dragagem, no caso dos serviços descritos no subitem 7.18 da lista anexa;

XV – onde o bem estiver guardado ou estacionado, no caso dos serviços descritos no subitem 11.01 da lista anexa;

XVI – dos bens, dos semoventes ou do domicílio das pessoas vigiados, segurados ou monitorados, no caso dos serviços descritos no subitem 11.02 da lista anexa;

•• Inciso XVI com redação determinada pela Lei Complementar n. 157, de 29-12-2016.

XVII – do armazenamento, depósito, carga, descarga, arrumação e guarda do bem, no caso dos serviços descritos no subitem 11.04 da lista anexa;

XVIII – da execução dos serviços de diversão, lazer, entretenimento e congêneres, no caso dos serviços descritos nos subitens do item 12, exceto o 12.13, da lista anexa;

XIX – do Município onde está sendo executado o transporte, no caso dos serviços descritos pelo item 16 da lista anexa;

•• Inciso XIX com redação determinada pela Lei Complementar n. 157, de 29-12-2016.

XX – do estabelecimento do tomador da mão de obra ou, na falta de estabelecimento, onde ele estiver domiciliado, no caso dos serviços descritos pelo subitem 17.05 da lista anexa;

XXI – da feira, exposição, congresso ou congênere a que se referir o planejamento, organização e administração, no caso dos serviços descritos pelo subitem 17.10 da lista anexa;

XXII – do porto, aeroporto, ferroporto, terminal rodoviário, ferroviário ou metroviário, no caso dos serviços descritos pelo item 20 da lista anexa.

XXIII – do domicílio do tomador dos serviços dos subitens 4.22, 4.23 e 5.09;

•• Inciso XXIII acrescentado pela Lei Complementar n. 157, de 29-12-2016.

•• Inciso XXIII originalmente vetado, todavia promulgado em 1.º-6-2017.

XXIV – do domicílio do tomador do serviço no caso dos serviços prestados pelas administradoras de cartão de crédito ou débito e demais descritos no subitem 15.01;

•• Inciso XXIV acrescentado pela Lei Complementar n. 157, de 29-12-2016.

•• Inciso XXIV originalmente vetado, todavia promulgado em 1.º-6-2017.

XXV – do domicílio do tomador dos serviços dos subitens 10.04 e 15.09.

•• Inciso XXV acrescentado pela Lei Complementar n. 157, de 29-12-2016.

•• Inciso XXV originalmente vetado, todavia promulgado em 1.º-6-2017.

§ 1.º No caso dos serviços a que se refere o subitem 3.04 da lista anexa, considera-se ocorrido o fato gerador e devido o imposto em cada Município em cujo território haja extensão de ferrovia, rodovia, postes, cabos, dutos e condutos de qualquer natureza, objetos de locação, sublocação, arrendamento, direito de passagem ou permissão de uso, compartilhado ou não.

§ 2.º No caso dos serviços a que se refere o subitem 22.01 da lista anexa, considera-se ocorrido o fato gerador e devido o imposto em cada Município em cujo território haja extensão de rodovia explorada.

§ 3.º Considera-se ocorrido o fato gerador do imposto no local do estabelecimento prestador nos serviços executados em águas marítimas, excetuados os serviços descritos no subitem 20.01.

§ 4.º Na hipótese de descumprimento do disposto no *caput* ou no § 1.º, ambos do art. 8.º-A desta Lei Complementar, o imposto será devido no local do estabelecimento do tomador ou intermediário do serviço ou, na falta de estabelecimento, onde ele estiver domiciliado.

•• § 4.º acrescentado pela Lei Complementar n. 157, de 29-12-2016.

•• § 4.º originalmente vetado, todavia promulgado em 1.º-6-2017.

Art. 4.º Considera-se estabelecimento prestador o local onde o contribuinte desenvolva a atividade de prestar serviços, de modo permanente ou temporário, e que configure unidade econômica ou profissional, sendo irrelevantes para caracterizá-lo as denominações de sede, filial, agência, posto de atendimento, sucursal, escritório de representação ou contato ou quaisquer outras que venham a ser utilizadas.

Art. 5.º Contribuinte é o prestador do serviço.

Art. 6.º Os Municípios e o Distrito Federal, mediante lei, poderão atribuir de modo expresso a responsabilidade pelo crédito tributário a terceira pessoa, vinculada ao fato gerador da respectiva obrigação, excluindo a responsabilidade do contribuinte ou atribuindo-a a este em caráter supletivo do cumprimento total ou parcial da referida obrigação, inclusive no que se refere à multa e aos acréscimos legais.

§ 1.º Os responsáveis a que se refere este artigo estão obrigados ao recolhimento integral do imposto devido, multa e acréscimos legais, independentemente de ter sido efetuada sua retenção na fonte.

§ 2.º Sem prejuízo do disposto no *caput* e no § 1.º deste artigo, são responsáveis:

I – o tomador ou intermediário de serviço proveniente do exterior do País ou cuja prestação se tenha iniciado no exterior do País;

II – a pessoa jurídica, ainda que imune ou isenta, tomadora ou intermediária dos serviços descritos nos subitens 3.05, 7.02, 7.04, 7.05, 7.09, 7.10, 7.12, 7.14, 7.15, 7.16, 7.17, 7.19, 11.02, 17.05 e 17.10 da lista anexa.

III – a pessoa jurídica tomadora ou intermediária de serviços, ainda que imune ou isenta, na hipótese prevista no § 4.º do art. 3.º desta Lei Complementar.

•• Inciso III acrescentado pela Lei Complementar n. 157, de 29-12-2016.

•• Inciso III originalmente vetado, todavia promulgado em 1.º-6-2017.

§ 3.º No caso dos serviços descritos nos subitens 10.04 e 15.09, o valor do imposto é devido ao Município declarado como domicílio tributário da pessoa jurídica ou física tomadora do serviço, conforme informação prestada por este.

•• § 3.º acrescentado pela Lei Complementar n. 157, de 29-12-2016.

•• § 3.º originalmente vetado, todavia promulgado em 1.º-6-2017.

§ 4.º No caso dos serviços prestados pelas administradoras de cartão de crédito e débito, descritos no subitem 15.01, os terminais eletrônicos ou as máquinas das operações efetivadas deverão ser registrados no local do domicílio do tomador do serviço.

•• § 4.º acrescentado pela Lei Complementar n. 157, de 29-12-2016.

•• § 4.º originalmente vetado, todavia promulgado em 1.º-6-2017.

Art. 7.º A base de cálculo do imposto é o preço do serviço.

§ 1.º Quando os serviços descritos pelo subitem 3.04 da lista anexa forem prestados no território de mais de um Município, a base de cálculo será proporcional, conforme o caso, à extensão da ferrovia, rodovia, dutos e condutos de qualquer natureza, cabos de qualquer natureza, ou ao número de postes, existentes em cada Município.

§ 2.º Não se incluem na base de cálculo do Imposto Sobre Serviços de Qualquer Natureza:

I – o valor dos materiais fornecidos pelo prestador dos serviços previstos nos itens 7.02 e 7.05 da lista de serviços anexa a esta Lei Complementar;

II – (*Vetado*.)

§ 3.º (*Vetado*.)

Art. 8.º As alíquotas máximas do Imposto Sobre Serviços de Qualquer Natureza são as seguintes:

I – (*Vetado*.)

II – demais serviços, 5% (cinco por cento).

Art. 8.º-A. A alíquota mínima do Imposto sobre Serviços de Qualquer Natureza é de 2% (dois por cento).

•• *Caput* acrescentado pela Lei Complementar n. 157, de 29-12-2016.

§ 1.º O imposto não será objeto de concessão de isenções, incentivos ou benefícios tributários ou financeiros, inclusive de redução de base de cálculo ou de crédito presumido ou outorgado, ou sob qualquer outra forma que resulte, direta ou indiretamente, em carga tributária menor que a decorrente da aplicação da alíquota mínima estabelecida no *caput*, exceto para os serviços a que se referem os subitens 7.02, 7.05 e 16.01 da lista anexa a esta Lei Complementar.

•• § 1.º acrescentado pela Lei Complementar n. 157, de 29-12-2016.

§ 2.º É nula a lei ou o ato do Município ou do Distrito Federal que não respeite as disposições relativas à alíquota mínima previstas neste artigo no caso de serviço prestado a tomador ou intermediário localizado em Município diverso daquele onde está localizado o prestador do serviço.

•• § 2.º acrescentado pela Lei Complementar n. 157, de 29-12-2016.

§ 3.º A nulidade a que se refere o § 2.º deste artigo gera, para o prestador do serviço, perante o Município ou o Distrito Federal que não respeitar as disposições deste artigo, o direito à restituição do valor efetivamente pago do Imposto sobre Serviços de Qualquer Natureza calculado sob a égide da lei nula.

•• § 3.º acrescentado pela Lei Complementar n. 157, de 29-12-2016.

Art. 9.º Esta Lei Complementar entra em vigor na data de sua publicação.

Art. 10. Ficam revogados os arts. 8.º, 10, 11 e 12 do Decreto-lei n. 406, de 31 de dezembro de 1968; os incisos III, IV, V e VII do art. 3.º do Decreto-lei n. 834, de 8 de setembro de 1969; a Lei Complementar n. 22, de 9 de dezembro de 1974; a Lei n. 7.192, de 5 de junho de 1984; a Lei Complementar n. 56, de 15 de dezembro de 1987; e a Lei Complementar n. 100, de 22 de dezembro de 1999.

Brasília, 31 de julho de 2003; 182.º da Independência e 115.º da República.

LUIZ INÁCIO LULA DA SILVA

Lista de serviços anexa à Lei Complementar n. 116, de 31 de julho de 2003

•• *Vide* Lista de serviços anexa ao Decreto-lei n. 406, de 31-12-1968.

1 – Serviços de informática e congêneres.

1.01 – Análise e desenvolvimento de sistemas.

1.02 – Programação.

1.03 – Processamento, armazenamento ou hospedagem de dados, textos, imagens, vídeos, páginas eletrônicas, aplicativos e sistemas de informação, entre outros formatos, e congêneres.

•• Item 1.03 com redação determinada pela Lei Complementar n. 157, de 29-12-2016.

1.04 – Elaboração de programas de computadores, inclusive de jogos eletrônicos, independentemente da arquitetura construtiva da máquina em que o programa será executado, incluindo *tablets*, *smartphones* e congêneres.

•• Item 1.04 com redação determinada pela Lei Complementar n. 157, de 29-12-2016.

1.05 – Licenciamento ou cessão de direito de uso de programas de computação.

1.06 – Assessoria e consultoria em informática.

1.07 – Suporte técnico em informática, inclusive instalação, configuração e manutenção de programas de computação e bancos de dados.

1.08 – Planejamento, confecção, manutenção e atualização de páginas eletrônicas.

1.09 – Disponibilização, sem cessão definitiva, de conteúdos de áudio, vídeo, imagem e texto por meio da internet, respeitada a imunidade de livros, jornais e periódicos (exceto a distribuição de conteúdos pelas prestadoras de Serviço de Acesso Condicionado, de que trata a Lei n. 12.485, de 12 de setembro de 2011, sujeita ao ICMS).

•• Item 1.09 acrescentado pela Lei Complementar n. 157, de 29-12-2016.

2 – Serviços de pesquisas e desenvolvimento de qualquer natureza.

2.01 – Serviços de pesquisas e desenvolvimento de qualquer natureza.

3 – Serviços prestados mediante locação, cessão de direito de uso e congêneres.

3.01 – (*Vetado.*)

3.02 – Cessão de direito de uso de marcas e de sinais de propaganda.

3.03 – Exploração de salões de festas, centro de convenções, escritórios virtuais, *stands*, quadras esportivas, estádios, ginásios, auditórios, casas de espetáculos, parques de diversões, canchas e congêneres, para realização de eventos ou negócios de qualquer natureza.

3.04 – Locação, sublocação, arrendamento, direito de passagem ou permissão de uso, compartilhado ou não, de ferrovia, rodovia, postes, cabos, dutos e condutos de qualquer natureza.

3.05 – Cessão de andaimes, palcos, coberturas e outras estruturas de uso temporário.

4 – Serviços de saúde, assistência médica e congêneres.

4.01 – Medicina e biomedicina.

4.02 – Análises clínicas, patologia, eletricidade médica, radioterapia, quimioterapia, ultrassonografia, ressonância magnética, radiologia, tomografia e congêneres.

4.03 – Hospitais, clínicas, laboratórios, sanatórios, manicômios, casas de saúde, prontos-socorros, ambulatórios e congêneres.

4.04 – Instrumentação cirúrgica.

4.05 – Acupuntura.

4.06 – Enfermagem, inclusive serviços auxiliares.

4.07 – Serviços farmacêuticos.

4.08 – Terapia ocupacional, fisioterapia e fonoaudiologia.

4.09 – Terapias de qualquer espécie destinadas ao tratamento físico, orgânico e mental.

4.10 – Nutrição.

4.11 – Obstetrícia.

4.12 – Odontologia.

4.13 – Ortóptica.

4.14 – Próteses sob encomenda.

4.15 – Psicanálise.

4.16 – Psicologia.

4.17 – Casas de repouso e de recuperação, creches, asilos e congêneres.

4.18 – Inseminação artificial, fertilização *in vitro* e congêneres.

4.19 – Bancos de sangue, leite, pele, olhos, óvulos, sêmen e congêneres.

4.20 – Coleta de sangue, leite, tecidos, sêmen, órgãos e materiais biológicos de qualquer espécie.

4.21 – Unidade de atendimento, assistência ou tratamento móvel e congêneres.

4.22 – Planos de medicina de grupo ou individual e convênios para prestação de assistência médica, hospitalar, odontológica e congêneres.

4.23 – Outros planos de saúde que se cumpram através de serviços de terceiros contratados, credenciados, cooperados ou apenas pagos pelo operador do plano mediante indicação do beneficiário.

5 – Serviços de medicina e assistência veterinária e congêneres.

5.01 – Medicina veterinária e zootecnia.

5.02 – Hospitais, clínicas, ambulatórios, prontos-socorros e congêneres, na área veterinária.

5.03 – Laboratórios de análise na área veterinária.

5.04 – Inseminação artificial, fertilização *in vitro* e congêneres.

5.05 – Bancos de sangue e de órgãos e congêneres.

5.06 – Coleta de sangue, leite, tecidos, sêmen, órgãos e materiais biológicos de qualquer espécie.

5.07 – Unidade de atendimento, assistência ou tratamento móvel e congêneres.

5.08 – Guarda, tratamento, amestramento, embelezamento, alojamento e congêneres.

5.09 – Planos de atendimento e assistência médico-veterinária.

6 – Serviços de cuidados pessoais, estética, atividades físicas e congêneres.

6.01 – Barbearia, cabeleireiros, manicuros, pedicuros e congêneres.

6.02 – Esteticistas, tratamento de pele, depilação e congêneres.

6.03 – Banhos, duchas, sauna, massagens e congêneres.

6.04 – Ginástica, dança, esportes, natação, artes marciais e demais atividades físicas.

6.05 – Centros de emagrecimento, *spa* e congêneres.

6.06 – Aplicação de tatuagens, *piercings* e congêneres.

•• Item 6.06 acrescentado pela Lei Complementar n. 157, de 29-12-2016.

7 – Serviços relativos a engenharia, arquitetura, geologia, urbanismo, construção civil, manutenção, limpeza, meio ambiente, saneamento e congêneres.

7.01 – Engenharia, agronomia, agrimensura, arquitetura, geologia, urbanismo, paisagismo e congêneres.

7.02 – Execução, por administração, empreitada ou subempreitada, de obras de construção civil, hidráulica ou elétrica e de outras obras semelhantes, inclusive sondagem, perfuração de poços, escavação, drenagem e irrigação, terraplanagem, pavimentação, concretagem e a instalação e montagem de produtos, peças e equipamentos (exceto o fornecimento de mercadorias produzidas pelo prestador de serviços fora do local da prestação dos serviços, que fica sujeito ao ICMS).

7.03 – Elaboração de planos diretores, estudos de viabilidade, estudos organizacionais e outros, relacionados com obras e serviços de engenharia; elaboração de anteprojetos, projetos básicos e projetos executivos para trabalhos de engenharia.

7.04 – Demolição.

7.05 – Reparação, conservação e reforma de edifícios, estradas, pontes, portos e congêneres (exceto o fornecimento de mercadorias produzidas pelo prestador dos serviços, fora do local da prestação dos serviços, que fica sujeito ao ICMS).

7.06 – Colocação e instalação de tapetes, carpetes, assoalhos, cortinas, revestimentos de parede, vidros, divisórias, placas de gesso e congêneres, com material fornecido pelo tomador do serviço.

7.07 – Recuperação, raspagem, polimento e lustração de pisos e congêneres.

7.08 – Calafetação.

7.09 – Varrição, coleta, remoção, incineração, tratamento, reciclagem, separação e destinação final de lixo, rejeitos e outros resíduos quaisquer.

7.10 – Limpeza, manutenção e conservação de vias e logradouros públicos, imóveis, chaminés, piscinas, parques, jardins e congêneres.

7.11 – Decoração e jardinagem, inclusive corte e poda de árvores.

7.12 – Controle e tratamento de efluentes de qualquer natureza e de agentes físicos, químicos e biológicos.

7.13 – Dedetização, desinfecção, desinsetização, imunização, higienização, desratização, pulverização e congêneres.

7.14 – (*Vetado.*)

7.15 – (*Vetado.*)

7.16 – Florestamento, reflorestamento, semeadura, adubação, reparação de solo, plantio, silagem, colheita, corte e descascamento de árvores, silvicultura, exploração florestal e dos serviços congêneres indissociáveis da formação, manutenção e colheita de florestas, para quaisquer fins e por quaisquer meios.

•• Item 7.16 com redação determinada pela Lei Complementar n. 157, de 29-12-2016.

7.17 – Escoramento, contenção de encostas e serviços congêneres.

7.18 – Limpeza e dragagem de rios, portos, canais, baías, lagos, lagoas, represas, açudes e congêneres.

7.19 – Acompanhamento e fiscalização da execução de obras de engenharia, arquitetura e urbanismo.

7.20 – Aerofotogrametria (inclusive interpretação), cartografia, mapeamento, levantamentos topográficos, batimétricos, geográficos, geodésicos, geológicos, geofísicos e congêneres.

7.21 – Pesquisa, perfuração, cimentação, mergulho, perfilagem, concretação, testemunhagem, pescaria, estimulação e outros serviços relacionados com a exploração e explotação de petróleo, gás natural e de outros recursos minerais.

7.22 – Nucleação e bombardeamento de nuvens e congêneres.

8 – Serviços de educação, ensino, orientação pedagógica e educacional, instrução, treinamento e avaliação pessoal de qualquer grau ou natureza.

8.01 – Ensino regular pré-escolar, fundamental, médio e superior.

8.02 – Instrução, treinamento, orientação pedagógica e educacional, avaliação de conhecimentos de qualquer natureza.

9 – Serviços relativos a hospedagem, turismo, viagens e congêneres.

9.01 – Hospedagem de qualquer natureza em hotéis, *apart-service* condominiais, *flat*, *apart-hotéis*, hotéis residência, *residence-service*, *suite service*, hotelaria marítima, motéis, pensões e congêneres; ocupação por temporada com fornecimento de serviço (o valor da alimentação e gorjeta, quando incluído no preço da diária, fica sujeito ao Imposto Sobre Serviços).

9.02 – Agenciamento, organização, promoção, intermediação e execução de programas de turismo, passeios, viagens, excursões, hospedagens e congêneres.

9.03 – Guias de turismo.

10 – Serviços de intermediação e congêneres.

10.01 – Agenciamento, corretagem ou intermediação de câmbio, de seguros, de cartões de crédito, de planos de saúde e de planos de previdência privada.

10.02 – Agenciamento, corretagem ou intermediação de títulos em geral, valores mobiliários e contratos quaisquer.

10.03 – Agenciamento, corretagem ou intermediação de direitos de propriedade industrial, artística ou literária.

10.04 – Agenciamento, corretagem ou intermediação de contratos de arrendamento mercantil (*leasing*), de franquia (*franchising*) e de faturização (*factoring*).

10.05 – Agenciamento, corretagem ou intermediação de bens móveis ou imóveis, não abrangidos em outros itens ou subitens, inclusive aqueles realizados no âmbito de Bolsas de Mercadorias e Futuros, por quaisquer meios.

10.06 – Agenciamento marítimo.

10.07 – Agenciamento de notícias.

10.08 – Agenciamento de publicidade e propaganda, inclusive o agenciamento de veiculação por quaisquer meios.

10.09 – Representação de qualquer natureza, inclusive comercial.

10.10 – Distribuição de bens de terceiros.

11 – Serviços de guarda, estacionamento, armazenamento, vigilância e congêneres.

11.01 – Guarda e estacionamento de veículos terrestres automotores, de aeronaves e de embarcações.

11.02 – Vigilância, segurança ou monitoramento de bens, pessoas e semoventes.

•• Item 11.02 com redação determinada pela Lei Complementar n. 157, de 29-12-2016.

11.03 – Escolta, inclusive de veículos e cargas.

11.04 – Armazenamento, depósito, carga, descarga, arrumação e guarda de bens de qualquer espécie.

12 – Serviços de diversões, lazer, entretenimento e congêneres.

12.01 – Espetáculos teatrais.

12.02 – Exibições cinematográficas.

12.03 – Espetáculos circenses.

12.04 – Programas de auditório.

12.05 – Parques de diversões, centros de lazer e congêneres.

12.06 – Boates, *taxi-dancing* e congêneres.

12.07 – *Shows*, *ballet*, danças, desfiles, bailes, óperas, concertos, recitais, festivais e congêneres.

12.08 – Feiras, exposições, congressos e congêneres.

12.09 – Bilhares, boliches e diversões eletrônicas ou não.

12.10 – Corridas e competições de animais.

12.11 – Competições esportivas ou de destreza física ou intelectual, com ou sem a participação do espectador.

12.12 – Execução de música.

12.13 – Produção, mediante ou sem encomenda prévia, de eventos, espetáculos, entrevistas, *shows*, *ballet*, danças, desfiles, bailes, teatros, óperas, concertos, recitais, festivais e congêneres.

12.14 – Fornecimento de música para ambientes fechados ou não, mediante transmissão por qualquer processo.

12.15 – Desfiles de blocos carnavalescos ou folclóricos, trios elétricos e congêneres.

12.16 – Exibição de filmes, entrevistas, musicais, espetáculos, *shows*, concertos, desfiles, óperas, competições esportivas, de destreza intelectual ou congêneres.

12.17 – Recreação e animação, inclusive em festas e eventos de qualquer natureza.

13 – Serviços relativos a fonografia, fotografia, cinematografia e reprografia.

13.01 – (*Vetado*.)

13.02 – Fonografia ou gravação de sons, inclusive trucagem, dublagem, mixagem e congêneres.

13.03 – Fotografia e cinematografia, inclusive revelação, ampliação, cópia, reprodução, trucagem e congêneres.

13.04 – Reprografia, microfilmagem e digitalização.

13.05 – Composição gráfica, inclusive confecção de impressos gráficos, fotocomposição, clicheria, zincografia, litografia e fotolitografia, exceto se destinados a posterior operação de comercialização ou industrialização, ainda que incorporados, de qualquer forma, a outra mercadoria que deva ser objeto de posterior circulação, tais como bulas, rótulos, etiquetas, caixas, cartuchos, embalagens e manuais técnicos e de instrução, quando ficarão sujeitos ao ICMS.

•• Item 13.05 com redação determinada pela Lei Complementar n. 157, de 29-12-2016.

14 – Serviços relativos a bens de terceiros.

14.01 – Lubrificação, limpeza, lustração, revisão, carga e recarga, conserto, restauração, blindagem, manutenção e conservação de máquinas, veículos, aparelhos, equipamentos, motores, elevadores ou de qualquer objeto (exceto peças e partes empregadas, que ficam sujeitas ao ICMS).

14.02 – Assistência técnica.

14.03 – Recondicionamento de motores (exceto peças e partes empregadas, que ficam sujeitas ao ICMS).

14.04 – Recauchutagem ou regeneração de pneus.

14.05 – Restauração, recondicionamento, acondicionamento, pintura, beneficiamento, lavagem, secagem, tingimento, galvanoplastia, anodização, corte, recorte, plastificação, costura, acabamento, polimento e congêneres de objetos quaisquer.

•• Item 14.05 com redação determinada pela Lei Complementar n. 157, de 29-12-2016.

14.06 – Instalação e montagem de aparelhos, máquinas e equipamentos, inclusive montagem industrial, prestados ao usuário final, exclusivamente com material por ele fornecido.

14.07 – Colocação de molduras e congêneres.

14.08 – Encadernação, gravação e douração de livros, revistas e congêneres.

14.09 – Alfaiataria e costura, quando o material for fornecido pelo usuário final, exceto aviamento.

14.10 – Tinturaria e lavanderia.

14.11 – Tapeçaria e reforma de estofamentos em geral.

14.12 – Funilaria e lanternagem.

14.13 – Carpintaria e serralheria.

14.14 – Guincho intramunicipal, guindaste e içamento.

•• Item 14.14 acrescentado pela Lei Complementar n. 157, de 29-12-2016.

15 – Serviços relacionados ao setor bancário ou financeiro, inclusive aqueles prestados por instituições financeiras autorizadas a funcionar pela União ou por quem de direito.

15.01 – Administração de fundos quaisquer, de consórcio, de cartão de crédito ou débito e congêneres, de carteira de clientes, de cheques pré-datados e congêneres.

15.02 – Abertura de contas em geral, inclusive conta-corrente, conta de investimentos e aplicação e caderneta de poupança, no País e no exterior, bem como a manutenção das referidas contas ativas e inativas.

15.03 – Locação e manutenção de cofres particulares, de terminais eletrônicos, de terminais de atendimento e de bens e equipamentos em geral.

15.04 – Fornecimento ou emissão de atestados em geral, inclusive atestado de idoneidade, atestado de capacidade financeira e congêneres.

15.05 – Cadastro, elaboração de ficha cadastral, renovação cadastral e congêneres, inclusão ou exclusão no Cadastro de Emitentes de Cheques sem Fundos – CCF ou em quaisquer outros bancos cadastrais.

15.06 – Emissão, reemissão e fornecimento de avisos, comprovantes e documentos em geral; abono de firmas; coleta e entrega de documentos, bens e valores; comunicação com outra agência ou com a administração central; licenciamento eletrônico de veículos; transferência de veículos; agenciamento fiduciário ou depositário; devolução de bens em custódia.

15.07 – Acesso, movimentação, atendimento e consulta a contas em geral, por qualquer meio ou processo, inclusive por telefone, fac-símile, internet e telex, acesso a terminais de atendimento, inclusive vinte e quatro horas; acesso a outro banco e a rede compartilhada; fornecimento de saldo, extrato e demais informações relativas a contas em geral, por qualquer meio ou processo.

15.08 – Emissão, reemissão, alteração, cessão, substituição, cancelamento e registro de contrato de crédito; estudo, análise e avaliação de operações de crédito; emissão, concessão, alteração ou contratação de aval, fiança, anuência e congêneres; serviços relativos a abertura de crédito, para quaisquer fins.

15.09 – Arrendamento mercantil (*leasing*) de quaisquer bens, inclusive cessão de direitos e obrigações, substituição de garantia, alteração, cancelamento e registro de contrato, e demais serviços relacionados ao arrendamento mercantil (*leasing*).

15.10 – Serviços relacionados a cobranças, recebimentos ou pagamentos em geral, de títulos quaisquer, de contas ou carnês, de câmbio, de tributos e por conta de terceiros, inclusive os efetuados por meio eletrônico, automático ou por máquinas de atendimento; fornecimento de posição de cobrança, recebimento ou pagamento; emissão de carnês, fichas de compensação, impressos e documentos em geral.

15.11 – Devolução de títulos, protesto de títulos, sustação de protesto, manutenção de títulos, reapresentação de títulos, e demais serviços a eles relacionados.

15.12 – Custódia em geral, inclusive de títulos e valores mobiliários.

15.13 – Serviços relacionados a operações de câmbio em geral, edição, alteração, prorrogação, cancelamento e baixa de contrato de câmbio; emissão de registro de exportação ou de crédito; cobrança ou depósito no exterior; emissão, fornecimento e cancelamento de cheques de viagem; fornecimento, transferência, cancelamento e demais serviços relativos a carta de crédito de importação, exportação e garantias recebidas; envio e recebimento de mensagens em geral relacionadas a operações de câmbio.

15.14 – Fornecimento, emissão, reemissão, renovação e manutenção de cartão magnético, cartão de crédito, cartão de débito, cartão salário e congêneres.

15.15 – Compensação de cheques e títulos quaisquer; serviços relacionados a depósito, inclusive depósito identificado, a saque de contas quaisquer, por qualquer meio ou processo, inclusive em terminais eletrônicos e de atendimento.

15.16 – Emissão, reemissão, liquidação, alteração, cancelamento e baixa de ordens de pagamento, ordens de crédito e similares, por qualquer meio ou processo; serviços relacionados à transferência de valores, dados, fundos, pagamentos e similares, inclusive entre contas em geral.

15.17 – Emissão, fornecimento, devolução, sustação, cancelamento e oposição de cheques quaisquer, avulso ou por talão.

15.18 – Serviços relacionados a crédito imobiliário, avaliação e vistoria de imóvel ou obra, análise técnica e jurídica, emissão, reemissão, alteração, transferência e renegociação de contrato, emissão e reemissão do termo de quitação e demais serviços relacionados a crédito imobiliário.

16 – Serviços de transporte de natureza municipal.

16.01 – Serviços de transporte coletivo municipal rodoviário, metroviário, ferroviário e aquaviário de passageiros.

•• Item 16.01 com redação determinada pela Lei Complementar n. 157, de 29-12-2016.

16.02 – Outros serviços de transporte de natureza municipal.

•• Item 16.02 acrescentado pela Lei Complementar n. 157, de 29-12-2016.

17 – Serviços de apoio técnico, administrativo, jurídico, contábil, comercial e congêneres.

17.01 – Assessoria ou consultoria de qualquer natureza, não contida em outros itens desta lista; análise, exame, pesquisa, coleta, compilação e fornecimento de dados e informações de qualquer natureza, inclusive cadastro e similares.

17.02 – Datilografia, digitação, estenografia, expediente, secretaria em geral, resposta audível, redação, edição, interpretação, revisão, tradução, apoio e infraestrutura administrativa e congêneres.

17.03 – Planejamento, coordenação, programação ou organização técnica, financeira ou administrativa.

17.04 – Recrutamento, agenciamento, seleção e colocação de mão de obra.

17.05 – Fornecimento de mão de obra, mesmo em caráter temporário, inclusive de empregados ou trabalhadores, avulsos ou temporários, contratados pelo prestador de serviço.

17.06 – Propaganda e publicidade, inclusive promoção de vendas, planejamento de campanhas ou sistemas de publicidade, elaboração de desenhos, textos e demais materiais publicitários.

17.07 – (*Vetado.*)

17.08 – Franquia (*franchising*).

17.09 – Perícias, laudos, exames técnicos e análises técnicas.

17.10 – Planejamento, organização e administração de feiras, exposições, congressos e congêneres.

17.11 – Organização de festas e recepções; bufê (exceto o fornecimento de alimentação e bebidas, que fica sujeito ao ICMS).

17.12 – Administração em geral, inclusive de bens e negócios de terceiros.

17.13 – Leilão e congêneres.

17.14 – Advocacia.

17.15 – Arbitragem de qualquer espécie, inclusive jurídica.

17.16 – Auditoria.

17.17 – Análise de Organização e Métodos.

17.18 – Atuária e cálculos técnicos de qualquer natureza.

17.19 – Contabilidade, inclusive serviços técnicos e auxiliares.

17.20 – Consultoria e assessoria econômica ou financeira.

17.21 – Estatística.

17.22 – Cobrança em geral.

17.23 – Assessoria, análise, avaliação, atendimento, consulta, cadastro, seleção, gerenciamento de informações, administração de contas a receber ou a pagar e em geral, relacionados a operações de faturização (*factoring*).

17.24 – Apresentação de palestras, conferências, seminários e congêneres.

17.25 – Inserção de textos, desenhos e outros materiais de propaganda e publicidade, em qualquer meio (exceto em livros, jornais, periódicos e nas modalidades de serviços de radiodifusão sonora e de sons e imagens de recepção livre e gratuita).

•• Item 17.25 acrescentado pela Lei Complementar n. 157, de 29-12-2016.

18 – Serviços de regulação de sinistros vinculados a contratos de seguros; inspeção e avaliação de riscos para cobertura de contratos de seguros; prevenção e gerência de riscos seguráveis e congêneres.

18.01 – Serviços de regulação de sinistros vinculados a contratos de seguros; inspeção e avaliação de riscos para cobertura de contratos de seguros; prevenção e gerência de riscos seguráveis e congêneres.

19 – Serviços de distribuição e venda de bilhetes e demais produtos de loteria, bingos, cartões, pules ou cupons de apostas, sorteios, prêmios, inclusive os decorrentes de títulos de capitalização e congêneres.

19.01 – Serviços de distribuição e venda de bilhetes e demais produtos de loteria, bingos, cartões, pules ou cupons de apostas, sorteios, prêmios, inclusive os decorrentes de títulos de capitalização e congêneres.

20 – Serviços portuários, aeroportuários, ferroportuários, de terminais rodoviários, ferroviários e metroviários.

20.01 – Serviços portuários, ferroportuários, utilização de porto, movimentação de passageiros, reboque de embarcações, rebocador escoteiro, atracação, desatracação, serviços de praticagem, capatazia, armazenagem de qualquer natureza, serviços acessórios, movimentação de mercadorias, serviços de apoio marítimo, de movimentação ao largo, serviços de armadores, estiva, conferência, logística e congêneres.

20.02 – Serviços aeroportuários, utilização de aeroporto, movimentação de passageiros, armazenagem de qualquer natureza, capatazia, movimentação de aeronaves, serviços de apoio aeroportuários, serviços acessórios, movimentação de mercadorias, logística e congêneres.

20.03 – Serviços de terminais rodoviários, ferroviários, metroviários, movimentação de passageiros, mercadorias, inclusive suas operações, logística e congêneres.

21 – Serviços de registros públicos, cartorários e notariais.

21.01 – Serviços de registros públicos, cartorários e notariais.

22 – Serviços de exploração de rodovia.

22.01 – Serviços de exploração de rodovia mediante cobrança de preço ou pedágio dos usuários, envolvendo execução de serviços de conservação, manutenção, melhoramentos para adequação de capacidade e segurança de trânsito, operação, monitoração, assistência aos usuários e outros serviços definidos em contratos, atos de concessão ou de permissão ou em normas oficiais.

23 – Serviços de programação e comunicação visual, desenho industrial e congêneres.

23.01 – Serviços de programação e comunicação visual, desenho industrial e congêneres.

24 – Serviços de chaveiros, confecção de carimbos, placas, sinalização visual, *banners*, adesivos e congêneres.

24.01 – Serviços de chaveiros, confecção de carimbos, placas, sinalização visual, *banners*, adesivos e congêneres.

25 – Serviços funerários.

25.01 – Funerais, inclusive fornecimento de caixão, urna ou esquifes; aluguel de capela; transporte do corpo cadavérico; fornecimento de flores, coroas e outros paramentos; desembaraço de certidão de óbito; fornecimento de véu, essa e outros adornos; embalsamento, embelezamento, conservação ou restauração de cadáveres.

25.02 – Translado intramunicipal e cremação de corpos e partes de corpos cadavéricos.

•• Item 25.02 com redação determinada pela Lei Complementar n. 157, de 29-12-2016.

25.03 – Planos ou convênio funerários.

25.04 – Manutenção e conservação de jazigos e cemitérios.

25.05 – Cessão de uso de espaços em cemitérios para sepultamento.

•• Item 25.05 acrescentado pela Lei Complementar n. 157, de 29-12-2016.

26 – Serviços de coleta, remessa ou entrega de correspondências, documentos, objetos, bens ou valores, inclusive pelos correios e suas agências franqueadas; *courrier* e congêneres.

26.01 – Serviços de coleta, remessa ou entrega de correspondências, documentos, objetos, bens ou valores, inclusive pelos correios e suas agências franqueadas; *courrier* e congêneres.

27 – Serviços de assistência social.

27.01 – Serviços de assistência social.

28 – Serviços de avaliação de bens e serviços de qualquer natureza.

28.01 – Serviços de avaliação de bens e serviços de qualquer natureza.

29 – Serviços de biblioteconomia.

29.01 – Serviços de biblioteconomia.

30 – Serviços de biologia, biotecnologia e química.

30.01 – Serviços de biologia, biotecnologia e química.

31 – Serviços técnicos em edificações, eletrônica, eletrotécnica, mecânica, telecomunicações e congêneres.

31.01 – Serviços técnicos em edificações, eletrônica, eletrotécnica, mecânica, telecomunicações e congêneres.

32 – Serviços de desenhos técnicos.

32.01 – Serviços de desenhos técnicos.

33 – Serviços de desembaraço aduaneiro, comissários, despachantes e congêneres.

33.01 – Serviços de desembaraço aduaneiro, comissários, despachantes e congêneres.

34 – Serviços de investigações particulares, detetives e congêneres.

34.01 – Serviços de investigações particulares, detetives e congêneres.

35 – Serviços de reportagem, assessoria de imprensa, jornalismo e relações públicas.

35.01 – Serviços de reportagem, assessoria de imprensa, jornalismo e relações públicas.

36 – Serviços de meteorologia.

36.01 – Serviços de meteorologia.

37 – Serviços de artistas, atletas, modelos e manequin.

37.01 – Serviços de artistas, atletas, modelos e manequin.

38 – Serviços de museologia.

38.01 – Serviços de museologia.

39 – Serviços de ourivesaria e lapidação.

39.01 – Serviços de ourivesaria e lapidação (quando o material for fornecido pelo tomador do serviço).

40 – Serviços relativos a obras de arte sob encomenda.

40.01 – Obras de arte sob encomenda.

LEI N. 10.833, DE 29 DE DEZEMBRO DE 2003 (*)

Altera a Legislação Tributária Federal e dá outras providências.

Capítulo I
DA COBRANÇA NÃO CUMULATIVA DA COFINS

Art. 1.º A Contribuição para o Financiamento da Seguridade Social – COFINS, com a incidência não cumulativa, incide sobre o total das receitas auferidas no mês pela pessoa jurídica, independentemente de sua denominação ou classificação contábil.

•• *Caput* com redação determinada pela Lei n. 12.973, de 13-5-2014.

§ 1.º Para efeito do disposto neste artigo, o total das receitas compreende a receita bruta de que trata o art. 12 do Decreto-lei n. 1.598, de 26 de dezembro de 1977, e todas as demais receitas auferidas pela pessoa jurídica com os seus respectivos valores decorrentes do ajuste a valor presente de que trata o inciso VIII do *caput* do art. 183 da Lei n. 6.404, de 15 de dezembro de 1976.

•• § 1.º com redação determinada pela Lei n. 12.973, de 13-5-2014.

§ 2.º A base de cálculo da COFINS é o total das receitas auferidas pela pessoa jurídica, conforme definido no *caput* e no § 1.º.

•• § 2.º com redação determinada pela Lei n. 12.973, de 13-5-2014.

§ 3.º Não integram a base de cálculo a que se refere este artigo as receitas:

I – isentas ou não alcançadas pela incidência da contribuição ou sujeitas à alíquota 0 (zero);

II – de que trata o inciso IV do *caput* do art. 187 da Lei n. 6.404, de 15 de dezembro de 1976, decorrentes da venda de bens do ativo não circulante, classificado como investimento, imobilizado ou intangível;

•• Inciso II com redação determinada pela Lei n. 12.973, de 13-5-2014.

III – auferidas pela pessoa jurídica revendedora, na revenda de mercadorias em relação às quais a contribuição seja exigida da empresa vendedora, na condição de substituta tributária;

IV – (*Revogado pela Lei n. 11.727, de 23-6-2008.*)

V – referentes a:

a) vendas canceladas e aos descontos incondicionais concedidos;

b) reversões de provisões e recuperações de créditos baixados como perda que não representem ingresso de novas receitas, o resultado positivo da avaliação de investimentos pelo valor do patrimônio líquido e os lucros e dividendos derivados de participações societárias, que tenham sido computados como receita;

•• Alínea *b* com redação determinada pela Lei n. 12.973, de 13-5-2014.

•• *Vide* art. 93, I, desta Lei.

VI – decorrentes de transferência onerosa a outros contribuintes do Imposto sobre Operações relativas à Circulação de Mercadorias e sobre Prestações de Serviços de Transporte Interestadual e Intermunicipal e de Comunicação – ICMS de créditos de ICMS originados de operações de exportação, conforme o disposto no inciso II do § 1.º do art. 25 da Lei Complementar n. 87, de 13 de setembro de 1996;

•• Inciso VI acrescentado pela Lei n. 11.945, de 4-6-2009.

(*) Publicada no *DOU*, de 30-12-2003.

VII – financeiras decorrentes do ajuste a valor presente de que trata o inciso VIII do *caput* do art. 183 da Lei n. 6.404, de 15 de dezembro de 1976, referentes a receitas excluídas da base de cálculo da COFINS;

•• Inciso VII acrescentado pela Lei n. 12.973, de 13-5-2014.

VIII – relativas aos ganhos decorrentes de avaliação do ativo e passivo com base no valor justo;

•• Inciso VIII acrescentado pela Lei n. 12.973, de 13-5-2014.

IX – de subvenções para investimento, inclusive mediante isenção ou redução de impostos, concedidas como estímulo à implantação ou expansão de empreendimentos econômicos e de doações feitas pelo poder público;

•• Inciso IX acrescentado pela Lei n. 12.973, de 13-5-2014.

X – reconhecidas pela construção, recuperação, reforma, ampliação ou melhoramento da infraestrutura, cuja contrapartida seja ativo intangível representativo de direito de exploração, no caso de contratos de concessão de serviços públicos;

•• Inciso X acrescentado pela Lei n. 12.973, de 13-5-2014.

XI – relativas ao valor do imposto que deixar de ser pago em virtude das isenções e reduções de que tratam as alíneas *a*, *b*, *c* e *e* do § 1.º do art. 19 do Decreto-lei n. 1.598, de 26 de dezembro de 1977; e

•• Inciso XI acrescentado pela Lei n. 12.973, de 13-5-2014.

XII – relativas ao prêmio na emissão de debêntures.

•• Inciso XII acrescentado pela Lei n. 12.973, de 13-5-2014.

Art. 2.º Para determinação do valor da COFINS aplicar-se-á, sobre a base de cálculo apurada conforme o disposto no art. 1.º, a alíquota de 7,6% (sete inteiros e seis décimos por cento).

•• *Vide* art. 93, I, desta Lei.

§ 1.º Excetua-se do disposto no *caput* deste artigo a receita bruta auferida pelos produtores ou importadores, que devem aplicar as alíquotas previstas:

•• § 1.º, *caput*, acrescentado pela Lei n. 10.865, de 30-4-2004.

I – nos incisos I a III do art. 4.º da Lei n. 9.718, de 27 de novembro de 1998, e alterações posteriores, no caso de venda de gasolinas e suas correntes, exceto gasolina de aviação, óleo diesel e suas correntes e gás liquefeito de petróleo – GLP derivado de petróleo e de gás natural;

•• Inciso I com redação determinada pela Lei n. 10.925, de 23-7-2004.

II – no inciso I do art. 1.º da Lei n. 10.147, de 21 de dezembro de 2000, e alterações posteriores, no caso de venda de produtos farmacêuticos, de perfumaria, de toucador ou de higiene pessoal, nele relacionados;

•• Inciso II acrescentado pela Lei n. 10.865, de 30-4-2004.

III – no art. 1.º da Lei n. 10.485, de 3 de julho de 2002, e alterações posteriores, no caso de venda de máquinas e veículos classificados nos códigos 84.29, 8432.40.00, 84.32.80.00, 8433.20, 8433.30.00, 8433.40.00, 8433.5, 87.01, 87.02, 87.03, 87.04, 87.05 e 87.06, da TIPI;

•• Inciso III acrescentado pela Lei n. 10.865, de 30-4-2004.

IV – no inciso II do art. 3.º da Lei n. 10.485, de 3 de julho de 2002, no caso de vendas, para comerciante atacadista ou varejista ou para consumidores, das autopeças relacionadas nos Anexos I e II da mesma Lei;

•• Inciso IV acrescentado pela Lei n. 10.865, de 30-4-2004.

V – no *caput* do art. 5.º da Lei n. 10.485, de 3 de julho de 2002, e alterações posteriores, no caso de venda dos produtos classificados nas posições 40.11 (pneus novos de borracha) e 40.13 (câmaras de ar de borracha), da TIPI;

•• Inciso V acrescentado pela Lei n. 10.865, de 30-4-2004.

VI – no art. 2.º da Lei n. 10.560, de 13 de novembro de 2002, e alterações posteriores, no caso de venda de querosene de aviação;

•• Inciso VI acrescentado pela Lei n. 10.865, de 30-4-2004.

VII a IX – (*Revogados pela Lei n. 13.097, de 19-1-2015.*)

X – no art. 23 da Lei n. 10.865, de 30 de abril de 2004, no caso de venda de gasolinas e suas correntes, exceto gasolina de aviação, óleo diesel e suas correntes, querosene de aviação, gás liquefeito de petróleo – GLP derivado de petróleo e de gás natural.

•• Inciso X acrescentado pela Lei n. 10.925, de 23-7-2004.

§ 1.º-A. Excetua-se do disposto no *caput* deste artigo a receita bruta auferida pelos produtores, importadores ou distribuidores com a venda de álcool, inclusive para fins carburantes, à qual se aplicam as alíquotas previstas no *caput* e no § 4.º do art. 5.º da Lei n. 9.718, de 27 de novembro de 1998.

•• § 1.º-A acrescentado pela Lei n. 11.727, de 23-6-2008.

•• *Vide* art. 41, IV, da Lei n. 11.727, de 23-6-2008.

§ 2.º Excetua-se do disposto no *caput* deste artigo a receita bruta decorrente da venda de papel imune a impostos de que trata o art. 150, VI, *d*, da Constituição Federal, quando destinado à impressão de periódicos, que fica sujeita à alíquota de 3,2% (três inteiros e dois décimos por cento).

•• § 2.º acrescentado pela Lei n. 10.865, de 30-4-2004.

§ 3.º Fica o Poder Executivo autorizado a reduzir a 0 (zero) e a restabelecer a alíquota incidente sobre receita bruta decorrente da venda de produtos químicos e farmacêuticos, classificados nos Capítulos 29 e 30, sobre produtos destinados ao uso em hospitais, clínicas e consultórios médicos e odontológicos, campanhas de saúde realizadas pelo Poder Público, laboratório de anatomia patológica, citológica ou de análises clínicas, classificados nas posições 30.02, 30.06, 39.26, 40.15 e 90.18, e sobre sêmens e embriões da posição 05.11, todos da TIPI.

•• § 3.º com redação determinada pela Lei n. 11.196, de 21-11-2005.

§ 4.º Fica reduzida a 0 (zero) a alíquota da COFINS incidente sobre a receita de venda de livros técnicos e científicos, na forma estabelecida em ato conjunto do Ministério da Educação e da Secretaria da Receita Federal.

•• § 4.º acrescentado pela Lei n. 10.925, de 23-7-2004.

•• A Secretaria da Receita Federal passa a denominar-se Secretaria da Receita Federal do Brasil, por força da Lei n. 11.457, de 16-3-2007.

§ 5.º Excetua-se do disposto no *caput* deste artigo a receita bruta auferida por pessoa jurídica industrial estabelecida na Zona Franca de Manaus, decorrente da venda de produção própria, consoante projeto aprovado pelo Conselho de Administração da Superintendência da Zona Franca de Manaus – SUFRAMA, que fica sujeita, ressalvado o disposto nos §§ 1.º a 4.º deste artigo, às alíquotas de:

•• § 5.º, *caput*, acrescentado pela Lei n. 10.996, de 15-12-2004.

I – 3% (três por cento), no caso de venda efetuada a pessoa jurídica estabelecida:

a) na Zona Franca de Manaus; e

b) fora da Zona Franca de Manaus, que apure a COFINS no regime de não cumulatividade;

•• Inciso I e alíneas acrescentados pela Lei n. 10.996, de 15-12-2004.

II – 6% (seis por cento), no caso de venda efetuada a:

a) pessoa jurídica estabelecida fora da Zona Franca de Manaus, que apure o imposto de renda com base no lucro presumido;

b) pessoa jurídica estabelecida fora da Zona Franca de Manaus, que apure o imposto de renda com base no lucro real e que tenha sua receita, total ou parcialmente, excluída do regime de incidência não cumulativa da COFINS;

c) pessoa jurídica estabelecida fora da Zona Franca de Manaus e que seja optante pelo Sistema Integrado de Pagamento de Impostos e Contribuições – SIMPLES; e

d) órgãos da administração federal, estadual, distrital e municipal.

•• Inciso II e alíneas acrescentados pela Lei n. 10.996, de 15-12-2004.

§ 6.º O disposto no § 5.º também se aplica à receita bruta auferida por pessoa jurídica industrial ou comercial estabelecida nas Áreas de Livre Comércio de que tratam as Leis n.

7.965, de 22 de dezembro de 1989, 8.210, de 19 de julho de 1991, 8.256, de 25 de novembro de 1991, o art. 11 da Lei n. 8.387, de 30 de dezembro de 1991, e a Lei n. 8.857, de 8 de março de 1994.

•• § 6.º acrescentado pela Lei n. 11.945, de 4-6-2009.

§ 7.º A exigência prevista no § 5.º deste artigo relativa ao projeto aprovado não se aplica às pessoas jurídicas comerciais referidas no § 6.º deste artigo.

•• § 7.º acrescentado pela Lei n. 11.945, de 4-6-2009.

Art. 3.º Do valor apurado na forma do art. 2.º a pessoa jurídica poderá descontar créditos calculados em relação a:

I – bens adquiridos para revenda, exceto em relação às mercadorias e aos produtos referidos:

•• Inciso I, *caput*, com redação determinada pela Lei n. 10.865, de 30-4-2004.

a) no inciso III do § 3.º do art. 1.º desta Lei; e

•• Alínea *a* com redação determinada pela Lei n. 11.727, de 23-6-2008.

•• *Vide* art. 41, IV, da Lei n. 11.727, de 23-6-2008.

b) nos §§ 1.º e 1.º-A do art. 2.º desta Lei;

•• Alínea *b* com redação determinada pela Lei n. 11.787, de 25-9-2008.

II – bens e serviços, utilizados como insumo na prestação de serviços e na produção ou fabricação de bens ou produtos destinados à venda, inclusive combustíveis e lubrificantes, exceto em relação ao pagamento de que trata o art. 2.º da Lei n. 10.485, de 3 de julho de 2002, devido pelo fabricante ou importador, ao concessionário, pela intermediação ou entrega dos veículos classificados nas posições 87.03 e 87.04 da TIPI;

•• Inciso II com redação determinada pela Lei n. 10.865, de 30-4-2004.

III – energia elétrica e energia térmica, inclusive sob a forma de vapor, consumidas nos estabelecimentos da pessoa jurídica;

•• Inciso III com redação determinada pela Lei n. 11.488, de 15-6-2007.

IV – aluguéis de prédios, máquinas e equipamentos, pagos a pessoa jurídica, utilizados nas atividades da empresa;

V – valor das contraprestações de operações de arrendamento mercantil de pessoa jurídica, exceto de optante pelo Sistema Integrado de Pagamento de Impostos e Contribuições das Microempresas e das Empresas de Pequeno Porte – SIMPLES;

•• Inciso V com redação determinada pela Lei n. 10.865, de 30-4-2004.

VI – máquinas, equipamentos e outros bens incorporados ao ativo imobilizado, adquiridos ou fabricados para locação a terceiros, ou para utilização na produção de bens destinados à venda ou na prestação de serviços;

•• Inciso VI com redação determinada pela Lei n. 11.196, de 21-11-2005.

•• *Vide* art. 132, III, *c*, da Lei n. 11.196, de 21-11-2005.

VII – edificações e benfeitorias em imóveis próprios ou de terceiros, utilizados nas atividades da empresa;

VIII – bens recebidos em devolução cuja receita de venda tenha integrado faturamento do mês ou de mês anterior, e tributada conforme o disposto nesta Lei;

IX – armazenagem de mercadoria e frete na operação de venda, nos casos dos incisos I e II, quando o ônus for suportado pelo vendedor;

X – vale-transporte, vale-refeição ou vale-alimentação, fardamento ou uniforme fornecidos aos empregados por pessoa jurídica que explore as atividades de prestação de serviços de limpeza, conservação e manutenção;

•• Inciso X acrescentado pela Lei n. 11.898, de 8-1-2009.

XI – bens incorporados ao ativo intangível, adquiridos para utilização na produção de bens destinados a venda ou na prestação de serviços.

•• Inciso XI acrescentado pela Lei n. 12.973, de 13-5-2014.

§ 1.º Observado o disposto no § 15 deste artigo, o crédito será determinado mediante a aplicação da alíquota prevista no *caput* do art. 2.º desta Lei sobre o valor:

•• § 1.º, *caput*, com redação determinada pela Lei n. 11.727, de 23-6-2008.

•• *Vide* art. 41, VII, da Lei n. 11.727, de 23-6-2008.

I – dos itens mencionados nos incisos I e II do *caput*, adquiridos no mês;

II – dos itens mencionados nos incisos III a V e IX do *caput*, incorridos no mês;

III – dos encargos de depreciação e amortização dos bens mencionados nos incisos VI, VII e XI do *caput*, incorridos no mês;

•• Inciso III com redação determinada pela Lei n. 12.973, de 13-5-2014.

IV – dos bens mencionados no inciso VIII do *caput*, devolvidos no mês.

§ 2.º Não dará direito a crédito o valor:

•• § 2.º, *caput*, com redação determinada pela Lei n. 10.865, de 30-4-2004.

I – de mão de obra paga a pessoa física; e

•• Inciso I acrescentado pela Lei n. 10.865, de 30-4-2004.

II – da aquisição de bens ou serviços não sujeitos ao pagamento da contribuição, inclusive no caso de isenção, esse último quando revendidos ou utilizados como insumo em produtos ou serviços sujeitos à alíquota 0 (zero), isentos ou não alcançados pela contribuição.

•• Inciso II acrescentado pela Lei n. 10.865, de 30-4-2004.

§ 3.º O direito ao crédito aplica-se, exclusivamente, em relação:

I – aos bens e serviços adquiridos de pessoa jurídica domiciliada no País;

II – aos custos e despesas incorridos, pagos ou creditados a pessoa jurídica domiciliada no País;

III – aos bens e serviços adquiridos e aos custos e despesas incorridos a partir do mês em que se iniciar a aplicação do disposto nesta Lei.

§ 4.º O crédito não aproveitado em determinado mês poderá sê-lo nos meses subsequentes.

§§ 5.º e 6.º (*Revogados pela Lei n. 10.925, de 23-7-2014.*)

§ 7.º Na hipótese de a pessoa jurídica sujeitar-se à incidência não cumulativa da COFINS, em relação apenas à parte de suas receitas, o crédito será apurado, exclusivamente, em relação aos custos, despesas e encargos vinculados a essas receitas.

§ 8.º Observadas as normas a serem editadas pela Secretaria da Receita Federal, no caso de custos, despesas e encargos vinculados às receitas referidas no § 7.º e àquelas submetidas ao regime de incidência cumulativa dessa contribuição, o crédito será determinado, a critério da pessoa jurídica, pelo método de:

•• A Secretaria da Receita Federal passa a denominar-se Secretaria da Receita Federal do Brasil, por força da Lei n. 11.457, de 16-3-2007.

I – apropriação direta, inclusive em relação aos custos, por meio de sistema de contabilidade de custos integrada e coordenada com a escrituração; ou

II – rateio proporcional, aplicando-se aos custos, despesas e encargos comuns a relação percentual existente entre a receita bruta sujeita à incidência não cumulativa e a receita bruta total, auferidas em cada mês.

§ 9.º O método eleito pela pessoa jurídica para determinação do crédito, na forma do § 8.º, será aplicado consistentemente por todo o ano-calendário e, igualmente, adotado na apuração do crédito relativo à contribuição para o PIS/PASEP não cumulativa, observadas as normas a serem editadas pela Secretaria da Receita Federal.

§ 10. O valor dos créditos apurados de acordo com este artigo não constitui receita bruta da pessoa jurídica, servindo somente para dedução do valor devido da contribuição.

§§ 11 e 12. (*Revogados pela Lei n. 10.925, de 23-7-2014.*)

§ 13. Deverá ser estornado o crédito da COFINS relativo a bens adquiridos para revenda ou utilizados como insumos na prestação de serviços e na produção ou fabricação de bens ou produtos destinados à venda, que tenham sido furtados ou roubados, inutilizados ou deteriorados, destruídos em sinistro ou, ainda, empregados em outros produtos que tenham tido a mesma destinação.

•• § 13 acrescentado pela Lei n. 10.865, de 30-4-2004.

§ 14. Opcionalmente, o contribuinte poderá calcular o crédito de que trata o inciso III do § 1.º deste artigo, relativo à aquisição de máquinas e equipamentos destinados ao ativo imobilizado, no prazo de 4 (quatro) anos, mediante a aplicação, a cada mês, das alíquotas referidas no *caput* do art. 2.º desta Lei sobre o valor correspondente a 1/48 (um quarenta e oito avos) do valor de aquisição do bem, de acordo com regulamentação da Secretaria da Receita Federal.

•• § 14 acrescentado pela Lei n. 10.865, de 30-4-2004.

§ 15. O crédito, na hipótese de aquisição, para revenda, de papel imune a impostos de que trata o art. 150, VI, *d*, da Constituição Federal, quando destinado à impressão de periódicos, será determinado mediante a aplicação da alíquota prevista no § 2.º do art. 2.º desta Lei.

•• § 15 acrescentado pela Lei n. 10.865, de 30-4-2004.

§ 16. Opcionalmente, o sujeito passivo poderá calcular o crédito de que trata o inciso III do § 1.º deste artigo, relativo à aquisição de embalagens de vidro retornáveis classificadas no código 7010.90.21 da Tipi, destinadas ao ativo imobilizado, de acordo com regulamentação da Secretaria da Receita Federal do Brasil, no prazo de 12 (doze) meses, à razão de 1/12 (um doze avos).

•• § 16 com redação determinada pela Lei n. 13.097, de 19-1-2015, em vigor a partir do 1.º (primeiro) dia do 4.º (quarto) mês subsequente à publicação (*DOU* de 20-1-2015).

•• *Vide* art. 41, VII, da Lei n. 11.727, de 23-6-2008.

I e II – (*Revogados pela Lei n. 13.097, de 19-1-2015.*)

§ 17. Ressalvado o disposto no § 2.º deste artigo e nos §§ 1.º a 3.º do art. 2.º desta Lei, na aquisição de mercadoria produzida por pessoa jurídica estabelecida na Zona Franca de Manaus, consoante projeto aprovado pelo Conselho de Administração da Superintendência da Zona Franca de Manaus (Suframa), o crédito será determinado mediante a aplicação da alíquota:

•• § 17, *caput*, com redação determinada pela Lei n. 12.507, de 11-10-2011.

I – de 5,60% (cinco inteiros e sessenta centésimos por cento), nas operações com os bens referidos no inciso VI do art. 28 da Lei n. 11.196, de 21 de novembro de 2005;

•• Inciso I acrescentado pela Lei n. 12.507, de 11-10-2011.

II – de 7,60% (sete inteiros e sessenta centésimos por cento), na situação de que trata a alínea *b* do inciso II do § 5.º do art. 2.º desta Lei; e

•• Inciso II acrescentado pela Lei n. 12.507, de 11-10-2011.

III – de 4,60% (quatro inteiros e sessenta centésimos por cento), nos demais casos.

•• Inciso III acrescentado pela Lei n. 12.507, de 11-10-2011.

§ 18. No caso de devolução de vendas efetuadas em períodos anteriores, o crédito calculado mediante a aplicação da alíquota incidente na venda será apropriado no mês do recebimento da devolução.

•• § 18 com redação determinada pela Lei n. 11.727, de 23-6-2008.

•• *Vide* art. 41, IV, da Lei n. 11.727, de 23-6-2008.

§ 19. A empresa de serviço de transporte rodoviário de carga que subcontratar serviço de transporte de carga prestado por:

•• § 19, *caput*, acrescentado pela Lei n. 11.051, de 29-12-2004.

I – pessoa física, transportador autônomo, poderá descontar, da COFINS devida em cada período de apuração, crédito presumido calculado sobre o valor dos pagamentos efetuados por esses serviços;

•• Inciso I acrescentado pela Lei n. 11.051, de 29-12-2004.

II – pessoa jurídica transportadora, optante pelo SIMPLES, poderá descontar, da COFINS devida em cada período de apuração, crédito calculado sobre o valor dos pagamentos efetuados por esses serviços.

•• Inciso II acrescentado pela Lei n. 11.051, de 29-12-2004.

§ 20. Relativamente aos créditos referidos no

§ 19 deste artigo, seu montante será determinado mediante aplicação, sobre o valor dos mencionados pagamentos, de alíquota correspondente a 75% (setenta e cinco por cento) daquela constante do art. 2.º desta Lei.

•• § 20 acrescentado pela Lei n. 11.051, de 29-12-2004.

§ 21. Não integram o valor das máquinas, equipamentos e outros bens fabricados para incorporação ao ativo imobilizado na forma do inciso VI do *caput* deste artigo os custos de que tratam os incisos do § 2.º deste artigo.

•• § 21 acrescentado pela Lei n. 11.196, de 21-11-2005.

•• *Vide* art. 132, III, *c*, da Lei n. 11.196, de 21-11-2005.

•• A Medida Provisória n. 413, de 3-1-2008, acrescentou o § 22 a este artigo. A sua conversão na Lei n. 11.727, de 23-6-2008, não dispõe sobre este acréscimo.

§ 23. O disposto no § 17 deste artigo também se aplica na hipótese de aquisição de mercadoria produzida por pessoa jurídica estabelecida nas Áreas de Livre Comércio de que tratam as Leis n. 7.965, de 22 de dezembro de 1989, 8.210, de 19 de julho de 1991, e 8.256, de 25 de novembro de 1991, o art. 11 da Lei n. 8.387, de 30 de dezembro de 1991, e a Lei n. 8.857, de 8 de março de 1994.

•• § 23 acrescentado pela Lei n. 11.945, de 4-6-2009.

§ 24. Ressalvado o disposto no § 2.º deste artigo e nos §§ 1.º a 3.º do art. 2.º desta Lei, na hipótese de aquisição de mercadoria revendida por pessoa jurídica comercial estabelecida nas Áreas de Livre Comércio referidas no § 23 deste artigo, o crédito será determinado mediante a aplicação da alíquota de 3% (três por cento).

•• § 24 acrescentado pela Lei n. 11.945, de 4-6-2009.

§ 25. No cálculo do crédito de que tratam os incisos do *caput*, poderão ser considerados os valores decorrentes do ajuste a valor presente de que trata o inciso III do *caput* do art. 184 da Lei n. 6.404, de 15 de dezembro de 1976.

•• § 25 acrescentado pela Lei n. 12.973, de 13-5-2014.

§ 26. O disposto nos incisos VI e VII do *caput* não se aplica no caso de bem objeto de arrendamento mercantil, na pessoa jurídica arrendatária.

•• § 26 acrescentado pela Lei n. 12.973, de 13-5-2014.

§ 27. Para fins do disposto nos incisos VI e VII do *caput*, fica vedado o desconto de quaisquer créditos calculados em relação a:

•• § 27, *caput*, acrescentado pela Lei n. 12.973, de 13-5-2014.

I – encargos associados a empréstimos registrados como custo na forma da alínea *b* do § 1.º do art. 17 do Decreto-lei n. 1.598, de 26 de dezembro de 1977; e

•• Inciso I acrescentado pela Lei n. 12.973, de 13-5-2014.

II – custos estimados de desmontagem e remoção do imobilizado e de restauração do local em que estiver situado.

•• Inciso II acrescentado pela Lei n. 12.973, de 13-5-2014.

§ 28. No cálculo dos créditos a que se referem os incisos VI e VII do *caput*, não serão computados os ganhos e perdas decorrentes de avaliação de ativo com base no valor justo.

•• § 28 acrescentado pela Lei n. 12.973, de 13-5-2014.

§ 29. Na execução de contratos de concessão de serviços públicos, os créditos gerados pelos serviços de construção, recuperação, reforma, ampliação ou melhoramento de infraestrutura, quando a receita correspondente tiver contrapartida em ativo intangível, representativo de direito de exploração, ou em ativo financeiro, somente poderão ser aproveitados, no caso do ativo intangível, à medida que este for amortizado e, no caso do ativo financeiro, na proporção de seu recebimento, excetuado, para ambos os casos, o crédito previsto no inciso VI do *caput*.

•• § 29 acrescentado pela Lei n. 12.973, de 13-5-2014.

§ 30. O disposto no inciso XI do *caput* não se aplica ao ativo intangível referido no § 29.

•• § 30 acrescentado pela Lei n. 12.973, de 13-5-2014.

•• A Lei n. 13.097, de 19-1-2015, propôs o acréscimo do § 31 a este artigo, porém teve seu texto vetado.

Art. 4.º A pessoa jurídica que adquirir imóvel para venda ou promover empreendimento de desmembramento ou loteamento de terrenos, incorporação imobiliária ou construção de prédio destinado a venda, utilizará o crédito referente aos custos vinculados à unidade construída ou em construção, a ser descontado na forma do art. 3.°, somente a partir da efetivação da venda.

§ 1.° Na hipótese de venda de unidade imobiliária não concluída, a pessoa jurídica poderá utilizar crédito presumido, em relação ao custo orçado de que trata a legislação do imposto de renda.

§ 2.° O crédito presumido será calculado mediante a aplicação da alíquota de que trata o art. 2.° sobre o valor do custo orçado para conclusão da obra ou melhoramento, ajustado pela exclusão dos valores a serem pagos a pessoa física, encargos trabalhistas, sociais e previdenciários, e dos bens e serviços, acrescidos dos tributos incidentes na importação, adquiridos de pessoa física ou jurídica residente ou domiciliada no exterior.

§ 3.° O crédito a ser descontado na forma do *caput* e o crédito presumido apurado na forma do § 2.° deverão ser utilizados na proporção da receita relativa à venda da unidade imobiliária, à medida do recebimento.

§ 4.° Ocorrendo modificação do valor do custo orçado, antes do término da obra ou melhoramento, nas hipóteses previstas na legislação do imposto de renda, o novo valor orçado deverá ser considerado para efeito do disposto nos §§ 2.° e 3.°.

§ 5.° A pessoa jurídica que utilizar o crédito presumido de que trata este artigo determinará, na data da conclusão da obra ou melhoramento, a diferença entre o custo orçado e o efetivamente realizado, apurados na forma da legislação do imposto de renda, com os ajustes previstos no § 2.°:

I – se o custo realizado for inferior ao custo orçado, em mais de 15% (quinze por cento) deste, considerar-se-á como postergada a contribuição incidente sobre a diferença;

II – se o custo realizado for inferior ao custo orçado, em até 15% (quinze por cento) deste, a contribuição incidente sobre a diferença será devida a partir da data da conclusão, sem acréscimos legais;

III – se o custo realizado for superior ao custo orçado, a pessoa jurídica terá direito ao crédito correspondente à diferença, no período de apuração em que ocorrer a conclusão, sem acréscimos.

§ 6.° A diferença de custo a que se refere o § 5.° será, no período de apuração em que ocorrer a conclusão da obra ou melhoramento, adicionada ou subtraída, conforme o caso, no cálculo do crédito a ser descontado na forma do art. 3.°, devendo ainda, em relação à contribuição considerada postergada, de acordo com o inciso I, ser recolhidos os acréscimos referentes a juros de mora e multa, de mora ou de ofício, calculados na forma da legislação que rege a cobrança da contribuição não paga.

§ 7.° Se a venda de unidade imobiliária não concluída ocorrer antes de iniciada a apuração da COFINS na forma do art. 2.°, o custo orçado poderá ser calculado na data de início dessa apuração, para efeito do disposto nos §§ 2.° e 3.°, observado, quanto aos custos incorridos até essa data, o disposto no § 4.° do art. 12.

§ 8.° O disposto neste artigo não se aplica às vendas anteriores à vigência da Medida Provisória n. 2.221, de 4 de setembro de 2001.

•• Citada Medida Provisória foi revogada pela Lei n. 10.931, de 2-8-2004, constante neste volume.

§ 9.° Os créditos referentes a unidades imobiliárias recebidas em devolução, calculados com observância do disposto neste artigo, serão estornados na data do desfazimento do negócio.

•• *Vide* art. 93, I, desta Lei.

Art. 5.° O contribuinte da COFINS é a pessoa jurídica que auferir as receitas a que se refere o art. 1.°.

•• *Vide* art. 93, I, desta Lei.

Art. 6.º A COFINS não incidirá sobre as receitas decorrentes das operações de:

I – exportação de mercadorias para o exterior;

II – prestação de serviços para pessoa física ou jurídica residente ou domiciliada no exterior, cujo pagamento represente ingresso de divisas;

•• Inciso II com redação determinada pela Lei n. 10.865, de 30-4-2004.

III – vendas a empresa comercial exportadora com o fim específico de exportação.

•• A Lei n. 13.169, de 6-10-2015, propôs o acréscimo do inciso IV a este artigo, porém teve seu texto vetado.

§ 1.º Na hipótese deste artigo, a pessoa jurídica vendedora poderá utilizar o crédito apurado na forma do art. 3.º, para fins de:

I – dedução do valor da contribuição a recolher, decorrente das demais operações no mercado interno;

II – compensação com débitos próprios, vencidos ou vincendos, relativos a tributos e contribuições administrados pela Secretaria da Receita Federal, observada a legislação específica aplicável à matéria.

•• A Secretaria da Receita Federal passa a denominar-se Secretaria da Receita Federal do Brasil, por força da Lei n. 11.457, de 16-3-2007.

§ 2.º A pessoa jurídica que, até o final de cada trimestre do ano civil, não conseguir utilizar o crédito por qualquer das formas previstas no § 1.º poderá solicitar o seu ressarcimento em dinheiro, observada a legislação específica aplicável à matéria.

§ 3.º O disposto nos §§ 1.º e 2.º aplica-se somente aos créditos apurados em relação a custos, despesas e encargos vinculados à receita de exportação, observado o disposto nos §§ 8.º e 9.º do art. 3.º.

§ 4.º O direito de utilizar o crédito de acordo com o § 1.º não beneficia a empresa comercial exportadora que tenha adquirido mercadorias com o fim previsto no inciso III do *caput*, ficando vedada, nesta hipótese, a apuração de créditos vinculados à receita de exportação.

•• *Vide* art. 93, I, desta Lei.

•• A Lei n. 13.169, de 6-10-2015, propôs o acréscimo do § 5.º a este artigo, porém teve seu texto vetado.

Art. 7.º No caso de construção por empreitada ou de fornecimento a preço predeterminado de bens ou serviços, contratados por pessoa jurídica de direito público, empresa pública, sociedade de economia mista ou suas subsidiárias, a pessoa jurídica optante pelo regime previsto no art. 7.º da Lei n. 9.718, de 27 de novembro de 1998, somente poderá utilizar o crédito a ser descontado na forma do art. 3.º, na proporção das receitas efetivamente recebidas.

•• *Vide* art. 93, I, desta Lei.

Art. 8.º A contribuição incidente na hipótese de contratos, com prazo de execução superior a 1 (um) ano, de construção por empreitada ou de fornecimento, a preço predeterminado, de bens ou serviços a serem produzidos, será calculada sobre a receita apurada de acordo com os critérios de reconhecimento adotados pela legislação do imposto de renda, previstos para a espécie de operação.

Parágrafo único. O crédito a ser descontado na forma do art. 3.º somente poderá ser utilizado na proporção das receitas reconhecidas nos termos do *caput*.

•• *Vide* art. 93, I, desta Lei.

Art. 9.º A empresa comercial exportadora que houver adquirido mercadorias de outra pessoa jurídica, com o fim específico de exportação para o exterior, que, no prazo de 180 (cento e oitenta) dias, contados da data da emissão da nota fiscal pela vendedora, não comprovar o seu embarque para o exterior, ficará sujeita ao pagamento de todos os impostos e contribuições que deixaram de ser pagos pela empresa vendedora, acrescidos de juros de mora e multa, de mora ou de ofício, calculados na forma da legislação que rege a cobrança do tributo não pago.

§ 1.º Para efeito do disposto neste artigo, considera-se vencido o prazo para o pagamento na data em que a empresa vendedora deveria fazê-lo, caso a venda houvesse sido efetuada para o mercado interno.

§ 2.º No pagamento dos referidos tributos, a empresa comercial exportadora não poderá deduzir, do montante devido, qualquer valor a título de crédito de Imposto sobre Produtos Industrializados – IPI, ou da COFINS, decorrente da aquisição das mercadorias e serviços objeto da incidência.

§ 3.º A empresa deverá pagar, também, os impostos e contribuições devidos nas vendas para o mercado interno, caso, por qualquer forma, tenha alienado ou utilizado as mercadorias.

•• *Vide* art. 93, I, desta Lei.

Art. 10. Permanecem sujeitas às normas da legislação da COFINS, vigentes anteriormente a esta Lei, não se lhes aplicando as disposições dos arts. 1.º a 8.º:

I – as pessoas jurídicas referidas nos §§ 6.º, 8.º e 9.º do art. 3.º da Lei n. 9.718, de 1998, e na Lei n. 7.102, de 20 de junho de 1983;

II – as pessoas jurídicas tributadas pelo imposto de renda com base no lucro presumido ou arbitrado;

III – as pessoas jurídicas optantes pelo SIMPLES;

IV – as pessoas jurídicas imunes a impostos;

V – os órgãos públicos, as autarquias e fundações públicas federais, estaduais e municipais, e as fundações cuja criação tenha sido autorizada por lei, referidas no art. 61 do Ato das Disposições Constitucionais Transitórias da Constituição;

VI – sociedades cooperativas, exceto as de produção agropecuária, sem prejuízo das deduções de que trata o art. 15 da Medida Provisória n. 2.158-35, de 24 de agosto de 2001, e o art. 17 da Lei n. 10.684, de 30 de maio de 2003, não lhes aplicando as disposições do § 7.º do art. 3.º das Leis n. 10.637, de 30 de dezembro de 2002, e 10.833, de 29 de dezembro de 2003, e as de consumo;

•• Inciso VI com redação determinada pela Lei n. 10.865, de 30-4-2004.

VII – as receitas decorrentes das operações:

a) (*Revogada pela Lei n. 11.727, de 23-6-2008.*)

b) sujeitas à substituição tributária da COFINS;

c) referidas no art. 5.º da Lei n. 9.716, de 26 de novembro de 1998;

VIII – as receitas decorrentes de prestação de serviços de telecomunicações;

IX – as receitas decorrentes de venda de jornais e periódicos e de prestação de serviços das empresas jornalísticas e de radiodifusão sonora e de sons e imagens;

•• Inciso IX com redação determinada pela Lei n. 10.865, de 30-4-2004.

X – as receitas submetidas ao regime especial de tributação previsto no art. 47 da Lei n. 10.637, de 30 de dezembro de 2002;

XI – as receitas relativas a contratos firmados anteriormente a 31 de outubro de 2003:

a) com prazo superior a 1 (um) ano, de administradoras de planos de consórcios de bens móveis e imóveis, regularmente autorizadas a funcionar pelo Banco Central;

b) com prazo superior a 1 (um) ano, de construção por empreitada ou de fornecimento, a preço predeterminado, de bens ou serviços;

c) de construção por empreitada ou de fornecimento, a preço predeterminado, de bens ou serviços contratados com pessoa jurídica de direito público, empresa pública, sociedade de economia mista ou suas subsidiárias, bem como os contratos posteriormente firmados decorrentes de propostas apresentadas, em processo licitatório, até aquela data;

XII – as receitas decorrentes de prestação de serviços de transporte coletivo rodoviário, metroviário, ferroviário e aquaviário de passageiros;

XIII – as receitas decorrentes de serviços:

•• Inciso XIII, *caput*, com redação determinada pela Lei n. 10.865, de 30-4-2004.

a) prestados por hospital, pronto-socorro, clínica médica, odontológica, de fisioterapia e de fonoaudiologia, e laboratório de anatomia patológica, citológica ou de análises clínicas; e

•• Alínea *a* acrescentada pela Lei n. 10.865, de 30-4-2004.

•• A Lei n. 12.973, de 13-5-2014, propôs nova redação para esta alínea, porém teve seu texto vetado.

b) de diálise, raios X, radiodiagnóstico e radioterapia, quimioterapia e de banco de sangue;

•• Alínea *b* acrescentada pela Lei n. 10.865, de 30-4-2004.

XIV – as receitas decorrentes de prestação de serviços de educação infantil, ensinos fundamental e médio e educação superior;

XV – as receitas decorrentes de vendas de mercadorias realizadas pelas pessoas jurídicas referidas no art. 15 do Decreto-lei n. 1.455, de 7 de abril de 1976;

•• Inciso XV acrescentado pela Lei n. 10.865, de 30-4-2004.

XVI – as receitas decorrentes de prestação de serviço de transporte coletivo de passageiros, efetuado por empresas regulares de linhas aéreas domésticas, e as decorrentes da prestação de serviço de transporte de pessoas por empresas de táxi aéreo;

•• Inciso XVI acrescentado pela Lei n. 10.865, de 30-4-2004.

XVII – as receitas auferidas por pessoas jurídicas, decorrentes da edição de periódicos e de informações neles contidas, que sejam relativas aos assinantes dos serviços públicos de telefonia;

•• Inciso XVII acrescentado pela Lei n. 10.865, de 30-4-2004.

XVIII – as receitas decorrentes de prestação de serviços com aeronaves de uso agrícola inscritas no Registro Aeronáutico Brasileiro (RAB);

•• Inciso XVIII acrescentado pela Lei n. 10.865, de 30-4-2004.

XIX – as receitas decorrentes de prestação de serviços das empresas de *call center*, *telemarketing*, telecobrança e de teleatendimento em geral;

•• Inciso XIX acrescentado pela Lei n. 10.865, de 30-4-2004.

XX – as receitas decorrentes da execução por administração, empreitada ou subempreitada, de obras de construção civil;

•• Inciso XX com redação determinada pela Lei n. 13.043, de 13-11-2014, em vigor a partir do 4.º mês subsequente ao da publicação (*DOU* de 14-11-2014).

XXI – as receitas auferidas por parques temáticos, e as decorrentes de serviços de hotelaria e de organização de feiras e eventos, conforme definido em ato conjunto dos Ministérios da Fazenda e do Turismo;

•• Inciso XXI acrescentado pela Lei n. 10.865, de 30-4-2004.

XXII – as receitas decorrentes da prestação de serviços postais e telegráficos prestados pela Empresa Brasileira de Correios e Telégrafos;

•• Inciso XXII acrescentado pela Lei n. 10.925, de 23-7-2004.

XXIII – as receitas decorrentes de prestação de serviços públicos de concessionárias operadoras de rodovias;

•• Inciso XXIII acrescentado pela Lei n. 10.925, de 23-7-2004.

XXIV – as receitas decorrentes da prestação de serviços das agências de viagem e de viagens e turismo;

•• Inciso XXIV acrescentado pela Lei n. 10.925, de 23-7-2004.

XXV – as receitas auferidas por empresas de serviços de informática, decorrentes das atividades de desenvolvimento de *software* e o seu licenciamento ou cessão de direito de uso, bem como de análise, programação, instalação, configuração, assessoria, consultoria, suporte técnico e manutenção ou atualização de *software*, compreendidas ainda como *softwares* as páginas eletrônicas;

•• Inciso XXV acrescentado pela Lei n. 11.051, de 29-12-2004.

XXVI – as receitas relativas às atividades de revenda de imóveis, desmembramento ou loteamento de terrenos, incorporação imobiliária e construção de prédio destinado à venda, quando decorrentes de contratos de longo prazo firmados antes de 31 de outubro de 2003;

•• Inciso XXVI acrescentado pela Lei n. 11.196, de 21-11-2005.

•• *Vide* art. 132, II, *b*, da Lei n. 11.196, de 21-11-2005.

XXVII – (*Vetado*.)

•• Inciso XXVII acrescentado pela Lei n. 11.196, de 21-11-2005.

XXVIII – (*Vetado*.)

•• Inciso XXVIII acrescentado pela Lei n. 12.766, de 27-12-2012.

XXIX – as receitas decorrentes de operações de comercialização de pedra britada, de areia para construção civil e de areia de brita;

•• Inciso XXIX acrescentado pela Lei n. 12.766, de 27-12-2012.

XXX – as receitas decorrentes da alienação de participações societárias.

•• Inciso XXX acrescentado pela Lei n. 13.043, de 13-11-2014.

§ 1.º Ficam convalidados os recolhimentos efetuados de acordo com a atual redação do inciso IX deste artigo.

•• Primitivo parágrafo único renumerado pela Lei n. 11.051, de 29-12-2004.

§ 2.º O disposto no inciso XXV do *caput* deste artigo não alcança a comercialização, licenciamento ou cessão de direito de uso de *software* importado.

•• § 2.º acrescentado pela Lei n. 11.051, de 29-12-2004.

Art. 11. A contribuição de que trata o art. 1.º desta Lei deverá ser paga até o 25.º (vigésimo quinto) dia do mês subsequente ao de ocorrência do fato gerador.

•• *Caput* com redação determinada pela Lei n. 11.933, de 28-4-2009.

Parágrafo único. Se o dia do vencimento de que trata o *caput* deste artigo não for dia útil, considerar-se-á antecipado o prazo para o primeiro dia útil que o anteceder.

•• Parágrafo único acrescentado pela Lei n. 11.933, de 28-4-2009.

Art. 12. A pessoa jurídica contribuinte da COFINS, submetida à apuração do valor devido na forma do art. 3.º, terá direito a desconto correspondente ao estoque de abertura dos bens de que tratam os incisos I e II daquele mesmo artigo, adquiridos de pessoa jurídica domiciliada no País, existentes na data de início da incidência desta contribuição de acordo com esta Lei.

§ 1.º O montante de crédito presumido será igual ao resultado da aplicação do percentual de 3% (três por cento) sobre o valor do estoque.

§ 2.º O crédito presumido calculado segundo os §§ 1.º, 9.º e 10 deste artigo será utilizado em 12 (doze) parcelas mensais, iguais e sucessivas, a partir da data a que se refere o *caput* deste artigo.

•• § 2.º com redação determinada pela Lei n. 10.925, de 23-7-2004.

§ 3.º O disposto no *caput* aplica-se também aos estoques de produtos acabados e em elaboração.

§ 4.º A pessoa jurídica referida no art. 4.º que, antes da data de início da vigência da incidência não cumulativa da COFINS, tenha incorrido em custos com unidade imobiliária construída ou em construção poderá calcular crédito presumido, naquela data, observado:

I – no cálculo do crédito será aplicado o percentual previsto no § 1.º sobre o valor dos bens e dos serviços, inclusive combustíveis e lubrificantes, adquiridos de pessoas jurídicas domiciliadas no País, utilizados como insumo na construção;

II – o valor do crédito presumido apurado na forma deste parágrafo deverá ser utilizado na proporção da receita relativa à venda da unidade imobiliária, à medida do recebimento.

§ 5.º A pessoa jurídica que, tributada com base no lucro presumido ou optante pelo SIMPLES, passar a ser tributada com base no lucro real, na hipótese de sujeitar-se à incidência não cumulativa da COFINS, terá direito ao aproveitamento do crédito presumido na forma prevista neste artigo, calculado sobre o estoque de abertura, devidamente comprovado, na data da mudança do regime de tributação adotado para fins do imposto de renda.

§ 6.º Os bens recebidos em devolução, tributados antes do início da aplicação desta Lei, ou da mudança do regime de tributação de que trata o § 5.º, serão considerados como integrantes do estoque de abertura referido no *caput*, devendo o crédito ser utilizado na forma do § 2.º a partir da data da devolução.

•• *Vide* art. 93, I, desta Lei.

§ 7.º O disposto neste artigo aplica-se, também, aos estoques de produtos que não geraram crédito na aquisição, em decorrência do disposto nos §§ 7.º a 9.º do art. 3.º desta Lei, destinados à fabricação dos produtos de que tratam as Leis n. 9.990, de 21 de julho de 2000, 10.147, de 21 de dezembro de 2000, 10.485, de 3 de julho de 2002, e 10.560, de 13 de novembro de 2002, ou quaisquer outros submetidos à incidência monofásica da contribuição.

•• § 7.º acrescentado pela Lei n. 10.865, de 30-4-2004.

•• *Vide* art. 46, I, da Lei n. 10.865, de 30-4-2004.

§ 8.º As disposições do § 7.º deste artigo não se aplicam aos estoques de produtos adquiridos a alíquota 0 (zero), isentos ou não alcançados pela incidência da contribuição.

•• § 8.º acrescentado pela Lei n. 10.865, de 30-4-2004.

•• *Vide* art. 46, I, da Lei n. 10.865, de 30-4-2004.

§ 9.º O montante do crédito presumido de que trata o § 7.º deste artigo será igual ao resultado da aplicação do percentual de 7,6% (sete inteiros e seis décimos por cento) sobre o valor do estoque.

•• § 9.º acrescentado pela Lei n. 10.865, de 30-4-2004.

•• *Vide* art. 46, I, da Lei n. 10.865, de 30-4-2004.

§ 10. O montante do crédito presumido de que trata o § 7.º deste artigo, relativo às pessoas jurídicas referidas no art. 51 desta Lei, será igual ao resultado da aplicação da alíquota de 3% (três por cento) sobre o valor dos bens em estoque adquiridos até 31 de janeiro de 2004, e de 7,6% (sete inteiros e seis décimos por cento) sobre o valor dos bens em estoque adquiridos a partir de 1.º de fevereiro de 2004.

•• § 10 com redação determinada pela Lei n. 10.925, de 23-7-2004.

Art. 13. O aproveitamento de crédito na forma do § 4.º do art. 3.º, do art. 4.º e dos §§ 1.º e 2.º do art. 6.º, bem como do § 2.º e inciso II do § 4.º e § 5.º do art. 12, não ensejará atualização monetária ou incidência de juros sobre os respectivos valores.

•• *Vide* art. 93, I, desta Lei.

Art. 14. O disposto nas Leis n. 9.363, de 13 de dezembro de 1996, e 10.276, de 10 de setembro de 2001, não se aplica à pessoa jurídica submetida à apuração do valor devido na forma dos arts. 2.º e 3.º desta Lei e dos arts. 2.º e 3.º da Lei n. 10.637, de 30 de dezembro de 2002.

•• *Vide* art. 93, I, desta Lei.

Art. 15. Aplica-se à contribuição para o PIS/PASEP não cumulativa de que trata a Lei n. 10.637, de 30 de dezembro de 2002, o disposto:

•• *Caput* com redação determinada pela Lei n. 10.865, de 30-4-2004.

I – nos incisos I e II do § 3.º do art. 1.º desta Lei;

•• Inciso I acrescentado pela Lei n. 10.865, de 30-4-2004.

II – nos incisos VI, VII e IX do *caput* e nos §§ 1.º e 10 a 20 do art. 3.º desta Lei;

•• Inciso II com redação determinada pela Lei n. 11.051, de 29-12-2004.

III – nos §§ 3.º e 4.º do art. 6.º desta Lei;

•• Inciso III acrescentado pela Lei n. 10.865, de 30-4-2004.

IV – nos arts. 7.º e 8.º desta Lei;

•• Inciso IV acrescentado pela Lei n. 10.865, de 30-4-2004.

V – nos incisos VI, IX a XXVII do *caput* e nos §§ 1.º e 2.º do art. 10 desta Lei;

•• Inciso V com redação determinada pela Lei n. 11.196, de 21-11-2005.

•• *Vide* art. 132, II, *b*, da Lei n. 11.196, de 21-11-2005.

VI – no art. 13 desta Lei.

•• Inciso VI acrescentado pela Lei n. 10.865, de 30-4-2004.

Art. 16. O disposto no art. 4.º e no § 4.º do art. 12 aplica-se, a partir de 1.º de janeiro de 2003, à contribuição para o PIS/PASEP não cumulativa, de que trata a Lei n. 10.637, de 30 de dezembro de 2002, com observância das alíquotas de 1,65% (um inteiro e sessenta e cinco centésimos por cento) e de 0,65% (sessenta e cinco centésimos por cento) em relação à apuração na forma dos referidos artigos, respectivamente.

Parágrafo único. O tratamento previsto no inciso II do *caput* do art. 3.º e nos §§ 5.º e 6.º do art. 12 aplica-se também à contribuição para o PIS/PASEP não cumulativa na forma e a partir da data prevista no *caput*.

Capítulo II
DAS OUTRAS DISPOSIÇÕES RELATIVAS À LEGISLAÇÃO TRIBUTÁRIA

Art. 17. O art. 74 da Lei n. 9.430, de 27 de dezembro de 1996, alterado pelo art. 49 da Lei n. 10.637, de 30 de dezembro de 2002, passa a vigorar com a seguinte redação:

•• Alteração já processada no diploma modificado.

Art. 18. O lançamento de ofício de que trata o art. 90 da Medida Provisória n. 2.158-35, de 24 de agosto de 2001, limitar-se-á à imposição de multa isolada em razão de não homologação da compensação quando se comprove falsidade da declaração apresentada pelo sujeito passivo.

•• *Caput* com redação determinada pela Lei n. 11.488, de 15-6-2007.

§ 1.º Nas hipóteses de que trata o *caput*, aplica-se ao débito indevidamente compensado o disposto nos §§ 6.º a 11 do art. 74 da Lei n. 9.430, de 27 de dezembro de 1996.

§ 2.º A multa isolada a que se refere o *caput* deste artigo será aplicada no percentual previsto no inciso I do *caput* do art. 44 da Lei n. 9.430, de 27 de dezembro de 1996, aplicado em dobro, e terá como base de cálculo o valor total do débito indevidamente compensado.

•• § 2.º com redação determinada pela Lei n. 11.488, de 15-6-2007.

§ 3.º Ocorrendo manifestação de inconformidade contra a não homologação da compensação e impugnação quanto ao lançamento das multas a que se refere este artigo, as peças serão reunidas em um único processo para serem decididas simultaneamente.

§ 4.º Será também exigida multa isolada sobre o valor total do débito indevidamente compensado quando a compensação for considerada não declarada nas hipóteses do inciso II do § 12 do art. 74 da Lei n. 9.430, de 27 de dezembro de 1996, aplicando-se o percentual previsto no inciso I do *caput* do art. 44 da Lei n. 9.430, de 27 de dezembro de 1996, duplicado na forma de seu § 1.º, quando for o caso.

•• § 4.º com redação determinada pela Lei n. 11.488, de 15-6-2007.

§ 5.º Aplica-se o disposto no § 2.º do art. 44 da Lei n. 9.430, de 27 de dezembro de 1996, às hipóteses previstas nos §§ 2.º e 4.º deste artigo.

•• § 5.º com redação determinada pela Lei n. 11.488, de 15-6-2007.

Art. 19. O art. 8.º da Lei n. 9.317, de 5 de dezembro de 1996, passa a vigorar acrescido do seguinte § 6.º:

•• Alteração prejudicada pela revogação da Lei n. 9.317, de 5-12-1996, pela Lei Complementar n. 123, de 14-12-2006.

....

Art. 22. As sociedades cooperativas que se dedicam a vendas em comum, referidas no art. 82 da Lei n. 5.764, de 16 de dezembro de 1971, e que recebam para comercialização a produção de seus associados, são responsáveis pelo recolhimento da Contribuição de Intervenção no Domínio Econômico – CIDE, incidente sobre a comercialização de álcool etílico combustível, observadas as normas estabelecidas na Lei n. 10.336, de 19 de dezembro de 2001.

Art. 23. A incidência da CIDE, nos termos do art. 3.º, V, da Lei n. 10.336, de 19 de dezembro de 2001, da contribuição para o PIS/PASEP e da COFINS, nos termos do art. 4.º, III, e art. 6.º, *caput*, da Lei n. 9.718, de 27 de novembro de 1998, com a redação dada pela Lei n. 9.990, de 21 de julho de 2000, sobre os gases liquefeitos de petróleo, classificados na subposição 2711.1 da NCM, não alcança os produtos classificados no código 2711.11.00.

Art. 24. O disposto no § 2.º, I e II, do art. 14 da Medida Provisória n. 2.158-35, de 24 de agosto de 2001, não se aplica às vendas enquadradas nas hipóteses previstas nos incisos IV, VI, VIII e IX de seu *caput*.

Art. 25. A pessoa jurídica encomendante, no caso de industrialização por encomenda, sujeita-se, conforme o caso, às alíquotas previstas nas alíneas *a* ou *b* do inciso I do art. 1.º da Lei n. 10.147, de 21 de dezembro de 2000, e alterações posteriores, incidentes sobre a receita bruta decorrente da venda dos produtos nelas referidas.

•• *Caput* com redação determinada pela Lei n. 10.865, de 30-4-2004.

Parágrafo único. Na hipótese a que se refere o *caput*:

I – as alíquotas da contribuição para o PIS/PASEP e da COFINS aplicáveis à pessoa jurídica executora da encomenda ficam reduzidas a 0 (zero); e

II – o crédito presumido de que trata o art. 3.º da Lei n. 10.147, de 21 de dezembro de 2000, quando for o caso, será atribuído à pessoa jurídica encomendante.

Art. 26. O adquirente, pessoa física ou jurídica residente ou domiciliada no Brasil, ou o procurador, quando o adquirente for residente ou domiciliado no exterior, fica responsável pela retenção e recolhimento do imposto de renda incidente sobre o ganho de capital a que se refere o art. 18 da Lei n. 9.249, de 26 de dezembro de 1995, auferido por pessoa física ou jurídica residente ou domiciliada no exterior que alienar bens localizados no Brasil.

•• *Vide* art. 93, II, desta Lei.

Art. 27. O imposto de renda sobre os rendimentos pagos, em cumprimento de decisão da Justiça Federal, mediante precatório ou requisição de pequeno valor, será retido na fonte pela instituição financeira responsável pelo pagamento e incidirá à alíquota de 3% (três por cento) sobre o montante pago, sem quaisquer deduções, no momento do pagamento ao beneficiário ou seu representante legal.

§ 1.º Fica dispensada a retenção do imposto quando o beneficiário declarar à instituição financeira responsável pelo pagamento que os rendimentos recebidos são isentos ou não tributáveis, ou que, em se tratando de pessoa jurídica, esteja inscrita no SIMPLES.

§ 2.º O imposto retido na fonte de acordo com o *caput* será:

I – considerado antecipação do imposto apurado na declaração de ajuste anual das pessoas físicas; ou

II – deduzido do apurado no encerramento do período de apuração ou na data da extinção, no caso de beneficiário pessoa jurídica.

§ 3.º A instituição financeira deverá, na forma, prazo e condições estabelecidas pela Secretaria da Receita Federal, fornecer à pessoa física ou jurídica beneficiária o Comprovante de Rendimentos Pagos e de Retenção do Imposto de Renda na Fonte, bem como apresentar à Secretaria da Receita Federal declaração contendo informações sobre:

•• § 3.º, *caput*, com redação determinada pela Lei n. 10.865, de 30-4-2004.

•• A Secretaria da Receita Federal passa a denominar-se Secretaria da Receita Federal do Brasil, por força da Lei n. 11.457, de 16-3-2007.

I – os pagamentos efetuados à pessoa física ou jurídica beneficiária e o respectivo imposto de renda retido na fonte;

•• Inciso I acrescentado pela Lei n. 10.865, de 30-4-2004.

II – os honorários pagos a perito e o respectivo imposto de renda retido na fonte;

•• Inciso II acrescentado pela Lei n. 10.865, de 30-4-2004.

III – a indicação do advogado da pessoa física ou jurídica beneficiária.

•• Inciso III acrescentado pela Lei n. 10.865, de 30-4-2004.

§ 4.º O disposto neste artigo não se aplica aos depósitos efetuados pelos Tribunais Regionais Federais antes de 1.º de fevereiro de 2004.

•• § 4.º com redação determinada pela Lei n. 10.865, de 30-4-2004.

Art. 28. Cabe à fonte pagadora, no prazo de 15 (quinze) dias da data da retenção de que trata o *caput* do art. 46 da Lei n. 8.541, de 23 de dezembro de 1992, comprovar, nos respectivos autos, o recolhimento do imposto de renda na fonte incidente sobre os rendimentos pagos em cumprimento de decisões da Justiça do Trabalho.

§ 1.º Na hipótese de omissão da fonte pagadora relativamente à comprovação de que trata o *caput*, e nos pagamentos de honorários periciais, competirá ao Juízo do Trabalho calcular o imposto de renda na fonte e determinar o seu recolhimento à instituição financeira depositária do crédito.

§ 2.º A não indicação pela fonte pagadora da natureza jurídica das parcelas objeto de acordo homologado perante a Justiça do Trabalho acarretará a incidência do imposto de renda na fonte sobre o valor total da avença.

§ 3.º A instituição financeira deverá, na forma, prazo e condições estabelecidas pela Secretaria da Receita Federal, fornecer à pessoa física beneficiária o Comprovante de Rendimentos Pagos e de Retenção do Imposto de Renda na Fonte, bem como apresentar à Secretaria da Receita Federal declaração contendo informações sobre:

•• *Vide* nota ao art. 27, § 3.º, *caput*, desta Lei.

I – os pagamentos efetuados à reclamante e o respectivo imposto de renda retido na fonte, na hipótese do § 1.º;

II – os honorários pagos a perito e o respectivo imposto de renda retido na fonte;

III – as importâncias pagas a título de honorários assistenciais de que trata o art. 16 da Lei n. 5.584, de 26 de junho de 1970;

IV – a indicação do advogado da reclamante.

Art. 29. Sujeitam-se ao desconto do imposto de renda, à alíquota de 1,5% (um inteiro e cinco décimos por cento), que será deduzido do apurado no encerramento do período de apuração, as importâncias pagas ou creditadas por pessoas jurídicas a título de prestação de serviços a outras pessoas jurídicas que explorem as atividades de prestação de serviços de assessoria creditícia, mercadológica, gestão de crédito, seleção e riscos, administração de contas a pagar e a receber.

•• *Vide* art. 93, II, desta Lei.

Art. 30. Os pagamentos efetuados pelas pessoas jurídicas a outras pessoas jurídicas de direito privado, pela prestação de serviços de limpeza, conservação, manutenção, segurança, vigilância, transporte de valores e locação de mão de obra, pela prestação de serviços de assessoria creditícia, mercadológica, gestão de crédito, seleção e riscos, administração de contas a pagar e a receber, bem como pela remuneração de serviços profissionais, estão sujeitos a retenção na fonte da Contribuição Social sobre o Lucro Líquido – CSLL, da COFINS e da contribuição para o PIS/PASEP.

§ 1.º O disposto neste artigo aplica-se inclusive aos pagamentos efetuados por:

I – associações, inclusive entidades sindicais, federações, confederações, centrais sindicais e serviços sociais autônomos;

II – sociedades simples, inclusive sociedades cooperativas;

III – fundações de direito privado; ou

IV – condomínios edilícios.

§ 2.º Não estão obrigadas a efetuar a retenção a que se refere o *caput* as pessoas jurídicas optantes pelo SIMPLES.

§ 3.º As retenções de que trata o *caput* serão efetuadas sem prejuízo da retenção do imposto de renda na fonte das pessoas jurídicas sujeitas a alíquotas específicas previstas na legislação do imposto de renda.

•• *Vide* art. 93, II, desta Lei.

Art. 31. O valor da CSLL, da COFINS e da contribuição para o PIS/PASEP, de que trata o art. 30, será determinado mediante a aplicação, sobre o montante a ser pago, do percentual de 4,65% (quatro inteiros e sessenta e cinco centésimos por cento), correspondente à soma das alíquotas de 1% (um por cento), 3% (três por cento) e 0,65% (sessenta e cinco centésimos por cento), respectivamente.

§ 1.º As alíquotas de 0,65% (sessenta e cinco centésimos por cento) e 3% (três por cento) aplicam-se inclusive na hipótese de a prestadora do serviço enquadrar-se no regime de não cumulatividade na cobrança da contribuição para o PIS/PASEP e da COFINS.

§ 2.º No caso de pessoa jurídica beneficiária de isenção, na forma da legislação específica, de uma ou mais das contribuições de que trata este artigo, a retenção dar-se-á mediante a aplicação da alíquota específica correspondente às contribuições não alcançadas pela isenção.

§ 3.º Fica dispensada a retenção de valor igual ou inferior a R$ 10,00 (dez reais), exceto na hipótese de Documento de Arrecadação de Receitas Federais – DARF eletrônico efetuado por meio do Siafi.

•• § 3.º com redação determinada pela Lei n. 13.137, de 19-6-2015.

§ 4.º (*Revogado pela Lei n. 13.137, de 19-6-2015.*)

Art. 32. A retenção de que trata o art. 30 não será exigida na hipótese de pagamentos efetuados a:

I – cooperativas, relativamente à CSLL;

•• Inciso I com redação determinada pela Lei n. 10.865, de 30-4-2004.

II – empresas estrangeiras de transporte de valores;

•• Inciso II com redação determinada pela Lei n. 10.865, de 30-4-2004.

III – pessoas jurídicas optantes pelo SIMPLES.

Parágrafo único. A retenção da COFINS e da contribuição para o PIS/PASEP não será exigida, cabendo, somente, a retenção da CSLL nos pagamentos:

I – a título de transporte internacional de valores efetuados por empresa nacional;

•• Inciso I com redação determinada pela Lei n. 10.865, de 30-4-2004.

II – aos estaleiros navais brasileiros nas atividades de conservação, modernização, conversão e reparo de embarcações pré-registradas ou registradas no Registro Especial Brasileiro – REB, instituído pela Lei n. 9.432, de 8 de janeiro de 1997.

Art. 33. A União, por intermédio da Secretaria da Receita Federal, poderá celebrar convênios com os Estados, Distrito Federal e Municípios, para estabelecer a responsabilidade pela retenção na fonte da CSLL, da COFINS e da contribuição para o PIS/PASEP, mediante a aplicação das alíquotas previstas no art. 31, nos pagamentos efetuados por órgãos, autarquias e fundações dessas administrações públicas às pessoas jurídicas de direito privado, pelo fornecimento de bens ou pela prestação de serviços em geral.

•• A Secretaria da Receita Federal passa a denominar-se Secretaria da Receita Federal do Brasil, por força da Lei n. 11.457, de 16-3-2007.

Art. 34. Ficam obrigadas a efetuar as retenções na fonte do imposto de renda, da CSLL, da COFINS e da contribuição para o PIS/PASEP, a que se refere o art. 64 da Lei n. 9.430, de 27 de dezembro de 1996, as seguintes entidades da administração pública federal:

I – empresas públicas;

II – sociedades de economia mista; e

III – demais entidades em que a União, direta ou indiretamente, detenha a maioria do capital social com direito a voto, e que dela recebam recursos do Tesouro Nacional e estejam obrigadas a registrar sua execução orçamentária e financeira na modalidade total no Sistema Integrado de Administração Financeira do Governo Federal – SIAFI.

•• *Vide* art. 93, II, desta Lei.

Parágrafo único. A retenção a que se refere o *caput* deste artigo não se aplica na hipótese de pagamentos relativos à aquisição de:

•• Parágrafo único, *caput*, com redação determinada pela Lei n. 11.727, de 23-6-2008.

I – petróleo, gasolina, gás natural, óleo diesel, gás liquefeito de petróleo, querosene de aviação e demais derivados de petróleo e gás natural;

•• Inciso I acrescentado pela Lei n. 11.727, de 23-6-2008.

II – álcool, biodiesel e demais biocombustíveis.

•• Inciso II acrescentado pela Lei n. 11.727, de 23-6-2008.

Art. 35. Os valores retidos no mês, na forma dos arts. 30, 33 e 34 desta Lei, deverão ser recolhidos ao Tesouro Nacional pelo órgão público que efetuar a retenção ou, de forma centralizada, pelo estabelecimento matriz da pessoa jurídica, até o último dia útil do segundo decêndio do mês subsequente àquele mês em que tiver ocorrido o pagamento à pessoa jurídica fornecedora dos bens ou prestadora do serviço.

•• Artigo com redação determinada pela Lei n. 13.137, de 19-6-2015.

•• *Vide* art. 132, IV, *b*, da Lei n. 11.196, de 21-11-2005.

Art. 36. Os valores retidos na forma dos arts. 30, 33 e 34 serão considerados como antecipação do que for devido pelo contribuinte que sofreu a retenção, em relação ao imposto de renda e às respectivas contribuições.

Art. 37. Relativamente aos investimentos existentes em 31 de outubro de 2003, fica facultado ao investidor estrangeiro antecipar o pagamento da Contribuição Provisória sobre Movimentação ou Transmissão de Valores e de Créditos e Direitos de Natureza Financeira – CPMF, que seria devida por ocasião da remessa, para o exterior, de recursos financeiros apurados na liquidação de operações com ações ou opções de ações adquiridas em bolsa de valores ou em mercado de balcão organizado.

•• De acordo com o art. 91 do ADCT, a CPMF foi extinta em 1.º-1-2008.

•• *Vide* art. 82, parágrafo único, desta Lei.

§ 1.º A antecipação do pagamento da CPMF aplica-se a recursos financeiros não empregados exclusivamente, e por todo tempo de permanência no País, em ações ou contratos referenciados em ações ou índices de ações, negociados nos mercados referidos no *caput* ou em bolsa de mercadorias e de futuros, desde que na data do pagamento da contribuição estejam investidos nesses valores mobiliários.

§ 2.º A CPMF de que trata este artigo:

•• *Vide* arts. 84 e 90 do ADCT sobre a extinção da CPMF.

I – será apurada mediante lançamento a débito, precedido de lançamento a crédito no mesmo valor, em conta corrente de depósito do investidor estrangeiro;

II – terá como base de cálculo o valor correspondente à multiplicação da quantidade de ações ou de opções:

a) pelo preço médio ponderado da ação verificado na Bolsa de Valores de São Paulo ou em mercado de balcão organizado, no mês anterior ao do pagamento;

b) pelo preço médio da opção verificado na Bolsa referida na alínea *a*, no mês anterior ao do pagamento da CPMF;

III – será retida pela instituição financeira onde é mantida a conta corrente de que trata o inciso I até o dia 1.º de dezembro de 2003, e recolhida até o 3.º (terceiro) dia útil da semana subsequente à da retenção.

§ 3.º O pagamento da CPMF, nos termos previstos neste artigo, dispensa nova incidência da contribuição quando da remessa para o exterior dos recursos apurados na efetiva liquidação das operações.

Art. 38. O pagamento indevido ou maior que o devido efetuado no âmbito do Programa de Recuperação Fiscal – REFIS, ou do parcelamento a ele alternativo será restituído a pedido do sujeito passivo.

§ 1.º Na hipótese de existência de débitos do sujeito passivo relativos a tributos e contribuições perante a Secretaria da Receita Federal, a Procuradoria-Geral da Fazenda Nacional ou o Instituto Nacional do Seguro Social – INSS, inclusive inscritos em dívida ativa, o valor da restituição deverá ser utilizado para quitá-los, mediante compensação em procedimento de ofício.

•• A Secretaria da Receita Federal passa a denominar-se Secretaria da Receita Federal do Brasil, por força da Lei n. 11.457, de 16-3-2007.

§ 2.º A restituição e a compensação de que trata este artigo serão efetuadas pela Secretaria da Receita Federal, aplicando-se o disposto no art. 39 da Lei n. 9.250, de 26 de dezembro de 1995, alterado pelo art. 73 da Lei n. 9.532, de 10 de dezembro de 1997, observadas as normas estabelecidas pelo Comitê Gestor do REFIS.

Art. 39. (*Revogado pela Lei n. 12.350, de 20 de dezembro de 2010.*)

....

Art. 42. O art. 1.º da Lei n. 8.850, de 28 de janeiro de 1994, passa a vigorar com a seguinte redação:

•• Alteração já processada no diploma modificado.

Art. 43. O inciso I do art. 52 da Lei n. 8.383, de 30 de dezembro de 1991, passa a vigorar com a seguinte redação:

•• Alteração já processada no diploma modificado.

....

Art. 45. A Secretaria da Receita Federal poderá estabelecer normas, tendo em vista condições especiais de rentabilidade e representatividade de operações da pessoa jurídica, disciplinando a forma de simplificação da apuração dos métodos de preço de transferência de que trata o art. 19 da Lei n. 9.430, de 27 de dezembro de 1996.

•• *Vide* nota ao art. 38, § 1.º, desta Lei.

§ 1.º O disposto no *caput* não se aplica em relação às vendas efetuadas para empresa, vinculada ou não, domiciliada em país ou dependência com tributação favorecida, ou cuja legislação interna oponha sigilo, conforme definido no art. 24 da Lei n. 9.430, de 27 de dezembro de 1996, e art. 4.º da Lei n. 10.451, de 10 de maio de 2002.

§ 2.º A autorização de que trata o *caput* se aplica também na fixação de percentual de margem de divergência máxima entre o preço ajustado, a ser utilizado como parâmetro, de acordo com os métodos previstos nos arts. 18 e 19 da Lei n. 9.430, de 27 de dezembro de 1996, e o daquele constante na documentação de importação e exportação.

Art. 46. (*Vetado.*)

Art. 47. Sem prejuízo do disposto no art. 10 da Lei n. 9.249, de 26 de dezembro de 1995, e no art. 7.º da Lei n. 9.959, de 27 de janeiro de 2000, o ganho de capital decorrente de operação, em que o beneficiário seja residente ou domiciliado em país ou dependência com tributação favorecida, a que se refere o art. 24 da Lei n. 9.430, de 27 de dezembro de 1996, sujeita-se à incidência do imposto de renda na fonte à alíquota de 25% (vinte e cinco por cento).

Art. 48. O art. 71 da Lei n. 9.430, de 27 de dezembro de 1996, passa a vigorar com a seguinte redação:

•• Alteração já processada no diploma modificado.

Arts. 49 e 50. (*Revogados pela Lei n. 11.727, de 23-6-2008.*)

Art. 51. (*Revogado pela Lei n. 13.097, de 19-1-2015.*)

Art. 52. (*Revogado pela Lei n. 11.727, de 23-6-2008.*)

Arts. 53 e 54. (*Revogados pela Lei n. 13.097, de 19-1-2015.*)

Art. 55. (*Revogado pela Lei n. 11.727, de 23-6-2008.*)

Art. 56. (*Revogado pela Lei n. 10.925, de 23-7-2004.*)

Arts. 57 e 58. (*Revogados pela Lei n. 11.727, de 23-6-2008.*)

Arts. 58-A a 58-V. (*Revogados pela Lei n. 13.097, de 19-1-2015.*)

CAPÍTULO III
DAS DISPOSIÇÕES RELATIVAS À LEGISLAÇÃO ADUANEIRA

Art. 59. O beneficiário de regime aduaneiro suspensivo, destinado à industrialização para exportação, responde solidariamente pelas obrigações tributárias decorrentes da admissão de mercadoria no regime por outro beneficiário, mediante sua anuência, com vistas na execução de etapa da cadeia industrial do produto a ser exportado.

§ 1.º Na hipótese do *caput*, a aquisição de mercadoria nacional por qualquer dos beneficiários do regime, para ser incorporada ao produto a ser exportado, será realizada com suspensão dos tributos incidentes.

§ 2.º Compete à Secretaria da Receita Federal disciplinar a aplicação dos regimes aduaneiros suspensivos de que trata o *caput* e estabelecer os requisitos, as condições e a forma de registro da anuência prevista para a admissão de mercadoria, nacional ou importada, no regime.

•• A Secretaria da Receita Federal passa a denominar-se Secretaria da Receita Federal do Brasil, por força da Lei n. 11.457, de 16-3-2007.

Art. 60. Extinguem os regimes de admissão temporária, de admissão temporária para aperfeiçoamento ativo, de exportação temporária e de exportação temporária para aperfeiçoamento passivo, aplicados a produto, parte, peça ou componente recebido do exterior ou a ele enviado para substituição em decorrência de garantia ou, ainda, para reparo, revisão, manutenção, renovação ou recondicionamento, respectivamente, a exportação ou a importação de produto equivalente àquele submetido ao regime.

§ 1.º O disposto neste artigo aplica-se, exclusivamente, aos seguintes bens:

I – partes, peças e componentes de aeronave, objeto das isenções previstas na alínea *j* do inciso II do art. 2.º e no inciso I do art. 3.º da Lei n. 8.032, de 12 de abril de 1990;

II – produtos nacionais exportados definitivamente, ou suas partes e peças, que retornem ao País, mediante admissão temporária, ou admissão temporária para aperfeiçoamento ativo, para reparo ou substituição em virtude de defeito técnico que exija sua devolução; e

III – produtos nacionais, ou suas partes e peças, remetidos ao exterior mediante exportação temporária, para substituição de outro anteriormente exportado definitivamente, que deva retornar ao País para reparo ou substituição, em virtude de defeito técnico que exija sua devolução.

§ 2.º A Secretaria da Receita Federal disciplinará os procedimentos para a aplicação do disposto neste artigo e os requisitos para reconhecimento da equivalência entre os produtos importados e exportados.

•• *Vide* nota ao art. 59, § 2.º, desta Lei.

Art. 61. Nas operações de exportação sem saída do produto do território nacional, com pagamento a prazo, os efeitos fiscais e cambiais, quando reconhecidos pela legislação vigente, serão produzidos no momento da contratação, sob condição resolutória, aperfeiçoando-se pelo recebimento integral em moeda nacional ou estrangeira de livre conversibilidade.

•• *Caput* com redação determinada pela Lei n. 12.024, de 27-8-2009.

Parágrafo único. O disposto neste artigo aplica-se também ao produto exportado sem saída do território nacional, na forma disciplinada pela Secretaria da Receita Federal do Brasil, para ser:

•• Parágrafo único, *caput*, com redação determinada pela Lei n. 12.767, de 27-12-2012.

•• *Vide* nota ao art. 59, § 2º, desta Lei.

I – totalmente incorporado a bem que se encontre no País, de propriedade do comprador estrangeiro, inclusive em regime de admissão temporária sob a responsabilidade de terceiro;

II – entregue a órgão da administração direta, autárquica ou fundacional da União, dos Estados, do Distrito Federal ou dos Municípios, em cumprimento de contrato decorrente de licitação internacional;

III – entregue, em consignação, a empresa nacional autorizada a operar o regime de loja franca;

IV – entregue, no País, a subsidiária ou coligada, para distribuição sob a forma de brinde a fornecedores e clientes;

V – entregue a terceiro, no País, em substituição de produto anteriormente exportado e que tenha se mostrado, após o despacho aduaneiro de importação, defeituoso ou imprestável para o fim a que se destinava;

VI – entregue, no País, a missão diplomática, repartição consular de caráter permanente ou organismo internacional de que o Brasil seja membro, ou a seu integrante, estrangeiro; ou

VII – entregue, no País, para ser incorporado a plataforma destinada à pesquisa e lavra de jazidas de petróleo e gás natural em construção ou conversão contratada por empresa sediada no exterior, ou a seus módulos;

VIII – entregue no País:

•• Inciso VIII, *caput*, acrescentado pela Lei n. 12.767, de 27-12-2012.

a) para ser incorporado a produto do setor aeronáutico industrializado no território nacional, na hipótese de industrialização por encomenda de empresa estrangeira do bem a ser incorporado; ou

•• Alínea *a* acrescentada pela Lei n. 12.767, de 27-12-2012.

b) em regime de admissão temporária, por conta do comprador estrangeiro, sob a responsabilidade de terceiro, no caso de aeronaves;

•• Alínea *b* acrescentada pela Lei n. 12.767, de 27-12-2012.

IX – entregue no País a órgão do Ministério da Defesa, para ser incorporado a produto de interesse da defesa nacional em construção ou fabricação no território nacional, em decorrência de acordo internacional.

•• Inciso IX acrescentado pela Lei n. 12.767, de 27-12-2012.

Art. 62. O regime de entreposto aduaneiro de que tratam os arts. 9.º e 10 do Decreto-lei n. 1.455, de 7 de abril de 1976, com a redação dada pelo art. 69 da Medida Provisória n. 2.158-35, de 24 de agosto de 2001, poderá, mediante autorização da Secretaria da Receita Federal, observados os requisitos e condições estabelecidos na legislação específica, ser também operado em:

•• *Vide* nota ao art. 59, § 2.º, desta Lei.

I – instalações portuárias previstas no inciso III do art. 2.º da Lei n. 12.815, de 5 de junho de 2013;

•• Inciso I com redação determinada pela Lei n. 12.844, de 19-7-2013.

II – bens destinados à pesquisa e lavra de jazidas de petróleo e gás natural em construção ou conversão no País, contratados por empresas sediadas no exterior e relacionados em ato do Poder Executivo.

•• Inciso II com redação determinada pela Lei n. 12.844, de 19-7-2013.

Parágrafo único. No caso do inciso II, o beneficiário do regime será o contratado pela empresa sediada no exterior e o regime poderá ser operado também em estaleiros navais ou em outras instalações industriais, destinadas à construção dos bens de que trata aquele inciso.

•• Parágrafo único com redação determinada pela Lei n. 12.844, de 19-7-2013.

Art. 63. A Secretaria da Receita Federal fica autorizada a estabelecer:

•• *Vide* nota ao art. 59, § 2.º, desta Lei.

I – hipóteses em que, na substituição de beneficiário de regime aduaneiro suspensivo, o termo inicial para o cálculo de juros e multa de mora relativos aos tributos suspensos passe a ser a data da transferência da mercadoria; e

II – os serviços permitidos no regime de entreposto aduaneiro na importação e na exportação.

Art. 64. Os documentos instrutivos de declaração aduaneira ou necessários ao controle aduaneiro podem ser emitidos, transmitidos e recepcionados eletronicamente, na forma e nos prazos estabelecidos pela Secretaria da Receita Federal.

•• *Vide* nota ao art. 59, § 2.º, desta Lei.

§ 1.º A outorga de poderes a representante legal, inclusive quando residente no Brasil, para emitir e firmar os documentos referidos no *caput* deste artigo, também pode ser realizada por documento emitido e assinado eletronicamente.

•• § 1.º acrescentado pela Lei n. 11.452, de 27-2-2007.

§ 2.º Os documentos eletrônicos referidos no *caput* deste artigo e no § 1.º deste artigo são válidos para os efeitos fiscais e de controle aduaneiro, observado o disposto na legislação sobre certificação digital e atendidos os requisitos estabelecidos pela Secretaria da Receita Federal.

•• § 2.º acrescentado pela Lei n. 11.452, de 27-2-2007.

Art. 65. A Secretaria da Receita Federal poderá adotar nomenclatura simplificada para a classificação de mercadorias apreendidas, na lavratura do correspondente auto de infração para a aplicação da pena de perdimento, bem como aplicar alíquotas de 50% (cinquenta por cento) sobre o valor arbitrado dessas mercadorias, para o cálculo do valor estimado do Imposto de Importação e do Imposto sobre Produtos Industrializados que seriam devidos na importação, para efeitos de controle patrimonial, elaboração de estatísticas, formalização de processo administrativo fiscal e representação fiscal para fins penais.

•• A Secretaria da Receita Federal passa a denominar-se Secretaria da Receita Federal do Brasil, por força da Lei n. 11.457, de 16-3-2007.

Art. 66. As diferenças percentuais de mercadoria a granel, apuradas em conferência física nos despachos aduaneiros, não serão consideradas para efeitos de exigência dos impostos incidentes, até o limite de 1% (um por cento), conforme dispuser o Poder Executivo.

Art. 67. Na impossibilidade de identificação da mercadoria importada, em razão de seu extravio ou consumo, e de descrição genérica nos documentos comerciais e de transporte disponíveis, será aplicada, para fins de determinação dos impostos e dos direitos incidentes na importação, alíquota única de 80% (oitenta por cento) em regime de tributação simplificada relativa ao Imposto de Importação – II, ao Imposto sobre Produtos Industrializados – IPI, à Contribuição para os Programas de Integração Social e de Formação do Patrimônio do Servidor Público – PIS/Pasep, à Contribuição Social para o Financiamento da Seguridade Social – COFINS e ao Adicional ao Frete para a Renovação da Marinha Mercante – AFRMM.

•• *Caput* com redação determinada pela Lei n. 13.043, de 13-11-2014.

§ 1.º A base de cálculo da tributação simplificada prevista neste artigo será arbitrada em valor equivalente à mediana dos valores por quilograma de todas as mercadorias importadas a título definitivo, pela mesma via de transporte internacional, constantes de declarações registradas no semestre anterior, incluídas as despesas de frete e seguro internacionais.

•• § 1.º com redação determinada pela Lei n. 13.043, de 13-11-2014.

§ 2.º Na falta de informação sobre o peso da mercadoria, adotar-se-á o peso líquido admitido na unidade de carga utilizada no seu transporte.

Art. 68. As mercadorias descritas de forma semelhante em diferentes declarações aduaneiras do mesmo contribuinte, salvo prova em contrário, são presumidas idênticas para fins de determinação do tratamento tributário ou aduaneiro.

Parágrafo único. Para efeito do disposto no *caput*, a identificação das mercadorias poderá ser realizada no curso do despacho aduaneiro ou em outro momento, com base em informações coligidas em documentos, obtidos inclusive junto a clientes ou a fornecedores, ou no processo produtivo em que tenham sido ou venham a ser utilizadas.

Art. 69. A multa prevista no art. 84 da Medida Provisória n. 2.158-35, de 24 de agosto de 2001, não poderá ser superior a 10% (dez por cento) do valor total das mercadorias constantes da declaração de importação.

§ 1.º A multa a que se refere o *caput* aplica-se também ao importador, exportador ou beneficiário de regime aduaneiro que omitir ou prestar de forma inexata ou incompleta informação de natureza administrativo-tributária, cambial ou comercial necessária à determinação do procedimento de controle aduaneiro apropriado.

§ 2.º As informações referidas no § 1.º, sem prejuízo de outras que venham a ser estabelecidas em ato normativo da Secretaria da Receita Federal, compreendem a descrição detalhada da operação, incluindo:

•• A Secretaria da Receita Federal passa a denominar-se Secretaria da Receita Federal do Brasil, por força da Lei n. 11.457, de 16-3-2007.

I – identificação completa e endereço das pessoas envolvidas na transação: importador/exportador; adquirente (comprador)/fornecedor (vendedor), fabricante, agente de compra ou de venda e representante comercial;

II – destinação da mercadoria importada: industrialização ou consumo, incorporação ao ativo, revenda ou outra finalidade;

III – descrição completa da mercadoria: todas as características necessárias à classificação fiscal, espécie, marca comercial, modelo, nome comercial ou científico e outros atributos estabelecidos pela Secretaria da Receita Federal que confiram sua identidade comercial;

IV – países de origem, de procedência e de aquisição; e

V – portos de embarque e de desembarque.

§ 3.º Quando aplicada sobre a exportação, a multa prevista neste artigo incidirá sobre o preço normal definido no art. 2.º do Decreto-lei n. 1.578, de 11 de outubro de 1977.

•• § 3.º acrescentado pela Lei n. 13.043, de 13-11-2014.

Art. 70. O descumprimento pelo importador, exportador ou adquirente de mercadoria importada por sua conta e ordem, da obrigação de manter, em boa guarda e ordem, os documentos relativos às transações que realizarem, pelo prazo decadencial estabelecido na legislação tributária a que estão submetidos, ou da obrigação de os apresentar à fiscalização aduaneira quando exigidos, implicará:

I – se relativo aos documentos comprobatórios da transação comercial ou os respectivos registros contábeis:

a) a apuração do valor aduaneiro com base em método substitutivo ao valor de transação, caso exista dúvida quanto ao valor aduaneiro declarado; e

b) o não reconhecimento de tratamento mais benéfico de natureza tarifária, tributária ou aduaneira eventualmente concedido, com efeitos retroativos à data do fato gerador, caso não sejam apresentadas provas do regular cumprimento das condições previstas na legislação específica para obtê-lo;

II – se relativo aos documentos obrigatórios de instrução das declarações aduaneiras:

a) o arbitramento do preço da mercadoria para fins de determinação da base de cálculo, conforme os critérios definidos no art. 88 da Medida Provisória n. 2.158-35, de 24 de agosto de 2001, se existir dúvida quanto ao preço efetivamente praticado; e

b) a aplicação cumulativa das multas de:

•• *Vide* art. 81 desta Lei.

1. 5% (cinco por cento) do valor aduaneiro das mercadorias importadas; e

2. 100% (cem por cento) sobre a diferença entre o preço declarado e o preço efetivamente praticado na importação ou entre o preço declarado e o preço arbitrado.

§ 1.º Os documentos de que trata o *caput* compreendem os documentos de instrução das declarações aduaneiras, a correspondência comercial, incluídos os documentos de negociação e cotação de preços, os instrumentos de contrato comercial, financeiro e cambial, de transporte e seguro das mercadorias, os registros contábeis e os correspondentes documentos fiscais, bem como outros que a Secretaria da Receita Federal venha a exigir em ato normativo.

•• A Secretaria da Receita Federal passa a denominar-se Secretaria da Receita Federal do Brasil, por força da Lei n. 11.457, de 16-3-2007.

§ 2.º Nas hipóteses de incêndio, furto, roubo, extravio ou qualquer outro sinistro que provoque a perda ou deterioração dos documentos a que se refere o § 1.º, deverá ser feita comunicação, por escrito, no prazo de 48 (quarenta e oito) horas do sinistro, à unidade de fiscalização aduaneira da Secretaria da Receita Federal que jurisdicione o domicílio matriz do sujeito passivo.

§ 3.º As multas previstas no inciso II do *caput* não se aplicam no caso de regular comunicação da ocorrência de um dos eventos previstos no § 2.º.

§ 4.º Somente produzirá efeitos a comunicação realizada dentro do prazo referido no § 2.º e instruída com os documentos que comprovem o registro da ocorrência junto à autoridade competente para apurar o fato.

§ 5.º No caso de encerramento das atividades da pessoa jurídica, a guarda dos documentos referidos no *caput* será atribuída à pessoa responsável pela guarda dos demais documentos fiscais, nos termos da legislação específica.

§ 6.º A aplicação do disposto neste artigo não prejudica a aplicação das multas previstas no art. 107 do Decreto-lei n. 37, de 18 de novembro de 1966, com a redação dada pelo art. 77 desta Lei, nem a aplicação de outras penalidades cabíveis.

Art. 71. O despachante aduaneiro, o transportador, o agente de carga, o depositário e os demais intervenientes em operação de comércio exterior ficam obrigados a manter em boa guarda e ordem, e a apresentar à fiscalização aduaneira, quando exigidos, os documentos e registros relativos às transações em que intervierem, ou outros definidos em ato normativo da Secretaria da Receita Federal, na forma e nos prazos por ela estabelecidos.

•• A Secretaria da Receita Federal passa a denominar-se Secretaria da Receita Federal do Brasil, por força da Lei n. 11.457, de 16-3-2007.

Art. 72. Aplica-se a multa de:

•• *Vide* art. 81 desta Lei.

I – 10% (dez por cento) do valor aduaneiro da mercadoria submetida ao regime aduaneiro especial de admissão temporária, ou de admissão temporária para aperfeiçoamento ativo, pelo descumprimento de condições, requisitos ou prazos estabelecidos para aplicação do regime; e

II – 5% (cinco por cento) do preço normal da mercadoria submetida ao regime aduaneiro especial de exportação temporária, ou de exportação temporária para aperfeiçoamento passivo, pelo descumprimento de condições, requisitos ou prazos estabelecidos para aplicação do regime.

§ 1.º O valor da multa prevista neste artigo será de R$ 500,00 (quinhentos reais), quando do seu cálculo resultar valor inferior.

§ 2.º A multa aplicada na forma deste artigo não prejudica a exigência dos impostos incidentes, a aplicação de outras penalidades cabíveis e a representação fiscal para fins penais, quando for o caso.

Art. 73. Verificada a impossibilidade de apreensão da mercadoria sujeita a pena de perdimento, em razão de sua não localização ou consumo, extinguir-se-á o processo administrativo instaurado para apuração da infração capitulada como dano ao Erário.

§ 1.º Na hipótese prevista no *caput*, será instaurado processo administrativo para aplicação da multa prevista no § 3.º do art. 23 do Decreto-lei n. 1.455, de 7 de abril de 1976, com a redação dada pelo art. 59 da Lei n. 10.637, de 30 de dezembro de 2002.

§ 2.º A multa a que se refere o § 1.º será exigida mediante lançamento de ofício, que será processado e julgado nos termos da legislação que rege a determinação e exigência dos demais créditos tributários da União.

Art. 74. O transportador de passageiros, em viagem internacional, ou que transite por zona de vigilância aduaneira, fica obrigado a identificar os volumes transportados como bagagem em compartimento isolado dos viajantes, e seus respectivos proprietários.

§ 1.º No caso de transporte terrestre de passageiros, a identificação referida no *caput* também se aplica aos volumes portados pelos passageiros no interior do veículo.

§ 2.º As mercadorias transportadas no compartimento comum de bagagens ou de carga do veículo, que não constituam bagagem identificada dos passageiros, devem estar acompanhadas do respectivo conhecimento de transporte.

§ 3.º Presume-se de propriedade do transportador, para efeitos fiscais, a mercadoria transportada sem a identificação do respectivo proprietário, na forma estabelecida no *caput* ou nos §§ 1.º e 2.º deste artigo.

§ 4.º Compete à Secretaria da Receita Federal disciplinar os procedimentos necessários para fins de cumprimento do previsto neste artigo.

•• *Vide* nota ao art. 71 desta Lei.

Art. 75. Aplica-se a multa de R$ 15.000,00 (quinze mil reais) ao transportador, de passageiros ou de carga, em viagem doméstica ou internacional que transportar mercadoria sujeita a pena de perdimento:

•• *Vide* art. 81 desta Lei.

I – sem identificação do proprietário ou possuidor; ou

II – ainda que identificado o proprietário ou possuidor, as características ou a quantidade dos volumes transportados evidenciarem tratar-se de mercadoria sujeita à referida pena.

§ 1.º Na hipótese de transporte rodoviário, o veículo será retido, na forma estabelecida pela Secretaria da Receita Federal, até o recolhimento da multa ou o deferimento do recurso a que se refere o § 3.º.

•• *Vide* nota ao art. 71 desta Lei.

§ 2.º A retenção prevista no § 1.º será efetuada ainda que o infrator não seja o proprietário do veículo, cabendo a este adotar as ações necessárias contra o primeiro para se ressarcir dos prejuízos eventualmente incorridos.

§ 3.º Caberá recurso, com efeito exclusivamente devolutivo, a ser apresentado no prazo de 20 (vinte) dias da ciência da retenção a que se refere o § 1.º, ao titular da unidade da Secretaria da Receita Federal responsável pela retenção, que o apreciará em instância única.

§ 4.º Decorrido o prazo de 45 (quarenta e cinco) dias da aplicação da multa, ou da ciência do indeferimento do recurso, e não recolhida a multa prevista, o veículo será considerado abandonado, caracterizando dano ao Erário e ensejando a aplicação da pena de perdimento, observado o rito estabelecido no Decreto-lei n. 1.455, de 7 de abril de 1976.

§ 5.º A multa a ser aplicada será de R$ 30.000,00 (trinta mil reais) na hipótese de:

I – reincidência da infração prevista no *caput*, envolvendo o mesmo veículo transportador; ou

II – modificações da estrutura ou das características do veículo, com a finalidade de efetuar o transporte de mercadorias ou permitir a sua ocultação.

§ 6.º O disposto neste artigo não se aplica nas hipóteses em que o veículo estiver sujeito à pena de perdimento prevista no inciso V do art. 104 do Decreto-lei n. 37, de 18 de novembro de 1966, nem prejudica a aplicação de outras penalidades estabelecidas.

§ 7.º Enquanto não consumada a destinação do veículo, a pena de perdimento prevista no § 4.º poderá ser relevada à vista de requerimento do interessado, desde que haja o recolhimento de 2 (duas) vezes o valor da multa aplicada.

§ 8.º A Secretaria da Receita Federal deverá representar o transportador que incorrer na infração prevista no *caput* ou que seja submetido à aplicação da pena de perdimento de veículo à autoridade competente para fiscalizar o transporte terrestre.

§ 9.º Na hipótese do § 8.º, as correspondentes autorizações de viagens internacionais ou por zonas de vigilância aduaneira do transportador representado serão canceladas, ficando vedada a expedição de novas autorizações pelo prazo de 2 (dois) anos.

Art. 76. Os intervenientes nas operações de comércio exterior ficam sujeitos às seguintes sanções:

I – advertência, na hipótese de:

a e *b*) (*Revogados pela Lei n. 13.043, de 13-11-2014.*)

c) atraso, de forma contumaz, na chegada ao destino de veículo conduzindo mercadoria submetida ao regime de trânsito aduaneiro;

d) emissão de documento de identificação ou quantificação de mercadoria sob controle aduaneiro em desacordo com o previsto em ato normativo, relativamente a sua efetiva qualidade ou quantidade;

•• Alínea *d* com redação determinada pela Lei n. 13.043, de 13-11-2014.

e) prática de ato que prejudique a identificação ou quantificação de mercadoria sob controle aduaneiro;

•• Alínea *e* acrescentada pela Lei n. 13.043, de 13-11-2014.

f) (*Revogada pela Lei n. 13.043, de 13-11-2014.*)

g) consolidação ou desconsolidação de carga efetuada em desacordo com disposição estabelecida em ato normativo e que altere o tratamento tributário ou aduaneiro da mercadoria;

•• Alínea *g* com redação determinada pela Lei n. 13.043, de 13-11-2014.

h) atraso, por mais de 3 (três) vezes, em um mesmo mês, na prestação de informações sobre carga e descarga de veículos, ou movimentação e armazenagem de mercadorias sob controle aduaneiro;

i) descumprimento de requisito, condição ou norma operacional para habilitar-se ou utilizar regime aduaneiro especial ou aplicado em áreas especiais, ou para habilitar-se ou manter recintos nos quais tais regimes sejam aplicados; ou

j) descumprimento de obrigação de apresentar à fiscalização, em boa ordem, os documentos relativos à operação em que realizar ou em que intervier, bem como outros documentos exigidos pela Secretaria da Receita Federal do Brasil; ou

•• Alínea *j* com redação determinada pela Lei n. 13.043, de 13-11-2014.

k) descumprimento de determinação legal ou de outras obrigações relativas ao controle aduaneiro previstas em ato normativo não referidas às alíneas *c* a *j*;

•• Alínea *k* acrescentada pela Lei n. 13.043, de 13-11-2014.

II – suspensão, pelo prazo de até 12 (doze) meses, do registro, licença, autorização, credenciamento ou habilitação para utilização de regime aduaneiro ou de procedimento simplificado, exercício de atividades relacionadas com o despacho aduaneiro, ou com a movimentação e armazenagem de mercadorias sob controle aduaneiro, e serviços conexos, na hipótese de:

a) reincidência em conduta já sancionada com advertência;

b) atuação em nome de pessoa que esteja cumprindo suspensão, ou no interesse desta;

c) (*Revogada pela Lei n. 13.043, de 13-11-2014.*)

d) delegação de atribuição privativa a pessoa não credenciada ou habilitada;

•• Alínea *d* com redação determinada pela Lei n. 13.043, de 13-11-2014.

e) prática de qualquer outra conduta sancionada com suspensão de registro, licença, autorização, credenciamento ou habilitação, nos termos de legislação específica; ou

•• Alínea *e* com redação determinada pela Lei n. 13.043, de 13-11-2014.

f) agressão ou desacato à autoridade aduaneira no exercício da função;

•• Alínea *f* acrescentada pela Lei n. 13.043, de 13-11-2014.

III – cancelamento ou cassação do registro, licença, autorização, credenciamento ou habilitação para utilização de regime aduaneiro ou de procedimento simplificado, exercício de atividades relacionadas com o despacho aduaneiro, ou com a movimentação e armazenagem de mercadorias sob controle aduaneiro, e serviços conexos, na hipótese de:

a) acúmulo, em período de 3 (três) anos, de suspensão cujo prazo total supere 12 (doze) meses;

b) atuação em nome de pessoa cujo registro, licença, autorização, credenciamento ou habilitação tenha sido objeto de cancelamento ou cassação, ou no interesse desta;

c) exercício, por pessoa credenciada ou habilitada, de atividade ou cargo vedados na legislação específica;

d) prática de ato que embarace, dificulte ou impeça a ação da fiscalização aduaneira, para benefício próprio ou de terceiros;

•• Alínea *d* com redação determinada pela Lei n. 13.043, de 13-11-2014.

e) (*Revogada pela Lei n. 13.043, de 13-11-2014.*)

f) sentença condenatória, transitada em julgado, por participação, direta ou indireta, na prática de crime contra a administração pública ou contra a ordem tributária;

g) ação ou omissão dolosa tendente a subtrair ao controle aduaneiro, ou dele ocultar, a importação ou a exportação de bens ou de mercadorias; ou

h) prática de qualquer outra conduta sancionada com cancelamento ou cassação de registro, licença, autorização, credenciamento ou habilitação, nos termos de legislação específica.

§ 1.º A aplicação das sanções previstas neste artigo será anotada no registro do infrator pela administração aduaneira, após a decisão definitiva na esfera administrativa, devendo a anotação ser cancelada após o decurso de 5 (cinco) anos de sua efetivação.

•• § 1.º com redação determinada pela Lei n. 13.043, de 13-11-2014.

§ 2.º Para os efeitos do disposto neste artigo, consideram-se intervenientes o importador, o exportador, o beneficiário de regime aduaneiro ou de procedimento simplificado, o despachante aduaneiro e seus ajudantes, o transportador, o agente de carga, o operador de transporte multimodal, o operador portuário, o depositário, o administrador de recinto alfandegado, o perito ou qualquer outra pessoa que tenha relação, direta ou indireta, com a operação de comércio exterior.

•• § 2.º com redação determinada pela Lei n. 13.043, de 13-11-2014.

§ 3.º Para efeitos do disposto na alínea c do inciso I do *caput*, considera-se contumaz o atraso sem motivo justificado ocorrido em mais de 20% (vinte por cento) das operações de trânsito aduaneiro realizadas no mês, se superior a 5 (cinco) o número total de operações.

§ 4.º Na aplicação da sanção prevista no inciso I do *caput* e na determinação do prazo para a aplicação das sanções previstas no inciso II do *caput* serão considerados:

•• § 4.º, *caput*, com redação determinada pela Lei n. 13.043, de 13-11-2014.

I – a natureza e a gravidade da infração cometida;

•• Inciso I acrescentado pela Lei n. 13.043, de 13-11-2014.

II – os danos que dela provierem; e

•• Inciso II acrescentado pela Lei n. 13.043, de 13-11-2014.

III – os antecedentes do infrator, inclusive quanto à proporção das irregularidades no conjunto das operações por ele realizadas e seus esforços para melhorar a conformidade à legislação, segundo os critérios estabelecidos pela Secretaria da Receita Federal do Brasil.

•• Inciso III acrescentado pela Lei n. 13.043, de 13-11-2014.

§ 5.º Para os fins do disposto na alínea *a* do inciso II do *caput* deste artigo, será considerado reincidente o infrator que:

•• § 5.º, *caput*, com redação determinada pela Lei n. 13.043, de 13-11-2014.

I – cometer nova infração pela mesma conduta já sancionada com advertência, no período de 365 (trezentos e sessenta e cinco) dias, contado da data da aplicação da sanção; ou

•• Inciso I acrescentado pela Lei n. 13.043, de 13-11-2014.

II – não sanar a irregularidade que ensejou a aplicação da advertência, depois de um mês de sua aplicação, quando se tratar de conduta passível de regularização.

•• Inciso II acrescentado pela Lei n. 13.043, de 13-11-2014.

§ 5.º-A. Para os efeitos do § 5.º, no caso de operadores que realizam grande quantidade de operações, poderá ser observada a proporção de erros e omissões em razão da quantidade de documentos, declarações e informações a serem prestadas, nos termos, limites e condições disciplinados pelo Poder Executivo.

•• § 5.º-A acrescentado pela Lei n. 13.043, de 13-11-2014.

§ 6.º Na hipótese de cassação ou cancelamento, a reinscrição para a atividade que exercia ou a inscrição para exercer outra atividade sujeita a controle aduaneiro só poderá ser solicitada depois de transcorridos 2 (dois) anos da data de aplicação da sanção, devendo ser cumpridas todas as exigências e formalidades previstas para a inscrição.

§ 7.º Ao sancionado com suspensão, cassação ou cancelamento, enquanto perdurarem os efeitos da sanção, é vedado o ingresso em local sob controle aduaneiro, sem autorização do titular da unidade jurisdicionante.

§ 8.º Compete a aplicação das sanções:

I – ao titular da unidade da Secretaria da Receita Federal responsável pela apuração da infração, nos casos de advertência ou suspensão; ou

II – à autoridade competente para habilitar ou autorizar a utilização de procedimento simplificado, de regime aduaneiro, ou o exercício de atividades relacionadas com o despacho aduaneiro, ou com a movimentação e armazenagem de mercadorias sob controle aduaneiro, e serviços conexos, nos casos de cancelamento ou cassação.

§ 9.º As sanções previstas neste artigo serão aplicadas mediante processo administrativo próprio, instaurado com a lavratura de auto de infração, acompanhado de termo de constatação de hipótese referida nos incisos I a III do *caput*.

§ 10. Feita a intimação, a não apresentação de impugnação no prazo de 20 (vinte) dias implicará revelia, cabendo a imediata aplicação da penalidade.

•• § 10 com redação determinada pela Lei n. 13.043, de 13-11-2014.

§ 10-A. A intimação a que se refere o § 10 deste artigo será:

•• § 10-A, *caput*, acrescentado pela Lei n. 13.043, de 13-11-2014.

I – pessoal, pelo autor do procedimento ou por agente preparador, na repartição ou fora dela, produzindo efeitos com a assinatura do sujeito passivo, seu mandatário ou preposto, ou, no caso de recusa, com declaração escrita de quem o intimar;

•• Inciso I acrescentado pela Lei n. 13.043, de 13-11-2014.

II – por via postal, telegráfica ou por qualquer outro meio ou via, produzindo efeitos com o recebimento no domicílio indicado à Secretaria da Receita Federal do Brasil pelo interveniente na operação de comércio exterior ou, se omitida a data do recebimento, com o decurso de 15 (quinze) dias da expedição da intimação ao referido endereço;

•• Inciso II acrescentado pela Lei n. 13.043, de 13-11-2014.

III – por meio eletrônico, com prova de recebimento, mediante envio ao domicílio tributário do sujeito passivo ou registro em meio magnético ou equivalente utilizado pelo sujeito passivo, produzindo efeitos:

•• Inciso III, *caput*, acrescentado pela Lei n. 13.043, de 13-11-2014.

a) 15 (quinze) dias contados da data registrada no comprovante de entrega no domicílio tributário do sujeito passivo;

•• Alínea *a* acrescentada pela Lei n. 13.043, de 13-11-2014.

b) na data em que o sujeito passivo efetuar consulta ao endereço eletrônico a ele atribuído pela administração tributária, se ocorrida antes do prazo previsto na alínea *a* deste inciso; ou

•• Alínea *b* acrescentada pela Lei n. 13.043, de 13-11-2014.

c) na data registrada no meio magnético ou equivalente utilizado pelo sujeito passivo; ou

•• Alínea *c* acrescentada pela Lei n. 13.043, de 13-11-2014.

IV – por edital, quando resultarem improfícuos os meios previstos nos incisos I a III deste parágrafo, ou no caso de pessoa jurídica declarada inapta perante o Cadastro Nacional de Pessoas Jurídicas – CNPJ, produzindo efeitos com o decurso de 15 (quinze) dias da publicação ou com qualquer manifestação do interessado no mesmo período.

•• Inciso IV acrescentado pela Lei n. 13.043, de 13-11-2014.

§ 11. Apresentada a impugnação, a autoridade preparadora terá prazo de 15 (quinze) dias para remessa do processo a julgamento.

§ 12. O prazo a que se refere o § 11 poderá ser prorrogado quando for necessária a realização de diligências ou perícias.

§ 13. Da decisão que aplicar a sanção cabe recurso, a ser apresentado em 30 (trinta) dias, à autoridade imediatamente superior, que o julgará em instância final administrativa.

§ 14. O rito processual a que se referem os §§ 9.º a 13 aplica-se também aos processos ainda não conclusos para julgamento em 1.ª (primeira) instância julgados na esfera administrativa, relativos a sanções administrativas de advertência, suspensão, cassação ou cancelamento.

§ 15. As sanções previstas neste artigo não prejudicam a exigência dos impostos incidentes, a aplicação de outras penalidades cabíveis e a representação fiscal para fins penais, quando for o caso.

Art. 77. Os arts. 1.º, 17, 36, 37, 50, 104, 107 e 169 do Decreto-lei n. 37, de 18 de novembro de 1966, passam a vigora r com as seguintes alterações:

•• Alterações já processadas no diploma modificado.

....

Art. 81. A redução da multa de lançamento de ofício prevista no art. 6.º da Lei n. 8.218, de 29 de agosto de 1991, não se aplica:

I – às multas previstas nos arts. 70, 72 e 75 desta Lei;

II – às multas previstas no art. 107 do Decreto-lei n. 37, de 18 de novembro de 1966, com a redação dada pelo art. 77 desta Lei;

III – à multa prevista no § 3.º do art. 23 do Decreto-lei n. 1.455, de 7 de abril de 1976, com a redação dada pelo art. 59 da Lei n. 10.637, de 30 de dezembro de 2002;

IV – às multas previstas nos arts. 67 e 84 da Medida Provisória n. 2.158-35, de 24 de agosto de 2001;

V – à multa prevista no inciso I do art. 83 da Lei n. 4.502, de 30 de novembro de 1964, com a redação dada pelo art. 1.º do Decreto-lei n. 400, de 3 de dezembro de 1968; e

VI – à multa prevista no art. 19 da Lei n. 9.779, de 19 de janeiro de 1999.

Capítulo IV
DISPOSIÇÕES FINAIS

Art. 82. O art. 2.º da Lei n. 10.034, de 24 de outubro de 2000, passa a vigorar com a seguinte redação:

"Art. 2.º Ficam acrescidos de 50% (cinquenta por cento) os percentuais referidos no art. 5.º da Lei n. 9.317, de 5 de dezembro de 1996, alterado pela Lei n. 9.732, de 11 de dezembro de 1998, em relação às atividades relacionadas nos incisos II a IV do art. 1.º desta Lei e às pessoas jurídicas que aufiram receita bruta decorrente da prestação de serviços em montante igual ou superior a 30% (trinta por cento) da receita bruta total.

Parágrafo único. O produto da arrecadação proporcionado pelo disposto no *caput* será destinado integralmente às contribuições de que trata a alínea *f* do § 1.º do art. 3.º da Lei n. 9.317, de 5 de dezembro de 1996".

•• Alteração prejudicada em face da revogação da Lei n. 9.317, de 5-12-1996, pela Lei Complementar n. 123, de 14-12-2006, constante neste volume.

Art. 83. O não cumprimento das obrigações previstas nos arts. 11 e 19 da Lei n. 9.311, de 24 de outubro de 1996, sujeita as cooperativas de crédito às multas de:

•• Apesar de não expressamente revogada, a Lei n. 9.311, de 24-10-2006, encontra-se sem aplicação, já que a contribuição instituída por ela, a CPMF, foi extinta pelo art. 90 do ADCT da CF.

I – R$ 5,00 (cinco reais) por grupo de 5 (cinco) informações inexatas, incompletas ou omitidas;

II – R$ 200,00 (duzentos reais) ao mês-calendário ou fração, independentemente da sanção prevista no inciso I, se o formulário ou outro meio de informação padronizado for apresentado fora do período determinado.

Parágrafo único. Apresentada a informação, fora de prazo, mas antes de qualquer procedimento de ofício, ou se, após a intimação, houver a apresentação dentro do prazo nesta fixado, as multas serão reduzidas à metade.

Art. 84. (*Revogado pela Lei n. 11.051, de 29-12-2004.*)

Art. 85. A Lei n. 10.753, de 31 de outubro de 2003, passa a vigorar com as seguintes alterações:

•• Citado diploma institui a Política Nacional do Livro.

"Art. 4.º É permitida a entrada no País de livros em língua estrangeira ou portuguesa, imunes de impostos nos termos do art. 150, inciso VI, alínea *d*, da Constituição, e, nos termos do regulamento, de tarifas alfandegárias prévias, sem prejuízo dos controles aduaneiros e de suas taxas".

"Art. 8.º As pessoas jurídicas que exerçam as atividades descritas nos incisos II a IV do art. 5.º poderão constituir provisão para perda de estoques, calculada no último dia de cada período de apuração do imposto de renda e da contribuição social sobre o lucro líquido, correspondente a 1/3 (um terço) do valor do estoque existente naquela data, na forma que dispuser o regulamento, inclusive em relação ao tratamento contábil e fiscal a ser dispensado às reversões dessa provisão".

•• Citados dispositivos definem editor, distribuidor e livreiro.

"Art. 9.º A provisão referida no art. 8.º será dedutível para fins de determinação do lucro real e da base de cálculo da contribuição social sobre o lucro líquido".

....

Art. 87. Os §§ 2.º, 3.º e 4.º do art. 5.º da Lei n. 10.336, de 19 de dezembro de 2001, passam a vigorar com a seguinte redação:

•• Alterações já processadas no diploma modificado.

Art. 88. A Lei n. 10.336, de 19 de dezembro de 2001, fica acrescida do art. 8.º-A:

•• Alteração já processada no diploma modificado.

Art. 89. No prazo de 120 (cento e vinte) dias contados a partir da publicação desta Lei, o Poder Executivo encaminhará Projeto de Lei ao Congresso Nacional prevendo a substituição parcial da contribuição a cargo da empresa, destinada à Seguridade Social, incidente sobre a folha de salários e demais rendimentos do trabalho, prevista no art. 22 da Lei n. 8.212, de 24 de julho de 1991, em Contribuição Social incidente sobre a receita bruta, observado o princípio da não cumulatividade.

•• A Lei n. 10.999, de 15-12-2004, prorrogou até 31-7-2005 o prazo de que trata este artigo.

Art. 90. (*Revogado pela Lei n. 11.051, de 29-12-2004.*)

Art. 91. Serão reduzidas a 0 (zero) as alíquotas da contribuição para o PIS/PASEP e da COFINS incidentes sobre a receita bruta decorrente da venda de álcool etílico hidratado carburante, realizada por distribuidor e revendedor varejista, desde que atendidas as condições estabelecidas pelo Poder Executivo.

Parágrafo único. A redução de alíquotas referidas no *caput* somente será aplicável a partir do mês subsequente ao da edição do decreto que estabeleça as condições requeridas.

Art. 92. A Secretaria da Receita Federal editará, no âmbito de sua competência, as normas necessárias à aplicação do disposto nesta Lei.

•• A Secretaria da Receita Federal passa a denominar-se Secretaria da Receita Federal do Brasil, por força da Lei n. 11.457, de 16-3-2007.

Art. 93. Esta Lei entra em vigor na data de sua publicação, produzindo efeitos, em relação:

I – aos arts. 1.º a 15 e 25, a partir de 1.º de fevereiro de 2004;

II – aos arts. 26, 27, 29, 30 e 34 desta Lei, a partir de 1.º de fevereiro de 2004;

III – ao art. 1.º da Lei n. 8.850, de 28 de janeiro de 1994, e ao inciso I do art. 52 da Lei n. 8.383, de 30 de dezembro de 1991, com a redação dada pelos arts. 42 e 43, a partir de 1.º de janeiro de 2004;

IV – aos arts. 49 a 51 e 53 a 58 desta Lei, a partir do 1.º dia do quarto mês subsequente ao de sua publicação;

V – ao art. 52 desta Lei, a partir do 1.º dia do segundo mês subsequente ao de publicação desta Lei;

VI – aos demais artigos, a partir da data da publicação desta Lei.

Art. 94. Ficam revogados:

I – as alíneas *a* dos incisos III e IV e o inciso V do art. 106, o art. 109 e o art. 137 do Decreto-lei n. 37, de 1966, este com a redação dada pelo art. 4.º do Decreto-lei n. 2.472, de 1988;

II – o art. 7.º do Decreto-lei n. 1.578, de 11 de outubro de 1977;

III – o inciso II do art. 77 da Lei n. 8.981, de 20 de janeiro de 1995;

IV – o art. 75 da Lei n. 9.532, de 10 de dezembro de 1997;

V – os §§ 5.º e 6.º do art. 5.º da Lei n. 10.336, de 28 de dezembro de 2001; e

VI – o art. 6.º da Lei n. 10.637, de 30 de dezembro de 2002, a partir da data de início dos efeitos desta Lei.

Brasília, 29 de dezembro de 2003; 182.º da Independência e 115.º da República.

LUIZ INÁCIO LULA DA SILVA

ANEXO ÚNICO

(*Revogado pela Lei n. 10.925, de 23-7-2004.*)

LEI N. 10.865, DE 30 DE ABRIL DE 2004 (*)

Dispõe sobre a Contribuição para os Programas de Integração Social e de Formação do Patrimônio do Servidor Público e a Contribuição para o Financiamento da Seguridade Social incidentes sobre a importação de bens e serviços e dá outras providências.

O Presidente da República

Faço saber que o Congresso Nacional decreta e eu sanciono a seguinte Lei:

CAPÍTULO I
DA INCIDÊNCIA

Art. 1.º Ficam instituídas a Contribuição para os Programas de Integração Social e de Formação do Patrimônio do Servidor Público incidente na Importação de Produtos Estrangeiros ou Serviços – PIS/PASEP-Importação e a Contribuição Social para o Financiamento da Seguridade Social devida pelo Importador de Bens Estrangeiros ou Serviços do Exterior – COFINS-Importação, com base nos arts. 149, § 2.º, II, e 195,

(*) Publicada no *DOU*, de 30-4-2004.

IV, da Constituição Federal, observado o disposto no seu art. 195, § 6.º.

§ 1.º Os serviços a que se refere o *caput* deste artigo são os provenientes do exterior prestados por pessoa física ou pessoa jurídica residente ou domiciliada no exterior, nas seguintes hipóteses:

I – executados no País; ou

II – executados no exterior, cujo resultado se verifique no País.

§ 2.º Consideram-se também estrangeiros:

I – bens nacionais ou nacionalizados exportados, que retornem ao País, salvo se:

a) enviados em consignação e não vendidos no prazo autorizado;

b) devolvidos por motivo de defeito técnico para reparo ou para substituição;

c) por motivo de modificações na sistemática de importação por parte do país importador;

d) por motivo de guerra ou de calamidade pública; ou

e) por outros fatores alheios à vontade do exportador;

II – os equipamentos, as máquinas, os veículos, os aparelhos e os instrumentos, bem como as partes, as peças, os acessórios e os componentes, de fabricação nacional, adquiridos no mercado interno pelas empresas nacionais de engenharia e exportados para a execução de obras contratadas no exterior, na hipótese de retornarem ao País.

Art. 2.º As contribuições instituídas no art. 1.º desta Lei não incidem sobre:

I – bens estrangeiros que, corretamente descritos nos documentos de transporte, chegarem ao País por erro inequívoco ou comprovado de expedição e que forem redestinados ou devolvidos para o exterior;

II – bens estrangeiros idênticos, em igual quantidade e valor, e que se destinem à reposição de outros anteriormente importados que se tenham revelado, após o desembaraço aduaneiro, defeituosos ou imprestáveis para o fim a que se destinavam, observada a regulamentação do Ministério da Fazenda;

III – bens estrangeiros que tenham sido objeto de pena de perdimento, exceto nas hipóteses em que não sejam localizados, tenham sido consumidos ou revendidos;

IV – bens estrangeiros devolvidos para o exterior antes do registro da declaração de importação, observada a regulamentação do Ministério da Fazenda;

V – pescado capturado fora das águas territoriais do País por empresa localizada no seu território, desde que satisfeitas as exigências que regulam a atividade pesqueira;

VI – bens aos quais tenha sido aplicado o regime de exportação temporária;

VII – bens ou serviços importados pelas entidades beneficentes de assistência social, nos termos do § 7.º do art. 195 da Constituição Federal, observado o disposto no art. 10 desta Lei;

VIII – bens em trânsito aduaneiro de passagem, acidentalmente destruídos;

IX – bens avariados ou que se revelem imprestáveis para os fins a que se destinavam, desde que destruídos, sob controle aduaneiro, antes de despachados para consumo, sem ônus para a Fazenda Nacional;

X – o custo do transporte internacional e de outros serviços, que tiverem sido computados no valor aduaneiro que serviu de base de cálculo da contribuição;

XI – valor pago, creditado, entregue, empregado ou remetido à pessoa física ou jurídica a título de remuneração de serviços vinculados aos processos de avaliação da conformidade, metrologia, normalização, inspeção sanitária e fitossanitária, homologação, registros e outros procedimentos exigidos pelo país importador sob o resguardo dos acordos sobre medidas sanitárias e fitossanitárias (SPS) e sobre barreiras técnicas ao comércio (TBT), ambos do âmbito da Organização Mundial do Comércio – OMC.

•• Inciso XI acrescentado pela Lei n. 12.249, de 11-6-2010.

Parágrafo único. O disposto no inciso XI não se aplica à remuneração de serviços prestados por pessoa física ou jurídica residente ou domiciliada em país ou dependência com tributação favorecida ou beneficiada por regime fiscal privilegiado, de que tratam os arts. 24 e 24-A da Lei n. 9.430, de 27 de dezembro de 1996.

•• Parágrafo único acrescentado pela Lei n. 12.249, de 11-6-2010.

Capítulo II
DO FATO GERADOR

Art. 3.º O fato gerador será:

I – a entrada de bens estrangeiros no território nacional; ou

II – o pagamento, o crédito, a entrega, o emprego ou a remessa de valores a residentes ou domiciliados no exterior como contraprestação por serviço prestado.

§ 1.º Para efeito do inciso I do *caput* deste artigo, consideram-se entrados no território nacional os bens que constem como tendo sido importados e cujo extravio venha a ser apurado pela administração aduaneira.

§ 2.º O disposto no § 1.º deste artigo não se aplica:

I – às malas e às remessas postais internacionais; e

II – à mercadoria importada a granel que, por sua natureza ou condições de manuseio na descarga, esteja sujeita a quebra ou a decréscimo, desde que o extravio não seja superior a 1% (um por cento).

§ 3.º Na hipótese de ocorrer quebra ou decréscimo em percentual superior ao fixado no inciso II do § 2.º deste artigo, serão exigidas as contribuições somente em relação ao que exceder a 1% (um por cento).

Art. 4.º Para efeito de cálculo das contribuições, considera-se ocorrido o fato gerador:

I – na data do registro da declaração de importação de bens submetidos a despacho para consumo;

II – no dia do lançamento do correspondente crédito tributário, quando se tratar de bens constantes de manifesto ou de outras declarações de efeito equivalente, cujo extravio ou avaria for apurado pela autoridade aduaneira;

III – na data do vencimento do prazo de permanência dos bens em recinto alfandegado, se iniciado o respectivo despacho aduaneiro antes de aplicada a pena de perdimento, na situação prevista pelo art. 18 da Lei n. 9.779, de 19 de janeiro de 1999;

IV – na data do pagamento, do crédito, da entrega, do emprego ou da remessa de valores na hipótese de que trata o inciso II do *caput* do art. 3.º desta Lei.

Parágrafo único. O disposto no inciso I do *caput* deste artigo aplica-se, inclusive, no caso de despacho para consumo de bens importados sob regime suspensivo de tributação do imposto de importação.

Capítulo III
DO SUJEITO PASSIVO

Art. 5.º São contribuintes:

I – o importador, assim considerada a pessoa física ou jurídica que promova a entrada de bens estrangeiros no território nacional;

II – a pessoa física ou jurídica contratante de serviços de residente ou domiciliado no exterior; e

III – o beneficiário do serviço, na hipótese em que o contratante também seja residente ou domiciliado no exterior.

Parágrafo único. Equiparam-se ao importador o destinatário de remessa postal internacional indicado pelo respectivo remetente e o adquirente de mercadoria entrepostada.

Art. 6.º São responsáveis solidários:

I – o adquirente de bens estrangeiros, no caso de importação realizada por sua conta e ordem, por intermédio de pessoa jurídica importadora;

II – o transportador, quando transportar bens procedentes do exterior ou sob controle aduaneiro, inclusive em percurso interno;

III – o representante, no País, do transportador estrangeiro;

IV – o depositário, assim considerado qualquer pessoa incumbida da custódia de bem sob controle aduaneiro; e

V – o expedidor, o operador de transporte multimodal ou qualquer subcontratado para a realização do transporte multimodal.

CAPÍTULO IV
DA BASE DE CÁLCULO

Art. 7.º A base de cálculo será:

I – o valor aduaneiro, na hipótese do inciso I do *caput* do art. 3.º desta Lei; ou

•• Inciso I com redação determinada pela Lei n. 12.865, de 9-10-2013.

II – o valor pago, creditado, entregue, empregado ou remetido para o exterior, antes da retenção do imposto de renda, acrescido do Imposto sobre Serviços de qualquer Natureza – ISS e do valor das próprias contribuições, na hipótese do inciso II do *caput* do art. 3.º desta Lei.

§ 1.º A base de cálculo das contribuições incidentes sobre prêmios de resseguro cedidos ao exterior é de 15% (quinze por cento) do valor pago, creditado, entregue, empregado ou remetido.

•• § 1.º com redação determinada pela Lei n. 12.249, de 11-6-2010.

§ 2.º O disposto no § 1.º deste artigo aplica-se aos prêmios de seguros não enquadrados no disposto no inciso X do art. 2.º desta Lei.

....

§§ 4.º e 5.º (*Revogados pela Lei n. 12.865, de 9-10-2013.*)

CAPÍTULO V
DAS ALÍQUOTAS

Art. 8.º As contribuições serão calculadas mediante aplicação, sobre a base de cálculo de que trata o art. 7.º desta Lei, das alíquotas:

•• *Caput* com redação determinada pela Lei n. 13.137, de 19-6-2015, em vigor no primeiro dia do quarto mês subsequente ao da publicação da Medida Provisória n. 668, de 30-1-2015 (*DOU* de 30-1-2015).

I – na hipótese do inciso I do *caput* do art. 3.º, de:

•• Inciso I, *caput*, com redação determinada pela Lei n. 13.137, de 19-6-2015, em vigor no primeiro dia do quarto mês subsequente ao da publicação da Medida Provisória n. 668, de 30-1-2015 (*DOU* de 30-1-2015).

a) 2,1% (dois inteiros e um décimo por cento), para a Contribuição para o PIS/Pasep-Importação; e

•• Alínea *a* acrescentada pela Lei n. 13.137, de 19-6-2015, em vigor no primeiro dia do quarto mês subsequente ao da publicação da Medida Provisória n. 668, de 30-1-2015 (*DOU* de 30-1-2015).

b) 9,65% (nove inteiros e sessenta e cinco centésimos por cento), para a Cofins-Importação; e

•• Alínea *b* acrescentada pela Lei n. 13.137, de 19-6-2015, em vigor no primeiro dia do quarto mês subsequente ao da publicação da Medida Provisória n. 668, de 30-1-2015 (*DOU* de 30-1-2015).

II – na hipótese do inciso II do *caput* do art. 3.º, de:

•• Inciso I, *caput*, com redação determinada pela Lei n. 13.137, de 19-6-2015, em vigor no primeiro dia do quarto mês subsequente ao da publicação da Medida Provisória n. 668, de 30-1-2015 (*DOU* de 30-1-2015).

a) 1,65% (um inteiro e sessenta e cinco centésimos por cento), para a Contribuição para o PIS/Pasep-Importação; e

•• Alínea *a* acrescentada pela Lei n. 13.137, de 19-6-2015, em vigor no primeiro dia do quarto mês subsequente ao da publicação da Medida Provisória n. 668, de 30-1-2015 (*DOU* de 30-1-2015).

b) 7,6% (sete inteiros e seis décimos por cento), para a Cofins-Importação.

•• Alínea *b* acrescentada pela Lei n. 13.137, de 19-6-2015, em vigor no primeiro dia do quarto mês subsequente ao da publicação da Medida Provisória n. 668, de 30-1-2015 (*DOU* de 30-1-2015).

....

§ 8.º A importação de gasolinas e suas correntes, exceto de aviação e óleo diesel e suas correntes, gás liquefeito de petróleo (GLP) derivado de petróleo e gás natural e querosene de aviação fica sujeita à incidência da contribuição para o PIS/PASEP e da COFINS, fixadas por unidade de volume do produto, às alíquotas previstas no art. 23 desta Lei, independentemente de o importador haver optado pelo regime especial de apuração e pagamento ali referido.

....

§ 12. Ficam reduzidas a 0 (zero) as alíquotas das contribuições, nas hipóteses de importação de:

•• § 12 regulamentado pelo Decreto n. 5.171, de 6-8-2004.

....

III – papel destinado à impressão de jornais, pelo prazo de 4 (quatro) anos a contar da data de vigência desta Lei, ou até que a produção nacional atenda 80% (oitenta por cento) do consumo interno;

•• A Lei n. 12.649, de 17-5-2012, prorroga os prazos previstos neste inciso até 30-4-2016.

•• *Vide* art. 18 da Lei n. 11.727, de 23-6-2008.

....

XII – livros, conforme definido no art. 2.º da Lei n. 10.753, de 30 de outubro de 2003.

•• Inciso XII com redação determinada pela Lei n. 11.033, de 21-12-2004.

....

§ 14. Ficam reduzidas a 0 (zero) as alíquotas das contribuições incidentes sobre o valor pago, creditado, entregue, empregado ou remetido à pessoa física ou jurídica residente ou domiciliada no exterior, referente a aluguéis e contraprestações de arrendamento mercantil de máquinas e equipamentos, embarcações e aeronaves utilizados na atividade da empresa.

•• § 14 acrescentado pela Lei n. 10.925, de 23-7-2004.

....

§ 17. O disposto no § 14 deste artigo não se aplica aos valores pagos, creditados, entregues, empregados ou remetidos, por fonte situada no País, à pessoa física ou jurídica residente ou domiciliada no exterior, em decorrência da prestação de serviços de frete, afretamento, arrendamento ou aluguel de embarcações marítimas ou fluviais destinadas ao transporte de pessoas para fins turísticos.

•• § 17 acrescentado pela Lei n. 11.727, de 23-6-2008.

•• *Vide* art. 41, II, da Lei n. 11.727, de 23-6-2008.

§ 18. O disposto no § 17 deste artigo aplicar-se-á também à hipótese de contratação ou utilização da embarcação em atividade mista de transporte de cargas e de pessoas para fins turísticos, independentemente da preponderância da atividade.

•• § 18 acrescentado pela Lei n. 11.727, de 23-6-2008.

•• *Vide* art. 41, II, da Lei n. 11.727, de 23-6-2008.

....

Capítulo VI
DA ISENÇÃO

Art. 9.º São isentas das contribuições de que trata o art. 1.º desta Lei:

I – as importações realizadas:

a) pela União, Estados, Distrito Federal e Municípios, suas autarquias e fundações instituídas e mantidas pelo poder público;

b) pelas Missões Diplomáticas e Repartições Consulares de caráter permanente e pelos respectivos integrantes;

c) pelas representações de organismos internacionais de caráter permanente, inclusive os de âmbito regional, dos quais o Brasil seja membro, e pelos respectivos integrantes;

II – as hipóteses de:

a) amostras e remessas postais internacionais, sem valor comercial;

b) remessas postais e encomendas aéreas internacionais, destinadas a pessoa física;

c) bagagem de viajantes procedentes do exterior e bens importados a que se apliquem os regimes de tributação simplificada ou especial;

d) bens adquiridos em loja franca no País;

e) bens trazidos do exterior, no comércio característico das cidades situadas nas fronteiras terrestres, destinados à subsistência da unidade familiar de residentes nas cidades fronteiriças brasileiras;

f) bens importados sob o regime aduaneiro especial de drawback, na modalidade de isenção;

....

h) máquinas, equipamentos, aparelhos e instrumentos, e suas partes e peças de reposição, acessórios, matérias-primas e produtos intermediários, importados por instituições científicas e tecnológicas e por cientistas e pesquisadores, conforme o disposto na Lei n. 8.010, de 29 de março de 1990.

III – (*Vetado*.)

•• Inciso III acrescentado pela Lei n. 10.925, de 23-7-2004.

§ 1.º As isenções de que tratam os incisos I e II deste artigo somente serão concedidas se satisfeitos os requisitos e condições exigidos para o reconhecimento de isenção do Imposto sobre Produtos Industrializados – IPI.

•• § 1.º acrescentado pela Lei n. 10.925, de 23-7-2004.

§ 2.º (*Vetado*.)

•• § 2.º acrescentado pela Lei n. 10.925, de 23-7-2004.

Art. 10. Quando a isenção for vinculada à qualidade do importador, a transferência de propriedade ou a cessão de uso dos bens, a qualquer título, obriga ao prévio pagamento das contribuições de que trata esta Lei.

Parágrafo único. O disposto no *caput* deste artigo não se aplica aos bens transferidos ou cedidos:

I – a pessoa ou a entidade que goze de igual tratamento tributário, mediante prévia decisão da autoridade administrativa da Secretaria da Receita Federal;

•• A Secretaria da Receita Federal passa a denominar-se Secretaria da Receita Federal do Brasil, por força da Lei n. 11.457, de 16-3-2007.

II – após o decurso do prazo de 3 (três) anos, contado da data do registro da declaração de importação; e

III – a entidades beneficentes, reconhecidas como de utilidade pública, para serem vendidos em feiras, bazares e eventos semelhantes, desde que recebidos em doação de representações diplomáticas estrangeiras sediadas no País.

Art. 11. A isenção das contribuições, quando vinculada à destinação dos bens, ficará condicionada à comprovação posterior do seu efetivo emprego nas finalidades que motivaram a concessão.

Art. 12. Desde que mantidas as finalidades que motivaram a concessão e mediante prévia decisão da autoridade administrativa da Secretaria da Receita Federal, poderá ser transferida a propriedade ou cedido o uso dos bens antes de decorrido o prazo de 3 (três) anos a que se refere o inciso II do parágrafo único do art. 10 desta Lei, contado da data do registro da correspondente declaração de importação.

•• *Vide* nota ao art. 10, parágrafo único, I, desta Lei.

CAPÍTULO VII
DO PRAZO DE RECOLHIMENTO

Art. 13. As contribuições de que trata o art. 1.º desta Lei serão pagas:

I – na data do registro da declaração de importação, na hipótese do inciso I do *caput* do art. 3.º desta Lei;

II – na data do pagamento, crédito, entrega, emprego ou remessa, na hipótese do inciso II do *caput* do art. 3.º desta Lei;

III – na data do vencimento do prazo de permanência do bem no recinto alfandegado, na hipótese do inciso III do *caput* do art. 4.º desta Lei.

Capítulo VIII
DOS REGIMES ADUANEIROS ESPECIAIS

Art. 14. As normas relativas à suspensão do pagamento do imposto de importação ou do IPI vinculado à importação, relativas aos regimes aduaneiros especiais, aplicam-se também às contribuições de que trata o art. 1.º desta Lei.

§ 1.º O disposto no *caput* deste artigo aplica-se também às importações, efetuadas por empresas localizadas na Zona Franca de Manaus, de bens a serem empregados na elaboração de matérias-primas, produtos intermediários e materiais de embalagem destinados a emprego em processo de industrialização por estabelecimentos ali instalados, consoante projeto aprovado pelo Conselho de Administração da Superintendência da Zona Franca de Manaus – SUFRAMA, de que trata o art. 5.º-A da Lei n. 10.637, de 30 de dezembro de 2002.

•• *Vide* art. 5.º da Lei n. 10.996, de 15-12-2004.

§ 2.º A Secretaria da Receita Federal estabelecerá os requisitos necessários para a suspensão de que trata o § 1.º deste artigo.

•• *Vide* nota ao art. 10, parágrafo único, I, desta Lei.

Art. 14-A. Fica suspensa a exigência das contribuições de que trata o art. 1.º desta Lei nas importações efetuadas por empresas localizadas na Zona Franca de Manaus de matérias-primas, produtos intermediários e materiais de embalagem para emprego em processo de industrialização por estabelecimentos industriais instalados na Zona Franca de Manaus e consoante projetos aprovados pelo Conselho de Administração da Superintendência da Zona Franca de Manaus – SUFRAMA.

•• Artigo acrescentado pela Lei n. 10.925, de 23-7-2004.

•• *Vide* art. 5.º da Lei n. 10.996, de 15-12-2004.

Capítulo IX
DO CRÉDITO

Art. 15. As pessoas jurídicas sujeitas à apuração da contribuição para o PIS/PASEP e da COFINS, nos termos dos arts. 2.º e 3.º das Leis n. 10.637, de 30 de dezembro de 2002, e 10.833, de 29 de dezembro de 2003, poderão descontar crédito, para fins de determinação dessas contribuições, em relação às importações sujeitas ao pagamento das contribuições de que trata o art. 1.º desta Lei, nas seguintes hipóteses:

I – bens adquiridos para revenda;

II – bens e serviços utilizados como insumo na prestação de serviços e na produção ou fabricação de bens ou produtos destinados à venda, inclusive combustível e lubrificantes;

III – energia elétrica consumida nos estabelecimentos da pessoa jurídica;

IV – aluguéis e contraprestações de arrendamento mercantil de prédios, máquinas e equipamentos, embarcações e aeronaves, utilizados na atividade da empresa;

V – máquinas, equipamentos e outros bens incorporados ao ativo imobilizado, adquiridos para locação a terceiros ou para utilização na produção de bens destinados à venda ou na prestação de serviços.

•• Inciso V com redação determinada pela Lei n. 11.196, de 21-11-2005.

•• *Vide* art. 132, III, *b*, da Lei n. 11.196, de 21-11-2005.

§ 1.º O direito ao crédito de que trata este artigo e o art. 17 desta Lei aplica-se em relação às contribuições efetivamente pagas na importação de bens e serviços a partir da produção dos efeitos desta Lei.

§ 1.º-A. O valor da Cofins-Importação pago em decorrência do adicional de alíquota de que trata o § 21 do art. 8.º não gera direito ao desconto do crédito de que trata o *caput*.

•• § 1.º-A acrescentado pela Lei n. 13.137, de 19-6-2015, em vigor no primeiro dia do quarto mês subsequente ao da publicação da Medida Provisória n. 668, de 30-1-2015 (*DOU* de 30-1-2015).

§ 2.º O crédito não aproveitado em determinado mês poderá sê-lo nos meses subsequentes.

§ 3.º O crédito de que trata o *caput* será apurado mediante a aplicação das alíquotas previstas no art. 8.º sobre o valor que serviu de base de cálculo das contribuições, na forma do art. 7.º, acrescido do valor do IPI vinculado à importação, quando integrante do custo de aquisição.

•• § 3.º com redação determinada pela Lei n. 13.137, de 19-6-2015, em vigor no primeiro dia do quarto mês subsequente ao da publicação da Medida Provisória n. 668, de 30-1-2015 (*DOU* de 30-1-2015).

§ 4.º Na hipótese do inciso V do *caput* deste artigo, o crédito será determinado mediante a aplicação das alíquotas referidas no § 3.º deste artigo sobre o valor da depreciação ou amortização contabilizada a cada mês.

§ 5.º Para os efeitos deste artigo, aplicam-se, no que couber, as disposições dos §§ 7.º e 9.º do art. 3.º das Leis n. 10.637, de 30 de dezembro de 2002, e 10.833, de 29 de dezembro de 2003.

§ 6.º O disposto no inciso II do *caput* deste artigo alcança os direitos autorais pagos pela indústria fonográfica desde que esses direitos tenham se sujeitado ao pagamento das contribuições de que trata esta Lei.

§ 7.º Opcionalmente, o contribuinte poderá descontar o crédito de que trata o § 4.º deste artigo, relativo à importação de máquinas e equipamentos destinados ao ativo imobilizado, no prazo de 4 (quatro) anos, mediante a aplicação, a cada mês, das alíquotas referidas no § 3.º deste artigo sobre o valor correspondente a 1/48 (um quarenta e oito avos) do valor de aquisição do bem, de acordo com regulamentação da Secretaria da Receita Federal.

•• A Secretaria da Receita Federal passa a denominar-se Secretaria da Receita Federal do Brasil, por força da Lei n. 11.457, de 16-3-2007.

....

§§ 11 e 12. (*Revogados pela Lei n. 13.097, de 19-1-2015.*)

§ 13. No cálculo do crédito de que trata o inciso V do *caput*:

•• § 13, *caput*, acrescentado pela Lei n. 12.973, de 13-5-2014.

I – os valores decorrentes do ajuste a valor presente de que trata o inciso III do *caput* do art. 184 da Lei n. 6.404, de 15 de dezembro de 1976, poderão ser considerados como parte integrante do custo ou valor de aquisição; e

•• Inciso I acrescentado pela Lei n. 12.973, de 13-5-2014.

II – não serão computados os ganhos e perdas decorrentes de avaliação de ativo com base no valor justo.

•• Inciso II acrescentado pela Lei n. 12.973, de 13-5-2014.

§ 14. O disposto no inciso V do *caput* não se aplica no caso de bem objeto de arrendamento mercantil, na pessoa jurídica arrendatária.

•• § 14 acrescentado pela Lei n. 12.973, de 13-5-2014.

Art. 16. É vedada a utilização do crédito de que trata o art. 15 desta Lei nas hipóteses referidas nos incisos III e IV do § 3.º do art. 1.º e no art. 8.º da Lei n. 10.637, de 30 de dezembro de 2002, e nos incisos III e IV do § 3.º do art. 1.º e no art. 10 da Lei n. 10.833, de 29 de dezembro de 2003.

§ 1.º Gera direito aos créditos de que tratam os arts. 15 e 17 desta Lei a importação efetuada com isenção, exceto na hipótese de os produtos serem revendidos ou utilizados como insumo em produtos sujeitos à alíquota zero, isentos ou não alcançados pela contribuição.

•• § 1.º com redação determinada pela Lei n. 11.945, de 4-6-2009.

§ 2.º A importação efetuada na forma da alínea *f* do inciso II do art. 9.º desta Lei não dará direito a crédito, em qualquer caso.

•• § 2.º acrescentado pela Lei n. 11.945, de 4-6-2009.

....

Capítulo X
DO LANÇAMENTO DE OFÍCIO

Art. 19. Nos casos de lançamentos de ofício, serão aplicadas, no que couber, as disposições dos arts. 43 e 44 da Lei n. 9.430, de 27 de dezembro de 1996.

Capítulo XI
DA ADMINISTRAÇÃO DO TRIBUTO

Art. 20. Compete à Secretaria da Receita Federal a administração e a fiscalização das contribuições de que trata esta Lei.

•• A Secretaria da Receita Federal passa a denominar-se Secretaria da Receita Federal do Brasil, por força da Lei n. 11.457, de 16-3-2007.

§ 1.º As contribuições sujeitam-se às normas relativas ao processo administrativo fiscal de determinação e exigência do crédito tributário e de consulta de que trata o Decreto n. 70.235, de 6 de março de 1972, bem como, no que couber, às disposições da legislação do imposto de renda, do imposto de importação, especialmente quanto à valoração aduaneira, e da contribuição para o PIS/PASEP e da COFINS.

§ 2.º A Secretaria da Receita Federal editará, no âmbito de sua competência, as normas necessárias à aplicação do disposto nesta Lei.

Capítulo XII
DISPOSIÇÕES GERAIS

Art. 21. Os arts. 1.º, 2.º, 3.º, 6.º, 10, 12, 15, 25, 27, 32, 34, 49, 50, 51, 52, 53, 56 e 90 da Lei n. 10.833, de 29 de dezembro de 2003, passam a vigorar com a seguinte redação:

•• Alterações já processadas no diploma modificado.

Art. 22. Os dispositivos legais a seguir passam a vigorar com a seguinte redação:

I – art. 4.º da Lei n. 9.718, de 27 de novembro de 1998:

•• Alterações já processadas no diploma modificado.

....

Art. 23. O importador ou fabricante dos produtos referidos nos incisos I a III do art. 4.º da Lei n. 9.718, de 27 de novembro de 1998, e no art. 2.º da Lei n. 10.560, de 13 de novembro de 2002, poderá optar por regime especial de apuração e pagamento da contribuição para o PIS/PASEP e da COFINS, no qual os valores das contribuições são fixados, respectivamente, em:

I – R$ 141,10 (cento e quarenta e um reais e dez centavos) e R$ 651,40 (seiscentos e cinquenta e um reais e quarenta centavos), por metro cúbico de gasolinas e suas correntes, exceto gasolina de aviação;

II – R$ 82,20 (oitenta e dois reais e vinte centavos) e R$ 379,30 (trezentos e setenta e nove reais e trinta centavos), por metro cúbico de óleo diesel e suas correntes;

III – R$ 119,40 (cento e dezenove reais e quarenta centavos) e R$ 551,40 (quinhentos e cinquenta e um reais e quarenta centavos), por tonelada de gás liquefeito de petróleo – GLP, derivado de petróleo e de gás natural;

•• Inciso III com redação determinada pela Lei n. 11.051, de 29-12-2004.

IV – R$ 48,90 (quarenta e oito reais e noventa centavos) e R$ 225,50 (duzentos e vinte e cinco reais e cinquenta centavos), por metro cúbico de querosene de aviação.

§ 1.º A opção prevista neste artigo será exercida, segundo normas e condições estabelecidas pela Secretaria da Receita Federal, até o último dia útil do mês de novembro de cada ano-calendário, produzindo efeitos, de forma irretratável, durante todo o ano-calendário subsequente ao da opção.

§ 2.º Excepcionalmente para o ano-calendário de 2004, a opção poderá ser exercida até o último dia útil do mês de maio, produzindo efeitos, de forma irretratável, a partir do dia 1.º de maio.

§ 3.º No caso da opção efetuada nos termos dos §§ 1.º e 2.º deste artigo, a Secretaria da Receita Federal divulgará o nome da pessoa jurídica optante e a data de início da opção.

•• *Vide* nota ao art. 20, *caput*, desta Lei.

§ 4.º A opção a que se refere este artigo será automaticamente prorrogada para o ano-calendário seguinte, salvo se a pessoa jurídica dela desistir, nos termos e condições estabelecidos pela Secretaria da Receita Federal, até o último dia útil do mês de outubro do ano-calendário, hipótese em que a produção de efeitos se dará a partir do dia 1.º de janeiro do ano-calendário subsequente.

§ 5.º Fica o Poder Executivo autorizado a fixar coeficientes para redução das alíquotas previstas neste artigo, os quais poderão ser alterados, para mais ou para menos, ou extintos, em relação aos produtos ou sua utilização, a qualquer tempo.

Art. 24. O inciso III do § 2.º do art. 8.º da Lei n. 10.426, de 24 de abril de 2002, passa a vigorar com a seguinte redação:

•• Alteração já processada no diploma modificado.

Art. 25. O disposto no art. 9.º da Medida Provisória n. 2.159-70, de 24 de agosto de 2001, aplica-se, também, relativamente aos fatos geradores ocorridos a partir de 1.º de abril de 2004, às remessas para o exterior vinculadas ao pagamento de despesas relacionadas com a promoção de destinos turísticos brasileiros.

Parágrafo único. Para os fins do disposto no *caput* deste artigo, entende-se por despesas vinculadas à promoção de destinos turísticos brasileiros aquelas decorrentes de pesquisa de mercado, participação em exposições, feiras e eventos semelhantes, inclusive aluguéis e arrendamentos de estandes e locais de exposição.

Art. 26. (*Revogado pela Lei n. 10.925, de 23-7-2004.*)

Art. 27. O Poder Executivo poderá autorizar o desconto de crédito nos percentuais que estabelecer e para os fins referidos no art. 3.º das Leis n. 10.637, de 30 de dezembro de 2002, e 10.833, de 29 de dezembro de 2003, relativamente às despesas financeiras decorrentes de empréstimos e financiamentos, inclusive pagos ou creditados a residentes ou domiciliados no exterior.

§ 1.º Poderão ser estabelecidos percentuais diferenciados no caso de pagamentos ou créditos a residentes ou domiciliados em país com tributação favorecida ou com sigilo societário.

§ 2.º O Poder Executivo poderá, também, reduzir e restabelecer, até os percentuais de que tratam os incisos I e II do *caput* do art. 8.º desta Lei, as alíquotas da contribuição para o PIS/PASEP e da COFINS incidentes sobre as receitas financeiras auferidas pelas pessoas jurídicas sujeitas ao regime de não cumulatividade das referidas contribuições, nas hipóteses que fixar.

§ 3.º O disposto no § 2.º não se aplica aos valores decorrentes do ajuste a valor presente de que trata o inciso VIII do *caput* do art. 183 da Lei n. 6.404, de 15 de dezembro de 1976.

•• § 3.º pela Lei n. 12.973, de 13-5-2014.

....

Art. 29. As disposições do art. 3.º da Lei Complementar n. 70, de 30 de dezembro de 1991, do art. 5.º da Lei n. 9.715, de 25 de novembro de 1998, e do art. 53 da Lei n. 9.532, de 10 de dezembro de 1997, alcançam também o comerciante atacadista.

Art. 30. Considera-se aquisição, para fins do desconto do crédito previsto nos arts. 3.º das Leis n. 10.637, de 30 de dezembro de 2002, e 10.833, de 29 de dezembro de 2003, a versão de bens e direitos neles referidos, em decorrência de fusão, incorporação e cisão de pessoa jurídica domiciliada no País.

§ 1.º O disposto neste artigo aplica-se somente nas hipóteses em que fosse admitido o desconto do crédito pela pessoa jurídica fusionada, incorporada ou cindida.

§ 2.º Aplica-se o disposto neste artigo a partir da data de produção de efeitos do art. 3.º das Leis n. 10.637, de 30 de dezembro de 2002, e 10.833, de 29 de dezembro de 2003, conforme o caso.

Art. 31. É vedado, a partir do último dia do terceiro mês subsequente ao da publicação desta Lei, o desconto de créditos apurados na forma do inciso III do § 1.º do art. 3.º das Leis n. 10.637, de 30 de dezembro de 2002, e 10.833, de 29 de dezembro de 2003, relativos à depreciação ou amortização de bens e direitos de ativos imobilizados adquiridos até 30 de abril de 2004.

§ 1.º Poderão ser aproveitados os créditos referidos no inciso III do § 1.º do art. 3.º das Leis n. 10.637, de 30 de dezembro de 2002, e 10.833, de 29 de dezembro de 2003, apurados sobre a depreciação ou amortização de bens e direitos de ativo imobilizado adquiridos a partir de 1.º de maio.

§ 2.º O direito ao desconto de créditos de que trata o § 1.º deste artigo não se aplica ao valor decorrente da reavaliação de bens e direitos do ativo permanente.

§ 3.º É também vedado, a partir da data a que se refere o *caput*, o crédito relativo a aluguel e contraprestação de arrendamento mercantil de bens que já tenham integrado o patrimônio da pessoa jurídica.

Art. 32. O art. 41 da Lei n. 8.981, de 20 de janeiro de 1995, passa a vigorar com a seguinte redação:

•• Alteração já processada no diploma modificado.

Art. 33. O art. 5.º da Lei n. 9.826, de 23 de agosto de 1999, com a redação dada pela Lei n. 10.485, de 3 de julho de 2002, passa a vigorar com a seguinte redação:

•• Alteração já processada no diploma modificado.

....

Art. 37. Os arts. 1.º, 2.º, 3.º, 5.º, 5.º-A e 11 da Lei n. 10.637, de 30 de dezembro de 2002, passam a vigorar com a seguinte redação:

•• Alterações já processadas no diploma modificado.

....

Art. 39. As sociedades cooperativas que obedecerem ao disposto na legislação específica, relativamente aos atos cooperativos, ficam isentas da Contribuição Social sobre o Lucro Líquido – CSLL.

Parágrafo único. O disposto no *caput* deste artigo não se aplica às sociedades cooperativas de consumo de que trata o art. 69 da Lei n. 9.532, de 10 de dezembro de 1997.

....

Art. 43. (*Revogado pela Lei n. 10.999, de 15-12-2004.*)

....

Art. 45. Produzem efeitos a partir do primeiro dia do 4.º (quarto) mês subsequente ao de publicação desta Lei, quanto às alterações efetuadas em relação à Medida Provisória n. 164, de 29 de janeiro de 2004, as disposições constantes desta Lei:

•• A Medida Provisória n. 164, de 29-1-2004, foi convalidada na Lei n. 10.865, de 30-4-2004.

....

II – no art. 16;

....

IV – no art. 22.

Parágrafo único. As disposições de que tratam os incisos I a IV do *caput* deste artigo, na redação original da Medida Provisória n. 164, de 29 de janeiro de 2004, produzem efeitos a partir de 1.º de maio de 2004.

•• *Vide* nota ao *caput* deste artigo.

Art. 46. Produz efeitos a partir do 1.º (primeiro) dia do 4.º (quarto) mês subsequente ao de publicação desta Lei o disposto:

I – nos arts. 1.º, 12, 50 e art. 51, II e IV, da Lei n. 10.833, de 29 de dezembro de 2003, com a redação dada pelo art. 21 desta Lei;

....

IV – nos arts. 1.º, 2.º, 3.º e 11 da Lei n. 10.637, de 30 de dezembro de 2002, com a redação dada pelo art. 37 desta Lei.

....

Art. 48. Produz efeitos a partir de 1.º de janeiro de 2005 o disposto no art. 39 desta Lei.

Art. 49. Os arts. 55 a 58 da Lei n. 10.833, de 29 de dezembro de 2003, produzem efeitos a partir de 1.º de fevereiro de 2004, relativamente à hipótese de que trata o seu art. 52.

Art. 50. Os arts. 49 e 51 da Lei n. 10.833, de 29 de dezembro de 2003, em relação às alterações introduzidas pelo art. 21 desta Lei, produzem efeitos a partir de 1.º de maio de 2004.

Art. 51. O disposto no art. 53 da Lei n. 10.833, de 29 de dezembro de 2003, com a alteração introduzida pelo art. 21 desta Lei, produz efeito a partir de 29 de janeiro de 2004.

Art. 52. Excepcionalmente para o ano-calendário de 2004, a opção pelo regime especial de que trata o art. 52 da Lei n. 10.833, de 29 de dezembro de 2003, poderá ser exercida até o último dia útil do mês subsequente ao da publicação desta Lei, produzindo efeitos, de forma irretratável, a partir do mês subsequente ao da opção, até 31 de dezembro de 2004.

Art. 53. Esta Lei entra em vigor na data de sua publicação, produzindo efeitos a partir do dia 1.º de maio de 2004, ressalvadas as disposições contidas nos artigos anteriores.

Brasília, 30 de abril de 2004; 183.º da Independência e 116.º da República.

LUIZ INÁCIO LULA DA SILVA

LEI N. 10.931, DE 2 DE AGOSTO DE 2004 (*)

Dispõe sobre o patrimônio de afetação de incorporações imobiliárias, Letra de Crédito Imobiliário, Cédula de Crédito Imobiliário, Cédula de Crédito Bancário, altera o Decreto-lei n. 911, de 1.º de outubro de 1969, as Leis n. 4.591, de 16 de dezembro de 1964, n. 4.728, de 14 de julho de 1965, e n. 10.406, de 10 de janeiro de 2002, e dá outras providências.

O Presidente da República

Faço saber que o Congresso Nacional decreta e eu sanciono a seguinte Lei:

CAPÍTULO I
DO REGIME ESPECIAL TRIBUTÁRIO DO PATRIMÔNIO DE AFETAÇÃO

Art. 1.º Fica instituído o regime especial de tributação aplicável às incorporações imobiliárias, em caráter opcional e irretratável enquanto perdurarem direitos de crédito ou obrigações do incorporador junto aos adquirentes dos imóveis que compõem a incorporação.

Art. 2.º A opção pelo regime especial de tributação de que trata o art. 1.º será efetivada quando atendidos os seguintes requisitos:

I – entrega do termo de opção ao regime especial de tributação na unidade competente da Secretaria da Receita Federal, conforme regulamentação a ser estabelecida; e

•• A Secretaria da Receita Federal passa a denominar-se Secretaria da Receita Federal do Brasil, por força da Lei n. 11.457, de 16-3-2007.

II – afetação do terreno e das acessões objeto da incorporação imobiliária, conforme disposto nos arts. 31-A a 31-E da Lei n. 4.591, de 16 de dezembro de 1964.

Art. 3.º O terreno e as acessões objeto da incorporação imobiliária sujeitas ao regime especial de tributação, bem como os demais bens e direitos a ela vinculados, não responderão por dívidas tributárias da incorporadora relativas ao Imposto de Renda das Pessoas

(*) Publicada no *DOU*, de 3-8-2004.

Jurídicas – IRPJ, à Contribuição Social sobre o Lucro Líquido – CSLL, à Contribuição para o Financiamento da Seguridade Social – COFINS e à Contribuição para os Programas de Integração Social e de Formação do Patrimônio do Servidor Público – PIS/PASEP, exceto aquelas calculadas na forma do art. 4.º sobre as receitas auferidas no âmbito da respectiva incorporação.

Parágrafo único. O patrimônio da incorporadora responderá pelas dívidas tributárias da incorporação afetada.

Art. 4.º Para cada incorporação submetida ao regime especial de tributação, a incorporadora ficará sujeita ao pagamento equivalente a 4% (quatro por cento) da receita mensal recebida, o qual corresponderá ao pagamento mensal unificado do seguinte imposto e contribuições:

•• *Caput* com redação determinada pela Lei n. 12.844, de 19-7-2013.

I – Imposto de Renda das Pessoas Jurídicas – IRPJ;

II – Contribuição para os Programas de Integração Social e de Formação do Patrimônio do Servidor Público – PIS/PASEP;

III – Contribuição Social sobre o Lucro Líquido – CSLL; e

IV – Contribuição para Financiamento da Seguridade Social – COFINS.

§ 1.º Para fins do disposto no *caput*, considera-se receita mensal a totalidade das receitas auferidas pela incorporadora na venda das unidades imobiliárias que compõem a incorporação, bem como as receitas financeiras e variações monetárias decorrentes desta operação.

§ 2.º O pagamento dos tributos e contribuições na forma do disposto no *caput* deste artigo será considerado definitivo, não gerando, em qualquer hipótese, direito à restituição ou à compensação com o que for apurado pela incorporadora.

•• § 2.º com redação determinada pela Lei n. 11.196, de 21-11-2005.

•• *Vide* art. 132, II, *d*, da Lei n. 11.196, de 21-11-2005.

§ 3.º As receitas, custos e despesas próprios da incorporação sujeita a tributação na forma deste artigo não deverão ser computados na apuração das bases de cálculo dos tributos e contribuições de que trata o *caput* deste artigo devidos pela incorporadora em virtude de suas outras atividades empresariais, inclusive incorporações não afetadas.

•• § 3.º com redação determinada pela Lei n. 11.196, de 21-11-2005.

•• *Vide* art. 132, II, *d*, da Lei n. 11.196, de 21-11-2005.

§ 4.º Para fins do disposto no § 3.º deste artigo, os custos e despesas indiretos pagos pela incorporadora no mês serão apropriados a cada incorporação na mesma proporção representada pelos custos diretos próprios da incorporação, em relação ao custo direto total da incorporadora, assim entendido como a soma de todos os custos diretos de todas as incorporações e o de outras atividades exercidas pela incorporadora.

•• § 4.º com redação determinada pela Lei n. 11.196, de 21-11-2005.

•• *Vide* art. 132, II, *d*, da Lei n. 11.196, de 21-11-2005.

§ 5.º A opção pelo regime especial de tributação obriga o contribuinte a fazer o recolhimento dos tributos, na forma do *caput* deste artigo, a partir do mês da opção.

•• § 5.º acrescentado pela Lei n. 11.196, de 21-11-2005.

•• *Vide* art. 132, II, *d*, da Lei n. 11.196, de 21-11-2005.

§ 6.º Até 31 de dezembro de 2018, para os projetos de incorporação de imóveis residenciais de interesse social, cuja construção tenha sido iniciada ou contratada a partir de 31 de março de 2009, o percentual correspondente ao pagamento unificado dos tributos de que trata o *caput* será equivalente a 1% (um por cento) da receita mensal recebida.

•• § 6.º com redação determinada pela Lei n. 13.097, de 19-1-2015.

§ 7.º Para efeito do disposto no § 6.º, consideram-se projetos de incorporação de imóveis de interesse social os destinados à construção de unidades residenciais de valor de até R$ 100.000,00 (cem mil reais) no âmbito do Programa Minha Casa, Minha Vida, de que trata a Lei n. 11.977, de 7 de julho de 2009.

•• § 7.º com redação determinada pela Lei n. 12.767, de 27-12-2012.

§ 8.º As condições para utilização do benefício de que trata o § 6.º serão definidas em regulamento.

•• § 8.º acrescentado pela Lei n. 12.024, de 27-8-2009.

Art. 5.º O pagamento unificado de impostos e contribuições efetuado na forma do art. 4.º deverá ser feito até o 20.º (vigésimo) dia do mês subsequente àquele em que houver sido auferida a receita.

•• *Caput* com redação determinada pela Lei n. 12.024, de 27-8-2009.

Parágrafo único. Para fins do disposto no *caput*, a incorporadora deverá utilizar, no Documento de Arrecadação de Receitas Federais – DARF, o número específico de inscrição da incorporação no Cadastro Nacional das Pessoas Jurídicas – CNPJ e código de arrecadação próprio.

Art. 6.º Os créditos tributários devidos pela incorporadora na forma do disposto no art. 4.º não poderão ser objeto de parcelamento.

Art. 7.º O incorporador fica obrigado a manter escrituração contábil segregada para cada incorporação submetida ao regime especial de tributação.

Art. 8.º Para fins de repartição de receita tributária e do disposto no § 2.º do art. 4.º, o percentual de 4% (quatro por cento) de que trata o *caput* do art. 4.º será considerado:

•• *Caput* com redação determinada pela Lei n. 12.844, de 19-7-2013.

I – 1,71% (um inteiro e setenta e um centésimos por cento) como COFINS;

•• Inciso I com redação determinada pela Lei n. 12.844, de 19-7-2013.

II – 0,37% (trinta e sete centésimos por cento) como Contribuição para o PIS/PASEP;

•• Inciso II com redação determinada pela Lei n. 12.844, de 19-7-2013.

III – 1,26% (um inteiro e vinte e seis centésimos por cento) como IRPJ; e

•• Inciso III com redação determinada pela Lei n. 12.844, de 19-7-2013.

IV – 0,66% (sessenta e seis centésimos por cento) como CSLL.

•• Inciso IV com redação determinada pela Lei n. 12.844, de 19-7-72013.

Parágrafo único. O percentual de 1% (um por cento) de que trata o § 6.º do art. 4.º será considerado para os fins do *caput*:

•• Parágrafo único, *caput*, acrescentado pela Lei n. 12.024, de 27-8-2009.

I – 0,44% (quarenta e quatro centésimos por cento) como Cofins;

•• Inciso I acrescentado pela Lei n. 12.024, de 27-8-2009.

II – 0,09% (nove centésimos por cento) como Contribuição para o PIS/Pasep;

•• Inciso II acrescentado pela Lei n. 12.024, de 27-8-2009.

III – 0,31% (trinta e um centésimos por cento) como IRPJ; e

•• Inciso III acrescentado pela Lei n. 12.024, de 27-8-2009.

IV – 0,16% (dezesseis centésimos por cento) como CSLL.

•• Inciso IV acrescentado pela Lei n. 12.024, de 27-8-2009.

Art. 9.º Perde eficácia a deliberação pela continuação da obra a que se refere o § 1.º do art. 31-F da Lei n. 4.591, de 1964, bem como os efeitos do regime de afetação instituídos por esta Lei, caso não se verifique o pagamento das obrigações tributárias, previdenciárias e trabalhistas, vinculadas ao respectivo patrimônio de afetação, cujos fatos geradores tenham ocorrido até a data da decretação da falência, ou insolvência do incorporador, as quais deverão ser pagas pelos adquirentes em até um ano daquela deliberação, ou até a data da concessão do habite-se, se esta ocorrer em prazo inferior.

Art. 10. O disposto no art. 76 da Medida Provisória n. 2.158-35, de 24 de agosto de 2001, não se aplica ao patrimônio de afetação de incorporações imobiliárias definido pela Lei n. 4.591, de 1964.

Art. 11. (*Revogado pela Lei n. 11.196, de 21-11-2005.*)

....

Capítulo VI
DISPOSIÇÕES FINAIS

....

Normas complementares a esta Lei

....

Art. 65. O Conselho Monetário Nacional e a Secretaria da Receita Federal, no âmbito das suas respectivas atribuições, expedirão as instruções que se fizerem necessárias à execução das disposições desta Lei.

•• A Secretaria da Receita Federal passa a denominar-se Secretaria da Receita Federal do Brasil, por força da Lei n. 11.457, de 16-3-2007.

Vigência

Art. 66. Esta Lei entra em vigor na data de sua publicação.

Revogações

Art. 67. Ficam revogadas as Medidas Provisórias n. 2.160-25, de 23 de agosto de 2001, 2.221, de 4 de setembro de 2001, e 2.223, de 4 de setembro de 2001, e os arts. 66 e 66-A da Lei n. 4.728, de 14 de julho de 1965.

Brasília, 2 de agosto de 2004; 183.º da Independência e 116.º da República.

Luiz Inácio Lula da Silva

LEI N. 10.996, DE 15 DE DEZEMBRO DE 2004 (*)

Altera a legislação tributária federal e as Leis n. 10.637, de 30 de dezembro de 2002, e 10.833, de 29 de dezembro de 2003.

O Presidente da República

Faço saber que o Congresso Nacional decreta e eu sanciono a seguinte Lei:

Art. 1.º Fica excluída, para fins de incidência na fonte e no ajuste anual do imposto de renda da pessoa física, a quantia de R$ 100,00 (cem reais) mensais do total dos rendimentos tributáveis provenientes do trabalho assalariado pagos nos meses de agosto a dezembro do ano-calendário de 2004.

Parágrafo único. O disposto no *caput* deste artigo aplica-se, também, ao 13.º (décimo terceiro) salário para fins de incidência do imposto de renda na fonte.

Art. 2.º Ficam reduzidas a 0 (zero) as alíquotas da Contribuição para o PIS/PASEP e da Contribuição para o Financiamento da Seguridade Social – COFINS incidentes sobre as receitas de vendas de mercadorias destinadas ao consumo ou à industrialização na Zona Franca de Manaus – ZFM, por pessoa jurídica estabelecida fora da ZFM.

•• O Decreto n. 5.310, de 15-12-2004, dispõe sobre a incidência da Contribuição para o PIS/PASEP e da COFINS sobre as operações de venda efetuada na Zona Franca de Manaus – ZFM.

§ 1.º Para os efeitos deste artigo, entendem-se como vendas de mercadorias de consumo na Zona Franca de Manaus – ZFM as que tenham como destinatárias pessoas jurídicas que as

(*) Publicada no *DOU*, de 16-12-2004.

venham utilizar diretamente ou para comercialização por atacado ou a varejo.

§ 2.º Aplicam-se às operações de que trata o *caput* deste artigo as disposições do inciso II do § 2.º do art. 3.º da Lei n. 10.637, de 30 de dezembro de 2002, e do inciso II do § 2.º do art. 3.º da Lei n. 10.833, de 29 de dezembro de 2003.

§ 3.º As disposições deste artigo aplicam-se às vendas de mercadorias destinadas ao consumo ou à industrialização nas Áreas de Livre Comércio de que tratam as Leis n. 7.965, de 22 de dezembro de 1989, 8.210, de 19 de julho de 1991, e 8.256, de 25 de novembro de 1991, o art. 11 da Lei n. 8.387, de 30 de dezembro de 1991, e a Lei n. 8.857, de 8 de março de 1994, por pessoa jurídica estabelecida fora dessas áreas.

•• § 3.º acrescentado pela Lei n. 11.945, de 4-6-2009.

§ 4.º Não se aplica o disposto neste artigo às vendas de mercadorias que tenham como destinatárias pessoas jurídicas atacadistas e varejistas, sujeitas ao regime de apuração não cumulativa da Contribuição para o PIS/PASEP e da COFINS, estabelecidas nas Áreas de Livre Comércio referidas no § 3.º.

•• § 4.º acrescentado pela Lei n. 12.350, de 20-12-2010.

§ 5.º Nas notas fiscais relativas à venda de que trata o *caput* deste artigo, deverá constar a expressão "Venda de mercadoria efetuada com alíquota zero da Contribuição para o PIS/PASEP e da COFINS", com a especificação do dispositivo legal correspondente.

•• § 5.º acrescentado pela Lei n. 12.350, de 20-12-2010.

§ 6.º O disposto neste artigo não se aplica aos produtos de que trata o art. 14 da Lei n. 13.097, de 19 de janeiro de 2015.

•• § 6.º acrescentado pela Lei n. 13.137, de 19-6-2015, em vigor no primeiro dia do quarto mês subsequente ao de sua publicação (*DOU* de 22-6-2015).

Art. 3.º Os arts. 2.º e 3.º da Lei n. 10.637, de 30 de dezembro de 2002, passam a vigorar com a seguinte redação:

•• Alterações já processadas no diploma modificado.

Art. 4.º Os arts. 2.º e 3.º da Lei n. 10.833, de 29 de dezembro de 2003, passam a vigorar com a seguinte redação:

•• Alterações já processadas no diploma modificado.

Art. 5.º A suspensão da exigibilidade da Contribuição para o PIS/PASEP incidente na importação de produtos estrangeiros ou serviços e da COFINS devida pelo importador de bens estrangeiros ou serviços do exterior, prevista nos arts. 14, § 1.º, e 14-A da Lei n. 10.865, de 30 de abril de 2004, será resolvida mediante a aplicação de alíquota 0 (zero), quando as mercadorias importadas forem utilizadas em processo de fabricação de matérias-primas, produtos industrializados finais, por estabelecimentos situados na Zona Franca de Manaus – ZFM, consoante projeto aprovado pelo Conselho de Administração da Superintendência da Zona Franca de Manaus – SUFRAMA.

Art. 6.º Esta Lei entra em vigor na data de sua publicação.

Brasília, 15 de dezembro de 2004; 183.º da Independência e 116.º da República.

Luiz Inácio Lula da Silva

LEI COMPLEMENTAR N. 118, DE 9 DE FEVEREIRO DE 2005 (*)

Altera e acrescenta dispositivos à Lei n. 5.172, de 25 de outubro de 1966 – Código Tributário Nacional, e dispõe sobre a interpretação do inciso I do art. 168 da mesma Lei.

O Presidente da República

(*) Publicada no *DOU*, de 9-2-2005 – Edição Extra.

Faço saber que o Congresso Nacional decreta e eu sanciono a seguinte Lei:

Art. 1.º A Lei n. 5.172, de 25 de outubro de 1966 – Código Tributário Nacional, passa a vigorar com as seguintes alterações:

•• Alterações já processadas no diploma modificado.

Art. 2.º A Lei n. 5.172, de 25 de outubro de 1966 – Código Tributário Nacional, passa a vigorar acrescida dos seguintes arts. 185-A e 191-A:

•• Alterações já processadas no diploma modificado.

Art. 3.º Para efeito de interpretação do inciso I do art. 168 da Lei n. 5.172, de 25 de outubro de 1966 – Código Tributário Nacional, a extinção do crédito tributário ocorre, no caso de tributo sujeito a lançamento por homologação, no momento do pagamento antecipado de que trata o § 1.º do art. 150 da referida Lei.

Art. 4.º Esta Lei entra em vigor 120 (cento e vinte) dias após sua publicação, observado, quanto ao art. 3.º, o disposto no art. 106, inciso I, da Lei n. 5.172, de 25 de outubro de 1966 – Código Tributário Nacional.

Brasília, 9 de fevereiro de 2005; 184.º da Independência e 117.º da República.

Luiz Inácio Lula da Silva

LEI N. 11.196, DE 21 DE NOVEMBRO DE 2005 (*)

Institui o Regime Especial de Tributação para a Plataforma de Exportação de Serviços de Tecnologia da Informação – REPES, o Regime Especial de Aquisição de Bens de Capital para Empresas Exportadoras – RECAP e o Programa de Inclusão Digital; dispõe sobre incentivos fiscais para a inovação tecnológica; altera o Decreto-lei n. 288, de 28 de fevereiro de 1967, o Decreto n. 70.235, de 6 de março de 1972, o Decreto-lei n. 2.287, de 23 de julho de 1986, as Leis n. 4.502, de 30 de novembro de 1964, 8.212, de 24 de julho de 1991, 8.245, de 18 de outubro de 1991, 8.387, de 30 de dezembro de 1991, 8.666, de 21 de junho de 1993, 8.981, de 20 de janeiro de 1995, 8.987, de 13 de fevereiro de 1995, 8.989, de 24 de fevereiro de 1995, 9.249, de 26 de dezembro de 1995, 9.250, de 26 de dezembro de 1995, 9.311, de 24 de outubro de 1996, 9.317, de 5 de dezembro de 1996, 9.430, de 27 de dezembro de 1996, 9.718, de 27 de novembro de 1998, 10.336, de 19 de dezembro de 2001, 10.438, de 26 de abril de 2002, 10.485, de 3 de julho de 2002, 10.637, de 30 de dezembro de 2002, 10.755, de 3 de novembro de 2003, 10.833, de 29 de dezembro de 2003, 10.865, de 30 de abril de 2004, 10.925, de 23 de julho de 2004, 10.931, de 2 de agosto de 2004, 11.033, de 21 de dezembro de 2004, 11.051, de 29 de dezembro de 2004, 11.053, de 29 de dezembro de 2004, 11.101, de 9 de fevereiro de 2005, 11.128, de 28 de junho de 2005, e a Medida Provisória n. 2.199-14, de 24 de agosto de 2001; revoga a Lei n. 8.661, de 2 de junho de 1993, e dispositivos das Leis n. 8.668, de 25 de junho de 1993, 8.981, de 20 de janeiro de 1995, 10.637, de 30 de dezembro de 2002, 10.755, de 3 de novembro de 2003, 10.865, de 30 de abril de 2004, 10.931, de 2 de agosto de 2004, e da Medida Provisória n. 2.158-35, de 24 de agosto de 2001; e dá outras providências.

O Presidente da República

(*) Publicada no *DOU*, de 22-11-2005.

Faço saber que o Congresso Nacional decreta e eu sanciono a seguinte Lei:

....

Capítulo VI
DO SISTEMA INTEGRADO DE PAGAMENTO DE IMPOSTOS E CONTRIBUIÇÕES DAS MICROEMPRESAS E DAS EMPRESAS DE PEQUENO PORTE – SIMPLES

Art. 33. Os arts. 2.º e 15 da Lei n. 9.317, de 5 de dezembro de 1996, passam a vigorar com a seguinte redação:

•• Alteração prejudicada em face da revogação da Lei n. 9.317, de 5-12-1996, pela Lei Complementar n. 123, de 14-12-2006, constante neste volume.

Capítulo VII
DO IMPOSTO DE RENDA DA PESSOA JURÍDICA – IRPJ E DA CONTRIBUIÇÃO SOCIAL SOBRE O LUCRO LÍQUIDO – CSLL

Art. 34. Os arts. 15 e 20 da Lei n. 9.249, de 26 de dezembro de 1995, passam a vigorar com a seguinte redação:

•• Alterações já processadas no diploma modificado.

....

Art. 36. Fica o Ministro da Fazenda autorizado a instituir, por prazo certo, mecanismo de ajuste para fins de determinação de preços de transferência, relativamente ao que dispõe o *caput* do art. 19 da Lei n. 9.430, de 27 de dezembro de 1996, bem como aos métodos de cálculo que especificar, aplicáveis à exportação, de forma a reduzir impactos relativos à apreciação da moeda nacional em relação a outras moedas.

Parágrafo único. O Secretário-Geral da Receita Federal do Brasil poderá determinar a aplicação do mecanismo de ajuste de que trata o *caput* deste artigo às hipóteses referidas no art. 45 da Lei n. 10.833, de 29 de dezembro de 2003.

Art. 37. A diferença entre o valor do encargo decorrente das taxas anuais de depreciação fixadas pela Receita Federal do Brasil e o valor do encargo contabilizado decorrente das taxas anuais de depreciação fixadas pela legislação específica aplicável aos bens do ativo imobilizado, exceto terrenos, adquiridos ou construídos por empresas concessionárias, permissionárias e autorizadas de geração de energia elétrica, poderá ser excluída do lucro líquido para a apuração do lucro real e da base de cálculo da CSLL.

•• *Vide* art. 132, III, *d*, desta Lei.

§ 1.º O disposto no *caput* deste artigo aplica-se somente aos bens novos adquiridos ou construídos destinados a empreendimentos cuja concessão, permissão ou autorização tenha sido outorgada a partir da data da publicação desta Lei até 31 de dezembro de 2018.

•• § 1.º com redação determinada pela Lei n. 12.865, de 9-10-2013.

§ 2.º A diferença entre os valores dos encargos de que trata o *caput* deste artigo será controlada no livro fiscal destinado à apuração do lucro real.

§ 3.º O total da depreciação acumulada, incluindo a contábil e a fiscal, não poderá ultrapassar o custo do bem depreciado.

§ 4.º A partir do período de apuração em que for atingido o limite de que trata o § 3.º deste artigo, o valor da depreciação registrado na escrituração comercial será adicionado ao lucro líquido, para efeito da determinação do lucro real e da base de cálculo da CSLL, com a concomitante baixa na conta de controle do livro fiscal de apuração do lucro real.

§ 5.º O disposto neste artigo produz apenas efeitos fiscais, não altera as atribuições e competências fixadas na legislação para a atuação da Agência Nacional de Energia Elétrica – ANEEL e não poderá repercutir, direta ou indiretamente, no aumento de preços e tarifas de energia elétrica.

Capítulo VIII
DO IMPOSTO DE RENDA DA PESSOA FÍSICA – IRPF

Art. 38. O art. 22 da Lei n. 9.250, de 26 de dezembro de 1995, passa a vigorar com a seguinte redação:

•• Alteração já processada no diploma modificado.

Art. 39. Fica isento do imposto de renda o ganho auferido por pessoa física residente no País na venda de imóveis residenciais, desde que o alienante, no prazo de 180 (cento e oitenta) dias contado da celebração do contrato, aplique o produto da venda na aquisição de imóveis residenciais localizados no País.

•• *Vide* art. 132, II, *d*, desta Lei.

§ 1.º No caso de venda de mais de 1 (um) imóvel, o prazo referido neste artigo será contado a partir da data de celebração do contrato relativo à 1.ª (primeira) operação.

§ 2.º A aplicação parcial do produto da venda implicará tributação do ganho proporcionalmente ao valor da parcela não aplicada.

§ 3.º No caso de aquisição de mais de um imóvel, a isenção de que trata este artigo aplicar-se-á ao ganho de capital correspondente apenas à parcela empregada na aquisição de imóveis residenciais.

§ 4.º A inobservância das condições estabelecidas neste artigo importará em exigência do imposto com base no ganho de capital, acrescido de:

I – juros de mora, calculados a partir do 2.º (segundo) mês subsequente ao do recebimento do valor ou de parcela do valor do imóvel vendido; e

II – multa, de mora ou de ofício, calculada a partir do 2.º (segundo) mês seguinte ao do recebimento do valor ou de parcela do valor do imóvel vendido, se o imposto não for pago até 30 (trinta) dias após o prazo de que trata o *caput* deste artigo.

§ 5.º O contribuinte somente poderá usufruir do benefício de que trata este artigo 1 (uma) vez a cada 5 (cinco) anos.

Art. 40. Para a apuração da base de cálculo do imposto sobre a renda incidente sobre o ganho de capital por ocasião da alienação, a qualquer título, de bens imóveis realizada por pessoa física residente no País, serão aplicados fatores de redução (FR1 e FR2) do ganho de capital apurado.

•• *Vide* art. 132, II, *d*, desta Lei.

§ 1.º A base de cálculo do imposto corresponderá à multiplicação do ganho de capital pelos fatores de redução, que serão determinados pelas seguintes fórmulas:

I – $FR1 = 1/1,0060^{m1}$, onde "m1" corresponde ao número de meses-calendário ou fração decorridos entre a data de aquisição do imóvel e o mês da publicação desta Lei, inclusive na hipótese de a alienação ocorrer no referido mês;

II – $FR2 = 1/1,0035^{m2}$, onde "m2" corresponde ao número de meses-calendário ou fração decorridos entre o mês seguinte ao da publicação desta Lei ou o mês da aquisição do imóvel, se posterior, e o de sua alienação.

§ 2.º Na hipótese de imóveis adquiridos até 31 de dezembro de 1995, o fator de redução de que trata o inciso I do § 1.º deste artigo será aplicado a partir de 1.º de janeiro de 1996, sem prejuízo do disposto no art. 18 da Lei n. 7.713, de 22 de dezembro de 1988.

Capítulo IX
DA CONTRIBUIÇÃO PARA O PIS/PASEP E DA COFINS

Art. 41. O § 8.º do art. 3.º da Lei n. 9.718, de 27 de novembro de 1998, passa a vigorar acrescido do seguinte inciso III:

•• Alteração já processada no diploma modificado.

....

Art. 43. Os arts. 2.°, 3.°, 10 e 15 da Lei n. 10.833, de 29 de dezembro de 2003, passam a vigorar com a seguinte redação:

•• Alterações já processadas no diploma modificado.

Art. 44. Os arts. 7.°, 8.°, 15, 28 e 40 da Lei n. 10.865, de 30 de abril de 2004, passam a vigorar com a seguinte redação:

•• Alterações já processadas no diploma modificado.

Art. 45. O art. 3.° da Lei n. 10.637, de 30 de dezembro de 2002, passa a vigorar com a seguinte redação:

•• Alteração já processada no diploma modificado.

....

Art. 50. A suspensão de que trata o § 1.° do art. 14 da Lei n. 10.865, de 30 de abril de 2004, aplica-se também nas importações de máquinas, aparelhos, instrumentos e equipamentos, novos, para incorporação ao ativo imobilizado da pessoa jurídica importadora.

§ 1.° A suspensão de que trata o *caput* deste artigo converte-se em alíquota 0 (zero) após decorridos 18 (dezoito) meses da incorporação do bem ao ativo imobilizado da pessoa jurídica importadora.

§ 2.° A pessoa jurídica importadora que não incorporar o bem ao seu ativo imobilizado ou revender o bem antes do prazo de que trata o § 1.° deste artigo recolherá a Contribuição para o PIS/Pasep-Importação e a Cofins-Importação, acrescidas de juros e multa de mora, na forma da lei, contados a partir do registro da Declaração de Importação.

§ 3.° Na hipótese de não ser efetuado o recolhimento na forma do § 2.° deste artigo, caberá lançamento de ofício das contribuições, acrescidas de juros e da multa de que trata o *caput* do art. 44 da Lei n. 9.430, de 27 de dezembro de 1996.

§ 4.° As máquinas, aparelhos, instrumentos e equipamentos beneficiados pela suspensão da exigência das contribuições na forma deste artigo serão relacionados em regulamento.

....

Capítulo XI
DOS PRAZOS DE RECOLHIMENTO DE IMPOSTOS E CONTRIBUIÇÕES

Art. 70. Em relação aos fatos geradores ocorridos a partir de 1.° de janeiro de 2006, os recolhimentos do Imposto de Renda Retido na Fonte – IRRF e do Imposto sobre Operações de Crédito, Câmbio e Seguro, ou Relativas a Títulos ou Valores Mobiliários – IOF serão efetuados nos seguintes prazos:

•• *Vide* art. 132, IV, *b*, desta Lei.

I – IRRF:

a) na data da ocorrência do fato gerador, no caso de:

1. rendimentos atribuídos a residentes ou domiciliados no exterior;

2. pagamentos a beneficiários não identificados;

b) até o 3.° (terceiro) dia útil subsequente ao decêndio de ocorrência dos fatos geradores, no caso de:

1. juros sobre o capital próprio e aplicações financeiras, inclusive os atribuídos a residentes ou domiciliados no exterior, e títulos de capitalização;

2. prêmios, inclusive os distribuídos sob a forma de bens e serviços, obtidos em concursos e sorteios de qualquer espécie e lucros decorrentes desses prêmios; e

3. multa ou qualquer vantagem, de que trata o art. 70 da Lei n. 9.430, de 27 de dezembro de 1996;

c) até o último dia útil do mês subsequente ao encerramento do período de apuração, no caso de rendimentos e ganhos de capital distribuídos pelos fundos de investimento imobiliário; e

d) até o dia 7 do mês subsequente ao mês de ocorrência dos fatos geradores, no caso de pagamento de rendimentos provenientes do trabalho assalariado a empregado doméstico; e

•• Alínea *d* com redação determinada pela Lei Complementar n. 150, de 1.°-6-2015.

e) até o último dia útil do segundo decêndio do mês subsequente ao mês de ocorrência dos fatos geradores, nos demais casos;

•• Alínea *e* acrescentada pela Lei Complementar n. 150, de 1.º-6-2015.

II – IOF:

a) até o terceiro dia útil subsequente ao decêndio de ocorrência dos fatos geradores, no caso de aquisição de ouro e ativo financeiro;

•• Alínea *a* com redação determinada pela Lei n. 12.599, de 23-3-2012.

b) até o último dia útil do mês subsequente ao de ocorrência dos fatos geradores, no caso de operações relativas a contrato de derivativos financeiros; e

•• Alínea *b* com redação determinada pela Lei n. 12.599, de 23-3-2012.

c) até o terceiro dia útil subsequente ao decêndio da cobrança ou do registro contábil do imposto, nos demais casos.

•• Alínea *c* com redação determinada pela Lei n. 12.599, de 23-3-2012.

Parágrafo único. Excepcionalmente, na hipótese de que trata a alínea *d* do inciso I do *caput* deste artigo, em relação aos fatos geradores ocorridos:

I – no mês de dezembro de 2006, os recolhimentos serão efetuados:

a) até o 3.º (terceiro) dia útil do decêndio subsequente, para os fatos geradores ocorridos no 1.º (primeiro) e 2.º (segundo) decêndios; e

b) até o último dia útil do 1.º (primeiro) decêndio do mês de janeiro de 2007, para os fatos geradores ocorridos no 3.º (terceiro) decêndio;

II – no mês de dezembro de 2007, os recolhimentos serão efetuados:

a) até o 3.º (terceiro) dia útil do 2.º (segundo) decêndio, para os fatos geradores ocorridos no 1.º (primeiro) decêndio; e

b) até o último dia útil do 1.º (primeiro) decêndio do mês de janeiro de 2008, para os fatos geradores ocorridos no 2.º (segundo) e no 3.º (terceiro) decêndio.

Art. 71. O § 1.º do art. 63 da Lei n. 8.981, de 20 de janeiro de 1995, passa a vigorar com a seguinte redação:

•• Alteração já processada no diploma modificado.

Art. 72. O parágrafo único do art. 10 da Lei n. 9.311, de 24 de outubro de 1996, passa a vigorar com a seguinte redação:

•• Apesar de não expressamente revogada, a Lei n. 9.311, de 24-10-2006, encontra-se sem aplicação, já que a contribuição instituída por ela, a CPMF, foi extinta pelo art. 90 do ADCT da CF.

Art. 73. O § 2.º do art. 70 da Lei n. 9.430, de 27 de dezembro de 1996, passa a vigorar com a seguinte redação:

•• Alteração já processada no diploma modificado.

Art. 74. O art. 35 da Lei n. 10.833, de 29 de dezembro de 2003, passa a vigorar com a seguinte redação:

•• Alteração já processada no diploma modificado.

....

Capítulo XVI
DISPOSIÇÕES GERAIS

Art. 109. Para fins do disposto nas alíneas *b* e *c* do inciso XI do *caput* do art. 10 da Lei n. 10.833, de 29 de dezembro de 2003, o reajuste de preços em função do custo de produção ou da variação de índice que reflita a variação ponderada dos custos dos insumos utilizados, nos termos do inciso II do § 1.º do art. 27 da Lei n. 9.069, de 29 de junho de 1995, não será considerado para fins da descaracterização do preço predeterminado.

Parágrafo único. O disposto neste artigo aplica-se desde 1.º de novembro de 2003.

Art. 110. Para efeito de determinação da base de cálculo da Contribuição para o PIS/Pasep, da Cofins, do IRPJ e da CSLL, as instituições financeiras e as demais instituições autorizadas a funcionar pelo Banco Central do Brasil devem computar como receitas ou despesas incorridas nas operações realizadas em mercados de liquidação futura:

•• Artigo regulamentado pelo Decreto n. 5.730, de 20-3-2006.

•• *Vide* art. 132, VII, desta Lei.

I – a diferença, apurada no último dia útil do mês, entre as variações das taxas, dos preços ou dos índices contratados (diferença de curvas), sendo o saldo apurado por ocasião da liquidação do contrato, da cessão ou do encerramento da posição, nos casos de:

a) *swap* e termo;

b) futuro e outros derivativos com ajustes financeiros diários ou periódicos de posições cujos ativos subjacentes aos contratos sejam taxas de juros spot ou instrumentos de renda fixa para os quais seja possível a apuração do critério previsto neste inciso;

II – o resultado da soma algébrica dos ajustes apurados mensalmente, no caso dos mercados referidos na alínea *b* do inciso I do *caput* deste artigo cujos ativos subjacentes aos contratos sejam mercadorias, moedas, ativos de renda variável, taxas de juros a termo ou qualquer outro ativo ou variável econômica para os quais não seja possível adotar o critério previsto no referido inciso;

III – o resultado apurado na liquidação do contrato, da cessão ou do encerramento da posição, no caso de opções e demais derivativos.

§ 1.º O Poder Executivo disciplinará, em regulamento, o disposto neste artigo, podendo, inclusive, determinar que o valor a ser reconhecido mensalmente, na hipótese de que trata a alínea *b* do inciso I do *caput* deste artigo, seja calculado:

I – pela bolsa em que os contratos foram negociados ou registrados;

II – enquanto não estiver disponível a informação de que trata o inciso I do *caput* deste artigo, de acordo com os critérios estabelecidos pelo Banco Central do Brasil.

§ 2.º Quando a operação for realizada no mercado de balcão, somente será admitido o reconhecimento de despesas ou de perdas se a operação tiver sido registrada em sistema que disponha de critérios para aferir se os preços, na abertura ou no encerramento da posição, são consistentes com os preços de mercado.

§ 3.º No caso de operações de *hedge* realizadas em mercados de liquidação futura em bolsas no exterior, as receitas ou as despesas de que trata o *caput* deste artigo serão apropriadas pelo resultado:

I – da soma algébrica dos ajustes apurados mensalmente, no caso de contratos sujeitos a ajustes de posições;

II – auferido na liquidação do contrato, no caso dos demais derivativos.

§ 4.º Para efeito de determinação da base de cálculo da Contribuição para o PIS/PASEP e da COFINS, fica vedado o reconhecimento de despesas ou de perdas apuradas em operações realizadas em mercados fora de bolsa no exterior.

§ 5.º Os ajustes serão efetuados no livro fiscal destinado à apuração do lucro real.

Art. 111. O art. 4.º da Lei n. 10.931, de 2 de agosto de 2004, passa a vigorar com a seguinte redação:

•• Alteração já processada no diploma modificado.

Art. 112. (*Revogado pela Lei n. 11.941, de 27-5-2009.*)

Art. 113. O Decreto n. 70.235, de 6 de março de 1972, passa a vigorar acrescido do art. 26-A e com a seguinte redação para os arts. 2.º, 9.º, 16 e 23:

•• Alterações já processadas no diploma modificado.

....

Art. 117. O art. 18 da Lei n. 10.833, de 29 de dezembro de 2003, passa a vigorar com a seguinte redação:

•• Alteração já processada no diploma modificado.

....

Capítulo XVII
DISPOSIÇÕES FINAIS

Art. 132. Esta Lei entra em vigor na data de sua publicação, produzindo efeitos:

I – a partir da data da publicação da Medida Provisória n. 255, de 1.º de julho de 2005, em relação ao disposto:

a) no art. 91 desta Lei, relativamente ao § 6.º do art. 1.º, § 2.º do art. 2.º, parágrafo único do art. 5.º, todos da Lei n. 11.053, de 29 de dezembro de 2004;

b) no art. 92 desta Lei;

II – desde 14 de outubro de 2005, em relação ao disposto:

a) no art. 33 desta Lei, relativamente ao art. 15 da Lei n. 9.317, de 5 de dezembro de 1996;

•• A Lei n. 9.317, de 5-12-1996, foi revogada pela Lei Complementar n. 123, de 14-12-2006, que institui o Estatuto Nacional das Microempresas e Empresas de Pequeno Porte.

b) no art. 43 desta Lei, relativamente ao inciso XXVI do art. 10 e ao art. 15, ambos da Lei n. 10.833, de 29 de dezembro de 2003;

c) no art. 44 desta Lei, relativamente ao art. 40 da Lei n. 10.865, de 30 de abril de 2004;

d) nos arts. 38 a 40, 41, 111, 116 e 117 desta Lei;

III – a partir do 1.º (primeiro) dia do mês subsequente ao da publicação desta Lei, em relação ao disposto:

a) no art. 42 desta Lei, observado o disposto na alínea *a* do inciso V deste artigo;

b) no art. 44 desta Lei, relativamente ao art. 15 da Lei n. 10.865, de 30 de abril de 2004;

c) no art. 43 desta Lei, relativamente ao art. 3.º e ao inciso XXVII do art. 10 da Lei n. 10.833, de 29 de dezembro de 2003;

d) nos arts. 37, 45, 66 e 106 a 108;

IV – a partir de 1.º de janeiro de 2006, em relação ao disposto:

a) no art. 33 desta Lei, relativamente ao art. 2.º da Lei n. 9.317, de 5 de dezembro de 1996;

b) nos arts. 17 a 27, 31 e 32, 34, 70 a 75 e 76 a 90 desta Lei;

V – a partir do 1.º (primeiro) dia do 4.º (quarto) mês subsequente ao da publicação desta Lei, em relação ao disposto:

a) no art. 42 desta Lei, relativamente ao inciso I do § 3.º e ao inciso II do § 7.º, ambos do art. 3.º da Lei n. 10.485, de 3 de julho de 2002;

b) no art. 46 desta Lei, relativamente ao art. 10 da Lei n. 11.051, de 29 de dezembro de 2004;

c) nos arts. 47 e 48, 51, 56 a 59, 60 a 62, 64 e 65;

VI – a partir da data da publicação do ato conjunto a que se refere o § 3.º do art. 7.º do Decreto-lei n. 2.287, de 23 de julho de 1986, na forma do art. 114 desta Lei, em relação aos arts. 114 e 115 desta Lei;

VII – em relação ao art. 110 desta Lei, a partir da edição de ato disciplinando a matéria, observado, como prazo mínimo:

a) o 1.º (primeiro) dia do 4.º (quarto) mês subsequente ao da publicação desta Lei para a Contribuição para o PIS/Pasep e para a Cofins;

b) o 1.º (primeiro) dia do mês de janeiro de 2006, para o IRPJ e para a CSLL;

VIII – a partir da data da publicação desta Lei, em relação aos demais dispositivos.

Art. 133. Ficam revogados:

I – a partir de 1.º de janeiro de 2006:

a) a Lei n. 8.661, de 2 de junho de 1993;

b) o parágrafo único do art. 17 da Lei n. 8.668, de 25 de junho de 1993;

c) o § 4.º do art. 82 e os incisos I e II do art. 83 da Lei n. 8.981, de 20 de janeiro de 1995;

d) os arts. 39, 40, 42 e 43 da Lei n. 10.637, de 30 de dezembro de 2002;

II – o art. 73 da Medida Provisória n. 2.158-35, de 24 de agosto de 2001;

III – o art. 36 da Lei n. 10.637, de 30 de dezembro de 2002;

IV – o art. 11 da Lei n. 10.931, de 2 de agosto de 2004;

V – o art. 4.º da Lei n. 10.755, de 3 de novembro de 2003;

VI – a partir do 1.º (primeiro) dia do 4.º (quarto) mês subsequente ao da publicação desta Lei, o inciso VIII do § 12 do art. 8.º da Lei n. 10.865, de 30 de abril de 2004.

Brasília, 21 de novembro de 2005; 184.º da Independência e 117.º da República.

LUIZ INÁCIO LULA DA SILVA

LEI COMPLEMENTAR N. 123, DE 14 DE DEZEMBRO DE 2006 (*)

Institui o Estatuto Nacional da Microempresa e da Empresa de Pequeno Porte; altera dispositivos das Leis n. 8.212 e 8.213, ambas de 24 de julho de 1991, da Consolidação das Leis do Trabalho – CLT, aprovada pelo Decreto-lei n. 5.452, de 1.º de maio de 1943, da Lei n. 10.189, de 14 de fevereiro de 2001, da Lei Complementar n. 63, de 11 de janeiro de 1990; e revoga as Leis n. 9.317, de 5 de dezembro de 1996, e 9.841, de 5 de outubro de 1999.

O Presidente da República

Faço saber que o Congresso Nacional decreta e eu sanciono a seguinte Lei Complementar:

CAPÍTULO I
DISPOSIÇÕES PRELIMINARES

Art. 1.º Esta Lei Complementar estabelece normas gerais relativas ao tratamento diferenciado e favorecido a ser dispensado às microempresas e empresas de pequeno porte no âmbito dos Poderes da União, dos Estados, do Distrito Federal e dos Municípios, especialmente no que se refere:

•• *Vide* art. 179 da CF.

I – à apuração e recolhimento dos impostos e contribuições da União, dos Estados, do Distrito Federal e dos Municípios, mediante regime único de arrecadação, inclusive obrigações acessórias;

II – ao cumprimento de obrigações trabalhistas e previdenciárias, inclusive obrigações acessórias;

III – ao acesso a crédito e ao mercado, inclusive quanto à preferência nas aquisições de bens e serviços pelos Poderes Públicos, à tecnologia, ao associativismo e às regras de inclusão;

IV – ao cadastro nacional único de contribuintes a que se refere o inciso IV do parágrafo único do art. 146, *in fine*, da Constituição Federal.

•• Inciso IV acrescentado pela Lei Complementar n. 147, de 7-8-2014.

§ 1.º Cabe ao Comitê Gestor Nacional (CGSN) apreciar a necessidade de revisão, a partir de 1.º de janeiro de 2015, dos valores expressos em moeda nesta Lei Complementar.

•• § 1.º com redação determinada pela Lei Complementar n. 139, de 10-11-2011.

§ 2.º (*Vetado.*)

§ 3.º Ressalvado o disposto no Capítulo IV, toda nova obrigação que atinja as microempresas e empresas de pequeno porte deverá apresentar, no instrumento que a instituiu, especificação do tratamento diferenciado, simplificado e favorecido para cumprimento.

•• § 3.º acrescentado pela Lei Complementar n. 147, de 7-8-2014.

§ 4.º Na especificação do tratamento diferenciado, simplificado e favorecido de que trata o § 3.º, deverá constar prazo máximo, quando forem necessários procedimentos adicionais, para que os órgãos fiscalizadores cumpram as medidas necessárias à emissão de documentos, realização de vistorias e atendimento das demandas realizadas pelas microempresas e em-

(*) Publicada no *DOU*, de 15-12-2006. Republicada em 31-1-2009 e em 6-3-2012, em atendimento ao disposto no art. 5.º da Lei Complementar n. 139, de 10-11-2011.

presas de pequeno porte com o objetivo de cumprir a nova obrigação.

•• § 4.º acrescentado pela Lei Complementar n. 147, de 7-8-2014.

§ 5.º Caso o órgão fiscalizador descumpra os prazos estabelecidos na especificação do tratamento diferenciado e favorecido, conforme o disposto no § 4.º, a nova obrigação será inexigível até que seja realizada visita para fiscalização orientadora e seja reiniciado o prazo para regularização.

•• § 5.º acrescentado pela Lei Complementar n. 147, de 7-8-2014.

§ 6.º A ausência de especificação do tratamento diferenciado, simplificado e favorecido ou da determinação de prazos máximos, de acordo com os §§ 3.º e 4.º, tornará a nova obrigação inexigível para as microempresas e empresas de pequeno porte.

•• § 6.º acrescentado pela Lei Complementar n. 147, de 7-8-2014.

§ 7.º A inobservância do disposto nos §§ 3.º a 6.º resultará em atentado aos direitos e garantias legais assegurados ao exercício profissional da atividade empresarial.

•• § 7.º acrescentado pela Lei Complementar n. 147, de 7-8-2014.

Art. 2.º O tratamento diferenciado e favorecido a ser dispensado às microempresas e empresas de pequeno porte de que trata o art. 1.º desta Lei Complementar será gerido pelas instâncias a seguir especificadas:

I – Comitê Gestor do Simples Nacional, vinculado ao Ministério da Fazenda, composto por 4 (quatro) representantes da Secretaria da Receita Federal do Brasil, como representantes da União, 2 (dois) dos Estados e do Distrito Federal e 2 (dois) dos Municípios, para tratar dos aspectos tributários;

•• Inciso I com redação determinada pela Lei Complementar n. 128, de 19-12-2008.

•• A Resolução n. 1, de 19-3-2007, do CGSN, nos termos da Resolução n. 102, de 19-9-2012, do CGSN, aprova o Regimento Interno do Comitê Gestor do Simples Nacional.

II – Fórum Permanente das Microempresas e Empresas de Pequeno Porte, com a participação dos órgãos federais competentes e das entidades vinculadas ao setor, para tratar dos demais aspectos, ressalvado o disposto no inciso III do *caput* deste artigo; e

•• Inciso II com redação determinada pela Lei Complementar n. 128, de 19-12-2008.

III – Comitê para Gestão da Rede Nacional para Simplificação do Registro e da Legalização de Empresas e Negócios – CGSIM, vinculado à Secretaria da Micro e Pequena Empresa da Presidência da República, composto por representantes da União, dos Estados e do Distrito Federal, dos Municípios e demais órgãos de apoio e de registro empresarial, na forma definida pelo Poder Executivo, para tratar do processo de registro e de legalização de empresários e de pessoas jurídicas.

•• Inciso III com redação determinada pela Lei Complementar n. 147, de 7-8-2014.

§ 1.º Os Comitês de que tratam os incisos I e III do *caput* deste artigo serão presididos e coordenados por representantes da União.

•• § 1.º com redação determinada pela Lei Complementar n. 128, de 19-12-2008.

§ 2.º Os representantes dos Estados e do Distrito Federal nos Comitês referidos nos incisos I e III do *caput* deste artigo serão indicados pelo Conselho Nacional de Política Fazendária – CONFAZ e os dos Municípios serão indicados, um pela entidade representativa das Secretarias de Finanças das Capitais e outro pelas entidades de representação nacional dos Municípios brasileiros.

•• § 2.º com redação determinada pela Lei Complementar n. 128, de 19-12-2008.

§ 3.º As entidades de representação referidas no inciso III do *caput* e no § 2.º deste artigo serão aquelas regularmente constituídas há pelo menos 1 (um) ano antes da publicação desta Lei Complementar.

•• § 3.º com redação determinada pela Lei Complementar n. 128, de 19-12-2008.

§ 4.º Os Comitês de que tratam os incisos I e III do *caput* deste artigo elaborarão seus regimentos internos mediante resolução.

•• § 4.º com redação determinada pela Lei Complementar n. 128, de 19-12-2008.

§ 5.º O Fórum referido no inciso II do *caput* deste artigo tem por finalidade orientar e assessorar a formulação e coordenação da política nacional de desenvolvimento das microempresas e empresas de pequeno porte, bem como acompanhar e avaliar a sua implantação, sendo presidido e coordenado pela Secretaria da Micro e Pequena Empresa da Presidência da República.

•• § 5.º com redação determinada pela Lei n. 12.792, de 28-3-2013.

§ 6.º Ao Comitê de que trata o inciso I do *caput* deste artigo compete regulamentar a opção, exclusão, tributação, fiscalização, arrecadação, cobrança, dívida ativa, recolhimento e demais itens relativos ao regime de que trata o art. 12 desta Lei Complementar, observadas as demais disposições desta Lei Complementar.

•• § 6.º acrescentado pela Lei Complementar n. 128, de 19-12-2008.

§ 7.º Ao Comitê de que trata o inciso III do *caput* deste artigo compete, na forma da lei, regulamentar a inscrição, cadastro, abertura, alvará, arquivamento, licenças, permissão, autorização, registros e demais itens relativos à abertura, legalização e funcionamento de empresários e de pessoas jurídicas de qualquer porte, atividade econômica ou composição societária.

•• § 7.º acrescentado pela Lei Complementar n. 128, de 19-12-2008.

§ 8.º Os membros dos Comitês de que tratam os incisos I e III do *caput* deste artigo serão designados, respectivamente, pelos Ministros de Estado da Fazenda e da Secretaria da Micro e Pequena Empresa da Presidência da República, mediante indicação dos órgãos e entidades vinculados.

•• § 8.º com redação determinada pela Lei Complementar n. 147, de 7-8-2014.

§ 9.º O CGSN poderá determinar, com relação à microempresa e à empresa de pequeno porte optante pelo Simples Nacional, a forma, a periodicidade e o prazo:

•• § 9.º, *caput*, acrescentado pela Lei Complementar n. 147, de 7-8-2014.

I – de entrega à Secretaria da Receita Federal do Brasil – RFB de uma única declaração com dados relacionados a fatos geradores, base de cálculo e valores da contribuição para a Seguridade Social devida sobre a remuneração do trabalho, inclusive a descontada dos trabalhadores a serviço da empresa, do Fundo de Garantia do Tempo de Serviço – FGTS e outras informações de interesse do Ministério do Trabalho e Emprego – MTE, do Instituto Nacional do Seguro Social – INSS e do Conselho Curador do FGTS, observado o disposto no § 7.º deste artigo; e

•• Inciso I acrescentado pela Lei Complementar n. 147, de 7-8-2014.

II – do recolhimento das contribuições descritas no inciso I e do FGTS.

•• Inciso II acrescentado pela Lei Complementar n. 147, de 7-8-2014.

§ 10. O recolhimento de que trata o inciso II do § 9.º deste artigo poderá se dar de forma unificada relativamente aos tributos apurados na forma do Simples Nacional.

•• § 10 acrescentado pela Lei Complementar n. 147, de 7-8-2014.

§ 11. A entrega da declaração de que trata o inciso I do § 9.º substituirá, na forma regulamentada pelo CGSN, a obrigatoriedade de entrega de todas as informações, formulários e declarações a que estão sujeitas as demais empresas ou equiparados que contratam trabalhadores, inclusive relativamente ao recolhimento do FGTS, à Relação Anual de Informações Sociais e ao Cadastro Geral de Empregados e Desempregados.

•• § 11 acrescentado pela Lei Complementar n. 147, de 7-8-2014.

§ 12. Na hipótese de recolhimento do FGTS na forma do inciso II do § 9.º deste artigo, deve-se assegurar a transferência dos recursos e dos elementos identificadores do recolhimento ao gestor desse fundo para crédito na conta vinculada do trabalhador.

•• § 12 acrescentado pela Lei Complementar n. 147, de 7-8-2014.

§ 13. O documento de que trata o inciso I do § 9.º tem caráter declaratório, constituindo instrumento hábil e suficiente para a exigência dos tributos, contribuições e dos débitos fundiários que não tenham sido recolhidos resultantes das informações nele prestadas.

•• § 13 acrescentado pela Lei Complementar n. 147, de 7-8-2014.

Capítulo II
DA DEFINIÇÃO DE MICROEMPRESA E DE EMPRESA DE PEQUENO PORTE

Art. 3.º Para os efeitos desta Lei Complementar, consideram-se microempresas ou empresas de pequeno porte a sociedade empresária, a sociedade simples, a empresa individual de responsabilidade limitada e o empresário a que se refere o art. 966 da Lei n. 10.406, de 10 de janeiro de 2002 (Código Civil), devidamente registrados no Registro de Empresas Mercantis ou no Registro Civil de Pessoas Jurídicas, conforme o caso, desde que:

•• *Caput* com redação determinada pela Lei Complementar n. 139, de 10-11-2011.

I – no caso da microempresa, aufira, em cada ano-calendário, receita bruta igual ou inferior a R$ 360.000,00 (trezentos e sessenta mil reais); e

•• Inciso I com redação determinada pela Lei Complementar n. 139, de 10-11-2011.

II – no caso de empresa de pequeno porte, aufira, em cada ano-calendário, receita bruta superior a R$ 360.000,00 (trezentos e sessenta mil reais) e igual ou inferior a R$ 4.800.000,00 (quatro milhões e oitocentos mil reais).

•• Inciso II com redação determinada pela Lei Complementar n. 155, de 27-10-2016, produzindo efeitos a partir de 1.º-1-2018.

§ 1.º Considera-se receita bruta, para fins do disposto no *caput* deste artigo, o produto da venda de bens e serviços nas operações de conta própria, o preço dos serviços prestados e o resultado nas operações em conta alheia, não incluídas as vendas canceladas e os descontos incondicionais concedidos.

§ 2.º No caso de início de atividade no próprio ano-calendário, o limite a que se refere o *caput* deste artigo será proporcional ao número de meses em que a microempresa ou a empresa de pequeno porte houver exercido atividade, inclusive as frações de meses.

§ 3.º O enquadramento do empresário ou da sociedade simples ou empresária como microempresa ou empresa de pequeno porte bem como o seu desenquadramento não implicarão alteração, denúncia ou qualquer restrição em relação a contratos por elas anteriormente firmados.

§ 4.º Não poderá se beneficiar do tratamento jurídico diferenciado previsto nesta Lei Complementar, incluído o regime de que trata o art. 12 desta Lei Complementar, para nenhum efeito legal, a pessoa jurídica:

•• § 4.º, *caput*, com redação determinada pela Lei Complementar n. 128, de 19-12-2008.

I – de cujo capital participe outra pessoa jurídica;

II – que seja filial, sucursal, agência ou representação, no País, de pessoa jurídica com sede no exterior;

III – de cujo capital participe pessoa física que seja inscrita como empresário ou seja sócia de outra empresa que receba tratamento jurídico diferenciado nos termos desta Lei Complementar, desde que a receita bruta global ultrapasse o limite de que trata o inciso II do *caput* deste artigo;

IV – cujo titular ou sócio participe com mais de 10% (dez por cento) do capital de outra empresa não beneficiada por esta Lei Complementar, desde que a receita bruta global ultrapasse o limite de que trata o inciso II do *caput* deste artigo;

V – cujo sócio ou titular seja administrador ou equiparado de outra pessoa jurídica com fins lucrativos, desde que a receita bruta global ultrapasse o limite de que trata o inciso II do *caput* deste artigo;

VI – constituída sob a forma de cooperativas, salvo as de consumo;

VII – que participe do capital de outra pessoa jurídica;

VIII – que exerça atividade de banco comercial, de investimentos e de desenvolvimento, de caixa econômica, de sociedade de crédito, financiamento e investimento ou de crédito imobiliário, de corretora ou de distribuidora de títulos, valores mobiliários e câmbio, de empresa de arrendamento mercantil, de seguros privados e de capitalização ou de previdência complementar;

IX – resultante ou remanescente de cisão ou qualquer outra forma de desmembramento de pessoa jurídica que tenha ocorrido em um dos 5 (cinco) anos-calendário anteriores;

X – constituída sob a forma de sociedade por ações;

XI – cujos titulares ou sócios guardem, cumulativamente, com o contratante do serviço, relação de pessoalidade, subordinação e habitualidade.

•• Inciso XI acrescentado pela Lei Complementar n. 147, de 7-8-2014.

§ 5.º O disposto nos incisos IV e VII do § 4.º deste artigo não se aplica à participação no capital de cooperativas de crédito, bem como em centrais de compras, bolsas de subcontratação, no consórcio referido no art. 50 desta Lei Complementar e na sociedade de propósito específico prevista no art. 56 desta Lei Complementar, e em associações assemelhadas, sociedades de interesse econômico, sociedades de garantia solidária e outros tipos de sociedade, que tenham como objetivo social a defesa exclusiva dos interesses econômicos das microempresas e empresas de pequeno porte.

•• § 5.º com redação determinada pela Lei Complementar n. 128, de 19-12-2008.

§ 6.º Na hipótese de a microempresa ou empresa de pequeno porte incorrer em alguma das situações previstas nos incisos do § 4.º, será excluída do tratamento jurídico diferenciado previsto nesta Lei Complementar, bem como do regime de que trata o art. 12, com efeitos a partir do mês seguinte ao que incorrida a situação impeditiva.

•• § 6.º com redação determinada pela Lei Complementar n. 139, de 10-11-2011.

§ 7.º Observado o disposto no § 2.º deste artigo, no caso de início de atividades, a microempresa que, no ano-calendário, exceder o limite de receita bruta anual previsto no inciso I do *caput* deste artigo passa, no ano-calendário seguinte, à condição de empresa de pequeno porte.

§ 8.º Observado o disposto no § 2.º deste artigo, no caso de início de atividades, a empresa de pequeno porte que, no ano-calendário, não ultrapassar o limite de receita bruta anual previsto no inciso I do *caput* deste artigo passa, no ano-calendário seguinte, à condição de microempresa.

§ 9.º A empresa de pequeno porte que, no ano-calendário, exceder o limite de receita bruta anual previsto no inciso II do *caput* fica excluída, no mês subsequente à ocorrência do excesso, do tratamento jurídico diferenciado previsto nesta Lei Complementar, incluído o regime de que trata o art. 12, para todos os efeitos legais, ressalvado o disposto nos §§ 9.º-A, 10 e 12.

•• § 9.º com redação determinada pela Lei Complementar n. 139, de 10-11-2011.

§ 9.º-A. Os efeitos da exclusão prevista no § 9.º dar-se-ão no ano-calendário subsequente se o excesso verificado em relação à receita bruta não for superior a 20% (vinte por cento) do limite referido no inciso II do *caput*.

•• § 9.º-A acrescentado pela Lei Complementar n. 139, de 10-11-2011.

§ 10. A empresa de pequeno porte que no decurso do ano-calendário de início de atividade ultrapassar o limite proporcional de receita bruta de que trata o § 2.º estará excluída do tratamento jurídico diferenciado previsto nesta Lei Complementar, bem como do regime de que trata o art. 12 desta Lei Complementar, com efeitos retroativos ao início de suas atividades.

•• § 10 com redação determinada pela Lei Complementar n. 139, de 10-11-2011.

§ 11. Na hipótese de o Distrito Federal, os Estados e os respectivos Municípios adotarem um dos limites previstos nos incisos I e II do *caput* do art. 19 e no art. 20, caso a receita bruta auferida pela empresa durante o ano-calendário de início de atividade ultrapasse 1/12 (um doze avos) do limite estabelecido multiplicado pelo número de meses de funcionamento nesse período, a empresa não poderá recolher o ICMS e o ISS na forma do Simples Nacional, relativos ao estabelecimento localizado na unidade da federação que os houver adotado, com efeitos retroativos ao início de suas atividades.

•• § 11 com redação determinada pela Lei Complementar n. 139, de 10-11-2011.

§ 12. A exclusão de que trata o § 10 não retroagirá ao início das atividades se o excesso verificado em relação à receita bruta não for superior a 20% (vinte por cento) do respectivo limite referido naquele parágrafo, hipótese em que os efeitos da exclusão dar-se-ão no ano-calendário subsequente.

•• § 12 com redação determinada pela Lei Complementar n. 139, de 10-11-2011.

§ 13. O impedimento de que trata o § 11 não retroagirá ao início das atividades se o excesso verificado em relação à receita bruta não for superior a 20% (vinte por cento) dos respectivos limites referidos naquele parágrafo, hipótese em que os efeitos do impedimento ocorrerão no ano-calendário subsequente.

•• § 13 acrescentado pela Lei Complementar n. 139, de 10-11-2011.

§ 14. Para fins de enquadramento como microempresa ou empresa de pequeno porte, poderão ser auferidas receitas no mercado interno até o limite previsto no inciso II do *caput* ou no § 2.º, conforme o caso, e, adicionalmente, receitas decorrentes da exportação de mercadorias ou serviços, inclusive quando realizada por meio de comercial exportadora ou da sociedade de propósito específico prevista no art. 56 desta Lei Complementar, desde que as receitas de exportação também não excedam os referidos limites de receita bruta anual.

•• § 14 com redação determinada pela Lei Complementar n. 147, de 7-8-2014.

§ 15. Na hipótese do § 14, para fins de determinação da alíquota de que trata o § 1.º do art. 18, da base de cálculo prevista em seu § 3.º e das majorações de alíquotas previstas em seus §§ 16, 16-A, 17 e 17-A, serão consideradas separadamente as receitas brutas auferidas no mercado interno e aquelas decorrentes da exportação.

•• § 15 com redação determinada pela Lei Complementar n. 147, de 7-8-2014.

§ 16. O disposto neste artigo será regulamentado por resolução do CGSN.

•• § 16 acrescentado pela Lei Complementar n. 147, de 7-8-2014.

§ 17. (*Vetado.*)

•• § 17 acrescentado pela Lei Complementar n. 155, de 27-10-2016, produzindo efeitos a partir de 1.º-1-2018.

§ 18. (*Vetado.*)

•• § 18 acrescentado pela Lei Complementar n. 155, de 27-10-2016, produzindo efeitos a partir de 1.º-1-2018.

Art. 3.º-A. Aplica-se ao produtor rural pessoa física e ao agricultor familiar conceituado na Lei n. 11.326, de 24 de julho de 2006, com situação regular na Previdência Social e no Município que tenham auferido receita bruta anual até o limite de que trata o inciso II do *caput* do art. 3.º o disposto nos arts. 6.º e 7.º, nos Capítulos V a X, na Seção IV do Capítulo XI e no Capítulo XII desta Lei Complementar, ressalvadas as disposições da Lei n. 11.718, de 20 de junho de 2008.

•• *Caput* acrescentado pela Lei Complementar n. 147, de 7-8-2014.

Parágrafo único. A equiparação de que trata o *caput* não se aplica às disposições do Capítulo IV desta Lei Complementar.

•• Parágrafo único acrescentado pela Lei Complementar n. 147, de 7-8-2014.

Art. 3.º-B. Os dispositivos desta Lei Complementar, com exceção dos dispostos no Capítulo

IV, são aplicáveis a todas as microempresas e empresas de pequeno porte, assim definidas pelos incisos I e II do *caput* e § 4.º do art. 3.º, ainda que não enquadradas no regime tributário do Simples Nacional, por vedação ou por opção.

•• Artigo acrescentado pela Lei Complementar n. 147, de 7-8-2014.

CAPÍTULO III
DA INSCRIÇÃO E DA BAIXA

Art. 4.º Na elaboração de normas de sua competência, os órgãos e entidades envolvidos na abertura e fechamento de empresas, dos 3 (três) âmbitos de governo, deverão considerar a unicidade do processo de registro e de legalização de empresários e de pessoas jurídicas, para tanto devendo articular as competências próprias com aquelas dos demais membros, e buscar, em conjunto, compatibilizar e integrar procedimentos, de modo a evitar a duplicidade de exigências e garantir a linearidade do processo, da perspectiva do usuário.

§ 1.º O processo de abertura, registro, alteração e baixa da microempresa e empresa de pequeno porte, bem como qualquer exigência para o início de seu funcionamento, deverão ter trâmite especial e simplificado, preferencialmente eletrônico, opcional para o empreendedor, observado o seguinte:

•• § 1.º, *caput*, com redação determinada pela Lei Complementar n. 147, de 7-8-2014.

I – poderão ser dispensados o uso da firma, com a respectiva assinatura autógrafa, o capital, requerimentos, demais assinaturas, informações relativas ao estado civil e regime de bens, bem como remessa de documentos, na forma estabelecida pelo CGSIM; e

•• Inciso I acrescentado pela Lei Complementar n. 139, de 10-11-2011.

II – (*Revogado pela Lei Complementar n. 147, de 7-8-2014.*)

§ 2.º (*Revogado pela Lei Complementar n. 139, de 10-11-2011.*)

§ 3.º Ressalvado o disposto nesta Lei Complementar, ficam reduzidos a 0 (zero) todos os custos, inclusive prévios, relativos à abertura, à inscrição, ao registro, ao funcionamento, ao alvará, à licença, ao cadastro, às alterações e procedimentos de baixa e encerramento e aos demais itens relativos ao Microempreendedor Individual, incluindo os valores referentes a taxas, a emolumentos e a demais contribuições relativas aos órgãos de registro, de licenciamento, sindicais, de regulamentação, de anotação de responsabilidade técnica, de vistoria e de fiscalização do exercício de profissões regulamentadas.

•• § 3.º com redação determinada pela Lei Complementar n. 147, de 7-8-2014.

§ 3.º-A. O agricultor familiar, definido conforme a Lei n. 11.326, de 24 de julho de 2006, e identificado pela Declaração de Aptidão ao Pronaf – DAP física ou jurídica, bem como o MEI e o empreendedor de economia solidária ficam isentos de taxas e outros valores relativos à fiscalização da vigilância sanitária.

•• § 3.º-A acrescentado pela Lei Complementar n. 147, de 7-8-2014.

§ 4.º No caso do MEI, de que trata o art. 18-A desta Lei Complementar, a cobrança associativa ou oferta de serviços privados relativos aos atos de que trata o § 3.º deste artigo somente poderá ser efetuada a partir de demanda prévia do próprio MEI, firmado por meio de contrato com assinatura autógrafa, observando-se que:

•• § 4.º, *caput*, acrescentado pela Lei Complementar n. 147, de 7-8-2014.

I – para a emissão de boletos de cobrança, os bancos públicos e privados deverão exigir das instituições sindicais e associativas autorização prévia específica a ser emitida pelo CGSIM;

•• Inciso I acrescentado pela Lei Complementar n. 147, de 7-8-2014.

II – o desrespeito ao disposto neste parágrafo configurará vantagem ilícita pelo induzimento ao erro em prejuízo do MEI, aplicando-se as sanções previstas em lei.

•• Inciso II acrescentado pela Lei Complementar n. 147, de 7-8-2014.

§ 5.º (*Vetado.*)

•• § 5.º acrescentado pela Lei Complementar n. 147, de 7-8-2014.

§ 6.º Na ocorrência de fraude no registro do Microempreendedor Individual – MEI feito por terceiros, o pedido de baixa deve ser feito por meio exclusivamente eletrônico, com efeitos retroativos à data de registro, na forma a ser regulamentada pelo CGSIM, não sendo aplicáveis os efeitos do § 1.º do art. 29 desta Lei Complementar.

•• § 6.º acrescentado pela Lei Complementar n. 155, de 27-10-2016, produzindo efeitos a partir de 1.º-1-2018.

Art. 5.º Os órgãos e entidades envolvidos na abertura e fechamento de empresas, dos 3 (três) âmbitos de governo, no âmbito de suas atribuições, deverão manter à disposição dos usuários, de forma presencial e pela rede mundial de computadores, informações, orientações e instrumentos, de forma integrada e consolidada, que permitam pesquisas prévias às etapas de registro ou inscrição, alteração e baixa de empresários e pessoas jurídicas, de modo a prover ao usuário certeza quanto à documentação exigível e quanto à viabilidade do registro ou inscrição.

Parágrafo único. As pesquisas prévias à elaboração de ato constitutivo ou de sua alteração deverão bastar a que o usuário seja informado pelos órgãos e entidades competentes:

I – da descrição oficial do endereço de seu interesse e da possibilidade de exercício da atividade desejada no local escolhido;

II – de todos os requisitos a serem cumpridos para obtenção de licenças de autorização de funcionamento, segundo a atividade pretendida, o porte, o grau de risco e a localização; e

III – da possibilidade de uso do nome empresarial de seu interesse.

Art. 6.º Os requisitos de segurança sanitária, metrologia, controle ambiental e prevenção contra incêndios, para os fins de registro e legalização de empresários e pessoas jurídicas, deverão ser simplificados, racionalizados e uniformizados pelos órgãos envolvidos na abertura e fechamento de empresas, no âmbito de suas competências.

§ 1.º Os órgãos e entidades envolvidos na abertura e fechamento de empresas que sejam responsáveis pela emissão de licenças e autorizações de funcionamento somente realizarão vistorias após o início de operação do estabelecimento, quando a atividade, por sua natureza, comportar grau de risco compatível com esse procedimento.

§ 2.º Os órgãos e entidades competentes definirão, em 6 (seis) meses, contados da publicação desta Lei Complementar, as atividades cujo grau de risco seja considerado alto e que exigirão vistoria prévia.

§ 3.º Na falta de legislação estadual, distrital ou municipal específica relativa à definição do grau de risco da atividade aplicar-se-á resolução do CGSIM.

•• § 3.º acrescentado pela Lei Complementar n. 147, de 7-8-2014.

§ 4.º A classificação de baixo grau de risco permite ao empresário ou à pessoa jurídica a obtenção do licenciamento de atividade mediante o simples fornecimento de dados e a substituição da comprovação prévia do cumprimento de exigências e restrições por declarações do titular ou responsável.

•• § 4.º acrescentado pela Lei Complementar n. 147, de 7-8-2014.

§ 5.º O disposto neste artigo não é impeditivo da inscrição fiscal.

•• § 5.º acrescentado pela Lei Complementar n. 147, de 7-8-2014.

Art. 7.º Exceto nos casos em que o grau de risco da atividade seja considerado alto, os Municípios emitirão Alvará de Funcionamento Provisório, que permitirá o início de operação do estabelecimento imediatamente após o ato de registro.

Parágrafo único. Nos casos referidos no *caput* deste artigo, poderá o Município conceder Alvará de Funcionamento Provisório para o microempreendedor individual, para microempresas e para empresas de pequeno porte:

•• Parágrafo único, *caput*, acrescentado pela Lei Complementar n. 128, de 19-12-2008.

I – instaladas em área ou edificação desprovidas de regulação fundiária e imobiliária, inclusive habite-se; ou

•• Inciso I com redação determinada pela Lei Complementar n. 147, de 7-8-2014.

II – em residência do microempreendedor individual ou do titular ou sócio da microempresa ou empresa de pequeno porte, na hipótese em que a atividade não gere grande circulação de pessoas.

•• Inciso II acrescentado pela Lei Complementar n. 128, de 19-12-2008.

Art. 8.º Será assegurado aos empresários e pessoas jurídicas:

•• *Caput* com redação determinada pela Lei Complementar n. 147, de 7-8-2014.

I – entrada única de dados e documentos;

•• Inciso I acrescentado pela Lei Complementar n. 147, de 7-8-2014.

II – processo de registro e legalização integrado entre os órgãos e entes envolvidos, por meio de sistema informatizado que garanta:

•• Inciso II, *caput*, acrescentado pela Lei Complementar n. 147, de 7-8-2014.

a) sequenciamento das seguintes etapas: consulta prévia de nome empresarial e de viabilidade de localização, registro empresarial, inscrições fiscais e licenciamento de atividade;

•• Alínea *a* acrescentada pela Lei Complementar n. 147, de 7-8-2014.

b) criação da base nacional cadastral única de empresas;

•• Alínea *b* acrescentada pela Lei Complementar n. 147, de 7-8-2014.

III – identificação nacional cadastral única que corresponderá ao número de inscrição no Cadastro Nacional de Pessoas Jurídicas – CNPJ.

•• Inciso III acrescentado pela Lei Complementar n. 147, de 7-8-2014.

§ 1.º O sistema de que trata o inciso II do *caput* deve garantir aos órgãos e entidades integrados:

•• § 1.º, *caput*, acrescentado pela Lei Complementar n. 147, de 7-8-2014.

I – compartilhamento irrestrito dos dados da base nacional única de empresas;

•• Inciso I acrescentado pela Lei Complementar n. 147, de 7-8-2014.

II – autonomia na definição das regras para comprovação do cumprimento de exigências nas respectivas etapas do processo.

•• Inciso II acrescentado pela Lei Complementar n. 147, de 7-8-2014.

§ 2.º A identificação nacional cadastral única substituirá para todos os efeitos as demais inscrições, sejam elas federais, estaduais ou municipais, após a implantação do sistema a que se refere o inciso II do *caput*, no prazo e na forma estabelecidos pelo CGSIM.

•• § 2.º acrescentado pela Lei Complementar n. 147, de 7-8-2014.

§ 3.º É vedado aos órgãos e entidades integrados ao sistema informatizado de que trata o inciso II do *caput* o estabelecimento de exigências não previstas em lei.

•• § 3.º acrescentado pela Lei Complementar n. 147, de 7-8-2014.

§ 4.º A coordenação do desenvolvimento e da implantação do sistema de que trata o inciso II do *caput* ficará a cargo do CGSIM.

•• § 4.º acrescentado pela Lei Complementar n. 147, de 7-8-2014.

Art. 9.º O registro dos atos constitutivos, de suas alterações e extinções (baixas), referentes a empresários e pessoas jurídicas em qualquer órgão dos 3 (três) âmbitos de governo ocorrerá independentemente da regularidade de obrigações tributárias, previdenciárias ou trabalhistas, principais ou acessórias, do empresário, da sociedade, dos sócios, dos administradores ou de empresas de que participem, sem prejuízo das responsabilidades do empresário, dos titulares, dos sócios ou dos administradores por tais obrigações, apuradas antes ou após o ato de extinção.

•• *Caput* com redação determinada pela Lei Complementar n. 147, de 7-8-2014.

§ 1.º O arquivamento, nos órgãos de registro, dos atos constitutivos de empresários, de sociedades empresárias e de demais equiparados que se enquadrarem como microempresa ou empresa de pequeno porte bem como o arquivamento de suas alterações são dispensados das seguintes exigências:

I – certidão de inexistência de condenação criminal, que será substituída por declaração do titular ou administrador, firmada sob as penas da lei, de não estar impedido de exercer atividade mercantil ou a administração de sociedade, em virtude de condenação criminal;

II – prova de quitação, regularidade ou inexistência de débito referente a tributo ou contribuição de qualquer natureza.

§ 2.º Não se aplica às microempresas e às empresas de pequeno porte o disposto no § 2.º do art. 1.º da Lei n. 8.906, de 4 de julho de 1994.

•• A Lei n. 8.906, de 4-7-1994, dispõe sobre o EAOAB.

§ 3.º (*Revogado pela Lei Complementar n. 147, de 7-8-2014.*)

§ 4.º A baixa do empresário ou da pessoa jurídica não impede que, posteriormente, sejam lançados ou cobrados tributos, contribuições e respectivas penalidades, decorrentes da falta do cumprimento de obrigações ou da prática comprovada e apurada em processo administrativo ou judicial de outras irregularidades praticadas pelos empresários, pelas pessoas jurídicas ou por seus titulares, sócios ou administradores.

•• § 4.º com redação determinada pela Lei Complementar n. 147, de 7-8-2014.

§ 5.º A solicitação de baixa do empresário ou da pessoa jurídica importa responsabilidade solidária dos empresários, dos titulares, dos sócios e dos administradores no período da ocorrência dos respectivos fatos geradores.

•• § 5.º com redação determinada pela Lei Complementar n. 147, de 7-8-2014.

§ 6.º Os órgãos referidos no *caput* deste artigo terão o prazo de 60 (sessenta) dias para efetivar a baixa nos respectivos cadastros.

•• § 6.º acrescentado pela Lei Complementar n. 128, de 19-12-2008.

§ 7.º Ultrapassado o prazo previsto no § 6.º deste artigo sem manifestação do órgão competente, presumir-se-á a baixa dos registros das microempresas e a das empresas de pequeno porte.

•• § 7.º acrescentado pela Lei Complementar n. 128, de 19-12-2008.

§§ 8.º a 12. (*Revogados pela Lei Complementar n. 147, de 7-8-2014.*)

Art. 10. Não poderão ser exigidos pelos órgãos e entidades envolvidos na abertura e fechamento de empresas, dos 3 (três) âmbitos de governo:

I – excetuados os casos de autorização prévia, quaisquer documentos adicionais aos requeridos pelos órgãos executores do Registro Público de Empresas Mercantis e Atividades Afins e do Registro Civil de Pessoas Jurídicas;

II – documento de propriedade ou contrato de locação do imóvel onde será instalada a sede, filial ou outro estabelecimento, salvo para comprovação do endereço indicado;

III – comprovação de regularidade de prepostos dos empresários ou pessoas jurídicas com seus órgãos de classe, sob qualquer forma, como requisito para deferimento de ato de inscrição, alteração ou baixa de empresa, bem como para autenticação de instrumento de escrituração.

Art. 11. Fica vedada a instituição de qualquer tipo de exigência de natureza documental ou formal, restritiva ou condicionante, pelos órgãos envolvidos na abertura e fechamento de empresas, dos 3 (três) âmbitos de governo, que exceda o estrito limite dos requisitos pertinentes à essência do ato de registro, alteração ou baixa da empresa.

Capítulo IV
DOS TRIBUTOS E CONTRIBUIÇÕES

Seção I
Da Instituição e Abrangência

Art. 12. Fica instituído o Regime Especial Unificado de Arrecadação de Tributos e Contribuições devidos pelas Microempresas e Empresas de Pequeno Porte – Simples Nacional.

•• A Resolução n. 94, de 29-11-2011, dispõe sobre o Simples Nacional.

•• *Vide* art. 146, III, *d*, e parágrafo único da CF.

•• A Lei n. 11.488, de 15-6-2007, cria o Regime Especial de Incentivos para o Desenvolvimento da Infraestrutura – REIDI e dá outras providências.

Parágrafo único. (*Vetado.*)

•• Parágrafo único acrescentado pela Lei Complementar n. 155, de 27-10-2016, produzindo efeitos a partir de 1.º-1-2018.

Art. 13. O Simples Nacional implica o recolhimento mensal, mediante documento único de arrecadação, dos seguintes impostos e contribuições:

I – Imposto sobre a Renda da Pessoa Jurídica – IRPJ;

•• *Vide* Súmula 184 do STJ.

II – Imposto sobre Produtos Industrializados – IPI, observado o disposto no inciso XII do § 1.º deste artigo;

III – Contribuição Social sobre o Lucro Líquido – CSLL;

IV – Contribuição para o Financiamento da Seguridade Social – COFINS, observado o disposto no inciso XII do § 1.º deste artigo;

V – Contribuição para o PIS/Pasep, observado o disposto no inciso XII do § 1.º deste artigo;

VI – Contribuição Patronal Previdenciária – CPP para a Seguridade Social, a cargo da pessoa jurídica, de que trata o art. 22 da Lei n. 8.212, de 24 de julho de 1991, exceto no caso da microempresa e da empresa de pequeno porte que se dediquem às atividades de prestação de serviços referidas no § 5.º-C do art. 18 desta Lei Complementar;

•• Inciso VI com redação determinada pela Lei Complementar n. 128, de 19-12-2008.

•• A Lei n. 8.212, de 24-7-1991, dispõe sobre a organização da Seguridade Social, institui plano de custeio, e dá outras providências.

VII – Imposto sobre Operações Relativas à Circulação de Mercadorias e Sobre Prestações de Serviços de Transporte Interestadual e Intermunicipal e de Comunicação – ICMS;

VIII – Imposto sobre Serviços de Qualquer Natureza – ISS.

§ 1.º O recolhimento na forma deste artigo não exclui a incidência dos seguintes impostos ou contribuições, devidos na qualidade de contribuinte ou responsável, em relação aos quais será observada a legislação aplicável às demais pessoas jurídicas:

I – Imposto sobre Operações de Crédito, Câmbio e Seguro, ou Relativas a Títulos ou Valores Mobiliários – IOF;

II – Imposto sobre a Importação de Produtos Estrangeiros – II;

III – Imposto sobre a Exportação, para o Exterior, de Produtos Nacionais ou Nacionalizados – IE;

IV – Imposto sobre a Propriedade Territorial Rural – ITR;

•• Inciso IV com redação determinada pela Lei Complementar n. 128, de 19-12-2008.

V – Imposto de Renda, relativo aos rendimentos ou ganhos líquidos auferidos em aplicações de renda fixa ou variável;

VI – Imposto de Renda relativo aos ganhos de capital auferidos na alienação de bens do ativo permanente;

VII – Contribuição Provisória sobre Movimentação ou Transmissão de Valores e de Créditos e Direitos de Natureza Financeira – CPMF;

VIII – Contribuição para o Fundo de Garantia do Tempo de Serviço – FGTS;

IX – Contribuição para manutenção da Seguridade Social, relativa ao trabalhador;

X – Contribuição para a Seguridade Social, relativa à pessoa do empresário, na qualidade de contribuinte individual;

XI – Imposto de Renda relativo aos pagamentos ou créditos efetuados pela pessoa jurídica a pessoas físicas;

XII – Contribuição para o PIS/Pasep, Cofins e IPI incidentes na importação de bens e serviços;

XIII – ICMS devido:

a) nas operações sujeitas ao regime de substituição tributária, tributação concentrada em uma única etapa (monofásica) e sujeitas ao regime de antecipação do recolhimento do imposto com encerramento de tributação, envolvendo combustíveis e lubrificantes; energia elétrica; cigarros e outros produtos derivados do fumo; bebidas; óleos e azeites vegetais comestíveis; farinha de trigo e misturas de farinha de trigo; massas alimentícias; açúcares; produtos lácteos; carnes e suas preparações; preparações à base de cereais; chocolates; produtos de padaria e da indústria de bolachas e biscoitos; sorvetes e preparados para fabricação de sorvetes em máquinas; cafés e mates, seus extratos, essências e concentrados; preparações para molhos e molhos preparados; preparações de produtos vegetais; rações para animais domésticos; veículos automotivos e automotores, suas peças, componentes e acessórios; pneumáticos; câmaras de ar e protetores de borracha; medicamentos e outros produtos farmacêuticos para uso humano ou veterinário; cosméticos; produtos de perfumaria e de higiene pessoal; papéis; plásticos; canetas e malas; cimentos; cal e argamassas; produtos cerâmicos; vidros; obras de metal e plástico para construção; telhas e caixas d'água; tintas e vernizes; produtos eletrônicos, eletroeletrônicos e eletrodomésticos; fios; cabos e outros condutores; transformadores elétricos e reatores; disjuntores; interruptores e tomadas; isoladores; para-raios e lâmpadas; máquinas e aparelhos de ar-condicionado; centrifugadores de uso doméstico; aparelhos e instrumentos de pesagem de uso doméstico; extintores; aparelhos ou máquinas de barbear; máquinas de cortar o cabelo ou de tosquiar; aparelhos de depilar, com motor elétrico incorporado; aquecedores elétricos de água para uso doméstico e termômetros; ferramentas; álcool etílico; sabões em pó e líquidos para roupas; detergentes; alvejantes; esponjas; palhas de aço e amaciantes de roupas; venda de mercadorias pelo sistema porta a porta; nas operações sujeitas ao regime de substituição tributária pelas operações anteriores; e nas prestações de serviços sujeitas aos regimes de substituição tributária e de antecipação de recolhimento do imposto com encerramento de tributação;

•• Alínea *a* com redação determinada pela Lei Complementar n. 147, de 7-8-2014, produzindo efeitos a partir de 1.º-1-2016 (*DOU* de 8-8-2014).

b) por terceiro, a que o contribuinte se ache obrigado, por força da legislação estadual ou distrital vigente;

c) na entrada, no território do Estado ou do Distrito Federal, de petróleo, inclusive lubrificantes e combustíveis líquidos e gasosos dele derivados, bem como energia elétrica, quando não destinados à comercialização ou industrialização;

d) por ocasião do desembaraço aduaneiro;

e) na aquisição ou manutenção em estoque de mercadoria desacobertada de documento fiscal;

f) na operação ou prestação desacobertada de documento fiscal;

g) nas operações com bens ou mercadorias sujeitas ao regime de antecipação do recolhimento do imposto, nas aquisições em outros Estados e Distrito Federal:

1. com encerramento da tributação, observado o disposto no inciso IV do § 4.º do art. 18 desta Lei Complementar;

2. sem encerramento da tributação, hipótese em que será cobrada a diferença entre a alíquota interna e a interestadual, sendo vedada a agregação de qualquer valor;

•• Alínea *g* com redação determinada pela Lei Complementar n. 128, de 19-12-2008.

h) nas aquisições em outros Estados e no Distrito Federal de bens ou mercadorias, não sujeitas ao regime de antecipação do recolhimento do imposto, relativo à diferença entre a alíquota interna e a interestadual;

•• Alínea *h* acrescentada pela Lei Complementar n. 128, de 19-12-2008.

XIV – ISS devido:

a) em relação aos serviços sujeitos à substituição tributária ou retenção na fonte;

b) na importação de serviços;

XV – demais tributos de competência da União, dos Estados, do Distrito Federal ou dos Municípios, não relacionados nos incisos anteriores.

§ 1.º-A. Os valores repassados aos profissionais de que trata a Lei n. 12.592, de 18 de janeiro de 2012, contratados por meio de parceria, nos termos da legislação civil, não integrarão a receita bruta da empresa contratante para fins de tributação, cabendo ao contratante a retenção e o recolhimento dos tributos devidos pelo contratado.

•• § 1.º-A acrescentado pela Lei Complementar n. 155, de 27-10-2016, produzindo efeitos a partir de 1.º-1-2018.

§ 2.º Observada a legislação aplicável, a incidência do imposto de renda na fonte, na hipótese do inciso V do § 1.º deste artigo, será definitiva.

§ 3.º As microempresas e empresas de pequeno porte optantes pelo Simples Nacional ficam dispensadas do pagamento das demais contribuições instituídas pela União, inclusive as contribuições para as entidades privadas de serviço social e de formação profissional vinculadas ao sistema sindical, de que trata o art. 240 da Constituição Federal, e demais entidades de serviço social autônomo.

§ 4.º (*Vetado*.)

§ 5.º A diferença entre a alíquota interna e a interestadual de que tratam as alíneas *g* e *h* do inciso XIII do § 1.º deste artigo será calculada tomando-se por base as alíquotas aplicáveis às pessoas jurídicas não optantes pelo Simples Nacional.

•• § 5.º acrescentado pela Lei Complementar n. 128, de 19-12-2008.

§ 6.º O Comitê Gestor do Simples Nacional:

•• § 6.º, *caput*, acrescentado pela Lei Complementar n. 128, de 19-12-2008.

I – disciplinará a forma e as condições em que será atribuída à microempresa ou empresa de pequeno porte optante pelo Simples Nacional a qualidade de substituta tributária; e

•• Inciso I acrescentado pela Lei Complementar n. 128, de 19-12-2008.

II – poderá disciplinar a forma e as condições em que será estabelecido o regime de antecipação do ICMS previsto na alínea *g* do inciso XIII do § 1.º deste artigo.

•• Inciso II acrescentado pela Lei Complementar n. 128, de 19-12-2008.

§ 7.º O disposto na alínea *a* do inciso XIII do § 1.º será disciplinado por convênio celebrado pelos Estados e pelo Distrito Federal, ouvidos o CGSN e os representantes dos segmentos econômicos envolvidos.

•• § 7.º acrescentado pela Lei Complementar n. 147, de 7-8-2014, produzindo efeitos a partir de 1.º-1-2016 (*DOU* de 8-8-2014).

§ 8.º Em relação às bebidas não alcóolicas, massas alimentícias, produtos lácteos, carnes e suas preparações, preparações à base de cereais, chocolates, produtos de padaria e da indústria de bolachas e biscoitos, preparações para molhos e molhos preparados, preparações de produtos vegetais, telhas e outros produtos cerâmicos para construção e detergentes, aplica-se o disposto na alínea *a* do inciso XIII do § 1.º aos fabricados em escala industrial relevante em cada segmento, observado o disposto no § 7.º.

•• § 8.º acrescentado pela Lei Complementar n. 147, de 7-8-2014, produzindo efeitos a partir de 1.º-1-2016 (*DOU* de 8-8-2014).

Art. 13-A. Para efeito de recolhimento do ICMS e do ISS no Simples Nacional, o limite máximo de que trata o inciso II do *caput* do art. 3.º será de R$ 3.600.000,00 (três milhões e seiscentos mil reais), observado o disposto nos §§ 11, 13, 14 e 15 do mesmo artigo, nos §§ 17 e 17-A do art. 18 e no § 4.º do art. 19.

•• Artigo acrescentado pela Lei Complementar n. 155, de 27-10-2016, produzindo efeitos a partir de 1.º-1-2018.

Art. 14. Consideram-se isentos do imposto de renda, na fonte e na declaração de ajuste do beneficiário, os valores efetivamente pagos ou distribuídos ao titular ou sócio da microempresa ou empresa de pequeno porte optante pelo Simples Nacional, salvo os que corresponderem a pró-labore, aluguéis ou serviços prestados.

§ 1.º A isenção de que trata o *caput* deste artigo fica limitada ao valor resultante da aplicação dos percentuais de que trata o art. 15 da Lei n. 9.249, de 26 de dezembro de 1995, sobre a receita bruta mensal, no caso de antecipação de fonte, ou da receita bruta total anual, tratando-se de declaração de ajuste, subtraído do valor devido na forma do Simples Nacional no período.

§ 2.º O disposto no § 1.º deste artigo não se aplica na hipótese de a pessoa jurídica manter escrituração contábil e evidenciar lucro superior àquele limite.

Art. 15. (*Vetado.*)

Art. 16. A opção pelo Simples Nacional da pessoa jurídica enquadrada na condição de microempresa e empresa de pequeno porte dar-se-á na forma a ser estabelecida em ato do Comitê Gestor, sendo irretratável para todo o ano-calendário.

§ 1.º Para efeito de enquadramento no Simples Nacional, considerar-se-á microempresa ou empresa de pequeno porte aquela cuja receita bruta no ano-calendário anterior ao da opção esteja compreendida dentro dos limites previstos no art. 3.º desta Lei Complementar.

§ 1.º-A. A opção pelo Simples Nacional implica aceitação de sistema de comunicação eletrônica, destinado, dentre outras finalidades, a:

•• § 1.º-A, *caput*, acrescentado pela Lei Complementar n. 139, de 10-11-2011.

I – cientificar o sujeito passivo de quaisquer tipos de atos administrativos, incluídos os relativos ao indeferimento de opção, à exclusão do regime e a ações fiscais;

•• Inciso I acrescentado pela Lei Complementar n. 139, de 10-11-2011.

II – encaminhar notificações e intimações; e

•• Inciso II acrescentado pela Lei Complementar n. 139, de 10-11-2011.

III – expedir avisos em geral.

•• Inciso III acrescentado pela Lei Complementar n. 139, de 10-11-2011.

§ 1.º-B. O sistema de comunicação eletrônica de que trata o § 1.º-A será regulamentado pelo CGSN, observando-se o seguinte:

•• § 1.º-B, *caput*, acrescentado pela Lei Complementar n. 139, de 10-11-2011.

I – as comunicações serão feitas, por meio eletrônico, em portal próprio, dispensando-se a sua publicação no Diário Oficial e o envio por via postal;

•• Inciso I acrescentado pela Lei Complementar n. 139, de 10-11-2011.

II – a comunicação feita na forma prevista no *caput* será considerada pessoal para todos os efeitos legais;

•• Inciso II acrescentado pela Lei Complementar n. 139, de 10-11-2011.

III – a ciência por meio do sistema de que trata o § 1.º-A com utilização de certificação digital ou de código de acesso possuirá os requisitos de validade;

•• Inciso III acrescentado pela Lei Complementar n. 139, de 10-11-2011.

IV – considerar-se-á realizada a comunicação no dia em que o sujeito passivo efetivar a consulta eletrônica ao teor da comunicação; e

•• Inciso IV acrescentado pela Lei Complementar n. 139, de 10-11-2011.

V – na hipótese do inciso IV, nos casos em que a consulta se dê em dia não útil, a comunicação será considerada como realizada no primeiro dia útil seguinte.

•• Inciso V acrescentado pela Lei Complementar n. 139, de 10-11-2011.

§ 1.º-C. A consulta referida nos incisos IV e V do § 1.º-B deverá ser feita em até 45 (quarenta e cinco) dias contados da data da disponibilização da comunicação no portal a que se refere o inciso I do § 1.º-B, ou em prazo superior estipulado pelo CGSN, sob pena de ser considerada automaticamente realizada na data do término desse prazo.

•• § 1.º-C acrescentado pela Lei Complementar n. 139, de 10-11-2011.

§ 1.º-D. Enquanto não editada a regulamentação de que trata o § 1.º-B, os entes federativos poderão utilizar sistemas de comunicação eletrônica, com regras próprias, para as finalidades previstas no § 1.º-A, podendo a referida regulamentação prever a adoção desses sistemas como meios complementares de comunicação.

•• § 1.º-D acrescentado pela Lei Complementar n. 139, de 10-11-2011.

§ 2.º A opção de que trata o *caput* deste artigo deverá ser realizada no mês de janeiro, até o seu último dia útil, produzindo efeitos a partir do primeiro dia do ano-calendário da opção, ressalvado o disposto no § 3.º deste artigo.

§ 3.º A opção produzirá efeitos a partir da data do início de atividade, desde que exercida nos termos, prazo e condições a serem estabelecidos no ato do Comitê Gestor a que se refere o *caput* deste artigo.

§ 4.º Serão consideradas inscritas no Simples Nacional, em 1.º de julho de 2007, as microempresas e empresas de pequeno porte regularmente optantes pelo regime tributário de que trata a Lei n. 9.317, de 5 de dezembro de 1996, salvo as que estiverem impedidas de optar por alguma vedação imposta por esta Lei Complementar.

•• § 4.º com redação determinada pela Lei Complementar n. 127, de 14-8-2007.

•• *Vide* art. 89 desta Lei.

§ 5.º O Comitê Gestor regulamentará a opção automática prevista no § 4.º deste artigo.

§ 6.º O indeferimento da opção pelo Simples Nacional será formalizado mediante ato da Administração Tributária segundo regulamentação do Comitê Gestor.

Seção II
Das Vedações ao Ingresso no Simples Nacional

Art. 17. Não poderão recolher os impostos e contribuições na forma do Simples Nacional a microempresa ou a empresa de pequeno porte:

I – que explore atividade de prestação cumulativa e contínua de serviços de assessoria creditícia, gestão de crédito, seleção e riscos, administração de contas a pagar e a receber, gerenciamento de ativos (*asset management*), compras de direitos creditórios resultantes de vendas mercantis a prazo ou de prestação de serviços (*factoring*);

II – que tenha sócio domiciliado no exterior;

III – de cujo capital participe entidade da administração pública, direta ou indireta, federal, estadual ou municipal;

IV – (*Revogado pela Lei Complementar n. 128, de 19-12-2008.*)

V – que possua débito com o Instituto Nacional do Seguro Social – INSS, ou com as Fazendas Públicas Federal, Estadual ou Municipal, cuja exigibilidade não esteja suspensa;

VI – que preste serviço de transporte intermunicipal e interestadual de passageiros, exceto quando na modalidade fluvial ou quando possuir características de transporte urbano ou metropolitano ou realizar-se sob fretamento contínuo em área metropolitana para o transporte de estudantes ou trabalhadores;

•• Inciso VI com redação determinada pela Lei Complementar n. 147, de 7-8-2014.

VII – que seja geradora, transmissora, distribuidora ou comercializadora de energia elétrica;

VIII – que exerça atividade de importação ou fabricação de automóveis e motocicletas;

IX – que exerça atividade de importação de combustíveis;

X – que exerça atividade de produção ou venda no atacado de:

•• Inciso X, *caput*, com redação determinada pela Lei Complementar n. 128, de 19-12-2008.

a) cigarros, cigarrilhas, charutos, filtros para cigarros, armas de fogo, munições e pólvoras, explosivos e detonantes;

•• Alínea *a* acrescentada pela Lei Complementar n. 128, de 19-12-2008.

b) bebidas não alcoólicas a seguir descritas:

•• Alínea *b* com redação determinada pela Lei Complementar n. 155, de 27-10-2016, produzindo efeitos a partir de 1.º-1-2018.

1 – (*Revogado pela Lei Complementar n. 155, de 27-10-2016.*)

2 e 3 – (*Revogados pela Lei Complementar n. 147, de 7-8-2014.*)

4 – cervejas sem álcool;

•• Item 4 acrescentado pela Lei Complementar n. 128, de 19-12-2008.

c) bebidas alcoólicas, exceto aquelas produzidas ou vendidas no atacado por:

1 – micro e pequenas cervejarias;

2 – micro e pequenas vinícolas;

3 – produtores de licores;

4 – micro e pequenas destilarias;

•• Alínea *c* acrescentada pela Lei Complementar n. 155, de 27-10-2016, produzindo efeitos a partir de 1.º-1-2018.

XI – (*Revogado pela Lei Complementar n. 147, de 7-8-2014.*)

XII – que realize cessão ou locação de mão de obra;

XIII – (*Revogado pela Lei Complementar n. 147, de 7-8-2014.*)

XIV – que se dedique ao loteamento e à incorporação de imóveis;

XV – que realize atividade de locação de imóveis próprios, exceto quando se referir a prestação de serviços tributados pelo ISS;

•• Inciso XV com redação determinada pela Lei Complementar n. 139, de 10-11-2011.

XVI – com ausência de inscrição ou com irregularidade em cadastro fiscal federal, municipal ou estadual, quando exigível.

•• Inciso XVI acrescentado pela Lei Complementar n. 139, de 10-11-2011.

§ 1.º As vedações relativas a exercício de atividades previstas no *caput* deste artigo não se aplicam às pessoas jurídicas que se dediquem exclusivamente às atividades referidas nos §§ 5.º-B a 5.º-E do art. 18 desta Lei Complementar, ou as exerçam em conjunto com outras atividades que não tenham sido objeto de vedação no *caput* deste artigo.

•• § 1.º, *caput*, com redação determinada pela Lei Complementar n. 128, de 19-12-2008.

I a XXI – (*Revogados pela Lei Complementar n. 128, de 19-12-2008.*)

XXII – (*Vetado.*)

XXIII a XXVII – (*Revogados pela Lei Complementar n. 128, de 19-12-2008.*)

XXVIII – (*Vetado.*)

§ 2.º Também poderá optar pelo Simples Nacional a microempresa ou empresa de pequeno porte que se dedique à prestação de outros serviços que não tenham sido objeto de vedação expressa neste artigo, desde que não incorra em nenhuma das hipóteses de vedação previstas nesta Lei Complementar.

•• § 2.º com redação determinada pela Lei Complementar n. 127, de 14-8-2007.

§ 3.º (*Vetado.*)

§ 4.º Na hipótese do inciso XVI do *caput*, deverá ser observado, para o MEI, o disposto no art. 4.º desta Lei Complementar.

•• § 4.º acrescentado pela Lei Complementar n. 139, de 10-11-2011.

§ 5.º As empresas que exerçam as atividades previstas nos itens da alínea *c* do inciso X do *caput* deste artigo deverão obrigatoriamente ser registradas no Ministério da Agricultura, Pecuária e Abastecimento e obedecerão também à regulamentação da Agência Nacional de Vigilância Sanitária e da Secretaria da Receita Federal do Brasil quanto à produção e à comercialização de bebidas alcoólicas.

•• § 5.º acrescentado pela Lei Complementar n. 155, de 27-10-2016, produzindo efeitos a partir de 1.º-1-2018.

Seção III
Das Alíquotas e Base de Cálculo

Art. 18. O valor devido mensalmente pela microempresa ou empresa de pequeno porte optante pelo Simples Nacional será determinado mediante aplicação das alíquotas efetivas, calculadas a partir das alíquotas nominais constantes das tabelas dos Anexos I a V desta Lei

Complementar, sobre a base de cálculo de que trata o § 3.º deste artigo, observado o disposto no § 15 do art. 3.º.

•• *Caput* com redação determinada pela Lei Complementar n. 155, de 27-10-2016, produzindo efeitos a partir de 1.º-1-2018.

§ 1.º Para efeito de determinação da alíquota nominal, o sujeito passivo utilizará a receita bruta acumulada nos doze meses anteriores ao do período de apuração.

•• § 1.º com redação determinada pela Lei Complementar n. 155, de 27-10-2016, produzindo efeitos a partir de 1.º-1-2018.

§ 1.º-A. A alíquota efetiva é o resultado de: RBT12xAliq-PD, em que:
RBT12

•• § 1.º-A, *caput*, acrescentado pela Lei Complementar n. 155, de 27-10-2016, produzindo efeitos a partir de 1.º-1-2018.

I – RBT12: receita bruta acumulada nos doze meses anteriores ao período de apuração;

•• Inciso I acrescentado pela Lei Complementar n. 155, de 27-10-2016, produzindo efeitos a partir de 1.º-1-2018.

II – Aliq: alíquota nominal constante dos Anexos I a V desta Lei Complementar;

•• Inciso II acrescentado pela Lei Complementar n. 155, de 27-10-2016, produzindo efeitos a partir de 1.º-1-2018.

III – PD: parcela a deduzir constante dos Anexos I a V desta Lei Complementar.

•• Inciso III acrescentado pela Lei Complementar n. 155, de 27-10-2016, produzindo efeitos a partir de 1.º-1-2018.

§ 1.º-B. Os percentuais efetivos de cada tributo serão calculados a partir da alíquota efetiva, multiplicada pelo percentual de repartição constante dos Anexos I a V desta Lei Complementar, observando-se que:

•• § 1.º-B, *caput*, acrescentado pela Lei Complementar n. 155, de 27-10-2016, produzindo efeitos a partir de 1.º-1-2018.

I – o percentual efetivo máximo destinado ao ISS será de 5% (cinco por cento), transferindo-se eventual diferença, de forma proporcional, aos tributos federais da mesma faixa de receita bruta anual;

•• Inciso I acrescentado pela Lei Complementar n. 155, de 27-10-2016, produzindo efeitos a partir de 1.º-1-2018.

II – eventual diferença centesimal entre o total dos percentuais e a alíquota efetiva será transferida para o tributo com maior percentual de repartição na respectiva faixa de receita bruta.

•• Inciso II acrescentado pela Lei Complementar n. 155, de 27-10-2016, produzindo efeitos a partir de 1.º-1-2018.

§ 1.º-C. Na hipótese de transformação, extinção, fusão ou sucessão dos tributos referidos nos incisos IV e V do art. 13, serão mantidas as alíquotas nominais e efetivas previstas neste artigo e nos Anexos I a V desta Lei Complementar, e lei ordinária disporá sobre a repartição dos valores arrecadados para os tributos federais, sem alteração no total dos percentuais de repartição a eles devidos, e mantidos os percentuais de repartição destinados ao ICMS e ao ISS.

•• § 1.º-C acrescentado pela Lei Complementar n. 155, de 27-10-2016, produzindo efeitos a partir de 1.º-1-2018.

§ 2.º Em caso de início de atividade, os valores de receita bruta acumulada constantes dos Anexos I a V desta Lei Complementar devem ser proporcionalizados ao número de meses de atividade no período.

•• § 2.º com redação determinada pela Lei Complementar n. 155, de 27-10-2016, produzindo efeitos a partir de 1.º-1-2018.

§ 3.º Sobre a receita bruta auferida no mês incidirá a alíquota efetiva determinada na forma do *caput* e dos §§ 1.º, 1.º-A e 2.º deste artigo, podendo tal incidência se dar, à opção do contribuinte, na forma regulamentada pelo Comitê Gestor, sobre a receita recebida no mês, sendo essa opção irretratável para todo o ano-calendário.

•• § 3.º com redação determinada pela Lei Complementar n. 155, de 27-10-2016, produzindo efeitos a partir de 1.º-1-2018.

§ 4.º O contribuinte deverá considerar, destacadamente, para fim de pagamento, as receitas decorrentes da:

•• § 4.º, *caput*, com redação determinada pela Lei Complementar n. 147, de 7-8-2014.

I – revenda de mercadorias, que serão tributadas na forma do Anexo I desta Lei Complementar;

•• Inciso I com redação determinada pela Lei Complementar n. 147, de 7-8-2014.

•• A Lei n. 13.097, de 19-1-2015, propôs nova redação a este inciso, porém teve seu texto vetado.

II – venda de mercadorias industrializadas pelo contribuinte, que serão tributadas na forma do Anexo II desta Lei Complementar;

•• Inciso II com redação determinada pela Lei Complementar n. 147, de 7-8-2014.

III – prestação de serviços de que trata o § 5.º-B deste artigo e dos serviços vinculados à locação de bens imóveis e corretagem de imóveis desde que observado o disposto no inciso XV do art. 17, que serão tributados na forma do Anexo III desta Lei Complementar;

•• Inciso III com redação determinada pela Lei Complementar n. 147, de 7-8-2014.

IV – prestação de serviços de que tratam os §§ 5.º-C a 5.º-F e 5.º-I deste artigo, que serão tributadas na forma prevista naqueles parágrafos;

•• Inciso IV com redação determinada pela Lei Complementar n. 147, de 7-8-2014.

V – locação de bens móveis, que serão tributadas na forma do Anexo III desta Lei Complementar, deduzida a parcela correspondente ao ISS;

•• Inciso V com redação determinada pela Lei Complementar n. 147, de 7-8-2014.

VI – atividade com incidência simultânea de IPI e de ISS, que serão tributadas na forma do Anexo II desta Lei Complementar, deduzida a parcela correspondente ao ICMS e acrescida a parcela correspondente ao ISS prevista no Anexo III desta Lei Complementar;

•• Inciso VI acrescentado pela Lei Complementar n. 147, de 7-8-2014.

VII – comercialização de medicamentos e produtos magistrais produzidos por manipulação de fórmulas:

•• Inciso VII, *caput*, acrescentado pela Lei Complementar n. 147, de 7-8-2014.

a) sob encomenda para entrega posterior ao adquirente, em caráter pessoal, mediante prescrições de profissionais habilitados ou indicação pelo farmacêutico, produzidos no próprio estabelecimento após o atendimento inicial, que serão tributadas na forma do Anexo III desta Lei Complementar;

•• Alínea *a* acrescentada pela Lei Complementar n. 147, de 7-8-2014.

b) nos demais casos, quando serão tributadas na forma do Anexo I desta Lei Complementar.

•• Alínea *b* acrescentada pela Lei Complementar n. 147, de 7-8-2014.

§ 4.º-A. O contribuinte deverá segregar, também, as receitas:

•• § 4.º-A, *caput*, acrescentado pela Lei Complementar n. 147, de 7-8-2014.

I – decorrentes de operações ou prestações sujeitas à tributação concentrada em uma única etapa (monofásica), bem como, em relação ao ICMS, que o imposto já tenha sido recolhido por substituto tributário ou por antecipação tributária com encerramento de tributação;

•• Inciso I acrescentado pela Lei Complementar n. 147, de 7-8-2014.

II – sobre as quais houve retenção de ISS na forma do § 6.º deste artigo e § 4.º do art. 21 desta Lei Complementar, ou, na hipótese do § 22-A deste artigo, seja devido em valor fixo ao respectivo município;

•• Inciso II acrescentado pela Lei Complementar n. 147, de 7-8-2014.

III – sujeitas à tributação em valor fixo ou que tenham sido objeto de isenção ou redução de ISS ou de ICMS na forma prevista nesta Lei Complementar;

•• Inciso III acrescentado pela Lei Complementar n. 147, de 7-8-2014.

IV – decorrentes da exportação para o exterior, inclusive as vendas realizadas por meio de comercial exportadora ou da sociedade de propósito específico prevista no art. 56 desta Lei Complementar;

•• Inciso IV acrescentado pela Lei Complementar n. 147, de 7-8-2014.

V – sobre as quais o ISS seja devido a Município diverso do estabelecimento prestador, quando será recolhido no Simples Nacional.

•• Inciso V acrescentado pela Lei Complementar n. 147, de 7-8-2014.

§ 5.º As atividades industriais serão tributadas na forma do Anexo II desta Lei Complementar.

•• § 5.º com redação determinada pela Lei Complementar n. 128, de 19-12-2008.

§ 5.º-A. (*Revogado pela Lei Complementar n. 147, de 7-8-2014.*)

§ 5.º-B. Sem prejuízo do disposto no § 1.º do art. 17 desta Lei Complementar, serão tributadas na forma do Anexo III desta Lei Complementar as seguintes atividades de prestação de serviços:

•• § 5.º-B, *caput*, acrescentado pela Lei Complementar n. 128, de 19-12-2008.

I – creche, pré-escola e estabelecimento de ensino fundamental, escolas técnicas, profissionais e de ensino médio, de línguas estrangeiras, de artes, cursos técnicos de pilotagem, preparatórios para concursos, gerenciais e escolas livres, exceto as previstas nos incisos II e III do § 5.º-D deste artigo;

•• Inciso I acrescentado pela Lei Complementar n. 128, de 19-12-2008.

II – agência terceirizada de correios;

•• Inciso II acrescentado pela Lei Complementar n. 128, de 19-12-2008.

III – agência de viagem e turismo;

•• Inciso III acrescentado pela Lei Complementar n. 128, de 19-12-2008.

IV – centro de formação de condutores de veículos automotores de transporte terrestre de passageiros e de carga;

•• Inciso IV acrescentado pela Lei Complementar n. 128, de 19-12-2008.

V – agência lotérica;

•• Inciso V acrescentado pela Lei Complementar n. 128, de 19-12-2008.

VI a VIII – (*Revogados pela Lei Complementar n. 128, de 19-12-2008.*)

IX – serviços de instalação, de reparos e de manutenção em geral, bem como de usinagem, solda, tratamento e revestimento em metais;

•• Inciso IX acrescentado pela Lei Complementar n. 128, de 19-12-2008.

X a XII – (*Revogados pela Lei Complementar n. 128, de 19-12-2008.*)

XIII – transporte municipal de passageiros; e

•• Inciso XIII acrescentado pela Lei Complementar n. 128, de 19-12-2008.

XIV – escritórios de serviços contábeis, observado o disposto nos §§ 22-B e 22-C deste artigo.

•• Inciso XIV acrescentado pela Lei Complementar n. 128, de 19-12-2008.

XV – produções cinematográficas, audiovisuais, artísticas e culturais, sua exibição ou apresentação, inclusive no caso de música, literatura, artes cênicas, artes visuais, cinematográficas e audiovisuais;

•• Inciso XV acrescentado pela Lei Complementar n. 133, de 28-12-2009.

XVI – fisioterapia;

•• Inciso XVI acrescentado pela Lei Complementar n. 147, de 7-8-2014.

XVII – corretagem de seguros;

•• Inciso XVII acrescentado pela Lei Complementar n. 147, de 7-8-2014.

XVIII – arquitetura e urbanismo;

•• Inciso XVIII acrescentado pela Lei Complementar n. 155, de 27-10-2016, produzindo efeitos a partir de 1.º-1-2018.

XIX – medicina, inclusive laboratorial, e enfermagem;

•• Inciso XIX acrescentado pela Lei Complementar n. 155, de 27-10-2016, produzindo efeitos a partir de 1.º-1-2018.

XX – odontologia e prótese dentária;

•• Inciso XX acrescentado pela Lei Complementar n. 155, de 27-10-2016, produzindo efeitos a partir de 1.º-1-2018.

XXI – psicologia, psicanálise, terapia ocupacional, acupuntura, podologia, fonoaudiologia, clínicas de nutrição e de vacinação e bancos de leite.

•• Inciso XXI acrescentado pela Lei Complementar n. 155, de 27-10-2016, produzindo efeitos a partir de 1.º-1-2018.

§ 5.º-C. Sem prejuízo do disposto no § 1.º do art. 17 desta Lei Complementar, as atividades de prestação de serviços seguintes serão tributadas na forma do Anexo IV desta Lei Complementar, hipótese em que não estará incluída no

Simples Nacional a contribuição prevista no inciso VI do *caput* do art. 13 desta Lei Complementar, devendo ela ser recolhida segundo a legislação prevista para os demais contribuintes ou responsáveis:

•• § 5.º-C, *caput*, acrescentado pela Lei Complementar n. 128, de 19-12-2008.

I – construção de imóveis e obras de engenharia em geral, inclusive sob a forma de subempreitada, execução de projetos e serviços de paisagismo, bem como decoração de interiores;

•• Inciso I acrescentado pela Lei Complementar n. 128, de 19-12-2008.

II a V – (*Revogados pela Lei Complementar n. 128, de 19-12-2008.*)

VI – serviço de vigilância, limpeza ou conservação;

•• Inciso VI acrescentado pela Lei Complementar n. 128, de 19-12-2008.

VII – serviços advocatícios.

•• Inciso VII acrescentado pela Lei Complementar n. 147, de 7-8-2014.

§ 5.º-D. Sem prejuízo do disposto no § 1.º do art. 17 desta Lei Complementar, as seguintes atividades de prestação de serviços serão tributadas na forma do Anexo III desta Lei Complementar:

•• § 5.º-D, *caput*, com redação determinada pela Lei Complementar n. 155, de 27-10-2016, produzindo efeitos a partir de 1.º-1-2018.

I – administração e locação de imóveis de terceiros;

•• Inciso I com redação determinada pela Lei Complementar n. 147, de 7-8-2014, produzindo efeitos a partir de 1.º-1-2015 (*DOU* de 8-8-2014).

II – academias de dança, de capoeira, de ioga e de artes marciais;

•• Inciso II acrescentado pela Lei Complementar n. 128, de 19-12-2008.

III – academias de atividades físicas, desportivas, de natação e escolas de esportes;

•• Inciso III acrescentado pela Lei Complementar n. 128, de 19-12-2008.

IV – elaboração de programas de computadores, inclusive jogos eletrônicos, desde que desenvolvidos em estabelecimento do optante;

•• Inciso IV acrescentado pela Lei Complementar n. 128, de 19-12-2008.

V – licenciamento ou cessão de direito de uso de programas de computação;

•• Inciso V acrescentado pela Lei Complementar n. 128, de 19-12-2008.

VI – planejamento, confecção, manutenção e atualização de páginas eletrônicas, desde que realizados em estabelecimento do optante;

•• Inciso VI acrescentado pela Lei Complementar n. 128, de 19-12-2008.

VII e VIII – (*Revogados pela Lei Complementar n. 128, de 19-12-2008.*)

IX – empresas montadoras de estandes para feiras;

•• Inciso IX acrescentado pela Lei Complementar n. 128, de 19-12-2008.

X e XI – (*Revogados pela Lei Complementar n. 133, de 28-12-2009.*)

XII – laboratórios de análises clínicas ou de patologia clínica;

•• Inciso XII acrescentado pela Lei Complementar n. 128, de 19-12-2008.

XIII – serviços de tomografia, diagnósticos médicos por imagem, registros gráficos e métodos óticos, bem como ressonância magnética;

•• Inciso XIII acrescentado pela Lei Complementar n. 128, de 19-12-2008.

XIV – serviços de prótese em geral.

•• Inciso XIV acrescentado pela Lei Complementar n. 128, de 19-12-2008.

§ 5.º-E. Sem prejuízo do disposto no § 1.º do art. 17 desta Lei Complementar, as atividades de prestação de serviços de comunicação e de transportes interestadual e intermunicipal de cargas, e de transportes autorizados no inciso VI do *caput* do art. 17, inclusive na modalidade fluvial, serão tributadas na forma do Anexo III, deduzida a parcela correspondente ao ISS e acrescida a parcela correspondente ao ICMS prevista no Anexo I.

•• § 5.º-E com redação determinada pela Lei Complementar n. 147, de 7-8-2014.

§ 5.º-F. As atividades de prestação de serviços referidas no § 2.º do art. 17 desta Lei Complementar serão tributadas na forma do Anexo III desta Lei Complementar, salvo se, para alguma dessas atividades, houver previsão expressa de tributação na forma dos Anexos IV ou V desta Lei Complementar.

•• § 5.º-F com redação determinada pela Lei Complementar n. 155, de 27-10-2016, produzindo efeitos a partir de 1.º-1-2018.

§ 5.º-G. (*Revogado pela Lei Complementar n. 147, de 7-8-2014.*)

§ 5.º-H. A vedação de que trata o inciso XII do *caput* do art. 17 desta Lei Complementar não se aplica às atividades referidas no § 5.º-C deste artigo.

•• § 5.º-H acrescentado pela Lei Complementar n. 128, de 19-12-2008.

§ 5.º-I. Sem prejuízo do disposto no § 1.º do art. 17 desta Lei Complementar, as seguintes atividades de prestação de serviços serão tributadas na forma do Anexo V desta Lei Complementar:

•• § 5.º-I, *caput*, com redação determinada pela Lei Complementar n. 155, de 27-10-2016, produzindo efeitos a partir de 1.º-1-2018.

I – (*Revogado pela Lei Complementar n. 155, de 27-10-2016.*)

II – medicina veterinária;

•• Inciso II acrescentado pela Lei Complementar n. 147, de 7-8-2014.

III e IV – (*Revogados pela Lei Complementar n. 155, de 27-10-2016.*)

VI – engenharia, medição, cartografia, topografia, geologia, geodésia, testes, suporte e análises técnicas e tecnológicas, pesquisa, *design*, desenho e agronomia;

•• Inciso VI com redação determinada pela Lei Complementar n. 155, de 27-10-2016, produzindo efeitos a partir de 1.º-1-2018.

VII – representação comercial e demais atividades de intermediação de negócios e serviços de terceiros;

•• Inciso VII acrescentado pela Lei Complementar n. 147, de 7-8-2014.

VIII – perícia, leilão e avaliação;

•• Inciso VIII acrescentado pela Lei Complementar n. 147, de 7-8-2014.

IX – auditoria, economia, consultoria, gestão, organização, controle e administração;

•• Inciso IX acrescentado pela Lei Complementar n. 147, de 7-8-2014.

X – jornalismo e publicidade;

•• Inciso X acrescentado pela Lei Complementar n. 147, de 7-8-2014.

XI – agenciamento, exceto de mão de obra;

•• Inciso XI acrescentado pela Lei Complementar n. 147, de 7-8-2014.

XII – outras atividades do setor de serviços que tenham por finalidade a prestação de serviços decorrentes do exercício de atividade intelectual, de natureza técnica, científica, desportiva, artística ou cultural, que constitua profissão regulamentada ou não, desde que não sujeitas à tributação na forma dos Anexos III ou IV desta Lei Complementar.

•• Inciso XII com redação determinada pela Lei Complementar n. 155, de 27-10-2016, produzindo efeitos a partir de 1.º-1-2018.

§ 5.º-J. As atividades de prestação de serviços a que se refere o § 5.º-I serão tributadas na forma do Anexo III desta Lei Complementar caso a razão entre a folha de salários e a receita bruta da pessoa jurídica seja igual ou superior a 28% (vinte e oito por cento).

•• § 5.º-J acrescentado pela Lei Complementar n. 155, de 27-10-2016, produzindo efeitos a partir de 1.º-1-2018.

§ 5.º-K. Para o cálculo da razão a que se referem os §§ 5.º-J e 5.º-M, serão considerados, respectivamente, os montantes pagos e auferidos nos doze meses anteriores ao período de apuração para fins de enquadramento no regime tributário do Simples Nacional.

•• § 5.º-K acrescentado pela Lei Complementar n. 155, de 27-10-2016, produzindo efeitos a partir de 1.º-1-2018.

§ 5.º-L. (*Vetado.*)

•• § 5.º-L acrescentado pela Lei Complementar n. 155, de 27-10-2016, produzindo efeitos a partir de 1.º-1-2018.

§ 5.º-M. Quando a relação entre a folha de salários e a receita bruta da microempresa ou da empresa de pequeno porte for inferior a 28% (vinte e oito por cento), serão tributadas na forma do Anexo V desta Lei Complementar as atividades previstas:

•• § 5.º-M, *caput*, acrescentado pela Lei Complementar n. 155, de 27-10-2016, produzindo efeitos a partir de 1.º-1-2018.

I – nos incisos XVI, XVIII, XIX, XX e XXI do § 5.º-B deste artigo;

•• Inciso I acrescentado pela Lei Complementar n. 155, de 27-10-2016, produzindo efeitos a partir de 1.º-1-2018.

II – no § 5.º-D deste artigo.

•• Inciso II acrescentado pela Lei Complementar n. 155, de 27-10-2016, produzindo efeitos a partir de 1.º-1-2018.

§ 6.º No caso dos serviços previstos no § 2.º do art. 6.º da Lei Complementar n. 116, de 31 de julho de 2003, prestados pelas microempresas e pelas empresas de pequeno porte, o tomador do serviço deverá reter o montante correspondente na forma da legislação do município onde estiver localizado, observado o disposto no § 4.º do art. 21 desta Lei Complementar.

•• § 6.º com redação determinada pela Lei Complementar n. 128, de 19-12-2008.

§ 7.º A sociedade de propósito específico de que trata o art. 56 desta Lei Complementar que houver adquirido mercadorias de microempresa ou empresa de pequeno porte que seja sua sócia, bem como a empresa comercial exportadora que houver adquirido mercadorias ou serviços de empresa optante pelo Simples Nacional, com o fim específico de exportação para o exterior, que, no prazo de 180 (cento e oitenta) dias, contado da data da emissão da nota fiscal pela vendedora, não comprovar o seu embarque para o exterior ficará sujeita ao pagamento de todos os impostos e contribuições que deixaram de ser pagos pela empresa vendedora, acrescidos de juros de mora e multa, de mora ou de ofício, calculados na forma da legislação relativa à cobrança do tributo não pago, aplicável à sociedade de propósito específico ou à própria comercial exportadora.

•• § 7.º com redação determinada pela Lei Complementar n. 147, de 7-8-2014.

§ 8.º Para efeito do disposto no § 7.º deste artigo, considera-se vencido o prazo para o pagamento na data em que a empresa vendedora deveria fazê-lo, caso a venda houvesse sido efetuada para o mercado interno.

§ 9.º Relativamente à contribuição patronal previdenciária, devida pela vendedora, a sociedade de propósito específico de que trata o art. 56 desta Lei Complementar ou a comercial exportadora deverão recolher, no prazo previsto no § 8.º deste artigo, o valor correspondente a 11% (onze por cento) do valor das mercadorias não exportadas nos termos do § 7.º deste artigo.

•• § 9.º com redação determinada pela Lei Complementar n. 128, de 19-12-2008.

§ 10. Na hipótese do § 7.º deste artigo, a sociedade de propósito específico de que trata o art. 56 desta Lei Complementar ou a empresa comercial exportadora não poderão deduzir do montante devido qualquer valor a título de crédito de Imposto sobre Produtos Industrializados – IPI da Contribuição para o PIS/Pasep ou da Cofins, decorrente da aquisição das mercadorias e serviços objeto da incidência.

•• § 10 com redação determinada pela Lei Complementar n. 128, de 19-12-2008.

§ 11. Na hipótese do § 7.º deste artigo, a sociedade de propósito específico ou a empresa comercial exportadora deverão pagar, também, os impostos e contribuições devidos nas vendas para o mercado interno, caso, por qualquer forma, tenham alienado ou utilizado as mercadorias.

•• § 11 com redação determinada pela Lei Complementar n. 128, de 19-12-2008.

§ 12. Na apuração do montante devido no mês relativo a cada tributo, para o contribuinte que apure receitas mencionadas nos incisos I a III e V do § 4.º-A deste artigo, serão consideradas as reduções relativas aos tributos já recolhidos, ou sobre os quais tenha havido tributação monofásica, isenção, redução ou, no caso do ISS, que o valor tenha sido objeto de retenção ou seja devido diretamente ao Município.

•• § 12 com redação determinada pela Lei Complementar n. 147, de 7-8-2014.

§ 13. Para efeito de determinação da redução de que trata o § 12 deste artigo, as receitas serão discriminadas em comerciais, industriais ou de prestação de serviços, na forma dos Anexos I, II, III, IV e V desta Lei Complementar.

•• § 13 com redação determinada pela Lei Complementar n. 155, de 27-10-2016, produzindo efeitos a partir de 1.º-1-2018.

§ 14. A redução no montante a ser recolhido no Simples Nacional relativo aos valores das receitas decorrentes da exportação de que trata o inciso IV do § 4.º-A deste artigo corresponderá tão somente às alíquotas efetivas relativas à Cofins, à Contribuição para o PIS/Pasep, ao IPI, ao ICMS e ao ISS, apuradas com base nos Anexos I a V desta Lei Complementar.

•• § 14 com redação determinada pela Lei Complementar n. 155, de 27-10-2016, produzindo efeitos a partir de 1.º-1-2018.

§ 15. Será disponibilizado sistema eletrônico para realização do cálculo simplificado do valor mensal devido referente ao Simples Nacional.

§ 15-A. As informações prestadas no sistema eletrônico de cálculo de que trata o § 15:

•• § 15-A, *caput*, acrescentado pela Lei Complementar n. 139, de 10-11-2011.

I – têm caráter declaratório, constituindo confissão de dívida e instrumento hábil e suficiente para a exigência dos tributos e contribuições que não tenham sido recolhidos resultantes das informações nele prestadas; e

•• Inciso I acrescentado pela Lei Complementar n. 139, de 10-11-2011.

II – deverão ser fornecidas à Secretaria da Receita Federal do Brasil até o vencimento do prazo para pagamento dos tributos devidos no Simples Nacional em cada mês, relativamente aos fatos geradores ocorridos no mês anterior.

•• Inciso II acrescentado pela Lei Complementar n. 139, de 10-11-2011.

§ 16. Na hipótese do § 12 do art. 3.º, a parcela de receita bruta que exceder o montante determinado no § 10 daquele artigo estará sujeita às alíquotas máximas previstas nos Anexos I a V desta Lei Complementar, proporcionalmente, conforme o caso.

•• § 16 com redação determinada pela Lei Complementar n. 155, de 27-10-2016, produzindo efeitos a partir de 1.º-1-2018.

§ 16-A. O disposto no § 16 aplica-se, ainda, às hipóteses de que trata o § 9.º do art. 3.º, a partir do mês em que ocorrer o excesso do limite da receita bruta anual e até o mês anterior aos efeitos da exclusão.

•• § 16-A acrescentado pela Lei Complementar n. 139, de 10-11-2011.

§ 17. Na hipótese do § 13 do art. 3.º, a parcela de receita bruta que exceder os montantes determinados no § 11 daquele artigo estará sujeita, em relação aos percentuais aplicáveis ao ICMS e ao ISS, às alíquotas máximas correspondentes a essas faixas previstas nos Anexos I a V desta Lei Complementar, proporcionalmente, conforme o caso.

•• § 17 com redação determinada pela Lei Complementar n. 155, de 27-10-2016, produzindo efeitos a partir de 1.º-1-2018.

§ 17-A. O disposto no § 17 aplica-se, ainda, à hipótese de que trata o § 1.º do art. 20, a partir do mês em que ocorrer o excesso do limite da receita bruta anual e até o mês anterior aos efeitos do impedimento.

•• § 17-A acrescentado pela Lei Complementar n. 139, de 10-11-2011.

§ 18. Os Estados, o Distrito Federal e os Municípios, no âmbito das respectivas competências, poderão estabelecer, na forma definida pelo Comitê Gestor, independentemente da receita bruta recebida no mês pelo contribuinte, valores fixos mensais para o recolhimento do ICMS e do ISS devido por microempresa que aufira receita bruta, no ano-calendário anterior, de até o limite máximo previsto na segunda faixa de receitas brutas anuais constantes dos Anexos I a VI, ficando a microempresa sujeita a esses valores durante todo o ano-calendário, ressalvado o disposto no § 18-A.

•• § 18 com redação determinada pela Lei Complementar n. 147, de 7-8-2014, produzindo efeitos a partir de 1.º-1-2015 (*DOU* de 8-8-2014).

§ 18-A. A microempresa que, no ano-calendário, exceder o limite de receita bruta previsto no § 18 fica impedida de recolher o ICMS ou o ISS pela sistemática de valor fixo, a partir do mês subsequente à ocorrência do excesso, sujeitando-se à apuração desses tributos na forma das demais empresas optantes pelo Simples Nacional.

•• § 18-A acrescentado pela Lei Complementar n. 147, de 7-8-2014.

§ 19. Os valores estabelecidos no § 18 deste artigo não poderão exceder a 50% (cinquenta por cento) do maior recolhimento possível do tributo para a faixa de enquadramento prevista na tabela do *caput* deste artigo, respeitados os acréscimos decorrentes do tipo de atividade da empresa estabelecidos no § 5.º deste artigo.

§ 20. Na hipótese em que o Estado, o Município ou o Distrito Federal concedam isenção ou redução do ICMS ou do ISS devido por microempresa ou empresa de pequeno porte, ou ainda determine recolhimento de valor fixo para esses tributos, na forma do § 18 deste artigo, será realizada redução proporcional ou ajuste do valor a ser recolhido, na forma definida em resolução do Comitê Gestor.

§ 20-A. A concessão dos benefícios de que trata o § 20 deste artigo poderá ser realizada:

•• § 20-A, *caput*, acrescentado pela Lei Complementar n. 128, de 19-12-2008.

I – mediante deliberação exclusiva e unilateral do Estado, do Distrito Federal ou do Município concedente;

•• Inciso I acrescentado pela Lei Complementar n. 128, de 19-12-2008.

II – de modo diferenciado para cada ramo de atividade.

•• Inciso II acrescentado pela Lei Complementar n. 128, de 19-12-2008.

§ 20-B. A União, os Estados e o Distrito Federal poderão, em lei específica destinada à ME ou EPP optante pelo Simples Nacional, estabelecer isenção ou redução de COFINS, Contribuição para o PIS/PASEP e ICMS para produtos da cesta básica, discriminando a abrangência da sua concessão.

•• § 20-B acrescentado pela Lei Complementar n. 147, de 7-8-2014.

§ 21. O valor a ser recolhido na forma do disposto no § 20 deste artigo, exclusivamente na hipótese de isenção, não integrará o montante a ser partilhado com o respectivo Município, Estado ou Distrito Federal.

§ 22. (*Revogado pela Lei Complementar n. 128, de 19-12-2008.*)

§ 22-A. A atividade constante do inciso XIV do § 5.º-B deste artigo recolherá o ISS em valor fixo, na forma da legislação municipal.

•• § 22-A acrescentado pela Lei Complementar n. 128, de 19-12-2008.

§ 22-B. Os escritórios de serviços contábeis, individualmente ou por meio de suas entidades representativas de classe, deverão:

•• § 22-B, *caput*, acrescentado pela Lei Complementar n. 128, de 19-12-2008.

I – promover atendimento gratuito relativo à inscrição, à opção de que trata o art. 18-A desta Lei Complementar e à primeira declaração anual simplificada da microempresa individual, podendo, para tanto, por meio de suas entidades representativas de classe, firmar convênios e acordos com a União, os Estados, o Distrito Federal e os Municípios, por intermédio dos seus órgãos vinculados;

•• Inciso I acrescentado pela Lei Complementar n. 128, de 19-12-2008.

II – fornecer, na forma estabelecida pelo Comitê Gestor, resultados de pesquisas quantitativas e qualitativas relativas às microempresas e empresas de pequeno porte optantes pelo Simples Nacional por eles atendidas;

•• Inciso II acrescentado pela Lei Complementar n. 128, de 19-12-2008.

III – promover eventos de orientação fiscal, contábil e tributária para as microempresas e empresas de pequeno porte optantes pelo Simples Nacional por eles atendidas.

•• Inciso III acrescentado pela Lei Complementar n. 128, de 19-12-2008.

§ 22-C. Na hipótese de descumprimento das obrigações de que trata o § 22-B deste artigo, o escritório será excluído do Simples Nacional, com efeitos a partir do mês subsequente ao do descumprimento, na forma regulamentada pelo Comitê Gestor.

•• § 22-C acrescentado pela Lei Complementar n. 128, de 19-12-2008.

§ 23. Da base de cálculo do ISS será abatido o material fornecido pelo prestador dos serviços previstos nos itens 7.02 e 7.05 da lista de serviços anexa à Lei Complementar n. 116, de 31 de julho de 2003.

§ 24. Para efeito de aplicação do § 5.º-K, considera-se folha de salários, incluídos encargos, o montante pago, nos doze meses anteriores ao período de apuração, a título de remunerações a pessoas físicas decorrentes do trabalho, acrescido do montante efetivamente recolhido a título de contribuição patronal previdenciária e FGTS, incluídas as retiradas de pró-labore.

•• § 24 com redação determinada pela Lei Complementar n. 155, de 27-10-2016, produzindo efeitos a partir de 1.º-1-2018.

§ 25. Para efeito do disposto no § 24 deste artigo, deverão ser consideradas tão somente as remunerações informadas na forma prevista no inciso IV do *caput* do art. 32 da Lei n. 8.212, de 24 de julho de 1991.

•• § 25 com redação determinada pela Lei Complementar n. 139, de 10-11-2011.

§ 26. Não são considerados, para efeito do disposto no § 24, valores pagos a título de aluguéis e de distribuição de lucros, observado o disposto no § 1.º do art. 14.

•• § 26 acrescentado pela Lei Complementar n. 139, de 10-11-2011.

§ 27. (*Vetado.*)

•• § 27 acrescentado pela Lei Complementar n. 155, de 27-10-2016, produzindo efeitos a partir de 1.º-1-2018.

Art. 18-A. O Microempreendedor Individual – MEI poderá optar pelo recolhimento dos impostos e contribuições abrangidos pelo Simples Nacional em valores fixos mensais, independentemente da receita bruta por ele auferida no mês, na forma prevista neste artigo.

•• *Caput* acrescentado pela Lei Complementar n. 128, de 19-12-2008.

§ 1.º Para os efeitos desta Lei Complementar, considera-se MEI o empresário individual que se enquadre na definição do art. 966 da Lei n. 10.406, de 10 de janeiro de 2002 – Código Civil, ou o empreendedor que exerça as atividades de industrialização, comercialização e prestação de serviços no âmbito rural, que tenha auferido receita bruta, no ano-calendário anterior, de até R$ 81.000,00 (oitenta e um mil reais), que seja optante pelo Simples Nacional e que não esteja impedido de optar pela sistemática prevista neste artigo.

•• § 1.º com redação determinada pela Lei Complementar n. 155, de 27-10-2016, produzindo efeitos a partir de 1.º-1-2018.

§ 2.º No caso de início de atividades, o limite de que trata o § 1.º será de R$ 6.750,00 (seis mil, setecentos e cinquenta reais) multiplicados pelo número de meses compreendido entre o início da atividade e o final do respectivo ano-calendário, consideradas as frações de meses como um mês inteiro.

•• § 2.º com redação determinada pela Lei Complementar n. 155, de 27-10-2016, produzindo efeitos a partir de 1.º-1-2018.

§ 3.º Na vigência da opção pela sistemática de recolhimento prevista no *caput* deste artigo:

•• § 3.º, *caput*, acrescentado pela Lei Complementar n. 128, de 19-12-2008.

I – não se aplica o disposto no § 18 do art. 18 desta Lei Complementar;

•• Inciso I acrescentado pela Lei Complementar n. 128, de 19-12-2008.

II – não se aplica a redução prevista no § 20 do art. 18 desta Lei Complementar ou qualquer dedução na base de cálculo;

•• Inciso II acrescentado pela Lei Complementar n. 128, de 19-12-2008.

III – não se aplicam as isenções específicas para as microempresas e empresas de pequeno porte concedidas pelo Estado, Município ou Distrito Federal a partir de 1.º de julho de 2007 que abranjam integralmente a faixa de receita bruta anual até o limite previsto no § 1.º;

•• Inciso III com redação determinada pela Lei Complementar n. 139, de 10-11-2011.

IV – a opção pelo enquadramento como Microempreendedor Individual importa opção pelo recolhimento da contribuição referida no inciso X do § 1.º do art. 13 desta Lei Complementar na forma prevista no § 2.º do art. 21 da Lei n. 8.212, de 24 de julho de 1991;

•• Inciso IV acrescentado pela Lei Complementar n. 128, de 19-12-2008.

V – o MEI, com receita bruta anual igual ou inferior a R$ 81.000,00 (oitenta e um mil reais), recolherá, na forma regulamentada pelo Comitê Gestor, valor fixo mensal correspondente à soma das seguintes parcelas:

•• Inciso V, *caput*, com redação determinada pela Lei Complementar n. 155, de 27-10-2016, produzindo efeitos a partir de 1.º-1-2018.

a) R$ 45,65 (quarenta e cinco reais e sessenta e cinco centavos), a título da contribuição prevista no inciso IV deste parágrafo;

•• Alínea *a* acrescentada pela Lei Complementar n. 128, de 19-12-2008.

b) R$ 1,00 (um real), a título do imposto referido no inciso VII do *caput* do art. 13 desta Lei Complementar, caso seja contribuinte do ICMS; e

•• Alínea *b* acrescentada pela Lei Complementar n. 128, de 19-12-2008.

c) R$ 5,00 (cinco reais), a título do imposto referido no inciso VIII do *caput* do art. 13 desta Lei Complementar, caso seja contribuinte do ISS;

•• Alínea *c* acrescentada pela Lei Complementar n. 128, de 19-12-2008.

VI – sem prejuízo do disposto nos §§ 1.º a 3.º do art. 13, o MEI terá isenção dos tributos referidos nos incisos I a VI do *caput* daquele artigo, ressalvado o disposto no art. 18-C.

•• Inciso VI com redação determinada pela Lei Complementar n. 139, de 10-11-2011.

§ 4.º Não poderá optar pela sistemática de recolhimento prevista no *caput* deste artigo o MEI:

•• § 4.º, *caput*, acrescentado pela Lei Complementar n. 128, de 19-12-2008.

I – cuja atividade seja tributada na forma dos Anexos V ou VI desta Lei Complementar, salvo autorização relativa a exercício de atividade isolada na forma regulamentada pelo CGSN;

•• Inciso I com redação determinada pela Lei Complementar n. 147, de 7-8-2014.

II – que possua mais de um estabelecimento;

•• Inciso II acrescentado pela Lei Complementar n. 128, de 19-12-2008.

III – que participe de outra empresa como titular, sócio ou administrador; ou

•• Inciso III acrescentado pela Lei Complementar n. 128, de 19-12-2008.

IV – (*Revogado pela Lei Complementar n. 155, de 27-10-2016.*)

§ 4.º-A. Observadas as demais condições deste artigo, poderá optar pela sistemática de recolhimento prevista no *caput* o empresário individual que exerça atividade de comercialização e processamento de produtos de natureza extrativista.

•• § 4.º-A acrescentado pela Lei Complementar n. 139, de 10-11-2011.

§ 4.º-B. O CGSN determinará as atividades autorizadas a optar pela sistemática de recolhimento de que trata este artigo, de forma a evitar a fragilização das relações de trabalho, bem como sobre a incidência do ICMS e do ISS.

•• § 4.º-B acrescentado pela Lei Complementar n. 139, de 10-11-2011.

§ 5.º A opção de que trata o *caput* deste artigo dar-se-á na forma a ser estabelecida em ato do Comitê Gestor, observando-se que:

•• § 5.º, *caput*, acrescentado pela Lei Complementar n. 128, de 19-12-2008.

I – será irretratável para todo o ano-calendário;

•• Inciso I acrescentado pela Lei Complementar n. 128, de 19-12-2008.

II – deverá ser realizada no início do ano-calendário, na forma disciplinada pelo Comitê Gestor, produzindo efeitos a partir do primeiro dia do ano-calendário da opção, ressalvado o disposto no inciso III;

•• Inciso II acrescentado pela Lei Complementar n. 128, de 19-12-2008.

III – produzirá efeitos a partir da data do início de atividade desde que exercida nos termos, prazo e condições a serem estabelecidos em ato do Comitê Gestor a que se refere o *caput* deste parágrafo.

•• Inciso III acrescentado pela Lei Complementar n. 128, de 19-12-2008.

§ 6.º O desenquadramento da sistemática de que trata o *caput* deste artigo será realizado de ofício ou mediante comunicação do MEI.

•• § 6.º, acrescentado pela Lei Complementar n. 128, de 19-12-2008.

§ 7.º O desenquadramento mediante comunicação do MEI à Secretaria da Receita Federal do Brasil – RFB dar-se-á:

•• § 7.º, *caput*, acrescentado pela Lei Complementar n. 128, de 19-12-2008.

I – por opção, que deverá ser efetuada no início do ano-calendário, na forma disciplinada pelo Comitê Gestor, produzindo efeitos a partir de 1.º de janeiro do ano-calendário da comunicação;

•• Inciso I acrescentado pela Lei Complementar n. 128, de 19-12-2008.

II – obrigatoriamente, quando o MEI incorrer em alguma das situações previstas no § 4.º deste artigo, devendo a comunicação ser efetuada até o último dia útil do mês subsequente àquele em que ocorrida a situação de vedação, produzindo efeitos a partir do mês subsequente ao da ocorrência da situação impeditiva;

•• Inciso II acrescentado pela Lei Complementar n. 128, de 19-12-2008.

III – obrigatoriamente, quando o MEI exceder, no ano-calendário, o limite de receita bruta previsto no § 1.º deste artigo, devendo a comunicação ser efetuada até o último dia útil do mês subsequente àquele em que ocorrido o excesso, produzindo efeitos:

•• Inciso III, *caput*, acrescentado pela Lei Complementar n. 128, de 19-12-2008.

a) a partir de 1.º de janeiro do ano-calendário subsequente ao da ocorrência do excesso, na hipótese de não ter ultrapassado o referido limite em mais de 20% (vinte por cento);

•• Alínea *a* acrescentada pela Lei Complementar n. 128, de 19-12-2008.

b) retroativamente a 1.º de janeiro do ano-calendário da ocorrência do excesso, na hipótese de ter ultrapassado o referido limite em mais de 20% (vinte por cento);

•• Alínea *b* acrescentada pela Lei Complementar n. 128, de 19-12-2008.

IV – obrigatoriamente, quando o MEI exceder o limite de receita bruta previsto no § 2.º deste artigo, devendo a comunicação ser efetuada até o último dia útil do mês subsequente àquele em que ocorrido o excesso, produzindo efeitos:

•• Inciso IV, *caput*, acrescentado pela Lei Complementar n. 128, de 19-12-2008.

a) a partir de 1.º de janeiro do ano-calendário subsequente ao da ocorrência do excesso, na hipótese de não ter ultrapassado o referido limite em mais de 20% (vinte por cento);

•• Alínea *a* acrescentada pela Lei Complementar n. 128, de 19-12-2008.

b) retroativamente ao início de atividade, na hipótese de ter ultrapassado o referido limite em mais de 20% (vinte por cento).

•• Alínea *b* acrescentada pela Lei Complementar n. 128, de 19-12-2008.

§ 8.º O desenquadramento de ofício dar-se-á quando verificada a falta de comunicação de que trata o § 7.º deste artigo.

•• § 8.º acrescentado pela Lei Complementar n. 128, de 19-12-2008.

§ 9.º O Empresário Individual desenquadrado da sistemática de recolhimento prevista no *caput* deste artigo passará a recolher os tributos devidos pela regra geral do Simples Nacional a partir da data de início dos efeitos do desenquadramento, ressalvado o disposto no § 10 deste artigo.

•• § 9.º acrescentado pela Lei Complementar n. 128, de 19-12-2008.

§ 10. Nas hipóteses previstas nas alíneas *a* dos incisos III e IV do § 7.º deste artigo, o MEI deverá recolher a diferença, sem acréscimos, em parcela única, juntamente com a da apuração do mês de janeiro do ano-calendário subsequente ao do excesso, na forma a ser estabelecida em ato do Comitê Gestor.

•• § 10 acrescentado pela Lei Complementar n. 128, de 19-12-2008.

§ 11. O valor referido na alínea *a* do inciso V do § 3.º deste artigo será reajustado, na forma prevista em lei ordinária, na mesma data de reajustamento dos benefícios de que trata a Lei n. 8.213, de 24 de julho de 1991, de forma a manter equivalência com a contribuição de que trata o § 2.º do art. 21 da Lei n. 8.212, de 24 de julho de 1991.

•• § 11 acrescentado pela Lei Complementar n. 128, de 19-12-2008.

§ 12. Aplica-se ao MEI que tenha optado pela contribuição na forma do § 1.º deste artigo o disposto no § 4.º do art. 55 e no § 2.º do art. 94, ambos da Lei n. 8.213, de 24 de julho de 1991, exceto se optar pela complementação da contribuição previdenciária a que se refere o § 3.º do art. 21 da Lei n. 8.212, de 24 de julho de 1991.

•• § 12 acrescentado pela Lei Complementar n. 128, de 19-12-2008.

§ 13. O MEI está dispensado, ressalvado o disposto no art. 18-C desta Lei Complementar, de:

•• § 13, *caput*, acrescentado pela Lei Complementar n. 139, de 10-11-2011.

I – atender o disposto no inciso IV do *caput* do art. 32 da Lei n. 8.212, de 24 de julho de 1991;

•• Inciso I acrescentado pela Lei Complementar n. 139, de 10-11-2011.

II – apresentar a Relação Anual de Informações Sociais (Rais); e

•• Inciso II acrescentado pela Lei Complementar n. 139, de 10-11-2011.

III – declarar ausência de fato gerador para a Caixa Econômica Federal para emissão da Certidão de Regularidade Fiscal perante o FGTS.

•• Inciso III acrescentado pela Lei Complementar n. 139, de 10-11-2011.

§ 14. O Comitê Gestor disciplinará o disposto neste artigo.

•• § 14 acrescentado pela Lei Complementar n. 128, de 19-12-2008.

§ 15. A inadimplência do recolhimento do valor previsto na alínea *a* do inciso V do § 3.º tem como consequência a não contagem da competência em atraso para fins de carência para obtenção dos benefícios previdenciários respectivos.

•• § 15 acrescentado pela Lei Complementar n. 139, de 10-11-2011.

§ 15-A. Ficam autorizados os Estados, o Distrito Federal e os Municípios a promover a remissão dos débitos decorrentes dos valores previstos nas alíneas *b* e *c* do inciso V do § 3.º, inadimplidos isolada ou simultaneamente.

•• § 15-A acrescentado pela Lei Complementar n. 147, de 7-8-2014.

§ 15-B. O MEI poderá ter sua inscrição automaticamente cancelada após período de 12 (doze) meses consecutivos sem recolhimento ou declarações, independentemente de qualquer notificação, devendo a informação ser publicada no Portal do Empreendedor, na forma regulamentada pelo CGSIM.

•• § 15-B acrescentado pela Lei Complementar n. 147, de 7-8-2014.

§ 16. O CGSN estabelecerá, para o MEI, critérios, procedimentos, prazos e efeitos diferenciados para desenquadramento da sistemática de que trata este artigo, cobrança, inscrição em dívida ativa e exclusão do Simples Nacional.

•• § 16 acrescentado pela Lei Complementar n. 139, de 10-11-2011.

§ 16-A. A baixa do MEI via portal eletrônico dispensa a comunicação aos órgãos da administração pública.

•• § 16-A acrescentado pela Lei Complementar n. 155, de 27-10-2016, produzindo efeitos a partir de 1.º-1-2018.

§ 17. A alteração de dados no CNPJ informada pelo empresário à Secretaria da Receita Federal do Brasil equivalerá à comunicação obrigatória de desenquadramento da sistemática de recolhimento de que trata este artigo, nas seguintes hipóteses:

•• § 17, *caput*, acrescentado pela Lei Complementar n. 139, de 10-11-2011.

I – alteração para natureza jurídica distinta de empresário individual a que se refere o art. 966 da Lei n. 10.406, de 10 de janeiro de 2002 (Código Civil);

•• Inciso I acrescentado pela Lei Complementar n. 139, de 10-11-2011.

II – inclusão de atividade econômica não autorizada pelo CGSN;

•• Inciso II acrescentado pela Lei Complementar n. 139, de 10-11-2011.

III – abertura de filial.

•• Inciso III acrescentado pela Lei Complementar n. 139, de 10-11-2011.

§ 18. Os Municípios somente poderão realizar o cancelamento da inscrição do MEI caso tenham regulamentação própria de classificação de risco e o respectivo processo simplificado de inscrição e legalização, em conformidade com esta Lei Complementar e com as resoluções do CGSIM.

•• § 18 acrescentado pela Lei Complementar n. 147, de 7-8-2014.

§ 19. Fica vedada aos conselhos representativos de categorias econômicas a exigência de obrigações diversas das estipuladas nesta Lei Complementar para inscrição do MEI em seus quadros, sob pena de responsabilidade.

•• § 19 acrescentado pela Lei Complementar n. 147, de 7-8-2014.

§ 19-A. O MEI inscrito no conselho profissional de sua categoria na qualidade de pessoa física é dispensado de realizar nova inscrição no mesmo conselho na qualidade de empresário individual.

•• § 19-A acrescentado pela Lei Complementar n. 155, de 27-10-2016, produzindo efeitos a partir de 1.º-1-2018.

§ 19-B. São vedadas aos conselhos profissionais, sob pena de responsabilidade, a exigência de inscrição e a execução de qualquer tipo de ação fiscalizadora quando a ocupação do MEI não exigir registro profissional da pessoa física.

•• § 19-B acrescentado pela Lei Complementar n. 155, de 27-10-2016, produzindo efeitos a partir de 1.º-1-2018.

§ 20. Os documentos fiscais das microempresas e empresas de pequeno porte poderão ser emitidos diretamente por sistema nacional informatizado e pela internet, sem custos para o empreendedor, na forma regulamentada pelo Comitê Gestor do Simples Nacional.

•• § 20 acrescentado pela Lei Complementar n. 147, de 7-8-2014.

§ 21. Assegurar-se-á o registro nos cadastros oficiais ao guia de turismo inscrito como MEI.

•• § 21 acrescentado pela Lei Complementar n. 147, de 7-8-2014.

§ 22. Fica vedado às concessionárias de serviço público o aumento das tarifas pagas pelo MEI por conta da modificação da sua condição de pessoa física para pessoa jurídica.

•• § 22 acrescentado pela Lei Complementar n. 147, de 7-8-2014.

§ 23. (*Vetado*.)

•• § 23 acrescentado pela Lei Complementar n. 147, de 7-8-2014.

§ 24. Aplica-se ao MEI o disposto no inciso XI do § 4.º do art. 3.º.

•• § 24 acrescentado pela Lei Complementar n. 147, de 7-8-2014.

§ 25. O MEI poderá utilizar sua residência como sede do estabelecimento, quando não for indispensável a existência de local próprio para o exercício da atividade.

•• § 25 acrescentado pela Lei Complementar n. 154, de 18-4-2016.

Art. 18-B. A empresa contratante de serviços executados por intermédio do MEI mantém, em relação a esta contratação, a obrigatoriedade de recolhimento da contribuição a que se refere o inciso III do *caput* e o § 1.º do art. 22 da Lei n. 8.212, de 24 de julho de 1991, e o cumprimento das obrigações acessórias relativas à contratação de contribuinte individual.

•• *Caput* acrescentado pela Lei Complementar n. 128, de 19-12-2008.

§ 1.º Aplica-se o disposto neste artigo exclusivamente em relação ao MEI que for contratado para prestar serviços de hidráulica, eletricidade, pintura, alvenaria, carpintaria e de manutenção ou reparo de veículos.

•• § 1.º com redação determinada pela Lei Complementar n. 147, de 7-8-2014.

§ 2.º O disposto no *caput* e no § 1.º não se aplica quando presentes os elementos da relação de emprego, ficando a contratante sujeita a todas as obrigações dela decorrentes, inclusive trabalhistas, tributárias e previdenciárias.

•• § 2.º acrescentado pela Lei Complementar n. 139, de 10-11-2011.

Art. 18-C. Observado o disposto no *caput* e nos §§ 1.º a 25 do art. 18-A desta Lei Complementar, poderá enquadrar-se como MEI o empresário individual ou o empreendedor que exerça as atividades de industrialização, comercialização e prestação de serviços no âmbito rural que possua um único empregado que receba exclusivamente um salário mínimo ou o piso salarial da categoria profissional.

•• *Caput* com redação determinada pela Lei Complementar n. 155, de 27-10-2016, produzindo efeitos a partir de 1.º-1-2018.

§ 1.º Na hipótese referida no *caput*, o MEI:

•• § 1.º, *caput*, acrescentado pela Lei Complementar n. 139, de 10-11-2011.

I – deverá reter e recolher a contribuição previdenciária relativa ao segurado a seu serviço na forma da lei, observados prazo e condições estabelecidos pelo CGSN;

•• Inciso I acrescentado pela Lei Complementar n. 139, de 10-11-2011.

II – é obrigado a prestar informações relativas ao segurado a seu serviço, na forma estabelecida pelo CGSN; e

•• Inciso II acrescentado pela Lei Complementar n. 139, de 10-11-2011.

III – está sujeito ao recolhimento da contribuição de que trata o inciso VI do *caput* do art. 13, calculada à alíquota de 3% (três por cento) sobre o salário de contribuição previsto no *caput*, na forma e prazos estabelecidos pelo CGSN.

•• Inciso III acrescentado pela Lei Complementar n. 139, de 10-11-2011.

§ 2.º Para os casos de afastamento legal do único empregado do MEI, será permitida a contratação de outro empregado, inclusive por prazo determinado, até que cessem as condições do afastamento, na forma estabelecida pelo Ministério do Trabalho e Emprego.

•• § 2.º acrescentado pela Lei Complementar n. 139, de 10-11-2011.

§ 3.º O CGSN poderá determinar, com relação ao MEI, a forma, a periodicidade e o prazo:

•• § 3.º, *caput*, acrescentado pela Lei Complementar n. 139, de 10-11-2011.

I – de entrega à Secretaria da Receita Federal do Brasil de uma única declaração com dados relacionados a fatos geradores, base de cálculo e valores dos tributos previstos nos arts. 18-A e 18-C, da contribuição para a Seguridade Social descontada do empregado e do Fundo de Garantia do Tempo de Serviço (FGTS), e outras informações de interesse do Ministério do Trabalho e Emprego, do Instituto Nacional do Seguro Social (INSS) e do Conselho Curador do FGTS, observado o disposto no § 7.º do art. 26;

•• Inciso I acrescentado pela Lei Complementar n. 139, de 10-11-2011.

II – do recolhimento dos tributos previstos nos arts. 18-A e 18-C, bem como do FGTS e da contribuição para a Seguridade Social descontada do empregado.

•• Inciso II acrescentado pela Lei Complementar n. 139, de 10-11-2011.

§ 4.º A entrega da declaração única de que trata o inciso I do § 3.º substituirá, na forma regulamentada pelo CGSN, a obrigatoriedade de entrega de todas as informações, formulários e declarações a que estão sujeitas as demais empresas ou equiparados que contratam empregados, inclusive as relativas ao recolhimento do FGTS, à Relação Anual de Informações Sociais (Rais) e ao Cadastro Geral de Empregados e Desempregados (Caged).

•• § 4.º acrescentado pela Lei Complementar n. 139, de 10-11-2011.

§ 5.º Na hipótese de recolhimento do FGTS na forma do inciso II do § 3.º, deve-se assegurar a transferência dos recursos e dos elementos identificadores do recolhimento ao gestor desse fundo para crédito na conta vinculada do trabalhador.

•• § 5.º acrescentado pela Lei Complementar n. 139, de 10-11-2011.

§ 6.º O documento de que trata o inciso I do § 3.º deste artigo tem caráter declaratório, constituindo instrumento hábil e suficiente para a exigência dos tributos e dos débitos fundiários que não tenham sido recolhidos resultantes das informações nele prestadas.

•• § 6.º acrescentado pela Lei Complementar n. 147, de 7-8-2014.

Art. 18-D. A tributação municipal do imposto sobre imóveis prediais urbanos deverá assegurar tratamento mais favorecido ao MEI para realização de sua atividade no mesmo local em que residir, mediante aplicação da menor alíquota vigente para aquela localidade, seja residencial ou comercial, nos termos da lei, sem prejuízo de eventual isenção ou imunidade existente.

•• Artigo acrescentado pela Lei Complementar n. 147, de 7-8-2014.

Art. 18-E. O instituto do MEI é uma política pública que tem por objetivo a formalização de pequenos empreendimentos e a inclusão social e previdenciária.

•• *Caput* acrescentado pela Lei Complementar n. 147, de 7-8-2014.

§ 1.º A formalização de MEI não tem caráter eminentemente econômico ou fiscal.

•• § 1.º acrescentado pela Lei Complementar n. 147, de 7-8-2014.

§ 2.º Todo benefício previsto nesta Lei Complementar aplicável à microempresa estende-se ao MEI sempre que lhe for mais favorável.

•• § 2.º acrescentado pela Lei Complementar n. 147, de 7-8-2014.

§ 3.º O MEI é modalidade de microempresa.

•• § 3.º acrescentado pela Lei Complementar n. 147, de 7-8-2014.

§ 4.º É vedado impor restrições ao MEI relativamente ao exercício de profissão ou participação em licitações, em função da sua natureza jurídica, inclusive por ocasião da contratação dos serviços previstos no § 1.º do art. 18-B desta Lei Complementar.

•• § 4.º com redação determinada pela Lei Complementar n. 155, de 27-10-2016, produzindo efeitos a partir de 1.º-1-2018.

§ 5.º O empreendedor que exerça as atividades de industrialização, comercialização e prestação de serviços no âmbito rural que efetuar seu registro como MEI não perderá a condição de segurado especial da Previdência Social.

•• § 5.º acrescentado pela Lei Complementar n. 155, de 27-10-2016, produzindo efeitos a partir de 1.º-1-2018.

§ 6.º O disposto no § 5.º e o licenciamento simplificado de atividades para o empreendedor que exerça as atividades de industrialização, comercialização e prestação de serviços no âmbito rural serão regulamentados pelo CGSIM em até cento e oitenta dias.

•• § 6.º acrescentado pela Lei Complementar n. 155, de 27-10-2016, produzindo efeitos a partir de 1.º-1-2018.

§ 7.º O empreendedor que exerça as atividades de industrialização, comercialização e prestação de serviços no âmbito rural manterá todas as suas obrigações relativas à condição de produtor rural ou de agricultor familiar.

•• § 7.º acrescentado pela Lei Complementar n. 155, de 27-10-2016, produzindo efeitos a partir de 1.º-1-2018.

Art. 19. Sem prejuízo da possibilidade de adoção de todas as faixas de receita previstas nos Anexos I a V desta Lei Complementar, os Estados cuja participação no Produto Interno Bruto brasileiro seja de até 1% (um por cento) poderão optar pela aplicação de sublimite para efeito de recolhimento do ICMS na forma do Simples Nacional nos respectivos territórios, para empresas com receita bruta anual de até R$ 1.800.000,00 (um milhão e oitocentos mil reais).

•• *Caput* com redação determinada pela Lei Complementar n. 155, de 27-10-2016, produzindo efeitos a partir de 1.º-1-2018.

I ao III – (*Revogados pela Lei Complementar n. 155, de 27-10-2016.*)

§ 1.º A participação no Produto Interno Bruto brasileiro será apurada levando em conta o último resultado divulgado pelo Instituto Brasileiro de Geografia e Estatística ou outro órgão que o substitua.

§ 2.º A opção prevista no *caput* produzirá efeitos somente para o ano-calendário subsequente, salvo deliberação do CGSN.

•• § 2.º com redação determinada pela Lei Complementar n. 155, de 27-10-2016, produzindo efeitos a partir de 1.º-1-2018.

§ 3.º O disposto neste artigo aplica-se ao Distrito Federal.

§ 4.º Para os Estados que não tenham adotado sublimite na forma do *caput* e para aqueles cuja participação no Produto Interno Bruto brasileiro seja superior a 1% (um por cento), para efeito de recolhimento do ICMS e do ISS, observar-se-á obrigatoriamente o sublimite no valor de R$ 3.600.000,00 (três milhões e seiscentos mil reais).

•• § 4.º acrescentado pela Lei Complementar n. 155, de 27-10-2016, produzindo efeitos a partir de 1.º-1-2018.

Art. 20. A opção feita na forma do art. 19 desta Lei Complementar pelos Estados importará adoção do mesmo limite de receita bruta anual para efeito de recolhimento na forma do ISS dos Municípios nele localizados, bem como para o do ISS devido no Distrito Federal.

§ 1.º A empresa de pequeno porte que ultrapassar os limites a que se referem o *caput* e o § 4.º do art. 19 estará automaticamente impedida de recolher o ICMS e o ISS na forma do Simples Nacional, a partir do mês subsequente àquele em que tiver ocorrido o excesso, relativamente aos seus estabelecimentos localizados na unidade da Federação que os houver adotado, ressalvado o disposto nos §§ 11 e 13 do art. 3.º

•• § 1.º com redação determinada pela Lei Complementar n. 155, de 27-10-2016, produzindo efeitos a partir de 1.º-1-2018.

§ 1.º-A. Os efeitos do impedimento previsto no § 1.º ocorrerão no ano-calendário subsequente se o excesso verificado não for superior a 20% (vinte por cento) dos limites referidos.

•• § 1.º-A acrescentado pela Lei Complementar n. 139, de 10-11-2011.

§ 2.º O disposto no § 1.º deste artigo não se aplica na hipótese de o Estado ou de o Distrito

Federal adotarem, compulsoriamente ou por opção, a aplicação de faixa de receita bruta superior à que vinha sendo utilizada no ano-calendário em que ocorreu o excesso da receita bruta.

§ 3.º Na hipótese em que o recolhimento do ICMS ou do ISS não esteja sendo efetuado por meio do Simples Nacional por força do disposto neste artigo e no art. 19 desta Lei Complementar, as faixas de receita do Simples Nacional superiores àquela que tenha sido objeto de opção pelos Estados ou pelo Distrito Federal sofrerão, para efeito de recolhimento do Simples Nacional, redução da alíquota efetiva desses impostos, apurada de acordo com os Anexos I a V desta Lei Complementar, conforme o caso.

•• § 3.º com redação determinada pela Lei Complementar n. 155, de 27-10-2016, produzindo efeitos a partir de 1.º-1-2018.

§ 4.º O Comitê Gestor regulamentará o disposto neste artigo e no art. 19 desta Lei Complementar.

Seção IV

Do Recolhimento dos Tributos Devidos

Art. 21. Os tributos devidos, apurados na forma dos arts. 18 a 20 desta Lei Complementar, deverão ser pagos:

I – por meio de documento único de arrecadação, instituído pelo Comitê Gestor;

II – (*Revogado pela Lei Complementar n. 127, de 14-8-2007.*)

III – enquanto não regulamentado pelo Comitê Gestor, até o último dia útil da primeira quinzena do mês subsequente àquele a que se referir;

IV – em banco integrante da rede arrecadadora do Simples Nacional, na forma regulamentada pelo Comitê Gestor.

•• Inciso IV com redação determinada pela Lei Complementar n. 127, de 14-8-2007.

§ 1.º Na hipótese de a microempresa ou a empresa de pequeno porte possuir filiais, o recolhimento dos tributos do Simples Nacional dar-se-á por intermédio da matriz.

§ 2.º Poderá ser adotado sistema simplificado de arrecadação do Simples Nacional, inclusive sem utilização da rede bancária, mediante requerimento do Estado, Distrito Federal ou Município ao Comitê Gestor.

§ 3.º O valor não pago até a data do vencimento sujeitar-se-á à incidência de encargos legais na forma prevista na legislação do imposto sobre a renda.

§ 4.º A retenção na fonte de ISS das microempresas ou das empresas de pequeno porte optantes pelo Simples Nacional somente será permitida se observado o disposto no art. 3.º da Lei Complementar n. 116, de 31 de julho de 2003, e deverá observar as seguintes normas:

•• § 4.º, *caput*, com redação determinada pela Lei Complementar n. 128, de 19-12-2008.

I – a alíquota aplicável na retenção na fonte deverá ser informada no documento fiscal e corresponderá à alíquota efetiva de ISS a que a microempresa ou a empresa de pequeno porte estiver sujeita no mês anterior ao da prestação;

•• Inciso I com redação determinada pela Lei Complementar n. 155, de 27-10-2016, produzindo efeitos a partir de 1.º-1-2018.

II – na hipótese de o serviço sujeito à retenção ser prestado no mês de início de atividades da microempresa ou da empresa de pequeno porte, deverá ser aplicada pelo tomador a alíquota efetiva de 2% (dois por cento);

•• Inciso II com redação determinada pela Lei Complementar n. 155, de 27-10-2016, produzindo efeitos a partir de 1.º-1-2018.

III – na hipótese do inciso II deste parágrafo, constatando-se que houve diferença entre a alíquota utilizada e a efetivamente apurada, caberá à microempresa ou empresa de pequeno porte prestadora dos serviços efetuar o recolhimento dessa diferença no mês subsequente ao do início de atividade em guia própria do Município;

•• Inciso III acrescentado pela Lei Complementar n. 128, de 19-12-2008.

IV – na hipótese de a microempresa ou empresa de pequeno porte estar sujeita à tributação do ISS no Simples Nacional por valores fixos mensais, não caberá a retenção a que se refere o *caput* deste parágrafo;

•• Inciso IV acrescentado pela Lei Complementar n. 128, de 19-12-2008.

V – na hipótese de a microempresa ou a empresa de pequeno porte não informar a alíquota de que tratam os incisos I e II deste parágrafo no documento fiscal, aplicar-se-á a alíquota efetiva de 5% (cinco por cento);

•• Inciso V com redação determinada pela Lei Complementar n. 155, de 27-10-2016, produzindo efeitos a partir de 1.º-1-2018.

VI – não será eximida a responsabilidade do prestador de serviços quando a alíquota do ISS informada no documento fiscal for inferior à devida, hipótese em que o recolhimento dessa diferença será realizado em guia própria do Município;

•• Inciso VI acrescentado pela Lei Complementar n. 128, de 19-12-2008.

VII – o valor retido, devidamente recolhido, será definitivo, não sendo objeto de partilha com os municípios, e sobre a receita de prestação de serviços que sofreu a retenção não haverá incidência de ISS a ser recolhido no Simples Nacional.

•• Inciso VII acrescentado pela Lei Complementar n. 128, de 19-12-2008.

§ 4.º-A. Na hipótese de que tratam os incisos I e II do § 4.º, a falsidade na prestação dessas informações sujeitará o responsável, o titular, os sócios ou os administradores da microempresa e da empresa de pequeno porte, juntamente com as demais pessoas que para ela concorrerem, às penalidades previstas na legislação criminal e tributária.

•• § 4.º-A acrescentado pela Lei Complementar n. 128, de 19-12-2008.

§ 5.º O CGSN regulará a compensação e a restituição dos valores do Simples Nacional recolhidos indevidamente ou em montante superior ao devido.

•• § 5.º com redação determinada pela Lei Complementar n. 139, de 10-11-2011.

§ 6.º O valor a ser restituído ou compensado será acrescido de juros obtidos pela aplicação da taxa referencial do Sistema Especial de Liquidação e de Custódia (Selic) para títulos federais, acumulada mensalmente, a partir do mês subsequente ao do pagamento indevido ou a maior que o devido até o mês anterior ao da compensação ou restituição, e de 1% (um por cento) relativamente ao mês em que estiver sendo efetuada.

•• § 6.º acrescentado pela Lei Complementar n. 139, de 10-11-2011.

§ 7.º Os valores compensados indevidamente serão exigidos com os acréscimos moratórios de que trata o art. 35.

•• § 7.º acrescentado pela Lei Complementar n. 139, de 10-11-2011.

§ 8.º Na hipótese de compensação indevida, quando se comprove falsidade de declaração apresentada pelo sujeito passivo, o contribuinte estará sujeito à multa isolada aplicada no percentual previsto no inciso I do *caput* do art. 44 da Lei n. 9.430, de 27 de dezembro de 1996, aplicado em dobro, e terá como base de cálculo o valor total do débito indevidamente compensado.

•• § 8.º acrescentado pela Lei Complementar n. 139, de 10-11-2011.

§ 9.º É vedado o aproveitamento de créditos não apurados no Simples Nacional, inclusive de natureza não tributária, para extinção de débitos do Simples Nacional.

•• § 9.º acrescentado pela Lei Complementar n. 139, de 10-11-2011.

§ 10. Os créditos apurados no Simples Nacional não poderão ser utilizados para extinção de outros débitos para com as Fazendas Públicas, salvo por ocasião da compensação de ofício oriunda de deferimento em processo de restituição ou após a exclusão da empresa do Simples Nacional.

•• § 10 acrescentado pela Lei Complementar n. 139, de 10-11-2011.

§ 11. No Simples Nacional, é permitida a compensação tão somente de créditos para extinção de débitos para com o mesmo ente federado e relativos ao mesmo tributo.

•• § 11 acrescentado pela Lei Complementar n. 139, de 10-11-2011.

§ 12. Na restituição e compensação no Simples Nacional serão observados os prazos de decadência e prescrição previstos na Lei n. 5.172, de 25 de outubro de 1966 (Código Tributário Nacional).

•• § 12 acrescentado pela Lei Complementar n. 139, de 10-11-2011.

§ 13. É vedada a cessão de créditos para extinção de débitos no Simples Nacional.

•• § 13 acrescentado pela Lei Complementar n. 139, de 10-11-2011.

§ 14. Aplica-se aos processos de restituição e de compensação o rito estabelecido pelo CGSN.

•• § 14 acrescentado pela Lei Complementar n. 139, de 10-11-2011.

§ 15. Compete ao CGSN fixar critérios, condições para rescisão, prazos, valores mínimos de amortização e demais procedimentos para parcelamento dos recolhimentos em atraso dos débitos tributários apurados no Simples Nacional, observado o disposto no § 3.º deste artigo e no art. 35 e ressalvado o disposto no § 19 deste artigo.

•• § 15 acrescentado pela Lei Complementar n. 139, de 10-11-2011.

§ 16. Os débitos de que trata o § 15 poderão ser parcelados em até 60 (sessenta) parcelas mensais, na forma e condições previstas pelo CGSN.

•• § 16 acrescentado pela Lei Complementar n. 139, de 10-11-2011.

§ 17. O valor de cada prestação mensal, por ocasião do pagamento, será acrescido de juros equivalentes à taxa referencial do Sistema Especial de Liquidação e de Custódia (Selic) para títulos federais, acumulada mensalmente, calculados a partir do mês subsequente ao da consolidação até o mês anterior ao do pagamento, e de 1% (um por cento) relativamente ao mês em que o pagamento estiver sendo efetuado, na forma regulamentada pelo CGSN.

•• § 17 acrescentado pela Lei Complementar n. 139, de 10-11-2011.

§ 18. Será admitido reparcelamento de débitos constantes de parcelamento em curso ou que tenha sido rescindido, podendo ser incluídos novos débitos, na forma regulamentada pelo CGSN.

•• § 18 acrescentado pela Lei Complementar n. 139, de 10-11-2011.

§ 19. Os débitos constituídos de forma isolada por parte de Estado, do Distrito Federal ou de Município, em face de ausência de aplicativo para lançamento unificado, relativo a tributo de sua competência, que não estiverem inscritos em Dívida Ativa da União, poderão ser parcelados pelo ente responsável pelo lançamento de acordo com a respectiva legislação, na forma regulamentada pelo CGSN.

•• § 19 acrescentado pela Lei Complementar n. 139, de 10-11-2011.

§ 20. O pedido de parcelamento deferido importa confissão irretratável do débito e configura confissão extrajudicial.

•• § 20 acrescentado pela Lei Complementar n. 139, de 10-11-2011.

§ 21. Serão aplicadas na consolidação as reduções das multas de lançamento de ofício previstas na legislação federal, conforme regulamentação do CGSN.

•• § 21 acrescentado pela Lei Complementar n. 139, de 10-11-2011.

§ 22. O repasse para os entes federados dos valores pagos e da amortização dos débitos parcelados será efetuado proporcionalmente ao valor de cada tributo na composição da dívida consolidada.

•• § 22 acrescentado pela Lei Complementar n. 139, de 10-11-2011.

§ 23. No caso de parcelamento de débito inscrito em dívida ativa, o devedor pagará custas, emolumentos e demais encargos legais.

•• § 23 acrescentado pela Lei Complementar n. 139, de 10-11-2011.

§ 24. Implicará imediata rescisão do parcelamento e remessa do débito para inscrição em dívida ativa ou prosseguimento da execução, conforme o caso, até deliberação do CGSN, a falta de pagamento:

•• § 24, *caput*, acrescentado pela Lei Complementar n. 139, de 10-11-2011.

I – de 3 (três) parcelas, consecutivas ou não; ou

•• Inciso I acrescentado pela Lei Complementar n. 139, de 10-11-2011.

II – de 1 (uma) parcela, estando pagas todas as demais.

•• Inciso II acrescentado pela Lei Complementar n. 139, de 10-11-2011.

§ 25. O documento previsto no inciso I do *caput* deste artigo deverá conter a partilha discriminada de cada um dos tributos abrangidos pelo Simples Nacional, bem como os valores destinados a cada ente federado.

•• § 25 acrescentado pela Lei Complementar n. 155, de 27-10-2016, produzindo efeitos a partir de 1.º-1-2018.

Art. 21-A. A inscrição de microempresa ou empresa de pequeno porte no Cadastro Informativo dos créditos não quitados do setor público federal – CADIN, somente ocorrerá mediante notificação prévia com prazo para contestação.

•• Artigo acrescentado pela Lei Complementar n. 147, de 7-8-2014, produzindo efeitos a partir de 1.º-1-2016 (*DOU* de 8-8-2014).

Art. 21-B. Os Estados e o Distrito Federal deverão observar, em relação ao ICMS, o prazo mínimo de 60 (sessenta) dias, contado a partir do primeiro dia do mês do fato gerador da obrigação tributária, para estabelecer a data de vencimento do imposto devido por substituição tributária, tributação concentrada em uma única etapa (monofásica) e por antecipação tributária com ou sem encerramento de tributação, nas hipóteses em que a responsabilidade recair sobre operações ou prestações subsequentes, na forma regulamentada pelo Comitê Gestor.

•• Artigo acrescentado pela Lei Complementar n. 147, de 7-8-2014.

Seção V
Do Repasse do Produto da Arrecadação

Art. 22. O Comitê Gestor definirá o sistema de repasses do total arrecadado, inclusive encargos legais, para o:

I – Município ou Distrito Federal, do valor correspondente ao ISS;

II – Estado ou Distrito Federal, do valor correspondente ao ICMS;

III – Instituto Nacional do Seguro Social, do valor correspondente à Contribuição para manutenção da Seguridade Social.

Parágrafo único. Enquanto o Comitê Gestor não regulamentar o prazo para o repasse previsto no inciso II do *caput* deste artigo, esse será efetuado nos prazos estabelecidos nos convênios celebrados no âmbito do colegiado a que se refere a alínea *g* do inciso XII do § 2.º do art. 155 da Constituição Federal.

Seção VI
Dos Créditos

Art. 23. As microempresas e as empresas de pequeno porte optantes pelo Simples Nacional não farão jus à apropriação nem transferirão créditos relativos a impostos ou contribuições abrangidos pelo Simples Nacional.

§ 1.º As pessoas jurídicas e aquelas a elas equiparadas pela legislação tributária não optantes pelo Simples Nacional terão direito a crédito correspondente ao ICMS incidente sobre as suas aquisições de mercadorias de microempresa ou empresa de pequeno porte optante pelo Simples Nacional, desde que destinadas à comercialização ou industrialização e observado, como limite, o ICMS efetivamente devido pelas optantes pelo Simples Nacional em relação a essas aquisições.

•• § 1.º acrescentado pela Lei Complementar n. 128, de 19-12-2008.

§ 2.º A alíquota aplicável ao cálculo do crédito de que trata o § 1.º deste artigo deverá ser informada no documento fiscal e corresponderá ao percentual de ICMS previsto nos Anexos I ou II desta Lei Complementar para a faixa de receita bruta a que a microempresa ou a empresa de pequeno porte estiver sujeita no mês anterior ao da operação.

•• § 2.º acrescentado pela Lei Complementar n. 128, de 19-12-2008.

§ 3.º Na hipótese de a operação ocorrer no mês de início de atividades da microempresa ou empresa de pequeno porte optante pelo Simples Nacional, a alíquota aplicável ao cálculo do crédito de que trata o § 1.º deste artigo corresponderá ao percentual de ICMS referente à menor alíquota prevista nos Anexos I ou II desta Lei Complementar.

•• § 3.º acrescentado pela Lei Complementar n. 128, de 19-12-2008.

§ 4.º Não se aplica o disposto nos §§ 1.º a 3.º deste artigo quando:

•• § 4.º, *caput*, com redação determinada pela Lei Complementar n. 128, de 19-12-2008.

I – a microempresa ou empresa de pequeno porte estiver sujeita à tributação do ICMS no Simples Nacional por valores fixos mensais;

•• Inciso I acrescentado pela Lei Complementar n. 128, de 19-12-2008.

II – a microempresa ou a empresa de pequeno porte não informar a alíquota de que trata o § 2.º deste artigo no documento fiscal;

•• Inciso II acrescentado pela Lei Complementar n. 128, de 19-12-2008.

III – houver isenção estabelecida pelo Estado ou Distrito Federal que abranja a faixa de receita bruta a que a microempresa ou a empresa de pequeno porte estiver sujeita no mês da operação.

•• Inciso III acrescentado pela Lei Complementar n. 128, de 19-12-2008.

IV – o remetente da operação ou prestação considerar, por opção, que a alíquota determinada na forma do *caput* e dos §§ 1.º e 2.º do art. 18 desta Lei Complementar deverá incidir sobre a receita recebida no mês.

•• Inciso IV acrescentado pela Lei Complementar n. 128, de 19-12-2008.

§ 5.º Mediante deliberação exclusiva e unilateral dos Estados e do Distrito Federal, poderá ser concedido às pessoas jurídicas e àquelas a elas equiparadas pela legislação tributária não optantes pelo Simples Nacional crédito correspondente ao ICMS incidente sobre os insumos utilizados nas mercadorias adquiridas de indústria optante pelo Simples Nacional, sendo vedado o estabelecimento de diferenciação no valor do crédito em razão da procedência dessas mercadorias.

•• § 5.º acrescentado pela Lei Complementar n. 128, de 19-12-2008.

§ 6.º O Comitê Gestor do Simples Nacional disciplinará o disposto neste artigo.

•• § 6.º acrescentado pela Lei Complementar n. 128, de 19-12-2008.

Art. 24. As microempresas e as empresas de pequeno porte optantes pelo Simples Nacional não poderão utilizar ou destinar qualquer valor a título de incentivo fiscal.

§ 1.º Não serão consideradas quaisquer alterações em bases de cálculo, alíquotas e percentuais ou outros fatores que alterem o valor de imposto ou contribuição apurado na forma do Simples Nacional, estabelecidas pela União, Estado, Distrito Federal ou Município, exceto as previstas ou autorizadas nesta Lei Complementar.

•• § 1.º com redação determinada pela Lei Complementar n. 155, de 27-10-2016, produzindo efeitos a partir de 1.º-1-2018.

§ 2.º (*Vetado*.)

•• § 2.º acrescentado pela Lei Complementar n. 155, de 27-10-2016, produzindo efeitos a partir de 1.º-1-2018.

Seção VII
Das Obrigações Fiscais Acessórias

Art. 25. A microempresa ou empresa de pequeno porte optante pelo Simples Nacional deverá apresentar anualmente à Secretaria da Receita Federal do Brasil declaração única e simplificada de informações socioeconômicas e fiscais, que deverá ser disponibilizada aos órgãos de fiscalização tributária e previdenciária, observados prazo e modelo aprovados pelo CGSN e observado o disposto no § 15-A do art. 18.

•• *Caput* com redação determinada pela Lei Complementar n. 139, de 10-11-2011.

§ 1.º A declaração de que trata o *caput* deste artigo constitui confissão de dívida e instrumento hábil e suficiente para a exigência dos tributos e contribuições que não tenham sido recolhidos resultantes das informações nela prestadas.

•• Primitivo parágrafo único renumerado pela Lei Complementar n. 128, de 19-12-2008.

§ 2.º A situação de inatividade deverá ser informada na declaração de que trata o *caput* deste artigo, na forma regulamentada pelo Comitê Gestor.

•• § 2.º acrescentado pela Lei Complementar n. 128, de 19-12-2008.

§ 3.º Para efeito do disposto no § 2.º deste artigo, considera-se em situação de inatividade a microempresa ou a empresa de pequeno porte que não apresente mutação patrimonial e atividade operacional durante todo o ano-calendário.

•• § 3.º acrescentado pela Lei Complementar n. 128, de 19-12-2008.

§ 4.º A declaração de que trata o *caput* deste artigo, relativa ao MEI definido no art. 18-A desta Lei Complementar, conterá, para efeito do disposto no art. 3.º da Lei Complementar n. 63, de 11 de janeiro de 1990, tão somente as informações relativas à receita bruta total sujeita ao ICMS, sendo vedada a instituição de declarações adicionais em decorrência da referida Lei Complementar.

•• § 4.º acrescentado pela Lei Complementar n. 128, de 19-12-2008.

§ 5.º A declaração de que trata o *caput*, a partir das informações relativas ao ano-calendário de 2012, poderá ser prestada por meio da declaração de que trata o § 15-A do art. 18 desta Lei Complementar, na periodicidade e prazos definidos pelo CGSN.

•• § 5.º acrescentado pela Lei Complementar n. 147, de 7-8-2014.

Art. 26. As microempresas e empresas de pequeno porte optantes pelo Simples Nacional ficam obrigadas a:

I – emitir documento fiscal de venda ou prestação de serviço, de acordo com instruções expedidas pelo Comitê Gestor;

II – manter em boa ordem e guarda os documentos que fundamentaram a apuração dos impostos e contribuições devidos e o cumprimento das obrigações acessórias a que se refere o art. 25 desta Lei Complementar enquanto não decorrido o prazo decadencial e não prescritas eventuais ações que lhes sejam pertinentes.

§ 1.º O MEI fará a comprovação da receita bruta mediante apresentação do registro de vendas ou de prestação de serviços na forma estabelecida pelo CGSN, ficando dispensado da emissão do documento fiscal previsto no inciso I do *caput*, ressalvadas as hipóteses de emissão obrigatória previstas pelo referido Comitê.

•• § 1.º com redação determinada pela Lei Complementar n. 139, de 10-11-2011.

§ 2.º As demais microempresas e as empresas de pequeno porte, além do disposto nos incisos I e II do *caput* deste artigo, deverão, ainda, manter o livro-caixa em que será escriturada sua movimentação financeira e bancária.

§ 3.º A exigência de declaração única a que se refere o *caput* do art. 25 desta Lei Complementar não desobriga a prestação de informações relativas a terceiros.

§ 4.º É vedada a exigência de obrigações tributárias acessórias relativas aos tributos apurados na forma do Simples Nacional além daquelas estipuladas pelo CGSN e atendidas por meio do Portal do Simples Nacional, bem como, o estabelecimento de exigências adicionais e unilaterais pelos entes federativos, exceto os programas de cidadania fiscal.

•• § 4.º com redação determinada pela Lei Complementar n. 147, de 7-8-2014.

§ 4.º-A. A escrituração fiscal digital ou obrigação equivalente não poderá ser exigida da microempresa ou empresa de pequeno porte optante pelo Simples Nacional, salvo se, cumulativamente, houver:

•• § 4.º-A, *caput*, acrescentado pela Lei Complementar n. 147, de 7-8-2014.

I – autorização específica do CGSN, que estabelecerá as condições para a obrigatoriedade;

•• Inciso I acrescentado pela Lei Complementar n. 147, de 7-8-2014.

II – disponibilização por parte da administração tributária estipulante de aplicativo gratuito para uso da empresa optante.

•• Inciso II acrescentado pela Lei Complementar n. 147, de 7-8-2014.

§ 4.º-B. A exigência de apresentação de livros fiscais em meio eletrônico aplicar-se-á somente na hipótese de substituição da entrega em meio convencional, cuja obrigatoriedade tenha sido prévia e especificamente estabelecida pelo CGSN.

•• § 4.º-B acrescentado pela Lei Complementar n. 147, de 7-8-2014.

§ 4.º-C. Até a implantação de sistema nacional uniforme estabelecido pelo CGSN com compartilhamento de informações com os entes federados, permanece válida norma publicada por ente federado até o primeiro trimestre de 2014 que tenha veiculado exigência vigente de a microempresa ou empresa de pequeno porte apresentar escrituração fiscal digital ou obrigação equivalente.

•• § 4.º-C acrescentado pela Lei Complementar n. 147, de 7-8-2014.

§ 5.º As microempresas e empresas de pequeno porte ficam sujeitas à entrega de declaração eletrônica que deva conter os dados referentes aos serviços prestados ou tomados de terceiros, na conformidade do que dispuser o Comitê Gestor.

§ 6.º Na hipótese do § 1.º deste artigo:

•• § 6.º, *caput*, acrescentado pela Lei Complementar n. 128, de 19-12-2008.

I – deverão ser anexados ao registro de vendas ou de prestação de serviços, na forma regulamentada pelo Comitê Gestor, os documentos fiscais comprobatórios das entradas de mercadorias e serviços tomados referentes ao período, bem como os documentos fiscais relativos às operações ou prestações realizadas eventualmente emitidos;

•• Inciso I acrescentado pela Lei Complementar n. 128, de 19-12-2008.

II – será obrigatória a emissão de documento fiscal nas vendas e nas prestações de serviços realizadas pelo MEI para destinatário cadastrado no Cadastro Nacional da Pessoa Jurídica (CNPJ), ficando dispensado desta emissão para o consumidor final.

•• Inciso II com redação determinada pela Lei Complementar n. 139, de 10-11-2011.

§ 7.º Cabe ao CGSN dispor sobre a exigência da certificação digital para o cumprimento de obrigações principais e acessórias por parte da microempresa, inclusive o MEI, ou empresa de pequeno porte optante pelo Simples Nacional, inclusive para o recolhimento do FGTS.

•• § 7.º acrescentado pela Lei Complementar n. 139, de 10-11-2011.

§ 8.º O CGSN poderá disciplinar sobre a disponibilização, no portal do Simples Nacional, de documento fiscal eletrônico de venda ou de prestação de serviço para o MEI, microempresa ou empresa de pequeno porte optante pelo Simples Nacional.

•• § 8.º acrescentado pela Lei Complementar n. 147, de 7-8-2014.

§ 9.º O desenvolvimento e a manutenção das soluções de tecnologia, capacitação e orientação aos usuários relativas ao disposto no § 8.º, bem como as demais relativas ao Simples Nacional, poderão ser apoiadas pelo Serviço Brasileiro de Apoio às Micro e Pequenas Empresas – SEBRAE.

•• § 9.º acrescentado pela Lei Complementar n. 147, de 7-8-2014.

§ 10. O ato de emissão ou de recepção de documento fiscal por meio eletrônico estabelecido pelas administrações tributárias, em qualquer modalidade, de entrada, de saída ou de prestação, na forma estabelecida pelo CGSN, representa sua própria escrituração fiscal e elemento suficiente para a fundamentação e a constituição do crédito tributário.

•• § 10 acrescentado pela Lei Complementar n. 147, de 7-8-2014.

§ 11. Os dados dos documentos fiscais de qualquer espécie podem ser compartilhados entre as administrações tributárias da União, Estados, Distrito Federal e Municípios e, quando emitidos por meio eletrônico, na forma estabelecida pelo CGSN, a microempresa ou empresa de pequeno porte optante pelo Simples Nacional fica desobrigada de transmitir seus dados às administrações tributárias.

•• § 11 acrescentado pela Lei Complementar n. 147, de 7-8-2014.

§ 12. As informações a serem prestadas relativas ao ICMS devido na forma prevista nas alíneas *a*, *g* e *h* do inciso XIII do § 1.º do art. 13 serão fornecidas por meio de aplicativo único.

•• § 12 acrescentado pela Lei Complementar n. 147, de 7-8-2014, produzindo efeitos a partir de 1.º-1-2016 (*DOU* de 8-8-2014).

§ 13. Fica estabelecida a obrigatoriedade de utilização de documentos fiscais eletrônicos estabelecidos pelo Confaz nas operações e prestações relativas ao ICMS efetuadas por microempresas e empresas de pequeno porte nas hipóteses previstas nas alíneas *a*, *g* e *h* do inciso XIII do § 1.º do art. 13.

•• § 13 acrescentado pela Lei Complementar n. 147, de 7-8-2014, produzindo efeitos a partir de 1.º-1-2016 (*DOU* de 8-8-2014).

§ 14. Os aplicativos necessários ao cumprimento do disposto nos §§ 12 e 13 deste artigo serão disponibilizados, de forma gratuita, no portal do Simples Nacional.

•• § 14 acrescentado pela Lei Complementar n. 147, de 7-8-2014, produzindo efeitos a partir de 1.º-1-2016 (*DOU* de 8-8-2014).

§ 15. O CGSN regulamentará o disposto neste artigo.

•• § 15 acrescentado pela Lei Complementar n. 147, de 7-8-2014.

Art. 27. As microempresas e empresas de pequeno porte optantes pelo Simples Nacional poderão, opcionalmente, adotar contabilidade simplificada para os registros e controles das operações realizadas, conforme regulamentação do Comitê Gestor.

•• O Decreto n. 6.451, de 12-5-2008, dispõe sobre a constituição do Consórcio Simples por microempresas e empresas de pequeno porte optantes pelo Simples Nacional.

Seção VIII
Da Exclusão do Simples Nacional

Art. 28. A exclusão do Simples Nacional será feita de ofício ou mediante comunicação das empresas optantes.

Parágrafo único. As regras previstas nesta seção e o modo de sua implementação serão regulamentados pelo Comitê Gestor.

Art. 29. A exclusão de ofício das empresas optantes pelo Simples Nacional dar-se-á quando:

I – verificada a falta de comunicação de exclusão obrigatória;

II – for oferecido embaraço à fiscalização, caracterizado pela negativa não justificada de exibição de livros e documentos a que estiverem obrigadas, bem como pelo não fornecimento de informações sobre bens, movimentação financeira, negócio ou atividade que estiverem intimadas a apresentar, e nas demais hipóteses que autorizam a requisição de auxílio da força pública;

III – for oferecida resistência à fiscalização, caracterizada pela negativa de acesso ao estabelecimento, ao domicílio fiscal ou a qualquer outro local onde desenvolvam suas atividades ou se encontrem bens de sua propriedade;

IV – a sua constituição ocorrer por interpostas pessoas;

V – tiver sido constatada prática reiterada de infração ao disposto nesta Lei Complementar;

VI – a empresa for declarada inapta, na forma dos arts. 81 e 82 da Lei n. 9.430, de 27 de dezembro de 1996, e alterações posteriores;

VII – comercializar mercadorias objeto de contrabando ou descaminho;

VIII – houver falta de escrituração do livro-caixa ou não permitir a identificação da movimentação financeira, inclusive bancária;

IX – for constatado que durante o ano-calendário o valor das despesas pagas supera em 20% (vinte por cento) o valor de ingressos de recursos no mesmo período, excluído o ano de início de atividade;

X – for constatado que durante o ano-calendário o valor das aquisições de mercadorias para comercialização ou industrialização, ressalvadas hipóteses justificadas de aumento de estoque, for superior a 80% (oitenta por cento) dos ingressos de recursos no mesmo período, excluído o ano de início de atividade;

XI – houver descumprimento reiterado da obrigação contida no inciso I do *caput* do art. 26;

•• Inciso XI com redação determinada pela Lei Complementar n. 139, de 10-11-2011.

XII – omitir de forma reiterada da folha de pagamento da empresa ou de documento de informações previsto pela legislação previdenciária, trabalhista ou tributária, segurado empregado, trabalhador avulso ou contribuinte individual que lhe preste serviço.

•• Inciso XII com redação determinada pela Lei Complementar n. 139, de 10-11-2011.

§ 1.º Nas hipóteses previstas nos incisos II a XII do *caput* deste artigo, a exclusão produzirá efeitos a partir do próprio mês em que incorridas, impedindo a opção pelo regime diferenciado e favorecido desta Lei Complementar pelos próximos 3 (três) anos-calendário seguintes.

•• § 1.º com redação determinada pela Lei Complementar n. 127, de 14-8-2007.

§ 2.º O prazo de que trata o § 1.º deste artigo será elevado para 10 (dez) anos caso seja constatada a utilização de artifício, ardil ou qualquer outro meio fraudulento que induza ou mantenha a fiscalização em erro, com o fim de suprimir ou reduzir o pagamento de tributo apurável segundo o regime especial previsto nesta Lei Complementar.

§ 3.º A exclusão de ofício será realizada na forma regulamentada pelo Comitê Gestor, cabendo o lançamento dos tributos e contribuições apurados aos respectivos entes tributantes.

§ 4.º (*Revogado pela Lei Complementar n. 128, de 19-12-2008.*)

§ 5.º A competência para exclusão de ofício do Simples Nacional obedece ao disposto no art. 33, e o julgamento administrativo, ao disposto no art. 39, ambos desta Lei Complementar.

§ 6.º Nas hipóteses de exclusão previstas no *caput*, a notificação:

•• § 6.º, *caput*, com redação determinada pela Lei Complementar n. 139, de 10-11-2011.

I – será efetuada pelo ente federativo que promoveu a exclusão; e

•• Inciso I acrescentado pela Lei Complementar n. 139, de 10-11-2011.

II – poderá ser feita por meio eletrônico, observada a regulamentação do CGSN.

•• Inciso II acrescentado pela Lei Complementar n. 139, de 10-11-2011.

§ 7.º (*Revogado pela Lei Complementar n. 139, de 10-11-2011.*)

§ 8.º A notificação de que trata o § 6.º aplica-se ao indeferimento da opção pelo Simples Nacional.

•• § 8.º com redação determinada pela Lei Complementar n. 139, de 10-11-2011.

§ 9.º Considera-se prática reiterada, para fins do disposto nos incisos V, XI e XII do *caput*:

•• § 9.º, *caput*, acrescentado pela Lei Complementar n. 139, de 10-11-2011.

I – a ocorrência, em 2 (dois) ou mais períodos de apuração, consecutivos ou alternados, de idênticas infrações, inclusive de natureza acessória, verificada em relação aos últimos 5 (cinco) anos-calendário, formalizadas por intermédio de auto de infração ou notificação de lançamento; ou

•• Inciso I acrescentado pela Lei Complementar n. 139, de 10-11-2011.

II – a segunda ocorrência de idênticas infrações, caso seja constatada a utilização de artifício, ardil ou qualquer outro meio fraudulento que induza ou mantenha a fiscalização em erro, com o fim de suprimir ou reduzir o pagamento de tributo.

•• Inciso II acrescentado pela Lei Complementar n. 139, de 10-11-2011.

Art. 30. A exclusão do Simples Nacional, mediante comunicação das microempresas ou das empresas de pequeno porte, dar-se-á:

I – por opção;

II – obrigatoriamente, quando elas incorrerem em qualquer das situações de vedação previstas nesta Lei Complementar;

III – obrigatoriamente, quando ultrapassado, no ano-calendário de início de atividade, o limite proporcional de receita bruta de que trata o § 2.º do art. 3.º; ou

•• Inciso III com redação determinada pela Lei Complementar n. 139, de 10-11-2011.

IV – obrigatoriamente, quando ultrapassado, no ano-calendário, o limite de receita bruta previsto no inciso II do *caput* do art. 3.º, quando não estiver no ano-calendário de início de atividade.

•• Inciso IV acrescentado pela Lei Complementar n. 139, de 10-11-2011.

§ 1.º A exclusão deverá ser comunicada à Secretaria da Receita Federal:

•• A Secretaria da Receita Federal passa a denominar-se Secretaria da Receita Federal do Brasil, por força da Lei n. 11.457, de 16-3-2007.

I – na hipótese do inciso I do *caput* deste artigo, até o último dia útil do mês de janeiro;

II – na hipótese do inciso II do *caput* deste artigo, até o último dia útil do mês subsequente àquele em que ocorrida a situação de vedação;

III – na hipótese do inciso III do *caput*:

•• Inciso III, *caput*, com redação determinada pela Lei Complementar n. 139, de 10-11-2011.

a) até o último dia útil do mês seguinte àquele em que tiver ultrapassado em mais de 20% (vinte por cento) o limite proporcional de que trata o § 10 do art. 3.º; ou

•• Alínea *a* acrescentada pela Lei Complementar n. 139, de 10-11-2011.

b) até o último dia útil do mês de janeiro do ano-calendário subsequente ao de início de atividades, caso o excesso seja inferior a 20% (vinte por cento) do respectivo limite;

•• Alínea *b* acrescentada pela Lei Complementar n. 139, de 10-11-2011.

IV – na hipótese do inciso IV do *caput*:

•• Inciso IV, *caput*, acrescentado pela Lei Complementar n. 139, de 10-11-2011.

a) até o último dia útil do mês subsequente à ultrapassagem em mais de 20% (vinte por cento) do limite de receita bruta previsto no inciso II do *caput* do art. 3.º; ou

•• Alínea *a* acrescentada pela Lei Complementar n. 139, de 10-11-2011.

b) até o último dia útil do mês de janeiro do ano-calendário subsequente, na hipótese de não ter ultrapassado em mais de 20% (vinte por cento) o limite de receita bruta previsto no inciso II do *caput* do art. 3.º.

•• Alínea *b* acrescentada pela Lei Complementar n. 139, de 10-11-2011.

§ 2.º A comunicação de que trata o *caput* deste artigo dar-se-á na forma a ser estabelecida pelo Comitê Gestor.

§ 3.º A alteração de dados no CNPJ, informada pela ME ou EPP à Secretaria da Receita Federal do Brasil, equivalerá à comunicação obrigatória de exclusão do Simples Nacional nas seguintes hipóteses:

•• § 3.º, *caput*, acrescentado pela Lei Complementar n. 139, de 10-11-2011.

I – alteração de natureza jurídica para Sociedade Anônima, Sociedade Empresária em Comandita por Ações, Sociedade em Conta de Participação ou Estabelecimento, no Brasil, de Sociedade Estrangeira;

•• Inciso I acrescentado pela Lei Complementar n. 139, de 10-11-2011.

II – inclusão de atividade econômica vedada à opção pelo Simples Nacional;

•• Inciso II acrescentado pela Lei Complementar n. 139, de 10-11-2011.

III – inclusão de sócio pessoa jurídica;

•• Inciso III acrescentado pela Lei Complementar n. 139, de 10-11-2011.

IV – inclusão de sócio domiciliado no exterior;

•• Inciso IV acrescentado pela Lei Complementar n. 139, de 10-11-2011.

V – cisão parcial; ou

•• Inciso V acrescentado pela Lei Complementar n. 139, de 10-11-2011.

VI – extinção da empresa.

•• Inciso VI acrescentado pela Lei Complementar n. 139, de 10-11-2011.

Art. 31. A exclusão das microempresas ou das empresas de pequeno porte do Simples Nacional produzirá efeitos:

I – na hipótese do inciso I do *caput* do art. 30 desta Lei Complementar, a partir de 1.º de janeiro do ano-calendário subsequente, ressalvado o disposto no § 4.º deste artigo;

II – na hipótese do inciso II do *caput* do art. 30 desta Lei Complementar, a partir do mês seguinte da ocorrência da situação impeditiva;

III – na hipótese do inciso III do *caput* do art. 30 desta Lei Complementar:

a) desde o início das atividades;

b) a partir de 1.º de janeiro do ano-calendário subsequente, na hipótese de não ter ultrapassado em mais de 20% (vinte por cento) o limite proporcional de que trata o § 10 do art. 3.º;

•• Alínea *b* com redação determinada pela Lei Complementar n. 139, de 10-11-2011.

IV – na hipótese do inciso V do *caput* do art. 17 desta Lei Complementar, a partir do ano-calendário subsequente ao da ciência da comunicação da exclusão;

V – na hipótese do inciso IV do *caput* do art. 30:

•• Inciso V acrescentado pela Lei Complementar n. 139, de 10-11-2011.

a) a partir do mês subsequente à ultrapassagem em mais de 20% (vinte por cento) do limite de receita bruta previsto no inciso II do art. 3.º;

•• Alínea *a* acrescentada pela Lei Complementar n. 139, de 10-11-2011.

b) a partir de 1.º de janeiro do ano-calendário subsequente, na hipótese de não ter ultrapassado em mais de 20% (vinte por cento) o limite de receita bruta previsto no inciso II do art. 3.º.

•• Alínea *b* acrescentada pela Lei Complementar n. 139, de 10-11-2011.

§ 1.º Na hipótese prevista no inciso III do *caput* do art. 30 desta Lei Complementar, a microempresa ou empresa de pequeno porte não poderá optar, no ano-calendário subsequente ao do início de atividades, pelo Simples Nacional.

§ 2.º Na hipótese dos incisos V e XVI do *caput* do art. 17, será permitida a permanência da pessoa jurídica como optante pelo Simples Nacional mediante a comprovação da regularização do débito ou do cadastro fiscal no prazo de até 30 (trinta) dias contados a partir da ciência da comunicação da exclusão.

•• § 2.º com redação determinada pela Lei Complementar n. 139, de 10-11-2011.

§ 3.º O CGSN regulamentará os procedimentos relativos ao impedimento de recolher o ICMS e o ISS na forma do Simples Nacional, em face da ultrapassagem dos limites estabelecidos na forma dos incisos I ou II do art. 19 e do art. 20.

•• § 3.º com redação determinada pela Lei Complementar n. 139, de 10-11-2011.

§ 4.º No caso de a microempresa ou a empresa de pequeno porte ser excluída do Simples Nacional no mês de janeiro, na hipótese do inciso I do *caput* do art. 30 desta Lei Complementar, os efeitos da exclusão dar-se-ão nesse mesmo ano.

§ 5.º Na hipótese do inciso II do *caput* deste artigo, uma vez que o motivo da exclusão deixe de existir, havendo a exclusão retroativa de ofício no caso do inciso I do *caput* do art. 29 desta Lei Complementar, o efeito desta dar-se-á a partir do mês seguinte ao da ocorrência da situação impeditiva, limitado, porém, ao último dia do ano-calendário em que a referida situação deixou de existir.

•• § 5.º acrescentado pela Lei Complementar n. 128, de 19-12-2008.

Art. 32. As microempresas ou as empresas de pequeno porte excluídas do Simples Nacional sujeitar-se-ão, a partir do período em que se processarem os efeitos da exclusão, às normas de tributação aplicáveis às demais pessoas jurídicas.

§ 1.º Para efeitos do disposto no *caput* deste artigo, na hipótese da alínea *a* do inciso III do *caput* do art. 31 desta Lei Complementar, a microempresa ou a empresa de pequeno porte desenquadrada ficará sujeita ao pagamento da totalidade ou diferença dos respectivos impostos e contribuições, devidos de conformidade com as normas gerais de incidência, acrescidos, tão somente, de juros de mora, quando efetuado antes do início de procedimento de ofício.

§ 2.º Para efeito do disposto no *caput* deste artigo, o sujeito passivo poderá optar pelo recolhimento do imposto de renda e da Contribuição Social sobre o Lucro Líquido na forma do lucro presumido, lucro real trimestral ou anual.

§ 3.º Aplica-se o disposto no *caput* e no § 1.º em relação ao ICMS e ao ISS à empresa impedida de recolher esses impostos na forma do Simples Nacional, em face da ultrapassagem dos limites a que se referem os incisos I e II do *caput* do art. 19, relativamente ao estabelecimento localizado na unidade da Federação que os houver adotado.

•• § 3.º acrescentado pela Lei Complementar n. 139, de 10-11-2011.

Seção IX
Da Fiscalização

Art. 33. A competência para fiscalizar o cumprimento das obrigações principais e acessórias relativas ao Simples Nacional e para verificar a ocorrência das hipóteses previstas no art. 29 desta Lei Complementar é da Secretaria da Receita Federal e das Secretarias de Fazenda ou de Finanças do Estado ou do Distrito Federal, segundo a localização do estabelecimento, e, tratando-se de prestação de serviços incluídos na competência tributária municipal, a competência será também do respectivo Município.

•• A Secretaria da Receita Federal passa a denominar-se Secretaria da Receita Federal do Brasil, por força da Lei n. 11.457, de 16-3-2007.

§ 1.º As Secretarias de Fazenda ou Finanças dos Estados poderão celebrar convênio com os Municípios de sua jurisdição para atribuir a estes a fiscalização a que se refere o *caput* deste artigo.

§ 1.º-A. Dispensa-se o convênio de que trata o § 1.º na hipótese de ocorrência de prestação de serviços sujeita ao ISS por estabelecimento localizado no Município.

•• § 1.º-A acrescentado pela Lei Complementar n. 139, de 10-11-2011.

§ 1.º-B. A fiscalização de que trata o *caput*, após iniciada, poderá abranger todos os demais estabelecimentos da microempresa ou da empresa de pequeno porte, independentemente da atividade por eles exercida ou de sua localização, na forma e condições estabelecidas pelo CGSN.

•• § 1.º-B acrescentado pela Lei Complementar n. 139, de 10-11-2011.

§ 1.º-C. As autoridades fiscais de que trata o *caput* têm competência para efetuar o lançamento de todos os tributos previstos nos incisos I a VIII do art. 13, apurados na forma do Simples Nacional, relativamente a todos os estabelecimentos da empresa, independentemente do ente federado instituidor.

•• § 1.º-C acrescentado pela Lei Complementar n. 139, de 10-11-2011.

§ 1.º-D. A competência para autuação por descumprimento de obrigação acessória é privativa da administração tributária perante a qual a obrigação deveria ter sido cumprida.

•• § 1.º-D acrescentado pela Lei Complementar n. 139, de 10-11-2011.

§ 2.º Na hipótese de a microempresa ou empresa de pequeno porte exercer alguma das atividades de prestação de serviços previstas no § 5.º-C do art. 18 desta Lei Complementar, caberá à Secretaria da Receita Federal do Brasil a fiscalização da Contribuição para a Seguridade Social, a cargo da empresa, de que trata o art. 22 da Lei n. 8.212, de 24 de julho de 1991.

•• § 2.º com redação determinada pela Lei Complementar n. 128, de 19-12-2008.

§ 3.º O valor não pago, apurado em procedimento de fiscalização, será exigido em lançamento de ofício pela autoridade competente que realizou a fiscalização.

§ 4.º O Comitê Gestor disciplinará o disposto neste artigo.

Seção X
Da Omissão de Receita

Art. 34. Aplicam-se à microempresa e à empresa de pequeno porte optantes pelo Simples Nacional todas as presunções de omissão de receita existentes nas legislações de regência dos impostos e contribuições incluídos no Simples Nacional.

•• A Lei Complementar n. 139, de 10-11-2011, propôs nova redação para este artigo, porém teve seu texto vetado.

§ 1.º É permitida a prestação de assistência mútua e a permuta de informações entre a Fazenda Pública da União e as dos Estados, do Distrito Federal e dos Municípios, relativas às microempresas e às empresas de pequeno porte, para fins de planejamento ou de execução de procedimentos fiscais ou preparatórios.

•• § 1.º acrescentado pela Lei Complementar n. 155, de 27-10-2016, produzindo efeitos a partir de 1.º-1-2018.

§ 2.º (*Vetado.*)

•• § 2.º acrescentado pela Lei Complementar n. 155, de 27-10-2016, produzindo efeitos a partir de 1.º-1-2018.

§ 3.º Sem prejuízo de ação fiscal individual, as administrações tributárias poderão utilizar procedimento de notificação prévia visando à autorregularização, na forma e nos prazos a serem regulamentados pelo CGSN, que não constituirá início de procedimento fiscal.

•• § 3.º acrescentado pela Lei Complementar n. 155, de 27-10-2016, produzindo efeitos a partir de 1.º-1-2018.

§ 4.º (*Vetado.*)

•• § 4.º acrescentado pela Lei Complementar n. 155, de 27-10-2016, produzindo efeitos a partir de 1.º-1-2018.

Seção XI
Dos Acréscimos Legais

Art. 35. Aplicam-se aos impostos e contribuições devidos pela microempresa e pela empresa de pequeno porte, inscritas no Simples Nacional, as normas relativas aos juros e multa de mora e de ofício previstas para o imposto de renda, inclusive, quando for o caso, em relação ao ICMS e ao ISS.

Art. 36. A falta de comunicação, quando obrigatória, da exclusão da pessoa jurídica do Simples Nacional, nos prazos determinados no § 1.º do art. 30 desta Lei Complementar, sujeitará a pessoa jurídica a multa correspondente a 10% (dez por cento) do total dos impostos e contribuições devidos de conformidade com o Simples Nacional no mês que anteceder o início dos efeitos da exclusão, não inferior a R$ 200,00 (duzentos reais), insusceptível de redução.

•• Artigo com redação determinada pela Lei Complementar n. 128, de 19-12-2008.

Art. 36-A. A falta de comunicação, quando obrigatória, do desenquadramento do microempreendedor individual da sistemática de recolhimento prevista no art. 18-A desta Lei Complementar nos prazos determinados em seu § 7.º sujeitará o microempreendedor individual a multa no valor de R$ 50,00 (cinquenta reais), insusceptível de redução.

•• Artigo acrescentado pela Lei Complementar n. 128, de 19-12-2008.

Art. 37. A imposição das multas de que trata esta Lei Complementar não exclui a aplicação das sanções previstas na legislação penal, inclusive em relação a declaração falsa, adulteração de documentos e emissão de nota fiscal em desacordo com a operação efetivamente praticada, a que estão sujeitos o titular ou sócio da pessoa jurídica.

Art. 38. O sujeito passivo que deixar de apresentar a Declaração Simplificada da Pessoa Jurídica a que se refere o art. 25 desta Lei Complementar, no prazo fixado, ou que a apresentar com incorreções ou omissões, será intimado a apresentar declaração original, no caso de não apresentação, ou a prestar esclarecimentos, nos demais casos, no prazo estipulado pela autoridade fiscal, na forma definida pelo Comitê Gestor, e sujeitar-se-á às seguintes multas:

I – de 2% (dois por cento) ao mês-calendário ou fração, incidentes sobre o montante dos tributos e contribuições informados na Declaração Simplificada da Pessoa Jurídica, ainda que integralmente pago, no caso de falta de entrega da declaração ou entrega após o prazo, limitada a 20% (vinte por cento), observado o disposto no § 3.º deste artigo;

II – de R$ 100,00 (cem reais) para cada grupo de 10 (dez) informações incorretas ou omitidas.

§ 1.º Para efeito de aplicação da multa prevista no inciso I do *caput* deste artigo, será considerado como termo inicial o dia seguinte ao término do prazo originalmente fixado para a entrega da declaração e como termo final a data da efetiva entrega ou, no caso de não apresentação, da lavratura do auto de infração.

§ 2.º Observado o disposto no § 3.º deste artigo, as multas serão reduzidas:

I – à metade, quando a declaração for apresentada após o prazo, mas antes de qualquer procedimento de ofício;

II – a 75% (setenta e cinco por cento), se houver a apresentação da declaração no prazo fixado em intimação.

§ 3.º A multa mínima a ser aplicada será de R$ 200,00 (duzentos reais).

•• § 3.º com redação determinada pela Lei Complementar n. 128, de 19-12-2008.

§ 4.º Considerar-se-á não entregue a declaração que não atender às especificações técnicas estabelecidas pelo Comitê Gestor.

§ 5.º Na hipótese do § 4.º deste artigo, o sujeito passivo será intimado a apresentar nova declaração, no prazo de 10 (dez) dias, contados da ciência da intimação, e sujeitar-se-á à multa prevista no inciso I do *caput* deste artigo, observado o disposto nos §§ 1.º a 3.º deste artigo.

§ 6.º A multa mínima de que trata o § 3.º deste artigo a ser aplicada ao Microempreendedor Individual na vigência da opção de que trata o art. 18-A desta Lei Complementar será de R$ 50,00 (cinquenta reais).

•• § 6.º acrescentado pela Lei Complementar n. 128, de 19-12-2008.

Art. 38-A. O sujeito passivo que deixar de prestar as informações no sistema eletrônico de cálculo de que trata o § 15 do art. 18, no prazo previsto no § 15-A do mesmo artigo, ou que as prestar com incorreções ou omissões, será intimado a fazê-lo, no caso de não apresentação, ou a prestar esclarecimentos, nos demais casos, no prazo estipulado pela autoridade fiscal, na forma definida pelo CGSN, e sujeitar-se-á às seguintes multas, para cada mês de referência:

•• *Caput* acrescentado pela Lei Complementar n. 139, de 10-11-2011.

I – de 2% (dois por cento) ao mês-calendário ou fração, a partir do primeiro dia do quarto mês do ano subsequente à ocorrência dos fatos geradores, incidentes sobre o montante dos impostos e contribuições decorrentes das informações prestadas no sistema eletrônico de cálculo de que trata o § 15 do art. 18, ainda que integralmente pago, no caso de ausência de prestação de informações ou sua efetuação após o prazo, limitada a 20% (vinte por cento), observado o disposto no § 2.º deste artigo; e

•• Inciso I acrescentado pela Lei Complementar n. 139, de 10-11-2011.

II – de R$ 20,00 (vinte reais) para cada grupo de 10 (dez) informações incorretas ou omitidas.

•• Inciso II acrescentado pela Lei Complementar n. 139, de 10-11-2011.

§ 1.º Para efeito de aplicação da multa prevista no inciso I do *caput*, será considerado como termo inicial o primeiro dia do quarto mês do ano subsequente à ocorrência dos fatos geradores e como termo final a data da efetiva prestação ou, no caso de não prestação, da lavratura do auto de infração.

•• § 1.º acrescentado pela Lei Complementar n. 139, de 10-11-2011.

§ 2.º A multa mínima a ser aplicada será de R$ 50,00 (cinquenta reais) para cada mês de referência.

•• § 2.º acrescentado pela Lei Complementar n. 139, de 10-11-2011.

§ 3.º Aplica-se ao disposto neste artigo o disposto nos §§ 2.º, 4.º e 5.º do art. 38.

•• § 3.º acrescentado pela Lei Complementar n. 139, de 10-11-2011.

§ 4.º O CGSN poderá estabelecer data posterior à prevista no inciso I do *caput* e no § 1.º.

•• § 4.º acrescentado pela Lei Complementar n. 139, de 10-11-2011.

Art. 38-B. As multas relativas à falta de prestação ou à incorreção no cumprimento de obrigações acessórias para com os órgãos e entidades federais, estaduais, distritais e municipais, quando em valor fixo ou mínimo, e na ausência de previsão legal de valores específicos e mais favoráveis para MEI, microempresa ou empresa de pequeno porte, terão redução de:

•• *Caput* acrescentado pela Lei Complementar n. 147, de 7-8-2014, produzindo efeitos a partir de 1.º-1-2016 (*DOU* de 8-8-2014).

•• A Recomendação n. 5, de 8-4-2015, do Comitê Gestor do Simples Nacional, orienta os entes federados quanto à redução de multas para microempreendedores individuais, microempresas e empresas de pequeno porte optantes pelo Simples Nacional, na forma prevista neste artigo.

I – 90% (noventa por cento) para os MEI;

•• Inciso I acrescentado pela Lei Complementar n. 147, de 7-8-2014.

II – 50% (cinquenta por cento) para as microempresas ou empresas de pequeno porte optantes pelo Simples Nacional.

•• Inciso II acrescentado pela Lei Complementar n. 147, de 7-8-2014.

Parágrafo único. As reduções de que tratam os incisos I e II do *caput* não se aplicam na:

•• Parágrafo único, *caput*, acrescentado pela Lei Complementar n. 147, de 7-8-2014.

I – hipótese de fraude, resistência ou embaraço à fiscalização;

•• Inciso I acrescentado pela Lei Complementar n. 147, de 7-8-2014.

II – ausência de pagamento da multa no prazo de 30 (trinta) dias após a notificação.

•• Inciso II acrescentado pela Lei Complementar n. 147, de 7-8-2014.

Seção XII
Do Processo Administrativo Fiscal

•• O Decreto n. 70.235, de 6-3-1972, dispõe sobre o processo administrativo fiscal, e dá outras providências.

Art. 39. O contencioso administrativo relativo ao Simples Nacional será de competência do órgão julgador integrante da estrutura administrativa do ente federativo que efetuar o lançamento, o indeferimento da opção ou a exclusão de ofício, observados os dispositivos legais atinentes aos processos administrativos fiscais desse ente.

•• *Caput* com redação determinada pela Lei Complementar n. 139, de 10-11-2011.

§ 1.º O Município poderá, mediante convênio, transferir a atribuição de julgamento exclusivamente ao respectivo Estado em que se localiza.

§ 2.º No caso em que o contribuinte do Simples Nacional exerça atividades incluídas no campo de incidência do ICMS e do ISS e seja apurada omissão de receita de que não se consiga identificar a origem, a autuação será feita utilizando a maior alíquota prevista nesta Lei Complementar, e a parcela autuada que não seja correspondente aos tributos e contribuições federais será rateada entre Estados e Municípios ou Distrito Federal.

§ 3.º Na hipótese referida no § 2.º deste artigo, o julgamento caberá ao Estado ou ao Distrito Federal.

§ 4.º A intimação eletrônica dos atos do contencioso administrativo observará o disposto nos §§ 1.º-A a 1.º-D do art. 16.

•• § 4.º com redação determinada pela Lei Complementar n. 139, de 10-11-2011.

§ 5.º A impugnação relativa ao indeferimento da opção ou à exclusão poderá ser decidida em órgão diverso do previsto no *caput*, na forma estabelecida pela respectiva administração tributária.

•• § 5.º acrescentado pela Lei Complementar n. 139, de 10-11-2011.

§ 6.º Na hipótese prevista no § 5.º, o CGSN poderá disciplinar procedimentos e prazos, bem como, no processo de exclusão, prever efeito suspensivo na hipótese de apresentação de impugnação, defesa ou recurso.

•• § 6.º acrescentado pela Lei Complementar n. 139, de 10-11-2011.

Art. 40. As consultas relativas ao Simples Nacional serão solucionadas pela Secretaria da Receita Federal, salvo quando se referirem a tributos e contribuições de competência estadual ou municipal, que serão solucionadas conforme a respectiva competência tributária, na forma disciplinada pelo Comitê Gestor.

•• A Secretaria da Receita Federal passa a denominar-se Secretaria da Receita Federal do Brasil, por força da Lei n. 11.457, de 16-3-2007.

Seção XIII
Do Processo Judicial

Art. 41. Os processos relativos a impostos e contribuições abrangidos pelo Simples Nacional serão ajuizados em face da União, que será representada em juízo pela Procuradoria-Geral da Fazenda Nacional, observado o disposto no § 5.º deste artigo.

•• *Caput* com redação determinada pela Lei Complementar n. 128, de 19-12-2008.

§ 1.º Os Estados, Distrito Federal e Municípios prestarão auxílio à Procuradoria-Geral da Fazenda Nacional, em relação aos tributos de sua competência, na forma a ser disciplinada por ato do Comitê Gestor.

§ 2.º Os créditos tributários oriundos da aplicação desta Lei Complementar serão apurados, inscritos em Dívida Ativa da União e cobrados judicialmente pela Procuradoria-Geral da Fazenda Nacional, observado o disposto no inciso V do § 5.º deste artigo.

•• § 2.º com redação determinada pela Lei Complementar n. 139, de 10-11-2011.

§ 3.º Mediante convênio, a Procuradoria-Geral da Fazenda Nacional poderá delegar aos Estados e Municípios a inscrição em dívida ativa estadual e municipal e a cobrança judicial dos tributos estaduais e municipais a que se refere esta Lei Complementar.

§ 4.º Aplica-se o disposto neste artigo aos impostos e contribuições que não tenham sido recolhidos resultantes das informações prestadas:

•• § 4.º, *caput*, com redação determinada pela Lei Complementar n. 139, de 10-11-2011.

I – no sistema eletrônico de cálculo dos valores devidos no Simples Nacional de que trata o § 15 do art. 18;

•• Inciso I acrescentado pela Lei Complementar n. 139, de 10-11-2011.

II – na declaração a que se refere o art. 25.

•• Inciso II acrescentado pela Lei Complementar n. 139, de 10-11-2011.

§ 5.º Excetuam-se do disposto no *caput* deste artigo:

•• § 5.º, *caput*, acrescentado pela Lei Complementar n. 128, de 19-12-2008.

I – os mandados de segurança nos quais se impugnem atos de autoridade coatora pertencente a Estado, Distrito Federal ou Município;

•• Inciso I acrescentado pela Lei Complementar n. 128, de 19-12-2008.

II – as ações que tratem exclusivamente de tributos de competência dos Estados, do Distrito Federal ou dos Municípios, as quais serão propostas em face desses entes federativos, representados em juízo por suas respectivas procuradorias;

•• Inciso II acrescentado pela Lei Complementar n. 128, de 19-12-2008.

III – as ações promovidas na hipótese de celebração do convênio de que trata o § 3.º deste artigo;

•• Inciso III acrescentado pela Lei Complementar n. 128, de 19-12-2008.

IV – o crédito tributário decorrente de auto de infração lavrado exclusivamente em face de descumprimento de obrigação acessória, observado o disposto no § 1.º-D do art. 33;

•• Inciso IV acrescentado pela Lei Complementar n. 139, de 10-11-2011.

V – o crédito tributário relativo ao ICMS e ao ISS de que tratam as alíneas *b* e *c* do inciso V do § 3.º do art. 18-A desta Lei Complementar.

•• Inciso V com redação determinada pela Lei Complementar n. 147, de 7-8-2014.

Capítulo V
DO ACESSO AOS MERCADOS

Seção I
Das Aquisições Públicas

•• Seção I renumerada pela Lei Complementar n. 147, de 7-8-2014.

•• O Decreto n. 6.204, de 5-9-2007, regulamenta o tratamento favorecido, diferenciado e simplificado para as microempresas e empresas de pequeno porte nas contratações públicas de bens, serviços e obras, no âmbito da administração pública federal.

Art. 42. Nas licitações públicas, a comprovação de regularidade fiscal e trabalhista das microempresas e das empresas de pequeno porte somente será exigida para efeito de assinatura do contrato.

•• Artigo com redação determinada pela Lei Complementar n. 155, de 27-10-2016, produzindo efeitos a partir de 1.º-1-2018.

Art. 43. As microempresas e as empresas de pequeno porte, por ocasião da participação em certames licitatórios, deverão apresentar toda a documentação exigida para efeito de comprovação de regularidade fiscal e trabalhista, mesmo que esta apresente alguma restrição.

•• *Caput* com redação determinada pela Lei Complementar n. 155, de 27-10-2016, produzindo efeitos a partir de 1.º-1-2018.

§ 1.º Havendo alguma restrição na comprovação da regularidade fiscal e trabalhista, será assegurado o prazo de cinco dias úteis, cujo termo inicial corresponderá ao momento em que o proponente for declarado vencedor do certame, prorrogável por igual período, a critério da administração pública, para regularização da documentação, para pagamento ou parcelamento do débito e para emissão de eventuais certidões negativas ou positivas com efeito de certidão negativa.

•• § 1.º com redação determinada pela Lei Complementar n. 155, de 27-10-2016, produzindo efeitos a partir de 1.º-1-2018.

§ 2.º A não regularização da documentação, no prazo previsto no § 1.º deste artigo, implicará decadência do direito à contratação, sem prejuízo das sanções previstas no art. 81 da Lei n. 8.666, de 21 de junho de 1993, sendo facultado à Administração convocar os licitantes remanescentes, na ordem de classificação, para a assinatura do contrato, ou revogar a licitação.

•• A Lei n. 8.666, de 21-6-1993, institui normas para licitações e contratos da administração pública.

Art. 44. Nas licitações será assegurada, como critério de desempate, preferência de contratação para as microempresas e empresas de pequeno porte.

•• O art. 4.º, § 5.º, do Decreto n. 7.709, de 3-4-2012, estabelece a aplicação de margem de preferência nas licitações realizadas no âmbito da Administração Pública Federal para aquisição de retroescavadeiras e motoniveladoras.

•• O art. 4.º, § 5.º, do Decreto n. 7.713, de 3-4-2012, estabelece a aplicação de margem de preferência nas licitações realizadas no âmbito da Administração Pública Federal para aquisição de fármacos e medicamentos.

§ 1.º Entende-se por empate aquelas situações em que as propostas apresentadas pelas microempresas e empresas de pequeno porte sejam iguais ou até 10% (dez por cento) superiores à proposta mais bem classificada.

§ 2.º Na modalidade de pregão, o intervalo percentual estabelecido no § 1.º deste artigo será de até 5% (cinco por cento) superior ao melhor preço.

Art. 45. Para efeito do disposto no art. 44 desta Lei Complementar, ocorrendo o empate, proceder-se-á da seguinte forma:

I – a microempresa ou empresa de pequeno porte mais bem classificada poderá apresentar proposta de preço inferior àquela considerada vencedora do certame, situação em que será adjudicado em seu favor o objeto licitado;

II – não ocorrendo a contratação da microempresa ou empresa de pequeno porte, na forma do inciso I do *caput* deste artigo, serão convocadas as remanescentes que porventura se enquadrem na hipótese dos §§ 1.º e 2.º do art. 44 desta Lei Complementar, na ordem classificatória, para o exercício do mesmo direito;

III – no caso de equivalência dos valores apresentados pelas microempresas e empresas de pequeno porte que se encontrem nos intervalos estabelecidos nos §§ 1.º e 2.º do art. 44 desta Lei Complementar, será realizado sorteio entre elas para que se identifique aquela que primeiro poderá apresentar melhor oferta.

§ 1.º Na hipótese da não contratação nos termos previstos no *caput* deste artigo, o objeto licitado será adjudicado em favor da proposta originalmente vencedora do certame.

§ 2.º O disposto neste artigo somente se aplicará quando a melhor oferta inicial não tiver sido apresentada por microempresa ou empresa de pequeno porte.

§ 3.º No caso de pregão, a microempresa ou empresa de pequeno porte mais bem classificada será convocada para apresentar nova proposta no prazo máximo de 5 (cinco) minutos após o encerramento dos lances, sob pena de preclusão.

Art. 46. A microempresa e a empresa de pequeno porte titular de direitos creditórios decorrentes de empenhos liquidados por órgãos e entidades da União, Estados, Distrito Federal e Município não pagos em até 30 (trinta) dias contados da data de liquidação poderão emitir cédula de crédito microempresarial.

•• A Lei n. 6.840, de 3-11-1980, dispõe sobre títulos de crédito comercial e dá outras providências.

Parágrafo único. (*Revogado pela Lei Complementar n. 147, de 7-8-2014.*)

Art. 47. Nas contratações públicas da administração direta e indireta, autárquica e fundacional, federal, estadual e municipal, deverá ser concedido tratamento diferenciado e simplificado para as microempresas e empresas de pequeno porte objetivando a promoção do desenvolvimento econômico e social no âmbito municipal e regional, a ampliação da eficiência das políticas públicas e o incentivo à inovação tecnológica.

•• *Caput* com redação determinada pela Lei Complementar n. 147, de 7-8-2014.

Parágrafo único. No que diz respeito às compras públicas, enquanto não sobrevier legislação estadual, municipal ou regulamento específico de cada órgão mais favorável à microempresa e empresa de pequeno porte, aplica-se a legislação federal.

•• Parágrafo único acrescentado pela Lei Complementar n. 147, de 7-8-2014.

Art. 48. Para o cumprimento do disposto no art. 47 desta Lei Complementar, a administração pública:

•• *Caput* com redação determinada pela Lei Complementar n. 147, de 7-8-2014.

I – deverá realizar processo licitatório destinado exclusivamente à participação de microempresas e empresas de pequeno porte nos itens de contratação cujo valor seja de até R$ 80.000,00 (oitenta mil reais);

•• Inciso I com redação determinada pela Lei Complementar n. 147, de 7-8-2014.

II – poderá, em relação aos processos licitatórios destinados à aquisição de obras e serviços, exigir dos licitantes a subcontratação de microempresa ou empresa de pequeno porte;

•• Inciso II com redação determinada pela Lei Complementar n. 147, de 7-8-2014.

III – deverá estabelecer, em certames para aquisição de bens de natureza divisível, cota de até 25% (vinte e cinco por cento) do objeto para a contratação de microempresas e empresas de pequeno porte.

•• Inciso III com redação determinada pela Lei Complementar n. 147, de 7-8-2014.

§ 1.º (*Revogado pela Lei Complementar n. 147, de 7-8-2014.*)

§ 2.º Na hipótese do inciso II do *caput* deste artigo, os empenhos e pagamentos do órgão ou entidade da administração pública poderão ser destinados diretamente às microempresas e empresas de pequeno porte subcontratadas.

§ 3.º Os benefícios referidos no *caput* deste artigo poderão, justificadamente, estabelecer a prioridade de contratação para as microempresas e empresas de pequeno porte sediadas local ou regionalmente, até o limite de 10% (dez por cento) do melhor preço válido.

•• § 3.º acrescentado pela Lei Complementar n. 147, de 7-8-2014.

Art. 49. Não se aplica o disposto nos arts. 47 e 48 desta Lei Complementar quando:

I – (*Revogado pela Lei Complementar n. 147, de 7-8-2014.*)

II – não houver um mínimo de 3 (três) fornecedores competitivos enquadrados como microempresas ou empresas de pequeno porte sediados local ou regionalmente e capazes de cumprir as exigências estabelecidas no instrumento convocatório;

III – o tratamento diferenciado e simplificado para as microempresas e empresas de pequeno porte não for vantajoso para a administração pública ou representar prejuízo ao conjunto ou complexo do objeto a ser contratado;

IV – a licitação for dispensável ou inexigível, nos termos dos arts. 24 e 25 da Lei n. 8.666, de 21 de junho de 1993, excetuando-se as dispensas tratadas pelos incisos I e II do art. 24 da mesma Lei, nas quais a compra deverá ser feita preferencialmente de microempresas e empresas de pequeno porte, aplicando-se o disposto no inciso I do art. 48.

•• Inciso IV com redação determinada pela Lei Complementar n. 147, de 7-8-2014.

Seção II
Acesso ao Mercado Externo

•• Seção II acrescentada pela Lei Complementar n. 147, de 7-8-2014.

Art. 49-A. A microempresa e a empresa de pequeno porte beneficiárias do Simples usufruirão de regime de exportação que contemplará procedimentos simplificados de habilitação, licenciamento, despacho aduaneiro e câmbio, na forma do regulamento.

•• *Caput* acrescentado pela Lei Complementar n. 147, de 7-8-2014.

•• *Vide* Decreto n. 8.870, de 5-10-2016, que dispõe sobre a aplicação de procedimentos simplificados nas operações de exportação realizadas por microempresas e empresas de pequeno porte optantes pelo Simples Nacional.

Parágrafo único. As pessoas jurídicas prestadoras de serviço de logística internacional, quando contratadas pelas empresas descritas nesta Lei Complementar, estão autorizadas a realizar atividades relativas a licenciamento administrativo, despacho aduaneiro, consolidação e desconsolidação de carga e a contratar seguro, câmbio, transporte e armazenagem de mercadorias, objeto da prestação do serviço, de forma simplificada e por meio eletrônico, na forma de regulamento.

•• Parágrafo único com redação determinada pela Lei Complementar n. 155, de 27-10-2016, produzindo efeitos a partir de 1.º-1-2018.

•• O Decreto n. 8.870, de 5-10-2016, dispõe sobre a aplicação de procedimentos simplificados nas operações de exportação realizadas por microempresas e empresas de pequeno porte optantes pelo Simples Nacional.

Art. 49-B. *(Vetado.)*

•• Artigo acrescentado pela Lei Complementar n. 155, de 27-10-2016, produzindo efeitos a partir de 1.º-1-2018.

CAPÍTULO VI
DA SIMPLIFICAÇÃO DAS RELAÇÕES DE TRABALHO

Seção I
Da Segurança e da Medicina do Trabalho

Art. 50. As microempresas e as empresas de pequeno porte serão estimuladas pelo poder público e pelos Serviços Sociais Autônomos a formar consórcios para acesso a serviços especializados em segurança e medicina do trabalho.

•• Artigo com redação determinada pela Lei Complementar n. 127, de 14-8-2007.

Seção II
Das Obrigações Trabalhistas

Art. 51. As microempresas e as empresas de pequeno porte são dispensadas:

I – da afixação de Quadro de Trabalho em suas dependências;

II – da anotação das férias dos empregados nos respectivos livros ou fichas de registro;

III – de empregar e matricular seus aprendizes nos cursos dos Serviços Nacionais de Aprendizagem;

IV – da posse do livro intitulado "Inspeção do Trabalho"; e

V – de comunicar ao Ministério do Trabalho e Emprego a concessão de férias coletivas.

Art. 52. O disposto no art. 51 desta Lei Complementar não dispensa as microempresas e as empresas de pequeno porte dos seguintes procedimentos:

I – anotações na Carteira de Trabalho e Previdência Social – CTPS;

II – arquivamento dos documentos comprobatórios de cumprimento das obrigações trabalhistas e previdenciárias, enquanto não prescreverem essas obrigações;

III – apresentação da Guia de Recolhimento do Fundo de Garantia do Tempo de Serviço e Informações à Previdência Social – GFIP;

IV – apresentação das Relações Anuais de Empregados e da Relação Anual de Informações Sociais – RAIS e do Cadastro Geral de Empregados e Desempregados – CAGED.

Parágrafo único. *(Vetado.)*

Art. 53. *(Revogado pela Lei Complementar n. 127, de 14-8-2007.)*

Seção III
Do Acesso à Justiça do Trabalho

Art. 54. É facultado ao empregador de microempresa ou de empresa de pequeno porte fazer-se substituir ou representar perante a Justiça do Trabalho por terceiros que conheçam dos fatos, ainda que não possuam vínculo trabalhista ou societário.

CAPÍTULO VII
DA FISCALIZAÇÃO ORIENTADORA

Art. 55. A fiscalização, no que se refere aos aspectos trabalhista, metrológico, sanitário, ambiental, de segurança, de relações de consumo e de uso e ocupação do solo das microempresas e das empresas de pequeno porte, deverá ser prioritariamente orientadora quando a atividade ou situação, por sua natureza, comportar grau de risco compatível com esse procedimento.

•• *Caput* com redação determinada pela Lei Complementar n. 155, de 27-10-2016, produzindo efeitos a partir de 1.º-1-2018.

§ 1.º Será observado o critério de dupla visita para lavratura de autos de infração, salvo quando for constatada infração por falta de registro de empregado ou anotação da Carteira de Trabalho e Previdência Social – CTPS, ou, ainda, na ocorrência de reincidência, fraude, resistência ou embaraço à fiscalização.

§ 2.º (*Vetado*.)

§ 3.º Os órgãos e entidades competentes definirão, em 12 (doze) meses, as atividades e situações cujo grau de risco seja considerado alto, as quais não se sujeitarão ao disposto neste artigo.

§ 4.º O disposto neste artigo não se aplica ao processo administrativo fiscal relativo a tributos, que se dará na forma dos arts. 39 e 40 desta Lei Complementar.

§ 5.º O disposto no § 1.º aplica-se à lavratura de multa pelo descumprimento de obrigações acessórias relativas às matérias do *caput*, inclusive quando previsto seu cumprimento de forma unificada com matéria de outra natureza, exceto a trabalhista.

•• § 5.º acrescentado pela Lei Complementar n. 147, de 7-8-2014.

§ 6.º A inobservância do critério de dupla visita implica nulidade do auto de infração lavrado sem cumprimento ao disposto neste artigo, independentemente da natureza principal ou acessória da obrigação.

•• § 6.º acrescentado pela Lei Complementar n. 147, de 7-8-2014.

§ 7.º Os órgãos e entidades da administração pública federal, estadual, distrital e municipal deverão observar o princípio do tratamento diferenciado, simplificado e favorecido por ocasião da fixação de valores decorrentes de multas e demais sanções administrativas.

•• § 7.º acrescentado pela Lei Complementar n. 147, de 7-8-2014.

§ 8.º A inobservância do disposto no *caput* deste artigo implica atentado aos direitos e garantias legais assegurados ao exercício profissional da atividade empresarial.

•• § 8.º acrescentado pela Lei Complementar n. 147, de 7-8-2014.

§ 9.º O disposto no *caput* deste artigo não se aplica a infrações relativas à ocupação irregular da reserva de faixa não edificável, de área destinada a equipamentos urbanos, de áreas de preservação permanente e nas faixas de domínio público das rodovias, ferrovias e dutovias ou de vias e logradouros públicos.

•• § 9.º acrescentado pela Lei Complementar n. 147, de 7-8-2014.

Capítulo VIII
DO ASSOCIATIVISMO

Seção Única

Da Sociedade de Propósito Específico Formada por Microempresas e Empresas de Pequeno Porte Optantes pelo Simples Nacional

•• Seção com denominação determinada pela Lei Complementar n. 128, de 19-12-2008.

Art. 56. As microempresas ou as empresas de pequeno porte poderão realizar negócios de compra e venda de bens e serviços para os mercados nacional e internacional, por meio de sociedade de propósito específico, nos termos e condições estabelecidos pelo Poder Executivo federal.

•• *Caput* com redação determinada pela Lei Complementar n. 147, de 7-8-2014.

•• A Lei n. 11.079, de 30-12-2004, institui normas gerais para licitação e contratação de parceria público-privada no âmbito da administração pública.

§ 1.º Não poderão integrar a sociedade de que trata o *caput* deste artigo pessoas jurídicas não optantes pelo Simples Nacional.

•• § 1.º com redação determinada pela Lei Complementar n. 128, de 19-12-2008.

§ 2.º A sociedade de propósito específico de que trata este artigo:

•• § 2.º, *caput*, com redação determinada pela Lei Complementar n. 128, de 19-12-2008.

I – terá seus atos arquivados no Registro Público de Empresas Mercantis;

•• Inciso I acrescentado pela Lei Complementar n. 128, de 19-12-2008.

II – terá por finalidade realizar:

•• Inciso II, *caput*, acrescentado pela Lei Complementar n. 128, de 19-12-2008.

a) operações de compras para revenda às microempresas ou empresas de pequeno porte que sejam suas sócias;

•• Alínea *a* acrescentada pela Lei Complementar n. 128, de 19-12-2008.

b) operações de venda de bens adquiridos das microempresas e empresas de pequeno porte que sejam suas sócias para pessoas jurídicas que não sejam suas sócias;

•• Alínea *b* acrescentada pela Lei Complementar n. 128, de 19-12-2008.

III – poderá exercer atividades de promoção dos bens referidos na alínea *b* do inciso II deste parágrafo;

•• Inciso III acrescentado pela Lei Complementar n. 128, de 19-12-2008.

IV – apurará o imposto de renda das pessoas jurídicas com base no lucro real, devendo manter a escrituração dos livros Diário e Razão;

•• Inciso IV acrescentado pela Lei Complementar n. 128, de 19-12-2008.

V – apurará a Cofins e a Contribuição para o PIS/Pasep de modo não cumulativo;

•• Inciso V acrescentado pela Lei Complementar n. 128, de 19-12-2008.

VI – exportará, exclusivamente, bens a ela destinados pelas microempresas e empresas de pequeno porte que dela façam parte;

•• Inciso VI acrescentado pela Lei Complementar n. 128, de 19-12-2008.

VII – será constituída como sociedade limitada;

•• Inciso VII acrescentado pela Lei Complementar n. 128, de 19-12-2008.

VIII – deverá, nas revendas às microempresas ou empresas de pequeno porte que sejam suas sócias, observar preço no mínimo igual ao das aquisições realizadas para revenda; e

•• Inciso VIII acrescentado pela Lei Complementar n. 128, de 19-12-2008.

IX – deverá, nas revendas de bens adquiridos de microempresas ou empresas de pequeno porte que sejam suas sócias, observar preço no mínimo igual ao das aquisições desses bens.

•• Inciso IX acrescentado pela Lei Complementar n. 128, de 19-12-2008.

§ 3.º A aquisição de bens destinados à exportação pela sociedade de propósito específico não gera direito a créditos relativos a impostos ou contribuições abrangidos pelo Simples Nacional.

•• § 3.º acrescentado pela Lei Complementar n. 128, de 19-12-2008.

§ 4.º A microempresa ou a empresa de pequeno porte não poderá participar simultaneamente de mais de uma sociedade de propósito específico de que trata este artigo.

•• § 4.º acrescentado pela Lei Complementar n. 128, de 19-12-2008.

§ 5.º A sociedade de propósito específico de que trata este artigo não poderá:

•• § 5.º, *caput*, acrescentado pela Lei Complementar n. 128, de 19-12-2008.

I – ser filial, sucursal, agência ou representação, no País, de pessoa jurídica com sede no exterior;

•• Inciso I acrescentado pela Lei Complementar n. 128, de 19-12-2008.

II – ser constituída sob a forma de cooperativas, inclusive de consumo;

•• Inciso II acrescentado pela Lei Complementar n. 128, de 19-12-2008.

III – participar do capital de outra pessoa jurídica;

•• Inciso III acrescentado pela Lei Complementar n. 128, de 19-12-2008.

IV – exercer atividade de banco comercial, de investimentos e de desenvolvimento, de caixa econômica, de sociedade de crédito, financiamento e investimento ou de crédito imobiliário, de corretora ou de distribuidora de títulos, valores mobiliários e câmbio, de empresa de arrendamento mercantil, de seguros privados e de capitalização ou de previdência complementar;

•• Inciso IV acrescentado pela Lei Complementar n. 128, de 19-12-2008.

V – ser resultante ou remanescente de cisão ou qualquer outra forma de desmembramento de pessoa jurídica que tenha ocorrido em um dos 5 (cinco) anos-calendário anteriores;

•• Inciso V acrescentado pela Lei Complementar n. 128, de 19-12-2008.

VI – exercer a atividade vedada às microempresas e empresas de pequeno porte optantes pelo Simples Nacional.

•• Inciso VI acrescentado pela Lei Complementar n. 128, de 19-12-2008.

§ 6.º A inobservância do disposto no § 4.º deste artigo acarretará a responsabilidade solidária das microempresas ou empresas de pequeno porte sócias da sociedade de propósito específico de que trata este artigo na hipótese em que seus titulares, sócios ou administradores conhecessem ou devessem conhecer tal inobservância.

•• § 6.º acrescentado pela Lei Complementar n. 128, de 19-12-2008.

§ 7.º O Poder Executivo regulamentará o disposto neste artigo até 31 de dezembro de 2008.

•• § 7.º acrescentado pela Lei Complementar n. 128, de 19-12-2008.

§ 8.º *(Vetado.)*

•• § 8.º acrescentado pela Lei Complementar n. 155, de 27-10-2016, produzindo efeitos a partir de 1.º-1-2018.

Capítulo IX
DO ESTÍMULO AO CRÉDITO E À CAPITALIZAÇÃO

Seção I
Disposições Gerais

Art. 57. O Poder Executivo federal proporá, sempre que necessário, medidas no sentido de melhorar o acesso das microempresas e empresas de pequeno porte aos mercados de crédito e de capitais, objetivando a redução do custo de transação, a elevação da eficiência alocativa, o incentivo ao ambiente concorrencial e a qualidade do conjunto informacional, em especial o acesso e portabilidade das informações cadastrais relativas ao crédito.

Art. 58. Os bancos comerciais públicos e os bancos múltiplos públicos com carteira comercial, a Caixa Econômica Federal e o Banco Nacional do Desenvolvimento Econômico e Social – BNDES manterão linhas de crédito específicas para as microempresas e para as empresas de pequeno porte, vinculadas à reciprocidade social, devendo o montante disponível e suas condições de acesso ser expressos nos respectivos orçamentos e amplamente divulgados.

•• *Caput* com redação determinada pela Lei Complementar n. 155, de 27-10-2016, produzindo efeitos a partir de 1.º-1-2018.

§ 1.º As instituições mencionadas no *caput* deste artigo deverão publicar, juntamente com os respectivos balanços, relatório circunstanciado dos recursos alocados às linhas de crédito referidas no *caput* e daqueles efetivamente utilizados, consignando, obrigatoriamente, as justificativas do desempenho alcançado.

•• § 1.º com redação determinada pela Lei Complementar n. 155, de 27-10-2016, produzindo efeitos a partir de 1.º-1-2018.

§ 2.º O acesso às linhas de crédito específicas previstas no *caput* deste artigo deverá ter tratamento simplificado e ágil, com divulgação ampla das respectivas condições e exigências.

•• § 2.º acrescentado pela Lei Complementar n. 147, de 7-8-2014.

§ 3.º *(Vetado.)*

•• § 3.º acrescentado pela Lei Complementar n. 155, de 27-10-2016, produzindo efeitos a partir de 1.º-1-2018.

§ 4.º O Conselho Monetário Nacional – CMN regulamentará o percentual mínimo de direcionamento dos recursos de que trata o *caput*, inclusive no tocante aos recursos de que trata a alínea *b* do inciso III do art. 10 da Lei n. 4.595, de 31 de dezembro de 1964.

•• § 4.º acrescentado pela Lei Complementar n. 155, de 27-10-2016, produzindo efeitos a partir de 1.º-1-2018.

Art. 58-A. Os bancos públicos e privados não poderão contabilizar, para cumprimento de metas, empréstimos realizados a pessoas físicas, ainda que sócios de empresas, como disponibilização de crédito para microempresas e empresas de pequeno porte.

•• Artigo acrescentado pela Lei Complementar n. 147, de 7-8-2014.

Art. 59. As instituições referidas no *caput* do art. 58 desta Lei Complementar devem se articular com as respectivas entidades de apoio e representação das microempresas e empresas de pequeno porte, no sentido de proporcionar e desenvolver programas de treinamento, desenvolvimento gerencial e capacitação tecnológica.

Art. 60. (*Vetado.*)

Art. 60-A. Poderá ser instituído Sistema Nacional de Garantias de Crédito pelo Poder Executivo, com o objetivo de facilitar o acesso das microempresas e empresas de pequeno porte a crédito e demais serviços das instituições financeiras, o qual, na forma de regulamento, proporcionará a elas tratamento diferenciado, favorecido e simplificado, sem prejuízo de atendimento a outros públicos-alvo.

•• *Caput* acrescentado pela Lei Complementar n. 127, de 14-8-2007.

Parágrafo único. O Sistema Nacional de Garantias de Crédito integrará o Sistema Financeiro Nacional.

•• Parágrafo único acrescentado pela Lei Complementar n. 127, de 14-8-2007.

Art. 60-B. Os fundos garantidores de risco de crédito empresarial que possuam participação da União na composição do seu capital atenderão, sempre que possível, as operações de crédito que envolvam microempresas e empresas de pequeno porte, definidas na forma do art. 3.º desta Lei.

•• Artigo acrescentado pela Lei Complementar n. 147, de 7-8-2014.

Art. 60-C. (*Vetado.*)

•• Artigo acrescentado pela Lei Complementar n. 147, de 7-8-2014.

Art. 61. Para fins de apoio creditício às operações de comércio exterior das microempresas e das empresas de pequeno porte, serão utilizados os parâmetros de enquadramento ou outros instrumentos de alta significância para as microempresas, empresas de pequeno porte exportadoras segundo o porte de empresas, aprovados pelo Mercado Comum do Sul – MERCOSUL.

Art. 61-A. Para incentivar as atividades de inovação e os investimentos produtivos, a sociedade enquadrada como microempresa ou empresa de pequeno porte, nos termos desta Lei Complementar, poderá admitir o aporte de capital, que não integrará o capital social da empresa.

•• *Caput* acrescentado pela Lei Complementar n. 155, de 27-10-2016.

•• A Instrução Normativa n. 1.719, de 19-7-2017, da SRFB, dispõe sobre a tributação das operações de aporte de capital de que trata este artigo.

§ 1.º As finalidades de fomento a inovação e investimentos produtivos deverão constar do contrato de participação, com vigência não superior a sete anos.

•• § 1.º acrescentado pela Lei Complementar n. 155, de 27-10-2016.

§ 2.º O aporte de capital poderá ser realizado por pessoa física ou por pessoa jurídica, denominadas investidor-anjo.

•• § 2.º acrescentado pela Lei Complementar n. 155, de 27-10-2016.

§ 3.º A atividade constitutiva do objeto social é exercida unicamente por sócios regulares, em seu nome individual e sob sua exclusiva responsabilidade.

•• § 3.º acrescentado pela Lei Complementar n. 155, de 27-10-2016.

§ 4.º O investidor-anjo:

•• § 4.º, *caput*, acrescentado pela Lei Complementar n. 155, de 27-10-2016.

I – não será considerado sócio nem terá qualquer direito a gerência ou voto na administração da empresa;

•• Inciso I acrescentado pela Lei Complementar n. 155, de 27-10-2016.

II – não responderá por qualquer dívida da empresa, inclusive em recuperação judicial, não se aplicando a ele o art. 50 da Lei n. 10.406, de 10 de janeiro de 2002 – Código Civil;

•• Inciso II acrescentado pela Lei Complementar n. 155, de 27-10-2016.

III – será remunerado por seus aportes, nos termos do contrato de participação, pelo prazo máximo de cinco anos.

•• Inciso III acrescentado pela Lei Complementar n. 155, de 27-10-2016.

§ 5.º Para fins de enquadramento da sociedade como microempresa ou empresa de pequeno porte, os valores de capital aportado não são considerados receitas da sociedade.

•• § 5.º acrescentado pela Lei Complementar n. 155, de 27-10-2016.

§ 6.º Ao final de cada período, o investidor-anjo fará jus à remuneração correspondente aos resultados distribuídos, conforme contrato de participação, não superior a 50% (cinquenta por cento) dos lucros da sociedade enquadrada como microempresa ou empresa de pequeno porte.

•• § 6.º acrescentado pela Lei Complementar n. 155, de 27-10-2016.

§ 7.º O investidor-anjo somente poderá exercer o direito de resgate depois de decorridos, no mínimo, dois anos do aporte de capital, ou prazo superior estabelecido no contrato de participação, e seus haveres serão pagos na forma do art. 1.031 da Lei n. 10.406, de 10 de janeiro de 2002 – Código Civil, não podendo ultrapassar o valor investido devidamente corrigido.

•• § 7.º acrescentado pela Lei Complementar n. 155, de 27-10-2016.

§ 8.º O disposto no § 7.º deste artigo não impede a transferência da titularidade do aporte para terceiros.

•• § 8.º acrescentado pela Lei Complementar n. 155, de 27-10-2016.

§ 9.º A transferência da titularidade do aporte para terceiro alheio à sociedade dependerá do consentimento dos sócios, salvo estipulação contratual expressa em contrário.

•• § 9.º acrescentado pela Lei Complementar n. 155, de 27-10-2016.

§ 10. O Ministério da Fazenda poderá regulamentar a tributação sobre retirada do capital investido.

•• § 10 acrescentado pela Lei Complementar n. 155, de 27-10-2016.

Art. 61-B. A emissão e a titularidade de aportes especiais não impedem a fruição do Simples Nacional.

•• Artigo acrescentado pela Lei Complementar n. 155, de 27-10-2016.

Art. 61-C. Caso os sócios decidam pela venda da empresa, o investidor-anjo terá direito de preferência na aquisição, bem como direito de venda conjunta da titularidade do aporte de capital, nos mesmos termos e condições que forem ofertados aos sócios regulares.

•• Artigo acrescentado pela Lei Complementar n. 155, de 27-10-2016.

Art. 61-D. Os fundos de investimento poderão aportar capital como investidores-anjos em microempresas e empresas de pequeno porte.

•• Artigo acrescentado pela Lei Complementar n. 155, de 27-10-2016.

Seção II

Das Responsabilidades do Banco Central do Brasil

Art. 62. O Banco Central do Brasil disponibilizará dados e informações das instituições financeiras integrantes do Sistema Financeiro Nacional, inclusive por meio do Sistema de Informações de Crédito – SCR, de modo a ampliar o acesso ao crédito para microempresas e empresas de pequeno porte e fomentar a competição bancária.

•• *Caput* com redação determinada pela Lei Complementar n. 147, de 7-8-2014.

§ 1.º O disposto no *caput* deste artigo alcança a disponibilização de dados e informações específicas relativas ao histórico de relacionamento bancário e creditício das microempresas e das empresas de pequeno porte, apenas aos próprios titulares.

§ 2.º O Banco Central do Brasil poderá garantir o acesso simplificado, favorecido e diferenciado dos dados e informações constantes no § 1.º deste artigo aos seus respectivos interessados, podendo a instituição optar por realizá-lo por meio das instituições financeiras, com as quais o próprio cliente tenha relacionamento.

Seção III
Das Condições de Acesso aos Depósitos Especiais do Fundo de Amparo ao Trabalhador – FAT

Art. 63. O CODEFAT poderá disponibilizar recursos financeiros por meio da criação de programa específico para as cooperativas de crédito de cujos quadros de cooperados participem microempreendedores, empreendedores de microempresa e empresa de pequeno porte bem como suas empresas.

Parágrafo único. Os recursos referidos no *caput* deste artigo deverão ser destinados exclusivamente às microempresas e empresas de pequeno porte.

Seção IV
(*Vetada.*)

•• Seção IV acrescentada pela Lei Complementar n. 155, de 27-10-2016, produzindo efeitos a partir de 1.º-1-2018.

Capítulo X
DO ESTÍMULO À INOVAÇÃO

Seção I
Disposições Gerais

Art. 64. Para os efeitos desta Lei Complementar considera-se:

I – inovação: a concepção de um novo produto ou processo de fabricação, bem como a agregação de novas funcionalidades ou características ao produto ou processo que implique melhorias incrementais e efetivo ganho de qualidade ou produtividade, resultando em maior competitividade no mercado;

II – agência de fomento: órgão ou instituição de natureza pública ou privada que tenha entre os seus objetivos o financiamento de ações que visem a estimular e promover o desenvolvimento da ciência, da tecnologia e da inovação;

III – Instituição Científica e Tecnológica – ICT: órgão ou entidade da administração pública que tenha por missão institucional, dentre outras, executar atividades de pesquisa básica ou aplicada de caráter científico ou tecnológico;

IV – núcleo de inovação tecnológica: núcleo ou órgão constituído por uma ou mais ICT com a finalidade de gerir sua política de inovação;

V – instituição de apoio: instituições criadas sob o amparo da Lei n. 8.958, de 20 de dezembro de 1994, com a finalidade de dar apoio a projetos de pesquisa, ensino e extensão e de desenvolvimento institucional, científico e tecnológico;

•• A Lei n. 8.958, de 20-12-1994, dispõe sobre as relações entre as instituições federais de ensino superior e de pesquisa científica e tecnológica e as fundações de apoio.

VI – instrumentos de apoio tecnológico para a inovação: qualquer serviço disponibilizado presencialmente ou na internet que possibilite acesso a informações, orientações, bancos de dados de soluções de informações, respostas técnicas, pesquisas e atividades de apoio complementar desenvolvidas pelas instituições previstas nos incisos II a V deste artigo.

•• Inciso VI acrescentado pela Lei Complementar n. 147, de 7-8-2014.

Seção II
Do Apoio à Inovação

Art. 65. A União, os Estados, o Distrito Federal e os Municípios, e as respectivas agências de fomento, as ICT, os núcleos de inovação tecnológica e as instituições de apoio manterão programas específicos para as microempresas e para as empresas de pequeno porte, inclusive quando estas revestirem a forma de incubadoras, observando-se o seguinte:

I – as condições de acesso serão diferenciadas, favorecidas e simplificadas;

II – o montante disponível e suas condições de acesso deverão ser expressos nos respectivos orçamentos e amplamente divulgados.

§ 1.º As instituições deverão publicar, juntamente com as respectivas prestações de contas, relatório circunstanciado das estratégias para maximização da participação do segmento, assim como dos recursos alocados às ações referidas no *caput* deste artigo e aqueles efetivamente utilizados, consignando, obrigatoriamente, as justificativas do desempenho alcançado no período.

§ 2.º As pessoas jurídicas referidas no *caput* deste artigo terão por meta a aplicação de, no mínimo, 20% (vinte por cento) dos recursos destinados à inovação para o desenvolvimento de tal atividade nas microempresas ou nas empresas de pequeno porte.

§ 3.º Os órgãos e entidades integrantes da administração pública federal, estadual e municipal atuantes em pesquisa, desenvolvimento ou capacitação tecnológica terão por meta efetivar suas aplicações, no percentual mínimo fixado neste artigo, em programas e projetos de apoio às microempresas ou às empresas de pequeno porte, transmitindo ao Ministério da Ciência, Tecnologia e Inovação, no primeiro trimestre de cada ano, informação relativa aos valores alocados e a respectiva relação percentual em relação ao total dos recursos destinados para esse fim.

•• § 3.º com redação determinada pela Lei Complementar n. 147, de 7-8-2014.

§ 4.º Ficam autorizados a reduzir a 0 (zero) as alíquotas dos impostos e contribuições a seguir indicados, incidentes na aquisição, ou importação, de equipamentos, máquinas, aparelhos, instrumentos, acessórios, sobressalentes e ferramentas que os acompanhem, na forma definida em regulamento, quando adquiridos, ou importados, diretamente por microempresas ou empresas de pequeno porte para incorporação ao seu ativo imobilizado:

•• § 4.º, *caput*, com redação determinada pela Lei Complementar n. 128, de 19-12-2008.

I – a União, em relação ao IPI, à Cofins, à Contribuição para o PIS/Pasep, à Cofins-Importação e à Contribuição para o PIS/Pasep-Importação; e

•• Inciso I acrescentado pela Lei Complementar n. 128, de 19-12-2008.

II – os Estados e o Distrito Federal, em relação ao ICMS.

•• Inciso II acrescentado pela Lei Complementar n. 128, de 19-12-2008.

§ 5.º A microempresa ou empresa de pequeno porte, adquirente de bens com o benefício previsto no § 4.º deste artigo, fica obrigada, nas hipóteses previstas em regulamento, a recolher os impostos e contribuições que deixaram de ser pagos, acrescidos de juros e multa, de mora ou de ofício, contados a partir da data da aquisição, no mercado interno, ou do registro da declaração de importação – DI, calculados na forma da legislação que rege a cobrança do tributo não pago.

•• § 5.º acrescentado pela Lei Complementar n. 128, de 19-12-2008.

§ 6.º Para efeito da execução do orçamento previsto neste artigo, os órgãos e instituições poderão alocar os recursos destinados à criação e ao custeio de ambientes de inovação, incluindo incubadoras, parques e centros vocacionais tecnológicos, laboratórios metrológicos, de ensaio, de pesquisa ou apoio ao treinamento, bem como custeio de bolsas de extensão e remuneração de professores, pesquisadores e agentes envolvidos nas atividades de apoio tecnológico complementar.

•• § 6.º acrescentado pela Lei Complementar n. 147, de 7-8-2014.

Art. 66. No primeiro trimestre do ano subsequente, os órgãos e entidades a que alude o art. 67 desta Lei Complementar transmitirão ao Ministério da Ciência e Tecnologia relatório circunstanciado dos projetos realizados, compreendendo a análise do desempenho alcançado.

Art. 67. Os órgãos congêneres ao Ministério da Ciência e Tecnologia estaduais e municipais deverão elaborar e divulgar relatório anual indicando o valor dos recursos recebidos, inclusive por transferência de terceiros, que foram aplicados diretamente ou por organizações vinculadas, por Fundos Setoriais e outros, no segmento das microempresas e empresas de pequeno porte, retratando e avaliando os resultados obtidos e indicando as previsões de ações e metas para ampliação de sua participação no exercício seguinte.

Seção III

Do Apoio à Certificação

•• Seção III acrescentada pela Lei Complementar n. 155, de 27-10-2016, produzindo efeitos a partir de 1.º-1-2018.

Art. 67-A. O órgão competente do Poder Executivo disponibilizará na internet informações sobre certificação de qualidade de produtos e processos para microempresas e empresas de pequeno porte.

•• *Caput* acrescentado pela Lei Complementar n. 155, de 27-10-2016, produzindo efeitos a partir de 1.º-1-2018.

Parágrafo único. Os órgãos da administração direta e indireta e as entidades certificadoras privadas, responsáveis pela criação, regulação e gestão de processos de certificação de qualidade de produtos e processos, deverão, sempre que solicitados, disponibilizar ao órgão competente do Poder Executivo informações referentes a procedimentos e normas aplicáveis aos processos de certificação em seu escopo de atuação.

•• Parágrafo único acrescentado pela Lei Complementar n. 155, de 27-10-2016, produzindo efeitos a partir de 1.º-1-2018.

Capítulo XI

DAS REGRAS CIVIS E EMPRESARIAIS

Seção I

Das Regras Civis

Subseção I

Do pequeno empresário

Art. 68. Considera-se pequeno empresário, para efeito de aplicação do disposto nos arts. 970 e 1.179 da Lei n. 10.406, de 10 de janeiro de 2002 (Código Civil), o empresário individual caracterizado como microempresa na forma desta Lei Complementar que aufira receita bruta anual até o limite previsto no § 1.º do art. 18-A.

•• Artigo com redação determinada pela Lei Complementar n. 139, de 10-11-2011.

Subseção II

(Vetada.)

Art. 69. (*Vetado.*)

Seção II

Das Deliberações Sociais e da Estrutura Organizacional

Art. 70. As microempresas e as empresas de pequeno porte são desobrigadas da realização de reuniões e assembleias em qualquer das situações previstas na legislação civil, as quais serão substituídas por deliberação representativa do primeiro número inteiro superior à metade do capital social.

§ 1.º O disposto no *caput* deste artigo não se aplica caso haja disposição contratual em contrário, caso ocorra hipótese de justa causa que enseje a exclusão de sócio ou caso um ou mais sócios ponham em risco a continuidade da empresa em virtude de atos de inegável gravidade.

§ 2.º Nos casos referidos no § 1.º deste artigo, realizar-se-á reunião ou assembleia de acordo com a legislação civil.

Art. 71. Os empresários e as sociedades de que trata esta Lei Complementar, nos termos da legislação civil, ficam dispensados da publicação de qualquer ato societário.

Seção III

Do Nome Empresarial

Art. 72. (*Revogado pela Lei Complementar n. 155, de 27-10-2016.*)

Seção IV
Do Protesto de Títulos

Art. 73. O protesto de título, quando o devedor for microempresário ou empresa de pequeno porte, é sujeito às seguintes condições:

•• A Lei n. 9.492, de 10-9-1997, define competência, regulamenta os serviços concernentes ao protesto de títulos e outros documentos de dívida e dá outras providências.

I – sobre os emolumentos do tabelião não incidirão quaisquer acréscimos a título de taxas, custas e contribuições para o Estado ou Distrito Federal, carteira de previdência, fundo de custeio de atos gratuitos, fundos especiais do Tribunal de Justiça, bem como de associação de classe, criados ou que venham a ser criados sob qualquer título ou denominação, ressalvada a cobrança do devedor das despesas de correio, condução e publicação de edital para realização da intimação;

II – para o pagamento do título em cartório, não poderá ser exigido cheque de emissão de estabelecimento bancário, mas, feito o pagamento por meio de cheque, de emissão de estabelecimento bancário ou não, a quitação dada pelo tabelionato de protesto será condicionada à efetiva liquidação do cheque;

III – o cancelamento do registro de protesto, fundado no pagamento do título, será feito independentemente de declaração de anuência do credor, salvo no caso de impossibilidade de apresentação do original protestado;

IV – para os fins do disposto no *caput* e nos incisos I, II e III do *caput* deste artigo, o devedor deverá provar sua qualidade de microempresa ou de empresa de pequeno porte perante o tabelionato de protestos de títulos, mediante documento expedido pela Junta Comercial ou pelo Registro Civil das Pessoas Jurídicas, conforme o caso;

V – quando o pagamento do título ocorrer com cheque sem a devida provisão de fundos, serão automaticamente suspensos pelos cartórios de protesto, pelo prazo de 1 (um) ano, todos os benefícios previstos para o devedor neste artigo, independentemente da lavratura e registro do respectivo protesto.

Art. 73-A. São vedadas cláusulas contratuais relativas à limitação da emissão ou circulação de títulos de crédito ou direitos creditórios originados de operações de compra e venda de produtos e serviços por microempresas e empresas de pequeno porte.

•• Artigo acrescentado pela Lei Complementar n. 147, de 7-8-2014.

Capítulo XII
DO ACESSO À JUSTIÇA

Seção I
Do Acesso aos Juizados Especiais

Art. 74. Aplica-se às microempresas e às empresas de pequeno porte de que trata esta Lei Complementar o disposto no § 1.º do art. 8.º da Lei n. 9.099, de 26 de setembro de 1995, e no inciso I do *caput* do art. 6.º da Lei n. 10.259, de 12 de julho de 2001, as quais, assim como as pessoas físicas capazes, passam a ser admitidas como proponentes de ação perante o Juizado Especial, excluídos os cessionários de direito de pessoas jurídicas.

•• As Leis n. 9.099, de 26-9-1995, e n. 10.259, de 12-7-2001, dispõem respectivamente sobre os Juizados Especiais Cíveis e Criminais no âmbito da Justiça Estadual e Federal.

Art. 74-A. O Poder Judiciário, especialmente por meio do Conselho Nacional de Justiça – CNJ, e o Ministério da Justiça implementarão medidas para disseminar o tratamento diferenciado e favorecido às microempresas e empresas de pequeno porte em suas respectivas áreas de competência.

•• Artigo acrescentado pela Lei Complementar n. 147, de 7-8-2014.

Seção II
Da Conciliação Prévia, Mediação e Arbitragem

Art. 75. As microempresas e empresas de pequeno porte deverão ser estimuladas a utilizar os institutos de conciliação prévia, mediação e arbitragem para solução dos seus conflitos.

•• A Lei n. 9.307, de 23-9-1996, dispõe sobre a arbitragem.

§ 1.º Serão reconhecidos de pleno direito os acordos celebrados no âmbito das comissões de conciliação prévia.

§ 2.º O estímulo a que se refere o *caput* deste artigo compreenderá campanhas de divulgação, serviços de esclarecimento e tratamento diferenciado, simplificado e favorecido no tocante aos custos administrativos e honorários cobrados.

Seção III
Das Parcerias

•• Seção III acrescentada pela Lei Complementar n. 128, de 19-12-2008.

Art. 75-A. Para fazer face às demandas originárias do estímulo previsto nos arts. 74 e 75 desta Lei Complementar, entidades privadas, públicas, inclusive o Poder Judiciário, poderão firmar parcerias entre si, objetivando a instalação ou utilização de ambientes propícios para a realização dos procedimentos inerentes a busca da solução de conflitos.

•• Artigo acrescentado pela Lei Complementar n. 128, de 19-12-2008.

Art. 75-B. *(Vetado.)*

•• Artigo acrescentado pela Lei Complementar n. 155, de 27-10-2016, produzindo efeitos a partir de 1.º-1-2018.

CAPÍTULO XIII
DO APOIO E DA REPRESENTAÇÃO

Art. 76. Para o cumprimento do disposto nesta Lei Complementar, bem como para desenvolver e acompanhar políticas públicas voltadas às microempresas e empresas de pequeno porte, o poder público, em consonância com o Fórum Permanente das Microempresas e Empresas de Pequeno Porte, sob a coordenação da Secretaria da Micro e Pequena Empresa da Presidência da República, deverá incentivar e apoiar a criação de fóruns com participação dos órgãos públicos competentes e das entidades vinculadas ao setor.

•• *Caput* com redação determinada pela Lei n. 12.792, de 28-3-2013.

•• O Decreto n. 8.364, de 17-11-2014, regulamenta o Fórum Permanente das Microempresas e Empresas de Pequeno Porte.

Parágrafo único. A Secretaria da Micro e Pequena Empresa da Presidência da República coordenará com as entidades representativas das microempresas e empresas de pequeno porte a implementação dos fóruns regionais nas unidades da federação.

•• Parágrafo único com redação determinada pela Lei n. 12.792, de 28-3-2013.

Art. 76-A. As instituições de representação e apoio empresarial deverão promover programas de sensibilização, de informação, de orientação e apoio, de educação fiscal, de regularidade dos contratos de trabalho e de adoção de sistemas informatizados e eletrônicos, como forma de estímulo à formalização de empreendimentos, de negócios e empregos, à ampliação da competitividade e à disseminação do associativismo entre as microempresas, os microempreendedores individuais, as empresas de pequeno porte e equiparados.

•• Artigo acrescentado pela Lei Complementar n. 147, de 7-8-2014.

CAPÍTULO XIV
DISPOSIÇÕES FINAIS E TRANSITÓRIAS

Art. 77. Promulgada esta Lei Complementar, o Comitê Gestor expedirá, em 30 (trinta) meses, as instruções que se fizerem necessárias à sua execução.

•• *Caput* com redação determinada pela Lei Complementar n. 128, de 19-12-2008.

§ 1.º O Ministério do Trabalho e Emprego, a Secretaria da Receita Federal, a Secretaria da Receita Previdenciária, os Estados, o Distrito

Federal e os Municípios deverão editar, em 1 (um) ano, as leis e demais atos necessários para assegurar o pronto e imediato tratamento jurídico diferenciado, simplificado e favorecido às microempresas e às empresas de pequeno porte.

•• A Secretaria da Receita Federal passa a denominar-se Secretaria da Receita Federal do Brasil, por força da Lei n. 11.457, de 16-3-2007.

§ 2.º A administração direta e indireta federal, estadual e municipal e as entidades paraestatais acordarão, no prazo previsto no § 1.º deste artigo, as providências necessárias à adaptação dos respectivos atos normativos ao disposto nesta Lei Complementar.

•• § 2.º com redação determinada pela Lei Complementar n. 128, de 19-12-2008.

§ 3.º (*Vetado*.)

§ 4.º O Comitê Gestor regulamentará o disposto no inciso I do § 6.º do art. 13 desta Lei Complementar até 31 de dezembro de 2008.

•• § 4.º acrescentado pela Lei Complementar n. 128, de 19-12-2008.

§ 5.º A partir de 1.º de janeiro de 2009, perderão eficácia as substituições tributárias que não atenderem à disciplina estabelecida na forma do § 4.º deste artigo.

•• § 5.º acrescentado pela Lei Complementar n. 128, de 19-12-2008.

§ 6.º O Comitê de que trata o inciso III do *caput* do art. 2.º desta Lei Complementar expedirá, até 31 de dezembro de 2009, as instruções que se fizerem necessárias relativas a sua competência.

•• § 6.º acrescentado pela Lei Complementar n. 128, de 19-12-2008.

Art. 78. (*Revogado pela Lei Complementar n. 128, de 19-12-2008*.)

Art. 79. Será concedido, para ingresso no Simples Nacional, parcelamento, em até 100 (cem) parcelas mensais e sucessivas, dos débitos com o Instituto Nacional do Seguro Social – INSS, ou com as Fazendas Públicas federal, estadual ou municipal, de responsabilidade da microempresa ou empresa de pequeno porte e de seu titular ou sócio, com vencimento até 30 de junho de 2008.

•• *Caput* com redação determinada pela Lei Complementar n. 128, de 19-12-2008.

§ 1.º O valor mínimo da parcela mensal será de R$ 100,00 (cem reais), considerados isoladamente os débitos para com a Fazenda Nacional, para com a Seguridade Social, para com a Fazenda dos Estados, dos Municípios ou do Distrito Federal.

§ 2.º Esse parcelamento alcança inclusive débitos inscritos em dívida ativa.

§ 3.º O parcelamento será requerido à respectiva Fazenda para com a qual o sujeito passivo esteja em débito.

§ 3.º-A. O parcelamento deverá ser requerido no prazo estabelecido em regulamentação do Comitê Gestor.

•• § 3.º-A acrescentado pela Lei Complementar n. 128, de 19-12-2008.

§ 4.º Aplicam-se ao disposto neste artigo as demais regras vigentes para parcelamento de tributos e contribuições federais, na forma regulamentada pelo Comitê Gestor.

§ 5.º (*Vetado*.)

•• § 5.º acrescentado pela Lei Complementar n. 127, de 14-8-2007.

§ 6.º (*Vetado*.)

•• § 6.º acrescentado pela Lei Complementar n. 127, de 14-8-2007.

§ 7.º (*Vetado*.)

•• § 7.º acrescentado pela Lei Complementar n. 127, de 14-8-2007.

§ 8.º (*Vetado*.)

•• § 8.º acrescentado pela Lei Complementar n. 127, de 14-8-2007.

§ 9.º O parcelamento de que trata o *caput* deste artigo não se aplica na hipótese de reingresso de microempresa ou empresa de pequeno porte no Simples Nacional.

•• § 9.º acrescentado pela Lei Complementar n. 128, de 19-12-2008.

Art. 79-A. (*Vetado.*)

•• Artigo acrescentado pela Lei Complementar n. 127, de 14-8-2007.

Art. 79-B. Excepcionalmente para os fatos geradores ocorridos em julho de 2007, os tributos apurados na forma dos arts. 18 a 20 desta Lei Complementar deverão ser pagos até o último dia útil de agosto de 2007.

•• Artigo acrescentado pela Lei Complementar n. 127, de 14-8-2007.

Art. 79-C. A microempresa e a empresa de pequeno porte que, em 30 de junho de 2007, se enquadravam no regime previsto na Lei n. 9.317, de 5 de dezembro de 1996, e que não ingressaram no regime previsto no art. 12 desta Lei Complementar sujeitar-se-ão, a partir de 1.º de julho de 2007, às normas de tributação aplicáveis às demais pessoas jurídicas.

•• *Caput* acrescentado pela Lei Complementar n. 127, de 14-8-2007.

§ 1.º Para efeito do disposto no *caput* deste artigo, o sujeito passivo poderá optar pelo recolhimento do Imposto sobre a Renda da Pessoa Jurídica – IRPJ e da Contribuição Social sobre o Lucro Líquido – CSLL na forma do lucro real, trimestral ou anual, ou do lucro presumido.

•• § 1.º acrescentado pela Lei Complementar n. 127, de 14-8-2007.

§ 2.º A opção pela tributação com base no lucro presumido dar-se-á pelo pagamento, no vencimento, do IRPJ e da CSLL devidos, correspondente ao 3.º (terceiro) trimestre de 2007 e, no caso do lucro real anual, com o pagamento do IRPJ e da CSLL relativos ao mês de julho de 2007 com base na estimativa mensal.

•• § 2.º acrescentado pela Lei Complementar n. 127, de 14-8-2007.

Art. 79-D. Excepcionalmente, para os fatos geradores ocorridos entre 1.º de julho de 2007 e 31 de dezembro de 2008, as pessoas jurídicas que exerçam atividade sujeita simultaneamente à incidência do IPI e do ISS deverão recolher o ISS diretamente ao Município em que este imposto é devido até o último dia útil de fevereiro de 2009, aplicando-se, até esta data, o disposto no parágrafo único do art. 100 da Lei n. 5.172, de 25 de outubro de 1966 – Código Tributário Nacional – CTN.

•• Artigo acrescentado pela Lei Complementar n. 128, de 19-12-2008.

Art. 79-E. A empresa de pequeno porte optante pelo Simples Nacional em 31 de dezembro de 2017 que durante o ano-calendário de 2017 auferir receita bruta total anual entre R$ 3.600.000,01 (três milhões, seiscentos mil reais e um centavo) e R$ 4.800.000,00 (quatro milhões e oitocentos mil reais) continuará automaticamente incluída no Simples Nacional com efeitos a partir de 1.º de janeiro de 2018, ressalvado o direito de exclusão por comunicação da optante.

•• Artigo com redação determinada pela Lei Complementar n. 155, de 27-10-2016, produzindo efeitos a partir de 1.º-1-2018.

....

Art. 85. (*Vetado.*)

Art. 85-A. Caberá ao Poder Público Municipal designar Agente de Desenvolvimento para a efetivação do disposto nesta Lei Complementar, observadas as especificidades locais.

•• *Caput* acrescentado pela Lei Complementar n. 128, de 19-12-2008.

§ 1.º A função de Agente de Desenvolvimento caracteriza-se pelo exercício de articulação das ações públicas para a promoção do desenvolvimento local e territorial, mediante ações locais ou comunitárias, individuais ou coletivas, que visem ao cumprimento das disposições e diretrizes contidas nesta Lei Complementar, sob supervisão do órgão gestor local responsável pelas políticas de desenvolvimento.

•• § 1.º acrescentado pela Lei Complementar n. 128, de 19-12-2008.

§ 2.º O Agente de Desenvolvimento deverá preencher os seguintes requisitos:

•• § 2.º, *caput*, acrescentado pela Lei Complementar n. 128, de 19-12-2008.

I – residir na área da comunidade em que atuar;

•• Inciso I acrescentado pela Lei Complementar n. 128, de 19-12-2008.

II – haver concluído, com aproveitamento, curso de qualificação básica para a formação de Agente de Desenvolvimento;

•• Inciso II acrescentado pela Lei Complementar n. 128, de 19-12-2008.

III – possuir formação ou experiência compatível com a função a ser exercida; e

•• Inciso III com redação determinada pela Lei Complementar n. 147, de 7-8-2014.

IV – ser preferencialmente servidor efetivo do Município.

•• Inciso IV acrescentado pela Lei Complementar n. 147, de 7-8-2014.

§ 3.º A Secretaria da Micro e Pequena Empresa da Presidência da República juntamente com as entidades municipalistas e de apoio e representação empresarial prestarão suporte aos referidos agentes na forma de capacitação, estudos e pesquisas, publicações, promoção de intercâmbio de informações e experiências.

•• § 3.º com redação determinada pela Lei n. 12.792, de 28-3-2013.

Art. 86. As matérias tratadas nesta Lei Complementar que não sejam reservadas constitucionalmente a lei complementar poderão ser objeto de alteração por lei ordinária.

Art. 87. O § 1.º do art. 3.º da Lei Complementar n. 63, de 11 de janeiro de 1990, passa a vigorar com a seguinte redação:

"Art. 3.º ....

§ 1.º O valor adicionado corresponderá, para cada Município:

I – ao valor das mercadorias saídas, acrescido do valor das prestações de serviços, no seu território, deduzido o valor das mercadorias entradas, em cada ano civil;

II – nas hipóteses de tributação simplificada a que se refere o parágrafo único do art. 146 da Constituição Federal, e, em outras situações, em que se dispensem os controles de entrada, considerar-se-á como valor adicionado o percentual de 32% (trinta e dois por cento) da receita bruta.

...."

Art. 87-A. Os Poderes Executivos da União, Estados, Distrito Federal e Municípios expedirão, anualmente, até o dia 30 de novembro, cada um, em seus respectivos âmbitos de competência, decretos de consolidação da regulamentação aplicável relativamente às microempresas e empresas de pequeno porte.

•• Artigo acrescentado pela Lei Complementar n. 147, de 7-8-2014.

Art. 88. Esta Lei Complementar entra em vigor na data de sua publicação, ressalvado o regime de tributação das microempresas e empresas de pequeno porte, que entra em vigor em 1.º de julho de 2007.

Art. 89. Ficam revogadas, a partir de 1.º de julho de 2007, a Lei n. 9.317, de 5 de dezembro de 1996, e a Lei n. 9.841, de 5 de outubro de 1999.

Brasília, 14 de dezembro de 2006; 185.º da Independência e 118.º da República.

LUIZ INÁCIO LULA DA SILVA

ANEXO I
ALÍQUOTAS E PARTILHA DO SIMPLES NACIONAL – COMÉRCIO

•• Anexo I com redação determinada pela Lei Complementar n. 155, de 27-10-2016, produzindo efeitos a partir de 1.º-1-2018.

Receita Bruta em 12 Meses (em R$)		Alíquota	Valor a Deduzir (em R$)
1.ª Faixa	Até 180.000,00	4,00%	–
2.ª Faixa	De 180.000,01 a 360.000,00	7,30%	5.940,00
3.ª Faixa	De 360.000,01 a 720.000,00	9,50%	13.860,00
4.ª Faixa	De 720.000,01 a 1.800.000,00	10,70%	22.500,00
5.ª Faixa	De 1.800.000,01 a 3.600.000,00	14,30%	87.300,00
6.ª Faixa	De 3.600.000,01 a 4.800.000,00	19,00%	378.000,00

Faixas	Percentual de Repartição dos Tributos					
	IRPJ	CSLL	Cofins	PIS/Pasep	CPP	ICMS
1.ª Faixa	5,50%	3,50%	12,74%	2,76%	41,50%	34,00%
2.ª Faixa	5,50%	3,50%	12,74%	2,76%	41,50%	34,00%
3.ª Faixa	5,50%	3,50%	12,74%	2,76%	42,00%	33,50%
4.ª Faixa	5,50%	3,50%	12,74%	2,76%	42,00%	33,50%
5.ª Faixa	5,50%	3,50%	12,74%	2,76%	42,00%	33,50%
6.ª Faixa	13,50%	10,00%	28,27%	6,13%	42,10%	–

ANEXO II
ALÍQUOTAS E PARTILHA DO SIMPLES NACIONAL – INDÚSTRIA

•• Anexo II com redação determinada pela Lei Complementar n. 155, de 27-10-2016, produzindo efeitos a partir de 1.º-1-2018.

Receita Bruta em 12 Meses (em R$)		Alíquota	Valor a Deduzir (em R$)
1.ª Faixa	Até 180.000,00	4,50%	–
2.ª Faixa	De 180.000,01 a 360.000,00	7,80%	5.940,00

3.ª Faixa	De 360.000,01 a 720.000,00	10,00%	13.860,00
4.ª Faixa	De 720.000,01 a 1.800.000,00	11,20%	22.500,00
5.ª Faixa	De 1.800.000,01 a 3.600.000,00	14,70%	85.500,00
6.ª Faixa	De 3.600.000,01 a 4.800.000,00	30,00%	720.000,00

Faixas	Percentual de Repartição dos Tributos						
	IRPJ	CSLL	Cofins	PIS/Pasep	CPP	IPI	ICMS
1.ª Faixa	5,50%	3,50%	11,51%	2,49%	37,50%	7,50%	32,00%
2.ª Faixa	5,50%	3,50%	11,51%	2,49%	37,50%	7,50%	32,00%
3.ª Faixa	5,50%	3,50%	11,51%	2,49%	37,50%	7,50%	32,00%
4.ª Faixa	5,50%	3,50%	11,51%	2,49%	37,50%	7,50%	32,00%
5.ª Faixa	5,50%	3,50%	11,51%	2,49%	37,50%	7,50%	32,00%
6.ª Faixa	8,50%	7,50%	20,96%	4,54%	23,50%	35,00%	–

Anexo III

ALÍQUOTAS E PARTILHA DO SIMPLES NACIONAL – RECEITAS DE LOCAÇÃO DE BENS MÓVEIS E DE PRESTAÇÃO DE SERVIÇOS NÃO RELACIONADOS NO § 5.º-C DO ART. 18 DESTA LEI COMPLEMENTAR

•• Anexo III com redação determinada pela Lei Complementar n. 155, de 27-10-2016, produzindo efeitos a partir de 1.º-1-2018.

Receita Bruta em 12 Meses (em R$)		Alíquota	Valor a Deduzir (em R$)
1.ª Faixa	Até 180.000,00	6,00%	–
2.ª Faixa	De 180.000,01 a 360.000,00	11,20%	9.360,00
3.ª Faixa	De 360.000,01 a 720.000,00	13,50%	17.640,00
4.ª Faixa	De 720.000,01 a 1.800.000,00	16,00%	35.640,00
5.ª Faixa	De 1.800.000,01 a 3.600.000,00	21,00%	125.640,00
6.ª Faixa	De 3.600.000,01 a 4.800.000,00	33,00%	648.000,00

Faixas	Percentual de Repartição dos Tributos					
	IRPJ	CSLL	Cofins	PIS/Pasep	CPP	ISS (*)
1.ª Faixa	4,00%	3,50%	12,82%	2,78%	43,40%	33,50%
2.ª Faixa	4,00%	3,50%	14,05%	3,05%	43,40%	32,00%
3.ª Faixa	4,00%	3,50%	13,64%	2,96%	43,40%	32,50%
4.ª Faixa	4,00%	3,50%	13,64%	2,96%	43,40%	32,50%
5.ª Faixa	4,00%	3,50%	12,82%	2,78%	43,40%	33,50% (*)
6.ª Faixa	35,00%	15,00%	16,03%	3,47%	30,50%	–

(*) O percentual efetivo máximo devido ao ISS será de 5%, transferindo-se a diferença, de forma proporcional, aos tributos federais da mesma faixa de receita bruta anual. Sendo assim, na 5.ª faixa, quando a alíquota efetiva for superior a 14,92537%, a repartição será:

	IRPJ	CSLL	Cofins	PIS/Pasep	CPP	ISS
5.ª Faixa, com alíquota efetiva superior a 14,92537%	(Alíquota efetiva – 5%) x 6,02%	(Alíquota efetiva – 5%) x 5,26%	(Alíquota efetiva – 5%) x 19,28%	(Alíquota efetiva – 5%) x 4,18%	(Alíquota efetiva – 5%) x 65,26%	Percentual de ISS fixo em 5%

Anexo IV

ALÍQUOTAS E PARTILHA DO SIMPLES NACIONAL – RECEITAS DECORRENTES DA PRESTAÇÃO DE SERVIÇOS RELACIONADOS NO § 5.º-C DO ART. 18 DESTA LEI COMPLEMENTAR

•• Anexo IV com redação determinada pela Lei Complementar n. 155, de 27-10-2016, produzindo efeitos a partir de 1.º-1-2018.

Receita Bruta em 12 Meses (em R$)		Alíquota	Valor a Deduzir (em R$)
1.ª Faixa	Até 180.000,00	4,50%	–
2.ª Faixa	De 180.000,01 a 360.000,00	9,00%	8.100,00
3.ª Faixa	De 360.000,01 a 720.000,00	10,20%	12.420,00

4.ª Faixa	De 720.000,01 a 1.800.000,00	14,00%	39.780,00
5.ª Faixa	De 1.800.000,01 a 3.600.000,00	22,00%	183.780,00
6.ª Faixa	De 3.600.000,01 a 4.800.000,00	33,00%	828.000,00

Faixas	Percentual de Repartição dos Tributos				
	IRPJ	CSLL	Cofins	PIS/Pasep	ISS (*)
1.ª Faixa	18,80%	15,20%	17,67%	3,83%	44,50%
2.ª Faixa	19,80%	15,20%	20,55%	4,45%	40,00%
3.ª Faixa	20,80%	15,20%	19,73%	4,27%	40,00%
4.ª Faixa	17,80%	19,20%	18,90%	4,10%	40,00%
5.ª Faixa	18,80%	19,20%	18,08%	3,92%	40,00% (*)
6.ª Faixa	53,50%	21,50%	20,55%	4,45%	-

(*) O percentual efetivo máximo devido ao ISS será de 5%, transferindo-se a diferença, de forma proporcional, aos tributos federais da mesma faixa de receita bruta anual. Sendo assim, na 5.ª faixa, quando a alíquota efetiva for superior a 12,5%, a repartição será:

Faixa	IRPJ	CSLL	Cofins	PIS/Pasep	ISS
5.ª Faixa, com alíquota efetiva superior a 12,5%	Alíquota efetiva – 5%) x 31,33%	(Alíquota efetiva – 5%) x 32,00%	(Alíquota efetiva – 5%) x 30,13%	Alíquota efetiva – 5%) x 6,54%	Percentual de ISS fixo em 5%

Anexo V

ALÍQUOTAS E PARTILHA DO SIMPLES NACIONAL – RECEITAS DECORRENTES DA PRESTAÇÃO DE SERVIÇOS RELACIONADOS NO § 5.º-I DO ART. 18 DESTA LEI COMPLEMENTAR

•• Anexo V com redação determinada pela Lei Complementar n. 155, de 27-10-2016, produzindo efeitos a partir de 1.º-1-2018.

Receita Bruta em 12 Meses (em R$)		Alíquota	Valor a Deduzir (em R$)
1.ª Faixa	Até 180.000,00	15,50%	-
2.ª Faixa	De 180.000,01 a 360.000,00	18,00%	4.500,00
3.ª Faixa	De 360.000,01 a 720.000,00	19,50%	9.900,00

4.ª Faixa	De 720.000,01 a 1.800.000,00	20,50%	17.100,00
5.ª Faixa	De 1.800.000,01 a 3.600.000,00	23,00%	62.100,00
6.ª Faixa	De 3.600.000,01 a 4.800.000,00	30,50%	540.000,00

Faixas	Percentual de Repartição dos Tributos					
	IRPJ	CSLL	Cofins	PIS/Pasep	CPP	ISS
1.ª Faixa	25,00%	15,00%	14,10%	3,05%	28,85%	14,00%
2.ª Faixa	23,00%	15,00%	14,10%	3,05%	27,85%	17,00%
3.ª Faixa	24,00%	15,00%	14,92%	3,23%	23,85%	19,00%
4.ª Faixa	21,00%	15,00%	15,74%	3,41%	23,85%	21,00%
5.ª Faixa	23,00%	12,50%	14,10%	3,05%	23,85%	23,50%
6.ª Faixa	35,00%	15,50%	16,44%	3,56%	29,50%	-

Anexo VI

ALÍQUOTAS E PARTILHA DO SIMPLES NACIONAL – RECEITAS DECORRENTES DA PRESTAÇÃO DE SERVIÇOS RELACIONADOS NO § 5.º-I DO ART. 18 DESTA LEI COMPLEMENTAR

•• Revogado pela Lei Complementar n. 155, de 27-10-2016, produzindo efeitos a partir de 1.º-1-2018.

LEI N. 11.457, DE 16 DE MARÇO DE 2007 (*)

Dispõe sobre a Administração Tributária Federal; altera as Leis n. 10.593, de 6 de dezembro de 2002, 10.683, de 28 de maio de 2003, 8.212, de 24 de julho de 1991, 10.910, de 15 de julho de 2004, o Decreto-lei n. 5.452, de 1.º de maio de 1943, e o Decreto n. 70.235, de 6 de março de 1972; revoga dispositivos das Leis n. 8.212, de 24 de julho de 1991, 10.593, de 6 de dezembro de 2002, 10.910, de 15 de julho de 2004, 11.098, de 13 de janeiro de 2005, e 9.317, de 5 de dezembro de 1996; e dá outras providências.

(*) Publicada no *DOU*, de 19-3-2007.

O Presidente da República

Faço saber que o Congresso Nacional decreta e eu sanciono a seguinte Lei:

Capítulo I
DA SECRETARIA DA RECEITA FEDERAL DO BRASIL

Art. 1.º A Secretaria da Receita Federal passa a denominar-se Secretaria da Receita Federal do Brasil, órgão essencial ao funcionamento do Estado, de caráter permanente, estruturado de forma hierárquica e diretamente subordinado ao Ministro de Estado da Fazenda e que tem por finalidade a administração tributária e aduaneira da União.

•• *Caput* com redação determinada pela Lei n. 13.464, de 10-7-2017.

Parágrafo único. São essenciais e indelegáveis as atividades da administração tributária e aduaneira da União exercidas pelos servidores dos quadros funcionais da Secretaria da Receita Federal do Brasil.

•• Parágrafo único acrescentado pela Lei n. 13.464, de 10-7-2017.

Art. 2.º Além das competências atribuídas pela legislação vigente à Secretaria da Receita Federal, cabe à Secretaria da Receita Federal do Brasil planejar, executar, acompanhar e avaliar as atividades relativas a tributação, fiscalização, arrecadação, cobrança e recolhimento das contribuições sociais previstas nas alíneas *a*, *b* e *c* do parágrafo único do art. 11 da Lei n. 8.212, de 24 de julho de 1991, e das contribuições instituídas a título de substituição.

•• O Decreto n. 6.103, de 30-4-2007, antecipa para 2-5-2007 a aplicação do Decreto n. 70.235, de 6-3-1972, aos processos administrativo-fiscais de determinação e exigência de créditos tributários relativos às contribuições de que tratam os arts. 2.º e 3.º desta Lei, no que diz respeito aos prazos processuais e à competência para julgamento em primeira instância, pelos órgãos de deliberação interna e natureza colegiada da Secretaria da Receita Federal do Brasil.

•• O art. 11 da Lei n. 8.212, de 24-7-1991, dispõe:

"Art. 11. No âmbito federal, o orçamento da Seguridade Social é composto das seguintes receitas:

I – receitas da União;

II – receitas das contribuições sociais;

III – receitas de outras fontes.

Parágrafo único. Constituem contribuições sociais:

a) as das empresas, incidentes sobre a remuneração paga ou creditada aos segurados a seu serviço;

b) as dos empregadores domésticos;

c) as dos trabalhadores, incidentes sobre o seu salário de contribuição;

d) as das empresas, incidentes sobre faturamento e lucro;

e) as incidentes sobre a receita de concursos de prognósticos".

•• *Vide* arts. 4.º e 16 desta Lei.

•• O Decreto n. 7.574, de 29-9-2011, regulamenta o processo de determinação e exigência de créditos tributários da União, o processo de consulta sobre a aplicação da legislação tributária federal e outros processos que especifica, sobre matérias administradas pela Secretaria da Receita Federal do Brasil.

§ 1.º O produto da arrecadação das contribuições especificadas no *caput* deste artigo e acréscimos legais incidentes serão destinados, em caráter exclusivo, ao pagamento de benefícios do Regime Geral de Previdência Social e creditados diretamente ao Fundo do Regime Geral de Previdência Social, de que trata o art. 68 da Lei Complementar n. 101, de 4 de maio de 2000.

§ 2.º Nos termos do art. 58 da Lei Complementar n. 101, de 4 de maio de 2000, a Secretaria da Receita Federal do Brasil prestará contas anualmente ao Conselho Nacional de Previdência Social dos resultados da arrecadação das contribuições sociais destinadas ao financiamento do Regime Geral de Previdência Social e das compensações a elas referentes.

§ 3.º As obrigações previstas na Lei n. 8.212, de 24 de julho de 1991, relativas às contribuições sociais de que trata o *caput* deste artigo serão cumpridas perante a Secretaria da Receita Federal do Brasil.

§ 4.º Fica extinta a Secretaria da Receita Previdenciária do Ministério da Previdência Social.

Art. 3.º As atribuições de que trata o art. 2.º desta Lei se estendem às contribuições devidas a terceiros, assim entendidas outras entidades e fundos, na forma da legislação em vigor, aplicando-se em relação a essas contribuições, no que couber, as disposições desta Lei.

•• *Vide* nota ao *caput* do art. 2.º desta Lei.

§ 1.º A retribuição pelos serviços referidos no *caput* deste artigo será de 3,5% (três inteiros e cinco décimos por cento) do montante arrecadado, salvo percentual diverso estabelecido em lei específica.

§ 2.º O disposto no *caput* deste artigo abrangerá exclusivamente contribuições cuja base de cálculo seja a mesma das que incidem sobre a remuneração paga, devida ou creditada a segurados do Regime Geral de Previdência Social ou instituídas sobre outras bases a título de substituição.

§ 3.º As contribuições de que trata o *caput* deste artigo sujeitam-se aos mesmos prazos, condições, sanções e privilégios daquelas referidas no art. 2.º desta Lei, inclusive no que diz respeito à cobrança judicial.

§ 4.º A remuneração de que trata o § 1.º deste artigo será creditada ao Fundo Especial de Desenvolvimento e Aperfeiçoamento das Atividades de Fiscalização – FUNDAF, instituído pelo Decreto-lei n. 1.437, de 17 de dezembro de 1975.

§ 5.º Durante a vigência da isenção pelo atendimento cumulativo aos requisitos constantes dos incisos I a V do *caput* do art. 55 da Lei n. 8.212, de 24 de julho de 1991, deferida pelo Instituto Nacional do Seguro Social – INSS, pela Secretaria da Receita Previdenciária ou pela Secretaria da Receita Federal do Brasil, não são devidas pela entidade beneficente de assistência social as contribuições sociais previstas em lei a outras entidades ou fundos.

§ 6.º Equiparam-se a contribuições de terceiros, para fins desta Lei, as destinadas ao Fundo Aeroviário – FA, à Diretoria de Portos e Costas do Comando da Marinha – DPC e ao Instituto Nacional de Colonização e Reforma Agrária – INCRA e a do salário-educação.

Art. 4.º São transferidos para a Secretaria da Receita Federal do Brasil os processos administrativo-fiscais, inclusive os relativos aos créditos já constituídos ou em fase de constituição, e as guias e declarações apresentadas ao Ministério da Previdência Social ou ao Instituto Nacional do Seguro Social – INSS, referentes às contribuições de que tratam os arts. 2.º e 3.º desta Lei.

Art. 5.º Além das demais competências estabelecidas na legislação que lhe é aplicável, cabe ao INSS:

I – emitir certidão relativa a tempo de contribuição;

II – gerir o Fundo do Regime Geral de Previdência Social;

III – calcular o montante das contribuições referidas no art. 2.º desta Lei e emitir o correspondente documento de arrecadação, com vistas no atendimento conclusivo para concessão ou revisão de benefício requerido.

Art. 6.º Ato conjunto da Secretaria da Receita Federal do Brasil e do INSS definirá a forma de transferência recíproca de informações relacionadas com as contribuições sociais a que se referem os arts. 2.º e 3.º desta Lei.

Parágrafo único. Com relação às informações de que trata o *caput* deste artigo, a Secretaria da Receita Federal do Brasil e o INSS são responsáveis pela preservação do sigilo fiscal previsto no art. 198 da Lei n. 5.172, de 25 de outubro de 1966.

....

CAPÍTULO II
DA PROCURADORIA-GERAL DA FAZENDA NACIONAL

Art. 16. A partir do 1.º (primeiro) dia do 2.º (segundo) mês subsequente ao da publicação desta Lei, o débito original e seus acréscimos legais, além de outras multas previstas em lei, relativos às contribuições de que tratam os arts. 2.º e 3.º desta Lei, constituem dívida ativa da União.

§ 1.º A partir do 1.º (primeiro) dia do 13.º (décimo terceiro) mês subsequente ao da publicação desta Lei, o disposto no *caput* deste artigo se estende à dívida ativa do Instituto Nacional do Seguro Social – INSS e do Fundo Nacional de Desenvolvimento da Educação – FNDE decorrente das contribuições a que se referem os arts. 2.º e 3.º desta Lei.

§ 2.º Aplica-se à arrecadação da dívida ativa decorrente das contribuições de que trata o art. 2.º desta Lei o disposto no § 1.º daquele artigo.

§ 3.º Compete à Procuradoria-Geral Federal representar judicial e extrajudicialmente:

I – o INSS e o FNDE, em processos que tenham por objeto a cobrança de contribuições previdenciárias, inclusive nos que pretendam a contestação do crédito tributário, até a data prevista no § 1.º deste artigo;

II – a União, nos processos da Justiça do Trabalho relacionados com a cobrança de contribuições previdenciárias, de imposto de renda retido na fonte e de multas impostas aos empregadores pelos órgãos de fiscalização das relações do trabalho, mediante delegação da Procuradoria-Geral da Fazenda Nacional.

§ 4.º A delegação referida no inciso II do § 3.º deste artigo será comunicada aos órgãos judiciários e não alcançará a competência prevista no inciso II do art. 12 da Lei Complementar n. 73, de 10 de fevereiro de 1993.

§ 5.º Recebida a comunicação aludida no § 4.º deste artigo, serão destinadas à Procuradoria-Geral Federal as citações, intimações e notificações efetuadas em processos abrangidos pelo objeto da delegação.

§ 6.º Antes de efetivar a transferência de atribuições decorrente do disposto no § 1.º deste artigo, a Procuradoria-Geral Federal concluirá os atos que se encontrarem pendentes.

§ 7.º A inscrição na dívida ativa da União das contribuições de que trata o art. 3.º desta Lei, na forma do *caput* e do § 1.º deste artigo, não altera a destinação final do produto da respectiva arrecadação.

....

Art. 22. As autarquias e fundações públicas federais darão apoio técnico, logístico e financeiro, pelo prazo de 24 (vinte e quatro) meses a partir da publicação desta Lei, para que a Procuradoria-Geral Federal assuma, de forma centralizada, nos termos dos §§ 11 e 12 do art. 10 da Lei n. 10.480, de 2 de julho de 2002, a execução de sua dívida ativa.

•• A Lei n. 10.480, de 2-7-2002, dispõe sobre o quadro de pessoal da AGU.

Art. 23. Compete à Procuradoria-Geral da Fazenda Nacional a representação judicial na cobrança de créditos de qualquer natureza inscritos em Dívida Ativa da União.

Art. 24. É obrigatório que seja proferida decisão administrativa no prazo máximo de 360 (trezentos e sessenta) dias a contar do protocolo de petições, defesas ou recursos administrativos do contribuinte.

§§ 1.º e 2.º (*Vetados.*)

Capítulo III
DO PROCESSO ADMINISTRATIVO FISCAL

Art. 25. Passam a ser regidos pelo Decreto n. 70.235, de 6 de março de 1972:

I – a partir da data fixada no § 1.º do art. 16 desta Lei, os procedimentos fiscais e os processos administrativo-fiscais de determinação e exigência de créditos tributários referentes às contribuições de que tratam os arts. 2.º e 3.º desta Lei;

II – a partir da data fixada no *caput* do art. 16 desta Lei, os processos administrativos de consulta relativos às contribuições sociais mencionadas no art. 2.º desta Lei.

§ 1.º O Poder Executivo poderá antecipar ou postergar a data a que se refere o inciso I do *caput* deste artigo, relativamente a:

•• O art. 1.º do Decreto n. 6.103, de 30-4-2007, dispõe: "Fica antecipada para 2-5-2007 a aplicação do Decreto n. 70.235, de 6-3-1972, aos processos administrativo-fiscais de determinação e exigência de créditos tributários relativos às contribuições de que tratam os arts. 2.º e 3.º da Lei n. 11.457, de 16-3-2007, no que diz respeito aos prazos processuais e à competência para julgamento em primeira instância, pelos órgãos de deliberação interna e natureza colegiada da Secretaria da Receita Federal do Brasil".

I – procedimentos fiscais, instrumentos de formalização do crédito tributário e prazos processuais;

II – competência para julgamento em 1.ª (primeira) instância pelos órgãos de deliberação interna e natureza colegiada.

§ 2.º O disposto no inciso I do *caput* deste artigo não se aplica aos processos de restituição, compensação, reembolso, imunidade e isenção das contribuições ali referidas.

§ 3.º Aplicam-se, ainda, aos processos a que se refere o inciso II do *caput* deste artigo os arts. 48 e 49 da Lei n. 9.430, de 27 de dezembro de 1996.

Art. 26. O valor correspondente à compensação de débitos relativos às contribuições de que trata o art. 2.º desta Lei será repassado ao Fundo do Regime Geral de Previdência Social no máximo 2 (dois) dias úteis após a data em que ela for promovida de ofício ou em que for deferido o respectivo requerimento.

Parágrafo único. O disposto no art. 74 da Lei n. 9.430, de 27 de dezembro de 1996, não se aplica às contribuições sociais a que se refere o art. 2.º desta Lei.

Art. 27. Observado o disposto no art. 25 desta Lei, os procedimentos fiscais e os processos administrativo-fiscais referentes às contribuições sociais de que tratam os arts. 2.º e 3.º desta Lei permanecem regidos pela legislação precedente.

Art. 28. Ficam criadas, na Secretaria da Receita Federal do Brasil, 5 (cinco) Delegacias de Julgamento e 60 (sessenta) Turmas de Julgamento com competência para julgar, em 1.ª (primeira) instância, os processos de exigência de tributos e contribuições arrecadados pela Secretaria da Receita Federal do Brasil, a serem instaladas mediante ato do Ministro de Estado da Fazenda.

....

Art. 29. Fica transferida do Conselho de Recursos da Previdência Social para o 2.º Conselho de Contribuintes do Ministério da Fazenda a competência para julgamento de recursos referentes às contribuições de que tratam os arts. 2.º e 3.º desta Lei.

§ 1.º Para o exercício da competência a que se refere o *caput* deste artigo, serão instaladas no 2.º Conselho de Contribuintes, na forma da regulamentação pertinente, Câmaras especializadas, observada a composição prevista na parte final do inciso VII do *caput* do art. 194 da Constituição Federal.

§ 2.º Fica autorizado o funcionamento das Câmaras dos Conselhos de Contribuintes nas sedes das Regiões Fiscais da Secretaria da Receita Federal do Brasil.

Art. 30. No prazo de 30 (trinta) dias da publicação do ato de instalação das Câmaras previstas no § 1.º do art. 29 desta Lei, os processos administrativo-fiscais referentes às contribuições de que tratam os arts. 2.º e 3.º desta Lei que se encontrarem no Conselho de Recursos da Previdência Social serão encaminhados para o 2.º Conselho de Contribuintes.

Parágrafo único. Fica prorrogada a competência do Conselho de Recursos da Previdência Social durante o prazo a que se refere o *caput* deste artigo.

....

CAPÍTULO IV
DO PARCELAMENTO DOS DÉBITOS PREVIDENCIÁRIOS DOS ESTADOS E DO DISTRITO FEDERAL

Art. 32. Os débitos de responsabilidade dos Estados e do Distrito Federal, de suas autarquias e fundações, relativos às contribuições sociais de que tratam as alíneas *a* e *c* do parágrafo único do art. 11 da Lei n. 8.212, de 24 de julho de 1991, com vencimento até o mês anterior ao da entrada em vigor desta Lei, poderão ser parcelados em até 240 (duzentas e quarenta) prestações mensais e consecutivas.

§ 1.º Os débitos referidos no *caput* deste artigo são aqueles originários de contribuições sociais e obrigações acessórias, constituídos ou não, inscritos ou não em dívida ativa, incluídos os que estiverem em fase de execução fiscal ajuizada, e os que tenham sido objeto de parcelamento anterior não integralmente quitado ou cancelado por falta de pagamento.

§ 2.º Os débitos ainda não constituídos deverão ser confessados de forma irretratável e irrevogável.

§ 3.º Poderão ser parcelados em até 60 (sessenta) prestações mensais e consecutivas os débitos de que tratam o *caput* e os §§ 1.º e 2.º deste artigo com vencimento até o mês anterior ao da entrada em vigor desta Lei, relativos a contribuições não recolhidas:

I – descontadas dos segurados empregado, trabalhador avulso e contribuinte individual;

II – retidas na forma do art. 31 da Lei n. 8.212, de 24 de julho de 1991;

III – decorrentes de sub-rogação.

§ 4.º Caso a prestação mensal não seja paga na data do vencimento, serão retidos e repassados à Secretaria da Receita Federal do Brasil recursos do Fundo de Participação dos Estados e do Distrito Federal suficientes para sua quitação, acrescidos de juros equivalentes à taxa referencial do Sistema Especial de Liquidação e de Custódia – Selic para títulos federais, acumulada mensalmente a partir do primeiro dia do mês subsequente ao da consolidação do débito até o mês anterior ao do pagamento, acrescido de 1% (um por cento) no mês do pagamento da prestação.

Art. 33. Até 90 (noventa) dias após a entrada em vigor desta Lei, a opção pelo parcelamento será formalizada na Secretaria da Receita Federal do Brasil, que se responsabilizará pela cobrança das prestações e controle dos créditos originários dos parcelamentos concedidos.

•• O prazo de que trata este artigo fica prorrogado até 31-12-2007, por força da Lei n. 11.531, de 24-10-2007.

Art. 34. A concessão do parcelamento objeto deste Capítulo está condicionada:

I – à apresentação pelo Estado ou Distrito Federal, na data da formalização do pedido, do demonstrativo referente à apuração da Receita Corrente Líquida Estadual, na forma do disposto na Lei Complementar n. 101, de 4 de maio de 2000, referente ao ano-calendário imediatamente anterior ao da entrada em vigor desta Lei;

II – ao adimplemento das obrigações vencidas a partir do primeiro dia do mês da entrada em vigor desta Lei.

Art. 35. Os débitos serão consolidados por Estado e Distrito Federal na data do pedido do parcelamento, reduzindo-se os valores referentes a juros de mora em 50% (cinquenta por cento).

Art. 36. Os débitos de que trata este Capítulo serão parcelados em prestações mensais equivalentes a, no mínimo, 1,5% (um inteiro e cinco décimos por cento) da média da Receita Corrente Líquida do Estado e do Distrito Federal prevista na Lei Complementar n. 101, de 4 de maio de 2000.

§ 1.º A média de que trata o *caput* deste artigo corresponderá a 1/12 (um doze avos) da Receita Corrente Líquida do ano anterior ao do vencimento da prestação.

§ 2.º Para fins deste artigo, os Estados e o Distrito Federal se obrigam a encaminhar à Secretaria da Receita Federal do Brasil o demonstrativo de apuração da Receita Corrente Líquida de que trata o inciso I do art. 53 da Lei Complementar n. 101, de 4 de maio de 2000, até o último dia útil do mês de fevereiro de cada ano.

§ 3.º A falta de apresentação das informações a que se refere o § 2.º deste artigo implicará, para fins de apuração e cobrança da prestação mensal, a aplicação da variação do Índice Geral de Preços, Disponibilidade Interna – IGP-DI, acrescida de juros de 0,5% (cinco décimos por cento) ao mês, sobre a última Receita Corrente Líquida publicada nos termos da legislação.

§ 4.º Às prestações vencíveis em janeiro, fevereiro e março aplicar-se-á o valor mínimo do ano anterior.

Art. 37. As prestações serão exigíveis no último dia útil de cada mês, a contar do mês subsequente ao da formalização do pedido de parcelamento.

§ 1.º No período compreendido entre a formalização do pedido e o mês da consolidação, o ente beneficiário do parcelamento deverá recolher mensalmente prestações correspondentes a 1,5% (um inteiro e cinco décimos por cento) da média da Receita Corrente Líquida do Estado e do Distrito Federal prevista na Lei Complementar n. 101, de 4 de maio de 2000, sob pena de indeferimento do pleito, que só se confirma com o pagamento da prestação inicial.

§ 2.º A partir do mês seguinte à consolidação, o valor da prestação será obtido mediante a divisão do montante do débito parcelado, deduzidos os valores das prestações recolhidas nos termos do § 1.º deste artigo, pelo número de prestações restantes, observado o valor mínimo de 1,5% (um inteiro e cinco décimos por cento) da média da Receita Corrente Líquida do Estado e do Distrito Federal prevista na Lei Complementar n. 101, de 4 de maio de 2000.

Art. 38. O parcelamento será rescindido na hipótese do inadimplemento:

I – de 3 (três) meses consecutivos ou 6 (seis) meses alternados, prevalecendo o que primeiro ocorrer;

II – das obrigações correntes referentes às contribuições sociais de que trata este Capítulo;

III – da parcela da prestação que exceder à retenção dos recursos do Fundo de Participação dos Estados e do Distrito Federal promovida na forma deste Capítulo.

Art. 39. O Poder Executivo disciplinará, em regulamento, os atos necessários à execução do disposto neste Capítulo.

Parágrafo único. Os débitos referidos no *caput* deste artigo serão consolidados no âmbito da Secretaria da Receita Federal do Brasil.

CAPÍTULO V
DISPOSIÇÕES GERAIS

....

Art. 41. Fica autorizada a transferência para o patrimônio da União dos imóveis que compõem o Fundo do Regime Geral de Previdência Social identificados pelo Poder Executivo como necessários ao funcionamento da Secretaria da Receita Federal do Brasil e da Procuradoria-Geral da Fazenda Nacional.

Parágrafo único. No prazo de 3 (três) anos, de acordo com o resultado de avaliação realizada nos termos da legislação aplicável, a União compensará financeiramente o Fundo do Regime Geral de Previdência Social pelos imóveis transferidos na forma do *caput* deste artigo.

....

Art. 44. O art. 23 do Decreto n.70.235, de 6 de março de 1972, passa a vigorar acrescido dos §§ 7.º, 8.º e 9.º, com a seguinte redação:

•• Alterações processadas no diploma modificado.

Art. 45. As repartições da Secretaria da Receita Federal do Brasil deverão, durante seu horário regular de funcionamento, dar vista dos autos de processo administrativo, permitindo a obtenção de cópias reprográficas, assim como receber requerimentos e petições

Parágrafo único. A Secretaria da Receita Federal do Brasil adotará medidas para disponibilizar o atendimento a que se refere o *caput* deste artigo por intermédio da rede mundial de computadores e o recebimento de petições e requerimentos digitalizados.

Capítulo VI
DISPOSIÇÕES TRANSITÓRIAS E FINAIS

Art. 46. A Fazenda Nacional poderá celebrar convênios com entidades públicas e privadas para a divulgação de informações previstas nos incisos II e III do § 3.º do art. 198 da Lei n. 5.172, de 25 de outubro de 1966 – Código Tributário Nacional – CTN.

Art. 47. Fica o Poder Executivo autorizado a:

I – transferir, depois de realizado inventário, do INSS, do Ministério da Previdência Social e da Procuradoria-Geral Federal para a Secretaria da Receita Federal do Brasil e para a Procuradoria-Geral da Fazenda Nacional acervos técnicos e patrimoniais, inclusive bens imóveis, obrigações, direitos, contratos, convênios, processos administrativos e demais instrumentos relacionados com as atividades transferidas em decorrência desta Lei;

II – remanejar e transferir para a Secretaria da Receita Federal do Brasil dotações em favor do Ministério da Previdência Social e do INSS aprovadas na Lei Orçamentária em vigor, mantida a classificação funcional-programática, subprojetos, subatividades e grupos de despesas.

§ 1.º Até que sejam implementados os ajustes necessários, o Ministério da Previdência Social e o INSS continuarão a executar as despesas de pessoal e de manutenção relativas às atividades transferidas, inclusive as decorrentes do disposto no § 5.º do art. 10 desta Lei.

§ 2.º Enquanto não ocorrerem as transferências previstas no *caput* deste artigo, o Ministério da Previdência Social, o INSS e a Procuradoria-Geral Federal prestarão à Secretaria da Receita Federal do Brasil e à Procuradoria-Geral da Fazenda Nacional o necessário apoio técnico, financeiro e administrativo.

§ 3.º Inclui-se no apoio de que trata o § 2.º deste artigo a manutenção dos espaços físicos atualmente ocupados.

Art. 48. Fica mantida, enquanto não modificados pela Secretaria da Receita Federal do Brasil, a vigência dos convênios celebrados e dos atos normativos e administrativos editados:

I – pela Secretaria da Receita Previdenciária;

II – pelo Ministério da Previdência Social e pelo INSS relativos à administração das contribuições a que se referem os arts. 2.º e 3.º desta Lei;

III – pelo Ministério da Fazenda relativos à administração dos tributos e contribuições de competência da Secretaria da Receita Federal do Brasil;

IV – pela Secretaria da Receita Federal.

....

Art. 51. Esta Lei entra em vigor:

I – na data de sua publicação, para o disposto nos arts. 40, 41, 47, 48, 49 e 50 desta Lei;

II – no primeiro dia útil do segundo mês subsequente à data de sua publicação, em relação aos demais dispositivos desta Lei.

Art. 52. Ficam revogados:

I – (*Vetado.*)

II – a partir da data da publicação desta Lei, o parágrafo único do art. 5.º da Lei n. 10.593, de 6 dezembro de 2002.

Brasília, 16 de março de 2007; 186.º da Independência e 119.º da República.

Luiz Inácio Lula da Silva

LEI N. 11.482, DE 31 DE MAIO DE 2007 (*)

Efetua alterações na tabela do imposto de renda da pessoa física; dispõe sobre a redução a 0 (zero) da alíquota da

(*) Publicada no *DOU*, de 31-5-2007 – Edição Extra.

CPMF nas hipóteses que menciona; altera as Leis n. 7.713, de 22 de dezembro de 1988, 9.250, de 26 de dezembro de 1995, 11.128, de 28 de junho de 2005, 9.311, de 24 de outubro de 1996, 10.260, de 12 de julho de 2001, 6.194, de 19 de dezembro de 1974, 8.387, de 30 de dezembro de 1991, 9.432, de 8 de janeiro de 1997, 5.917, de 10 de setembro de 1973, 8.402, de 8 de janeiro de 1992, 6.094, de 30 de agosto de 1974, 8.884, de 11 de junho de 1994, 10.865, de 30 de abril de 2004, 8.706, de 14 de setembro de 1993; revoga dispositivos das Leis n. 11.119, de 25 de maio de 2005, 11.311, de 13 de junho de 2006, 11.196, de 21 de novembro de 2005, e do Decreto-lei n. 2.433, de 19 de maio de 1988; e dá outras providências.

O Presidente da República

Faço saber que o Congresso Nacional decreta e eu sanciono a seguinte Lei:

Art. 1.º O imposto de renda incidente sobre os rendimentos de pessoas físicas será calculado de acordo com as seguintes tabelas progressivas mensais, em reais:

I – para o ano-calendário de 2007:

Tabela Progressiva Mensal

Base de Cálculo (R$)	Alíquota (%)	Parcela a Deduzir do IR (R$)
Até 1.313,69	—	—
De 1.313,70 até 2.625,12	15	197,05
Acima de 2.625,13	27,5	525,19

II – para o ano-calendário de 2008:

Tabela Progressiva Mensal

Base de Cálculo (R$)	Alíquota (%)	Parcela a Deduzir do IR (R$)
Até 1.372,81	—	—
De 1.372,82 até 2.743,25	15	205,92
Acima de 2.743,25	27,5	548,82

III – para o ano-calendário de 2009:

Tabela Progressiva Mensal

Base de Cálculo (R$)	Alíquota (%)	Parcela a Deduzir do IR (R$)
Até 1.434,59	—	—
De 1.434,60 até 2.150,00	7,5	107,59
De 2.150,01 até 2.866,70	15	268,84
De 2.866,71 até 3.582,00	22,5	483,84
Acima de 3.582,00	27,5	662,94

•• Inciso III com redação determinada pela Lei n. 11.945, de 4-6-2009.

IV – para o ano-calendário de 2010:

Tabela Progressiva Mensal

Base de Cálculo (R$)	Alíquota (%)	Parcela a Deduzir do IR (R$)
Até 1.499,15	—	—
De 1.499,16 até 2.246,75	7,5	112,43

De 2.246,76 até 2.995,70	15	280,94
De 2.995,71 até 3.743,19	22,5	505,62
Acima de 3.743,19	27,5	692,78

•• Inciso IV com redação determinada pela Lei n. 12.469, de 26-8-2011.

V – para o ano-calendário de 2011:

Tabela Progressiva Mensal

Base de Cálculo (R$)	Alíquota (%)	Parcela a Deduzir do IR (R$)
Até 1.566,61	—	—
De 1.566,62 até 2.347,85	7,5	117,49
De 2.347,86 até 3.130,51	15	293,58
De 3.130,52 até 3.911,63	22,5	528,37
Acima de 3.911,63	27,5	723,95

•• Inciso V acrescentado pela Lei n. 12.469, de 26-8-2011.

VI – para o ano-calendário de 2012:

Tabela Progressiva Mensal

Base de Cálculo (R$)	Alíquota (%)	Parcela a Deduzir do IR (R$)
Até 1.637,11	–	–
De 1.637,12 até 2.453,50	7,5	122,78
De 2.453,51 até 3.271,38	15	306,80
De 3.271,39 até 4.087,65	22,5	552,15
Acima de 4.087,65	27,5	756,53

•• Inciso VI acrescentado pela Lei n. 12.469, de 26-8-2011.

VII – para o ano-calendário de 2013:

Tabela Progressiva Mensal

Base de Cálculo (R$)	Alíquota (%)	Parcela a Deduzir do IR (R$)
Até 1.710,78	–	–
De 1.710,79 até 2.563,91	7,5	128,31
De 2.563,92 até 3.418,59	15	320,60
De 3.418,60 até 4.271,59	22,5	577,00
Acima de 4.271,59	27,5	790,58

•• Inciso VII acrescentado pela Lei n. 12.469, de 26-8-2011.

VIII – para o ano-calendário de 2014 e nos meses de janeiro a março do ano-calendário de 2015:

Tabela Progressiva Mensal

Base de Cálculo (R$)	Alíquota (%)	Parcela a Deduzir do IR (R$)
Até 1.787,77	–	–
De 1.787,78 até 2.679,29	7,5	134,08
De 2.679,30 até 3.572,43	15	335,03
De 3.572,44 até 4.463,81	22,5	602,96
Acima de 4.463,81	27,5	826,15

•• Inciso VIII com redação determinada pela Lei n. 13.149, de 21-7-2015.

Parágrafo único. O imposto de renda anual devido incidente sobre os rendimentos de que trata o *caput* deste artigo será calculado de acordo com tabela progressiva anual correspondente à soma das tabelas progressivas mensais vigentes nos meses de cada ano-calendário.

IX – a partir do mês de abril do ano-calendário de 2015:

Tabela Progressiva Mensal

Base de Cálculo (R$)	Alíquota (%)	Parcela a Deduzir do IR (R$)
Até 1.903,98	–	–
De 1.903,99 até 2.826,65	7,5	142,80
De 2.826,66 até 3.751,05	15	354,80
De 3.751,06 até 4.664,68	22,5	636,13
Acima de 4.664,68	27,5	869,36

•• Inciso IX acrescentado pela Lei n. 13.149, de 21-7-2015.

Art. 2.º O inciso XV do *caput* do art. 6.º da Lei n. 7.713, de 22 de dezembro de 1988, passa a vigorar com a seguinte redação:

•• Alteração já processada no diploma modificado.

Art. 3.º Os arts. 4.º, 8.º e 10 da Lei n. 9.250, de 26 de dezembro de 1995, passam a vigorar com a seguinte redação:

•• Alterações já processadas no diploma modificado.

....

Art. 5.º Os arts. 8.º e 16 da Lei n. 9.311, de 24 de outubro de 1996, passam a vigorar com as seguintes alterações:

•• Apesar de não expressamente revogada, a Lei n. 9.311, de 24-10-2006, encontra-se sem aplicação, já que a contribuição instituída por ela, a CPMF, foi extinta pelo art. 90 do ADCT da CF.

....

Art. 9.º As pessoas jurídicas com débitos vencidos relativos à Taxa de Fiscalização instituída pela Lei n. 7.940, de 20 de dezembro de 1989, poderão efetuar o pagamento dos seus débitos com redução de 30% (trinta por cento) nas multas e nos juros legalmente exigíveis, bem como mediante parcelamento em até 120 (cento e vinte) prestações mensais e sucessivas, desde que formulado requerimento com este sentido à Comissão de Valores Mobiliários – CVM no prazo de 120 (cento e vinte) dias após a publicação da Medida Provisória n. 340, de 29 de dezembro de 2006.

§ 1.º Apresentado requerimento de parcelamento nos termos previstos no *caput* deste artigo, a CVM promoverá a consolidação dos débitos respectivos e adotará as demais providências administrativas cabíveis.

§ 2.º A parcela mínima para fins do parcelamento de que trata o *caput* deste artigo não poderá ser inferior ao valor de R$ 200,00 (duzentos reais).

§ 3.º Além do disposto neste artigo, o parcelamento previsto no *caput* deste artigo deverá observar a regulamentação da CVM aplicável ao assunto.

....

Art. 24. Esta Lei entra em vigor na data de sua publicação, produzindo efeitos em relação:

I – aos arts. 1.º a 3.º, a partir de 1.º de janeiro de 2007;

II – aos arts. 20 a 22, após decorridos 90 (noventa) dias da publicação desta Lei;

III – aos demais artigos, a partir da data de publicação desta Lei.

Art. 25. Ficam revogados:

I – a partir de 1.º de janeiro de 2007:

a) a Lei n. 11.119, de 25 de maio de 2005; e

b) os arts. 1.º e 2.º da Lei n. 11.311, de 13 de junho de 2006;

II – a partir da data de publicação desta Lei:

a) (*Vetado*.)

b) o art. 131 da Lei n. 11.196, de 21 de novembro de 2005; e

c) o § 2.º do art. 17 do Decreto-lei n. 2.433, de 19 de maio de 1988.

Brasília, 31 de maio de 2007; 186.º da Independência e 119.º da República.

LUIZ INÁCIO LULA DA SILVA

DECRETO N. 6.306, DE 14 DE DEZEMBRO DE 2007 (*)

Regulamenta o Imposto sobre Operações de Crédito, Câmbio e Seguro, ou relativas a Títulos ou Valores Mobiliários – IOF.

O Presidente da República, no uso das atribuições que lhe conferem os arts. 84, inciso IV, e 153, § 1.°, da Constituição, e tendo em vista o disposto na Lei n. 5.143, de 20 de outubro de 1966, na Lei n. 5.172, de 25 de outubro de 1966, no Decreto-lei n. 1.783, de 18 de abril de 1980, e na Lei n. 8.894, de 21 de junho de 1994, decreta:

Art. 1.° O Imposto sobre Operações de Crédito, Câmbio e Seguro ou relativas a Títulos ou Valores Mobiliários – IOF será cobrado de conformidade com o disposto neste Decreto.

TÍTULO I
DA INCIDÊNCIA

Art. 2.° O IOF incide sobre:

I – operações de crédito realizadas:

a) por instituições financeiras (Lei n. 5.143, de 20-10-1966, art. 1.°);

b) por empresas que exercem as atividades de prestação cumulativa e contínua de serviços de assessoria creditícia, mercadológica, gestão de crédito, seleção de riscos, administração de contas a pagar e a receber, compra de direitos creditórios resultantes de vendas mercantis a prazo ou de prestação de serviços (*factoring*) (Lei n. 9.249, de 26-12-1995, art. 15, § 1.°, inciso III, alínea *d*, e Lei n. 9.532, de 10-12-1997, art. 58);

c) entre pessoas jurídicas ou entre pessoa jurídica e pessoa física (Lei n. 9.779, de 19-1-1999, art. 13);

II – operações de câmbio (Lei n. 8.894, de 21-6-1994, art. 5.°);

III – operações de seguro realizadas por seguradoras (Lei n. 5.143, de 1966, art. 1.°);

IV – operações relativas a títulos ou valores mobiliários (Lei n. 8.894, de 1994, art. 1.°);

V – operações com ouro, ativo financeiro, ou instrumento cambial (Lei n. 7.766, de 11-5-1989, art. 4.°).

§ 1.° A incidência definida no inciso I exclui a definida no inciso IV, e reciprocamente, quanto à emissão, ao pagamento ou resgate do título representativo de uma mesma operação de crédito (Lei n. 5.172, de 25-10-1966, art. 63, parágrafo único).

§ 2.° Exclui-se da incidência do IOF referido no inciso I a operação de crédito externo, sem prejuízo da incidência definida no inciso II.

§ 3.° Não se submetem à incidência do imposto de que trata este Decreto as operações realizadas por órgãos da administração direta da União, dos Estados, do Distrito Federal e dos Municípios, e, desde que vinculadas às finalidades essenciais das respectivas entidades, as operações realizadas por:

I – autarquias e fundações instituídas e mantidas pelo Poder Público;

II – templos de qualquer culto;

III – partidos políticos, inclusive suas fundações, entidades sindicais de trabalhadores e instituições de educação e de assistência social, sem fins lucrativos, atendidos os requisitos da lei.

TÍTULO II
DA INCIDÊNCIA SOBRE OPERAÇÕES DE CRÉDITO

CAPÍTULO I
DO FATO GERADOR

Art. 3.° O fato gerador do IOF é a entrega do montante ou do valor que constitua o obje-

(*) Publicado no *DOU*, de 17-12-2007, e retificado em 8-1-2008.

to da obrigação, ou sua colocação à disposição do interessado (Lei n. 5.172, de 1966, art. 63, inciso I).

§ 1.º Entende-se ocorrido o fato gerador e devido o IOF sobre operação de crédito:

I – na data da efetiva entrega, total ou parcial, do valor que constitua o objeto da obrigação ou sua colocação à disposição do interessado;

II – no momento da liberação de cada uma das parcelas, nas hipóteses de crédito sujeito, contratualmente, a liberação parcelada;

III – na data do adiantamento a depositante, assim considerado o saldo a descoberto em conta de depósito;

IV – na data do registro efetuado em conta devedora por crédito liquidado no exterior;

V – na data em que se verificar excesso de limite, assim entendido o saldo a descoberto ocorrido em operação de empréstimo ou financiamento, inclusive sob a forma de abertura de crédito;

VI – na data da novação, composição, consolidação, confissão de dívida e dos negócios assemelhados, observado o disposto nos §§ 7.º e 10 do art. 7.º;

VII – na data do lançamento contábil, em relação às operações e às transferências internas que não tenham classificação específica, mas que, pela sua natureza, se enquadrem como operações de crédito.

§ 2.º O débito de encargos, exceto na hipótese do § 12 do art. 7.º, não configura entrega ou colocação de recursos à disposição do interessado.

§ 3.º A expressão "operações de crédito" compreende as operações de:

I – empréstimo sob qualquer modalidade, inclusive abertura de crédito e desconto de títulos (Decreto-lei n. 1.783, de 18-4-1980, art. 1.º, inciso I);

II – alienação, à empresa que exercer as atividades de *factoring*, de direitos creditórios resultantes de vendas a prazo (Lei n. 9.532, de 1997, art. 58);

III – mútuo de recursos financeiros entre pessoas jurídicas ou entre pessoa jurídica e pessoa física (Lei n. 9.779, de 1999, art. 13).

Capítulo II
DOS CONTRIBUINTES E DOS RESPONSÁVEIS

Dos Contribuintes

Art. 4.º Contribuintes do IOF são as pessoas físicas ou jurídicas tomadoras de crédito (Lei n. 8.894, de 1994, art. 3.º, inciso I, e Lei n. 9.532, de 1997, art. 58).

Parágrafo único. No caso de alienação de direitos creditórios resultantes de vendas a prazo a empresas de *factoring*, contribuinte é o alienante pessoa física ou jurídica.

Dos Responsáveis

Art. 5.º São responsáveis pela cobrança do IOF e pelo seu recolhimento ao Tesouro Nacional:

I – as instituições financeiras que efetuarem operações de crédito (Decreto-lei n. 1.783, de 1980, art. 3.º, inciso I);

II – as empresas de *factoring* adquirentes do direito creditório, nas hipóteses da alínea *b* do inciso I do art. 2.º (Lei n. 9.532, de 1997, art. 58, § 1.º);

III – a pessoa jurídica que conceder o crédito, nas operações de crédito correspondentes a mútuo de recursos financeiros (Lei n. 9.779, de 1999, art. 13, § 2.º).

Capítulo III
DA BASE DE CÁLCULO E DA ALÍQUOTA

Da Alíquota

Art. 6.º O IOF será cobrado à alíquota máxima de um vírgula cinco por cento ao dia sobre o valor das operações de crédito (Lei n. 8.894, de 1994, art. 1.º).

Legislação Complementar

Da Base de Cálculo e das Alíquotas Reduzidas

Art. 7.º A base de cálculo e respectiva alíquota reduzida do IOF são (Lei n. 8.894, de 1994, art. 1.º, parágrafo único, e Lei n. 5.172, de 1966, art. 64, inciso I):

I – na operação de empréstimo, sob qualquer modalidade, inclusive abertura de crédito:

a) quando não ficar definido o valor do principal a ser utilizado pelo mutuário, inclusive por estar contratualmente prevista a reutilização do crédito, até o termo final da operação, a base de cálculo é o somatório dos saldos devedores diários apurado no último dia de cada mês, inclusive na prorrogação ou renovação:

1. mutuário pessoa jurídica: 0,0041%;

2. mutuário pessoa física: 0,0082%;

•• Item 2 com redação determinada pelo Decreto n. 8.392, de 20-1-2015.

b) quando ficar definido o valor do principal a ser utilizado pelo mutuário, a base de cálculo é o principal entregue ou colocado à sua disposição, ou quando previsto mais de um pagamento, o valor do principal de cada uma das parcelas:

1. mutuário pessoa jurídica: 0,0041% ao dia;

2. mutuário pessoa física: 0,0082% ao dia;

•• Item 2 com redação determinada pelo Decreto n. 8.392, de 20-1-2015.

II – na operação de desconto, inclusive na de alienação a empresas de *factoring* de direitos creditórios resultantes de vendas a prazo, a base de cálculo é o valor líquido obtido:

a) mutuário pessoa jurídica: 0,0041% ao dia;

b) mutuário pessoa física: 0,0082% ao dia;

•• Alínea *b* com redação determinada pelo Decreto n. 8.392, de 20-1-2015.

III – no adiantamento a depositante, a base de cálculo é o somatório dos saldos devedores diários, apurado no último dia de cada mês:

a) mutuário pessoa jurídica: 0,0041%;

b) mutuário pessoa física: 0,0082%;

•• Alínea *b* com redação determinada pelo Decreto n. 8.392, de 20-1-2015.

IV – nos empréstimos, inclusive sob a forma de financiamento, sujeitos à liberação de recursos em parcelas, ainda que o pagamento seja parcelado, a base de cálculo é o valor do principal de cada liberação:

a) mutuário pessoa jurídica: 0,0041% ao dia;

b) mutuário pessoa física: 0,0082% ao dia;

•• Alínea *b* com redação determinada pelo Decreto n. 8.392, de 20-1-2015.

V – nos excessos de limite, ainda que o contrato esteja vencido:

a) quando não ficar expressamente definido o valor do principal a ser utilizado, inclusive por estar contratualmente prevista a reutilização do crédito, até o termo final da operação, a base de cálculo é o valor dos excessos computados no somatório dos saldos devedores diários apurados no último dia de cada mês:

1. mutuário pessoa jurídica: 0,0041%;

2. mutuário pessoa física: 0,0082%;

•• Item 2 com redação determinada pelo Decreto n. 8.392, de 20-1-2015.

b) quando ficar expressamente definido o valor do principal a ser utilizado, a base de cálculo é o valor de cada excesso, apurado diariamente, resultante de novos valores entregues ao interessado, não se considerando como tais os débitos de encargos:

1. mutuário pessoa jurídica: 0,0041% ao dia;

2. mutuário pessoa física: 0,0082% ao dia;

•• Item 2 com redação determinada pelo Decreto n. 8.392, de 20-1-2015.

VI – nas operações referidas nos incisos I a V, quando se tratar de mutuário pessoa jurídica optante pelo Regime Especial Unificado de Arrecadação de Tributos e Contribuições devidos pelas Microempresas e Empresas de Pequeno Porte – Simples Nacional, de que trata a Lei Complementar n. 123, de 14 de dezembro de

2006, em que o valor seja igual ou inferior a R$ 30.000,00 (trinta mil reais), observado o disposto no art. 45, inciso II: 0,00137% ou 0,00137% ao dia, conforme o caso;

VII – nas operações de financiamento para aquisição de imóveis não residenciais, em que o mutuário seja pessoa física: 0,0082% ao dia.

•• Inciso VII com redação determinada pelo Decreto n. 8.392, de 20-1-2015.

§ 1.º O IOF, cuja base de cálculo não seja apurada por somatório de saldos devedores diários, não excederá o valor resultante da aplicação da alíquota diária a cada valor de principal, prevista para a operação, multiplicada por trezentos e sessenta e cinco dias, acrescida da alíquota adicional de que trata o § 15, ainda que a operação seja de pagamento parcelado.

•• § 1.º com redação determinada pelo Decreto n. 6.391, de 12-3-2008.

§ 2.º No caso de operação de crédito não liquidada no vencimento, cuja tributação não tenha atingido a limitação prevista no § 1.º, a exigência do IOF fica suspensa entre a data do vencimento original da obrigação e a da sua liquidação ou a data em que ocorrer qualquer das hipóteses previstas no § 7.º.

§ 3.º Na hipótese do § 2.º, será cobrado o IOF complementar, relativamente ao período em que ficou suspensa a exigência, mediante a aplicação da mesma alíquota sobre o valor não liquidado da obrigação vencida, até atingir a limitação prevista no § 1.º.

§ 4.º O valor líquido a que se refere o inciso II deste artigo corresponde ao valor nominal do título ou do direito creditório, deduzidos os juros cobrados antecipadamente.

§ 5.º No caso de adiantamento concedido sobre cheque em depósito, a tributação será feita na forma estabelecida para desconto de títulos, observado o disposto no inciso XXII do art. 8.º.

§ 6.º No caso de cheque admitido em depósito e devolvido por insuficiência de fundos, a base de cálculo do IOF será igual ao valor a descoberto, verificado na respectiva conta, pelo seu débito, na forma estabelecida para o adiantamento a depositante.

§ 7.º Na prorrogação, renovação, novação, composição, consolidação, confissão de dívida e negócios assemelhados, de operação de crédito em que não haja substituição de devedor, a base de cálculo do IOF será o valor não liquidado da operação anteriormente tributada, sendo essa tributação considerada complementar à anteriormente feita, aplicando-se a alíquota em vigor à época da operação inicial.

§ 8.º No caso do § 7.º, se a base de cálculo original for o somatório mensal dos saldos devedores diários, a base de cálculo será o valor renegociado na operação, com exclusão da parte amortizada na data do negócio.

§ 9.º Sem exclusão da cobrança do IOF prevista no § 7.º, havendo entrega ou colocação de novos valores à disposição do interessado, esses constituirão nova base de cálculo.

§ 10. No caso de novação, composição, consolidação, confissão de dívida e negócios assemelhados de operação de crédito em que haja substituição de devedor, a base de cálculo do IOF será o valor renegociado na operação.

§ 11. Nos casos dos §§ 8.º, 9.º e 10, a alíquota aplicável é a que estiver em vigor na data da novação, composição, consolidação, confissão de dívida ou negócio assemelhado.

§ 12. Os encargos integram a base de cálculo quando o IOF for apurado pelo somatório dos saldos devedores diários.

§ 13. Nas operações de crédito decorrentes de registros ou lançamentos contábeis ou sem classificação específica, mas que, pela sua natureza, importem colocação ou entrega de recursos à disposição de terceiros, seja o mutuário pessoa física ou jurídica, as alíquotas serão aplicadas na forma dos incisos I a VI, conforme o caso.

§ 14. Nas operações de crédito contratadas por prazo indeterminado e definido o valor do principal a ser utilizado pelo mutuário, aplicar-se-á a alíquota diária prevista para a operação e a base de cálculo será o valor do principal multiplicado por trezentos e sessenta e cinco.

§ 15. Sem prejuízo do disposto no *caput*, o IOF incide sobre as operações de crédito à alíquota adicional de trinta e oito centésimos por cento, independentemente do prazo da operação, seja o mutuário pessoa física ou pessoa jurídica.

•• § 15 acrescentado pelo Decreto n. 6.339, de 3-1-2008.

§ 16. Nas hipóteses de que tratam a alínea *a* do inciso I, o inciso III, e a alínea *a* do inciso V, o IOF incidirá sobre o somatório mensal dos acréscimos diários dos saldos devedores, à alíquota adicional de que trata o § 15.

•• § 16 acrescentado pelo Decreto n. 6.339, de 3-1-2008.

§ 17. Nas negociações de que trata o § 7.° não se aplica a alíquota adicional de que trata o § 15, exceto se houver entrega ou colocação de novos valores à disposição do interessado.

•• § 17 acrescentado pelo Decreto n. 6.391, de 12-3-2008.

§ 18. No caso de operação de crédito cuja base de cálculo seja apurada por somatório dos saldos devedores diários, constatada a inadimplência do tomador, a cobrança do IOF apurado a partir do último dia do mês subsequente ao da constatação de inadimplência dar-se-á na data da liquidação total ou parcial da operação ou da ocorrência de qualquer das hipóteses previstas no § 7.°.

•• § 18 acrescentado pelo Decreto n. 7.487, de 23-5-2011.

§ 19. Na hipótese do § 18, por ocasião da liquidação total ou parcial da operação ou da ocorrência de qualquer das hipóteses previstas no § 7.°, o IOF será cobrado mediante a aplicação das alíquotas previstas nos itens 1 ou 2 da alínea *a* do inciso I do *caput*, vigentes na data de ocorrência de cada saldo devedor diário, até atingir a limitação de trezentos e sessenta e cinco dias.

•• § 19 acrescentado pelo Decreto n. 7.487, de 23-5-2011.

Da Alíquota Zero

Art. 8.° A alíquota do imposto é reduzida a zero na operação de crédito, sem prejuízo do disposto no § 5.°:

•• *Caput* com redação determinada pelo Decreto n. 7.011, de 18-11-2009.

I – em que figure como tomadora cooperativa, observado o disposto no art. 45, inciso I;

II – (*Revogado pelo Decreto n. 9.017, de 30-3-2017.*)

III – à exportação, bem como de amparo à produção ou estímulo à exportação;

IV – rural, destinada a investimento, custeio e comercialização, observado o disposto no § 1.°;

V – realizada por caixa econômica, sob garantia de penhor civil de jóias, de pedras preciosas e de outros objetos;

VI – realizada por instituição financeira, referente a repasse de recursos do Tesouro Nacional destinados a financiamento de abastecimento e formação de estoques reguladores;

VII – realizada entre instituição financeira e outra instituição autorizada a funcionar pelo Banco Central do Brasil, desde que a operação seja permitida pela legislação vigente;

VIII – em que o tomador seja estudante, realizada por meio do Fundo de Financiamento ao Estudante do Ensino Superior – FIES, de que trata a Lei n. 10.260, de 12 de julho de 2001;

IX – efetuada com recursos da Agência Especial de Financiamento Industrial – FINAME;

X – realizada ao amparo da Política de Garantia de Preços Mínimos – Empréstimos do Governo Federal – EGF;

XI – relativa a empréstimo de título público, quando esse permanecer custodiado no Sistema Especial de Liquidação e de Custódia – SELIC, e servir de garantia prestada a terceiro na execução de serviços e obras públicas;

XII – (*Revogado pelo Decreto n. 8.325, de 7-10-2014*).

XIII – relativa a adiantamento de salário concedido por pessoa jurídica aos seus empregados, para desconto em folha de pagamento ou qualquer outra forma de reembolso;

XIV – relativa a transferência de bens objeto de alienação fiduciária, com sub-rogação de terceiro nos direitos e obrigações do devedor, desde que mantidas todas as condições financeiras do contrato original;

XV – realizada por instituição financeira na qualidade de gestora, mandatária, ou agente de fundo ou programa do Governo Federal, Estadual, do Distrito Federal ou Municipal, instituído por lei, cuja aplicação do recurso tenha finalidade específica;

XVI – relativa a adiantamento sobre o valor de resgate de apólice de seguro de vida individual e de título de capitalização;

XVII – relativa a adiantamento de contrato de câmbio de exportação;

XVIII – relativa a aquisição de ações ou de participação em empresa, no âmbito do Programa Nacional de Desestatização;

XIX – resultante de repasse de recursos de fundo ou programa do Governo Federal vinculado à emissão pública de valores mobiliários;

XX – relativa a devolução antecipada do IOF indevidamente cobrado e recolhido pelo responsável, enquanto aguarda a restituição pleiteada, e desde que não haja cobrança de encargos remuneratórios;

XXI – realizada por agente financeiro com recursos oriundos de programas federais, estaduais ou municipais, instituídos com a finalidade de implementar programas de geração de emprego e renda, nos termos previstos no art. 12 da Lei n. 9.649, de 27 de maio de 1998;

XXII – relativa a adiantamento concedido sobre cheque em depósito, remetido à compensação nos prazos e condições fixados pelo Banco Central do Brasil;

XXIII – (*Revogado pelo Decreto n. 6.391, de 12-3-2008.*)

XXIV – realizada por instituição financeira, com recursos do Tesouro Nacional, destinada ao financiamento de estocagem de álcool etílico combustível, na forma regulamentada pelo Conselho Monetário Nacional;

XXV – realizada por uma instituição financeira para cobertura de saldo devedor em outra instituição financeira, até o montante do valor portado e desde que não haja substituição do devedor;

XXVI – relativa a financiamento para aquisição de motocicleta, motoneta e ciclomotor, em que o mutuário seja pessoa física;

•• Inciso XXVI acrescentado pelo Decreto n. 6.655, de 20-11-2008.

XXVII – realizada por instituição financeira pública federal em que sejam tomadores de recursos pessoas físicas com renda mensal de até dez salários mínimos, desde que os valores das operações sejam direcionados exclusivamente para adquirir bens e serviços de tecnologia assistiva destinados a pessoas com deficiência, nos termos do parágrafo único do art. 1.º da Lei n. 10.735, de 11 de setembro de 2003;

•• Inciso XXVII acrescentado pelo Decreto n. 7.726, de 21-5-2012.

XXVIII – realizada por instituição financeira, com recursos públicos ou privados, para financiamento de operações, contratadas a partir de 2 de abril de 2013, destinadas a aquisição, produção e arrendamento mercantil de bens de capital, incluídos componentes e serviços tecnológicos relacionados, e o capital de giro associado, a produção de bens de consumo para exportação, ao setor de energia elétrica, a estruturas para exportação de granéis líquidos, a projetos de engenharia, à inovação tecnológica, e a projetos de investimento destinados à constituição de capacidade tecnológica e produtiva em setores de alta intensidade de conhecimento e engenharia e projetos de infraestrutura logística direcionados a obras de rodovias e ferrovias objeto de concessão pelo Governo federal, a que se refere o art. 1.º da Lei n. 12.096, de 24 de novembro de

2009, e de acordo com os critérios fixados pelo Conselho Monetário Nacional e pelo Banco Central do Brasil;

•• Inciso XXVIII acrescentado pelo Decreto n. 7.975, de 1.º-4-2013.

XXIX – contratada pela Câmara de Comercialização de Energia Elétrica – CCEE, destinada à cobertura, total ou parcialmente, das despesas incorridas pelas concessionárias de serviço público de distribuição de energia elétrica nos termos do Decreto n. 8.221, de 1.º de abril de 2014.

•• Inciso XXIX acrescentado pelo Decreto n. 8.231, de 25-4-2014.

XXX – (*Revogado pelo Decreto n. 8.511, de 31-8-2015.*)

XXXI – efetuada por intermédio da Financiadora de Estudos e Projetos – FINEP ou por seus agentes financeiros, com recursos dessa empresa pública; e

•• Inciso XXXI acrescentado pelo Decreto n. 8.325, de 7-10-2014.

XXXII – destinada, nos termos do § 3.º do art. 6.º da Lei n. 12.793, de 2 de abril de 2013, ao financiamento de projetos de infraestrutura de logística direcionados a obras de rodovias e ferrovias objeto de concessão pelo Governo Federal.

•• Inciso XXXII acrescentado pelo Decreto n. 8.325, de 7-10-2014.

§ 1.º No caso de operação de comercialização, na modalidade de desconto de nota promissória rural ou duplicata rural, a alíquota zero é aplicável somente quando o título for emitido em decorrência de venda de produção própria.

§ 2.º O disposto no inciso XXV não se aplica nas hipóteses de prorrogação, renovação, novação, composição, consolidação, confissão de dívidas e negócios assemelhados, de operação de crédito em que haja ou não substituição do devedor, ou de quaisquer outras alterações contratuais, exceto taxas, hipóteses em que o imposto complementar deverá ser cobrado à alíquota vigente na data da operação inicial.

§ 3.º Quando houver desclassificação ou descaracterização, total ou parcial, de operação de crédito rural ou de adiantamento de contrato de câmbio, tributada à alíquota zero, o IOF será devido a partir da ocorrência do fato gerador e calculado à alíquota correspondente à operação, conforme previsto no art. 7.º, incidente sobre o valor desclassificado ou descaracterizado, sem prejuízo do disposto no art. 54.

§ 4.º Quando houver falta de comprovação ou descumprimento de condição, ou desvirtuamento da finalidade dos recursos, total ou parcial, de operação tributada à alíquota zero, o IOF será devido a partir da ocorrência do fato gerador calculado à alíquota correspondente à operação, conforme previsto no art. 7.º, acrescido de juros e multa de mora, sem prejuízo do disposto no art. 54, conforme o caso.

§ 5.º Fica instituída, independentemente do prazo da operação, alíquota adicional de trinta e oito centésimos por cento do IOF incidente sobre o valor das operações de crédito de que tratam os incisos I, IV, V, VI, X, XI, XIV, XVI, XVIII, XIX, XXI e XXVI do *caput*.

•• § 5.º com redação determinada pelo Decreto n. 9.017, de 30-3-2017.

CAPÍTULO IV
DA ISENÇÃO

Art. 9.º É isenta do IOF a operação de crédito:

I – para fins habitacionais, inclusive a destinada à infraestrutura e saneamento básico relativos a programas ou projetos que tenham a mesma finalidade (Decreto-lei n. 2.407, de 5-1-1988);

II – realizada mediante conhecimento de depósito e *warrant*, representativos de mercadorias depositadas para exportação, em entreposto aduaneiro (Decreto-lei n. 1.269, de 18-4-1973, art. 1.º, e Lei n. 8.402, de 8-1-1992, art. 1.º, inciso XI);

III – com recursos dos Fundos Constitucionais de Financiamento do Norte (FNO), do Nordeste (FNE) e do Centro-Oeste (FCO) (Lei n. 7.827, de 27-9-1989, art. 8.º);

IV – efetuada por meio de cédula e nota de crédito à exportação (Lei n. 6.313, de 16-12-1975, art. 2.º, e Lei n. 8.402, de 1992, art. 1.º, inciso XII);

V – em que o tomador de crédito seja a entidade binacional Itaipu (art. XII do Tratado promulgado pelo Decreto n. 72.707, de 28-8-1973);

VI – para a aquisição de automóvel de passageiros, de fabricação nacional, com até 127 HP de potência bruta (SAE), na forma do art. 72 da Lei n. 8.383, de 30 de dezembro de 1991;

VII – (*Revogado pelo Decreto n. 7.563, de 15-9-2011.*)

VIII – em que os tomadores sejam missões diplomáticas e repartições consulares de carreira (Convenção de Viena sobre Relações Consulares promulgada pelo Decreto n. 61.078, de 26-7-1967, art. 32, e Decreto n. 95.711, de 10-2-1988, art. 1.º);

IX – contratada por funcionário estrangeiro de missão diplomática ou representação consular (Convenção de Viena sobre Relações Diplomáticas promulgada pelo Decreto n. 56.435, de 8-6-1965, art. 34).

§ 1.º O disposto nos incisos VIII e IX não se aplica aos consulados e cônsules honorários (Convenção de Viena sobre Relações Consulares promulgada pelo Decreto n. 61.078, de 1967, art. 58).

§ 2.º O disposto no inciso IX não se aplica aos funcionários estrangeiros que tenham residência permanente no Brasil (Convenção de Viena sobre Relações Diplomáticas promulgada pelo Decreto n. 56.435, de 1965, art. 37, e Convenção de Viena sobre Relações Consulares promulgada pelo Decreto n. 61.078, de 1967, art. 71).

§ 3.º Os membros das famílias dos funcionários mencionados no inciso IX, desde que com eles mantenham relação de dependência econômica e não tenham residência permanente no Brasil, gozarão do tratamento estabelecido neste artigo (Convenção de Viena sobre Relações Diplomáticas promulgada pelo Decreto n. 56.435, de 1965, art. 37, e Convenção de Viena sobre Relações Consulares promulgada pelo Decreto n. 61.078, de 1967, art. 71).

§ 4.º O tratamento estabelecido neste artigo aplica-se, ainda, aos organismos internacionais e regionais de caráter permanente de que o Brasil seja membro e aos funcionários estrangeiros de tais organismos, nos termos dos acordos firmados (Lei n. 5.172, de 1966, art. 98).

Capítulo V
DA COBRANÇA E DO RECOLHIMENTO

Art. 10. O IOF será cobrado:

I – no primeiro dia útil do mês subsequente ao de apuração, nas hipóteses em que a apuração da base de cálculo seja feita no último dia de cada mês;

II – na data da prorrogação, renovação, consolidação, composição e negócios assemelhados;

III – na data da operação de desconto;

IV – na data do pagamento, no caso de operação de crédito não liquidada no vencimento;

V – até o décimo dia subsequente à data da caracterização do descumprimento ou da falta de comprovação do cumprimento de condições, total ou parcial, de operações isentas ou tributadas à alíquota zero ou da caracterização do desvirtuamento da finalidade dos recursos decorrentes das mesmas operações;

VI – até o décimo dia subsequente à data da desclassificação ou descaracterização, total ou parcial, de operação de crédito rural ou de adiantamento de contrato de câmbio, quando feita pela própria instituição financeira, ou do recebimento da comunicação da desclassificação ou descaracterização;

VII – na data da entrega ou colocação dos recursos à disposição do interessado, nos demais casos.

Parágrafo único. O IOF deve ser recolhido ao Tesouro Nacional até o terceiro dia útil subsequente ao decêndio da cobrança ou do registro contábil do imposto (Lei n. 11.196, de 21-11-1965, art. 70, inciso II, alínea *b*).

TÍTULO III
DA INCIDÊNCIA SOBRE OPERAÇÕES DE CÂMBIO

CAPÍTULO I
DO FATO GERADOR

Art. 11. O fato gerador do IOF é a entrega de moeda nacional ou estrangeira, ou de documento que a represente, ou sua colocação à disposição do interessado, em montante equivalente à moeda estrangeira ou nacional entregue ou posta à disposição por este (Lei n. 5.172, de 1966, art. 63, inciso II).

Parágrafo único. Ocorre o fato gerador e torna-se devido o IOF no ato da liquidação da operação de câmbio.

CAPÍTULO II
DOS CONTRIBUINTES E DOS RESPONSÁVEIS

Dos Contribuintes

Art. 12. São contribuintes do IOF os compradores ou vendedores de moeda estrangeira nas operações referentes às transferências financeiras para o ou do exterior, respectivamente (Lei n. 8.894, de 1994, art. 6.º).

Parágrafo único. As transferências financeiras compreendem os pagamentos e recebimentos em moeda estrangeira, independentemente da forma de entrega e da natureza das operações.

Dos Responsáveis

Art. 13. São responsáveis pela cobrança do IOF e pelo seu recolhimento ao Tesouro Nacional as instituições autorizadas a operar em câmbio (Lei n. 8.894, de 1994, art. 6.º, parágrafo único).

CAPÍTULO III
DA BASE DE CÁLCULO E DA ALÍQUOTA

Da Base de Cálculo

Art. 14. A base de cálculo do IOF é o montante em moeda nacional, recebido, entregue ou posto à disposição, correspondente ao valor, em moeda estrangeira, da operação de câmbio (Lei n. 5.172, de 1966, art. 64, inciso II).

Da Alíquota

Art. 15. A alíquota máxima do IOF é de vinte e cinco por cento (Lei n. 8.894, de 1994, art. 5.º).

§§ 1.º a 3.º (*Revogados pelo Decreto n. 7.412, de 30-12-2010.*)

Art. 15-A. (*Revogado pelo Decreto n. 8.325, de 7-10-2014*).

Art. 15-B. A alíquota do IOF fica reduzida para trinta e oito centésimos por cento, observadas as seguintes exceções:

•• *Caput* acrescentado pelo Decreto n. 8.325, de 7-10-2014.

I – nas operações de câmbio relativas ao ingresso no País de receitas de exportação de bens e serviços: zero;

•• Inciso I acrescentado pelo Decreto n. 8.325, de 7-10-2014.

II – nas operações de câmbio de natureza interbancária entre instituições integrantes do Sistema Financeiro Nacional autorizadas a operar no mercado de câmbio e entre estas e instituições financeiras no exterior: zero;

•• Inciso II acrescentado pelo Decreto n. 8.325, de 7-10-2014.

III – nas operações de câmbio, de transferências do e para o exterior, relativas a aplicações de fundos de investimento no mercado internacional, nos limites e condições fixados pela Comissão de Valores Mobiliários: zero;

•• Inciso III acrescentado pelo Decreto n. 8.325, de 7-10-2014.

IV – nas operações de câmbio realizadas por empresas de transporte aéreo internacional domiciliadas no exterior, para remessa de recursos originados de suas receitas locais: zero;

•• Inciso IV acrescentado pelo Decreto n. 8.325, de 7-10-2014.

V – nas operações de câmbio relativas a ingresso de moeda estrangeira para cobertura de gastos efetuados no País com utilização de cartão de crédito emitido no exterior: zero;

•• Inciso V acrescentado pelo Decreto n. 8.325, de 7-10-2014.

VI – nas operações de câmbio realizadas para ingresso no País de doações em espécie recebidas por instituições financeiras públicas controladas pela União e destinadas a ações de prevenção, monitoramento e combate ao desmatamento e de promoção da conservação e do uso sustentável das florestas brasileiras, de que trata a Lei n. 11.828, de 20 de novembro de 2008: zero;

•• Inciso VI acrescentado pelo Decreto n. 8.325, de 7-10-2014.

VII – nas operações de câmbio destinadas ao cumprimento de obrigações de administradoras de cartão de crédito ou de débito ou de bancos comerciais ou múltiplos na qualidade de emissores de cartão de crédito decorrentes de aquisição de bens e serviços do exterior efetuada por seus usuários, observado o disposto no inciso VIII: seis inteiros e trinta e oito centésimos por cento;

•• Inciso VII acrescentado pelo Decreto n. 8.325, de 7-10-2014.

VIII – nas operações de câmbio destinadas ao cumprimento de obrigações de administradoras de cartão de crédito ou de débito ou de bancos comerciais ou múltiplos na qualidade de emissores de cartão de crédito decorrentes de aquisição de bens e serviços do exterior quando forem usuários do cartão a União, Estados, Municípios, Distrito Federal, suas fundações e autarquias: zero;

•• Inciso VIII acrescentado pelo Decreto n. 8.325, de 7-10-2014.

IX – nas operações de câmbio destinadas ao cumprimento de obrigações de administradoras de cartão de uso internacional ou de bancos comerciais ou múltiplos na qualidade de emissores de cartão de crédito ou de débito decorrentes de saques no exterior efetuado por seus usuários: seis inteiros e trinta e oito centésimos por cento;

•• Inciso IX acrescentado pelo Decreto n. 8.325, de 7-10-2014.

X – nas liquidações de operações de câmbio para aquisição de moeda estrangeira em cheques de viagens e para carregamento de cartão internacional pré-pago, destinadas a atender gastos pessoais em viagens internacionais: seis inteiros e trinta e oito centésimos por cento;

•• Inciso X acrescentado pelo Decreto n. 8.325, de 7-10-2014.

XI – nas liquidações de operações de câmbio de ingresso e saída de recursos no e do País, referentes a recursos captados a título de empréstimos e financiamentos externos, excetuadas as operações de que trata o inciso XII: zero;

•• Inciso XI acrescentado pelo Decreto n. 8.325, de 7-10-2014.

XII – nas liquidações de operações de câmbio para ingresso de recursos no País, inclusive por meio de operações simultâneas, referente a empréstimo externo, sujeito a registro no Banco Central do Brasil, contratado de forma direta ou mediante emissão de títulos no mercado internacional com prazo médio mínimo de até cento e oitenta dias: seis por cento;

•• Inciso XII acrescentado pelo Decreto n. 8.325, de 7-10-2014.

XIII – nas liquidações de operações de câmbio para remessa de juros sobre o capital próprio e dividendos recebidos por investidor estrangeiro: zero;

•• Inciso XIII acrescentado pelo Decreto n. 8.325, de 7-10-2014.

XIV – nas liquidações de operações de câmbio contratadas por investidor estrangeiro para ingresso de recursos no País, inclusive por meio de operações simultâneas, para constituição de margem de garantia, inicial ou adicional, exigida por bolsas de valores, de mercadorias e futuros: zero;

•• Inciso XIV acrescentado pelo Decreto n. 8.325, de 7-10-2014.

XV – nas liquidações de operações simultâneas de câmbio para ingresso no País de recursos através de cancelamento de *Depositary Receipts – DR*, para investimento em ações negociáveis em bolsa de valores: zero;

•• Inciso XV acrescentado pelo Decreto n. 8.325, de 7-10-2014.

XVI – nas liquidações de operações de câmbio contratadas por investidor estrangeiro para ingresso de recursos no País, inclusive por meio de operações simultâneas, para aplicação nos mercados financeiro e de capitais: zero;

•• Inciso XVI acrescentado pelo Decreto n. 8.325, de 7-10-2014.

XVII – nas liquidações de operações de câmbio para fins de retorno de recursos aplicados por investidor estrangeiro nos mercados financeiro e de capitais: zero;

•• Inciso XVII acrescentado pelo Decreto n. 8.325, de 7-10-2014.

XVIII – na operação de compra de moeda estrangeira por instituição autorizada a operar no mercado de câmbio, contratada simultaneamente com operação de venda, exclusivamente quando requerida em disposição regulamentar: zero;

•• Inciso XVIII acrescentado pelo Decreto n. 8.325, de 7-10-2014.

XIX – nas liquidações de operações simultâneas de câmbio para ingresso de recursos no País, originárias da mudança de regime do investidor estrangeiro, de investimento direto de que trata a Lei n. 4.131, de 3 de setembro de 1962, para investimento em ações negociáveis em bolsa de valores, na forma regulamentada pelo Conselho Monetário Nacional: zero; e

•• Inciso XIX acrescentado pelo Decreto n. 8.731, de 30-4-2016.

XX – nas liquidações de operações de câmbio, liquidadas a partir de 3 de maio de 2016, para aquisição de moeda estrangeira, em espécie: um inteiro e dez centésimos por cento.

•• Inciso XX acrescentado pelo Decreto n. 8.731, de 30-4-2016.

§ 1.º No caso de operações de empréstimo em moeda via lançamento de títulos, com cláusula de antecipação de vencimento, parcial ou total, pelo credor ou pelo devedor (*put/call*), a primeira data prevista de exercício definirá a incidência do imposto prevista no inciso XII do *caput*.

•• § 1.º acrescentado pelo Decreto n. 8.325, de 7-10-2014.

§ 2.º Quando a operação de empréstimo for contratada pelo prazo médio mínimo superior ao exigido no inciso XII do *caput* e for liquidada antecipadamente, total ou parcialmente, descumprindo-se esse prazo mínimo, o contribuinte ficará sujeito ao pagamento do imposto calculado à alíquota estabelecida no inciso citado, acrescido de juros moratórios e multa, sem prejuízo das penalidades previstas no art. 23 da Lei n. 4.131, de 3 de setembro de 1962, e no art. 72 da Lei n. 9.069, de 29 de junho de 1995.

•• § 2.º acrescentado pelo Decreto n. 8.325, de 7-10-2014.

§ 3.º Caso o prazo médio mínimo de amortização previsto no inciso XII na data da liquidação antecipada de empréstimo seja inferior ao prazo médio mínimo da operação originalmente contratada e, desde que cumprido o prazo médio mínimo previsto no inciso XII, aplica-se a alíquota em vigor na data da liquidação do contrato de câmbio para pagamento do empréstimo, não se aplicando o disposto no § 2.º.

•• § 3.º acrescentado pelo Decreto n. 8.731, de 30-4-2016.

§ 4.º Enquadram-se no disposto no inciso I as operações de câmbio relativas ao ingresso no País de receitas de exportação de serviços classificados nas Seções I a V da Nomenclatura Brasileira de Serviços, Intangíveis e Outras Operações que produzam variações no patrimônio – NBS, exceto se houver neste Decreto disposição especial.

•• § 4.º acrescentado pelo Decreto n. 8.731, de 30-4-2016.

Capítulo IV
DA ISENÇÃO

Da Isenção

Art. 16. É isenta do IOF a operação de câmbio:

I – realizada para pagamento de bens importados (Decreto-lei n. 2.434, de 19-5-1988, art. 6.º, e Lei n. 8.402, de 1992, art. 1.º, inciso XIII);

II – em que o comprador ou o vendedor da moeda estrangeira seja a entidade binacional Itaipu (art. XII do Tratado promulgado pelo Decreto n. 72.707, de 1973);

III e IV – (*Revogados pelo Decreto n. 7.563, de 15-9-2011.*)

V – em que os compradores ou vendedores da moeda estrangeira sejam missões diplomáticas e repartições consulares de carreira (Convenção de Viena sobre Relações Consulares promulgada pelo Decreto n. 61.078, de 1967, art. 32, e Decreto n. 95.711, de 1988, art. 1.º);

VI – contratada por funcionário estrangeiro de missão diplomática ou representação consular (Convenção de Viena sobre Relações Diplomáticas promulgada pelo Decreto n. 56.435, de 1965, art. 34).

§ 1.º O disposto nos incisos V e VI não se aplica aos consulados e cônsules honorários (Convenção de Viena sobre Relações Consulares promulgada pelo Decreto n. 61.078, de 1967, art. 58).

§ 2.º O disposto no inciso VI não se aplica aos funcionários estrangeiros que tenham residência permanente no Brasil (Convenção de Viena sobre Relações Diplomáticas promulgada pelo Decreto n. 56.435, de 1965, art. 37, e Convenção de Viena sobre Relações Consulares promulgada pelo Decreto n. 61.078, de 1967, art. 71).

§ 3.º Os membros das famílias dos funcionários mencionados no inciso VI, desde que com eles mantenham relação de dependência econômica e não tenham residência permanente no Brasil, gozarão do tratamento estabelecido neste artigo (Convenção de Viena sobre Relações Diplomáticas promulgada pelo Decreto n. 56.435, de 1965, art. 37, e Convenção de Viena sobre Relações Consulares promulgada pelo Decreto n. 61.078, de 1967, art. 71).

§ 4.º O tratamento estabelecido neste artigo aplica-se, ainda, aos organismos internacionais e regionais de caráter permanente de que o Brasil seja membro e aos funcionários estrangeiros de tais organismos, nos termos dos acordos firmados (Lei n. 5.172, de 1966, art. 98).

CAPÍTULO V
DA COBRANÇA E DO RECOLHIMENTO

Art. 17. O IOF será cobrado na data da liquidação da operação de câmbio.

Parágrafo único. O IOF deve ser recolhido ao Tesouro Nacional até o terceiro dia útil subsequente ao decêndio da cobrança ou do registro contábil do imposto (Lei n. 11.196, de 2005, art. 70, inciso II, alínea *b*).

TÍTULO IV
DA INCIDÊNCIA SOBRE OPERAÇÕES DE SEGURO

CAPÍTULO I
DO FATO GERADOR

Art. 18. O fato gerador do IOF é o recebimento do prêmio (Lei n. 5.143, de 1966, art. 1.º, inciso II).

§ 1.º A expressão "operações de seguro" compreende seguros de vida e congêneres, seguro de acidentes pessoais e do trabalho, seguros de bens, valores, coisas e outros não especificados (Decreto-lei n. 1.783, de 1980, art. 1.º, incisos II e III).

§ 2.º Ocorre o fato gerador e torna-se devido o IOF no ato do recebimento total ou parcial do prêmio.

CAPÍTULO II
DOS CONTRIBUINTES E DOS RESPONSÁVEIS

Dos Contribuintes

Art. 19. Contribuintes do IOF são as pessoas físicas ou jurídicas seguradas (Decreto-lei n. 1.783, de 1980, art. 2.º).

Dos Responsáveis

Art. 20. São responsáveis pela cobrança do IOF e pelo seu recolhimento ao Tesouro Nacional as seguradoras ou as instituições financeiras a quem estas encarregarem da cobrança do prêmio (Decreto-lei n. 1.783, de 1980, art. 3.°, inciso II, e Decreto-lei n. 2.471, de 1.°-9-1988, art. 7.°).

Parágrafo único. A seguradora é responsável pelos dados constantes da documentação remetida para cobrança.

Capítulo III
DA BASE DE CÁLCULO E DA ALÍQUOTA

Da Base de Cálculo

Art. 21. A base de cálculo do IOF é o valor dos prêmios pagos (Decreto-lei n. 1.783, de 1980, art. 1.°, incisos II e III).

Da Alíquota

Art. 22. A alíquota do IOF é de vinte e cinco por cento (Lei n. 9.718, de 27-11-1998, art. 15).

§ 1.° A alíquota do IOF fica reduzida:

I – a zero, nas seguintes operações:

a) de resseguro;

b) de seguro obrigatório, vinculado a financiamento de imóvel habitacional, realizado por agente do Sistema Financeiro de Habitação;

c) de seguro de crédito à exportação e de transporte internacional de mercadorias;

d) de seguro contratado no Brasil, referente à cobertura de riscos relativos ao lançamento e à operação dos satélites Brasilsat I e II;

e) em que o valor dos prêmios seja destinado ao custeio dos planos de seguro de vida com cobertura por sobrevivência;

f) de seguro aeronáutico e de seguro de responsabilidade civil pagos por transportador aéreo;

g) de seguro garantia.

•• Alínea *g* com redação determinada pelo Decreto n. 7.787, de 15 de agosto de 2012.

II – nas operações de seguro de vida e congêneres, de acidentes pessoais e do trabalho, incluídos os seguros obrigatórios de danos pessoais causados por veículos automotores de vias terrestres e por embarcações, ou por sua carga, a pessoas transportadas ou não e excluídas aquelas de que trata a alínea *f* do inciso I: trinta e oito centésimos por cento;

•• Inciso II com redação determinada pelo Decreto n. 6.339, de 3-1-2008.

III – nas operações de seguros privados de assistência à saúde: dois inteiros e trinta e oito centésimos por cento;

•• Inciso III com redação determinada pelo Decreto n. 6.339, de 3-1-2008.

IV – nas demais operações de seguro: sete inteiros e trinta e oito centésimos por cento.

•• Inciso IV acrescentado pelo Decreto n. 6.339, de 3-1-2008.

§ 2.° O disposto na alínea *f* do inciso I do § 1.° aplica-se somente a seguro contratado por companhia aérea que tenha por objeto principal o transporte remunerado de passageiros ou de cargas.

Capítulo IV
DA ISENÇÃO

Art. 23. É isenta do IOF a operação de seguro:

I – em que o segurado seja a entidade binacional Itaipu (art. XII do Tratado promulgado pelo Decreto n. 72.707, de 1973);

II – (*Revogado pelo Decreto n. 7.563, de 15-9-2011*).

III – rural (Decreto-lei n. 73, de 21-11-1966, art. 19);

IV – em que os segurados sejam missões diplomáticas e repartições consulares de carreira (Convenção de Viena sobre Relações Consulares promulgada pelo Decreto n. 61.078, de 1967, art. 32, e Decreto n. 95.711, de 1988, art. 1.°);

V – contratada por funcionário estrangeiro de missão diplomática ou representação consular (Convenção de Viena sobre Relações Diplomáticas promulgada pelo Decreto n. 56.435, de 8-6-1965, art. 34).

§ 1.º O disposto nos incisos IV e V não se aplica aos consulados e cônsules honorários (Convenção de Viena sobre Relações Consulares promulgada pelo Decreto n. 61.078, de 1967, art. 58).

§ 2.º O disposto no inciso V não se aplica aos funcionários estrangeiros que tenham residência permanente no Brasil (Convenção de Viena sobre Relações Diplomáticas promulgada pelo Decreto n. 56.435, de 1965, art. 37, e Convenção de Viena sobre Relações Consulares promulgada pelo Decreto n. 61.078, de 1967, art. 71).

§ 3.º Os membros das famílias dos funcionários mencionados no inciso V, desde que com eles mantenham relação de dependência econômica e não tenham residência permanente no Brasil, gozarão do tratamento estabelecido neste artigo (Convenção de Viena sobre Relações Diplomáticas promulgada pelo Decreto n. 56.435, de 1965, art. 37, e Convenção de Viena sobre Relações Consulares promulgada pelo Decreto n. 61.078, de 1967, art. 71).

§ 4.º O tratamento estabelecido neste artigo aplica-se, ainda, aos organismos internacionais e regionais de caráter permanente de que o Brasil seja membro e aos funcionários estrangeiros de tais organismos, nos termos dos acordos firmados (Lei n. 5.172, de 1966, art. 98).

CAPÍTULO V
DA COBRANÇA E DO RECOLHIMENTO

Art. 24. O IOF será cobrado na data do recebimento total ou parcial do prêmio.

Parágrafo único. O IOF deve ser recolhido ao Tesouro Nacional até o terceiro dia útil subsequente ao decêndio da cobrança ou do registro contábil do imposto (Lei n. 11.196, de 2005, art. 70, inciso II, alínea *b*).

TÍTULO V
DA INCIDÊNCIA SOBRE OPERAÇÕES RELATIVAS A TÍTULOS OU VALORES MOBILIÁRIOS

CAPÍTULO I
DO FATO GERADOR

Art. 25. O fato gerador do IOF é a aquisição, cessão, resgate, repactuação ou pagamento para liquidação de títulos e valores mobiliários (Lei n. 5.172, de 1966, art. 63, inciso IV, e Lei n. 8.894, de 1994, art. 2.º, inciso II, alíneas *a* e *b*).

§ 1.º Ocorre o fato gerador e torna-se devido o IOF no ato da realização das operações de que trata este artigo.

§ 2.º Aplica-se o disposto neste artigo a qualquer operação, independentemente da qualidade ou da forma jurídica de constituição do beneficiário da operação ou do seu titular, estando abrangidos, entre outros, fundos de investimentos e carteiras de títulos e valores mobiliários, fundos ou programas, ainda que sem personalidade jurídica, e entidades de previdência privada.

•• § 2.º com redação determinada pelo Decreto n. 6.613, de 22-10-2008.

CAPÍTULO II
DOS CONTRIBUINTES E DOS RESPONSÁVEIS

Dos Contribuintes

Art. 26. Contribuintes do IOF são:

I – os adquirentes, no caso de aquisição de títulos ou valores mobiliários, e os titulares de aplicações financeiras, nos casos de resgate, cessão ou repactuação (Decreto-lei n. 1.783, de 1980, art. 2.º e Lei n. 8.894, de 1994, art. 2.º, inciso II, alínea *a*, e art. 3.º, inciso II);

•• Inciso I com redação determinada pelo Decreto n. 7.412, de 30-12-2010.

II – as instituições financeiras e demais instituições autorizadas a funcionar pelo Banco Central do Brasil, na hipótese prevista no inciso IV do art. 28 (Lei n. 8.894, de 1994, art. 3.º, inciso III).

Dos Responsáveis

Art. 27. São responsáveis pela cobrança do IOF e pelo seu recolhimento ao Tesouro Nacional (Decreto-lei n. 1.783, de 1980, art. 3.º, inciso IV, e Medida Provisória n. 2.158-35, de 24-8-2001, art. 28):

I – as instituições autorizadas a operar na compra e venda de títulos e valores mobiliários;

II – as bolsas de valores, de mercadorias, de futuros e assemelhadas, em relação às aplicações financeiras realizadas em seu nome, por conta de terceiros e tendo por objeto recursos destes;

III – a instituição que liquidar a operação perante o beneficiário final, no caso de operação realizada por meio do SELIC ou da Central de Custódia e de Liquidação Financeira de Títulos – CETIP;

IV – o administrador do fundo de investimento;

V – a instituição que intermediar recursos, junto a clientes, para aplicações em fundos de investimentos administrados por outra instituição, na forma prevista em normas baixadas pelo Conselho Monetário Nacional;

VI – a instituição que receber as importâncias referentes à subscrição das cotas do Fundo de Investimento Imobiliário e do Fundo Mútuo de Investimento em Empresas Emergentes.

§ 1.º Na hipótese do inciso II do *caput*, ficam as entidades ali relacionadas obrigadas a apresentar à instituição financeira declaração de que estão operando por conta de terceiros e com recursos destes.

§ 2.º Para efeito do disposto no inciso V do *caput*, a instituição intermediadora dos recursos deverá (Lei n. 9.779, de 1999, art. 16, e Medida Provisória n. 2.158-35, de 2001, art. 28, § 1.º):

I – manter sistema de registro e controle, em meio magnético, que permita a identificação, a qualquer tempo, de cada cliente e dos elementos necessários à apuração do imposto por ele devido;

II – fornecer à instituição administradora do fundo de investimento, individualizados por código de cliente, os valores das aplicações, resgates e imposto cobrado;

III – prestar à Secretaria da Receita Federal do Brasil todas as informações decorrentes da responsabilidade pela cobrança do imposto.

§ 3.º No caso das operações a que se refere o § 1.º do art. 32-A, a responsabilidade tributária será do custodiante das ações cedidas.

•• § 3.º acrescentado pelo Decreto n. 7.412, de 30-12-2010.

§ 4.º No caso de ofertas públicas a que se refere o § 2.º do art. 32-A, a responsabilidade tributária será do coordenador líder da oferta.

•• § 4.º acrescentado pelo Decreto n. 7.412, de 30-12-2010.

Capítulo III
DA BASE DE CÁLCULO E DA ALÍQUOTA

Da Base de Cálculo

Art. 28. A base de cálculo do IOF é o valor (Lei n. 8.894, de 1994, art. 2.º, II):

I – de aquisição, resgate, cessão ou repactuação de títulos e valores mobiliários;

II – da operação de financiamento realizada em bolsas de valores, de mercadorias, de futuros e assemelhadas;

III – de aquisição ou resgate de cotas de fundos de investimento e de clubes de investimento;

IV – do pagamento para a liquidação das operações referidas no inciso I, quando inferior a noventa e cinco por cento do valor inicial da operação.

§ 1.º Na hipótese do inciso IV, o valor do IOF está limitado à diferença positiva entre noventa e cinco por cento do valor inicial da operação e o correspondente valor de resgate ou cessão.

§ 2.º Serão acrescidos ao valor da cessão ou resgate de títulos e valores mobiliários os rendimentos periódicos recebidos, a qualquer título, pelo cedente ou aplicador, durante o período da operação.

§ 3.º O disposto nos incisos I e III abrange quaisquer operações consideradas como de renda fixa.

Das Alíquotas

Art. 29. O IOF será cobrado à alíquota máxima de um vírgula cinco por cento ao dia sobre o valor das operações com títulos ou valores mobiliários (Lei n. 8.894, de 1994, art. 1.º).

Art. 30. Aplica-se a alíquota de que trata o art. 29 nas operações com títulos e valores mobiliários de renda fixa e de renda variável, efetuadas com recursos provenientes de aplicações feitas por investidores estrangeiros em cotas de Fundo de Investimento Imobiliário e de Fundo Mútuo de Investimento em Empresas Emergentes, observados os seguintes limites:

I – quando referido fundo não for constituído ou não entrar em funcionamento regular: dez por cento;

II – no caso de fundo já constituído e em funcionamento regular, até um ano da data do registro das cotas na Comissão de Valores Mobiliários: cinco por cento.

Art. 31. O IOF será cobrado à alíquota de zero vírgula cinco por cento ao dia sobre o valor de resgate de quotas de fundos de investimento, constituídos sob qualquer forma, na hipótese de o investidor resgatar cotas antes de completado o prazo de carência para crédito dos rendimentos.

Parágrafo único. O IOF de que trata este artigo fica limitado à diferença entre o valor da cota, no dia do resgate, multiplicado pelo número de cotas resgatadas, deduzido o valor do imposto de renda, se houver, e o valor pago ou creditado ao cotista.

Art. 32. O IOF será cobrado à alíquota de um por cento ao dia sobre o valor do resgate, cessão ou repactuação, limitado ao rendimento da operação, em função do prazo, conforme tabela constante do Anexo.

§ 1.º O disposto neste artigo aplica-se:

I – às operações realizadas no mercado de renda fixa;

•• Inciso I com redação determinada pelo Decreto n. 7.487, de 23-5-2011.

II – ao resgate de cotas de fundos de investimento e de clubes de investimento, ressalvado o disposto no inciso IV do § 2.º;

III – às operações compromissadas realizadas por instituições financeiras e por demais instituições autorizadas a funcionar pelo Banco Central do Brasil com debêntures de que trata o art. 52 da Lei n. 6.404, de 15 de dezembro de 1976, emitidas por instituições integrantes do mesmo grupo econômico.

•• Inciso III acrescentado pelo Decreto n. 8.731, de 30-4-2016.

§ 2.º Ficam sujeitas à alíquota zero as operações, sem prejuízo do disposto no inciso III do § 1.º:

•• § 2.º, *caput*, com redação determinada pelo Decreto n. 8.731, de 30-4-2016.

I – de titularidade das instituições financeiras e das demais instituições autorizadas a funcionar pelo Banco Central do Brasil, excluída a administradora de consórcio de que trata a Lei n. 11.795, de 8 de outubro de 2008;

•• Inciso I com redação determinada pelo Decreto n. 7.487, de 23-5-2011.

II – das carteiras dos fundos de investimento e dos clubes de investimento;

III – do mercado de renda variável, inclusive as realizadas em bolsas de valores, de mercadorias, de futuros e entidades assemelhadas;

IV – de resgate de cotas dos fundos e clubes de investimento em ações, assim considerados pela legislação do imposto de renda;

V – com Certificado de Direitos Creditórios do Agronegócio – CDCA, com Letra de Crédito do Agronegócio – LCA, e com Certificado de Recebíveis do Agronegócio – CRA, criados pelo art. 23 da Lei n. 11.076, de 30 de dezembro de 2004; e

•• Inciso V acrescentado pelo Decreto n. 7.487, de 23-5-2011.

VI – com debêntures de que trata o art. 52 da Lei n. 6.404, de 15 de dezembro de 1976, com Certificados de Recebíveis Imobiliários de que trata o art. 6.º da Lei n. 9.514, de 20 de novembro de 1997, e com Letras Financeiras de que trata o art. 37 da Lei n. 12.249, de 11 de junho de 2010;

•• Inciso VI acrescentado pelo Decreto n. 7.487, de 23-5-2011.

VII – de negociação de cotas de Fundos de Índice de Renda Fixa em bolsas de valores ou mercado de balcão organizado.

•• Inciso VII acrescentado pelo Decreto n. 8.325, de 7-10-2014.

§ 3.º O disposto no inciso III do § 2.º não se aplica às operações conjugadas de que trata o art. 65, § 4.º, alínea *a*, da Lei n. 8.981, de 1995.

§ 4.º O disposto neste artigo não modifica a incidência do IOF:

I – nas operações de que trata o art. 30;

II – no resgate de quotas de fundos de investimento, na forma prevista no art. 31.

§ 5.º A incidência de que trata o inciso II do § 4.º exclui a cobrança do IOF prevista neste artigo.

Art. 32-A. O IOF será cobrado à alíquota de um inteiro e cinco décimos por cento na cessão de ações que sejam admitidas à negociação em bolsa de valores localizada no Brasil, com o fim específico de lastrear a emissão de *depositary receipts* negociados no exterior.

•• *Caput* acrescentado pelo Decreto n. 7.011, de 18-11-2009.

§ 1.º Para os efeitos do disposto no *caput*, exceto no caso de ofertas públicas, o valor da operação a ser considerado para fins de apuração da base de cálculo deverá ser obtido multiplicando-se o número de ações cedidas pela sua cotação de fechamento na data anterior à operação ou, no caso de não ter havido negociação nessa data, pela última cotação de fechamento disponível.

•• § 1.º acrescentado pelo Decreto n. 7.412, de 30-12-2010.

§ 2.º No caso de ofertas públicas, a cotação a ser considerada para fins de apuração da base de cálculo do IOF de que trata este artigo será o preço fixado com base no resultado do processo de coleta de intenções de investimento ("Procedimento de *Bookbuilding*") ou, se for o caso, o preço determinado pelo ofertante e definido nos documentos da oferta pública.

•• § 2.º acrescentado pelo Decreto n. 7.412, de 30-12-2010.

Art. 32-B. (*Revogado pelo Decreto n. 7.563, de 15-9-2011.*)

Art. 32-C. O IOF será cobrado à alíquota de um por cento, sobre o valor nocional ajustado, na aquisição, venda ou vencimento de contrato de derivativo financeiro celebrado no País que, individualmente, resulte em aumento da exposição cambial vendida ou redução da exposição cambial comprada.

•• *Caput* acrescentado pelo Decreto n. 7.563, de 15-9-2011.

§ 1.º Poderão ser deduzidos da base de cálculo apurada diariamente:

•• § 1.º, *caput*, acrescentado pelo Decreto n. 7.563, de 15-9-2011.

I – o somatório do valor nocional ajustado na aquisição, venda ou vencimento de contratos de derivativos financeiros celebrados no País, no dia, e que, individualmente, resultem em aumento da exposição cambial comprada ou redução da exposição cambial vendida;

•• Inciso I acrescentado pelo Decreto n. 7.563, de 15-9-2011.

II – a exposição cambial líquida comprada ajustada apurada no dia útil anterior;

•• Inciso II acrescentado pelo Decreto n. 7.563, de 15-9-2011.

III – a redução da exposição cambial líquida vendida e o aumento da exposição cambial líquida comprada em relação ao dia útil anterior, não resultantes de aquisições, vendas ou vencimentos de contratos de derivativos financeiros.

•• Inciso III acrescentado pelo Decreto n. 7.563, de 15-9-2011.

§ 2.º A base de cálculo será apurada em dólares dos Estados Unidos da América e convertida em moeda nacional para fins de incidência do imposto, conforme taxa de câmbio de fechamento do dia de apuração da base de cálculo divulgada pelo Banco Central do Brasil – PTAX.

•• § 2.º acrescentado pelo Decreto n. 7.563, de 15-9-2011.

§ 3.º No caso de contratos de derivativos financeiros que tenham por objeto a taxa de câmbio de outra moeda estrangeira que não o dólar dos Estados Unidos da América em relação à moeda nacional ou taxa de juros associada a outra moeda estrangeira que não o dólar dos Estados Unidos da América em relação à moeda nacional, o valor nocional ajustado e as exposições cambiais serão apurados na própria moeda estrangeira e convertidos em dólares dos Estados Unidos da América para apuração da base de cálculo.

•• § 3.º acrescentado pelo Decreto n. 7.563, de 15-9-2011.

§ 4.º Para os fins do disposto neste artigo, entende-se por:

•• § 4.º, *caput*, acrescentado pelo Decreto n. 7.563, de 15-9-2011.

I – valor nocional ajustado – o valor de referência do contrato – valor nocional – multiplicado pela variação do preço do derivativo em relação à variação do preço da moeda estrangeira, sendo que, no caso de aquisição, venda ou vencimento parcial, o valor nocional ajustado será apurado proporcionalmente;

•• Inciso I acrescentado pelo Decreto n. 7.563, de 15-9-2011.

II – exposição cambial vendida – o somatório do valor nocional ajustado dos contratos de derivativos financeiros do titular que resultem em ganhos quando houver apreciação da moeda nacional relativamente à moeda estrangeira, ou perdas quando houver depreciação da moeda nacional relativamente à moeda estrangeira;

•• Inciso II acrescentado pelo Decreto n. 7.563, de 15-9-2011.

III – exposição cambial comprada – o somatório do valor nocional ajustado dos contratos de derivativos financeiros do titular que resultem em perdas quando houver apreciação da moeda nacional relativamente à moeda estrangeira, ou ganhos quando houver depreciação da moeda nacional relativamente à moeda estrangeira;

•• Inciso III acrescentado pelo Decreto n. 7.563, de 15-9-2011.

IV – exposição cambial líquida vendida – o valor máximo entre zero e o resultado da diferença entre a exposição cambial vendida e a exposição cambial comprada;

•• Inciso IV acrescentado pelo Decreto n. 7.563, de 15-9-2011.

V – exposição cambial líquida comprada – o valor máximo entre zero e o resultado da diferença entre a exposição cambial comprada e a exposição cambial vendida;

•• Inciso V acrescentado pelo Decreto n. 7.563, de 15-9-2011.

VI – exposição cambial líquida comprada ajustada – o valor máximo entre zero e o resultado da diferença entre a exposição cambial comprada, acrescida de US$ 10.000.000,00 (dez milhões de dólares dos Estados Unidos da América), e a exposição cambial vendida;

•• Inciso VI acrescentado pelo Decreto n. 7.563, de 15-9-2011.

VII – contrato de derivativo financeiro – contrato que tem como objeto taxa de câmbio de moeda estrangeira em relação à moeda nacional ou taxa de juros associada a moeda estrangeira em relação à moeda nacional; e

•• Inciso VII acrescentado pelo Decreto n. 7.563, de 15-9-2011.

VIII – data de aquisição, venda ou vencimento – data em que a exposição cambial do contrato de derivativo financeiro é iniciada ou encerrada, total ou parcialmente, pela determinação de parâmetros utilizados no cálculo do valor de liquidação do respectivo contrato.

•• Inciso VIII acrescentado pelo Decreto n. 7.563, de 15-9-2011.

§ 5.º A alíquota fica reduzida a zero:

•• § 5.º, *caput*, com redação determinada pelo Decreto n. 7.699, de 15-3-2012.

I – nas operações com contratos de derivativos para cobertura de riscos, inerentes à oscilação de preço da moeda estrangeira, decorrentes de contratos de exportação firmados por pessoa física ou jurídica residente ou domiciliada no País; e

•• Inciso I acrescentado pelo Decreto n. 7.699, de 15-3-2012.

II – nas demais operações com contratos de derivativos financeiros não incluídos no *caput*.

•• Inciso II acrescentado pelo Decreto n. n. 7.699, de 15-3-2012.

§ 6.º O contribuinte do tributo é o titular do contrato de derivativos financeiros.

•• § 6.º acrescentado pelo Decreto n. 7.563, de 15-9-2011.

§ 7.º São responsáveis pela apuração e recolhimento do tributo as entidades ou instituições autorizadas a registrar os contratos de derivativos financeiros.

•• § 7.º acrescentado pelo Decreto n. 7.563, de 15-9-2011.

§ 8.º Na impossibilidade de apuração do IOF pelos responsáveis tributários, tais entidades ou instituições deverão, até o décimo dia útil do mês subsequente ao de ocorrência do fato gerador, por meio dos intermediários e participantes habilitados, as informações necessárias para a apuração da base de cálculo das operações com contratos de derivativos financeiros registrados em seus sistemas, e para o recolhimento do tributo:

•• § 8.º, *caput*, acrescentado pelo Decreto n. 7.563, de 15-9-2011.

I – ao contribuinte residente ou domiciliado no País;

•• Inciso I acrescentado pelo Decreto n. 7.563, de 15-9-2011.

II – ao representante legal do contribuinte residente ou domiciliado no exterior; e

•• Inciso II acrescentado pelo Decreto n. 7.563, de 15-9-2011.

III – ao administrador de fundos e clubes de investimentos, para o qual as informações de que trata o § 8.º poderão ser disponibilizadas diariamente.

•• Inciso III acrescentado pelo Decreto n. 7.563, de 15-9-2011.

§ 9.º Caracteriza-se impossibilidade de apuração ou de cobrança, respectivamente, quando as entidades ou instituições de que trata o § 7.º não possuírem todas as informações necessárias para apuração da base de cálculo, inclusive informações de outras entidades autorizadas a registrar contratos de derivativos financeiros, ou não possuírem acesso aos recursos financeiros do contribuinte necessários ao recolhimento do imposto.

•• § 9.º acrescentado pelo Decreto n. 7.563, de 15-9-2011.

§ 10. As informações a que se refere o § 8.º poderão ser disponibilizadas em formato eletrônico.

•• § 10 com redação determinada pelo Decreto n. 7.683, de 29-2-2012.

§ 11. Para fazer jus à alíquota reduzida de que trata o inciso I do § 5.º, o valor total da exposição cambial vendida diária referente às operações com contratos de derivativos não poderá ser superior a 1,2 (um inteiro e dois décimos) vezes o valor total das operações com exportação realizadas no ano anterior pela pessoa física ou jurídica titular dos contratos de derivativos.

•• § 11 acrescentado pelo Decreto n. 7.699, de 15-3-2012.

§ 12. Observado o limite de que trata o § 11, o disposto no inciso I do § 5.º estará sujeito à comprovação de operações de exportação cujos valores justifiquem a respectiva exposição cambial vendida, realizadas no período de até doze meses subsequentes à data de ocorrência do fato gerador do IOF.

•• § 12 acrescentado pelo Decreto n. 7.699, de 15-3-2012.

§ 13. Quando houver falta de comprovação ou descumprimento de condição de que tratam os §§ 11 e 12, o IOF será devido a partir da data de ocorrência do fato gerador e calculado à alíquota correspondente à operação, conforme previsto no *caput*, acrescido de juros e multa de mora.

•• § 13 acrescentado pelo Decreto n. 7.699, de 15-3-2012.

§ 14. Quando, em razão de determinação prévia do Banco Central do Brasil, a taxa de câmbio válida para um determinado dia for definida como a mesma taxa de câmbio do dia útil imediatamente anterior, será considerada como data de aquisição, venda ou vencimento, definida no inciso VIII do § 4.º, para as exposições com aquisição, venda ou vencimento nessa data, o dia útil imediatamente anterior, ficando o próprio contribuinte responsável pela consolidação das exposições destes dias.

•• § 14 acrescentado pelo Decreto n. 7.878, de 27-12-2012.

§ 15. A partir de 13 de junho de 2013, a alíquota prevista no *caput* fica reduzida a zero.

•• § 15 acrescentado pelo Decreto n. 8.027, de 12-6-2013.

Art. 33. A alíquota fica reduzida a zero nas demais operações com títulos ou valores mobiliários, inclusive no resgate de cotas do Fundo de Aposentadoria Programada Individual – FAPI, instituído pela Lei n. 9.477, de 24 de julho de 1997.

•• Artigo com redação determinada pelo Decreto n. 7.487, de 23-5-2011.

CAPÍTULO IV
DA ISENÇÃO

Art. 34. São isentas do IOF as operações com títulos ou valores mobiliários:

I – em que o adquirente seja a entidade binacional Itaipu (art. XII do Tratado promulgado pelo Decreto n. 72.707, de 1973);

II – efetuadas com recursos e em benefício dos Fundos Constitucionais de Financiamento do Norte (FNO) do Nordeste (FNE) e do Centro-Oeste (FCO) (Lei n. 7.827, de 1989, art. 8.º);

III – de negociações com Cédula de Produto Rural realizadas nos mercados de bolsas e de balcão (Lei n. 8.929, de 22-8-1994, art. 19, § 2.º);

IV – em que os adquirentes sejam missões diplomáticas e repartições consulares de carreira (Convenção de Viena sobre Relações Consulares promulgada pelo Decreto n. 61.078, de 1967, art. 32, e Decreto n. 95.711, de 1988, art. 1.º);

V – em que o adquirente seja funcionário estrangeiro de missão diplomática ou representação consular (Convenção de Viena sobre Relações Diplomáticas promulgada pelo Decreto n. 56.435, de 1965, art. 34);

VI – de negociações com Certificado de Depósito Agropecuário – CDA e com *Warrant* Agropecuário – WA (Lei n. 11.076, de 2004, arts. 1.º e 18).

§ 1.º O disposto nos incisos IV e V não se aplica aos consulados e cônsules honorários (Convenção de Viena sobre Relações Consulares promulgada pelo Decreto n. 61.078, de 1967, art. 58).

§ 2.º O disposto no inciso V não se aplica aos funcionários estrangeiros que tenham residência permanente no Brasil (Convenção de Viena sobre Relações Diplomáticas promulgada pelo Decreto n. 56.435, de 1965, art. 37, e Convenção de Viena sobre Relações Consulares promulgada pelo Decreto n. 61.078, de 1967, art. 71).

§ 3.º Os membros das famílias dos funcionários mencionados no inciso V, desde que com eles mantenham relação de dependência econômica e não tenham residência permanente no Brasil, gozarão do tratamento estabelecido neste artigo (Convenção de Viena sobre Relações Diplomáticas promulgada pelo Decreto n. 56.435, de 1965, art. 37, e Convenção de Viena sobre Relações Consulares promulgada pelo Decreto n. 61.078, de 1967, art. 71).

§ 4.º O tratamento estabelecido neste artigo aplica-se, ainda, aos organismos internacionais e regionais de caráter permanente de que o Brasil seja membro e aos funcionários estrangeiros de tais organismos, nos termos dos acordos firmados (Lei n. 5.172, de 1966, art. 98).

CAPÍTULO V
DA COBRANÇA E DO RECOLHIMENTO

Art. 35. O IOF será cobrado na data da liquidação financeira da operação.

§ 1.º No caso de repactuação, o IOF será cobrado na data da ocorrência do fato gerador.

§ 2.º No caso da cessão de que trata o art. 32-A, o IOF será cobrado na data da ocorrência do fato gerador, exceto na hipótese do § 2.º do mesmo artigo, quando a cobrança será efetuada na data da liquidação financeira da oferta pública.

•• § 2.º com redação determinada pelo Decreto n. 7.412, de 30-12-2010.

§ 3.º O IOF deve ser recolhido ao Tesouro Nacional até o terceiro dia útil subsequente ao decêndio da cobrança ou do registro contábil do imposto.

•• § 3.º acrescentado pelo Decreto n. 7.412, de 30-12-2010.

TÍTULO VI
DA INCIDÊNCIA SOBRE OPERAÇÕES COM OURO, ATIVO FINANCEIRO, OU INSTRUMENTO CAMBIAL

CAPÍTULO I
DO FATO GERADOR

Art. 36. O ouro, ativo financeiro, ou instrumento cambial sujeita-se, exclusivamente, à incidência do IOF (Lei n. 7.766, de 1989, art. 4.º).

§ 1.º Entende-se por ouro, ativo financeiro, ou instrumento cambial, desde sua extração, inclusive, o ouro que, em qualquer estado de pureza, em bruto ou refinado, for destinado ao mercado financeiro ou à execução da política cambial do País, em operação realizada com a interveniência de instituição integrante do Sistema Financeiro Nacional, na forma e condições autorizadas pelo Banco Central do Brasil.

§ 2.º Enquadra-se na definição do § 1.º deste artigo o ouro:

I – envolvido em operações de tratamento, refino, transporte, depósito ou custódia, desde que formalizado compromisso de destiná-lo ao Banco Central do Brasil ou à instituição por ele autorizada;

II – adquirido na região de garimpo, onde o ouro é extraído, desde que, na saída do Município, tenha o mesmo destino a que se refere o inciso I;

III – importado, com interveniência das instituições mencionadas no inciso I.

§ 3.º O fato gerador do IOF é a primeira aquisição do ouro, ativo financeiro, ou instrumento cambial, efetuada por instituição autorizada integrante do Sistema Financeiro Nacional (Lei n. 7.766, de 1989, art. 8.º).

§ 4.º Ocorre o fato gerador e torna-se devido o IOF:

I – na data da aquisição;

II – no desembaraço aduaneiro, quando se tratar de ouro físico oriundo do exterior.

CAPÍTULO II
DOS CONTRIBUINTES

Art. 37. Contribuintes do IOF são as instituições autorizadas pelo Banco Central do Brasil que efetuarem a primeira aquisição do ouro, ativo financeiro, ou instrumento cambial (Lei n. 7.766, de 1989, art. 10).

CAPÍTULO III
DA BASE DE CÁLCULO E DA ALÍQUOTA

Da Base de Cálculo

Art. 38. A base de cálculo do IOF é o preço de aquisição do ouro, desde que dentro dos limites de variação da cotação vigente no mercado doméstico, no dia da operação (Lei n. 7.766, de 1989, art. 9.º).

Parágrafo único. Tratando-se de ouro físico, oriundo do exterior, o preço de aquisição, em moeda nacional, será determinado com base no valor de mercado doméstico na data do desembaraço aduaneiro.

Da Alíquota

Art. 39. A alíquota do IOF é de um por cento sobre o preço de aquisição (Lei n. 7.766, de 1989, art. 4.º, parágrafo único).

Capítulo IV
DA COBRANÇA E DO RECOLHIMENTO

Art. 40. O IOF será cobrado na data da primeira aquisição do ouro, ativo financeiro, efetuada por instituição financeira, integrante do Sistema Financeiro Nacional (Lei n. 7.766, de 1989, art. 8.º).

§ 1.º O IOF deve ser recolhido ao Tesouro Nacional até o terceiro dia útil subsequente ao decêndio de ocorrência dos fatos geradores (Lei n. 11.196, de 2005, art. 70, inciso II, alínea *a*).

§ 2.º O recolhimento do IOF deve ser efetuado no Município produtor ou no Município em que estiver localizado o estabelecimento-matriz do contribuinte, devendo ser indicado, no documento de arrecadação, o Estado ou o Distrito Federal e o Município, conforme a origem do ouro (Lei n. 7.766, de 1989, art. 12).

§ 3.º Tratando-se de ouro oriundo do exterior, considera-se Município e Estado de origem o de ingresso do ouro no País (Lei n. 7.766, de 1989, art. 6.º).

§ 4.º A pessoa jurídica adquirente fará constar da nota de aquisição o Estado ou o Distrito Federal e o Município de origem do ouro (Lei n. 7.766, de 1989, art. 7.º).

Título VII
DAS DISPOSIÇÕES GERAIS E FINAIS

Capítulo I
DAS OBRIGAÇÕES ACESSÓRIAS

Manutenção de Informações

Art. 41. As pessoas jurídicas que efetuarem operações sujeitas à incidência do IOF devem manter à disposição da fiscalização, pelo prazo prescricional, as seguintes informações:

I – relação diária das operações tributadas, com elementos identificadores da operação (beneficiário, espécie, valor e prazo) e o somatório diário do tributo;

II – relação diária das operações isentas ou tributadas à alíquota zero, com elementos identificadores da operação (beneficiário, espécie, valor e prazo);

III – relação mensal dos empréstimos em conta, inclusive excessos de limite, de prazo de até trezentos e sessenta e quatro dias, tributados com base no somatório dos saldos devedores diários, apurado no último dia de cada mês, contendo nome do beneficiário, somatório e valor do IOF cobrado;

IV – relação mensal dos adiantamentos a depositantes, contendo nome do devedor, valor e data de cada parcela tributada e valor do IOF cobrado;

V – relação mensal dos excessos de limite, relativos aos contratos com prazo igual ou superior a trezentos e sessenta e cinco dias ou com prazo indeterminado, contendo nome do mutuário, limite, valor dos excessos tributados e datas das ocorrências.

Parágrafo único. Além das exigências previstas nos incisos I e II, as seguradoras deverão manter arquivadas as informações que instruírem a cobrança bancária.

Art. 42. Serão efetuados de forma centralizada pelo estabelecimento-matriz da pessoa jurídica os recolhimentos do imposto, ressalvado o disposto nos §§ 2.º e 3.º do art. 40.

Parágrafo único. O estabelecimento-matriz deverá manter registros que segreguem as operações de cada estabelecimento cobrador e que permitam demonstrar, com clareza, cada recolhimento efetuado.

Registro Contábil do Imposto

Art. 43. Nas pessoas jurídicas responsáveis pela cobrança e pelo recolhimento, o IOF cobrado é creditado em título contábil próprio e subtítulos adequados à natureza de cada incidência do imposto.

Art. 44. A conta que registra a cobrança do IOF é debitada somente:

I – no estabelecimento cobrador, pela transferência para o estabelecimento centralizador do recolhimento do imposto;

II – no estabelecimento centralizador do imposto, pelo recolhimento ao Tesouro Nacional do valor arrecadado, observados os prazos regulamentares;

III – por estorno, até a data do recolhimento ao Tesouro Nacional, de registro de qualquer natureza feito indevidamente no período, ficando a documentação comprobatória arquivada no estabelecimento que o processar, à disposição da fiscalização.

Obrigações do Responsável

Art. 45. Para efeito de reconhecimento da aplicabilidade de isenção ou alíquota reduzida, cabe ao responsável pela cobrança e recolhimento do IOF exigir:

•• *Caput* com redação determinada pelo Decreto n. 7.487, de 23-5-2011.

I – no caso de cooperativa, declaração, em duas vias, por ela firmada de que atende aos requisitos da legislação cooperativista (Lei n. 5.764, de 16-12-1971);

II – no caso de empresas optantes pelo Simples Nacional, o mutuário da operação de crédito deverá apresentar à pessoa jurídica mutuante declaração, em duas vias, de que se enquadra como pessoa jurídica sujeita ao regime tributário de que trata a Lei Complementar n. 123, de 2006, e que o signatário é seu representante legal e está ciente de que a falsidade na prestação desta informação o sujeitará, juntamente com as demais pessoas que para ela concorrem, às penalidades previstas na legislação criminal e tributária, relativas à falsidade ideológica (art. 299 do Código Penal) e ao crime contra a ordem tributária (Lei n. 8.137, de 27-12-1990, art. 1.º);

III – nos demais casos, a documentação exigida pela legislação específica.

Parágrafo único. Nas hipóteses dos incisos I e II, o responsável pela cobrança do IOF arquivará a 1.ª via da declaração, em ordem alfabética, que ficará à disposição da Secretaria da Receita Federal do Brasil, devendo a 2.ª via ser devolvida como recibo.

Ouro – Documentário Fiscal

Art. 46. As operações com ouro, ativo financeiro, ou instrumento cambial, e a sua destinação, devem ser comprovadas mediante documentário fiscal instituído pela Secretaria da Receita Federal do Brasil (Lei n. 7.766, de 1989, art. 3.º).

Parágrafo único. O transporte do ouro, ativo financeiro, para qualquer parte do território nacional, será acobertado exclusivamente por nota fiscal integrante da documentação mencionada (Lei n. 7.766, de 1989, art. 3.º, § 1.º).

Capítulo II
DAS PENALIDADES E ACRÉSCIMOS MORATÓRIOS

Do Pagamento ou Recolhimento Fora dos Prazos

Art. 47. O IOF não pago ou não recolhido no prazo previsto neste Decreto será acrescido de (Lei n. 9.430, de 27-12-1996, art. 5.º, § 3.º, e art. 61):

I – juros de mora equivalentes à taxa referencial SELIC, para títulos federais, acumulada mensalmente, calculados a partir do primeiro dia do mês subsequente ao do vencimento da obrigação até o último dia do mês anterior ao do pagamento e de um por cento no mês do pagamento;

II – multa de mora, calculada à taxa de 0,33%, por dia de atraso, limitada a vinte por cento.

Parágrafo único. A multa de que trata o inciso II será calculada a partir do primeiro dia subsequente ao do vencimento do prazo previsto para o pagamento ou recolhimento do IOF.

Aplicação de Acréscimos de Procedimento Espontâneo

Art. 48. A pessoa física ou jurídica submetida a ação fiscal por parte da Secretaria da Receita

Federal do Brasil poderá pagar, até o vigésimo dia subsequente à data de recebimento do termo de início de fiscalização, o IOF já declarado, de que for sujeito passivo como contribuinte ou responsável, com os acréscimos legais aplicáveis nos casos de procedimento espontâneo (Lei n. 9.430, de 1996, art. 47, e Lei n. 9.532, de 1997, art. 70, inciso II).

Do Lançamento de Ofício

Art. 49. Nos casos de lançamento de ofício, será aplicada multa de setenta e cinco por cento sobre a totalidade ou diferença do imposto, nos casos de falta de pagamento ou recolhimento, de falta de declaração e nos de declaração inexata (Lei n. 9.430, de 1996, art. 44, inciso I).

Parágrafo único. O percentual de multa de que trata o *caput* será duplicado nos casos previstos nos arts. 71, 72 e 73 da Lei n. 4.502, de 30 de novembro de 1964, independentemente de outras penalidades administrativas ou criminais cabíveis (Lei n. 9.430, de 1996, art. 44, § 1.º).

Agravamento de Penalidade

Art. 50. Os percentuais de multa a que se referem o *caput* e parágrafo único do art. 49 serão aumentados de metade, nos casos de não atendimento pelo sujeito passivo, no prazo marcado, de intimação para (Lei n. 9.430, de 1996, art. 44, § 2.º):

I – prestar esclarecimentos;

II – apresentar os arquivos ou sistemas de que tratam os arts. 11 e 12 da Lei n. 8.218, de 29 de agosto de 1991, alterados pelo art. 72 da Medida Provisória n. 2.158-35, de 2001;

III – apresentar a documentação técnica de que trata o art. 38 da Lei n. 9.430, de 1996.

Débitos com Exigibilidade Suspensa por Medida Judicial

Art. 51. Não caberá lançamento de multa de ofício na constituição do crédito tributário destinada a prevenir a decadência, cuja exigibilidade houver sido suspensa na forma dos incisos IV e V do art. 151 da Lei n. 5.172, de 1966 (Lei n. 9.430, de 1996, art. 63, e Medida Provisória n. 2.158-35, de 2001, art. 70).

§ 1.º O disposto neste artigo aplica-se, exclusivamente, aos casos em que a suspensão da exigibilidade do débito tenha ocorrido antes do início de qualquer procedimento de ofício a ele relativo (Lei n. 9.430, de 1996, art. 63, § 1.º).

§ 2.º A interposição da ação judicial favorecida com a medida liminar interrompe a incidência da multa de mora, desde a concessão da medida judicial, até trinta dias após a data da publicação da decisão judicial que considerar devido o imposto (Lei n. 9.430, de 1996, art. 63, § 2.º).

§ 3.º No caso de depósito judicial do valor integral do débito, efetuado tempestivamente, fica afastada também a incidência de juros de mora.

Redução de Penalidade

Art. 52. Será concedida redução de cinquenta por cento da multa de lançamento de ofício ao contribuinte que, notificado, efetuar o pagamento do débito no prazo legal de impugnação (Lei n. 8.218, de 1991, art. 6.º, e Lei n. 9.430, de 1996, art. 44, § 3.º).

§ 1.º Se houver impugnação tempestiva, a redução será de trinta por cento se o pagamento do débito for efetuado dentro de trinta dias da ciência da decisão de primeira instância (Lei n. 8.218, de 1991, art. 6.º, parágrafo único).

§ 2.º Será concedida redução de quarenta por cento da multa de lançamento de ofício ao contribuinte que, notificado, requerer o parcelamento do débito no prazo legal de impugnação, observado que (Lei n. 8.383, de 1991, art. 60):

I – havendo impugnação tempestiva, a redução será de vinte por cento se o parcelamento for requerido dentro de trinta dias da ciência da decisão da primeira instância (Lei n. 8.383, de 1991, art. 60, § 1.º);

II – a rescisão do parcelamento, motivada pelo descumprimento das normas que o regulam, implicará restabelecimento do montante da multa proporcionalmente ao valor da receita não satisfeito (Lei n. 8.383, de 1991, art. 60, § 2.º).

Infrações às Normas Relativas à Prestação de Informações

Art. 53. O descumprimento das obrigações acessórias exigidas nos termos do art. 16 da Lei n. 9.779, de 1999, acarretará a aplicação das seguintes penalidades (Medida Provisória n. 2.158-35, de 2001, art. 57):

I – R$ 5.000,00 (cinco mil reais) por mês-calendário, relativamente às pessoas jurídicas que deixarem de fornecer, nos prazos estabelecidos, as informações ou esclarecimentos solicitados;

II – cinco por cento, não inferior a R$ 100,00 (cem reais), do valor das transações comerciais ou das operações financeiras, próprias da pessoa jurídica ou de terceiros em relação aos quais seja responsável tributário, no caso de informação omitida, inexata ou incompleta.

Casos Especiais de Infração

Art. 54. Sem prejuízo da pena criminal cabível, são aplicáveis ao contribuinte ou ao responsável pela cobrança e pelo recolhimento do IOF as seguintes multas (Lei n. 5.143, de 1966, art. 6.º, Decreto-lei n. 2.391, de 18-12-1987, Lei n. 7.730, de 31-1-1989, art. 27, Lei n. 7.799, de 10-9-1989, art. 66, Lei n. 8.178, de 1.º-3-1991, art. 21, Lei n. 8.218, de 1991, arts. 4.º a 6.º e 10, Lei n. 8.383, de 1991, arts. 3.º e 60, Lei n. 9.249, de 1995, art. 30):

I – R$ 2.867,30 (dois mil oitocentos e sessenta e sete reais e trinta centavos) pela falsificação ou adulteração de guia, livro ou outro papel necessário ao registro ou recolhimento do IOF ou pela coautoria na prática de qualquer dessas faltas;

II – R$ 2.007,11 (dois mil e sete reais e onze centavos) pelo embaraço ou impedimento da ação fiscalizadora, ou pela recusa da exibição de livros, guias ou outro papel necessário ao registro ou recolhimento do IOF, quando solicitados pela fiscalização.

Bolsas de Valores, de Mercadorias, de Futuros e Assemelhadas

Art. 55. A inobservância do prazo a que se refere o § 3.º do art. 59 sujeitará as bolsas de valores, de mercadorias, de futuros e assemelhadas à multa de R$ 828,70 (oitocentos e vinte e oito reais e setenta centavos) por dia útil de atraso (Lei n. 8.021, de 12-4-1990, art. 7.º, § 1.º, Lei n. 8.178, de 1991, art. 21, Lei n. 8.218, de 1991, art. 10, Lei n. 8.383, de 1991, art. 3.º, e Lei n. 9.249, de 1995, art. 30).

Ouro – Apreensão

Art. 56. O ouro, ativo financeiro, ou instrumento cambial acompanhado por documentação fiscal irregular será objeto de apreensão pela Secretaria da Receita Federal do Brasil (Lei n. 7.766, de 1989, art. 3.º, § 2.º).

§ 1.º Feita a apreensão do ouro, será intimado imediatamente o seu proprietário, possuidor ou detentor a apresentar, no prazo de vinte e quatro horas, os documentos comprobatórios da regularidade da operação.

§ 2.º Decorrido o prazo da intimação sem que sejam apresentados os documentos exigidos ou, se apresentados, não satisfizerem os requisitos legais, será lavrado auto de infração.

Art. 57. O ouro, ativo financeiro, ou instrumento cambial apreendido poderá ser restituído, antes do julgamento definitivo do processo, a requerimento da parte, depois de sanadas as irregularidades que motivaram a apreensão.

Parágrafo único. Na hipótese de falta de identificação do contribuinte, o ouro apreendido poderá ser restituído, a requerimento do responsável em cujo poder for encontrado, mediante depósito do valor do IOF e da multa aplicável no seu grau máximo ou de prestação de fiança idônea.

Art. 58. Depois do trânsito em julgado da decisão administrativa, o ouro, ativo financeiro, ou instrumento cambial que não for retirado dentro de trinta dias, contados da data da ciência da intimação do último despacho, ficará sob a guarda do Banco Central do Brasil em nome da União e, transcorrido o quinquênio prescricional, será incorporado ao patrimônio do Tesouro Nacional.

CAPÍTULO III
DA FISCALIZAÇÃO DO IOF

Art. 59. Compete à Secretaria da Receita Federal do Brasil a administração do IOF, incluídas as atividades de arrecadação, tributação e fiscalização (Decreto-lei n. 2.471, de 1988, art. 3.º).

§ 1.º No exercício de suas atribuições, a Secretaria da Receita Federal do Brasil, por intermédio de seus agentes fiscais, poderá proceder ao exame de documentos, livros e registros dos contribuintes do IOF e dos responsáveis pela sua cobrança e recolhimento, independentemente de instauração de processo (Decreto-lei n. 2.471, de 1988, art. 3.º, § 1.º).

§ 2.º A autoridade fiscal do Ministério da Fazenda poderá proceder a exames de documentos, livros e registros das bolsas de valores, de mercadorias, de futuros e assemelhadas, bem como solicitar a prestação de esclarecimentos e informações a respeito de operações por elas praticadas, inclusive em relação a terceiros (Lei n. 8.021, de 1990, art. 7.º).

§ 3.º As informações a que se refere o § 2.º deverão ser prestadas no prazo máximo de dez dias úteis contados da data da solicitação (Lei n. 8.021, de 1990, art. 7.º, § 1.º).

§ 4.º As informações obtidas com base neste artigo somente poderão ser utilizadas para efeito de verificação do cumprimento de obrigações tributárias (Lei n. 8.021, de 1990, art. 7.º, § 2.º).

§ 5.º As informações, fornecidas de acordo com as normas regulamentares expedidas pelo Ministério da Fazenda, deverão ser prestadas no prazo máximo de dez dias úteis contados da data da ciência da solicitação, aplicando-se, no caso de descumprimento desse prazo, a penalidade prevista no art. 55 deste Decreto.

Art. 60. No processo administrativo fiscal, compreendendo os procedimentos destinados à determinação e exigência do IOF, à imposição de penalidades, repetição de indébito, à solução de consultas, e no procedimento de compensação do imposto, observar-se-á a legislação prevista para os tributos federais e normas baixadas pela Secretaria da Receita Federal do Brasil.

CAPÍTULO IV
DA COMPENSAÇÃO E DA RESTITUIÇÃO

Art. 61. Nos casos de pagamento indevido ou a maior do imposto, mesmo quando resultante de reforma, anulação, revogação ou rescisão de decisão condenatória, o contribuinte ou o responsável tributário, quando este assumir o ônus do imposto ou estiver expressamente autorizado, poderá requerer a restituição desse valor, observadas as instruções expedidas pela Secretaria da Receita Federal do Brasil (Lei n. 5.172, de 1966, art. 165).

Art. 62. O sujeito passivo que apurar crédito de IOF, inclusive os judiciais com trânsito em julgado, passível de restituição, poderá utilizá-lo na compensação de débitos próprios relativos a quaisquer tributos e contribuições administrados pela Secretaria da Receita Federal do Brasil (Lei n. 9.430, de 1996, art. 74, Lei n. 10.637, de 30-12-2002, art. 49, Lei n. 10.833, de 29-12-2003, art. 17, e Lei n. 11.051, de 29-12-2004, art. 4.º).

§ 1.º A compensação de que trata este artigo será efetuada mediante a entrega, pelo sujeito passivo, de declaração na qual constarão informações relativas aos créditos utilizados e aos respectivos débitos compensados.

§ 2.º A compensação declarada à Secretaria da Receita Federal do Brasil extingue o crédito tributário, sob condição resolutória de sua ulterior homologação.

§ 3.º O prazo para homologação da compensação declarada pelo sujeito passivo será de cinco anos, contado da data da entrega da declaração de compensação.

§ 4.º A declaração de compensação constitui confissão de dívida e instrumento hábil e suficiente para a exigência dos débitos indevidamente compensados.

§ 5.º Não homologada a compensação, a autoridade administrativa deverá cientificar o sujeito passivo e intimá-lo a efetuar, no prazo de trinta dias, contado da ciência do ato que não a homologou, o pagamento dos débitos indevidamente compensados.

§ 6.º Não efetuado o pagamento no prazo previsto no § 5.º, o débito será encaminhado à Procuradoria-Geral da Fazenda Nacional para inscrição em Dívida Ativa da União, ressalvado o disposto no § 7.º.

§ 7.º É facultado ao sujeito passivo, no prazo referido no § 5.º, apresentar manifestação de inconformidade contra a não homologação da compensação.

§ 8.º Da decisão que julgar improcedente a manifestação de inconformidade caberá recurso ao Conselho de Contribuintes.

§ 9.º A manifestação de inconformidade e o recurso de que tratam os §§ 7.º e 8.º obedecerão ao rito processual do Decreto n. 70.235, de 6 de março de 1972, e enquadram-se no disposto no inciso III do art. 151 da Lei n. 5.172, de 1966, relativamente ao débito objeto da compensação.

Art. 63. O valor a ser restituído ou compensado será acrescido de juros equivalentes à taxa referencial SELIC, para títulos federais, acumulada mensalmente, calculados a partir do mês subsequente ao do pagamento indevido ou a maior até o mês anterior ao da compensação ou restituição e de um por cento relativamente ao mês em que esta estiver sendo efetuada (Lei n. 9.250, de 1995, art. 39, § 4.º, e Lei n. 9.532, de 1997, art. 73).

Capítulo V
DAS DISPOSIÇÕES FINAIS

Art. 64. Não configura fato gerador o registro decorrente de erro formal ou contábil, devendo, nesta hipótese, ser mantida à disposição da fiscalização a documentação comprobatória e ser promovida a regularização pertinente.

Art. 65. É vedada a concessão de parcelamento de débitos relativos ao IOF, retido e não recolhido ao Tesouro Nacional (Lei n. 10.522, de 19-7-2002, art. 14, e Lei n. 11.051, de 2004, art. 3.º).

Parágrafo único. É vedada, igualmente, a concessão de parcelamento de débitos enquanto não integralmente pago parcelamento anterior, relativo ao mesmo tributo.

Art. 66. Compete à Secretaria da Receita Federal do Brasil editar os atos necessários à execução do disposto neste Decreto.

Art. 67. Este Decreto entra em vigor na data de sua publicação.

Art. 68. Ficam revogados os Decretos n. 4.494, de 3 de dezembro de 2002, e n. 5.172, de 6 de agosto de 2004.

Brasília, 14 de dezembro de 2007; 186.º da Independência e 119.º da República.

Luiz Inácio Lula da Silva

ANEXO

N. de dias	% Limite do Rendimento
01	96
02	93
03	90
04	86
05	83

06	80
07	76
08	73
09	70
10	66
11	63
12	60
13	56
14	53
15	50
16	46
17	43
18	40
19	36
20	33
21	30
22	26
23	23
24	20
25	16
26	13
27	10
28	06
29	03
30	00

LEI N. 11.727, DE 23 DE JUNHO DE 2008 (*)

Dispõe sobre medidas tributárias destinadas a estimular os investimentos e a modernização do setor de turismo, a reforçar o sistema de proteção tarifária brasileiro, a estabelecer a incidência de forma concentrada da Contribuição para o PIS/Pasep e da Contribuição para o Financiamento da Seguridade Social – Cofins na produção e comercialização de álcool; altera as Leis n. 10.865, de 30 de abril de 2004, 11.488, de 15 de junho de 2007, 9.718, de 27 de novembro de 1998, 11.196, de 21 de novembro de 2005, 10.637, de 30 de dezembro de 2002, 10.833, de 29 de dezembro de 2003, 7.689, de 15 de dezembro de 1988, 7.070, de 20 de dezembro de 1982, 9.250, de 26 de dezembro de 1995, 9.430, de 27 de dezembro de 1996, 9.249, de 26 de dezembro de 1995, 11.051, de 29 de dezembro de 2004, 9.393, de 19 de dezembro de 1996, 8.213, de 24 de julho de 1991, 7.856, de 24 de outubro de 1989, e a Medida Provisória n. 2.158-35, de 24 de agosto de 2001; e dá outras providências.

O Presidente da República

Faço saber que o Congresso Nacional decreta e eu sanciono a seguinte Lei:

Art. 1.º Para efeito de apuração da base de cálculo do imposto de renda, a pessoa jurídica que explore a atividade de hotelaria poderá utilizar depreciação acelerada incentivada de bens móveis integrantes do ativo imobilizado, adquiridos a partir da data da publicação da Medida Provisória n. 413, de 3 de janeiro de 2008, até 31 de dezembro de 2010, calculada pela aplicação da taxa de depreciação admitida pela legislação tributária, sem prejuízo da depreciação contábil.

•• A Medida Provisória n. 413, de 3-1-2008, foi convertida na Lei n. 11.727, de 23-6-2008.

§ 1.º A quota de depreciação acelerada incentivada de que trata o *caput* deste artigo constituirá exclusão do lucro líquido para fins de determinação do lucro real e será controlada no livro fiscal de apuração do lucro real.

§ 2.º O total da depreciação acumulada, incluindo a contábil e a acelerada incentivada, não poderá ultrapassar o custo de aquisição do bem.

(*) Publicada no *DOU*, de 24-6-2008. Esta Lei é a conversão da Medida Provisória n. 413, de 3-1-2008.

§ 3.º A partir do período de apuração em que for atingido o limite de que trata o § 2.º deste artigo, o valor da depreciação, registrado na contabilidade, deverá ser adicionado ao lucro líquido para efeito de determinação do lucro real.

Art. 2.º O Poder Executivo poderá definir alíquotas específicas (*ad rem*) para o Imposto de Importação, por quilograma líquido ou unidade de medida estatística da mercadoria, estabelecer e alterar a relação de mercadorias sujeitas à incidência do Imposto de Importação sob essa forma, bem como diferenciar as alíquotas específicas por tipo de mercadoria.

•• *Vide* art. 41, I, desta Lei.

Parágrafo único. A alíquota de que trata este artigo fica fixada em R$ 15,00 (quinze reais) por quilograma líquido ou unidade de medida estatística da mercadoria, podendo ser reduzida por ato do Poder Executivo nos termos do *caput* deste artigo.

Art. 3.º O art. 8.º da Lei n. 10.865, de 30 de abril de 2004, passa a vigorar acrescido dos seguintes §§ 17 e 18:

•• Alterações já processadas no diploma modificado.

....

Art. 5.º Os valores retidos na fonte a título da Contribuição para o PIS/Pasep e da Cofins, quando não for possível sua dedução dos valores a pagar das respectivas contribuições no mês de apuração, poderão ser restituídos ou compensados com débitos relativos a outros tributos e contribuições administrados pela Secretaria da Receita Federal do Brasil, observada a legislação específica aplicável à matéria.

•• Artigo regulamentado pelo Decreto n. 6.662, de 25-11-2008.

§ 1.º Fica configurada a impossibilidade da dedução de que trata o *caput* deste artigo quando o montante retido no mês exceder o valor da respectiva contribuição a pagar no mesmo mês.

§ 2.º Para efeito da determinação do excesso de que trata o § 1.º deste artigo, considera-se contribuição a pagar no mês da retenção o valor da contribuição devida descontada dos créditos apurados naquele mês.

§ 3.º A partir da publicação da Medida Provisória n. 413, de 3 de janeiro de 2008, o saldo dos valores retidos na fonte a título da Contribuição para o PIS/Pasep e da Cofins apurados em períodos anteriores poderá também ser restituído ou compensado com débitos relativos a outros tributos e contribuições administrados pela Secretaria da Receita Federal do Brasil, na forma a ser regulamentada pelo Poder Executivo.

....

Art. 7.º O art. 5.º da Lei n. 9.718, de 27 de novembro de 1998, passa a vigorar com a seguinte redação:

•• Alterações já processadas no diploma modificado.

Art. 8.º Excepcionalmente, para o ano-calendário de 2008, a opção de que trata o § 4.º do art. 5.º da Lei n. 9.718, de 27 de novembro de 1998, será exercida até o último dia útil do quarto mês subsequente ao da publicação desta Lei, produzindo efeitos, de forma irretratável, a partir do primeiro dia desse mês.

....

Art. 10. A pessoa jurídica sujeita ao regime de apuração não cumulativa da Contribuição para o PIS/Pasep e da Cofins, produtora ou importadora de álcool, inclusive para fins carburantes, poderá descontar créditos presumidos relativos ao estoque deste produto existente no último dia do terceiro mês subsequente ao da publicação desta Lei.

•• *Vide* art. 41, IV, desta Lei.

§ 1.º Os créditos de que trata o *caput* deste artigo corresponderão a:

I – R$ 7,14 (sete reais e quatorze centavos) por metro cúbico de álcool, no caso da Contribuição para o PIS/Pasep; e

II – R$ 32,86 (trinta e dois reais e oitenta e seis centavos) por metro cúbico de álcool, no caso da Cofins.

§ 2.º Os créditos de que trata o *caput* deste artigo:

I – serão apropriados em 12 (doze) parcelas mensais, iguais e sucessivas, a partir do quarto mês subsequente ao da publicação desta Lei, observado o disposto no § 1.º deste artigo; e

II – somente poderão ser utilizados para compensação com débitos relativos à Contribuição para o PIS/Pasep e à Cofins apurados no regime não cumulativo.

§ 3.º A pessoa jurídica distribuidora apurará a Contribuição para o PIS/Pasep e a Cofins incidentes sobre a venda do estoque de álcool, inclusive para fins carburantes, existente no último dia do terceiro mês subsequente ao da publicação desta Lei, com base no regime legal anterior à publicação da Medida Provisória n. 413, de 3 de janeiro de 2008, independentemente da data em que a operação de venda se realizar.

Art. 11. Fica suspenso o pagamento da Contribuição para o PIS/Pasep e da Cofins na venda de cana-de-açúcar, classificada na posição 12.12 da Nomenclatura Comum do Mercosul – NCM.

•• *Caput* com redação determinada pela Lei n. 12.844, de 19-7-2013.

•• *Vide* art. 41, IV, desta Lei.

§ 1.º É vedado à pessoa jurídica vendedora de cana-de-açúcar o aproveitamento de créditos vinculados à receita de venda efetuada com suspensão na forma do *caput* deste artigo.

§ 2.º Não se aplicam as disposições deste artigo no caso de venda de cana-de-açúcar para pessoa jurídica que apura as contribuições no regime de cumulatividade.

Art. 12. No caso de produção por encomenda de álcool, inclusive para fins carburantes:

•• *Vide* art. 41, IV, desta Lei.

I – a pessoa jurídica encomendante fica sujeita às alíquotas previstas no *caput* do art. 5.º da Lei n. 9.718, de 27 de novembro de 1998, observado o disposto em seus §§ 4.º, 8.º e 9.º;

II – a pessoa jurídica executora da encomenda deverá apurar a Contribuição para o PIS/Pasep e a Cofins mediante a aplicação das alíquotas de 1,65% (um inteiro e sessenta e cinco centésimos por cento) e de 7,6% (sete inteiros e seis décimos por cento), respectivamente; e

III – aplicam-se os conceitos de industrialização por encomenda da legislação do Imposto sobre Produtos Industrializados – IPI.

Art. 13. Os produtores de álcool, inclusive para fins carburantes, ficam obrigados à instalação de equipamentos de controle de produção nos termos, condições e prazos estabelecidos pela Secretaria da Receita Federal do Brasil.

•• *Vide* art. 41, II, desta Lei.

§ 1.º A Secretaria da Receita Federal do Brasil poderá dispensar a instalação dos equipamentos previstos no *caput* deste artigo, em função de limites de produção ou faturamento que fixar.

§ 2.º No caso de inoperância de qualquer dos equipamentos previstos no *caput* deste artigo, o produtor deverá comunicar a ocorrência à unidade da Secretaria da Receita Federal do Brasil com jurisdição sobre seu domicílio fiscal, no prazo de 24 (vinte e quatro) horas, devendo manter controle do volume de produção enquanto perdurar a interrupção.

§ 3.º O descumprimento das disposições deste artigo ensejará a aplicação de multa:

I – correspondente a 50% (cinquenta por cento) do valor comercial da mercadoria produzida no período de inoperância, não inferior a R$ 5.000,00 (cinco mil reais), se, a partir do décimo dia subsequente ao prazo fixado para a entrada em operação do sistema, os equipamentos referidos no *caput* deste artigo não tiverem sido instalados em virtude de impedimento criado pelo produtor; e

II – no valor de R$ 5.000,00 (cinco mil reais), sem prejuízo do disposto no inciso I deste parágrafo, no caso de falta da comunicação da inoperância do medidor na forma do § 2.º deste artigo.

§ 4.º Para fins do disposto no inciso I do § 3.º deste artigo, considera-se impedimento qualquer ação ou omissão praticada pelo fabricante tendente a impedir ou retardar a instalação dos equipamentos ou, mesmo após a sua instalação, prejudicar o seu normal funcionamento.

Art. 14. Os arts. 2.º e 3.º da Lei n. 10.637, de 30 de dezembro de 2002, passam a vigorar com as seguintes alterações:

•• Alterações já processadas no diploma modificado.

Art. 15. Os arts. 2.º e 3.º da Lei n. 10.833, de 29 de dezembro de 2003, passam a vigorar com as seguintes alterações:

•• Alterações já processadas no diploma modificado.

....

Art. 17. O art. 3.º da Lei n. 7.689, de 15 de dezembro de 1988, passa a vigorar com a seguinte redação:

•• Alterações já processadas no diploma modificado.

Art. 18. Ficam prorrogados até 30 de abril de 2012, os prazos previstos nos incisos III e IV do § 12 do art. 8.º e nos incisos I e II do *caput* do art. 28, ambos da Lei n. 10.865, de 30 de abril de 2004.

•• *Vide* art. 41, III, desta Lei.

Art. 19. O parágrafo único do art. 34 da Lei n. 10.833, de 29 de dezembro de 2003, passa a vigorar com a seguinte redação:

•• Alterações já processadas no diploma modificado.

....

Art. 21. O inciso II do *caput* do art. 4.º e a alínea *f* do inciso II do *caput* e o § 3.º do art. 8.º da Lei n. 9.250, de 26 de dezembro de 1995, passam a vigorar com a seguinte redação:

•• Alterações já processadas no diploma modificado.

Art. 22. O art. 24 da Lei n. 9.430, de 27 de dezembro de 1996, passa a vigorar acrescido do seguinte § 4.º:

•• Alterações já processadas no diploma modificado.

Art. 23. A Lei n. 9.430, de 27 de dezembro de 1996, passa a vigorar acrescida dos seguintes arts. 24-A e 24-B:

•• Alterações já processadas no diploma modificado.

Art. 24. A pessoa jurídica sujeita ao regime de apuração não cumulativa da Contribuição para o PIS/Pasep e da Cofins, produtora ou fabricante dos produtos relacionados no § 1.º do art. 2.º da Lei n. 10.833, de 29 de dezembro de 2003, pode descontar créditos relativos à aquisição desses produtos de outra pessoa jurídica importadora, produtora ou fabricante, para revenda no mercado interno ou para exportação.

§ 1.º Os créditos de que trata o *caput* deste artigo correspondem aos valores da Contribuição para o PIS/Pasep e da Cofins devidos pelo vendedor em decorrência da operação.

§ 2.º Não se aplica às aquisições de que trata o *caput* deste artigo o disposto na alínea *b* do inciso I do *caput* do art. 3.º da Lei n. 10.637, de 30 de dezembro de 2002, e na alínea *b* do inciso I do *caput* do art. 3.º da Lei n. 10.833, de 29 de dezembro de 2003.

....

Art. 29. A alínea *a* do inciso III do § 1.º do art. 15 da Lei n. 9.249, de 26 de dezembro de 1995, passa a vigorar com a seguinte redação:

•• Alterações já processadas no diploma modificado.

Art. 30. Até 31 de dezembro de 2008, a multa a que se refere o § 3.º do art. 7.º da Lei n. 10.426, de 24 de abril de 2002, quando aplicada a associação sem fins lucrativos que tenha observado o disposto em um dos incisos do § 2.º do mesmo artigo, será reduzida a 10% (dez por cento).

Art. 31. A pessoa jurídica que tenha por objeto exclusivamente a gestão de participações societárias (*holding*) poderá diferir o reconhecimento das despesas com juros e encargos financeiros pagos ou incorridos relativos a empréstimos contraídos para financiamento de investimentos em sociedades controladas.

•• *Vide* art. 41, VI, desta Lei.

§ 1.º A despesa de que trata o *caput* deste artigo constituirá adição ao lucro líquido para fins de determinação do lucro real e da base de cálculo da contribuição social sobre o lucro líquido e será controlada em livro fiscal de apuração do lucro real.

§ 2.º As despesas financeiras de que trata este artigo devem ser contabilizadas individualizadamente por controlada, de modo a permitir a identificação e verificação em separado dos valores diferidos por investimento.

§ 3.º O valor registrado na forma do § 2.º deste artigo integrará o custo do investimento para efeito de apuração de ganho ou perda de capital na alienação ou liquidação do investimento.

Art. 32. A Lei n. 10.833, de 29 de dezembro de 2003, passa a vigorar acrescida dos seguintes arts. 58-A a 58-U:

•• Alterações já processadas no diploma modificado.

Art. 33. Os produtos referidos no art. 58-A da Lei n. 10.833, de 29 de dezembro de 2003, enquadrados no regime tributário do IPI previsto na Lei n. 7.798, de 10 de julho de 1989, e a pessoa jurídica optante pelo regime especial de tributação da Contribuição para o PIS/Pasep e da Cofins de que trata o art. 52 da Lei n. 10.833, de 29 de dezembro de 2003, serão excluídos dos respectivos regimes no último dia do mês de dezembro de 2008.

•• *Caput* com redação determinada pela Lei n. 11.827, de 20-11-2008.

•• *Vide* art. 41, VII, desta Lei.

§ 1.º Os produtos e as pessoas jurídicas enquadrados na hipótese de que trata o *caput*, a partir da data nele referida, ficarão sujeitos ao regime geral previsto nos arts. 58-D a 58-I da Lei n. 10.833, de 29 de dezembro de 2003, com a redação dada por esta Lei.

§ 2.º Às pessoas jurídicas excluídas, na forma deste artigo, do regime especial de tributação das contribuições de que trata o art. 52 da Lei n. 10.833, de 29 de dezembro de 2003, não se aplica o disposto:

I – nos arts. 49, 50, 52, 55, 57 e 58 da Lei n. 10.833, de 29 de dezembro de 2003; e

II – no § 7.º do art. 8.º e nos §§ 9.º e 10 do art. 15 da Lei n. 10.865, de 30 de abril de 2004.

....

Art. 36. Os arts. 2.º, 3.º, 51 e 53 da Lei n. 10.833, de 29 de dezembro de 2003, passam a vigorar com as seguintes alterações:

•• Alterações já processadas no diploma modificado.

....

Art. 40. O inciso II do § 1.º do art. 10 da Lei n. 9.393, de 19 de dezembro de 1996, passa a vigorar acrescido da seguinte alínea:

•• Alteração já processada no diploma modificado.

Art. 41. Esta Lei entra em vigor na data de sua publicação, produzindo efeitos em relação:

I – ao art. 2.º, a partir da regulamentação;

II – aos arts. 3.º, 13 e 17, a partir do primeiro dia do quarto mês subsequente ao da publicação da Medida Provisória n. 413, de 3 de janeiro de 2008;

III – ao art. 18, a partir de 1.º de maio de 2008;

IV – aos arts. 7.º, 9.º a 12 e 14 a 16, a partir do primeiro dia do quarto mês subsequente ao da publicação desta Lei;

•• Inciso IV com redação determinada pela Lei n. 11.827, de 20-11-2008.

V – ao art. 21, a partir da data da publicação da Lei n. 11.441, de 4 de janeiro de 2007;

VI – aos arts. 22, 23, 29 e 31, a partir do primeiro dia do ano seguinte ao da publicação desta Lei.

VII – aos arts. 32 a 39, a partir de 1.º de janeiro de 2009.

•• Inciso VII acrescentado pela Lei n. 11.827, de 20-11-2008.

Parágrafo único. Enquanto não produzirem efeitos os arts. 7.º, 9.º a 12 e 14 a 16 desta Lei, nos termos do inciso IV deste artigo, fica mantido o regime anterior à publicação da Medida Provisória n. 413, de 3 de janeiro de 2008, de incidência da Contribuição para o PIS/Pasep e da Cofins sobre a importação de álcool, inclusive para fins carburantes, e sobre a receita bruta auferida por produtor, importador ou distribuidor com a venda desse produto.

Art. 42. Ficam revogados:

I – a partir da data da publicação da Medida Provisória n. 413, de 3 de janeiro de 2008, os §§ 1.º e 2.º do art. 126 da Lei n. 8.213, de 24 de julho de 1991;

II – a partir do primeiro dia do quarto mês subsequente ao da publicação da Medida Provisória n. 413, de 3 de janeiro de 2008:

a) o art. 37 da Lei n. 10.637, de 30 de dezembro de 2002;

b) o art. 2.º da Lei n. 7.856, de 24 de outubro de 1989;

III – a partir do primeiro dia do quarto mês subsequente ao da publicação desta Lei:

a) o parágrafo único do art. 6.º da Lei n. 9.718, de 27 de novembro de 1998;

b) os incisos II e III do *caput* do art. 42 da Medida Provisória n. 2.158-35, de 24 de agosto de 2001;

c) o inciso IV do § 3.º do art. 1.º e a alínea *a* do inciso VII do art. 8.º da Lei n. 10.637, de 30 de dezembro de 2002;

d) o inciso IV do § 3.º do art. 1.º e a alínea *a* do inciso VII do *caput* do art. 10 da Lei n. 10.833, de 29 de dezembro de 2003;

e) (*Revogada pela Lei n. 11.827, de 20-11-2008.*)

f) (*Revogada pela Lei n. 11.827, de 20-11-2008.*)

IV – a partir de 1.º de janeiro de 2009:

•• Inciso IV, *caput*, acrescentado pela Lei n. 11.827, de 20-11-2008.

a) os arts. 49, 50, 52, 55, 57 e 58 da Lei n. 10.833, de 29 de dezembro de 2003, não havendo, após essa data, outra forma de tributação além dos 2 (dois) regimes previstos nos arts. 58-A a 58-U da Lei n. 10.833, de 29 de dezembro de 2003, e demais dispositivos contidos nesta Lei a eles relacionados;

•• Alínea *a* acrescentada pela Lei n. 11.827, de 20-11-2008.

b) o § 7.º do art. 8.º e os §§ 9.º e 10 do art. 15 da Lei n. 10.865, de 30 de abril de 2004.

•• Alínea *b* acrescentada pela Lei n. 11.827, de 20-11-2008.

Brasília, 23 de junho de 2008; 187.º da Independência e 120.º da República.

LUIZ INÁCIO LULA DA SILVA

LEI N. 12.016, DE 7 DE AGOSTO DE 2009 (*)

Disciplina o mandado de segurança individual e coletivo e dá outras providências.

O Presidente da República

Faço saber que o Congresso Nacional decreta e eu sanciono a seguinte Lei:

Art. 1.º Conceder-se-á mandado de segurança para proteger direito líquido e certo, não amparado por *habeas corpus* ou *habeas data*, sempre que, ilegalmente ou com abuso de poder, qualquer pessoa física ou jurídica sofrer violação ou houver justo receio de sofrê-la por parte de autoridade, seja de que categoria for e sejam quais forem as funções que exerça.

§ 1.º Equiparam-se às autoridades, para os efeitos desta Lei, os representantes ou órgãos de partidos políticos e os administradores de entidades autárquicas, bem como os dirigentes de pessoas jurídicas ou as pessoas naturais no exercício de atribuições do poder público, somente no que disser respeito a essas atribuições.

§ 2.º Não cabe mandado de segurança contra os atos de gestão comercial praticados pelos administradores de empresas públicas, de sociedade de economia mista e de concessionárias de serviço público.

(*) Publicada no *DOU*, de 10-8-2009.

§ 3.º Quando o direito ameaçado ou violado couber a várias pessoas, qualquer delas poderá requerer o mandado de segurança.

Art. 2.º Considerar-se-á federal a autoridade coatora se as consequências de ordem patrimonial do ato contra o qual se requer o mandado houverem de ser suportadas pela União ou entidade por ela controlada.

Art. 3.º O titular de direito líquido e certo decorrente de direito, em condições idênticas, de terceiro poderá impetrar mandado de segurança a favor do direito originário, se o seu titular não o fizer, no prazo de 30 (trinta) dias, quando notificado judicialmente.

Parágrafo único. O exercício do direito previsto no *caput* deste artigo submete-se ao prazo fixado no art. 23 desta Lei, contado da notificação.

Art. 4.º Em caso de urgência, é permitido, observados os requisitos legais, impetrar mandado de segurança por telegrama, radiograma, fax ou outro meio eletrônico de autenticidade comprovada.

§ 1.º Poderá o juiz, em caso de urgência, notificar a autoridade por telegrama, radiograma ou outro meio que assegure a autenticidade do documento e a imediata ciência pela autoridade.

§ 2.º O texto original da petição deverá ser apresentado nos 5 (cinco) dias úteis seguintes.

§ 3.º Para os fins deste artigo, em se tratando de documento eletrônico, serão observadas as regras da Infraestrutura de Chaves Públicas Brasileira – ICP-Brasil.

Art. 5.º Não se concederá mandado de segurança quando se tratar:

I – de ato do qual caiba recurso administrativo com efeito suspensivo, independentemente de caução;

II – de decisão judicial da qual caiba recurso com efeito suspensivo;

III – de decisão judicial transitada em julgado.

Parágrafo único. (*Vetado*.)

Art. 6.º A petição inicial, que deverá preencher os requisitos estabelecidos pela lei processual, será apresentada em 2 (duas) vias com os documentos que instruírem a primeira reproduzidos na segunda e indicará, além da autoridade coatora, a pessoa jurídica que esta integra, à qual se acha vinculada ou da qual exerce atribuições.

§ 1.º No caso em que o documento necessário à prova do alegado se ache em repartição ou estabelecimento público ou em poder de autoridade que se recuse a fornecê-lo por certidão ou de terceiro, o juiz ordenará, preliminarmente, por ofício, a exibição desse documento em original ou em cópia autêntica e marcará, para o cumprimento da ordem, o prazo de 10 (dez) dias. O escrivão extrairá cópias do documento para juntá-las à segunda via da petição.

§ 2.º Se a autoridade que tiver procedido dessa maneira for a própria coatora, a ordem far-se-á no próprio instrumento da notificação.

§ 3.º Considera-se autoridade coatora aquela que tenha praticado o ato impugnado ou da qual emane a ordem para a sua prática.

§ 4.º (*Vetado*.)

§ 5.º Denega-se o mandado de segurança nos casos previstos pelo art. 267 da Lei n. 5.869, de 11 de janeiro de 1973 – Código de Processo Civil.

•• A referência é feita ao CPC de 1973. Dispositivo correspondente no CPC de 2015: art. 485.

§ 6.º O pedido de mandado de segurança poderá ser renovado dentro do prazo decadencial, se a decisão denegatória não lhe houver apreciado o mérito.

Art. 7.º Ao despachar a inicial, o juiz ordenará:

I – que se notifique o coator do conteúdo da petição inicial, enviando-lhe a segunda via apresentada com as cópias dos documentos, a fim de que, no prazo de 10 (dez) dias, preste as informações;

II – que se dê ciência do feito ao órgão de representação judicial da pessoa jurídica interessada, enviando-lhe cópia da inicial sem documentos, para que, querendo, ingresse no feito;

III – que se suspenda o ato que deu motivo ao pedido, quando houver fundamento relevante e do ato impugnado puder resultar a ineficácia da medida, caso seja finalmente deferida, sendo facultado exigir do impetrante caução, fiança ou depósito, com o objetivo de assegurar o ressarcimento à pessoa jurídica.

§ 1.º Da decisão do juiz de primeiro grau que conceder ou denegar a liminar caberá agravo de instrumento, observado o disposto na Lei n. 5.869, de 11 de janeiro de 1973 – Código de Processo Civil.

§ 2.º Não será concedida medida liminar que tenha por objeto a compensação de créditos tributários, a entrega de mercadorias e bens provenientes do exterior, a reclassificação ou equiparação de servidores públicos e a concessão de aumento ou a extensão de vantagens ou pagamento de qualquer natureza.

§ 3.º Os efeitos da medida liminar, salvo se revogada ou cassada, persistirão até a prolação da sentença.

§ 4.º Deferida a medida liminar, o processo terá prioridade para julgamento.

§ 5.º As vedações relacionadas com a concessão de liminares previstas neste artigo se estendem à tutela antecipada a que se referem os arts. 273 e 461 da Lei n. 5.869, de 11 de janeiro de 1973 – Código de Processo Civil.

•• A referência é feita ao CPC de 1973. Dispositivos correspondentes no CPC de 2015: arts. 485, 497 e 536.

Art. 8.º Será decretada a perempção ou caducidade da medida liminar *ex officio* ou a requerimento do Ministério Público quando, concedida a medida, o impetrante criar obstáculo ao normal andamento do processo ou deixar de promover, por mais de 3 (três) dias úteis, os atos e as diligências que lhe cumprirem.

Art. 9.º As autoridades administrativas, no prazo de 48 (quarenta e oito) horas da notificação da medida liminar, remeterão ao Ministério ou órgão a que se acham subordinadas e ao Advogado-Geral da União ou a quem tiver a representação judicial da União, do Estado, do Município ou da entidade apontada como coatora cópia autenticada do mandado notificatório, assim como indicações e elementos outros necessários às providências a serem tomadas para a eventual suspensão da medida e defesa do ato apontado como ilegal ou abusivo de poder.

Art. 10. A inicial será desde logo indeferida, por decisão motivada, quando não for o caso de mandado de segurança ou lhe faltar algum dos requisitos legais ou quando decorrido o prazo legal para a impetração.

§ 1.º Do indeferimento da inicial pelo juiz de primeiro grau caberá apelação e, quando a competência para o julgamento do mandado de segurança couber originariamente a um dos tribunais, do ato do relator caberá agravo para o órgão competente do tribunal que integre.

§ 2.º O ingresso de litisconsorte ativo não será admitido após o despacho da petição inicial.

Art. 11. Feitas as notificações, o serventuário em cujo cartório corra o feito juntará aos autos cópia autêntica dos ofícios endereçados ao coator e ao órgão de representação judicial da pessoa jurídica interessada, bem como a prova da entrega a estes ou da sua recusa em aceitá-los ou dar recibo e, no caso do art. 4.º desta Lei, a comprovação da remessa.

Art. 12. Findo o prazo a que se refere o inciso I do *caput* do art. 7.º desta Lei, o juiz ouvirá o representante do Ministério Público, que opinará, dentro do prazo improrrogável de 10 (dez) dias.

Parágrafo único. Com ou sem o parecer do Ministério Público, os autos serão conclusos ao juiz, para a decisão, a qual deverá ser necessariamente proferida em 30 (trinta) dias.

Art. 13. Concedido o mandado, o juiz transmitirá em ofício, por intermédio do oficial do juízo, ou pelo correio, mediante correspondência com aviso de recebimento, o inteiro teor da sentença à autoridade coatora e à pessoa jurídica interessada.

Parágrafo único. Em caso de urgência, poderá o juiz observar o disposto no art. 4.º desta Lei.

Art. 14. Da sentença, denegando ou concedendo o mandado, cabe apelação.

§ 1.º Concedida a segurança, a sentença estará sujeita obrigatoriamente ao duplo grau de jurisdição.

§ 2.º Estende-se à autoridade coatora o direito de recorrer.

§ 3.º A sentença que conceder o mandado de segurança pode ser executada provisoriamente, salvo nos casos em que for vedada a concessão da medida liminar.

§ 4.º O pagamento de vencimentos e vantagens pecuniárias assegurados em sentença concessiva de mandado de segurança a servidor público da administração direta ou autárquica federal, estadual e municipal somente será efetuado relativamente às prestações que se vencerem a contar da data do ajuizamento da inicial.

Art. 15. Quando, a requerimento de pessoa jurídica de direito público interessada ou do Ministério Público e para evitar grave lesão à ordem, à saúde, à segurança e à economia públicas, o presidente do tribunal ao qual couber o conhecimento do respectivo recurso suspender, em decisão fundamentada, a execução da liminar e da sentença, dessa decisão caberá agravo, sem efeito suspensivo, no prazo de 5 (cinco) dias, que será levado a julgamento na sessão seguinte à sua interposição.

§ 1.º Indeferido o pedido de suspensão ou provido o agravo a que se refere o *caput* deste artigo, caberá novo pedido de suspensão ao presidente do tribunal competente para conhecer de eventual recurso especial ou extraordinário.

§ 2.º É cabível também o pedido de suspensão a que se refere o § 1.º deste artigo, quando negado provimento a agravo de instrumento interposto contra a liminar a que se refere este artigo.

§ 3.º A interposição de agravo de instrumento contra liminar concedida nas ações movidas contra o poder público e seus agentes não prejudica nem condiciona o julgamento do pedido de suspensão a que se refere este artigo.

§ 4.º O presidente do tribunal poderá conferir ao pedido efeito suspensivo liminar se constatar, em juízo prévio, a plausibilidade do direito invocado e a urgência na concessão da medida.

§ 5.º As liminares cujo objeto seja idêntico poderão ser suspensas em uma única decisão, podendo o presidente do tribunal estender os efeitos da suspensão a liminares supervenientes, mediante simples aditamento do pedido original.

Art. 16. Nos casos de competência originária dos tribunais, caberá ao relator a instrução do processo, sendo assegurada a defesa oral na sessão do julgamento.

Parágrafo único. Da decisão do relator que conceder ou denegar a medida liminar caberá agravo ao órgão competente do tribunal que integre.

Art. 17. Nas decisões proferidas em mandado de segurança e nos respectivos recursos, quando não publicado, no prazo de 30 (trinta) dias, contado da data do julgamento, o acórdão será substituído pelas respectivas notas taquigráficas, independentemente de revisão.

Art. 18. Das decisões em mandado de segurança proferidas em única instância pelos tribunais cabe recurso especial e extraordinário, nos casos legalmente previstos, e recurso ordinário, quando a ordem for denegada.

Art. 19. A sentença ou o acórdão que denegar mandado de segurança, sem decidir o mérito, não impedirá que o requerente, por ação própria, pleiteie os seus direitos e os respectivos efeitos patrimoniais.

Art. 20. Os processos de mandado de segurança e os respectivos recursos terão prioridade sobre todos os atos judiciais, salvo *habeas corpus*.

§ 1.º Na instância superior, deverão ser levados a julgamento na primeira sessão que se seguir à data em que forem conclusos ao relator.

§ 2.º O prazo para a conclusão dos autos não poderá exceder de 5 (cinco) dias.

Art. 21. O mandado de segurança coletivo pode ser impetrado por partido político com representação no Congresso Nacional, na defesa de seus interesses legítimos relativos a seus integrantes ou à finalidade partidária, ou por organização sindical, entidade de classe ou associação legalmente constituída e em funcionamento há, pelo menos, 1 (um) ano, em defesa de direitos líquidos e certos da totalidade, ou de parte, dos seus membros ou associados, na forma dos seus estatutos e desde que pertinentes às suas finalidades, dispensada, para tanto, autorização especial.

Parágrafo único. Os direitos protegidos pelo mandado de segurança coletivo podem ser:

I – coletivos, assim entendidos, para efeito desta Lei, os transindividuais, de natureza indivisível, de que seja titular grupo ou categoria de pessoas ligadas entre si ou com a parte contrária por uma relação jurídica básica;

II – individuais homogêneos, assim entendidos, para efeito desta Lei, os decorrentes de origem comum e da atividade ou situação específica da totalidade ou de parte dos associados ou membros do impetrante.

Art. 22. No mandado de segurança coletivo, a sentença fará coisa julgada limitadamente aos membros do grupo ou categoria substituídos pelo impetrante.

§ 1.º O mandado de segurança coletivo não induz litispendência para as ações individuais, mas os efeitos da coisa julgada não beneficiarão o impetrante a título individual se não requerer a desistência de seu mandado de segurança no prazo de 30 (trinta) dias a contar da ciência comprovada da impetração da segurança coletiva.

§ 2.º No mandado de segurança coletivo, a liminar só poderá ser concedida após a audiência do representante judicial da pessoa jurídica de direito público, que deverá se pronunciar no prazo de 72 (setenta e duas) horas.

Art. 23. O direito de requerer mandado de segurança extinguir-se-á decorridos 120 (cento e vinte) dias, contados da ciência, pelo interessado, do ato impugnado.

Art. 24. Aplicam-se ao mandado de segurança os arts. 46 a 49 da Lei n. 5.869, de 11 de janeiro de 1973 – Código de Processo Civil.

•• A referência é feita ao CPC de 1973. Dispositivos correspondentes no CPC de 2015: arts. 113 a 118.

Art. 25. Não cabem, no processo de mandado de segurança, a interposição de embargos infringentes e a condenação ao pagamento dos honorários advocatícios, sem prejuízo da aplicação de sanções no caso de litigância de má-fé.

Art. 26. Constitui crime de desobediência, nos termos do art. 330 do Decreto-lei n. 2.848, de 7 de dezembro de 1940, o não cumprimento das decisões proferidas em mandado de segurança, sem prejuízo das sanções administrativas e da aplicação da Lei n. 1.079, de 10 de abril de 1950, quando cabíveis.

Art. 27. Os regimentos dos tribunais e, no que couber, as leis de organização judiciária deverão ser adaptados às disposições desta Lei no prazo de 180 (cento e oitenta) dias, contado da sua publicação.

Art. 28. Esta Lei entra em vigor na data de sua publicação.

Art. 29. Revogam-se as Leis n. 1.533, de 31 de dezembro de 1951, 4.166, de 4 de dezembro de 1962, 4.348, de 26 de junho de 1964, 5.021, de 9 de junho de 1966; o art. 3.º da Lei n. 6.014, de 27 de dezembro de 1973, o art. 1.º da Lei n. 6.071, de 3 de julho de 1974, o art. 12 da Lei n. 6.978, de 19 de janeiro de 1982, e o art. 2.º da Lei n. 9.259, de 9 de janeiro de 1996.

Brasília, 7 de agosto de 2009; 188.º da Independência e 121.º da República.

Luiz Inácio Lula da Silva

LEI N. 12.153, DE 22 DE DEZEMBRO DE 2009 (*)

Dispõe sobre os Juizados Especiais da Fazenda Pública no âmbito dos Estados, do Distrito Federal, dos Territórios e dos Municípios.

O Presidente da República

Faço saber que o Congresso Nacional decreta e eu sanciono a seguinte Lei:

Art. 1.º Os Juizados Especiais da Fazenda Pública, órgãos da justiça comum e integrantes do Sistema dos Juizados Especiais, serão criados pela União, no Distrito Federal e nos Territórios, e pelos Estados, para conciliação, processo, julgamento e execução, nas causas de sua competência.

Parágrafo único. O sistema dos Juizados Especiais dos Estados e do Distrito Federal é formado pelos Juizados Especiais Cíveis, Juizados Especiais Criminais e Juizados Especiais da Fazenda Pública.

Art. 2.º É de competência dos Juizados Especiais da Fazenda Pública processar, conciliar e julgar causas cíveis de interesse dos Estados, do Distrito Federal, dos Territórios e dos Municípios, até o valor de 60 (sessenta) salários mínimos.

- O Decreto n. 8.948, de 29-12-2016, estabelece que a partir de 1.º-1-2017 o salário mínimo será de R$ 937,00 (novecentos e trinta e sete reais).

§ 1.º Não se incluem na competência do Juizado Especial da Fazenda Pública:

I – as ações de mandado de segurança, de desapropriação, de divisão e demarcação, populares, por improbidade administrativa, execuções fiscais e as demandas sobre direitos ou interesses difusos e coletivos;

II – as causas sobre bens imóveis dos Estados, Distrito Federal, Territórios e Municípios, autarquias e fundações públicas a eles vinculadas;

III – as causas que tenham como objeto a impugnação da pena de demissão imposta a servidores públicos civis ou sanções disciplinares aplicadas a militares.

§ 2.º Quando a pretensão versar sobre obrigações vincendas, para fins de competência do Juizado Especial, a soma de 12 (doze) parcelas vincendas e de eventuais parcelas vencidas não poderá exceder o valor referido no *caput* deste artigo.

§ 3.º (*Vetado*.)

§ 4.º No foro onde estiver instalado Juizado Especial da Fazenda Pública, a sua competência é absoluta.

Art. 3.º O juiz poderá, de ofício ou a requerimento das partes, deferir quaisquer providências cautelares e antecipatórias no curso do processo, para evitar dano de difícil ou de incerta reparação.

Art. 4.º Exceto nos casos do art. 3.º, somente será admitido recurso contra a sentença.

Art. 5.º Podem ser partes no Juizado Especial da Fazenda Pública:

I – como autores, as pessoas físicas e as microempresas e empresas de pequeno porte, assim definidas na Lei Complementar n. 123, de 14 de dezembro de 2006;

II – como réus, os Estados, o Distrito Federal, os Territórios e os Municípios, bem como autarquias, fundações e empresas públicas a eles vinculadas.

Art. 6.º Quanto às citações e intimações, aplicam-se as disposições contidas na Lei n. 5.869, de 11 de janeiro de 1973 – Código de Processo Civil.

Art. 7.º Não haverá prazo diferenciado para a prática de qualquer ato processual pelas pessoas jurídicas de direito público, inclusive a interposição de recursos, devendo a citação para a audiência de conciliação ser efetuada com antecedência mínima de 30 (trinta) dias.

Art. 8.º Os representantes judiciais dos réus presentes à audiência poderão conciliar, tran-

(*) Publicada no *DOU*, de 23-12-2009.

sigir ou desistir nos processos da competência dos Juizados Especiais, nos termos e nas hipóteses previstas na lei do respectivo ente da Federação.

Art. 9.º A entidade ré deverá fornecer ao Juizado a documentação de que disponha para o esclarecimento da causa, apresentando-a até a instalação da audiência de conciliação.

Art. 10. Para efetuar o exame técnico necessário à conciliação ou ao julgamento da causa, o juiz nomeará pessoa habilitada, que apresentará o laudo até 5 (cinco) dias antes da audiência.

Art. 11. Nas causas de que trata esta Lei, não haverá reexame necessário.

Art. 12. O cumprimento do acordo ou da sentença, com trânsito em julgado, que imponham obrigação de fazer, não fazer ou entrega de coisa certa, será efetuado mediante ofício do juiz à autoridade citada para a causa, com cópia da sentença ou do acordo.

Art. 13. Tratando-se de obrigação de pagar quantia certa, após o trânsito em julgado da decisão, o pagamento será efetuado:

I – no prazo máximo de 60 (sessenta) dias, contado da entrega da requisição do juiz à autoridade citada para a causa, independentemente de precatório, na hipótese do § 3.º do art. 100 da Constituição Federal; ou

II – mediante precatório, caso o montante da condenação exceda o valor definido como obrigação de pequeno valor.

§ 1.º Desatendida a requisição judicial, o juiz, imediatamente, determinará o sequestro do numerário suficiente ao cumprimento da decisão, dispensada a audiência da Fazenda Pública.

§ 2.º As obrigações definidas como de pequeno valor a serem pagas independentemente de precatório terão como limite o que for estabelecido na lei do respectivo ente da Federação.

§ 3.º Até que se dê a publicação das leis de que trata o § 2.º, os valores serão:

I – 40 (quarenta) salários mínimos, quanto aos Estados e ao Distrito Federal;

II – 30 (trinta) salários mínimos, quanto aos Municípios.

§ 4.º São vedados o fracionamento, a repartição ou a quebra do valor da execução, de modo que o pagamento se faça, em parte, na forma estabelecida no inciso I do *caput* e, em parte, mediante expedição de precatório, bem como a expedição de precatório complementar ou suplementar do valor pago.

§ 5.º Se o valor da execução ultrapassar o estabelecido para pagamento independentemente do precatório, o pagamento far-se-á, sempre, por meio do precatório, sendo facultada à parte exequente a renúncia ao crédito do valor excedente, para que possa optar pelo pagamento do saldo sem o precatório.

§ 6.º O saque do valor depositado poderá ser feito pela parte autora, pessoalmente, em qualquer agência do banco depositário, independentemente de alvará.

§ 7.º O saque por meio de procurador somente poderá ser feito na agência destinatária do depósito, mediante procuração específica, com firma reconhecida, da qual constem o valor originalmente depositado e sua procedência.

Art. 14. Os Juizados Especiais da Fazenda Pública serão instalados pelos Tribunais de Justiça dos Estados e do Distrito Federal.

Parágrafo único. Poderão ser instalados Juizados Especiais Adjuntos, cabendo ao Tribunal designar a Vara onde funcionará.

Art. 15. Serão designados, na forma da legislação dos Estados e do Distrito Federal, conciliadores e juízes leigos dos Juizados Especiais da Fazenda Pública, observadas as atribuições previstas nos arts. 22, 37 e 40 da Lei n. 9.099, de 26 de setembro de 1995.

§ 1.º Os conciliadores e juízes leigos são auxiliares da Justiça, recrutados, os primeiros, preferentemente, entre os bacharéis em Direito, e os segundos, entre advogados com mais de 2 (dois) anos de experiência.

§ 2.º Os juízes leigos ficarão impedidos de exercer a advocacia perante todos os Juizados Especiais da Fazenda Pública instalados em território nacional, enquanto no desempenho de suas funções.

Art. 16. Cabe ao conciliador, sob a supervisão do juiz, conduzir a audiência de conciliação.

§ 1.º Poderá o conciliador, para fins de encaminhamento da composição amigável, ouvir as partes e testemunhas sobre os contornos fáticos da controvérsia.

§ 2.º Não obtida a conciliação, caberá ao juiz presidir a instrução do processo, podendo dispensar novos depoimentos, se entender suficientes para o julgamento da causa os esclarecimentos já constantes dos autos, e não houver impugnação das partes.

Art. 17. As Turmas Recursais do Sistema dos Juizados Especiais são compostas por juízes em exercício no primeiro grau de jurisdição, na forma da legislação dos Estados e do Distrito Federal, com mandato de 2 (dois) anos, e integradas, preferencialmente, por juízes do Sistema dos Juizados Especiais.

§ 1.º A designação dos juízes das Turmas Recursais obedecerá aos critérios de antiguidade e merecimento.

§ 2.º Não será permitida a recondução, salvo quando não houver outro juiz na sede da Turma Recursal.

Art. 18. Caberá pedido de uniformização de interpretação de lei quando houver divergência entre decisões proferidas por Turmas Recursais sobre questões de direito material.

§ 1.º O pedido fundado em divergência entre Turmas do mesmo Estado será julgado em reunião conjunta das Turmas em conflito, sob a presidência de desembargador indicado pelo Tribunal de Justiça.

§ 2.º No caso do § 1.º, a reunião de juízes domiciliados em cidades diversas poderá ser feita por meio eletrônico.

§ 3.º Quando as Turmas de diferentes Estados derem a lei federal interpretações divergentes, ou quando a decisão proferida estiver em contrariedade com súmula do Superior Tribunal de Justiça, o pedido será por este julgado.

Art. 19. Quando a orientação acolhida pelas Turmas de Uniformização de que trata o § 1.º do art. 18 contrariar súmula do Superior Tribunal de Justiça, a parte interessada poderá provocar a manifestação deste, que dirimirá a divergência.

§ 1.º Eventuais pedidos de uniformização fundados em questões idênticas e recebidos subsequentemente em quaisquer das Turmas Recursais ficarão retidos nos autos, aguardando pronunciamento do Superior Tribunal de Justiça.

§ 2.º Nos casos do *caput* deste artigo e do § 3.º do art. 18, presente a plausibilidade do direito invocado e havendo fundado receio de dano de difícil reparação, poderá o relator conceder, de ofício ou a requerimento do interessado, medida liminar determinando a suspensão dos processos nos quais a controvérsia esteja estabelecida.

§ 3.º Se necessário, o relator pedirá informações ao Presidente da Turma Recursal ou Presidente da Turma de Uniformização e, nos casos previstos em lei, ouvirá o Ministério Público, no prazo de 5 (cinco) dias.

§ 4.º (*Vetado.*)

§ 5.º Decorridos os prazos referidos nos §§ 3.º e 4.º, o relator incluirá o pedido em pauta na sessão, com preferência sobre todos os demais feitos, ressalvados os processos com réus presos, os *habeas corpus* e os mandados de segurança.

§ 6.º Publicado o acórdão respectivo, os pedidos retidos referidos no § 1.º serão apreciados pelas Turmas Recursais, que poderão exercer juízo de retratação ou os declararão prejudicados, se veicularem tese não acolhida pelo Superior Tribunal de Justiça.

Art. 20. Os Tribunais de Justiça, o Superior Tribunal de Justiça e o Supremo Tribunal Federal, no âmbito de suas competências, expedirão normas regulamentando os procedimentos a serem adotados para o processamento e o julgamento do pedido de uniformização e do recurso extraordinário.

Art. 21. O recurso extraordinário, para os efeitos desta Lei, será processado e julgado segundo o estabelecido no art. 19, além da observância das normas do Regimento.

Art. 22. Os Juizados Especiais da Fazenda Pública serão instalados no prazo de até 2 (dois) anos da vigência desta Lei, podendo haver o aproveitamento total ou parcial das estruturas das atuais Varas da Fazenda Pública.

Art. 23. Os Tribunais de Justiça poderão limitar, por até 5 (cinco) anos, a partir da entrada em vigor desta Lei, a competência dos Juizados Especiais da Fazenda Pública, atendendo à necessidade da organização dos serviços judiciários e administrativos.

Art. 24. Não serão remetidas aos Juizados Especiais da Fazenda Pública as demandas ajuizadas até a data de sua instalação, assim como as ajuizadas fora do Juizado Especial por força do disposto no art. 23.

Art. 25. Competirá aos Tribunais de Justiça prestar o suporte administrativo necessário ao funcionamento dos Juizados Especiais.

Art. 26. O disposto no art. 16 aplica-se aos Juizados Especiais Federais instituídos pela Lei n. 10.259, de 12 de julho de 2001.

Art. 27. Aplica-se subsidiariamente o disposto nas Leis n. 5.869, de 11 de janeiro de 1973 – Código de Processo Civil, 9.099, de 26 de setembro de 1995, e 10.259, de 12 de julho de 2001.

Art. 28. Esta Lei entra em vigor após decorridos 6 (seis) meses de sua publicação oficial.

Brasília, 22 de dezembro de 2009; 188.º da Independência e 121.º da República.

LUIZ INÁCIO LULA DA SILVA

LEI N. 12.973, DE 13 DE MAIO DE 2014 (*)

Altera a legislação tributária federal relativa ao Imposto sobre a Renda das Pessoas Jurídicas – IRPJ, à Contribuição Social sobre o Lucro Líquido – CSLL, à Contribuição para o PIS/Pasep e à Contribuição para o Financiamento da Seguridade Social – Cofins; revoga o Regime Tributário de Transição – RTT, instituído pela Lei n. 11.941, de 27 de maio de 2009; dispõe sobre a tributação da pessoa jurídica domiciliada no Brasil, com relação ao acréscimo patrimonial decorrente de participação em lucros auferidos no exterior por controladas e coligadas; altera o Decreto-lei n. 1.598, de 26 de dezembro de 1977 e as Leis n. 9.430, de 27 de dezembro de 1996, 9.249, de 26 de dezembro de 1995, 8.981, de 20 de janeiro de 1995, 4.506, de 30 de novembro de 1964, 7.689, de 15 de dezembro de 1988, 9.718, de 27 de novembro de 1998, 10.865, de 30 de abril de 2004, 10.637, de 30 de dezembro de 2002, 10.833, de 29 de dezembro de 2003, 12.865, de 9 de outubro de 2013, 9.532, de 10 de dezembro de 1997, 9.656, de 3 de junho de 1998, 9.826, de 23 de agosto de 1999, 10.485, de 3 de julho de 2002, 10.893, de 13 de julho de 2004, 11.312, de 27 de junho de 2006, 11.941, de 27 de maio de 2009, 12.249, de 11 de junho de 2010, 12.431, de 24 de junho de 2011, 12.716, de 21 de setembro de 2012, e 12.844, de 19 de julho de 2013; e dá outras providências.

(*) Publicada no *DOU*, de 14-5-2014.

A Presidenta da República,

Faço saber que o Congresso Nacional decreta e eu sanciono a seguinte Lei:

Art. 1.º O Imposto sobre a Renda das Pessoas Jurídicas – IRPJ, a Contribuição Social sobre o Lucro Líquido – CSLL, a Contribuição para o PIS/Pasep e a Contribuição para o Financiamento da Seguridade Social – Cofins serão determinados segundo as normas da legislação vigente, com as alterações desta Lei.

CAPÍTULO I
DO IMPOSTO SOBRE A RENDA DAS PESSOAS JURÍDICAS E DA CONTRIBUIÇÃO SOCIAL SOBRE O LUCRO LÍQUIDO

....

Art. 6.º A Lei n. 9.430, de 27 de dezembro de 1996, passa a vigorar com as seguintes alterações:

•• Alterações já processadas no diploma modificado.

Seção II
Custo de Empréstimos – Lucro Presumido e Arbitrado

Art. 7.º Para fins de determinação do ganho de capital previsto no inciso II do *caput* do art. 25 da Lei n. 9.430, de 27 de dezembro de 1996, é vedado o cômputo de qualquer parcela a título de encargos associados a empréstimos, registrados como custo na forma da alínea *b* do § 1.º do art. 17 do Decreto-lei n. 1.598, de 26 de dezembro de 1977.

Parágrafo único. O disposto no *caput* aplica-se também ao ganho de capital previsto no inciso II do *caput* do art. 27 e no inciso II do *caput* do art. 29 da Lei n. 9.430, de 27 de dezembro de 1996.

Art. 8.º No caso de pessoa jurídica tributada com base no lucro presumido ou arbitrado, as receitas financeiras relativas às variações monetárias dos direitos de crédito e das obrigações do contribuinte, em função da taxa de câmbio, originadas dos saldos de valores a apropriar decorrentes de ajuste a valor presente não integrarão a base de cálculo do imposto sobre a renda.

Art. 9.º A Lei n. 9.249, de 26 de dezembro de 1995, passa a vigorar com as seguintes alterações:

•• Alterações já processadas no diploma modificado.

Art. 10. A Lei n. 8.981, de 20 de janeiro de 1995, passa a vigorar com as seguintes alterações:

•• Alterações já processadas no diploma modificado.

....

Seção XV
Contratos de Concessão

Art. 35. No caso de contrato de concessão de serviços públicos em que a concessionária reconhece como receita o direito de exploração recebido do poder concedente, o resultado decorrente desse reconhecimento deverá ser computado no lucro real à medida que ocorrer a realização do respectivo ativo intangível, inclusive mediante amortização, alienação ou baixa.

Parágrafo único. Para fins dos pagamentos mensais referidos no art. 2.º da Lei n. 9.430, de 27 de dezembro de 1996, a receita mencionada no *caput* não integrará a base de cálculo, exceto na hipótese prevista no art. 35 da Lei n. 8.981, de 20 de janeiro de 1995.

Art. 36. No caso de contrato de concessão de serviços públicos, o lucro decorrente da receita reconhecida pela construção, recuperação, reforma, ampliação ou melhoramento da infraestrutura, cuja contrapartida seja ativo financeiro representativo de direito contratual incondicional de receber caixa ou outro ativo financeiro, poderá ser tributado à medida do efetivo recebimento.

Parágrafo único. Para fins dos pagamentos mensais determinados sobre a base de cálculo estimada de que trata o art. 2.º da Lei n. 9.430, de 27 de dezembro de 1996, a concessionária poderá considerar como receita o montante efetivamente recebido.

....

Seção XXII
Arrendamento Mercantil

Art. 46. Na hipótese de operações de arrendamento mercantil que não estejam sujeitas ao tratamento tributário previsto pela Lei n. 6.099, de 12 de setembro de 1974, as pessoas jurídicas arrendadoras deverão reconhecer, para fins de apuração do lucro real, o resultado relativo à operação de arrendamento mercantil proporcionalmente ao valor de cada contraprestação durante o período de vigência do contrato.

§ 1.º A pessoa jurídica deverá proceder, caso seja necessário, aos ajustes ao lucro líquido para fins de apuração do lucro real, no livro de que trata o inciso I do *caput* do art. 8.º do Decreto-lei n. 1.598, de 26 de dezembro de 1977.

§ 2.º O disposto neste artigo aplica-se somente às operações de arrendamento mercantil em que há transferência substancial dos riscos e benefícios inerentes à propriedade do ativo.

§ 3.º Para efeitos do disposto neste artigo, entende-se por resultado a diferença entre o valor do contrato de arrendamento e somatório dos custos diretos iniciais e o custo de aquisição ou construção dos bens arrendados.

§ 4.º Na hipótese de a pessoa jurídica de que trata o *caput* ser tributada pelo lucro presumido ou arbitrado, o valor da contraprestação deverá ser computado na determinação da base de cálculo do imposto sobre a renda.

Art. 47. Poderão ser computadas na determinação do lucro real da pessoa jurídica arrendatária as contraprestações pagas ou creditadas por força de contrato de arrendamento mercantil, referentes a bens móveis ou imóveis intrinsecamente relacionados com a produção ou comercialização dos bens e serviços, inclusive as despesas financeiras nelas consideradas.

Art. 48. São indedutíveis na determinação do lucro real as despesas financeiras incorridas pela arrendatária em contratos de arrendamento mercantil.

Parágrafo único. O disposto no *caput* também se aplica aos valores decorrentes do ajuste a valor presente, de que trata o inciso III do *caput* do art. 184 da Lei n. 6.404, de 15 de dezembro de 1976.

Art. 49. Aos contratos não tipificados como arrendamento mercantil que contenham elementos contabilizados como arrendamento mercantil por força de normas contábeis e da legislação comercial serão aplicados os dispositivos a seguir indicados:

I – inciso VIII do *caput* do art. 13 da Lei n. 9.249, de 26 de dezembro de 1995, com a redação dada pelo art. 9.º;

....

III – arts. 46, 47 e 48;

IV – § 18 do art. 3.º da Lei n. 10.637, de 30 de dezembro de 2002, com a redação dada pelo art. 54;

V – § 26 do art. 3o da Lei n. 10.833, de 29 de dezembro de 2003, com a redação dada pelo art. 55; e

VI – § 14 do art. 15 da Lei n. 10.865, de 30 de abril de 2004, com a redação dada pelo art. 53.

Parágrafo único. O disposto neste artigo restringe-se aos elementos do contrato contabilizados em observância às normas contábeis que tratam de arrendamento mercantil.

....

Art. 51. O art. 2.º da Lei n. 7.689, de 15 de dezembro de 1988, passa a vigorar com a seguinte redação:

•• Alteração já processada no diploma modificado.

CAPÍTULO II
DA CONTRIBUIÇÃO PARA O PIS/PASEP E DA COFINS

Art. 52. A Lei n. 9.718, de 27 de novembro de 1998, passa a vigorar com as seguintes alterações:

•• Alterações já processadas no diploma modificado.

Art. 53. A Lei n. 10.865, de 30 de abril de 2004, passa a vigorar com as seguintes alterações:

•• Alterações já processadas no diploma modificado.

Art. 54. A Lei n. 10.637, de 30 de dezembro de 2002, passa a vigorar com as seguintes alterações:

•• Alterações já processadas no diploma modificado.

Art. 55. A Lei n. 10.833, de 29 de dezembro de 2003, passa a vigorar com as seguintes alterações:

•• Alterações já processadas no diploma modificado.

....

Seção I
Arrendamento Mercantil

Art. 57. No caso de operação de arrendamento mercantil não sujeita ao tratamento tributário previsto na Lei n. 6.099, de 12 de setembro de 1974, em que haja transferência substancial dos riscos e benefícios inerentes à propriedade do ativo, o valor da contraprestação deverá ser computado na base de cálculo da Contribuição para o PIS/Pasep e da Cofins pela pessoa jurídica arrendadora.

Parágrafo único. As pessoas jurídicas sujeitas ao regime de tributação de que tratam as Leis n. 10.637, de 30 de dezembro de 2002, e 10.833, de 29 de dezembro de 2003, poderão descontar créditos calculados sobre o valor do custo de aquisição ou construção dos bens arrendados proporcionalmente ao valor de cada contraprestação durante o período de vigência do contrato.

....

Capítulo VII
DA OPÇÃO PELOS EFEITOS EM 2014

Art. 75. A pessoa jurídica poderá optar pela aplicação das disposições contidas nos arts. 1.º e 2.º e 4.º a 70 desta Lei para o ano-calendário de 2014.

§ 1.º A opção será irretratável e acarretará a observância de todas as alterações trazidas pelos arts. 1.º e 2.º e 4.º a 70 e os efeitos dos incisos I a VI, VIII e X do *caput* do art. 117 a partir de 1.º de janeiro de 2014.

§ 2.º A Secretaria da Receita Federal do Brasil definirá a forma, o prazo e as condições da opção de que trata o *caput*.

....

Capítulo XI
DISPOSIÇÕES FINAIS

Art. 94. Para fins do disposto nesta Lei, as pessoas jurídicas domiciliadas no Brasil deverão manter disponível à autoridade fiscal documentação hábil e idônea que comprove os requisitos nela previstos, enquanto não ocorridos os prazos decadencial e prescricional.

Art. 95. O art. 25 da Lei n. 9.249, de 26 de dezembro de 1995, passa a vigorar acrescido do seguinte § 7.º:

•• Alterações já processadas no diploma modificado.

....

Art. 97. Ficam isentos de Imposto sobre a Renda – IR os rendimentos, inclusive ganhos de capital, pagos, creditados, entregues ou remetidos a beneficiário residente ou domiciliado no exterior, exceto em país com tributação favorecida, nos termos do art. 24 da Lei n. 9.430, de 27 de dezembro de 1996, produzidos por fundos de investimentos, cujos cotistas sejam exclusivamente investidores estrangeiros.

§ 1.º Para fazer jus à isenção de que trata o *caput*, o regulamento do fundo deverá prever que a aplicação de seus recursos seja realizada exclusivamente em depósito à vista, ou em ativos sujeitos a isenção de Imposto sobre a Renda – IR, ou tributados à alíquota 0 (zero), nas hipóteses em que o beneficiário dos rendimentos produzidos por esses ativos seja residente ou domiciliado no exterior, exceto em país com tributação favorecida, nos termos do art. 24 da Lei n. 9.430, de 27 de dezembro de 1996.

§ 2.º Incluem-se entre os ativos de que trata o § 1.º aqueles negociados em bolsas de valores, de mercadorias, de futuros e assemelhadas e que sejam isentos de tributação, na forma da alínea *b* do § 2.º do art. 81 da Lei n. 8.981, de 20 de janeiro de 1995, desde que sejam negociados pelos fundos, nas mesmas condições previstas na referida Lei, para gozo do incentivo fiscal.

§ 3.º Caso o regulamento do fundo restrinja expressamente seus cotistas a investidores estrangeiros pessoas físicas, também se incluirão entre os ativos de que trata o §1.º os ativos beneficiados pelo disposto no art. 3.º da Lei n. 11.033, de 21 de dezembro de 2004, desde que observadas as condições previstas para gozo do benefício fiscal.

....

Art. 100. A Lei n. 9.532, de 10 de dezembro de 1997, passa a vigorar com as seguintes alterações:

•• Alterações já processadas no diploma modificado.

....

Art. 102. O art. 1.º da Lei n. 9.826, de 23 de agosto de 1999, passa a vigorar com a seguinte redação:

•• Alteração já processada no diploma modificado.

....

Art. 104. Aplica-se ao § 7.º do art. 37-B da Lei n. 10.522, de 19 de julho de 2002, constante do art. 35 da Lei n. 11.941, de 27 de maio de 2009, e ao § 33 do art. 65 da Lei n. 12.249, de 11 de junho de 2010, no caso de instituições financeiras e assemelhadas, a alíquota de 15% (quinze por cento) sobre a base de cálculo negativa da CSLL, para manter a isonomia de alíquotas.

....

Art. 117. Revogam-se, a partir de 1.º de janeiro de 2015:

....

II – o art. 15 da Lei n. 6.099, de 12 de setembro de 1974;

....

V – o art. 31 da Lei n. 8.981, de 20 de janeiro de 1995;

VI – os §§ 2.º e 3.º do art. 21 e o art. 31 da Lei n. 9.249, de 26 de dezembro de 1995;

VII – a alínea *b* do § 1.º e os §§ 2.º e 4.º do art. 1.º da Lei n. 9.532, de 10 de dezembro de 1997;

VIII – o inciso V do § 2.º do art. 3.º da Lei n. 9.718, de 27 de novembro de 1998;

....

Art. 118. Revoga-se o art. 55 da Lei n. 10.637, de 30 de dezembro de 2002, a partir da data de publicação desta Lei.

Art. 119. Esta Lei entra em vigor em 1.º de janeiro de 2015, exceto os arts. 3.º, 72 a 75 e 93 a 119, que entram em vigor na data de sua publicação.

§ 1.º Aos contribuintes que fizerem a opção prevista no art. 75, aplicam-se, a partir de 1.º de janeiro de 2014:

I – os arts. 1.º e 2.º e 4.º a 70; e

II – as revogações previstas nos incisos I a VI, VIII e X do *caput* do art. 117.

§ 2.º Aos contribuintes que fizerem a opção prevista no art. 96, aplicam-se, a partir de 1.º de janeiro de 2014:

I – os arts. 76 a 92; e

II – as revogações previstas nos incisos VII e IX do *caput* do art. 117.

Brasília, 13 de maio de 2014; 193.º da Independência e 126.º da República.

DILMA ROUSSEFF

LEI COMPLEMENTAR N. 151, DE 5 DE AGOSTO DE 2015 (*)

Altera a Lei Complementar n. 148, de 25 de novembro de 2014; revoga as

(*) Publicada no *DOU*, de 6-8-2015.

Leis n. 10.819, de 16 de dezembro de 2003, e 11.429, de 26 de dezembro de 2006; e dá outras providências.

A Presidenta da República

Faço saber que o Congresso Nacional decreta e eu sanciono a seguinte Lei Complementar:

Art. 1.º A Lei Complementar n. 148, de 25 de novembro de 2014, passa a vigorar com as seguintes alterações:

....

Art. 2.º Os depósitos judiciais e administrativos em dinheiro referentes a processos judiciais ou administrativos, tributários ou não tributários, nos quais o Estado, o Distrito Federal ou os Municípios sejam parte, deverão ser efetuados em instituição financeira oficial federal, estadual ou distrital.

Art. 3.º A instituição financeira oficial transferirá para a conta única do Tesouro do Estado, do Distrito Federal ou do Município 70% (setenta por cento) do valor atualizado dos depósitos referentes aos processos judiciais e administrativos de que trata o art. 2.º, bem como os respectivos acessórios.

§ 1.º Para implantação do disposto no *caput* deste artigo, deverá ser instituído fundo de reserva destinado a garantir a restituição da parcela transferida ao Tesouro, observados os demais termos desta Lei Complementar.

§ 2.º A instituição financeira oficial tratará de forma segregada os depósitos judiciais e os depósitos administrativos.

§ 3.º O montante dos depósitos judiciais e administrativos não repassado ao Tesouro constituirá o fundo de reserva referido no § 1.º deste artigo, cujo saldo não poderá ser inferior a 30% (trinta por cento) do total dos depósitos de que trata o art. 2.º desta Lei Complementar, acrescidos da remuneração que lhes foi atribuída.

§ 4.º (*Vetado*.)

•• O texto vetado dizia: "§ 4.º Até 10% (dez por cento) da parcela destinada ao fundo de reserva de que trata o § 1.º deste artigo poderão ser utilizados, por determinação do Poder Executivo do Estado, do Distrito Federal ou do Município, para constituição de Fundo Garantidor de Parcerias Público-Privadas (PPPs) ou de outros mecanismos de garantia previstos em lei, dedicados exclusivamente a investimentos de infraestrutura".

§ 5.º Os valores recolhidos ao fundo de reserva terão remuneração equivalente à taxa referencial do Sistema Especial de Liquidação e de Custódia – SELIC para títulos federais.

§ 6.º Compete à instituição financeira gestora do fundo de reserva de que trata este artigo manter escrituração individualizada para cada depósito efetuado na forma do art. 2.º, discriminando:

I – o valor total do depósito, acrescido da remuneração que lhe foi originalmente atribuída; e

II – o valor da parcela do depósito mantido na instituição financeira, nos termos do § 3.º deste artigo, a remuneração que lhe foi originalmente atribuída e os rendimentos decorrentes do disposto no § 5.º deste artigo.

Art. 4.º A habilitação do ente federado ao recebimento das transferências referidas no art. 3.º é condicionada à apresentação ao órgão jurisdicional responsável pelo julgamento dos litígios aos quais se refiram os depósitos de termo de compromisso firmado pelo chefe do Poder Executivo que preveja:

I – a manutenção do fundo de reserva na instituição financeira responsável pelo repasse das parcelas ao Tesouro, observado o disposto no § 3.º do art. 3.º desta Lei Complementar;

II – a destinação automática ao fundo de reserva do valor correspondente à parcela dos depósitos judiciais mantida na instituição financeira nos termos do § 3.º do art. 3.º, condição esta a ser observada a cada transferência recebida na forma do art. 3.º desta Lei Complementar;

III – a autorização para a movimentação do fundo de reserva para os fins do disposto nos arts. 5.º e 7.º desta Lei Complementar; e

IV – a recomposição do fundo de reserva pelo ente federado, em até quarenta e oito horas, após comunicação da instituição financeira, sempre que o seu saldo estiver abaixo dos limites estabelecidos no § 3.º do art. 3.º desta Lei Complementar.

Art. 5.º A constituição do fundo de reserva e a transferência da parcela dos depósitos judiciais e administrativos acumulados até a data de publicação desta Lei Complementar, conforme dispõe o art. 3.º, serão realizadas pela instituição financeira em até quinze dias após a apresentação de cópia do termo de compromisso de que trata o art. 4.º.

•• *Caput* originalmente vetado, todavia promulgado em 26-11-2015.

§ 1.º Para identificação dos depósitos, cabe ao ente federado manter atualizada na instituição financeira a relação de inscrições no Cadastro Nacional da Pessoa Jurídica – CNPJ dos órgãos que integram a sua administração pública direta e indireta.

§ 2.º Realizada a transferência de que trata o *caput*, os repasses subsequentes serão efetuados em até dez dias após a data de cada depósito.

•• § 2.º originalmente vetado, todavia promulgado em 26-11-2015.

§ 3.º Em caso de descumprimento dos prazos estabelecidos no *caput* e no § 2.º deste artigo, a instituição financeira deverá transferir a parcela do depósito acrescida da taxa referencial do Selic para títulos federais mais multa de 0,33% (trinta e três centésimos por cento) por dia de atraso.

•• § 3.º originalmente vetado, todavia promulgado em 26-11-2015.

Art. 6.º São vedadas quaisquer exigências por parte do órgão jurisdicional ou da instituição financeira além daquelas estabelecidas nesta Lei Complementar.

•• Artigo originalmente vetado, todavia promulgado em 26-11-2015.

Art. 7.º Os recursos repassados na forma desta Lei Complementar ao Estado, ao Distrito Federal ou ao Município, ressalvados os destinados ao fundo de reserva de que trata o § 3.º do art. 3.º, serão aplicados, exclusivamente, no pagamento de:

I – precatórios judiciais de qualquer natureza;

II – dívida pública fundada, caso a lei orçamentária do ente federativo preveja dotações suficientes para o pagamento da totalidade dos precatórios judiciais exigíveis no exercício e não remanesçam precatórios não pagos referentes aos exercícios anteriores;

III – despesas de capital, caso a lei orçamentária do ente federativo preveja dotações suficientes para o pagamento da totalidade dos precatórios judiciais exigíveis no exercício, não remanesçam precatórios não pagos referentes aos exercícios anteriores e o ente federado não conte com compromissos classificados como dívida pública fundada;

IV – recomposição dos fluxos de pagamento e do equilíbrio atuarial dos fundos de previdência referentes aos regimes próprios de cada ente federado, nas mesmas hipóteses do inciso III.

Parágrafo único. Independentemente das prioridades de pagamento estabelecidas no *caput* deste artigo, poderá o Estado, o Distrito Federal ou o Município utilizar até 10% (dez por cento) da parcela que lhe for transferida nos termos do *caput* do art. 3.º para constituição de Fundo Garantidor de PPPs ou de outros mecanismos de garantia previstos em lei, dedicados exclusivamente a investimentos de infraestrutura.

Art. 8.º Encerrado o processo litigioso com ganho de causa para o depositante, mediante ordem judicial ou administrativa, o valor do depósito efetuado nos termos desta Lei Complementar acrescido da remuneração que lhe foi originalmente atribuída será colocado à disposição do depositante pela instituição financeira responsável, no prazo de 3 (três) dias úteis, observada a seguinte composição:

I – a parcela que foi mantida na instituição financeira nos termos do § 3.º do art. 3.º acrescida da remuneração que lhe foi originalmente atribuída será de responsabilidade direta e imediata da instituição depositária; e

II – a diferença entre o valor referido no inciso I e o total devido ao depositante nos termos do *caput* será debitada do saldo existente no fundo de reserva de que trata o § 3.º do art. 3.º.

§ 1.º Na hipótese de o saldo do fundo de reserva após o débito referido no inciso II ser inferior ao valor mínimo estabelecido no § 3.º do art. 3.º, o ente federado será notificado para recompô-lo na forma do inciso IV do art. 4.º.

§ 2.º Na hipótese de insuficiência de saldo no fundo de reserva para o débito do montante devido nos termos do inciso II, a instituição financeira restituirá ao depositante o valor disponível no fundo acrescido do valor referido no inciso I.

§ 3.º Na hipótese referida no § 2.º deste artigo, a instituição financeira notificará a autoridade expedidora da ordem de liberação do depósito, informando a composição detalhada dos valores liberados, sua atualização monetária, a parcela efetivamente disponibilizada em favor do depositante e o saldo a ser pago depois de efetuada a recomposição prevista no § 1.º deste artigo.

Art. 9.º Nos casos em que o ente federado não recompuser o fundo de reserva até o saldo mínimo referido no § 3.º do art. 3.º, será suspenso o repasse das parcelas referentes a novos depósitos até a regularização do saldo.

Parágrafo único. Sem prejuízo do disposto no *caput*, na hipótese de descumprimento por três vezes da obrigação referida no inciso IV do art. 4º, será o ente federado excluído da sistemática de que trata esta Lei Complementar.

Art. 10. Encerrado o processo litigioso com ganho de causa para o ente federado, ser-lhe-á transferida a parcela do depósito mantida na instituição financeira nos termos do § 3.º do art. 3.º acrescida da remuneração que lhe foi originalmente atribuída.

§ 1.º O saque da parcela de que trata o *caput* deste artigo somente poderá ser realizado até o limite máximo do qual não resulte saldo inferior ao mínimo exigido no § 3.º do art. 3.º.

§ 2.º Na situação prevista no *caput*, serão transformados em pagamento definitivo, total ou parcial, proporcionalmente à exigência tributária ou não tributária, conforme o caso, inclusive seus acessórios, os valores depositados na forma do *caput* do art. 2.º acrescidos da remuneração que lhes foi originalmente atribuída.

Art. 11. O Poder Executivo de cada ente federado estabelecerá regras de procedimentos, inclusive orçamentários, para a execução do disposto nesta Lei Complementar.

Art. 12. Esta Lei Complementar entra em vigor na data de sua publicação.

Art. 13. Ficam revogadas as Leis n. 10.819, de 16 de dezembro de 2003, e 11.429, de 26 de dezembro de 2006.

Brasília, 5 de agosto de 2015; 194.º da Independência e 127.º da República.

DILMA ROUSSEFF

LEI N. 13.254, DE 13 DE JANEIRO DE 2016 (*)

Dispõe sobre o Regime Especial de Regularização Cambial e Tributária (RERCT) de recursos, bens ou direitos de origem lícita, não declarados ou declarados incorretamente, remetidos, mantidos no exterior ou repatriados por residentes ou domiciliados no País.

A Presidenta da República

(*) Publicada no *DOU*, de 14-1-2016. *Vide* Lei n. 13.428, de 30-3-2017, que dispõe sobre reabertura de prazo para adesão ao RERTC.

Faço saber que o Congresso Nacional decreta e eu sanciono a seguinte Lei:

Art. 1.º É instituído o Regime Especial de Regularização Cambial e Tributária (RERCT), para declaração voluntária de recursos, bens ou direitos de origem lícita, não declarados ou declarados com omissão ou incorreção em relação a dados essenciais, remetidos ou mantidos no exterior, ou repatriados por residentes ou domiciliados no País, conforme a legislação cambial ou tributária, nos termos e condições desta Lei.

•• *Vide* Lei n. 13.428, de 30-3-2017, que dispõe sobre reabertura de prazo para adesão ao RERTC.

§ 1.º O RERCT aplica-se aos residentes ou domiciliados no País em 31 de dezembro de 2014 que tenham sido ou ainda sejam proprietários ou titulares de ativos, bens ou direitos em períodos anteriores a 31 de dezembro de 2014, ainda que, nessa data, não possuam saldo de recursos ou título de propriedade de bens e direitos.

•• Sobre prazos: *vide* art. 2.º, § 1.º, I, da Lei n. 13.428, de 30-3-2017.

§ 2.º Os efeitos desta Lei serão aplicados aos titulares de direito ou de fato que, voluntariamente, declararem ou retificarem a declaração incorreta referente a recursos, bens ou direitos, acompanhados de documentos e informações sobre sua identificação, titularidade ou destinação.

§ 3.º O RERCT aplica-se também aos não residentes no momento da publicação desta Lei, desde que residentes ou domiciliados no País conforme a legislação tributária em 31 de dezembro de 2014.

•• Sobre prazos: *vide* art. 2.º, § 1.º, I, da Lei n. 13.428, de 30-3-2017.

§ 4.º Os efeitos desta Lei serão aplicados também ao espólio cuja sucessão esteja aberta em 31 de dezembro de 2014.

•• Sobre prazos: *vide* art. 2.º, § 1.º, I, da Lei n. 13.428, de 30-3-2017.

§ 4.º-A. O RERCT aplica-se também ao espólio cuja sucessão tenha sido aberta até a data de adesão ao RERCT.

•• § 4.º-A acrescentado pela Lei n. 13.428, de 30-3-2017.

•• *Vide* art. 2.º da Lei n. 13.428, de 30-3-2017.

§ 5.º Esta Lei não se aplica aos sujeitos que tiverem sido condenados em ação penal:

I – (*Vetado*); e

II – cujo objeto seja um dos crimes listados no § 1.º do art. 5.º, ainda que se refira aos recursos, bens ou direitos a serem regularizados pelo RERCT.

Art. 2.º Consideram-se, para os fins desta Lei:

I – recursos ou patrimônio não declarados ou declarados com omissão ou incorreção em relação a dados essenciais: os valores, os bens materiais ou imateriais, os capitais e os direitos, independentemente da natureza, origem ou moeda que sejam ou tenham sido, anteriormente a 31 de dezembro de 2014, de propriedade de pessoas físicas ou jurídicas residentes, domiciliadas ou com sede no País;

•• Sobre prazos: *vide* art. 2.º, § 1.º, I, da Lei n. 13.428, de 30-3-2017.

II – recursos ou patrimônio de origem lícita: os bens e os direitos adquiridos com recursos oriundos de atividades permitidas ou não proibidas pela lei, bem como o objeto, o produto ou o proveito dos crimes previstos no § 1.º do art. 5.º;

III – recursos ou patrimônio repatriados objeto do RERCT: todos os recursos ou patrimônio, em qualquer moeda ou forma, de propriedade de residentes ou de domiciliados no País, ainda que sob a titularidade de não residentes, da qual participe, seja sócio, proprietário ou beneficiário, que foram adquiridos, transferidos ou empregados no Brasil, com ou sem registro no Banco Central do Brasil, e não se encontrem devidamente declarados;

IV – recursos ou patrimônio remetidos ou mantidos no exterior: os valores, os bens materiais ou imateriais, os capitais e os direitos não declarados ou declarados com omissão ou incorreção em relação a dados essenciais e remetidos ou mantidos fora do território nacional;

V – titular: proprietário dos recursos ou patrimônio não declarados, remetidos ou mantidos no exterior ou repatriados indevidamente.

Art. 3.º O RERCT aplica-se a todos os recursos, bens ou direitos de origem lícita de residentes ou domiciliados no País até 31 de dezembro de 2014, incluindo movimentações anteriormente existentes, remetidos ou mantidos no exterior, bem como aos que tenham sido transferidos para o País, em qualquer caso, e que não tenham sido declarados ou tenham sido declarados com omissão ou incorreção em relação a dados essenciais, como:

•• Sobre prazos: *vide* art. 2.º, § 1.º, I, da Lei n. 13.428, de 30-3-2017.

I – depósitos bancários, certificados de depósitos, cotas de fundos de investimento, instrumentos financeiros, apólices de seguro, certificados de investimento ou operações de capitalização, depósitos em cartões de crédito, fundos de aposentadoria ou pensão;

II – operação de empréstimo com pessoa física ou jurídica;

III – recursos, bens ou direitos de qualquer natureza, decorrentes de operações de câmbio ilegítimas ou não autorizadas;

IV – recursos, bens ou direitos de qualquer natureza, integralizados em empresas estrangeiras sob a forma de ações, integralização de capital, contribuição de capital ou qualquer outra forma de participação societária ou direito de participação no capital de pessoas jurídicas com ou sem personalidade jurídica;

V – ativos intangíveis disponíveis no exterior de qualquer natureza, como marcas, *copyright*, *software*, *know-how*, patentes e todo e qualquer direito submetido ao regime de *royalties*;

VI – bens imóveis em geral ou ativos que representem direitos sobre bens imóveis;

VII – veículos, aeronaves, embarcações e demais bens móveis sujeitos a registro em geral, ainda que em alienação fiduciária;

VIII – (*Vetado*); e

IX – (*Vetado.*)

Art. 4.º Para adesão ao RERCT, a pessoa física ou jurídica deverá apresentar à Secretaria da Receita Federal do Brasil (RFB) e, em cópia para fins de registro, ao Banco Central do Brasil declaração única de regularização específica contendo a descrição pormenorizada dos recursos, bens e direitos de qualquer natureza de que seja titular em 31 de dezembro de 2014 a serem regularizados, com o respectivo valor em real, ou, no caso de inexistência de saldo ou título de propriedade em 31 de dezembro de 2014, a descrição das condutas praticadas pelo declarante que se enquadrem nos crimes previstos no § 1.º do art. 5.º desta Lei e dos respectivos bens e recursos que possuiu.

•• Sobre prazos: *vide* art. 2.º, § 1.º, I, da Lei n. 13.428, de 30-3-2017.

§ 1.º A declaração única de regularização a que se refere o *caput* deverá conter:

I – a identificação do declarante;

II – as informações fornecidas pelo contribuinte necessárias à identificação dos recursos, bens ou direitos a serem regularizados, bem como de sua titularidade e origem;

III – o valor, em real, dos recursos, bens ou direitos de qualquer natureza declarados;

IV – declaração do contribuinte de que os bens ou direitos de qualquer natureza declarados têm origem em atividade econômica lícita;

V – na hipótese de inexistência de saldo dos recursos, ou de titularidade de propriedade de bens ou direitos referidos no *caput*, em 31 de dezembro de 2014, a descrição das condutas praticadas pelo declarante que se enquadrem nos crimes previstos no § 1.º do art. 5.º desta Lei e dos respectivos recursos, bens ou direitos de qualquer natureza não declarados, remetidos ou mantidos no exterior ou repatriados, ainda que posteriormente repassados à titularidade ou responsabilidade, direta ou indireta, de *trust* de quaisquer espécies, fundações, sociedades despersonalizadas, fideicomissos, ou dispostos mediante a entrega a pessoa física ou jurídica, personalizada ou não, para guarda, depósito, investimento, posse ou propriedade de que sejam beneficiários efetivos o interessado, seu representante ou pessoa por ele designada; e

•• Sobre prazos: *vide* art. 2.º, § 1.º, I, da Lei n. 13.428, de 30-3-2017.

VI – (*Vetado.*)

§ 2.º Os recursos, bens e direitos de qualquer natureza constantes da declaração única para adesão ao RERCT deverão também ser informados na:

•• *Vide* art. 2.º, § 3.º, da Lei n. 13.428, de 30-3-2017.

I – declaração retificadora de ajuste anual do imposto de renda relativa ao ano-calendário de 2014 e posteriores, no caso de pessoa física;

II – declaração retificadora da declaração de bens e capitais no exterior relativa ao ano-calendário de 2014 e posteriores, no caso de pessoa física e jurídica, se a ela estiver obrigada; e

III – escrituração contábil societária relativa ao ano-calendário da adesão e posteriores, no caso de pessoa jurídica.

§ 3.º A declaração das condutas e bens referidos no inciso V do § 1.º não implicará a apresentação das declarações previstas nos incisos I, II e III do § 2.º.

§ 4.º Após a adesão ao RERCT e consequente regularização nos termos do *caput*, a opção de repatriação pelo declarante de ativos financeiros no exterior deverá ocorrer por intermédio de instituição financeira autorizada a funcionar no País e a operar no mercado de câmbio, mediante apresentação do protocolo de entrega da declaração de que trata o *caput* deste artigo.

§ 5.º A regularização de ativos mantidos em nome de interposta pessoa estenderá a ela a extinção de punibilidade prevista no § 1.º do art. 5.º, nas condições previstas no referido artigo.

§ 6.º É a pessoa física ou jurídica que aderir ao RERCT obrigada a manter em boa guarda e ordem e em sua posse, pelo prazo de 5 (cinco) anos, cópia dos documentos referidos no § 8.º que ampararam a declaração de adesão ao RERCT e a apresentá-los se e quando exigidos pela RFB.

§ 7.º Os rendimentos, frutos e acessórios decorrentes do aproveitamento, no exterior ou no País, dos recursos, bens ou direitos de qualquer natureza regularizados por meio da declaração única a que se refere o *caput* deste artigo, obtidos no ano-calendário de 2015, deverão ser incluídos nas declarações previstas no § 2.º referentes ao ano-calendário da adesão e posteriores, aplicando-se o disposto no art. 138 da Lei n. 5.172, de 25 de outubro de 1966 (Código Tributário Nacional), se as retificações necessárias forem feitas até o último dia do prazo para adesão ao RERCT.

•• Sobre prazos: *vide* art. 2.º, § 1.º, III, da Lei n. 13.428, de 30-3-2017.

§ 8.º Para fins da declaração prevista no *caput*, o valor dos ativos a serem declarados deve corresponder aos valores de mercado, presumindo-se como tal:

•• Sobre prazos: *vide* art. 2.º, § 1.º, I, da Lei n. 13.428, de 30-3-2017.

I – para os ativos referidos nos incisos I e III do art. 3.º, o saldo existente em 31 de dezembro de 2014, conforme documento disponibilizado pela instituição financeira custodiante;

II – para os ativos referidos no inciso II do art. 3.º, o saldo credor remanescente em 31 de dezembro de 2014, conforme contrato entre as partes;

III – para os ativos referidos no inciso IV do art. 3.º, o valor de patrimônio líquido apurado em 31 de dezembro de 2014, conforme balanço patrimonial levantado nessa data;

IV – para os ativos referidos nos incisos V, VI, VII e IX do art. 3.º, o valor de mercado apurado conforme avaliação feita por entidade especializada;

V – (*Vetado*); e

VI – para os ativos não mais existentes ou que não sejam de propriedade do declarante em 31 de dezembro de 2014, o valor apontado por documento idôneo que retrate o bem ou a operação a ele referente.

§ 9.º Para fins de apuração do valor do ativo em real, o valor expresso em moeda estrangeira deve ser convertido:

I – em dólar norte-americano pela cotação do dólar fixada, para venda, pelo Banco Central do Brasil, para o último dia útil do mês de dezembro de 2014; e

•• Sobre prazos: *vide* art. 2.º, § 1.º, II, da Lei n. 13.428, de 30-3-2017.

II – em moeda nacional pela cotação do dólar fixada, para venda, pelo Banco Central do Brasil, para o último dia útil do mês de dezembro de 2014.

•• Sobre prazos: *vide* art. 2.º, § 1.º, II, da Lei n. 13.428, de 30-3-2017.

§ 10. Para os recursos já repatriados, a declaração deverá ser feita tendo como base o valor do ativo em real em 31 de dezembro de 2014.

•• Sobre prazos: *vide* art. 2.º, § 1.º, I, da Lei n. 13.428, de 30-3-2017.

§ 11. Estão isentos da multa de que trata o art. 8.º os valores disponíveis em contas no exterior no limite de até R$ 10.000,00 (dez mil reais) por pessoa, convertidos em dólar norte-americano em 31 de dezembro de 2014.

•• Sobre prazos: *vide* art. 2.º, § 1.º, I, da Lei n. 13.428, de 30-3-2017.

§ 12. A declaração de regularização de que trata o *caput* não poderá ser, por qualquer modo, utilizada:

I – como único indício ou elemento para efeitos de expediente investigatório ou procedimento criminal;

II – para fundamentar, direta ou indiretamente, qualquer procedimento administrativo de natureza tributária ou cambial em relação aos recursos dela constantes.

§ 13. Sempre que o montante de ativos financeiros for superior a USD 100.000,00 (cem mil dólares norte-americanos), sem prejuízo do previsto no § 4.º, o declarante deverá solicitar e autorizar a instituição financeira no exterior a enviar informação sobre o saldo desses ativos em 31 de dezembro de 2014 para instituição financeira autorizada a funcionar no País, que prestará tal informação à RFB, não cabendo à instituição financeira autorizada a funcionar no País responsabilidade alguma quanto à averiguação das informações prestadas pela instituição financeira estrangeira.

•• Sobre prazos: *vide* art. 2.º, § 1.º, I, da Lei n. 13.428, de 30-3-2017.

Art. 5.º A adesão ao programa dar-se-á mediante entrega da declaração dos recursos, bens e direitos sujeitos à regularização prevista no *caput* do art. 4.º e pagamento integral do imposto previsto no art. 6.º e da multa prevista no art. 8.º desta Lei.

•• Sobre prazos: *vide* art. 4.º da Lei n. 13.428, de 30-3-2017.

§ 1.º O cumprimento das condições previstas no *caput* antes de decisão criminal extinguirá, em relação a recursos, bens e direitos a serem regularizados nos termos desta Lei, a punibilidade dos crimes a seguir previstos, praticados até a data de adesão ao RERCT:

•• § 1.º com redação determinada pela Lei n. 13.428, de 30-3-2017.

I – no art. 1.º e nos incisos I, II e V do art. 2.º da Lei n. 8.137, de 27 de dezembro de 1990;

II – na Lei n. 4.729, de 14 de julho de 1965;

III – no art. 337-A do Decreto-lei n. 2.848, de 7 de dezembro de 1940 (Código Penal);

IV – nos seguintes arts. do Decreto-lei n. 2.848, de 7 de dezembro de 1940 (Código Penal), quando exaurida sua potencialidade lesiva com a prática dos crimes previstos nos incisos I a III:

a) 297;

b) 298;

c) 299;

d) 304;

V – (*Vetado*);

VI – no *caput* e no parágrafo único do art. 22 da Lei n. 7.492, de 16 de junho de 1986;

VII – no art. 1.º da Lei n. 9.613, de 3 de março de 1998, quando o objeto do crime for bem, direito ou valor proveniente, direta ou indiretamente, dos crimes previstos nos incisos I a VI;

VIII – (*Vetado*.)

§ 2.º A extinção da punibilidade a que se refere o § 1.º:

I – (*Vetado*);

II – somente ocorrerá se o cumprimento das condições se der antes do trânsito em julgado da decisão criminal condenatória;

III – produzirá, em relação à administração pública, a extinção de todas as obrigações de natureza cambial ou financeira, principais ou acessórias, inclusive as meramente formais, que pudessem ser exigíveis em relação aos bens e direitos declarados, ressalvadas as previstas nesta Lei.

§§ 3.º e 4.º (*Vetados.*)

§ 5.º Na hipótese dos incisos V e VI do § 1.º, a extinção da punibilidade será restrita aos casos em que os recursos utilizados na operação de câmbio não autorizada, as divisas ou moedas saídas do País sem autorização legal ou os depósitos mantidos no exterior e não declarados à repartição federal competente possuírem origem lícita ou forem provenientes, direta ou indiretamente, de quaisquer dos crimes previstos nos incisos I, II, III, VII ou VIII do § 1.º.

Art. 6.º Para fins do disposto nesta Lei, o montante dos ativos objeto de regularização será considerado acréscimo patrimonial adquirido em 31 de dezembro de 2014, ainda que nessa data não exista saldo ou título de propriedade, na forma do inciso II do *caput* e do § 1.º do art. 43 da Lei n. 5.172, de 25 de outubro de 1966 (Código Tributário Nacional), sujeitando-se a pessoa, física ou jurídica, ao pagamento do imposto de renda sobre ele, a título de ganho de capital, à alíquota de 15% (quinze por cento), vigente em 31 de dezembro de 2014.

•• Sobre prazos: *vide* art. 2.º, § 1.º, I e § 5.º da Lei n. 13.428, de 30-3-2017

§ 1.º A arrecadação referida no *caput* será compartilhada com Estados e Municípios na forma estabelecida pela Constituição Federal, especialmente nos termos do que dispõe o inciso I de seu art. 159.

§ 2.º Na apuração da base de cálculo dos tributos de que trata este artigo, correspondente ao valor do ativo em real, não serão admitidas deduções de espécie alguma ou descontos de custo de aquisição.

§ 3.º Para fins de apuração do valor do ativo em real, o valor expresso em moeda estrangeira deve ser convertido:

I – em dólar norte-americano pela cotação do dólar fixada, para venda, pelo Banco Central do Brasil, para o último dia útil do mês de dezembro de 2014; e

•• Sobre prazos: *vide* art. 2.º, § 1.º, II, da Lei n. 13.428, de 30-3-2017.

II – em moeda nacional pela cotação do dólar fixada, para venda, pelo Banco Central do Brasil, para o último dia útil do mês de dezembro de 2014.

•• Sobre prazos: *vide* art. 2.º, § 1.º, II, da Lei n. 13.428, de 30-3-2017.

§ 4.º A regularização dos bens e direitos e o pagamento dos tributos na forma deste artigo e da multa de que trata o art. 8.º implicarão a remissão dos créditos tributários decorrentes do descumprimento de obrigações tributárias e a redução de 100% (cem por cento) das multas de mora, de ofício ou isoladas e dos encargos legais diretamente relacionados a esses bens e direitos em relação a fatos geradores ocorridos até 31 de dezembro de 2014 e excluirão a multa pela não entrega completa e tempestiva da declaração de capitais brasileiros no exterior, na forma definida pelo Banco Central do Brasil, as penalidades aplicadas pela Comissão de Valores Mobiliários ou outras entidades regulatórias e as penalidades previstas na Lei n. 4.131, de 3 de setembro de 1962, na Lei n. 9.069, de 29 de junho de 1995, e na Medida Provisória n. 2.224, de 4 de setembro de 2001.

•• Sobre prazos: *vide* art. 2.º, § 1.º, I, da Lei n. 13.428, de 30-3-2017.

§ 5.º A remissão e a redução das multas previstas no § 4.º não alcançam os tributos retidos por sujeito passivo, na condição de responsável, e não recolhidos aos cofres públicos no prazo legal.

§ 6.º A opção pelo RERCT dispensa o pagamento de acréscimos moratórios incidentes sobre o imposto de que trata o *caput*.

§ 7.º O imposto pago na forma deste artigo será considerado como tributação definitiva e não permitirá a restituição de valores anteriormente pagos.

§ 8.º A opção pelo RERCT e o pagamento do imposto na forma do *caput* importam confissão irrevogável e irretratável dos débitos em nome do sujeito passivo na condição de contribuinte ou responsável, configuram confissão extrajudicial nos termos dos arts. 348, 353 e 354 da Lei n. 5.869, de 11 de janeiro de 1973 (Código de Processo Civil), e condicionam o sujeito passivo à aceitação plena e irretratável de todas as condições estabelecidas nesta Lei.

Art. 7.º A adesão ao RERCT poderá ser feita no prazo de 210 (duzentos e dez) dias, contado a partir da data de entrada em vigor do ato da RFB de que trata o art. 10, com declaração da situação patrimonial em 31 de dezembro de 2014 e o consequente pagamento do tributo e da multa.

•• Sobre prazos: *vide* art. 2.º, § 1.º, I, da Lei n. 13.428, de 30-3-2017.

•• A Instrução Normativa n. 1.627, de 11-3-2016, da SRF, em vigor na data de sua publicação, *DOU* de 15-3-2016, regulamenta o Regime Especial de Regularização Cambial e Tributária.

§ 1.º A divulgação ou a publicidade das informações presentes no RERCT implicarão efeito equivalente à quebra do sigilo fiscal, sujeitando o responsável às penas previstas na Lei Complementar n. 105, de 10 de janeiro de 2001, e no art. 325 do Decreto-lei n. 2.848, de 7 de dezembro de 1940 (Código Penal), e, no caso de funcionário público, à pena de demissão.

§ 2.º Sem prejuízo do disposto no § 6.º do art. 4.º, é vedada à RFB, ao Conselho Monetário Nacional (CMN), ao Banco Central do Brasil e aos demais órgãos públicos intervenientes do RERCT a divulgação ou o compartilhamento das informações prestadas pelos declarantes que tiverem aderido ao RERCT com os Estados, o Distrito Federal e os Municípios, inclusive para fins de constituição de crédito tributário.

Art. 8.º Sobre o valor do imposto apurado na forma do art. 6.º incidirá multa de 100% (cem por cento).

•• Sobre multa: *vide* art. 2.º, § 6.º, da Lei n. 13.428, de 30-3-2017.

§ 1.º (*Vetado.*)

§ 2.º Compete à RFB a administração das atividades relativas à operacionalização, à cobrança, à arrecadação, à restituição e à fiscalização da multa de que trata o *caput*.

Art. 9.º Será excluído do RERCT o contribuinte que apresentar declarações ou documentos falsos relativos à titularidade e à condição jurídica dos recursos, bens ou direitos declarados nos termos do art. 1.º desta Lei ou aos documentos previstos no § 8.º do art. 4.º.

§ 1.º Em caso de exclusão do RERCT, serão cobrados os valores equivalentes aos tributos, multas e juros incidentes, deduzindo-se o que houver sido anteriormente pago, sem prejuízo da aplicação das penalidades cíveis, penais e administrativas cabíveis.

§ 2.º Na hipótese de exclusão do contribuinte do RERCT, a instauração ou a continuidade de procedimentos investigatórios quanto à origem dos ativos objeto de regularização somente poderá ocorrer se houver evidências documentais não relacionadas à declaração do contribuinte.

§ 3.º A declaração com incorreção em relação ao valor dos ativos não ensejará a exclusão do RERCT, resguardado o direito da Fazenda Pública de exigir o pagamento dos tributos e acréscimos legais incidentes sobre os valores declarados incorretamente, nos termos da legislação do imposto sobre a renda.

•• § 3.º acrescentado pela Lei n. 13.428, de 30-3-2017.

§ 4.º Somente o pagamento integral dos tributos e acréscimos de que trata o § 3.º no prazo de 30 (trinta) dias da ciência do auto de infração extinguirá a punibilidade dos crimes praticados pelo declarante previstos no § 1.º do art. 5.º relacionados aos ativos declarados incorretamente.

•• § 4.º acrescentado pela Lei n. 13.428, de 30-3-2017.

Art. 10. O disposto nesta Lei será regulamentado:

•• A Instrução Normativa n. 1.627, de 11-3-2016, da SRF, em vigor na data de sua publicação, *DOU* de 15-3-2016, regulamenta o Regime Especial de Regularização Cambial e Tributária.

•• *Vide* art. 7º desta Lei.

I – pela RFB, no âmbito de suas competências; e

II – (*Vetado.*)

Art. 11. Os efeitos desta Lei não serão aplicados aos detentores de cargos, empregos e funções públicas de direção ou eletivas, nem ao respectivo cônjuge e aos parentes consanguíneos ou afins, até o segundo grau ou por adoção, na data de publicação desta Lei.

Art. 12. Esta Lei entra em vigor na data de sua publicação.

Brasília, 13 de janeiro de 2016; 195.º da Independência e 128.º da República.

DILMA ROUSSEFF

LEI N. 13.300, DE 23 DE JUNHO DE 2016 (*)

Disciplina o processo e o julgamento dos mandados de injunção individual e coletivo e dá outras providências.

O Vice-Presidente da República, no exercício do cargo de Presidente da República

Faço saber que o Congresso Nacional decreta e eu sanciono a seguinte Lei:

Art. 1.º Esta Lei disciplina o processo e o julgamento dos mandados de injunção individual e coletivo, nos termos do inciso LXXI do art. 5.º da Constituição Federal.

Art. 2.º Conceder-se-á mandado de injunção sempre que a falta total ou parcial de norma regulamentadora torne inviável o exercício dos direitos e liberdades constitucionais e das prerrogativas inerentes à nacionalidade, à soberania e à cidadania.

Parágrafo único. Considera-se parcial a regulamentação quando forem insuficientes as normas editadas pelo órgão legislador competente.

Art. 3.º São legitimados para o mandado de injunção, como impetrantes, as pessoas naturais ou jurídicas que se afirmam titulares dos direitos, das liberdades ou das prerrogativas referidos no art. 2.º e, como impetrado, o Poder, o órgão ou a autoridade com atribuição para editar a norma regulamentadora.

(*) Publicada no *DOU*, de 24-6-2016.

Art. 4.º A petição inicial deverá preencher os requisitos estabelecidos pela lei processual e indicará, além do órgão impetrado, a pessoa jurídica que ele integra ou aquela a que está vinculado.

§ 1.º Quando não for transmitida por meio eletrônico, a petição inicial e os documentos que a instruem serão acompanhados de tantas vias quantos forem os impetrados.

§ 2.º Quando o documento necessário à prova do alegado encontrar-se em repartição ou estabelecimento público, em poder de autoridade ou de terceiro, havendo recusa em fornecê-lo por certidão, no original, ou em cópia autêntica, será ordenada, a pedido do impetrante, a exibição do documento no prazo de 10 (dez) dias, devendo, nesse caso, ser juntada cópia à segunda via da petição.

§ 3.º Se a recusa em fornecer o documento for do impetrado, a ordem será feita no próprio instrumento da notificação.

Art. 5.º Recebida a petição inicial, será ordenada:

I – a notificação do impetrado sobre o conteúdo da petição inicial, devendo-lhe ser enviada a segunda via apresentada com as cópias dos documentos, a fim de que, no prazo de 10 (dez) dias, preste informações;

II – a ciência do ajuizamento da ação ao órgão de representação judicial da pessoa jurídica interessada, devendo-lhe ser enviada cópia da petição inicial, para que, querendo, ingresse no feito.

Art. 6.º A petição inicial será desde logo indeferida quando a impetração for manifestamente incabível ou manifestamente improcedente.

Parágrafo único. Da decisão de relator que indeferir a petição inicial, caberá agravo, em 5 (cinco) dias, para o órgão colegiado competente para o julgamento da impetração.

Art. 7.º Findo o prazo para apresentação das informações, será ouvido o Ministério Público, que opinará em 10 (dez) dias, após o que, com ou sem parecer, os autos serão conclusos para decisão.

Art. 8.º Reconhecido o estado de mora legislativa, será deferida a injunção para:

I – determinar prazo razoável para que o impetrado promova a edição da norma regulamentadora;

II – estabelecer as condições em que se dará o exercício dos direitos, das liberdades ou das prerrogativas reclamados ou, se for o caso, as condições em que poderá o interessado promover ação própria visando a exercê-los, caso não seja suprida a mora legislativa no prazo determinado.

Parágrafo único. Será dispensada a determinação a que se refere o inciso I do *caput* quando comprovado que o impetrado deixou de atender, em mandado de injunção anterior, ao prazo estabelecido para a edição da norma.

Art. 9.º A decisão terá eficácia subjetiva limitada às partes e produzirá efeitos até o advento da norma regulamentadora.

§ 1.º Poderá ser conferida eficácia *ultra partes* ou *erga omnes* à decisão, quando isso for inerente ou indispensável ao exercício do direito, da liberdade ou da prerrogativa objeto da impetração.

§ 2.º Transitada em julgado a decisão, seus efeitos poderão ser estendidos aos casos análogos por decisão monocrática do relator.

§ 3.º O indeferimento do pedido por insuficiência de prova não impede a renovação da impetração fundada em outros elementos probatórios.

Art. 10. Sem prejuízo dos efeitos já produzidos, a decisão poderá ser revista, a pedido de qualquer interessado, quando sobrevierem relevantes modificações das circunstâncias de fato ou de direito.

Parágrafo único. A ação de revisão observará, no que couber, o procedimento estabelecido nesta Lei.

Art. 11. A norma regulamentadora superveniente produzirá efeitos *ex nunc* em relação aos beneficiados por decisão transitada em julgado, salvo se a aplicação da norma editada lhes for mais favorável.

Parágrafo único. Estará prejudicada a impetração se a norma regulamentadora for editada antes da decisão, caso em que o processo será extinto sem resolução de mérito.

Art. 12. O mandado de injunção coletivo pode ser promovido:

I – pelo Ministério Público, quando a tutela requerida for especialmente relevante para a defesa da ordem jurídica, do regime democrático ou dos interesses sociais ou individuais indisponíveis;

II – por partido político com representação no Congresso Nacional, para assegurar o exercício de direitos, liberdades e prerrogativas de seus integrantes ou relacionados com a finalidade partidária;

III – por organização sindical, entidade de classe ou associação legalmente constituída e em funcionamento há pelo menos 1 (um) ano, para assegurar o exercício de direitos, liberdades e prerrogativas em favor da totalidade ou de parte de seus membros ou associados, na forma de seus estatutos e desde que pertinentes a suas finalidades, dispensada, para tanto, autorização especial;

- Partidos políticos: Lei n. 9.096, de 19-9-1995.
- Organização sindical na CLT: arts. 511 e s.

IV – pela Defensoria Pública, quando a tutela requerida for especialmente relevante para a promoção dos direitos humanos e a defesa dos direitos individuais e coletivos dos necessitados, na forma do inciso LXXIV do art. 5.º da Constituição Federal.

Parágrafo único. Os direitos, as liberdades e as prerrogativas protegidos por mandado de injunção coletivo são os pertencentes, indistintamente, a uma coletividade indeterminada de pessoas ou determinada por grupo, classe ou categoria.

Art. 13. No mandado de injunção coletivo, a sentença fará coisa julgada limitadamente às pessoas integrantes da coletividade, do grupo, da classe ou da categoria substituídos pelo impetrante, sem prejuízo do disposto nos §§ 1.º e 2.º do art. 9.º.

Parágrafo único. O mandado de injunção coletivo não induz litispendência em relação aos individuais, mas os efeitos da coisa julgada não beneficiarão o impetrante que não requerer a desistência da demanda individual no prazo de 30 (trinta) dias a contar da ciência comprovada da impetração coletiva.

Art. 14. Aplicam-se subsidiariamente ao mandado de injunção as normas do mandado de segurança, disciplinado pela Lei n. 12.016, de 7 de agosto de 2009, e do Código de Processo Civil, instituído pela Lei n. 5.869, de 11 de janeiro de 1973, e pela Lei n. 13.105, de 16 de março de 2015, observado o disposto em seus arts. 1.045 e 1.046.

Art. 15. Esta Lei entra em vigor na data de sua publicação.

Brasília, 23 de junho de 2016; 195.º da Independência e 128.º da República.

MICHEL TEMER

LEI N. 13.428, DE 30 DE MARÇO DE 2017 (*)

Altera a Lei n. 13.254, de 13 de janeiro de 2016, que "Dispõe sobre o Regime Especial de Regularização Cambial e Tributária (RERCT) de recursos, bens ou direitos de origem lícita, não declarados ou declarados incorretamente, remetidos, mantidos no exterior ou repatriados por residentes ou domiciliados no País".

(*) Publicada no *DOU*, de 31-3-2017.

O Presidente da República

Faço saber que o Congresso Nacional decreta e eu sanciono a seguinte Lei:

Art. 1.º A Lei n. 13.254, de 13 de janeiro de 2016, passa a vigorar com as seguintes alterações:

•• Alterações já processadas no diploma modificado.

Art. 2.º O prazo para adesão ao RERCT de que trata a Lei n. 13.254, de 13 de janeiro de 2016, será reaberto por 120 (cento e vinte) dias, contados da data da regulamentação para a declaração voluntária da situação patrimonial em 30 de junho de 2016 de ativos, bens e direitos existentes em períodos anteriores a essa data, mediante pagamento de imposto e multa.

§ 1.º Para as adesões efetuadas nos termos deste artigo, altera-se:

I – a referência a "31 de dezembro de 2014" constante da Lei n. 13.254, de 13 de janeiro de 2016, para "30 de junho de 2016";

II – a referência a "mês de dezembro de 2014" constante da Lei n. 13.254, de 13 de janeiro de 2016, para "mês de junho de 2016";

III – a referência a "no ano-calendário de 2015" constante do § 7.º do art. 4.º da Lei n. 13.254, de 13 de janeiro de 2016, para "a partir de 1.º de julho de 2016".

§ 2.º Os bens ou direitos de qualquer natureza regularizados nos termos deste artigo e os rendimentos, frutos e acessórios decorrentes do seu aproveitamento, no exterior ou no País, obtidos a partir de 1.º de julho de 2016, deverão ser incluídos na:

I – declaração de ajuste anual do imposto sobre a renda relativa ao ano-calendário de 2016, ou em sua retificadora, no caso de pessoa física;

II – declaração de bens e capitais no exterior relativa ao ano-calendário de 2016, no caso de pessoa física ou jurídica, se a ela estiver obrigada; e

III – escrituração contábil societária relativa ao ano-calendário da adesão e posteriores, no caso de pessoa jurídica.

§ 3.º Às adesões efetuadas nos termos deste artigo não se aplica o disposto no § 2.º do art. 4.º da Lei n. 13.254, de 13 de janeiro de 2016.

§ 4.º Aos rendimentos, frutos e acessórios de que trata o § 2.º deste artigo incluídos nas declarações nele indicadas aplica-se o disposto no art. 138 da Lei n. 5.172, de 25 de outubro de 1966 (Código Tributário Nacional), inclusive com dispensa do pagamento de multas moratórias, se as inclusões forem feitas até o último dia do prazo para adesão ao RERCT ou até o último dia do prazo regular de apresentação da respectiva declaração anual, o que for posterior.

§ 5.º Às adesões ocorridas no período previsto neste artigo aplica-se a alíquota do imposto de renda de que trata o art. 6.º da Lei n. 13.254, de 13 de janeiro de 2016.

§ 6.º Em substituição à multa a que se refere o *caput* do art. 8.º da Lei n. 13.254, de 13 de janeiro de 2016, sobre o valor do imposto apurado na forma do § 5.º deste artigo incidirá multa administrativa de 135% (cento e trinta e cinco por cento).

§ 7.º Do produto da arrecadação da multa prevista no § 6.º a União entregará 46% (quarenta e seis por cento) aos Estados, ao Distrito Federal e aos Municípios na forma das alíneas "a", "b", "d" e "e" do inciso I do art. 159 da Constituição Federal.

Art. 3.º As adesões realizadas com base no § 4.º-A do art. 1.º da Lei n. 13.254, de 13 de janeiro de 2016, submetem-se aos requisitos do art. 2.º desta Lei.

Art. 4.º É facultado ao contribuinte que aderiu ao RERCT até 31 de outubro de 2016 complementar a declaração de que trata o art. 5.º da Lei n. 13.254, de 13 de janeiro de 2016, obrigando-se, caso exerça esse direito, a pagar os respectivos imposto e multa devidos sobre o valor adicional e a observar a nova data fixada para a conversão do valor expresso em moeda estrangeira, nos termos do art. 2.º desta Lei.

Art. 5.º O disposto nesta Lei será regulamentado pela Secretaria da Receita Federal do Brasil em até 30 (trinta) dias.

Art. 6.º Esta Lei entra em vigor na data de sua publicação.

Brasília, 30 de março de 2017; 196.º da Independência e 129.º da República.

MICHEL TEMER

LEI COMPLEMENTAR N. 159, DE 19 DE MAIO DE 2017 (*)

Institui o Regime de Recuperação Fiscal dos Estados e do Distrito Federal e altera as Leis Complementares n. 101, de 4 de maio de 2000, e n. 156, de 28 de dezembro de 2016.

O Presidente da República

Faço saber que o Congresso Nacional decreta e eu sanciono a seguinte Lei:

CAPÍTULO I
DISPOSIÇÕES PRELIMINARES

Art. 1.º É instituído o Regime de Recuperação Fiscal dos Estados e do Distrito Federal, nos termos do Capítulo II do Título VI da Constituição Federal.

§ 1.º O Regime de Recuperação Fiscal será orientado pelos princípios da sustentabilidade econômico-financeira, da equidade intergeracional, da transparência das contas públicas, da confiança nas demonstrações financeiras, da celeridade das decisões e da solidariedade entre os Poderes e os órgãos da administração pública.

§ 2.º O Regime de Recuperação Fiscal envolve a ação planejada, coordenada e transparente de todos os Poderes, órgãos, entidades e fundos dos Estados e do Distrito Federal para corrigir os desvios que afetaram o equilíbrio das contas públicas, por meio da implementação

(*) Publicada no *DOU*, de 22-5-2017. Regulamentada pelo Decreto n. 9.109, de 27-7-2017.

das medidas emergenciais e das reformas institucionais determinadas no Plano de Recuperação elaborado previamente pelo ente federativo que desejar aderir a esse Regime.

§ 3.º Para os efeitos desta Lei Complementar, as referências aos Estados e ao Distrito Federal compreendem o Poder Executivo, o Poder Legislativo, o Poder Judiciário, os Tribunais de Contas, o Ministério Público, a Defensoria Pública, a administração pública direta e indireta dos referidos entes federativos e os fundos a eles destinados.

§ 4.º Para os efeitos desta Lei Complementar, as referências aos Estados compreendem também o Distrito Federal.

CAPÍTULO II
DO PLANO DE RECUPERAÇÃO

Art. 2.º O Plano de Recuperação será formado por lei ou por conjunto de leis do Estado que desejar aderir ao Regime de Recuperação Fiscal, por diagnóstico em que se reconhece a situação de desequilíbrio financeiro e pelo detalhamento das medidas de ajuste, com os impactos esperados e os prazos para a sua adoção.

§ 1.º A lei ou o conjunto de leis de que trata o *caput* deste artigo deverá implementar as seguintes medidas:

I – a autorização de privatização de empresas dos setores financeiro, de energia, de saneamento e outros, na forma do inciso II do § 1.º do art. 4.º, com vistas à utilização dos recursos para quitação de passivos;

II – a adoção pelo Regime Próprio de Previdência Social mantido pelo Estado, no que couber, das regras previdenciárias disciplinadas pela Lei n. 13.135, de 17 de junho de 2015;

III – a redução dos incentivos ou benefícios de natureza tributária dos quais decorram renúncias de receitas instituídos por lei estadual ou distrital, de, no mínimo, 10% a.a. (dez por cento ao ano), ressalvados aqueles concedidos por prazo certo e em função de determinadas condições e aqueles instituídos na forma estabelecida pela alínea *g* do inciso XII do § 2.º do art. 155 da Constituição Federal;

IV – a revisão do regime jurídico único dos servidores estaduais da administração pública direta, autárquica e fundacional para suprimir benefícios ou vantagens não previstos no regime jurídico único dos servidores públicos da União;

V – a instituição, se cabível, do regime de previdência complementar a que se referem os §§ 14, 15 e 16 do art. 40 da Constituição Federal;

VI – a proibição de realizar saques em contas de depósitos judiciais, ressalvados aqueles permitidos pela Lei Complementar n. 151, de 5 agosto de 2015, enquanto não houver a recomposição do saldo mínimo do fundo de reserva, de modo a assegurar o exato cumprimento do disposto na referida Lei Complementar;

VII – a autorização para realizar leilões de pagamento, nos quais será adotado o critério de julgamento por maior desconto, para fins de prioridade na quitação de obrigações inscritas em restos a pagar ou inadimplidas.

§ 2.º O prazo de vigência do Plano de Recuperação será fixado na lei que o instituir, conforme estimativa recomendada pelo Conselho de Supervisão, e será limitado a 36 (trinta e seis) meses, admitida 1 (uma) prorrogação, se necessário, por período não superior àquele originalmente fixado.

§ 3.º O conjunto de dívidas a ser submetido aos leilões de pagamento de que trata o inciso VII do § 1.º deste artigo e a frequência dos leilões serão definidos no Plano de Recuperação.

§ 4.º É facultado ao Estado, em substituição ao previsto no inciso IV do § 1.º deste artigo, aprovar lei de responsabilidade fiscal estadual que conterá regras para disciplinar o crescimento das despesas obrigatórias.

§ 5.º Na hipótese de o pré-acordo previsto no § 4.º do art. 3.º demonstrar a superioridade dos valores dos ativos ofertados para privatização nos termos do inciso I do § 1.º deste artigo em relação ao montante global de reduções extraordinárias previstas no art. 9.º ou aos valores necessários à obtenção do equilíbrio fiscal, o Ministério da Fazenda poderá dispensar o Estado de privatizar o excedente dos ativos.

Capítulo III
DAS CONDIÇÕES DO REGIME DE RECUPERAÇÃO FISCAL

Art. 3.º Considera-se habilitado para aderir ao Regime de Recuperação Fiscal o Estado que atender, cumulativamente, aos seguintes requisitos:

•• A Portaria n. 377, de 7-8-2017, do Ministério da Fazenda, regulamenta a forma de verificação dos requisitos de habilitação prevista neste artigo.

I – receita corrente líquida anual menor que a dívida consolidada ao final do exercício financeiro anterior ao do pedido de adesão ao Regime de Recuperação Fiscal, nos termos da Lei Complementar n. 101, de 4 de maio de 2000;

II – despesas liquidadas com pessoal, apuradas na forma do art. 18 da Lei Complementar n. 101, de 4 de maio de 2000, com juros e amortizações, que somados representem, no mínimo, 70% (setenta por cento) da receita corrente líquida auferido no exercício financeiro anterior ao do pedido de adesão ao Regime de Recuperação Fiscal; e

III – valor total de obrigações contraídas maior que as disponibilidades de caixa e equivalentes de caixa de recursos sem vinculação, a ser apurado na forma do art. 42 da Lei Complementar n. 101, de 4 de maio de 2000.

§ 1.º Ato do Ministro de Estado da Fazenda definirá a forma de verificação dos requisitos previstos neste artigo.

§ 2.º É vedada a homologação de Regime de Recuperação Fiscal para o Estado cujo governador já tenha requerido a adesão ao Regime durante o seu mandato, mas o teve extinto em decorrência de não cumprimento do Plano de Recuperação.

§ 3.º O acesso e a permanência do Estado no Regime de Recuperação Fiscal têm como condição necessária a renúncia ao direito em que se funda a ação judicial que discuta a dívida ou o contrato citado no art. 9.º.

§ 4.º O Governo Federal e o Governo do Estado interessado poderão, respeitada a análise prevista no § 3.º do art. 4.º, assinar pré-acordo de adesão ao Regime de Recuperação Fiscal, do qual constem:

I – o interesse do Estado em aderir ao Regime de Recuperação Fiscal;

II – o atendimento aos requisitos dispostos nos incisos do *caput* deste artigo;

III – a capacidade do Plano proposto para equilibrar as contas públicas do Estado;

IV – o compromisso do Governo Federal de homologar o Regime de Recuperação Fiscal do Estado tão logo todas as medidas previstas no § 1.º do art. 2.º encontrem-se em vigor.

Art. 4.º O Estado protocolará o pedido de adesão ao Regime de Recuperação Fiscal no Ministério da Fazenda por meio da apresentação do Plano de Recuperação.

§ 1.º O pedido de adesão ao Regime de Recuperação Fiscal conterá, no mínimo, a comprovação de que:

I – as leis a que se refere o art. 2.º estejam em vigor;

II – as privatizações de empresas estatais autorizadas na forma do inciso I do § 1.º do art. 2.º gerarão recursos suficientes para a quitação de passivos, segundo os critérios definidos pelo Ministério da Fazenda;

III – os requisitos previstos nos incisos do *caput* do art. 3.º tenham sido atendidos.

§ 2.º Após o pedido referido no § 1.º, o Ministério da Fazenda verificará o cumprimento das exigências estabelecidas nos arts. 2.º e 3.º e, caso o reconheça, publicará ato reconhecendo a condição de análise do andamento do Plano de Recuperação.

§ 3.º No prazo de até 15 (quinze) dias, contado da data de publicação do ato referido no § 2.º deste artigo, o Ministério da Fazenda emitirá parecer com vistas a apontar se as medidas tomadas equilibram as contas públicas do Estado durante a vigência do Plano de Recuperação.

§ 4.º Na hipótese de ressalva ou rejeição ao Plano, o Estado poderá reapresentá-lo, a qualquer tempo, ao Ministério da Fazenda, que realizará nova avaliação na forma e no prazo estabelecidos no § 3.º deste artigo.

§ 5.º Caso o Ministério da Fazenda entenda que as exigências definidas nos arts. 2.º e 3.º tenham sido atendidas, emitirá pronunciamento favorável ao Plano de Recuperação e recomendará ao Presidente da República a homologação do Regime de Recuperação Fiscal.

Art. 5.º Ato do Presidente da República homologará e dará início à vigência do Regime de Recuperação Fiscal.

Parágrafo único. O ato a que se refere o *caput* deste artigo obedecerá aos seguintes requisitos:

I – a emissão de parecer prévio favorável ao Plano de Recuperação pelo Ministério da Fazenda;

II – a posse dos membros titulares do Conselho de Supervisão de que trata o art. 6.º.

Capítulo IV
A SUPERVISÃO DO REGIME DE RECUPERAÇÃO FISCAL

Art. 6.º O Conselho de Supervisão, criado especificamente para o Regime de Recuperação Fiscal dos Estados e do Distrito Federal, será composto por 3 (três) membros titulares, e seus suplentes, com experiência profissional e conhecimento técnico nas áreas de gestão de finanças públicas, recuperação judicial de empresas, gestão financeira ou recuperação fiscal de entes públicos.

§ 1.º O Conselho de Supervisão a que se refere o *caput* deste artigo terá a seguinte composição:

I – 1 (um) membro indicado pelo Ministro de Estado da Fazenda;

II – 1 (um) membro, entre auditores federais de controle externo, indicado pelo Tribunal de Contas da União;

III – 1 (um) membro indicado pelo Estado em Regime de Recuperação Fiscal.

§ 2.º A eventual ausência de nomeação de membros suplentes para o Conselho de Supervisão não impossibilita o seu funcionamento pleno, desde que todos os membros titulares estejam no pleno exercício de suas funções.

§ 3.º A estrutura, a organização e o funcionamento do Conselho de Supervisão serão estabelecidos em decreto do Poder Executivo federal.

§ 4.º Os membros titulares do Conselho de Supervisão serão investidos em cargo em comissão do Grupo-Direção e Assessoramento Superiores (DAS) de nível 6, em regime de dedicação exclusiva.

§ 5.º Os membros suplentes do Conselho de Supervisão serão remunerados apenas pelos períodos em que estiverem em efetivo exercício, em substituição aos membros titulares.

Art. 7.º São atribuições do Conselho de Supervisão:

I – monitorar o cumprimento do Plano de Recuperação e apresentar ao Ministério da Fazenda, mensalmente, relatório simplificado sobre a sua execução e sobre a evolução da situação financeira do Estado, com vistas a apontar os riscos ou a ocorrência de desrespeito às vedações de que trata o art. 8.º ou de descumprimento das exigências estabelecidas nos incisos VI e VII do § 1.º do art. 2.º;

II – recomendar ao Estado e ao Ministério da Fazenda providências e alterações no Plano de Recuperação, com vistas a atingir as suas metas;

III – emitir parecer que aponte desvio de finalidade na utilização de recursos obtidos por meio das operações de crédito referidas no § 4.º do art. 11;

IV – convocar audiências com especialistas e com interessados, sendo-lhe facultado requisitar informações de órgãos públicos, as quais deverão ser prestadas no prazo de 15 (quinze) dias;

V – acompanhar as contas do Estado, com acesso direto, por meio de senhas e demais instrumentos de acesso, aos sistemas de execução e controle fiscal;

VI – contratar consultoria técnica especializada, nos termos da Lei n. 8.666, de 21 de junho de 1993, custeada pela União, conforme a disponibilidade orçamentária e financeira e mediante autorização prévia do Ministério da Fazenda;

VII – recomendar ao Estado a suspensão cautelar de execução de contrato ou de obrigação do Estado quando estiverem em desconformidade com o Plano de Recuperação;

VIII – recomendar medidas que visem à revisão dos contratos do Estado;

IX – notificar as autoridades competentes nas hipóteses de indícios de irregularidades, violação de direito ou prejuízo aos interesses das partes afetadas pelo Plano de Recuperação;

X – apresentar relatório conclusivo no prazo de até 60 (sessenta) dias, contado da data do encerramento ou da extinção do Regime de Recuperação Fiscal.

§ 1.º As despesas do Conselho de Supervisão serão custeadas pela União, ressalvado o disposto no § 2.º deste artigo.

§ 2.º O Estado proverá servidores, espaço físico no âmbito da secretaria de Estado responsável pela gestão fiscal, equipamentos e logística adequados ao exercício das funções do Conselho de Supervisão.

§ 3.º Os indícios de irregularidades identificados pelo Conselho de Supervisão deverão ser encaminhados ao Ministro de Estado da Fazenda.

§ 4.º O Conselho de Supervisão deliberará pela maioria simples de seus membros.

§ 5.º As deliberações do Conselho de Supervisão, os relatórios de que trata este artigo e as demais informações consideradas relevantes pelo Conselho serão divulgados no sítio eletrônico do governo do Estado, em página específica dedicada ao Regime de Recuperação Fiscal.

§ 6.º As competências do Conselho de Supervisão de que trata este artigo não afastam ou substituem as competências legais dos órgãos federais e estaduais de controle interno e externo.

Capítulo V
DAS VEDAÇÕES DURANTE O REGIME DE RECUPERAÇÃO FISCAL

Art. 8.º São vedados ao Estado durante a vigência do Regime de Recuperação Fiscal:

I – a concessão, a qualquer título, de vantagem, aumento, reajuste ou adequação de remuneração de membros dos Poderes ou de órgãos, de servidores e empregados públicos e de militares, exceto aqueles provenientes de sentença judicial transitada em julgado, ressalvado o disposto no inciso X do *caput* do art. 37 da Constituição Federal;

II – a criação de cargo, emprego ou função que implique aumento de despesa;

III – a alteração de estrutura de carreira que implique aumento de despesa;

IV – a admissão ou a contratação de pessoal, a qualquer título, ressalvadas as reposições de cargos de chefia e de direção que não acarretem aumento de despesa e aquelas decorrentes de vacância de cargo efetivo ou vitalício;

V – a realização de concurso público, ressalvadas as hipóteses de reposição de vacância;

VI – a criação ou a majoração de auxílios, vantagens, bônus, abonos, verbas de representação ou benefícios de qualquer natureza em favor de membros dos Poderes, do Ministério Público ou da Defensoria Pública, de servidores e empregados públicos e de militares;

VII – a criação de despesa obrigatória de caráter continuado;

VIII – a adoção de medida que implique reajuste de despesa obrigatória acima da variação anual do Índice Nacional de Preços ao Consumidor Amplo (IPCA), ou de outro que vier a substituí-lo, ou da variação anual da receita corrente líquida apurada na forma do inciso IV do *caput* do art. 2.º da Lei Complementar n. 101, de 4 de maio de 2000, o que for menor;

IX – a concessão ou a ampliação de incentivo ou benefício de natureza tributária da qual decorra renúncia de receita, ressalvados os concedidos nos termos da alínea *g* do inciso XII do § 2.º do art. 155 da Constituição Federal;

X – o empenho ou a contratação de despesas com publicidade e propaganda, exceto para as áreas de saúde, segurança, educação no trânsito e outras de demonstrada utilidade pública;

XI – a celebração de convênio, acordo, ajuste ou outros tipos de instrumentos que envolvam a transferência de recursos para outros entes federativos ou para organizações da sociedade civil, ressalvados:

a) aqueles necessários para a efetiva recuperação fiscal;

b) as renovações de instrumentos já vigentes no momento da adesão ao Regime de Recuperação Fiscal;

c) aqueles decorrentes de parcerias com organizações sociais e que impliquem redução de despesa, comprovada pelo Conselho de Supervisão de que trata o art. 6.º;

d) aqueles destinados a serviços essenciais, a situações emergenciais, a atividades de assistência social relativas a ações voltadas para pessoas com deficiência, idosos e mulheres jovens em situação de risco e, suplementarmente, ao cumprimento de limites constitucionais;

XII – a contratação de operações de crédito e o recebimento ou a concessão de garantia, ressalvadas aquelas autorizadas no âmbito do Regime de Recuperação Fiscal, na forma estabelecida pelo art. 11.

Parágrafo único. O Regime de Recuperação Fiscal impõe as restrições de que trata o *caput* deste artigo a todos os Poderes, aos órgãos, às entidades e aos fundos do Estado.

CAPÍTULO VI
DAS PRERROGATIVAS DO ESTADO

Art. 9.º A União concederá redução extraordinária integral das prestações relativas aos contratos de dívidas administrados pela Secretaria do Tesouro Nacional do Ministério da Fazenda, por prazo igual ou inferior ao estabelecido para a vigência do Regime de Recuperação Fiscal.

§ 1.º A redução extraordinária de que trata o *caput* deste artigo não poderá ultrapassar o prazo de 36 (trinta e seis) meses.

§ 2.º Na hipótese de prorrogação do Regime de Recuperação Fiscal, nos termos do § 2.º do art. 2.º, os pagamentos das prestações de que trata o *caput* deste artigo serão retomados de forma progressiva e linear, até que seja atingido o valor integral da prestação ao término do prazo da prorrogação.

§ 3.º Para fins do disposto neste artigo, ato do Ministro de Estado da Fazenda estabelecerá a metodologia para a definição do valor integral da prestação.

§ 4.º São dispensados os requisitos legais exigidos para a contratação com a União e a verificação dos requisitos exigidos pela Lei Complementar n. 101, de 4 de maio de 2000, para a realização de operações de crédito.

§ 5.º Por força do disposto neste artigo, os valores não pagos das dívidas com a União serão:

I – controlados em conta gráfica pelo agente financeiro da União e pela Secretaria do Tesouro Nacional do Ministério da Fazenda;

II – capitalizados de acordo com os encargos financeiros de normalidade previstos originariamente nos contratos, para acréscimo aos saldos devedores atualizados, imediatamente após o encerramento da redução extraordinária de que trata o *caput* deste artigo ou da retomada progressiva dos pagamentos de que trata o § 2.º deste artigo, no caso de se verificar essa possibilidade.

§ 6.º A redução imediata das prestações de que trata este artigo não afasta a necessidade de celebração de termo aditivo para cada um dos contratos renegociados.

§ 7.º Para fins do aditamento a que se refere o § 6.º deste artigo, serão considerados os valores consolidados dos saldos devedores das obrigações, incluídos os saldos das contas gráficas, apurados no mês anterior ao da assinatura do termo aditivo.

§ 8.º Constará do termo aditivo a que se refere o § 6.º deste artigo que o Estado vinculará em garantia à União as receitas de que trata o art. 155 e os recursos de que tratam o art. 157 e a alínea *a* do inciso I e o inciso II do *caput* do art. 159 da Constituição Federal.

§ 9.º Os valores pagos à União serão imputados prioritariamente ao pagamento dos juros contratuais, sendo o restante destinado à amortização do principal da dívida.

Art. 10. Durante a vigência do Regime de Recuperação Fiscal, fica suspensa a aplicação dos seguintes dispositivos da Lei Complementar n. 101, de 4 de maio de 2000:

I – art. 23, ressalvado o disposto no inciso I do § 3.º;

II – alíneas *a* e *c* do inciso IV do § 1.º do art. 25, ressalvada a observância ao disposto no § 3.º do art. 195 da Constituição Federal;

III – art. 31.

Parágrafo único. Para os Estados que aderirem ao Regime de Recuperação Fiscal, o prazo previsto no *caput* do art. 23 da Lei Complementar n. 101, de 4 de maio de 2000, será o mesmo pactuado para o Plano de Recuperação.

Capítulo VII
DOS FINANCIAMENTOS AUTORIZADOS

Art. 11. Enquanto vigorar o Regime de Recuperação Fiscal, poderão ser contratadas operações de crédito para as seguintes finalidades:

I – financiamento de programa de desligamento voluntário de pessoal;

II – financiamento de auditoria do sistema de processamento da folha de pagamento de ativos e inativos;

III – financiamento dos leilões de que trata o inciso VII do § 1.º do art. 2.º;

IV – reestruturação de dívidas com o sistema financeiro;

V – modernização da administração fazendária;

VI – antecipação de receita da privatização de empresas de que trata o inciso I do § 1.º do art. 2.º;

VII – demais finalidades previstas no Plano de Recuperação.

§ 1.º A contratação das operações de crédito de que tratam os incisos I a VII do *caput* deste artigo contará com a garantia da União, devendo o Estado vincular em contragarantia as receitas de que trata o art. 155 e os recursos de que tratam o art. 157 e a alínea *a* do inciso I e o inciso II do *caput* do art. 159 da Constituição Federal.

§ 2.º Nas operações de crédito de que trata o inciso VI do *caput* deste artigo, além da contragarantia de que trata o § 1.º deste artigo, o Estado oferecerá, em benefício da União, penhor das ações da empresa a ser privatizada.

§ 3.º Se for realizada a operação de crédito de que trata o inciso VI do *caput* deste artigo, o Estado compromete-se a promover alterações no corpo diretor da empresa a ser privatizada, com o objetivo de permitir que o credor indique representante, cujo papel será o de contribuir para o êxito da operação de alienação.

§ 4.º Para fins do disposto neste artigo, estão dispensados os requisitos legais exigidos para a contratação de operações de crédito e para a concessão de garantia, inclusive aqueles dispostos na Lei Complementar n. 101, de 4 de maio de 2000.

§ 5.º A Secretaria do Tesouro Nacional do Ministério da Fazenda definirá o limite para a concessão de garantia aplicável à contratação das operações de crédito de que trata o § 1.º deste artigo, respeitados os limites definidos pelo Senado Federal nos termos do inciso VIII do *caput* do art. 52 da Constituição Federal.

§ 6.º Na hipótese de desvio de finalidade dos financiamentos de que trata este artigo, o acesso a novos financiamentos será suspenso até o fim do Regime de Recuperação Fiscal.

§ 7.º Durante a vigência do Regime de Recuperação Fiscal, fica autorizado o aditamento de contratos de financiamento firmados com organismos internacionais multilaterais, desde que não haja aumento dos valores originais nem dos encargos dos contratos.

CAPÍTULO VIII
DO ENCERRAMENTO E DA EXTINÇÃO DO REGIME DE RECUPERAÇÃO FISCAL

Art. 12. O Regime de Recuperação Fiscal será encerrado quando:

I – as metas estabelecidas no Plano de Recuperação forem atingidas; ou

II – a vigência do Plano de Recuperação terminar.

§ 1.º Quando se verificar o cumprimento do disposto no inciso I do *caput* deste artigo antes do prazo final previsto para a sua vigência, o encerramento ocorrerá por meio de ato do Presidente da República.

§ 2.º O ato a que se refere o § 1.º deste artigo será precedido de parecer do Ministério da Fazenda.

Art. 13. São causas para a extinção do Regime de Recuperação Fiscal o descumprimento pelo Estado:

I – das vedações de que trata o Capítulo V;

II – do disposto nos incisos VI e VII do § 1.º do art. 2.º;

III – do disposto no § 3.º do art. 3.º.

§ 1.º Incumbe ao Presidente da República extinguir o Regime de Recuperação Fiscal, com base em recomendação do Ministério da Fazenda.

§ 2.º A extinção do Regime de Recuperação Fiscal implica a imediata extinção das prerrogativas de que tratam os arts. 9.º e 10, com o retorno das condições contratuais das dívidas a que se refere o art. 9.º àquelas vigentes antes da repactuação e do recálculo do passivo do Estado com a aplicação dos encargos financeiros de inadimplemento.

CAPÍTULO IX
DISPOSIÇÕES FINAIS

Art. 14. O art. 32 da Lei Complementar n. 101, de 4 de maio de 2000, passa a vigorar acrescido do seguinte § 6.º:

•• Alteração já processada no diploma modificado.

....

Art. 17. Durante a vigência do Regime de Recuperação Fiscal, na hipótese de inadimplência em operações de crédito com o sistema financeiro e instituições multilaterais, garantidas pela União e contratadas em data anterior à homologação do pedido de adesão ao Regime de Recuperação Fiscal, fica a União impedida de executar as contragarantias ofertadas.

§ 1.º Por força do disposto no *caput* deste artigo, os valores inadimplidos, mas não executados, serão:

I – controlados em conta gráfica pela Secretaria do Tesouro Nacional do Ministério da Fazenda;

II – capitalizados de acordo com os encargos financeiros de normalidade previstos originariamente nos respectivos contratos;

III – cobrados no prazo previsto no § 1.º do art. 9.º.

§ 2.º Na hipótese de prorrogação do Regime de Recuperação Fiscal, será aplicado o disposto no § 2.º do art. 9.º.

§ 3.º Para fins do disposto neste artigo, estão dispensados os requisitos legais exigidos para a contratação de operações de crédito, inclusive aqueles dispostos na Lei Complementar n. 101, de 4 de maio de 2000.

§ 4.º Para fins de aplicação do disposto no § 1.º deste artigo, o Estado deverá vincular em contragarantia as receitas de que trata o art. 155 e os recursos de que tratam o art. 157, a alínea *a* do inciso I e o inciso II do *caput* do art. 159 da Constituição Federal.

Art. 18. Esta Lei Complementar entra em vigor na data de sua publicação.

Brasília, 19 de maio de 2017; 196.º da Independência e 129.º da República.

MICHEL TEMER
Henrique Meirelles

MEDIDA PROVISÓRIA N. 806, DE 30 DE OUTUBRO DE 2017 (*)

Dispõe sobre o Imposto sobre a Renda incidente sobre as aplicações em fundos de investimento.

O Presidente da República, no uso da atribuição que lhe confere o art. 62 da Constituição, adota a seguinte Medida Provisória, com força de lei:

Art. 1.º Esta Medida Provisória dispõe sobre a cobrança e o recolhimento do Imposto sobre a Renda incidente sobre as aplicações em fundos de investimento.

CAPÍTULO I
DAS APLICAÇÕES EM FUNDOS DE INVESTIMENTO

Art. 2.º Para fins de incidência do Imposto sobre a Renda na fonte, consideram-se pagos ou creditados aos cotistas dos fundos de investimento ou dos fundos de investimento em cotas, quando constituídos sob a forma de condomínio fechado, os rendimentos correspondentes à diferença positiva entre o valor patrimonial da cota em 31 de maio de 2018, incluídos os rendimentos apropriados a cada cotista, e o respectivo custo de aquisição, ajustado pelas amortizações ocorridas.

§ 1.º Para fins do disposto no *caput*, consideram-se fundos de investimento constituídos sob a forma de condomínio fechado aqueles que não admitem resgate de cotas durante o prazo de sua duração.

§ 2.º Os rendimentos de que trata o *caput* serão considerados pagos ou creditados em 31 de maio de 2018 e tributados pelo Imposto sobre a Renda na fonte, às alíquotas estabelecidas no art. 1.º da Lei n. 11.033, de 21 de dezembro de 2004, e no art. 6.º da Lei n. 11.053, de 29 de dezembro de 2004.

• Citados dispositivos constam nesta obra.

§ 3.º O imposto de que trata o § 2.º será retido pelo administrador do fundo de investimento na data do fato gerador e recolhido em cota única até o terceiro dia útil subsequente ao decêndio da ocorrência do fato gerador.

Art. 3.º A partir de 1.º de junho de 2018, a incidência do Imposto sobre a Renda na fonte sobre os rendimentos auferidos por qualquer beneficiário, incluídas as pessoas jurídicas isentas, nas aplicações em fundos de investimento ou em fundos de investimento em cotas, quando constituídos sob a forma de condomínio fechado, ocorrerá no último dia útil dos meses de maio e de novembro de cada ano ou no momento da amortização ou do resgate de cotas em decorrência do término do prazo de duração o ou do encerramento do fundo, se ocorridos em data anterior.

§ 1.º A base de cálculo do imposto de que trata o *caput* corresponde à diferença positiva entre o valor patrimonial da cota, incluído o valor dos rendimentos apropriados a cada cotista no período de apuração, e o seu custo de

(*) Publicada no *DOU*, de 30-10-2017 – Edição Extra.

aquisição, ajustado pelas amortizações ocorridas, ou o valor da cota na data da última incidência do imposto.

§ 2.º Os rendimentos de que trata o *caput* serão tributados às alíquotas estabelecidas no art. 1.º da Lei n. 11.033, de 2004, e no art. 6.º da Lei n. 11.053, de 2004.

• Citados dispositivos constam nesta obra.

§ 3.º O imposto de que trata o *caput* será retido pelo administrador do fundo de investimento e recolhido em cota única até o terceiro dia útil subsequente ao decêndio de ocorrência do fato gerador.

Art. 4.º A partir de 1.º de janeiro de 2018, na hipótese de cisão, incorporação, fusão ou transformação de fundo de investimento, consideram-se pagos ou creditados aos cotistas os rendimentos correspondentes à diferença positiva entre o valor patrimonial da cota, incluídos os rendimentos apropriados a cada cotista, na data do evento, e o respectivo custo de aquisição, ajustado pelas amortizações ocorridas, ou o valor da cota na data da última incidência do imposto.

Parágrafo único. O imposto de que trata o *caput* será retido pelo administrador do fundo de investimento na data do evento e recolhido em cota única até o terceiro dia útil subsequente ao decêndio da ocorrência do evento.

Art. 5.º Os fundos de investimento a seguir, constituídos sob a forma de condomínio fechado de acordo com as normas estabelecidas pela Comissão de Valores Mobiliários – CVM, serão tributados da seguinte forma:

I – fundos de investimento imobiliário constituídos na forma prevista na Lei n. 8.668, de 25 de junho de 1993, que serão tributados na forma desta Lei;

• A Lei n. 8.668, de 25-6-1993, dispõe sobre a constituição e o regime tributário dos fundos de investimento imobiliário e dá outras providências.

II – Fundos de Investimento em Direitos Creditórios – FIDC e Fundos de Investimento em Cotas de Fundos de Investimento em Direitos Creditórios – FIC-FIDC que permanecerão tributados na amortização, na alienação e no resgate de cotas;

III – fundos de investimento em ações e fundos de investimento em cotas de fundos de investimento em ações, que permanecerão tributados no resgate de cotas;

IV – fundos constituídos exclusivamente por investidores não residentes no País ou domiciliados no exterior, que serão tributados na forma prevista no art. 81 da Lei n. 8.981, de 20 de janeiro de 1995;

• Citado dispositivo consta nesta obra.

V – fundos de investimento e fundos de investimento em cotas que, na data da publicação desta Medida Provisória, prevejam expressamente em seu regulamento o término improrrogável até 31 de dezembro de 2018, hipótese em que serão tributados na amortização de cotas ou no resgate, para fins de encerramento, sem prejuízo do disposto no art. 4.º;

VI – fundos de investimento em participações qualificados como entidade de investimento, que serão tributados na forma prevista no art. 2.º da Lei n. 11.312, de 27 de junho de 2006; e

•• O artigo citado dispõe: "Art. 2.º Os rendimentos auferidos no resgate de cotas dos Fundos de Investimento em Participações, Fundos de Investimento em Cotas de Fundos de Investimento em Participações e Fundos de Investimento em Empresas Emergentes, inclusive quando decorrentes da liquidação do fundo, ficam sujeitos ao imposto de renda na fonte à alíquota de 15% (quinze por cento) incidente sobre a diferença positiva entre o valor de resgate e o custo de aquisição das cotas. (...)".

VII – fundos de investimento em participações não qualificados como entidade de investimento, de acordo com a regulamentação estabelecida pela CVM, que serão tributados na forma dos art. 8.º e art. 9.º.

Art. 6º O regime de tributação de que tratam o art. 2.º ao art. 4.º não se aplica aos rendimentos ou aos ganhos líquidos auferidos em aplicações de titularidade das pessoas jurídicas referidas no inciso I do *caput* do art. 77 da Lei n. 8.981, de 1995.

....

Art. 8.º Sujeitam-se à tributação aplicável às pessoas jurídicas os fundos de investimento em participações não qualificados como entidade de investimento de acordo com a regulamentação estabelecida pela CVM.

Parágrafo único. Fica o administrador do fundo de investimento responsável pelo cumprimento das demais obrigações tributárias do fundo, incluídas as acessórias.

Art. 9.º Nos termos do art. 2.º da Lei n. 11.312, de 2006, os rendimentos e os ganhos auferidos pelos fundos de investimento em participações não qualificados como entidades de investimento que não tenham sido distribuídos aos cotistas até 2 de janeiro de 2018 ficam sujeitos à incidência do Imposto sobre a Renda na fonte à alíquota de quinze por cento e serão considerados pagos ou creditados aos seus cotistas em 2 de janeiro de 2018.

•• *Vide* nota ao art. 5.º, IV, desta Medida Provisória.

§ 1.º Para fins do disposto neste artigo, o administrador do fundo de investimento, na data de retenção do imposto, reduzirá a quantidade de cotas de cada contribuinte em valor correspondente ao do imposto apurado em 2 de janeiro de 2018.

§ 2.º O imposto de que trata o § 1.º será retido pelo administrador do fundo de investimento na data do fato gerador e recolhido em cota única até o terceiro dia útil subsequente ao decêndio da ocorrência do fato gerador.

Capítulo II
DISPOSIÇÕES FINAIS

Art. 10. A Secretaria da Receita Federal do Brasil do Ministério da Fazenda disciplinará o disposto nesta Medida Provisória.

Art. 11. Ficam revogados os § 2.º e § 4.º do art. 2.º da Lei n. 11.312, de 27 de junho de 2006.

Art. 12. Esta Medida Provisória entra em vigor na data de sua publicação, produzindo efeitos a partir de 1.º de janeiro de 2018.

Brasília, 30 de outubro de 2017; 196.º da Independência e 129.º da República.

MICHEL TEMER

Súmulas do Supremo Tribunal Federal (*)

•• *As Súmulas aqui constantes até a de n. 609 foram promulgadas antes da Constituição Federal de 1988, que mudou a competência do STF.*

66. É legítima a cobrança do tributo que houver sido aumentado após o orçamento, mas antes do início do respectivo exercício financeiro.

67. É inconstitucional a cobrança do tributo que houver sido criado ou aumentado no mesmo exercício financeiro.

69. A Constituição Estadual não pode estabelecer limite para o aumento de tributos municipais.

70. É inadmissível a interdição de estabelecimento como meio coercitivo para cobrança de tributo.

71. Embora pago indevidamente, não cabe restituição de tributo indireto.

73. A imunidade das autarquias, implicitamente contida no art. 31, V, *a*, da Constituição Federal, abrange tributos estaduais e municipais.

•• Refere-se à CF de 1946. *Vide* art. 150, VI, *a*, §§ 2.º e 3.º, da CF de 1988.

75. Sendo vendedora uma autarquia, a sua imunidade fiscal não compreende o imposto de transmissão *inter vivos*, que é encargo do comprador.

76. As sociedades de economia mista não estão protegidas pela imunidade fiscal do art. 31, V, *a*, da Constituição Federal.

•• Refere-se à CF de 1946. *Vide* art. 150, VI, *a*, §§ 2.º e 3.º, da CF de 1988.

77. Está isenta de impostos federais a aquisição de bens pela Rede Ferroviária Federal.

78. Estão isentas de impostos locais as empresas de energia elétrica, no que respeita às suas atividades específicas.

79. O Banco do Brasil não tem isenção de tributos locais.

81. As cooperativas não gozam de isenção de impostos locais, com fundamento na Constituição e nas leis federais.

82. São inconstitucionais o Imposto de Cessão e a taxa sobre inscrição de promessa de venda de imóvel, substitutivos do Imposto de Transmissão, por incidirem sobre ato que não transfere o domínio.

89. Estão isentas do Imposto de Importação frutas importadas da Argentina, do Chile, da Espanha e de Portugal, enquanto vigentes os respectivos acordos comerciais.

93. Não está isenta do Imposto de Renda a atividade profissional do arquiteto.

94. É competente a autoridade alfandegária para o desconto, na fonte, do Imposto de Renda correspondente às comissões dos despachantes aduaneiros.

(*) De acordo com o art. 8.º da Emenda Constitucional n. 45, de 8-12-2004 (Reforma do Judiciário), as atuais súmulas do STF somente produzirão efeito vinculante após sua confirmação por dois terços de seus integrantes e publicação na imprensa oficial.

ESPAÇO RESERVADO PARA USO DE GRAMPO

101. O mandado de segurança não substitui a ação popular.

108. É legítima a incidência do Imposto de Transmissão *inter vivos* sobre o valor do imóvel ao tempo da alienação, e não da promessa, na conformidade da legislação local.

110. O Imposto de Transmissão *inter vivos* não incide sobre a construção, ou parte dela, realizada pelo adquirente, mas sobre o que tiver sido construído ao tempo da alienação do terreno.

111. É legítima a incidência do Imposto de Transmissão *inter vivos* sobre a restituição, ao antigo proprietário, de imóvel que deixou de servir à finalidade da sua desapropriação.

112. O Imposto de Transmissão *causa mortis* é devido pela alíquota vigente ao tempo da abertura da sucessão.

113. O Imposto de Transmissão *causa mortis* é calculado sobre o valor dos bens na data da avaliação.

114. O Imposto de Transmissão *causa mortis* não é exigível antes da homologação do cálculo.

115. Sobre os honorários do advogado contratado pelo inventariante, com a homologação do Juiz, não incide o Imposto de Transmissão *causa mortis*.

116. Em desquite, ou inventário, é legítima a cobrança do chamado Imposto de Reposição, quando houver desigualdade dos valores partilhados.

128. É indevida a taxa de assistência médica e hospitalar das instituições de previdência social.

129. Na conformidade da legislação local, é legítima a cobrança de taxas de calçamento.

132. Não é devida a taxa de previdência social na importação de amianto bruto ou em fibra.

140. Na importação de lubrificantes, é devida a taxa de previdência social.

141. Não incide a taxa de previdência social sobre combustíveis.

142. Não é devida a taxa de previdência social sobre mercadorias isentas do Imposto de Importação.

148. É legítimo o aumento de tarifas portuárias por ato do Ministro da Viação e Obras Públicas.

•• Atualmente Ministério dos Transportes.

239. Decisão que declara indevida a cobrança do imposto em determinado exercício não faz coisa julgada em relação aos posteriores.

248. É competente originariamente o STF, para mandado de segurança contra ato do TCU.

266. Não cabe mandado de segurança contra lei em tese.

267. Não cabe mandado de segurança contra ato judicial passível de recurso ou correição.

269. O mandado de segurança não é substitutivo de ação de cobrança.

276. Não cabe recurso de revista em ação executiva fiscal.

277. São cabíveis embargos, em favor da Fazenda Pública, em ação executiva fiscal, não sendo unânime a decisão.

278. São cabíveis embargos em ação executiva fiscal contra decisão reformatória da de primeira instância, ainda que unânime.

294. São inadmissíveis embargos infringentes contra decisão do STF em mandado de segurança.

302. Está isenta da taxa de previdência social a importação de petróleo bruto.

310. Quando a intimação tiver lugar na sexta-feira, ou a publicação com efeito de intimação for feita nesse dia, o prazo judicial terá início na segunda-feira imediata, salvo se não houver expediente, caso em que começará no primeiro dia útil que se seguir.

319. O prazo do recurso ordinário para o STF, em *habeas corpus* ou mandado de segurança, é de cinco dias.

323. É inadmissível a apreensão de mercadorias como meio coercitivo para pagamento de tributos.

324. A imunidade do art. 31, V, da Constituição Federal, não compreende as taxas.

•• Refere-se à CF de 1946. *Vide* art. 150, VI, da CF de 1988.

326. É legítima a incidência do Imposto de Transmissão *inter vivos* sobre a transferência do domínio útil.

328. É legítima a incidência do Imposto de Transmissão *inter vivos* sobre a doação de imóvel.

329. O Imposto de Transmissão *inter vivos* não incide sobre a transferência de ações de sociedade imobiliária.

330. O STF não é competente para conhecer de mandado de segurança contra atos dos tribunais de justiça dos Estados.

331. É legítima a incidência do Imposto de Transmissão *causa mortis* no inventário por morte presumida.

336. A imunidade da autarquia financiadora, quanto ao contrato de financiamento, não se estende à compra e venda entre particulares, embora constantes os dois atos de um só instrumento.

348. É constitucional a criação de taxa de construção, conservação e melhoramento de estradas.

378. Na indenização por desapropriação incluem-se honorários do advogado do expropriado.

392. O prazo para recorrer de acórdão concessivo de segurança conta-se da publicação oficial de suas conclusões, e não da anterior ciência à autoridade para cumprimento da decisão.

418. O empréstimo compulsório não é tributo, e sua arrecadação não está sujeita à exigência constitucional da prévia autorização orçamentária.

429. A existência de recurso administrativo com efeito suspensivo não impede o uso do mandado de segurança contra omissão da autoridade.

435. O Imposto de Transmissão *causa mortis*, pela transferência de ações, é devido ao Estado em que tem sede a companhia.

439. Estão sujeitos à fiscalização tributária ou previdenciária quaisquer livros comerciais, limitado o exame aos pontos objeto da investigação.

469. A multa de 100% (cem por cento), para o caso de mercadoria importada irregularmente, é calculada à base do custo de câmbio da categoria correspondente.

470. O Imposto de Transmissão *inter vivos* não incide sobre a construção, ou parte dela, realizada, inequivocamente, pelo promitente comprador, mas sobre o valor do que tiver sido construído antes da promessa de venda.

512. Não cabe condenação em honorários de advogado na ação de mandado de segurança.

536. São objetivamente imunes ao Imposto sobre Circulação de Mercadorias os *produtos industrializados*, em geral, destinados à exportação, além de outros, com a mesma destinação, cuja isenção a lei determinar.

538. A avaliação judicial para o efeito do cálculo das benfeitorias dedutíveis do Imposto sobre Lucro Imobiliário, independe do limite a que se refere a Lei n. 3.470, de 28 de novembro de 1958, art. 8.°, parágrafo único.

539. É constitucional a lei do município que reduz o Imposto Predial Urbano sobre imóvel ocupado pela residência do proprietário, que não possua outro.

540. No preço da mercadoria sujeita ao Imposto de Vendas e Consignações, não se incluem as despesas de frete e carreto.

•• Atualmente Imposto sobre Operações relativas à Circulação de Mercadorias e sobre Prestações de Serviços de Transporte Interestadual e Intermunicipal e de Comunicação – ICMS.

541. O Imposto sobre Vendas e Consignações não incide sobre a venda ocasional de veículos e equipamentos usados, que não se insere na atividade profissional do vendedor e não é realizada com o fim de lucro, sem caráter, pois, de comercialidade.

•• Atualmente Imposto sobre Operações relativas à Circulação de Mercadorias e sobre Prestações de Serviços de Transporte Interestadual e Intermunicipal e de Comunicação – ICMS.

543. A Lei n. 2.975, de 27 de novembro de 1965, revogou, apenas, as isenções de caráter geral relativas ao imposto único sobre combustíveis, não as especiais, por outras leis concedidas.

544. Isenções tributárias concedidas, sob condição onerosa, não podem ser livremente suprimidas.

545. Preços de serviços públicos e taxas não se confundem, porque estas, diferentemente daqueles, são compulsórias e têm sua cobrança condicionada à prévia autorização orçamentária, em relação à lei que as instituiu.

546. Cabe a restituição do tributo pago indevidamente, quando reconhecido por decisão que o contribuinte *de jure* não recuperou do contribuinte *de facto* o *quantum* respectivo.

547. Não é lícito à autoridade proibir que o contribuinte em débito adquira estampilhas, despache mercadorias nas alfândegas e exerça suas atividades profissionais.

550. A isenção concedida pelo art. 2.º da Lei n. 1.815, de 1953, às empresas de navegação aérea não compreende a taxa de melhoramento de portos, instituída pela Lei n. 3.421, de 1958.

553. O Adicional ao Frete para Renovação da Marinha Mercante (AFRMM) é contribuição parafiscal, não sendo abrangido pela imunidade prevista na letra *d*, inciso III, do art. 19 da Constituição Federal.

559. O Decreto-lei n. 730, de 5 de agosto de 1969, revogou a exigência de homologação, pelo Ministro da Fazenda, das resoluções do Conselho de Política Aduaneira.

•• O Decreto-lei n. 730, de 5-8-1969, dispõe sobre o Conselho de Política Aduaneira.

560. A extinção de punibilidade, pelo pagamento do tributo devido, estende-se ao crime de contrabando ou descaminho, por força do art. 18, § 2.º, do Decreto-lei n. 157/67.

•• O Decreto-lei n. 157, de 10-2-1967, concede estímulos fiscais à capitalização das empresas, reforça os incentivos à compra de ações, facilita o pagamento de débitos fiscais.

563. O concurso de preferência, a que se refere o parágrafo único do art. 187 do Código Tributário Nacional, é compatível com o disposto no art. 9.º, I, da Constituição Federal.

•• Refere-se à CF de 1967, com as alterações procedidas pela Emenda Constitucional n. 1, de 17-10-1969. *Vide* art. 19, III, da CF.

569. É inconstitucional a discriminação de alíquotas do Imposto de Circulação de Mercadorias nas operações interestaduais, em razão de o destinatário ser, ou não, contribuinte.

570. O Imposto de Circulação de Mercadorias não incide sobre a importação de bens de capital.

571. O comprador de café, ao IBC, ainda que sem expedição de nota fiscal, habilita-se, quando da comercialização do produto, ao crédito do ICM que incidiu sobre a operação anterior.

572. No cálculo do ICM devido na saída de mercadorias para o Exterior, não se incluem fretes pagos a terceiros, seguros e despesas de embarque.

573. Não constitui fato gerador do ICM a saída física de máquinas, utensílios e implementos a título de comodato.

574. Sem lei estadual que a estabeleça, é ilegítima a cobrança do ICM sobre o fornecimento de alimentação e bebidas em restaurante ou estabelecimento similar.

575. À mercadoria importada de país signatário do (GATT), ou membro da (ALALC), estende-se a isenção do Imposto de Circulação de Mercadorias concedida a similar nacional.

576. É lícita a cobrança do ICM sobre produtos importados sob o regime da alíquota *zero*.

577. Na importação de mercadorias do Exterior, o fato gerador do ICM ocorre no momento de sua entrada no estabelecimento do importador.

578. Não podem os Estados, a título de ressarcimento de despesas, reduzir a parcela de 20% (vinte por cento) do produto da arrecadação do ICM, atribuída aos Municípios pelo art. 23, § 8.º, da Constituição Federal.

•• Refere-se à CF de 1967, com as alterações procedidas pela Emenda Constitucional n. 1, de 17-10-1969. *Vide* art. 155, II, da CF.

579. A cal virgem e a hidratada estão sujeitas ao ICM.

581. A exigência de transporte em navio de bandeira brasileira, para efeito de isenção tributária, legitimou-se com o advento do Decreto-lei n. 666, de 2 de julho de 1969.

583. Promitente comprador de imóvel residencial transcrito em nome de autarquia é contribuinte do Imposto Predial e Territorial Urbano.

584. Ao Imposto de Renda calculado sobre os rendimentos do ano-base, aplica-se a lei vigente no exercício financeiro em que deve ser apresentada a declaração.

586. Incide Imposto de Renda sobre os juros remetidos para o Exterior, com base em contrato de mútuo.

587. Incide Imposto de Renda sobre o pagamento de serviços técnicos contratados no Exterior e prestados no Brasil.

588. O Imposto sobre Serviços não incide sobre os depósitos, as comissões e taxas de desconto, cobrados pelos estabelecimentos bancários.

589. É inconstitucional a fixação de adicional progressivo do Imposto Predial e Territorial Urbano em função do número de imóveis do contribuinte.

590. Calcula-se o Imposto de Transmissão *causa mortis* sobre o saldo credor da promessa de compra e venda de imóvel, no momento da abertura da sucessão do promitente vendedor.

591. A imunidade ou a isenção tributária do comprador não se estende ao produtor, contribuinte do Imposto sobre Produtos Industrializados.

595. É inconstitucional a taxa municipal de conservação de estradas de rodagem, cuja base de cálculo seja idêntica à do Imposto Territorial Rural.

597. Não cabem embargos infringentes de acórdão que, em mandado de segurança, decidiu por maioria de votos a apelação.

609. É pública incondicionada a ação penal por crime de sonegação fiscal.

615. O princípio constitucional da anualidade (§ 29 do art. 153 da Constituição Federal) não se aplica à revogação da isenção do ICM.

•• Refere-se à CF de 1967. *Vide* art. 150, I e III, da Constituição vigente.

•• *Vide* arts. 104, III, e 178 do CTN.

•• *Vide* Súmula 544 do STF.

(*) 622. Não cabe agravo regimental contra decisão do relator que concede ou indefere liminar em mandado de segurança.

624. Não compete ao Supremo Tribunal Federal conhecer originariamente de mandado de segurança contra atos de outros tribunais.

625. Controvérsia sobre matéria de direito não impede concessão de mandado de segurança.

626. A suspensão da liminar em mandado de segurança, salvo determinação em contrário da decisão que a deferir, vigorará até o trânsito em julgado da decisão definitiva de concessão da segurança ou, havendo recurso, até a sua manutenção pelo Supremo Tribunal Federal, desde que o objeto da liminar deferida coincida, total ou parcialmente, com o da impetração.

629. A impetração de mandado de segurança coletivo por entidade de classe em favor dos associados independe da autorização destes.

630. A entidade de classe tem legitimação para o mandado de segurança ainda quando a pretensão veiculada interesse apenas a uma parte da respectiva categoria.

631. Extingue-se o processo de mandado de segurança se o impetrante não promove, no prazo assinado, a citação do litisconsorte passivo necessário.

632. É constitucional lei que fixa o prazo de decadência para a impetração de mandado de segurança.

638. A controvérsia sobre a incidência, ou não, de correção monetária em operações de crédito rural é de natureza infraconstitucional, não viabilizando recurso extraordinário.

640. É cabível recurso extraordinário contra decisão proferida por juiz de primeiro grau nas causas de alçada, ou por turma recursal de juizado especial cível e criminal.

654. A garantia da irretroatividade da lei, prevista no art. 5.º, XXXVI, da Constituição da República, não é invocável pela entidade estatal que a tenha editado.

656. É inconstitucional a lei que estabelece alíquotas progressivas para o imposto de transmissão *inter vivos* de bens imóveis – ITBI com base no valor venal do imóvel.

657. A imunidade prevista no art. 150, VI, *d*, da CF abrange os filmes e papéis fotográficos necessários à publicação de jornais e periódicos.

658. São constitucionais os arts. 7.º da Lei n. 7.787/89 e 1.º da Lei n. 7.894/89 e da Lei n. 8.147/90, que majoraram a alíquota do Finsocial, quando devida a contribuição por empresas dedicadas exclusivamente à prestação de serviços.

659. É legítima a cobrança da COFINS, do PIS e do FINSOCIAL sobre as operações relativas a energia elétrica, serviços de telecomunicações, derivados de petróleo, combustíveis e minerais do País.

660. Não incide ICMS na importação de bens por pessoa física ou jurídica que não seja contribuinte do imposto.

•• Texto republicado com o teor aprovado na Sessão Plenária de 24-9-2003 (*DJU* de 28-3-2006).

661. Na entrada de mercadoria importada do exterior, é legítima a cobrança do ICMS por ocasião do desembaraço aduaneiro.

662. É legítima a incidência do ICMS na comercialização de exemplares de obras cinematográficas, gravados em fitas de videocassete.

(*) As Súmulas seguintes foram promulgadas após a CF de 1988.

663. Os §§ 1.º e 3.º do art. 9.º do Decreto-lei n. 406/68 foram recebidos pela Constituição.

664. É inconstitucional o inciso V do art. 1.º da Lei n. 8.033/90, que instituiu a incidência do imposto nas operações de crédito, câmbio e seguros – IOF sobre saques efetuados em caderneta de poupança.

•• A Resolução do Senado Federal n. 28, de 29-11-2007, suspende a execução do inciso V do art. 1.º da Lei n. 8.033, de 12-4-1990.

665. É constitucional a Taxa de Fiscalização dos Mercados de Títulos e Valores Mobiliários instituída pela Lei n. 7.940/89.

666. A contribuição confederativa de que trata o art. 8.º, IV, da Constituição, só é exigível dos filiados ao sindicato respectivo.

667. Viola a garantia constitucional de acesso à jurisdição a taxa judiciária calculada sem limite sobre o valor da causa.

668. É inconstitucional a lei municipal que tenha estabelecido, antes da Emenda Constitucional n. 29/2000, alíquotas progressivas para o IPTU, salvo se destinada a assegurar o cumprimento da função social da propriedade urbana.

669. Norma legal que altera o prazo de recolhimento da obrigação tributária não se sujeita ao princípio da anterioridade.

670. O serviço de iluminação pública não pode ser remunerado mediante taxa.

688. É legítima a incidência da contribuição previdenciária sobre o 13.º salário.

724. Ainda quando alugado a terceiros, permanece imune ao IPTU o imóvel pertencente a qualquer das entidades referidas pelo art. 150, VI, c, da Constituição, desde que o valor dos aluguéis seja aplicado nas atividades essenciais de tais entidades.

730. A imunidade tributária conferida a instituições de assistência social sem fins lucrativos pelo art. 150, VI, c, da Constituição, somente alcança as entidades fechadas de previdência social privada se não houver contribuição dos beneficiários.

732. É constitucional a cobrança da contribuição do salário-educação, seja sob a Carta de 1969, seja sob a Constituição Federal de 1988, e no regime da Lei 9.424/96.

Súmulas Vinculantes (*)

1. Ofende a garantia constitucional do ato jurídico perfeito a decisão que, sem ponderar as circunstâncias do caso concreto, desconsidera a validez e a eficácia de acordo constante de termo de adesão instituído pela Lei Complementar n. 110/2001.

2. É inconstitucional a lei ou ato normativo estadual ou distrital que disponha sobre sistemas de consórcios e sorteios, inclusive bingos e loterias.

3. Nos processos perante o Tribunal de Contas da União asseguram-se o contraditório e a ampla defesa quando da decisão puder resultar anulação ou revogação de ato administrativo que beneficie o interessado, excetuada a apreciação da legalidade do ato de concessão inicial de aposentadoria, reforma e pensão.

4. Salvo nos casos previstos na Constituição, o salário mínimo não pode ser usado como indexador de base de cálculo de vantagem de servidor público ou de empregado, nem ser substituído por decisão judicial.

5. A falta de defesa técnica por advogado no processo administrativo disciplinar não ofende a Constituição.

6. Não viola a Constituição o estabelecimento de remuneração inferior ao salário mínimo para as praças prestadoras de serviço militar inicial.

7. A norma do § 3.º do artigo 192 da Constituição, revogada pela Emenda Constitucional n. 40/2003, que limitava a taxa de juros reais a 12% ao ano, tinha sua aplicação condicionada à edição de lei complementar.

8. São inconstitucionais o parágrafo único do artigo 5.º do Decreto-lei n. 1.569/1977 e os artigos 45 e 46 da Lei n. 8.212/1991, que tratam de prescrição e decadência de crédito tributário.

9. O disposto no artigo 127 da Lei n. 7.210/1984 (Lei de Execução Penal) foi recebido pela ordem constitucional vigente, e não se lhe aplica o limite temporal previsto no *caput* do artigo 58.

10. Viola a cláusula de reserva de plenário (CF, artigo 97) a decisão de órgão fracionário de Tribunal que, embora não declare expressamente a inconstitucionalidade de lei ou ato normativo do poder público, afasta sua incidência, no todo ou em parte.

11. Só é lícito o uso de algemas em casos de resistência e de fundado receio de fuga ou de perigo à integridade física própria ou alheia, por parte do preso ou de terceiros, justificada a excepcionalidade por escrito, sob pena de responsabilidade disciplinar, civil e penal do agente ou da autoridade e de nulidade da prisão ou do ato processual a que se refere, sem prejuízo da responsabilidade civil do Estado.

12. A cobrança de taxa de matrícula nas universidades públicas viola o disposto no art. 206, IV, da Constituição Federal.

13. A nomeação de cônjuge, companheiro ou parente em linha reta, colateral ou

ESPAÇO RESERVADO PARA USO DE GRAMPO

(*) As súmulas vinculantes estão previstas no art. 103-A da CF, acrescentado pela Emenda Constitucional n. 45, de 2004 (Reforma do Judiciário), e regulamentado pela Lei n. 11.417, de 19-12-2006.

por afinidade, até o terceiro grau, inclusive, da autoridade nomeante ou de servidor da mesma pessoa jurídica investido em cargo de direção, chefia ou assessoramento, para o exercício de cargo em comissão ou de confiança ou, ainda, de função gratificada na administração pública direta e indireta em qualquer dos Poderes da União, dos Estados, do Distrito Federal e dos Municípios, compreendido o ajuste mediante designações recíprocas, viola a Constituição Federal.

14. É direito do defensor, no interesse do representado, ter acesso amplo aos elementos de prova que, já documentados em procedimento investigatório realizado por órgão com competência de polícia judiciária, digam respeito ao exercício do direito de defesa.

15. O cálculo de gratificações e outras vantagens do servidor público não incide sobre o abono utilizado para se atingir o salário mínimo.

16. Os artigos 7.°, IV, e 39, § 3.° (redação da EC n. 19/98), da Constituição, referem-se ao total da remuneração percebida pelo servidor público.

17. Durante o período previsto no § 1.° do art. 100 da Constituição, não incidem juros de mora sobre os precatórios que nele sejam pagos.

18. A dissolução da sociedade ou do vínculo conjugal, no curso do mandato, não afasta a inelegibilidade prevista no § 7.° do art. 14 da Constituição Federal.

19. A taxa cobrada exclusivamente em razão dos serviços públicos de coleta, remoção e tratamento ou destinação de lixo ou resíduos provenientes de imóveis, não viola o artigo 145, II, da Constituição Federal.

20. A Gratificação de Desempenho de Atividade Técnico-Administrativa – GDATA, instituída pela Lei n. 10.404/2002, deve ser deferida aos inativos nos valores correspondentes a 37,5 (trinta e sete vírgula cinco) pontos no período de fevereiro a maio de 2002 e, nos termos do artigo 5.°, parágrafo único, da Lei n. 10.404/2002, no período de junho de 2002 até a conclusão dos efeitos do último ciclo de avaliação a que se refere o artigo 1.° da Medida Provisória n. 198/2004, a partir da qual passa a ser de 60 (sessenta) pontos.

21. É inconstitucional a exigência de depósito ou arrolamento prévios de dinheiro ou bens para admissibilidade de recurso administrativo.

22. A Justiça do Trabalho é competente para processar e julgar as ações de indenização por danos morais e patrimoniais decorrentes de acidente de trabalho propostas por empregado contra empregador, inclusive aquelas que ainda não possuíam sentença de mérito em primeiro grau quando da promulgação da Emenda Constitucional n. 45/04.

23. A Justiça do Trabalho é competente para processar e julgar ação possessória ajuizada em decorrência do exercício do direito de greve pelos trabalhadores da iniciativa privada.

24. Não se tipifica crime material contra a ordem tributária, previsto no art. 1.°, incisos I a IV, da Lei n. 8.137/90, antes do lançamento definitivo do tributo.

25. É ilícita a prisão civil de depositário infiel, qualquer que seja a modalidade do depósito.

•• *Vide* art. 5.°, LXVII, e § 2.°, da CF.

26. Para efeito de progressão de regime no cumprimento de pena por crime hediondo, ou equiparado, o juízo da execução observará a inconstitucionalidade do art. 2.° da Lei n. 8.072, de 25 de julho de 1990, sem prejuízo de avaliar se o condenado preenche, ou não, os requisitos objetivos e subjetivos do benefício, podendo determinar, para tal fim, de modo fundamentado, a realização de exame criminológico.

27. Compete à Justiça estadual julgar causas entre consumidor e concessionária de serviço público de telefonia, quando a ANATEL não seja litisconsorte passiva necessária, assistente, nem opoente.

28. É inconstitucional a exigência de depósito prévio como requisito de admissibilidade de ação judicial na qual se pretenda discutir a exigibilidade de crédito tributário.

29. É constitucional a adoção, no cálculo do valor de taxa, de um ou mais elementos da base de cálculo própria de determinado imposto, desde que não haja integral identidade entre uma base e outra.

•• Até a data de fechamento desta edição o STF mantinha suspensa a publicação da Súmula Vinculante 30.

31. É inconstitucional a incidência do Imposto sobre Serviços de Qualquer Natureza – ISS sobre operações de locação de bens móveis.

32. O ICMS não incide sobre alienação de salvados de sinistro pelas seguradoras.

33. Aplicam-se ao servidor público, no que couber, as regras do regime geral da previdência social sobre aposentadoria especial de que trata o art. 40, § 4.º, inciso III, da Constituição Federal, até a edição de lei complementar específica.

34. A Gratificação de Desempenho de Atividade de Seguridade Social e do Trabalho – GDASST, instituída pela Lei n. 10.483/2002, deve ser estendida aos inativos no valor correspondente a 60 (sessenta) pontos, desde o advento da Medida Provisória n. 198/2004, convertida na Lei n. 10.971/2004, quando tais inativos façam jus à paridade constitucional (EC n. 20/98, 41/2003 e 47/2005).

35. A homologação da transação penal prevista no art. 76 da Lei n. 9.099/95 não faz coisa julgada material e, descumpridas suas cláusulas, retoma-se a situação anterior, possibilitando-se ao Ministério Público a continuidade da persecução penal mediante oferecimento de denúncia ou requisição de inquérito policial.

36. Compete à Justiça Federal comum processar e julgar civil denunciado pelos crimes de falsificação e de uso de documento falso quando se tratar de falsificação da Caderneta de Inscrição e Registro (CIR) ou de Carteira de Habilitação de Amador (CHA), ainda que expedidas pela Marinha do Brasil.

37. Não cabe ao Poder Judiciário, que não tem função legislativa, aumentar vencimentos de servidores públicos sob o fundamento de isonomia.

38. É competente o Município para fixar o horário de funcionamento de estabelecimento comercial.

39. Compete privativamente à União legislar sobre vencimentos dos membros das polícias civil e militar e do corpo de bombeiros militar do Distrito Federal.

40. A contribuição confederativa de que trata o art. 8.º, IV, da Constituição Federal, só é exigível dos filiados ao sindicato respectivo.

41. O serviço de iluminação pública não pode ser remunerado mediante taxa.

42. É inconstitucional a vinculação do reajuste de vencimentos de servidores estaduais ou municipais a índices federais de correção monetária.

ESPAÇO RESERVADO PARA USO DE GRAMPO

43. É inconstitucional toda modalidade de provimento que propicie ao servidor investir-se, sem prévia aprovação em concurso público destinado ao seu provimento, em cargo que não integra a carreira na qual anteriormente investido.

44. Só por lei se pode sujeitar a exame psicotécnico a habilitação de candidato a cargo público.

45. A competência constitucional do Tribunal do Júri prevalece sobre o foro por prerrogativa de função estabelecido exclusivamente pela constituição estadual.

46. A definição dos crimes de responsabilidade e o estabelecimento das respectivas normas de processo e julgamento são da competência legislativa privativa da União.

47. Os honorários advocatícios incluídos na condenação ou destacados do montante principal devido ao credor consubstanciam verba de natureza alimentar cuja satisfação ocorrerá com a expedição de precatório ou requisição de pequeno valor, observada ordem especial restrita aos créditos dessa natureza.

48. Na entrada de mercadoria importada do exterior, é legítima a cobrança do ICMS por ocasião do desembaraço aduaneiro.

49. Ofende o princípio da livre concorrência lei municipal que impede a instalação de estabelecimentos comerciais do mesmo ramo em determinada área.

50. Norma legal que altera o prazo de recolhimento de obrigação tributária não se sujeita ao princípio da anterioridade.

51. O reajuste de 28,86%, concedido aos servidores militares pelas Leis n. 8.622/1993 e 8.627/1993, estende-se aos servidores civis do poder executivo, observadas as eventuais compensações decorrentes dos reajustes diferenciados concedidos pelos mesmos diplomas legais.

52. Ainda quando alugado a terceiros, permanece imune ao IPTU o imóvel pertencente a qualquer das entidades referidas pelo art. 150, VI, c, da Constituição Federal, desde que o valor dos aluguéis seja aplicado nas atividades para as quais tais entidades foram constituídas.

53. A competência da Justiça do Trabalho prevista no art. 114, VIII, da Constituição Federal alcança a execução de ofício das contribuições previdenciárias relativas ao objeto da condenação constante das sentenças que proferir e acordos por ela homologados.

54. A medida provisória não apreciada pelo Congresso Nacional podia, até a Emenda Constitucional n. 32/2001, ser reeditada dentro do seu prazo de eficácia de trinta dias, mantidos os efeitos de lei desde a primeira edição.

•• *Vide* art. 62 da CF.

55. O direito ao auxílio-alimentação não se estende aos servidores inativos.

56. A falta de estabelecimento penal adequado não autoriza a manutenção do condenado em regime prisional mais gravoso, devendo-se observar, nessa hipótese, os parâmetros fixados no RE 641.320/RS.

Súmulas do Tribunal Federal de Recursos

•• *As Súmulas aqui constantes foram promulgadas antes da Constituição Federal de 1988, que extinguiu o TFR.*

2. Nos termos do art. 3.º do Decreto-lei n. 730/69, pode a comissão executiva do Conselho de Política Aduaneira estabelecer preço de referência e baixar a respectiva resolução.

4. É compatível com o art. 19 do Código Tributário Nacional a disposição do art. 23 do Decreto-lei n. 37, de 18 de novembro de 1966.

5. A multa prevista no art. 60, I, da Lei n. 3.244, de 1957, na redação do art. 169 do Decreto-lei n. 37, de 1966, não se aplica ao caso de embarque da mercadoria no exterior após o vencimento do prazo de validade da respectiva guia de importação.

6. A multa prevista no art. 60, I, da Lei n. 3.244, de 1957, na redação do art. 169 do Decreto-lei n. 37, de 1966, não se aplica ao caso de embarque da mercadoria no exterior antes de emitida a guia de importação mas chegada ao território nacional depois da expedição do referido documento.

12. A regra do § 1.º do art. 15, da Lei n. 4.862, de 1965, somente se refere a decisões proferidas na instância administrativa.

27. É legítima a exigência do Adicional ao Frete para a Renovação da Marinha Mercante (AFRMM), em importação sob regime aduaneiro de *drawback* realizada antes da vigência do Decreto-lei n. 1.626, de 1.º de junho de 1978.

29. Os certificados de quitação e de regularidade não podem ser negados, enquanto pendente de decisão, na via administrativa, o débito levantado.

34. O duplo grau de jurisdição (Código de Processo Civil, art. 475, II) é aplicável quando se trata de sentença proferida contra a União, o Estado e o Município, só incidindo, em relação às autarquias, quando estas forem sucumbentes na execução da dívida ativa (Código de Processo Civil, art. 475, III).

• Com a alteração determinada pela Lei n. 10.352, de 26-12-2001, a referência deve ser feita ao art. 475, I e II, do CPC de 1973. *Vide* art. 496, I e II do CPC.

38. Os certificados de quitação e de regularidade de situação não podem ser negados, se o débito estiver garantido por penhora regular (Código Tributário Nacional, art. 206).

39. Não está sujeita ao Imposto de Renda a indenização recebida por pessoa jurídica, em decorrência de desapropriação amigável ou judicial.

40. A execução fiscal da Fazenda Pública federal será proposta perante o Juiz de Direito da comarca do domicílio do devedor, desde que não seja ela sede de vara da Justiça Federal.

43. O direito de crédito a que se refere o art. 36 do RIPI, Decreto n. 70.162, de 18 de fevereiro de 1972, restringe-se

ESPAÇO RESERVADO PARA USO DE GRAMPO

às máquinas, aparelhos e equipamentos produzidos no País, não se estendendo a mercadorias importadas, de idêntica natureza, provenientes de país signatário do Acordo Geral de Tarifas e Comércio (GATT).

44. Ajuizada a execução fiscal anteriormente à falência, com penhora realizada antes desta, não ficam os bens penhorados sujeitos à arrecadação no juízo falimentar; proposta a execução fiscal contra a massa falida, a penhora far-se-á no rosto dos autos do processo da quebra, citando-se o síndico.

45. As multas fiscais, sejam moratórias ou punitivas, estão sujeitas à correção monetária.

46. Nos casos de devolução do depósito efetuado em garantia de instância e de repetição do indébito tributário, a correção monetária é calculada desde a data do depósito ou do pagamento indevido e incide até o efetivo recebimento da importância reclamada.

47. Cancelado o débito fiscal, a correção monetária, relativa à restituição da importância depositada em garantia de instância, incide a partir da data da efetivação do depósito.

48. Não cabem embargos infringentes a acórdão proferido em agravo de petição, em execução fiscal, após a vigência do Código de Processo Civil de 1973.

59. A autoridade fiscal de primeiro grau que expede a notificação para pagamento do tributo está legitimada passivamente para a ação de segurança, ainda que sobre a controvérsia haja decisão, em grau de recurso, de Conselho de Contribuintes.

65. Nas operações realizadas com a empresa *Investors Overseas Services*, é indevida a aplicação da multa aos investidores, cabendo a estes apenas o pagamento do Imposto do Selo.

•• Com a reforma tributária de 1965, o Imposto do Selo foi substituído pelo Imposto sobre Operações de Crédito, Câmbio e Seguro ou Relativas a Títulos ou Valores Mobiliários.

73. Não cabe exigir dos Municípios o certificado de quitação, ou de regularidade de situação.

76. Em tema de Imposto de Renda, a desclassificação da escrita somente se legitima na ausência de elementos concretos que permitam a apuração do lucro real da empresa, não a justificando simples atraso na escrita.

78. Proposta a ação no prazo fixado para seu exercício, a demora na citação, por motivos inerentes ao mecanismo da Justiça, não justifica o acolhimento da arguição de prescrição.

80. É legítima a cobrança da taxa de despacho aduaneiro de empresas de energia elétrica no período compreendido entre a vigência do Decreto-lei n. 37, de 1966, e a data da extinção do tributo.

81. Mármores e granitos afeiçoados ao emprego final, mediante processo de industrialização, estão sujeitos ao Imposto sobre Produtos Industrializados.

82. Compete à Justiça do Trabalho processar e julgar as reclamações pertinentes ao cadastramento no Plano de Integração Social (PIS) ou indenização compensatória pela falta deste, desde que não envolvam relações de trabalho dos servidores da União, suas autarquias e empresas públicas.

85. A contribuição previdenciária da empresa, por serviços prestados pelo trabalhador autônomo, passou a ser devida a partir da vigência do Decreto-lei n. 959, de 13 de outubro de 1969.

86. Estendem-se às empresas de construção civil, que tenham aderido ao programa de contenção de preços, os favores fiscais constantes do art. 35, § 2.°, da Lei n. 4.862, de 1965.

87. Compete à Justiça comum estadual o processo e julgamento da ação de cobrança de contribuições sindicais.

92. O pagamento dos tributos, para efeito de extinção da punibilidade (Decreto-lei n. 157, de 1967, art. 18, § 2.°; STF, Súmula 560), não elide a pena de perdimento de bens autorizada pelo Decreto-lei n. 1.455, de 1976, art. 23.

93. A multa decorrente do atraso no pagamento das contribuições previdenciárias não é aplicável às pessoas de direito público.

97. As resoluções do Conselho de Política Aduaneira, destinadas à fixação de pauta de valor mínimo, devem conter motivação expressa.

99. A Fazenda Pública, nas execuções fiscais, não está sujeita a prévio depósito para custear despesas do avaliador.

100. O lucro obtido com a exportação de açúcar demerara, adquirido e exportado pelo Instituto do Açúcar e do Álcool, está isento do Imposto de Renda.

101. As multas fiscais não são dedutíveis como despesas operacionais, para fins do Imposto de Renda.

103. Compete ao Tribunal Federal de Recursos processar e julgar, originariamente, mandado de segurança impetrado contra ato de órgão colegiado presidido por ministro de Estado.

105. Aos prazos em curso no período compreendido entre 20 de dezembro e 6 de janeiro, na Justiça Federal, aplica-se a regra do art. 179 do Código de Processo Civil.

•• A referência é feita ao CPC de 1973. Dispositivo correspondente no CPC de 2015: art. 220.

106. A seguradora não tem direito à restituição do Imposto sobre Produtos Industrializados, no caso de sinistro ocorrido com mercadorias, após a sua saída do estabelecimento produtor.

107. A ação de cobrança do crédito previdenciário contra a Fazenda Pública está sujeita à prescrição quinquenal estabelecida no Decreto n. 20.910, de 1932.

108. A constituição do crédito previdenciário está sujeita ao prazo de decadência de 5 (cinco) anos.

112. Em execução fiscal, a responsabilidade pessoal do sócio-gerente de sociedade por quotas, decorrente de violação da Lei ou excesso de mandato, não atinge a meação de sua mulher.

117. A regra do art. 236, § 2.°, do Código de Processo Civil, não incide quando o procurador da República funciona como advogado da União Federal, ressalvada a disposição inscrita no art. 25 da Lei n. 6.830, de 1980.

121. Não cabe mandado de segurança contra ato ou decisão, de natureza jurisdicional, emanado de relator ou presidente da turma.

126. Na cobrança de crédito previdenciário, proveniente da execução de contrato de construção de obra, o proprietário, dono da obra ou condômino de unidade imobiliária, somente será acionado quando não for possível lograr do construtor, através de execução contra ele intentada, a respectiva liquidação.

130. No cálculo do Imposto de Renda, não se inclui o ágio cambial pago na aquisição da moeda estrangeira a ser remetida para o Exterior a título de juros devidos.

131. A partir do exercício de 1967, o contribuinte do Imposto de Renda, para fazer jus à alíquota minorada de 3% (três por cento), prevista no art. 53 da Lei n.

4.504, de 1964, deverá comprovar o cadastramento do imóvel no INCRA.

132. Os fundos de reserva e os lucros suspensos, enquanto não distribuídos, integram o patrimônio da sociedade e devem ser considerados para efeito de tributação, ainda que pessoa pública detenha a maioria das ações do seu capital.

137. A sentença que, em execução fiscal promovida por autarquia, julga extinto o processo, sem decidir o mérito (Código de Processo Civil, art. 267), não está sujeita ao duplo grau de jurisdição obrigatório.

•• A referência é feita ao CPC de 1973. Dispositivo correspondente no CPC de 2015: art. 485.

139. Mercadoria estrangeira importada de países signatários do GATT ou do Tratado de Montevidéu, para a Zona Franca de Manaus, está isenta do pagamento do Adicional ao Frete para Renovação da Marinha Mercante – AFRMM.

143. Os serviços de composição e impressão gráficas, personalizados, previstos no art. 8.º, § 1.º, do Decreto-lei n. 406, de 1968, com as alterações introduzidas pelo Decreto-lei n. 834, de 1969, estão sujeitos apenas ao ISS, não incidindo o IPI.

144. Para que faça jus à isenção da quota patronal relativa às contribuições previdenciárias, é indispensável comprove a entidade filantrópica ter sido declarada de utilidade pública por decreto federal.

146. A "quota de previdência" relativa aos serviços prestados pelos Estados, Municípios e suas autarquias incide sobre tarifas ou preços públicos, mesmo no regime anterior ao Decreto-lei n. 1.505, de 1976, não atingindo, porém, as taxas, entendidas estas na restrita acepção de espécie do gênero tributo.

153. Constituído, no quinquênio, através de auto de infração ou notificação de lançamento, o crédito tributário, não há falar em decadência, fluindo, a partir daí, em princípio, o prazo prescricional, que, todavia, fica em suspenso, até que sejam decididos os recursos administrativos.

154. A Fazenda Pública, nas execuções fiscais, não está sujeita a prévio depósito para custear despesas do oficial de justiça.

161. Não se inclui na base de cálculo do PIS a parcela relativa ao IPI.

164. O gozo dos benefícios fiscais dos arts. 13 e 14, da Lei n. 4.239, de 1963, até o advento do Decreto-lei n. 1.598, de 1977, não se restringia aos rendimentos industriais ou agrícolas do empreendimento.

165. A isenção do Imposto de Importação, concedida por Resolução do CPA, não exclui a mercadoria da alíquota minorada de 1% (um por cento), prevista na Lista Nacional Brasileira, para a Taxa de Melhoramento dos Portos.

166. Os Municípios não estão sujeitos ao recolhimento do salário-educação.

167. A contribuição previdenciária não incide sobre o valor da habitação fornecida por empresa agroindustrial, a título de liberalidade, a seus empregados, em observância a acordo coletivo de trabalho.

168. O encargo de 20% (vinte por cento), do Decreto-lei n. 1.025, de 1969, é sempre devido nas execuções fiscais da União e substitui, nos embargos, a condenação do devedor em honorários advocatícios.

174. A partir da vigência do Decreto-lei n. 1.418, de 1975, o Imposto de Renda incide na fonte sobre a remessa de divisas para o Exterior, em pagamento de serviços técnicos, de assistência técnica, administrativa e semelhantes, ali prestados por empresa estrangeira, sem prejuízo das isenções previstas no Decreto-lei n. 1.446, de 1976.

175. A base de cálculo da contribuição FUNRURAL é o valor comercial da mercadoria, neste incluído o ICM, se devido.

182. É ilegítimo o lançamento do Imposto de Renda arbitrado com base apenas em extratos ou depósitos bancários.

189. Proposta a execução fiscal, a posterior mudança de domicílio do executado não desloca a competência já fixada.

190. A intimação pessoal da penhora ao executado torna dispensável a publicação de que trata o art. 12 da Lei das Execuções Fiscais.

191. É compatível a exigência da contribuição para o PIS com o Imposto Único sobre Combustíveis e Lubrificantes.

192. O agente marítimo, quando no exercício exclusivo das atribuições próprias, não é considerado responsável tributário, nem se equipara ao transportador para efeitos do Decreto-lei n. 37, de 1966.

193. A majoração da alíquota do Adicional ao Frete para Renovação da Marinha Mercante não está sujeita ao princípio da anterioridade.

206. O reajuste da base de cálculo de contribuições previdenciárias, instituído pelo art. 5.º e parágrafos da Lei n. 6.332, de 1976, não está sujeito ao princípio da anterioridade.

208. A simples confissão da dívida, acompanhada do seu pedido de parcelamento, não configura denúncia espontânea.

209. Nas execuções fiscais da Fazenda Nacional, é legítima a cobrança cumulativa de juros de mora e multa moratória.

210. Na execução fiscal, não sendo encontrado o devedor, nem bens arrestáveis, é cabível a citação editalícia.

211. O Adicional ao Frete para Renovação da Marinha Mercante (AFRMM) não é devido na remessa de mercadoria nacional para a Zona Franca de Manaus.

219. Não havendo antecipação de pagamento, o direito de constituir o crédito previdenciário extingue-se decorridos 5 (cinco) anos do primeiro dia do exercício seguinte àquele em que ocorreu o fato gerador.

220. As mercadorias oriundas do estrangeiro, com simples trânsito em porto nacional, destinadas a outro País, não estão sujeitas ao pagamento de Taxa de Melhoramento dos Portos (TMP).

221. A Taxa de Melhoramento dos Portos (TMP), referente a mercadoria oriunda do estrangeiro com trânsito em porto nacional e destinada a outro porto nacional, somente é devida no destino.

227. A mudança de critério jurídico adotado pelo fisco não autoriza a revisão de lançamento.

236. O empréstimo compulsório instituído pelo Decreto-lei n. 2.047, de 1983, não está sujeito ao princípio da anterioridade.

240. A intimação do representante judicial da Fazenda Pública, nos embargos à execução fiscal, será feita pessoalmente.

244. A intervenção da União, suas autarquias e empresas públicas em concurso de credores ou de preferência não desloca a competência para a Justiça Federal.

Súmulas

ESPAÇO RESERVADO PARA USO DE GRAMPO

247. Não constitui pressuposto da ação anulatória do débito fiscal o depósito de que cuida o art. 38 da Lei n. 6.830, de 1980.

248. O prazo da prescrição interrompido pela confissão e parcelamento da dívida fiscal recomeça a fluir no dia em que o devedor deixa de cumprir o acordo celebrado.

258. Inclui-se na base de cálculo do PIS a parcela relativa ao ICM.

Súmulas do Superior Tribunal de Justiça

20. A mercadoria importada de país signatário do GATT é isenta do ICM, quando contemplado com esse favor o similar nacional.

45. No reexame necessário, é defeso, ao Tribunal, agravar a condenação imposta à Fazenda Pública.

46. Na execução por carta, os embargos do devedor serão decididos no juízo deprecante, salvo se versarem unicamente vícios ou defeitos da penhora, avaliação ou alienação dos bens.

49. Na exportação de café em grão, não se inclui na base de cálculo do ICM a quota de contribuição, a que se refere o art. 2.º do Decreto-lei n. 2.295, de 21-11-1986.

50. O Adicional de Tarifa Portuária incide apenas nas operações realizadas com mercadorias importadas ou exportadas, objeto do comércio de navegação de longo curso

54. Os juros moratórios fluem a partir do evento danoso, em caso de responsabilidade extracontratual.

55. Tribunal Regional Federal não é competente para julgar recurso de decisão proferida por juiz estadual não investido de jurisdição federal.

58. Proposta a execução fiscal, a posterior mudança de domicílio do executado não desloca a competência já fixada.

65. O cancelamento, previsto no art. 29 do Decreto-lei n. 2.303, de 21 de novembro de 1986, não alcança os débitos previdenciários.

66. Compete à Justiça Federal processar e julgar execução fiscal promovida por Conselho de fiscalização profissional.

68. A parcela relativa ao ICM inclui-se na base de cálculo do PIS.

71. O bacalhau importado de país signatário do GATT é isento do ICM.

80. A Taxa de Melhoramento dos Portos não se inclui na base de cálculo do ICM.

84. É admissível a oposição de embargos de terceiro fundados em alegação de posse advinda do compromisso de compra e venda de imóvel, ainda que desprovido do registro.

87. A isenção do ICMS relativa às rações balanceadas para animais abrange o concentrado e o suplemento.

94. A parcela relativa ao ICMS inclui-se na base de cálculo do FINSOCIAL.

95. A redução da alíquota do Imposto sobre Produtos Industrializados ou do Imposto de Importação não implica redução do ICMS.

100. É devido o Adicional ao Frete para Renovação da Marinha Mercante na importação sob o regime de benefícios fiscais à exportação (BEFIEX).

105. Na ação de mandado de segurança não se admite condenação em honorários advocatícios.

112. O depósito somente suspende a exigibilidade do crédito tributário se for integral e em dinheiro.

121. Na execução fiscal o devedor deverá ser intimado, pessoalmente, do dia e hora da realização do leilão.

ESPAÇO RESERVADO PARA USO DE GRAMPO

124. A Taxa de Melhoramento dos Portos tem base de cálculo diversa do Imposto de Importação, sendo legítima a sua cobrança sobre a importação de mercadorias de países signatários do GATT, da ALALC ou ALADI.

125. O pagamento de férias não gozadas por necessidade do serviço não está sujeito à incidência do Imposto de Renda.

128. Na execução fiscal haverá segundo leilão, se no primeiro não houver lanço superior à avaliação.

129. O exportador adquire o direito de transferência de crédito do ICMS quando realiza a exportação do produto e não ao estocar a matéria-prima.

135. O ICMS não incide na gravação e distribuição de filmes e videoteipes.

136. O pagamento de licença-prêmio não gozada por necessidade do serviço não está sujeito ao Imposto de Renda.

138. O ISS incide na operação de arrendamento mercantil de coisas móveis.

139. Cabe à Procuradoria da Fazenda Nacional propor execução fiscal para cobrança de crédito relativo ao ITR.

153. A desistência da execução fiscal, após o oferecimento dos embargos, não exime o exequente dos encargos da sucumbência.

154. Os optantes pelo FGTS, nos termos da Lei n. 5.958, de 1973, têm direito à taxa progressiva dos juros, na forma do art. 4.º da Lei n. 5.107, de 1966.

•• A Lei n. 5.107, de 13-9-1966, foi revogada pela Lei n. 7.839, de 12-10-1989. Atual Lei do FGTS: Lei n. 8.036, de 11-5-1990.

155. O ICMS incide na importação de aeronave, por pessoa física, para uso próprio.

156. A prestação de serviço de composição gráfica, personalizada e sob encomenda, ainda que envolva fornecimento de mercadorias, está sujeita, apenas, ao ISS.

160. É defeso, ao município, atualizar o IPTU, mediante decreto, em percentual superior ao índice oficial de correção monetária.

162. Na repetição de indébito tributário, a correção monetária incide a partir do pagamento indevido.

163. O fornecimento de mercadorias com a simultânea prestação de serviços em bares, restaurantes e estabelecimentos similares constitui fato gerador do ICMS a incidir sobre o valor total da operação.

166. Não constitui fato gerador do ICMS o simples deslocamento de mercadoria de um para outro estabelecimento do mesmo contribuinte.

167. O fornecimento de concreto, por empreitada, para construção civil, preparado no trajeto até a obra em betoneiras acopladas a caminhões, é prestação de serviço, sujeitando-se apenas à incidência do ISS.

169. São inadmissíveis embargos infringentes no processo de mandado de segurança.

184. A microempresa de representação comercial é isenta do imposto de renda.

185. Nos depósitos judiciais, não incide o Imposto sobre Operações Financeiras.

188. Os juros moratórios, na repetição do indébito tributário, são devidos a partir do trânsito em julgado da sentença.

189. É desnecessária a intervenção do Ministério Público nas execuções fiscais.

190. Na execução fiscal, processada perante a Justiça Estadual, cumpre à Fazenda Pública antecipar o numerário destinado ao custeio das despesas com o transporte dos oficiais de justiça.

198. Na importação de veículo por pessoa física, destinado a uso próprio, incide ICMS.

202. A impetração de segurança por terceiro, contra ato judicial, não se condiciona à interposição de recurso.

210. A ação de cobrança das contribuições para o FGTS prescreve em 30 (trinta) anos.

212. A compensação de créditos tributários não pode ser deferida em ação cautelar ou por medida liminar cautelar ou antecipatória.

•• Súmula com redação determinada pela Primeira Seção, em sessão ordinária de 11-5-2005.

213. O mandado de segurança constitui ação adequada para a declaração do direito à compensação tributária.

215. A indenização recebida pela adesão a programa de incentivo à demissão voluntária não está sujeita à incidência do imposto de renda.

232. A Fazenda Pública, quando parte no processo, fica sujeita à exigência do depósito prévio dos honorários do perito.

237. Nas operações com cartão de crédito, os encargos relativos ao financiamento não são considerados no cálculo do ICMS.

250. É legítima a cobrança de multa fiscal de empresa em regime de concordata.

251. A meação só responde pelo ato ilícito quando o credor, na execução fiscal, provar que o enriquecimento dele resultante aproveitou ao casal.

262. Incide o imposto de renda sobre o resultado das aplicações financeiras realizadas pelas cooperativas.

270. O protesto pela preferência de crédito, apresentado por ente federal em execução que tramita na Justiça Estadual, não desloca a competência para a Justiça Federal.

274. O ISS incide sobre o valor dos serviços de assistência médica, incluindo-se neles as refeições, os medicamentos e as diárias hospitalares.

279. É cabível execução por título extrajudicial contra a Fazenda Pública.

293. A cobrança antecipada do valor residual garantido (VRG) não descaracteriza o contrato de arrendamento mercantil.

304. É ilegal a decretação da prisão civil daquele que não assume expressamente o encargo de depositário judicial.

•• *Vide* art. 5.º, LXVII, da CF.

•• O Decreto n. 592, de 6-7-1992 (Pacto Internacional sobre Direitos Civis e Políticos), dispõe em seu art. 11 que "ninguém poderá ser preso apenas por não poder cumprir com uma obrigação contratual".

•• O Decreto n. 678, de 6-11-1992 (Pacto de São José da Costa Rica), dispõe em seu art. 7.º, item 7, que "ninguém deve ser detido por dívida, exceto no caso de inadimplemento de obrigação alimentar".

•• *Vide* Súmula Vinculante 25.

311. Os atos do presidente do tribunal que disponham sobre processamento e pagamento de precatório não têm caráter jurisdicional.

314. Em execução fiscal, não localizados bens penhoráveis, suspende-se o processo por um ano, findo o qual se inicia o prazo da prescrição quinquenal intercorrente.

328. Na execução contra instituição financeira, é penhorável o numerário disponível, excluídas as reservas bancárias mantidas no Banco Central.

333. Cabe mandado de segurança contra ato praticado em licitação promovida por sociedade de economia mista ou empresa pública.

334. O ICMS não incide no serviço dos provedores de acesso à Internet.

349. Compete à Justiça Federal ou aos juízes com competência delegada o julgamento das execuções fiscais de contribuições devidas pelo empregador ao FGTS.

350. O ICMS não incide sobre o serviço de habilitação de telefone celular.

351. A alíquota de contribuição para o Seguro de Acidente do Trabalho (SAT) é aferida pelo grau de risco desenvolvido em cada empresa, individualizada pelo seu CNPJ, ou pelo grau de risco da atividade preponderante quando houver apenas um registro.

353. As disposições do Código Tributário Nacional não se aplicam às contribuições para o FGTS.

355. É válida a notificação do ato de exclusão do programa de recuperação fiscal do Refis pelo Diário Oficial ou pela Internet.

360. O benefício da denúncia espontânea não se aplica aos tributos sujeitos a lançamento por homologação regularmente declarados, mas pagos a destempo.

364. O conceito de impenhorabilidade de bem de família abrange também o imóvel pertencente a pessoas solteiras, separadas e viúvas.

367. A competência estabelecida pela EC n. 45/2004 não alcança os processos já sentenciados.

369. No contrato de arrendamento mercantil (*leasing*), ainda que haja cláusula resolutiva expressa, é necessária a notificação prévia do arrendatário para constituí-lo em mora.

370. Caracteriza dano moral a apresentação antecipada de cheque pré-datado.

373. É ilegítima a exigência de depósito prévio para admissibilidade de recurso administrativo.

376. Compete a turma recursal processar e julgar o mandado de segurança contra ato de juizado especial.

382. A estipulação de juros remuneratórios superiores a 12% ao ano, por si só, não indica abusividade.

386. São isentas de imposto de renda as indenizações de férias proporcionais e o respectivo adicional.

391. O ICMS incide sobre o valor da tarifa de energia elétrica correspondente à demanda de potência efetivamente utilizada.

392. A Fazenda Pública pode substituir a certidão de dívida ativa (CDA) até a prolação da sentença de embargos, quando se tratar de correção de erro material ou formal, vedada a modificação do sujeito passivo da execução.

393. A exceção de pré-executividade é admissível na execução fiscal relativamente às matérias conhecíveis de ofício que não demandem dilação probatória.

394. É admissível, em embargos à execução, compensar os valores de imposto de renda retidos indevidamente na fonte com os valores restituídos apurados na declaração anual.

•• Republicada no *Diário da Justiça Eletrônico* de 21-10-2009.

395. O ICMS incide sobre o valor da venda a prazo constante da nota fiscal.

396. A Confederação Nacional da Agricultura tem legitimidade ativa para a cobrança da contribuição sindical rural.

397. O contribuinte do IPTU é notificado do lançamento pelo envio do carnê ao seu endereço.

399. Cabe à legislação municipal estabelecer o sujeito passivo do IPTU.

400. O encargo de 20% previsto no Decreto-lei n. 1.025/1969 é exigível na execução fiscal proposta contra a massa falida.

406. A Fazenda Pública pode recusar a substituição do bem penhorado por precatório.

407. É legítima a cobrança da tarifa de água fixada de acordo com as categorias de usuários e as faixas de consumo.

409. Em execução fiscal, a prescrição ocorrida antes da propositura da ação pode ser decretada de ofício (art. 219, § 5.º, do CPC).

411. É devida a correção monetária ao creditamento do IPI quando há oposição ao seu aproveitamento decorrente de resistência ilegítima do Fisco.

412. A ação de repetição de indébito de tarifas de água e esgoto sujeita-se ao prazo prescricional estabelecido no Código Civil.

414. A citação por edital na execução fiscal é cabível quando frustradas as demais modalidades.

423. A Contribuição para Financiamento da Seguridade Social – COFINS incide sobre as receitas provenientes das operações de locação de bens móveis.

424. É legítima a incidência de ISS sobre os serviços bancários congêneres da lista anexa ao DL n. 406/1968 e à LC n. 56/1987.

•• *Vide* Súmula 588 do STF.

425. A retenção da contribuição para a seguridade social pelo tomador do serviço não se aplica às empresas optantes pelo Simples.

430. O inadimplemento da obrigação tributária pela sociedade não gera, por si só, a responsabilidade solidária do sócio-gerente.

431. É ilegal a cobrança de ICMS com base no valor da mercadoria submetido ao regime de pauta fiscal.

432. As empresas de construção civil não estão obrigadas a pagar ICMS sobre mercadorias adquiridas como insumos em operações interestaduais.

433. O produto semielaborado, para fins de incidência de ICMS, é aquele que preenche cumulativamente os três requisitos do art. 1.º da Lei Complementar n. 65/1991.

435. Presume-se dissolvida irregularmente a empresa que deixar de funcionar no seu domicílio fiscal, sem comunicação aos órgãos competentes, legitimando o redirecionamento da execução fiscal para o sócio-gerente.

436. A entrega de declaração pelo contribuinte reconhecendo débito fiscal constitui o crédito tributário, dispensada qualquer outra providência por parte do fisco.

437. A suspensão da exigibilidade do crédito tributário superior a quinhentos mil reais para opção pelo Refis pressupõe a homologação expressa do comitê gestor e a constituição de garantia por meio do arrolamento de bens.

446. Declarado e não pago o débito tributário pelo contribuinte, é legítima a recusa de expedição de certidão negativa ou positiva com efeito de negativa.

447. Os Estados e o Distrito Federal são partes legítimas na ação de restituição de imposto de renda retido na fonte proposta por seus servidores.

448. A opção pelo Simples de estabelecimentos dedicados às atividades de creche, pré-escola e ensino fundamental é admitida somente a partir de 24-10-2000, data de vigência da Lei n. 10.034/2000.

451. É legítima a penhora da sede do estabelecimento comercial.

457. Os descontos incondicionais nas operações mercantis não se incluem na base de cálculo do ICMS.

460. É incabível o mandado de segurança para convalidar a compensação tributária realizada pelo contribuinte.

461. O contribuinte pode optar por receber, por meio de precatório ou por compensação, o indébito tributário certificado por sentença declaratória transitada em julgado.

463. Incide imposto de renda sobre os valores percebidos a título de indenização por horas extraordinárias trabalhadas, ainda que decorrentes de acordo coletivo.

464. A regra de imputação de pagamentos estabelecida no art. 354 do Código

Civil não se aplica às hipóteses de compensação tributária.

•• O art. 354 do Código Civil dispõe: "Havendo capital e juros, o pagamento imputar-se-á primeiro nos juros vencidos, e depois no capital, salvo estipulação em contrário, ou se o credor passar a quitação por conta do capital".

467. Prescreve em cinco anos, contados do término do processo administrativo, a pretensão da Administração Pública de promover a execução da multa por infração ambiental.

472. A cobrança de comissão de permanência – cujo valor não pode ultrapassar a soma dos encargos remuneratórios e moratórios previstos no contrato – exclui a exigibilidade dos juros remuneratórios, moratórios e da multa contratual.

494. O benefício fiscal do ressarcimento do crédito presumido do IPI relativo às exportações incide mesmo quando as matérias-primas ou os insumos sejam adquiridos de pessoa física ou jurídica não contribuinte do PIS/PASEP.

495. A aquisição de bens integrantes do ativo permanente da empresa não gera direito a creditamento de IPI.

497. Os créditos das autarquias federais preferem aos créditos da Fazenda estadual desde que coexistam penhoras sobre o mesmo bem.

498. Não incide imposto de renda sobre a indenização por danos morais.

499. As empresas prestadoras de serviços estão sujeitas às contribuições ao SESC e SENAC, salvo se integradas noutro serviço social.

508. A isenção da Cofins concedida pelo art. 6.º, II, da LC n. 70/91 às sociedades civis de prestação de serviços profissionais foi revogada pelo art. 56 da Lei n. 9.430/96.

509. É lícito ao comerciante de boa-fé aproveitar os créditos de ICMS decorrentes de nota fiscal posteriormente declarada inidônea, quando demonstrada a veracidade da compra e venda.

515. A reunião de execuções fiscais contra o mesmo devedor constitui faculdade do juiz.

• *Vide* art. 28 da Lei n. 6.830, de 22-9-1980.

516. A contribuição de intervenção no domínio econômico para o Incra (Decreto-Lei n. 1.110/1970), devida por empregadores rurais e urbanos, não foi extinta pelas Leis n. 7.787/1989, 8.212/1991 e 8.213/1991, não podendo ser compensada com a contribuição ao INSS.

• *Vide* art. 149 da CF.

521. A legitimidade para a execução fiscal de multa pendente de pagamento imposta em sentença condenatória é exclusiva da Procuradoria da Fazenda Pública.

• *Vide* Lei n. 6.830, de 22-9-1980.

523. A taxa de juros de mora incidente na repetição de indébito de tributos estaduais deve corresponder à utilizada para cobrança do tributo pago em atraso, sendo legítima a incidência da taxa Selic, em ambas as hipóteses, quando prevista na legislação local, vedada sua cumulação com quaisquer outros índices.

• *Vide* art. 161, § 1.º, do CTN.

• *Vide* art. 39, § 4.º, da Lei n. 9.250, de 26-12-1995.

524. No tocante à base de cálculo, o ISSQN incide apenas sobre a taxa de agenciamento quando o serviço prestado por sociedade empresária de trabalho temporário for de intermediação, devendo, entretanto, englobar também os valores dos salários e encargos sociais dos trabalhadores por ela contratados nas hipóteses de fornecimento de mão de obra.

• *Vide* Lei Complementar n. 116, de 3-1-1974.

530. Nos contratos bancários, na impossibilidade de comprovar a taxa de juros efetivamente contratada – por ausência de pactuação ou pela falta de juntada do instrumento aos autos –, aplica-se a taxa média de mercado, divulgada pelo Bacen, praticada nas operações da mesma espécie, salvo se a taxa cobrada for mais vantajosa para o devedor.

536. A suspensão condicional do processo e a transação penal não se aplicam na hipótese de delitos sujeitos ao rito da Lei Maria da Penha.

• *Vide* art. 226, § 8.º, da CF.

539. É permitida a capitalização de juros com periodicidade inferior à anual em contratos celebrados com instituições integrantes do Sistema Financeiro Nacional a partir de 31/3/2000 (MP n. 1.963-17/2000, reeditada como MP n. 2.170-36/2001), desde que expressamente pactuada.

541. A previsão no contrato bancário de taxa de juros anual superior ao duodécuplo da mensal é suficiente para permitir a cobrança da taxa efetiva anual contratada.

544. É válida a utilização de tabela do Conselho Nacional de Seguros Privados para estabelecer a proporcionalidade da indenização do seguro DPVAT ao grau de invalidez também na hipótese de sinistro anterior a 16-12-2008, data da entrada em vigor da Medida Provisória n. 451/2008.

546. A competência para processar e julgar o crime de uso de documento falso é firmada em razão da entidade ou órgão ao qual foi apresentado o documento público, não importando a qualificação do órgão expedidor.

551. Nas demandas por complementação de ações de empresas de telefonia, admite-se a condenação ao pagamento de dividendos e juros sobre capital próprio independentemente de pedido expresso. No entanto, somente quando previstos no título executivo, poderão ser objeto de cumprimento de sentença.

553. Nos casos de empréstimo compulsório sobre o consumo de energia elétrica, é competente a Justiça estadual para o julgamento de demanda proposta exclusivamente contra a Eletrobras. Requerida a intervenção da União no feito após a prolação de sentença pelo juízo estadual, os autos devem ser remetidos ao Tribunal Regional Federal competente para o julgamento da apelação se deferida a intervenção.

554. Na hipótese de sucessão empresarial, a responsabilidade da sucessora abrange não apenas os tributos devidos pela sucedida, mas também as multas moratórias ou punitivas referentes a fatos geradores ocorridos até a data da sucessão.

•• *Vide* arts. 132 e 133 do CTN.

555. Quando não houver declaração do débito, o prazo decadencial quinquenal para o Fisco constituir o crédito tributário conta-se exclusivamente na forma do art. 173, I, do CTN, nos casos em que a legislação atribui ao sujeito passivo o dever de antecipar o pagamento sem prévio exame da autoridade administrativa.

556. É indevida a incidência de imposto de renda sobre o valor da complementação de aposentadoria pago por entidade de previdência privada e em relação ao resgate de contribuições recolhidas para referidas entidades patrocinadoras no período de 1.º-1-1989 a 31-12-1995, em razão da isenção concedida pelo art. 6.º, VII, *b*, da Lei n. 7.713/1988, na redação anterior à que lhe foi dada pela Lei n. 9.250/1995.

558. Em ações de execução fiscal, a petição inicial não pode ser indeferida sob o argumento da falta de indicação do CPF e/ou RG ou CNPJ da parte executada.

•• *Vide* art. 6.º da Lei n. 6.830, de 22-9-1980.

559. Em ações de execução fiscal, é desnecessária a instrução da petição inicial com o demonstrativo de cálculo do débito, por tratar-se de requisito não previsto no art. 6.º da Lei n. 6.830/1980.

560. A decretação da indisponibilidade de bens e direitos, na forma do art. 185-A do CTN, pressupõe o exaurimento das diligências na busca por bens penhoráveis, o qual fica caracterizado quando infrutíferos o pedido de constrição sobre ativos financeiros e a expedição de ofícios aos registros públicos do domicílio do executado, ao Denatran ou Detran.

564. No caso de reintegração de posse em arrendamento mercantil financeiro, quando a soma da importância antecipada a título de valor residual garantido (VRG) com o valor da venda do bem ultrapassar o total do VRG previsto contratualmente, o arrendatário terá direito de receber a respectiva diferença, cabendo, porém, se estipulado no contrato, o prévio desconto de outras despesas ou encargos pactuados.

•• *Vide* art. 1.º, parágrafo único, da Lei n. 6.099, de 12-9-1974.

•• *Vide* Súmula 293 do STJ.

565. A pactuação das tarifas de abertura de crédito (TAC) e de emissão de carnê (TEC), ou outra denominação para o mesmo fato gerador, é válida apenas nos contratos bancários anteriores ao início da vigência da Resolução-CMN n. 3.518/2007, em 30-4-2008.

566. Nos contratos bancários posteriores ao início da vigência da Resolução-CMN n. 3.518/2007, em 30-4-2008, pode ser cobrada a tarifa de cadastro no início do relacionamento entre o consumidor e a instituição financeira.

569. Na importação, é indevida a exigência de nova certidão negativa de débito no desembaraço aduaneiro, se já apresentada a comprovação da quitação de tributos federais quando da concessão do benefício relativo ao regime de *drawback*.

580. A correção monetária nas indenizações do seguro DPVAT por morte ou invalidez, prevista no § 7.º do art. 5.º da Lei n. 6.194/1974, redação dada pela Lei n. 11.482/2007, incide desde a data do evento danoso.

581. A recuperação judicial do devedor principal não impede o prosseguimento das ações e execuções ajuizadas contra terceiros devedores solidários ou coobrigados em geral, por garantia cambial, real ou fidejussória.

583. O arquivamento provisório previsto no art. 20 da Lei n. 10.522/2002, dirigido aos débitos inscritos como dívida ativa da União pela Procuradoria-Geral da Fazenda Nacional ou por ela cobrados, não se aplica às execuções fiscais movidas pelos conselhos de fiscalização profissional ou pelas autarquias federais.

584. As sociedades corretoras de seguros, que não se confundem com as sociedades de valores mobiliários ou com os agentes autônomos de seguro privado, estão fora do rol de entidades constantes do art. 22, § 1.º, da Lei n. 8.212/1991, não se sujeitando à majoração da alíquota da Cofins prevista no art. 18 da Lei n. 10.684/2003.

590. Constitui acréscimo patrimonial a atrair a incidência do imposto de renda, em caso de liquidação de entidade de previdência privada, a quantia que couber a cada participante, por rateio do patrimônio, superior ao valor das respectivas contribuições à entidade em liquidação, devidamente atualizadas e corrigidas.

598. É desnecessária a apresentação de laudo médico oficial para o reconhecimento judicial da isenção do imposto de renda, desde que o magistrado entenda suficientemente demonstrada a doença grave por outros meios de prova.

•• *Vide* art. 30 da Lei n. 9.250, de 26-12-1995.

599. O princípio da insignificância é inaplicável aos crimes contra a administração pública.

•• *Vide* art. 359-D do CP.

ESPAÇO RESERVADO PARA USO DE GRAMPO

ÍNDICE ALFABÉTICO DA LEGISLAÇÃO COMPLEMENTAR E DAS SÚMULAS

CORREÇÃO MONETÁRIA

CRÉDITO PREVIDENCIÁRIO

CRÉDITO TRIBUTÁRIO

CRIME DE CONCUSSÃO

CRIME DE CONTRABANDO OU DESCAMINHO

CRIMES CONTRA A ADMINISTRAÇÃO PÚBLICA

CRIMES CONTRA A ORDEM TRIBUTÁRIA

CRIMES CONTRA AS FINANÇAS PÚBLICAS

CRIMES DE FALSIFICAÇÃO DE PAPÉIS PÚBLICOS

DANO MORAL

EXPORTAÇÃO

FUNDO DE INVESTIMENTO SOCIAL (FINSOCIAL)

FUNDOS DE PARTICIPAÇÃO

FUNDOS DE APLICAÇÃO

FUNDOS DE RESERVA E LUCROS SUSPENSOS

GARANTIA CONSTITUCIONAL

GARIMPEIROS

HERANÇA

HONORÁRIOS ADVOCATÍCIOS

ILUMINAÇÃO PÚBLICA

IMÓVEIS

IMPORTAÇÃO

IMPOSTO DE CESSÃO

IMPOSTO DE EXPORTAÇÃO

IMPOSTO DE IMPORTAÇÃO

IMPOSTO DE RENDA

IMPOSTO DO SEL8

IMPOSTO LOCAL

IMPOSTO PREDIAL E TERRITORIAL URBANO

IMPOSTOS FEDERAIS

IMPOSTO SOBRE A PROPRIEDADE TERRITORIAL RURAL – ITR

IMPOSTO SOBRE LUCRO IMOBILIÁRIO

IMPOSTO SOBRE OPERAÇÕES DE CRÉDITO, CÂMBIO E SEGURO OU RELATIVAS A TÍTULOS OU VALORES MOBILIÁRIOS – IOF

IMPOSTO SOBRE OPERAÇÕES RELATIVAS À CIRCULAÇÃO DE MERCADORIAS E SOBRE PRESTAÇÕES DE SERVIÇOS DE TRANSPORTE INTERESTADUAL E INTERMUNICIPAL E DE COMUNICAÇÃO – ICMS

Índice

IMPOSTO SOBRE PRESTAÇÕES DE SERVIÇOS DE TRANSPORTE INTERESTADUAL E INTERMUNICIPAL E DE COMUNICAÇÃO

IMPOSTO SOBRE PRODUTOS INDUSTRIALIZADOS – IPI

IMPOSTO SOBRE SERVIÇOS DE QUALQUER NATUREZA – ISS

MARINHA MERCANTE

MERCADORIAS

MICROEMPRESA

MINISTÉRIO PÚBLICO FEDERAL

MULTAS

PESSOAS FÍSICAS

PESSOAS JURÍDICAS

PLANO REAL

PLANOS DE POUPANÇA E INVESTIMENTO – PAIT

PRAZOS

PRECATÓRIO

PRESCRIÇÃO

PRINCÍPIO DA ANTERIORIDADE

PRINCÍPIO DA ANUALIDADE

PROCESSO ADMINISTRATIVO FISCAL

PROGRAMA DE FORMAÇÃO DO PATRIMÔNIO DO SERVIDOR PÚBLICO – PASEP

RENDIMENTOS DO TRABALHO ASSALARIADO

REPETIÇÃO DE INDÉBITO TRIBUTÁRIO

RESTAURANTES

REVISÃO DE LANÇAMENTO

SALÁRIO-EDUCAÇÃO

SECRETARIA DA RECEITA FEDERAL DO BRASIL

SEGURIDADE SOCIAL

SERVENTUÁRIOS DA JUSTIÇA

SERVIÇOS DE REGISTRO

SERVIÇOS DE TRANSPORTE

SERVIÇOS GRÁFICOS

SERVIÇOS NOTARIAIS

SERVIÇOS PÚBLICOS

SIGILO

SIMPLES

SUPER-RECEITA

TARIFA

Índice

TRIBUTO(S)

TRIBUTOS LOCAIS

UNIÃO

UNIDADE FISCAL DE REFERÊNCIA – UFIR

UNIFORMES

VALOR LOCATIVO

VESTIMENTAS

VIDEOTEIPES

ÍNDICE ALFABÉTICO-REMISSIVO DO CÓDIGO TRIBUTÁRIO NACIONAL

Índice

Índice

Índice

Constituição Federal

ÍNDICE SISTEMÁTICO DA CONSTITUIÇÃO FEDERAL

Título V

Título VI

Título VII

Título VIII

Título IX

ATO DAS DISPOSIÇÕES CONSTITUCIONAIS TRANSITÓRIAS

ÍNDICE CRONOLÓGICO DAS EMENDAS CONSTITUCIONAIS

EMENDAS CONSTITUCIONAIS:

Índice Cronológico das Emendas Constitucionais

EMENDAS CONSTITUCIONAIS DE REVISÃO:

ÍNDICE CRONOLÓGICO DAS EMENDAS CONSTITUCIONAIS ALTERADORAS

EMENDA CONSTITUCIONAL N. 1, DE 31 DE MARÇO DE 1992
Altera os arts. 27 e 29.

•• *Vide* Emendas Constitucionais n. 19, de 4-6-1998, e n. 25, de 14-2-2000.

EMENDA CONSTITUCIONAL N. 3, DE 17 DE MARÇO DE 1993
Altera os arts. 40, 42, 102, 103, 150, 155, 156, 160 e 167.
Revoga o inciso IV e o § 4.° do art. 156.

•• *Vide* Emendas Constitucionais n. 18, de 5-2-1998, n. 20, de 15-12-1998, n. 29, de 13-9-2000, n. 33, de 11-12-2001, n. 37, de 12-6-2002, e n. 45, de 8-12-2004.

EMENDA CONSTITUCIONAL N. 4, DE 14 DE SETEMBRO DE 1993
Altera o art. 16.

EMENDA CONSTITUCIONAL DE REVISÃO N. 1, DE 1.° DE MARÇO DE 1994
Acrescenta os arts. 71, 72 e 73 ao ADCT.

•• *Vide* Emendas Constitucionais n. 10, de 4-3-1996, e n. 17, de 22-11-1997.

EMENDA CONSTITUCIONAL DE REVISÃO N. 2, DE 7 DE JUNHO DE 1994
Altera o art. 50.

EMENDA CONSTITUCIONAL DE REVISÃO N. 3, DE 7 DE JUNHO DE 1994
Altera o art. 12.

•• *Vide* Emenda Constitucional n. 54, de 20-9-2007.

EMENDA CONSTITUCIONAL DE REVISÃO N. 4, DE 7 DE JUNHO DE 1994
Altera o art. 14.

EMENDA CONSTITUCIONAL DE REVISÃO N. 5, DE 7 DE JUNHO DE 1994
Altera o art. 82.

•• *Vide* Emenda Constitucional n. 16, de 4-6-1997.

EMENDA CONSTITUCIONAL DE REVISÃO N. 6, DE 7 DE JUNHO DE 1994
Altera o art. 55.

EMENDA CONSTITUCIONAL N. 5, DE 15 DE AGOSTO DE 1995
Altera o art. 25.

EMENDA CONSTITUCIONAL N. 6, DE 15 DE AGOSTO DE 1995
Acrescenta o art. 246.

Altera os arts. 170 e 176.
Revoga o art. 171.
•• *Vide* Emendas Constitucionais n. 7, de 15-8-1995, e n. 32, de 11-9-2001.

EMENDA CONSTITUCIONAL N. 7, DE 15 DE AGOSTO DE 1995
Acrescenta o art. 246.
Altera o art. 178.
•• *Vide* Emenda Constitucional n. 32, de 11-9-2001.

EMENDA CONSTITUCIONAL N. 8, DE 15 DE AGOSTO DE 1995
Altera o art. 21.

EMENDA CONSTITUCIONAL N. 9, DE 9 DE NOVEMBRO DE 1995
Altera o art. 177.

EMENDA CONSTITUCIONAL N. 10, DE 4 DE MARÇO DE 1996
Altera os arts. 71 e 72 do ADCT.
•• *Vide* Emenda Constitucional n. 17, de 22-11-1997.

EMENDA CONSTITUCIONAL N. 11, DE 30 DE ABRIL DE 1996
Altera o art. 207.

EMENDA CONSTITUCIONAL N. 12, DE 15 DE AGOSTO DE 1996
Acrescenta o art. 74 ao ADCT.

EMENDA CONSTITUCIONAL N. 13, DE 21 DE AGOSTO DE 1996
Altera o art. 192.
•• *Vide* Emenda Constitucional n. 40, de 29-5-2003.

EMENDA CONSTITUCIONAL N. 14, DE 12 DE SETEMBRO DE 1996
Altera os arts. 34, 208, 211 e 212 da CF, e 60 do ADCT.
•• *Vide* Emendas Constitucionais n. 29, de 13-9-2000, n. 53, de 19-12-2006, e n. 59, de 11-11-2009.

EMENDA CONSTITUCIONAL N. 15, DE 12 DE SETEMBRO DE 1996
Altera o art. 18.

EMENDA CONSTITUCIONAL N. 16, DE 4 DE JUNHO DE 1997
Altera os arts. 14, 28, 29, 77 e 82.

EMENDA CONSTITUCIONAL N. 17, DE 22 DE NOVEMBRO DE 1997
Altera os arts. 71 e 72 do ADCT.

EMENDA CONSTITUCIONAL N. 18, DE 5 DE FEVEREIRO DE 1998
Altera os arts. 37, 42, 61 e 142.
•• *Vide* Emendas Constitucionais n. 19, de 4-6-1998, n. 20, de 15-9-1998, n. 41, de 19-12-2003, e n. 77, de 11-2-2014.

EMENDA CONSTITUCIONAL N. 19, DE 4 DE JUNHO DE 1998
Acrescenta o art. 247.
Altera os arts. 21, 22, 27, 28, 29, 37, 38, 39, 41, 48, 49, 51, 52, 57, 70, 93, 95, 96, 127, 128, 132, 135, 144, 167, 169, 173, 206 e 241.

•• *Vide* Emendas Constitucionais n. 25, de 14-2-2000, n. 32, de 11-9-2001, n. 34, de 13-12-2001, n. 41, de 19-12-2003, n. 50, de 14-2-2006, e n. 53, de 19-12-2006.

EMENDA CONSTITUCIONAL N. 20, DE 15 DE DEZEMBRO DE 1998
Acrescenta os arts. 248, 249 e 250.
Altera os arts. 7.º, 37, 40, 42, 73, 93, 100, 114, 142, 167, 194, 195, 201 e 202.
Revoga o inciso II do § 2.º do art. 153.

•• *Vide* Emendas Constitucionais n. 30, de 13-9-2000, n. 41, de 19-12-2003, n. 45, de 8-12-2004, n. 47, de 5-7-2005, n. 62, de 9-12-2009, e n. 88, de 7-5-2015.

EMENDA CONSTITUCIONAL N. 21, DE 18 DE MARÇO DE 1999
Acrescenta o art. 75 ao ADCT.

EMENDA CONSTITUCIONAL N. 22, DE 18 DE MARÇO DE 1999
Altera os arts. 98, 102 e 105.

•• *Vide* Emendas Constitucionais n. 23, de 2-9-1999, e n. 45, de 8-12-2004.

EMENDA CONSTITUCIONAL N. 23, DE 2 DE SETEMBRO DE 1999
Altera os arts. 12, 52, 84, 91, 102 e 105.

EMENDA CONSTITUCIONAL N. 24, DE 9 DE DEZEMBRO DE 1999
Altera os arts. 111, 112, 113, 115 e 116.
Revoga o art. 117.

•• *Vide* Emenda Constitucional n. 45, de 8-12-2004.

EMENDA CONSTITUCIONAL N. 25, DE 14 DE FEVEREIRO DE 2000
Altera os arts. 29 e 29-A.

•• *Vide* Emenda Constitucional n. 58, de 23-9-2009.

EMENDA CONSTITUCIONAL N. 26, DE 14 DE FEVEREIRO DE 2000
Altera o art. 6.º.

•• *Vide* Emenda Constitucional n. 64, de 4-2-2010.

EMENDA CONSTITUCIONAL N. 27, DE 21 DE MARÇO DE 2000
Acrescenta o art. 76 ao ADCT.

•• *Vide* Emendas Constitucionais n. 42, de 19-12-2003, n. 56, de 20-12-2007, e n. 68, de 21-12-2011.

EMENDA CONSTITUCIONAL N. 28, DE 25 DE MAIO DE 2000
Altera o art. 7.º.
Revoga o art. 233.

EMENDA CONSTITUCIONAL N. 29, DE 13 DE SETEMBRO DE 2000
Acrescenta o art. 77 do ADCT.
Altera os arts. 34, 35, 156, 160, 167 e 198.
•• *Vide* Emendas Constitucionais n. 42, de 19-12-2003, e n. 86, de 17-3-2015.

EMENDA CONSTITUCIONAL N. 30, DE 13 DE SETEMBRO DE 2000
Acrescenta o art. 78 ao ADCT.
Altera o art. 100.
•• *Vide* Emendas Constitucionais n. 37, de 12-7-2002, e n. 62, de 9-12-2009.

EMENDA CONSTITUCIONAL N. 31, DE 14 DE DEZEMBRO DE 2000
Acrescenta os arts. 79, 80, 81, 82 e 83 ao ADCT.
•• *Vide* Emenda Constitucional n. 42, de 19-12-2003.

EMENDA CONSTITUCIONAL N. 32, DE 11 DE SETEMBRO DE 2001
Altera os arts. 48, 57, 61, 62, 64, 66, 84, 88 e 246.
•• *Vide* Emenda Constitucional n. 50, de 14-2-2006.

EMENDA CONSTITUCIONAL N. 33, DE 11 DE DEZEMBRO DE 2001
Altera os arts. 149, 155 e 177.
•• *Vide* Emendas Constitucionais n. 41, de 19-12-2003, e n. 42, de 19-12-2003.

EMENDA CONSTITUCIONAL N. 34, DE 13 DE DEZEMBRO DE 2001
Altera o art. 37.

EMENDA CONSTITUCIONAL N. 35, DE 20 DE DEZEMBRO DE 2001
Altera o art. 53.

EMENDA CONSTITUCIONAL N. 36, DE 28 DE MAIO DE 2002
Altera o art. 222.

EMENDA CONSTITUCIONAL N. 37, DE 12 DE JUNHO DE 2002
Acrescenta os arts. 84, 85, 86, 87 e 88 ao ADCT.
Altera os arts. 100 e 156.
•• *Vide* Emendas Constitucionais n. 42, de 19-12-2003, e n. 62, de 9-12-2009.

EMENDA CONSTITUCIONAL N. 38, DE 12 DE JUNHO DE 2002
Acrescenta o art. 89 ao ADCT.
•• *Vide* Emenda Constitucional n. 60, de 11-11-2009.

EMENDA CONSTITUCIONAL N. 39, DE 19 DE DEZEMBRO DE 2002
Acrescenta o art. 149-A.

EMENDA CONSTITUCIONAL N. 40, DE 29 DE MAIO DE 2003
Altera os arts. 163 e 192 da CF, e 52 do ADCT.

EMENDA CONSTITUCIONAL N. 41, DE 19 DE DEZEMBRO DE 2003
Altera os arts. 37, 40, 42, 48, 96, 149 e 201.
Revoga o inciso IX do § 3.° do art. 142.
•• *Vide* Emenda Constitucional n. 47, de 5-7-2005.

EMENDA CONSTITUCIONAL N. 42, DE 19 DE DEZEMBRO DE 2003
Acrescenta os arts. 146-A à CF, e 90 a 94 ao ADCT.
Altera os arts. 37, 52, 146, 149, 150, 153, 155, 158, 159, 167, 170, 195, 204 e 216 da CF e 76, 82 e 83 do ADCT.
Revoga o inciso II do § 3.° do art. 84 do ADCT.
•• *Vide* Emendas Constitucionais n. 44, de 30-6-2004, e n. 68, de 21-12-2011.

EMENDA CONSTITUCIONAL N. 43, DE 15 DE ABRIL DE 2004
Altera o art. 42 do ADCT.
•• *Vide* Emenda Constitucional n. 89, de 15-9-2015.

EMENDA CONSTITUCIONAL N. 44, DE 30 DE JUNHO DE 2004
Altera o art. 159.

EMENDA CONSTITUCIONAL N. 45, DE 8 DE DEZEMBRO DE 2004
Acrescenta os arts. 103-A, 103-B, 111-A e 130-A.
Altera os arts. 5.°, 36, 52, 92, 93, 95, 98, 99, 102, 103, 104, 105, 107, 109, 111, 112, 114, 115, 125, 126, 127, 128, 129, 134 e 168.
Revoga o inciso IV do art. 36, a alínea *h* do inciso I do art. 102, o § 4.° do art. 103 e os §§ 1.° a 3.° do art. 111.
•• *Vide* Emenda Constitucional n. 61, de 11-11-2009.

EMENDA CONSTITUCIONAL N. 46, DE 5 DE MAIO DE 2005
Altera o art. 20.

EMENDA CONSTITUCIONAL N. 47, DE 5 DE JULHO DE 2005
Altera os arts. 37, 40, 195 e 201.

EMENDA CONSTITUCIONAL N. 48, DE 10 DE AGOSTO DE 2005
Altera o art. 215.

EMENDA CONSTITUCIONAL N. 49, DE 8 DE FEVEREIRO DE 2006
Altera os arts. 21 e 177.

EMENDA CONSTITUCIONAL N. 50, DE 14 DE FEVEREIRO DE 2006
Altera o art. 57.

EMENDA CONSTITUCIONAL N. 51, DE 14 DE FEVEREIRO DE 2006
Altera o art. 198.

•• *Vide* Emenda Constitucional n. 63, de 4-2-2010.

EMENDA CONSTITUCIONAL N. 52, DE 8 DE MARÇO DE 2006
Altera o art. 17.

•• *Vide* Emenda Constitucional n. 97, de 4-10-2017.

EMENDA CONSTITUCIONAL N. 53, DE 19 DE DEZEMBRO DE 2006
Altera os arts. 7.º, 23, 30, 206, 208, 211 e 212 da CF e 60 do ADCT.

EMENDA CONSTITUCIONAL N. 54, DE 20 DE SETEMBRO DE 2007
Acrescenta o art. 95 ao ADCT.
Altera o art. 12.

EMENDA CONSTITUCIONAL N. 55, DE 20 DE SETEMBRO DE 2007
Altera o art. 159.

•• *Vide* Emenda Constitucional n. 84, de 2-12-2014.

EMENDA CONSTITUCIONAL N. 56, DE 20 DE DEZEMBRO DE 2007
Altera o art. 76 do ADCT.

•• *Vide* Emenda Constitucional n. 68, de 21-12-2011.

EMENDA CONSTITUCIONAL N. 57, DE 18 DE DEZEMBRO DE 2008
Acrescenta o art. 96 ao ADCT.

EMENDA CONSTITUCIONAL N. 58, DE 23 DE SETEMBRO DE 2009
Altera os arts. 29 e 29-A.

EMENDA CONSTITUCIONAL N. 59, DE 11 DE NOVEMBRO DE 2009
Altera os arts. 208, 211, 212 e 214 da CF, e 76 do ADCT.

•• *Vide* Emenda Constitucional n. 68, de 21-12-2011.

EMENDA CONSTITUCIONAL N. 60, DE 11 DE NOVEMBRO DE 2009
Altera o art. 89 do ADCT.

EMENDA CONSTITUCIONAL N. 61, DE 11 DE NOVEMBRO DE 2009
Altera o art. 103-B.

EMENDA CONSTITUCIONAL N. 62, DE 9 DE DEZEMBRO DE 2009
Acrescenta o art. 97 ao ADCT.
Altera o art. 100.

•• *Vide* Emenda Constitucional n. 94, de 15-12-2016.

EMENDA CONSTITUCIONAL N. 63, DE 4 DE FEVEREIRO DE 2010
Altera o art. 198.

EMENDA CONSTITUCIONAL N. 64, DE 4 DE FEVEREIRO DE 2010
Altera o art. 6.º.
•• *Vide* Emenda Constitucional n. 90, de 15-9-2015.

EMENDA CONSTITUCIONAL N. 65, DE 13 DE JULHO DE 2010
Altera o art. 227.

EMENDA CONSTITUCIONAL N. 66, DE 13 DE JULHO DE 2010
Altera o art. 226.

EMENDA CONSTITUCIONAL N. 68, DE 21 DE DEZEMBRO DE 2011
Altera o art. 76 do ADCT.
•• *Vide* Emenda Constitucional n. 93, de 8-9-2016.

EMENDA CONSTITUCIONAL N. 69, DE 29 DE MARÇO DE 2012
Altera os arts. 21, 22 e 48.

EMENDA CONSTITUCIONAL N. 70, DE 29 DE MARÇO DE 2012
Acrescenta o art. 6.º-A à Emenda Constitucional n. 41, de 19-12-2003.

EMENDA CONSTITUCIONAL N. 71, DE 29 DE NOVEMBRO DE 2012
Acrescenta o art. 216-A.

EMENDA CONSTITUCIONAL N. 72, DE 2 DE ABRIL DE 2013
Altera o art. 7.º.

EMENDA CONSTITUCIONAL N. 73, DE 6 DE JUNHO DE 2013
Altera o art. 27 do ADCT.

EMENDA CONSTITUCIONAL N. 74, DE 6 DE AGOSTO DE 2013
Altera o art. 134.

EMENDA CONSTITUCIONAL N. 75, DE 15 DE OUTUBRO DE 2013
Altera o art. 150.

EMENDA CONSTITUCIONAL N. 76, DE 28 DE NOVEMBRO DE 2013
Altera os arts. 55 e 66.

EMENDA CONSTITUCIONAL N. 77, DE 11 DE FEVEREIRO DE 2014
Altera o art. 142.

EMENDA CONSTITUCIONAL N. 78, DE 14 DE MAIO DE 2014
Acrescenta o art. 54-A ao ADCT.

EMENDA CONSTITUCIONAL N. 79, DE 27 DE MAIO DE 2014
Altera o art. 31 da Emenda Constitucional n. 19, de 4-6-1998.

EMENDA CONSTITUCIONAL N. 80, DE 4 DE JUNHO DE 2014
Acrescenta o art. 98 ao ADCT.
Altera o Capítulo IV e o art. 134.

EMENDA CONSTITUCIONAL N. 81, DE 5 DE JUNHO DE 2014
Altera o art. 243.

EMENDA CONSTITUCIONAL N. 82, DE 16 DE JULHO DE 2014
Altera o art. 144.

EMENDA CONSTITUCIONAL N. 83, DE 5 DE AGOSTO DE 2014
Acrescenta o art. 92-A ao ADCT.

EMENDA CONSTITUCIONAL N. 84, DE 2 DE DEZEMBRO DE 2014
Altera o art. 159.

EMENDA CONSTITUCIONAL N. 85, DE 26 DE FEVEREIRO DE 2015
Acrescenta os arts. 219-A e 219-B.
Altera o Capítulo IV e os arts. 23, 24, 167, 200, 213, 218 e 219.

EMENDA CONSTITUCIONAL N. 86, DE 17 DE MARÇO DE 2015
Altera os arts. 165, 166 e 198.
Revoga o inciso IV do § 3.º do art. 198.

EMENDA CONSTITUCIONAL N. 87, DE 16 DE ABRIL DE 2015
Acrescenta o art. 99 ao ADCT.
Altera o art. 155.

EMENDA CONSTITUCIONAL N. 88, DE 7 DE MAIO DE 2015
Acrescenta o art. 100 ao ADCT.
Altera o art. 40.

EMENDA CONSTITUCIONAL N. 89, DE 15 DE SETEMBRO DE 2015
Altera o art. 42 do ADCT.

EMENDA CONSTITUCIONAL N. 90, DE 15 DE SETEMBRO DE 2015
Altera o art. 6.º.

EMENDA CONSTITUCIONAL N. 92, DE 12 DE JULHO DE 2016
Altera os arts. 92 e 111-A.

EMENDA CONSTITUCIONAL N. 93, DE 8 DE SETEMBRO DE 2016
Acrescenta os arts. 76-A e 76-B ao ADCT.
Altera o art. 76 do ADCT.
Revoga os §§ 1.º e 3.º do art. 76 do ADCT.

EMENDA CONSTITUCIONAL N. 94, DE 15 DE DEZEMBRO DE 2016
Acrescenta os arts. 101 a 105 ao ADCT.
Altera o art. 100.

EMENDA CONSTITUCIONAL N. 95, DE 15 DE DEZEMBRO DE 2016
Acrescenta os arts. 106 a 114 ao ADCT.

EMENDA CONSTITUCIONAL N. 96, DE 6 DE JUNHO DE 2017
Altera o art. 225.

EMENDA CONSTITUCIONAL N. 97, DE 4 DE OUTUBRO DE 2017
Altera o art. 17.

Constituição da República Federativa do Brasil (*)

PREÂMBULO

Nós, representantes do povo brasileiro, reunidos em Assembleia Nacional Constituinte para instituir um Estado Democrático, destinado a assegurar o exercício dos direitos sociais e individuais, a liberdade, a segurança, o bem-estar, o desenvolvimento, a igualdade e a justiça como valores supremos de uma sociedade fraterna, pluralista e sem preconceitos, fundada na harmonia social e comprometida, na ordem interna e internacional, com a solução pacífica das controvérsias, promulgamos, sob a proteção de Deus, a seguinte CONSTITUIÇÃO DA REPÚBLICA FEDERATIVA DO BRASIL.(*)

TÍTULO I
DOS PRINCÍPIOS FUNDAMENTAIS

Art. 1.º A República Federativa do Brasil, formada pela união indissolúvel dos Estados e Municípios e do Distrito Federal, constitui-se em Estado Democrático de Direito e tem como fundamentos:

- *Vide* arts. 18, *caput*, e 60, § 4.º, I e II, da CF.

I – a soberania;

- *Vide* arts. 20, VI, 21, I e II, 49, II, 84, VII, VIII e XIX, da CF.

II – a cidadania;

- *Vide* arts. 5.º, XXXIV, LIV, LXXI, LXXIII e LXXVII, e 60, § 4.º, da CF.
- A Lei n. 10.835, de 8-1-2004, institui a renda básica da cidadania.

III – a dignidade da pessoa humana;

- *Vide* arts. 5.º, 34, VII, *b*, 226, § 7.º, 227 e 230 da CF.
- A Lei n. 11.340, de 7-8-2006, cria mecanismos para coibir a violência doméstica e familiar contra a mulher.
- *Vide* Súmulas Vinculantes 6, 11 e 14 do STF.

IV – os valores sociais do trabalho e da livre iniciativa;

- *Vide* arts. 6.º a 11 da CF.

V – o pluralismo político.

- *Vide* art. 17 da CF.
- A Lei n. 9.096, de 19-9-1995, dispõe sobre os partidos políticos.

Parágrafo único. Todo o poder emana do povo, que o exerce por meio de representantes eleitos ou diretamente, nos termos desta Constituição.

- *Vide* arts. 14 e 60, § 4.º, III, da CF.
- A Lei n. 9.709, de 18-11-1998, estabelece em seu art. 1.º que a soberania popular é exercida por sufrágio universal e pelo voto direto e secreto, com igual valor para todos.

Art. 2.º São Poderes da União, independentes e harmônicos entre si, o Legislativo, o Executivo e o Judiciário.

- *Vide* art. 60, § 4.º, III, da CF.

Art. 3.º Constituem objetivos fundamentais da República Federativa do Brasil:

I – construir uma sociedade livre, justa e solidária;

II – garantir o desenvolvimento nacional;

- *Vide* arts. 23, parágrafo único, e 174, § 1.º, da CF.

III – erradicar a pobreza e a marginalização e reduzir as desigualdades sociais e regionais;

- *Vide* art. 23, X, da CF.
- *Vide* arts. 79 a 82 do ADCT.

IV – promover o bem de todos, sem preconceitos de origem, raça, sexo, cor, idade e quaisquer outras formas de discriminação.

(*) Publicada no *Diário Oficial da União* n. 191-A, de 5-10-1988.

- Crimes resultantes de preconceito de raça ou de cor: Lei n. 7.716, de 5-1-1989, e Lei n. 9.459, de 13-5-1997.
- A Lei n. 12.288, de 20-7-2010, institui o Estatuto da Igualdade Racial.

Art. 4.º A República Federativa do Brasil rege-se nas suas relações internacionais pelos seguintes princípios:

- *Vide* arts. 21, I, e 84, VII e VIII, da CF.

I – independência nacional;

- *Vide* arts. 78 e 91, § 1.º, IV, da CF.

II – prevalência dos direitos humanos;

III – autodeterminação dos povos;

IV – não intervenção;

V – igualdade entre os Estados;

VI – defesa da paz;

VII – solução pacífica dos conflitos;

VIII – repúdio ao terrorismo e ao racismo;

- *Vide* art. 5.º, XLII e XLIII, da CF.
- A Lei n. 7.716, de 5-1-1989, define os crimes resultantes de preconceito de raça ou de cor.
- A Lei n. 12.288, de 20-7-2010, institui o Estatuto da Igualdade Racial.
- O Decreto n. 5.639, de 26-12-2005, promulga a Convenção Interamericana contra o Terrorismo.

IX – cooperação entre os povos para o progresso da humanidade;

X – concessão de asilo político.

- A Lei n. 9.474, de 22-7-1997, estabelece o Estatuto dos Refugiados.

Parágrafo único. A República Federativa do Brasil buscará a integração econômica, política, social e cultural dos povos da América Latina, visando à formação de uma comunidade latino-americana de nações.

Título II
DOS DIREITOS E GARANTIAS FUNDAMENTAIS

Capítulo I
DOS DIREITOS E DEVERES INDIVIDUAIS E COLETIVOS

Art. 5.º Todos são iguais perante a lei, sem distinção de qualquer natureza, garantindo-se aos brasileiros e aos estrangeiros residentes no País a inviolabilidade do direito à vida, à liberdade, à igualdade, à segurança e à propriedade, nos termos seguintes:

- *Vide* art. 60, § 4.º, IV, da CF.

I – homens e mulheres são iguais em direitos e obrigações, nos termos desta Constituição;

- *Vide* arts. 143, § 2.º, e 226, § 5.º, da CF.
- Os arts. 372 e segs. da CLT dispõem sobre a duração, condições do trabalho e da discriminação contra a mulher.

II – ninguém será obrigado a fazer ou deixar de fazer alguma coisa senão em virtude de lei;

- *Vide* arts. 14, § 1.º, I, e 143 da CF.
- *Vide* Súmula Vinculante 44 do STF.

III – ninguém será submetido a tortura nem a tratamento desumano ou degradante;

- A Lei n. 9.455, de 7-4-1997, define os crimes de tortura.
- A Lei n. 12.847, de 2-8-2013, institui o Sistema Nacional de Prevenção e Combate à Tortura.

IV – é livre a manifestação do pensamento, sendo vedado o anonimato;

- *Vide* arts. 220 e segs. da CF.

V – é assegurado o direito de resposta, proporcional ao agravo, além da indenização por dano material, moral ou à imagem;

- A Lei n. 13.188, de 11-11-2015, dispõe sobre o direito de resposta ou retificação do ofendido em matéria divulgada, publicada ou transmitida por veículo de comunicação social.

VI – é inviolável a liberdade de consciência e de crença, sendo assegurado o livre exercício dos cultos religiosos e garantida, na forma da lei, a proteção aos locais de culto e a suas liturgias;

- Crimes contra o sentimento religioso e contra o respeito aos mortos: arts. 208 a 212 do CP.

VII – é assegurada, nos termos da lei, a prestação de assistência religiosa nas entidades civis e militares de internação coletiva;

VIII – ninguém será privado de direitos por motivo de crença religiosa ou de convicção filosófica ou política, salvo se as invocar para eximir-se de obrigação legal a todos imposta e recusar-se a cumprir prestação alternativa, fixada em lei;

• *Vide* art. 143 da CF.

IX – é livre a expressão da atividade intelectual, artística, científica e de comunicação, independentemente de censura ou licença;

X – são invioláveis a intimidade, a vida privada, a honra e a imagem das pessoas, assegurado o direito a indenização pelo dano material ou moral decorrente de sua violação;

• *Vide* art. 114, VI, da CF.

XI – a casa é asilo inviolável do indivíduo, ninguém nela podendo penetrar sem consentimento do morador, salvo em caso de flagrante delito ou desastre, ou para prestar socorro, ou, durante o dia, por determinação judicial;

• Violação de domicílio no CP: art. 150, §§ 1.º a 5.º.

• Inviolabilidade do domicílio no CPP: art. 283.

• Do tempo e do lugar dos atos processuais no CPC: arts. 212 a 217.

XII – é inviolável o sigilo da correspondência e das comunicações telegráficas, de dados e das comunicações telefônicas, salvo, no último caso, por ordem judicial, nas hipóteses e na forma que a lei estabelecer para fins de investigação criminal ou instrução processual penal;

•• A Lei n. 9.296, de 24-7-1996, regulamenta este inciso no tocante às comunicações telefônicas (Lei da Escuta Telefônica).

• *Vide* arts. 136, § 1.º, *b* e *c*, e 139, III, da CF.

• Violação de correspondência no CP: arts. 151 e 152.

• Serviços postais: Lei n. 6.538, de 22-6-1978.

XIII – é livre o exercício de qualquer trabalho, ofício ou profissão, atendidas as qualificações profissionais que a lei estabelecer;

• *Vide* art. 170 da CF.

XIV – é assegurado a todos o acesso à informação e resguardado o sigilo da fonte, quando necessário ao exercício profissional;

• O art. 154 do CP dispõe sobre violação do segredo profissional.

XV – é livre a locomoção no território nacional em tempo de paz, podendo qualquer pessoa, nos termos da lei, nele entrar, permanecer ou dele sair com seus bens;

• *Vide* art. 139 da CF.

XVI – todos podem reunir-se pacificamente, sem armas, em locais abertos ao público, independentemente de autorização, desde que não frustrem outra reunião anteriormente convocada para o mesmo local, sendo apenas exigido prévio aviso à autoridade competente;

• *Vide* art. 139 da CF.

XVII – é plena a liberdade de associação para fins lícitos, vedada a de caráter paramilitar;

XVIII – a criação de associações e, na forma da lei, a de cooperativas independem de autorização, sendo vedada a interferência estatal em seu funcionamento;

• A Lei n. 5.764, de 16-12-1971, dispõe sobre o regime jurídico das cooperativas.

• A Lei n. 9.867, de 10-11-1999, dispõe sobre a criação e o funcionamento de Cooperativas Sociais, visando à integração social dos cidadãos.

XIX – as associações só poderão ser compulsoriamente dissolvidas ou ter suas atividades suspensas por decisão judicial, exigindo-se, no primeiro caso, o trânsito em julgado;

XX – ninguém poderá ser compelido a associar-se ou a permanecer associado;

XXI – as entidades associativas, quando expressamente autorizadas, têm legitimidade para representar seus filiados judicial ou extrajudicialmente;

• A Lei n. 7.347, de 24-7-1985, disciplina a ação civil pública.

XXII – é garantido o direito de propriedade;

• *Vide* art. 243 da CF.

• Propriedade no CC (Lei n. 10.406, de 10-1-2002): arts. 1.228 a 1.368.

XXIII – a propriedade atenderá a sua função social;

• *Vide* arts. 156, § 1.º, 170, III, 182, § 2.º, e 186 da CF.

• A Lei n. 4.504, de 30-11-1964, estabelece o Estatuto da Terra.

XXIV – a lei estabelecerá o procedimento para desapropriação por necessidade ou utilidade pública, ou por interesse social, mediante justa e prévia indenização em dinheiro, ressalvados os casos previstos nesta Constituição;

- Desapropriação: Decreto-lei n. 3.365, de 21-6-1941, Lei n. 4.132, de 10-9-1962, Lei n. 6.602, de 7-12-1978, Decreto-lei n. 1.075, de 22-1-1970, Lei n. 8.629, de 25-2-1993, Lei Complementar n. 76, de 6-7-1993, Lei n. 9.785, de 29-1-1999, e Lei n. 10.406, de 10-1-2002, art. 1.228, § 3.º.

XXV – no caso de iminente perigo público, a autoridade competente poderá usar de propriedade particular, assegurada ao proprietário indenização ulterior, se houver dano;

XXVI – a pequena propriedade rural, assim definida em lei, desde que trabalhada pela família, não será objeto de penhora para pagamento de débitos decorrentes de sua atividade produtiva, dispondo a lei sobre os meios de financiar o seu desenvolvimento;

- Estatuto da Terra: Lei n. 4.504, de 30-11-1964.
- O art. 4.º da Lei n. 8.629, de 25-2-1993, dispõe sobre a pequena propriedade rural.

XXVII – aos autores pertence o direito exclusivo de utilização, publicação ou reprodução de suas obras, transmissível aos herdeiros pelo tempo que a lei fixar;

- LDA: Lei n. 5.988, de 14-12-1973, e Lei n. 9.610, de 19-2-1998.
- Lei de Proteção de Cultivares: Lei n. 9.456, de 25-4-1997, e Decreto n. 2.366, de 5-11-1997.
- Lei de Proteção da Propriedade Intelectual do Programa de Computador e sua comercialização no país: Lei n. 9.609, de 19-2-1998, e Decreto n. 2.556, de 20-4-1998.

XXVIII – são assegurados, nos termos da lei:

a) a proteção às participações individuais em obras coletivas e à reprodução da imagem e voz humanas, inclusive nas atividades desportivas;

b) o direito de fiscalização do aproveitamento econômico das obras que criarem ou de que participarem aos criadores, aos intérpretes e às respectivas representações sindicais e associativas;

XXIX – a lei assegurará aos autores de inventos industriais privilégio temporário para sua utilização, bem como proteção às criações industriais, à propriedade das marcas, aos nomes de empresas e a outros signos distintivos, tendo em vista o interesse social e o desenvolvimento tecnológico e econômico do País;

- Propriedade Industrial: Lei n. 9.279, de 14-5-1996, e Decreto n. 2.553, de 16-4-1998.

XXX – é garantido o direito de herança;

- CC: direito das sucessões: arts. 1.784 e segs.; aceitação e renúncia da herança: arts. 1.804 e segs.; e herança jacente: arts. 1.819 e segs.
- Direitos dos companheiros a alimentos e à sucessão: Lei n. 8.971, de 29-12-1994, e CC, art. 1.790.

XXXI – a sucessão de bens de estrangeiros situados no País será regulada pela lei brasileira em benefício do cônjuge ou dos filhos brasileiros, sempre que não lhes seja mais favorável a lei pessoal do *de cujus*;

- LINDB (Decreto-lei n. 4.657, de 4-9-1942): art. 10, §§ 1.º e 2.º.

XXXII – o Estado promoverá, na forma da lei, a defesa do consumidor;

- Prevenção e repressão às infrações contra a ordem econômica: Lei n. 12.529, de 30-11-2011.
- A Lei n. 8.078, de 11-9-1990, dispõe sobre a proteção do consumidor (CDC), e o Decreto n. 2.181, de 20-3-1997, dispõe sobre a organização do Sistema Nacional de Defesa do Consumidor – SNDC, e estabelece normas gerais de aplicação das sanções administrativas previstas na Lei n. 8.078, de 1990.

XXXIII – todos têm direito a receber dos órgãos públicos informações de seu interesse particular, ou de interesse coletivo ou geral, que serão prestadas no prazo da lei, sob pena de responsabilidade, ressalvadas aquelas cujo sigilo seja imprescindível à segurança da sociedade e do Estado;

•• A Lei n. 12.527, de 18-11-2011, regulamentada pelo Decreto n. 7.724, de 16-5-2012, regula o acesso a informações previsto neste inciso.

•• O Decreto n. 8.777, de 11-5-2016, institui a Política de Dados Abertos do Poder Executivo federal.

- *Vide* incisos LXXII e LXXVII deste artigo.

XXXIV – são a todos assegurados, independentemente do pagamento de taxas:

a) o direito de petição aos Poderes Públicos em defesa de direitos ou contra ilegalidade ou abuso de poder;

- *Vide* Súmula Vinculante 21 do STF.

b) a obtenção de certidões em repartições públicas, para defesa de direitos e esclarecimento de situações de interesse pessoal;

- A Lei n. 9.051, de 18-5-1995, dispõe sobre a expedição de certidões para a defesa de direitos e esclarecimentos de situações.

XXXV – a lei não excluirá da apreciação do Poder Judiciário lesão ou ameaça a direito;

- *Vide* Súmula Vinculante 28 do STF.

XXXVI – a lei não prejudicará o direito adquirido, o ato jurídico perfeito e a coisa julgada;

- LINDB (Decreto-lei n. 4.657, de 4-9-1942): art. 6.º.

XXXVII – não haverá juízo ou tribunal de exceção;

XXXVIII – é reconhecida a instituição do júri, com a organização que lhe der a lei, assegurados:

- Do processo dos crimes da competência do júri: arts. 406 e segs. do CPP.
- A Lei n. 11.697, de 13-6-2008, dispõe sobre a Organização Judiciária do Distrito Federal e dos Territórios. Sobre o Tribunal do Júri: arts. 18 e 19.
- *Vide* Súmula Vinculante 45 do STF.

a) a plenitude de defesa;

b) o sigilo das votações;

c) a soberania dos veredictos;

d) a competência para o julgamento dos crimes dolosos contra a vida;

XXXIX – não há crime sem lei anterior que o defina, nem pena sem prévia cominação legal;

- CP: art. 1.º.

XL – a lei penal não retroagirá, salvo para beneficiar o réu;

- CP: art. 2.º, parágrafo único.
- *Vide* Súmula Vinculante 26 do STF.

XLI – a lei punirá qualquer discriminação atentatória dos direitos e liberdades fundamentais;

- Crimes resultantes de preconceito de raça ou de cor: Lei n. 7.716, de 5-1-1989, e Lei n. 9.459, de 13-5-1997.
- A Lei n. 8.081, de 21-9-1990, estabelece os crimes e as penas aplicáveis aos atos discriminatórios ou de preconceito de raça, cor, religião, etnia ou procedência nacional, praticados pelos meios de comunicação ou por publicação de qualquer natureza.

XLII – a prática do racismo constitui crime inafiançável e imprescritível, sujeito à pena de reclusão, nos termos da lei;

- Estatuto da Igualdade Racial: Lei n. 12.288, de 20-7-2010.

XLIII – a lei considerará crimes inafiançáveis e insuscetíveis de graça ou anistia a prática da tortura, o tráfico ilícito de entorpecentes e drogas afins, o terrorismo e os definidos como crimes hediondos, por eles respondendo os mandantes, os executores e os que, podendo evitá-los, se omitirem;

- •• Inciso regulamentado pela Lei n. 13.260, de 16-3-2016, que disciplina o terrorismo, trata de disposições investigatórias e processuais e reformula o conceito de organização terrorista.
- A Lei n. 9.455, de 7-4-1997, define os crimes de tortura.
- O Decreto n. 5.639, de 26-12-2005, promulga a Convenção Interamericana contra o Terrorismo.
- Drogas: Lei n. 11.343, de 23-8-2006.

XLIV – constitui crime inafiançável e imprescritível a ação de grupos armados, civis ou militares, contra a ordem constitucional e o Estado Democrático;

- Organizações criminosas: Lei n. 12.850, de 2-8-2013.
- O Decreto n. 5.015, de 12-3-2004, promulga a Convenção das Nações Unidas contra o Crime Organizado Transnacional.

XLV – nenhuma pena passará da pessoa do condenado, podendo a obrigação de reparar o dano e a decretação do perdimento de bens ser, nos termos da lei, estendidas aos sucessores e contra eles executadas, até o limite do valor do patrimônio transferido;

- Das penas no CP: arts. 32 e segs.
- CC: arts. 932 e 935.

XLVI – a lei regulará a individualização da pena e adotará, entre outras, as seguintes:

- Das penas no CP: arts. 32 e segs.

a) privação ou restrição da liberdade;

- CP: arts. 33 e segs.

b) perda de bens;

• CP: art. 43, II.

c) multa;

• CP: art. 49.

d) prestação social alternativa;

• CP: arts. 44 e 46.

e) suspensão ou interdição de direitos;

• CP: art. 47.

XLVII – não haverá penas:

• Das penas no CP: arts. 32 e segs.

a) de morte, salvo em caso de guerra declarada, nos termos do art. 84, XIX;

•• O CP Militar (Decreto-lei n. 1.001, de 21-10-1969) dispõe sobre pena de morte nos arts. 55 a 57.

b) de caráter perpétuo;

c) de trabalhos forçados;

d) de banimento;

e) cruéis;

XLVIII – a pena será cumprida em estabelecimentos distintos, de acordo com a natureza do delito, a idade e o sexo do apenado;

• Das penas no CP: arts. 32 e segs.

• Dos estabelecimentos penais: Lei n. 7.210, de 11-7-1984, arts. 82 a 104.

• A Lei n. 10.792, de 1.º-12-2003, institui o regime disciplinar diferenciado, facultando à União, aos Estados, ao Distrito Federal e aos Territórios a construção de Penitenciárias destinadas aos presos sujeitos a este regime.

XLIX – é assegurado aos presos o respeito à integridade física e moral;

• CP: art. 38.

• *Vide* Súmula Vinculante 11 do STF.

L – às presidiárias serão asseguradas condições para que possam permanecer com seus filhos durante o período de amamentação;

• Da penitenciária de mulheres: Lei n. 7.210, de 11-7-1984, art. 89.

• A Lei n. 11.942, de 28-5-2009, altera a LEP (Lei n. 7.210, de 11-7-1984), para assegurar às mães presas e aos recém-nascidos condições mínimas de assistência.

LI – nenhum brasileiro será extraditado, salvo o naturalizado, em caso de crime comum, praticado antes da naturalização, ou de comprovado envolvimento em tráfico ilícito de entorpecentes e drogas afins, na forma da lei;

• *Vide* art. 12, II, da CF.

LII – não será concedida extradição de estrangeiro por crime político ou de opinião;

• Extradição: arts. 81 a 99 da Lei n. 13.445, de 24-5-2017.

LIII – ninguém será processado nem sentenciado senão pela autoridade competente;

LIV – ninguém será privado da liberdade ou de seus bens sem o devido processo legal;

LV – aos litigantes, em processo judicial ou administrativo, e aos acusados em geral são assegurados o contraditório e ampla defesa, com os meios e recursos a ela inerentes;

• *Vide* Súmulas Vinculantes 5, 14 e 28 do STF.

LVI – são inadmissíveis, no processo, as provas obtidas por meios ilícitos;

• Das provas no CPP: arts. 155 e segs. Das provas no CPC: arts. 369 e segs.

LVII – ninguém será considerado culpado até o trânsito em julgado de sentença penal condenatória;

LVIII – o civilmente identificado não será submetido a identificação criminal, salvo nas hipóteses previstas em lei;

•• Inciso regulamentado pela Lei n. 12.037, de 1.º-10-2009.

LIX – será admitida ação privada nos crimes de ação pública, se esta não for intentada no prazo legal;

• Da ação penal privada subsidiária da pública: art. 100, § 3.º, do CP, e art. 29 do CPP.

LX – a lei só poderá restringir a publicidade dos atos processuais quando a defesa da intimidade ou o interesse social o exigirem;

• Do sigilo no inquérito policial: CPP, art. 20.

• Segredo de Justiça: CPC, art. 189.

• Sistema de transmissão de dados para a prática de atos processuais: Lei n. 9.800, de 26-5-1999.

LXI – ninguém será preso senão em flagrante delito ou por ordem escrita e fundamentada de autoridade judiciária competente, salvo nos casos de transgressão militar ou crime propriamente militar, definidos em lei;

• *Vide* inciso LVII deste artigo.

• O Decreto-lei n. 1.001, de 21-10-1969, estabelece o CP Militar.

LXII – a prisão de qualquer pessoa e o local onde se encontre serão comunicados imediatamente ao juiz competente e à família do preso ou à pessoa por ele indicada;

LXIII – o preso será informado de seus direitos, entre os quais o de permanecer calado, sendo-lhe assegurada a assistência da família e de advogado;

• *Vide* art. 136, § 3.º, IV, da CF.

• *Vide* Súmula Vinculante 14 do STF.

LXIV – o preso tem direito à identificação dos responsáveis por sua prisão ou por seu interrogatório policial;

LXV – a prisão ilegal será imediatamente relaxada pela autoridade judiciária;

LXVI – ninguém será levado à prisão ou nela mantido, quando a lei admitir a liberdade provisória, com ou sem fiança;

• Os arts. 321 e segs. do CPP dispõem sobre liberdade provisória.

LXVII – não haverá prisão civil por dívida, salvo a do responsável pelo inadimplemento voluntário e inescusável de obrigação alimentícia e a do depositário infiel;

•• O Decreto n. 592, de 6-7-1992 (Pacto Internacional sobre Direitos Civis e Políticos), dispõe em seu art. 11 que "ninguém poderá ser preso apenas por não poder cumprir com uma obrigação contratual".

•• O Decreto n. 678, de 6-11-1992 (Pacto de São José da Costa Rica), dispõe em seu art. 7.º, item 7, que ninguém deve ser detido por dívida, exceto no caso de inadimplemento de obrigação alimentar.

•• Pensão alimentícia: art. 19 da Lei n. 5.478, de 25-7-1968.

•• *Vide* Súmula Vinculante 25 do STF.

LXVIII – conceder-se-á *habeas corpus* sempre que alguém sofrer ou se achar ameaçado de sofrer violência ou coação em sua liberdade de locomoção, por ilegalidade ou abuso de poder;

• *Vide* art. 142, § 2.º, da CF.

• *Habeas corpus* e seu processo: arts. 647 e segs. do CPP.

LXIX – conceder-se-á mandado de segurança para proteger direito líquido e certo, não amparado por *habeas corpus* ou *habeas data*, quando o responsável pela ilegalidade ou abuso de poder for autoridade pública ou agente de pessoa jurídica no exercício de atribuições do Poder Público;

• Mandado de segurança: Lei n. 12.016, de 7-8-2009.

• *Habeas data*: Lei n. 9.507, de 12-11-1997.

LXX – o mandado de segurança coletivo pode ser impetrado por:

• Mandado de segurança coletivo: Lei n. 12.016, de 7-8-2009.

a) partido político com representação no Congresso Nacional;

b) organização sindical, entidade de classe ou associação legalmente constituída e em funcionamento há pelo menos um ano, em defesa dos interesses de seus membros ou associados;

LXXI – conceder-se-á mandado de injunção sempre que a falta de norma regulamentadora torne inviável o exercício dos direitos e liberdades constitucionais e das prerrogativas inerentes à nacionalidade, à soberania e à cidadania;

•• Mandado de Injunção individual e coletivo: Lei n. 13.300, de 23-6-2016.

LXXII – conceder-se-á *habeas data*:

• *Habeas data*: Lei n. 9.507, de 12-11-1997.

a) para assegurar o conhecimento de informações relativas à pessoa do impetrante, constantes de registros ou bancos de dados de entidades governamentais ou de caráter público;

b) para a retificação de dados, quando não se prefira fazê-lo por processo sigiloso, judicial ou administrativo;

LXXIII – qualquer cidadão é parte legítima para propor ação popular que vise a anular ato lesivo ao patrimônio público ou de entidade de que o Estado participe, à moralidade administrativa, ao meio ambiente e ao patrimônio histórico e cultural, ficando o autor, salvo comprovada má-fé, isento de custas judiciais e do ônus da sucumbência;

• Lei de Ação Popular: Lei n. 4.717, de 29-6-1965.

LXXIV – o Estado prestará assistência jurídica integral e gratuita aos que comprovarem insuficiência de recursos;

• Assistência judiciária: Lei n. 1.060, de 5-2-1950.

• Defensoria Pública: Lei Complementar n. 80, de 12-1-1994.

LXXV – o Estado indenizará o condenado por erro judiciário, assim como o que ficar preso além do tempo fixado na sentença;

LXXVI – são gratuitos para os reconhecidamente pobres, na forma da lei:

•• Inciso regulamentado pela Lei n. 9.265, de 12-2-1996.

• Lei n. 6.015, de 31-12-1973, art. 30 e parágrafos.

• Gratuidade dos atos necessários ao exercício da cidadania: Lei n. 9.534, de 10-12-1997.

a) o registro civil de nascimento;

b) a certidão de óbito;

LXXVII – são gratuitas as ações de *habeas corpus* e *habeas data*, e, na forma da lei, os atos necessários ao exercício da cidadania.

•• Inciso regulamentado pela Lei n. 9.265, de 12-2-1996.

LXXVIII – a todos, no âmbito judicial e administrativo, são assegurados a razoável duração do processo e os meios que garantam a celeridade de sua tramitação.

•• Inciso LXXVIII acrescentado pela Emenda Constitucional n. 45, de 8-12-2004.

§ 1.º As normas definidoras dos direitos e garantias fundamentais têm aplicação imediata.

§ 2.º Os direitos e garantias expressos nesta Constituição não excluem outros decorrentes do regime e dos princípios por ela adotados, ou dos tratados internacionais em que a República Federativa do Brasil seja parte.

•• *Vide* Súmula Vinculante 25 do STF.

§ 3.º Os tratados e convenções internacionais sobre direitos humanos que forem aprovados, em cada Casa do Congresso Nacional, em dois turnos, por três quintos dos votos dos respectivos membros, serão equivalentes às emendas constitucionais.

•• § 3.º acrescentado pela Emenda Constitucional n. 45, de 8-12-2004.

§ 4.º O Brasil se submete à jurisdição de Tribunal Penal Internacional a cuja criação tenha manifestado adesão.

•• § 4.º acrescentado pela Emenda Constitucional n. 45, de 8-12-2004.

• O Decreto n. 4.388, de 25-9-2002, dispõe sobre o Tribunal Penal Internacional.

CAPÍTULO II
DOS DIREITOS SOCIAIS

Art. 6.º São direitos sociais a educação, a saúde, a alimentação, o trabalho, a moradia, o transporte, o lazer, a segurança, a previdência social, a proteção à maternidade e à infância, a assistência aos desamparados, na forma desta Constituição.

•• Artigo com redação determinada pela Emenda Constitucional n. 90, de 15-9-2015.

Art. 7.º São direitos dos trabalhadores urbanos e rurais, além de outros que visem à melhoria de sua condição social:

I – relação de emprego protegida contra despedida arbitrária ou sem justa causa, nos termos de lei complementar, que preverá indenização compensatória, dentre outros direitos;

II – seguro-desemprego, em caso de desemprego involuntário;

•• A Lei n. 7.998, de 11-1-1990, regulamenta o Programa do Seguro-Desemprego.

• Dispõem ainda sobre a matéria: Lei n. 8.019, de 11-4-1990, Lei n. 10.779, de 25-11-2003, e Lei Complementar n. 150, de 1.º-6-2015.

III – fundo de garantia do tempo de serviço;

• FGTS: Lei n. 8.036, de 11-5-1990 (disposições), regulamentada pelo Decreto n. 99.684, de 8-11-1990, Lei n. 8.844, de 20-1-1994 (fiscalização, apuração e cobrança judicial das contribuições e multas), Lei Complementar n. 150, de 1.º-6-2015 (empregado doméstico).

IV – salário mínimo, fixado em lei, nacionalmente unificado, capaz de atender a suas necessidades vitais básicas e às de sua família com moradia, alimentação, educação, saúde, lazer, vestuário, higiene, transporte e previdência social, com reajustes periódicos que lhe preservem o poder aquisitivo, sendo vedada sua vinculação para qualquer fim;

•• O Decreto n. 8.948, de 29-12-2016, estabelece que, a partir de 1.º-1-2017, o salário mínimo será de R$ 937,00 (novecentos e trinta e sete reais).

• *Vide* Súmulas Vinculantes 4, 5 e 16 do STF.

V – piso salarial proporcional à extensão e à complexidade do trabalho;

•• A Lei Complementar n. 103, de 14-7-2000, autoriza os Estados e o Distrito Federal a instituir o piso salarial a que se refere este inciso.

VI – irredutibilidade do salário, salvo o disposto em convenção ou acordo coletivo;

VII – garantia de salário, nunca inferior ao mínimo, para os que percebem remuneração variável;

VIII – décimo terceiro salário com base na remuneração integral ou no valor da aposentadoria;

• Décimo terceiro salário: Lei n. 4.090, de 13-7-1962; Lei n. 4.749, de 12-8-1965; Decreto n. 57.155, de 3-11-1965, e Decreto n. 63.912, de 26-12-1968.

IX – remuneração do trabalho noturno superior à do diurno;

• Trabalho noturno na CLT: art. 73 e §§ 1.º a 5.º.

X – proteção do salário na forma da lei, constituindo crime sua retenção dolosa;

XI – participação nos lucros, ou resultados, desvinculada da remuneração, e, excepcionalmente, participação na gestão da empresa, conforme definido em lei;

•• Regulamento: Lei n. 10.101, de 19-12-2000.

XII – salário-família pago em razão do dependente do trabalhador de baixa renda nos termos da lei;

•• Inciso XII com redação determinada pela Emenda Constitucional n. 20, de 15-12-1998.

• Salário-família: Lei n. 4.266, de 3-10-1963, Decreto n. 53.153, de 10-12-1963, Lei n. 8.213, de 24-7-1991, e Decreto n. 3.048, de 6-5-1999.

XIII – duração do trabalho normal não superior a oito horas diárias e quarenta e quatro semanais, facultada a compensação de horários e a redução da jornada, mediante acordo ou convenção coletiva de trabalho;

• Duração do trabalho na CLT: arts. 57 e segs. e 224 e segs.

XIV – jornada de seis horas para o trabalho realizado em turnos ininterruptos de revezamento, salvo negociação coletiva;

XV – repouso semanal remunerado, preferencialmente aos domingos;

• Repouso semanal: Lei n. 605, de 5-1-1949; Decreto n. 27.048, de 12-8-1949, e art. 67 da CLT.

XVI – remuneração do serviço extraordinário superior, no mínimo, em cinquenta por cento à do normal;

• Remuneração do serviço extraordinário na CLT: arts. 61, 142 e 227.

• A Lei n. 10.244, de 27-6-2001, revogando o art. 376 da CLT, passa a permitir a realização de horas extras por mulheres.

XVII – gozo de férias anuais remuneradas com, pelo menos, um terço a mais do que o salário normal;

• Férias na CLT: arts. 129 e segs.

XVIII – licença à gestante, sem prejuízo do emprego e do salário, com a duração de cento e vinte dias;

•• A Lei n. 11.770, de 9-9-2008, institui o Programa Empresa Cidadã, destinado a facultar a prorrogação por 60 dias da licença-maternidade, prevista neste inciso. Regulamentada pelo Decreto n. 7.052, de 23-12-2009.

• *Vide* art. 10, II, *b*, do ADCT.

• Salário-maternidade: arts. 71 a 73 da Lei n. 8.213, de 24-7-1991.

XIX – licença-paternidade, nos termos fixados em lei;

•• *Vide* art. 10, § 1.º, do ADCT.

•• A Lei n. 11.770, de 9-9-2008, (Programa Empresa Cidadã), alterada pela Lei n. 13.257, de 8-3-2016, faculta a prorrogação por 15 dias da licença-paternidade, mediante concessão de incentivo fiscal.

XX – proteção do mercado de trabalho da mulher, mediante incentivos específicos, nos termos da lei;

• Proteção ao trabalho da mulher na CLT: arts. 372 e segs.

• Convenção sobre a eliminação de todas as formas de discriminação contra a mulher: Decreto n. 4.377, de 13-9-2002.

XXI – aviso prévio proporcional ao tempo de serviço, sendo no mínimo de trinta dias, nos termos da lei;

•• Regulamenta: Lei n. 12.506, de 11-10-2011.

• Aviso prévio na CLT: arts. 487 e segs.

XXII – redução dos riscos inerentes ao trabalho, por meio de normas de saúde, higiene e segurança;

• Segurança e medicina do trabalho: arts. 154 e segs. da CLT.

XXIII – adicional de remuneração para as atividades penosas, insalubres ou perigosas, na forma da lei;

• Atividades insalubres e perigosas na CLT: arts. 189 e segs.

XXIV – aposentadoria;

• A Lei n. 8.213, de 24-7-1991, nos arts. 42 e segs., trata de aposentadoria.

• O Decreto n. 3.048, de 6-5-1999, aprova o regulamento da Previdência Social.

XXV – assistência gratuita aos filhos e dependentes desde o nascimento até 5 (cinco) anos de idade em creches e pré-escolas;

•• Inciso XXV com redação determinada pela Emenda Constitucional n. 53, de 19-12-2006.

XXVI – reconhecimento das convenções e acordos coletivos de trabalho;

• Convenções coletivas de trabalho na CLT: arts. 611 e segs.

XXVII – proteção em face da automação, na forma da lei;

XXVIII – seguro contra acidentes de trabalho, a cargo do empregador, sem excluir a indenização a que este está obrigado, quando incorrer em dolo ou culpa;

• Acidente do trabalho: Lei n. 6.338, de 7-6-1976; Lei n. 8.212, de 24-7-1991; Lei n. 8.213, de 24-7-1991; e Decreto n. 3.048, de 6-5-1999.

XXIX – ação, quanto aos créditos resultantes das relações de trabalho, com prazo prescricional de cinco anos para os trabalhadores urbanos e rurais, até o limite de dois anos após a extinção do contrato de trabalho;

•• Inciso XXIX com redação determinada pela Emenda Constitucional n. 28, de 25-5-2000.

a) e *b)* (*Revogadas pela Emenda Constitucional n. 28, de 25-5-2000.*)

XXX – proibição de diferença de salários, de exercício de funções e de critério de admissão por motivo de sexo, idade, cor ou estado civil;

XXXI – proibição de qualquer discriminação no tocante a salário e critérios de admissão do trabalhador portador de deficiência;

• O Decreto n. 3.298, de 20-12-1999, consolida as normas de proteção à pessoa portadora de deficiência.

XXXII – proibição de distinção entre trabalho manual, técnico e intelectual ou entre os profissionais respectivos;

XXXIII – proibição de trabalho noturno, perigoso ou insalubre a menores de 18 (dezoito) e de qualquer trabalho a menores de 16 (dezesseis) anos, salvo na condição de aprendiz, a partir de 14 (quatorze) anos;

•• Inciso XXXIII com redação determinada pela Emenda Constitucional n. 20, de 15-12-1998.

• Proteção ao trabalho do menor na CLT: arts. 402 e segs.

• Do direito à profissionalização e à proteção do trabalho: arts. 60 a 69 da Lei n. 8.069, de 13-7-1990 (ECA).

XXXIV – igualdade de direitos entre o trabalhador com vínculo empregatício permanente e o trabalhador avulso.

Parágrafo único. São assegurados à categoria dos trabalhadores domésticos os direitos previstos nos incisos IV, VI, VII, VIII, X, XIII, XV, XVI, XVII, XVIII, XIX, XXI, XXII, XXIV, XXVI, XXX, XXXI e XXXIII e, atendidas as condições estabelecidas em lei e observada a simplificação do cumprimento das obrigações tributárias, principais e acessórias, decorrentes da relação de trabalho e suas peculiaridades, os previstos nos incisos I, II, III, IX, XII, XXV e XXVIII, bem como a sua integração à previdência social.

•• Parágrafo único com redação determinada pela Emenda Constitucional n. 72, de 2-4-2013.

• Empregado doméstico, FGTS e seguro-desemprego: Lei n. 7.195, de 12-6-1984, e Lei Complementar n. 150, de 1.º-6-2015.

• Salário-maternidade: arts. 93 a 103 do Decreto n. 3.048, de 6-5-1999.

Art. 8.º É livre a associação profissional ou sindical, observado o seguinte:

• Organização sindical na CLT: arts. 511 e segs.

I – a lei não poderá exigir autorização do Estado para a fundação de sindicato, ressalvado o registro no órgão competente, vedadas ao Poder Público a interferência e a intervenção na organização sindical;

II – é vedada a criação de mais de uma organização sindical, em qualquer grau, representativa de categoria profissional ou econômica, na mesma base territorial, que será definida pelos trabalhadores ou empregadores interessados, não podendo ser inferior à área de um Município;

III – ao sindicato cabe a defesa dos direitos e interesses coletivos ou individuais da categoria, inclusive em questões judiciais ou administrativas;

IV – a assembleia geral fixará a contribuição que, em se tratando de categoria profissional, será descontada em folha, para custeio do sistema confederativo da representação sindical respectiva, independentemente da contribuição prevista em lei;

•• *Vide* Súmula Vinculante 40 do STF.

V – ninguém será obrigado a filiar-se ou a manter-se filiado a sindicato;

• Atentado contra a liberdade de associação: art. 199 do CP.

• O Precedente Normativo n. 119, de 13-8-1998, publicado no *DJU*, de 20-8-1998, do TST, dispõe sobre contribuições sindicais.

VI – é obrigatória a participação dos sindicatos nas negociações coletivas de trabalho;

VII – o aposentado filiado tem direito a votar e ser votado nas organizações sindicais;

VIII – é vedada a dispensa do empregado sindicalizado a partir do registro da candidatura a cargo de direção ou representação sindical e, se eleito, ainda que suplente, até um ano após o final do mandato, salvo se cometer falta grave nos termos da lei.

Parágrafo único. As disposições deste artigo aplicam-se à organização de sindicatos rurais e de colônias de pescadores, atendidas as condições que a lei estabelecer.

•• Parágrafo regulamentado pela Lei n. 11.699, de 13-6-2008, que estabelece que as Colônias de Pescadores, as Federações Estaduais e a Confederação Nacional dos Pescadores ficam reconhecidas como órgãos de classe dos trabalhadores do setor artesanal da pesca, com forma e natureza jurídica próprias, obedecendo ao princípio da livre organização previsto neste artigo.

Art. 9.º É assegurado o direito de greve, competindo aos trabalhadores decidir sobre a oportunidade de exercê-lo e sobre os interesses que devam por meio dele defender.

• *Vide* arts. 37, VII, 114, II, e 142, § 3.º, IV, da CF.

• Greve: Lei n. 7.783, de 28-6-1989.

§ 1.º A lei definirá os serviços ou atividades essenciais e disporá sobre o atendimento das necessidades inadiáveis da comunidade.

§ 2.º Os abusos cometidos sujeitam os responsáveis às penas da lei.

Art. 10. É assegurada a participação dos trabalhadores e empregadores nos colegiados dos órgãos públicos em que seus interesses profissionais ou previdenciários sejam objeto de discussão e deliberação.

Art. 11. Nas empresas de mais de duzentos empregados, é assegurada a eleição de um representante destes com a finalidade exclusiva de promover-lhes o entendimento direto com os empregadores.

Capítulo III
DA NACIONALIDADE

Art. 12. São brasileiros:

I – natos:

a) os nascidos na República Federativa do Brasil, ainda que de pais estrangeiros, desde que estes não estejam a serviço de seu país;

b) os nascidos no estrangeiro, de pai brasileiro ou mãe brasileira, desde que qualquer deles esteja a serviço da República Federativa do Brasil;

c) os nascidos no estrangeiro de pai brasileiro ou de mãe brasileira, desde que sejam registrados em repartição brasileira competente ou venham a residir na República Federativa do Brasil e optem, em qualquer tempo, depois de atingida a maioridade, pela nacionalidade brasileira;

•• Alínea *c* com redação determinada pela Emenda Constitucional n. 54, de 20-9-2007.

II – naturalizados:

a) os que, na forma da lei, adquiram a nacionalidade brasileira, exigidas aos originários de países de língua portuguesa apenas residência por um ano ininterrupto e idoneidade moral;

b) os estrangeiros de qualquer nacionalidade residentes na República Federativa do Brasil há mais de quinze anos ininterruptos e sem condenação penal, desde que requeiram a nacionalidade brasileira.

•• Alínea *b* com redação determinada pela Emenda Constitucional de Revisão n. 3, de 7-6-1994.

§ 1.º Aos portugueses com residência permanente no País, se houver reciprocidade em favor de brasileiros, serão atribuídos os direitos inerentes ao brasileiro, salvo os casos previstos nesta Constituição.

•• § 1.º com redação determinada pela Emenda Constitucional de Revisão n. 3, de 7-6-1994.

§ 2.º A lei não poderá estabelecer distinção entre brasileiros natos e naturalizados, salvo nos casos previstos nesta Constituição.

• O Decreto n. 3.927, de 19-9-2001, promulga o Tratado de Amizade, Cooperação e Consulta, entre a República Federativa do Brasil e a República Portuguesa.

§ 3.º São privativos de brasileiro nato os cargos:

I – de Presidente e Vice-Presidente da República;

II – de Presidente da Câmara dos Deputados;

III – de Presidente do Senado Federal;

IV – de Ministro do Supremo Tribunal Federal;

V – da carreira diplomática;

VI – de oficial das Forças Armadas;

VII – de Ministro de Estado da Defesa.

•• Inciso VII acrescentado pela Emenda Constitucional n. 23, de 2-9-1999.

§ 4.º Será declarada a perda da nacionalidade do brasileiro que:

•• O Decreto n. 3.453, de 9-5-2000, delega competência ao Ministro de Estado da Justiça para declarar a perda e a reaquisição da nacionalidade brasileira, na forma deste artigo.

I – tiver cancelada sua naturalização, por sentença judicial, em virtude de atividade nociva ao interesse nacional;

II – adquirir outra nacionalidade, salvo nos casos:

•• Inciso II, *caput*, acrescentado pela Emenda Constitucional de Revisão n. 3, de 7-6-1994.

a) de reconhecimento de nacionalidade originária pela lei estrangeira;

•• Alínea *a* acrescentada pela Emenda Constitucional de Revisão n. 3, de 7-6-1994.

b) de imposição de naturalização, pela norma estrangeira, ao brasileiro residente em Estado estrangeiro, como condição para permanência em seu território ou para o exercício de direitos civis.

•• Alínea *b* acrescentada pela Emenda Constitucional de Revisão n. 3, de 7-6-1994.

• A Lei n. 818, de 18-9-1949, regula a aquisição, a perda e a reaquisição da nacionalidade, bem como a perda dos direitos políticos.

Art. 13. A língua portuguesa é o idioma oficial da República Federativa do Brasil.

• O Decreto n. 6.583, de 29-9-2008, promulga o Acordo Ortográfico da Língua Portuguesa.

§ 1.º São símbolos da República Federativa do Brasil a bandeira, o hino, as armas e o selo nacionais.

• Apresentação e forma dos símbolos nacionais: Lei n. 5.700, de 1.º-9-1971.

§ 2.º Os Estados, o Distrito Federal e os Municípios poderão ter símbolos próprios.

Capítulo IV
DOS DIREITOS POLÍTICOS

Art. 14. A soberania popular será exercida pelo sufrágio universal e pelo voto direto e secreto, com valor igual para todos, e, nos termos da lei, mediante:

I – plebiscito;

•• Regulamento: Lei n. 9.709, de 18-11-1998.

II – referendo;

•• Regulamento: Lei n. 9.709, de 18-11-1998.

III – iniciativa popular.

•• Regulamento: Lei n. 9.709, de 18-11-1998.

§ 1.º O alistamento eleitoral e o voto são:

• Alistamento no CE (Lei n. 4.737, de 15-7-1965): arts. 42 e segs.

I – obrigatórios para os maiores de dezoito anos;

II – facultativos para:

a) os analfabetos;

b) os maiores de setenta anos;

c) os maiores de dezesseis e menores de dezoito anos.

§ 2.º Não podem alistar-se como eleitores os estrangeiros e, durante o período do serviço militar obrigatório, os conscritos.

§ 3.º São condições de elegibilidade, na forma da lei:

I – a nacionalidade brasileira;

II – o pleno exercício dos direitos políticos;

III – o alistamento eleitoral;

IV – o domicílio eleitoral na circunscrição;

V – a filiação partidária;

•• Regulamento: Lei n. 9.096, de 19-9-1995.

VI – a idade mínima de:

a) trinta e cinco anos para Presidente e Vice-Presidente da República e Senador;

b) trinta anos para Governador e Vice-Governador de Estado e do Distrito Federal;

c) vinte e um anos para Deputado Federal, Deputado Estadual ou Distrital, Prefeito, Vice-Prefeito e juiz de paz;

• Responsabilidade dos Prefeitos: Decreto-lei n. 201, de 27-2-1967.

d) dezoito anos para Vereador.

• Responsabilidade dos Vereadores: Decreto-lei n. 201, de 27-2-1967.

§ 4.º São inelegíveis os inalistáveis e os analfabetos.

§ 5.º O Presidente da República, os Governadores de Estado e do Distrito Federal, os Prefeitos e quem os houver sucedido ou substituído no curso dos mandatos poderão ser reeleitos para um único período subsequente.

•• § 5.º com redação determinada pela Emenda Constitucional n. 16, de 4-6-1997.

§ 6.º Para concorrerem a outros cargos, o Presidente da República, os Governadores de Estado e do Distrito Federal e os Prefeitos devem renunciar aos respectivos mandatos até seis meses antes do pleito.

§ 7.º São inelegíveis, no território de jurisdição do titular, o cônjuge e os parentes consanguíneos ou afins, até o segundo grau ou por adoção, do Presidente da República, de Governador de Estado ou Território, do Distrito Federal, de Prefeito ou de quem os haja substituído dentro dos seis meses anteriores ao pleito, salvo se já titular de mandato eletivo e candidato à reeleição.

• *Vide* Súmula Vinculante 18 do STF.

§ 8.º O militar alistável é elegível, atendidas as seguintes condições:

I – se contar menos de dez anos de serviço, deverá afastar-se da atividade;

II – se contar mais de dez anos de serviço, será agregado pela autoridade superior e, se eleito, passará automaticamente, no ato da diplomação, para a inatividade.

• *Vide* art. 42 da CF.

§ 9.º Lei complementar estabelecerá outros casos de inelegibilidade e os prazos de sua cessação, a fim de proteger a probidade administrativa, a moralidade para o exercício do mandato, considerada a vida pregressa do candidato, e a normalidade e legitimidade das eleições contra a influência do poder econômico ou o abuso do exercício de função, cargo ou emprego na administração direta ou indireta.

•• § 9.º com redação determinada pela Emenda Constitucional de Revisão n. 4, de 7-6-1994.

• Casos de inelegibilidade: Lei Complementar n. 64, de 18-5-1990.

§ 10. O mandato eletivo poderá ser impugnado ante a Justiça Eleitoral no prazo de quinze dias contados da diplomação, instruída a ação com provas de abuso do poder econômico, corrupção ou fraude.

§ 11. A ação de impugnação de mandato tramitará em segredo de justiça, respondendo o autor, na forma da lei, se temerária ou de manifesta má-fé.

Art. 15. É vedada a cassação de direitos políticos, cuja perda ou suspensão só se dará nos casos de:

• Lei Orgânica dos Partidos Políticos: Lei n. 9.096, de 19-9-1995.

I – cancelamento da naturalização por sentença transitada em julgado;

II – incapacidade civil absoluta;

III – condenação criminal transitada em julgado, enquanto durarem seus efeitos;

IV – recusa de cumprir obrigação a todos imposta ou prestação alternativa, nos termos do art. 5.º, VIII;

V – improbidade administrativa, nos termos do art. 37, § 4.º.

Art. 16. A lei que alterar o processo eleitoral entrará em vigor na data de sua publicação, não se aplicando à eleição que ocorra até 1 (um) ano da data de sua vigência.

•• Artigo com redação determinada pela Emenda Constitucional n. 4, de 14-9-1993.

CAPÍTULO V
DOS PARTIDOS POLÍTICOS

Art. 17. É livre a criação, fusão, incorporação e extinção de partidos políticos, resguardados a soberania nacional, o regime democrático, o pluripartidarismo, os direitos fundamentais da pessoa humana e observados os seguintes preceitos:

•• Artigo regulamentado pela Lei n. 9.096, de 19-9-1995.

•• *Vide* Emenda Constitucional n. 91, de 18-2-2016, que dispõe sobre desfiliação partidária.

I – caráter nacional;

II – proibição de recebimento de recursos financeiros de entidade ou governo estrangeiros ou de subordinação a estes;

III – prestação de contas à Justiça Eleitoral;

IV – funcionamento parlamentar de acordo com a lei.

§ 1.º É assegurada aos partidos políticos autonomia para definir sua estrutura interna e estabelecer regras sobre escolha, formação e duração de seus órgãos permanentes e provisórios e sobre sua organização e funcionamento e para adotar os critérios de escolha e o regime de suas coligações nas eleições majoritárias, vedada a sua celebração nas eleições proporcionais, sem obrigatoriedade de vinculação entre as candidaturas em âmbito nacional, estadual, distrital ou municipal, devendo seus estatutos estabelecer normas de disciplina e fidelidade partidária.

•• § 1.º com redação determinada pela Emenda Constitucional n. 97, de 4-10-2017.

•• *Vide* art. 2.º da Emenda Constitucional n. 97, de 4-10-2017..

§ 2.º Os partidos políticos, após adquirirem personalidade jurídica, na forma da lei civil, registrarão seus estatutos no Tribunal Superior Eleitoral.

§ 3.º Somente terão direito a recursos do fundo partidário e acesso gratuito ao rádio e à televisão, na forma da lei, os partidos políticos que alternativamente:

•• § 3.º, *caput*, com redação determinada pela Emenda Constitucional n. 97, de 4-10-2017.

•• *Vide* art. 3.º da Emenda Constitucional n. 97, de 4-10-2017.

I – obtiverem, nas eleições para a Câmara dos Deputados, no mínimo, 3% (três por cento) dos votos válidos, distribuídos em pelo menos um terço das unidades da Federação, com um mínimo de 2% (dois por cento) dos votos válidos em cada uma delas; ou

•• Inciso I acrescentado pela Emenda Constitucional n. 97, de 4-10-2017.

II – tiverem elegido pelo menos quinze Deputados Federais distribuídos em pelo menos um terço das unidades da Federação.

•• Inciso II acrescentado pela Emenda Constitucional n. 97, de 4-10-2017.

§ 4.º É vedada a utilização pelos partidos políticos de organização paramilitar.

§ 5.º Ao eleito por partido que não preencher os requisitos previstos no § 3º deste artigo é assegurado o mandato e facultada a filiação, sem perda do mandato, a outro partido que os tenha atingido, não sendo essa filiação considerada para fins de distribuição dos recursos do fundo partidário e de acesso gratuito ao tempo de rádio e de televisão.

•• § 5.º acrescentado pela Emenda Constitucional n. 97, de 4-10-2017.

TÍTULO III
DA ORGANIZAÇÃO DO ESTADO

CAPÍTULO I
DA ORGANIZAÇÃO POLÍTICO--ADMINISTRATIVA

Art. 18. A organização político-administrativa da República Federativa do Brasil compreende a União, os Estados, o Distrito Federal e os Municípios, todos autônomos, nos termos desta Constituição.

§ 1.º Brasília é a Capital Federal.

§ 2.º Os Territórios Federais integram a União, e sua criação, transformação em Estado ou reintegração ao Estado de origem serão reguladas em lei complementar.

§ 3.º Os Estados podem incorporar-se entre si, subdividir-se ou desmembrar-se para se anexarem a outros, ou formarem novos Estados ou Territórios Federais, mediante aprovação da população diretamente interessada, através de plebiscito, e do Congresso Nacional, por lei complementar.

§ 4.º A criação, a incorporação, a fusão e o desmembramento de Municípios far-se-ão por lei estadual, dentro do período determinado por lei complementar federal, e dependerão de consulta prévia, mediante plebiscito, às populações dos Municípios envolvidos, após divulgação dos Estudos de Viabilidade Municipal, apresentados e publicados na forma da lei.

•• § 4.º com redação determinada pela Emenda Constitucional n. 15, de 12-9-1996.

Art. 19. É vedado à União, aos Estados, ao Distrito Federal e aos Municípios:

I – estabelecer cultos religiosos ou igrejas, subvencioná-los, embaraçar-lhes o funcionamento ou manter com eles ou seus representantes relações de dependência ou aliança, ressalvada, na forma da lei, a colaboração de interesse público;

II – recusar fé aos documentos públicos;

III – criar distinções entre brasileiros ou preferências entre si.

CAPÍTULO II
DA UNIÃO

Art. 20. São bens da União:

I – os que atualmente lhe pertencem e os que lhe vierem a ser atribuídos;

II – as terras devolutas indispensáveis à defesa das fronteiras, das fortificações e construções militares, das vias federais de comunicação e à preservação ambiental, definidas em lei;

III – os lagos, rios e quaisquer correntes de água em terrenos de seu domínio, ou que banhem mais de um Estado, sirvam de limites com outros países, ou se estendam a território estrangeiro ou dele provenham, bem como os terrenos marginais e as praias fluviais;

IV – as ilhas fluviais e lacustres nas zonas limítrofes com outros países; as praias marítimas; as ilhas oceânicas e as costeiras, excluídas, destas, as que contenham a sede de Municípios, exceto aquelas áreas afetadas ao serviço público e a unidade ambiental federal, e as referidas no art. 26, II;

•• Inciso IV com redação determinada pela Emenda Constitucional n. 46, de 5-5-2005.

V – os recursos naturais da plataforma continental e da zona econômica exclusiva;

• A Lei n. 8.617, de 4-1-1993, dispõe sobre o mar territorial, a zona contígua, a zona econômica exclusiva e a plataforma continental brasileira.

VI – o mar territorial;

VII – os terrenos de marinha e seus acrescidos;

VIII – os potenciais de energia hidráulica;

IX – os recursos minerais, inclusive os do subsolo;

X – as cavidades naturais subterrâneas e os sítios arqueológicos e pré-históricos;

XI – as terras tradicionalmente ocupadas pelos índios.

§ 1.º É assegurada, nos termos da lei, aos Estados, ao Distrito Federal e aos Municípios, bem como a órgãos da administração direta da União, participação no resultado da exploração de petróleo ou gás natural, de recursos hídricos para fins de geração de energia elétrica e de outros recursos minerais no respectivo território, plataforma continental, mar territorial ou zona econômica exclusiva, ou compensação financeira por essa exploração.

•• *Vide* art. 107, § 6.º, I, do ADCT.

•• *Vide* art. 3.º da Emenda Constitucional n. 86, de 17-3-2015.

•• *Vide* art. 198, § 2.º, I, da CF.

§ 2.º A faixa de até cento e cinquenta quilômetros de largura, ao longo das fronteiras terrestres, designada como faixa de fronteira, é considerada fundamental para defesa do território nacional, e sua ocupação e utilização serão reguladas em lei.

• A Lei n. 6.634, de 2-5-1979, dispõe sobre Faixa de Fronteira.

Art. 21. Compete à União:

I – manter relações com Estados estrangeiros e participar de organizações internacionais;

II – declarar a guerra e celebrar a paz;

III – assegurar a defesa nacional;

IV – permitir, nos casos previstos em lei complementar, que forças estrangeiras transitem pelo território nacional ou nele permaneçam temporariamente;

•• Regulamento: Lei Complementar n. 90, de 1.º-10-1997.

V – decretar o estado de sítio, o estado de defesa e a intervenção federal;

VI – autorizar e fiscalizar a produção e o comércio de material bélico;

VII – emitir moeda;

VIII – administrar as reservas cambiais do País e fiscalizar as operações de natureza financeira, especialmente as de crédito, câmbio e capitalização, bem como as de seguros e de previdência privada;

• A Lei n. 4.595, de 31-12-1964, dispõe sobre a política e as instituições monetárias, bancárias e creditícias e cria o Conselho Monetário Nacional.

• A Lei n. 4.728, de 14-7-1965, disciplina o mercado de capitais e estabelece medidas para o seu desenvolvimento.

• O Decreto-lei n. 73, de 21-11-1966, regulamentado pelo Decreto n. 60.459, de 13-3-1967, dispõe sobre o sistema nacional de seguros privados e regula as operações de seguros e resseguros.

• A Lei Complementar n. 108, de 29-5-2001, dispõe sobre a relação entre a União, os Estados, o Distrito Federal e os Municípios, suas autarquias, fundações, sociedades de economia mista e outras entidades públicas e suas respectivas entidades fechadas de previdência complementar, e dá outras providências.

• A Lei Complementar n. 109, de 29-5-2001, dispõe sobre o regime de previdência complementar e dá outras providências.

IX – elaborar e executar planos nacionais e regionais de ordenação do território e de desenvolvimento econômico e social;

X – manter o serviço postal e o correio aéreo nacional;

• Serviço postal: Lei n. 6.538, de 22-6-1978.

XI – explorar, diretamente ou mediante autorização, concessão ou permissão, os serviços de telecomunicações, nos termos da lei, que disporá sobre a organização dos serviços, a criação de um órgão regulador e outros aspectos institucionais;

•• Inciso XI com redação determinada pela Emenda Constitucional n. 8, de 15-8-1995.

XII – explorar, diretamente ou mediante autorização, concessão ou permissão:

a) os serviços de radiodifusão sonora e de sons e imagens;

•• Alínea *a* com redação determinada pela Emenda Constitucional n. 8, de 15-8-1995.

b) os serviços e instalações de energia elétrica e o aproveitamento energético dos cursos de água, em articulação com os Estados onde se situam os potenciais hidroenergéticos;

c) a navegação aérea, aeroespacial e a infraestrutura aeroportuária;

• A Lei n. 12.379, de 6-1-2011, dispõe sobre o Sistema Nacional de Viação – SNV, que é composto pelo Subsistema Aeroviário Federal.

d) os serviços de transporte ferroviário e aquaviário entre portos brasileiros e fronteiras nacionais, ou que transponham os limites de Estado ou Território;

- A Lei n. 12.379, de 6-1-2011, dispõe sobre o Sistema Nacional de Viação – SNV, que é composto pelos Subsistemas Ferroviário e Aquaviários Federais.

e) os serviços de transporte rodoviário interestadual e internacional de passageiros;

- A Lei n. 12.379, de 6-1-2011, dispõe sobre o Sistema Nacional de Viação – SNV, que é composto pelo Subsistema Rodoviário Federal.

f) os portos marítimos, fluviais e lacustres;

XIII – organizar e manter o Poder Judiciário, o Ministério Público do Distrito Federal e dos Territórios e a Defensoria Pública dos Territórios;

•• Inciso XIII com redação determinada pela Emenda Constitucional n. 69, de 29-3-2012.

XIV – organizar e manter a polícia civil, a polícia militar e o corpo de bombeiros militar do Distrito Federal, bem como prestar assistência financeira ao Distrito Federal para a execução de serviços públicos, por meio de fundo próprio;

•• Inciso XIV com redação determinada pela Emenda Constitucional n. 19, de 4-6-1998.

•• *Vide* art. 107, § 6.º, I, do ADCT.

- *Vide* art. 25 da Emenda Constitucional n. 19, de 4-6-1998.
- A Lei n. 10.633, de 27-12-2002, institui o Fundo Constitucional do Distrito Federal – FCDF, para atender o disposto neste inciso.
- *Vide* Súmula Vinculante 39 do STF.

XV – organizar e manter os serviços oficiais de estatística, geografia, geologia e cartografia de âmbito nacional;

XVI – exercer a classificação, para efeito indicativo, de diversões públicas e de programas de rádio e televisão;

XVII – conceder anistia;

XVIII – planejar e promover a defesa permanente contra as calamidades públicas, especialmente as secas e as inundações;

XIX – instituir sistema nacional de gerenciamento de recursos hídricos e definir critérios de outorga de direitos de seu uso;

•• Regulamento: Lei n. 9.433, de 8-1-1997.

XX – instituir diretrizes para o desenvolvimento urbano, inclusive habitação, saneamento básico e transportes urbanos;

- A Lei n. 11.445, de 5-1-2007, estabelece diretrizes nacionais para o saneamento básico.

XXI – estabelecer princípios e diretrizes para o sistema nacional de viação;

- A Lei n. 12.379, de 6-1-2011, dispõe sobre o Sistema Nacional de Viação – SNV.

XXII – executar os serviços de polícia marítima, aeroportuária e de fronteiras;

•• Inciso XXII com redação determinada pela Emenda Constitucional n. 19, de 4-6-1998.

XXIII – explorar os serviços e instalações nucleares de qualquer natureza e exercer monopólio estatal sobre a pesquisa, a lavra, o enriquecimento e reprocessamento, a industrialização e o comércio de minérios nucleares e seus derivados, atendidos os seguintes princípios e condições:

a) toda atividade nuclear em território nacional somente será admitida para fins pacíficos e mediante aprovação do Congresso Nacional;

b) sob regime de permissão, são autorizadas a comercialização e a utilização de radioisótopos para a pesquisa e usos médicos, agrícolas e industriais;

•• Alínea *b* com redação determinada pela Emenda Constitucional n. 49, de 8-2-2006.

c) sob regime de permissão, são autorizadas a produção, comercialização e utilização de radioisótopos de meia-vida igual ou inferior a duas horas;

•• Alínea *c* acrescentada pela Emenda Constitucional n. 49, de 8-2-2006.

d) a responsabilidade civil por danos nucleares independe da existência de culpa;

•• Primitiva alínea *c* renumerada pela Emenda Constitucional n. 49, de 8-2-2006.

- Responsabilidade civil por danos nucleares e responsabilidade criminal por atos relacionados com atividades nucleares: Lei n. 6.453, de 17-10-1977.

XXIV – organizar, manter e executar a inspeção do trabalho;

XXV – estabelecer as áreas e as condições para o exercício da atividade de garimpagem, em forma associativa.

- A Lei n. 7.805, de 18-7-1989, regulamentada pelo Decreto n. 98.812, de 9-1-1990, disciplina o regime de permissão de lavra garimpeira.

Art. 22. Compete privativamente à União legislar sobre:

I – direito civil, comercial, penal, processual, eleitoral, agrário, marítimo, aeronáutico, espacial e do trabalho;

- CC: Lei n. 10.406, de 10-1-2002, CCom: Lei n. 556, de 25-6-1850, CP: Decreto-lei n. 2.848, de 7-12-1940, CPC: Lei n. 13.105, de 16-3-2015, CPP: Decreto-lei n. 3.689, de 3-10-1941, CE: Lei n. 4.737, de 15-7-1965, CBA: Lei n. 7.565, de 19-12-1986, e CLT: Decreto-lei n. 5.452, de 1.º-5-1943.
- *Vide* Súmula Vinculante 46 do STF.

II – desapropriação;

- Desapropriação: Decreto-lei n. 3.365, de 21-6-1941, Lei n. 4.132, de 10-9-1962, Lei n. 6.602, de 7-12-1978, Decreto-lei n. 1.075, de 22-1-1970, Lei Complementar n. 76, de 6-7-1993, Lei n. 9.785, de 29-1-1999, e Lei n. 10.406, de 10-1-2002, art. 1.228, § 3.º.

III – requisições civis e militares, em caso de iminente perigo e em tempo de guerra;

IV – águas, energia, informática, telecomunicações e radiodifusão;

- Código Brasileiro de Telecomunicações: Lei n. 4.117, de 27-8-1962.
- A Lei n. 9.295, de 19-7-1996, dispõe sobre os serviços de telecomunicações e sua organização e órgão regulador.
- Organização dos Serviços de Telecomunicações: Lei n. 9.472, de 16-7-1997.

V – serviço postal;

- Serviço Postal: Lei n. 6.538, de 22-6-1978.

VI – sistema monetário e de medidas, títulos e garantias dos metais;

- Real: Lei n. 9.069, de 29-6-1995, e Lei n. 10.192, de 14-2-2001.

VII – política de crédito, câmbio, seguros e transferência de valores;

- *Vide* Súmula Vinculante 32 do STF.

VIII – comércio exterior e interestadual;

IX – diretrizes da política nacional de transportes;

X – regime dos portos, navegação lacustre, fluvial, marítima, aérea e aeroespacial;

- A Lei n. 9.277, de 10-5-1996, autoriza a União a delegar aos Municípios, Estados e a Federação e ao Distrito Federal, a administração e exploração de rodovias e portos federais.
- A Lei n. 12.815, de 5-6-2013, dispõe sobre a exploração direta e indireta pela união de portos e instalações portuárias.

XI – trânsito e transporte;

- CTB: Lei n. 9.503, de 23-9-1997.

XII – jazidas, minas, outros recursos minerais e metalurgia;

- Código de Mineração: Decreto-lei n. 227, de 28-2-1967.

XIII – nacionalidade, cidadania e naturalização;

- Situação jurídica do estrangeiro no Brasil: Lei n. 13.445, de 24-5-2017 (Lei de Migração).
- *Vide* art. 12 da CF.

XIV – populações indígenas;

- Estatuto do Índio: Lei n. 6.001, de 19-12-1973.

XV – emigração e imigração, entrada, extradição e expulsão de estrangeiros;

- Lei de Migração: Lei n. 13.445, de 24-5-2017.
- Estatuto dos Refugiados de 1951 (implementação): Lei n. 9.474, de 22-7-1997.

XVI – organização do sistema nacional de emprego e condições para o exercício de profissões;

XVII – organização judiciária, do Ministério Público do Distrito Federal e dos Territórios e da Defensoria Pública dos Territórios, bem como organização administrativa destes;

•• Inciso XVII com redação determinada pela Emenda Constitucional n. 69, de 29-3-2012, produzindo efeitos 120 dias após a publicação (*DOU* de 30-3-2012).

- Organização, atribuições e Estatuto do Ministério Público da União: Lei Complementar n. 75, de 20-5-1993.
- Organização da DPU, do Distrito Federal e dos Territórios, com normas gerais para os Estados: Lei Complementar n. 80, de 12-1-1994.

XVIII – sistema estatístico, sistema cartográfico e de geologia nacionais;

XIX – sistemas de poupança, captação e garantia da poupança popular;

- Poupança: Decreto-lei n. 70, de 21-11-1966.

XX – sistemas de consórcios e sorteios;

- Sistema de Consórcio: Lei n. 11.795, de 8-10-2008.

• *Vide* Súmula Vinculante 2 do STF.

XXI – normas gerais de organização, efetivos, material bélico, garantias, convocação e mobilização das polícias militares e corpos de bombeiros militares;

XXII – competência da polícia federal e das polícias rodoviária e ferroviária federais;

• Policial Rodoviário Federal: Lei n. 9.654, de 2-6-1998.

XXIII – seguridade social;

• Lei Orgânica da Seguridade Social: Lei n. 8.212, de 24-7-1991, regulamentada pelo Decreto n. 3.048, de 6-5-1999.

XXIV – diretrizes e bases da educação nacional;

• Lei de Diretrizes e Bases da Educação Nacional: Lei n. 9.394, de 20-12-1996.

XXV – registros públicos;

• LRP: Lei n. 6.015, de 31-12-1973.

XXVI – atividades nucleares de qualquer natureza;

XXVII – normas gerais de licitação e contratação, em todas as modalidades, para as administrações públicas diretas, autárquicas e fundacionais da União, Estados, Distrito Federal e Municípios, obedecido o disposto no art. 37, XXI, e para as empresas públicas e sociedades de economia mista, nos termos do art. 173, § 1.º, III;

•• Inciso XXVII com redação determinada pela Emenda Constitucional n. 19, de 4-6-1998.

• Estatuto Jurídico das Licitações e Contratos: Lei n. 8.666, de 21-6-1993.

• A Lei n. 10.520, de 17-7-2002, institui modalidade de licitação denominada pregão, para aquisição de bens e serviços comuns. Regulamento: Decreto n. 3.555, de 8-8-2000.

XXVIII – defesa territorial, defesa aeroespacial, defesa marítima, defesa civil e mobilização nacional;

• Sistema Nacional de Defesa Civil – SINDEC: Decreto n. 7.257, de 4-8-2010.

• A Lei n. 12.608, de 10-4-2012, institui a Política Nacional de Proteção e Defesa Civil – PNPDEC, dispõe sobre o Sistema Nacional de Proteção e Defesa Civil – SINPDEC e o Conselho Nacional de Proteção e Defesa Civil – CONPDEC e autoriza a criação de sistema de informações e monitoramento de desastres.

XXIX – propaganda comercial.

• Código de Proteção ao Consumidor: Lei n. 8.078, de 11-9-1990.

Parágrafo único. Lei complementar poderá autorizar os Estados a legislar sobre questões específicas das matérias relacionadas neste artigo.

Art. 23. É competência comum da União, dos Estados, do Distrito Federal e dos Municípios:

I – zelar pela guarda da Constituição, das leis e das instituições democráticas e conservar o patrimônio público;

II – cuidar da saúde e assistência pública, da proteção e garantia das pessoas portadoras de deficiência;

• Da proteção à pessoa portadora de deficiência: Lei n. 7.853, de 24-10-1989, regulamentada pelo Decreto n. 3.298, de 20-12-1999.

III – proteger os documentos, as obras e outros bens de valor histórico, artístico e cultural, os monumentos, as paisagens naturais notáveis e os sítios arqueológicos;

•• *Vide* nota ao parágrafo único deste artigo.

IV – impedir a evasão, a destruição e a descaracterização de obras de arte e de outros bens de valor histórico, artístico ou cultural;

V – proporcionar os meios de acesso à cultura, à educação, à ciência, à tecnologia, à pesquisa e à inovação;

•• Inciso V com redação determinada pela Emenda Constitucional n. 85, de 26-2-2015.

• *Vide* art. 212 da CF.

VI – proteger o meio ambiente e combater a poluição em qualquer de suas formas;

•• *Vide* nota ao parágrafo único deste artigo.

• Política nacional do meio ambiente, seus fins e mecanismos de formulação e aplicação: Lei n. 6.938, de 31-8-1981.

• Sanções penais e administrativas derivadas de condutas e atividades lesivas ao meio ambiente: Lei n. 9.605, de 12-2-1998. O Decreto n. 6.514, de 22-7-2008, dispõe as infrações e sanções administrativas ao meio ambiente, estabelece o processo administrativo federal para apuração destas infrações.

• O Decreto n. 5.445, de 12-5-2005, promulga o Protocolo de Quioto.

VII – preservar as florestas, a fauna e a flora;

•• *Vide* nota ao parágrafo único deste artigo.

• Código de Caça: Lei n. 5.197, de 3-1-1967.

• Código Florestal: Lei n. 12.651, de 25-5-2012.

VIII – fomentar a produção agropecuária e organizar o abastecimento alimentar;

IX – promover programas de construção de moradias e a melhoria das condições habitacionais e de saneamento básico;

• A Lei n. 11.445, de 5-1-2007, estabelece diretrizes nacionais para o Saneamento Básico.

X – combater as causas da pobreza e os fatores de marginalização, promovendo a integração social dos setores desfavorecidos;

• A Lei Complementar n. 111, de 6-7-2001, dispõe sobre o Fundo de Combate e Erradicação da Pobreza, na forma prevista nos arts. 79, 80 e 81 do ADCT.

XI – registrar, acompanhar e fiscalizar as concessões de direitos de pesquisa e exploração de recursos hídricos e minerais em seus territórios;

• A Lei n. 9.433, de 8-1-1997, institui a Política Nacional de Recursos Hídricos, e cria o Sistema Nacional de Gerenciamento de Recursos Hídricos.

XII – estabelecer e implantar política de educação para a segurança do trânsito.

• A Lei n. 9.503, de 23-9-1997, institui o CTB.

Parágrafo único. Leis complementares fixarão normas para a cooperação entre a União e os Estados, o Distrito Federal e os Municípios, tendo em vista o equilíbrio do desenvolvimento e do bem-estar em âmbito nacional.

•• Parágrafo único com redação determinada pela Emenda Constitucional n. 53, de 19-12-2006.

•• A Lei Complementar n. 140, de 8-12-2011, fixa normas, nos termos deste parágrafo único e dos incisos III, VI e VII do *caput* deste artigo, para a cooperação entre a União, os Estados, o Distrito Federal e os Municípios nas ações administrativas decorrentes do exercício da competência comum relativas à proteção das paisagens naturais notáveis, à proteção do meio ambiente, ao combate à poluição em qualquer de suas formas e à preservação das florestas, da fauna e da flora.

Art. 24. Compete à União, aos Estados e ao Distrito Federal legislar concorrentemente sobre:

I – direito tributário, financeiro, penitenciário, econômico e urbanístico;

• CTN: Lei n. 5.172, de 25-10-1966. Normas gerais de Direito Financeiro: Lei n. 4.320, de 17-3-1964. LEP: Lei n. 7.210, de 11-7-1984. LEF: Lei n. 6.830, de 22-9-1980.

II – orçamento;

III – juntas comerciais;

• Registro do Comércio e Juntas Comerciais: Lei n. 8.934, de 18-11-1994, e Decreto n. 1.800, de 30-1-1996.

IV – custas dos serviços forenses;

• A Lei n. 9.289, de 4-7-1996, dispõe sobre custas devidas na Justiça Federal.

V – produção e consumo;

VI – florestas, caça, pesca, fauna, conservação da natureza, defesa do solo e dos recursos naturais, proteção do meio ambiente e controle da poluição;

• O Decreto n. 6.514, de 22-7-2008, dispõe sobre as infrações e sanções administrativas ao meio ambiente, e estabelece processo administrativo para apuração destas infrações.

VII – proteção ao patrimônio histórico, cultural, artístico, turístico e paisagístico;

VIII – responsabilidade por dano ao meio ambiente, ao consumidor, a bens e direitos de valor artístico, estético, histórico, turístico e paisagístico;

• Lei de Crimes Ambientais: Lei n. 9.605, de 12-2-1998.

• Ação civil pública de responsabilidade por danos causados ao meio ambiente, ao consumidor, a bens e direitos de valor artístico, estético, histórico, turístico e paisagístico: Lei n. 7.347, de 24-7-1985, e Decreto n. 1.306, de 9-11-1994.

• Ministério Público: Lei n. 8.625, de 12-2-1993, e Lei Complementar n. 75, de 20-5-1993.

• Sistema Nacional de Defesa do Consumidor – SNDC: Decreto n. 2.181, de 20-3-1997.

IX – educação, cultura, ensino, desporto, ciência, tecnologia, pesquisa, desenvolvimento e inovação;

•• Inciso IX com redação determinada pela Emenda Constitucional n. 85, de 26-2-2015.

• Normas gerais sobre desportos: Lei n. 9.615, de 24-3-1998.

• Diretrizes e Bases da Educação Nacional (*Lei Darcy Ribeiro*): Lei n. 9.394, de 20-12-1996.

X – criação, funcionamento e processo do juizado de pequenas causas;

• Juizados Especiais Cíveis e Criminais no âmbito da Justiça Estadual : Lei n. 9.099, de 26-9-1995.

• Juizados Especiais Cíveis e Criminais no âmbito da Justiça Federal: Lei n. 10.259, de 12-7-2001.

• Juizados de Violência Doméstica e Familiar contra a Mulher: Lei n. 11.340, de 7-8-2006.

XI – procedimentos em matéria processual;

XII – previdência social, proteção e defesa da saúde;

• Proteção e defesa da saúde: Leis n. 8.080, de 19-9-1990, e n. 8.142, de 28-12-1990.

• Planos de Benefícios da Previdência Social: Lei n. 8.213, de 24-7-1991, regulamentada pelo Decreto n. 3.048, de 6-5-1999.

XIII – assistência jurídica e defensoria pública;

• Assistência judiciária: Lei n. 1.060, de 5-2-1950.

• Defensoria Pública: Lei Complementar n. 80, de 12-1-1994.

XIV – proteção e integração social das pessoas portadoras de deficiência;

• A Lei n. 7.853, de 24-10-1989, regulamentada pelo Decreto n. 3.298, de 20-12-1999, dispõe sobre o apoio às pessoas portadoras de deficiência.

XV – proteção à infância e à juventude;

• ECA: Lei n. 8.069, de 13-7-1990.

• A Lei n. 13.257, de 8-3-2016, dispõe sobre as políticas públicas para a primeira infância.

XVI – organização, garantias, direitos e deveres das polícias civis.

§ 1.° No âmbito da legislação concorrente, a competência da União limitar-se-á a estabelecer normas gerais.

§ 2.° A competência da União para legislar sobre normas gerais não exclui a competência suplementar dos Estados.

§ 3.° Inexistindo lei federal sobre normas gerais, os Estados exercerão a competência legislativa plena, para atender a suas peculiaridades.

§ 4.° A superveniência de lei federal sobre normas gerais suspende a eficácia da lei estadual, no que lhe for contrário.

Capítulo III
DOS ESTADOS FEDERADOS

Art. 25. Os Estados organizam-se e regem-se pelas Constituições e leis que adotarem, observados os princípios desta Constituição.

§ 1.° São reservadas aos Estados as competências que não lhes sejam vedadas por esta Constituição.

§ 2.° Cabe aos Estados explorar diretamente, ou mediante concessão, os serviços locais de gás canalizado, na forma da lei, vedada a edição de medida provisória para a sua regulamentação.

•• § 2.° com redação determinada pela Emenda Constitucional n. 5, de 15-8-1995.

§ 3.° Os Estados poderão, mediante lei complementar, instituir regiões metropolitanas, aglomerações urbanas e microrregiões, constituídas por agrupamentos de Municípios limítrofes, para integrar a organização, o planejamento e a execução de funções públicas de interesse comum.

Art. 26. Incluem-se entre os bens dos Estados:

I – as águas superficiais ou subterrâneas, fluentes, emergentes e em depósito, ressalvadas, neste caso, na forma da lei, as decorrentes de obras da União;

II – as áreas, nas ilhas oceânicas e costeiras, que estiverem no seu domínio, excluídas aquelas sob domínio da União, Municípios ou terceiros;

III – as ilhas fluviais e lacustres não pertencentes à União;

IV – as terras devolutas não compreendidas entre as da União.

Art. 27. O número de Deputados à Assembleia Legislativa corresponderá ao triplo da representação do Estado na Câmara dos Deputados e, atingido o número de trinta e seis, será acrescido de tantos quantos forem os Deputados Federais acima de doze.

§ 1.º Será de quatro anos o mandato dos Deputados Estaduais, aplicando-se-lhes as regras desta Constituição sobre sistema eleitoral, inviolabilidade, imunidades, remuneração, perda de mandato, licença, impedimentos e incorporação às Forças Armadas.

§ 2.º O subsídio dos Deputados Estaduais será fixado por lei de iniciativa da Assembleia Legislativa, na razão de, no máximo, 75% (setenta e cinco por cento) daquele estabelecido, em espécie, para os Deputados Federais, observado o que dispõem os arts. 39, § 4.º, 57, § 7.º, 150, II, 153, III, e 153, § 2.º, I.

•• § 2.º com redação determinada pela Emenda Constitucional n. 19, de 4-6-1998.

§ 3.º Compete às Assembleias Legislativas dispor sobre seu regimento interno, polícia e serviços administrativos de sua secretaria, e prover os respectivos cargos.

§ 4.º A lei disporá sobre a iniciativa popular no processo legislativo estadual.

Art. 28. A eleição do Governador e do Vice-Governador de Estado, para mandato de 4 (quatro) anos, realizar-se-á no primeiro domingo de outubro, em primeiro turno, e no último domingo de outubro, em segundo turno, se houver, do ano anterior ao do término do mandato de seus antecessores, e a posse ocorrerá em primeiro de janeiro do ano subsequente, observado, quanto ao mais, o disposto no art. 77.

•• *Caput* com redação determinada pela Emenda Constitucional n. 16, de 4-6-1997.

• Normas para as eleições: Lei n. 9.504, de 30-9-1997.

§ 1.º Perderá o mandato o Governador que assumir outro cargo ou função na administração pública direta ou indireta, ressalvada a posse em virtude de concurso público e observado o disposto no art. 38, I, IV e V.

•• Anterior parágrafo único transformado em § 1.º pela Emenda Constitucional n. 19, de 4-6-1998.

§ 2.º Os subsídios do Governador, do Vice-Governador e dos Secretários de Estado serão fixados por lei de iniciativa da Assembleia Legislativa, observado o que dispõem os arts. 37, XI, 39, § 4.º, 150, II, 153, III, e 153, § 2.º, I.

•• § 2.º acrescentado pela Emenda Constitucional n. 19, de 4-6-1998.

Capítulo IV
DOS MUNICÍPIOS

Art. 29. O Município reger-se-á por lei orgânica, votada em dois turnos, com o interstício mínimo de dez dias, e aprovada por dois terços dos membros da Câmara Municipal, que a promulgará, atendidos os princípios estabelecidos nesta Constituição, na Constituição do respectivo Estado e os seguintes preceitos:

• *Vide* Súmula Vinculante 42 do STF.

I – eleição do Prefeito, do Vice-Prefeito e dos Vereadores, para mandato de quatro anos, mediante pleito direto e simultâneo realizado em todo o País;

• Normas para as eleições: Lei n. 9.504, de 30-9-1997.

II – eleição do Prefeito e do Vice-Prefeito realizada no primeiro domingo de outubro do ano anterior ao término do mandato dos que devam suceder, aplicadas as regras do art. 77 no caso de Municípios com mais de duzentos mil eleitores;

•• Inciso II com redação determinada pela Emenda Constitucional n. 16, de 4-6-1997.

III – posse do Prefeito e do Vice-Prefeito no dia 1.º de janeiro do ano subsequente ao da eleição;

IV – para a composição das Câmaras Municipais, será observado o limite máximo de:

•• Inciso IV, *caput*, com redação determinada pela Emenda Constitucional n. 58, de 23-9-2009.

•• O STF, na ADI n. 4.307, de 11-4-2013 (*DOU* de 29-10-2013), declarou a inconstitucionalidade do inciso I do art. 3.º da Emenda Constitucional n. 58, de 23-9-2009, que determinava que as alterações feitas neste art. 29 produziriam efeitos a partir do processo eleitoral de 2008.

a) 9 (nove) Vereadores, nos Municípios de até 15.000 (quinze mil) habitantes;

•• Alínea *a* com redação determinada pela Emenda Constitucional n. 58, de 23-9-2009.

b) 11 (onze) Vereadores, nos Municípios de mais de 15.000 (quinze mil) habitantes e de até 30.000 (trinta mil) habitantes;

•• Alínea *b* com redação determinada pela Emenda Constitucional n. 58, de 23-9-2009.

c) 13 (treze) Vereadores, nos Municípios com mais de 30.000 (trinta mil) habitantes e de até 50.000 (cinquenta mil) habitantes;

•• Alínea *c* com redação determinada pela Emenda Constitucional n. 58, de 23-9-2009.

d) 15 (quinze) Vereadores, nos Municípios de mais de 50.000 (cinquenta mil) habitantes e de até 80.000 (oitenta mil) habitantes;

•• Alínea *d* acrescentada pela Emenda Constitucional n. 58, de 23-9-2009.

e) 17 (dezessete) Vereadores, nos Municípios de mais de 80.000 (oitenta mil) habitantes e de até 120.000 (cento e vinte mil) habitantes;

•• Alínea *e* acrescentada pela Emenda Constitucional n. 58, de 23-9-2009.

f) 19 (dezenove) Vereadores, nos Municípios de mais de 120.000 (cento e vinte mil) habitantes e de até 160.000 (cento e sessenta mil) habitantes;

•• Alínea *f* acrescentada pela Emenda Constitucional n. 58, de 23-9-2009.

g) 21 (vinte e um) Vereadores, nos Municípios de mais de 160.000 (cento e sessenta mil) habitantes e de até 300.000 (trezentos mil) habitantes;

•• Alínea *g* acrescentada pela Emenda Constitucional n. 58, de 23-9-2009.

h) 23 (vinte e três) Vereadores, nos Municípios de mais de 300.000 (trezentos mil) habitantes e de até 450.000 (quatrocentos e cinquenta mil) habitantes;

•• Alínea *h* acrescentada pela Emenda Constitucional n. 58, de 23-9-2009.

i) 25 (vinte e cinco) Vereadores, nos Municípios de mais de 450.000 (quatrocentos e cinquenta mil) habitantes e de até 600.000 (seiscentos mil) habitantes;

•• Alínea *i* acrescentada pela Emenda Constitucional n. 58, de 23-9-2009.

j) 27 (vinte e sete) Vereadores, nos Municípios de mais de 600.000 (seiscentos mil) habitantes e de até 750.000 (setecentos e cinquenta mil) habitantes;

•• Alínea *j* acrescentada pela Emenda Constitucional n. 58, de 23-9-2009.

k) 29 (vinte e nove) Vereadores, nos Municípios de mais de 750.000 (setecentos e cinquenta mil) habitantes e de até 900.000 (novecentos mil) habitantes;

•• Alínea *k* acrescentada pela Emenda Constitucional n. 58, de 23-9-2009.

l) 31 (trinta e um) Vereadores, nos Municípios de mais de 900.000 (novecentos mil) habitantes e de até 1.050.000 (um milhão e cinquenta mil) habitantes;

•• Alínea *l* acrescentada pela Emenda Constitucional n. 58, de 23-9-2009.

m) 33 (trinta e três) Vereadores, nos Municípios de mais de 1.050.000 (um milhão e cinquenta mil) habitantes e de até 1.200.000 (um milhão e duzentos mil) habitantes;

•• Alínea *m* acrescentada pela Emenda Constitucional n. 58, de 23-9-2009.

n) 35 (trinta e cinco) Vereadores, nos Municípios de mais de 1.200.000 (um milhão e duzentos mil) habitantes e de até 1.350.000 (um milhão e trezentos e cinquenta mil) habitantes;

•• Alínea *n* acrescentada pela Emenda Constitucional n. 58, de 23-9-2009.

o) 37 (trinta e sete) Vereadores, nos Municípios de 1.350.000 (um milhão e trezentos e cinquenta mil) habitantes e de até 1.500.000 (um milhão e quinhentos mil) habitantes;

•• Alínea *o* acrescentada pela Emenda Constitucional n. 58, de 23-9-2009.

p) 39 (trinta e nove) Vereadores, nos Municípios de mais de 1.500.000 (um milhão e quinhentos mil) habitantes e de até 1.800.000 (um milhão e oitocentos mil) habitantes;

•• Alínea *p* acrescentada pela Emenda Constitucional n. 58, de 23-9-2009.

q) 41 (quarenta e um) Vereadores, nos Municípios de mais de 1.800.000 (um milhão e oitocentos mil) habitantes e de até 2.400.000 (dois milhões e quatrocentos mil) habitantes;

•• Alínea *q* acrescentada pela Emenda Constitucional n. 58, de 23-9-2009.

r) 43 (quarenta e três) Vereadores, nos Municípios de mais de 2.400.000 (dois milhões e quatrocentos mil) habitantes e de até 3.000.000 (três milhões) de habitantes;

•• Alínea *r* acrescentada pela Emenda Constitucional n. 58, de 23-9-2009.

s) 45 (quarenta e cinco) Vereadores, nos Municípios de mais de 3.000.000 (três milhões) de habitantes e de até 4.000.000 (quatro milhões) de habitantes;

•• Alínea *s* acrescentada pela Emenda Constitucional n. 58, de 23-9-2009.

t) 47 (quarenta e sete) Vereadores, nos Municípios de mais de 4.000.000 (quatro milhões) de habitantes e de até 5.000.000 (cinco milhões) de habitantes;

•• Alínea *t* acrescentada pela Emenda Constitucional n. 58, de 23-9-2009.

u) 49 (quarenta e nove) Vereadores, nos Municípios de mais de 5.000.000 (cinco milhões) de habitantes e de até 6.000.000 (seis milhões) de habitantes;

•• Alínea *u* acrescentada pela Emenda Constitucional n. 58, de 23-9-2009.

v) 51 (cinquenta e um) Vereadores, nos Municípios de mais de 6.000.000 (seis milhões) de habitantes e de até 7.000.000 (sete milhões) de habitantes;

•• Alínea *v* acrescentada pela Emenda Constitucional n. 58, de 23-9-2009.

w) 53 (cinquenta e três) Vereadores, nos Municípios de mais de 7.000.000 (sete milhões) de habitantes e de até 8.000.000 (oito milhões) de habitantes; e

•• Alínea *w* acrescentada pela Emenda Constitucional n. 58, de 23-9-2009.

x) 55 (cinquenta e cinco) Vereadores, nos Municípios de mais de 8.000.000 (oito milhões) de habitantes;

•• Alínea *x* acrescentada pela Emenda Constitucional n. 58, de 23-9-2009.

V – subsídios do Prefeito, do Vice-Prefeito e dos Secretários Municipais fixados por lei de iniciativa da Câmara Municipal, observado o que dispõem os arts. 37, XI, 39, § 4.º, 150, II, 153, III, e 153, § 2.º, I;

•• Inciso V com redação determinada pela Emenda Constitucional n. 19, de 4-6-1998.

VI – o subsídio dos Vereadores será fixado pelas respectivas Câmaras Municipais em cada legislatura para a subsequente, observado o que dispõe esta Constituição, observados os critérios estabelecidos na respectiva Lei Orgânica e os seguintes limites máximos:

•• Inciso VI, *caput*, com redação determinada pela Emenda Constitucional n. 25, de 14-2-2000.

a) em Municípios de até 10.000 (dez mil) habitantes, o subsídio máximo dos Vereadores corresponderá a 20% (vinte por cento) do subsídio dos Deputados Estaduais;

•• Alínea *a* acrescentada pela Emenda Constitucional n. 25, de 14-2-2000.

b) em Municípios de 10.001 (dez mil e um) a 50.000 (cinquenta mil) habitantes, o subsídio máximo dos Vereadores corresponderá a 30% (trinta por cento) do subsídio dos Deputados Estaduais;

•• Alínea *b* acrescentada pela Emenda Constitucional n. 25, de 14-2-2000.

c) em Municípios de 50.001 (cinquenta mil e um) a 100.000 (cem mil) habitantes, o subsídio máximo dos Vereadores corresponderá a 40% (quarenta por cento) do subsídio dos Deputados Estaduais;

•• Alínea *c* acrescentada pela Emenda Constitucional n. 25, de 14-2-2000.

d) em Municípios de 100.001 (cem mil e um) a 300.000 (trezentos mil) habitantes, o subsídio máximo dos Vereadores corresponderá a 50%

(cinquenta por cento) do subsídio dos Deputados Estaduais;

•• Alínea *d* acrescentada pela Emenda Constitucional n. 25, de 14-2-2000.

e) em Municípios de 300.001 (trezentos mil e um) a 500.000 (quinhentos mil) habitantes, o subsídio máximo dos Vereadores corresponderá a 60% (sessenta por cento) do subsídio dos Deputados Estaduais;

•• Alínea *e* acrescentada pela Emenda Constitucional n. 25, de 14-2-2000.

f) em Municípios de mais de 500.000 (quinhentos mil) habitantes, o subsídio máximo dos Vereadores corresponderá a 75% (setenta e cinco por cento) do subsídio dos Deputados Estaduais;

•• Alínea *f* acrescentada pela Emenda Constitucional n. 25, de 14-2-2000.

VII – o total da despesa com a remuneração dos Vereadores não poderá ultrapassar o montante de 5% (cinco por cento) da receita do município;

•• Inciso VII acrescentado pela Emenda Constitucional n. 1, de 31-3-1992.

VIII – inviolabilidade dos Vereadores por suas opiniões, palavras e votos no exercício do mandato e na circunscrição do Município;

•• Inciso renumerado pela Emenda Constitucional n. 1, de 31-3-1992.

IX – proibições e incompatibilidades, no exercício da vereança, similares, no que couber, ao disposto nesta Constituição para os membros do Congresso Nacional e, na Constituição do respectivo Estado, para os membros da Assembleia Legislativa;

•• Inciso renumerado pela Emenda Constitucional n. 1, de 31-3-1992.

X – julgamento do Prefeito perante o Tribunal de Justiça;

•• Inciso renumerado pela Emenda Constitucional n. 1, de 31-3-1992.

• Responsabilidade de prefeitos e vereadores: Decreto-lei n. 201, de 27-2-1967.

XI – organização das funções legislativas e fiscalizadoras da Câmara Municipal;

•• Inciso renumerado pela Emenda Constitucional n. 1, de 31-3-1992.

XII – cooperação das associações representativas no planejamento municipal;

•• Inciso renumerado pela Emenda Constitucional n. 1, de 31-3-1992.

XIII – iniciativa popular de projetos de lei de interesse específico do Município, da cidade ou de bairros, através de manifestação de, pelo menos, cinco por cento do eleitorado;

•• Inciso renumerado pela Emenda Constitucional n. 1, de 31-3-1992.

XIV – perda do mandato do Prefeito, nos termos do art. 28, parágrafo único.

•• Inciso renumerado pela Emenda Constitucional n. 1, de 31-3-1992.

•• De acordo com a Emenda Constitucional n. 19, de 4-6-1998, a referência é ao art. 28, § 1.º.

Art. 29-A. O total da despesa do Poder Legislativo Municipal, incluídos os subsídios dos Vereadores e excluídos os gastos com inativos, não poderá ultrapassar os seguintes percentuais, relativos ao somatório da receita tributária e das transferências previstas no § 5.º do art. 153 e nos arts. 158 e 159, efetivamente realizado no exercício anterior:

•• *Caput* acrescentado pela Emenda Constitucional n. 25, de 14-2-2000.

I – 7% (sete por cento) para Municípios com população de até 100.000 (cem mil) habitantes;

•• Inciso I com redação determinada pela Emenda Constitucional n. 58, de 23-9-2009.

•• Sobre produção de efeitos deste inciso, *vide* nota ao inciso IV do art. 29 desta Constituição Federal.

II – 6% (seis por cento) para Municípios com população entre 100.000 (cem mil) e 300.000 (trezentos mil) habitantes;

•• Inciso II com redação determinada pela Emenda Constitucional n. 58, de 23-9-2009.

•• Sobre produção de efeitos deste inciso, *vide* nota ao inciso IV do art. 29 desta Constituição Federal.

III – 5% (cinco por cento) para Municípios com população entre 300.001 (trezentos mil e um) e 500.000 (quinhentos mil) habitantes;

•• Inciso III com redação determinada pela Emenda Constitucional n. 58, de 23-9-2009.

•• Sobre produção de efeitos deste inciso, *vide* nota ao inciso IV do art. 29 desta Constituição Federal.

IV – 4,5% (quatro inteiros e cinco décimos por cento) para Municípios com população entre 500.001 (quinhentos mil e um) e 3.000.000 (três milhões) de habitantes;

•• Inciso IV com redação determinada pela Emenda Constitucional n. 58, de 23-9-2009.

•• Sobre produção de efeitos deste inciso, *vide* nota ao inciso IV do art. 29 desta Constituição Federal.

V – 4% (quatro por cento) para Municípios com população entre 3.000.001 (três milhões e um) e 8.000.000 (oito milhões) de habitantes;

•• Inciso V acrescentado pela Emenda Constitucional n. 58, de 23-9-2009.

•• Sobre produção de efeitos deste inciso, *vide* nota ao inciso IV do art. 29 desta Constituição Federal.

VI – 3,5% (três inteiros e cinco décimos por cento) para Municípios com população acima de 8.000.001 (oito milhões e um) habitantes.

•• Inciso VI acrescentado pela Emenda Constitucional n. 58, de 23-9-2009.

•• Sobre produção de efeitos deste inciso, *vide* nota ao inciso IV do art. 29 desta Constituição Federal.

§ 1.º A Câmara Municipal não gastará mais de 70% (setenta por cento) de sua receita com folha de pagamento, incluído o gasto com o subsídio de seus Vereadores.

•• § 1.º acrescentado pela Emenda Constitucional n. 25, de 14-2-2000.

§ 2.º Constitui crime de responsabilidade do Prefeito Municipal:

•• § 2.º, *caput*, acrescentado pela Emenda Constitucional n. 25, de 14-2-2000.

I – efetuar repasse que supere os limites definidos neste artigo;

•• Inciso I acrescentado pela Emenda Constitucional n. 25, de 14-2-2000.

II – não enviar o repasse até o dia 20 (vinte) de cada mês; ou

•• Inciso II acrescentado pela Emenda Constitucional n. 25, de 14-2-2000.

III – enviá-lo a menor em relação à proporção fixada na Lei Orçamentária.

•• Inciso III acrescentado pela Emenda Constitucional n. 25, de 14-2-2000.

• A Lei Complementar n. 101, de 4-5-2000, dispõe sobre a responsabilidade fiscal. A Lei n. 10.028, de 19-10-2000, estabelece os crimes contra as finanças públicas.

§ 3.º Constitui crime de responsabilidade do Presidente da Câmara Municipal o desrespeito ao § 1.º deste artigo.

•• § 3.º acrescentado pela Emenda Constitucional n. 25, de 14-2-2000.

Art. 30. Compete aos Municípios:

I – legislar sobre assuntos de interesse local;

• *Vide* Súmulas Vinculantes 38 e 42 do STF.

II – suplementar a legislação federal e a estadual no que couber;

III – instituir e arrecadar os tributos de sua competência, bem como aplicar suas rendas, sem prejuízo da obrigatoriedade de prestar contas e publicar balancetes nos prazos fixados em lei;

IV – criar, organizar e suprimir distritos, observada a legislação estadual;

V – organizar e prestar, diretamente ou sob regime de concessão ou permissão, os serviços públicos de interesse local, incluído o de transporte coletivo, que tem caráter essencial;

• *Vide* art. 175 da CF.

VI – manter, com a cooperação técnica e financeira da União e do Estado, programas de educação infantil e de ensino fundamental;

•• Inciso VI com redação determinada pela Emenda Constitucional n. 53, de 19-12-2006.

VII – prestar, com a cooperação técnica e financeira da União e do Estado, serviços de atendimento à saúde da população;

VIII – promover, no que couber, adequado ordenamento territorial, mediante planejamento e controle do uso, do parcelamento e da ocupação do solo urbano;

IX – promover a proteção do patrimônio histórico-cultural local, observada a legislação e a ação fiscalizadora federal e estadual.

Art. 31. A fiscalização do Município será exercida pelo Poder Legislativo Municipal, mediante controle externo, e pelos sistemas de controle interno do Poder Executivo Municipal, na forma da lei.

§ 1.º O controle externo da Câmara Municipal será exercido com o auxílio dos Tribunais de Contas dos Estados ou do Município ou dos Conselhos ou Tribunais de Contas dos Municípios, onde houver.

§ 2.º O parecer prévio, emitido pelo órgão competente sobre as contas que o Prefeito deve anualmente prestar, só deixará de prevalecer por decisão de dois terços dos membros da Câmara Municipal.

§ 3.º As contas dos Municípios ficarão, durante 60 (sessenta) dias, anualmente, à disposição de qualquer contribuinte, para exame e apreciação, o qual poderá questionar-lhes a legitimidade, nos termos da lei.

§ 4.º É vedada a criação de Tribunais, Conselhos ou órgãos de Contas Municipais.

Capítulo V
DO DISTRITO FEDERAL E DOS TERRITÓRIOS

Seção I
Do Distrito Federal

Art. 32. O Distrito Federal, vedada sua divisão em Municípios, reger-se-á por lei orgânica, votada em dois turnos com interstício mínimo de dez dias, e aprovada por dois terços da Câmara Legislativa, que a promulgará, atendidos os princípios estabelecidos nesta Constituição.

§ 1.º Ao Distrito Federal são atribuídas as competências legislativas reservadas aos Estados e Municípios.

§ 2.º A eleição do Governador e do Vice-Governador, observadas as regras do art. 77, e dos Deputados Distritais coincidirá com a dos Governadores e Deputados Estaduais, para mandato de igual duração.

§ 3.º Aos Deputados Distritais e à Câmara Legislativa aplica-se o disposto no art. 27.

§ 4.º Lei federal disporá sobre a utilização, pelo Governo do Distrito Federal, das polícias civil e militar e do corpo de bombeiros militar.

Seção II
Dos Territórios

Art. 33. A lei disporá sobre a organização administrativa e judiciária dos Territórios.

§ 1.º Os Territórios poderão ser divididos em Municípios, aos quais se aplicará, no que couber, o disposto no Capítulo IV deste Título.

§ 2.º As contas do Governo do Território serão submetidas ao Congresso Nacional, com parecer prévio do Tribunal de Contas da União.

§ 3.º Nos Territórios Federais com mais de cem mil habitantes, além do Governador nomeado na forma desta Constituição, haverá órgãos judiciários de primeira e segunda instância, membros do Ministério Público e defensores públicos federais; a lei disporá sobre as eleições para a Câmara Territorial e sua competência deliberativa.

Capítulo VI
DA INTERVENÇÃO

Art. 34. A União não intervirá nos Estados nem no Distrito Federal, exceto para:

I – manter a integridade nacional;

II – repelir invasão estrangeira ou de uma unidade da Federação em outra;

III – pôr termo a grave comprometimento da ordem pública;

IV – garantir o livre exercício de qualquer dos Poderes nas unidades da Federação;

V – reorganizar as finanças da unidade da Federação que:

a) suspender o pagamento da dívida fundada por mais de dois anos consecutivos, salvo motivo de força maior;

b) deixar de entregar aos Municípios receitas tributárias fixadas nesta Constituição, dentro dos prazos estabelecidos em lei;

VI – prover a execução de lei federal, ordem ou decisão judicial;

VII – assegurar a observância dos seguintes princípios constitucionais:

a) forma republicana, sistema representativo e regime democrático;

b) direitos da pessoa humana;

c) autonomia municipal;

d) prestação de contas da administração pública, direta e indireta;

e) aplicação do mínimo exigido da receita resultante de impostos estaduais, compreendida a proveniente de transferências, na manutenção e desenvolvimento do ensino e nas ações e serviços públicos de saúde.

•• Alínea *e* com redação determinada pela Emenda Constitucional n. 29, de 13-9-2000.

• *Vide* art. 212 da CF.

Art. 35. O Estado não intervirá em seus Municípios, nem a União nos Municípios localizados em Território Federal, exceto quando:

I – deixar de ser paga, sem motivo de força maior, por dois anos consecutivos, a dívida fundada;

II – não forem prestadas contas devidas, na forma da lei;

III – não tiver sido aplicado o mínimo exigido da receita municipal na manutenção e desenvolvimento do ensino e nas ações e serviços públicos de saúde;

•• Inciso III com redação determinada pela Emenda Constitucional n. 29, de 13-9-2000.

• *Vide* art. 212 da CF.

IV – o Tribunal de Justiça der provimento a representação para assegurar a observância de princípios indicados na Constituição Estadual, ou para prover a execução de lei, de ordem ou de decisão judicial.

Art. 36. A decretação da intervenção dependerá:

I – no caso do art. 34, IV, de solicitação do Poder Legislativo ou do Poder Executivo coacto ou impedido, ou de requisição do Supremo Tribunal Federal, se a coação for exercida contra o Poder Judiciário;

II – no caso de desobediência a ordem ou decisão judiciária, de requisição do Supremo Tribunal Federal, do Superior Tribunal de Justiça ou do Tribunal Superior Eleitoral;

III – de provimento, pelo Supremo Tribunal Federal, de representação do Procurador-Geral da República, na hipótese do art. 34, VII, e no caso de recusa à execução de lei federal;

•• Inciso III com redação determinada pela Emenda Constitucional n. 45, de 8-12-2004.

•• Inciso III regulamentado pela Lei n. 12.562, de 23-12-2011.

IV – (*Revogado pela Emenda Constitucional n. 45, de 8-12-2004.*)

§ 1.º O decreto de intervenção, que especificará a amplitude, o prazo e as condições de execução e que, se couber, nomeará o interventor, será submetido à apreciação do Congresso Nacional ou da Assembleia Legislativa do Estado, no prazo de vinte e quatro horas.

§ 2.º Se não estiver funcionando o Congresso Nacional ou a Assembleia Legislativa, far-se-á convocação extraordinária, no mesmo prazo de vinte e quatro horas.

§ 3.º Nos casos do art. 34, VI e VII, ou do art. 35, IV, dispensada a apreciação pelo Congresso Nacional ou pela Assembleia Legislativa, o decreto limitar-se-á a suspender a execução do ato impugnado, se essa medida bastar ao restabelecimento da normalidade.

§ 4.º Cessados os motivos da intervenção, as autoridades afastadas de seus cargos a estes voltarão, salvo impedimento legal.

Capítulo VII
DA ADMINISTRAÇÃO PÚBLICA

• A Lei n. 9.784, de 29-1-1999, regula o processo administrativo no âmbito da Administração Pública Federal.

Seção I
Disposições Gerais

Art. 37. A administração pública direta e indireta de qualquer dos Poderes da União, dos Estados, do Distrito Federal e dos Municípios obedecerá aos princípios de legalidade, impessoalidade, moralidade, publicidade e eficiência e, também, ao seguinte:

•• *Caput* com redação determinada pela Emenda Constitucional n. 19, de 4-6-1998.

• *Vide* Súmula Vinculante 13 do STF.

I – os cargos, empregos e funções públicas são acessíveis aos brasileiros que preencham os requisitos estabelecidos em lei, assim como aos estrangeiros, na forma da lei;

•• Inciso I com redação determinada pela Emenda Constitucional n. 19, de 4-6-1998.

• *Vide* Súmula Vinculante 44 do STF.

II – a investidura em cargo ou emprego público depende de aprovação prévia em concurso público de provas ou de provas e títulos, de acordo com a natureza e a complexidade do cargo ou emprego, na forma prevista em lei, ressalvadas as nomeações para cargo em comissão declarado em lei de livre nomeação e exoneração;

•• Inciso II com redação determinada pela Emenda Constitucional n. 19, de 4-6-1998.

• *Vide* Súmula Vinculante 43 do STF.

III – o prazo de validade do concurso público será de até dois anos, prorrogável uma vez, por igual período;

IV – durante o prazo improrrogável previsto no edital de convocação, aquele aprovado em concurso público de provas ou de provas e títulos será convocado com prioridade sobre novos concursados para assumir cargo ou emprego, na carreira;

V – as funções de confiança, exercidas exclusivamente por servidores ocupantes de cargo efetivo, e os cargos em comissão, a serem preenchidos por servidores de carreira nos casos, condições e percentuais mínimos previstos em lei, destinam-se apenas às atribuições de direção, chefia e assessoramento;

•• Inciso V com redação determinada pela Emenda Constitucional n. 19, de 4-6-1998.

VI – é garantido ao servidor público civil o direito à livre associação sindical;

VII – o direito de greve será exercido nos termos e nos limites definidos em lei específica;

•• Inciso VII com redação determinada pela Emenda Constitucional n. 19, de 4-6-1998.

•• Greve: Lei n. 7.783, de 28-6-1989.

• Paralisações dos serviços públicos federais: Decreto n. 1.480, de 3-5-1995.

VIII – a lei reservará percentual dos cargos e empregos públicos para as pessoas portadoras de deficiência e definirá os critérios de sua admissão;

IX – a lei estabelecerá os casos de contratação por tempo determinado para atender a necessidade temporária de excepcional interesse público;

• A Lei n. 8.745, de 9-12-1993, dispõe sobre a contratação por tempo determinado para atender a necessidade temporária de excepcional interesse público.

X – a remuneração dos servidores públicos e o subsídio de que trata o § 4.º do art. 39 somente poderão ser fixados ou alterados por lei específica, observada a iniciativa privativa em cada caso, assegurada revisão geral anual, sempre na mesma data e sem distinção de índices;

•• Inciso X com redação determinada pela Emenda Constitucional n. 19, de 4-6-1998.

•• A Lei n. 10.331, de 18-12-2001, regulamenta este inciso.

• *Vide* Súmulas Vinculantes 37 e 51 do STF.

XI – a remuneração e o subsídio dos ocupantes de cargos, funções e empregos públicos da administração direta, autárquica e fundacional, dos membros de qualquer dos Poderes da União, dos Estados, do Distrito Federal e dos Municípios, dos detentores de mandato eletivo e dos demais agentes políticos e os proventos, pensões ou outra espécie remuneratória, percebidos cumulativamente ou não, incluídas as vantagens pessoais ou de qualquer outra natureza, não poderão exceder o subsídio mensal, em espécie, dos Ministros do Supremo Tribunal Federal, aplicando-se como limite, nos Municípios, o subsídio do Prefeito, e nos Estados e no Distrito Federal, o subsídio mensal do Governador no âmbito do Poder Executivo, o subsídio dos Deputados Estaduais e Distritais no âmbito do Poder Legislativo e o subsídio dos Desembargadores do Tribunal de Justiça, limitado a noventa inteiros e vinte e cinco centésimos por cento do subsídio mensal, em espécie, dos Ministros do Supremo Tribunal Federal, no âmbito do Poder Judiciário, aplicável este limite aos membros do Ministério Público, aos Procuradores e aos Defensores Públicos;

•• Inciso XI com redação determinada pela Emenda Constitucional n. 41, de 19-12-2003.

•• Inciso regulamentado pela Lei n. 8.448, de 21-7-1992.

•• A Lei n. 8.852, de 4-2-1994, dispõe sobre a aplicação deste inciso.

•• O STF, em liminar concedida em 28-2-2007, na ADI n. 3.854-1 (*DOU* de 8-3-2007), exclui a submissão dos membros da magistratura estadual ao subteto de remuneração, de que trata este inciso.

•• A Portaria n. 693, de 22-12-2015, define os parâmetros de conversão da retribuição no exterior em moeda nacional, para fins de verificação do limite remuneratório de que trata este inciso.

• *Vide* §§ 11 e 12 deste artigo e art. 4.º da Emenda Constitucional n. 47, de 5-7-2005.

• A Lei n. 13.092, de 12-1-2015, dispõe sobre o subsídio do Procurador-Geral da República, referido neste inciso.

XII – os vencimentos dos cargos do Poder Legislativo e do Poder Judiciário não poderão ser superiores aos pagos pelo Poder Executivo;

•• A Lei n. 8.852, de 4-2-1994, dispõe sobre a aplicação deste inciso.

XIII – é vedada a vinculação ou equiparação de quaisquer espécies remuneratórias para o efeito de remuneração de pessoal do serviço público;

•• Inciso XIII com redação determinada pela Emenda Constitucional n. 19, de 4-6-1998.

• *Vide* Súmula Vinculante 42 do STF.

XIV – os acréscimos pecuniários percebidos por servidor público não serão computados nem acumulados para fim de concessão de acréscimos ulteriores;

•• Inciso XIV com redação determinada pela Emenda Constitucional n. 19, de 4-6-1998.

XV – o subsídio e os vencimentos dos ocupantes de cargos e empregos públicos são irredutíveis, ressalvado o disposto nos incisos XI e XIV deste artigo e nos arts. 39, § 4.º, 150, II, 153, III, e 153, § 2.º, I;

•• Inciso XV com redação determinada pela Emenda Constitucional n. 19, de 4-6-1998.

XVI – é vedada a acumulação remunerada de cargos públicos, exceto, quando houver compatibilidade de horários, observado em qualquer caso o disposto no inciso XI:

•• Inciso XVI, *caput*, com redação determinada pela Emenda Constitucional n. 19, de 4-6-1998.

a) a de dois cargos de professor;

•• Alínea *a* com redação determinada pela Emenda Constitucional n. 19, de 4-6-1998.

b) a de um cargo de professor com outro, técnico ou científico;

•• Alínea *b* com redação determinada pela Emenda Constitucional n. 19, de 4-6-1998.

c) a de dois cargos ou empregos privativos de profissionais de saúde, com profissões regulamentadas;

•• Alínea *c* com redação determinada pela Emenda Constitucional n. 34, de 13-12-2001.

XVII – a proibição de acumular estende-se a empregos e funções e abrange autarquias, fundações, empresas públicas, sociedades de economia mista, suas subsidiárias, e sociedades controladas, direta ou indiretamente, pelo poder público;

•• Inciso XVII com redação determinada pela Emenda Constitucional n. 19, de 4-6-1998.

XVIII – a administração fazendária e seus servidores fiscais terão, dentro de suas áreas de competência e jurisdição, precedência sobre os demais setores administrativos, na forma da lei;

XIX – somente por lei específica poderá ser criada autarquia e autorizada a instituição de empresa pública, de sociedade de economia mista e de fundação, cabendo à lei complementar, neste último caso, definir as áreas de sua atuação;

•• Inciso XIX com redação determinada pela Emenda Constitucional n. 19, de 4-6-1998.

XX – depende de autorização legislativa, em cada caso, a criação de subsidiárias das entidades mencionadas no inciso anterior, assim como a participação de qualquer delas em empresa privada;

•• A Lei n. 13.303, de 30-6-2016, institui o Estatuto Jurídico das Empresas Públicas.

XXI – ressalvados os casos especificados na legislação, as obras, serviços, compras e alienações serão contratados mediante processo de licitação pública que assegure igualdade de condições a todos os concorrentes, com cláusulas que estabeleçam obrigações de pagamento, mantidas as condições efetivas da proposta, nos termos da lei, o qual somente permitirá as exigências de qualificação técnica e econômica indispensáveis à garantia do cumprimento das obrigações;

•• Regulamento: Lei n. 8.666, de 21-6-1993.

• A Lei n. 10.520, de 17-7-2002, institui modalidade de licitação denominada pregão, para aquisição de bens e serviços comuns, e dá outras providências. Regulamento: Decreto n. 3.555, de 8-8-2000.

XXII – as administrações tributárias da União, dos Estados, do Distrito Federal e dos Municípios, atividades essenciais ao funcionamento do Estado, exercidas por servidores de carreiras específicas, terão recursos prioritários para a realização de suas atividades e atuarão de forma integrada, inclusive com o compartilhamento de cadastros e de informações fiscais, na forma da lei ou convênio.

•• Inciso XXII acrescentado pela Emenda Constitucional n. 42, de 19-12-2003.

§ 1.º A publicidade dos atos, programas, obras, serviços e campanhas dos órgãos públicos deverá ter caráter educativo, informativo ou de orientação social, dela não podendo constar nomes, símbolos ou imagens que caracterizem promoção pessoal de autoridades ou servidores públicos.

• *Vide* art. 224 da CF.

• O Decreto n. 6.555, de 8-9-2008, dispõe sobre as ações de comunicação do Poder Executivo Federal.

§ 2.º A não observância do disposto nos incisos II e III implicará a nulidade do ato e a punição da autoridade responsável, nos termos da lei.

§ 3.º A lei disciplinará as formas de participação do usuário na administração pública direta e indireta, regulando especialmente:

•• § 3.º, *caput*, com redação determinada pela Emenda Constitucional n. 19, de 4-6-1998.

•• A Lei n. 12.527, de 18-11-2011, regula o acesso a informações previsto neste parágrafo.

I – as reclamações relativas à prestação dos serviços públicos em geral, asseguradas a manutenção de serviço de atendimento ao usuário e a avaliação periódica, externa e interna, da qualidade dos serviços;

•• Inciso I acrescentado pela Emenda Constitucional n. 19, de 4-6-1998.

II – o acesso dos usuários a registros administrativos e a informações sobre atos de governo, observado o disposto no art. 5.º, X e XXXIII;

•• Inciso II acrescentado pela Emenda Constitucional n. 19, de 4-6-1998.

•• A Lei n. 12.527, de 18-11-2011, regulamentada pelo Decreto n. 7.724, de 16-5-2012, regula o acesso a informações previsto neste inciso.

•• O Decreto n. 8.777, de 11-5-2016, institui a Política de Dados Abertos do Poder Executivo federal.

III – a disciplina da representação contra o exercício negligente ou abusivo de cargo, emprego ou função na administração pública.

•• Inciso III acrescentado pela Emenda Constitucional n. 19, de 4-6-1998.

§ 4.º Os atos de improbidade administrativa importarão a suspensão dos direitos políticos, a perda da função pública, a indisponibilidade dos bens e o ressarcimento ao erário, na forma e gradação previstas em lei, sem prejuízo da ação penal cabível.

• Improbidade administrativa: Lei n. 8.429, de 2-6-1992.

• Os arts. 312 e segs. do CP dispõem sobre os crimes praticados por funcionário público contra a administração em geral.

• A Lei n. 8.026, de 12-4-1990, dispõe sobre a aplicação da pena de demissão a funcionário público.

• A Lei n. 8.027, de 12-4-1990, dispõe sobre normas de conduta dos servidores públicos civis da União, autarquias e fundações públicas.

§ 5.º A lei estabelecerá os prazos de prescrição para ilícitos praticados por qualquer agente, servidor ou não, que causem prejuízos ao erário, ressalvadas as respectivas ações de ressarcimento.

§ 6.º As pessoas jurídicas de direito público e as de direito privado prestadoras de serviços públicos responderão pelos danos que seus agentes, nessa qualidade, causarem a terceiros, assegurado o direito de regresso contra o responsável nos casos de dolo ou culpa.

§ 7.º A lei disporá sobre os requisitos e as restrições ao ocupante de cargo ou emprego da administração direta e indireta que possibilite o acesso a informações privilegiadas.

•• § 7.º acrescentado pela Emenda Constitucional n. 19, de 4-6-1998.

§ 8.º A autonomia gerencial, orçamentária e financeira dos órgãos e entidades da administração direta e indireta poderá ser ampliada mediante contrato, a ser firmado entre seus administradores e o poder público, que tenha por objeto a fixação de metas de desempenho para o órgão ou entidade, cabendo à lei dispor sobre:

•• § 8.º, *caput*, acrescentado pela Emenda Constitucional n. 19, de 4-6-1998.

I – o prazo de duração do contrato;

•• Inciso I acrescentado pela Emenda Constitucional n. 19, de 4-6-1998.

II – os controles e critérios de avaliação de desempenho, direitos, obrigações e responsabilidade dos dirigentes;

•• Inciso II acrescentado pela Emenda Constitucional n. 19, de 4-6-1998.

III – a remuneração do pessoal.

•• Inciso III acrescentado pela Emenda Constitucional n. 19, de 4-6-1998.

§ 9.º O disposto no inciso XI aplica-se às empresas públicas e às sociedades de economia mista, e suas subsidiárias, que receberem recursos da União, dos Estados, do Distrito Federal ou dos Municípios para pagamento de despesas de pessoal ou de custeio em geral.

•• § 9.º acrescentado pela Emenda Constitucional n. 19, de 4-6-1998.

§ 10. É vedada a percepção simultânea de proventos de aposentadoria decorrentes do art. 40 ou dos arts. 42 e 142 com a remuneração de cargo, emprego ou função pública, ressalvados os cargos acumuláveis na forma desta Constituição, os cargos eletivos e os cargos em comissão declarados em lei de livre nomeação e exoneração.

•• § 10 acrescentado pela Emenda Constitucional n. 20, de 15-12-1998.

• *Vide* art. 11 da Emenda Constitucional n. 20, de 15-12-1998.

§ 11. Não serão computadas, para efeito dos limites remuneratórios de que trata o inciso XI do *caput* deste artigo, as parcelas de caráter indenizatório previstas em lei.

•• § 11 acrescentado pela Emenda Constitucional n. 47, de 5-7-2005, em vigor na data de sua publicação, com efeitos retroativos à data de vigência da Emenda Constitucional n. 41, de 19-12-2003.

§ 12. Para os fins do disposto no inciso XI do *caput* deste artigo, fica facultado aos Estados e ao Distrito Federal fixar, em seu âmbito, mediante emenda às respectivas Constituições e Lei Orgânica, como limite único, o subsídio mensal dos Desembargadores do respectivo Tribunal de Justiça, limitado a noventa inteiros e vinte e cinco centésimos por cento do subsídio mensal dos Ministros do Supremo Tribunal Federal, não se aplicando o disposto neste parágrafo aos subsídios dos Deputados Estaduais e Distritais e dos Vereadores.

•• § 12 acrescentado pela Emenda Constitucional n. 47, de 5-7-2005, em vigor na data de sua publicação, com efeitos retroativos à data de vigência da Emenda Constitucional n. 41, de 19-12-2003.

•• O STF, em liminar concedida em 28-2-2007, na ADI n. 3.854-1 (*DOU* de 8-3-2007), exclui a submissão dos membros da magistratura estadual ao subteto de remuneração, de que trata este parágrafo.

Art. 38. Ao servidor público da administração direta, autárquica e fundacional, no exercício de mandato eletivo, aplicam-se as seguintes disposições:

•• *Caput* com redação determinada pela Emenda Constitucional n. 19, de 4-6-1998.

I – tratando-se de mandato eletivo federal, estadual ou distrital, ficará afastado de seu cargo, emprego ou função;

II – investido no mandato de Prefeito, será afastado do cargo, emprego ou função, sendo-lhe facultado optar pela sua remuneração;

III – investido no mandato de Vereador, havendo compatibilidade de horários, perceberá as vantagens de seu cargo, emprego ou função, sem prejuízo da remuneração do cargo eletivo, e, não havendo compatibilidade, será aplicada a norma do inciso anterior;

IV – em qualquer caso que exija o afastamento para o exercício de mandato eletivo, seu tempo de serviço será contado para todos os efeitos legais, exceto para promoção por merecimento;

V – para efeito de benefício previdenciário, no caso de afastamento, os valores serão determinados como se no exercício estivesse.

Seção II
Dos Servidores Públicos

•• Seção II com denominação determinada pela Emenda Constitucional n. 18, de 5-2-1998.

• Regime jurídico dos servidores públicos civis da União, das Autarquias e das Fundações Públicas Federais: Lei n. 8.112, de 11-12-1990.

Art. 39. A União, os Estados, o Distrito Federal e os Municípios instituirão conselho de política de administração e remuneração de pessoal, integrado por servidores designados pelos respectivos Poderes.

•• *Caput* com redação determinada pela Emenda Constitucional n. 19, de 4-6-1998.

•• O STF, em liminar parcialmente concedida em 2-8-2007, na ADI n. 2.135-4 (*DOU* de 14-8-2007), suspende a eficácia do *caput* deste artigo. Com a decisão volta a vigorar a redação anterior: "A União, os Estados, o Distrito Federal e os Municípios instituirão, no âmbito de sua competência, regime jurídico único e planos de carreira para os servidores da administração pública direta, das autarquias e das fundações públicas".

§ 1.º A fixação dos padrões de vencimento e dos demais componentes do sistema remuneratório observará:

•• § 1.º, *caput*, com redação determinada pela Emenda Constitucional n. 19, de 4-6-1998.

•• § 1.º regulamentado pela Lei n. 8.448, de 21-7-1992.

•• A Lei n. 8.852, de 4-2-1994, dispõe sobre a aplicação deste parágrafo.

I – a natureza, o grau de responsabilidade e a complexidade dos cargos componentes de cada carreira;

•• Inciso I acrescentado pela Emenda Constitucional n. 19, de 4-6-1998.

II – os requisitos para a investidura;

•• Inciso II acrescentado pela Emenda Constitucional n. 19, de 4-6-1998.

III – as peculiaridades dos cargos.

•• Inciso III acrescentado pela Emenda Constitucional n. 19, de 4-6-1998.

§ 2.º A União, os Estados e o Distrito Federal manterão escolas de governo para a formação e o aperfeiçoamento dos servidores públicos, constituindo-se a participação nos cursos um dos requisitos para a promoção na carreira, facultada, para isso, a celebração de convênios ou contratos entre os entes federados.

•• § 2.º com redação determinada pela Emenda Constitucional n. 19, de 4-6-1998.

§ 3.º Aplica-se aos servidores ocupantes de cargo público o disposto no art. 7.º, IV, VII, VIII, IX, XII, XIII, XV, XVI, XVII, XVIII, XIX, XX, XXII e XXX, podendo a lei estabelecer requisitos diferenciados de admissão quando a natureza do cargo o exigir.

•• § 3.º acrescentado pela Emenda Constitucional n. 19, de 4-6-1998.

§ 4.º O membro de Poder, o detentor de mandato eletivo, os Ministros de Estado e os Secretários Estaduais e Municipais serão remunerados exclusivamente por subsídio fixado em parcela única, vedado o acréscimo de qualquer gratificação, adicional, abono, prêmio, verba de representação ou outra espécie remuneratória, obedecido, em qualquer caso, o disposto no art. 37, X e XI.

•• § 4.º acrescentado pela Emenda Constitucional n. 19, de 4-6-1998.

• A Lei n. 13.092, de 12-1-2015, dispõe sobre o subsídio do Procurador-Geral da República, referido neste inciso.

§ 5.º Lei da União, dos Estados, do Distrito Federal e dos Municípios poderá estabelecer a relação entre a maior e a menor remuneração dos servidores públicos, obedecido, em qualquer caso, o disposto no art. 37, XI.

•• § 5.º acrescentado pela Emenda Constitucional n. 19, de 4-6-1998.

§ 6.º Os Poderes Executivo, Legislativo e Judiciário publicarão anualmente os valores do subsídio e da remuneração dos cargos e empregos públicos.

•• § 6.º acrescentado pela Emenda Constitucional n. 19, de 4-6-1998.

§ 7.º Lei da União, dos Estados, do Distrito Federal e dos Municípios disciplinará a aplicação de recursos orçamentários provenientes da economia com despesas correntes em cada órgão, autarquia e fundação, para aplicação no desenvolvimento de programas de qualidade e produtividade, treinamento e desenvolvimento, modernização, reaparelhamento e racionalização do serviço público, inclusive sob a forma de adicional ou prêmio de produtividade.

•• § 7.º acrescentado pela Emenda Constitucional n. 19, de 4-6-1998.

§ 8.º A remuneração dos servidores públicos organizados em carreira poderá ser fixada nos termos do § 4.º.

•• § 8.º acrescentado pela Emenda Constitucional n. 19, de 4-6-1998.

Art. 40. Aos servidores titulares de cargos efetivos da União, dos Estados, do Distrito Federal e dos Municípios, incluídas suas autarquias e fundações, é assegurado regime de previdência de caráter contributivo e solidário, mediante contribuição do respectivo ente público, dos servidores ativos e inativos e dos pensionistas, observados critérios que preservem o equilíbrio financeiro e atuarial e o disposto neste artigo.

•• *Caput* com redação determinada pela Emenda Constitucional n. 41, de 19-12-2003.

• *Vide* art. 3.º da Emenda Constitucional n. 47, de 5-7-2005.

§ 1.º Os servidores abrangidos pelo regime de previdência de que trata este artigo serão aposentados, calculados os seus proventos a partir dos valores fixados na forma dos §§ 3.º e 17:

•• § 1.º, *caput*, com redação determinada pela Emenda Constitucional n. 41, de 19-12-2003.

I – por invalidez permanente, sendo os proventos proporcionais ao tempo de contribuição, exceto se decorrente de acidente em serviço, moléstia profissional ou doença grave, contagiosa ou incurável, na forma da lei;

•• Inciso I com redação determinada pela Emenda Constitucional n. 41, de 19-12-2003.

• *Vide* art. 6.º-A da Emenda Constitucional n. 41, de 19-12-2003.

II – compulsoriamente, com proventos proporcionais ao tempo de contribuição, aos 70 (setenta) anos de idade, ou aos 75 (setenta e cinco) anos de idade, na forma de lei complementar;

•• Inciso II com redação determinada pela Emenda Constitucional n. 88, de 7-5-2015.

•• *Vide* art. 100 do ADCT.

•• A Lei Complementar n. 152, de 3-12-2015, dispõe sobre a aposentadoria compulsória por idade, com proventos proporcionais, nos termos deste inciso.

III – voluntariamente, desde que cumprido tempo mínimo de dez anos de efetivo exercício no serviço público e cinco anos no cargo efetivo em que se dará a aposentadoria, observadas as seguintes condições:

•• Inciso III, *caput*, acrescentado pela Emenda Constitucional n. 20, de 15-12-1998.

• *Vide* art. 2.º da Emenda Constitucional n. 41, de 19-12-2003, que dispõe sobre aposentadoria voluntária.

a) sessenta anos de idade e trinta e cinco de contribuição, se homem, e cinquenta e cinco anos de idade e trinta de contribuição, se mulher;

•• Alínea *a* acrescentada pela Emenda Constitucional n. 20, de 15-12-1998.

• *Vide* art. 3.º, III, da Emenda Constitucional n. 47, de 5-7-2005.

b) sessenta e cinco anos de idade, se homem, e sessenta anos de idade, se mulher, com proventos proporcionais ao tempo de contribuição.

•• Alínea *b* acrescentada pela Emenda Constitucional n. 20, de 15-12-1998.

§ 2.º Os proventos de aposentadoria e as pensões, por ocasião de sua concessão, não poderão exceder a remuneração do respectivo servidor, no cargo efetivo em que se deu a aposentadoria ou que serviu de referência para a concessão da pensão.

•• § 2.º com redação determinada pela Emenda Constitucional n. 20, de 15-12-1998.

§ 3.º Para o cálculo dos proventos de aposentadoria, por ocasião da sua concessão, serão consideradas as remunerações utilizadas como base para as contribuições do servidor aos regimes de previdência de que tratam este artigo e o art. 201, na forma da lei.

•• § 3.º com redação determinada pela Emenda Constitucional n. 41, de 19-12-2003.

• A Lei n. 10.887, de 18-6-2004, dispõe sobre o cálculo dos proventos de aposentadoria dos servidores titulares de cargo efetivo de qualquer dos poderes, previsto neste parágrafo.

§ 4.º É vedada a adoção de requisitos e critérios diferenciados para a concessão de aposentadoria aos abrangidos pelo regime de que trata este artigo, ressalvados, nos termos definidos em leis complementares, os casos de servidores:

•• § 4.º, *caput*, com redação determinada pela Emenda Constitucional n. 47, de 5-7-2005, em vigor na data de sua publicação, com efeitos retroativos à data de vigência da Emenda Constitucional n. 41, de 19-12-2003.

I – portadores de deficiência;

•• Inciso I acrescentado pela Emenda Constitucional n. 47, de 5-7-2005, em vigor na data de sua publicação, com efeitos retroativos à data de vigência da Emenda Constitucional n. 41, de 19-12-2003.

II – que exerçam atividades de risco;

•• Inciso II acrescentado pela Emenda Constitucional n. 47, de 5-7-2005, em vigor na data de sua publicação, com efeitos retroativos à data de vigência da Emenda Constitucional n. 41, de 19-12-2003.

III – cujas atividades sejam exercidas sob condições especiais que prejudiquem a saúde ou a integridade física.

•• Inciso III acrescentado pela Emenda Constitucional n. 47, de 5-7-2005, em vigor na data de sua publicação, com efeitos retroativos à data de vigência da Emenda Constitucional n. 41, de 19-12-2003.

§ 5.º Os requisitos de idade e de tempo de contribuição serão reduzidos em 5 (cinco) anos, em relação ao disposto no § 1.º, III, *a*, para o professor que comprove exclusivamente tempo de efetivo exercício das funções de magistério na educação infantil e no ensino fundamental e médio.

•• § 5.º com redação determinada pela Emenda Constitucional n. 20, de 15-12-1998.

• *Vide* arts. 2.º, § 1.º, e 6.º, *caput*, da Emenda Constitucional n. 41, de 19-12-2003.

§ 6.º Ressalvadas as aposentadorias decorrentes dos cargos acumuláveis na forma desta Constituição, é vedada a percepção de mais de uma aposentadoria à conta do regime de previdência previsto neste artigo.

•• § 6.º com redação determinada pela Emenda Constitucional n. 20, de 15-12-1998.

§ 7.º Lei disporá sobre a concessão do benefício de pensão por morte, que será igual:

•• § 7.º, *caput*, com redação determinada pela Emenda Constitucional n. 41, de 19-12-2003.

I – ao valor da totalidade dos proventos do servidor falecido, até o limite máximo estabelecido para os benefícios do regime geral de previdência social de que trata o art. 201, acrescido de setenta por cento da parcela excedente a este limite, caso aposentado à data do óbito; ou

•• Inciso I acrescentado pela Emenda Constitucional n. 41, de 19-12-2003.

II – ao valor da totalidade da remuneração do servidor no cargo efetivo em que se deu o falecimento, até o limite máximo estabelecido para os benefícios do regime geral de previdência social de que trata o art. 201, acrescido de setenta por cento da parcela excedente a este limite, caso em atividade na data do óbito.

•• Inciso II acrescentado pela Emenda Constitucional n. 41, de 19-12-2003.

§ 8.º É assegurado o reajustamento dos benefícios para preservar-lhes, em caráter permanente, o valor real, conforme critérios estabelecidos em lei.

•• § 8.º com redação determinada pela Emenda Constitucional n. 41, de 19-12-2003.

• *Vide* Súmula Vinculante 20 do STF.

§ 9.º O tempo de contribuição federal, estadual ou municipal será contado para efeito de aposentadoria e o tempo de serviço correspondente para efeito de disponibilidade.

•• § 9.º acrescentado pela Emenda Constitucional n. 20, de 15-12-1998.

§ 10. A lei não poderá estabelecer qualquer forma de contagem de tempo de contribuição fictício.

•• § 10 acrescentado pela Emenda Constitucional n. 20, de 15-12-1998.

• *Vide* art. 4.º da Emenda Constitucional n. 20, de 15-12-1998.

§ 11. Aplica-se o limite fixado no art. 37, XI, à soma total dos proventos de inatividade, inclusive quando decorrentes da acumulação de cargos ou empregos públicos, bem como de outras atividades sujeitas a contribuição para o regime geral de previdência social, e ao montante resultante da adição de proventos de inatividade com remuneração de cargo acumulável na forma desta Constituição, cargo em comissão declarado em lei de livre nomeação e exoneração, e de cargo eletivo.

•• § 11 acrescentado pela Emenda Constitucional n. 20, de 15-12-1998.

§ 12. Além do disposto neste artigo, o regime de previdência dos servidores públicos titulares de cargo efetivo observará, no que couber, os requisitos e critérios fixados para o regime geral de previdência social.

•• § 12 acrescentado pela Emenda Constitucional n. 20, de 15-12-1998.

§ 13. Ao servidor ocupante, exclusivamente, de cargo em comissão declarado em lei de livre nomeação e exoneração bem como de outro cargo temporário ou de emprego público, aplica-se o regime geral de previdência social.

•• § 13 acrescentado pela Emenda Constitucional n. 20, de 15-12-1998.

§ 14. A União, os Estados, o Distrito Federal e os Municípios, desde que instituam regime de previdência complementar para os seus respectivos servidores titulares de cargo efetivo, poderão fixar, para o valor das aposentadorias e pensões a serem concedidas pelo regime de que trata este artigo, o limite máximo estabelecido para os benefícios do regime geral de previdência social de que trata o art. 201.

•• § 14 acrescentado pela Emenda Constitucional n. 20, de 15-12-1998.

•• A Lei n. 12.618, de 30-4-2012, institui o regime de previdência complementar para os servidores públicos federais titulares de cargo efetivo a que se refere este parágrafo.

• Previdência Complementar: Leis Complementares n. 108, de 29-5-2001, e 109, de 29-5-2001.

§ 15. O regime de previdência complementar de que trata o § 14 será instituído por lei de iniciativa do respectivo Poder Executivo, observado o disposto no art. 202 e seus parágrafos, no que couber, por intermédio de entidades fechadas de previdência complementar, de natureza pública, que oferecerão aos respectivos participantes planos de benefícios somente na modalidade de contribuição definida.

•• § 15 com redação determinada pela Emenda Constitucional n. 41, de 19-12-2003.

•• A Lei n. 12.618, de 30-4-2012, institui o regime de previdência complementar para os servidores públicos federais titulares de cargo efetivo a que se refere este parágrafo.

§ 16. Somente mediante sua prévia e expressa opção, o disposto nos §§ 14 e 15 poderá ser aplicado ao servidor que tiver ingressado no serviço público até a data da publicação do ato de instituição do correspondente regime de previdência complementar.

•• § 16 acrescentado pela Emenda Constitucional n. 20, de 15-12-1998.

•• A Lei n. 12.618, de 30-4-2012, institui o regime de previdência complementar para os servidores públicos federais titulares de cargo efetivo a que se refere este parágrafo.

§ 17. Todos os valores de remuneração considerados para o cálculo do benefício previsto no § 3.° serão devidamente atualizados, na forma da lei.

•• § 17 acrescentado pela Emenda Constitucional n. 41, de 19-12-2003.

• *Vide* art. 2.° da Emenda Constitucional n. 41, de 19-12-2003.

§ 18. Incidirá contribuição sobre os proventos de aposentadorias e pensões concedidas pelo regime de que trata este artigo que superem o limite máximo estabelecido para os benefícios do regime geral de previdência social de que trata o art. 201, com percentual igual ao estabelecido para os servidores titulares de cargos efetivos.

•• § 18 acrescentado pela Emenda Constitucional n. 41, de 19-12-2003.

§ 19. O servidor de que trata este artigo que tenha completado as exigências para aposentadoria voluntária estabelecidas no § 1.°, III, *a*, e que opte por permanecer em atividade fará jus a um abono de permanência equivalente ao valor da sua contribuição previdenciária até completar as exigências para aposentadoria compulsória contidas no § 1.°, II.

•• § 19 acrescentado pela Emenda Constitucional n. 41, de 19-12-2003.

§ 20. Fica vedada a existência de mais de um regime próprio de previdência social para os servidores titulares de cargos efetivos, e de mais de uma unidade gestora do respectivo regime em cada ente estatal, ressalvado o disposto no art. 142, § 3.°, X.

•• § 20 acrescentado pela Emenda Constitucional n. 41, de 19-12-2003.

§ 21. A contribuição prevista no § 18 deste artigo incidirá apenas sobre as parcelas de proventos de aposentadoria e de pensão que superem o dobro do limite máximo estabelecido para os benefícios do regime geral de previdência social de que trata o art. 201 desta Constituição, quando o beneficiário, na forma da lei, for portador de doença incapacitante.

•• § 21 acrescentado pela Emenda Constitucional n. 47, de 5-7-2005, em vigor na data de sua publicação, com efeitos retroativos à data de vigência da Emenda Constitucional n. 41, de 19-12-2003.

Art. 41. São estáveis após 3 (três) anos de efetivo exercício os servidores nomeados para cargo de provimento efetivo em virtude de concurso público.

•• *Caput* com redação determinada pela Emenda Constitucional n. 19, de 4-6-1998.

§ 1.° O servidor público estável só perderá o cargo:

•• § 1.°, *caput*, com redação determinada pela Emenda Constitucional n. 19, de 4-6-1998.

I – em virtude de sentença judicial transitada em julgado;

•• Inciso I acrescentado pela Emenda Constitucional n. 19, de 4-6-1998.

II – mediante processo administrativo em que lhe seja assegurada ampla defesa;

•• Inciso II acrescentado pela Emenda Constitucional n. 19, de 4-6-1998.

III – mediante procedimento de avaliação periódica de desempenho, na forma de lei complementar, assegurada ampla defesa.

•• Inciso III acrescentado pela Emenda Constitucional n. 19, de 4-6-1998.

•• *Vide* arts. 198, § 6.°, e 247 da CF.

§ 2.° Invalidada por sentença judicial a demissão do servidor estável, será ele reintegrado, e o eventual ocupante da vaga, se estável, reconduzido ao cargo de origem, sem direito a indenização, aproveitado em outro cargo ou posto em disponibilidade com remuneração proporcional ao tempo de serviço.

•• § 2.° com redação determinada pela Emenda Constitucional n. 19, de 4-6-1998.

§ 3.° Extinto o cargo ou declarada sua desnecessidade, o servidor estável ficará em disponibilidade, com remuneração proporcional ao tempo de serviço, até seu adequado aproveitamento em outro cargo.

•• § 3.º com redação determinada pela Emenda Constitucional n. 19, de 4-6-1998.

§ 4.º Como condição para a aquisição da estabilidade, é obrigatória a avaliação especial de desempenho por comissão instituída para essa finalidade.

•• § 4.º acrescentado pela Emenda Constitucional n. 19, de 4-6-1998.

• *Vide* art. 28 da Emenda Constitucional n. 19, de 4-6-1998.

Seção III
Dos Militares dos Estados, do Distrito Federal e dos Territórios

•• Seção III com denominação determinada pela Emenda Constitucional n. 18, de 5-2-1998.

Art. 42. Os membros das Polícias Militares e Corpos de Bombeiros Militares, instituições organizadas com base na hierarquia e disciplina, são militares dos Estados, do Distrito Federal e dos Territórios.

•• *Caput* com redação determinada pela Emenda Constitucional n. 18, de 5-2-1998.

• *Vide* art. 89 do ADCT.

§ 1.º Aplicam-se aos militares dos Estados, do Distrito Federal e dos Territórios, além do que vier a ser fixado em lei, as disposições do art. 14, § 8.º; do art. 40, § 9.º; e do art. 142, §§ 2.º e 3.º, cabendo a lei estadual específica dispor sobre as matérias do art. 142, § 3.º, X, sendo as patentes dos oficiais conferidas pelos respectivos governadores.

•• § 1.º com redação determinada pela Emenda Constitucional n. 20, de 15-12-1998.

§ 2.º Aos pensionistas dos militares dos Estados, do Distrito Federal e dos Territórios aplica-se o que for fixado em lei específica do respectivo ente estatal.

•• § 2.º com redação determinada pela Emenda Constitucional n. 41, de 19-12-2003.

Seção IV
Das Regiões

Art. 43. Para efeitos administrativos, a União poderá articular sua ação em um mesmo complexo geoeconômico e social, visando a seu desenvolvimento e à redução das desigualdades regionais.

§ 1.º Lei complementar disporá sobre:

I – as condições para integração de regiões em desenvolvimento;

II – a composição dos organismos regionais que executarão, na forma da lei, os planos regionais, integrantes dos planos nacionais de desenvolvimento econômico e social, aprovados juntamente com estes.

§ 2.º Os incentivos regionais compreenderão, além de outros, na forma da lei:

I – igualdade de tarifas, fretes, seguros e outros itens de custos e preços de responsabilidade do Poder Público;

II – juros favorecidos para financiamento de atividades prioritárias;

III – isenções, reduções ou diferimento temporário de tributos federais devidos por pessoas físicas ou jurídicas;

IV – prioridade para o aproveitamento econômico e social dos rios e das massas de água represadas ou represáveis nas regiões de baixa renda, sujeitas a secas periódicas.

§ 3.º Nas áreas a que se refere o § 2.º, IV, a União incentivará a recuperação de terras áridas e cooperará com os pequenos e médios proprietários rurais para o estabelecimento, em suas glebas, de fontes de água e de pequena irrigação.

Título IV
DA ORGANIZAÇÃO DOS PODERES

Capítulo I
DO PODER LEGISLATIVO

Seção I
Do Congresso Nacional

Art. 44. O Poder Legislativo é exercido pelo

Congresso Nacional, que se compõe da Câmara dos Deputados e do Senado Federal.

Parágrafo único. Cada legislatura terá a duração de quatro anos.

Art. 45. A Câmara dos Deputados compõe-se de representantes do povo, eleitos, pelo sistema proporcional, em cada Estado, em cada Território e no Distrito Federal.

§ 1.º O número total de Deputados, bem como a representação por Estado e pelo Distrito Federal, será estabelecido por lei complementar, proporcionalmente à população, procedendo-se aos ajustes necessários, no ano anterior às eleições, para que nenhuma daquelas unidades da Federação tenha menos de oito ou mais de setenta Deputados.

- A Lei Complementar n. 78, de 30-12-1993, fixa o número de deputados.

§ 2.º Cada Território elegerá quatro Deputados.

Art. 46. O Senado Federal compõe-se de representantes dos Estados e do Distrito Federal, eleitos segundo o princípio majoritário.

§ 1.º Cada Estado e o Distrito Federal elegerão três Senadores, com mandato de oito anos.

§ 2.º A representação de cada Estado e do Distrito Federal será renovada de quatro em quatro anos, alternadamente, por um e dois terços.

§ 3.º Cada Senador será eleito com dois suplentes.

Art. 47. Salvo disposição constitucional em contrário, as deliberações de cada Casa e de suas Comissões serão tomadas por maioria dos votos, presente a maioria absoluta de seus membros.

Seção II

Das Atribuições do Congresso Nacional

Art. 48. Cabe ao Congresso Nacional, com a sanção do Presidente da República, não exigida esta para o especificado nos arts. 49, 51 e 52, dispor sobre todas as matérias de competência da União, especialmente sobre:

I – sistema tributário, arrecadação e distribuição de rendas;

II – plano plurianual, diretrizes orçamentárias, orçamento anual, operações de crédito, dívida pública e emissões de curso forçado;

III – fixação e modificação do efetivo das Forças Armadas;

IV – planos e programas nacionais, regionais e setoriais de desenvolvimento;

V – limites do território nacional, espaço aéreo e marítimo e bens do domínio da União;

VI – incorporação, subdivisão ou desmembramento de áreas de Territórios ou Estados, ouvidas as respectivas Assembleias Legislativas;

VII – transferência temporária da sede do Governo Federal;

VIII – concessão de anistia;

IX – organização administrativa, judiciária, do Ministério Público e da Defensoria Pública da União e dos Territórios e organização judiciária e do Ministério Público do Distrito Federal;

•• Inciso IX com redação determinada pela Emenda Constitucional n. 69, de 29-3-2012.

X – criação, transformação e extinção de cargos, empregos e funções públicas, observado o que estabelece o art. 84, VI, *b*;

•• Inciso X com redação determinada pela Emenda Constitucional n. 32, de 11-9-2001.

XI – criação e extinção de Ministérios e órgãos da administração pública;

•• Inciso XI com redação determinada pela Emenda Constitucional n. 32, de 11-9-2001.

XII – telecomunicações e radiodifusão;

- A Lei n. 9.295, de 19-7-1996, dispõe sobre os serviços de telecomunicações e sua organização.

XIII – matéria financeira, cambial e monetária, instituições financeiras e suas operações;

XIV – moeda, seus limites de emissão, e montante da dívida mobiliária federal;

XV – fixação do subsídio dos Ministros do Supremo Tribunal Federal, observado o que dispõem os arts. 39, § 4.º; 150, II; 153, III; e 153, § 2.º, I.

•• Inciso XV com redação determinada pela Emenda Constitucional n. 41, de 19-12-2003.

• A Lei n. 12.041, de 8-10-2009, dispõe sobre a revisão do subsídio de Ministro do STF, referido neste artigo.

• A Lei n. 13.091, de 12-1-2015, dispõe sobre a revisão do subsídio de Ministro do STF, referido neste artigo.

Art. 49. É da competência exclusiva do Congresso Nacional:

I – resolver definitivamente sobre tratados, acordos ou atos internacionais que acarretem encargos ou compromissos gravosos ao patrimônio nacional;

II – autorizar o Presidente da República a declarar guerra, a celebrar a paz, a permitir que forças estrangeiras transitem pelo território nacional ou nele permaneçam temporariamente, ressalvados os casos previstos em lei complementar;

III – autorizar o Presidente e o Vice-Presidente da República a se ausentarem do País, quando a ausência exceder a quinze dias;

IV – aprovar o estado de defesa e a intervenção federal, autorizar o estado de sítio, ou suspender qualquer uma dessas medidas;

V – sustar os atos normativos do Poder Executivo que exorbitem do poder regulamentar ou dos limites de delegação legislativa;

VI – mudar temporariamente sua sede;

VII – fixar idêntico subsídio para os Deputados Federais e os Senadores, observado o que dispõem os arts. 37, XI, 39, § 4.º, 150, II, 153, III, e 153, § 2.º, I;

•• Inciso VII com redação determinada pela Emenda Constitucional n. 19, de 4-6-1998.

VIII – fixar os subsídios do Presidente e do Vice-Presidente da República e dos Ministros de Estado, observado o que dispõem os arts. 37, XI, 39, § 4.º, 150, II, 153, III, e 153, § 2.º, I;

•• Inciso VIII com redação determinada pela Emenda Constitucional n. 19, de 4-6-1998.

IX – julgar anualmente as contas prestadas pelo Presidente da República e apreciar os relatórios sobre a execução dos planos de governo;

X – fiscalizar e controlar, diretamente, ou por qualquer de suas Casas, os atos do Poder Executivo, incluídos os da administração indireta;

XI – zelar pela preservação de sua competência legislativa em face da atribuição normativa dos outros Poderes;

XII – apreciar os atos de concessão e renovação de concessão de emissoras de rádio e televisão;

XIII – escolher dois terços dos membros do Tribunal de Contas da União;

XIV – aprovar iniciativas do Poder Executivo referentes a atividades nucleares;

XV – autorizar referendo e convocar plebiscito;

XVI – autorizar, em terras indígenas, a exploração e o aproveitamento de recursos hídricos e a pesquisa e lavra de riquezas minerais;

XVII – aprovar, previamente, a alienação ou concessão de terras públicas com área superior a dois mil e quinhentos hectares.

Art. 50. A Câmara dos Deputados e o Senado Federal, ou qualquer de suas Comissões, poderão convocar Ministro de Estado ou quaisquer titulares de órgãos diretamente subordinados à Presidência da República para prestarem, pessoalmente, informações sobre assunto previamente determinado, importando em crime de responsabilidade a ausência sem justificação adequada.

•• *Caput* com redação determinada pela Emenda Constitucional de Revisão n. 2, de 7-6-1994.

§ 1.º Os Ministros de Estado poderão comparecer ao Senado Federal, à Câmara dos Deputados, ou a qualquer de suas Comissões, por sua iniciativa e mediante entendimentos com a Mesa respectiva, para expor assunto de relevância de seu Ministério.

§ 2.º As Mesas da Câmara dos Deputados e do Senado Federal poderão encaminhar pedidos escritos de informação a Ministros de Estado ou a qualquer das pessoas referidas no *caput* deste artigo, importando em crime de responsabilidade a recusa, ou o não atendimento, no prazo de trinta dias, bem como a prestação de informações falsas.

•• § 2.º com redação determinada pela Emenda Constitucional de Revisão n. 2, de 7-6-1994.

Seção III
Da Câmara dos Deputados

Art. 51. Compete privativamente à Câmara dos Deputados:

I – autorizar, por dois terços de seus membros, a instauração de processo contra o Presidente e o Vice-Presidente da República e os Ministros de Estado;

II – proceder à tomada de contas do Presidente da República, quando não apresentadas ao Congresso Nacional dentro de sessenta dias após a abertura da sessão legislativa;

III – elaborar seu regimento interno;

IV – dispor sobre sua organização, funcionamento, polícia, criação, transformação ou extinção dos cargos, empregos e funções de seus serviços, e a iniciativa de lei para fixação da respectiva remuneração, observados os parâmetros estabelecidos na lei de diretrizes orçamentárias;

•• Inciso IV com redação determinada pela Emenda Constitucional n. 19, de 4-6-1998.

•• *Vide* art. 107, § 2.º, do ADCT.

V – eleger membros do Conselho da República, nos termos do art. 89, VII.

Seção IV
Do Senado Federal

Art. 52. Compete privativamente ao Senado Federal:

I – processar e julgar o Presidente e o Vice-Presidente da República nos crimes de responsabilidade, bem como os Ministros de Estado e os Comandantes da Marinha, do Exército e da Aeronáutica nos crimes da mesma natureza conexos com aqueles;

•• Inciso I com redação determinada pela Emenda Constitucional n. 23, de 2-9-1999.

• A Lei n. 1.079, de 10-4-1950, define os crimes de responsabilidade e regula o respectivo processo de julgamento.

II – processar e julgar os Ministros do Supremo Tribunal Federal, os membros do Conselho Nacional de Justiça e do Conselho Nacional do Ministério Público, o Procurador-Geral da República e o Advogado-Geral da União nos crimes de responsabilidade;

•• Inciso II com redação determinada pela Emenda Constitucional n. 45, de 8-12-2004.

•• *Vide* Seção II do Capítulo IV do Título IV da CF, que passou a denominar-se "Da Advocacia Pública" (arts. 131 e 132).

III – aprovar previamente, por voto secreto, após arguição pública, a escolha de:

a) magistrados, nos casos estabelecidos nesta Constituição;

b) Ministros do Tribunal de Contas da União indicados pelo Presidente da República;

c) Governador de Território;

d) presidente e diretores do banco central;

e) Procurador-Geral da República;

f) titulares de outros cargos que a lei determinar;

IV – aprovar previamente, por voto secreto, após arguição em sessão secreta, a escolha dos chefes de missão diplomática de caráter permanente;

V – autorizar operações externas de natureza financeira, de interesse da União, dos Estados, do Distrito Federal, dos Territórios e dos Municípios;

•• A Resolução n. 48, de 21-12-2007, do Senado Federal dispõe sobre as operações externas de natureza financeira, de que trata este artigo.

VI – fixar, por proposta do Presidente da República, limites globais para o montante da dívida consolidada da União, dos Estados, do Distrito Federal e dos Municípios;

•• A Resolução n. 40, de 20-12-2001, do Senado Federal, dispõe sobre os limites globais para o montante da dívida pública consolidada e da dívida mobiliária dos Estados, do Distrito Federal, conforme fixado neste inciso e no inciso IX.

VII – dispor sobre limites globais e condições para as operações de crédito externo e interno da União, dos Estados, do Distrito Federal e dos Municípios, de suas autarquias e demais entidades controladas pelo Poder Público federal;

•• A Resolução n. 43, de 21-12-2001, do Senado Federal, dispõe sobre as operações de crédito interno e externo dos Estados, do Distrito Federal e dos Municípios, inclusive concessão de garantias, seus limites e condições de autorização, e dá outras providências.

VIII – dispor sobre limites e condições para a concessão de garantia da União em operações de crédito externo e interno;

IX – estabelecer limites globais e condições para o montante da dívida mobiliária dos Estados, do Distrito Federal e dos Municípios;

•• *Vide* nota ao inciso VI deste artigo.

X – suspender a execução, no todo ou em parte, de lei declarada inconstitucional por decisão definitiva do Supremo Tribunal Federal;

XI – aprovar, por maioria absoluta e por voto secreto, a exoneração, de ofício, do Procurador-Geral da República antes do término de seu mandato;

XII – elaborar seu regimento interno;

XIII – dispor sobre sua organização, funcionamento, polícia, criação, transformação ou extinção dos cargos, empregos e funções de seus serviços, e a iniciativa de lei para fixação da respectiva remuneração, observados os parâmetros estabelecidos na lei de diretrizes orçamentárias;

•• Inciso XIII com redação determinada pela Emenda Constitucional n. 19, de 4-6-1998.

•• *Vide* art. 107, § 2.º, do ADCT.

XIV – eleger membros do Conselho da República, nos termos do art. 89, VII;

XV – avaliar periodicamente a funcionalidade do Sistema Tributário Nacional, em sua estrutura e seus componentes, e o desempenho das administrações tributárias da União, dos Estados e do Distrito Federal e dos Municípios.

•• Inciso XV acrescentado pela Emenda Constitucional n. 42, de 19-12-2003.

Parágrafo único. Nos casos previstos nos incisos I e II, funcionará como Presidente o do Supremo Tribunal Federal, limitando-se a condenação, que somente será proferida por dois terços dos votos do Senado Federal, à perda do cargo, com inabilitação, por oito anos, para o exercício de função pública, sem prejuízo das demais sanções judiciais cabíveis.

Seção V
Dos Deputados e dos Senadores

• Eleição: Lei n. 9.504, de 30-9-1997.

Art. 53. Os Deputados e Senadores são invioláveis, civil e penalmente, por quaisquer de suas opiniões, palavras e votos.

•• *Caput* com redação determinada pela Emenda Constitucional n. 35, de 20-12-2001.

§ 1.º Os Deputados e Senadores, desde a expedição do diploma, serão submetidos a julgamento perante o Supremo Tribunal Federal.

•• § 1.º com redação determinada pela Emenda Constitucional n. 35, de 20-12-2001.

§ 2.º Desde a expedição do diploma, os membros do Congresso Nacional não poderão ser presos, salvo em flagrante de crime inafiançável. Nesse caso, os autos serão remetidos dentro de vinte e quatro horas à Casa respectiva, para que, pelo voto da maioria de seus membros, resolva sobre a prisão.

•• § 2.º com redação determinada pela Emenda Constitucional n. 35, de 20-12-2001.

§ 3.º Recebida a denúncia contra o Senador ou Deputado, por crime ocorrido após a diplomação, o Supremo Tribunal Federal dará ciência à Casa respectiva, que, por iniciativa de partido político nela representado e pelo voto da maioria de seus membros, poderá, até a decisão final, sustar o andamento da ação.

•• § 3.º com redação determinada pela Emenda Constitucional n. 35, de 20-12-2001.

§ 4.º O pedido de sustação será apreciado pela Casa respectiva no prazo improrrogável de quarenta e cinco dias do seu recebimento pela Mesa Diretora.

•• § 4.º com redação determinada pela Emenda Constitucional n. 35, de 20-12-2001.

§ 5.º A sustação do processo suspende a prescrição, enquanto durar o mandato.

•• § 5.º com redação determinada pela Emenda Constitucional n. 35, de 20-12-2001.

§ 6.º Os Deputados e Senadores não serão obrigados a testemunhar sobre informações recebidas ou prestadas em razão do exercício do mandato, nem sobre as pessoas que lhes confiaram ou deles receberam informações.

•• § 6.º com redação determinada pela Emenda Constitucional n. 35, de 20-12-2001.

§ 7.º A incorporação às Forças Armadas de Deputados e Senadores, embora militares e ainda que em tempo de guerra, dependerá de prévia licença da Casa respectiva.

•• § 7.º com redação determinada pela Emenda Constitucional n. 35, de 20-12-2001.

§ 8.º As imunidades de Deputados ou Senadores subsistirão durante o estado de sítio, só podendo ser suspensas mediante o voto de dois terços dos membros da Casa respectiva, nos casos de atos praticados fora do recinto do Congresso Nacional, que sejam incompatíveis com a execução da medida.

•• § 8.º acrescentado pela Emenda Constitucional n. 35, de 20-12-2001.

Art. 54. Os Deputados e Senadores não poderão:

I – desde a expedição do diploma:

a) firmar ou manter contrato com pessoa jurídica de direito público, autarquia, empresa pública, sociedade de economia mista ou empresa concessionária de serviço público, salvo quando o contrato obedecer a cláusulas uniformes;

b) aceitar ou exercer cargo, função ou emprego remunerado, inclusive os de que sejam demissíveis *ad nutum*, nas entidades constantes da alínea anterior;

II – desde a posse:

a) ser proprietários, controladores ou diretores de empresa que goze de favor decorrente de contrato com pessoa jurídica de direito público, ou nela exercer função remunerada;

b) ocupar cargo ou função de que sejam demissíveis *ad nutum*, nas entidades referidas no inciso I, *a*;

c) patrocinar causa em que seja interessada qualquer das entidades a que se refere o inciso I, *a*;

d) ser titulares de mais de um cargo ou mandato público eletivo.

Art. 55. Perderá o mandato o Deputado ou Senador:

I – que infringir qualquer das proibições estabelecidas no artigo anterior;

II – cujo procedimento for declarado incompatível com o decoro parlamentar;

III – que deixar de comparecer, em cada sessão legislativa, à terça parte das sessões ordinárias da Casa a que pertencer, salvo licença ou missão por esta autorizada;

IV – que perder ou tiver suspensos os direitos políticos;

V – quando o decretar a Justiça Eleitoral, nos casos previstos nesta Constituição;

VI – que sofrer condenação criminal em sentença transitada em julgado.

§ 1.º É incompatível com o decoro parlamentar, além dos casos definidos no regimento interno, o abuso das prerrogativas asseguradas a membro do Congresso Nacional ou a percepção de vantagens indevidas.

§ 2.º Nos casos dos incisos I, II e VI, a perda do mandato será decidida pela Câmara dos Deputados ou pelo Senado Federal, por maioria absoluta, mediante provocação da respectiva Mesa ou de partido político representado no Congresso Nacional, assegurada ampla defesa.

•• § 2.º com redação determinada pela Emenda Constitucional n. 76, de 28-11-2013.

§ 3.º Nos casos previstos nos incisos III a V, a perda será declarada pela Mesa da Casa respectiva, de ofício ou mediante provocação de qualquer de seus membros, ou de partido político representado no Congresso Nacional, assegurada ampla defesa.

§ 4.º A renúncia de parlamentar submetido a processo que vise ou possa levar à perda do mandato, nos termos deste artigo, terá seus efeitos suspensos até as deliberações finais de que tratam os §§ 2.º e 3.º.

•• § 4.º acrescentado pela Emenda Constitucional de Revisão n. 6, de 7-6-1994.

Art. 56. Não perderá o mandato o Deputado ou Senador:

I – investido no cargo de Ministro de Estado, Governador de Território, Secretário de Estado, do Distrito Federal, de Território, de Prefeitura de Capital ou chefe de missão diplomática temporária;

II – licenciado pela respectiva Casa por motivo de doença, ou para tratar, sem remuneração, de interesse particular, desde que, neste caso, o afastamento não ultrapasse cento e vinte dias por sessão legislativa.

§ 1.º O suplente será convocado nos casos de vaga, de investidura em funções previstas neste artigo ou de licença superior a cento e vinte dias.

§ 2.º Ocorrendo vaga e não havendo suplente, far-se-á eleição para preenchê-la se faltarem mais de quinze meses para o término do mandato.

§ 3.º Na hipótese do inciso I, o Deputado ou Senador poderá optar pela remuneração do mandato.

Seção VI
Das Reuniões

Art. 57. O Congresso Nacional reunir-se-á, anualmente, na Capital Federal, de 2 de fevereiro a 17 de julho e de 1.º de agosto a 22 de dezembro.

•• *Caput* com redação determinada pela Emenda Constitucional n. 50, de 14-2-2006.

§ 1.º As reuniões marcadas para essas datas serão transferidas para o primeiro dia útil subsequente, quando recaírem em sábados, domingos ou feriados.

§ 2.º A sessão legislativa não será interrompida sem a aprovação do projeto de lei de diretrizes orçamentárias.

§ 3.º Além de outros casos previstos nesta Constituição, a Câmara dos Deputados e o Senado Federal reunir-se-ão em sessão conjunta para:

I – inaugurar a sessão legislativa;

II – elaborar o regimento comum e regular a criação de serviços comuns às duas Casas;

III – receber o compromisso do Presidente e do Vice-Presidente da República;

IV – conhecer do veto e sobre ele deliberar.

§ 4.º Cada uma das Casas reunir-se-á em sessões preparatórias, a partir de 1.º de fevereiro, no primeiro ano da legislatura, para a posse de seus membros e eleição das respectivas Mesas, para mandato de 2 (dois) anos, vedada a recondução para o mesmo cargo na eleição imediatamente subsequente.

•• § 4.º com redação determinada pela Emenda Constitucional n. 50, de 14-2-2006.

§ 5.º A Mesa do Congresso Nacional será presidida pelo Presidente do Senado Federal, e os demais cargos serão exercidos, alternadamente, pelos ocupantes de cargos equivalentes na Câmara dos Deputados e no Senado Federal.

§ 6.º A convocação extraordinária do Congresso Nacional far-se-á:

I – pelo Presidente do Senado Federal, em caso de decretação de estado de defesa ou de intervenção federal, de pedido de autorização para a decretação de estado de sítio e para o compromisso e a posse do Presidente e do Vice-Presidente da República;

II – pelo Presidente da República, pelos Presidentes da Câmara dos Deputados e do Senado Federal ou a requerimento da maioria dos membros de ambas as Casas, em caso de urgência ou interesse público relevante, em todas as hipóteses deste inciso com a aprovação da maioria absoluta de cada uma das Casas do Congresso Nacional.

•• Inciso II com redação determinada pela Emenda Constitucional n. 50, de 14-2-2006.

§ 7.º Na sessão legislativa extraordinária, o Congresso Nacional somente deliberará sobre a matéria para a qual foi convocado, ressalvada a hipótese do § 8.º deste artigo, vedado o pagamento de parcela indenizatória, em razão da convocação.

•• § 7.º com redação determinada pela Emenda Constitucional n. 50, de 14-2-2006.

§ 8.º Havendo medidas provisórias em vigor na data de convocação extraordinária do Congresso Nacional, serão elas automaticamente incluídas na pauta da convocação.

•• § 8.º acrescentado pela Emenda Constitucional n. 32, de 11-9-2001.

Seção VII
Das Comissões

Art. 58. O Congresso Nacional e suas Casas terão comissões permanentes e temporárias, constituídas na forma e com as atribuições previstas no respectivo regimento ou no ato de que resultar sua criação.

§ 1.º Na constituição das Mesas e de cada Comissão, é assegurada, tanto quanto possível, a representação proporcional dos partidos ou dos blocos parlamentares que participam da respectiva Casa.

§ 2.º Às comissões, em razão da matéria de sua competência, cabe:

I – discutir e votar projeto de lei que dispensar, na forma do regimento, a competência do Plenário, salvo se houver recurso de um décimo dos membros da Casa;

II – realizar audiências públicas com entidades da sociedade civil;

III – convocar Ministros de Estado para prestar informações sobre assuntos inerentes a suas atribuições;

IV – receber petições, reclamações, representações ou queixas de qualquer pessoa contra atos ou omissões das autoridades ou entidades públicas;

V – solicitar depoimento de qualquer autoridade ou cidadão;

VI – apreciar programas de obras, planos nacionais, regionais e setoriais de desenvolvimento e sobre eles emitir parecer.

§ 3.º As comissões parlamentares de inquérito, que terão poderes de investigação próprios das autoridades judiciais, além de outros previstos nos regimentos das respectivas Casas, serão criadas pela Câmara dos Deputados e pelo Senado Federal, em conjunto ou separadamente, mediante requerimento de um terço de seus membros, para a apuração de fato determinado e por prazo certo, sendo suas conclusões, se for o caso, encaminhadas ao Ministério Público, para que promova a responsabilidade civil ou criminal dos infratores.

• A Lei n. 1.579, de 18-3-1952, dispõe sobre as Comissões Parlamentares de Inquérito.

• A Lei n. 10.001, de 4-9-2000, dispõe sobre a prioridade nos procedimentos a serem adotados pelo Ministério Público e por outros órgãos a respeito das conclusões das Comissões Parlamentares de Inquérito.

§ 4.º Durante o recesso, haverá uma Comissão representativa do Congresso Nacional, eleita por suas Casas na última sessão ordinária do período legislativo, com atribuições definidas no regimento comum, cuja composição reproduzirá, quanto possível, a proporcionalidade da representação partidária.

Seção VIII
Do Processo Legislativo

Subseção I
Disposição geral

Art. 59. O processo legislativo compreende a elaboração de:

•• *Vide* art. 114 do ADCT.

I – emendas à Constituição;

II – leis complementares;

III – leis ordinárias;

IV – leis delegadas;

V – medidas provisórias;

•• *Vide* art. 73 do ADCT.

VI – decretos legislativos;

VII – resoluções.

Parágrafo único. Lei complementar disporá sobre a elaboração, redação, alteração e consolidação das leis.

• A Lei Complementar n. 95, de 26-2-1998, regulamentada pelo Decreto n. 4.176, de 28-3-2002, dispõe sobre a elaboração, a redação, a alteração e a consolidação das leis, conforme determina este parágrafo único, e estabelece normas para a consolidação dos atos normativos.

Subseção II
Da emenda à Constituição

Art. 60. A Constituição poderá ser emendada mediante proposta:

I – de um terço, no mínimo, dos membros da Câmara dos Deputados ou do Senado Federal;

II – do Presidente da República;

III – de mais da metade das Assembleias Legislativas das unidades da Federação, manifestando-se, cada uma delas, pela maioria relativa de seus membros.

§ 1.º A Constituição não poderá ser emendada na vigência de intervenção federal, de estado de defesa ou de estado de sítio.

§ 2.º A proposta será discutida e votada em cada Casa do Congresso Nacional, em dois turnos, considerando-se aprovada se obtiver, em ambos, três quintos dos votos dos respectivos membros.

§ 3.º A emenda à Constituição será promulgada pelas Mesas da Câmara dos Deputados e do Senado Federal, com o respectivo número de ordem.

§ 4.º Não será objeto de deliberação a proposta de emenda tendente a abolir:

I – a forma federativa de Estado;

II – o voto direto, secreto, universal e periódico;

III – a separação dos Poderes;

IV – os direitos e garantias individuais.

§ 5.º A matéria constante de proposta de emenda rejeitada ou havida por prejudicada não pode ser objeto de nova proposta na mesma sessão legislativa.

Subseção III
Das leis

Art. 61. A iniciativa das leis complementares e ordinárias cabe a qualquer membro ou Comissão da Câmara dos Deputados, do Senado Federal ou do Congresso Nacional, ao Presidente da República, ao Supremo Tribunal Federal, aos Tribunais Superiores, ao Procurador-Geral da República e aos cidadãos, na forma e nos casos previstos nesta Constituição.

§ 1.º São de iniciativa privativa do Presidente da República as leis que:

I – fixem ou modifiquem os efetivos das Forças Armadas;

II – disponham sobre:

a) criação de cargos, funções ou empregos públicos na administração direta e autárquica ou aumento de sua remuneração;

b) organização administrativa e judiciária, matéria tributária e orçamentária, serviços públicos e pessoal da administração dos Territórios;

c) servidores públicos da União e Territórios, seu regime jurídico, provimento de cargos, estabilidade e aposentadoria;

•• Alínea *c* com redação determinada pela Emenda Constitucional n. 18, de 5-2-1998.

d) organização do Ministério Público e da Defensoria Pública da União, bem como normas gerais para a organização do Ministério Público e da Defensoria Pública dos Estados, do Distrito Federal e dos Territórios;

e) criação e extinção de Ministérios e órgãos da administração pública, observado o disposto no art. 84, VI;

•• Alínea *e* com redação determinada pela Emenda Constitucional n. 32, de 11-9-2001.

f) militares das Forças Armadas, seu regime jurídico, provimento de cargos, promoções, estabilidade, remuneração, reforma e transferência para a reserva.

•• Alínea *f* acrescentada pela Emenda Constitucional n. 18, de 5-2-1998.

§ 2.º A iniciativa popular pode ser exercida pela apresentação à Câmara dos Deputados de projeto de lei subscrito por, no mínimo, um por cento do eleitorado nacional, distribuído pelo menos por cinco Estados, com não menos de três décimos por cento dos eleitores de cada um deles.

Art. 62. Em caso de relevância e urgência, o Presidente da República poderá adotar medidas provisórias, com força de lei, devendo submetê-las de imediato ao Congresso Nacional.

•• *Caput* com redação determinada pela Emenda Constitucional n. 32, de 11-9-2001.

• *Vide* art. 2.º da Emenda Constitucional n. 32, de 11-9-2001.

§ 1.º É vedada a edição de medidas provisórias sobre matéria:

•• § 1.º, *caput*, acrescentado pela Emenda Constitucional n. 32, de 11-9-2001.

I – relativa a:

•• Inciso I, *caput*, acrescentado pela Emenda Constitucional n. 32, de 11-9-2001.

a) nacionalidade, cidadania, direitos políticos, partidos políticos e direito eleitoral;

•• Alínea *a* acrescentada pela Emenda Constitucional n. 32, de 11-9-2001.

b) direito penal, processual penal e processual civil;

•• Alínea *b* acrescentada pela Emenda Constitucional n. 32, de 11-9-2001.

c) organização do Poder Judiciário e do Ministério Público, a carreira e a garantia de seus membros;

•• Alínea *c* acrescentada pela Emenda Constitucional n. 32, de 11-9-2001.

d) planos plurianuais, diretrizes orçamentárias, orçamento e créditos adicionais e suplementares, ressalvado o previsto no art. 167, § 3.º;

•• Alínea *d* acrescentada pela Emenda Constitucional n. 32, de 11-9-2001.

II – que vise a detenção ou sequestro de bens, de poupança popular ou qualquer outro ativo financeiro;

•• Inciso II acrescentado pela Emenda Constitucional n. 32, de 11-9-2001.

III – reservada a lei complementar;

•• Inciso III acrescentado pela Emenda Constitucional n. 32, de 11-9-2001.

IV – já disciplinada em projeto de lei aprovado pelo Congresso Nacional e pendente de sanção ou veto do Presidente da República.

•• Inciso IV acrescentado pela Emenda Constitucional n. 32, de 11-9-2001.

§ 2.º Medida provisória que implique instituição ou majoração de impostos, exceto os previstos nos arts. 153, I, II, IV, V, e 154, II, só produzirá efeitos no exercício financeiro seguinte se houver sido convertida em lei até o último dia daquele em que foi editada.

•• § 2.º acrescentado pela Emenda Constitucional n. 32, de 11-9-2001.

§ 3.º As medidas provisórias, ressalvado o disposto nos §§ 11 e 12 perderão eficácia, desde a edição, se não forem convertidas em lei no prazo de sessenta dias, prorrogável, nos termos do § 7.º, uma vez por igual período, devendo o Congresso Nacional disciplinar, por decreto legislativo, as relações jurídicas delas decorrentes.

•• § 3.º acrescentado pela Emenda Constitucional n. 32, de 11-9-2001.

•• *Vide* Súmula Vinculante 54 do STF.

§ 4.º O prazo a que se refere o § 3.º contar-se-á da publicação da medida provisória, suspendendo-se durante os períodos de recesso do Congresso Nacional.

•• § 4.º acrescentado pela Emenda Constitucional n. 32, de 11-9-2001.

§ 5.º A deliberação de cada uma das Casas do Congresso Nacional sobre o mérito das medidas provisórias dependerá de juízo prévio sobre o atendimento de seus pressupostos constitucionais.

•• § 5.º acrescentado pela Emenda Constitucional n. 32, de 11-9-2001.

§ 6.º Se a medida provisória não for apreciada em até quarenta e cinco dias contados de sua publicação, entrará em regime de urgência, subsequentemente, em cada uma das Casas do Congresso Nacional, ficando sobrestadas, até que se ultime a votação, todas as demais deliberações legislativas da Casa em que estiver tramitando.

•• § 6.º acrescentado pela Emenda Constitucional n. 32, de 11-9-2001.

§ 7.º Prorrogar-se-á uma única vez por igual período a vigência de medida provisória que, no prazo de sessenta dias, contado de sua publicação, não tiver a sua votação encerrada nas duas Casas do Congresso Nacional.

•• § 7.º acrescentado pela Emenda Constitucional n. 32, de 11-9-2001.

§ 8.º As medidas provisórias terão sua votação iniciada na Câmara dos Deputados.

•• § 8.º acrescentado pela Emenda Constitucional n. 32, de 11-9-2001.

§ 9.º Caberá à comissão mista de Deputados e Senadores examinar as medidas provisórias e sobre elas emitir parecer, antes de serem apreciadas, em sessão separada, pelo plenário de cada uma das Casas do Congresso Nacional.

•• § 9.º acrescentado pela Emenda Constitucional n. 32, de 11-9-2001.

§ 10. É vedada a reedição, na mesma sessão legislativa, de medida provisória que tenha sido rejeitada ou que tenha perdido sua eficácia por decurso de prazo.

•• § 10 acrescentado pela Emenda Constitucional n. 32, de 11-9-2001.

§ 11. Não editado o decreto legislativo a que se refere o § 3.º até sessenta dias após a rejeição ou perda de eficácia de medida provisória, as relações jurídicas constituídas e decorrentes de atos praticados durante sua vigência conservar-se-ão por ela regidas.

•• § 11 acrescentado pela Emenda Constitucional n. 32, de 11-9-2001.

§ 12. Aprovado projeto de lei de conversão alterando o texto original da medida provisória, esta manter-se-á integralmente em vigor até que seja sancionado ou vetado o projeto.

•• § 12 acrescentado pela Emenda Constitucional n. 32, de 11-9-2001.

Art. 63. Não será admitido aumento da despesa prevista:

I – nos projetos de iniciativa exclusiva do Presidente da República, ressalvado o disposto no art. 166, §§ 3.º e 4.º;

II – nos projetos sobre organização dos serviços administrativos da Câmara dos Deputados, do Senado Federal, dos Tribunais Federais e do Ministério Público.

Art. 64. A discussão e votação dos projetos de lei de iniciativa do Presidente da República, do Supremo Tribunal Federal e dos Tribunais Superiores terão início na Câmara dos Deputados.

§ 1.º O Presidente da República poderá solicitar urgência para apreciação de projetos de sua iniciativa.

§ 2.º Se, no caso do § 1.º, a Câmara dos Deputados e o Senado Federal não se manifestarem sobre a proposição, cada qual sucessivamente, em até quarenta e cinco dias, sobrestar-se-ão todas as demais deliberações legislativas da respectiva Casa, com exceção das que tenham prazo constitucional determinado, até que se ultime a votação.

•• § 2.º com redação determinada pela Emenda Constitucional n. 32, de 11-9-2001.

§ 3.º A apreciação das emendas do Senado Federal pela Câmara dos Deputados far-se-á no prazo de dez dias, observado quanto ao mais o disposto no parágrafo anterior.

§ 4.º Os prazos do § 2.º não correm nos períodos de recesso do Congresso Nacional, nem se aplicam aos projetos de código.

Art. 65. O projeto de lei aprovado por uma Casa será revisto pela outra, em um só turno de discussão e votação, e enviado à sanção ou promulgação, se a Casa revisora o aprovar, ou arquivado, se o rejeitar.

Parágrafo único. Sendo o projeto emendado, voltará à Casa iniciadora.

Art. 66. A Casa na qual tenha sido concluída a votação enviará o projeto de lei ao Presidente da República, que, aquiescendo, o sancionará.

§ 1.º Se o Presidente da República considerar o projeto, no todo ou em parte, inconstitucional ou contrário ao interesse público, vetá-lo-á total ou parcialmente, no prazo de quinze dias úteis, contados da data do recebimento, e comunicará, dentro de quarenta e oito horas, ao Presidente do Senado Federal os motivos do veto.

§ 2.º O veto parcial somente abrangerá texto integral de artigo, de parágrafo, de inciso ou de alínea.

§ 3.º Decorrido o prazo de quinze dias, o silêncio do Presidente da República importará sanção.

§ 4.º O veto será apreciado em sessão conjunta, dentro de trinta dias a contar de seu recebimento, só podendo ser rejeitado pelo voto da maioria absoluta dos Deputados e Senadores.

•• § 4.º com redação determinada pela Emenda Constitucional n. 76, de 28-11-2013.

§ 5.º Se o veto não for mantido, será o projeto enviado, para promulgação, ao Presidente da República.

§ 6.º Esgotado sem deliberação o prazo estabelecido no § 4.º, o veto será colocado na ordem do dia da sessão imediata, sobrestadas as demais proposições, até sua votação final.

•• § 6.º com redação determinada pela Emenda Constitucional n. 32, de 11-9-2001.

§ 7.º Se a lei não for promulgada dentro de quarenta e oito horas pelo Presidente da República, nos casos dos §§ 3.º e 5.º, o Presidente do Senado a promulgará, e, se este não o fizer em igual prazo, caberá ao Vice-Presidente do Senado fazê-lo.

Art. 67. A matéria constante de projeto de lei rejeitado somente poderá constituir objeto de novo projeto, na mesma sessão legislativa, mediante proposta da maioria absoluta dos membros de qualquer das Casas do Congresso Nacional.

Art. 68. As leis delegadas serão elaboradas pelo Presidente da República, que deverá solicitar a delegação ao Congresso Nacional.

§ 1.º Não serão objeto de delegação os atos de competência exclusiva do Congresso Nacional, os de competência privativa da Câmara dos Deputados ou do Senado Federal, a matéria reservada à lei complementar, nem a legislação sobre:

I – organização do Poder Judiciário e do Ministério Público, a carreira e a garantia de seus membros;

II – nacionalidade, cidadania, direitos individuais, políticos e eleitorais;

III – planos plurianuais, diretrizes orçamentárias e orçamentos.

§ 2.º A delegação ao Presidente da República terá a forma de resolução do Congresso Nacional, que especificará seu conteúdo e os termos de seu exercício.

§ 3.º Se a resolução determinar a apreciação do projeto pelo Congresso Nacional, este a fará em votação única, vedada qualquer emenda.

Art. 69. As leis complementares serão aprovadas por maioria absoluta.

Seção IX
Da Fiscalização Contábil, Financeira e Orçamentária

Art. 70. A fiscalização contábil, financeira, orçamentária, operacional e patrimonial da União e das entidades da administração direta e indireta, quanto à legalidade, legitimidade, economicidade, aplicação das subvenções e renúncia de receitas, será exercida pelo Congresso Nacional, mediante controle externo, e pelo sistema de controle interno de cada Poder.

Parágrafo único. Prestará contas qualquer pessoa física ou jurídica, pública ou privada, que utilize, arrecade, guarde, gerencie ou administre dinheiros, bens e valores públicos ou pelos quais a União responda, ou que, em nome desta, assuma obrigações de natureza pecuniária.

•• Parágrafo único com redação determinada pela Emenda Constitucional n. 19, de 4-6-1998.

Art. 71. O controle externo, a cargo do Congresso Nacional, será exercido com o auxílio do Tribunal de Contas da União, ao qual compete:

• A Lei n. 8.443, de 16-7-1992, dispõe sobre a Lei Orgânica do TCU.

I – apreciar as contas prestadas anualmente pelo Presidente da República, mediante parecer prévio que deverá ser elaborado em sessenta dias a contar de seu recebimento;

II – julgar as contas dos administradores e demais responsáveis por dinheiros, bens e valores públicos da administração direta e indireta, incluídas as fundações e sociedades instituídas e mantidas pelo Poder Público federal, e as contas daqueles que derem causa a perda, extravio ou outra irregularidade de que resulte prejuízo ao erário público;

III – apreciar, para fins de registro, a legalidade dos atos de admissão de pessoal, a qualquer título, na administração direta e indireta, incluídas as fundações instituídas e mantidas pelo Poder Público, excetuadas as nomeações para cargo de provimento em comissão, bem como a das concessões de aposentadorias, reformas e pensões, ressalvadas as melhorias posteriores que não alterem o fundamento legal do ato concessório;

• *Vide* Súmula Vinculante 3 do STF.

IV – realizar, por iniciativa própria, da Câmara dos Deputados, do Senado Federal, de Comissão técnica ou de inquérito, inspeções e auditorias de natureza contábil, financeira, orçamentária, operacional e patrimonial, nas unidades administrativas dos Poderes Legislativo, Executivo e Judiciário, e demais entidades referidas no inciso II;

V – fiscalizar as contas nacionais das empresas supranacionais de cujo capital social a União participe, de forma direta ou indireta, nos termos do tratado constitutivo;

VI – fiscalizar a aplicação de quaisquer recursos repassados pela União mediante convênio, acordo, ajuste ou outros instrumentos congêneres, a Estado, ao Distrito Federal ou a Município;

VII – prestar as informações solicitadas pelo Congresso Nacional, por qualquer de suas Casas, ou por qualquer das respectivas Comissões, sobre a fiscalização contábil, financeira, orçamentária, operacional e patrimonial e sobre resultados de auditorias e inspeções realizadas;

VIII – aplicar aos responsáveis, em caso de ilegalidade de despesa ou irregularidade de contas, as sanções previstas em lei, que estabelecerá, entre outras cominações, multa proporcional ao dano causado ao erário;

IX – assinar prazo para que o órgão ou entidade adote as providências necessárias ao exato cumprimento da lei, se verificada ilegalidade;

X – sustar, se não atendido, a execução do ato impugnado, comunicando a decisão à Câmara dos Deputados e ao Senado Federal;

XI – representar ao Poder competente sobre irregularidades ou abusos apurados.

§ 1.º No caso de contrato, o ato de sustação será adotado diretamente pelo Congresso Nacional, que solicitará, de imediato, ao Poder Executivo as medidas cabíveis.

§ 2.º Se o Congresso Nacional ou o Poder Executivo, no prazo de noventa dias, não efetivar as medidas previstas no parágrafo anterior, o Tribunal decidirá a respeito.

§ 3.º As decisões do Tribunal de que resulte imputação de débito ou multa terão eficácia de título executivo.

§ 4.º O Tribunal encaminhará ao Congresso Nacional, trimestral e anualmente, relatório de suas atividades.

Art. 72. A Comissão mista permanente a que se refere o art. 166, § 1.º, diante de indícios de despesas não autorizadas, ainda que sob a forma de investimentos não programados ou de subsídios não aprovados, poderá solicitar à autoridade governamental responsável que, no prazo de cinco dias, preste os esclarecimentos necessários.

• *Vide* art. 16, § 2.º, do ADCT.

§ 1.º Não prestados os esclarecimentos, ou considerados estes insuficientes, a Comissão solicitará ao Tribunal pronunciamento conclusivo sobre a matéria, no prazo de trinta dias.

§ 2.º Entendendo o Tribunal irregular a despesa, a Comissão, se julgar que o gasto possa causar dano irreparável ou grave lesão à economia pública, proporá ao Congresso Nacional sua sustação.

Art. 73. O Tribunal de Contas da União, integrado por nove Ministros, tem sede no Distrito Federal, quadro próprio de pessoal e jurisdição em todo o território nacional, exercendo, no que couber, as atribuições previstas no art. 96.

• A Lei n. 8.443, de 16-7-1992, dispõe sobre a Lei Orgânica do TCU.

§ 1.º Os Ministros do Tribunal de Contas da União serão nomeados dentre brasileiros que satisfaçam os seguintes requisitos:

I – mais de trinta e cinco e menos de sessenta e cinco anos de idade;

II – idoneidade moral e reputação ilibada;

III – notórios conhecimentos jurídicos, contábeis, econômicos e financeiros ou de administração pública;

IV – mais de dez anos de exercício de função ou de efetiva atividade profissional que exija os conhecimentos mencionados no inciso anterior.

• Escolha de Ministros do TCU: Decreto Legislativo n. 6, de 22-4-1993.

§ 2.º Os Ministros do Tribunal de Contas da União serão escolhidos:

I – um terço pelo Presidente da República, com aprovação do Senado Federal, sendo dois alternadamente dentre auditores e membros do Ministério Público junto ao Tribunal, indicados em lista tríplice pelo Tribunal, segundo os critérios de antiguidade e merecimento;

II – dois terços pelo Congresso Nacional.

§ 3.º Os Ministros do Tribunal de Contas da União terão as mesmas garantias, prerrogativas, impedimentos, vencimentos e vantagens dos Ministros do Superior Tribunal de Justiça, aplicando-se-lhes, quanto à aposentadoria e pensão, as normas constantes do art. 40.

•• § 3.º com redação determinada pela Emenda Constitucional n. 20, de 15-12-1998.

§ 4.º O auditor, quando em substituição a Ministro, terá as mesmas garantias e impedimentos do titular e, quando no exercício das demais atribuições da judicatura, as de juiz de Tribunal Regional Federal.

Art. 74. Os Poderes Legislativo, Executivo e Judiciário manterão, de forma integrada, sistema de controle interno com a finalidade de:

I – avaliar o cumprimento das metas previstas no plano plurianual, a execução dos programas de governo e dos orçamentos da União;

II – comprovar a legalidade e avaliar os resultados, quanto à eficácia e eficiência, da gestão orçamentária, financeira e patrimonial nos órgãos e entidades da administração federal, bem como da aplicação de recursos públicos por entidades de direito privado;

III – exercer o controle das operações de crédito, avais e garantias, bem como dos direitos e haveres da União;

IV – apoiar o controle externo no exercício de sua missão institucional.

§ 1.º Os responsáveis pelo controle interno, ao tomarem conhecimento de qualquer irregularidade ou ilegalidade, dela darão ciência ao Tribunal de Contas da União, sob pena de responsabilidade solidária.

§ 2.º Qualquer cidadão, partido político, associação ou sindicato é parte legítima para, na forma da lei, denunciar irregularidades ou ilegalidades perante o Tribunal de Contas da União.

Art. 75. As normas estabelecidas nesta seção aplicam-se, no que couber, à organização, composição e fiscalização dos Tribunais de Contas dos Estados e do Distrito Federal, bem como dos Tribunais e Conselhos de Contas dos Municípios.

• *Vide* art. 31, § 4.º, da CF.

Parágrafo único. As Constituições estaduais disporão sobre os Tribunais de Contas respectivos, que serão integrados por sete Conselheiros.

CAPÍTULO II
DO PODER EXECUTIVO

Seção I
Do Presidente e do Vice-Presidente da República

Art. 76. O Poder Executivo é exercido pelo Presidente da República, auxiliado pelos Ministros de Estado.

Art. 77. A eleição do Presidente e do Vice-Presidente da República realizar-se-á, simultaneamente, no primeiro domingo de outubro, em primeiro turno, e no último domingo de outubro, em segundo turno, se houver, do ano anterior ao do término do mandato presidencial vigente.

•• *Caput* com redação determinada pela Emenda Constitucional n. 16, de 4-6-1997.

• Normas para as eleições: Lei n. 9.504, de 30-9-1997.

§ 1.º A eleição do Presidente da República importará a do Vice-Presidente com ele registrado.

§ 2.º Será considerado eleito Presidente o candidato que, registrado por partido político, obtiver a maioria absoluta de votos, não computados os em branco e os nulos.

§ 3.º Se nenhum candidato alcançar maioria absoluta na primeira votação, far-se-á nova eleição em até vinte dias após a proclamação do resultado, concorrendo os dois candidatos mais votados e considerando-se eleito aquele que obtiver a maioria dos votos válidos.

§ 4.º Se, antes de realizado o segundo turno, ocorrer morte, desistência ou impedimento legal de candidato, convocar-se-á, dentre os remanescentes, o de maior votação.

§ 5.º Se, na hipótese dos parágrafos anteriores, remanescer, em segundo lugar, mais de um candidato com a mesma votação, qualificar-se-á o mais idoso.

Art. 78. O Presidente e o Vice-Presidente da República tomarão posse em sessão do Congresso Nacional, prestando o compromisso de manter, defender e cumprir a Constituição, observar as leis, promover o bem geral do povo brasileiro, sustentar a união, a integridade e a independência do Brasil.

Parágrafo único. Se, decorridos dez dias da data fixada para a posse, o Presidente ou o Vice-Presidente, salvo motivo de força maior, não tiver assumido o cargo, este será declarado vago.

Art. 79. Substituirá o Presidente, no caso de impedimento, e suceder-lhe-á, no de vaga, o Vice-Presidente.

Parágrafo único. O Vice-Presidente da República, além de outras atribuições que lhe forem conferidas por lei complementar, auxiliará o Presidente, sempre que por ele convocado para missões especiais.

Art. 80. Em caso de impedimento do Presidente e do Vice-Presidente, ou vacância dos respectivos cargos, serão sucessivamente chamados ao exercício da Presidência o Presidente da Câmara dos Deputados, o do Senado Federal e o do Supremo Tribunal Federal.

Art. 81. Vagando os cargos de Presidente e Vice-Presidente da República, far-se-á eleição noventa dias depois de aberta a última vaga.

§ 1.º Ocorrendo a vacância nos últimos dois anos do período presidencial, a eleição para ambos os cargos será feita trinta dias depois da última vaga, pelo Congresso Nacional, na forma da lei.

§ 2.º Em qualquer dos casos, os eleitos deverão completar o período de seus antecessores.

Art. 82. O mandato do Presidente da República é de 4 (quatro) anos e terá início em primeiro de janeiro do ano seguinte ao da sua eleição.

•• Artigo com redação determinada pela Emenda Constitucional n. 16, de 4-6-1997.

Art. 83. O Presidente e o Vice-Presidente da República não poderão, sem licença do Congresso Nacional, ausentar-se do País por período superior a quinze dias, sob pena de perda do cargo.

Seção II
Das Atribuições do Presidente da República

Art. 84. Compete privativamente ao Presidente da República:

I – nomear e exonerar os Ministros de Estado;

II – exercer, com o auxílio dos Ministros de Estado, a direção superior da administração federal;

III – iniciar o processo legislativo, na forma e nos casos previstos nesta Constituição;

IV – sancionar, promulgar e fazer publicar as leis, bem como expedir decretos e regulamentos para sua fiel execução;

V – vetar projetos de lei, total ou parcialmente;

VI – dispor, mediante decreto, sobre:

•• Inciso VI, *caput*, com redação determinada pela Emenda Constitucional n. 32, de 11-9-2001.

• *Vide* art. 61, § 1.º, II, *e*.

a) organização e funcionamento da administração federal, quando não implicar aumento de despesa nem criação ou extinção de órgãos públicos;

•• Alínea *a* acrescentada pela Emenda Constitucional n. 32, de 11-9-2001.

b) extinção de funções ou cargos públicos, quando vagos;

•• Alínea *b* acrescentada pela Emenda Constitucional n. 32, de 11-9-2001.

• *Vide* art. 48, X.

VII – manter relações com Estados estrangeiros e acreditar seus representantes diplomáticos;

VIII – celebrar tratados, convenções e atos internacionais, sujeitos a referendo do Congresso Nacional;

IX – decretar o estado de defesa e o estado de sítio;

X – decretar e executar a intervenção federal;

XI – remeter mensagem e plano de governo ao Congresso Nacional por ocasião da abertura da sessão legislativa, expondo a situação do País e solicitando as providências que julgar necessárias;

XII – conceder indulto e comutar penas, com audiência, se necessário, dos órgãos instituídos em lei;

XIII – exercer o comando supremo das Forças Armadas, nomear os Comandantes da Marinha, do Exército e da Aeronáutica, promover seus oficiais-generais e nomeá-los para os cargos que lhes são privativos;

•• Inciso XIII com redação determinada pela Emenda Constitucional n. 23, de 2-9-1999.

• A Lei Complementar n. 97, de 9-6-1999, dispõe sobre as normas gerais para a organização, o preparo e o emprego das Forças Armadas.

XIV – nomear, após aprovação pelo Senado Federal, os Ministros do Supremo Tribunal Federal e dos Tribunais Superiores, os Governadores de Territórios, o Procurador-Geral da República, o presidente e os diretores do banco central e outros servidores, quando determinado em lei;

XV – nomear, observado o disposto no art. 73, os Ministros do Tribunal de Contas da União;

XVI – nomear os magistrados, nos casos previstos nesta Constituição, e o Advogado-Geral da União;

•• *Vide* Seção II do Capítulo IV do Título IV da CF, que passou a denominar-se "Da Advocacia Pública" (arts. 131 e 132).

XVII – nomear membros do Conselho da República, nos termos do art. 89, VII;

XVIII – convocar e presidir o Conselho da República e o Conselho de Defesa Nacional;

XIX – declarar guerra, no caso de agressão estrangeira, autorizado pelo Congresso Nacional ou referendado por ele, quando ocorrida no intervalo das sessões legislativas, e, nas mesmas condições, decretar, total ou parcialmente, a mobilização nacional;

•• A Lei n. 11.631, de 27-12-2007, regulamentada pelo Decreto n. 6.592, de 2-10-2008, dispõe sobre a mobilização nacional e cria o Sistema Nacional de Mobilização – SINAMOB.

XX – celebrar a paz, autorizado ou com o referendo do Congresso Nacional;

XXI – conferir condecorações e distinções honoríficas;

XXII – permitir, nos casos previstos em lei complementar, que forças estrangeiras transitem pelo território nacional ou nele permaneçam temporariamente;

•• Regulamento: Lei Complementar n. 90, de 1.º-10-1997.

XXIII – enviar ao Congresso Nacional o plano plurianual, o projeto de lei de diretrizes orçamentárias e as propostas de orçamento previstos nesta Constituição;

XXIV – prestar, anualmente, ao Congresso Nacional, dentro de sessenta dias após a abertura da sessão legislativa, as contas referentes ao exercício anterior;

XXV – prover e extinguir os cargos públicos federais, na forma da lei;

XXVI – editar medidas provisórias com força de lei, nos termos do art. 62;

XXVII – exercer outras atribuições previstas nesta Constituição.

Parágrafo único. O Presidente da República poderá delegar as atribuições mencionadas nos incisos VI, XII e XXV, primeira parte, aos Ministros de Estado, ao Procurador-Geral da República ou ao Advogado-Geral da União, que observarão os limites traçados nas respectivas delegações.

Seção III

Da Responsabilidade do Presidente da República

Art. 85. São crimes de responsabilidade os atos do Presidente da República que atentem contra a Constituição Federal e, especialmente, contra:

• A Lei n. 1.079, de 10-4-1950, define os crimes de responsabilidade e regula o respectivo processo de julgamento.

• A Lei n. 8.429, de 2-6-1992, dispõe sobre as sanções aplicáveis aos agentes públicos nos casos de enriquecimento ilícito no exercício de mandato, cargo, emprego ou função na administração pública direta, indireta ou fundacional e dá outras providências.

I – a existência da União;

II – o livre exercício do Poder Legislativo, do Poder Judiciário, do Ministério Público e dos Poderes constitucionais das unidades da Federação;

III – o exercício dos direitos políticos, individuais e sociais;

IV – a segurança interna do País;

• A Lei Complementar n. 90, de 1.º-10-1997, determina os casos em que forças estrangeiras possam transitar pelo território nacional ou nele permanecer temporariamente.

V – a probidade na administração;

VI – a lei orçamentária;

VII – o cumprimento das leis e das decisões judiciais.

Parágrafo único. Esses crimes serão definidos em lei especial, que estabelecerá as normas de processo e julgamento.

• *Vide* Súmula Vinculante 46 do STF.

Art. 86. Admitida a acusação contra o Presidente da República, por dois terços da Câmara dos Deputados, será ele submetido a julgamento perante o Supremo Tribunal Federal, nas infrações penais comuns, ou perante o Senado Federal, nos crimes de responsabilidade.

§ 1.º O Presidente ficará suspenso de suas funções:

I – nas infrações penais comuns, se recebida a denúncia ou queixa-crime pelo Supremo Tribunal Federal;

II – nos crimes de responsabilidade, após a instauração do processo pelo Senado Federal.

§ 2.º Se, decorrido o prazo de cento e oitenta dias, o julgamento não estiver concluído, cessará o afastamento do Presidente, sem prejuízo do regular prosseguimento do processo.

§ 3.º Enquanto não sobrevier sentença condenatória, nas infrações comuns, o Presidente da República não estará sujeito a prisão.

§ 4.º O Presidente da República, na vigência de seu mandato, não pode ser responsabilizado por atos estranhos ao exercício de suas funções.

Seção IV

Dos Ministros de Estado

Art. 87. Os Ministros de Estado serão escolhidos dentre brasileiros maiores de vinte e um anos e no exercício dos direitos políticos.

Parágrafo único. Compete ao Ministro de Estado, além de outras atribuições estabelecidas nesta Constituição e na lei:

I – exercer a orientação, coordenação e supervisão dos órgãos e entidades da administração federal na área de sua competência e referendar os atos e decretos assinados pelo Presidente da República;

II – expedir instruções para a execução das leis, decretos e regulamentos;

III – apresentar ao Presidente da República relatório anual de sua gestão no Ministério;

IV – praticar os atos pertinentes às atribuições que lhe forem outorgadas ou delegadas pelo Presidente da República.

Art. 88. A lei disporá sobre a criação e extinção de Ministérios e órgãos da administração pública.

•• Artigo com redação determinada pela Emenda Constitucional n. 32, de 11-9-2001.

Seção V
Do Conselho da República e do Conselho de Defesa Nacional

Subseção I
Do Conselho da República

Art. 89. O Conselho da República é órgão superior de consulta do Presidente da República, e dele participam:

I – o Vice-Presidente da República;

II – o Presidente da Câmara dos Deputados;

III – o Presidente do Senado Federal;

IV – os líderes da maioria e da minoria na Câmara dos Deputados;

V – os líderes da maioria e da minoria no Senado Federal;

• *Vide* arts. 51, V, 52, XIV, e 84, XIV, da CF.

VI – o Ministro da Justiça;

VII – seis cidadãos brasileiros natos, com mais de trinta e cinco anos de idade, sendo dois nomeados pelo Presidente da República, dois eleitos pelo Senado Federal e dois eleitos pela Câmara dos Deputados, todos com mandato de três anos, vedada a recondução.

Art. 90. Compete ao Conselho da República pronunciar-se sobre:

I – intervenção federal, estado de defesa e estado de sítio;

II – as questões relevantes para a estabilidade das instituições democráticas.

§ 1.º O Presidente da República poderá convocar Ministro de Estado para participar da reunião do Conselho, quando constar da pauta questão relacionada com o respectivo Ministério.

§ 2.º A lei regulará a organização e o funcionamento do Conselho da República.

• A Lei n. 8.041, de 5-6-1990, dispõe sobre a organização e o funcionamento do Conselho da República.

Subseção II
Do Conselho de Defesa Nacional

Art. 91. O Conselho de Defesa Nacional é órgão de consulta do Presidente da República nos assuntos relacionados com a soberania nacional e a defesa do Estado democrático, e dele participam como membros natos:

I – o Vice-Presidente da República;

II – o Presidente da Câmara dos Deputados;

III – o Presidente do Senado Federal;

IV – o Ministro da Justiça;

V – o Ministro de Estado da Defesa;

•• Inciso V com redação determinada pela Emenda Constitucional n. 23, de 2-9-1999.

VI – o Ministro das Relações Exteriores;

VII – o Ministro do Planejamento;

VIII – os Comandantes da Marinha, do Exército e da Aeronáutica.

•• Inciso VIII acrescentado pela Emenda Constitucional n. 23, de 2-9-1999.

§ 1.º Compete ao Conselho de Defesa Nacional:

I – opinar nas hipóteses de declaração de guerra e de celebração da paz, nos termos desta Constituição;

II – opinar sobre a decretação do estado de defesa, do estado de sítio e da intervenção federal;

III – propor os critérios e condições de utilização de áreas indispensáveis à segurança do território nacional e opinar sobre seu efetivo uso, especialmente na faixa de fronteira e nas relacionadas com a preservação e a exploração dos recursos naturais de qualquer tipo;

IV – estudar, propor e acompanhar o desenvolvimento de iniciativas necessárias a garantir a independência nacional e a defesa do Estado democrático.

§ 2.º A lei regulará a organização e o funcionamento do Conselho de Defesa Nacional.

Capítulo III
DO PODER JUDICIÁRIO

Seção I
Disposições Gerais

Art. 92. São órgãos do Poder Judiciário:

I – o Supremo Tribunal Federal;

I-A – o Conselho Nacional de Justiça;

•• Inciso I-A acrescentado pela Emenda Constitucional n. 45, de 8-12-2004.

• *Vide* art. 5.º da Emenda Constitucional n. 45, de 8-12-2004.

II – o Superior Tribunal de Justiça;

II-A – o Tribunal Superior do Trabalho;

•• Inciso II-A acrescentado pela Emenda Constitucional n. 92, de 12-7-2016.

III – os Tribunais Regionais Federais e Juízes Federais;

IV – os Tribunais e Juízes do Trabalho;

V – os Tribunais e Juízes Eleitorais;

VI – os Tribunais e Juízes Militares;

VII – os Tribunais e Juízes dos Estados e do Distrito Federal e Territórios.

§ 1.º O Supremo Tribunal Federal, o Conselho Nacional de Justiça e os Tribunais Superiores têm sede na Capital Federal.

•• § 1.º acrescentado pela Emenda Constitucional n. 45, de 8-12-2004.

§ 2.º O Supremo Tribunal Federal e os Tribunais Superiores têm jurisdição em todo o território nacional.

•• § 2.º acrescentado pela Emenda Constitucional n. 45, de 8-12-2004.

Art. 93. Lei complementar, de iniciativa do Supremo Tribunal Federal, disporá sobre o Estatuto da Magistratura, observados os seguintes princípios:

• A Lei Complementar n. 35, de 14-3-1979, promulgada sob a vigência da ordem constitucional anterior, disporá sobre a Magistratura Nacional até o advento da norma prevista no *caput* deste artigo.

I – ingresso na carreira, cujo cargo inicial será o de juiz substituto, mediante concurso público de provas e títulos, com a participação da Ordem dos Advogados do Brasil em todas as fases, exigindo-se do bacharel em direito, no mínimo, três anos de atividade jurídica e obedecendo-se, nas nomeações, à ordem de classificação;

•• Inciso I com redação determinada pela Emenda Constitucional n. 45, de 8-12-2004.

II – promoção de entrância para entrância, alternadamente, por antiguidade e merecimento, atendidas as seguintes normas:

a) é obrigatória a promoção do juiz que figure por três vezes consecutivas ou cinco alternadas em lista de merecimento;

b) a promoção por merecimento pressupõe dois anos de exercício na respectiva entrância e integrar o juiz a primeira quinta parte da lista de antiguidade desta, salvo se não houver com tais requisitos quem aceite o lugar vago;

c) aferição do merecimento conforme o desempenho e pelos critérios objetivos de produtividade e presteza no exercício da jurisdição e pela frequência e aproveitamento em cursos oficiais ou reconhecidos de aperfeiçoamento;

•• Alínea *c* com redação determinada pela Emenda Constitucional n. 45, de 8-12-2004.

d) na apuração de antiguidade, o tribunal somente poderá recusar o juiz mais antigo pelo voto fundamentado de dois terços de seus membros, conforme procedimento próprio, e assegurada ampla defesa, repetindo-se a votação até fixar-se a indicação;

•• Alínea *d* com redação determinada pela Emenda Constitucional n. 45, de 8-12-2004.

e) não será promovido o juiz que, injustificadamente, retiver autos em seu poder além do prazo legal, não podendo devolvê-los ao cartório sem o devido despacho ou decisão;

•• Alínea *e* acrescentada pela Emenda Constitucional n. 45, de 8-12-2004.

III – o acesso aos tribunais de segundo grau far-se-á por antiguidade e merecimento, alternadamente, apurados na última ou única entrância;

•• Inciso III com redação determinada pela Emenda Constitucional n. 45, de 8-12-2004.

IV – previsão de cursos oficiais de preparação, aperfeiçoamento e promoção de magistrados, constituindo etapa obrigatória do processo de vitaliciamento a participação em curso oficial ou reconhecido por escola nacional de formação e aperfeiçoamento de magistrados;

•• Inciso IV com redação determinada pela Emenda Constitucional n. 45, de 8-12-2004.

V – o subsídio dos Ministros dos Tribunais Superiores corresponderá a 95% (noventa e cinco por cento) do subsídio mensal fixado para os Ministros do Supremo Tribunal Federal e os subsídios dos demais magistrados serão fixados em lei e escalonados, em nível federal e estadual, conforme as respectivas categorias da estrutura judiciária nacional, não podendo a diferença entre uma e outra ser superior a 10% (dez por cento) ou inferior a 5% (cinco por cento), nem exceder a 95% (noventa e cinco por cento) do subsídio mensal dos Ministros dos Tribunais Superiores, obedecido, em qualquer caso, o disposto nos arts. 37, XI, e 39, § 4.º;

•• Inciso V com redação determinada pela Emenda Constitucional n. 19, de 4-6-1998.

VI – a aposentadoria dos magistrados e a pensão de seus dependentes observarão o disposto no art. 40;

•• Inciso VI com redação determinada pela Emenda Constitucional n. 20, de 15-12-1998.

VII – o juiz titular residirá na respectiva comarca, salvo autorização do tribunal;

•• Inciso VII com redação determinada pela Emenda Constitucional n. 45, de 8-12-2004.

VIII – o ato de remoção, disponibilidade e aposentadoria do magistrado, por interesse público, fundar-se-á em decisão por voto da maioria absoluta do respectivo tribunal ou do Conselho Nacional de Justiça, assegurada ampla defesa;

•• Inciso VIII com redação determinada pela Emenda Constitucional n. 45, de 8-12-2004.

VIII-A – a remoção a pedido ou a permuta de magistrados de comarca de igual entrância atenderá, no que couber, ao disposto nas alíneas *a*, *b*, *c* e *e* do inciso II;

•• Inciso VIII-A acrescentado pela Emenda Constitucional n. 45, de 8-12-2004.

IX – todos os julgamentos dos órgãos do Poder Judiciário serão públicos, e fundamentadas todas as decisões, sob pena de nulidade, podendo a lei limitar a presença, em determinados atos, às próprias partes e a seus advogados, ou somente a estes, em casos nos quais a preservação do direito à intimidade do interessado no sigilo não prejudique o interesse público à informação;

•• Inciso IX com redação determinada pela Emenda Constitucional n. 45, de 8-12-2004.

X – as decisões administrativas dos tribunais serão motivadas e em sessão pública, sendo as disciplinares tomadas pelo voto da maioria absoluta de seus membros;

•• Inciso X com redação determinada pela Emenda Constitucional n. 45, de 8-12-2004.

XI – nos tribunais com número superior a vinte e cinco julgadores, poderá ser constituído órgão especial, com o mínimo de onze e o máximo de vinte e cinco membros, para o exercício das atribuições administrativas e jurisdicionais delegadas da competência do tribunal pleno, provendo-se metade das vagas por antiguidade e a outra metade por eleição pelo tribunal pleno;

•• Inciso XI com redação determinada pela Emenda Constitucional n. 45, de 8-12-2004.

XII – a atividade jurisdicional será ininterrupta, sendo vedado férias coletivas nos juízos e tribunais de segundo grau, funcionando, nos dias em que não houver expediente forense normal, juízes em plantão permanente;

•• Inciso XII acrescentado pela Emenda Constitucional n. 45, de 8-12-2004.

XIII – o número de juízes na unidade jurisdicional será proporcional à efetiva demanda judicial e à respectiva população;

•• Inciso XIII acrescentado pela Emenda Constitucional n. 45, de 8-12-2004.

XIV – os servidores receberão delegação para a prática de atos de administração e atos de mero expediente sem caráter decisório;

•• Inciso XIV acrescentado pela Emenda Constitucional n. 45, de 8-12-2004.

XV – a distribuição de processos será imediata, em todos os graus de jurisdição.

•• Inciso XV acrescentado pela Emenda Constitucional n. 45, de 8-12-2004.

Art. 94. Um quinto dos lugares dos Tribunais Regionais Federais, dos Tribunais dos Estados, e do Distrito Federal e Territórios será composto de membros, do Ministério Público, com mais de dez anos de carreira, e de advogados de notório saber jurídico e de reputação ilibada, com mais de dez anos de efetiva atividade profissional, indicados em lista sêxtupla pelos órgãos de representação das respectivas classes.

Parágrafo único. Recebidas as indicações, o tribunal formará lista tríplice, enviando-a ao Poder Executivo, que, nos vinte dias subsequentes, escolherá um de seus integrantes para nomeação.

Art. 95. Os juízes gozam das seguintes garantias:

I – vitaliciedade, que, no primeiro grau, só será adquirida após dois anos de exercício, dependendo a perda do cargo, nesse período, de deliberação do tribunal a que o juiz estiver vinculado, e, nos demais casos, de sentença judicial transitada em julgado;

II – inamovibilidade, salvo por motivo de interesse público, na forma do art. 93, VIII;

III – irredutibilidade de subsídio, ressalvado o disposto nos arts. 37, X e XI, 39, § 4.°, 150, II, 153, III, e 153, § 2.°, I.

•• Inciso III com redação determinada pela Emenda Constitucional n. 19, de 4-6-1998.

Parágrafo único. Aos juízes é vedado:

I – exercer, ainda que em disponibilidade, outro cargo ou função, salvo uma de magistério;

II – receber, a qualquer título ou pretexto, custas ou participação em processo;

III – dedicar-se à atividade político-partidária;

IV – receber, a qualquer título ou pretexto, auxílios ou contribuições de pessoas físicas, entidades públicas ou privadas, ressalvadas as exceções previstas em lei;

•• Inciso IV acrescentado pela Emenda Constitucional n. 45, de 8-12-2004.

V – exercer a advocacia no juízo ou tribunal do qual se afastou, antes de decorridos três anos do afastamento do cargo por aposentadoria ou exoneração.

•• Inciso V acrescentado pela Emenda Constitucional n. 45, de 8-12-2004.

Art. 96. Compete privativamente:

I – aos tribunais:

a) eleger seus órgãos diretivos e elaborar seus regimentos internos, com observância das normas de processo e das garantias processuais das partes, dispondo sobre a competência e o funcionamento dos respectivos órgãos jurisdicionais e administrativos;

b) organizar suas secretarias e serviços auxiliares e os dos juízos que lhes forem vinculados, velando pelo exercício da atividade correicional respectiva;

c) prover, na forma prevista nesta Constituição, os cargos de juiz de carreira da respectiva jurisdição;

d) propor a criação de novas varas judiciárias;

e) prover, por concurso público de provas, ou de provas e títulos, obedecido o disposto no art. 169, parágrafo único, os cargos necessários à administração da Justiça, exceto os de confiança assim definidos em lei;

•• De acordo com alteração processada pela Emenda Constitucional n. 19, de 4-6-1998, a referência passa a ser ao art. 169, § 1.º.

f) conceder licença, férias e outros afastamentos a seus membros e aos juízes e servidores que lhes forem imediatamente vinculados;

II – ao Supremo Tribunal Federal, aos Tribunais Superiores e aos Tribunais de Justiça propor ao Poder Legislativo respectivo, observado o disposto no art. 169:

a) a alteração do número de membros dos tribunais inferiores;

b) a criação e a extinção de cargos e a remuneração dos seus serviços auxiliares e dos juízos que lhes forem vinculados, bem como a fixação do subsídio de seus membros e dos juízes, inclusive dos tribunais inferiores, onde houver;

•• Alínea *b* com redação determinada pela Emenda Constitucional n. 41, de 19-12-2003.

c) a criação ou extinção dos tribunais inferiores;

d) a alteração da organização e da divisão judiciárias;

III – aos Tribunais de Justiça julgar os juízes estaduais e do Distrito Federal e Territórios, bem como os membros do Ministério Público, nos crimes comuns e de responsabilidade, ressalvada a competência da Justiça Eleitoral.

Art. 97. Somente pelo voto da maioria absoluta de seus membros ou dos membros do respectivo órgão especial poderão os tribunais declarar a inconstitucionalidade de lei ou ato normativo do Poder Público.

• *Vide* Súmula Vinculante 10 do STF.

Art. 98. A União, no Distrito Federal e nos Territórios, e os Estados criarão:

I – juizados especiais, providos por juízes togados, ou togados e leigos, competentes para a conciliação, o julgamento e a execução de causas cíveis de menor complexidade e infrações penais de menor potencial ofensivo, mediante os procedimentos oral e sumariíssimo, permitidos, nas hipóteses previstas em lei, a transação e o julgamento de recursos por turmas de juízes de primeiro grau;

• Juizados Especiais Cíveis e Criminais: Lei n. 9.099, de 26-9-1995.

• Juizados de Violência Doméstica e Familiar contra a Mulher: Lei n. 11.340, de 7-8-2006.

II – justiça de paz, remunerada, composta de cidadãos eleitos pelo voto direto, universal e secreto, com mandato de quatro anos e competência para, na forma da lei, celebrar casamentos, verificar, de ofício ou em face de impugnação apresentada, o processo de habilitação e exercer atribuições conciliatórias, sem caráter jurisdicional, além de outras previstas na legislação.

§ 1.º Lei federal disporá sobre a criação de juizados especiais no âmbito da Justiça Federal.

•• Anterior parágrafo único transformado em § 1.º pela Emenda Constitucional n. 45, de 8-12-2004.

• A Lei n. 10.259, de 12-7-2001, dispõe sobre a instituição dos Juizados Especiais Cíveis e Criminais no âmbito da Justiça Federal.

§ 2.º As custas e emolumentos serão destinados exclusivamente ao custeio dos serviços afetos às atividades específicas da Justiça.

•• § 2.º acrescentado pela Emenda Constitucional n. 45, de 8-12-2004.

Art. 99. Ao Poder Judiciário é assegurada autonomia administrativa e financeira.

§ 1.º Os tribunais elaborarão suas propostas orçamentárias dentro dos limites estipulados conjuntamente com os demais Poderes na lei de diretrizes orçamentárias.

•• *Vide* art. 107, § 2.º, do ADCT.

§ 2.º O encaminhamento da proposta, ouvidos os outros tribunais interessados, compete:

I – no âmbito da União, aos Presidentes do Supremo Tribunal Federal e dos Tribunais

Superiores, com a aprovação dos respectivos tribunais;

II – no âmbito dos Estados e no do Distrito Federal e Territórios, aos Presidentes dos Tribunais de Justiça, com a aprovação dos respectivos tribunais.

§ 3.º Se os órgãos referidos no § 2.º não encaminharem as respectivas propostas orçamentárias dentro do prazo estabelecido na lei de diretrizes orçamentárias, o Poder Executivo considerará, para fins de consolidação da proposta orçamentária anual, os valores aprovados na lei orçamentária vigente, ajustados de acordo com os limites estipulados na forma do § 1.º deste artigo.

•• § 3.º acrescentado pela Emenda Constitucional n. 45, de 8-12-2004.

§ 4.º Se as propostas orçamentárias de que trata este artigo forem encaminhadas em desacordo com os limites estipulados na forma do § 1.º, o Poder Executivo procederá aos ajustes necessários para fins de consolidação da proposta orçamentária anual.

•• § 4.º acrescentado pela Emenda Constitucional n. 45, de 8-12-2004.

§ 5.º Durante a execução orçamentária do exercício, não poderá haver a realização de despesas ou a assunção de obrigações que extrapolem os limites estabelecidos na lei de diretrizes orçamentárias, exceto se previamente autorizadas, mediante a abertura de créditos suplementares ou especiais.

•• § 5.º acrescentado pela Emenda Constitucional n. 45, de 8-12-2004.

Art. 100. Os pagamentos devidos pelas Fazendas Públicas Federal, Estaduais, Distrital e Municipais, em virtude de sentença judiciária, far-se-ão exclusivamente na ordem cronológica de apresentação dos precatórios e à conta dos créditos respectivos, proibida a designação de casos ou de pessoas nas dotações orçamentárias e nos créditos adicionais abertos para este fim.

•• *Caput* com redação determinada pela Emenda Constitucional n. 62, de 9-12-2009.

•• *Vide* art. 4.º da Emenda Constitucional n. 62, de 9-12-2009.

• A Resolução n. 115, de 29-6-2010, do CNJ, dispõe sobre a Gestão de Precatórios no âmbito do Poder Judiciário.

§ 1.º Os débitos de natureza alimentícia compreendem aqueles decorrentes de salários, vencimentos, proventos, pensões e suas complementações, benefícios previdenciários e indenizações por morte ou por invalidez, fundadas em responsabilidade civil, em virtude de sentença judicial transitada em julgado, e serão pagos com preferência sobre todos os demais débitos, exceto sobre aqueles referidos no § 2.º deste artigo.

•• § 1.º com redação determinada pela Emenda Constitucional n. 62, de 9-12-2009.

• *Vide* Súmula Vinculante 47 do STF.

§ 2.º Os débitos de natureza alimentícia cujos titulares, originários ou por sucessão hereditária, tenham 60 (sessenta) anos de idade, ou sejam portadores de doença grave, ou pessoas com deficiência, assim definidos na forma da lei, serão pagos com preferência sobre todos os demais débitos, até o valor equivalente ao triplo fixado em lei para os fins do disposto no § 3.º deste artigo, admitido o fracionamento para essa finalidade, sendo que o restante será pago na ordem cronológica de apresentação do precatório.

•• § 2.º com redação determinada pela Emenda Constitucional n. 94, de 15-12-2016.

•• *Vide* art. 97, § 17, do ADCT.

§ 3.º O disposto no *caput* deste artigo relativamente à expedição de precatórios não se aplica aos pagamentos de obrigações definidas em leis como de pequeno valor que as Fazendas referidas devam fazer em virtude de sentença judicial transitada em julgado.

•• § 3.º com redação determinada pela Emenda Constitucional n. 62, de 9-12-2009.

§ 4.º Para os fins do disposto no § 3.º, poderão ser fixados, por leis próprias, valores distintos às entidades de direito público, segundo as diferentes capacidades econômicas, sendo o mínimo igual ao valor do maior benefício do regime geral de previdência social.

•• § 4.º com redação determinada pela Emenda Constitucional n. 62, de 9-12-2009.

•• *Vide* art. 97, § 12, do ADCT.

§ 5.º É obrigatória a inclusão, no orçamento das entidades de direito público, de verba necessária ao pagamento de seus débitos, oriundos de sentenças transitadas em julgado, constantes de precatórios judiciários apresentados até 1.º de julho, fazendo-se o pagamento até o final do exercício seguinte, quando terão seus valores atualizados monetariamente.

•• § 5.º com redação determinada pela Emenda Constitucional n. 62, de 9-12-2009.

§ 6.º As dotações orçamentárias e os créditos abertos serão consignados diretamente ao Poder Judiciário, cabendo ao Presidente do Tribunal que proferir a decisão exequenda determinar o pagamento integral e autorizar, a requerimento do credor e exclusivamente para os casos de preterimento de seu direito de precedência ou de não alocação orçamentária do valor necessário à satisfação do seu débito, o sequestro da quantia respectiva.

•• § 6.º com redação determinada pela Emenda Constitucional n. 62, de 9-12-2009.

§ 7.º O Presidente do Tribunal competente que, por ato comissivo ou omissivo, retardar ou tentar frustrar a liquidação regular de precatórios incorrerá em crime de responsabilidade e responderá, também, perante o Conselho Nacional de Justiça.

•• § 7.º acrescentado pela Emenda Constitucional n. 62, de 9-12-2009.

• Crimes de responsabilidade: Lei n. 1.079, de 10-4-1950.

§ 8.º É vedada a expedição de precatórios complementares ou suplementares de valor pago, bem como o fracionamento, repartição ou quebra do valor da execução para fins de enquadramento de parcela do total ao que dispõe o § 3.º deste artigo.

•• § 8.º acrescentado pela Emenda Constitucional n. 62, de 9-12-2009.

§ 9.º No momento da expedição dos precatórios, independentemente de regulamentação, deles deverá ser abatido, a título de compensação, valor correspondente aos débitos líquidos e certos, inscritos ou não em dívida ativa e constituídos contra o credor original pela Fazenda Pública devedora, incluídas parcelas vincendas de parcelamentos, ressalvados aqueles cuja execução esteja suspensa em virtude de contestação administrativa ou judicial.

•• § 9.º acrescentado pela Emenda Constitucional n. 62, de 9-12-2009.

• A Orientação Normativa n. 4, de 8-6-2010, do STJ, estabelece regra de transição para os procedimentos de compensação previstos nos §§ 9.º e 10 deste artigo.

§ 10. Antes da expedição dos precatórios, o Tribunal solicitará à Fazenda Pública devedora, para resposta em até 30 (trinta) dias, sob pena de perda do direito de abatimento, informação sobre os débitos que preencham as condições estabelecidas no § 9.º, para os fins nele previstos.

•• § 10 acrescentado pela Emenda Constitucional n. 62, de 9-12-2009.

• A Orientação Normativa n. 4, de 8-6-2010, do STJ, estabelece regra de transição para os procedimentos de compensação previstos nos §§ 9.º e 10 deste artigo.

§ 11. É facultada ao credor, conforme estabelecido em lei da entidade federativa devedora, a entrega de créditos em precatórios para compra de imóveis públicos do respectivo ente federado.

•• § 11 acrescentado pela Emenda Constitucional n. 62, de 9-12-2009.

§ 12. A partir da promulgação desta Emenda Constitucional, a atualização de valores de requisitórios, após sua expedição, até o efetivo pagamento, independentemente de sua natureza, será feita pelo índice oficial de remuneração básica da caderneta de poupança, e, para fins de compensação da mora, incidirão juros simples no mesmo percentual de juros incidentes sobre a caderneta de poupança, ficando excluída a incidência de juros compensatórios.

•• § 12 acrescentado pela Emenda Constitucional n. 62, de 9-12-2009.

•• O STF, no julgamento da ADI n. 4.425, de 14-3-2013 (*DJE* de 19-12-2013), julgou procedente a ação para declarar a inconstitucionalidade das expressões "índice oficial de remuneração básica da caderneta de poupança", e "independentemente de sua natureza", contidas na redação deste parágrafo.

§ 13. O credor poderá ceder, total ou parcialmente, seus créditos em precatórios a terceiros, independentemente da concordância do devedor, não se aplicando ao cessionário o disposto nos §§ 2.° e 3.°.

•• § 13 acrescentado pela Emenda Constitucional n. 62, de 9-12-2009.

§ 14. A cessão de precatórios somente produzirá efeitos após comunicação, por meio de petição protocolizada, ao tribunal de origem e à entidade devedora.

•• § 14 acrescentado pela Emenda Constitucional n. 62, de 9-12-2009.

§ 15. Sem prejuízo do disposto neste artigo, lei complementar a esta Constituição Federal poderá estabelecer regime especial para pagamento de crédito de precatórios de Estados, Distrito Federal e Municípios, dispondo sobre vinculações à receita corrente líquida e forma e prazo de liquidação.

•• § 15 acrescentado pela Emenda Constitucional n. 62, de 9-12-2009.

•• O STF, no julgamento da ADI n. 4.425, de 14-3-2013 (*DJE* de 19-12-2013), julgou procedente a ação para declarar a inconstitucionalidade deste parágrafo.

•• *Vide* arts. 97 e 101 a 105 do ADCT.

§ 16. A seu critério exclusivo e na forma de lei, a União poderá assumir débitos, oriundos de precatórios, de Estados, Distrito Federal e Municípios, refinanciando-os diretamente.

•• § 16 acrescentado pela Emenda Constitucional n. 62, de 9-12-2009.

§ 17. A União, os Estados, o Distrito Federal e os Municípios aferirão mensalmente, em base anual, o comprometimento de suas respectivas receitas correntes líquidas com o pagamento de precatórios e obrigações de pequeno valor.

•• § 17 acrescentado pela Emenda Constitucional n. 94, de 15-12-2016.

§ 18. Entende-se como receita corrente líquida, para os fins de que trata o § 17, o somatório das receitas tributárias, patrimoniais, industriais, agropecuárias, de contribuições e de serviços, de transferências correntes e outras receitas correntes, incluindo as oriundas do § 1.° do art. 20 da Constituição Federal, verificado no período compreendido pelo segundo mês imediatamente anterior ao de referência e os 11 (onze) meses precedentes, excluídas as duplicidades, e deduzidas:

•• *Caput* acrescentado pela Emenda Constitucional n. 94, de 15-12-2016.

I – na União, as parcelas entregues aos Estados, ao Distrito Federal e aos Municípios por determinação constitucional;

•• Inciso I acrescentado pela Emenda Constitucional n. 94, de 15-12-2016.

II – nos Estados, as parcelas entregues aos Municípios por determinação constitucional;

•• Inciso II acrescentado pela Emenda Constitucional n. 94, de 15-12-2016.

III – na União, nos Estados, no Distrito Federal e nos Municípios, a contribuição dos servidores para custeio de seu sistema de previdência e assistência social e as receitas provenientes da compensação financeira referida no § 9.° do art. 201 da Constituição Federal.

•• Inciso III acrescentado pela Emenda Constitucional n. 94, de 15-12-2016.

§ 19. Caso o montante total de débitos decorrentes de condenações judiciais em precatórios e obrigações de pequeno valor, em período de 12 (doze) meses, ultrapasse a média do comprometimento percentual da receita corrente líquida nos 5 (cinco) anos imediatamente anteriores, a parcela que exceder esse percentual poderá ser financiada, excetuada dos limites de endividamento de que tratam os incisos VI e VII do art. 52 da Constituição Federal e de quaisquer outros limites de endividamento previstos, não se aplicando a esse financiamento a vedação de vinculação de receita prevista no inciso IV do art. 167 da Constituição Federal.

•• § 19 acrescentado pela Emenda Constitucional n. 94, de 15-12-2016.

§ 20. Caso haja precatório com valor superior a 15% (quinze por cento) do montante dos precatórios apresentados nos termos do § 5.° deste artigo, 15% (quinze por cento) do valor deste precatório serão pagos até o final do exercício seguinte e o restante em parcelas iguais nos cinco exercícios subsequentes, acrescidas de juros de mora e correção monetária, ou mediante acordos diretos, perante Juízos Auxiliares de Conciliação de Precatórios, com redução máxima de 40% (quarenta por cento) do valor do crédito atualizado, desde que em relação ao crédito não penda recurso ou defesa judicial e que sejam observados os requisitos definidos na regulamentação editada pelo ente federado.

•• § 20 acrescentado pela Emenda Constitucional n. 94, de 15-12-2016.

Seção II
Do Supremo Tribunal Federal

Art. 101. O Supremo Tribunal Federal compõe-se de onze Ministros, escolhidos dentre cidadãos com mais de trinta e cinco e menos de sessenta e cinco anos de idade, de notável saber jurídico e reputação ilibada.

Parágrafo único. Os Ministros do Supremo Tribunal Federal serão nomeados pelo Presidente da República, depois de aprovada a escolha pela maioria absoluta do Senado Federal.

Art. 102. Compete ao Supremo Tribunal Federal, precipuamente, a guarda da Constituição, cabendo-lhe:

I – processar e julgar, originariamente:

a) a ação direta de inconstitucionalidade de lei ou ato normativo federal ou estadual e a ação declaratória de constitucionalidade de lei ou ato normativo federal;

•• Alínea *a* com redação determinada pela Emenda Constitucional n. 3, de 17-3-1993.

• A Lei n. 9.868, de 10-11-1999, dispõe sobre o processo e julgamento na ADI e ADC perante o STF.

b) nas infrações penais comuns, o Presidente da República, o Vice-Presidente, os membros do Congresso Nacional, seus próprios Ministros e o Procurador-Geral da República;

c) nas infrações penais comuns e nos crimes de responsabilidade, os Ministros de Estado e os Comandantes da Marinha, do Exército e da Aeronáutica, ressalvado o disposto no art. 52, I, os membros dos Tribunais Superiores, os do Tribunal de Contas da União e os chefes de missão diplomática de caráter permanente;

•• Alínea *c* com redação determinada pela Emenda Constitucional n. 23, de 2-9-1999.

• A Lei n. 1.079, de 10-4-1950, define os crimes de responsabilidade e regula o respectivo processo de julgamento.

d) o *habeas corpus*, sendo paciente qualquer das pessoas referidas nas alíneas anteriores; o mandado de segurança e o *habeas data* contra atos do Presidente da República, das Mesas da Câmara dos Deputados e do Senado Federal, do Tribunal de Contas da União, do Procurador-Geral da República e do próprio Supremo Tribunal Federal;

e) o litígio entre Estado estrangeiro ou organismo internacional e a União, o Estado, o Distrito Federal ou o Território;

f) as causas e os conflitos entre a União e os Estados, a União e o Distrito Federal, ou entre uns e outros, inclusive as respectivas entidades da administração indireta;

g) a extradição solicitada por Estado estrangeiro;

h) (*Revogada pela Emenda Constitucional n. 45, de 8-12-2004.*)

i) o *habeas corpus,* quando o coator for Tribunal Superior ou quando o coator ou o paciente for autoridade ou funcionário cujos atos estejam sujeitos diretamente à jurisdição do Supremo Tribunal Federal, ou se trate de crime sujeito à mesma jurisdição em uma única instância;

•• Alínea *i* com redação determinada pela Emenda Constitucional n. 22, de 18-3-1999.

j) a revisão criminal e a ação rescisória de seus julgados;

• Da revisão criminal: arts. 621 e segs. do CPP.

• Da ação rescisória: arts. 966 e segs. do CPC.

l) a reclamação para a preservação de sua competência e garantia da autoridade de suas decisões;

m) a execução de sentença nas causas de sua competência originária, facultada a delegação de atribuições para a prática de atos processuais;

n) a ação em que todos os membros da magistratura sejam direta ou indiretamente interessados, e aquela em que mais da metade dos membros do tribunal de origem estejam impedidos ou sejam direta ou indiretamente interessados;

o) os conflitos de competência entre o Superior Tribunal de Justiça e quaisquer tribunais, entre Tribunais Superiores, ou entre estes e qualquer outro tribunal;

• *Vide* arts. 105, I, *d*, 108, I, *e*, e 114, V.

p) o pedido de medida cautelar das ações diretas de inconstitucionalidade;

q) o mandado de injunção, quando a elaboração da norma regulamentadora for atribuição do Presidente da República, do Congresso Nacional, da Câmara dos Deputados, do Senado Federal, das Mesas de uma dessas Casas Legislativas, do Tribunal de Contas da União, de um dos Tribunais Superiores, ou do próprio Supremo Tribunal Federal;

r) as ações contra o Conselho Nacional de Justiça e contra o Conselho Nacional do Ministério Público;

•• Alínea *r* acrescentada pela Emenda Constitucional n. 45, de 8-12-2004.

II – julgar, em recurso ordinário:

a) o *habeas corpus*, o mandado de segurança, o *habeas data* e o mandado de injunção decididos em única instância pelos Tribunais Superiores, se denegatória a decisão;

b) o crime político;

III – julgar, mediante recurso extraordinário, as causas decididas em única ou última instância, quando a decisão recorrida:

a) contrariar dispositivo desta Constituição;

b) declarar a inconstitucionalidade de tratado ou lei federal;

c) julgar válida lei ou ato de governo local contestado em face desta Constituição;

d) julgar válida lei local contestada em face de lei federal.

•• Alínea *d* acrescentada pela Emenda Constitucional n. 45, de 8-12-2004.

§ 1.º A arguição de descumprimento de preceito fundamental, decorrente desta Constituição, será apreciada pelo Supremo Tribunal Federal, na forma da lei.

•• § 1.º com redação determinada pela Emenda Constitucional n. 3, de 17-3-1993.

•• A Lei n. 9.882, de 3-12-1999, dispõe sobre o processo e julgamento da arguição de descumprimento de preceito fundamental, de que trata este parágrafo.

§ 2.º As decisões definitivas de mérito, proferidas pelo Supremo Tribunal Federal, nas ações diretas de inconstitucionalidade e nas ações declaratórias de constitucionalidade produzirão eficácia contra todos e efeito vinculante, relativamente aos demais órgãos do Poder Judiciário e à administração pública direta e indireta, nas esferas federal, estadual e municipal.

•• § 2.º com redação determinada pela Emenda Constitucional n. 45, de 8-12-2004.

§ 3.º No recurso extraordinário o recorrente deverá demonstrar a repercussão geral das questões constitucionais discutidas no caso, nos termos da lei, a fim de que o Tribunal examine a admissão do recurso, somente podendo recusá-lo pela manifestação de dois terços de seus membros.

•• § 3.º acrescentado pela Emenda Constitucional n. 45, de 8-12-2004.

•• § 3.º regulamentado pela Lei n. 11.418, de 19-12-2006.

Art. 103. Podem propor a ação direta de inconstitucionalidade e a ação declaratória de constitucionalidade:

•• *Caput* com redação determinada pela Emenda Constitucional n. 45, de 8-12-2004.

I – o Presidente da República;

II – a Mesa do Senado Federal;

III – a Mesa da Câmara dos Deputados;

IV – a Mesa de Assembleia Legislativa ou da Câmara Legislativa do Distrito Federal;

•• Inciso IV com redação determinada pela Emenda Constitucional n. 45, de 8-12-2004.

V – o Governador de Estado ou do Distrito Federal;

•• Inciso V com redação determinada pela Emenda Constitucional n. 45, de 8-12-2004.

VI – o Procurador-Geral da República;

VII – o Conselho Federal da Ordem dos Advogados do Brasil;

VIII – partido político com representação no Congresso Nacional;

IX – confederação sindical ou entidade de classe de âmbito nacional.

§ 1.º O Procurador-Geral da República deverá ser previamente ouvido nas ações de inconstitucionalidade e em todos os processos de competência do Supremo Tribunal Federal.

§ 2.º Declarada a inconstitucionalidade por omissão de medida para tornar efetiva norma constitucional, será dada ciência ao Poder competente para a adoção das providências necessárias e, em se tratando de órgão administrativo, para fazê-lo em trinta dias.

§ 3.º Quando o Supremo Tribunal Federal apreciar a inconstitucionalidade, em tese, de norma legal ou ato normativo, citará, previamente, o Advogado-Geral da União, que defenderá o ato ou texto impugnado.

§ 4.º (*Revogado pela Emenda Constitucional n. 45, de 8-12-2004.*)

Art. 103-A. O Supremo Tribunal Federal poderá, de ofício ou por provocação, mediante decisão de dois terços dos seus membros, após reiteradas decisões sobre matéria constitucional, aprovar súmula que, a partir de sua publicação na imprensa oficial, terá efeito vinculante em relação aos demais órgãos do Poder Judiciário e à administração pública direta e indireta, nas esferas federal, estadual e municipal, bem como proceder à sua revisão ou cancelamento, na forma estabelecida em lei.

•• *Caput* acrescentado pela Emenda Constitucional n. 45, de 8-12-2004.

•• Artigo regulamentado pela Lei n. 11.417, de 19-12-2006.

§ 1.º A súmula terá por objetivo a validade, a interpretação e a eficácia de normas determinadas, acerca das quais haja controvérsia atual entre órgãos judiciários ou entre esses e a administração pública que acarrete grave insegurança jurídica e relevante multiplicação de processos sobre questão idêntica.

•• § 1.º acrescentado pela Emenda Constitucional n. 45, de 8-12-2004.

§ 2.º Sem prejuízo do que vier a ser estabelecido em lei, a aprovação, revisão ou cancelamento de súmula poderá ser provocada por aqueles que podem propor a ação direta de inconstitucionalidade.

•• § 2.º acrescentado pela Emenda Constitucional n. 45, de 8-12-2004.

§ 3.º Do ato administrativo ou decisão judicial que contrariar a súmula aplicável ou que indevidamente a aplicar, caberá reclamação ao Supremo Tribunal Federal que, julgando-a procedente, anulará o ato administrativo ou cassará a decisão judicial reclamada, e determinará que outra seja proferida com ou sem a aplicação da súmula, conforme o caso.

•• § 3.º acrescentado pela Emenda Constitucional n. 45, de 8-12-2004.

Art. 103-B. O Conselho Nacional de Justiça compõe-se de 15 (quinze) membros com mandato de 2 (dois) anos, admitida 1 (uma) recondução, sendo:

•• *Caput* com redação determinada pela Emenda Constitucional n. 61, de 11-11-2009.

• A Portaria n. 34, de 30-5-2017, dispõe sobre a estrutura orgânica do CNJ.

I – o Presidente do Supremo Tribunal Federal;

•• Inciso I com redação determinada pela Emenda Constitucional n. 61, de 11-11-2009.

II – um Ministro do Superior Tribunal de Justiça, indicado pelo respectivo tribunal;

•• Inciso II acrescentado pela Emenda Constitucional n. 45, de 8-12-2004.

III – um Ministro do Tribunal Superior do Trabalho, indicado pelo respectivo tribunal;

•• Inciso III acrescentado pela Emenda Constitucional n. 45, de 8-12-2004.

IV – um desembargador de Tribunal de Justiça, indicado pelo Supremo Tribunal Federal;

•• Inciso IV acrescentado pela Emenda Constitucional n. 45, de 8-12-2004.

V – um juiz estadual, indicado pelo Supremo Tribunal Federal;

•• Inciso V acrescentado pela Emenda Constitucional n. 45, de 8-12-2004.

VI – um juiz de Tribunal Regional Federal, indicado pelo Superior Tribunal de Justiça;

•• Inciso VI acrescentado pela Emenda Constitucional n. 45, de 8-12-2004.

VII – um juiz federal, indicado pelo Superior Tribunal de Justiça;

•• Inciso VII acrescentado pela Emenda Constitucional n. 45, de 8-12-2004.

VIII – um juiz de Tribunal Regional do Trabalho, indicado pelo Tribunal Superior do Trabalho;

•• Inciso VIII acrescentado pela Emenda Constitucional n. 45, de 8-12-2004.

IX – um juiz do trabalho, indicado pelo Tribunal Superior do Trabalho;

•• Inciso IX acrescentado pela Emenda Constitucional n. 45, de 8-12-2004.

X – um membro do Ministério Público da União, indicado pelo Procurador-Geral da República;

•• Inciso X acrescentado pela Emenda Constitucional n. 45, de 8-12-2004.

XI – um membro do Ministério Público estadual, escolhido pelo Procurador-Geral da República dentre os nomes indicados pelo órgão competente de cada instituição estadual;

•• Inciso XI acrescentado pela Emenda Constitucional n. 45, de 8-12-2004.

XII – dois advogados, indicados pelo Conselho Federal da Ordem dos Advogados do Brasil;

•• Inciso XII acrescentado pela Emenda Constitucional n. 45, de 8-12-2004.

XIII – dois cidadãos, de notável saber jurídico e reputação ilibada, indicados um pela Câmara dos Deputados e outro pelo Senado Federal.

•• Inciso XIII acrescentado pela Emenda Constitucional n. 45, de 8-12-2004.

§ 1.º O Conselho será presidido pelo Presidente do Supremo Tribunal Federal e, nas suas ausências e impedimentos, pelo Vice-Presidente do Supremo Tribunal Federal.

•• § 1.º com redação determinada pela Emenda Constitucional n. 61, de 11-11-2009.

§ 2.º Os demais membros do Conselho serão nomeados pelo Presidente da República, depois de aprovada a escolha pela maioria absoluta do Senado Federal.

•• § 2.º com redação determinada pela Emenda Constitucional n. 61, de 11-11-2009.

§ 3.º Não efetuadas, no prazo legal, as indicações previstas neste artigo, caberá a escolha ao Supremo Tribunal Federal.

•• § 3.º acrescentado pela Emenda Constitucional n. 45, de 8-12-2004.

§ 4.º Compete ao Conselho o controle da atuação administrativa e financeira do Poder Judiciário e do cumprimento dos deveres funcionais dos juízes, cabendo-lhe, além de outras atribuições que lhe forem conferidas pelo Estatuto da Magistratura:

•• § 4.º, *caput*, acrescentado pela Emenda Constitucional n. 45, de 8-12-2004.

I – zelar pela autonomia do Poder Judiciário e pelo cumprimento do Estatuto da Magistratura, podendo expedir atos regulamentares, no âmbito de sua competência, ou recomendar providências;

•• Inciso I acrescentado pela Emenda Constitucional n. 45, de 8-12-2004.

II – zelar pela observância do art. 37 e apreciar, de ofício ou mediante provocação, a legalidade dos atos administrativos praticados por membros ou órgãos do Poder Judiciário, podendo desconstituí-los, revê-los ou fixar prazo para que se adotem as providências necessárias ao exato cumprimento da lei, sem prejuízo da competência do Tribunal de Contas da União;

•• Inciso II acrescentado pela Emenda Constitucional n. 45, de 8-12-2004.

III – receber e conhecer das reclamações contra membros ou órgãos do Poder Judiciário, inclusive contra seus serviços auxiliares, serventias e órgãos prestadores de serviços notariais e de registro que atuem por delegação do poder público ou oficializados, sem prejuízo da competência disciplinar e correicional dos tribunais, podendo avocar processos disciplinares em curso e determinar a remoção, a disponibilidade ou a aposentadoria com subsídios ou proventos proporcionais ao tempo de serviço e aplicar outras sanções administrativas, assegurada ampla defesa;

•• Inciso III acrescentado pela Emenda Constitucional n. 45, de 8-12-2004.

IV – representar ao Ministério Público, no caso de crime contra a administração pública ou de abuso de autoridade;

•• Inciso IV acrescentado pela Emenda Constitucional n. 45, de 8-12-2004.

V – rever, de ofício ou mediante provocação, os processos disciplinares de juízes e membros de tribunais julgados há menos de um ano;

•• Inciso V acrescentado pela Emenda Constitucional n. 45, de 8-12-2004.

VI – elaborar semestralmente relatório estatístico sobre processos e sentenças prolatadas, por unidade da Federação, nos diferentes órgãos do Poder Judiciário;

•• Inciso VI acrescentado pela Emenda Constitucional n. 45, de 8-12-2004.

VII – elaborar relatório anual, propondo as providências que julgar necessárias, sobre a situação do Poder Judiciário no País e as atividades do Conselho, o qual deve integrar mensagem do Presidente do Supremo Tribunal Federal a ser remetida ao Congresso Nacional, por ocasião da abertura da sessão legislativa.

•• Inciso VII acrescentado pela Emenda Constitucional n. 45, de 8-12-2004.

§ 5.º O Ministro do Superior Tribunal de Justiça exercerá a função de Ministro-Corregedor e ficará excluído da distribuição de processos no Tribunal, competindo-lhe, além das atribuições que lhe forem conferidas pelo Estatuto da Magistratura, as seguintes:

•• § 5.º, *caput*, acrescentado pela Emenda Constitucional n. 45, de 8-12-2004.

I – receber as reclamações e denúncias, de qualquer interessado, relativas aos magistrados e aos serviços judiciários;

•• Inciso I acrescentado pela Emenda Constitucional n. 45, de 8-12-2004.

II – exercer funções executivas do Conselho, de inspeção e de correição geral;

•• Inciso II acrescentado pela Emenda Constitucional n. 45, de 8-12-2004.

III – requisitar e designar magistrados, delegando-lhes atribuições, e requisitar servidores de juízos ou tribunais, inclusive nos Estados, Distrito Federal e Territórios.

•• Inciso III acrescentado pela Emenda Constitucional n. 45, de 8-12-2004.

§ 6.º Junto ao Conselho oficiarão o Procurador-Geral da República e o Presidente do Conselho Federal da Ordem dos Advogados do Brasil.

•• § 6.º acrescentado pela Emenda Constitucional n. 45, de 8-12-2004.

§ 7.º A União, inclusive no Distrito Federal e nos Territórios, criará ouvidorias de justiça, competentes para receber reclamações e denúncias de qualquer interessado contra membros ou órgãos do Poder Judiciário, ou contra seus serviços auxiliares, representando diretamente ao Conselho Nacional de Justiça.

•• § 7.º acrescentado pela Emenda Constitucional n. 45, de 8-12-2004.

Seção III
Do Superior Tribunal de Justiça

Art. 104. O Superior Tribunal de Justiça compõe-se de, no mínimo, trinta e três Ministros.

Parágrafo único. Os Ministros do Superior Tribunal de Justiça serão nomeados pelo Presidente da República, dentre brasileiros com mais de trinta e cinco e menos de sessenta e cinco anos, de notável saber jurídico e reputação ilibada, depois de aprovada a escolha pela maioria absoluta do Senado Federal, sendo:

•• Parágrafo único, *caput*, com redação determinada pela Emenda Constitucional n. 45, de 8-12-2004.

I – um terço dentre juízes dos Tribunais Regionais Federais e um terço dentre desembargadores dos Tribunais de Justiça, indicados em lista tríplice elaborada pelo próprio Tribunal;

II – um terço, em partes iguais, dentre advogados e membros do Ministério Público Federal, Estadual, do Distrito Federal e Territórios, alternadamente, indicados na forma do art. 94.

Art. 105. Compete ao Superior Tribunal de Justiça:

I – processar e julgar, originariamente:

a) nos crimes comuns, os Governadores dos Estados e do Distrito Federal, e, nestes e nos de responsabilidade, os desembargadores dos Tribunais de Justiça dos Estados e do Distrito Federal, os membros dos Tribunais de Contas dos Estados e do Distrito Federal, os dos Tribunais Regionais Federais, dos Tribunais Regionais Eleitorais e do Trabalho, os membros dos Conselhos ou Tribunais de Contas dos Municípios e os do Ministério Público da União que oficiem perante tribunais;

b) os mandados de segurança e os *habeas data* contra ato de Ministro de Estado, dos Comandantes da Marinha, do Exército e da Aeronáutica ou do próprio Tribunal;

•• Alínea *b* com redação determinada pela Emenda Constitucional n. 23, de 2-9-1999.

c) os *habeas corpus*, quando o coator ou paciente for qualquer das pessoas mencionadas na alínea *a*, ou quando o coator for tribunal sujeito à sua jurisdição, Ministro de Estado ou Comandante da Marinha, do Exército ou da Aeronáutica, ressalvada a competência da Justiça Eleitoral;

•• Alínea *c* com redação determinada pela Emenda Constitucional n. 23, de 2-9-1999.

d) os conflitos de competência entre quaisquer tribunais, ressalvado o disposto no art. 102, I, *o*, bem como entre tribunal e juízes a ele não vinculados e entre juízes vinculados a tribunais diversos;

e) as revisões criminais e as ações rescisórias de seus julgados;

• Da revisão criminal: arts. 621 e segs. do CPP.

• Da ação rescisória: arts. 966 e segs. do CPC.

f) a reclamação para a preservação de sua competência e garantia da autoridade de suas decisões;

g) os conflitos de atribuições entre autoridades administrativas e judiciárias da União, ou entre autoridades judiciárias de um Estado e administrativas de outro ou do Distrito Federal, ou entre as deste e da União;

h) o mandado de injunção, quando a elaboração da norma regulamentadora for atribuição de órgão, entidade ou autoridade federal, da administração direta ou indireta, excetuados os casos de competência do Supremo Tribunal Federal e dos órgãos da Justiça Militar, da Justiça Eleitoral, da Justiça do Trabalho e da Justiça Federal;

i) a homologação de sentenças estrangeiras e a concessão de *exequatur* às cartas rogatórias;

•• Alínea *i* acrescentada pela Emenda Constitucional n. 45, de 8-12-2004.

II – julgar, em recurso ordinário:

a) os *habeas corpus* decididos em única ou última instância pelos Tribunais Regionais Federais ou pelos tribunais dos Estados, do Distrito Federal e Territórios, quando a decisão for denegatória;

b) os mandados de segurança decididos em única instância pelos Tribunais Regionais Federais ou pelos tribunais dos Estados, do Distrito Federal e Territórios, quando denegatória a decisão;

c) as causas em que forem partes Estado estrangeiro ou organismo internacional, de um lado, e, do outro, Município ou pessoa residente ou domiciliada no País;

III – julgar, em recurso especial, as causas decididas, em única ou última instância, pelos Tribunais Regionais Federais ou pelos tribunais dos Estados, do Distrito Federal e Territórios, quando a decisão recorrida:

a) contrariar tratado ou lei federal, ou negar-lhes vigência;

b) julgar válido ato de governo local contestado em face de lei federal;

•• Alínea *b* com redação determinada pela Emenda Constitucional n. 45, de 8-12-2004.

c) der a lei federal interpretação divergente da que lhe haja atribuído outro tribunal.

Parágrafo único. Funcionarão junto ao Superior Tribunal de Justiça:

•• Parágrafo único, *caput*, com redação determinada pela Emenda Constitucional n. 45, de 8-12-2004.

I – a Escola Nacional de Formação e Aperfeiçoamento de Magistrados, cabendo-lhe, dentre outras funções, regulamentar os cursos oficiais para o ingresso e promoção na carreira;

•• Inciso I acrescentado pela Emenda Constitucional n. 45, de 8-12-2004.

II – o Conselho da Justiça Federal, cabendo-lhe exercer, na forma da lei, a supervisão administrativa e orçamentária da Justiça Federal de primeiro e segundo graus, como órgão central do sistema e com poderes correicionais, cujas decisões terão caráter vinculante.

•• Inciso II acrescentado pela Emenda Constitucional n. 45, de 8-12-2004.

•• A Lei n. 11.798, de 29-10-2008, dispõe sobre a composição e a competência do CJF.

Seção IV
Dos Tribunais Regionais Federais e dos Juízes Federais

Art. 106. São órgãos da Justiça Federal:

I – os Tribunais Regionais Federais;

II – os Juízes Federais.

Art. 107. Os Tribunais Regionais Federais compõem-se de, no mínimo, sete juízes, recrutados, quando possível, na respectiva região e nomeados pelo Presidente da República dentre brasileiros com mais de trinta e menos de sessenta e cinco anos, sendo:

I – um quinto dentre advogados com mais de dez anos de efetiva atividade profissional e membros do Ministério Público Federal com mais de dez anos de carreira;

II – os demais, mediante promoção de juízes federais com mais de cinco anos de exercício, por antiguidade e merecimento, alternadamente.

§ 1.º A lei disciplinará a remoção ou a permuta de juízes dos Tribunais Regionais Federais e determinará sua jurisdição e sede.

•• Primitivo parágrafo único renumerado pela Emenda Constitucional n. 45, de 8-12-2004.

§ 2.º Os Tribunais Regionais Federais instalarão a justiça itinerante, com a realização de audiências e demais funções da atividade jurisdicional, nos limites territoriais da respectiva jurisdição, servindo-se de equipamentos públicos e comunitários.

•• § 2.º acrescentado pela Emenda Constitucional n. 45, de 8-12-2004.

§ 3.º Os Tribunais Regionais Federais poderão funcionar descentralizadamente, constituindo Câmaras regionais, a fim de assegurar o pleno acesso do jurisdicionado à justiça em todas as fases do processo.

•• § 3.º acrescentado pela Emenda Constitucional n. 45, de 8-12-2004.

Art. 108. Compete aos Tribunais Regionais Federais:

I – processar e julgar, originariamente:

a) os juízes federais da área de sua jurisdição, incluídos os da Justiça Militar e da Justiça do Trabalho, nos crimes comuns e de responsabilidade, e os membros do Ministério Público da União, ressalvada a competência da Justiça Eleitoral;

b) as revisões criminais e as ações rescisórias de julgados seus ou dos juízes federais da região;

• Da revisão criminal: arts. 621 e segs. do CPP.

• Da ação rescisória: arts. 966 e segs. do CPC.

c) os mandados de segurança e os *habeas data* contra ato do próprio Tribunal ou de juiz federal;

d) os *habeas corpus*, quando a autoridade coatora for juiz federal;

e) os conflitos de competência entre juízes federais vinculados ao Tribunal;

II – julgar, em grau de recurso, as causas decididas pelos juízes federais e pelos juízes estaduais no exercício da competência federal da área de sua jurisdição.

Art. 109. Aos juízes federais compete processar e julgar:

I – as causas em que a União, entidade autárquica ou empresa pública federal forem interessadas na condição de autoras, rés, assistentes ou oponentes, exceto as de falência, as de acidentes de trabalho e as sujeitas à Justiça Eleitoral e à Justiça do Trabalho;

• *Vide* Súmulas Vinculantes 22 e 27 do STF.

II – as causas entre Estado estrangeiro ou organismo internacional e Município ou pessoa domiciliada ou residente no País;

III – as causas fundadas em tratado ou contrato da União com Estado estrangeiro ou organismo internacional;

IV – os crimes políticos e as infrações penais praticadas em detrimento de bens, serviços ou interesse da União ou de suas entidades autárquicas ou empresas públicas, excluídas as contravenções e ressalvada a competência da Justiça Militar e da Justiça Eleitoral;

V – os crimes previstos em tratado ou convenção internacional, quando, iniciada a execução no País, o resultado tenha ou devesse ter ocorrido no estrangeiro, ou reciprocamente;

V-A – as causas relativas a direitos humanos a que se refere o § 5.º deste artigo;

•• Inciso V-A acrescentado pela Emenda Constitucional n. 45, de 8-12-2004.

VI – os crimes contra a organização do trabalho e, nos casos determinados por lei, contra o sistema financeiro e a ordem econômico-financeira;

• Dos crimes contra a organização do trabalho: arts. 197 a 207 do CP.

• Dos crimes contra o sistema financeiro: Lei n. 7.492, de 16-6-1986.

• Dos crimes contra a ordem econômica: Leis n. 8.137, de 27-12-1990, e n. 8.176, de 8-2-1991.

VII – os *habeas corpus*, em matéria criminal de sua competência ou quando o constrangimento provier de autoridade cujos atos não estejam diretamente sujeitos a outra jurisdição;

VIII – os mandados de segurança e os *habeas data* contra ato de autoridade federal, excetuados os casos de competência dos tribunais federais;

• Mandado de segurança: Lei n. 12.016, de 7-8-2009.

• *Habeas data*: Lei n. 9.507, de 12-11-1997.

IX – os crimes cometidos a bordo de navios ou aeronaves, ressalvada a competência da Justiça Militar;

X – os crimes de ingresso ou permanência irregular de estrangeiro, a execução de carta rogatória, após o *exequatur*, e de sentença estrangeira, após a homologação, as causas referentes à nacionalidade, inclusive a respectiva opção, e à naturalização;

XI – a disputa sobre direitos indígenas.

§ 1.º As causas em que a União for autora serão aforadas na seção judiciária onde tiver domicílio a outra parte.

§ 2.º As causas intentadas contra a União poderão ser aforadas na seção judiciária em que for domiciliado o autor, naquela onde houver ocorrido o ato ou fato que deu origem à demanda ou onde esteja situada a coisa, ou ainda, no Distrito Federal.

§ 3.º Serão processadas e julgadas na justiça estadual, no foro do domicílio dos segurados ou beneficiários, as causas em que forem parte instituição de previdência social e segurado, sempre que a comarca não seja sede de vara do juízo federal, e, se verificada essa condição, a lei poderá permitir que outras causas sejam também processadas e julgadas pela justiça estadual.

§ 4.º Na hipótese do parágrafo anterior, o recurso cabível será sempre para o Tribunal Regional Federal na área de jurisdição do juiz de primeiro grau.

§ 5.º Nas hipóteses de grave violação de direitos humanos, o Procurador-Geral da República, com a finalidade de assegurar o cumprimento de obrigações decorrentes de tratados internacionais de direitos humanos dos quais o Brasil seja parte, poderá suscitar, perante o Superior Tribunal de Justiça, em qualquer fase do inquérito ou processo, incidente de deslocamento de competência para a Justiça Federal.

•• § 5.º acrescentado pela Emenda Constitucional n. 45, de 8-12-2004.

Art. 110. Cada Estado, bem como o Distrito Federal, constituirá uma seção judiciária que terá por sede a respectiva Capital, e varas localizadas segundo o estabelecido em lei.

Parágrafo único. Nos Territórios Federais, a jurisdição e as atribuições cometidas aos juízes federais caberão aos juízes da justiça local, na forma da lei.

Seção V
Do Tribunal Superior do Trabalho, dos Tribunais Regionais do Trabalho e dos Juízes do Trabalho

•• Seção V com denominação determinada pela Emenda Constitucional n. 92, de 12-7-2016.

Art. 111. São órgãos da Justiça do Trabalho:

I – o Tribunal Superior do Trabalho;

II – os Tribunais Regionais do Trabalho;

III – Juízes do Trabalho.

•• Inciso III com redação determinada pela Emenda Constitucional n. 24, de 9-12-1999.

§§ 1.º a 3.º (*Revogados pela Emenda Constitucional n. 45, de 8-12-2004.*)

Art. 111-A. O Tribunal Superior do Trabalho compor-se-á de vinte e sete Ministros, escolhidos dentre brasileiros com mais de trinta e cinco anos e menos de sessenta e cinco anos, de notável saber jurídico e reputação ilibada, nomeados pelo Presidente da República após aprovação pela maioria absoluta do Senado Federal, sendo:

•• *Caput* com redação determinada pela Emenda Constitucional n. 92, de 12-7-2016.

I – um quinto dentre advogados com mais de dez anos de efetiva atividade profissional e membros do Ministério Público do Trabalho com mais de dez anos de efetivo exercício, observado o disposto no art. 94;

•• Inciso I acrescentado pela Emenda Constitucional n. 45, de 8-12-2004.

II – os demais dentre juízes dos Tribunais Regionais do Trabalho, oriundos da magistratura da carreira, indicados pelo próprio Tribunal Superior.

•• Inciso II acrescentado pela Emenda Constitucional n. 45, de 8-12-2004.

§ 1.º A lei disporá sobre a competência do Tribunal Superior do Trabalho.

•• § 1.º acrescentado pela Emenda Constitucional n. 45, de 8-12-2004.

§ 2.º Funcionarão junto ao Tribunal Superior do Trabalho:

•• § 2.º, *caput*, acrescentado pela Emenda Constitucional n. 45, de 8-12-2004.

I – a Escola Nacional de Formação e Aperfeiçoamento de Magistrados do Trabalho, cabendo-lhe, dentre outras funções, regulamentar os cursos oficiais para o ingresso e promoção na carreira;

•• Inciso I acrescentado pela Emenda Constitucional n. 45, de 8-12-2004.

II – o Conselho Superior da Justiça do Trabalho, cabendo-lhe exercer, na forma da lei, a supervisão administrativa, orçamentária, financeira e patrimonial da Justiça do Trabalho de primeiro e segundo graus, como órgão central do sistema, cujas decisões terão efeito vinculante.

•• Inciso II acrescentado pela Emenda Constitucional n. 45, de 8-12-2004.

• *Vide* art. 6.º da Emenda Constitucional n. 45, de 8-12-2004.

§ 3.º Compete ao Tribunal Superior do Trabalho processar e julgar, originariamente, a reclamação para a preservação de sua competência e garantia da autoridade de suas decisões.

•• § 3.º acrescentado pela Emenda Constitucional n. 92, de 12-7-2016.

Art. 112. A lei criará varas da Justiça do Trabalho, podendo, nas comarcas não abrangidas por sua jurisdição, atribuí-la aos juízes de direito, com recurso para o respectivo Tribunal Regional do Trabalho.

•• Artigo com redação determinada pela Emenda Constitucional n. 45, de 8-12-2004.

Art. 113. A lei disporá sobre a constituição, investidura, jurisdição, competência, garantias e condições de exercício dos órgãos da Justiça do Trabalho.

•• Artigo com redação determinada pela Emenda Constitucional n. 24, de 9-12-1999.

Art. 114. Compete à Justiça do Trabalho processar e julgar:

•• *Caput* com redação determinada pela Emenda Constitucional n. 45, de 8-12-2004.

I – as ações oriundas da relação de trabalho, abrangidos os entes de direito público externo e da administração pública direta e indireta da União, dos Estados, do Distrito Federal e dos Municípios;

•• Inciso I acrescentado pela Emenda Constitucional n. 45, de 8-12-2004.

•• Foi concedida liminar, com efeito *ex tunc*, na ADI n. 3.395-6, em 27-1-2005 (*DJU* de 4-2-2005), e dada interpretação conforme a este inciso, nos seguintes termos:

"Suspendo, *ad referendum*, toda e qualquer interpretação dada ao inciso I do art. 114 da CF, na redação dada pela EC/45, que inclua, na competência da justiça do trabalho, a '... apreciação ... de causas que ... sejam instauradas entre o Poder Público e seus servidores, a ele vinculados por típica relação de ordem estatutária ou de caráter jurídico-administrativo'".

•• O STF, em 1.º-2-2007, concedeu liminar, com efeito *ex tunc*, na ADI n. 3.684-0 (*DJU* de 3-8-2007), para atribuir interpretação conforme a CF a este inciso, declarando que, no âmbito de jurisdição da Justiça do Trabalho, não entra competência para processar e julgar ações penais.

II – as ações que envolvam exercício do direito de greve;

•• Inciso II acrescentado pela Emenda Constitucional n. 45, de 8-12-2004.

• A Lei n. 7.783, de 28-6-1989, dispõe sobre exercício do direito de greve.

III – as ações sobre representação sindical, entre sindicatos, entre sindicatos e trabalhadores, e entre sindicatos e empregadores;

•• Inciso III acrescentado pela Emenda Constitucional n. 45, de 8-12-2004.

IV – os mandados de segurança, *habeas corpus* e *habeas data*, quando o ato questionado envolver matéria sujeita à sua jurisdição;

•• Inciso IV acrescentado pela Emenda Constitucional n. 45, de 8-12-2004.

•• O STF, em 1.º-2-2007, concedeu liminar, com efeito *ex tunc*, na ADI n. 3.684-0 (*DJU* de 3-8-2007), para atribuir interpretação conforme a CF a este inciso, declarando que, no âmbito de jurisdição da Justiça do Trabalho, não entra competência para processar e julgar ações penais.

V – os conflitos de competência entre órgãos com jurisdição trabalhista, ressalvado o disposto no art. 102, I, *o*;

•• Inciso V acrescentado pela Emenda Constitucional n. 45, de 8-12-2004.

VI – as ações de indenização por dano moral ou patrimonial, decorrentes da relação de trabalho;

•• Inciso VI acrescentado pela Emenda Constitucional n. 45, de 8-12-2004.

• *Vide* art. 5.º, X, da CF.

VII – as ações relativas às penalidades administrativas impostas aos empregadores pelos órgãos de fiscalização das relações de trabalho;

•• Inciso VII acrescentado pela Emenda Constitucional n. 45, de 8-12-2004.

VIII – a execução, de ofício, das contribuições sociais previstas no art. 195, I, *a*, e II, e seus acréscimos legais, decorrentes das sentenças que proferir;

•• Inciso VIII acrescentado pela Emenda Constitucional n. 45, de 8-12-2004.

•• *Vide* Súmula Vinculante 53 do STF.

IX – outras controvérsias decorrentes da relação de trabalho, na forma da lei.

•• Inciso IX acrescentado pela Emenda Constitucional n. 45, de 8-12-2004.

•• O STF, em 1.º-2-2007, concedeu liminar, com efeito *ex tunc*, na ADI n. 3.684-0 (*DJU* de 3-8-2007), para atribuir interpretação conforme a CF a este inciso, declarando que, no âmbito de jurisdição da Justiça do Trabalho, não entra competência para processar e julgar ações penais.

§ 1.º Frustrada a negociação coletiva, as partes poderão eleger árbitros.

§ 2.º Recusando-se qualquer das partes à negociação coletiva ou à arbitragem, é facultado às mesmas, de comum acordo, ajuizar dissídio coletivo de natureza econômica, podendo a Justiça do Trabalho decidir o conflito, respeitadas as disposições mínimas legais de proteção ao trabalho, bem como as convencionadas anteriormente.

•• § 2.º com redação determinada pela Emenda Constitucional n. 45, de 8-12-2004.

§ 3.º Em caso de greve em atividade essencial, com possibilidade de lesão do interesse público, o Ministério Público do Trabalho poderá ajuizar dissídio coletivo, competindo à Justiça do Trabalho decidir o conflito.

•• § 3.º com redação determinada pela Emenda Constitucional n. 45, de 8-12-2004.

Art. 115. Os Tribunais Regionais do Trabalho compõem-se de, no mínimo, sete juízes, recrutados, quando possível, na respectiva região, e nomeados pelo Presidente da República dentre brasileiros com mais de trinta e menos de sessenta e cinco anos, sendo:

•• *Caput* com redação determinada pela Emenda Constitucional n. 45, de 8-12-2004.

I – um quinto dentre advogados com mais de dez anos de efetiva atividade profissional e membros do Ministério Público do Trabalho com mais de dez anos de efetivo exercício, observado o disposto no art. 94;

•• Inciso I acrescentado pela Emenda Constitucional n. 45, de 8-12-2004.

II – os demais, mediante promoção de juízes do trabalho por antiguidade e merecimento, alternadamente.

•• Inciso II acrescentado pela Emenda Constitucional n. 45, de 8-12-2004.

§ 1.º Os Tribunais Regionais do Trabalho instalarão a justiça itinerante, com a realização de audiências e demais funções de atividade jurisdicional, nos limites territoriais da respectiva jurisdição, servindo-se de equipamentos públicos e comunitários.

•• § 1.º acrescentado pela Emenda Constitucional n. 45, de 8-12-2004.

§ 2.º Os Tribunais Regionais do Trabalho poderão funcionar descentralizadamente, constituindo Câmaras regionais, a fim de assegurar o pleno acesso do jurisdicionado à justiça em todas as fases do processo.

•• § 2.º acrescentado pela Emenda Constitucional n. 45, de 8-12-2004.

Art. 116. Nas Varas do Trabalho, a jurisdição será exercida por um juiz singular.

•• *Caput* com redação determinada pela Emenda Constitucional n. 24, de 9-12-1999.

Parágrafo único. (*Revogado pela Emenda Constitucional n. 24, de 9-12-1999.*)

Art. 117. (*Revogado pela Emenda Constitucional n. 24, de 9-12-1999.*)

Seção VI
Dos Tribunais e Juízes Eleitorais

Art. 118. São órgãos da Justiça Eleitoral:

I – o Tribunal Superior Eleitoral;

II – os Tribunais Regionais Eleitorais;

III – os Juízes Eleitorais;

IV – as Juntas Eleitorais.

Art. 119. O Tribunal Superior Eleitoral compor-se-á, no mínimo, de sete membros, escolhidos:

I – mediante eleição, pelo voto secreto:

a) três juízes dentre os Ministros do Supremo Tribunal Federal;

b) dois juízes dentre os Ministros do Superior Tribunal de Justiça;

II – por nomeação do Presidente da República, dois juízes dentre seis advogados de notável saber jurídico e idoneidade moral, indicados pelo Supremo Tribunal Federal.

Parágrafo único. O Tribunal Superior Eleitoral elegerá seu Presidente e o Vice-Presidente dentre os Ministros do Supremo Tribunal Federal, e o Corregedor Eleitoral dentre os Ministros do Superior Tribunal de Justiça.

Art. 120. Haverá um Tribunal Regional Eleitoral na Capital de cada Estado e no Distrito Federal.

§ 1.º Os Tribunais Regionais Eleitorais compor-se-ão:

I – mediante eleição, pelo voto secreto:

a) de dois juízes dentre os desembargadores do Tribunal de Justiça;

b) de dois juízes, dentre juízes de direito, escolhidos pelo Tribunal de Justiça;

II – de um juiz do Tribunal Regional Federal com sede na Capital do Estado ou no Distrito Federal, ou, não havendo, de juiz federal, escolhido, em qualquer caso, pelo Tribunal Regional Federal respectivo;

III – por nomeação, pelo Presidente da República, de dois juízes dentre seis advogados de notável saber jurídico e idoneidade moral, indicados pelo Tribunal de Justiça.

§ 2.º O Tribunal Regional Eleitoral elegerá seu Presidente e o Vice-Presidente dentre os desembargadores.

Art. 121. Lei complementar disporá sobre a organização e competência dos tribunais, dos juízes de direito e das juntas eleitorais.

§ 1.º Os membros dos tribunais, os juízes de direito e os integrantes das juntas eleitorais, no exercício de suas funções, e no que lhes for aplicável, gozarão de plenas garantias e serão inamovíveis.

§ 2.º Os juízes dos tribunais eleitorais, salvo motivo justificado, servirão por dois anos, no mínimo, e nunca por mais de dois biênios consecutivos, sendo os substitutos escolhidos na mesma ocasião e pelo mesmo processo, em número igual para cada categoria.

§ 3.º São irrecorríveis as decisões do Tribunal Superior Eleitoral, salvo as que contrariarem esta Constituição e as denegatórias de *habeas corpus* ou mandado de segurança.

§ 4.º Das decisões dos Tribunais Regionais Eleitorais somente caberá recurso quando:

I – forem proferidas contra disposição expressa desta Constituição ou de lei;

II – ocorrer divergência na interpretação de lei entre dois ou mais tribunais eleitorais;

III – versarem sobre inelegibilidade ou expedição de diplomas nas eleições federais ou estaduais;

IV – anularem diplomas ou decretarem a perda de mandatos eletivos federais ou estaduais;

V – denegarem *habeas corpus*, mandado de segurança, *habeas data* ou mandado de injunção.

Seção VII
Dos Tribunais e Juízes Militares

Art. 122. São órgãos da Justiça Militar:

I – o Superior Tribunal Militar;

II – os Tribunais e Juízes Militares instituídos por lei.

Art. 123. O Superior Tribunal Militar compor-se-á de quinze Ministros vitalícios, nomeados pelo Presidente da República, depois de aprovada a indicação pelo Senado Federal, sendo três dentre oficiais-generais da Marinha, quatro dentre oficiais-generais do Exército, três dentre oficiais-generais da Aeronáutica, todos da ativa e do posto mais elevado da carreira, e cinco dentre civis.

Parágrafo único. Os Ministros civis serão escolhidos pelo Presidente da República dentre brasileiros maiores de trinta e cinco anos, sendo:

I – três dentre advogados de notório saber jurídico e conduta ilibada, com mais de dez anos de efetiva atividade profissional;

II – dois, por escolha paritária, dentre juízes auditores e membros do Ministério Público da Justiça Militar.

Art. 124. À Justiça Militar compete processar e julgar os crimes militares definidos em lei.

Parágrafo único. A lei disporá sobre a organização, o funcionamento e a competência, da Justiça Militar.

Seção VIII
Dos Tribunais e Juízes dos Estados

Art. 125. Os Estados organizarão sua Justiça, observados os princípios estabelecidos nesta Constituição.

§ 1.º A competência dos tribunais será definida na Constituição do Estado, sendo a lei de organização judiciária de iniciativa do Tribunal de Justiça.

•• *Vide* art. 70 do ADCT.

• *Vide* Súmula Vinculante 45 do STF.

§ 2.º Cabe aos Estados a instituição de representação de inconstitucionalidade de leis ou atos normativos estaduais ou municipais em face da Constituição Estadual, vedada a atribuição da legitimação para agir a um único órgão.

§ 3.º A lei estadual poderá criar, mediante proposta do Tribunal de Justiça, a Justiça Militar estadual, constituída, em primeiro grau, pelos juízes de direito e pelos Conselhos de Justiça e, em segundo grau, pelo próprio Tribunal de Justiça, ou por Tribunal de Justiça Militar nos Estados em que o efetivo militar seja superior a vinte mil integrantes.

•• § 3.º com redação determinada pela Emenda Constitucional n. 45, de 8-12-2004.

§ 4.º Compete à Justiça Militar estadual processar e julgar os militares dos Estados, nos crimes militares definidos em lei e as ações judiciais contra atos disciplinares militares, ressalvada a competência do júri quando a vítima for civil, cabendo ao tribunal competente decidir sobre a perda do posto e da patente dos oficiais e da graduação das praças.

•• § 4.º com redação determinada pela Emenda Constitucional n. 45, de 8-12-2004.

§ 5.º Compete aos juízes de direito do juízo militar processar e julgar, singularmente, os crimes militares cometidos contra civis e as ações judiciais contra atos disciplinares militares, cabendo ao Conselho de Justiça, sob a presidência de juiz de direito, processar e julgar os demais crimes militares.

•• § 5.º acrescentado pela Emenda Constitucional n. 45, de 8-12-2004.

§ 6.º O Tribunal de Justiça poderá funcionar descentralizadamente, constituindo Câmaras regionais, a fim de assegurar o pleno acesso do jurisdicionado à justiça em todas as fases do processo.

•• § 6.º acrescentado pela Emenda Constitucional n. 45, de 8-12-2004.

§ 7.º O Tribunal de Justiça instalará a justiça itinerante, com a realização de audiências e demais funções da atividade jurisdicional, nos limites territoriais da respectiva jurisdição, servindo-se de equipamentos públicos e comunitários.

•• § 7.º acrescentado pela Emenda Constitucional n. 45, de 8-12-2004.

Art. 126. Para dirimir conflitos fundiários, o Tribunal de Justiça proporá a criação de varas especializadas, com competência exclusiva para questões agrárias.

•• *Caput* com redação determinada pela Emenda Constitucional n. 45, de 8-12-2004.

Parágrafo único. Sempre que necessário à eficiente prestação jurisdicional, o juiz far-se-á presente no local do litígio.

Capítulo IV
DAS FUNÇÕES ESSENCIAIS À JUSTIÇA

Seção I
Do Ministério Público

Art. 127. O Ministério Público é instituição permanente, essencial à função jurisdicional do Estado, incumbindo-lhe a defesa da ordem jurídica, do regime democrático e dos interesses sociais e individuais indisponíveis.

§ 1.º São princípios institucionais do Ministério Público a unidade, a indivisibilidade e a independência funcional.

§ 2.º Ao Ministério Público é assegurada autonomia funcional e administrativa, podendo, observado o disposto no art. 169, propor ao Poder Legislativo a criação e extinção de seus cargos e serviços auxiliares, provendo-os por concurso público de provas ou de provas e títulos, a política remuneratória e os planos de carreira; a lei disporá sobre sua organização e funcionamento.

•• § 2.º com redação determinada pela Emenda Constitucional n. 19, de 4-6-1998.

§ 3.º O Ministério Público elaborará sua proposta orçamentária dentro dos limites estabelecidos na lei de diretrizes orçamentárias.

•• *Vide* art. 107, § 2.º, do ADCT.

§ 4.º Se o Ministério Público não encaminhar a respectiva proposta orçamentária dentro do prazo estabelecido na lei de diretrizes orçamentárias, o Poder Executivo considerará, para fins de consolidação da proposta orçamentária anual, os valores aprovados na lei orçamentária vigente, ajustados de acordo com os limites estipulados na forma do § 3.º.

•• § 4.º acrescentado pela Emenda Constitucional n. 45, de 8-12-2004.

§ 5.º Se a proposta orçamentária de que trata este artigo for encaminhada em desacordo com os limites estipulados na forma do § 3.º, o Poder Executivo procederá aos ajustes necessários para fins de consolidação da proposta orçamentária anual.

•• § 5.º acrescentado pela Emenda Constitucional n. 45, de 8-12-2004.

§ 6.º Durante a execução orçamentária do exercício, não poderá haver a realização de despesas ou a assunção de obrigações que extrapolem os limites estabelecidos na lei de diretrizes orçamentárias, exceto se previamente autorizadas, mediante a abertura de créditos suplementares ou especiais.

•• § 6.º acrescentado pela Emenda Constitucional n. 45, de 8-12-2004.

Art. 128. O Ministério Público abrange:

I – o Ministério Público da União, que compreende:

a) o Ministério Público Federal;

b) o Ministério Público do Trabalho;

c) o Ministério Público Militar;

d) o Ministério Público do Distrito Federal e Territórios;

II – os Ministérios Públicos dos Estados.

§ 1.º O Ministério Público da União tem por chefe o Procurador-Geral da República, nomeado pelo Presidente da República dentre integrantes da carreira, maiores de trinta e cinco anos, após a aprovação de seu nome pela maioria absoluta dos membros do Senado Federal, para mandato de dois anos, permitida a recondução.

§ 2.º A destituição do Procurador-Geral da República, por iniciativa do Presidente da República, deverá ser precedida de autorização da maioria absoluta do Senado Federal.

§ 3.º Os Ministérios Públicos dos Estados e o do Distrito Federal e Territórios formarão lista tríplice dentre integrantes da carreira, na forma da lei respectiva, para escolha de seu Procurador-Geral, que será nomeado pelo Chefe do Poder Executivo, para mandato de dois anos, permitida uma recondução.

§ 4.º Os Procuradores-Gerais nos Estados e no Distrito Federal e Territórios poderão ser destituídos por deliberação da maioria absoluta do Poder Legislativo, na forma da lei complementar respectiva.

§ 5.º Leis complementares da União e dos Estados, cuja iniciativa é facultada aos respectivos Procuradores-Gerais, estabelecerão a organização, as atribuições e o estatuto de cada Ministério Público, observadas, relativamente a seus membros:

I – as seguintes garantias:

a) vitaliciedade, após dois anos de exercício, não podendo perder o cargo senão por sentença judicial transitada em julgado;

b) inamovibilidade, salvo por motivo de interesse público, mediante decisão do órgão colegiado competente do Ministério Público, pelo voto da maioria absoluta de seus membros, assegurada ampla defesa;

•• Alínea *b* com redação determinada pela Emenda Constitucional n. 45, de 8-12-2004.

c) irredutibilidade de subsídio, fixado na forma do art. 39, § 4.º, e ressalvado o disposto nos arts. 37, X e XI, 150, II, 153, III, 153, § 2.º, I;

•• Alínea *c* com redação determinada pela Emenda Constitucional n. 19, de 4-6-1998.

II – as seguintes vedações:

a) receber, a qualquer título e sob qualquer pretexto, honorários, percentagens ou custas processuais;

b) exercer a advocacia;

c) participar de sociedade comercial, na forma da lei;

d) exercer, ainda que em disponibilidade, qualquer outra função pública, salvo uma de magistério;

e) exercer atividade político-partidária;

•• Alínea *e* com redação determinada pela Emenda Constitucional n. 45, de 8-12-2004.

f) receber, a qualquer título ou pretexto, auxílios ou contribuições de pessoas físicas, entidades públicas ou privadas, ressalvadas as exceções previstas em lei.

•• Alínea *f* acrescentada pela Emenda Constitucional n. 45, de 8-12-2004.

§ 6.º Aplica-se aos membros do Ministério Público o disposto no art. 95, parágrafo único, V.

•• § 6.º acrescentado pela Emenda Constitucional n. 45, de 8-12-2004.

Art. 129. São funções institucionais do Ministério Público:

I – promover, privativamente, a ação penal pública, na forma da lei;

• O art. 100 do CP estabelece que a ação penal é pública, salvo quando a lei expressamente a declara privativa do ofendido.

II – zelar pelo efetivo respeito dos Poderes Públicos e dos serviços de relevância pública aos direitos assegurados nesta Constituição, promovendo as medidas necessárias a sua garantia;

III – promover o inquérito civil e a ação civil pública, para a proteção do patrimônio público e social, do meio ambiente e de outros interesses difusos e coletivos;

• A Lei n. 7.347, de 24-7-1985, disciplina a ação civil pública de responsabilidade por danos causados ao meio ambiente, ao consumidor, a bens e direitos de valor artístico, estético, histórico, turístico e paisagístico.

IV – promover a ação de inconstitucionalidade ou representação para fins de intervenção da União e dos Estados, nos casos previstos nesta Constituição;

V – defender judicialmente os direitos e interesses das populações indígenas;

VI – expedir notificações nos procedimentos administrativos de sua competência, requisitando informações e documentos para instruí-los, na forma da lei complementar respectiva;

VII – exercer o controle externo da atividade policial, na forma da lei complementar mencionada no artigo anterior;

VIII – requisitar diligências investigatórias e a instauração de inquérito policial, indicados os fundamentos jurídicos de suas manifestações processuais;

IX – exercer outras funções que lhe forem conferidas, desde que compatíveis com sua finalidade, sendo-lhe vedada a representação judicial e a consultoria jurídica de entidades públicas.

§ 1.º A legitimação do Ministério Público para as ações civis previstas neste artigo não impede a de terceiros, nas mesmas hipóteses, segundo o disposto nesta Constituição e na lei.

§ 2.º As funções do Ministério Público só podem ser exercidas por integrantes da carreira, que deverão residir na comarca da respectiva lotação, salvo autorização do chefe da instituição.

•• § 2.º com redação determinada pela Emenda Constitucional n. 45, de 8-12-2004.

§ 3.º O ingresso na carreira do Ministério Público far-se-á mediante concurso público de provas e títulos, assegurada a participação da Ordem dos Advogados do Brasil em sua realização, exigindo-se do bacharel em direito, no mínimo, três anos de atividade jurídica e observando-se, nas nomeações, a ordem de classificação.

•• § 3.º com redação determinada pela Emenda Constitucional n. 45, de 8-12-2004.

•• A Resolução n. 40, de 26-5-2009, do CNMP, regulamenta o conceito de atividade jurídica citado neste parágrafo.

§ 4.º Aplica-se ao Ministério Público, no que couber, o disposto no art. 93.

•• § 4.º com redação determinada pela Emenda Constitucional n. 45, de 8-12-2004.

§ 5.º A distribuição de processos no Ministério Público será imediata.

•• § 5.º acrescentado pela Emenda Constitucional n. 45, de 8-12-2004.

Art. 130. Aos membros do Ministério Público junto aos Tribunais de Contas aplicam-se as disposições desta seção pertinentes a direitos, vedações e forma de investidura.

Art. 130-A. O Conselho Nacional do Ministério Público compõe-se de quatorze membros nomeados pelo Presidente da República, depois de aprovada a escolha pela maioria absoluta do Senado Federal, para um mandato de dois anos, admitida uma recondução, sendo:

•• *Caput* acrescentado pela Emenda Constitucional n. 45, de 8-12-2004.

I – o Procurador-Geral da República, que o preside;

•• Inciso I acrescentado pela Emenda Constitucional n. 45, de 8-12-2004.

II – quatro membros do Ministério Público da União, assegurada a representação de cada uma de suas carreiras;

•• Inciso II acrescentado pela Emenda Constitucional n. 45, de 8-12-2004.

III – três membros do Ministério Público dos Estados;

•• Inciso III acrescentado pela Emenda Constitucional n. 45, de 8-12-2004.

IV – dois juízes, indicados um pelo Supremo Tribunal Federal e outro pelo Superior Tribunal de Justiça;

•• Inciso IV acrescentado pela Emenda Constitucional n. 45, de 8-12-2004.

V – dois advogados, indicados pelo Conselho Federal da Ordem dos Advogados do Brasil;

•• Inciso V acrescentado pela Emenda Constitucional n. 45, de 8-12-2004.

VI – dois cidadãos de notável saber jurídico e reputação ilibada, indicados um pela Câmara dos Deputados e outro pelo Senado Federal.

•• Inciso VI acrescentado pela Emenda Constitucional n. 45, de 8-12-2004.

§ 1.º Os membros do Conselho oriundos do Ministério Público serão indicados pelos respectivos Ministérios Públicos, na forma da lei.

•• § 1.º acrescentado pela Emenda Constitucional n. 45, de 8-12-2004.

•• § 1.º regulamentado pela Lei n. 11.372, de 28-11-2006.

§ 2.º Compete ao Conselho Nacional do Ministério Público o controle da atuação administrativa e financeira do Ministério Público e do cumprimento dos deveres funcionais de seus membros, cabendo-lhe:

•• § 2.º, *caput*, acrescentado pela Emenda Constitucional n. 45, de 8-12-2004.

I – zelar pela autonomia funcional e administrativa do Ministério Público, podendo expedir atos regulamentares, no âmbito de sua competência, ou recomendar providências;

•• Inciso I acrescentado pela Emenda Constitucional n. 45, de 8-12-2004.

II – zelar pela observância do art. 37 e apreciar, de ofício ou mediante provocação, a legalidade dos atos administrativos praticados por membros ou órgãos do Ministério Público da União e dos Estados, podendo desconstituí-los, revê-los ou fixar prazo para que se adotem as providências necessárias ao exato cumprimento da lei, sem prejuízo da competência dos Tribunais de Contas;

•• Inciso II acrescentado pela Emenda Constitucional n. 45, de 8-12-2004.

III – receber e conhecer das reclamações contra membros ou órgãos do Ministério Público da União ou dos Estados, inclusive contra seus serviços auxiliares, sem prejuízo da competência disciplinar e correicional da instituição, podendo avocar processos disciplinares em curso, determinar a remoção, a disponibilidade ou a aposentadoria com subsídios ou proventos proporcionais ao tempo de serviço e aplicar outras sanções administrativas, assegurada ampla defesa;

•• Inciso III acrescentado pela Emenda Constitucional n. 45, de 8-12-2004.

IV – rever, de ofício ou mediante provocação, os processos disciplinares de membros do Ministério Público da União ou dos Estados julgados há menos de um ano;

•• Inciso IV acrescentado pela Emenda Constitucional n. 45, de 8-12-2004.

V – elaborar relatório anual, propondo as providências que julgar necessárias sobre a situação do Ministério Público no País e as atividades do Conselho, o qual deve integrar a mensagem prevista no art. 84, XI.

•• Inciso V acrescentado pela Emenda Constitucional n. 45, de 8-12-2004.

§ 3.º O Conselho escolherá, em votação secreta, um Corregedor nacional, dentre os membros do Ministério Público que o integram, vedada a recondução, competindo-lhe, além das atribuições que lhe forem conferidas pela lei, as seguintes:

•• § 3.º, *caput*, acrescentado pela Emenda Constitucional n. 45, de 8-12-2004.

I – receber reclamações e denúncias, de qualquer interessado, relativas aos membros do Ministério Público e dos seus serviços auxiliares;

•• Inciso I acrescentado pela Emenda Constitucional n. 45, de 8-12-2004.

II – exercer funções executivas do Conselho, de inspeção e correição geral;

•• Inciso II acrescentado pela Emenda Constitucional n. 45, de 8-12-2004.

III – requisitar e designar membros do Ministério Público, delegando-lhes atribuições, e requisitar servidores de órgãos do Ministério Público.

•• Inciso III acrescentado pela Emenda Constitucional n. 45, de 8-12-2004.

§ 4.º O Presidente do Conselho Federal da Ordem dos Advogados do Brasil oficiará junto ao Conselho.

•• § 4.º acrescentado pela Emenda Constitucional n. 45, de 8-12-2004.

§ 5.º Leis da União e dos Estados criarão ouvidorias do Ministério Público, competentes para receber reclamações e denúncias de qualquer interessado contra membros ou órgãos do Ministério Público, inclusive contra seus serviços auxiliares, representando diretamente ao Conselho Nacional do Ministério Público.

•• § 5.º acrescentado pela Emenda Constitucional n. 45, de 8-12-2004.

Seção II
Da Advocacia Pública

•• Seção II com denominação determinada pela Emenda Constitucional n. 19, de 4-6-1998.

Art. 131. A Advocacia-Geral da União é a instituição que, diretamente ou através de órgão vinculado, representa a União, judicial e extrajudicialmente, cabendo-lhe, nos termos da lei complementar que dispuser sobre sua organização e funcionamento, as atividades de consultoria e assessoramento jurídico do Poder Executivo.

• A Portaria n. 13, de 24-6-2015, disciplina os procedimentos relativos à representação extrajudicial da União.

• A Portaria n. 1, de 28-8-2015, dispõe sobre a aplicação do Guia do Fluxo Consultivo para o cumprimento das atividades de Consultoria Jurídica (CONJUR-MS/CGU/AGU) no âmbito do Ministério da Saúde.

§ 1.° A Advocacia-Geral da União tem por chefe o Advogado-Geral da União, de livre nomeação pelo Presidente da República dentre cidadãos maiores de trinta e cinco anos, de notável saber jurídico e reputação ilibada.

§ 2.° O ingresso nas classes iniciais das carreiras da instituição de que trata este artigo far-se-á mediante concurso público de provas e títulos.

§ 3.° Na execução da dívida ativa de natureza tributária, a representação da União cabe à Procuradoria-Geral da Fazenda Nacional, observado o disposto em lei.

Art. 132. Os Procuradores dos Estados e do Distrito Federal, organizados em carreira, na qual o ingresso dependerá de concurso público de provas e títulos, com a participação da Ordem dos Advogados do Brasil em todas as suas fases, exercerão a representação judicial e a consultoria jurídica das respectivas unidades federadas.

•• *Caput* com redação determinada pela Emenda Constitucional n. 19, de 4-6-1998.

Parágrafo único. Aos procuradores referidos neste artigo é assegurada estabilidade após 3 (três) anos de efetivo exercício, mediante avaliação de desempenho perante os órgãos próprios, após relatório circunstanciado das corregedorias.

•• Parágrafo único acrescentado pela Emenda Constitucional n. 19, de 4-6-1998.

Seção III
Da Advocacia

•• Seção III com redação determinada pela Emenda Constitucional n. 80, de 4-6-2014.

Art. 133. O advogado é indispensável à administração da justiça, sendo inviolável por seus atos e manifestações no exercício da profissão, nos limites da lei.

•• A Lei n. 8.906, de 4-7-1994, estabelece o Estatuto da OAB.

Seção IV
Da Defensoria Pública

•• Seção IV acrescentada pela Emenda Constitucional n. 80, de 4-6-2014.

Art. 134. A Defensoria Pública é instituição permanente, essencial à função jurisdicional do Estado, incumbindo-lhe, como expressão e instrumento do regime democrático, fundamentalmente, a orientação jurídica, a promoção dos direitos humanos e a defesa, em todos os graus, judicial e extrajudicial, dos direitos individuais e coletivos, de forma integral e gratuita, aos necessitados, na forma do inciso LXXIV do art. 5.° desta Constituição Federal.

•• *Caput* com redação determinada pela Emenda Constitucional n. 80, de 4-6-2014.

• Defensoria Pública: Lei Complementar n. 80, de 12-1-1994.

• A Portaria n. 88, de 14-2-2014, dispõe sobre o Regimento Interno da Defensoria Pública-Geral da União.

§ 1.° Lei Complementar organizará a Defensoria Pública da União e do Distrito Federal e dos Territórios e prescreverá normas gerais para sua organização nos Estados, em cargos de carreira, providos, na classe inicial, mediante concurso público de provas e títulos, assegurada a seus integrantes a garantia da inamovibilidade e vedado o exercício da advocacia fora das atribuições institucionais.

•• Primitivo parágrafo único transformado em § 1.° pela Emenda Constitucional n. 45, de 8-12-2004.

§ 2.° Às Defensorias Públicas Estaduais são asseguradas autonomia funcional e administrativa e a iniciativa de sua proposta orçamentária dentro dos limites estabelecidos na lei de diretrizes orçamentárias e subordinação ao disposto no art. 99, § 2.°.

•• § 2.° acrescentado pela Emenda Constitucional n. 45, de 8-12-2004.

§ 3.° Aplica-se o disposto no § 2.° às Defensorias Públicas da União e do Distrito Federal.

•• § 3.° acrescentado pela Emenda Constitucional n. 74, de 6-8-2013.

•• *Vide* art. 107, § 2.°, do ADCT.

§ 4.° São princípios institucionais da Defensoria Pública a unidade, a indivisibilidade e a independência funcional, aplicando-se também, no que couber, o disposto no art. 93 e no inciso II do art. 96 desta Constituição Federal.

•• § 4.º acrescentado pela Emenda Constitucional n. 80, de 4-6-2014.

Art. 135. Os servidores integrantes das carreiras disciplinadas nas Seções II e III deste Capítulo serão remunerados na forma do art. 39, § 4.º.

•• Artigo com redação determinada pela Emenda Constitucional n. 19, de 4-6-1998.

TÍTULO V
DA DEFESA DO ESTADO E DAS INSTITUIÇÕES DEMOCRÁTICAS

CAPÍTULO I
DO ESTADO DE DEFESA E DO ESTADO DE SÍTIO

Seção I
Do Estado de Defesa

Art. 136. O Presidente da República pode, ouvidos o Conselho da República e o Conselho de Defesa Nacional, decretar estado de defesa para preservar ou prontamente restabelecer, em locais restritos e determinados, a ordem pública ou a paz social ameaçadas por grave e iminente instabilidade institucional ou atingidas por calamidades de grandes proporções na natureza.

• A Lei n. 8.041, de 5-6-1990, dispõe sobre a organização e o funcionamento do Conselho da República.

• A Lei n. 8.183, de 11-4-1991, dispõe sobre a organização do Conselho de Defesa Nacional. Regulamentada pelo Decreto n. 893, de 12-8-1993.

§ 1.º O decreto que instituir o estado de defesa determinará o tempo de sua duração, especificará as áreas a serem abrangidas e indicará, nos termos e limites da lei, as medidas coercitivas a vigorarem, dentre as seguintes:

I – restrições aos direitos de:

a) reunião, ainda que exercida no seio das associações;

b) sigilo de correspondência;

c) sigilo de comunicação telegráfica e telefônica;

II – ocupação e uso temporário de bens e serviços públicos, na hipótese de calamidade pública, respondendo a União pelos danos e custos decorrentes.

§ 2.º O tempo de duração do estado de defesa não será superior a trinta dias, podendo ser prorrogado uma vez, por igual período, se persistirem as razões que justificaram a sua decretação.

§ 3.º Na vigência do estado de defesa:

I – a prisão por crime contra o Estado, determinada pelo executor da medida, será por este comunicada imediatamente ao juiz competente, que a relaxará, se não for legal, facultado ao preso requerer exame de corpo de delito à autoridade policial;

II – a comunicação será acompanhada de declaração, pela autoridade, do estado físico e mental do detido no momento de sua autuação;

III – a prisão ou detenção de qualquer pessoa não poderá ser superior a dez dias, salvo quando autorizada pelo Poder Judiciário;

IV – é vedada a incomunicabilidade do preso.

§ 4.º Decretado o estado de defesa ou sua prorrogação, o Presidente da República, dentro de vinte e quatro horas, submeterá o ato com a respectiva justificação ao Congresso Nacional, que decidirá por maioria absoluta.

§ 5.º Se o Congresso Nacional estiver em recesso, será convocado, extraordinariamente, no prazo de cinco dias.

§ 6.º O Congresso Nacional apreciará o decreto dentro de dez dias contados de seu recebimento, devendo continuar funcionando enquanto vigorar o estado de defesa.

§ 7.º Rejeitado o decreto, cessa imediatamente o estado de defesa.

Seção II
Do Estado de Sítio

Art. 137. O Presidente da República pode, ouvidos o Conselho da República e o Conselho de Defesa Nacional, solicitar ao Congresso Nacional autorização para decretar o estado de sítio nos casos de:

I – comoção grave de repercussão nacional ou ocorrência de fatos que comprovem a ineficácia de medida tomada durante o estado de defesa;

II – declaração de estado de guerra ou resposta a agressão armada estrangeira.

Parágrafo único. O Presidente da República, ao solicitar autorização para decretar o estado de sítio ou sua prorrogação, relatará os motivos determinantes do pedido, devendo o Congresso Nacional decidir por maioria absoluta.

Art. 138. O decreto do estado de sítio indicará sua duração, as normas necessárias a sua execução e as garantias constitucionais que ficarão suspensas, e, depois de publicado, o Presidente da República designará o executor das medidas específicas e as áreas abrangidas.

§ 1.º O estado de sítio, no caso do art. 137, I, não poderá ser decretado por mais de trinta dias, nem prorrogado, de cada vez, por prazo superior; no do inciso II, poderá ser decretado por todo o tempo que perdurar a guerra ou a agressão armada estrangeira.

§ 2.º Solicitada autorização para decretar o estado de sítio durante o recesso parlamentar, o Presidente do Senado Federal, de imediato, convocará extraordinariamente o Congresso Nacional para se reunir dentro de cinco dias, a fim de apreciar o ato.

§ 3.º O Congresso Nacional permanecerá em funcionamento até o término das medidas coercitivas.

Art. 139. Na vigência do estado de sítio decretado com fundamento no art. 137, I, só poderão ser tomadas contra as pessoas as seguintes medidas:

I – obrigação de permanência em localidade determinada;

II – detenção em edifício não destinado a acusados ou condenados por crimes comuns;

III – restrições relativas à inviolabilidade da correspondência, ao sigilo das comunicações, à prestação de informações e à liberdade de imprensa, radiodifusão e televisão, na forma da lei;

IV – suspensão da liberdade de reunião;

V – busca e apreensão em domicílio;

VI – intervenção nas empresas de serviços públicos;

VII – requisição de bens.

Parágrafo único. Não se inclui nas restrições do inciso III a difusão de pronunciamentos de parlamentares efetuados em suas Casas Legislativas, desde que liberada pela respectiva Mesa.

Seção III
Disposições Gerais

Art. 140. A Mesa do Congresso Nacional, ouvidos os líderes partidários, designará Comissão composta de cinco de seus membros para acompanhar e fiscalizar a execução das medidas referentes ao estado de defesa e ao estado de sítio.

Art. 141. Cessado o estado de defesa ou o estado de sítio, cessarão também seus efeitos, sem prejuízo da responsabilidade pelos ilícitos cometidos por seus executores ou agentes.

Parágrafo único. Logo que cesse o estado de defesa ou o estado de sítio, as medidas aplicadas em sua vigência serão relatadas pelo Presidente da República, em mensagem ao Congresso Nacional, com especificação e justificação das providências adotadas, com relação nominal dos atingidos, e indicação das restrições aplicadas.

Capítulo II
DAS FORÇAS ARMADAS

Art. 142. As Forças Armadas, constituídas pela Marinha, pelo Exército e pela Aeronáutica, são instituições nacionais permanentes e regulares, organizadas com base na hierarquia e na disciplina, sob a autoridade suprema do Presidente da República, e destinam-se à defesa da Pátria, à garantia dos poderes constitucionais e, por iniciativa de qualquer destes, da lei e da ordem.

§ 1.º Lei complementar estabelecerá as normas gerais a serem adotadas na organização, no preparo e no emprego das Forças Armadas.

• Organização, preparo e emprego das Forças Armadas: Lei Complementar n. 97, de 9-6-1999.

§ 2.º Não caberá *habeas corpus* em relação a punições disciplinares militares.

§ 3.º Os membros das Forças Armadas são denominados militares, aplicando-se-lhes, além das que vierem a ser fixadas em lei, as seguintes disposições:

•• § 3.º, *caput*, acrescentado pela Emenda Constitucional n. 18, de 5-2-1998.

• *Vide* art. 42, § 2.º, da CF.

I – as patentes, com prerrogativas, direitos e deveres a elas inerentes, são conferidas pelo Presidente da República e asseguradas em plenitude aos oficiais da ativa, da reserva ou reformados, sendo-lhes privativos os títulos e postos militares e, juntamente com os demais membros, o uso dos uniformes das Forças Armadas;

•• Inciso I acrescentado pela Emenda Constitucional n. 18, de 5-2-1998.

II – o militar em atividade que tomar posse em cargo ou emprego público civil permanente, ressalvada a hipótese prevista no art. 37, inciso XVI, alínea c, será transferido para a reserva, nos termos da lei;

•• Inciso II com redação determinada pela Emenda Constitucional n. 77, de 11-2-2014.

III – o militar da ativa que, de acordo com a lei, tomar posse em cargo, emprego ou função pública civil temporária, não eletiva, ainda que da administração indireta, ressalvada a hipótese prevista no art. 37, inciso XVI, alínea c, ficará agregado ao respectivo quadro e somente poderá, enquanto permanecer nessa situação, ser promovido por antiguidade, contando-se-lhe o tempo de serviço apenas para aquela promoção e transferência para a reserva, sendo depois de dois anos de afastamento, contínuos ou não, transferido para a reserva, nos termos da lei;

•• Inciso III com redação determinada pela Emenda Constitucional n. 77, de 11-2-2014.

IV – ao militar são proibidas a sindicalização e a greve;

•• Inciso IV acrescentado pela Emenda Constitucional n. 18, de 5-2-1998.

V – o militar, enquanto em serviço ativo, não pode estar filiado a partidos políticos;

•• Inciso V acrescentado pela Emenda Constitucional n. 18, de 5-2-1998.

VI – o oficial só perderá o posto e a patente se for julgado indigno do oficialato ou com ele incompatível, por decisão de tribunal militar de caráter permanente, em tempo de paz, ou de tribunal especial, em tempo de guerra;

•• Inciso VI acrescentado pela Emenda Constitucional n. 18, de 5-2-1998.

VII – o oficial condenado na justiça comum ou militar a pena privativa de liberdade superior a 2 (dois) anos, por sentença transitada em julgado, será submetido ao julgamento previsto no inciso anterior;

•• Inciso VII acrescentado pela Emenda Constitucional n. 18, de 5-2-1998.

VIII – aplica-se aos militares o disposto no art. 7.º, incisos VIII, XII, XVII, XVIII, XIX e XXV, e no art. 37, incisos XI, XIII, XIV e XV, bem como, na forma da lei e com prevalência da atividade militar, no art. 37, inciso XVI, alínea c;

•• Inciso VIII com redação determinada pela Emenda Constitucional n. 77, de 11-2-2014.

• *Vide* Súmula Vinculante 6 do STF.

IX – (*Revogado pela Emenda Constitucional n. 41, de 19-12-2003.*)

X – a lei disporá sobre o ingresso nas Forças Armadas, os limites de idade, a estabilidade e outras condições de transferência do militar para a inatividade, os direitos, os deveres, a remuneração, as prerrogativas e outras situações especiais dos militares, consideradas as peculiaridades de suas atividades, inclusive aquelas cumpridas por força de compromissos internacionais e de guerra.

•• Inciso X acrescentado pela Emenda Constitucional n. 18, de 5-2-1998.

• *Vide* art. 40, § 20, da CF.

Art. 143. O serviço militar é obrigatório nos termos da lei.

• Lei do Serviço Militar: Lei n. 4.375, de 17-8-1964, regulamentada pelo Decreto n. 57.654, de 20-1-1966.

§ 1.º Às Forças Armadas compete, na forma da lei, atribuir serviço alternativo aos que, em tempo de paz, após alistados, alegarem imperativo de consciência, entendendo-se como tal o decorrente de crença religiosa e de convicção filosófica ou política, para se eximirem de atividades de caráter essencialmente militar.

•• Regulamento: Lei n. 8.239, de 4-10-1991.

§ 2.º As mulheres e os eclesiásticos ficam isentos do serviço militar obrigatório em tempo de paz, sujeitos, porém, a outros encargos que a lei lhes atribuir.

•• Regulamento: Lei n. 8.239, de 4-10-1991.

CAPÍTULO III
DA SEGURANÇA PÚBLICA

•• A Lei n. 11.530, de 24-10-2007, institui o Programa Nacional de Segurança Pública com Cidadania – PRONASCI.

Art. 144. A segurança pública, dever do Estado, direito e responsabilidade de todos, é exercida para a preservação da ordem pública e da incolumidade das pessoas e do patrimônio, através dos seguintes órgãos:

I – polícia federal;

II – polícia rodoviária federal;

III – polícia ferroviária federal;

IV – polícias civis;

• Conselho Nacional de Segurança Pública – CONASP: Decreto n. 7.413, de 30-12-2010.

V – polícias militares e corpos de bombeiros militares.

§ 1.º A polícia federal, instituída por lei como órgão permanente, organizado e mantido pela União e estruturado em carreira, destina-se a:

•• § 1.º, *caput*, com redação determinada pela Emenda Constitucional n. 19, de 4-6-1998.

I – apurar infrações penais contra a ordem política e social ou em detrimento de bens, serviços e interesses da União ou de suas entidades autárquicas e empresas públicas, assim como outras infrações cuja prática tenha repercussão interestadual ou internacional e exija repressão uniforme, segundo se dispuser em lei;

• A Lei n. 8.137, de 27-12-1990, define crimes contra a ordem tributária, econômica e contra as relações de consumo (contra formação de cartel dispõe o art. 4.º, I e II).

• A Lei n. 10.446, de 8-5-2002, dispõe sobre infrações penais de repercussão interestadual ou internacional que exigem repressão uniforme, para os fins do disposto neste inciso.

II – prevenir e reprimir o tráfico ilícito de entorpecentes e drogas afins, o contrabando e o descaminho, sem prejuízo da ação fazendária e de outros órgãos públicos nas respectivas áreas de competência;

• Contrabando e Descaminho: Decreto n. 2.730, de 10-8-1998.

III – exercer as funções de polícia marítima, aeroportuária e de fronteiras;

•• Inciso III com redação determinada pela Emenda Constitucional n. 19, de 4-6-1998.

IV – exercer, com exclusividade, as funções de polícia judiciária da União.

§ 2.º A polícia rodoviária federal, órgão permanente, organizado e mantido pela União e estruturado em carreira, destina-se, na forma da lei, ao patrulhamento ostensivo das rodovias federais.

•• § 2.º com redação determinada pela Emenda Constitucional n. 19, de 4-6-1998.

§ 3.º A polícia ferroviária federal, órgão permanente, organizado e mantido pela União e estruturado em carreira, destina-se, na forma da lei, ao patrulhamento ostensivo das ferrovias federais.

•• § 3.º com redação determinada pela Emenda Constitucional n. 19, de 4-6-1998.

§ 4.º Às polícias civis, dirigidas por delegados de polícia de carreira, incumbem, ressalvada a competência da União, as funções de polícia judiciária e a apuração de infrações penais, exceto as militares.

§ 5.º Às polícias militares cabem a polícia ostensiva e a preservação da ordem pública; aos corpos de bombeiros militares, além das atribuições definidas em lei, incumbe a execução de atividades de defesa civil.

§ 6.º As polícias militares e corpos de bombeiros militares, forças auxiliares e reserva do Exército, subordinam-se, juntamente com as polícias civis, aos Governadores dos Estados, do Distrito Federal e dos Territórios.

§ 7.º A lei disciplinará a organização e o funcionamento dos órgãos responsáveis pela segurança pública, de maneira a garantir a eficiência de suas atividades.

• Conselho Nacional de Segurança Pública – CONASP: Decreto n. 7.413, de 30-12-2010.

§ 8.º Os Municípios poderão constituir guardas municipais destinadas à proteção de seus bens, serviços e instalações, conforme dispuser a lei.

•• A Lei n. 13.022, de 8-8-2014, dispõe sobre o Estatuto Geral das Guardas Municipais.

§ 9.º A remuneração dos servidores policiais integrantes dos órgãos relacionados neste artigo será fixada na forma do § 4.º do art. 39.

•• § 9.º acrescentado pela Emenda Constitucional n. 19, de 4-6-1998.

§ 10. A segurança viária, exercida para a preservação da ordem pública e da incolumidade das pessoas e do seu patrimônio nas vias públicas:

•• § 10, *caput*, acrescentado pela Emenda Constitucional n. 82, de 16-7-2014.

I – compreende a educação, engenharia e fiscalização de trânsito, além de outras atividades previstas em lei, que assegurem ao cidadão o direito à mobilidade urbana eficiente; e

•• Inciso I acrescentado pela Emenda Constitucional n. 82, de 16-7-2014.

II – compete, no âmbito dos Estados, do Distrito Federal e dos Municípios, aos respectivos órgãos ou entidades executivos e seus agentes de trânsito, estruturados em Carreira, na forma da lei.

•• Inciso II acrescentado pela Emenda Constitucional n. 82, de 16-7-2014.

TÍTULO VI
DA TRIBUTAÇÃO E DO ORÇAMENTO

• CTN: Lei n. 5.172, de 25-10-1966.

CAPÍTULO I
DO SISTEMA TRIBUTÁRIO NACIONAL

Seção I
Dos Princípios Gerais

Art. 145. A União, os Estados, o Distrito Federal e os Municípios poderão instituir os seguintes tributos:

I – impostos;

II – taxas, em razão do exercício do poder de polícia ou pela utilização, efetiva ou potencial, de serviços públicos específicos e divisíveis, prestados ao contribuinte ou postos a sua disposição;

• *Vide* Súmulas Vinculantes 19 e 41 do STF.

III – contribuição de melhoria, decorrente de obras públicas.

• O Decreto-lei n. 195, de 24-2-1967, dispõe sobre a cobrança da contribuição de melhoria.

§ 1.º Sempre que possível, os impostos terão caráter pessoal e serão graduados segundo a capacidade econômica do contribuinte, facultado à administração tributária, especialmente para conferir efetividade a esses objetivos, identificar, respeitados os direitos individuais e nos termos da lei, o patrimônio, os rendimentos e as atividades econômicas do contribuinte.

• A Lei n. 8.021, de 12-4-1990, dispõe sobre a identificação do contribuinte para fins fiscais.

§ 2.° As taxas não poderão ter base de cálculo própria de impostos.

• *Vide* Súmula Vinculante 29 do STF.

Art. 146. Cabe à lei complementar:

I – dispor sobre conflitos de competência, em matéria tributária, entre a União, os Estados, o Distrito Federal e os Municípios;

II – regular as limitações constitucionais ao poder de tributar;

III – estabelecer normas gerais em matéria de legislação tributária, especialmente sobre:

a) definição de tributos e de suas espécies, bem como, em relação aos impostos discriminados nesta Constituição, a dos respectivos fatos geradores, bases de cálculo e contribuintes;

b) obrigação, lançamento, crédito, prescrição e decadência tributários;

c) adequado tratamento tributário ao ato cooperativo praticado pelas sociedades cooperativas;

d) definição de tratamento diferenciado e favorecido para as microempresas e para as empresas de pequeno porte, inclusive regimes especiais ou simplificados no caso do imposto previsto no art. 155, II, das contribuições previstas no art. 195, I e §§ 12 e 13, e da contribuição a que se refere o art. 239.

•• Alínea *d* acrescentada pela Emenda Constitucional n. 42, de 19-12-2003.

• A Lei Complementar n. 123, de 14-12-2006, institui o Regime Especial Unificado de Arrecadação de Tributos e Contribuições devidos pelas Microempresas e Empresas de Pequeno Porte – Simples Nacional.

• *Vide* art. 94 do ADCT.

Parágrafo único. A lei complementar de que trata o inciso III, *d*, também poderá instituir um regime único de arrecadação dos impostos e contribuições da União, dos Estados, do Distrito Federal e dos Municípios, observado que:

•• Parágrafo único, *caput*, acrescentado pela Emenda Constitucional n. 42, de 19-12-2003.

I – será opcional para o contribuinte;

•• Inciso I acrescentado pela Emenda Constitucional n. 42, de 19-12-2003.

II – poderão ser estabelecidas condições de enquadramento diferenciadas por Estado;

•• Inciso II acrescentado pela Emenda Constitucional n. 42, de 19-12-2003.

III – o recolhimento será unificado e centralizado e a distribuição da parcela de recursos pertencentes aos respectivos entes federados será imediata, vedada qualquer retenção ou condicionamento;

•• Inciso III acrescentado pela Emenda Constitucional n. 42, de 19-12-2003.

•• *Vide* art. 107, § 6.°, I, do ADCT.

IV – a arrecadação, a fiscalização e a cobrança poderão ser compartilhadas pelos entes federados, adotado cadastro nacional único de contribuintes.

•• Inciso IV acrescentado pela Emenda Constitucional n. 42, de 19-12-2003.

Art. 146-A. Lei complementar poderá estabelecer critérios especiais de tributação, com o objetivo de prevenir desequilíbrios da concorrência, sem prejuízo da competência de a União, por lei, estabelecer normas de igual objetivo.

•• Artigo acrescentado pela Emenda Constitucional n. 42, de 19-12-2003.

Art. 147. Competem à União, em Território Federal, os impostos estaduais e, se o Território não for dividido em Municípios, cumulativamente, os impostos municipais; ao Distrito Federal cabem os impostos municipais.

Art. 148. A União, mediante lei complementar, poderá instituir empréstimos compulsórios:

I – para atender a despesas extraordinárias, decorrentes de calamidade pública, de guerra externa ou sua iminência;

II – no caso de investimento público de caráter urgente e de relevante interesse nacional, observado o disposto no art. 150, III, *b*.

Parágrafo único. A aplicação dos recursos provenientes de empréstimo compulsório será vinculada à despesa que fundamentou sua instituição.

Art. 149. Compete exclusivamente à União instituir contribuições sociais, de intervenção no domínio econômico e de interesse das categorias profissionais ou econômicas, como instrumento de sua atuação nas respectivas áreas, observado o disposto nos arts. 146, III, e 150, I e III, e sem prejuízo do previsto no art. 195, § 6.°, relativamente às contribuições a que alude o dispositivo.

§ 1.° Os Estados, o Distrito Federal e os Municípios instituirão contribuição, cobrada de seus servidores, para o custeio, em benefício destes, do regime previdenciário de que trata o art. 40, cuja alíquota não será inferior à da contribuição dos servidores titulares de cargos efetivos da União.

•• § 1.° com redação determinada pela Emenda Constitucional n. 41, de 19-12-2003.

§ 2.° As contribuições sociais e de intervenção no domínio econômico de que trata o *caput* deste artigo:

•• § 2.°, *caput*, acrescentado pela Emenda Constitucional n. 33, de 11-12-2001.

I – não incidirão sobre as receitas decorrentes de exportação;

•• Inciso I acrescentado pela Emenda Constitucional n. 33, de 11-12-2001.

II – incidirão também sobre a importação de produtos estrangeiros ou serviços;

•• Inciso II com redação determinada pela Emenda Constitucional n. 42, de 19-12-2003.

III – poderão ter alíquotas:

•• Inciso III, *caput*, acrescentado pela Emenda Constitucional n. 33, de 11-12-2001.

a) *ad valorem*, tendo por base o faturamento, a receita bruta ou o valor da operação e, no caso de importação, o valor aduaneiro;

•• Alínea *a* acrescentada pela Emenda Constitucional n. 33, de 11-12-2001.

b) específica, tendo por base a unidade de medida adotada.

•• Alínea *b* acrescentada pela Emenda Constitucional n. 33, de 11-12-2001.

§ 3.° A pessoa natural destinatária das operações de importação poderá ser equiparada a pessoa jurídica, na forma da lei.

•• § 3.° acrescentado pela Emenda Constitucional n. 33, de 11-12-2001.

§ 4.° A lei definirá as hipóteses em que as contribuições incidirão uma única vez.

•• § 4.° acrescentado pela Emenda Constitucional n. 33, de 11-12-2001.

Art. 149-A. Os Municípios e o Distrito Federal poderão instituir contribuição, na forma das respectivas leis, para o custeio do serviço de iluminação pública, observado o disposto no art. 150, I e III.

•• *Caput* acrescentado pela Emenda Constitucional n. 39, de 19-12-2002.

Parágrafo único. É facultada a cobrança da contribuição a que se refere o *caput*, na fatura de consumo de energia elétrica.

•• Parágrafo único acrescentado pela Emenda Constitucional n. 39, de 19-12-2002.

Seção II
Das Limitações do Poder de Tributar

Art. 150. Sem prejuízo de outras garantias asseguradas ao contribuinte, é vedado à União, aos Estados, ao Distrito Federal e aos Municípios:

I – exigir ou aumentar tributo sem lei que o estabeleça;

• *Vide* arts. 153, § 1.°, 155, § 4.°, IV, *c*, e 177, § 4.°, I, *b*, da CF.

II – instituir tratamento desigual entre contribuintes que se encontrem em situação equivalente, proibida qualquer distinção em razão de ocupação profissional ou função por eles exercida, independentemente da denominação jurídica dos rendimentos, títulos ou direitos;

• *Vide* art. 153, § 2.°, da CF.

III – cobrar tributos:

a) em relação a fatos geradores ocorridos antes do início da vigência da lei que os houver instituído ou aumentado;

b) no mesmo exercício financeiro em que haja sido publicada a lei que os instituiu ou aumentou;

• *Vide* art. 150, § 1.º, da CF.

c) antes de decorridos noventa dias da data em que haja sido publicada a lei que os instituiu ou aumentou, observado o disposto na alínea *b*;

•• Alínea *c* acrescentada pela Emenda Constitucional n. 42, de 19-12-2003.

IV – utilizar tributo com efeito de confisco;

V – estabelecer limitações ao tráfego de pessoas ou bens, por meio de tributos interestaduais ou intermunicipais, ressalvada a cobrança de pedágio pela utilização de vias conservadas pelo Poder Público;

VI – instituir impostos sobre:

a) patrimônio, renda ou serviços, uns dos outros;

• *Vide* art. 150, § 3.º, da CF.

b) templos de qualquer culto;

c) patrimônio, renda ou serviços dos partidos políticos, inclusive suas fundações, das entidades sindicais dos trabalhadores, das instituições de educação e de assistência social, sem fins lucrativos, atendidos os requisitos da lei;

•• *Vide* Súmula Vinculante 52 do STF.

d) livros, jornais, periódicos e o papel destinado a sua impressão;

e) fonogramas e videofonogramas musicais produzidos no Brasil contendo obras musicais ou literomusicais de autores brasileiros e/ou obras em geral interpretadas por artistas brasileiros bem como os suportes materiais ou arquivos digitais que os contenham, salvo na etapa de replicação industrial de mídias ópticas de leitura a *laser*.

•• Alínea *e* acrescentada pela Emenda Constitucional n. 75, de 15-10-2013.

§ 1.º A vedação do inciso III, *b*, não se aplica aos tributos previstos nos arts. 148, I, 153, I, II, IV e V; e 154, II; e a vedação do inciso III, *c*, não se aplica aos tributos previstos nos arts. 148, I, 153, I, II, III e V; e 154, II, nem à fixação da base de cálculo dos impostos previstos nos arts. 155, III, e 156, I.

•• § 1.º com redação determinada pela Emenda Constitucional n. 42, de 19-12-2003.

§ 2.º A vedação do inciso VI, *a*, é extensiva às autarquias e às fundações instituídas e mantidas pelo Poder Público, no que se refere ao patrimônio, à renda e aos serviços, vinculados a suas finalidades essenciais ou às delas decorrentes.

§ 3.º As vedações do inciso VI, *a*, e do parágrafo anterior não se aplicam ao patrimônio, à renda e aos serviços, relacionados com exploração de atividades econômicas regidas pelas normas aplicáveis a empreendimentos privados, ou em que haja contraprestação ou pagamento de preços ou tarifas pelo usuário, nem exonera o promitente comprador da obrigação de pagar imposto relativamente ao bem imóvel.

§ 4.º As vedações expressas no inciso VI, alíneas *b* e *c*, compreendem somente o patrimônio, a renda e os serviços, relacionados com as finalidades essenciais das entidades nelas mencionadas.

§ 5.º A lei determinará medidas para que os consumidores sejam esclarecidos acerca dos impostos que incidam sobre mercadorias e serviços.

•• Regulamento: Lei n. 12.741, de 8-12-2012.

§ 6.º Qualquer subsídio ou isenção, redução de base de cálculo, concessão de crédito presumido, anistia ou remissão, relativos a impostos, taxas ou contribuições, só poderá ser concedido mediante lei específica, federal, estadual ou municipal, que regule exclusivamente as matérias acima enumeradas ou o correspondente tributo ou contribuição, sem prejuízo do disposto no art. 155, § 2.º, XII, *g*.

•• § 6.º com redação determinada pela Emenda Constitucional n. 3, de 17-3-1993.

§ 7.º A lei poderá atribuir a sujeito passivo de obrigação tributária a condição de responsável pelo pagamento de imposto ou contribuição, cujo fato gerador deva ocorrer posteriormente, assegurada a imediata e preferencial restituição da quantia paga, caso não se realize o fato gerador presumido.

•• § 7.º acrescentado pela Emenda Constitucional n. 3, de 17-3-1993.

Art. 151. É vedado à União:

I – instituir tributo que não seja uniforme em todo o território nacional ou que implique distinção ou preferência em relação a Estado, ao Distrito Federal ou a Município, em detrimento de outro, admitida a concessão de incentivos fiscais destinados a promover o equilíbrio do desenvolvimento socioeconômico entre as diferentes regiões do País;

II – tributar a renda das obrigações da dívida pública dos Estados, do Distrito Federal e dos Municípios, bem como a remuneração e os proventos dos respectivos agentes públicos, em níveis superiores aos que fixar para suas obrigações e para seus agentes;

III – instituir isenções de tributos da competência dos Estados, do Distrito Federal ou dos Municípios.

Art. 152. É vedado aos Estados, ao Distrito Federal e aos Municípios estabelecer diferença tributária entre bens e serviços, de qualquer natureza, em razão de sua procedência ou destino.

Seção III
Dos Impostos da União

Art. 153. Compete à União instituir impostos sobre:

I – importação de produtos estrangeiros;

• *Vide* art. 62, § 2.º, da CF.

II – exportação, para o exterior, de produtos nacionais ou nacionalizados;

• *Vide* art. 62, § 2.º, da CF.

III – renda e proventos de qualquer natureza;

IV – produtos industrializados;

• *Vide* art. 62, § 2.º, da CF.

• O Decreto n. 7.212, de 15-6-2010, regulamenta a cobrança, fiscalização, arrecadação e administração do IPI.

V – operações de crédito, câmbio e seguro, ou relativas a títulos ou valores mobiliários;

• *Vide* art. 62, § 2.º, da CF.

• *Vide* Súmula Vinculante 32 do STF.

VI – propriedade territorial rural;

• *Vide* § 4.º deste artigo.

VII – grandes fortunas, nos termos de lei complementar.

§ 1.º É facultado ao Poder Executivo, atendidas as condições e os limites estabelecidos em lei, alterar as alíquotas dos impostos enumerados nos incisos I, II, IV e V.

§ 2.º O imposto previsto no inciso III:

I – será informado pelos critérios da generalidade, da universalidade e da progressividade, na forma da lei;

II – (*Revogado pela Emenda Constitucional n. 20, de 15-12-1998.*)

§ 3.º O imposto previsto no inciso IV:

I – será seletivo, em função da essencialidade do produto;

II – será não cumulativo, compensando-se o que for devido em cada operação com o montante cobrado nas anteriores;

III – não incidirá sobre produtos industrializados destinados ao exterior;

IV – terá reduzido seu impacto sobre a aquisição de bens de capital pelo contribuinte do imposto, na forma da lei.

•• Inciso IV acrescentado pela Emenda Constitucional n. 42, de 19-12-2003.

§ 4.º O imposto previsto no inciso VI do *caput*:

•• § 4.º, *caput*, com redação determinada pela Emenda Constitucional n. 42, de 19-12-2003.

I – será progressivo e terá suas alíquotas fixadas de forma a desestimular a manutenção de propriedades improdutivas;

•• Inciso *I* acrescentado pela Emenda Constitucional n. 42, de 19-12-2003.

II – não incidirá sobre pequenas glebas rurais, definidas em lei, quando as explore o proprietário que não possua outro imóvel;

•• Inciso II acrescentado pela Emenda Constitucional n. 42, de 19-12-2003.

• *Vide* art. 146, II, da CF.

III – será fiscalizado e cobrado pelos Municípios que assim optarem, na forma da lei, desde que não implique redução do imposto ou qualquer outra forma de renúncia fiscal.

•• Inciso III acrescentado pela Emenda Constitucional n. 42, de 19-12-2003.

•• Inciso III regulamentado pela Lei n. 11.250, de 27-12-2005.

• *Vide* art. 158, II, da CF.

§ 5.º O ouro, quando definido em lei como ativo financeiro ou instrumento cambial, sujeita-se exclusivamente à incidência do imposto de que trata o inciso V do *caput* deste artigo, devido na operação de origem; a alíquota mínima será de um por cento, assegurada a transferência do montante da arrecadação nos seguintes termos:

•• *Vide* art. 107, § 6.º, I, do ADCT.

I – trinta por cento para o Estado, o Distrito Federal ou o Território, conforme a origem;

II – setenta por cento para o Município de origem.

• *Vide* arts. 72, § 3.º, 74, § 2.º, 75 e 76, § 1.º, do ADCT.

Art. 154. A União poderá instituir:

I – mediante lei complementar, impostos não previstos no artigo anterior, desde que sejam não cumulativos e não tenham fato gerador ou base de cálculo próprios dos discriminados nesta Constituição;

• *Vide* arts. 74, § 2.º, e 75 do ADCT.

II – na iminência ou no caso de guerra externa, impostos extraordinários, compreendidos ou não em sua competência tributária, os quais serão suprimidos, gradativamente, cessadas as causas de sua criação.

• *Vide* art. 62, § 2.º, da CF.

Seção IV
Dos Impostos dos Estados e do Distrito Federal

Art. 155. Compete aos Estados e ao Distrito Federal instituir impostos sobre:

•• *Caput* com redação determinada pela Emenda Constitucional n. 3, de 17-3-1993.

I – transmissão *causa mortis* e doação, de quaisquer bens ou direitos;

•• Inciso I com redação determinada pela Emenda Constitucional n. 3, de 17-3-1993.

• *Vide* § 1.º deste artigo.

II – operações relativas à circulação de mercadorias e sobre prestações de serviços de transporte interestadual e intermunicipal e de comunicação, ainda que as operações e as prestações se iniciem no exterior;

•• Inciso II com redação determinada pela Emenda Constitucional n. 3, de 17-3-1993.

• *Vide* § 2.º deste artigo.

• *Vide* art. 60, § 2.º, do ADCT.

• *Vide* Súmula Vinculante 26 do STF.

III – propriedade de veículos automotores.

•• Inciso III com redação determinada pela Emenda Constitucional n. 3, de 17-3-1993.

• *Vide* § 6.º deste artigo.

§ 1.º O imposto previsto no inciso I:

•• § 1.º, *caput*, com redação determinada pela Emenda Constitucional n. 3, de 17-3-1993.

I – relativamente a bens imóveis e respectivos direitos, compete ao Estado da situação do bem, ou ao Distrito Federal;

II – relativamente a bens móveis, títulos e créditos, compete ao Estado onde se processar o inventário ou arrolamento, ou tiver domicílio o doador, ou ao Distrito Federal;

III – terá a competência para sua instituição regulada por lei complementar:

a) se o doador tiver domicílio ou residência no exterior;

b) se o *de cujus* possuía bens, era residente ou domiciliado ou teve o seu inventário processado no exterior;

IV – terá suas alíquotas máximas fixadas pelo Senado Federal.

§ 2.º O imposto previsto no inciso II atenderá ao seguinte:

•• § 2.º, *caput*, com redação determinada pela Emenda Constitucional n. 3, de 17-3-1993.

I – será não cumulativo, compensando-se o que for devido em cada operação relativa à circulação de mercadorias ou prestação de serviços com o montante cobrado nas anteriores pelo mesmo ou outro Estado ou pelo Distrito Federal;

II – a isenção ou não incidência, salvo determinação em contrário da legislação:

• *Vide* art. 155, § 2.º, X, *a*, da CF.

a) não implicará crédito para compensação com o montante devido nas operações ou prestações seguintes;

b) acarretará a anulação do crédito relativo às operações anteriores;

III – poderá ser seletivo, em função da essencialidade das mercadorias e dos serviços;

IV – resolução do Senado Federal, de iniciativa do Presidente da República ou de um terço dos Senadores, aprovada pela maioria absoluta de seus membros, estabelecerá as alíquotas aplicáveis às operações e prestações, interestaduais e de exportação;

V – é facultado ao Senado Federal:

a) estabelecer alíquotas mínimas nas operações internas, mediante resolução de iniciativa de um terço e aprovada pela maioria absoluta de seus membros;

b) fixar alíquotas máximas nas mesmas operações para resolver conflito específico que envolva interesse de Estados, mediante resolução de iniciativa da maioria absoluta e aprovada por dois terços de seus membros;

VI – salvo deliberação em contrário dos Estados e do Distrito Federal, nos termos do disposto no inciso XII, *g*, as alíquotas internas, nas operações relativas à circulação de mercadorias e nas prestações de serviços, não poderão ser inferiores às previstas para as operações interestaduais;

VII – nas operações e prestações que destinem bens e serviços a consumidor final, contribuinte ou não do imposto, localizado em outro Estado, adotar-se-á a alíquota interestadual e caberá ao Estado de localização do destinatário o imposto correspondente à diferença entre a alíquota interna do Estado destinatário e a alíquota interestadual;

•• Inciso VII, *caput*, com redação determinada pela Emenda Constitucional n. 87, de 16-4-2015, em vigor na data de sua publicação, produzindo efeitos no ano subsequente e após 90 (noventa) dias desta.

•• *Vide* art. 90 do ADCT.

a) e *b*) (*Revogadas pela Emenda Constitucional n. 87, de 16-4-2015, em vigor na data de sua publicação, produzindo efeitos no ano subsequente e após 90 (noventa) dias desta.*);

VIII – a responsabilidade pelo recolhimento do imposto correspondente à diferença entre a alíquota interna e a interestadual de que trata o inciso VII será atribuída:

•• Inciso VIII, *caput*, com redação determinada pela Emenda Constitucional n. 87, de 16-4-2015, em vigor na data de sua publicação, produzindo efeitos no ano subsequente e após 90 (noventa) dias desta.

a) ao destinatário, quando este for contribuinte do imposto;

•• Alínea *a* acrescentada pela Emenda Constitucional n. 87, de 16-4-2015, em vigor na data de sua publicação, produzindo efeitos no ano subsequente e após 90 (noventa) dias desta.

b) ao remetente, quando o destinatário não for contribuinte do imposto;

•• Alínea *b* acrescentada pela Emenda Constitucional n. 87, de 16-4-2015, em vigor na data de sua publicação, produzindo efeitos no ano subsequente e após 90 (noventa) dias desta.

IX – incidirá também:

a) sobre a entrada de bem ou mercadoria importados do exterior por pessoa física ou jurídica, ainda que não seja contribuinte habitual do imposto, qualquer que seja a sua finalidade, assim como sobre o serviço prestado no exterior, cabendo o imposto ao Estado onde estiver situado o domicílio ou o estabelecimento do destinatário da mercadoria, bem ou serviço;

•• Alínea *a* com redação determinada pela Emenda Constitucional n. 33, de 11-12-2001.

• *Vide* Súmula Vinculante 48 do STF.

b) sobre o valor total da operação, quando mercadorias forem fornecidas com serviços não compreendidos na competência tributária dos Municípios;

X – não incidirá:

a) sobre operações que destinem mercadorias para o exterior, nem sobre serviços prestados a destinatários no exterior, assegurada a manutenção e o aproveitamento do montante do imposto cobrado nas operações e prestações anteriores;

•• Alínea *a* com redação determinada pela Emenda Constitucional n. 42, de 19-12-2003.

b) sobre operações que destinem a outros Estados petróleo, inclusive lubrificantes, combustíveis líquidos e gasosos dele derivados, e energia elétrica;

c) sobre o ouro, nas hipóteses definidas no art. 153, § 5.º;

d) nas prestações de serviço de comunicação nas modalidades de radiodifusão sonora e de sons e imagens de recepção livre e gratuita;

•• Alínea *d* acrescentada pela Emenda Constitucional n. 42, de 19-12-2003.

XI – não compreenderá, em sua base de cálculo, o montante do imposto sobre produtos industrializados, quando a operação, realizada entre contribuintes e relativa a produto destinado à industrialização ou à comercialização, configure fato gerador dos dois impostos;

XII – cabe à lei complementar:

• *Vide* art. 4.º da Emenda Constitucional n. 42, de 19-12-2003.

a) definir seus contribuintes;

b) dispor sobre substituição tributária;

c) disciplinar o regime de compensação do imposto;

d) fixar, para efeito de sua cobrança e definição do estabelecimento responsável, o local das operações relativas à circulação de mercadorias e das prestações de serviços;

e) excluir da incidência do imposto, nas exportações para o exterior, serviços e outros produtos além dos mencionados no inciso X, *a*;

f) prever casos de manutenção de crédito, relativamente à remessa para outro Estado e exportação para o exterior, de serviços e de mercadorias;

g) regular a forma como, mediante deliberação dos Estados e do Distrito Federal, isenções, incentivos e benefícios fiscais serão concedidos e revogados;

h) definir os combustíveis e lubrificantes sobre os quais o imposto incidirá uma única vez, qualquer que seja a sua finalidade, hipótese em que não se aplicará o disposto no inciso X, *b*;

•• Alínea *h* acrescentada pela Emenda Constitucional n. 33, de 11-12-2001.

• *Vide* § 4.º deste artigo.

i) fixar a base de cálculo, de modo que o montante do imposto a integre, também na importação do exterior de bem, mercadoria ou serviço.

•• Alínea *i* acrescentada pela Emenda Constitucional n. 33, de 11-12-2001.

§ 3.º À exceção dos impostos de que tratam o inciso II do *caput* deste artigo e o art. 153, I e II, nenhum outro imposto poderá incidir sobre operações relativas a energia elétrica, serviços de telecomunicações, derivados de petróleo, combustíveis e minerais do País.

•• § 3.º com redação determinada pela Emenda Constitucional n. 33, de 11-12-2001.

§ 4.º Na hipótese do inciso XII, *h*, observar-se-á o seguinte:

•• § 4.º, *caput*, acrescentado pela Emenda Constitucional n. 33, de 11-12-2001.

I – nas operações com os lubrificantes e combustíveis derivados de petróleo, o imposto caberá ao Estado onde ocorrer o consumo;

•• Inciso I acrescentado pela Emenda Constitucional n. 33, de 11-12-2001.

II – nas operações interestaduais, entre contribuintes, com gás natural e seus derivados, e lubrificantes e combustíveis não incluídos no inciso I deste parágrafo, o imposto será repartido entre os Estados de origem e de destino, mantendo-se a mesma proporcionalidade que ocorre nas operações com as demais mercadorias;

•• Inciso II acrescentado pela Emenda Constitucional n. 33, de 11-12-2001.

III – nas operações interestaduais com gás natural e seus derivados, e lubrificantes e combustíveis não incluídos no inciso I deste parágrafo, destinadas a não contribuinte, o imposto caberá ao Estado de origem;

•• Inciso III acrescentado pela Emenda Constitucional n. 33, de 11-12-2001.

IV – as alíquotas do imposto serão definidas mediante deliberação dos Estados e Distrito Federal, nos termos do § 2.°, XII, *g*, observando-se o seguinte:

•• Inciso IV, *caput*, acrescentado pela Emenda Constitucional n. 33, de 11-12-2001.

a) serão uniformes em todo o território nacional, podendo ser diferenciadas por produto;

•• Alínea *a* acrescentada pela Emenda Constitucional n. 33, de 11-12-2001.

b) poderão ser específicas, por unidade de medida adotada, ou *ad valorem*, incidindo sobre o valor da operação ou sobre o preço que o produto ou seu similar alcançaria em uma venda em condições de livre concorrência;

•• Alínea *b* acrescentada pela Emenda Constitucional n. 33, de 11-12-2001.

c) poderão ser reduzidas e restabelecidas, não se lhes aplicando o disposto no art. 150, III, *b*.

•• Alínea *c* acrescentada pela Emenda Constitucional n. 33, de 11-12-2001.

§ 5.° As regras necessárias à aplicação do disposto no § 4.°, inclusive as relativas à apuração e à destinação do imposto, serão estabelecidas mediante deliberação dos Estados e do Distrito Federal, nos termos do § 2.°, XII, *g*.

•• § 5.° acrescentado pela Emenda Constitucional n. 33, de 11-12-2001.

§ 6.° O imposto previsto no inciso III:

•• § 6.°, *caput*, acrescentado pela Emenda Constitucional n. 42, de 19-12-2003.

I – terá alíquotas mínimas fixadas pelo Senado Federal;

•• Inciso I acrescentado pela Emenda Constitucional n. 42, de 19-12-2003.

II – poderá ter alíquotas diferenciadas em função do tipo e utilização.

•• Inciso II acrescentado pela Emenda Constitucional n. 42, de 19-12-2003.

Seção V
Dos Impostos dos Municípios

Art. 156. Compete aos Municípios instituir impostos sobre:

I – propriedade predial e territorial urbana;

II – transmissão *inter vivos*, a qualquer título, por ato oneroso, de bens imóveis, por natureza ou acessão física, e de direitos reais sobre imóveis, exceto os de garantia, bem como cessão de direitos a sua aquisição;

III – serviços de qualquer natureza, não compreendidos no art. 155, II, definidos em lei complementar;

•• Inciso III com redação determinada pela Emenda Constitucional n. 3, de 17-3-1993.

• A Lei Complementar n. 116, de 31-7-2003, dispõe sobre o Imposto Sobre Serviços de Qualquer Natureza, de competência dos Municípios e do Distrito Federal.

IV – (*Revogado pela Emenda Constitucional n. 3, de 17-3-1993.*)

§ 1.° Sem prejuízo da progressividade no tempo a que se refere o art. 182, § 4.°, II, o imposto previsto no inciso I poderá:

•• § 1.°, *caput*, com redação determinada pela Emenda Constitucional n. 29, de 13-9-2000.

I – ser progressivo em razão do valor do imóvel; e

•• Inciso I acrescentado pela Emenda Constitucional n. 29, de 13-9-2000.

II – ter alíquotas diferentes de acordo com a localização e o uso do imóvel.

•• Inciso II acrescentado pela Emenda Constitucional n. 29, de 13-9-2000.

§ 2.° O imposto previsto no inciso II:

I – não incide sobre a transmissão de bens ou direitos incorporados ao patrimônio de pessoa jurídica em realização de capital, nem sobre a transmissão de bens ou direitos decorrentes de fusão, incorporação, cisão ou extinção de pessoa jurídica, salvo se, nesses casos, a atividade preponderante do adquirente for a compra e venda desses bens ou direitos, locação de bens imóveis ou arrendamento mercantil;

II – compete ao Município da situação do bem.

§ 3.º Em relação ao imposto previsto no inciso III do *caput* deste artigo, cabe à lei complementar:

•• § 3.º, *caput*, com redação determinada pela Emenda Constitucional n. 37, de 12-6-2002.

I – fixar as suas alíquotas máximas e mínimas;

•• Inciso I com redação determinada pela Emenda Constitucional n. 37, de 12-6-2002.

• *Vide* art. 88 do ADCT.

II – excluir da sua incidência exportações de serviços para o exterior;

•• Inciso II com redação determinada pela Emenda Constitucional n. 3, de 17-3-1993.

III – regular a forma e as condições como isenções, incentivos e benefícios fiscais serão concedidos e revogados.

•• Inciso III acrescentado pela Emenda Constitucional n. 37, de 12-6-2002.

• *Vide* art. 88 do ADCT.

§ 4.º (*Revogado pela Emenda Constitucional n. 3, de 17-3-1993.*)

Seção VI
Da Repartição das Receitas Tributárias

Art. 157. Pertencem aos Estados e ao Distrito Federal:

•• *Vide* art. 107, § 6.º, I, do ADCT.

I – o produto da arrecadação do imposto da União sobre renda e proventos de qualquer natureza, incidente na fonte, sobre rendimentos pagos, a qualquer título, por eles, suas autarquias e pelas fundações que instituírem e mantiverem;

• Regulamento do imposto sobre a renda e proventos de qualquer natureza: Decreto n. 3.000, de 26-3-1999.

• *Vide* art. 76, § 1.º, do ADCT.

II – vinte por cento do produto da arrecadação do imposto que a União instituir no exercício da competência que lhe é atribuída pelo art. 154, I.

Art. 158. Pertencem aos Municípios:

I – o produto da arrecadação do imposto da União sobre renda e proventos de qualquer natureza, incidente na fonte, sobre rendimentos pagos, a qualquer título, por eles, suas autarquias e pelas fundações que instituírem e mantiverem;

•• *Vide* art. 107, § 6.º, I, do ADCT.

• *Vide* art. 76, § 1.º, do ADCT.

II – cinquenta por cento do produto da arrecadação do imposto da União sobre a propriedade territorial rural, relativamente aos imóveis neles situados, cabendo a totalidade na hipótese da opção a que se refere o art. 153, § 4.º, III;

•• Inciso II com redação determinada pela Emenda Constitucional n. 42, de 19-12-2003.

•• *Vide* art. 107, § 6.º, I, do ADCT.

•• O Decreto n. 7.827, de 16-10-2012, regulamenta os procedimentos de condicionamento e restabelecimento das transferências de recursos provenientes das receitas de que trata este inciso.

• *Vide* arts. 72, § 4.º, e 76, § 1.º, do ADCT.

III – cinquenta por cento do produto da arrecadação do imposto do Estado sobre a propriedade de veículos automotores licenciados em seus territórios;

IV – vinte e cinco por cento do produto da arrecadação do imposto do Estado sobre operações relativas à circulação de mercadorias e sobre prestações de serviços de transporte interestadual e intermunicipal e de comunicação.

• *Vide* arts. 60, § 2.º, e 82, § 1.º, do ADCT.

Parágrafo único. As parcelas de receita pertencentes aos Municípios, mencionadas no inciso IV, serão creditadas conforme os seguintes critérios:

I – três quartos, no mínimo, na proporção do valor adicionado nas operações relativas à circulação de mercadorias e nas prestações de serviços, realizadas em seus territórios;

II – até um quarto, de acordo com o que dispuser lei estadual ou, no caso dos Territórios, lei federal.

Art. 159. A União entregará:

•• *Vide* art. 107, § 6.º, I, do ADCT.

• *Vide* arts. 72, §§ 2.º e 4.º, e 80, § 1.º, do ADCT.

I – do produto da arrecadação dos impostos sobre renda e proventos de qualquer natureza e sobre produtos industrializados, 49% (quarenta e nove por cento), na seguinte forma:

•• Inciso I, *caput*, com redação determinada pela Emenda Constitucional n. 84, de 2-12-2014.

•• *Vide* art. 2.º da Emenda Constitucional n. 55, de 20-9-2007.

• *Vide* art. 60, § 2.º, do ADCT.

• *Vide* art. 3.º da Emenda Constitucional n. 17, de 22-11-1997.

a) vinte e um inteiros e cinco décimos por cento ao Fundo de Participação dos Estados e do Distrito Federal;

•• O Decreto n. 7.827, de 16-10-2012, regulamenta os procedimentos de condicionamento e restabelecimento das transferências de recursos provenientes das receitas de que trata esta alínea.

• *Vide* art. 76, § 1.º, do ADCT.

b) vinte e dois inteiros e cinco décimos por cento ao Fundo de Participação dos Municípios;

•• O Decreto n. 7.827, de 16-10-2012, regulamenta os procedimentos de condicionamento e restabelecimento das transferências de recursos provenientes das receitas de que trata esta alínea.

• *Vide* art. 76, § 1.º, do ADCT.

c) três por cento, para aplicação em programas de financiamento ao setor produtivo das Regiões Norte, Nordeste e Centro-Oeste, através de suas instituições financeiras de caráter regional, de acordo com os planos regionais de desenvolvimento, ficando assegurada ao semiárido do Nordeste a metade dos recursos destinados à Região, na forma que a lei estabelecer;

•• Alínea *c* regulamentada pela Lei n. 7.827, de 27-9-1989.

d) um por cento ao Fundo de Participação dos Municípios, que será entregue no primeiro decêndio do mês de dezembro de cada ano;

•• Alínea *d* acrescentada pela Emenda Constitucional n. 55, de 20-9-2007.

•• *Vide* art. 2.º da Emenda Constitucional n. 55, de 20-9-2007.

e) 1% (um por cento) ao Fundo de Participação dos Municípios, que será entregue no primeiro decêndio do mês de julho de cada ano;

•• Alínea *e* acrescentada pela Emenda Constitucional n. 84, de 2-12-2014.

•• *Vide* art. 2.º da Emenda Constitucional n. 84, de 2-12-2014.

II – do produto da arrecadação do imposto sobre produtos industrializados, dez por cento aos Estados e ao Distrito Federal, proporcionalmente ao valor das respectivas exportações de produtos industrializados;

•• O Decreto n. 7.827, de 16-10-2012, regulamenta os procedimentos de condicionamento e restabelecimento das transferências de recursos provenientes das receitas de que trata este inciso.

• *Vide* arts. 60, § 2.º, e 76, § 1.º, do ADCT.

III – do produto da arrecadação da contribuição de intervenção no domínio econômico prevista no art. 177, § 4.º, 29% (vinte e nove por cento) para os Estados e o Distrito Federal, distribuídos na forma da lei, observada a destinação a que se refere o inciso II, *c*, do referido parágrafo.

•• Inciso III com redação determinada pela Emenda Constitucional n. 44, de 30-6-2004.

•• *Vide* art. 93 do ADCT, que dispõe sobre a vigência deste inciso.

§ 1.º Para efeito de cálculo da entrega a ser efetuada de acordo com o previsto no inciso I, excluir-se-á a parcela da arrecadação do imposto de renda e proventos de qualquer natureza pertencente aos Estados, ao Distrito Federal e aos Municípios, nos termos do disposto nos arts. 157, I, e 158, I.

§ 2.º A nenhuma unidade federada poderá ser destinada parcela superior a vinte por cento do montante a que se refere o inciso II, devendo o eventual excedente ser distribuído entre os demais participantes, mantido, em relação a esses, o critério de partilha nele estabelecido.

§ 3.º Os Estados entregarão aos respectivos Municípios vinte e cinco por cento dos recursos que receberem nos termos do inciso II, observados os critérios estabelecidos no art. 158, parágrafo único, I e II.

§ 4.º Do montante de recursos de que trata o inciso III que cabe a cada Estado, vinte e cinco por cento serão destinados aos seus Municípios, na forma da lei a que se refere o mencionado inciso.

•• § 4.º acrescentado pela Emenda Constitucional n. 42, de 19-12-2003.

•• *Vide* art. 93 do ADCT, que dispõe sobre a vigência deste parágrafo.

Art. 160. É vedada a retenção ou qualquer restrição à entrega e ao emprego dos recursos atribuídos, nesta seção, aos Estados, ao Distrito Federal e aos Municípios, neles compreendidos adicionais e acréscimos relativos a impostos.

• *Vide* art. 3.º da Emenda Constitucional n. 17, de 22-11-1997.

Parágrafo único. A vedação prevista neste artigo não impede a União e os Estados de condicionarem a entrega de recursos:

•• Parágrafo único, *caput*, com redação determinada pela Emenda Constitucional n. 29, de 13-9-2000.

I – ao pagamento de seus créditos, inclusive de suas autarquias;

•• Inciso I acrescentado pela Emenda Constitucional n. 29, de 13-9-2000.

II – ao cumprimento do disposto no art. 198, § 2.º, II e III.

•• Inciso II acrescentado pela Emenda Constitucional n. 29, de 13-9-2000.

Art. 161. Cabe à lei complementar:

I – definir valor adicionado para fins do disposto no art. 158, parágrafo único, I;

II – estabelecer normas sobre a entrega dos recursos de que trata o art. 159, especialmente sobre os critérios de rateio dos fundos previstos em seu inciso I, objetivando promover o equilíbrio socioeconômico entre Estados e entre Municípios;

III – dispor sobre o acompanhamento, pelos beneficiários, do cálculo das quotas e da liberação das participações previstas nos arts. 157, 158 e 159.

Parágrafo único. O Tribunal de Contas da União efetuará o cálculo das quotas referentes aos fundos de participação a que alude o inciso II.

Art. 162. A União, os Estados, o Distrito Federal e os Municípios divulgarão, até o último dia do mês subsequente ao da arrecadação, os montantes de cada um dos tributos arrecadados, os recursos recebidos, os valores de origem tributária entregues e a entregar e a expressão numérica dos critérios de rateio.

Parágrafo único. Os dados divulgados pela União serão discriminados por Estado e por Município; os dos Estados, por Município.

Capítulo II
DAS FINANÇAS PÚBLICAS

Seção I
Normas Gerais

Art. 163. Lei complementar disporá sobre:

• *Vide* art. 30 da Emenda Constitucional n. 19, de 4-6-1998.

I – finanças públicas;

II – dívida pública externa e interna, incluída a das autarquias, fundações e demais entidades controladas pelo Poder Público;

III – concessão de garantias pelas entidades públicas;

IV – emissão e resgate de títulos da dívida pública;

V – fiscalização financeira da administração pública direta e indireta;

•• Inciso V com redação determinada pela Emenda Constitucional n. 40, de 29-5-2003.

VI – operações de câmbio realizadas por órgãos e entidades da União, dos Estados, do Distrito Federal e dos Municípios;

VII – compatibilização das funções das instituições oficiais de crédito da União, resguardadas as características e condições operacionais plenas das voltadas ao desenvolvimento regional.

• *Vide* art. 30 da Emenda Constitucional n. 19, de 4-6-1998.

Art. 164. A competência da União para emitir moeda será exercida exclusivamente pelo Banco Central.

§ 1.º É vedado ao Banco Central conceder, direta ou indiretamente, empréstimos ao Tesouro Nacional e a qualquer órgão ou entidade que não seja instituição financeira.

§ 2.º O Banco Central poderá comprar e vender títulos de emissão do Tesouro Nacional, com o objetivo de regular a oferta de moeda ou a taxa de juros.

§ 3.º As disponibilidades de caixa da União serão depositadas no Banco Central; as dos Estados, do Distrito Federal, dos Municípios e dos órgãos ou entidades do Poder Público e das empresas por ele controladas, em instituições financeiras oficiais, ressalvados os casos previstos em lei.

Seção II
Dos Orçamentos

Art. 165. Leis de iniciativa do Poder Executivo estabelecerão:

I – o plano plurianual;

• A Lei n. 12.593, de 18-1-2012, institui o Plano Plurianual da União para o período de 2012 a 2015.

II – as diretrizes orçamentárias;

III – os orçamentos anuais.

§ 1.º A lei que instituir o plano plurianual estabelecerá, de forma regionalizada, as diretrizes, objetivos e metas da administração pública federal para as despesas de capital e outras delas decorrentes e para as relativas aos programas de duração continuada.

§ 2.º A lei de diretrizes orçamentárias compreenderá as metas e prioridades da administração pública federal, incluindo as despesas de capital para o exercício financeiro subsequente, orientará a elaboração da lei orçamentária anual, disporá sobre as alterações na legislação tributária e estabelecerá a política de aplicação das agências financeiras oficiais de fomento.

• A Lei n. 12.798, de 4-42013, estima a receita e fixa a despesa da União para o exercício de 2013.

§ 3.º O Poder Executivo publicará, até trinta dias após o encerramento de cada bimestre, relatório resumido da execução orçamentária.

§ 4.º Os planos e programas nacionais, regionais e setoriais previstos nesta Constituição serão elaborados em consonância com o plano plurianual e apreciados pelo Congresso Nacional.

§ 5.º A lei orçamentária anual compreenderá:

I – o orçamento fiscal referente aos Poderes da União, seus fundos, órgãos e entidades da administração direta e indireta, inclusive fundações instituídas e mantidas pelo Poder Público;

II – o orçamento de investimento das empresas em que a União, direta ou indiretamente, detenha a maioria do capital social com direito a voto;

III – o orçamento da seguridade social, abrangendo todas as entidades e órgãos a ela vinculados, da administração direta ou indireta, bem como os fundos e fundações instituídos e mantidos pelo Poder Público.

§ 6.º O projeto de lei orçamentária será acompanhado de demonstrativo regionalizado do efeito, sobre as receitas e despesas, decorrente de isenções, anistias, remissões, subsídios e benefícios de natureza financeira, tributária e creditícia.

§ 7.º Os orçamentos previstos no § 5.º, I e II, deste artigo, compatibilizados com o plano plurianual, terão entre suas funções a de reduzir desigualdades inter-regionais, segundo critério populacional.

• *Vide* art. 35 do ADCT.

§ 8.º A lei orçamentária anual não conterá dispositivo estranho à previsão da receita e à fixação da despesa, não se incluindo na proibição a autorização para abertura de créditos suplementares e contratação de operações de crédito, ainda que por antecipação de receita, nos termos da lei.

§ 9.º Cabe à lei complementar:

I – dispor sobre o exercício financeiro, a vigência, os prazos, a elaboração e a organização do plano plurianual, da lei de diretrizes orçamentárias e da lei orçamentária anual;

II – estabelecer normas de gestão financeira e patrimonial da administração direta e indireta, bem como condições para a instituição e funcionamento de fundos;

• *Vide* arts. 71, § 1.º, e 81, § 3.º, do ADCT.

III – dispor sobre critérios para a execução equitativa, além de procedimentos que serão adotados quando houver impedimentos legais e técnicos, cumprimento de restos a pagar e limitação das programações de caráter obrigatório, para a realização do disposto no § 11 do art. 166.

•• Inciso III acrescentado pela Emenda Constitucional n. 86, de 17-3-2015, produzindo efeitos a partir da execução orçamentária do exercício de 2014.

Art. 166. Os projetos de lei relativos ao plano plurianual, às diretrizes orçamentárias, ao orçamento anual e aos créditos adicionais serão apreciados pelas duas Casas do Congresso Nacional, na forma do regimento comum.

§ 1.º Caberá a uma Comissão mista permanente de Senadores e Deputados:

• A Resolução do Congresso Nacional n. 1, de 22-12-2006, dispõe sobre a Comissão Mista Permanente a que se refere este parágrafo, que passa a denominar-se Comissão Mista de Planos, Orçamentos Públicos e Fiscalização – CMO.

I – examinar e emitir parecer sobre os projetos referidos neste artigo e sobre as contas apresentadas anualmente pelo Presidente da República;

II – examinar e emitir parecer sobre os planos e programas nacionais, regionais e setoriais previstos nesta Constituição e exercer o acompanhamento e a fiscalização orçamentária, sem prejuízo da atuação das demais comissões do Congresso Nacional e de suas Casas, criadas de acordo com o art. 58.

§ 2.º As emendas serão apresentadas na Comissão mista, que sobre elas emitirá parecer, e apreciadas, na forma regimental, pelo Plenário das duas Casas do Congresso Nacional.

§ 3.º As emendas ao projeto de lei do orçamento anual ou aos projetos que o modifiquem somente podem ser aprovadas caso:

I – sejam compatíveis com o plano plurianual e com a lei de diretrizes orçamentárias;

II – indiquem os recursos necessários, admitidos apenas os provenientes de anulação de despesa, excluídas as que incidam sobre:

a) dotações para pessoal e seus encargos;

b) serviço da dívida;

c) transferências tributárias constitucionais para Estados, Municípios e Distrito Federal; ou

III – sejam relacionadas:

a) com a correção de erros ou omissões; ou

b) com os dispositivos do texto do projeto de lei.

§ 4.º As emendas ao projeto de lei de diretrizes orçamentárias não poderão ser aprovadas quando incompatíveis com o plano plurianual.

§ 5.º O Presidente da República poderá enviar mensagem ao Congresso Nacional para propor modificação nos projetos a que se refere este artigo enquanto não iniciada a votação, na Comissão mista, da parte cuja alteração é proposta.

§ 6.º Os projetos de lei do plano plurianual, das diretrizes orçamentárias e do orçamento anual serão enviados pelo Presidente da República ao Congresso Nacional, nos termos da lei complementar a que se refere o art. 165, § 9.º.

§ 7.º Aplicam-se aos projetos mencionados neste artigo, no que não contrariar o disposto nesta seção, as demais normas relativas ao processo legislativo.

§ 8.º Os recursos que, em decorrência de veto, emenda ou rejeição do projeto de lei orçamentária anual, ficarem sem despesas correspondentes poderão ser utilizados, conforme o caso, mediante créditos especiais ou suplementares, com prévia e específica autorização legislativa.

§ 9.º As emendas individuais ao projeto de lei orçamentária serão aprovadas no limite de 1,2% (um inteiro e dois décimos por cento) da receita corrente líquida prevista no projeto encaminhado pelo Poder Executivo, sendo que a metade deste percentual será destinada a ações e serviços públicos de saúde.

•• § 9.º acrescentado pela Emenda Constitucional n. 86, de 17-3-2015, produzindo efeitos a partir da execução orçamentária do exercício de 2014.

•• *Vide* art. 111 do ADCT.

§ 10. A execução do montante destinado a ações e serviços públicos de saúde previsto no

§ 9.º, inclusive custeio, será computada para fins do cumprimento do inciso I do § 2.º do art. 198, vedada a destinação para pagamento de pessoal ou encargos sociais.

•• § 10 acrescentado pela Emenda Constitucional n. 86, de 17-3-2015, produzindo efeitos a partir da execução orçamentária do exercício de 2014.

§ 11. É obrigatória a execução orçamentária e financeira das programações a que se refere o § 9.º deste artigo, em montante correspondente a 1,2% (um inteiro e dois décimos por cento) da receita corrente líquida realizada no exercício anterior, conforme os critérios para a execução equitativa da programação definidos na lei complementar prevista no § 9.º do art. 165.

•• § 11 acrescentado pela Emenda Constitucional n. 86, de 17-3-2015, produzindo efeitos a partir da execução orçamentária do exercício de 2014.

•• *Vide* art. 111 do ADCT.

§ 12. As programações orçamentárias previstas no § 9.º deste artigo não serão de execução obrigatória nos casos dos impedimentos de ordem técnica.

•• § 12 acrescentado pela Emenda Constitucional n. 86, de 17-3-2015, produzindo efeitos a partir da execução orçamentária do exercício de 2014.

§ 13. Quando a transferência obrigatória da União, para a execução da programação prevista no § 11 deste artigo, for destinada a Estados, ao Distrito Federal e a Municípios, independerá da adimplência do ente federativo destinatário e não integrará a base de cálculo da receita corrente líquida para fins de aplicação dos limites de despesa de pessoal de que trata o *caput* do art. 169.

•• § 13 acrescentado pela Emenda Constitucional n. 86, de 17-3-2015, produzindo efeitos a partir da execução orçamentária do exercício de 2014.

§ 14. No caso de impedimento de ordem técnica, no empenho de despesa que integre a programação, na forma do § 11 deste artigo, serão adotadas as seguintes medidas:

•• § 14, *caput*, acrescentado pela Emenda Constitucional n. 86, de 17-3-2015, produzindo efeitos a partir da execução orçamentária do exercício de 2014.

I – até 120 (cento e vinte) dias após a publicação da lei orçamentária, o Poder Executivo, o Poder Legislativo, o Poder Judiciário, o Ministério Público e a Defensoria Pública enviarão ao Poder Legislativo as justificativas do impedimento;

•• Inciso I acrescentado pela Emenda Constitucional n. 86, de 17-3-2015, produzindo efeitos a partir da execução orçamentária do exercício de 2014.

II – até 30 (trinta) dias após o término do prazo previsto no inciso I, o Poder Legislativo indicará ao Poder Executivo o remanejamento da programação cujo impedimento seja insuperável;

•• Inciso II acrescentado pela Emenda Constitucional n. 86, de 17-3-2015, produzindo efeitos a partir da execução orçamentária do exercício de 2014.

III – até 30 de setembro ou até 30 (trinta) dias após o prazo previsto no inciso II, o Poder Executivo encaminhará projeto de lei sobre o remanejamento da programação cujo impedimento seja insuperável;

•• Inciso III acrescentado pela Emenda Constitucional n. 86, de 17-3-2015, produzindo efeitos a partir da execução orçamentária do exercício de 2014.

IV – se, até 20 de novembro ou até 30 (trinta) dias após o término do prazo previsto no inciso III, o Congresso Nacional não deliberar sobre o projeto, o remanejamento será implementado por ato do Poder Executivo, nos termos previstos na lei orçamentária.

•• Inciso IV acrescentado pela Emenda Constitucional n. 86, de 17-3-2015, produzindo efeitos a partir da execução orçamentária do exercício de 2014.

§ 15. Após o prazo previsto no inciso IV do § 14, as programações orçamentárias previstas no § 11 não serão de execução obrigatória nos casos dos impedimentos justificados na notificação prevista no inciso I do § 14.

•• § 15 acrescentado pela Emenda Constitucional n. 86, de 17-3-2015, produzindo efeitos a partir da execução orçamentária do exercício de 2014.

§ 16. Os restos a pagar poderão ser considerados para fins de cumprimento da execução financeira prevista no § 11 deste artigo, até o limite de 0,6% (seis décimos por cento) da receita corrente líquida realizada no exercício anterior.

•• § 16 acrescentado pela Emenda Constitucional n. 86, de 17-3-2015, produzindo efeitos a partir da execução orçamentária do exercício de 2014.

§ 17. Se for verificado que a reestimativa da receita e da despesa poderá resultar no não cumprimento da meta de resultado fiscal estabelecida na lei de diretrizes orçamentárias, o montante previsto no § 11 deste artigo poderá ser reduzido em até a mesma proporção da limitação incidente sobre o conjunto das despesas discricionárias.

•• § 17 acrescentado pela Emenda Constitucional n. 86, de 17-3-2015, produzindo efeitos a partir da execução orçamentária do exercício de 2014.

§ 18. Considera-se equitativa a execução das programações de caráter obrigatório que atenda de forma igualitária e impessoal às emendas apresentadas, independentemente da autoria.

•• § 18 acrescentado pela Emenda Constitucional n. 86, de 17-3-2015, produzindo efeitos a partir da execução orçamentária do exercício de 2014.

Art. 167. São vedados:

I – o início de programas ou projetos não incluídos na lei orçamentária anual;

II – a realização de despesas ou a assunção de obrigações diretas que excedam os créditos orçamentários ou adicionais;

III – a realização de operações de créditos que excedam o montante das despesas de capital, ressalvadas as autorizadas mediante créditos suplementares ou especiais com finalidade precisa, aprovados pelo Poder Legislativo por maioria absoluta;

• *Vide* art. 37 do ADCT.

IV – a vinculação de receita de impostos a órgão, fundo ou despesa, ressalvadas a repartição do produto da arrecadação dos impostos a que se referem os arts. 158 e 159, a destinação de recursos para as ações e serviços públicos de saúde, para manutenção e desenvolvimento do ensino e para realização de atividades da administração tributária, como determinado, respectivamente, pelos arts. 198, § 2.º, 212 e 37, XXII, e a prestação de garantias às operações de crédito por antecipação de receita, previstas no art. 165, § 8.º, bem como o disposto no § 4.º deste artigo;

•• Inciso IV com redação determinada pela Emenda Constitucional n. 42, de 19-12-2003.

• *Vide* art. 80, § 1.º, do ADCT.

V – a abertura de crédito suplementar ou especial sem prévia autorização legislativa e sem indicação dos recursos correspondentes;

VI – a transposição, o remanejamento ou a transferência de recursos de uma categoria de programação para outra ou de um órgão para outro, sem prévia autorização legislativa;

VII – a concessão ou utilização de créditos ilimitados;

VIII – a utilização, sem autorização legislativa específica, de recursos dos orçamentos fiscal e da seguridade social para suprir necessidade ou cobrir déficit de empresas, fundações e fundos, inclusive dos mencionados no art. 165, § 5.º;

IX – a instituição de fundos de qualquer natureza, sem prévia autorização legislativa;

X – a transferência voluntária de recursos e a concessão de empréstimos, inclusive por antecipação de receita, pelos Governos Federal e Estaduais e suas instituições financeiras, para pagamento de despesas com pessoal ativo, inativo e pensionista, dos Estados, do Distrito Federal e dos Municípios;

•• Inciso X acrescentado pela Emenda Constitucional n. 19, de 4-6-1998.

XI – a utilização dos recursos provenientes das contribuições sociais de que trata o art. 195, I, *a*, e II, para a realização de despesas distintas do pagamento de benefícios do regime geral de previdência social de que trata o art. 201.

•• Inciso XI acrescentado pela Emenda Constitucional n. 20, de 15-12-1998.

§ 1.º Nenhum investimento cuja execução ultrapasse um exercício financeiro poderá ser iniciado sem prévia inclusão no plano plurianual, ou sem lei que autorize a inclusão, sob pena de crime de responsabilidade.

§ 2.º Os créditos especiais e extraordinários terão vigência no exercício financeiro em que forem autorizados, salvo se o ato de autorização for promulgado nos últimos quatro meses daquele exercício, caso em que, reabertos nos limites de seus saldos, serão incorporados ao orçamento do exercício financeiro subsequente.

§ 3.º A abertura de crédito extraordinário somente será admitida para atender a despesas imprevisíveis e urgentes, como as decorrentes de guerra, comoção interna ou calamidade pública, observado o disposto no art. 62.

•• *Vide* art. 107, § 6.º, II, do ADCT.

§ 4.º É permitida a vinculação de receitas próprias geradas pelos impostos a que se referem os arts. 155 e 156, e dos recursos de que tratam os arts. 157, 158 e 159, I, *a* e *b*, e II, para a prestação de garantia ou contragarantia à União e para pagamento de débitos para com esta.

•• § 4.º acrescentado pela Emenda Constitucional n. 3, de 17-3-1993.

§ 5.º A transposição, o remanejamento ou a transferência de recursos de uma categoria de programação para outra poderão ser admitidos, no âmbito das atividades de ciência, tecnologia e inovação, com o objetivo de viabilizar os resultados de projetos restritos a essas funções, mediante ato do Poder Executivo, sem necessidade da prévia autorização legislativa prevista no inciso VI deste artigo.

•• § 5.º acrescentado pela Emenda Constitucional n. 85, de 26-2-2015.

Art. 168. Os recursos correspondentes às dotações orçamentárias, compreendidos os créditos suplementares e especiais, destinados aos órgãos dos Poderes Legislativo e Judiciário, do Ministério Público e da Defensoria Pública, ser-lhes-ão entregues até o dia 20 de cada mês, em duodécimos, na forma da lei complementar a que se refere o art. 165, § 9.º.

•• Artigo com redação determinada pela Emenda Constitucional n. 45, de 8-12-2004.

Art. 169. A despesa com pessoal ativo e inativo da União, dos Estados, do Distrito Federal e dos Municípios não poderá exceder os limites estabelecidos em lei complementar.

•• *Caput* com redação mantida pela Emenda Constitucional n. 19, de 4-6-1998.

§ 1.º A concessão de qualquer vantagem ou aumento de remuneração, a criação de cargos, empregos e funções ou alteração de estrutura de carreiras, bem como a admissão ou contratação de pessoal, a qualquer título, pelos órgãos e entidades da administração direta ou indireta, inclusive fundações instituídas e mantidas pelo Poder Público, só poderão ser feitas:

•• § 1.º, *caput*, com redação determinada pela Emenda Constitucional n. 19, de 4-6-1998.

I – se houver prévia dotação orçamentária suficiente para atender às projeções de despesa de pessoal e aos acréscimos dela decorrentes;

•• Inciso I com redação determinada pela Emenda Constitucional n. 19, de 4-6-1998.

II – se houver autorização específica na lei de diretrizes orçamentárias, ressalvadas as empresas públicas e as sociedades de economia mista.

•• Inciso II com redação determinada pela Emenda Constitucional n. 19, de 4-6-1998.

§ 2.º Decorrido o prazo estabelecido na lei complementar referida neste artigo para a adaptação aos parâmetros ali previstos, serão imediatamente suspensos todos os repasses de verbas federais ou estaduais aos Estados, ao Distrito Federal e aos Municípios que não observarem os referidos limites.

•• § 2.º acrescentado pela Emenda Constitucional n. 19, de 4-6-1998.

§ 3.º Para o cumprimento dos limites estabelecidos com base neste artigo, durante o prazo fixado na lei complementar referida no *caput*, a União, os Estados, o Distrito Federal e os Municípios adotarão as seguintes providências:

•• § 3.º, *caput*, acrescentado pela Emenda Constitucional n. 19, de 4-6-1998.

I – redução em pelo menos 20% (vinte por cento) das despesas com cargos em comissão e funções de confiança;

•• Inciso I acrescentado pela Emenda Constitucional n. 19, de 4-6-1998.

II – exoneração dos servidores não estáveis.

•• Inciso II acrescentado pela Emenda Constitucional n. 19, de 4-6-1998.

• *Vide* art. 33 da Emenda Constitucional n. 19, de 4-6-1998.

§ 4.º Se as medidas adotadas com base no parágrafo anterior não forem suficientes para assegurar o cumprimento da determinação da lei complementar referida neste artigo, o servidor estável poderá perder o cargo, desde que ato normativo motivado de cada um dos Poderes especifique a atividade funcional, o órgão ou unidade administrativa objeto da redução de pessoal.

•• § 4.º acrescentado pela Emenda Constitucional n. 19, de 4-6-1998.

• *Vide* art. 198, § 6.º.

§ 5.º O servidor que perder o cargo na forma do parágrafo anterior fará jus a indenização correspondente a um mês de remuneração por ano de serviço.

•• § 5.º acrescentado pela Emenda Constitucional n. 19, de 4-6-1998.

§ 6.º O cargo objeto da redução prevista nos parágrafos anteriores será considerado extinto, vedada a criação de cargo, emprego ou função com atribuições iguais ou assemelhadas pelo prazo de 4 (quatro) anos.

•• § 6.º acrescentado pela Emenda Constitucional n. 19, de 4-6-1998.

§ 7.º Lei federal disporá sobre as normas gerais a serem obedecidas na efetivação do disposto no § 4.º.

•• § 7.º acrescentado pela Emenda Constitucional n. 19, de 4-6-1998.

• *Vide* art. 247 da CF.

TÍTULO VII
DA ORDEM ECONÔMICA E FINANCEIRA

• Crimes contra a ordem tributária, econômica e contra as relações de consumo: Lei n. 8.137, de 27-12-1990.

• Crimes contra a ordem econômica: Lei n. 8.176, de 8-2-1991.

• Conselho Administrativo de Defesa Econômica – CADE: Lei n. 8.884, de 11-6-1994.

CAPÍTULO I
DOS PRINCÍPIOS GERAIS DA ATIVIDADE ECONÔMICA

Art. 170. A ordem econômica, fundada na valorização do trabalho humano e na livre iniciativa, tem por fim assegurar a todos existência digna, conforme os ditames da justiça social, observados os seguintes princípios:

I – soberania nacional;

II – propriedade privada;

III – função social da propriedade;

IV – livre concorrência;

• *Vide* Súmula Vinculante 49 do STF.

V – defesa do consumidor;

• CDC: Lei n. 8.078, de 11-9-1990.

• Sistema Nacional de Defesa do Consumidor – SNDC: Decreto n. 2.181, de 20-3-1997.

• *Vide* Súmula Vinculante 49 do STF.

VI – defesa do meio ambiente, inclusive mediante tratamento diferenciado conforme o impacto ambiental dos produtos e serviços e de seus processos de elaboração e prestação;

•• Inciso VI com redação determinada pela Emenda Constitucional n. 42, de 19-12-2003.

• Lei de Crimes Ambientais: Lei n. 9.605, de 12-2-1998.

VII – redução das desigualdades regionais e sociais;

VIII – busca do pleno emprego;

IX – tratamento favorecido para as empresas de pequeno porte constituídas sob as leis brasileiras e que tenham sua sede e administração no País.

•• Inciso IX com redação determinada pela Emenda Constitucional n. 6, de 15-8-1995.

• A Lei Complementar n. 123, de 14-12-2006, institui o Estatuto Nacional da Microempresa e da Empresa de Pequeno Porte.

Parágrafo único. É assegurado a todos o livre exercício de qualquer atividade econômica, independentemente de autorização de órgãos públicos, salvo nos casos previstos em lei.

• *Vide* Súmula Vinculante 49 do STF.

Art. 171. (*Revogado pela Emenda Constitucional n. 6, de 15-8-1995.*)

Art. 172. A lei disciplinará, com base no interesse nacional, os investimentos de capital estrangeiro, incentivará os reinvestimentos e regulará a remessa de lucros.

Art. 173. Ressalvados os casos previstos nesta Constituição, a exploração direta de atividade econômica pelo Estado só será permitida quando necessária aos imperativos da segurança nacional ou a relevante interesse coletivo, conforme definidos em lei.

§ 1.º A lei estabelecerá o estatuto jurídico da empresa pública, da sociedade de economia mista e de suas subsidiárias que explorem atividade econômica de produção ou comercialização de bens ou de prestação de serviços, dispondo sobre:

•• § 1.º, *caput*, com redação determinada pela Emenda Constitucional n. 19, de 4-6-1998.

•• A Lei n. 13.303, de 30-6-2016, institui o Estatuto Jurídico das Empresas Públicas.

I – sua função social e formas de fiscalização pelo Estado e pela sociedade;

•• Inciso I acrescentado pela Emenda Constitucional n. 19, de 4-6-1998.

II – a sujeição ao regime jurídico próprio das empresas privadas, inclusive quanto aos direitos e obrigações civis, comerciais, trabalhistas e tributários;

•• Inciso II acrescentado pela Emenda Constitucional n. 19, de 4-6-1998.

III – licitação e contratação de obras, serviços, compras e alienações, observados os princípios da administração pública;

•• Inciso III acrescentado pela Emenda Constitucional n. 19, de 4-6-1998.

IV – a constituição e o funcionamento dos conselhos de administração e fiscal, com a participação de acionistas minoritários;

•• Inciso IV acrescentado pela Emenda Constitucional n. 19, de 4-6-1998.

V – os mandatos, a avaliação de desempenho e a responsabilidade dos administradores.

•• Inciso V acrescentado pela Emenda Constitucional n. 19, de 4-6-1998.

§ 2.º As empresas públicas e as sociedades de economia mista não poderão gozar de privilégios fiscais não extensivos às do setor privado.

§ 3.º A lei regulamentará as relações da empresa pública com o Estado e a sociedade.

§ 4.º A lei reprimirá o abuso do poder econômico que vise à dominação dos mercados, à eliminação da concorrência e ao aumento arbitrário dos lucros.

• *Vide* Súmula Vinculante 49 do STF.

• Lei Antitruste e de infrações à ordem econômica: Lei 12.529, de 30-11-2011.

§ 5.º A lei, sem prejuízo da responsabilidade individual dos dirigentes da pessoa jurídica, estabelecerá a responsabilidade desta, sujeitando-a às punições compatíveis com sua natureza, nos atos praticados contra a ordem econômica e financeira e contra a economia popular.

• Intervenção no domínio econômico para assegurar a livre distribuição de produto necessário ao consumo do povo: Lei Delegada n. 4, de 26-9-1962.

Art. 174. Como agente normativo e regulador da atividade econômica, o Estado exercerá, na forma da lei, as funções de fiscalização, incentivo e planejamento, sendo este determinante para o setor público e indicativo para o setor privado.

§ 1.º A lei estabelecerá as diretrizes e bases do planejamento do desenvolvimento nacional equilibrado, o qual incorporará e compatibilizará os planos nacionais e regionais de desenvolvimento.

§ 2.º A lei apoiará e estimulará o cooperativismo e outras formas de associativismo.

§ 3.º O Estado favorecerá a organização da atividade garimpeira em cooperativas, levando em conta a proteção do meio ambiente e a promoção econômico-social dos garimpeiros.

• A Lei n. 11.685, de 2-6-2008, institui o Estatuto do Garimpeiro.

§ 4.º As cooperativas a que se refere o parágrafo anterior terão prioridade na autorização ou concessão para pesquisa e lavra dos recursos e jazidas de minerais garimpáveis, nas áreas onde estejam atuando, e naquelas fixadas de acordo com o art. 21, XXV, na forma da lei.

Art. 175. Incumbe ao Poder Público, na forma da lei, diretamente ou sob regime de concessão ou permissão, sempre através de licitação, a prestação de serviços públicos.

•• Regime de concessão e permissão da prestação de serviços públicos previsto neste artigo: Lei n. 8.987, de 13-2-1995.

Parágrafo único. A lei disporá sobre:

I – o regime das empresas concessionárias e permissionárias de serviços públicos, o caráter especial de seu contrato e de sua prorrogação, bem como as condições de caducidade, fiscalização e rescisão da concessão ou permissão;

II – os direitos dos usuários;

III – política tarifária;

IV – a obrigação de manter serviço adequado.

Art. 176. As jazidas, em lavra ou não, e demais recursos minerais e os potenciais de energia hidráulica constituem propriedade distinta da do solo, para efeito de exploração ou aproveitamento, e pertencem à União, garantida ao concessionário a propriedade do produto da lavra.

§ 1.º A pesquisa e a lavra de recursos minerais e o aproveitamento dos potenciais a que se refere o *caput* deste artigo somente poderão ser efetuados mediante autorização ou concessão da União, no interesse nacional, por brasileiros ou empresa constituída sob as leis brasileiras e que tenha sua sede e administração no País, na forma da lei, que estabelecerá as condições específicas quando essas atividades se desenvolverem em faixa de fronteira ou terras indígenas.

•• § 1.º com redação determinada pela Emenda Constitucional n. 6, de 15-8-1995.

§ 2.º É assegurada participação ao proprietário do solo nos resultados da lavra, na forma e no valor que dispuser a lei.

•• Regulamento: Lei n. 8.901, de 30-6-1994.

§ 3.º A autorização de pesquisa será sempre por prazo determinado, e as autorizações e concessões previstas neste artigo não poderão ser cedidas ou transferidas, total ou parcialmente, sem prévia anuência do poder concedente.

§ 4.º Não dependerá de autorização ou concessão o aproveitamento do potencial de energia renovável de capacidade reduzida.

Art. 177. Constituem monopólio da União:

I – a pesquisa e a lavra das jazidas de petróleo e gás natural e outros hidrocarbonetos fluidos;

• A Lei n. 11.909, de 4-3-2009, dispõe sobre as atividades relativas ao transporte natural de gás natural, de que trata este artigo.

II – a refinação do petróleo nacional ou estrangeiro;

• A Lei n. 9.478, de 6-8-1997, dispõe sobre a Política Energética Nacional, e as atividades relativas ao monopólio do petróleo, e institui o Conselho Nacional de Política Energética e a Agência Nacional do Petróleo.

III – a importação e exportação dos produtos e derivados básicos resultantes das atividades previstas nos incisos anteriores;

•• A Lei n. 11.909, de 4-3-2009, institui normas para a exploração das atividades econômicas de transporte de gás natural por meio de condutos e da importação e exportação de gás natural, de que tratam os incisos III e IV do *caput* deste artigo, bem como para a exploração das atividades de tratamento, processamento, estocagem, liquefação, regaseificação e comercialização de gás natural.

IV – o transporte marítimo do petróleo bruto de origem nacional ou de derivados básicos de petróleo produzidos no País, bem assim o transporte, por meio de conduto, de petróleo bruto, seus derivados e gás natural de qualquer origem;

•• *Vide* nota ao inciso anterior.

V – a pesquisa, a lavra, o enriquecimento, o reprocessamento, a industrialização e o comércio de minérios e minerais nucleares e seus derivados, com exceção dos radioisótopos cuja produção, comercialização e utilização poderão ser autorizadas sob regime de permissão, conforme as alíneas *b* e *c* do inciso XXIII do *caput* do art. 21 desta Constituição Federal.

•• Inciso V com redação determinada pela Emenda Constitucional n. 49, de 8-2-2006.

§ 1.º A União poderá contratar com empresas estatais ou privadas a realização das atividades previstas nos incisos I a IV deste artigo, observadas as condições estabelecidas em lei.

•• § 1.º com redação determinada pela Emenda Constitucional n. 9, de 9-11-1995.

§ 2.º A lei a que se refere o § 1.º disporá sobre:

•• § 2.º, *caput*, acrescentado pela Emenda Constitucional n. 9, de 9-11-1995.

I – a garantia do fornecimento dos derivados de petróleo em todo o território nacional;

•• Inciso I acrescentado pela Emenda Constitucional n. 9, de 9-11-1995.

II – as condições de contratação;

•• Inciso II acrescentado pela Emenda Constitucional n. 9, de 9-11-1995.

III – a estrutura e atribuições do órgão regulador do monopólio da União.

•• Inciso III acrescentado pela Emenda Constitucional n. 9, de 9-11-1995.

§ 3.º A lei disporá sobre o transporte e a utilização de materiais radioativos no território nacional.

•• Primitivo § 2.º renumerado por determinação da Emenda Constitucional n. 9, de 9-11-1995.

§ 4.º A lei que instituir contribuição de intervenção no domínio econômico relativa às atividades de importação ou comercialização de petróleo e seus derivados, gás natural e seus derivados e álcool combustível deverá atender aos seguintes requisitos:

•• § 4.º, *caput*, acrescentado pela Emenda Constitucional n. 33, de 11-12-2001.

•• A Lei n. 10.336, de 19-12-2001, institui a contribuição de Intervenção no Domínio Econômico incidente sobre a importação e a comercialização de petróleo e seus derivados, gás natural e seus derivados e álcool etílico combustível (CIDE) a que se refere este parágrafo.

I – a alíquota da contribuição poderá ser:

•• Inciso I, *caput*, acrescentado pela Emenda Constitucional n. 33, de 11-12-2001.

a) diferenciada por produto ou uso;

•• Alínea *a* acrescentada pela Emenda Constitucional n. 33, de 11-12-2001.

b) reduzida e restabelecida por ato do Poder Executivo, não se lhe aplicando o disposto no art. 150, III, *b*;

•• Alínea *b* acrescentada pela Emenda Constitucional n. 33, de 11-12-2001.

II – os recursos arrecadados serão destinados:

•• Inciso II, *caput*, acrescentado pela Emenda Constitucional n. 33, de 11-12-2001.

•• O STF, na ADI n. 2.925-8, de 19-12-2003 (*DOU* de 4-4-2005), dá interpretação conforme a Constituição a este inciso, "no sentido de que a abertura de crédito suplementar deve ser destinada às três finalidades enumeradas" nas alíneas a seguir.

a) ao pagamento de subsídios a preços ou transporte de álcool combustível, gás natural e seus derivados e derivados de petróleo;

•• Alínea *a* acrescentada pela Emenda Constitucional n. 33, de 11-12-2001.

b) ao financiamento de projetos ambientais relacionados com a indústria do petróleo e do gás;

•• Alínea *b* acrescentada pela Emenda Constitucional n. 33, de 11-12-2001.

c) ao financiamento de programas de infraestrutura de transportes.

•• Alínea *c* acrescentada pela Emenda Constitucional n. 33, de 11-12-2001.

•• *Vide* art. 159, III, da CF.

Art. 178. A lei disporá sobre a ordenação dos transportes aéreo, aquático e terrestre, devendo, quanto à ordenação do transporte internacional, observar os acordos firmados pela União, atendido o princípio da reciprocidade.

•• *Caput* com redação determinada pela Emenda Constitucional n. 7, de 15-8-1995.

Parágrafo único. Na ordenação do transporte aquático, a lei estabelecerá as condições em que o transporte de mercadorias na cabotagem e a navegação interior poderão ser feitos por embarcações estrangeiras.

•• Parágrafo único com redação determinada pela Emenda Constitucional n. 7, de 15-8-1995.

Art. 179. A União, os Estados, o Distrito Federal e os Municípios dispensarão às microempresas e às empresas de pequeno porte, assim definidas em lei, tratamento jurídico diferenciado, visando a incentivá-las pela simplificação de suas obrigações administrativas, tributárias, previdenciárias e creditícias, ou pela eliminação ou redução destas por meio de lei.

• A Lei Complementar n. 123, de 14-12-2006, institui o Estatuto Nacional da Microempresa e da Empresa de Pequeno Porte.

Art. 180. A União, os Estados, o Distrito Federal e os Municípios promoverão e incentivarão o turismo como fator de desenvolvimento social e econômico.

• A Lei n. 11.771, de 17-9-2008, dispõe sobre a Política Nacional de Turismo, define as atribuições do Governo Federal no planejamento, desenvolvimento e estímulo ao setor turístico.

Art. 181. O atendimento de requisição de documento ou informação de natureza comercial, feita por autoridade administrativa ou judiciária estrangeira, a pessoa física ou jurídica residente ou domiciliada no País dependerá de autorização do Poder competente.

CAPÍTULO II
DA POLÍTICA URBANA

Art. 182. A política de desenvolvimento urbano, executada pelo Poder Público municipal, conforme diretrizes gerais fixadas em lei, tem por objetivo ordenar o pleno desenvolvimento das funções sociais da cidade e garantir o bem-estar de seus habitantes.

•• Regulamento: Lei n. 10.257, de 10-7-2001.

§ 1.° O plano diretor, aprovado pela Câmara Municipal, obrigatório para cidades com mais de vinte mil habitantes, é o instrumento básico da política de desenvolvimento e de expansão urbana.

§ 2.° A propriedade urbana cumpre sua função social quando atende às exigências fundamentais de ordenação da cidade expressas no plano diretor.

§ 3.° As desapropriações de imóveis urbanos serão feitas com prévia e justa indenização em dinheiro.

§ 4.° É facultado ao Poder Público municipal, mediante lei específica para área incluída no plano diretor, exigir, nos termos da lei federal, do proprietário do solo urbano não edificado, subutilizado ou não utilizado, que promova seu adequado aproveitamento, sob pena, sucessivamente, de:

I – parcelamento ou edificação compulsórios;

II – imposto sobre a propriedade predial e territorial urbana progressivo no tempo;

III – desapropriação com pagamento mediante títulos da dívida pública de emissão previamente aprovada pelo Senado Federal, com prazo de resgate de até dez anos, em parcelas anuais, iguais e sucessivas, assegurados o valor real da indenização e os juros legais.

Art. 183. Aquele que possuir como sua área urbana de até duzentos e cinquenta metros quadrados, por cinco anos, ininterruptamente e sem oposição, utilizando-a para sua moradia ou de sua família, adquirir-lhe-á o domínio, desde que não seja proprietário de outro imóvel urbano ou rural.

•• Regulamento: Lei n. 10.257, de 10-7-2001.

§ 1.° O título de domínio e a concessão de uso serão conferidos ao homem ou à mulher, ou a ambos, independentemente do estado civil.

•• A Medida Provisória n. 2.220, de 4-9-2001, dispõe sobre a concessão de uso especial, de que trata este parágrafo.

§ 2.º Esse direito não será reconhecido ao mesmo possuidor mais de uma vez.

§ 3.º Os imóveis públicos não serão adquiridos por usucapião.

Capítulo III
DA POLÍTICA AGRÍCOLA E FUNDIÁRIA E DA REFORMA AGRÁRIA

•• Estatuto da Terra: Lei n. 4.504, de 30-11-1964.

•• A Lei n. 8.629, de 25-2-1993, dispõe sobre a regulamentação dos dispositivos constitucionais relativos à reforma agrária prevista neste Capítulo.

Art. 184. Compete à União desapropriar por interesse social, para fins de reforma agrária, o imóvel rural que não esteja cumprindo sua função social, mediante prévia e justa indenização em títulos da dívida agrária, com cláusula de preservação do valor real, resgatáveis no prazo de até vinte anos, a partir do segundo ano de sua emissão, e cuja utilização será definida em lei.

§ 1.º As benfeitorias úteis e necessárias serão indenizadas em dinheiro.

§ 2.º O decreto que declarar o imóvel como de interesse social, para fins de reforma agrária, autoriza a União a propor a ação de desapropriação.

§ 3.º Cabe à lei complementar estabelecer procedimento contraditório especial, de rito sumário, para o processo judicial de desapropriação.

•• A Lei Complementar n. 76, de 6-7-1993, dispõe sobre o procedimento contraditório especial, de rito sumário, para o processo de desapropriação de imóvel rural, por interesse social, para fins de reforma agrária.

§ 4.º O orçamento fixará anualmente o volume total de títulos da dívida agrária, assim como o montante de recursos para atender ao programa de reforma agrária no exercício.

§ 5.º São isentas de impostos federais, estaduais e municipais as operações de transferência de imóveis desapropriados para fins de reforma agrária.

Art. 185. São insuscetíveis de desapropriação para fins de reforma agrária:

I – a pequena e média propriedade rural, assim definida em lei, desde que seu proprietário não possua outra;

II – a propriedade produtiva.

Parágrafo único. A lei garantirá tratamento especial à propriedade produtiva e fixará normas para o cumprimento dos requisitos relativos a sua função social.

Art. 186. A função social é cumprida quando a propriedade rural atende, simultaneamente, segundo critérios e graus de exigência estabelecidos em lei, aos seguintes requisitos:

I – aproveitamento racional e adequado;

II – utilização adequada dos recursos naturais disponíveis e preservação do meio ambiente;

III – observância das disposições que regulam as relações de trabalho;

IV – exploração que favoreça o bem-estar dos proprietários e dos trabalhadores.

Art. 187. A política agrícola será planejada e executada na forma da lei, com a participação efetiva do setor de produção, envolvendo produtores e trabalhadores rurais, bem como dos setores de comercialização, de armazenamento e de transportes, levando em conta, especialmente:

• A Lei n. 8.171, de 17-1-1991, dispõe sobre a Política Agrícola.

I – os instrumentos creditícios e fiscais;

II – os preços compatíveis com os custos de produção e a garantia de comercialização;

III – o incentivo à pesquisa e à tecnologia;

IV – a assistência técnica e extensão rural;

V – o seguro agrícola;

VI – o cooperativismo;

VII – a eletrificação rural e irrigação;

VIII – a habitação para o trabalhador rural.

§ 1.º Incluem-se no planejamento agrícola as atividades agroindustriais, agropecuárias, pesqueiras e florestais.

§ 2.º Serão compatibilizadas as ações de política agrícola e de reforma agrária.

Art. 188. A destinação de terras públicas e devolutas será compatibilizada com a política agrícola e com o plano nacional de reforma agrária.

§ 1.º A alienação ou a concessão, a qualquer título, de terras públicas com área superior a dois mil e quinhentos hectares a pessoa física ou jurídica, ainda que por interposta pessoa, dependerá de prévia aprovação do Congresso Nacional.

§ 2.º Excetuam-se do disposto no parágrafo anterior as alienações ou as concessões de terras públicas para fins de reforma agrária.

Art. 189. Os beneficiários da distribuição de imóveis rurais pela reforma agrária receberão títulos de domínio ou de concessão de uso, inegociáveis pelo prazo de dez anos.

Parágrafo único. O título de domínio e a concessão de uso serão conferidos ao homem ou à mulher, ou a ambos, independentemente do estado civil, nos termos e condições previstos em lei.

Art. 190. A lei regulará e limitará a aquisição ou o arrendamento de propriedade rural por pessoa física ou jurídica estrangeira e estabelecerá os casos que dependerão de autorização do Congresso Nacional.

Art. 191. Aquele que, não sendo proprietário de imóvel rural ou urbano, possua como seu, por cinco anos ininterruptos, sem oposição, área de terra, em zona rural, não superior a cinquenta hectares, tornando-a produtiva por seu trabalho ou de sua família, tendo nela sua moradia, adquirir-lhe-á a propriedade.

Parágrafo único. Os imóveis públicos não serão adquiridos por usucapião.

Capítulo IV
DO SISTEMA FINANCEIRO NACIONAL

• Dos crimes contra o sistema financeiro: Lei n. 7.492, de 16-6-1986.

• A Lei n. 9.613, de 3-3-1998, dispõe sobre os crimes de lavagem ou ocultação de bens, direitos e valores, a prevenção da utilização do sistema financeiro para os ilícitos previstos nesta Lei e cria o Conselho de Controle de Atividades Financeiras – COAF, cujo Estatuto foi aprovado pelo Decreto n. 2.799, de 8-10-1998.

Art. 192. O sistema financeiro nacional, estruturado de forma a promover o desenvolvimento equilibrado do País e a servir aos interesses da coletividade, em todas as partes que o compõem, abrangendo as cooperativas de crédito, será regulado por leis complementares que disporão, inclusive, sobre a participação do capital estrangeiro nas instituições que o integram.

•• *Caput* com redação determinada pela Emenda Constitucional n. 40, de 29-5-2003.

I a III – (*Revogados pela Emenda Constitucional n. 40, de 29-5-2003.*)

a) e *b)* (*Revogadas pela Emenda Constitucional n. 40, de 29-5-2003.*)

IV a VIII – (*Revogados pela Emenda Constitucional n. 40, de 29-5-2003.*)

§§ 1.º a 3.º (*Revogados pela Emenda Constitucional n. 40, de 29-5-2003.*)

Título VIII
DA ORDEM SOCIAL

Capítulo I
DISPOSIÇÃO GERAL

Art. 193. A ordem social tem como base o primado do trabalho, e como objetivo o bem-estar e a justiça sociais.

Capítulo II
DA SEGURIDADE SOCIAL

• Organização da seguridade social, Plano de Custeio: Lei n. 8.212, de 24-7-1991, regulamentada pelo Decreto n. 3.048, de 6-5-1999.

Seção I
Disposições Gerais

Art. 194. A seguridade social compreende

um conjunto integrado de ações de iniciativa dos Poderes Públicos e da sociedade, destinadas a assegurar os direitos relativos à saúde, à previdência e à assistência social.

Parágrafo único. Compete ao Poder Público, nos termos da lei, organizar a seguridade social, com base nos seguintes objetivos:

I – universalidade da cobertura e do atendimento;

II – uniformidade e equivalência dos benefícios e serviços às populações urbanas e rurais;

III – seletividade e distributividade na prestação dos benefícios e serviços;

IV – irredutibilidade do valor dos benefícios;

V – equidade na forma de participação no custeio;

VI – diversidade da base de financiamento;

VII – caráter democrático e descentralizado da administração, mediante gestão quadripartite, com participação dos trabalhadores, dos empregadores, dos aposentados e do Governo nos órgãos colegiados.

•• Inciso VII com redação determinada pela Emenda Constitucional n. 20, de 15-12-1998.

Art. 195. A seguridade social será financiada por toda a sociedade, de forma direta e indireta, nos termos da lei, mediante recursos provenientes dos orçamentos da União, dos Estados, do Distrito Federal e dos Municípios, e das seguintes contribuições sociais:

• *Vide* art. 240 da CF.

I – do empregador, da empresa e da entidade a ela equiparada na forma da lei, incidentes sobre:

•• Inciso I, *caput*, com redação determinada pela Emenda Constitucional n. 20, de 15-12-1998.

a) a folha de salários e demais rendimentos do trabalho pagos ou creditados, a qualquer título, à pessoa física que lhe preste serviço, mesmo sem vínculo empregatício;

•• Alínea *a* acrescentada pela Emenda Constitucional n. 20, de 15-12-1998.

• *Vide* art. 114, VIII, da CF.

b) a receita ou o faturamento;

•• Alínea *b* acrescentada pela Emenda Constitucional n. 20, de 15-12-1998.

c) o lucro;

•• Alínea *c* acrescentada pela Emenda Constitucional n. 20, de 15-12-1998.

II – do trabalhador e dos demais segurados da previdência social, não incidindo contribuição sobre aposentadoria e pensão concedidas pelo regime geral de previdência social de que trata o art. 201;

•• Inciso II com redação determinada pela Emenda Constitucional n. 20, de 15-12-1998.

III – sobre a receita de concursos de prognósticos;

IV – do importador de bens ou serviços do exterior, ou de quem a lei a ele equiparar.

•• Inciso IV acrescentado pela Emenda Constitucional n. 42, de 19-12-2003.

§ 1.º As receitas dos Estados, do Distrito Federal e dos Municípios destinadas à seguridade social constarão dos respectivos orçamentos, não integrando o orçamento da União.

§ 2.º A proposta de orçamento da seguridade social será elaborada de forma integrada pelos órgãos responsáveis pela saúde, previdência social e assistência social, tendo em vista as metas e prioridades estabelecidas na lei de diretrizes orçamentárias, assegurada a cada área a gestão de seus recursos.

§ 3.º A pessoa jurídica em débito com o sistema da seguridade social, como estabelecido em lei, não poderá contratar com o Poder Público nem dele receber benefícios ou incentivos fiscais ou creditícios.

§ 4.º A lei poderá instituir outras fontes destinadas a garantir a manutenção ou expansão da seguridade social, obedecido o disposto no art. 154, I.

• A Lei n. 9.876, de 26-11-1999, dispõe sobre a contribuição previdenciária do contribuinte individual e o cálculo do benefício.

§ 5.º Nenhum benefício ou serviço da seguridade social poderá ser criado, majorado ou estendido sem a correspondente fonte de custeio total.

§ 6.º As contribuições sociais de que trata este artigo só poderão ser exigidas após decorridos noventa dias da data da publicação da lei que as houver instituído ou modificado, não se lhes aplicando o disposto no art. 150, III, *b*.

- *Vide* arts. 74, § 4.º, e 75, § 1.º, do ADCT.
- *Vide* Súmula Vinculante 50 do STF.

§ 7.º São isentas de contribuição para a seguridade social as entidades beneficentes de assistência social que atendam às exigências estabelecidas em lei.

§ 8.º O produtor, o parceiro, o meeiro e o arrendatário rurais e o pescador artesanal, bem como os respectivos cônjuges, que exerçam suas atividades em regime de economia familiar, sem empregados permanentes, contribuirão para a seguridade social mediante a aplicação de uma alíquota sobre o resultado da comercialização da produção e farão jus aos benefícios nos termos da lei.

•• § 8.º com redação determinada pela Emenda Constitucional n. 20, de 15-12-1998.

§ 9.º As contribuições sociais previstas no inciso I do *caput* deste artigo poderão ter alíquotas ou bases de cálculo diferenciadas, em razão da atividade econômica, da utilização intensiva de mão de obra, do porte da empresa ou da condição estrutural do mercado de trabalho.

•• § 9.º com redação determinada pela Emenda Constitucional n. 47, de 5-7-2005, em vigor na data de sua publicação, com efeitos retroativos à data de vigência da Emenda Constitucional n. 41, de 19-12-2003 (*DOU* de 31-12-2003).

§ 10. A lei definirá os critérios de transferência de recursos para o sistema único de saúde e ações de assistência social da União para os Estados, o Distrito Federal e os Municípios, e dos Estados para os Municípios, observada a respectiva contrapartida de recursos.

•• § 10 acrescentado pela Emenda Constitucional n. 20, de 15-12-1998.

§ 11. É vedada a concessão de remissão ou anistia das contribuições sociais de que tratam os incisos I, *a*, e II deste artigo, para débitos em montante superior ao fixado em lei complementar.

•• § 11 acrescentado pela Emenda Constitucional n. 20, de 15-12-1998.

§ 12. A lei definirá os setores de atividade econômica para os quais as contribuições incidentes na forma dos incisos I, *b*; e IV do *caput*, serão não cumulativas.

•• § 12 acrescentado pela Emenda Constitucional n. 42, de 19-12-2003.

§ 13. Aplica-se o disposto no § 12 inclusive na hipótese de substituição gradual, total ou parcial, da contribuição incidente na forma do inciso I, *a*, pela incidente sobre a receita ou o faturamento.

•• § 13 acrescentado pela Emenda Constitucional n. 42, de 19-12-2003.

Seção II
Da Saúde

- Promoção gratuita da saúde por meio de organizações da sociedade civil de interesse público: Lei n. 9.790, de 23-3-1999.

Art. 196. A saúde é direito de todos e dever do Estado, garantido mediante políticas sociais e econômicas que visem à redução do risco de doença e de outros agravos e ao acesso universal igualitário às ações e serviços para sua promoção, proteção e recuperação.

Art. 197. São de relevância pública as ações e serviços de saúde, cabendo ao Poder Público dispor, nos termos da lei, sobre sua regulamentação, fiscalização e controle, devendo sua execução ser feita diretamente ou através de terceiros e, também, por pessoa física ou jurídica de direito privado.

Art. 198. As ações e serviços públicos de saúde integram uma rede regionalizada e hierarquizada e constituem um sistema único, organizado de acordo com as seguintes diretrizes:

I – descentralização, com direção única em cada esfera de governo;

II – atendimento integral, com prioridade para as atividades preventivas, sem prejuízo dos serviços assistenciais;

III – participação da comunidade.

§ 1.º O sistema único de saúde será financiado, nos termos do art. 195, com recursos do orçamento da seguridade social, da União, dos Estados, do Distrito Federal e dos Municípios, além de outras fontes.

•• Primitivo parágrafo único renumerado pela Emenda Constitucional n. 29, de 13-9-2000.

§ 2.º A União, os Estados, o Distrito Federal e os Municípios aplicarão, anualmente, em ações e serviços públicos de saúde recursos mínimos derivados da aplicação de percentuais calculados sobre:

•• § 2.º, *caput*, acrescentado pela Emenda Constitucional n. 29, de 13-9-2000.

I – no caso da União, a receita corrente líquida do respectivo exercício financeiro, não podendo ser inferior a 15% (quinze por cento);

•• Inciso I com redação determinada pela Emenda Constitucional n. 86, de 17-3-2015, produzindo efeitos a partir da execução orçamentária do exercício de 2014.

•• *Vide* art. 110, I, do ADCT.

•• *Vide* art. 3.º da Emenda Constitucional n. 86, de 17-3-2015.

II – no caso dos Estados e do Distrito Federal, o produto da arrecadação dos impostos a que se refere o art. 155 e dos recursos de que tratam os arts. 157 e 159, I, *a*, e inciso II, deduzidas as parcelas que forem transferidas aos respectivos Municípios;

•• Inciso II acrescentado pela Emenda Constitucional n. 29, de 13-9-2000.

III – no caso dos Municípios e do Distrito Federal, o produto da arrecadação dos impostos a que se refere o art. 156 e dos recursos de que tratam os arts. 158 e 159, I, *b* e § 3.º.

•• Inciso III acrescentado pela Emenda Constitucional n. 29, de 13-9-2000.

§ 3.º Lei complementar, que será reavaliada pelo menos a cada cinco anos, estabelecerá:

•• § 3.º, *caput*, acrescentado pela Emenda Constitucional n. 29, de 13-9-2000.

•• § 3.º regulamentado pela Lei Complementar n. 141, de 13-1-2012.

I – os percentuais de que tratam os incisos II e III do § 2.º;

•• Inciso I com redação determinada pela Emenda Constitucional n. 86, de 17-3-2015, produzindo efeitos a partir da execução orçamentária do exercício de 2014.

II – os critérios de rateio dos recursos da União vinculados à saúde destinados aos Estados, ao Distrito Federal e aos Municípios, e dos Estados destinados a seus respectivos Municípios, objetivando a progressiva redução das disparidades regionais;

•• Inciso II acrescentado pela Emenda Constitucional n. 29, de 13-9-2000.

III – as normas de fiscalização, avaliação e controle das despesas com saúde nas esferas federal, estadual, distrital e municipal;

•• Inciso III acrescentado pela Emenda Constitucional n. 29, de 13-9-2000.

IV – (*Revogado pela Emenda Constitucional n. 86, de 17-3-2015, produzindo efeitos a partir da execução orçamentária do exercício de 2014.*)

§ 4.º Os gestores locais do sistema único de saúde poderão admitir agentes comunitários de saúde e agentes de combate às endemias por meio de processo seletivo público, de acordo com a natureza e complexidade de suas atribuições e requisitos específicos para sua atuação.

•• § 4.º acrescentado pela Emenda Constitucional n. 51, de 14-2-2006.

•• *Vide* art. 2.º, parágrafo único, da Emenda Constitucional n. 51, de 14-2-2006.

§ 5.º Lei federal disporá sobre o regime jurídico, o piso salarial profissional nacional, as diretrizes para os Planos de Carreira e a regulamentação das atividades de agente comunitário de saúde e agente de combate às endemias, competindo à União, nos termos da lei, prestar assistência financeira complementar aos Estados, ao Distrito Federal e aos Municípios, para o cumprimento do referido piso salarial.

•• § 5.º com redação determinada pela Emenda Constitucional n. 63, de 4-2-2010.

•• § 5.º regulamentado pela Lei n. 11.350, de 5-10-2006.

§ 6.º Além das hipóteses previstas no § 1.º do art. 41 e no § 4.º do art. 169 da Constituição Federal, o servidor que exerça funções equivalentes às de agente comunitário de saúde ou de agente de combate às endemias poderá perder o cargo em caso de descumprimento dos requisitos específicos, fixados em lei, para o seu exercício.

•• § 6.º acrescentado pela Emenda Constitucional n. 51, de 14-2-2006.

Art. 199. A assistência à saúde é livre à iniciativa privada.

• Planos e seguros privados de assistência à saúde: Lei n. 9.656, de 3-6-1998.

§ 1.º As instituições privadas poderão participar de forma complementar do sistema único de saúde, segundo diretrizes deste, mediante contrato de direito público ou convênio, tendo preferência as entidades filantrópicas e as sem fins lucrativos.

§ 2.º É vedada a destinação de recursos públicos para auxílios ou subvenções às instituições privadas com fins lucrativos.

§ 3.º É vedada a participação direta ou indireta de empresas ou capitais estrangeiros na assistência à saúde no País, salvo nos casos previstos em lei.

§ 4.º A lei disporá sobre as condições e os requisitos que facilitem a remoção de órgãos, tecidos e substâncias humanas para fins de transplante, pesquisa e tratamento, bem como a coleta, processamento e transfusão de sangue e seus derivados, sendo vedado todo tipo de comercialização.

•• Regulamento: Lei n. 10.205, de 21-3-2001.

• Lei n. 9.434, de 4-2-1997, e Decreto n. 9.175, de 18-10-2017: Remoção de órgãos, tecidos e partes do corpo humano para transplante e tratamento.

Art. 200. Ao sistema único de saúde compete, além de outras atribuições, nos termos da lei:

• Sistema Único de Saúde – SUS: Leis n. 8.080, de 19-9-1990, e n. 8.142, de 28-12-1990.

I – controlar e fiscalizar procedimentos, produtos e substâncias de interesse para a saúde e participar da produção de medicamentos, equipamentos, imunobiológicos, hemoderivados e outros insumos;

II – executar as ações de vigilância sanitária e epidemiológica, bem como as de saúde do trabalhador;

III – ordenar a formação de recursos humanos na área de saúde;

IV – participar da formulação da política e da execução das ações de saneamento básico;

V – incrementar, em sua área de atuação, o desenvolvimento científico e tecnológico e a inovação;

•• Inciso V com redação determinada pela Emenda Constitucional n. 85, de 26-2-2015.

VI – fiscalizar e inspecionar alimentos, compreendido o controle de seu teor nutricional, bem como bebidas e águas para consumo humano;

VII – participar do controle e fiscalização da produção, transporte, guarda e utilização de substâncias e produtos psicoativos, tóxicos e radioativos;

VIII – colaborar na proteção do meio ambiente, nele compreendido o do trabalho.

Seção III
Da Previdência Social

• Planos de benefícios da previdência social: Lei n. 8.213, de 24-7-1991, regulamentada pelo Decreto n. 3.048, de 6-5-1999.

Art. 201. A previdência social será organizada sob a forma de regime geral, de caráter contributivo e de filiação obrigatória, observados critérios que preservem o equilíbrio financeiro e atuarial, e atenderá, nos termos da lei, a:

•• *Caput* com redação determinada pela Emenda Constitucional n. 20, de 15-12-1998.

• *Vide* art. 14 da Emenda Constitucional n. 20, de 15-12-1998.

• *Vide* art. 4.º, parágrafo único, da Emenda Constitucional n. 41, de 19-12-2003.

I – cobertura dos eventos de doença, invalidez, morte e idade avançada;

•• Inciso I com redação determinada pela Emenda Constitucional n. 20, de 15-12-1998.

II – proteção à maternidade, especialmente à gestante;

•• Inciso II com redação determinada pela Emenda Constitucional n. 20, de 15-12-1998.

III – proteção ao trabalhador em situação de desemprego involuntário;

•• Inciso III com redação determinada pela Emenda Constitucional n. 20, de 15-12-1998.

•• A Lei n. 7.998, de 11-1-1990, regulamenta o Programa do Seguro-Desemprego, o Abono Salarial, e institui o Fundo de Amparo ao Trabalhador.

IV – salário-família e auxílio-reclusão para os dependentes dos segurados de baixa renda;

•• Inciso IV com redação determinada pela Emenda Constitucional n. 20, de 15-12-1998.

V – pensão por morte do segurado, homem ou mulher, ao cônjuge ou companheiro e dependentes, observado o disposto no § 2.º.

•• Inciso V com redação determinada pela Emenda Constitucional n. 20, de 15-12-1998.

§ 1.º É vedada a adoção de requisitos e critérios diferenciados para a concessão de aposentadoria aos beneficiários do regime geral de previdência social, ressalvados os casos de atividades exercidas sob condições especiais que prejudiquem a saúde ou a integridade física e quando se tratar de segurados portadores de deficiência, nos termos definidos em lei complementar.

•• § 1.º com redação determinada pela Emenda Constitucional n. 47, de 5-7-2005, em vigor na data de sua publicação, com efeitos retroativos à data de vigência da Emenda Constitucional n. 41, de 19-12-2003 (*DOU* de 31-12-2003).

•• § 1.º regulamentado pela Lei Complementar n. 142, de 8-5-2013, no tocante à aposentadoria da pessoa com deficiência segurada do Regime Geral de Previdência Social – RGPS.

• *Vide* art. 15 da Emenda Constitucional n. 20, de 15-12-1998.

§ 2.º Nenhum benefício que substitua o salário de contribuição ou o rendimento do trabalho do segurado terá valor mensal inferior ao salário mínimo.

•• § 2.º com redação determinada pela Emenda Constitucional n. 20, de 15-12-1998.

§ 3.º Todos os salários de contribuição considerados para o cálculo de benefício serão devidamente atualizados, na forma da lei.

•• § 3.º com redação determinada pela Emenda Constitucional n. 20, de 15-12-1998.

§ 4.º É assegurado o reajustamento dos benefícios para preservar-lhes, em caráter permanente, o valor real, conforme critérios definidos em lei.

•• § 4.º com redação determinada pela Emenda Constitucional n. 20, de 15-12-1998.

§ 5.º É vedada a filiação ao regime geral de previdência social, na qualidade de segurado facultativo, de pessoa participante de regime próprio de previdência.

•• § 5.º com redação determinada pela Emenda Constitucional n. 20, de 15-12-1998.

§ 6.º A gratificação natalina dos aposentados e pensionistas terá por base o valor dos proventos do mês de dezembro de cada ano.

•• § 6.º com redação determinada pela Emenda Constitucional n. 20, de 15-12-1998.

§ 7.º É assegurada aposentadoria no regime geral de previdência social, nos termos da lei, obedecidas as seguintes condições:

•• § 7.º, *caput*, com redação determinada pela Emenda Constitucional n. 20, de 15-12-1998.

I – 35 (trinta e cinco) anos de contribuição, se homem, e 30 (trinta) anos de contribuição, se mulher;

•• Inciso I acrescentado pela Emenda Constitucional n. 20, de 15-12-1998.

II – 65 (sessenta e cinco) anos de idade, se homem, e 60 (sessenta) anos de idade, se mulher, reduzido em 5 (cinco) anos o limite para os trabalhadores rurais de ambos os sexos e para os que exerçam suas atividades em regime de economia familiar, nestes incluídos o produtor rural, o garimpeiro e o pescador artesanal.

•• Inciso II acrescentado pela Emenda Constitucional n. 20, de 15-12-1998.

• A Lei n. 11.685, de 2-6-2008, institui o Estatuto do Garimpeiro.

§ 8.º Os requisitos a que se refere o inciso I do parágrafo anterior serão reduzidos em 5 (cinco) anos, para o professor que comprove exclusivamente tempo de efetivo exercício das funções de magistério na educação infantil e no ensino fundamental e médio.

•• § 8.º com redação determinada pela Emenda Constitucional n. 20, de 15-12-1998.

§ 9.º Para efeito de aposentadoria, é assegurada a contagem recíproca do tempo de contribuição na administração pública e na atividade privada, rural e urbana, hipótese em que os diversos regimes de previdência social se compensarão financeiramente, segundo critérios estabelecidos em lei.

•• § 9.º acrescentado pela Emenda Constitucional n. 20, de 15-12-1998.

• A Lei n. 9.796, de 5-5-1999, dispõe sobre a compensação financeira entre o Regime Geral de Previdência Social e os Regimes de Previdência dos Servidores da União, dos Estados, do Distrito Federal e dos Municípios nos casos de contagem recíproca de tempo de contribuição para efeito de aposentadoria.

§ 10. Lei disciplinará a cobertura do risco de acidente do trabalho, a ser atendida concorrentemente pelo regime geral de previdência social e pelo setor privado.

•• § 10 acrescentado pela Emenda Constitucional n. 20, de 15-12-1998.

§ 11. Os ganhos habituais do empregado, a qualquer título, serão incorporados ao salário para efeito de contribuição previdenciária e consequente repercussão em benefícios, nos casos e na forma da lei.

•• § 11 acrescentado pela Emenda Constitucional n. 20, de 15-12-1998.

§ 12. Lei disporá sobre sistema especial de inclusão previdenciária para atender a trabalhadores de baixa renda e àqueles sem renda própria que se dediquem exclusivamente ao trabalho doméstico no âmbito de sua residência, desde que pertencentes a famílias de baixa renda, garantindo-lhes acesso a benefícios de valor igual a um salário mínimo.

•• § 12 com redação determinada pela Emenda Constitucional n. 47, de 5-7-2005, em vigor na data de sua publicação, com efeitos retroativos à data de vigência da Emenda Constitucional n. 41, de 19-12-2003.

§ 13. O sistema especial de inclusão previdenciária de que trata o § 12 deste artigo terá alíquotas e carências inferiores às vigentes para os demais segurados do regime geral de previdência social.

•• § 13 acrescentado pela Emenda Constitucional n. 47, de 5-7-2005, em vigor na data de sua publicação, com efeitos retroativos à data de vigência da Emenda Constitucional n. 41, de 19-12-2003.

Art. 202. O regime de previdência privada, de caráter complementar e organizado de forma autônoma em relação ao regime geral de previdência social, será facultativo, baseado na constituição de reservas que garantam o benefício contratado, e regulado por lei complementar.

•• *Caput* com redação determinada pela Emenda Constitucional n. 20, de 15-12-1998.

• *Vide* art. 7.º da Emenda Constitucional n. 20, de 15-12-1998.

• Regime de Previdência Complementar: Lei Complementar n. 109, de 29-5-2001.

§ 1.º A lei complementar de que trata este artigo assegurará ao participante de planos de benefícios de entidades de previdência privada o pleno acesso às informações relativas à gestão de seus respectivos planos.

•• § 1.º com redação determinada pela Emenda Constitucional n. 20, de 15-12-1998.

§ 2.º As contribuições do empregador, os benefícios e as condições contratuais previstas nos estatutos, regulamentos e planos de benefícios das entidades de previdência privada não integram o contrato de trabalho dos participantes, assim como, à exceção dos benefícios concedidos, não integram a remuneração dos participantes, nos termos da lei.

•• § 2.º com redação determinada pela Emenda Constitucional n. 20, de 15-12-1998.

§ 3.º É vedado o aporte de recursos a entidade de previdência privada pela União, Estados, Distrito Federal e Municípios, suas autarquias, fundações, empresas públicas, sociedades de economia mista e outras entidades públicas, salvo na qualidade de patrocinador, situação na qual, em hipótese alguma, sua contribuição normal poderá exceder a do segurado.

•• § 3.º acrescentado pela Emenda Constitucional n. 20, de 15-12-1998.

•• Regulamento: Lei Complementar n. 108, de 29-5-2001.

• *Vide* art. 5.º da Emenda Constitucional n. 20, de 15-12-1998.

§ 4.º Lei complementar disciplinará a relação entre a União, Estados, Distrito Federal ou Municípios, inclusive suas autarquias, fundações, sociedades de economia mista e empresas controladas direta ou indiretamente, enquanto patrocinadoras de entidades fechadas de previdência privada, e suas respectivas entidades fechadas de previdência privada.

•• § 4.º acrescentado pela Emenda Constitucional n. 20, de 15-12-1998.

•• Regulamento: Lei Complementar n. 108, de 29-5-2001.

•• *Vide* art. 40, § 14, da CF.

§ 5.º A lei complementar de que trata o parágrafo anterior aplicar-se-á, no que couber, às empresas privadas permissionárias ou concessionárias de prestação de serviços públicos, quando patrocinadoras de entidades fechadas de previdência privada.

•• § 5.º acrescentado pela Emenda Constitucional n. 20, de 15-12-1998.

•• Regulamento: Lei Complementar n. 108, de 29-5-2001.

§ 6.º A lei complementar a que se refere o § 4.º deste artigo estabelecerá os requisitos para a designação dos membros das diretorias das entidades fechadas de previdência privada e disciplinará a inserção dos participantes nos colegiados e instâncias de decisão em que seus interesses sejam objeto de discussão e deliberação.

•• § 6.º acrescentado pela Emenda Constitucional n. 20, de 15-12-1998.

•• Regulamento: Lei Complementar n. 108, de 29-5-2001.

Seção IV
Da Assistência Social

•• A Lei n. 8.742, de 7-12-1993, dispõe sobre a organização da Assistência Social.

Art. 203. A assistência social será prestada a quem dela necessitar, independentemente de contribuição à seguridade social, e tem por objetivos:

I – a proteção à família, à maternidade, à infância, à adolescência e à velhice;

II – o amparo às crianças e adolescentes carentes;

III – a promoção da integração ao mercado de trabalho;

IV – a habilitação e reabilitação das pessoas portadoras de deficiência e a promoção de sua integração à vida comunitária;

V – a garantia de um salário mínimo de benefício mensal à pessoa portadora de deficiência e ao idoso que comprovem não possuir meios de prover à própria manutenção ou de tê-la provida por sua família, conforme dispuser a lei.

• Estatuto do Idoso: Lei n. 10.741, de 1.º-10-2003.

Art. 204. As ações governamentais na área da assistência social serão realizadas com recursos do orçamento da seguridade social, previstos no art. 195, além de outras fontes, e organizadas com base nas seguintes diretrizes:

I – descentralização político-administrativa, cabendo a coordenação e as normas gerais à esfera federal e a coordenação e a execução dos respectivos programas às esferas estadual e municipal, bem como a entidades beneficentes e de assistência social;

II – participação da população, por meio de organizações representativas, na formulação das políticas e no controle das ações em todos os níveis.

Parágrafo único. É facultado aos Estados e ao Distrito Federal vincular a programa de apoio à inclusão e promoção social até cinco décimos por cento de sua receita tributária líquida, vedada a aplicação desses recursos no pagamento de:

•• Parágrafo único, *caput*, acrescentado pela Emenda Constitucional n. 42, de 19-12-2003.

I – despesas com pessoal e encargos sociais;

•• Inciso I acrescentado pela Emenda Constitucional n. 42, de 19-12-2003.

II – serviço da dívida;

•• Inciso II acrescentado pela Emenda Constitucional n. 42, de 19-12-2003.

III – qualquer outra despesa corrente não vinculada diretamente aos investimentos ou ações apoiados.

•• Inciso III acrescentado pela Emenda Constitucional n. 42, de 19-12-2003.

CAPÍTULO III
DA EDUCAÇÃO, DA CULTURA E DO DESPORTO

Seção I
Da Educação

•• Lei de Diretrizes e Bases da Educação Nacional: Lei n. 9.394, de 20-12-1996.

• A Lei n. 11.274, de 6-2-2006, fixa a idade de 6 (seis) anos para o início do ensino fundamental obrigatório e altera para 9 (nove) anos seu período de duração.

• Lei do Estágio: Lei n. 11.788, de 25-9-2008.

Art. 205. A educação, direito de todos e dever do Estado e da família, será promovida e incentivada com a colaboração da sociedade, visando ao pleno desenvolvimento da pessoa, seu preparo para o exercício da cidadania e sua qualificação para o trabalho.

Art. 206. O ensino será ministrado com base nos seguintes princípios:

I – igualdade de condições para o acesso e permanência na escola;

II – liberdade de aprender, ensinar, pesquisar e divulgar o pensamento, a arte e o saber;

III – pluralismo de ideias e de concepções pedagógicas, e coexistência de instituições públicas e privadas de ensino;

IV – gratuidade do ensino público em estabelecimentos oficiais;

V – valorização dos profissionais da educação escolar, garantidos, na forma da lei, planos de carreira, com ingresso exclusivamente por concurso público de provas e títulos, aos das redes públicas;

•• Inciso V com redação determinada pela Emenda Constitucional n. 53, de 19-12-2006.

VI – gestão democrática do ensino público, na forma da lei;

VII – garantia de padrão de qualidade;

VIII – piso salarial profissional nacional para os profissionais da educação escolar pública, nos termos de lei federal.

•• Inciso VIII acrescentado pela Emenda Constitucional n. 53, de 19-12-2006.

Parágrafo único. A lei disporá sobre as categorias de trabalhadores considerados profissionais da educação básica e sobre a fixação de prazo para a elaboração ou adequação de seus planos de carreira, no âmbito da União, dos Estados, do Distrito Federal e dos Municípios.

•• Parágrafo único acrescentado pela Emenda Constitucional n. 53, de 19-12-2006.

Art. 207. As universidades gozam de autonomia didático-científica, administrativa e de gestão financeira e patrimonial, e obedecerão ao princípio de indissociabilidade entre ensino, pesquisa e extensão.

• O Decreto n. 7.233, de 19-7-2010, dispõe sobre procedimentos orçamentários e financeiros relacionados à autonomia universitária, e dá outras providências.

§ 1.º É facultado às universidades admitir professores, técnicos e cientistas estrangeiros, na forma da lei.

•• § 1.º acrescentado pela Emenda Constitucional n. 11, de 30-4-1996.

§ 2.º O disposto neste artigo aplica-se às instituições de pesquisa científica e tecnológica.

•• § 2.º acrescentado pela Emenda Constitucional n. 11, de 30-4-1996.

Art. 208. O dever do Estado com a educação será efetivado mediante a garantia de:

I – educação básica obrigatória e gratuita dos 4 (quatro) aos 17 (dezessete) anos de idade, assegurada inclusive sua oferta gratuita para todos os que a ela não tiveram acesso na idade própria;

•• Inciso I com redação determinada pela Emenda Constitucional n. 59, de 11-11-2009.

•• *Vide* art. 6.º da Emenda Constitucional n. 59, de 11-11-2009.

II – progressiva universalização do ensino médio gratuito;

•• Inciso II com redação determinada pela Emenda Constitucional n. 14, de 12-9-1996.

III – atendimento educacional especializado aos portadores de deficiência, preferencialmente na rede regular de ensino;

• O Decreto n. 7.611, de 17-11-2011, dispõe sobre a educação especial, o atendimento educacional especializado e dá outras providências.

IV – educação infantil, em creche e pré-escola, às crianças até 5 (cinco) anos de idade;

•• Inciso IV com redação determinada pela Emenda Constitucional n. 53, de 19-12-2006.

V – acesso aos níveis mais elevados do ensino, da pesquisa e da criação artística, segundo a capacidade de cada um;

VI – oferta de ensino noturno regular, adequado às condições do educando;

VII – atendimento ao educando, em todas as etapas da educação básica, por meio de programas suplementares de material didático-escolar, transporte, alimentação e assistência à saúde.

•• Inciso VII com redação determinada pela Emenda Constitucional n. 59, de 11-11-2009.

§ 1.º O acesso ao ensino obrigatório e gratuito é direito público subjetivo.

§ 2.º O não oferecimento do ensino obrigatório pelo Poder Público, ou sua oferta irregular, importa responsabilidade da autoridade competente.

§ 3.º Compete ao Poder Público recensear os educandos no ensino fundamental, fazer-lhes a chamada e zelar, junto aos pais ou responsáveis, pela frequência à escola.

Art. 209. O ensino é livre à iniciativa privada, atendidas as seguintes condições:

I – cumprimento das normas gerais da educação nacional;

II – autorização e avaliação de qualidade pelo Poder Público.

Art. 210. Serão fixados conteúdos mínimos para o ensino fundamental, de maneira a assegurar formação básica comum e respeito aos valores culturais e artísticos, nacionais e regionais.

§ 1.º O ensino religioso, de matrícula facultativa, constituirá disciplina dos horários normais das escolas públicas de ensino fundamental.

§ 2.º O ensino fundamental regular será ministrado em língua portuguesa, assegurada às comunidades indígenas também a utilização de suas línguas maternas e processos próprios de aprendizagem.

Art. 211. A União, os Estados, o Distrito Federal e os Municípios organizarão em regime de colaboração seus sistemas de ensino.

• *Vide* art. 60 e §§ do ADCT.

§ 1.º A União organizará o sistema federal de ensino e o dos Territórios, financiará as instituições de ensino públicas federais e exercerá, em matéria educacional, função redistributiva e supletiva, de forma a garantir equalização de oportunidades educacionais e padrão mínimo de qualidade do ensino mediante assistência técnica e financeira aos Estados, ao Distrito Federal e aos Municípios.

•• § 1.º com redação determinada pela Emenda Constitucional n. 14, de 12-9-1996.

§ 2.º Os Municípios atuarão prioritariamente no ensino fundamental e na educação infantil.

•• § 2.º com redação determinada pela Emenda Constitucional n. 14, de 12-9-1996.

§ 3.º Os Estados e o Distrito Federal atuarão prioritariamente no ensino fundamental e médio.

•• § 3.º acrescentado pela Emenda Constitucional n. 14, de 12-9-1996.

§ 4.º Na organização de seus sistemas de ensino, a União, os Estados, o Distrito Federal e os Municípios definirão formas de colaboração, de modo a assegurar a universalização do ensino obrigatório.

•• § 4.º com redação determinada pela Emenda Constitucional n. 59, de 11-11-2009.

§ 5.º A educação básica pública atenderá prioritariamente ao ensino regular.

•• § 5.º acrescentado pela Emenda Constitucional n. 53, de 19-12-2006.

Art. 212. A União aplicará, anualmente, nunca menos de dezoito, e os Estados, o Distrito Federal e os Municípios vinte e cinco por cento, no mínimo, da receita resultante de impostos, compreendida a proveniente de transferências, na manutenção e desenvolvimento do ensino.

•• *Vide* art. 110, I, do ADCT.

• *Vide* arts. 60 e 72, §§ 2.º e 3.º, do ADCT.

§ 1.º A parcela da arrecadação de impostos transferida pela União aos Estados, ao Distrito Federal e aos Municípios, ou pelos Estados aos respectivos Municípios, não é considerada, para efeito do cálculo previsto neste artigo, receita do governo que a transferir.

§ 2.º Para efeito do cumprimento do disposto no *caput* deste artigo, serão considerados os sistemas de ensino federal, estadual e municipal e os recursos aplicados na forma do art. 213.

§ 3.º A distribuição dos recursos públicos assegurará prioridade ao atendimento das necessidades do ensino obrigatório, no que se refere a universalização, garantia de padrão de qualidade e equidade, nos termos do plano nacional de educação.

•• § 3.º com redação determinada pela Emenda Constitucional n. 59, de 11-11-2009.

§ 4.º Os programas suplementares de alimentação e assistência à saúde previstos no art. 208, VII, serão financiados com recursos provenientes de contribuições sociais e outros recursos orçamentários.

§ 5.º A educação básica pública terá como fonte adicional de financiamento a contribuição social do salário-educação, recolhida pelas empresas na forma da lei.

•• § 5.º com redação determinada pela Emenda Constitucional n. 53, de 19-12-2006.

•• § 5.º regulamentado pelo Decreto n. 6.003, de 28-12-2006.

• *Vide* art. 76, § 2.º, do ADCT.

• A Lei n. 9.766, de 18-12-1998, regulamenta o salário-educação.

§ 6.º As cotas estaduais e municipais da arrecadação da contribuição social do salário-educação serão distribuídas proporcionalmente ao número de alunos matriculados na educação básica nas respectivas redes públicas de ensino.

•• § 6.º acrescentado pela Emenda Constitucional n. 53, de 19-12-2006.

•• *Vide* art. 107, § 6.º, I, do ADCT.

Art. 213. Os recursos públicos serão destinados às escolas públicas, podendo ser dirigidos a escolas comunitárias, confessionais ou filantrópicas, definidas em lei, que:

• *Vide* art. 61 do ADCT.

I – comprovem finalidade não lucrativa e apliquem seus excedentes financeiros em educação;

II – assegurem a destinação de seu patrimônio a outra escola comunitária, filantrópica ou confessional, ou ao Poder Público, no caso de encerramento de suas atividades.

§ 1.º Os recursos de que trata este artigo poderão ser destinados a bolsas de estudo para o ensino fundamental e médio, na forma da lei, para os que demonstrarem insuficiência de recursos, quando houver falta de vagas e cursos regulares da rede pública na localidade da residência do educando, ficando o Poder Público obrigado a investir prioritariamente na expansão de sua rede na localidade.

§ 2.º As atividades de pesquisa, de extensão e de estímulo e fomento à inovação realizadas por universidades e/ou por instituições de educação profissional e tecnológica poderão receber apoio financeiro do Poder Público.

•• § 2.º com redação determinada pela Emenda Constitucional n. 85, de 26-2-2015.

Art. 214. A lei estabelecerá o plano nacional de educação, de duração decenal, com o objetivo de articular o sistema nacional de educação em regime de colaboração e definir diretrizes, objetivos, metas e estratégias de implementação para assegurar a manutenção e desenvolvimento do ensino em seus diversos níveis, etapas e modalidades por meio de ações integradas dos poderes públicos das diferentes esferas federativas que conduzam a:

•• *Caput* com redação determinada pela Emenda Constitucional n. 59, de 11-11-2009.

I – erradicação do analfabetismo;

II – universalização do atendimento escolar;

III – melhoria da qualidade do ensino;

IV – formação para o trabalho;

V – promoção humanística, científica e tecnológica do País;

VI – estabelecimento de meta de aplicação de recursos públicos em educação como proporção do produto interno bruto.

•• Inciso VI acrescentado pela Emenda Constitucional n. 59, de 11-11-2009.

Seção II
Da Cultura

• A Lei n. 8.313, de 23-12-1991, regulamentada pelo Decreto n. 5.761, de 27-4-2006, institui o Programa Nacional de Apoio à Cultura – PRONAC.

• A Lei n. 8.685, de 20-7-1993, cria mecanismo de fomento a atividade audiovisual.

Art. 215. O Estado garantirá a todos o pleno exercício dos direitos culturais e acesso às fontes da cultura nacional, e apoiará e incentivará a valorização e a difusão das manifestações culturais.

• A Lei n. 13.018, de 22-7-2014, institui a Política Nacional de Cultura Viva.

§ 1.º O Estado protegerá as manifestações das culturas populares, indígenas e afro-brasileiras, e das de outros grupos participantes do processo civilizatório nacional.

§ 2.º A lei disporá sobre a fixação de datas comemorativas de alta significação para os diferentes segmentos étnicos nacionais.

§ 3.º A lei estabelecerá o Plano Nacional de Cultura, de duração plurianual, visando ao desenvolvimento cultural do País e à integração das ações do poder público que conduzem à:

•• A Lei n. 12.343, de 2-12-2010, institui o Plano Nacional de Cultura – PNC; cria o Sistema Nacional de Informações e Indicadores Culturais – SNIIC e dá outras providências.

I – defesa e valorização do patrimônio cultural brasileiro;

II – produção, promoção e difusão de bens culturais;

III – formação de pessoal qualificado para a gestão da cultura em suas múltiplas dimensões;

IV – democratização do acesso aos bens de cultura;

V – valorização da diversidade étnica e regional.

•• § 3.º acrescentado pela Emenda Constitucional n. 48, de 10-8-2005.

Art. 216. Constituem patrimônio cultural brasileiro os bens de natureza material e imaterial, tomados individualmente ou em conjunto, portadores de referência à identidade, à ação, à memória dos diferentes grupos formadores da sociedade brasileira, nos quais se incluem:

• A Lei n. 12.840, de 9-7-2013, dispõe sobre a destinação dos bens de valor cultural, artístico ou histórico aos museus.

I – as formas de expressão;

II – os modos de criar, fazer e viver;

III – as criações científicas, artísticas e tecnológicas;

IV – as obras, objetos, documentos, edificações e demais espaços destinados às manifestações artístico-culturais;

V – os conjuntos urbanos e sítios de valor histórico, paisagístico, artístico, arqueológico, paleontológico, ecológico e científico.

§ 1.º O Poder Público, com a colaboração da comunidade, promoverá e protegerá o patrimônio cultural brasileiro, por meio de inventários, registros, vigilância, tombamento e desapropriação, e de outras formas de acautelamento e preservação.

§ 2.º Cabem à administração pública, na forma da lei, a gestão da documentação governamental e as providências para franquear sua consulta a quantos dela necessitem.

•• A Lei n. 12.527, de 18-11-2011, regulamentada pelo Decreto n. 7.724, de 16-5-2012, regula o acesso a informações previsto neste parágrafo.

•• O Decreto n. 8.777, de 11-5-2016, institui a Política de Dados Abertos do Poder Executivo federal.

§ 3.º A lei estabelecerá incentivos para a produção e o conhecimento de bens e valores culturais.

§ 4.º Os danos e ameaças ao patrimônio cultural serão punidos, na forma da lei.

§ 5.º Ficam tombados todos os documentos e os sítios detentores de reminiscências históricas dos antigos quilombos.

§ 6.º É facultado aos Estados e ao Distrito Federal vincular a fundo estadual de fomento à cultura até cinco décimos por cento de sua receita tributária líquida, para o financiamento de programas e projetos culturais, vedada a aplicação desses recursos no pagamento de:

•• § 6.º, *caput*, acrescentado pela Emenda Constitucional n. 42, de 19-12-2003.

I – despesas com pessoal e encargos sociais;

•• Inciso I acrescentado pela Emenda Constitucional n. 42, de 19-12-2003.

II – serviço da dívida;

•• Inciso II acrescentado pela Emenda Constitucional n. 42, de 19-12-2003.

III – qualquer outra despesa corrente não vinculada diretamente aos investimentos ou ações apoiados.

•• Inciso III acrescentado pela Emenda Constitucional n. 42, de 19-12-2003.

Art. 216-A. O Sistema Nacional de Cultura, organizado em regime de colaboração, de forma descentralizada e participativa, institui um processo de gestão e promoção conjunta de políticas públicas de cultura, democráticas e permanentes, pactuadas entre os entes da Federação e a sociedade, tendo por objetivo promover o desenvolvimento humano, social e econômico com pleno exercício dos direitos culturais.

•• *Caput* acrescentado pela Emenda Constitucional n. 71, de 29-11-2012.

§ 1.º O Sistema Nacional de Cultura fundamenta-se na política nacional de cultura e nas suas diretrizes, estabelecidas no Plano Nacional de Cultura, e rege-se pelos seguintes princípios:

•• § 1.º, *caput*, acrescentado pela Emenda Constitucional n. 71, de 29-11-2012.

I – diversidade das expressões culturais;

•• Inciso I acrescentado pela Emenda Constitucional n. 71, de 29-11-2012.

II – universalização do acesso aos bens e serviços culturais;

•• Inciso II acrescentado pela Emenda Constitucional n. 71, de 29-11-2012.

III – fomento à produção, difusão e circulação de conhecimento e bens culturais;

•• Inciso III acrescentado pela Emenda Constitucional n. 71, de 29-11-2012.

IV – cooperação entre os entes federados, os agentes públicos e privados atuantes na área cultural;

•• Inciso IV acrescentado pela Emenda Constitucional n. 71, de 29-11-2012.

V – integração e interação na execução das políticas, programas, projetos e ações desenvolvidas;

•• Inciso V acrescentado pela Emenda Constitucional n. 71, de 29-11-2012.

VI – complementaridade nos papéis dos agentes culturais;

•• Inciso VI acrescentado pela Emenda Constitucional n. 71, de 29-11-2012.

VII – transversalidade das políticas culturais;

•• Inciso VII acrescentado pela Emenda Constitucional n. 71, de 29-11-2012.

VIII – autonomia dos entes federados e das instituições da sociedade civil;

•• Inciso VIII acrescentado pela Emenda Constitucional n. 71, de 29-11-2012.

IX – transparência e compartilhamento das informações;

•• Inciso IX acrescentado pela Emenda Constitucional n. 71, de 29-11-2012.

X – democratização dos processos decisórios com participação e controle social;

•• Inciso X acrescentado pela Emenda Constitucional n. 71, de 29-11-2012.

XI – descentralização articulada e pactuada da gestão, dos recursos e das ações;

•• Inciso XI acrescentado pela Emenda Constitucional n. 71, de 29-11-2012.

XII – ampliação progressiva dos recursos contidos nos orçamentos públicos para a cultura.

•• Inciso XII acrescentado pela Emenda Constitucional n. 71, de 29-11-2012.

§ 2.° Constitui a estrutura do Sistema Nacional de Cultura, nas respectivas esferas da Federação:

•• § 2.°, *caput*, acrescentado pela Emenda Constitucional n. 71, de 29-11-2012.

I – órgãos gestores da cultura;

•• Inciso I acrescentado pela Emenda Constitucional n. 71, de 29-11-2012.

II – conselhos de política cultural;

•• Inciso II acrescentado pela Emenda Constitucional n. 71, de 29-11-2012.

III – conferências de cultura;

•• Inciso III acrescentado pela Emenda Constitucional n. 71, de 29-11-2012.

IV – comissões intergestores;

•• Inciso IV acrescentado pela Emenda Constitucional n. 71, de 29-11-2012.

V – planos de cultura;

•• Inciso V acrescentado pela Emenda Constitucional n. 71, de 29-11-2012.

VI – sistemas de financiamento à cultura;

•• Inciso VI acrescentado pela Emenda Constitucional n. 71, de 29-11-2012.

VII – sistemas de informações e indicadores culturais;

•• Inciso VII acrescentado pela Emenda Constitucional n. 71, de 29-11-2012.

VIII – programas de formação na área da cultura; e

•• Inciso VIII acrescentado pela Emenda Constitucional n. 71, de 29-11-2012.

IX – sistemas setoriais de cultura.

•• Inciso IX acrescentado pela Emenda Constitucional n. 71, de 29-11-2012.

§ 3.° Lei federal disporá sobre a regulamentação do Sistema Nacional de Cultura, bem como de sua articulação com os demais sistemas nacionais ou políticas setoriais de governo.

•• § 3.° acrescentado pela Emenda Constitucional n. 71, de 29-11-2012.

§ 4.° Os Estados, o Distrito Federal e os Municípios organizarão seus respectivos sistemas de cultura em leis próprias.

•• § 4.° acrescentado pela Emenda Constitucional n. 71, de 29-11-2012.

Seção III
Do Desporto

• A Lei n. 9.615, de 24-3-1998, institui normas gerais sobre desportos.

Art. 217. É dever do Estado fomentar práticas desportivas formais e não formais, como direito de cada um, observados:

I – a autonomia das entidades desportivas dirigentes e associações, quanto a sua organização e funcionamento;

II – a destinação de recursos públicos para a promoção prioritária do desporto educacional e, em casos específicos, para a do desporto de alto rendimento;

III – o tratamento diferenciado para o desporto profissional e o não profissional;

IV – a proteção e o incentivo às manifestações desportivas de criação nacional.

§ 1.º O Poder Judiciário só admitirá ações relativas à disciplina e às competições desportivas após esgotarem-se as instâncias da justiça desportiva, reguladas em lei.

§ 2.º A justiça desportiva terá o prazo máximo de sessenta dias, contados da instauração do processo, para proferir decisão final.

§ 3.º O Poder Público incentivará o lazer, como forma de promoção social.

CAPÍTULO IV
DA CIÊNCIA, TECNOLOGIA E INOVAÇÃO

•• Capítulo IV com denominação determinada pela Emenda Constitucional n. 85, de 26-2-2015.

• Conselho Nacional de Ciência e Tecnologia: Lei n. 9.257, de 9-1-1996.

Art. 218. O Estado promoverá e incentivará o desenvolvimento científico, a pesquisa, a capacitação científica e tecnológica e a inovação.

•• *Caput* com redação determinada pela Emenda Constitucional n. 85, de 26-2-2015.

• A Lei n. 10.973, de 2-12-2004, estabelece medidas de incentivo à inovação e à pesquisa científica e tecnológica no ambiente produtivo, com vistas à capacitação e ao alcance da autonomia tecnológica e ao desenvolvimento industrial do país, nos termos deste capítulo. Regulamento: Decreto n. 5.563, de 11-10-2005.

§ 1.º A pesquisa científica básica e tecnológica receberá tratamento prioritário do Estado, tendo em vista o bem público e o progresso da ciência, tecnologia e inovação.

•• § 1.º com redação determinada pela Emenda Constitucional n. 85, de 26-2-2015.

§ 2.º A pesquisa tecnológica voltar-se-á preponderantemente para a solução dos problemas brasileiros e para o desenvolvimento do sistema produtivo nacional e regional.

§ 3.º O Estado apoiará a formação de recursos humanos nas áreas de ciência, pesquisa, tecnologia e inovação, inclusive por meio do apoio às atividades de extensão tecnológica, e concederá aos que delas se ocupem meios e condições especiais de trabalho.

•• § 3.º com redação determinada pela Emenda Constitucional n. 85, de 26-2-2015.

§ 4.º A lei apoiará e estimulará as empresas que invistam em pesquisa, criação de tecnologia adequada ao País, formação e aperfeiçoamento de seus recursos humanos e que pratiquem sistemas de remuneração que assegurem ao empregado, desvinculada do salário, participação nos ganhos econômicos resultantes da produtividade de seu trabalho.

§ 5.º É facultado aos Estados e ao Distrito Federal vincular parcela de sua receita orçamentária a entidades públicas de fomento ao ensino e à pesquisa científica e tecnológica.

§ 6.º O Estado, na execução das atividades previstas no *caput*, estimulará a articulação entre entes, tanto públicos quanto privados, nas diversas esferas de governo.

•• § 6.º acrescentado pela Emenda Constitucional n. 85, de 26-2-2015.

§ 7.º O Estado promoverá e incentivará a atuação no exterior das instituições públicas de ciência, tecnologia e inovação, com vistas à execução das atividades previstas no *caput*.

•• § 7.º acrescentado pela Emenda Constitucional n. 85, de 26-2-2015.

Art. 219. O mercado interno integra o patrimônio nacional e será incentivado de modo a viabilizar o desenvolvimento cultural e socioeconômico, o bem-estar da população e a autonomia tecnológica do País, nos termos de lei federal.

Parágrafo único. O Estado estimulará a formação e o fortalecimento da inovação nas empresas, bem como nos demais entes, públicos ou privados, a constituição e a manutenção de parques e polos tecnológicos e de demais ambientes promotores da inovação, a atuação dos inventores independentes e a criação, absorção, difusão e transferência de tecnologia.

•• Parágrafo único acrescentado pela Emenda Constitucional n. 85, de 26-2-2015.

Art. 219-A. A União, os Estados, o Distrito Federal e os Municípios poderão firmar instrumentos de cooperação com órgãos e entidades públicos e com entidades privadas, inclusive para o compartilhamento de recursos humanos especializados e capacidade instalada, para a execução de projetos de pesquisa, de desenvolvimento científico e tecnológico e de inovação, mediante contrapartida financeira ou não financeira assumida pelo ente beneficiário, na forma da lei.

•• Artigo acrescentado pela Emenda Constitucional n. 85, de 26-2-2015.

Art. 219-B. O Sistema Nacional de Ciência, Tecnologia e Inovação (SNCTI) será organizado em regime de colaboração entre entes, tanto públicos quanto privados, com vistas a promover o desenvolvimento científico e tecnológico e a inovação.

•• *Caput* acrescentado pela Emenda Constitucional n. 85, de 26-2-2015.

§ 1.° Lei federal disporá sobre as normas gerais do SNCTI.

•• § 1.° acrescentado pela Emenda Constitucional n. 85, de 26-2-2015.

§ 2.° Os Estados, o Distrito Federal e os Municípios legislarão concorrentemente sobre suas peculiaridades.

•• § 2.° acrescentado pela Emenda Constitucional n. 85, de 26-2-2015.

Capítulo V
DA COMUNICAÇÃO SOCIAL

Art. 220. A manifestação do pensamento, a criação, a expressão e a informação, sob qualquer forma, processo ou veículo não sofrerão qualquer restrição, observado o disposto nesta Constituição.

• Código Brasileiro de Telecomunicações: Lei n. 4.117, de 27-8-1962.

• Organização dos Serviços de Telecomunicações: Lei n. 9.472, de 16-7-1997.

§ 1.° Nenhuma lei conterá dispositivo que possa constituir embaraço à plena liberdade de informação jornalística em qualquer veículo de comunicação social, observado o disposto no art. 5.°, IV, V, X, XIII e XIV.

§ 2.° É vedada toda e qualquer censura de natureza política, ideológica e artística.

§ 3.° Compete à lei federal:

I – regular as diversões e espetáculos públicos, cabendo ao Poder Público informar sobre a natureza deles, as faixas etárias a que não se recomendem, locais e horários em que sua apresentação se mostre inadequada;

• A Lei n. 10.359, de 27-12-2001, dispõe sobre a obrigatoriedade de novos aparelhos de televisão conterem dispositivo que possibilite o bloqueio temporário de recepção de programação inadequada.

• A Portaria n. 368, de 11-2-2014, do Ministério da Justiça, trata da classificação indicativa de diversões públicas.

II – estabelecer os meios legais que garantam à pessoa e à família a possibilidade de se defenderem de programas ou programações de rádio e televisão que contrariem o disposto no art. 221, bem como da propaganda de produtos, práticas e serviços que possam ser nocivos à saúde e ao meio ambiente.

§ 4.° A propaganda comercial de tabaco, bebidas alcoólicas, agrotóxicos, medicamentos e terapias estará sujeita a restrições legais, nos termos do inciso II do parágrafo anterior, e conterá, sempre que necessário, advertência sobre os malefícios decorrentes de seu uso.

• A Lei n. 9.294, de 15-7-1996, regulamentada pelo Decreto n. 2.018, de 1.°-10-1996, dispõe sobre as restrições ao uso e à propaganda de produtos fumígenos, bebidas alcoólicas, medicamentos, terapias e defensivos agrícolas aqui referidos.

• A Lei n. 11.705, de 19-6-2008 (Lei Seca), altera a Lei n. 9.503, de 23-9-1997 (CTB), com a finalidade de estabelecer alcoolemia zero e de impor penalidades mais severas para o condutor que dirigir sob a influência de álcool, e a Lei n. 9.294, de 15-7-1996, para obrigar os estabelecimentos comerciais em que se vendem ou oferecem bebidas alcoólicas a estampar no recinto aviso de que constitui crime dirigir sob a influência de álcool.

§ 5.° Os meios de comunicação social não podem, direta ou indiretamente, ser objeto de monopólio ou oligopólio.

§ 6.º A publicação de veículo impresso de comunicação independe de licença de autoridade.

Art. 221. A produção e a programação das emissoras de rádio e televisão atenderão aos seguintes princípios:

I – preferência a finalidades educativas, artísticas, culturais e informativas;

II – promoção da cultura nacional e regional e estímulo à produção independente que objetive sua divulgação;

III – regionalização da produção cultural, artística e jornalística, conforme percentuais estabelecidos em lei;

IV – respeito aos valores éticos e sociais da pessoa e da família.

Art. 222. A propriedade de empresa jornalística e de radiodifusão sonora e de sons e imagens é privativa de brasileiros natos ou naturalizados há mais de 10 (dez) anos, ou de pessoas jurídicas constituídas sob as leis brasileiras e que tenham sede no País.

•• *Caput* com redação determinada pela Emenda Constitucional n. 36, de 28-5-2002.

§ 1.º Em qualquer caso, pelo menos 70% (setenta por cento) do capital total e do capital votante das empresas jornalísticas e de radiodifusão sonora e de sons e imagens deverá pertencer, direta ou indiretamente, a brasileiros natos ou naturalizados há mais de 10 (dez) anos, que exercerão obrigatoriamente a gestão das atividades e estabelecerão o conteúdo da programação.

•• § 1.º com redação determinada pela Emenda Constitucional n. 36, de 28-5-2002.

§ 2.º A responsabilidade editorial e as atividades de seleção e direção da programação veiculada são privativas de brasileiros natos ou naturalizados há mais de 10 (dez) anos, em qualquer meio de comunicação social.

•• § 2.º com redação determinada pela Emenda Constitucional n. 36, de 28-5-2002.

§ 3.º Os meios de comunicação social eletrônica, independentemente da tecnologia utilizada para a prestação do serviço, deverão observar os princípios enunciados no art. 221, na forma de lei específica, que também garantirá a prioridade de profissionais brasileiros na execução de produções nacionais.

•• § 3.º acrescentado pela Emenda Constitucional n. 36, de 28-5-2002.

§ 4.º Lei disciplinará a participação de capital estrangeiro nas empresas de que trata o § 1.º.

•• § 4.º acrescentado pela Emenda Constitucional n. 36, de 28-5-2002.

•• A Lei n. 10.610, de 20-12-2002, disciplina a participação de capital estrangeiro nas empresas jornalísticas e de radiodifusão sonora e de sons e imagens de que trata este parágrafo.

§ 5.º As alterações de controle societário das empresas de que trata o § 1.º serão comunicadas ao Congresso Nacional.

•• § 5.º acrescentado pela Emenda Constitucional n. 36, de 28-5-2002.

Art. 223. Compete ao Poder Executivo outorgar e renovar concessão, permissão e autorização para o serviço de radiodifusão sonora e de sons e imagens, observado o princípio da complementaridade dos sistemas privado, público e estatal.

• O Decreto n. 52.795, de 31-10-1963, aprova o Regulamento dos Serviços de Radiodifusão.

§ 1.º O Congresso Nacional apreciará o ato no prazo do art. 64, §§ 2.º e 4.º, a contar do recebimento da mensagem.

§ 2.º A não renovação da concessão ou permissão dependerá de aprovação de, no mínimo, dois quintos do Congresso Nacional, em votação nominal.

§ 3.º O ato de outorga ou renovação somente produzirá efeitos legais após deliberação do Congresso Nacional, na forma dos parágrafos anteriores.

§ 4.º O cancelamento da concessão ou permissão, antes de vencido o prazo, depende de decisão judicial.

§ 5.º O prazo da concessão ou permissão será de dez anos para as emissoras de rádio e de quinze para as de televisão.

Art. 224. Para os efeitos do disposto neste capítulo, o Congresso Nacional instituirá, como órgão auxiliar, o Conselho de Comunicação Social, na forma da lei.

•• A Lei n. 8.389, de 30-12-1991, institui o Conselho aqui referido.

Capítulo VI
DO MEIO AMBIENTE

• A Lei n. 7.735, de 22-2-1989, cria o Instituto Nacional do Meio Ambiente e dos Recursos Naturais Renováveis.

• A Lei n. 7.797, de 10-7-1989, cria o Fundo Nacional do Meio Ambiente.

• Agrotóxicos: Lei n. 7.802, de 11-7-1989, e seu regulamento: Decreto n. 4.074, de 4-1-2002.

• Lei de Crimes Ambientais: Lei n. 9.605, de 12-2-1998.

Art. 225. Todos têm direito ao meio ambiente ecologicamente equilibrado, bem de uso comum do povo e essencial à sadia qualidade de vida, impondo-se ao Poder Público e à coletividade o dever de defendê-lo e preservá-lo para as presentes e futuras gerações.

§ 1.º Para assegurar a efetividade desse direito, incumbe ao Poder Público:

I – preservar e restaurar os processos ecológicos essenciais e prover o manejo ecológico das espécies e ecossistemas;

•• Regulamento: Lei n. 9.985, de 18-7-2000.

II – preservar a diversidade e a integridade do patrimônio genético do País e fiscalizar as entidades dedicadas à pesquisa e manipulação de material genético;

•• Regulamento: Lei n. 9.985, de 18-7-2000, Lei n. 11.105, de 24-3-2005, e Lei n. 13.123, de 20-5-2015.

• O Decreto n. 5.705, de 16-2-2006, promulga o Protocolo de Cartagena sobre Biossegurança da Convenção sobre Diversidade Biológica.

III – definir, em todas as unidades da Federação, espaços territoriais e seus componentes a serem especialmente protegidos, sendo a alteração e a supressão permitidas somente através de lei, vedada qualquer utilização que comprometa a integridade dos atributos que justifiquem sua proteção;

•• Regulamento: Lei n. 9.985, de 18-7-2000.

IV – exigir, na forma da lei, para instalação de obra ou atividade potencialmente causadora de significativa degradação do meio ambiente, estudo prévio de impacto ambiental, a que se dará publicidade;

•• Regulamento: Lei n. 11.105, de 24-3-2005.

V – controlar a produção, a comercialização e o emprego de técnicas, métodos e substâncias que comportem risco para a vida, a qualidade de vida e o meio ambiente;

•• Regulamento: Lei n. 11.105, de 24-3-2005.

VI – promover a educação ambiental em todos os níveis de ensino e a conscientização pública para a preservação do meio ambiente;

VII – proteger a fauna e a flora, vedadas, na forma da lei, as práticas que coloquem em risco sua função ecológica, provoquem a extinção de espécies ou submetam os animais a crueldade.

•• Regulamento: Lei n. 9.985, de 18-7-2000, e Lei n. 11.794, de 8-10-2008.

§ 2.º Aquele que explorar recursos minerais fica obrigado a recuperar o meio ambiente degradado, de acordo com solução técnica exigida pelo órgão público competente, na forma da lei.

§ 3.º As condutas e atividades consideradas lesivas ao meio ambiente sujeitarão os infratores, pessoas físicas ou jurídicas, a sanções penais e administrativas, independentemente da obrigação de reparar os danos causados.

§ 4.º A Floresta Amazônica brasileira, a Mata Atlântica, a Serra do Mar, o Pantanal Mato-Grossense e a Zona Costeira são patrimônio nacional, e sua utilização far-se-á, na forma da lei, dentro de condições que assegurem a preservação do meio ambiente, inclusive quanto ao uso dos recursos naturais.

•• Regulamento: Lei n. 13.123, de 20-5-2015.

• A Lei n. 11.428, de 22-12-2006, dispõe sobre a utilização e proteção da vegetação nativa do Bioma Mata Atlântica.

• A Lei n. 11.952, de 25-6-2009, dispõe sobre a regularização fundiária das ocupações incidentes em terras situadas em áreas da União, no âmbito da Amazônia Legal.

§ 5.º São indisponíveis as terras devolutas ou arrecadadas pelos Estados, por ações discriminatórias, necessárias à proteção dos ecossistemas naturais.

• Terras devolutas: Decreto-lei n. 9.760, de 5-9-1946.

§ 6.º As usinas que operem com reator nuclear deverão ter sua localização definida em lei federal, sem o que não poderão ser instaladas.

§ 7.º Para fins do disposto na parte final do inciso VII do § 1.º deste artigo, não se consideram cruéis as práticas desportivas que utilizem animais, desde que sejam manifestações culturais, conforme o § 1.º do art. 215 desta Constituição Federal, registradas como bem de natureza imaterial integrante do patrimônio cultural brasileiro, devendo ser regulamentadas por lei específica que assegure o bem-estar dos animais envolvidos.

•• § 7.º acrescentado pela Emenda Constitucional n. 96, de 6-6-2017.

CAPÍTULO VII
DA FAMÍLIA, DA CRIANÇA, DO ADOLESCENTE, DO JOVEM E DO IDOSO

•• Capítulo VII com denominação determinada pela Emenda Constitucional n. 65, de 13-7-2010.

• ECA: Lei n. 8.069, de 13-7-1990.

• Estatuto do Idoso: Lei n. 10.741, de 1.º-10-2003.

Art. 226. A família, base da sociedade, tem especial proteção do Estado.

§ 1.º O casamento é civil e gratuita a celebração.

§ 2.º O casamento religioso tem efeito civil, nos termos da lei.

§ 3.º Para efeito da proteção do Estado, é reconhecida a união estável entre o homem e a mulher como entidade familiar, devendo a lei facilitar sua conversão em casamento.

•• § 3.º regulamentado pela Lei n. 9.278, de 10-5-1996.

•• O STF, em 5-5-2011, declarou procedente a ADI n. 4.277 (*DOU* de 1.º-12-2014) e a ADPF n. 132 (*DOU* de 3-11-2014), com eficácia *erga omnes* e efeito vinculante, conferindo interpretação conforme a CF ao art. 1.723 do CC, a fim de declarar a aplicabilidade de regime da união estável às uniões entre pessoas do mesmo sexo.

•• A Resolução n. 175, de 14-5-2013, do CNJ, determina que é vedada às autoridades competentes a recusa de habilitação, celebração de casamento civil ou de conversão de união estável em casamento entre pessoas de mesmo sexo.

§ 4.º Entende-se, também, como entidade familiar a comunidade formada por qualquer dos pais e seus descendentes.

§ 5.º Os direitos e deveres referentes à sociedade conjugal são exercidos igualmente pelo homem e pela mulher.

§ 6.º O casamento civil pode ser dissolvido pelo divórcio.

•• § 6.º com redação determinada pela Emenda Constitucional n. 66, de 13-7-2010.

• Divórcio consensual, separação consensual e extinção consensual: art. 733 do CPC.

§ 7.º Fundado nos princípios da dignidade da pessoa humana e da paternidade responsável, o planejamento familiar é livre decisão do casal, competindo ao Estado propiciar recursos educacionais e científicos para o exercício desse direito, vedada qualquer forma coercitiva por parte de instituições oficiais ou privadas.

§ 8.º O Estado assegurará a assistência à família na pessoa de cada um dos que a integram, criando mecanismos para coibir a violência no âmbito de suas relações.

• Violência doméstica e familiar contra a mulher: Lei n. 11.340, de 7-8-2006.

Art. 227. É dever da família, da sociedade e do Estado assegurar à criança, ao adolescente e ao jovem, com absoluta prioridade, o direito à vida, à saúde, à alimentação, à educação, ao lazer, à profissionalização, à cultura, à dignidade, ao respeito, à liberdade e à convivência familiar e comunitária, além de colocá-los a salvo de toda forma de negligência, discriminação, exploração, violência, crueldade e opressão.

•• *Caput* com redação determinada pela Emenda Constitucional n. 65, de 13-7-2010.

§ 1.º O Estado promoverá programas de assistência integral à saúde da criança, do adolescente e do jovem, admitida a participação de entidades não governamentais, mediante políticas específicas e obedecendo aos seguintes preceitos:

•• § 1.º, *caput*, com redação determinada pela Emenda Constitucional n. 65, de 13-7-2010.

I – aplicação de percentual dos recursos públicos destinados à saúde na assistência materno-infantil;

II – criação de programas de prevenção e atendimento especializado para as pessoas portadoras de deficiência física, sensorial ou mental, bem como de integração social do adolescente e do jovem portador de deficiência, mediante o treinamento para o trabalho e a convivência, e a facilitação do acesso aos bens e serviços coletivos, com a eliminação de obstáculos arquitetônicos e de todas as formas de discriminação.

•• Inciso II com redação determinada pela Emenda Constitucional n. 65, de 13-7-2010.

• Direito à vida e à saúde no ECA: Lei n. 8.069, de 13-7-1990, arts. 7.º a 14.

• A Lei n. 7.853, de 24-10-1989, regulamentada pelo Decreto n. 3.298, de 20-12-1999, consolida as normas de proteção à pessoa portadora de deficiência.

• O Decreto n. 7.612, de 17-11-2011, institui o Plano Nacional dos Direitos da Pessoa com Deficiência – Plano Viver sem Limite.

• A Lei n. 13.146, de 6-7-2015, institui o Estatuto da Pessoa com Deficiência.

§ 2.º A lei disporá sobre normas de construção dos logradouros e dos edifícios de uso público e de fabricação de veículos de transporte coletivo, a fim de garantir acesso adequado às pessoas portadoras de deficiência.

§ 3.º O direito a proteção especial abrangerá os seguintes aspectos:

I – idade mínima de quatorze anos para admissão ao trabalho, observado o disposto no art. 7.º, XXXIII;

•• O art. 7.º, XXXIII, da CF, foi alterado pela Emenda Constitucional n. 20, de 15-12-1998, e agora fixa em dezesseis anos a idade mínima para admissão ao trabalho.

II – garantia de direitos previdenciários e trabalhistas;

III – garantia de acesso do trabalhador adolescente e jovem à escola;

•• Inciso III com redação determinada pela Emenda Constitucional n. 65, de 13-7-2010.

IV – garantia de pleno e formal conhecimento da atribuição de ato infracional, igualdade na relação processual e defesa técnica por profissional habilitado, segundo dispuser a legislação tutelar específica;

V – obediência aos princípios de brevidade, excepcionalidade e respeito à condição peculiar de pessoa em desenvolvimento, quando da aplicação de qualquer medida privativa da liberdade;

VI – estímulo do Poder Público, através de assistência jurídica, incentivos fiscais e subsídios, nos termos da lei, ao acolhimento, sob a forma de guarda, de criança ou adolescente órfão ou abandonado;

• ECA (Lei n. 8.069, de 13-7-1990): os arts. 33 a 35 tratam da guarda.

VII – programas de prevenção e atendimento especializado à criança, ao adolescente e ao jovem dependente de entorpecentes e drogas afins.

•• Inciso VII com redação determinada pela Emenda Constitucional n. 65, de 13-7-2010.

§ 4.º A lei punirá severamente o abuso, a violência e a exploração sexual da criança e do adolescente.

• Crimes praticados contra as crianças: arts. 225 e segs. da Lei n. 8.069, de 13-7-1990.

• Crimes sexuais contra vulnerável: arts. 217-A a 218-B do CP.

• O Decreto n. 7.958, de 13-3-2013, estabelece diretrizes para o atendimento às vítimas de violência sexual pelos profissionais de segurança pública e da rede de atendimento do Sistema Único de Saúde.

§ 5.º A adoção será assistida pelo Poder Público, na forma da lei, que estabelecerá casos e condições de sua efetivação por parte de estrangeiros.

•• Lei Nacional da Adoção: Lei n. 12.010, de 3-8-2009.

• Adoção: Lei n. 8.069, de 13-7-1990, arts. 39 a 52-D, e CC, arts. 1.618 e 1.619.

• Convenção relativa à proteção das crianças e à cooperação em matéria de adoção internacional, concluída em Haia, em 29-5-1993: Decreto n. 3.087, de 21-6-1999.

§ 6.º Os filhos, havidos ou não da relação do casamento, ou por adoção, terão os mesmos direitos e qualificações, proibidas quaisquer designações discriminatórias relativas à filiação.

- Lei n. 8.069, de 13-7-1990, art. 41: efeitos da adoção.
- Lei n. 8.560, de 29-12-1992: investigação de paternidade dos filhos havidos fora do casamento.
- Lei n. 10.317, de 6-12-2001: gratuidade do exame de DNA nos casos que especifica.
- A Lei n. 11.804, de 5-11-2008, disciplina o direito a alimentos gravídicos e a forma como ele será exercido.

§ 7.º No atendimento dos direitos da criança e do adolescente levar-se-á em consideração o disposto no art. 204.

§ 8.º A lei estabelecerá:

•• § 8.º, *caput*, acrescentado pela Emenda Constitucional n. 65, de 13-7-2010.

I – o estatuto da juventude, destinado a regular os direitos dos jovens;

•• Inciso I acrescentado pela Emenda Constitucional n. 65, de 13-7-2010.

•• A Lei n. 12.852, de 5-8-2013, institui o Estatuto da Juventude.

II – o plano nacional de juventude, de duração decenal, visando à articulação das várias esferas do poder público para a execução de políticas públicas.

•• Inciso II acrescentado pela Emenda Constitucional n. 65, de 13-7-2010.

- O Decreto n. 9.025, de 5-4-2017, institui o Comitê Interministerial da Política de Juventude.

Art. 228. São penalmente inimputáveis os menores de dezoito anos, sujeitos às normas da legislação especial.

- Disposição idêntica no art. 27 do CP e no art. 104 do ECA.
- Os arts. 101 e 112 da Lei n. 8.069, de 13-7-1990, dispõem sobre as medidas de proteção e medidas socioeducativas aplicáveis à criança e ao adolescente infratores, respectivamente.

Art. 229. Os pais têm o dever de assistir, criar e educar os filhos menores, e os filhos maiores têm o dever de ajudar e amparar os pais na velhice, carência ou enfermidade.

- Dever de sustento, guarda e educação dos filhos menores: art. 22 da Lei n. 8.069, de 13-7-1990.

Art. 230. A família, a sociedade e o Estado têm o dever de amparar as pessoas idosas, assegurando sua participação na comunidade, defendendo sua dignidade e bem-estar e garantindo-lhes o direito à vida.

- Política Nacional do Idoso: Lei n. 8.842, de 4-1-1994, regulamentada pelo Decreto n. 1.948, de 3-7-1996.
- Prioridade na tramitação de procedimentos judiciais em que figure como parte ou interveniente pessoa com idade igual ou superior a 60 (sessenta) anos: art. 1.048 do CPC, e art. 71 da Lei n. 10.741, de 1.º-10-2003 (Estatuto do Idoso).

§ 1.º Os programas de amparo aos idosos serão executados preferencialmente em seus lares.

§ 2.º Aos maiores de sessenta e cinco anos é garantida a gratuidade dos transportes coletivos urbanos.

Capítulo VIII
DOS ÍNDIOS

Art. 231. São reconhecidos aos índios sua organização social, costumes, línguas, crenças e tradições, e os direitos originários sobre as terras que tradicionalmente ocupam, competindo à União demarcá-las, proteger e fazer respeitar todos os seus bens.

- Estatuto do Índio: Lei n. 6.001, de 19-12-1973.

§ 1.º São terras tradicionalmente ocupadas pelos índios as por eles habitadas em caráter permanente, as utilizadas para suas atividades produtivas, as imprescindíveis à preservação dos recursos ambientais necessários a seu bem-estar e as necessárias a sua reprodução física e cultural, segundo seus usos, costumes e tradições.

§ 2.º As terras tradicionalmente ocupadas pelos índios destinam-se a sua posse permanente, cabendo-lhes o usufruto exclusivo das riquezas do solo, dos rios e dos lagos nelas existentes.

§ 3.º O aproveitamento dos recursos hídricos, incluídos os potenciais energéticos, a pesquisa e a lavra das riquezas minerais em terras indígenas só podem ser efetivados com autorização do Congresso Nacional, ouvidas as comunidades afetadas, ficando-lhes assegurada participação nos resultados da lavra, na forma da lei.

§ 4.º As terras de que trata este artigo são inalienáveis e indisponíveis, e os direitos sobre elas, imprescritíveis.

§ 5.º É vedada a remoção dos grupos indígenas de suas terras, salvo, *ad referendum* do Congresso Nacional, em caso de catástrofe ou epidemia que ponha em risco sua população, ou no interesse da soberania do País, após deliberação do Congresso Nacional, garantido, em qualquer hipótese, o retorno imediato logo que cesse o risco.

§ 6.º São nulos e extintos, não produzindo efeitos jurídicos, os atos que tenham por objeto a ocupação, o domínio e a posse das terras a que se refere este artigo, ou a exploração das riquezas naturais do solo, dos rios e dos lagos nelas existentes, ressalvado relevante interesse público da União, segundo o que dispuser lei complementar, não gerando a nulidade e a extinção direito a indenização ou ações contra a União, salvo, na forma da lei, quanto às benfeitorias derivadas da ocupação de boa-fé.

§ 7.º Não se aplica às terras indígenas o disposto no art. 174, §§ 3.º e 4.º.

Art. 232. Os índios, suas comunidades e organizações são partes legítimas para ingressar em juízo em defesa de seus direitos e interesses, intervindo o Ministério Público em todos os atos do processo.

TÍTULO IX
DAS DISPOSIÇÕES CONSTITUCIONAIS GERAIS

Art. 233. (*Revogado pela Emenda Constitucional n. 28, de 25-5-2000.*)

Art. 234. É vedado à União, direta ou indiretamente, assumir, em decorrência da criação de Estado, encargos referentes a despesas com pessoal inativo e com encargos e amortizações da dívida interna ou externa da administração pública, inclusive da indireta.

• *Vide* art. 13, § 6.º, do ADCT.

Art. 235. Nos dez primeiros anos da criação de Estado, serão observadas as seguintes normas básicas:

I – a Assembleia Legislativa será composta de dezessete Deputados se a população do Estado for inferior a seiscentos mil habitantes, e de vinte e quatro, se igual ou superior a esse número, até um milhão e quinhentos mil;

II – o Governo terá no máximo dez Secretarias;

III – o Tribunal de Contas terá três membros, nomeados, pelo Governador eleito, dentre brasileiros de comprovada idoneidade e notório saber;

IV – o Tribunal de Justiça terá sete Desembargadores;

V – os primeiros Desembargadores serão nomeados pelo Governador eleito, escolhidos da seguinte forma:

a) cinco dentre os magistrados com mais de trinta e cinco anos de idade, em exercício na área do novo Estado ou do Estado originário;

b) dois dentre promotores, nas mesmas condições, e advogados de comprovada idoneidade e saber jurídico, com dez anos, no mínimo, de exercício profissional, obedecido o procedimento fixado na Constituição;

VI – no caso de Estado proveniente de Território Federal, os cinco primeiros Desembargadores poderão ser escolhidos dentre juízes de direito de qualquer parte do País;

VII – em cada Comarca, o primeiro Juiz de Direito, o primeiro Promotor de Justiça e o primeiro Defensor Público serão nomeados pelo Governador eleito após concurso público de provas e títulos;

VIII – até a promulgação da Constituição Estadual, responderão pela Procuradoria-Geral, pela Advocacia-Geral e pela Defensoria-Geral do Estado advogados de notório saber, com trinta e cinco anos de idade, no mínimo, nomeados pelo Governador eleito e demissíveis *ad nutum*;

IX – se o novo Estado for resultado de transformação de Território Federal, a transferência de encargos financeiros da União para pagamento dos servidores optantes que pertenciam à Administração Federal ocorrerá da seguinte forma:

a) no sexto ano de instalação, o Estado assumirá vinte por cento dos encargos financeiros para fazer face ao pagamento dos servidores públicos, ficando ainda o restante sob a responsabilidade da União;

b) no sétimo ano, os encargos do Estado serão acrescidos de trinta por cento e, no oitavo, dos restantes cinquenta por cento;

X – as nomeações que se seguirem às primeiras, para os cargos mencionados neste artigo, serão disciplinadas na Constituição Estadual;

XI – as despesas orçamentárias com pessoal não poderão ultrapassar cinquenta por cento da receita do Estado.

Art. 236. Os serviços notariais e de registro são exercidos em caráter privado, por delegação do Poder Público.

•• Regulamento: Lei n. 8.935, de 18-11-1994.

• *Vide* art. 32 do ADCT.

§ 1.º Lei regulará as atividades, disciplinará a responsabilidade civil e criminal dos notários, dos oficiais de registro e de seus prepostos, e definirá a fiscalização de seus atos pelo Poder Judiciário.

§ 2.º Lei federal estabelecerá normas gerais para fixação de emolumentos relativos aos atos praticados pelos serviços notariais e de registro.

•• Regulamento: Lei n. 10.169, de 29-12-2000.

•• A Lei n. 11.802, de 4-11-2008, dispõe sobre a obrigatoriedade da afixação de quadros contendo os valores atualizados das custas e emolumentos.

§ 3.º O ingresso na atividade notarial e de registro depende de concurso público de provas e títulos, não se permitindo que qualquer serventia fique vaga, sem abertura de concurso de provimento ou de remoção, por mais de seis meses.

Art. 237. A fiscalização e o controle sobre o comércio exterior, essenciais à defesa dos interesses fazendários nacionais, serão exercidos pelo Ministério da Fazenda.

Art. 238. A lei ordenará a venda e revenda de combustíveis de petróleo, álcool carburante e outros combustíveis derivados de matérias-primas renováveis, respeitados os princípios desta Constituição.

Art. 239. A arrecadação decorrente das contribuições para o Programa de Integração Social, criado pela Lei Complementar n. 7, de 7 de setembro de 1970, e para o Programa de Formação do Patrimônio do Servidor Público, criado pela Lei Complementar n. 8, de 3 de dezembro de 1970, passa, a partir da promulgação desta Constituição, a financiar, nos termos que a lei dispuser, o programa do seguro-desemprego e o abono de que trata o § 3.º deste artigo.

•• A Lei n. 7.998, de 11-1-1990, regulamenta o Programa do Seguro-Desemprego, o Abono Salarial e institui o Fundo de Amparo ao Trabalhador – FAT.

• *Vide* art. 72, §§ 2.º e 3.º, do ADCT.

§ 1.º Dos recursos mencionados no *caput* deste artigo, pelo menos quarenta por cento serão destinados a financiar programas de desenvolvimento econômico, através do Banco Nacional de Desenvolvimento Econômico e Social, com critérios de remuneração que lhes preservem o valor.

§ 2.º Os patrimônios acumulados do Programa de Integração Social e do Programa de Formação do Patrimônio do Servidor Público são preservados, mantendo-se os critérios de saque nas situações previstas nas leis específicas, com exceção da retirada por motivo de casamento, ficando vedada a distribuição da arrecadação de que trata o *caput* deste artigo, para depósito nas contas individuais dos participantes.

§ 3.º Aos empregados que percebam de empregadores que contribuem para o Programa de Integração Social ou para o Programa de Formação do Patrimônio do Servidor Público até dois salários mínimos de remuneração mensal, é assegurado o pagamento de um salário mínimo anual, computado neste valor o rendimento das contas individuais, no caso daqueles que já participavam dos referidos programas, até a data da promulgação desta Constituição.

§ 4.° O financiamento do seguro-desemprego receberá uma contribuição adicional da empresa cujo índice de rotatividade da força de trabalho superar o índice médio da rotatividade do setor, na forma estabelecida por lei.

•• A Lei n. 7.998, de 11-1-1990, regula o Programa do Seguro-Desemprego, o Abono Salarial e institui o Fundo de Amparo ao Trabalhador – FAT.

Art. 240. Ficam ressalvadas do disposto no art. 195 as atuais contribuições compulsórias dos empregadores sobre a folha de salários, destinadas às entidades privadas de serviço social e de formação profissional vinculadas ao sistema sindical.

Art. 241. A União, os Estados, o Distrito Federal e os Municípios disciplinarão por meio de lei os consórcios públicos e os convênios de cooperação entre os entes federados, autorizando a gestão associada de serviços públicos, bem como a transferência total ou parcial de encargos, serviços, pessoal e bens essenciais à continuidade dos serviços transferidos.

•• Artigo com redação determinada pela Emenda Constitucional n. 19, de 4-6-1998.

•• Artigo regulamentado pela Lei n. 11.107, de 6-4-2005.

Art. 242. O princípio do art. 206, IV, não se aplica às instituições educacionais oficiais criadas por lei estadual ou municipal e existentes na data da promulgação desta Constituição, que não sejam total ou preponderantemente mantidas com recursos públicos.

§ 1.° O ensino da História do Brasil levará em conta as contribuições das diferentes culturas e etnias para a formação do povo brasileiro.

§ 2.° O Colégio Pedro II, localizado na cidade do Rio de Janeiro, será mantido na órbita federal.

Art. 243. As propriedades rurais e urbanas de qualquer região do País onde forem localizadas culturas ilegais de plantas psicotrópicas ou a exploração de trabalho escravo na forma da lei serão expropriadas e destinadas à reforma agrária e a programas de habitação popular, sem qualquer indenização ao proprietário e sem prejuízo de outras sanções previstas em lei, observado, no que couber, o disposto no art. 5.°.

•• *Caput* com redação determinada pela Emenda Constitucional n. 81, de 5-6-2014.

• O Decreto n. 577, de 24-6-1992, dispõe sobre a expropriação das glebas, onde forem encontradas culturas ilegais de plantas psicotrópicas.

Parágrafo único. Todo e qualquer bem de valor econômico apreendido em decorrência do tráfico ilícito de entorpecentes e drogas afins e da exploração de trabalho escravo será confiscado e reverterá a fundo especial com destinação específica, na forma da lei.

•• Parágrafo único com redação determinada pela Emenda Constitucional n. 81, de 5-6-2014.

Art. 244. A lei disporá sobre a adaptação dos logradouros, dos edifícios de uso público e dos veículos de transporte coletivo atualmente existentes a fim de garantir acesso adequado às pessoas portadoras de deficiência, conforme o disposto no art. 227, § 2.°.

Art. 245. A lei disporá sobre hipóteses e condições em que o Poder Público dará assistência aos herdeiros e dependentes carentes de pessoas vitimadas por crime doloso, sem prejuízo da responsabilidade civil do autor do ilícito.

Art. 246. É vedada a adoção de medida provisória na regulamentação de artigo da Constituição cuja redação tenha sido alterada por meio de emenda promulgada entre 1.° de janeiro de 1995 até a promulgação desta emenda, inclusive.

•• Artigo com redação determinada pela Emenda Constitucional n. 32, de 11-9-2001.

Art. 247. As leis previstas no inciso III do § 1.° do art. 41 e no § 7.° do art. 169 estabelecerão critérios e garantias especiais para a perda do cargo pelo servidor público estável que, em decorrência das atribuições de seu cargo efetivo, desenvolva atividades exclusivas de Estado.

•• *Caput* acrescentado pela Emenda Constitucional n. 19, de 4-6-1998.

Parágrafo único. Na hipótese de insuficiência de desempenho, a perda do cargo somente ocorrerá mediante processo administrativo em que lhe sejam assegurados o contraditório e a ampla defesa.

•• Parágrafo único acrescentado pela Emenda Constitucional n. 19, de 4-6-1998.

Art. 248. Os benefícios pagos, a qualquer título, pelo órgão responsável pelo regime geral de previdência social, ainda que à conta do Tesouro Nacional, e os não sujeitos ao limite máximo de valor fixado para os benefícios concedidos por esse regime observarão os limites fixados no art. 37, XI.

•• Artigo acrescentado pela Emenda Constitucional n. 20, de 15-12-1998.

Art. 249. Com o objetivo de assegurar recursos para o pagamento de proventos de aposentadoria e pensões concedidas aos respectivos servidores e seus dependentes, em adição aos recursos dos respectivos tesouros, a União, os Estados, o Distrito Federal e os Municípios poderão constituir fundos integrados pelos recursos provenientes de contribuições e por bens, direitos e ativos de qualquer natureza, mediante lei que disporá sobre a natureza e administração desses fundos.

•• Artigo acrescentado pela Emenda Constitucional n. 20, de 15-12-1998.

Art. 250. Com o objetivo de assegurar recursos para o pagamento dos benefícios concedidos pelo regime geral de previdência social, em adição aos recursos de sua arrecadação, a União poderá constituir fundo integrado por bens, direitos e ativos de qualquer natureza, mediante lei que disporá sobre a natureza e administração desse fundo.

•• Artigo acrescentado pela Emenda Constitucional n. 20, de 15-12-1998.

Ato das Disposições Constitucionais Transitórias

Art. 1.º O Presidente da República, o Presidente do Supremo Tribunal Federal e os membros do Congresso Nacional prestarão o compromisso de manter, defender e cumprir a Constituição, no ato e na data de sua promulgação.

Art. 2.º No dia 7 de setembro de 1993 o eleitorado definirá, através de plebiscito, a forma (república ou monarquia constitucional) e o sistema de governo (parlamentarismo ou presidencialismo) que devem vigorar no País.

• *Vide* Emenda Constitucional n. 2, de 25-8-1992.

§ 1.º Será assegurada gratuidade na livre divulgação dessas formas e sistemas, através dos meios de comunicação de massa cessionários de serviço público.

§ 2.º O Tribunal Superior Eleitoral, promulgada a Constituição, expedirá as normas regulamentadoras deste artigo.

Art. 3.º A revisão constitucional será realizada após cinco anos, contados da promulgação da Constituição, pelo voto da maioria absoluta dos membros do Congresso Nacional, em sessão unicameral.

Art. 4.º O mandato do atual Presidente da República terminará em 15 de março de 1990.

§ 1.º A primeira eleição para Presidente da República após a promulgação da Constituição será realizada no dia 15 de novembro de 1989, não se lhe aplicando o disposto no art. 16 da Constituição.

§ 2.º É assegurada a irredutibilidade da atual representação dos Estados e do Distrito Federal na Câmara dos Deputados.

§ 3.º Os mandatos dos Governadores e dos Vice-Governadores eleitos em 15 de novembro de 1986 terminarão em 15 de março de 1991.

§ 4.º Os mandatos dos atuais Prefeitos, Vice-Prefeitos e Vereadores terminarão no dia 1.º de janeiro de 1989, com a posse dos eleitos.

Art. 5.º Não se aplicam às eleições previstas para 15 de novembro de 1988 o disposto no art. 16 e as regras do art. 77 da Constituição.

§ 1.º Para as eleições de 15 de novembro de 1988 será exigido domicílio eleitoral na circunscrição pelo menos durante os quatro meses anteriores ao pleito, podendo os candidatos que preencham este requisito, atendidas as demais exigências da lei, ter seu registro efetivado pela Justiça Eleitoral após a promulgação da Constituição.

§ 2.º Na ausência de norma legal específica, caberá ao Tribunal Superior Eleitoral editar as normas necessárias à realização das eleições de 1988, respeitada a legislação vigente.

§ 3.º Os atuais parlamentares federais e estaduais eleitos Vice-Prefeitos, se convocados a exercer a função de Prefeito, não perderão o mandato parlamentar.

§ 4.º O número de vereadores por município será fixado, para a representação a ser eleita em 1988, pelo respectivo Tribunal Regional Eleitoral, respeitados os limites estipulados no art. 29, IV, da Constituição.

§ 5.º Para as eleições de 15 de novembro de 1988, ressalvados os que já exercem mandato eletivo, são inelegíveis para qualquer cargo, no território de jurisdição do titular, o cônjuge e os parentes por consanguinidade ou afinidade, até o segundo grau, ou por adoção, do Presidente da República, do Governador de Estado, do Governador do Distrito Federal e do Prefeito que tenham exercido mais da metade do mandato.

Art. 6.º Nos seis meses posteriores à promulgação da Constituição, parlamentares federais, reunidos em número não inferior a trinta, poderão requerer ao Tribunal Superior Eleitoral o registro de novo partido político, juntando ao requerimento o manifesto, o estatuto e o programa devidamente assinados pelos requerentes.

§ 1.º O registro provisório, que será concedido de plano pelo Tribunal Superior Eleitoral, nos termos deste artigo, defere ao novo partido todos os direitos, deveres e prerrogativas dos atuais, entre eles o de participar, sob legenda própria, das eleições que vierem a ser realizadas nos doze meses seguintes a sua formação.

§ 2.º O novo partido perderá automaticamente seu registro provisório se, no prazo de vinte e quatro meses, contados de sua formação, não obtiver registro definitivo no Tribunal Superior Eleitoral, na forma que a lei dispuser.

Art. 7.º O Brasil propugnará pela formação de um tribunal internacional dos direitos humanos.

• O Decreto n. 4.388, de 25-9-2002, promulga o Estatuto de Roma do Tribunal Penal Internacional.

Art. 8.º É concedida anistia aos que, no período de 18 de setembro de 1946 até a data da promulgação da Constituição, foram atingidos, em decorrência de motivação exclusivamente política, por atos de exceção, institucionais ou complementares, aos que foram abrangidos pelo Decreto Legislativo n. 18, de 15 de dezembro de 1961, e aos atingidos pelo Decreto-lei n. 864, de 12 de setembro de 1969, asseguradas as promoções, na inatividade, ao cargo, emprego, posto ou graduação a que teriam direito se estivessem em serviço ativo, obedecidos os prazos de permanência em atividade previstos nas leis e regulamentos vigentes, respeitadas as características e peculiaridades das carreiras dos servidores públicos civis e militares e observados os respectivos regimes jurídicos.

•• Regulamento: Lei n. 10.559, de 13-11-2002.

§ 1.º O disposto neste artigo somente gerará efeitos financeiros a partir da promulgação da Constituição, vedada a remuneração de qualquer espécie em caráter retroativo.

§ 2.º Ficam assegurados os benefícios estabelecidos neste artigo aos trabalhadores do setor privado, dirigentes e representantes sindicais que, por motivos exclusivamente políticos, tenham sido punidos, demitidos ou compelidos ao afastamento das atividades remuneradas que exerciam, bem como aos que foram impedidos de exercer atividades profissionais em virtude de pressões ostensivas ou expedientes oficiais sigilosos.

§ 3.º Aos cidadãos que foram impedidos de exercer, na vida civil, atividade profissional específica, em decorrência das Portarias Reservadas do Ministério da Aeronáutica n. S-50-GM5, de 19 de junho de 1964, e n. S-285-GM5 será concedida reparação de natureza econômica, na forma que dispuser lei de iniciativa do Congresso Nacional e a entrar em vigor no prazo de doze meses a contar da promulgação da Constituição.

§ 4.º Aos que, por força de atos institucionais, tenham exercido gratuitamente mandato eletivo de vereador serão computados, para efeito de aposentadoria no serviço público e previdência social, os respectivos períodos.

§ 5.º A anistia concedida nos termos deste artigo aplica-se aos servidores públicos civis e aos empregados em todos os níveis de governo ou em suas fundações, empresas públicas ou empresas mistas sob controle estatal, exceto nos Ministérios militares, que tenham sido punidos ou demitidos por atividades profissionais interrompidas em virtude de decisão de seus trabalhadores, bem como em decorrência do Decreto-lei n. 1.632, de 4 de agosto de 1978, ou por motivos exclusivamente políticos, assegurada a readmissão dos que foram atingidos a partir de 1979, observado o disposto no § 1.º.

• A Lei n. 7.783, de 28-6-1989, revoga o Decreto-lei n. 1.632, de 4-8-1978.

Art. 9.º Os que, por motivos exclusivamente políticos, foram cassados ou tiveram seus direitos políticos suspensos no período de 15 de julho a 31 de dezembro de 1969, por ato do então Presidente da República, poderão requerer ao Supremo Tribunal Federal o reconhecimento dos direitos e vantagens interrompidos pelos atos punitivos, desde que comprovem terem sido estes eivados de vício grave.

Parágrafo único. O Supremo Tribunal Federal proferirá a decisão no prazo de cento e vinte dias, a contar do pedido do interessado.

Art. 10. Até que seja promulgada a lei complementar a que se refere o art. 7.º, I, da Constituição:

I – fica limitada a proteção nele referida ao aumento, para quatro vezes, da porcentagem prevista no art. 6.º, *caput* e § 1.º, da Lei n. 5.107, de 13 de setembro de 1966;

•• Citada Lei foi revogada pela Lei n. 7.839, de 12-10-1989, e pela atual Lei de FGTS: Lei n. 8.036, de 11-5-1990.

II – fica vedada a dispensa arbitrária ou sem justa causa:

a) do empregado eleito para cargo de direção de comissões internas de prevenção de acidentes, desde o registro de sua candidatura até um ano após o final de seu mandato;

b) da empregada gestante, desde a confirmação da gravidez até cinco meses após o parto.

•• A Lei Complementar n. 146, de 25-6-2014, assegura o direito prescrito nesta alínea, nos casos em que ocorrer o falecimento da genitora, a quem detiver a guarda do seu filho.

§ 1.º Até que a lei venha a disciplinar o disposto no art. 7.º, XIX, da Constituição, o prazo da licença-paternidade a que se refere o inciso é de cinco dias.

•• A Lei n. 11.770, de 9-9-2008 (Programa Empresa Cidadã), alterada pela Lei n. 13.257, de 8-3-2016, prorroga por 15 (quinze) dias a duração da licença prevista neste § 1.º, mediante concessão de incentivo fiscal.

§ 2.º Até ulterior disposição legal, a cobrança das contribuições para o custeio das atividades dos sindicatos rurais será feita juntamente com a do imposto territorial rural, pelo mesmo órgão arrecadador.

§ 3.º Na primeira comprovação do cumprimento das obrigações trabalhistas pelo empregador rural, na forma do art. 233, após a promulgação da Constituição, será certificada perante a Justiça do Trabalho a regularidade do contrato e das atualizações das obrigações trabalhistas de todo o período.

•• O art. 233 da CF foi revogado pela Emenda Constitucional n. 28, de 25-5-2000.

Art. 11. Cada Assembleia Legislativa, com poderes constituintes, elaborará a Constituição do Estado, no prazo de um ano, contado da promulgação da Constituição Federal, obedecidos os princípios desta.

Parágrafo único. Promulgada a Constituição do Estado, caberá à Câmara Municipal, no prazo de seis meses, votar a Lei Orgânica respectiva, em dois turnos de discussão e votação, respeitado o disposto na Constituição Federal e na Constituição Estadual.

Art. 12. Será criada, dentro de noventa dias da promulgação da Constituição, Comissão de Estudos Territoriais, com dez membros indicados pelo Congresso Nacional e cinco pelo Poder Executivo, com a finalidade de apresentar estudos sobre o território nacional e anteprojetos relativos a novas unidades territoriais, notadamente na Amazônia Legal e em áreas pendentes de solução.

§ 1.º No prazo de um ano, a Comissão submeterá ao Congresso Nacional os resultados de seus estudos para, nos termos da Constituição, serem apreciados nos doze meses subsequentes, extinguindo-se logo após.

§ 2.º Os Estados e os Municípios deverão, no prazo de três anos, a contar da promulgação da Constituição, promover, mediante acordo ou arbitramento, a demarcação de suas linhas divisórias atualmente litigiosas, podendo para isso fazer alterações e compensações de área que atendam aos acidentes naturais, critérios históricos, conveniências administrativas e comodidade das populações limítrofes.

§ 3.º Havendo solicitação dos Estados e Municípios interessados, a União poderá encarregar-se dos trabalhos demarcatórios.

§ 4.º Se, decorrido o prazo de três anos, a contar da promulgação da Constituição, os trabalhos demarcatórios não tiverem sido concluídos, caberá à União determinar os limites das áreas litigiosas.

§ 5.º Ficam reconhecidos e homologados os atuais limites do Estado do Acre com os Estados do Amazonas e de Rondônia, conforme levantamentos cartográficos e geodésicos realizados pela Comissão Tripartite integrada por representantes dos Estados e dos serviços técnico-especializados do Instituto Brasileiro de Geografia e Estatística.

Art. 13. É criado o Estado do Tocantins, pelo desmembramento da área descrita neste artigo, dando-se sua instalação no quadragésimo sexto dia após a eleição prevista no § 3.º, mas não antes de 1.º de janeiro de 1989.

§ 1.º O Estado do Tocantins integra a Região Norte e limita-se com o Estado de Goiás pelas divisas norte dos Municípios de São Miguel do Araguaia, Porangatu, Formoso, Minaçu, Cavalcante, Monte Alegre de Goiás e Campos Belos, conservando a leste, norte e oeste as divisas atuais de Goiás com os Estados da Bahia, Piauí, Maranhão, Pará e Mato Grosso.

§ 2.º O Poder Executivo designará uma das cidades do Estado para sua Capital provisória até a aprovação da sede definitiva do governo pela Assembleia Constituinte.

§ 3.º O Governador, o Vice-Governador, os Senadores, os Deputados Federais e os Deputados Estaduais serão eleitos, em um único turno, até setenta e cinco dias após a promulgação da Constituição, mas não antes de 15 de novembro de 1988, a critério do Tribunal Superior Eleitoral, obedecidas, entre outras, as seguintes normas:

I – o prazo de filiação partidária dos candidatos será encerrado setenta e cinco dias antes da data das eleições;

II – as datas das convenções regionais partidárias destinadas a deliberar sobre coligações e escolha de candidatos, de apresentação de requerimento de registro dos candidatos escolhidos e dos demais procedimentos legais serão fixadas, em calendário especial, pela Justiça Eleitoral;

III – são inelegíveis os ocupantes de cargos estaduais ou municipais que não se tenham deles afastado, em caráter definitivo, setenta e cinco dias antes da data das eleições previstas neste parágrafo;

IV – ficam mantidos os atuais diretórios regionais dos partidos políticos do Estado de Goiás, cabendo às comissões executivas nacionais designar comissões provisórias no Estado do Tocantins, nos termos e para os fins previstos na lei.

§ 4.º Os mandatos do Governador, do Vice-Governador, dos Deputados Federais e Estaduais eleitos na forma do parágrafo anterior extinguir-se-ão concomitantemente aos das demais unidades da Federação; o mandato do Senador eleito menos votado extinguir-se-á nessa mesma oportunidade, e os dos outros dois, juntamente com os dos Senadores eleitos em 1986 nos demais Estados.

§ 5.º A Assembleia Estadual Constituinte será instalada no quadragésimo sexto dia da eleição de seus integrantes, mas não antes de 1.º de janeiro de 1989, sob a presidência do Presidente do Tribunal Regional Eleitoral do Estado de Goiás, e dará posse, na mesma data, ao Governador e ao Vice-Governador eleitos.

§ 6.º Aplicam-se à criação e instalação do Estado do Tocantins, no que couber, as normas legais disciplinadoras da divisão do Estado de Mato Grosso, observado o disposto no art. 234 da Constituição.

§ 7.º Fica o Estado de Goiás liberado dos débitos e encargos decorrentes de empreendimentos no território do novo Estado, e autorizada a União, a seu critério, a assumir os referidos débitos.

Art. 14. Os Territórios Federais de Roraima e do Amapá são transformados em Estados Federados, mantidos seus atuais limites geográficos.

§ 1.º A instalação dos Estados dar-se-á com a posse dos governadores eleitos em 1990.

§ 2.º Aplicam-se à transformação e instalação dos Estados de Roraima e Amapá as normas e critérios seguidos na criação do Estado de Rondônia, respeitado o disposto na Constituição e neste Ato.

§ 3.º O Presidente da República, até quarenta e cinco dias após a promulgação da Constituição, encaminhará à apreciação do Senado Federal os nomes dos governadores dos Estados de Roraima e do Amapá que exercerão o Poder Executivo até a instalação dos novos Estados com a posse dos governadores eleitos.

§ 4.º Enquanto não concretizada a transformação em Estados, nos termos deste artigo, os Territórios Federais de Roraima e do Amapá serão beneficiados pela transferência de recursos prevista nos arts. 159, I, *a*, da Constituição, e 34, § 2.º, II, deste Ato.

Art. 15. Fica extinto o Território Federal de Fernando de Noronha, sendo sua área reincorporada ao Estado de Pernambuco.

Art. 16. Até que se efetive o disposto no art. 32, § 2.º, da Constituição, caberá ao Presidente da República, com a aprovação do Senado Federal, indicar o Governador e o Vice-Governador do Distrito Federal.

§ 1.º A competência da Câmara Legislativa do Distrito Federal, até que se instale, será exercida pelo Senado Federal.

§ 2.º A fiscalização contábil, financeira, orçamentária, operacional e patrimonial do Distrito Federal, enquanto não for instalada a Câmara Legislativa, será exercida pelo Senado Federal, mediante controle externo, com o auxílio do Tribunal de Contas do Distrito Federal, observado o disposto no art. 72 da Constituição.

§ 3.º Incluem-se entre os bens do Distrito Federal aqueles que lhe vierem a ser atribuídos pela União na forma da lei.

Art. 17. Os vencimentos, a remuneração, as vantagens e os adicionais, bem como os proventos de aposentadoria que estejam sendo percebidos em desacordo com a Constituição serão imediatamente reduzidos aos limites dela decorrentes, não se admitindo, neste caso, invocação de direito adquirido ou percepção de excesso a qualquer título.

§ 1.º É assegurado o exercício cumulativo de dois cargos ou empregos privativos de médico que estejam sendo exercidos por médico militar na administração pública direta ou indireta.

§ 2.º É assegurado o exercício cumulativo de dois cargos ou empregos privativos de profissionais de saúde que estejam sendo exercidos na administração pública direta ou indireta.

• *Vide* art. 9.º da Emenda Constitucional n. 41, de 19-12-2003.

Art. 18. Ficam extintos os efeitos jurídicos de qualquer ato legislativo ou administrativo, lavrado a partir da instalação da Assembleia Nacional Constituinte, que tenha por objeto a concessão de estabilidade a servidor admitido sem concurso público, da administração direta ou indireta, inclusive das fundações instituídas e mantidas pelo Poder Público.

Art. 19. Os servidores públicos civis da União, dos Estados, do Distrito Federal e dos Municípios, da administração direta, autárquica e das fundações públicas, em exercício na data da promulgação da Constituição, há pelo menos cinco anos continuados, e que não tenham sido admitidos na forma regulada no art. 37, da Constituição, são considerados estáveis no serviço público.

§ 1.º O tempo de serviço dos servidores referidos neste artigo será contado como título quando se submeterem a concurso para fins de efetivação, na forma da lei.

§ 2.º O disposto neste artigo não se aplica aos ocupantes de cargos, funções e empregos de confiança ou em comissão, nem aos que a lei declare de livre exoneração, cujo tempo de serviço não será computado para os fins do *caput* deste artigo, exceto se se tratar de servidor.

§ 3.º O disposto neste artigo não se aplica aos professores de nível superior, nos termos da lei.

Art. 20. Dentro de cento e oitenta dias, proceder-se-á à revisão dos direitos dos servidores públicos inativos e pensionistas e à atualização dos proventos e pensões a eles devidos, a fim de ajustá-los ao disposto na Constituição.

Art. 21. Os juízes togados de investidura limitada no tempo, admitidos mediante concurso público de provas e títulos e que estejam em exercício na data da promulgação da Constituição, adquirem estabilidade, observado o estágio probatório, e passam a compor quadro em extinção, mantidas as competências, prerrogativas e restrições da legislação a que se achavam submetidos, salvo as inerentes à transitoriedade da investidura.

Parágrafo único. A aposentadoria dos juízes de que trata este artigo regular-se-á pelas normas fixadas para os demais juízes estaduais.

Art. 22. É assegurado aos defensores públicos investidos na função até a data de instalação da Assembleia Nacional Constituinte o direito de opção pela carreira, com a observância das garantias e vedações previstas no art. 134, parágrafo único, da Constituição.

•• *Vide* atualmente art. 134, § 1.º, da CF.

Art. 23. Até que se edite a regulamentação do art. 21, XVI, da Constituição, os atuais ocupantes do cargo de censor federal continuarão exercendo funções com este compatíveis, no Departamento de Polícia Federal, observadas as disposições constitucionais.

Parágrafo único. A lei referida disporá sobre o aproveitamento dos censores federais, nos termos deste artigo.

Art. 24. A União, os Estados, o Distrito Federal e os Municípios editarão leis que estabeleçam critérios para a compatibilização de seus quadros de pessoal ao disposto no art. 39 da Constituição e à reforma administrativa dela decorrente, no prazo de dezoito meses, contados da sua promulgação.

Art. 25. Ficam revogados, a partir de cento e oitenta dias da promulgação da Constituição, sujeito este prazo a prorrogação por lei, todos os dispositivos legais que atribuam ou deleguem a órgão do Poder Executivo competência assinalada pela Constituição ao Congresso Nacional, especialmente no que tange a:

I – ação normativa;

II – alocação ou transferência de recursos de qualquer espécie.

§ 1.º Os decretos-leis em tramitação no Congresso Nacional e por este não apreciados até a promulgação da Constituição terão seus efeitos regulados da seguinte forma:

I – se editados até 2 de setembro de 1988, serão apreciados pelo Congresso Nacional no prazo de até cento e oitenta dias a contar da promulgação da Constituição, não computado o recesso parlamentar;

II – decorrido o prazo definido no inciso anterior, e não havendo apreciação, os decretos-leis ali mencionados serão considerados rejeitados;

III – nas hipóteses definidas nos incisos I e II, terão plena validade os atos praticados na vigência dos respectivos decretos-leis, podendo o Congresso Nacional, se necessário, legislar sobre os efeitos deles remanescentes.

§ 2.º Os Decretos-Leis editados entre 3 de setembro de 1988 e a promulgação da Constituição serão convertidos, nesta data, em medidas provisórias, aplicando-se-lhes as regras estabelecidas no art. 62, parágrafo único.

•• O art. 62 da CF foi alterado pela Emenda Constitucional n. 32, de 11-9-2001, que modificou a tramitação das Medidas Provisórias.

Art. 26. No prazo de um ano a contar da promulgação da Constituição, o Congresso Nacional promoverá, através de Comissão mista, exame analítico e pericial dos atos e fatos geradores do endividamento externo brasileiro.

§ 1.º A Comissão terá a força legal de Comissão parlamentar de inquérito para os fins de requisição e convocação, e atuará com o auxílio do Tribunal de Contas da União.

§ 2.º Apurada irregularidade, o Congresso Nacional proporá ao Poder Executivo a declaração de nulidade do ato e encaminhará o processo ao Ministério Público Federal, que formalizará, no prazo de sessenta dias, a ação cabível.

Art. 27. O Superior Tribunal de Justiça será instalado sob a Presidência do Supremo Tribunal Federal.

§ 1.º Até que se instale o Superior Tribunal de Justiça, o Supremo Tribunal Federal exercerá as atribuições e competências definidas na ordem constitucional precedente.

§ 2.º A composição inicial do Superior Tribunal de Justiça far-se-á:

I – pelo aproveitamento dos Ministros do Tribunal Federal de Recursos;

II – pela nomeação dos Ministros que sejam necessários para completar o número estabelecido na Constituição.

§ 3.º Para os efeitos do disposto na Constituição, os atuais Ministros do Tribunal Federal de Recursos serão considerados pertencentes à classe de que provieram, quando de sua nomeação.

§ 4.º Instalado o Tribunal, os Ministros aposentados do Tribunal Federal de Recursos tornar-se-ão, automaticamente, Ministros aposentados do Superior Tribunal de Justiça.

§ 5.º Os Ministros a que se refere o § 2.º, II, serão indicados em lista tríplice pelo Tribunal Federal de Recursos, observado o disposto no art. 104, parágrafo único, da Constituição.

§ 6.º Ficam criados cinco Tribunais Regionais Federais, a serem instalados no prazo de seis meses a contar da promulgação da Constituição, com a jurisdição e sede que lhes fixar o Tribunal Federal de Recursos, tendo em conta o número de processos e sua localização geográfica.

§ 7.º Até que se instalem os Tribunais Regionais Federais, o Tribunal Federal de Recursos exercerá a competência a eles atribuída em todo o território nacional, cabendo-lhe promover sua instalação e indicar os candidatos a todos os cargos da composição inicial, mediante lista tríplice, podendo desta constar juízes federais de qualquer região, observado o disposto no § 9.º.

§ 8.º É vedado, a partir da promulgação da Constituição, o provimento de vagas de Ministros do Tribunal Federal de Recursos.

§ 9.º Quando não houver juiz federal que conte o tempo mínimo previsto no art. 107, II, da Constituição, a promoção poderá contemplar juiz com menos de cinco anos no exercício do cargo.

§ 10. Compete à Justiça Federal julgar as ações nela propostas até a data da promulgação da Constituição, e aos Tribunais Regionais Federais bem como ao Superior Tribunal de Justiça julgar as ações rescisórias das decisões até então proferidas pela Justiça Federal, inclusive daquelas cuja matéria tenha passado à competência de outro ramo do Judiciário.

§ 11. São criados, ainda, os seguintes Tribunais Regionais Federais: o da 6.ª Região, com sede em Curitiba, Estado do Paraná, e jurisdição nos Estados do Paraná, Santa Catarina e Mato Grosso do Sul; o da 7.ª Região, com sede em Belo Horizonte, Estado de Minas Gerais, e jurisdição no Estado de Minas Gerais; o da 8.ª Região, com sede em Salvador, Estado da Bahia, e jurisdição nos Estados da Bahia e Sergipe; e o da 9.ª Região, com sede em Manaus, Estado do Amazonas, e jurisdição nos Estados do Amazonas, Acre, Rondônia e Roraima.

•• § 11 acrescentado pela Emenda Constitucional n. 73, de 6-6-2013.

Art. 28. Os juízes federais de que trata o art. 123, § 2.º, da Constituição de 1967, com a redação dada pela Emenda Constitucional n. 7, de 1977, ficam investidos na titularidade de varas na Seção Judiciária para a qual tenham sido nomeados ou designados; na inexistência de vagas, proceder-se-á ao desdobramento das varas existentes.

Parágrafo único. Para efeito de promoção por antiguidade, o tempo de serviço desses juízes será computado a partir do dia de sua posse.

Art. 29. Enquanto não aprovadas as leis complementares relativas ao Ministério Público e à Advocacia-Geral da União, o Ministério Público Federal, a Procuradoria-Geral da Fazenda Nacional, as Consultorias Jurídicas dos Ministérios, as Procuradorias e Departamentos

Jurídicos de autarquias federais com representação própria e os membros das Procuradorias das Universidades fundacionais públicas continuarão a exercer suas atividades na área das respectivas atribuições.

- Lei Orgânica da AGU: Lei Complementar n. 73, de 10-2-1993.
- Organização, Atribuições e Estatuto do Ministério Público da União: Lei Complementar n. 75, de 20-5-1993.

§ 1.º O Presidente da República, no prazo de cento e vinte dias, encaminhará ao Congresso Nacional projeto de lei complementar dispondo sobre a organização e o funcionamento da Advocacia-Geral da União.

§ 2.º Aos atuais Procuradores da República, nos termos da lei complementar, será facultada a opção, de forma irretratável, entre as carreiras do Ministério Público Federal e da Advocacia-Geral da União.

§ 3.º Poderá optar pelo regime anterior, no que respeita às garantias e vantagens, o membro do Ministério Público admitido antes da promulgação da Constituição, observando-se, quanto às vedações, a situação jurídica na data desta.

§ 4.º Os atuais integrantes do quadro suplementar dos Ministérios Públicos do Trabalho e Militar que tenham adquirido estabilidade nessas funções passam a integrar o quadro da respectiva carreira.

§ 5.º Cabe à atual Procuradoria-Geral da Fazenda Nacional, diretamente ou por delegação, que pode ser ao Ministério Público Estadual, representar judicialmente a União nas causas de natureza fiscal, na área da respectiva competência, até a promulgação das leis complementares previstas neste artigo.

Art. 30. A legislação que criar a justiça de paz manterá os atuais juízes de paz até a posse dos novos titulares, assegurando-lhes os direitos e atribuições conferidos a estes, e designará o dia para a eleição prevista no art. 98, II, da Constituição.

Art. 31. Serão estatizadas as serventias do foro judicial, assim definidas em lei, respeitados os direitos dos atuais titulares.

Art. 32. O disposto no art. 236 não se aplica aos serviços notariais e de registro que já tenham sido oficializados pelo Poder Público, respeitando-se o direito de seus servidores.

Art. 33. Ressalvados os créditos de natureza alimentar, o valor dos precatórios judiciais pendentes de pagamento na data da promulgação da Constituição, incluído o remanescente de juros e correção monetária, poderá ser pago em moeda corrente, com atualização, em prestações anuais, iguais e sucessivas, no prazo máximo de oito anos, a partir de 1.º de julho de 1989, por decisão editada pelo Poder Executivo até cento e oitenta dias da promulgação da Constituição.

•• *Vide* art. 97, § 15, do ADCT.

Parágrafo único. Poderão as entidades devedoras, para o cumprimento do disposto neste artigo, emitir, em cada ano, no exato montante do dispêndio, títulos de dívida pública não computáveis para efeito do limite global de endividamento.

Art. 34. O sistema tributário nacional entrará em vigor a partir do primeiro dia do quinto mês seguinte ao da promulgação da Constituição, mantido, até então, o da Constituição de 1967, com a redação dada pela Emenda n. 1, de 1969, e pelas posteriores.

§ 1.º Entrarão em vigor com a promulgação da Constituição os arts. 148, 149, 150, 154, I, 156, III, e 159, I, c, revogadas as disposições em contrário da Constituição de 1967 e das Emendas que a modificaram, especialmente de seu art. 25, III.

§ 2.º O Fundo de Participação dos Estados e do Distrito Federal e o Fundo de Participação dos Municípios obedecerão às seguintes determinações:

I – a partir da promulgação da Constituição, os percentuais serão, respectivamente, de dezoito por cento e de vinte por cento, calculados sobre o produto da arrecadação dos impostos referidos no art. 153, III e IV, mantidos os atuais critérios de rateio até a entrada em vigor da lei complementar a que se refere o art. 161, II;

II – o percentual relativo ao Fundo de Participação dos Estados e do Distrito Federal será acrescido de um ponto percentual no exercício financeiro de 1989 e, a partir de 1990, inclusive, à razão de meio ponto por exercício, até 1992, inclusive, atingindo em 1993 o percentual estabelecido no art. 159, I, *a*;

III – o percentual relativo ao Fundo de Participação dos Municípios, a partir de 1989, inclusive, será elevado à razão de meio ponto percentual por exercício financeiro, até atingir o estabelecido no art. 159, I, *b*.

§ 3.º Promulgada a Constituição, a União, os Estados, o Distrito Federal e os Municípios poderão editar as leis necessárias à aplicação do sistema tributário nacional nela previsto.

§ 4.º As leis editadas nos termos do parágrafo anterior produzirão efeitos a partir da entrada em vigor do sistema tributário nacional previsto na Constituição.

§ 5.º Vigente o novo sistema tributário nacional, fica assegurada a aplicação da legislação anterior, no que não seja incompatível com ele e com a legislação referida nos §§ 3.º e 4.º.

§ 6.º Até 31 de dezembro de 1989, o disposto no art. 150, III, *b*, não se aplica aos impostos de que tratam os arts. 155, I, *a* e *b*, e 156, II e III, que podem ser cobrados trinta dias após a publicação da lei que os tenha instituído ou aumentado.

•• Com a alteração determinada pela Emenda Constitucional n. 3, de 17-3-1993, a referência ao art. 155, I, *a* e *b*, passou a ser ao art. 155, I e II, da CF.

§ 7.º Até que sejam fixadas em lei complementar, as alíquotas máximas do imposto municipal sobre vendas a varejo de combustíveis líquidos e gasosos não excederão a três por cento.

§ 8.º Se, no prazo de sessenta dias contados da promulgação da Constituição, não for editada a lei complementar necessária à instituição do imposto de que trata o art. 155, I, *b*, os Estados e o Distrito Federal, mediante convênio celebrado nos termos da Lei Complementar n. 24, de 7 de janeiro de 1975, fixarão normas para regular provisoriamente a matéria.

•• Com a alteração determinada pela Emenda Constitucional n. 3, de 17-3-1993, a referência ao art. 155, I, *b*, passou a ser ao art. 155, II, da CF.

• A Lei Complementar n. 24, de 7-1-1975, dispõe sobre os convênios para a concessão de isenções do imposto sobre operações relativas à circulação de mercadorias.

• A Lei Complementar n. 87, de 13-9-1996, dispõe sobre o Imposto dos Estados e do Distrito Federal, sobre operações relativas à circulação de mercadorias e sobre prestações de serviços de transporte interestadual e intermunicipal e de comunicação (Lei Kandir).

§ 9.º Até que lei complementar disponha sobre a matéria, as empresas distribuidoras de energia elétrica, na condição de contribuintes ou de substitutos tributários, serão as responsáveis, por ocasião da saída do produto de seus estabelecimentos, ainda que destinado a outra unidade da Federação, pelo pagamento do imposto sobre operações relativas à circulação de mercadorias incidente sobre energia elétrica, desde a produção ou importação até a última operação, calculado o imposto sobre o preço então praticado na operação final e assegurado seu recolhimento ao Estado ou ao Distrito Federal, conforme o local onde deva ocorrer essa operação.

§ 10. Enquanto não entrar em vigor a lei prevista no art. 159, I, *c*, cuja promulgação se fará até 31 de dezembro de 1989, é assegurada a aplicação dos recursos previstos naquele dispositivo da seguinte maneira:

I – seis décimos por cento na Região Norte, através do Banco da Amazônia S.A.;

II – um inteiro e oito décimos por cento na Região Nordeste, através do Banco do Nordeste do Brasil S.A.;

III – seis décimos por cento na Região Centro-Oeste, através do Banco do Brasil S.A.

§ 11. Fica criado, nos termos da lei, o Banco de Desenvolvimento do Centro-Oeste, para dar cumprimento, na referida região, ao que determinam os arts. 159, I, *c*, e 192, § 2.º, da Constituição.

•• O § 2.º do art. 192 foi revogado pela Emenda Constitucional n. 40, de 29-5-2003.

§ 12. A urgência prevista no art. 148, II, não prejudica a cobrança do empréstimo compulsório instituído, em benefício das Centrais Elétricas Brasileiras S.A. (Eletrobrás), pela Lei n. 4.156, de 28 de novembro de 1962, com as alterações posteriores.

Art. 35. O disposto no art. 165, § 7.°, será cumprido de forma progressiva, no prazo de até dez anos, distribuindo-se os recursos entre as regiões macroeconômicas em razão proporcional à população, a partir da situação verificada no biênio 1986-87.

§ 1.° Para aplicação dos critérios de que trata este artigo, excluem-se das despesas totais as relativas:

I – aos projetos considerados prioritários no plano plurianual;

II – à segurança e defesa nacional;

III – à manutenção dos órgãos federais no Distrito Federal;

IV – ao Congresso Nacional, ao Tribunal de Contas da União e ao Poder Judiciário;

V – ao serviço da dívida da administração direta e indireta da União, inclusive fundações instituídas e mantidas pelo Poder Público federal.

§ 2.° Até a entrada em vigor da lei complementar a que se refere o art. 165, § 9.°, I e II, serão obedecidas as seguintes normas:

I – o projeto do plano plurianual, para vigência até o final do primeiro exercício financeiro do mandato presidencial subsequente, será encaminhado até quatro meses antes do encerramento do primeiro exercício financeiro e devolvido para sanção até o encerramento da sessão legislativa;

II – o projeto de lei de diretrizes orçamentárias será encaminhado até oito meses e meio antes do encerramento do exercício financeiro e devolvido para sanção até o encerramento do primeiro período da sessão legislativa;

III – o projeto de lei orçamentária da União será encaminhado até quatro meses antes do encerramento do exercício financeiro e devolvido para sanção até o encerramento da sessão legislativa.

Art. 36. Os fundos existentes na data da promulgação da Constituição, excetuados os resultantes de isenções fiscais que passem a integrar patrimônio privado e os que interessem à defesa nacional, extinguir-se-ão, se não forem ratificados pelo Congresso Nacional no prazo de dois anos.

Art. 37. A adaptação ao que estabelece o art. 167, III, deverá processar-se no prazo de cinco anos, reduzindo-se o excesso à base de, pelo menos, um quinto por ano.

Art. 38. Até a promulgação da lei complementar referida no art. 169, a União, os Estados, o Distrito Federal e os Municípios não poderão despender com pessoal mais do que sessenta e cinco por cento do valor das respectivas receitas correntes.

Parágrafo único. A União, os Estados, o Distrito Federal e os Municípios, quando a respectiva despesa de pessoal exceder o limite previsto neste artigo, deverão retornar àquele limite, reduzindo o percentual excedente à razão de um quinto por ano.

Art. 39. Para efeito do cumprimento das disposições constitucionais que impliquem variações de despesas e receitas da União, após a promulgação da Constituição, o Poder Executivo deverá elaborar e o Poder Legislativo apreciar projeto de revisão da lei orçamentária referente ao exercício financeiro de 1989.

Parágrafo único. O Congresso Nacional deverá votar no prazo de doze meses a lei complementar prevista no art. 161, II.

Art. 40. É mantida a Zona Franca de Manaus, com suas características de área livre de comércio, de exportação e importação, e de incentivos fiscais, pelo prazo de vinte e cinco anos, a partir da promulgação da Constituição.

•• *Vide* arts. 92 e 92-A do ADCT, que prorrogam o prazo fixado neste artigo.

Parágrafo único. Somente por lei federal podem ser modificados os critérios que disciplinaram ou venham a disciplinar a aprovação dos projetos na Zona Franca de Manaus.

Art. 41. Os Poderes Executivos da União, dos Estados, do Distrito Federal e dos Municípios reavaliarão todos os incentivos fiscais de natureza setorial ora em vigor, propondo aos Poderes Legislativos respectivos as medidas cabíveis.

§ 1.° Considerar-se-ão revogados após dois anos, a partir da data da promulgação da Constituição, os incentivos que não forem confirmados por lei.

§ 2.° A revogação não prejudicará os direitos que já tiverem sido adquiridos, àquela data, em relação a incentivos concedidos sob condição e com prazo certo.

§ 3.° Os incentivos concedidos por convênio entre Estados, celebrados nos termos do art. 23, § 6.°, da Constituição de 1967, com a redação da Emenda n. 1, de 17 de outubro de 1969, também deverão ser reavaliados e reconfirmados nos prazos deste artigo.

Art. 42. Durante 40 (quarenta) anos, a União aplicará dos recursos destinados à irrigação:

•• *Caput* com redação determinada pela Emenda Constitucional n. 89, de 15-9-2015.

I – 20% (vinte por cento) na Região Centro-Oeste;

•• Inciso I com redação determinada pela Emenda Constitucional n. 89, de 15-9-2015.

II – 50% (cinquenta por cento) na Região Nordeste, preferencialmente no Semiárido.

•• Inciso II com redação determinada pela Emenda Constitucional n. 89, de 15-9-2015.

Parágrafo único. Dos percentuais previstos nos incisos I e II do *caput*, no mínimo 50% (cinquenta por cento) serão destinados a projetos de irrigação que beneficiem agricultores familiares que atendam aos requisitos previstos em legislação específica.

•• Parágrafo único acrescentado pela Emenda Constitucional n. 89, de 15-9-2015.

Art. 43. Na data da promulgação da lei que disciplinar a pesquisa e a lavra de recursos e jazidas minerais, ou no prazo de um ano, a contar da promulgação da Constituição, tornar-se-ão sem efeito as autorizações, concessões e demais títulos atributivos de direitos minerários, caso os trabalhos de pesquisa ou de lavra não hajam sido comprovadamente iniciados nos prazos legais ou estejam inativos.

•• Regulamento: Lei n. 7.886, de 20-11-1989.

Art. 44. As atuais empresas brasileiras titulares de autorização de pesquisa, concessão de lavra de recursos minerais e de aproveitamento dos potenciais de energia hidráulica em vigor terão quatro anos, a partir da promulgação da Constituição, para cumprir os requisitos do art. 176, § 1.°.

§ 1.° Ressalvadas as disposições de interesse nacional previstas no texto constitucional, as empresas brasileiras ficarão dispensadas do cumprimento do disposto no art. 176, § 1.°, desde que, no prazo de até quatro anos da data da promulgação da Constituição, tenham o produto de sua lavra e beneficiamento destinado a industrialização no território nacional, em seus próprios estabelecimentos ou em empresa industrial controladora ou controlada.

§ 2.° Ficarão também dispensadas do cumprimento do disposto no art. 176, § 1.°, as empresas brasileiras titulares de concessão de energia hidráulica para uso em seu processo de industrialização.

§ 3.° As empresas brasileiras referidas no § 1.° somente poderão ter autorizações de pesquisa e concessões de lavra ou potenciais de energia hidráulica, desde que a energia e o produto da lavra sejam utilizados nos respectivos processos industriais.

Art. 45. Ficam excluídas do monopólio estabelecido pelo art. 177, II, da Constituição as refinarias em funcionamento no País amparadas pelo art. 43 e nas condições do art. 45 da Lei n. 2.004, de 3 de outubro de 1953.

•• A Lei n. 2.004, de 3-10-1953, foi revogada pela Lei n. 9.478, de 6-8-1997.

Parágrafo único. Ficam ressalvados da vedação do art. 177, § 1.°, os contratos de risco feitos com a Petróleo Brasileiro S.A. (Petrobrás), para pesquisa de petróleo, que estejam em vigor na data da promulgação da Constituição.

Art. 46. São sujeitos à correção monetária desde o vencimento, até seu efetivo pagamento, sem interrupção ou suspensão, os créditos junto a entidades submetidas aos regimes de intervenção ou liquidação extrajudicial, mesmo quando esses regimes sejam convertidos em falência.

Parágrafo único. O disposto neste artigo aplica-se também:

I – às operações realizadas posteriormente à decretação dos regimes referidos no *caput* deste artigo;

II – às operações de empréstimo, financiamento, refinanciamento, assistência financeira de liquidez, cessão ou sub-rogação de créditos ou cédulas hipotecárias, efetivação de garantia de depósitos do público ou de compra de obrigações passivas, inclusive as realizadas com recursos de fundos que tenham essas destinações;

III – aos créditos anteriores à promulgação da Constituição;

IV – aos créditos das entidades da administração pública anteriores à promulgação da Constituição, não liquidados até 1.º de janeiro de 1988.

Art. 47. Na liquidação dos débitos, inclusive suas renegociações e composições posteriores, ainda que ajuizados, decorrentes de quaisquer empréstimos concedidos por bancos e por instituições financeiras, não existirá correção monetária desde que o empréstimo tenha sido concedido:

I – aos micro e pequenos empresários ou seus estabelecimentos no período de 28 de fevereiro de 1986 a 28 de fevereiro de 1987;

II – aos míni, pequenos e médios produtores rurais no período de 28 de fevereiro de 1986 a 31 de dezembro de 1987, desde que relativos a crédito rural.

§ 1.º Consideram-se, para efeito deste artigo, microempresas as pessoas jurídicas e as firmas individuais com receitas anuais de até dez mil Obrigações do Tesouro Nacional, e pequenas empresas as pessoas jurídicas e as firmas individuais com receita anual de até vinte e cinco mil Obrigações do Tesouro Nacional.

§ 2.º A classificação de míni, pequeno e médio produtor rural será feita obedecendo-se às normas de crédito rural vigentes à época do contrato.

§ 3.º A isenção da correção monetária a que se refere este artigo só será concedida nos seguintes casos:

I – se a liquidação do débito inicial, acrescido de juros legais e taxas judiciais, vier a ser efetivada no prazo de noventa dias, a contar da data da promulgação da Constituição;

II – se a aplicação dos recursos não contrariar a finalidade do financiamento, cabendo o ônus da prova à instituição credora;

III – se não for demonstrado pela instituição credora que o mutuário dispõe de meios para o pagamento de seu débito, excluídos desta demonstração seu estabelecimento, a casa de moradia e os instrumentos de trabalho e produção;

IV – se o financiamento inicial não ultrapassar o limite de cinco mil Obrigações do Tesouro Nacional;

V – se o beneficiário não for proprietário de mais de cinco módulos rurais.

§ 4.º Os benefícios de que trata este artigo não se estendem aos débitos já quitados e aos devedores que sejam constituintes.

§ 5.º No caso de operações com prazos de vencimento posteriores à data-limite de liquidação da dívida, havendo interesse do mutuário, os bancos e as instituições financeiras promoverão, por instrumento próprio, alteração nas condições contratuais originais de forma a ajustá-las ao presente benefício.

§ 6.º A concessão do presente benefício por bancos comerciais privados em nenhuma hipótese acarretará ônus para o Poder Público, ainda que através de refinanciamento e repasse de recursos pelo banco central.

§ 7.º No caso de repasse a agentes financeiros oficiais ou cooperativas de crédito, o ônus recairá sobre a fonte de recursos originária.

Art. 48. O Congresso Nacional, dentro de cento e vinte dias da promulgação da Constituição, elaborará código de defesa do consumidor.

•• A Lei n. 8.078, de 11-9-1990, dispõe sobre a proteção do consumidor (CDC).

Art. 49. A lei disporá sobre o instituto da enfiteuse em imóveis urbanos, sendo facultada aos foreiros, no caso de sua extinção, a remição dos aforamentos mediante aquisição do domínio direto, na conformidade do que dispuserem os respectivos contratos.

§ 1.º Quando não existir cláusula contratual, serão adotados os critérios e bases hoje vigentes na legislação especial dos imóveis da União.

§ 2.º Os direitos dos atuais ocupantes inscritos ficam assegurados pela aplicação de outra modalidade de contrato.

•• § 2.º regulamentado pela Lei n. 9.636, de 15-5-1998.

§ 3.º A enfiteuse continuará sendo aplicada aos terrenos de marinha e seus acrescidos, situados na faixa de segurança, a partir da orla marítima.

§ 4.º Remido o foro, o antigo titular do domínio direto deverá, no prazo de noventa dias, sob pena de responsabilidade, confiar à guarda do registro de imóveis competente toda a documentação a ele relativa.

Art. 50. Lei agrícola a ser promulgada no prazo de um ano disporá, nos termos da Constituição, sobre os objetivos e instrumentos de política agrícola, prioridades, planejamento de safras, comercialização, abastecimento interno, mercado externo e instituição de crédito fundiário.

Art. 51. Serão revistos pelo Congresso Nacional, através de Comissão mista, nos três anos a contar da data da promulgação da Constituição, todas as doações, vendas e concessões de terras públicas com área superior a três mil hectares, realizadas no período de 1.º de janeiro de 1962 a 31 de dezembro de 1987.

§ 1.º No tocante às vendas, a revisão será feita com base exclusivamente no critério de legalidade da operação.

§ 2.º No caso de concessões e doações, a revisão obedecerá aos critérios de legalidade e de conveniência do interesse público.

§ 3.º Nas hipóteses previstas nos parágrafos anteriores, comprovada a ilegalidade, ou havendo interesse público, as terras reverterão ao patrimônio da União, dos Estados, do Distrito Federal ou dos Municípios.

Art. 52. Até que sejam fixadas as condições do art. 192, são vedados:

•• *Caput* com redação determinada pela Emenda Constitucional n. 40, de 29-5-2003.

I – a instalação, no País, de novas agências de instituições financeiras domiciliadas no exterior;

II – o aumento do percentual de participação, no capital de instituições financeiras com sede no País, de pessoas físicas ou jurídicas residentes ou domiciliadas no exterior.

Parágrafo único. A vedação a que se refere este artigo não se aplica às autorizações resultantes de acordos internacionais, de reciprocidade, ou de interesse do Governo brasileiro.

Art. 53. Ao ex-combatente que tenha efetivamente participado de operações bélicas durante a Segunda Guerra Mundial, nos termos da Lei n. 5.315, de 12 de setembro de 1967, serão assegurados os seguintes direitos:

• A Lei n. 8.059, de 4-7-1990, dispõe sobre a pensão especial devida aos ex-combatentes da Segunda Guerra Mundial e a seus dependentes.

I – aproveitamento no serviço público, sem a exigência de concurso, com estabilidade;

II – pensão especial correspondente à deixada por segundo-tenente das Forças Armadas, que poderá ser requerida a qualquer tempo, sendo inacumulável com quaisquer rendimentos recebidos dos cofres públicos, exceto os benefícios previdenciários, ressalvado o direito de opção;

III – em caso de morte, pensão à viúva ou companheira ou dependente, de forma proporcional, de valor igual à do inciso anterior;

IV – assistência médica, hospitalar e educacional gratuita, extensiva aos dependentes;

V – aposentadoria com proventos integrais aos vinte e cinco anos de serviço efetivo, em qualquer regime jurídico;

VI – prioridade na aquisição da casa própria, para os que não a possuam ou para suas viúvas ou companheiras.

Parágrafo único. A concessão da pensão especial do inciso II substitui, para todos os efeitos legais, qualquer outra pensão já concedida ao ex-combatente.

Art. 54. Os seringueiros recrutados nos termos do Decreto-lei n. 5.813, de 14 de setembro de 1943, e amparados pelo Decreto-lei n. 9.882, de 16 de setembro de 1946, receberão, quando carentes, pensão mensal vitalícia no valor de dois salários mínimos.

§ 1.º O benefício é estendido aos seringueiros que, atendendo a apelo do Governo brasileiro, contribuíram para o esforço de guerra, trabalhando na produção de borracha, na Região Amazônica, durante a Segunda Guerra Mundial.

§ 2.º Os benefícios estabelecidos neste artigo são transferíveis aos dependentes reconhecidamente carentes.

§ 3.º A concessão do benefício far-se-á conforme lei a ser proposta pelo Poder Executivo dentro de cento e cinquenta dias da promulgação da Constituição.

• Concessão do benefício previsto neste artigo: Lei n. 7.986, de 28-12-1989.

Art. 54-A. Os seringueiros de que trata o art. 54 deste Ato das Disposições Constitucionais Transitórias receberão indenização, em parcela única, no valor de R$ 25.000,00 (vinte e cinco mil reais).

•• Artigo acrescentado pela Emenda Constitucional n. 78, de 14-5-2014.

Art. 55. Até que seja aprovada a lei de diretrizes orçamentárias, trinta por cento, no mínimo, do orçamento da seguridade social, excluído o seguro-desemprego, serão destinados ao setor de saúde.

Art. 56. Até que a lei disponha sobre o art. 195, I, a arrecadação decorrente de, no mínimo, cinco dos seis décimos percentuais correspondentes à alíquota da contribuição de que trata o Decreto-lei n. 1.940, de 25 de maio de 1982, alterada pelo Decreto-lei n. 2.049, de 1.º de agosto de 1983, pelo Decreto n. 91.236, de 8 de maio de 1985, e pela Lei n. 7.611, de 8 de julho de 1987, passa a integrar a receita da seguridade social, ressalvados, exclusivamente no exercício de 1988, os compromissos assumidos com programas e projetos em andamento.

Art. 57. Os débitos dos Estados e dos Municípios relativos às contribuições previdenciárias até 30 de junho de 1988 serão liquidados, com correção monetária em cento e vinte parcelas mensais, dispensados os juros e multas sobre eles incidentes, desde que os devedores requeiram o parcelamento e iniciem seu pagamento no prazo de cento e oitenta dias a contar da promulgação da Constituição.

§ 1.º O montante a ser pago em cada um dos dois primeiros anos não será inferior a cinco por cento do total do débito consolidado e atualizado, sendo o restante dividido em parcelas mensais de igual valor.

§ 2.º A liquidação poderá incluir pagamentos na forma de cessão de bens e prestação de serviços, nos termos da Lei n. 7.578, de 23 de dezembro de 1986.

§ 3.º Em garantia do cumprimento do parcelamento, os Estados e os Municípios consignarão, anualmente, nos respectivos orçamentos as dotações necessárias ao pagamento de seus débitos.

§ 4.º Descumprida qualquer das condições estabelecidas para concessão do parcelamento, o débito será considerado vencido em sua totalidade, sobre ele incidindo juros de mora; nesta hipótese, parcela dos recursos correspondentes aos Fundos de Participação, destinada aos Estados e Municípios devedores, será bloqueada e repassada à previdência social para pagamento de seus débitos.

Art. 58. Os benefícios de prestação continuada, mantidos pela previdência social na data da promulgação da Constituição, terão seus valores revistos, a fim de que seja restabelecido o poder aquisitivo, expresso em número de salários mínimos, que tinham na data de sua concessão, obedecendo-se a esse critério de atualização até a implantação do plano de custeio e benefícios referidos no artigo seguinte.

Parágrafo único. As prestações mensais dos benefícios atualizadas de acordo com este artigo serão devidas e pagas a partir do sétimo mês a contar da promulgação da Constituição.

Art. 59. Os projetos de lei relativos à organização da seguridade social e aos planos de custeio e de benefício serão apresentados no prazo máximo de seis meses da promulgação da Constituição ao Congresso Nacional, que terá seis meses para apreciá-los.

Parágrafo único. Aprovados pelo Congresso Nacional, os planos serão implantados progressivamente nos dezoito meses seguintes.

Art. 60. Até o 14.º (décimo quarto) ano a partir da promulgação desta Emenda Constitucional, os Estados, o Distrito Federal e os Municípios destinarão parte dos recursos a que se refere o *caput* do art. 212 da Constituição Federal à manutenção e desenvolvimento da educação básica e à remuneração condigna dos trabalhadores da educação, respeitadas as seguintes disposições:

•• *Caput* com redação determinada pela Emenda Constitucional n. 53, de 19-12-2006.

•• Artigo regulamentado pela Lei n. 11.494, de 20-6-2007.

•• *Vide* art. 3.º da Emenda Constitucional n. 53, de 19-12-2006.

I – a distribuição dos recursos e de responsabilidades entre o Distrito Federal, os Estados e seus Municípios é assegurada mediante a criação, no âmbito de cada Estado e do Distrito Federal, de um Fundo de Manutenção e Desenvolvimento da Educação Básica e de Valorização dos Profissionais da Educação – FUNDEB, de natureza contábil;

•• Inciso I acrescentado pela Emenda Constitucional n. 53, de 19-12-2006.

II – os Fundos referidos no inciso I do *caput* deste artigo serão constituídos por 20% (vinte por cento) dos recursos a que se referem os incisos I, II e III do art. 155; o inciso II do *caput* do art. 157; os incisos II, III e IV do *caput* do art. 158; e as alíneas *a* e *b* do inciso I e o inciso II do *caput* do art. 159, todos da Constituição Federal, e distribuídos entre cada Estado e seus Municípios, proporcionalmente ao número de alunos das diversas etapas e modalidades da educação básica presencial, matriculados nas respectivas redes, nos respectivos âmbitos de atuação prioritária estabelecidos nos §§ 2.º e 3.º do art. 211 da Constituição Federal;

•• Inciso II acrescentado pela Emenda Constitucional n. 53, de 19-12-2006.

III – observadas as garantias estabelecidas nos incisos I, II, III e IV do *caput* do art. 208 da Constituição Federal e as metas de universalização da educação básica estabelecidas no Plano Nacional de Educação, a lei disporá sobre:

•• Inciso III, *caput*, acrescentado pela Emenda Constitucional n. 53, de 19-12-2006.

a) a organização dos Fundos, a distribuição proporcional de seus recursos, as diferenças e as ponderações quanto ao valor anual por aluno entre etapas e modalidades da educação básica e tipos de estabelecimento de ensino;

•• Alínea *a* acrescentada pela Emenda Constitucional n. 53, de 19-12-2006.

b) a forma de cálculo do valor anual mínimo por aluno;

•• Alínea *b* acrescentada pela Emenda Constitucional n. 53, de 19-12-2006.

c) os percentuais máximos de apropriação dos recursos dos Fundos pelas diversas etapas e modalidades da educação básica, observados os arts. 208 e 214 da Constituição Federal, bem como as metas do Plano Nacional de Educação;

•• Alínea *c* acrescentada pela Emenda Constitucional n. 53, de 19-12-2006.

d) a fiscalização e o controle dos Fundos;

•• Alínea *d* acrescentada pela Emenda Constitucional n. 53, de 19-12-2006.

e) prazo para fixar, em lei específica, piso salarial profissional nacional para os profissionais do magistério público da educação básica;

•• Alínea *e* acrescentada pela Emenda Constitucional n. 53, de 19-12-2006.

•• Alínea *e* regulamentada pela Lei n. 11.738, de 16-7-2008, que fixa o valor deste piso salarial em R$ 950,00 (novecentos e cinquenta reais).

IV – os recursos recebidos à conta dos Fundos instituídos nos termos do inciso I do *caput* deste artigo serão aplicados pelos Estados e Municípios exclusivamente nos respectivos âmbitos de atuação prioritária, conforme estabelecido nos §§ 2.º e 3.º do art. 211 da Constituição Federal;

•• Inciso IV acrescentado pela Emenda Constitucional n. 53, de 19-12-2006.

V – a União complementará os recursos dos Fundos a que se refere o inciso II do *caput* deste artigo sempre que, no Distrito Federal e em cada Estado, o valor por aluno não alcançar o mínimo definido nacionalmente, fixado em observância ao disposto no inciso VII do *caput* deste artigo, vedada a utilização dos recursos a que se refere o § 5.º do art. 212 da Constituição Federal;

•• Inciso V acrescentado pela Emenda Constitucional n. 53, de 19-12-2006.

•• *Vide* art. 107, § 6.º, I, do ADCT.

VI – até 10% (dez por cento) da complementação da União prevista no inciso V do *caput* deste artigo poderá ser distribuída para os Fundos por meio de programas direcionados para a melhoria da qualidade da educação, na forma da lei a que se refere o inciso III do *caput* deste artigo;

•• Inciso VI acrescentado pela Emenda Constitucional n. 53, de 19-12-2006.

VII – a complementação da União de que trata o inciso V do *caput* deste artigo será de, no mínimo:

•• Inciso VII, *caput*, acrescentado pela Emenda Constitucional n. 53, de 19-12-2006.

•• *Vide* art. 107, § 6.º, I, do ADCT.

a) R$ 2.000.000.000,00 (dois bilhões de reais), no primeiro ano de vigência dos Fundos;

•• Alínea *a* acrescentada pela Emenda Constitucional n. 53, de 19-12-2006.

b) R$ 3.000.000.000,00 (três bilhões de reais), no segundo ano de vigência dos Fundos;

•• Alínea *b* acrescentada pela Emenda Constitucional n. 53, de 19-12-2006.

c) R$ 4.500.000.000,00 (quatro bilhões e quinhentos milhões de reais), no terceiro ano de vigência dos Fundos;

•• Alínea *c* acrescentada pela Emenda Constitucional n. 53, de 19-12-2006.

d) 10% (dez por cento) do total dos recursos a que se refere o inciso II do *caput* deste artigo, a partir do quarto ano de vigência dos Fundos;

•• Alínea *d* acrescentada pela Emenda Constitucional n. 53, de 19-12-2006.

VIII – a vinculação de recursos à manutenção e desenvolvimento do ensino estabelecida no art. 212 da Constituição Federal suportará, no máximo, 30% (trinta por cento) da complementação da União, considerando-se para os fins deste inciso os valores previstos no inciso VII do *caput* deste artigo;

•• Inciso VIII acrescentado pela Emenda Constitucional n. 53, de 19-12-2006.

IX – os valores a que se referem as alíneas *a*, *b*, e *c* do inciso VII do *caput* deste artigo serão atualizados, anualmente, a partir da promulgação desta Emenda Constitucional, de forma a preservar, em caráter permanente, o valor real da complementação da União;

•• Inciso IX acrescentado pela Emenda Constitucional n. 53, de 19-12-2006.

X – aplica-se à complementação da União o disposto no art. 160 da Constituição Federal;

•• Inciso X acrescentado pela Emenda Constitucional n. 53, de 19-12-2006.

XI – o não cumprimento do disposto nos incisos V e VII do *caput* deste artigo importará crime de responsabilidade da autoridade competente;

•• Inciso XI acrescentado pela Emenda Constitucional n. 53, de 19-12-2006.

XII – proporção não inferior a 60% (sessenta por cento) de cada Fundo referido no inciso I do *caput* deste artigo será destinada ao pagamento dos profissionais do magistério da educação básica em efetivo exercício.

•• Inciso XII acrescentado pela Emenda Constitucional n. 53, de 19-12-2006.

§ 1.º A União, os Estados, o Distrito Federal e os Municípios deverão assegurar, no financiamento da educação básica, a melhoria da qualidade de ensino, de forma a garantir padrão mínimo definido nacionalmente.

•• § 1.º com redação determinada pela Emenda Constitucional n. 53, de 19-12-2006.

§ 2.º O valor por aluno do ensino fundamental, no Fundo de cada Estado e do Distrito Federal, não poderá ser inferior ao praticado no âmbito do Fundo de Manutenção e Desenvolvimento do Ensino Fundamental e de Valorização do Magistério – FUNDEF, no ano anterior à vigência desta Emenda Constitucional.

•• § 2.º com redação determinada pela Emenda Constitucional n. 53, de 19-12-2006.

§ 3.º O valor anual mínimo por aluno do ensino fundamental, no âmbito do Fundo de Manutenção e Desenvolvimento da Educação Básica e de Valorização dos Profissionais da Educação – FUNDEB, não poderá ser inferior ao valor mínimo fixado nacionalmente no ano anterior ao da vigência desta Emenda Constitucional.

•• § 3.º com redação determinada pela Emenda Constitucional n. 53, de 19-12-2006.

§ 4.º Para efeito de distribuição de recursos dos Fundos a que se refere o inciso I do *caput* deste artigo, levar-se-á em conta a totalidade das matrículas no ensino fundamental e considerar-se-á para a educação infantil, para o ensino médio e para a educação de jovens e adultos 1/3 (um terço) das matrículas no primeiro ano, 2/3 (dois terços) no segundo ano e sua totalidade a partir do terceiro ano.

•• § 4.º com redação determinada pela Emenda Constitucional n. 53, de 19-12-2006.

§ 5.º A porcentagem dos recursos de constituição dos Fundos, conforme o inciso II do *caput* deste artigo, será alcançada gradativamente nos primeiros 3 (três) anos de vigência dos Fundos, da seguinte forma:

•• § 5.º, *caput*, com redação determinada pela Emenda Constitucional n. 53, de 19-12-2006.

I – no caso dos impostos e transferências constantes do inciso II do *caput* do art. 155; do inciso IV do *caput* do art. 158; e das alíneas *a* e *b* do inciso I e do inciso II do *caput* do art. 159 da Constituição Federal:

•• Inciso I, *caput*, acrescentado pela Emenda Constitucional n. 53, de 19-12-2006.

a) 16,66% (dezesseis inteiros e sessenta e seis centésimos por cento), no primeiro ano;

•• Alínea *a* acrescentada pela Emenda Constitucional n. 53, de 19-12-2006.

b) 18,33% (dezoito inteiros e trinta e três centésimos por cento), no segundo ano;

•• Alínea *b* acrescentada pela Emenda Constitucional n. 53, de 19-12-2006.

c) 20% (vinte por cento), a partir do terceiro ano;

•• Alínea *c* acrescentada pela Emenda Constitucional n. 53, de 19-12-2006.

II – no caso dos impostos e transferências constantes dos incisos I e III do *caput* do art. 155; do inciso II do *caput* do art. 157; e dos incisos II e III do *caput* do art. 158 da Constituição Federal:

•• Inciso II, *caput*, acrescentado pela Emenda Constitucional n. 53, de 19-12-2006.

a) 6,66% (seis inteiros e sessenta e seis centésimos por cento), no primeiro ano;

•• Alínea *a* acrescentada pela Emenda Constitucional n. 53, de 19-12-2006.

b) 13,33% (treze inteiros e trinta e três centésimos por cento), no segundo ano;

•• Alínea *b* acrescentada pela Emenda Constitucional n. 53, de 19-12-2006.

c) 20% (vinte por cento), a partir do terceiro ano.

•• Alínea *c* acrescentada pela Emenda Constitucional n. 53, de 19-12-2006.

§§ 6.º e 7.º (*Revogados pela Emenda Constitucional n. 53, de 19-12-2006.*)

Art. 61. As entidades educacionais a que se refere o art. 213, bem como as fundações de ensino e pesquisa cuja criação tenha sido autorizada por lei, que preencham os requisitos dos incisos I e II do referido artigo e que, nos últimos três anos, tenham recebido recursos públicos, poderão continuar a recebê-los, salvo disposição legal em contrário.

Art. 62. A lei criará o Serviço Nacional de Aprendizagem Rural (SENAR) nos moldes da legislação relativa ao Serviço Nacional de Aprendizagem Industrial (SENAI) e ao Serviço Nacional de Aprendizagem do Comércio (SENAC), sem prejuízo das atribuições dos órgãos públicos que atuam na área.

Art. 63. É criada uma Comissão composta de nove membros, sendo três do Poder Legislativo, três do Poder Judiciário e três do Poder Executivo, para promover as comemorações do centenário da Proclamação da República e da promulgação da primeira Constituição republicana do País, podendo, a seu critério, desdobrar-se em tantas subcomissões quantas forem necessárias.

Parágrafo único. No desenvolvimento de suas atribuições, a Comissão promoverá estudos, debates e avaliações sobre a evolução política, social, econômica e cultural do País, podendo articular-se com os governos estaduais e municipais e com instituições públicas e privadas que desejem participar dos eventos.

Art. 64. A Imprensa Nacional e demais gráficas da União, dos Estados, do Distrito Federal e dos Municípios, da administração direta ou indireta, inclusive fundações instituídas e mantidas pelo Poder Público, promoverão edição popular do texto integral da Constituição, que será posta à disposição das escolas e dos cartórios, dos sindicatos, dos quartéis, das igrejas e de outras instituições representativas da comunidade, gratuitamente, de modo que cada cidadão brasileiro possa receber do Estado um exemplar da Constituição do Brasil.

Art. 65. O Poder Legislativo regulamentará, no prazo de doze meses, o art. 220, § 4.º.

Art. 66. São mantidas as concessões de serviços públicos de telecomunicações atualmente em vigor, nos termos da lei.

Art. 67. A União concluirá a demarcação das terras indígenas no prazo de cinco anos a partir da promulgação da Constituição.

Art. 68. Aos remanescentes das comunidades dos quilombos que estejam ocupando suas terras é reconhecida a propriedade definitiva, devendo o Estado emitir-lhes os títulos respectivos.

•• O Decreto n. 4.887, de 20-11-2003, regulamenta o procedimento para identificação, reconhecimento, delimitação, demarcação e titulação das terras ocupadas por remanescentes das comunidades dos quilombos de que trata este artigo.

•• O STF, em 18-4-2012, julgou procedente a ADI n. 3.239 (*DOU* de 15-4-2015), para declarar a inconstitucionalidade do Decreto n. 4.887, de 20-11-2003, que tratava da regulamentação do procedimento para identificação, reconhecimento, delimitação, demarcação e titulação das terras ocupadas por remanescentes das comunidades dos quilombos.

• A Instrução Normativa n. 73, de 17-5-2012, do INCRA, estabelece critérios e procedimentos para a indenização de benfeitorias de boa-fé erigidos em terra pública visando a desintrusão em território quilombola.

Art. 69. Será permitido aos Estados manter consultorias jurídicas separadas de suas Procuradorias-Gerais ou Advocacias-Gerais, desde que, na data da promulgação da Constituição, tenham órgãos distintos para as respectivas funções.

Art. 70. Fica mantida a atual competência dos tribunais estaduais até que a mesma seja definida na Constituição do Estado, nos termos do art. 125, § 1.º, da Constituição.

Art. 71. É instituído, nos exercícios financeiros de 1994 e 1995, bem assim nos períodos de 1.º de janeiro de 1996 a 30 de junho de 1997 e 1.º de julho de 1997 a 31 de dezembro de 1999, o Fundo Social de Emergência, com o objetivo de saneamento financeiro da Fazenda Pública Federal e de estabilização econômica, cujos recursos serão aplicados prioritariamente no custeio das ações dos sistemas de saúde e educação, incluindo a complementação de recursos de que trata o § 3.º do art. 60 do Ato das Disposições Constitucionais Transitórias, benefícios previdenciários e auxílios assistenciais de prestação continuada, inclusive liquidação de passivo previdenciário, e despesas orçamentárias associadas a programas de relevante interesse econômico e social.

•• *Caput* com redação determinada pela Emenda Constitucional n. 17, de 22-11-1997.

§ 1.º Ao Fundo criado por este artigo não se aplica o disposto na parte final do inciso II do § 9.º do art. 165 da Constituição.

•• § 1.º acrescentado pela Emenda Constitucional n. 10, de 4-3-1996.

§ 2.º O Fundo criado por este artigo passa a ser denominado Fundo de Estabilização Fiscal a partir do início do exercício financeiro de 1996.

•• § 2.º acrescentado pela Emenda Constitucional n. 10, de 4-3-1996.

§ 3.º O Poder Executivo publicará demonstrativo da execução orçamentária, de periodicidade bimestral, no qual se discriminarão as fontes e usos do Fundo criado por este artigo.

•• § 3.º acrescentado pela Emenda Constitucional n. 10, de 4-3-1996.

Art. 72. Integram o Fundo Social de Emergência:

•• *Caput* acrescentado pela Emenda Constitucional de Revisão n. 1, de 1.º-3-1994.

I – o produto da arrecadação do imposto sobre renda e proventos de qualquer natureza incidente na fonte sobre pagamentos efetuados, a qualquer título, pela União, inclusive suas autarquias e fundações;

•• Inciso I acrescentado pela Emenda Constitucional de Revisão n. 1, de 1.º-3-1994.

II – a parcela do produto da arrecadação do imposto sobre renda e proventos de qualquer natureza e do imposto sobre operações de crédito, câmbio e seguro, ou relativas a títulos e valores mobiliários, decorrente das alterações produzidas pela Lei n. 8.894, de 21 de junho de 1994, e pelas Leis n. 8.849 e 8.848, ambas de 28 de janeiro de 1994, e modificações posteriores;

•• Inciso II com redação determinada pela Emenda Constitucional n. 10, de 4-3-1996.

III – a parcela do produto da arrecadação resultante da elevação da alíquota da contribuição social sobre o lucro dos contribuintes a que se refere o § 1.º do art. 22 da Lei n. 8.212, de 24 de julho de 1991, a qual, nos exercícios financeiros de 1994 e 1995, bem assim no período de 1.º de janeiro de 1996 a 30 de junho de 1997, passa a ser de trinta por cento, sujeita a alteração por lei ordinária, mantidas as demais normas da Lei n. 7.689, de 15 de dezembro de 1988;

•• Inciso III com redação determinada pela Emenda Constitucional n. 10, de 4-3-1996.

IV – vinte por cento do produto da arrecadação de todos os impostos e contribuições da União, já instituídos ou a serem criados, excetuado o previsto nos incisos I, II e III, observado o disposto nos §§ 3.º e 4.º;

•• Inciso IV com redação determinada pela Emenda Constitucional n. 10, de 4-3-1996.

V – a parcela do produto da arrecadação da contribuição de que trata a Lei Complementar n. 7, de 7 de setembro de 1970, devida pelas pessoas jurídicas a que se refere o inciso III deste artigo, a qual será calculada, nos exercícios financeiros de 1994 e 1995, bem assim nos períodos de 1.º de janeiro de 1996 a 30 de junho de 1997 e de 1.º de julho de 1997 a 31 de dezembro de 1999, mediante aplicação da alíquota de setenta e cinco centésimos por cento, sujeita a alteração por lei ordinária posterior, sobre a receita bruta operacional, como definida na legislação do imposto sobre renda e proventos de qualquer natureza; e

•• Inciso V com redação determinada pela Emenda Constitucional n. 17, de 22-11-1997.

VI – outras receitas previstas em lei específica.

•• Inciso VI acrescentado pela Emenda Constitucional de Revisão n. 1, de 1.º-3-1994.

§ 1.º As alíquotas e a base de cálculo previstas nos incisos III e V aplicar-se-ão a partir do primeiro dia do mês seguinte aos noventa dias posteriores à promulgação desta Emenda.

•• § 1.º acrescentado pela Emenda Constitucional de Revisão n. 1, de 1.º-3-1994.

§ 2.º As parcelas de que tratam os incisos I, II, III e V serão previamente deduzidas da base de cálculo de qualquer vinculação ou participação constitucional ou legal, não se lhes aplicando o disposto nos arts. 159, 212 e 239 da Constituição.

•• § 2.º com redação determinada pela Emenda Constitucional n. 10, de 4-3-1996.

§ 3.º A parcela de que trata o inciso IV será previamente deduzida da base de cálculo das vinculações ou participações constitucionais previstas nos arts. 153, § 5.º, 157, II, 212 e 239 da Constituição.

•• § 3.º com redação determinada pela Emenda Constitucional n. 10, de 4-3-1996.

§ 4.º O disposto no parágrafo anterior não se aplica aos recursos previstos nos arts. 158, II, e 159 da Constituição.

•• § 4.º com redação determinada pela Emenda Constitucional n. 10, de 4-3-1996.

§ 5.º A parcela dos recursos provenientes do imposto sobre renda e proventos de qualquer natureza, destinada ao Fundo Social de Emergência, nos termos do inciso II deste artigo, não poderá exceder a cinco inteiros e seis décimos por cento do total do produto da sua arrecadação.

•• § 5.º com redação determinada pela Emenda Constitucional n. 10, de 4-3-1996.

Art. 73. Na regulação do Fundo Social de Emergência não poderá ser utilizado o instrumento previsto no inciso V do art. 59 da Constituição.

•• Artigo acrescentado pela Emenda Constitucional de Revisão n. 1, de 1.º-3-1994.

• *Vide* art. 71 do ADCT.

Art. 74. A União poderá instituir contribuição provisória sobre movimentação ou transmissão de valores e de créditos e direitos de natureza financeira.

•• *Caput* acrescentado pela Emenda Constitucional n. 12, de 15-8-1996.

• *Vide* Emendas Constitucionais n. 21, de 18-3-1999, e n. 37, de 12-6-2002.

§ 1.º A alíquota da contribuição de que trata este artigo não excederá a vinte e cinco centésimos por cento, facultado ao Poder Executivo reduzi-la ou restabelecê-la, total ou parcialmente, nas condições e limites fixados em lei.

•• § 1.º acrescentado pela Emenda Constitucional n. 12, de 15-8-1996.

•• Alíquota alterada pela Emenda Constitucional n. 21, de 18-3-1999.

§ 2.º À contribuição de que trata este artigo não se aplica o disposto nos arts. 153, § 5.º, e 154, I, da Constituição.

•• § 2.º acrescentado pela Emenda Constitucional n. 12, de 15-8-1996.

§ 3.º O produto da arrecadação da contribuição de que trata este artigo será destinado integralmente ao Fundo Nacional de Saúde, para financiamento das ações e serviços de saúde.

•• § 3.º acrescentado pela Emenda Constitucional n. 12, de 15-8-1996.

§ 4.º A contribuição de que trata este artigo terá sua exigibilidade subordinada ao disposto no art. 195, § 6.º, da Constituição, e não poderá ser cobrada por prazo superior a dois anos.

•• § 4.º acrescentado pela Emenda Constitucional n. 12, de 15-8-1996.

•• *Vide* arts. 75 e 84 do ADCT, que prorrogaram o prazo previsto neste parágrafo.

Art. 75. É prorrogada, por trinta e seis meses, a cobrança da contribuição provisória sobre movimentação ou transmissão de valores e de créditos e direitos de natureza financeira de que trata o art. 74, instituída pela Lei n. 9.311, de 24 de outubro de 1996, modificada pela Lei n. 9.539, de 12 de dezembro de 1997, cuja vigência é também prorrogada por idêntico prazo.

•• *Caput* acrescentado pela Emenda Constitucional n. 21, de 18-3-1999.

•• *Vide* art. 84 do ADCT, que prorrogou o prazo previsto neste artigo até 31-12-2004.

• Fundo de Combate e Erradicação da Pobreza: *vide* art. 80, I, do ADCT.

§ 1.º Observado o disposto no § 6.º do art. 195 da Constituição Federal, a alíquota da contribuição será de trinta e oito centésimos por cento, nos primeiros doze meses, e de trinta centésimos, nos meses subsequentes, facultado ao Poder Executivo reduzi-la total ou parcialmente, nos limites aqui definidos.

•• § 1.º acrescentado pela Emenda Constitucional n. 21, de 18-3-1999.

§ 2.º O resultado do aumento da arrecadação, decorrente da alteração da alíquota, nos exercícios financeiros de 1999, 2000 e 2001, será destinado ao custeio da previdência social.

•• § 2.º acrescentado pela Emenda Constitucional n. 21, de 18-3-1999.

§ 3.º É a União autorizada a emitir títulos da dívida pública interna, cujos recursos serão destinados ao custeio da saúde e da previdência social, em montante equivalente ao produto da arrecadação da contribuição, prevista e não realizada em 1999.

•• § 3.º acrescentado pela Emenda Constitucional n. 21, de 18-3-1999.

•• O STF, na ADI n. 2.031-5, de 3-10-2002 (*DOU* de 11-10-2002), declara a inconstitucionalidade deste parágrafo.

Art. 76. São desvinculados de órgão, fundo ou despesa, até 31 de dezembro de 2023, 30% (trinta por cento) da arrecadação da União relativa às contribuições sociais, sem prejuízo do pagamento das despesas do Regime Geral da Previdência Social, às contribuições de intervenção no domínio econômico e às taxas, já instituídas ou que vierem a ser criadas até a referida data.

•• *Caput* com redação determinada pela Emenda Constitucional n. 93, de 8-9-2016, produzindo efeitos a partir de 1.º-1-2016.

§ 1.º (*Revogado pela Emenda Constitucional n. 93, de 8-9-2016, produzindo efeitos a partir de 1.º-1-2016.*)

§ 2.º Excetua-se da desvinculação de que trata o *caput* a arrecadação da contribuição social do salário-educação a que se refere o § 5.º do art. 212 da Constituição Federal.

•• § 2.º com redação determinada pela Emenda Constitucional n. 68, de 21-12-2011.

§ 3.º (*Revogado pela Emenda Constitucional n. 93, de 8-9 -2016, produzindo efeitos a partir de 1.º-1-2016.*)

Art. 76-A. São desvinculados de órgão, fundo ou despesa, até 31 de dezembro de 2023, 30% (trinta por cento) das receitas dos Estados e do Distrito Federal relativas a impostos, taxas e multas, já instituídos ou que vierem a ser criados até a referida data, seus adicionais e respectivos acréscimos legais, e outras receitas correntes.

•• *Caput* acrescentado pela Emenda Constitucional n. 93, de 8-9-2016, produzindo efeitos a partir de 1.º-1-2016.

Parágrafo único. Excetuam-se da desvinculação de que trata o *caput*:

•• Parágrafo único, *caput*, acrescentado pela Emenda Constitucional n. 93, de 8-9-2016, produzindo efeitos a partir de 1.º-1-2016.

I – recursos destinados ao financiamento das ações e serviços públicos de saúde e à manutenção e desenvolvimento do ensino de que tratam, respectivamente, os incisos II e III do § 2.º do art. 198 e o art. 212 da Constituição Federal;

•• Inciso I acrescentado pela Emenda Constitucional n. 93, de 8-9-2016, produzindo efeitos a partir de 1.º-1-2016.

II – receitas que pertencem aos Municípios decorrentes de transferências previstas na Constituição Federal;

•• Inciso II acrescentado pela Emenda Constitucional n. 93, de 8-9-2016, produzindo efeitos a partir de 1.º-1-2016.

III – receitas de contribuições previdenciárias e de assistência à saúde dos servidores;

•• Inciso III acrescentado pela Emenda Constitucional n. 93, de 8-9-2016, produzindo efeitos a partir de 1.º-1-2016.

IV – demais transferências obrigatórias e voluntárias entre entes da Federação com destinação especificada em lei;

•• Inciso IV acrescentado pela Emenda Constitucional n. 93, de 8-9-2016, produzindo efeitos a partir de 1.º-1-2016.

V – fundos instituídos pelo Poder Judiciário, pelos Tribunais de Contas, pelo Ministério Público, pelas Defensorias Públicas e pelas Procuradorias-Gerais dos Estados e do Distrito Federal.

•• Inciso V acrescentado pela Emenda Constitucional n. 93, de 8-9-2016, produzindo efeitos a partir de 1.º-1-2016.

Art. 76-B. São desvinculados de órgão, fundo ou despesa, até 31 de dezembro de 2023, 30% (trinta por cento) das receitas dos Municípios relativas a impostos, taxas e multas, já instituídos ou que vierem a ser criados até a referida data, seus adicionais e respectivos acréscimos legais, e outras receitas correntes.

•• *Caput* acrescentado pela Emenda Constitucional n. 93, de 8-9-2016, produzindo efeitos a partir de 1.º-1-2016.

Parágrafo único. Excetuam-se da desvinculação de que trata o *caput*:

•• Parágrafo único, *caput*, acrescentado pela Emenda Constitucional n. 93, de 8-9-2016, produzindo efeitos a partir de 1.º-1-2016.

I – recursos destinados ao financiamento das ações e serviços públicos de saúde e à manutenção e desenvolvimento do ensino de que tratam, respectivamente, os incisos II e III do § 2.º do art. 198 e o art. 212 da Constituição Federal;

•• Inciso I acrescentado pela Emenda Constitucional n. 93, de 8-9-2016, produzindo efeitos a partir de 1.º-1-2016.

II – receitas de contribuições previdenciárias e de assistência à saúde dos servidores;

•• Inciso II acrescentado pela Emenda Constitucional n. 93, de 8-9-2016, produzindo efeitos a partir de 1.º-1-2016.

III – transferências obrigatórias e voluntárias entre entes da Federação com destinação especificada em lei;

•• Inciso III acrescentado pela Emenda Constitucional n. 93, de 8-9-2016, produzindo efeitos a partir de 1.º-1-2016.

IV – fundos instituídos pelo Tribunal de Contas do Município.

•• Inciso IV acrescentado pela Emenda Constitucional n. 93, de 8-9-2016, produzindo efeitos a partir de 1.º-1-2016.

Art. 77. Até o exercício financeiro de 2004, os recursos mínimos aplicados nas ações e serviços públicos de saúde serão equivalentes:

•• *Caput* acrescentado pela Emenda Constitucional n. 29, de 13-9-2000.

I – no caso da União:

•• Inciso I, *caput*, acrescentado pela Emenda Constitucional n. 29, de 13-9-2000.

a) no ano 2000, o montante empenhado em ações e serviços públicos de saúde no exercício financeiro de 1999 acrescido de, no mínimo, cinco por cento;

•• Alínea *a* acrescentada pela Emenda Constitucional n. 29, de 13-9-2000.

b) do ano 2001 ao ano 2004, o valor apurado no ano anterior, corrigido pela variação nominal do Produto Interno Bruto – PIB;

•• Alínea *b* acrescentada pela Emenda Constitucional n. 29, de 13-9-2000.

II – no caso dos Estados e do Distrito Federal, doze por cento do produto da arrecadação dos impostos a que se refere o art. 155 e dos recursos de que tratam os arts. 157 e 159, I, *a*, e inciso II, deduzidas as parcelas que forem transferidas aos respectivos Municípios; e

•• Inciso II acrescentado pela Emenda Constitucional n. 29, de 13-9-2000.

III – no caso dos Municípios e do Distrito Federal, quinze por cento do produto da arrecadação dos impostos a que se refere o art. 156 e dos recursos de que tratam os arts. 158 e 159, I, *b* e § 3.º.

•• Inciso III acrescentado pela Emenda Constitucional n. 29, de 13-9-2000.

§ 1.º Os Estados, o Distrito Federal e os Municípios que apliquem percentuais inferiores aos fixados nos incisos II e III deverão elevá-los gradualmente, até o exercício financeiro de 2004, reduzida a diferença à razão de, pelo menos, um quinto por ano, sendo que, a partir de 2000, a aplicação será de pelo menos sete por cento.

•• § 1.º acrescentado pela Emenda Constitucional n. 29, de 13-9-2000.

§ 2.º Dos recursos da União apurados nos termos deste artigo, quinze por cento, no mínimo, serão aplicados nos Municípios, segundo o critério populacional, em ações e serviços básicos de saúde, na forma da lei.

•• § 2.º acrescentado pela Emenda Constitucional n. 29, de 13-9-2000.

§ 3.º Os recursos dos Estados, do Distrito Federal e dos Municípios destinados às ações e serviços públicos de saúde e os transferidos pela União para a mesma finalidade serão aplicados por meio de Fundo de Saúde que será acompanhado e fiscalizado por Conselho de Saúde, sem prejuízo do disposto no art. 74 da Constituição Federal.

•• § 3.º acrescentado pela Emenda Constitucional n. 29, de 13-9-2000.

§ 4.º Na ausência da lei complementar a que se refere o art. 198, § 3.º, a partir do exercício financeiro de 2005, aplicar-se-á à União, aos Estados, ao Distrito Federal e aos Municípios o disposto neste artigo.

•• § 4.º acrescentado pela Emenda Constitucional n. 29, de 13-9-2000.

Art. 78. Ressalvados os créditos definidos em lei como de pequeno valor, os de natureza alimentícia, os de que trata o art. 33 deste Ato das Disposições Constitucionais Transitórias e suas complementações e os que já tiverem os seus respectivos recursos liberados ou depositados em juízo, os precatórios pendentes na data de promulgação desta Emenda e os que decorram de ações iniciais ajuizadas até 31 de dezembro de 1999 serão liquidados pelo seu valor real, em moeda corrente, acrescido de juros legais, em prestações anuais, iguais e sucessivas, no prazo máximo de dez anos, permitida a cessão dos créditos.

•• *Caput* acrescentado pela Emenda Constitucional n. 30, de 13-9-2000.

•• O STF, nas ADIs n. 2.356 e 2.362 (*DOU* de 7-12-2010), deferiu medida cautelar, em 25-11-2010, para suspender a eficácia do art. 2.º da Emenda Constitucional n. 30, de 13-9-2000, que introduziu este art. 78.

•• *Vide* art. 97, § 15, do ADCT.

§ 1.º É permitida a decomposição de parcelas, a critério do credor.

•• § 1.º acrescentado pela Emenda Constitucional n. 30, de 13-9-2000.

§ 2.º As prestações anuais a que se refere o *caput* deste artigo terão, se não liquidadas até o final do exercício a que se referem, poder liberatório do pagamento de tributos da entidade devedora.

•• § 2.º acrescentado pela Emenda Constitucional n. 30, de 13-9-2000.

•• *Vide* art. 6.º da Emenda Constitucional n. 62, de 9-12-2009.

§ 3.º O prazo referido no *caput* deste artigo fica reduzido para dois anos, nos casos de precatórios judiciais originários de desapropriação de imóvel residencial do credor, desde que comprovadamente único à época da imissão na posse.

•• § 3.º acrescentado pela Emenda Constitucional n. 30, de 13-9-2000.

§ 4.º O Presidente do Tribunal competente deverá, vencido o prazo ou em caso de omissão no orçamento, ou preterição ao direito de precedência, a requerimento do credor, requisitar ou determinar o sequestro de recursos financeiros da entidade executada, suficientes à satisfação da prestação.

•• § 4.º acrescentado pela Emenda Constitucional n. 30, de 13-9-2000.

Art. 79. É instituído, para vigorar até o ano de 2010, no âmbito do Poder Executivo Federal, o Fundo de Combate e Erradicação da Pobreza, a ser regulado por lei complementar com o objetivo de viabilizar a todos os brasileiros acesso a níveis dignos de subsistência, cujos recursos serão aplicados em ações suplementares de nutrição, habitação, educação, saúde, reforço de renda familiar e outros programas de relevante interesse social voltados para melhoria da qualidade de vida.

•• *Caput* acrescentado pela Emenda Constitucional n. 31, de 14-12-2000.

•• *Vide* Emenda Constitucional n. 67, de 22-12-2010, que prorroga por tempo indeterminado o prazo de vigência do Fundo de Combate e Erradicação da Pobreza.

•• Artigo regulamentado pela Lei Complementar n. 111, de 6-7-2001.

• *Vide* art. 4.º da Emenda Constitucional n. 42, de 19-12-2003.

Parágrafo único. O Fundo previsto neste artigo terá Conselho Consultivo e de Acompanhamento que conte com a participação de representantes da sociedade civil, nos termos da lei.

•• Parágrafo único acrescentado pela Emenda Constitucional n. 31, de 14-12-2000.

Art. 80. Compõem o Fundo de Combate e Erradicação da Pobreza:

•• *Caput* acrescentado pela Emenda Constitucional n. 31, de 14-12-2000.

•• Regulamento: Lei Complementar n. 111, de 6-7-2001.

I – a parcela do produto da arrecadação correspondente a um adicional de 0,08% (oito centésimos por cento), aplicável de 18 de junho de 2000 a 17 de junho de 2002, na alíquota da contribuição social de que trata o art. 75 do Ato das Disposições Constitucionais Transitórias;

•• Inciso I acrescentado pela Emenda Constitucional n. 31, de 14-12-2000.

•• *Vide* art. 84 do ADCT, que prorrogou o prazo previsto neste artigo até 31-12-2004.

II – a parcela do produto da arrecadação correspondente a um adicional de 5 (cinco) pontos percentuais na alíquota do Imposto sobre Produtos Industrializados – IPI, ou do imposto que vier a substituí-lo, incidente sobre produtos supérfluos e aplicável até a extinção do Fundo;

•• Inciso II acrescentado pela Emenda Constitucional n. 31, de 14-12-2000.

• *Vide* art. 83 do ADCT.

III – o produto da arrecadação do imposto de que trata o art. 153, VII, da Constituição;

•• Inciso III acrescentado pela Emenda Constitucional n. 31, de 14-12-2000.

IV – dotações orçamentárias;

•• Inciso IV acrescentado pela Emenda Constitucional n. 31, de 14-12-2000.

V – doações, de qualquer natureza, de pessoas físicas ou jurídicas do País ou do exterior;

•• Inciso V acrescentado pela Emenda Constitucional n. 31, de 14-12-2000.

VI – outras receitas, a serem definidas na regulamentação do referido Fundo.

•• Inciso VI acrescentado pela Emenda Constitucional n. 31, de 14-12-2000.

§ 1.º Aos recursos integrantes do Fundo de que trata este artigo não se aplica o disposto nos arts. 159 e 167, IV, da Constituição, assim como qualquer desvinculação de recursos orçamentários.

•• § 1.º acrescentado pela Emenda Constitucional n. 31, de 14-12-2000.

§ 2.º A arrecadação decorrente do disposto no inciso I deste artigo, no período compreendido entre 18 de junho de 2000 e o início da vigência da lei complementar a que se refere o art. 79, será integralmente repassada ao Fundo, preservado o seu valor real, em títulos públicos federais, progressivamente resgatáveis após 18 de junho de 2002, na forma da lei.

•• § 2.º acrescentado pela Emenda Constitucional n. 31, de 14-12-2000.

Art. 81. É instituído Fundo constituído pelos recursos recebidos pela União em decorrência da desestatização de sociedades de economia mista ou empresas públicas por ela controladas, direta ou indiretamente, quando a operação envolver a alienação do respectivo controle acionário a pessoa ou entidade não integrante da Administração Pública, ou de participação societária remanescente após a alienação, cujos rendimentos, gerados a partir de 18 de junho de 2002, reverterão ao Fundo de Combate e Erradicação da Pobreza.

•• *Caput* acrescentado pela Emenda Constitucional n. 31, de 14-12-2000.

•• Artigo regulamentado pela Lei Complementar n. 111, de 6-7-2001.

§ 1.º Caso o montante anual previsto nos rendimentos transferidos ao Fundo de Combate e Erradicação da Pobreza, na forma deste artigo, não alcance o valor de quatro bilhões de reais, far-se-á complementação na forma do art. 80, IV, do Ato das Disposições Constitucionais Transitórias.

•• § 1.º acrescentado pela Emenda Constitucional n. 31, de 14-12-2000.

§ 2.º Sem prejuízo do disposto no § 1.º, o Poder Executivo poderá destinar ao Fundo a que se refere este artigo outras receitas decorrentes da alienação de bens da União.

•• § 2.º acrescentado pela Emenda Constitucional n. 31, de 14-12-2000.

§ 3.º A constituição do Fundo a que se refere o *caput*, a transferência de recursos ao Fundo de Combate e Erradicação da Pobreza e as demais disposições referentes ao § 1.º deste artigo serão disciplinadas em lei, não se aplicando o disposto no art. 165, § 9.º, II, da Constituição.

•• § 3.º acrescentado pela Emenda Constitucional n. 31, de 14-12-2000.

Art. 82. Os Estados, o Distrito Federal e os Municípios devem instituir Fundos de Combate à Pobreza, com os recursos de que trata este artigo e outros que vierem a destinar, devendo os referidos Fundos ser geridos por entidades que contem com a participação da sociedade civil.

•• *Caput* acrescentado pela Emenda Constitucional n. 31, de 14-12-2000.

§ 1.º Para o financiamento dos Fundos Estaduais e Distrital, poderá ser criado adicional de até dois pontos percentuais na alíquota do Imposto sobre Circulação de Mercadorias e Serviços – ICMS, sobre os produtos e serviços supérfluos e nas condições definidas na lei complementar de que trata o art. 155, § 2.º, XII, da Constituição, não se aplicando, sobre este percentual, o disposto no art. 158, IV, da Constituição.

•• § 1.º com redação determinada pela Emenda Constitucional n. 42, de 19-12-2003.

§ 2.º Para o financiamento dos Fundos Municipais, poderá ser criado adicional de até 0,5 (meio) ponto percentual na alíquota do Imposto sobre serviços ou do imposto que vier a substituí-lo, sobre serviços supérfluos.

•• § 2.º acrescentado pela Emenda Constitucional n. 31, de 14-12-2000.

Art. 83. Lei federal definirá os produtos e serviços supérfluos a que se referem os arts. 80, II, e 82, § 2.º.

•• Artigo com redação determinada pela Emenda Constitucional n. 42, de 19-12-2003.

Art. 84. A contribuição provisória sobre movimentação ou transmissão de valores e de créditos e direitos de natureza financeira, prevista nos arts. 74, 75 e 80, I, deste Ato das Disposições Constitucionais Transitórias, será cobrada até 31 de dezembro de 2004.

•• *Caput* acrescentado pela Emenda Constitucional n. 37, de 12-6-2002.

•• *Vide* art. 90 do ADCT, que prorroga o prazo previsto neste artigo até 31-12-2007.

§ 1.º Fica prorrogada, até a data referida no *caput* deste artigo, a vigência da Lei n. 9.311, de 24 de outubro de 1996, e suas alterações.

•• § 1.º acrescentado pela Emenda Constitucional n. 37, de 12-6-2002.

§ 2.º Do produto da arrecadação da contribuição social de que trata este artigo será destinada a parcela correspondente à alíquota de:

•• § 2.º, *caput*, acrescentado pela Emenda Constitucional n. 37, de 12-6-2002.

I – vinte centésimos por cento ao Fundo Nacional de Saúde, para financiamento das ações e serviços de saúde;

•• Inciso I acrescentado pela Emenda Constitucional n. 37, de 12-6-2002.

II – dez centésimos por cento ao custeio da previdência social;

•• Inciso II acrescentado pela Emenda Constitucional n. 37, de 12-6-2002.

III – oito centésimos por cento ao Fundo de Combate e Erradicação da Pobreza, de que tratam os arts. 80 e 81 deste Ato das Disposições Constitucionais Transitórias.

•• Inciso III acrescentado pela Emenda Constitucional n. 37, de 12-6-2002.

§ 3.º A alíquota da contribuição de que trata este artigo será de:

•• § 3.º, *caput*, acrescentado pela Emenda Constitucional n. 37, de 12-6-2002.

I – trinta e oito centésimos por cento, nos exercícios financeiros de 2002 e 2003;

•• Inciso I acrescentado pela Emenda Constitucional n. 37, de 12-6-2002.

•• *Vide* art. 90, § 2.º, do ADCT, que mantém a alíquota de 0,38% até o exercício financeiro de 2007.

II – (*Revogado pela Emenda Constitucional n. 42, de 19-12-2003.*)

Art. 85. A contribuição a que se refere o art. 84 deste Ato das Disposições Constitucionais Transitórias não incidirá, a partir do 30.º (trigésimo) dia da data de publicação desta Emenda Constitucional, nos lançamentos:

•• *Caput* acrescentado pela Emenda Constitucional n. 37, de 12-6-2002.

I – em contas correntes de depósito especialmente abertas e exclusivamente utilizadas para operações de:

•• Inciso I, *caput*, acrescentado pela Emenda Constitucional n. 37, de 12-6-2002.

a) câmaras e prestadoras de serviços de compensação e de liquidação de que trata o parágrafo único do art. 2.º da Lei n. 10.214, de 27 de março de 2001;

•• Alínea *a* acrescentada pela Emenda Constitucional n. 37, de 12-6-2002.

b) companhias securitizadoras de que trata a Lei n. 9.514, de 20 de novembro de 1997;

•• Alínea *b* acrescentada pela Emenda Constitucional n. 37, de 12-6-2002.

c) sociedades anônimas que tenham por objeto exclusivo a aquisição de créditos oriundos de operações praticadas no mercado financeiro;

•• Alínea *c* acrescentada pela Emenda Constitucional n. 37, de 12-6-2002.

II – em contas correntes de depósito, relativos a:

•• Inciso II, *caput*, acrescentado pela Emenda Constitucional n. 37, de 12-6-2002.

a) operações de compra e venda de ações, realizadas em recintos ou sistemas de negociação de bolsas de valores e no mercado de balcão organizado;

•• Alínea *a* acrescentada pela Emenda Constitucional n. 37, de 12-6-2002.

b) contratos referenciados em ações ou índices de ações, em suas diversas modalidades, negociados em bolsas de valores, de mercadorias e de futuros;

•• Alínea *b* acrescentada pela Emenda Constitucional n. 37, de 12-6-2002.

III – em contas de investidores estrangeiros, relativos a entradas no País e a remessas para o exterior de recursos financeiros empregados, exclusivamente, em operações e contratos referidos no inciso II deste artigo.

•• Inciso III acrescentado pela Emenda Constitucional n. 37, de 12-6-2002.

§ 1.º O Poder Executivo disciplinará o disposto neste artigo no prazo de 30 (trinta) dias da data de publicação desta Emenda Constitucional.

•• § 1.º acrescentado pela Emenda Constitucional n. 37, de 12-6-2002.

§ 2.º O disposto no inciso I deste artigo aplica-se somente às operações relacionadas em ato do Poder Executivo, dentre aquelas que constituam o objeto social das referidas entidades.

•• § 2.º acrescentado pela Emenda Constitucional n. 37, de 12-6-2002.

§ 3.º O disposto no inciso II deste artigo aplica-se somente a operações e contratos efetuados por intermédio de instituições financeiras, sociedades corretoras de títulos e valores mobiliários, sociedades distribuidoras de títulos e valores mobiliários e sociedades corretoras de mercadorias.

•• § 3.º acrescentado pela Emenda Constitucional n. 37, de 12-6-2002.

Art. 86. Serão pagos conforme disposto no art. 100 da Constituição Federal, não se lhes aplicando a regra de parcelamento estabelecida no *caput* do art. 78 deste Ato das Disposições Constitucionais Transitórias, os débitos da Fazenda Federal, Estadual, Distrital ou Municipal oriundos de sentenças transitadas em julgado, que preencham, cumulativamente, as seguintes condições:

•• *Caput* acrescentado pela Emenda Constitucional n. 37, de 12-6-2002.

I – ter sido objeto de emissão de precatórios judiciários;

•• Inciso I acrescentado pela Emenda Constitucional n. 37, de 12-6-2002.

II – ter sido definidos como de pequeno valor pela lei de que trata o § 3.º do art. 100 da Constituição Federal ou pelo art. 87 deste Ato das Disposições Constitucionais Transitórias;

•• Inciso II acrescentado pela Emenda Constitucional n. 37, de 12-6-2002.

III – estar, total ou parcialmente, pendentes de pagamento na data da publicação desta Emenda Constitucional.

•• Inciso III acrescentado pela Emenda Constitucional n. 37, de 12-6-2002.

§ 1.º Os débitos a que se refere o *caput* deste artigo, ou os respectivos saldos, serão pagos na ordem cronológica de apresentação dos respectivos precatórios, com precedência sobre os de maior valor.

•• § 1.º acrescentado pela Emenda Constitucional n. 37, de 12-6-2002.

§ 2.º Os débitos a que se refere o *caput* deste artigo, se ainda não tiverem sido objeto de pagamento parcial, nos termos do art. 78 deste Ato das Disposições Constitucionais Transitórias, poderão ser pagos em duas parcelas anuais, se assim dispuser a lei.

•• § 2.º acrescentado pela Emenda Constitucional n. 37, de 12-6-2002.

§ 3.º Observada a ordem cronológica de sua apresentação, os débitos de natureza alimentícia previstos neste artigo terão precedência para pagamento sobre todos os demais.

•• § 3.º acrescentado pela Emenda Constitucional n. 37, de 12-6-2002.

Art. 87. Para efeito do que dispõem o § 3.º do art. 100 da Constituição Federal e o art. 78 deste Ato das Disposições Constitucionais Transitórias serão considerados de pequeno valor, até que se dê a publicação oficial das respectivas leis definidoras pelos entes da Federação, observado o disposto no § 4.º do art. 100 da Constituição Federal, os débitos ou obrigações consignados em precatório judiciário, que tenham valor igual ou inferior a:

•• *Caput* acrescentado pela Emenda Constitucional n. 37, de 12-6-2002.

I – 40 (quarenta) salários mínimos, perante a Fazenda dos Estados e do Distrito Federal;

•• Inciso I acrescentado pela Emenda Constitucional n. 37, de 12-6-2002.

II – 30 (trinta) salários mínimos, perante a Fazenda dos Municípios.

•• Inciso II acrescentado pela Emenda Constitucional n. 37, de 12-6-2002.

Parágrafo único. Se o valor da execução ultrapassar o estabelecido neste artigo, o pagamento far-se-á, sempre, por meio de precatório, sendo facultada à parte exequente a renúncia ao crédito do valor excedente, para que possa optar pelo pagamento do saldo sem o precatório, da forma prevista no § 3.º do art. 100.

•• Parágrafo único acrescentado pela Emenda Constitucional n. 37, de 12-6-2002.

Art. 88. Enquanto lei complementar não disciplinar o disposto nos incisos I e III do § 3.º do art. 156 da Constituição Federal, o imposto a que se refere o inciso III do *caput* do mesmo artigo:

•• *Caput* acrescentado pela Emenda Constitucional n. 37, de 12-6-2002.

I – terá alíquota mínima de dois por cento, exceto para os serviços a que se referem os itens 32, 33 e 34 da Lista de Serviços anexa ao Decreto-lei n. 406, de 31 de dezembro de 1968;

•• Inciso I acrescentado pela Emenda Constitucional n. 37, de 12-6-2002.

II – não será objeto de concessão de isenções, incentivos e benefícios fiscais, que resulte, direta ou indiretamente, na redução da alíquota mínima estabelecida no inciso I.

•• Inciso II acrescentado pela Emenda Constitucional n. 37, de 12-6-2002.

Art. 89. Os integrantes da carreira policial militar e os servidores municipais do ex-Território Federal de Rondônia que, comprovadamente, se encontravam no exercício regular de suas funções prestando serviço àquele ex-Território na data em que foi transformado em Estado, bem como os servidores e os policiais militares alcançados pelo disposto no art. 36 da Lei Complementar n. 41, de 22 de dezembro de 1981, e aqueles admitidos regularmente nos quadros do Estado de Rondônia até a data de posse do primeiro Governador eleito, em 15 de março de 1987, constituirão, mediante opção, quadro em extinção da administração federal, assegurados os direitos e as vantagens a eles inerentes, vedado o pagamento, a qualquer título, de diferenças remuneratórias.

•• *Caput* com redação determinada pela Emenda Constitucional n. 60, de 11-11-2009.

•• A inclusão em quadro de extinção, de que trata este artigo, deverá observar as disposições e normas estabelecidas nos arts. 86 a 102 da Lei n. 12.249, de 11-6-2010.

• A Lei Complementar n. 41, de 22-12-1981, criou o Estado de Rondônia.

§ 1.º Os membros da Polícia Militar continuarão prestando serviços ao Estado de Rondônia, na condição de cedidos, submetidos às corporações da Polícia Militar, observadas as atribuições de funções compatíveis com o grau hierárquico.

•• § 1.º acrescentado pela Emenda Constitucional n. 60, de 11-11-2009.

§ 2.º Os servidores a que se refere o *caput* continuarão prestando serviços ao Estado de Rondônia na condição de cedidos, até seu aproveitamento em órgão ou entidade da administração federal direta, autárquica ou fundacional.

•• § 2.º acrescentado pela Emenda Constitucional n. 60, de 11-11-2009.

Art. 90. O prazo previsto no *caput* do art. 84 deste Ato das Disposições Constitucionais Transitórias fica prorrogado até 31 de dezembro de 2007.

•• *Caput* acrescentado pela Emenda Constitucional n. 42, de 19-12-2003.

§ 1.º Fica prorrogada, até a data referida no *caput* deste artigo, a vigência da Lei n. 9.311, de 24 de outubro de 1996, e suas alterações.

•• § 1.º acrescentado pela Emenda Constitucional n. 42, de 19-12-2003.

§ 2.º Até a data referida no *caput* deste artigo, a alíquota da contribuição de que trata o art. 84 deste Ato das Disposições Constitucionais Transitórias será de trinta e oito centésimos por cento.

•• § 2.º acrescentado pela Emenda Constitucional n. 42, de 19-12-2003.

Art. 91. A União entregará aos Estados e ao Distrito Federal o montante definido em lei complementar, de acordo com critérios, prazos e condições nela determinados, podendo considerar as exportações para o exterior de produtos primários e semielaborados, a relação entre as exportações e as importações, os créditos decorrentes de aquisições destinadas ao ativo permanente e a efetiva manutenção e aproveitamento do crédito do imposto a que se refere o art. 155, § 2.º, X, *a*.

•• *Caput* acrescentado pela Emenda Constitucional n. 42, de 19-12-2003.

§ 1.º Do montante de recursos que cabe a cada Estado, setenta e cinco por cento pertencem ao próprio Estado, e vinte e cinco por cento, aos seus Municípios, distribuídos segundo os critérios a que se refere o art. 158, parágrafo único, da Constituição.

•• § 1.º acrescentado pela Emenda Constitucional n. 42, de 19-12-2003.

§ 2.º A entrega de recursos prevista neste artigo perdurará, conforme definido em lei complementar, até que o imposto a que se refere o art. 155, II, tenha o produto de sua arrecadação destinado predominantemente, em proporção não inferior a oitenta por cento, ao Estado onde ocorrer o consumo das mercadorias, bens ou serviços.

•• § 2.º acrescentado pela Emenda Constitucional n. 42, de 19-12-2003.

§ 3.º Enquanto não for editada a lei complementar de que trata o *caput*, em substituição ao sistema de entrega de recursos nele previsto, permanecerá vigente o sistema de entrega de recursos previsto no art. 31 e Anexo da Lei Complementar n. 87, de 13 de setembro de 1996, com a redação dada pela Lei Complementar n. 115, de 26 de dezembro de 2002.

•• § 3.º acrescentado pela Emenda Constitucional n. 42, de 19-12-2003.

§ 4.º Os Estados e o Distrito Federal deverão apresentar à União, nos termos das instruções baixadas pelo Ministério da Fazenda, as informações relativas ao imposto de que trata o art. 155, II, declaradas pelos contribuintes que realizarem operações ou prestações com destino ao exterior.

•• § 4.º acrescentado pela Emenda Constitucional n. 42, de 19-12-2003.

Art. 92. São acrescidos dez anos ao prazo fixado no art. 40 deste Ato das Disposições Constitucionais Transitórias.

•• Artigo acrescentado pela Emenda Constitucional n. 42, de 19-12-2003.

•• *Vide* art. 92-A do ADCT.

Art. 92-A. São acrescidos 50 (cinquenta) anos ao prazo fixado pelo art. 92 deste Ato das Disposições Constitucionais Transitórias.

•• Artigo acrescentado pela Emenda Constitucional n. 83, de 5-8-2014.

Art. 93. A vigência do disposto no art. 159, III, e § 4.º, iniciará somente após a edição da lei de que trata o referido inciso III.

•• Artigo acrescentado pela Emenda Constitucional n. 42, de 19-12-2003.

Art. 94. Os regimes especiais de tributação para microempresas e empresas de pequeno porte próprios da União, dos Estados, do Distrito Federal e dos Municípios cessarão a partir da entrada em vigor do regime previsto no art. 146, III, *d*, da Constituição.

•• Artigo acrescentado pela Emenda Constitucional n. 42, de 19-12-2003.

• A Lei Complementar n. 123, de 14-12-2006, institui o Regime Especial Unificado de Arrecadação de Tributos e Contribuições devidos pelas Microempresas e Empresas de Pequeno Porte – Simples Nacional.

Art. 95. Os nascidos no estrangeiro entre 7 de junho de 1994 e a data da promulgação desta Emenda Constitucional, filhos de pai brasileiro ou mãe brasileira, poderão ser registrados em repartição diplomática ou consular brasileira competente ou em ofício de registro, se vierem a residir na República Federativa do Brasil.

•• Artigo acrescentado pela Emenda Constitucional n. 54, de 20-9-2007.

Art. 96. Ficam convalidados os atos de criação, fusão, incorporação e desmembramento de Municípios, cuja lei tenha sido publicada até 31 de dezembro de 2006, atendidos os requisitos estabelecidos na legislação do respectivo Estado à época de sua criação.

•• Artigo acrescentado pela Emenda Constitucional n. 57, de 18-12-2008.

Art. 97. Até que seja editada a lei complementar de que trata o § 15 do art. 100 da Constituição Federal, os Estados, o Distrito Federal e os Municípios que, na data de publicação desta Emenda Constitucional, estejam em mora na quitação de precatórios vencidos, relativos às suas administrações direta e indireta, inclusive os emitidos durante o período de vigência do regime especial instituído por este artigo, farão esses pagamentos de acordo com as normas a seguir estabelecidas, sendo inaplicável o disposto no art. 100 desta Constituição Federal, exceto em seus §§ 2.º, 3.º, 9.º, 10, 11, 12, 13 e 14, e sem prejuízo dos acordos de juízos conciliatórios já formalizados na data de promulgação desta Emenda Constitucional.

•• *Caput* acrescentado pela Emenda Constitucional n. 62, de 9-12-2009.

•• O STF, no julgamento da ADI n. 4.425, de 14-3-2013 (*DJE* de 19-12-2013), julgou procedente a ação para declarar a inconstitucionalidade deste artigo.

•• *Vide* art. 3.º da Emenda Constitucional n. 62, de 9-12-2009.

• A Resolução n. 115, de 29-6-2010, do CNJ, dispõe sobre a gestão de precatórios no âmbito do Poder Judiciário.

§ 1.º Os Estados, o Distrito Federal e os Municípios sujeitos ao regime especial de que trata este artigo optarão, por meio de ato do Poder Executivo:

•• § 1.º, *caput*, acrescentado pela Emenda Constitucional n. 62, de 9-12-2009.

I – pelo depósito em conta especial do valor referido pelo § 2.º deste artigo; ou

•• Inciso I acrescentado pela Emenda Constitucional n. 62, de 9-12-2009.

•• *Vide* art. 4.º, I, da Emenda Constitucional n. 62, de 9-12-2009.

II – pela adoção do regime especial pelo prazo de até 15 (quinze) anos, caso em que o percentual a ser depositado na conta especial a que se refere o § 2.º deste artigo corresponderá, anualmente, ao saldo total dos precatórios devidos, acrescido do índice oficial de remuneração básica da caderneta de poupança e de juros simples no mesmo percentual de juros incidentes sobre a caderneta de poupança para fins de compensação da mora, excluída a incidência de juros compensatórios, diminuído das amortizações e dividido pelo número de anos restantes no regime especial de pagamento.

•• Inciso II acrescentado pela Emenda Constitucional n. 62, de 9-12-2009.

•• *Vide* art. 4.º, II, da Emenda Constitucional n. 62, de 9-12-2009.

§ 2.º Para saldar os precatórios, vencidos e a vencer, pelo regime especial, os Estados, o Distrito Federal e os Municípios devedores depositarão mensalmente, em conta especial criada para tal fim, 1/12 (um doze avos) do valor calculado percentualmente sobre as respectivas receitas correntes líquidas, apuradas no segundo mês anterior ao mês de pagamento, sendo que esse percentual, calculado no momento de opção pelo regime e mantido fixo até o final do prazo a que se refere o § 14 deste artigo, será:

•• § 2.º, *caput*, acrescentado pela Emenda Constitucional n. 62, de 9-12-2009.

I – para os Estados e para o Distrito Federal:

a) de, no mínimo, 1,5% (um inteiro e cinco décimos por cento), para os Estados das regiões Norte, Nordeste e Centro-Oeste, além do Distrito Federal, ou cujo estoque de precatórios pendentes das suas administrações direta e indireta corresponder a até 35% (trinta e cinco por cento) do total da receita corrente líquida;

b) de, no mínimo, 2% (dois por cento), para os Estados das regiões Sul e Sudeste, cujo estoque de precatórios pendentes das suas administrações direta e indireta corresponder a mais de 35% (trinta e cinco por cento) da receita corrente líquida;

•• Inciso I acrescentado pela Emenda Constitucional n. 62, de 9-12-2009.

II – para Municípios:

a) de, no mínimo, 1% (um por cento), para Municípios das regiões Norte, Nordeste e Centro-Oeste, ou cujo estoque de precatórios pendentes das suas administrações direta e indireta corresponder a até 35% (trinta e cinco por cento) da receita corrente líquida;

b) de, no mínimo, 1,5% (um inteiro e cinco décimos por cento), para Municípios das regiões Sul e Sudeste, cujo estoque de precatórios pendentes das suas administrações direta e indireta corresponder a mais de 35 % (trinta e cinco por cento) da receita corrente líquida.

•• Inciso II acrescentado pela Emenda Constitucional n. 62, de 9-12-2009.

§ 3.º Entende-se como receita corrente líquida, para os fins de que trata este artigo, o somatório das receitas tributárias, patrimoniais, industriais, agropecuárias, de contribuições e de serviços, transferências correntes e outras receitas correntes, incluindo as oriundas do § 1.º do art. 20 da Constituição Federal, verificado no período compreendido pelo mês de referência e os 11 (onze) meses anteriores, excluídas as duplicidades, e deduzidas:

•• § 3.º, *caput*, acrescentado pela Emenda Constitucional n. 62, de 9-12-2009.

I – nos Estados, as parcelas entregues aos Municípios por determinação constitucional;

•• Inciso I acrescentado pela Emenda Constitucional n. 62, de 9-12-2009.

II – nos Estados, no Distrito Federal e nos Municípios, a contribuição dos servidores para custeio do seu sistema de previdência e assistência social e as receitas provenientes da compensação financeira referida no § 9.º do art. 201 da Constituição Federal.

•• Inciso II acrescentado pela Emenda Constitucional n. 62, de 9-12-2009.

§ 4.º As contas especiais de que tratam os §§ 1.º e 2.º serão administradas pelo Tribunal de Justiça local, para pagamento de precatórios expedidos pelos tribunais.

•• § 4.º acrescentado pela Emenda Constitucional n. 62, de 9-12-2009.

§ 5.º Os recursos depositados nas contas especiais de que tratam os §§ 1.º e 2.º deste artigo não poderão retornar para Estados, Distrito Federal e Municípios devedores.

•• § 5.º acrescentado pela Emenda Constitucional n. 62, de 9-12-2009.

§ 6.º Pelo menos 50% (cinquenta por cento) dos recursos de que tratam os §§ 1.º e 2.º deste artigo serão utilizados para pagamento de precatórios em ordem cronológica de apresentação, respeitadas as preferências definidas no § 1.º, para os requisitórios do mesmo ano e no § 2.º do art. 100, para requisitórios de todos os anos.

•• § 6.º acrescentado pela Emenda Constitucional n. 62, de 9-12-2009.

§ 7.º Nos casos em que não se possa estabelecer a precedência cronológica entre 2 (dois) precatórios, pagar-se-á primeiramente o precatório de menor valor.

•• § 7.º acrescentado pela Emenda Constitucional n. 62, de 9-12-2009.

§ 8.º A aplicação dos recursos restantes dependerá de opção a ser exercida por Estados, Distrito Federal e Municípios devedores, por ato do Poder Executivo, obedecendo à seguinte forma, que poderá ser aplicada isoladamente ou simultaneamente:

•• § 8.º, *caput*, acrescentado pela Emenda Constitucional n. 62, de 9-12-2009.

I – destinados ao pagamento dos precatórios por meio do leilão;

•• Inciso I acrescentado pela Emenda Constitucional n. 62, de 9-12-2009.

II – destinados a pagamento a vista de precatórios não quitados na forma do § 6º e do inciso I, em ordem única e crescente de valor por precatório;

•• Inciso II acrescentado pela Emenda Constitucional n. 62, de 9-12-2009.

III – destinados a pagamento por acordo direto com os credores, na forma estabelecida por lei própria da entidade devedora, que poderá prever criação e forma de funcionamento de câmara de conciliação.

•• Inciso III acrescentado pela Emenda Constitucional n. 62, de 9-12-2009.

§ 9.º Os leilões de que trata o inciso I do § 8.º deste artigo:

•• § 9.º, *caput*, acrescentado pela Emenda Constitucional n. 62, de 9-12-2009.

I – serão realizados por meio de sistema eletrônico administrado por entidade autorizada pela Comissão de Valores Mobiliários ou pelo Banco Central do Brasil;

•• Inciso I acrescentado pela Emenda Constitucional n. 62, de 9-12-2009.

II – admitirão a habilitação de precatórios, ou parcela de cada precatório indicada pelo seu detentor, em relação aos quais não esteja pendente, no âmbito do Poder Judiciário, recurso ou impugnação de qualquer natureza, permitida por iniciativa do Poder Executivo a compensação com débitos líquidos e certos, inscritos ou não em dívida ativa e constituídos contra devedor originário pela Fazenda Pública devedora até a data da expedição do precatório, ressalvados aqueles cuja exigibilidade esteja suspensa nos termos da legislação, ou que já tenham sido objeto de abatimento nos termos do § 9.º do art. 100 da Constituição Federal;

•• Inciso II acrescentado pela Emenda Constitucional n. 62, de 9-12-2009.

III – ocorrerão por meio de oferta pública a todos os credores habilitados pelo respectivo ente federativo devedor;

•• Inciso III acrescentado pela Emenda Constitucional n. 62, de 9-12-2009.

IV – considerarão automaticamente habilitado o credor que satisfaça o que consta no inciso II;

•• Inciso IV acrescentado pela Emenda Constitucional n. 62, de 9-12-2009.

V – serão realizados tantas vezes quanto necessário em função do valor disponível;

•• Inciso V acrescentado pela Emenda Constitucional n. 62, de 9-12-2009.

VI – a competição por parcela do valor total ocorrerá a critério do credor, com deságio sobre o valor desta;

•• Inciso VI acrescentado pela Emenda Constitucional n. 62, de 9-12-2009.

VII – ocorrerão na modalidade deságio, associado ao maior volume ofertado cumulado ou não com o maior percentual de deságio, pelo maior percentual de deságio, podendo ser fixado do valor máximo por credor, ou por outro critério a ser definido em edital;

•• Inciso VII acrescentado pela Emenda Constitucional n. 62, de 9-12-2009.

VIII – o mecanismo de formação de preço constará nos editais publicados para cada leilão;

•• Inciso VIII acrescentado pela Emenda Constitucional n. 62, de 9-12-2009.

IX – a quitação parcial dos precatórios será homologada pelo respectivo Tribunal que o expediu.

•• Inciso IX acrescentado pela Emenda Constitucional n. 62, de 9-12-2009.

§ 10. No caso de não liberação tempestiva dos recursos de que tratam o inciso II do § 1.º e os §§ 2.º e 6.º deste artigo:

•• § 10, *caput*, acrescentado pela Emenda Constitucional n. 62, de 9-12-2009.

I – haverá o sequestro de quantia nas contas de Estados, Distrito Federal e Municípios devedores, por ordem do Presidente do Tribunal referido no § 4.º, até o limite do valor não liberado;

•• Inciso I acrescentado pela Emenda Constitucional n. 62, de 9-12-2009.

II – constituir-se-á, alternativamente, por ordem do Presidente do Tribunal requerido, em favor dos credores de precatórios, contra Estados, Distrito Federal e Municípios devedores, direito líquido e certo, autoaplicável e independentemente de regulamentação, à compensação automática com débitos líquidos lançados por esta contra aqueles, e, havendo saldo em favor do credor, o valor terá automaticamente poder liberatório do pagamento de tributos de Estados, Distrito Federal e Municípios devedores, até onde se compensarem;

•• Inciso II acrescentado pela Emenda Constitucional n. 62, de 9-12-2009.

III – o chefe do Poder Executivo responderá na forma da legislação de responsabilidade fiscal e de improbidade administrativa;

•• Inciso III acrescentado pela Emenda Constitucional n. 62, de 9-12-2009.

IV – enquanto perdurar a omissão, a entidade devedora:

a) não poderá contrair empréstimo externo ou interno;

b) ficará impedida de receber transferências voluntárias;

•• Inciso IV acrescentado pela Emenda Constitucional n. 62, de 9-12-2009.

V – a União reterá os repasses relativos ao Fundo de Participação dos Estados e do Distrito Federal e ao Fundo de Participação dos Municípios, e os depositará nas contas especiais referidas no § 1.º, devendo sua utilização obedecer ao que prescreve o § 5.º, ambos deste artigo.

•• Inciso V acrescentado pela Emenda Constitucional n. 62, de 9-12-2009.

§ 11. No caso de precatórios relativos a diversos credores, em litisconsórcio, admite-se o desmembramento do valor, realizado pelo Tribunal de origem do precatório, por credor, e, por este, a habilitação do valor total a que tem direito, não se aplicando, neste caso, a regra do § 3.º do art. 100 da Constituição Federal.

•• § 11 acrescentado pela Emenda Constitucional n. 62, de 9-12-2009.

§ 12. Se a lei a que se refere o § 4.º do art. 100 não estiver publicada em até 180 (cento e oitenta) dias, contados da data de publicação desta Emenda Constitucional, será considerado, para os fins referidos, em relação a Estados, Distrito Federal e Municípios devedores, omissos na regulamentação, o valor de:

•• § 12, *caput*, acrescentado pela Emenda Constitucional n. 62, de 9-12-2009.

I – 40 (quarenta) salários mínimos para Estados e para o Distrito Federal;

•• Inciso I acrescentado pela Emenda Constitucional n. 62, de 9-12-2009.

II – 30 (trinta) salários mínimos para Municípios.

•• Inciso II acrescentado pela Emenda Constitucional n. 62, de 9-12-2009.

§ 13. Enquanto Estados, Distrito Federal e Municípios devedores estiverem realizando pagamentos de precatórios pelo regime especial, não poderão sofrer sequestro de valores, exceto no caso de não liberação tempestiva dos recursos de que tratam o inciso II do § 1.º e o § 2.º deste artigo.

•• § 13 acrescentado pela Emenda Constitucional n. 62, de 9-12-2009.

§ 14. O regime especial de pagamento de precatório previsto no inciso I do § 1.º vigorará enquanto o valor dos precatórios devidos for superior ao valor dos recursos vinculados, nos termos do § 2.º, ambos deste artigo, ou pelo prazo fixo de até 15 (quinze) anos, no caso da opção prevista no inciso II do § 1.º.

•• § 14 acrescentado pela Emenda Constitucional n. 62, de 9-12-2009.

§ 15. Os precatórios parcelados na forma do art. 33 ou do art. 78 deste Ato das Disposições Constitucionais Transitórias e ainda pendentes de pagamento ingressarão no regime especial com o valor atualizado das parcelas não pagas relativas a cada precatório, bem como o saldo dos acordos judiciais e extrajudiciais.

•• § 15 acrescentado pela Emenda Constitucional n. 62, de 9-12-2009.

§ 16. A partir da promulgação desta Emenda Constitucional, a atualização de valores de requisitórios, até o efetivo pagamento, independentemente de sua natureza, será feita pelo índice oficial de remuneração básica da caderneta de poupança, e, para fins de compensação da mora, incidirão juros simples no mesmo percentual de juros incidentes sobre a caderneta de poupança, ficando excluída a incidência de juros compensatórios.

•• § 16 acrescentado pela Emenda Constitucional n. 62, de 9-12-2009.

§ 17. O valor que exceder o limite previsto no § 2.º do art. 100 da Constituição Federal será pago, durante a vigência do regime especial, na forma prevista nos §§ 6.º e 7.º ou nos incisos I, II e III do § 8.º deste artigo, devendo os valores dispendidos para o atendimento do disposto no § 2.º do art. 100 da Constituição Federal serem computados para efeito do § 6.º deste artigo.

•• § 17 acrescentado pela Emenda Constitucional n. 62, de 9-12-2009.

§ 18. Durante a vigência do regime especial a que se refere este artigo, gozarão também da preferência a que se refere o § 6.º os titulares originais de precatórios que tenham completado 60 (sessenta) anos de idade até a data da promulgação desta Emenda Constitucional.

•• § 18 acrescentado pela Emenda Constitucional n. 62, de 9-12-2009.

Art. 98. O número de defensores públicos na unidade jurisdicional será proporcional à efetiva demanda pelo serviço da Defensoria Pública e à respectiva população.

•• *Caput* acrescentado pela Emenda Constitucional n. 80, de 4-6-2014.

§ 1.º No prazo de 8 (oito) anos, a União, os Estados e o Distrito Federal deverão contar com defensores públicos em todas as unidades jurisdicionais, observado o disposto no *caput* deste artigo.

•• § 1.º acrescentado pela Emenda Constitucional n. 80, de 4-6-2014.

§ 2.º Durante o decurso do prazo previsto no § 1.º deste artigo, a lotação dos defensores públicos ocorrerá, prioritariamente, atendendo as regiões com maiores índices de exclusão social e adensamento populacional.

•• § 2.º acrescentado pela Emenda Constitucional n. 80, de 4-6-2014.

Art. 99. Para efeito do disposto no inciso VII do § 2.º do art. 155, no caso de operações e prestações que destinem bens e serviços a consumidor final não contribuinte localizado em outro Estado, o imposto correspondente à diferença entre a alíquota interna e a interestadual será partilhado entre os Estados de origem e de destino, na seguinte proporção:

•• *Caput* acrescentado pela Emenda Constitucional n. 87, de 16-4-2015, em vigor na data de sua publicação, produzindo efeitos no ano subsequente e após 90 (noventa) dias desta.

I – para o ano de 2015: 20% (vinte por cento) para o Estado de destino e 80% (oitenta por cento) para o Estado de origem;

•• Inciso I acrescentado pela Emenda Constitucional n. 87, de 16-4-2015, em vigor na data de sua publicação, produzindo efeitos no ano subsequente e após 90 (noventa) dias desta.

II – para o ano de 2016: 40% (quarenta por cento) para o Estado de destino e 60% (sessenta por cento) para o Estado de origem;

•• Inciso II acrescentado pela Emenda Constitucional n. 87, de 16-4-2015, em vigor na data de sua publicação, produzindo efeitos no ano subsequente e após 90 (noventa) dias desta.

III – para o ano de 2017: 60% (sessenta por cento) para o Estado de destino e 40% (quarenta por cento) para o Estado de origem;

•• Inciso III acrescentado pela Emenda Constitucional n. 87, de 16-4-2015, em vigor na data de sua publicação, produzindo efeitos no ano subsequente e após 90 (noventa) dias desta.

IV – para o ano de 2018: 80% (oitenta por cento) para o Estado de destino e 20% (vinte por cento) para o Estado de origem;

•• Inciso IV acrescentado pela Emenda Constitucional n. 87, de 16-4-2015, em vigor na data de sua publicação, produzindo efeitos no ano subsequente e após 90 (noventa) dias desta.

V – a partir do ano de 2019: 100% (cem por cento) para o Estado de destino.

•• Inciso V acrescentado pela Emenda Constitucional n. 87, de 16-4-2015, em vigor na data de sua publicação, produzindo efeitos no ano subsequente e após 90 (noventa) dias desta.

Art. 100. Até que entre em vigor a lei complementar de que trata o inciso II do § 1.º do art. 40 da Constituição Federal, os Ministros do Supremo Tribunal Federal, dos Tribunais Superiores e do Tribunal de Contas da União aposentar-se-ão, compulsoriamente, aos 75 (setenta e cinco) anos de idade, nas condições do art. 52 da Constituição Federal.

•• Artigo acrescentado pela Emenda Constitucional n. 88, de 7-5-2015.

•• O STF, no julgamento da ADI n. 5.316, em 21-5-2015 (*DOU* de 9-6-2015), deferiu medida cautelar para suspender a aplicação da expressão "nas condições do art. 52 da Constituição Federal", constante deste artigo.

Art. 101. Os Estados, o Distrito Federal e os Municípios que, em 25 de março de 2015, estiverem em mora com o pagamento de seus precatórios quitarão até 31 de dezembro de 2020 seus débitos vencidos e os que vencerão dentro desse período, depositando, mensalmente, em conta especial do Tribunal de Justiça local, sob única e exclusiva administração desse, 1/12 (um doze avos) do valor calculado percentualmente sobre as respectivas receitas correntes líquidas, apuradas no segundo mês anterior ao mês de pagamento, em percentual suficiente para a quitação de seus débitos e, ainda que variável, nunca inferior, em cada exercício, à média do comprometimento percentual da receita corrente líquida no período de 2012 a 2014, em conformidade com plano de pagamento a ser anualmente apresentado ao Tribunal de Justiça local.

•• *Caput* acrescentado pela Emenda Constitucional n. 94, de 15-12-2016.

§ 1.º Entende-se como receita corrente líquida, para os fins de que trata este artigo, o somatório das receitas tributárias, patrimoniais, industriais, agropecuárias, de contribuições e de serviços, de transferências correntes e outras receitas correntes, incluindo as oriundas do § 1.º do art. 20 da Constituição Federal, verificado no período compreendido pelo segundo mês imediatamente anterior ao de referência e os 11 (onze) meses precedentes, excluídas as duplicidades, e deduzidas:

•• § 1.º, *caput* e incisos, acrescentado pela Emenda Constitucional n. 94, de 15-12-2016.

I – nos Estados, as parcelas entregues aos Municípios por determinação constitucional;

II – nos Estados, no Distrito Federal e nos Municípios, a contribuição dos servidores para custeio de seu sistema de previdência e assistência social e as receitas provenientes da compensação financeira referida no § 9.º do art. 201 da Constituição Federal.

§ 2.º O débito de precatórios poderá ser pago mediante a utilização de recursos orçamentários próprios e dos seguintes instrumentos:

•• § 2.º, *caput* e incisos, acrescentado pela Emenda Constitucional n. 94, de 15-12-2016.

I – até 75% (setenta e cinco por cento) do montante dos depósitos judiciais e dos depósitos administrativos em dinheiro referentes a processos judiciais ou administrativos, tributários ou não tributários, nos quais o Estado, o Distrito Federal ou os Municípios, ou suas autarquias, fundações e empresas estatais dependentes, sejam parte;

II – até 20% (vinte por cento) dos demais depósitos judiciais da localidade, sob jurisdição do respectivo Tribunal de Justiça, excetuados os destinados à quitação de créditos de natureza alimentícia, mediante instituição de fundo garantidor composto pela parcela restante dos depósitos judiciais, destinando-se:

a) no caso do Distrito Federal, 100% (cem por cento) desses recursos ao próprio Distrito Federal;

b) no caso dos Estados, 50% (cinquenta por cento) desses recursos ao próprio Estado e 50% (cinquenta por cento) a seus Municípios;

III – contratação de empréstimo, excetuado dos limites de endividamento de que tratam os incisos VI e VII do art. 52 da Constituição Federal e de quaisquer outros limites de endividamento previstos, não se aplicando a esse empréstimo a vedação de vinculação de receita prevista no inciso IV do art. 167 da Constituição Federal.

Art. 102. Enquanto viger o regime especial previsto nesta Emenda Constitucional, pelo menos 50% (cinquenta por cento) dos recursos que, nos termos do art. 101 deste Ato das Disposições Constitucionais Transitórias, forem destinados ao pagamento dos precatórios em mora serão utilizados no pagamento segundo a ordem cronológica de apresentação, respeitadas as preferências dos créditos alimentares, e, nessas, as relativas à idade, ao estado de saúde e à deficiência, nos termos do § 2.º do art. 100 da Constituição Federal, sobre todos os demais créditos de todos os anos.

•• *Caput* acrescentado pela Emenda Constitucional n. 94, de 15-12-2016.

Parágrafo único. A aplicação dos recursos remanescentes, por opção a ser exercida por Estados, Distrito Federal e Municípios, por ato do respectivo Poder Executivo, observada a ordem de preferência dos credores, poderá ser destinada ao pagamento mediante acordos diretos, perante Juízos Auxiliares de Conciliação de Precatórios, com redução máxima de 40% (quarenta por cento) do valor do crédito atualizado, desde que em relação ao crédito não penda recurso ou defesa judicial e que sejam observados os requisitos definidos na regulamentação editada pelo ente federado.

•• Parágrafo único acrescentado pela Emenda Constitucional n. 94, de 15-12-2016.

Art. 103. Enquanto os Estados, o Distrito Federal e os Municípios estiverem efetuando o pagamento da parcela mensal devida como previsto no *caput* do art. 101 deste Ato das Disposições Constitucionais Transitórias, nem eles, nem as respectivas autarquias, fundações e empresas estatais dependentes poderão sofrer sequestro de valores, exceto no caso de não liberação tempestiva dos recursos.

•• Artigo acrescentado pela Emenda Constitucional n. 94, de 15-12-2016.

Art. 104. Se os recursos referidos no art. 101 deste Ato das Disposições Constitucionais Transitórias para o pagamento de precatórios não forem tempestivamente liberados, no todo ou em parte:

•• *Caput* acrescentado pela Emenda Constitucional n. 94, de 15-12-2016.

I – o Presidente do Tribunal de Justiça local determinará o sequestro, até o limite do valor não liberado, das contas do ente federado inadimplente;

•• Inciso I acrescentado pela Emenda Constitucional n. 94, de 15-12-2016.

II – o chefe do Poder Executivo do ente federado inadimplente responderá, na forma da legislação de responsabilidade fiscal e de improbidade administrativa;

•• Inciso II acrescentado pela Emenda Constitucional n. 94, de 15-12-2016.

III – a União reterá os recursos referentes aos repasses ao Fundo de Participação dos Estados e do Distrito Federal e ao Fundo de Participação dos Municípios e os depositará na conta especial referida no art. 101 deste Ato das Disposições Constitucionais Transitórias, para utilização como nele previsto;

•• Inciso III acrescentado pela Emenda Constitucional n. 94, de 15-12-2016.

IV – os Estados reterão os repasses previstos no parágrafo único do art. 158 da Constituição Federal e os depositarão na conta especial referida no art. 101 deste Ato das Disposições Constitucionais Transitórias, para utilização como nele previsto.

•• Inciso IV acrescentado pela Emenda Constitucional n. 94, de 15-12-2016.

Parágrafo único. Enquanto perdurar a omissão, o ente federado não poderá contrair empréstimo externo ou interno, exceto para os fins previstos no § 2.º do art. 101 deste Ato das Disposições Constitucionais Transitórias, e ficará impedido de receber transferências voluntárias.

•• Parágrafo único acrescentado pela Emenda Constitucional n. 94, de 15-12-2016.

Art. 105. Enquanto viger o regime de pagamento de precatórios previsto no art. 101 deste Ato das Disposições Constitucionais Transitórias, é facultada aos credores de precatórios, próprios ou de terceiros, a compensação com débitos de natureza tributária ou de outra natureza que até 25 de março de 2015 tenham sido inscritos na dívida ativa dos Estados, do Distrito Federal ou dos Municípios, observados os requisitos definidos em lei própria do ente federado.

•• *Caput* acrescentado pela Emenda Constitucional n. 94, de 15-12-2016.

Parágrafo único. Não se aplica às compensações referidas no *caput* deste artigo qualquer tipo de vinculação, como as transferências a outros entes e as destinadas à educação, à saúde e a outras finalidades.

•• Parágrafo único acrescentado pela Emenda Constitucional n. 94, de 15-12-2016.

Art. 106. Fica instituído o Novo Regime Fiscal no âmbito dos Orçamentos Fiscal e da Seguridade

Social da União, que vigorará por vinte exercícios financeiros, nos termos dos arts. 107 a 114 deste Ato das Disposições Constitucionais Transitórias.

•• Artigo acrescentado pela Emenda Constitucional n. 95, de 15-12-2016.

Art. 107. Ficam estabelecidos, para cada exercício, limites individualizados para as despesas primárias:

•• *Caput* acrescentado pela Emenda Constitucional n. 94, de 15-12-2016.

I – do Poder Executivo;

•• Inciso I acrescentado pela Emenda Constitucional n. 94, de 15-12-2016.

II – do Supremo Tribunal Federal, do Superior Tribunal de Justiça, do Conselho Nacional de Justiça, da Justiça do Trabalho, da Justiça Federal, da Justiça Militar da União, da Justiça Eleitoral e da Justiça do Distrito Federal e Territórios, no âmbito do Poder Judiciário;

•• Inciso II acrescentado pela Emenda Constitucional n. 94, de 15-12-2016.

III – do Senado Federal, da Câmara dos Deputados e do Tribunal de Contas da União, no âmbito do Poder Legislativo;

•• Inciso III acrescentado pela Emenda Constitucional n. 94, de 15-12-2016.

IV – do Ministério Público da União e do Conselho Nacional do Ministério Público; e

•• Inciso IV acrescentado pela Emenda Constitucional n. 94, de 15-12-2016.

V – da Defensoria Pública da União.

•• Inciso V acrescentado pela Emenda Constitucional n. 94, de 15-12-2016.

§ 1.° Cada um dos limites a que se refere o *caput* deste artigo equivalerá:

•• § 1.°, *caput*, acrescentado pela Emenda Constitucional n. 95, de 15-12-2016.

I – para o exercício de 2017, à despesa primária paga no exercício de 2016, incluídos os restos a pagar pagos e demais operações que afetam o resultado primário, corrigida em 7,2% (sete inteiros e dois décimos por cento); e

•• Inciso I acrescentado pela Emenda Constitucional n. 95, de 15-12-2016.

II – para os exercícios posteriores, ao valor do limite referente ao exercício imediatamente anterior, corrigido pela variação do Índice Nacional de Preços ao Consumidor Amplo – IPCA, publicado pelo Instituto Brasileiro de Geografia e Estatística, ou de outro índice que vier a substituí-lo, para o período de doze meses encerrado em junho do exercício anterior a que se refere a lei orçamentária.

•• Inciso II acrescentado pela Emenda Constitucional n. 95, de 15-12-2016.

•• *Vide* art. 103, *caput*, do ADCT.

§ 2.° Os limites estabelecidos na forma do inciso IV do *caput* do art. 51, do inciso XIII do *caput* do art. 52, do § 1.° do art. 99, do § 3.° do art. 127 e do § 3.° do art. 134 da Constituição Federal não poderão ser superiores aos estabelecidos nos termos deste artigo.

•• § 2.° acrescentado pela Emenda Constitucional n. 95, de 15-12-2016.

§ 3.° A mensagem que encaminhar o projeto de lei orçamentária demonstrará os valores máximos de programação compatíveis com os limites individualizados calculados na forma do § 1.° deste artigo, observados os §§ 7.° a 9.° deste artigo.

•• § 3.° acrescentado pela Emenda Constitucional n. 95, de 15-12-2016.

§ 4.° As despesas primárias autorizadas na lei orçamentária anual sujeitas aos limites de que trata este artigo não poderão exceder os valores máximos demonstrados nos termos do § 3.° deste artigo.

•• § 4.° acrescentado pela Emenda Constitucional n. 95, de 15-12-2016.

§ 5.° É vedada a abertura de crédito suplementar ou especial que amplie o montante total autorizado de despesa primária sujeita aos limites de que trata este artigo.

•• § 5.° acrescentado pela Emenda Constitucional n. 95, de 15-12-2016.

§ 6.° Não se incluem na base de cálculo e nos limites estabelecidos neste artigo:

•• § 6.°, *caput*, acrescentado pela Emenda Constitucional n. 95, de 15-12-2016.

I – transferências constitucionais estabelecidas no § 1.º do art. 20, no inciso III do parágrafo único do art. 146, no § 5.º do art. 153, no art. 157, nos incisos I e II do art. 158, no art. 159 e no § 6.º do art. 212, as despesas referentes ao inciso XIV do *caput* do art. 21, todos da Constituição Federal, e as complementações de que tratam os incisos V e VII do *caput* do art. 60, deste Ato das Disposições Constitucionais Transitórias;

•• Inciso I acrescentado pela Emenda Constitucional n. 95, de 15-12-2016.

II – créditos extraordinários a que se refere o § 3.º do art. 167 da Constituição Federal;

•• Inciso II acrescentado pela Emenda Constitucional n. 95, de 15-12-2016.

III – despesas não recorrentes da Justiça Eleitoral com a realização de eleições; e

•• Inciso III acrescentado pela Emenda Constitucional n. 95, de 15-12-2016.

IV – despesas com aumento de capital de empresas estatais não dependentes.

•• Inciso IV acrescentado pela Emenda Constitucional n. 95, de 15-12-2016.

§ 7.º Nos três primeiros exercícios financeiros da vigência do Novo Regime Fiscal, o Poder Executivo poderá compensar com redução equivalente na sua despesa primária, consoante os valores estabelecidos no projeto de lei orçamentária encaminhado pelo Poder Executivo no respectivo exercício, o excesso de despesas primárias em relação aos limites de que tratam os incisos II a V do *caput* deste artigo.

•• § 7.º acrescentado pela Emenda Constitucional n. 95, de 15-12-2016.

§ 8.º A compensação de que trata o § 7.º deste artigo não excederá a 0,25% (vinte e cinco centésimos por cento) do limite do Poder Executivo.

•• § 8.º acrescentado pela Emenda Constitucional n. 95, de 15-12-2016.

§ 9.º Respeitado o somatório em cada um dos incisos de II a IV do *caput* deste artigo, a lei de diretrizes orçamentárias poderá dispor sobre a compensação entre os limites individualizados dos órgãos elencados em cada inciso.

•• § 9.º acrescentado pela Emenda Constitucional n. 95, de 15-12-2016.

§ 10. Para fins de verificação do cumprimento dos limites de que trata este artigo, serão consideradas as despesas primárias pagas, incluídos os restos a pagar pagos e demais operações que afetam o resultado primário no exercício.

•• § 10 acrescentado pela Emenda Constitucional n. 95, de 15-12-2016.

§ 11. O pagamento de restos a pagar inscritos até 31 de dezembro de 2015 poderá ser excluído da verificação do cumprimento dos limites de que trata este artigo, até o excesso de resultado primário dos Orçamentos Fiscal e da Seguridade Social do exercício em relação à meta fixada na lei de diretrizes orçamentárias.

•• § 11 acrescentado pela Emenda Constitucional n. 95, de 15-12-2016.

Art. 108. O Presidente da República poderá propor, a partir do décimo exercício da vigência do Novo Regime Fiscal, projeto de lei complementar para alteração do método de correção dos limites a que se refere o inciso II do § 1.º do art. 107 deste Ato das Disposições Constitucionais Transitórias.

•• *Caput* acrescentado pela Emenda Constitucional n. 95, de 15-12-2016.

Parágrafo único. Será admitida apenas uma alteração do método de correção dos limites por mandato presidencial.

•• Parágrafo único acrescentado pela Emenda Constitucional n. 95, de 15-12-2016.

Art. 109. No caso de descumprimento de limite individualizado, aplicam-se, até o final do exercício de retorno das despesas aos respectivos limites, ao Poder Executivo ou a órgão elencado nos incisos II a V do *caput* do art. 107 deste Ato das Disposições Constitucionais Transitórias que o descumpriu, sem prejuízo de outras medidas, as seguintes vedações:

•• *Caput* acrescentado pela Emenda Constitucional n. 95, de 15-12-2016.

I – concessão, a qualquer título, de vantagem, aumento, reajuste ou adequação de remuneração de membros de Poder ou de órgão, de servidores e empregados públicos e militares, exceto dos derivados de sentença judicial transitada em julgado ou de determinação legal decorrente de atos anteriores à entrada em vigor desta Emenda Constitucional;

•• Inciso I acrescentado pela Emenda Constitucional n. 95, de 15-12-2016.

II – criação de cargo, emprego ou função que implique aumento de despesa;

•• Inciso II acrescentado pela Emenda Constitucional n. 95, de 15-12-2016.

III – alteração de estrutura de carreira que implique aumento de despesa;

•• Inciso III acrescentado pela Emenda Constitucional n. 95, de 15-12-2016.

IV – admissão ou contratação de pessoal, a qualquer título, ressalvadas as reposições de cargos de chefia e de direção que não acarretem aumento de despesa e aquelas decorrentes de vacâncias de cargos efetivos ou vitalícios;

•• Inciso IV acrescentado pela Emenda Constitucional n. 95, de 15-12-2016.

V – realização de concurso público, exceto para as reposições de vacâncias previstas no inciso IV;

•• Inciso V acrescentado pela Emenda Constitucional n. 95, de 15-12-2016.

VI – criação ou majoração de auxílios, vantagens, bônus, abonos, verbas de representação ou benefícios de qualquer natureza em favor de membros de Poder, do Ministério Público ou da Defensoria Pública e de servidores e empregados públicos e militares;

•• Inciso VI acrescentado pela Emenda Constitucional n. 95, de 15-12-2016.

VII – criação de despesa obrigatória; e

•• Inciso VII acrescentado pela Emenda Constitucional n. 95, de 15-12-2016.

VIII – adoção de medida que implique reajuste de despesa obrigatória acima da variação da inflação, observada a preservação do poder aquisitivo referida no inciso IV do *caput* do art. 7.º da Constituição Federal.

•• Inciso VIII acrescentado pela Emenda Constitucional n. 95, de 15-12-2016.

§ 1.º As vedações previstas nos incisos I, III e VI do *caput*, quando descumprido qualquer dos limites individualizados dos órgãos elencados nos incisos II, III e IV do *caput* do art. 107 deste Ato das Disposições Constitucionais Transitórias, aplicam-se ao conjunto dos órgãos referidos em cada inciso.

•• § 1.º acrescentado pela Emenda Constitucional n. 95, de 15-12-2016.

§ 2.º Adicionalmente ao disposto no *caput*, no caso de descumprimento do limite de que trata o inciso I do *caput* do art. 107 deste Ato das Disposições Constitucionais Transitórias, ficam vedadas:

•• § 2.º, *caput*, acrescentado pela Emenda Constitucional n. 95, de 15-12-2016.

I – a criação ou expansão de programas e linhas de financiamento, bem como a remissão, renegociação ou refinanciamento de dívidas que impliquem ampliação das despesas com subsídios e subvenções; e

•• Inciso I acrescentado pela Emenda Constitucional n. 95, de 15-12-2016.

II – a concessão ou a ampliação de incentivo ou benefício de natureza tributária.

•• Inciso II acrescentado pela Emenda Constitucional n. 95, de 15-12-2016.

§ 3.º No caso de descumprimento de qualquer dos limites individualizados de que trata o *caput* do art. 107 deste Ato das Disposições Constitucionais Transitórias, fica vedada a concessão da revisão geral prevista no inciso X do *caput* do art. 37 da Constituição Federal.

•• § 3.º acrescentado pela Emenda Constitucional n. 95, de 15-12-2016.

§ 4.º As vedações previstas neste artigo aplicam-se também a proposições legislativas.

•• § 4.º acrescentado pela Emenda Constitucional n. 95, de 15-12-2016.

Art. 110. Na vigência do Novo Regime Fiscal, as aplicações mínimas em ações e serviços públicos de saúde e em manutenção e desenvolvimento do ensino equivalerão:

•• *Caput* acrescentado pela Emenda Constitucional n. 95, de 15-12-2016.

I – no exercício de 2017, às aplicações mínimas calculadas nos termos do inciso I do § 2.° do art. 198 e do *caput* do art. 212, da Constituição Federal; e

•• Inciso I acrescentado pela Emenda Constitucional n. 95, de 15-12-2016.

II – nos exercícios posteriores, aos valores calculados para as aplicações mínimas do exercício imediatamente anterior, corrigidos na forma estabelecida pelo inciso II do § 1.° do art. 107 deste Ato das Disposições Constitucionais Transitórias.

•• Inciso II acrescentado pela Emenda Constitucional n. 95, de 15-12-2016.

Art. 111. A partir do exercício financeiro de 2018, até o último exercício de vigência do Novo Regime Fiscal, a aprovação e a execução previstas nos §§ 9.° e 11 do art. 166 da Constituição Federal corresponderão ao montante de execução obrigatória para o exercício de 2017, corrigido na forma estabelecida pelo inciso II do § 1.° do art. 107 deste Ato das Disposições Constitucionais Transitórias.

•• Artigo acrescentado pela Emenda Constitucional n. 95, de 15-12-2016.

Art. 112. As disposições introduzidas pelo Novo Regime Fiscal:

•• *Caput* acrescentado pela Emenda Constitucional n. 95, de 15-12-2016.

I – não constituirão obrigação de pagamento futuro pela União ou direitos de outrem sobre o erário; e

•• Inciso I acrescentado pela Emenda Constitucional n. 95, de 15-12-2016.

II – não revogam, dispensam ou suspendem o cumprimento de dispositivos constitucionais e legais que disponham sobre metas fiscais ou limites máximos de despesas.

•• Inciso II acrescentado pela Emenda Constitucional n. 95, de 15-12-2016.

Art. 113. A proposição legislativa que crie ou altere despesa obrigatória ou renúncia de receita deverá ser acompanhada da estimativa do seu impacto orçamentário e financeiro.

•• Artigo acrescentado pela Emenda Constitucional n. 95, de 15-12-2016.

Art. 114. A tramitação de proposição elencada no *caput* do art. 59 da Constituição Federal, ressalvada a referida no seu inciso V, quando acarretar aumento de despesa ou renúncia de receita, será suspensa por até vinte dias, a requerimento de um quinto dos membros da Casa, nos termos regimentais, para análise de sua compatibilidade com o Novo Regime Fiscal.

•• Artigo acrescentado pela Emenda Constitucional n. 95, de 15-12-2016.

Brasília, 5 de outubro de 1988.

Ulysses Guimarães

Emendas Constitucionais

EMENDA CONSTITUCIONAL N. 2, DE 25 DE AGOSTO DE 1992 (*)

Dispõe sobre o plebiscito previsto no art. 2.° do Ato das Disposições Constitucionais Transitórias.

As Mesas da Câmara dos Deputados e do Senado Federal, nos termos do § 3.° do art. 60 da Constituição Federal, promulgam a seguinte Emenda ao texto constitucional:

Artigo único. O plebiscito de que trata o art. 2.° do Ato das Disposições Constitucionais Transitórias realizar-se-á no dia 21 de abril de 1993.

§ 1.° A forma e o sistema de governo definidos pelo plebiscito terão vigência em 1.° de janeiro de 1995.

§ 2.° A lei poderá dispor sobre a realização do plebiscito, inclusive sobre a gratuidade da livre divulgação das formas e sistemas de governo, através dos meios de comunicação de massa concessionários ou permissionários de serviço público, assegurada igualdade de tempo e paridade de horários.

§ 3.° A norma constante do parágrafo anterior não exclui a competência do Tribunal Superior Eleitoral para expedir instruções necessárias à realização da consulta plebiscitária.

Brasília, em 25 de agosto de 1992.

A Mesa da Câmara dos Deputados
Deputado IBSEN PINHEIRO
Presidente

(*) Publicada no *Diário Oficial da União* de 1.°-9-1992.

A Mesa do Senado Federal
Senador MAURO BENEVIDES
Presidente

EMENDA CONSTITUCIONAL N. 3, DE 17 DE MARÇO DE 1993 (**)

Altera dispositivos da Constituição Federal.

As Mesas da Câmara dos Deputados e do Senado Federal, nos termos do § 3.° do art. 60 da Constituição Federal, promulgam a seguinte Emenda ao texto constitucional:

Art. 1.° Os dispositivos da Constituição Federal abaixo enumerados passam a vigorar com as seguintes alterações:

•• Parte das alterações foram prejudicadas por Emendas Constitucionais posteriores: o art. 40, § 6.°, foi prejudicado pela Emenda Constitucional n. 20, de 15-12-1998; o art. 42, § 10, foi prejudicado pela Emenda Constitucional n. 18, de 5-2-1998; os arts. 102, § 2.°, e 103, § 4.°, foram prejudicados pela Emenda Constitucional n. 45, de 8-12-2004; o art. 155, § 3.°, foi prejudicado pela Emenda Constitucional n. 33, de 11-12-2001; o art. 156, § 3.°, *caput* e I, foi prejudicado pela Emenda Constitucional n. 37, de 12-6-2002; o art. 167, IV, foi prejudicado pela Emenda Constitucional n. 29, de 13-9-2000.

Art. 2.° A União poderá instituir, nos termos de lei complementar, com vigência até 31 de dezembro de 1994, imposto sobre movimentação ou transmissão de valores e de créditos e direitos de natureza financeira.

§ 1.° A alíquota do imposto de que trata este

(**)Publicada no *Diário Oficial da União* de 18-3-1993.

artigo não excederá a vinte e cinco centésimos por cento, facultado ao Poder Executivo reduzi-la ou restabelecê-la, total ou parcialmente, nas condições e limites fixados em lei.

§ 2.º Ao imposto de que trata este artigo não se aplica o art. 150, III, *b*, e VI, nem o disposto no § 5.º do art. 153 da Constituição.

§ 3.º O produto da arrecadação do imposto de que trata este artigo não se encontra sujeito a qualquer modalidade de repartição com outra entidade federada.

§ 4.º (*Revogado pela Emenda Constitucional de Revisão n. 1, de 1.º-3-1994.*)

Art. 3.º A eliminação do adicional ao imposto de renda, de competência dos Estados, decorrente desta Emenda Constitucional, somente produzirá efeitos a partir de 1.º de janeiro de 1996, reduzindo-se a correspondente alíquota, pelo menos, a dois e meio por cento no exercício financeiro de 1995.

Art. 4.º A eliminação do imposto sobre vendas a varejo de combustíveis líquidos e gasosos, de competência dos Municípios, decorrente desta Emenda Constitucional, somente produzirá efeitos a partir de 1.º de janeiro de 1996, reduzindo-se a correspondente alíquota, pelo menos, a um e meio por cento no exercício financeiro de 1995.

Art. 5.º Até 31 de dezembro de 1999, os Estados, o Distrito Federal e os Municípios somente poderão emitir títulos da dívida pública no montante necessário ao refinanciamento do principal devidamente atualizado de suas obrigações, representadas por essa espécie de títulos, ressalvado o disposto no art. 33, parágrafo único, do Ato das Disposições Constitucionais Transitórias.

Art. 6.º Revogam-se o inciso IV e o § 4.º do art. 156 da Constituição Federal.

Brasília, em 17 de março de 1993.

A Mesa da Câmara dos Deputados
Deputado INOCÊNCIO OLIVEIRA
Presidente

A Mesa do Senado Federal
Senador HUMBERTO LUCENA
Presidente

EMENDA CONSTITUCIONAL N. 17, DE 22 DE NOVEMBRO DE 1997 (*)

Altera dispositivos dos arts. 71 e 72 do Ato das Disposições Constitucionais Transitórias, introduzidos pela Emenda Constitucional de Revisão n. 1, de 1994.

As Mesas da Câmara dos Deputados e do Senado Federal, nos termos do § 3.º do art. 60 da Constituição Federal, promulgam a seguinte Emenda ao texto constitucional:

Art. 1.º O *caput* do art. 71 do Ato das Disposições Constitucionais Transitórias passa a vigorar com a seguinte redação:

•• Alteração já processada no diploma modificado.

Art. 2.º O inciso V do art. 72 do Ato das Disposições Constitucionais Transitórias passa a vigorar com a seguinte redação:

•• Alteração já processada no diploma modificado.

Art. 3.º A União repassará aos Municípios, do produto da arrecadação do Imposto sobre a Renda e Proventos de Qualquer Natureza, tal como considerado na constituição dos fundos de que trata o art. 159, I, da Constituição, excluída a parcela referida no art. 72, I, do Ato das Disposições Constitucionais Transitórias, os seguintes percentuais:

I – um inteiro e cinquenta e seis centésimos por cento, no período de 1.º de julho de 1997 a 31 de dezembro de 1997;

(*) Publicada no *Diário Oficial da União* de 25-11-1997.

II – um inteiro e oitocentos e setenta e cinco milésimos por cento, no período de 1.º de janeiro de 1998 a 31 de dezembro de 1998;

III – dois inteiros e cinco décimos por cento, no período de 1.º de janeiro de 1999 a 31 de dezembro de 1999.

Parágrafo único. O repasse dos recursos de que trata este artigo obedecerá à mesma periodicidade e aos mesmos critérios de repartição e normas adotadas no Fundo de Participação dos Municípios, observado o disposto no art. 160 da Constituição.

Art. 4.º Os efeitos do disposto nos arts. 71 e 72 do Ato das Disposições Constitucionais Transitórias, com a redação dada pelos arts. 1.º e 2.º desta Emenda, são retroativos a 1.º de julho de 1997.

Parágrafo único. As parcelas de recursos destinados ao Fundo de Estabilização Fiscal e entregues na forma do art. 159, I, da Constituição, no período compreendido entre 1.º de julho de 1997 e a data de promulgação desta Emenda, serão deduzidas das cotas subsequentes, limitada a dedução a um décimo do valor total entregue em cada mês.

Art. 5.º Observado o disposto no artigo anterior, a União aplicará as disposições do art. 3.º desta Emenda retroativamente a 1.º de julho de 1997.

Art. 6.º Esta Emenda Constitucional entra em vigor na data de sua publicação.

Brasília, 22 de novembro de 1997.

Mesa da Câmara dos Deputados

Deputado MICHEL TEMER

Presidente

Mesa do Senado Federal

Senador ANTONIO CARLOS MAGALHÃES

Presidente

EMENDA CONSTITUCIONAL N. 19, DE 4 DE JUNHO DE 1998 (*)

Modifica o regime e dispõe sobre princípios e normas da Administração Pública, servidores e agentes políticos, controle de despesas e finanças públicas e custeio de atividades a cargo do Distrito Federal, e dá outras providências.

As Mesas da Câmara dos Deputados e do Senado Federal, nos termos do § 3.º do art. 60 da Constituição Federal, promulgam esta Emenda ao texto constitucional:

Art. 1.º Os incisos XIV e XXII do art. 21 e XXVII do art. 22 da Constituição Federal passam a vigorar com a seguinte redação:

•• Alterações já processadas no diploma modificado.

Art. 2.º O § 2.º do art. 27 e os incisos V e VI do art. 29 da Constituição Federal passam a vigorar com a seguinte redação, inserindo-se § 2.º no art. 28 e renumerando-se para § 1.º o atual parágrafo único:

•• Alteração no art. 29, VI, prejudicada pela Emenda Constitucional n. 25, de 14-2-2000.

Art. 3.º O *caput*, os incisos I, II, V, VII, X, XI, XIII, XIV, XV, XVI, XVII e XIX e o § 3.º do art. 37 da Constituição Federal passam a vigorar com a seguinte redação, acrescendo-se ao artigo os §§ 7.º a 9.º:

•• Alteração nos arts. 37, XI e XVI, c, prejudicada pelas Emendas Constitucionais n. 41, de 19-12-2003, e 34, de 13-12-2001, respectivamente.

Art. 4.º O *caput* do art. 38 da Constituição Federal passa a vigorar com a seguinte redação:

•• Alteração já processada no diploma modificado.

(*) Publicada no *Diário Oficial da União* de 5-6-1998.

Art. 5.º O art. 39 da Constituição Federal passa a vigorar com a seguinte redação:

•• Alteração já processada no diploma modificado.

Art. 6.º O art. 41 da Constituição Federal passa a vigorar com a seguinte redação:

•• Alteração já processada no diploma modificado.

Art. 7.º O art. 48 da Constituição Federal passa a vigorar acrescido do seguinte inciso XV:

•• Alteração no art. 48, XV, prejudicada pela Emenda Constitucional n. 25, de 14-2-2000.

Art. 8.º Os incisos VII e VIII do art. 49 da Constituição Federal passam a vigorar com a seguinte redação:

•• Alterações já processadas no diploma modificado.

Art. 9.º O inciso IV do art. 51 da Constituição Federal passa a vigorar com a seguinte redação:

•• Alteração já processada no diploma modificado.

Art. 10. O inciso XIII do art. 52 da Constituição Federal passa a vigorar com a seguinte redação:

•• Alteração já processada no diploma modificado.

Art. 11. O § 7.º do art. 57 da Constituição Federal passa a vigorar com a seguinte redação:

•• Alteração prejudicada pela Emenda Constitucional n. 32, de 11-9-2001, que deu nova redação ao § 7.º do art. 57 da CF.

Art. 12. O parágrafo único do art. 70 da Constituição Federal passa a vigorar com a seguinte redação:

•• Alteração já processada no diploma modificado.

Art. 13. O inciso V do art. 93, o inciso III do art. 95 e a alínea *b* do inciso II do art. 96 da Constituição Federal passam a vigorar com a seguinte redação:

•• Alteração no art. 96, II, *b*, prejudicada pela Emenda Constitucional n. 41, de 19-12-2003.

Art. 14. O § 2.º do art. 127 da Constituição Federal passa a vigorar com a seguinte redação:

•• Alteração já processada no diploma modificado.

Art. 15. A alínea *c* do inciso I do § 5.º do art. 128 da Constituição Federal passa a vigorar com a seguinte redação:

•• Alteração já processada no diploma modificado.

Art. 16. A Seção II do Capítulo IV do Título IV da Constituição Federal passa a denominar-se "DA ADVOCACIA PÚBLICA".

Art. 17. O art. 132 da Constituição Federal passa a vigorar com a seguinte redação:

•• Alteração já processada no diploma modificado.

Art. 18. O art. 135 da Constituição Federal passa a vigorar com a seguinte redação:

•• Alteração já processada no diploma modificado.

Art. 19. O § 1.º e seu inciso III e os §§ 2.º e 3.º do art. 144 da Constituição Federal passam a vigorar com a seguinte redação, inserindo-se no artigo § 9.º:

•• Alterações já processadas no diploma modificado.

Art. 20. O *caput* do art. 167 da Constituição Federal passa a vigorar acrescido de inciso X, com a seguinte redação:

•• Alteração já processada no diploma modificado.

Art. 21. O art. 169 da Constituição Federal passa a vigorar com a seguinte redação:

•• Alteração já processada no diploma modificado.

Art. 22. O § 1.º do art. 173 da Constituição Federal passa a vigorar com a seguinte redação:

•• Alteração já processada no diploma modificado.

Art. 23. O inciso V do art. 206 da Constituição Federal passa a vigorar com a seguinte redação:

•• Alteração prejudicada pela Emenda Constitucional n. 53, de 19-12-2006, que deu nova redação ao inciso V do art. 206 da CF.

Art. 24. O art. 241 da Constituição Federal passa a vigorar com a seguinte redação:

•• Alteração já processada no diploma modificado.

Art. 25. Até a instituição do fundo a que se refere o inciso XIV do art. 21 da Constituição Federal, compete à União manter os atuais compromissos financeiros com a prestação de serviços públicos do Distrito Federal.

•• A Lei n. 10.633, de 27-12-2002, institui o Fundo Constitucional do Distrito Federal – FCDF, a que se refere o inciso XIV do art. 21 da CF.

Art. 26. No prazo de 2 (dois) anos da promulgação desta Emenda, as entidades da administração indireta terão seus estatutos revistos quanto à respectiva natureza jurídica, tendo em conta a finalidade e as competências efetivamente executadas.

Art. 27. O Congresso Nacional, dentro de 120 (cento e vinte) dias da promulgação desta Emenda, elaborará lei de defesa do usuário de serviços públicos.

Art. 28. É assegurado o prazo de 2 (dois) anos de efetivo exercício para aquisição da estabilidade aos atuais servidores em estágio probatório, sem prejuízo da avaliação a que se refere o § 4.º do art. 41 da Constituição Federal.

Art. 29. Os subsídios, vencimentos, remuneração, proventos da aposentadoria e pensões e quaisquer outras espécies remuneratórias adequar-se-ão, a partir da promulgação desta Emenda, aos limites decorrentes da Constituição Federal, não se admitindo a percepção de excesso a qualquer título.

Art. 30. O projeto de lei complementar a que se refere o art. 163 da Constituição Federal será apresentado pelo Poder Executivo ao Congresso Nacional no prazo máximo de 180 (cento e oitenta) dias da promulgação desta Emenda.

Art. 31. Os servidores públicos federais da administração direta e indireta, os servidores municipais e os integrantes da carreira policial militar dos ex-Territórios Federais do Amapá e de Roraima que comprovadamente encontravam-se no exercício regular de suas funções prestando serviços àqueles ex-Territórios na data em que foram transformados em Estados, os servidores e os policiais militares admitidos regularmente pelos governos dos Estados do Amapá e de Roraima no período entre a transformação e a efetiva instalação desses Estados em outubro de 1993 e, ainda, os servidores nesses Estados com vínculo funcional já reconhecido pela União integrarão, mediante opção, quadro em extinção da administração federal.

•• *Caput* com redação determinada pela Emenda Constitucional n. 79, de 27-5-2014.

§ 1.º O enquadramento referido no *caput* para os servidores ou para os policiais militares admitidos regularmente entre a transformação e a instalação dos Estados em outubro de 1993 deverá dar-se no cargo em que foram originariamente admitidos ou em cargo equivalente.

•• § 1.º com redação determinada pela Emenda Constitucional n. 79, de 27-5-2014.

§ 2.º Os integrantes da carreira policial militar a que se refere o *caput* continuarão prestando serviços aos respectivos Estados, na condição de cedidos, submetidos às disposições estatutárias a que estão sujeitas as corporações das respectivas Polícias Militares, observados as atribuições de função compatíveis com seu grau hierárquico e o direito às devidas promoções.

•• § 2.º com redação determinada pela Emenda Constitucional n. 79, de 27-5-2014.

§ 3.º Os servidores a que se refere o *caput* continuarão prestando serviços aos respectivos Estados e a seus Municípios, na condição de cedidos, até seu aproveitamento em órgão ou entidade da administração federal direta, autárquica ou fundacional.

•• § 3.º acrescentado pela Emenda Constitucional n. 79, de 27-5-2014.

Art. 32. A Constituição Federal passa a vigorar acrescida do seguinte artigo:

•• Alteração já processada no diploma modificado.

Art. 33. Consideram-se servidores não estáveis, para os fins do art. 169, § 3.º, II, da Constituição Federal aqueles admitidos na administração direta, autárquica e fundacional sem concurso público de provas ou de provas e títulos após o dia 5 de outubro de 1983.

Art. 34. Esta Emenda Constitucional entra em vigor na data de sua promulgação.

Brasília, 4 de junho de 1998.

Mesa da Câmara dos Deputados
Deputado MICHEL TEMER
Presidente

Mesa do Senado Federal
Senador ANTONIO CARLOS
MAGALHÃES
Presidente

EMENDA CONSTITUCIONAL N. 20, DE 15 DE DEZEMBRO DE 1998 (*)

Modifica o sistema de previdência social, estabelece normas de transição e dá outras providências.

As Mesas da Câmara dos Deputados e do Senado Federal, nos termos do § 3.° do art. 60 da Constituição Federal, promulgam a seguinte Emenda ao texto constitucional:

Art. 1.° A Constituição Federal passa a vigorar com as seguintes alterações:

•• Parte das alterações foram prejudicadas por Emendas Constitucionais posteriores: arts. 40, *caput* e §§ 1.°, 3.°, 7.°, 8.° e 15, 42, § 2.°, 142, § 3.°, IX, prejudicados pela Emenda Constitucional n. 41, de 19-12-2003; arts. 40, § 4.°, 195, § 9.°, e 201, § 1.°, prejudicados pela Emenda Constitucional n. 47, de 5-7-2005; art. 100, § 3.°, prejudicado pelas Emendas Constitucionais n. 30, de 13-9-2000, e n. 62, de 9-12-2009; art. 114, § 3.°, prejudicado pela Emenda Constitucional n. 45, de 8-12-2004; art. 40, § 1.°, II, prejudicado pela Emenda Constitucional n. 88, de 7-5-2015.

Art. 2.° A Constituição Federal, nas Disposições Constitucionais Gerais, é acrescida dos seguintes artigos:

•• Alterações já processadas no diploma modificado.

Art. 3.° É assegurada a concessão de aposentadoria e pensão, a qualquer tempo, aos servidores públicos e aos segurados do regime geral de previdência social, bem como aos seus dependentes, que, até a data da publicação desta Emenda, tenham cumprido os requisitos para a obtenção destes benefícios, com base nos critérios da legislação então vigente.

§ 1.° O servidor de que trata este artigo, que tenha completado as exigências para aposentadoria integral e que opte por permanecer em atividade fará jus à isenção da contribuição previdenciária até completar as exigências para aposentadoria contidas no art. 40, § 1.°, III, *a*, da Constituição Federal.

§ 2.° Os proventos da aposentadoria a ser concedida aos servidores públicos referidos no *caput*, em termos integrais ou proporcionais ao tempo de serviço já exercido até a data de publicação desta Emenda, bem como as pensões de seus dependentes, serão calculados de acordo com a legislação em vigor à época em que foram atendidas as prescrições nela estabelecidas para a concessão destes benefícios ou nas condições da legislação vigente.

§ 3.° São mantidos todos os direitos e garantias assegurados nas disposições constitucionais vigentes à data de publicação desta Emenda aos servidores e militares, inativos e pensionistas, aos anistiados e aos ex-combatentes, assim como àqueles que já cumpriram, até aquela data, os requisitos para usufruírem tais direitos, observado o disposto no art. 37, XI, da Constituição Federal.

Art. 4.° Observado o disposto no art. 40, § 10, da Constituição Federal, o tempo de serviço considerado pela legislação vigente para efeito de aposentadoria, cumprido até que a lei discipline a matéria, será contado como tempo de contribuição.

•• *Vide* art. 2.° da Emenda Constitucional n. 41, de 19-12-2003.

Art. 5.° O disposto no art. 202, § 3.°, da Constituição Federal, quanto à exigência de paridade entre a contribuição da patrocinadora e a contribuição do segurado, terá vigência no prazo de 2 (dois) anos a partir da publicação desta Emenda, ou, caso ocorra antes, na data de publicação da lei complementar a que se refere o § 4.° do mesmo artigo.

•• A Lei Complementar n. 108, de 29-5-2001, dispõe sobre a relação entre a União, os Estados, o Distrito Federal e os Municípios, suas autarquias, fundações, sociedades de economia mista e outras entidades públicas e suas respectivas entidades fechadas de Previdência Complementar.

Art. 6.° As entidades fechadas de previdência privada patrocinadas por entidades públicas, inclusive empresas públicas e sociedades de economia mista, deverão rever, no prazo de 2 (dois) anos,

(*) Publicada no *Diário Oficial da União* de 16-12-1998.

a contar da publicação desta Emenda, seus planos de benefícios e serviços, de modo a ajustá-los atuarialmente a seus ativos, sob pena de intervenção, sendo seus dirigentes e os de suas respectivas patrocinadoras responsáveis civil e criminalmente pelo descumprimento do disposto neste artigo.

Art. 7.º Os projetos das leis complementares previstos no art. 202 da Constituição Federal deverão ser apresentados ao Congresso Nacional no prazo máximo de 90 (noventa) dias após a publicação desta Emenda.

•• Previdência Complementar: Leis Complementares n. 108 e n. 109, ambas de 29-5-2001.

Art. 8.º (*Revogado pela Emenda Constitucional n. 41, de 19-12-2003.*)

Art. 9.º Observado o disposto no art. 4.º desta Emenda e ressalvado o direito de opção a aposentadoria pelas normas por ela estabelecidas para o regime geral de previdência social, é assegurado o direito à aposentadoria ao segurado que se tenha filiado ao regime geral de previdência social, até a data de publicação desta Emenda, quando, cumulativamente, atender aos seguintes requisitos:

I – contar com 53 (cinquenta e três) anos de idade, se homem, e 48 (quarenta e oito) anos de idade, se mulher; e

II – contar tempo de contribuição igual, no mínimo, à soma de:

a) 35 (trinta e cinco) anos, se homem, e 30 (trinta) anos, se mulher; e

b) um período adicional de contribuição equivalente a 20% (vinte por cento) do tempo que, na data da publicação desta Emenda, faltaria para atingir o limite de tempo constante da alínea anterior.

§ 1.º O segurado de que trata este artigo, desde que atendido o disposto no inciso I do *caput*, e observado o disposto no art. 4.º desta Emenda, pode aposentar-se com valores proporcionais ao tempo de contribuição, quando atendidas as seguintes condições:

I – contar tempo de contribuição igual, no mínimo, à soma de:

a) 30 (trinta) anos, se homem, e 25 (vinte e cinco) anos, se mulher; e

b) um período adicional de contribuição equivalente a 40% (quarenta por cento) do tempo que, na data da publicação desta Emenda, faltaria para atingir o limite de tempo constante da alínea anterior;

II – o valor da aposentadoria proporcional será equivalente a 70% (setenta por cento) do valor da aposentadoria a que se refere o *caput*, acrescido de 5% (cinco por cento) por ano de contribuição que supere a soma a que se refere o inciso anterior, até o limite de 100% (cem por cento).

§ 2.º O professor que, até a data da publicação desta Emenda, tenha exercido atividade de magistério e que opte por aposentar-se na forma do disposto no *caput*, terá o tempo de serviço exercido até a publicação desta Emenda contado com o acréscimo de 17% (dezessete por cento), se homem, e de 20% (vinte por cento), se mulher, desde que se aposente, exclusivamente, com tempo de efetivo exercício de atividade de magistério.

Art. 10. (*Revogado pela Emenda Constitucional n. 41, de 19-12-2003.*)

Art. 11. A vedação prevista no art. 37, § 10, da Constituição Federal, não se aplica aos membros de poder e aos inativos, servidores e militares, que, até a publicação desta Emenda, tenham ingressado novamente no serviço público por concurso público de provas ou de provas e títulos, e pelas demais formas previstas na Constituição Federal, sendo-lhes proibida a percepção de mais de uma aposentadoria pelo regime de previdência a que se refere o art. 40 da Constituição Federal, aplicando-se-lhes, em qualquer hipótese, o limite de que trata o § 11 deste mesmo artigo.

Art. 12. Até que produzam efeitos as leis que irão dispor sobre as contribuições de que trata o art. 195 da Constituição Federal, são exigíveis as estabelecidas em lei, destinadas ao custeio da seguridade social e dos diversos regimes previdenciários.

Art. 13. Até que a lei discipline o acesso ao salário-família e auxílio-reclusão para os servidores, segurados e seus dependentes, esses benefícios serão concedidos apenas àqueles que tenham renda bruta mensal igual ou inferior a R$ 360,00 (trezentos e sessenta reais), que, até a publicação da lei, serão corrigidos pelos mesmos índices aplicados aos benefícios do regime geral de previdência social.

Art. 14. O limite máximo para o valor dos benefícios do regime geral de previdência social de que trata o art. 201 da Constituição Federal é fixado em R$ 1.200,00 (um mil e duzentos reais), devendo, a partir da data da publicação desta Emenda, ser reajustado de forma a preservar, em caráter permanente, seu valor real, atualizado pelos mesmos índices aplicados aos benefícios do regime geral de previdência social.

•• A ADI n. 1.946-5, de 3-4-2003 (*DOU* de 5-6-2003), deu a este artigo, sem redução de texto, interpretação conforme a CF, para excluir sua aplicação ao salário da licença à gestante a que se refere o art. 7.º, XVIII, da CF.

•• Os benefícios previdenciários são reajustados anualmente por meio de ato administrativo do Ministro de Estado da Previdência Social.

Art. 15. Até que a lei complementar a que se refere o art. 201, § 1.º, da Constituição Federal, seja publicada, permanece em vigor o disposto nos arts. 57 e 58 da Lei n. 8.213, de 24 de julho de 1991, na redação vigente à data da publicação desta Emenda.

Art. 16. Esta Emenda Constitucional entra em vigor na data de sua publicação.

Art. 17. Revoga-se o inciso II do § 2.º do art. 153 da Constituição Federal.

Brasília, 15 de dezembro de 1998.

Mesa da Câmara dos Deputados
Deputado MICHEL TEMER
Presidente

Mesa do Senado Federal
Senador ANTONIO CARLOS MAGALHÃES
Presidente

EMENDA CONSTITUCIONAL N. 24, DE 9 DE DEZEMBRO DE 1999 (*)

Altera dispositivos da Constituição Federal pertinentes à representação classista na Justiça do Trabalho.

As Mesas da Câmara dos Deputados e do Senado Federal, nos termos do § 3.º do art. 60 da Constituição Federal, promulgam a seguinte Emenda ao texto constitucional:

Art. 1.º Os arts. 111, 112, 113, 115 e 116 da Constituição Federal passam a vigorar com a seguinte redação:

•• Parte das alterações foram prejudicadas por Emendas Constitucionais posteriores: arts. 111, §§ 1.º e 2.º, 112 e 115, prejudicados pela Emenda Constitucional n. 45, de 8-12-2004.

Art. 2.º É assegurado o cumprimento dos mandatos dos atuais ministros classistas temporários do Tribunal Superior do Trabalho e dos atuais juízes classistas temporários dos Tribunais Regionais do Trabalho e das Juntas de Conciliação e Julgamento.

Art. 3.º Esta Emenda Constitucional entra em vigor na data de sua publicação.

Art. 4.º Revoga-se o art. 117 da Constituição Federal.

Brasília, em 9 de dezembro de 1999.

Mesa da Câmara dos Deputados
Deputado MICHEL TEMER
Presidente

Mesa do Senado Federal
Senador ANTONIO CARLOS MAGALHÃES
Presidente

(*) Publicada no *Diário Oficial da União* de 10-12-1999.

EMENDA CONSTITUCIONAL N. 32, DE 11 DE SETEMBRO DE 2001 (*)

Altera dispositivos dos arts. 48, 57, 61, 62, 64, 66, 84, 88 e 246 da Constituição Federal, e dá outras providências.

As Mesas da Câmara dos Deputados e do Senado Federal, nos termos do § 3.º do art. 60 da Constituição Federal, promulgam a seguinte Emenda ao texto constitucional:

Art. 1.º Os arts. 48, 57, 61, 62, 64, 66, 84, 88 e 246 da Constituição Federal passam a vigorar com as seguintes alterações:

•• Alteração no art. 57, § 7.º, prejudicada pela Emenda Constitucional n. 50, de 14-2-2006.

Art. 2.º As medidas provisórias editadas em data anterior à da publicação desta emenda continuam em vigor até que medida provisória ulterior as revogue explicitamente ou até deliberação definitiva do Congresso Nacional.

Art. 3.º Esta Emenda Constitucional entra em vigor na data de sua publicação.

Brasília, 11 de setembro de 2001.

Mesa da Câmara dos Deputados
Deputado AÉCIO NEVES
Presidente

Mesa do Senado Federal
Senador EDISON LOBÃO
Presidente, Interino

(*) Publicada no *Diário Oficial da União* de 12-9-2001.

EMENDA CONSTITUCIONAL N. 33, DE 11 DE DEZEMBRO DE 2001 (**)

Altera os arts. 149, 155 e 177 da Constituição Federal.

As Mesas da Câmara dos Deputados e do Senado Federal, nos termos do § 3.º do art. 60 da Constituição Federal, promulgam a seguinte Emenda ao texto constitucional:

Art. 1.º O art. 149 da Constituição Federal passa a vigorar acrescido dos seguintes parágrafos, renumerando-se o atual parágrafo único para § 1.º:

•• Alteração no art. 149, § 2.º, II, prejudicada pela Emenda Constitucional n. 42, de 19-12-2003.

Art. 2.º O art. 155 da Constituição Federal passa a vigorar com as seguintes alterações:

•• Alterações já processadas no diploma modificado.

Art. 3.º O art. 177 da Constituição Federal passa a vigorar acrescido do seguinte parágrafo:

•• Alteração já processada no diploma modificado.

Art. 4.º Enquanto não entrar em vigor a lei complementar de que trata o art. 155, § 2.º, XII, *h*, da Constituição Federal, os Estados e o Distrito Federal, mediante convênio celebrado nos termos do § 2.º, XII, *g*, do mesmo artigo, fixarão normas para regular provisoriamente a matéria.

Art. 5.º Esta Emenda Constitucional entra em vigor na data de sua promulgação.

Brasília, 11 de dezembro de 2001.

Mesa da Câmara dos Deputados
Deputado AÉCIO NEVES
Presidente

(**) Publicada no *Diário Oficial da União* de 12-12-2001.

Mesa do Senado Federal
Senador RAMEZ TEBET
Presidente

EMENDA CONSTITUCIONAL N. 41, DE 19 DE DEZEMBRO DE 2003 (*)

Modifica os arts. 37, 40, 42, 48, 96, 149 e 201 da Constituição Federal, revoga o inciso IX do § 3.º do art. 142 da Constituição Federal e dispositivos da Emenda Constitucional n. 20, de 15 de dezembro de 1998, e dá outras providências.

As Mesas da Câmara dos Deputados e do Senado Federal, nos termos do § 3.º do art. 60 da Constituição Federal, promulgam a seguinte Emenda ao texto constitucional:

Art. 1.º A Constituição Federal passa a vigorar com as seguintes alterações:

•• Alteração no art. 201, § 12, prejudicada pela Emenda Constitucional n. 47, de 5-7-2005.

Art. 2.º Observado o disposto no art. 4.º da Emenda Constitucional n. 20, de 15 de dezembro de 1998, é assegurado o direito de opção pela aposentadoria voluntária com proventos calculados de acordo com o art. 40, §§ 3.º e 17, da Constituição Federal, àquele que tenha ingressado regularmente em cargo efetivo na Administração Pública direta, autárquica e fundacional, até a data de publicação daquela Emenda, quando o servidor, cumulativamente:

•• *Vide* art. 3.º da Emenda Constitucional n. 47, de 5-7-2005.

I – tiver cinquenta e três anos de idade, se homem, e quarenta e oito anos de idade, se mulher;

II – tiver cinco anos de efetivo exercício no cargo em que se der a aposentadoria;

III – contar tempo de contribuição igual, no mínimo, à soma de:

a) trinta e cinco anos, se homem, e trinta anos, se mulher; e

b) um período adicional de contribuição equivalente a vinte por cento do tempo que, na data de publicação daquela Emenda, faltaria para atingir o limite de tempo constante da alínea *a* deste inciso.

§ 1.º O servidor de que trata este artigo que cumprir as exigências para aposentadoria na forma do *caput* terá os seus proventos de inatividade reduzidos para cada ano antecipado em relação aos limites de idade estabelecidos pelo art. 40, § 1.º, III, *a*, e § 5.º da Constituição Federal, na seguinte proporção:

I – três inteiros e cinco décimos por cento, para aquele que completar as exigências para aposentadoria na forma do *caput* até 31 de dezembro de 2005;

II – cinco por cento, para aquele que completar as exigências para aposentadoria na forma do *caput* a partir de 1.º de janeiro de 2006.

§ 2.º Aplica-se ao magistrado e ao membro do Ministério Público e de Tribunal de Contas o disposto neste artigo.

§ 3.º Na aplicação do disposto no § 2.º deste artigo, o magistrado ou o membro do Ministério Público ou de Tribunal de Contas, se homem, terá o tempo de serviço exercido até a data de publicação da Emenda Constitucional n. 20, de 15 de dezembro de 1998, contado com acréscimo de dezessete por cento, observado o disposto no § 1.º deste artigo.

§ 4.º O professor, servidor da União, dos Estados, do Distrito Federal e dos Municípios, incluídas suas autarquias e fundações, que, até a data de publicação da Emenda Constitucional

(*) Publicada no *Diário Oficial da União* de 31-12-2003. A Lei n. 10.887, de 18-6-2004, dispõe sobre a aplicação de disposições desta Emenda Constitucional.

n. 20, de 15 de dezembro de 1998, tenha ingressado, regularmente, em cargo efetivo de magistério e que opte por aposentar-se na forma do disposto no *caput*, terá o tempo de serviço exercido até a publicação daquela Emenda contado com o acréscimo de dezessete por cento, se homem, e de vinte por cento, se mulher, desde que se aposente, exclusivamente, com tempo de efetivo exercício nas funções de magistério, observado o disposto no § 1.º.

§ 5.º O servidor de que trata este artigo, que tenha completado as exigências para aposentadoria voluntária estabelecidas no *caput*, e que opte por permanecer em atividade, fará jus a um abono de permanência equivalente ao valor da sua contribuição previdenciária até completar as exigências para aposentadoria compulsória contidas no art. 40, § 1.º, II, da Constituição Federal.

•• O Ato Declaratório Interpretativo n. 24, de 4-10-2004, da Secretaria da Receita Federal, dispõe sobre o abono de permanência a que se refere este parágrafo.

§ 6.º Às aposentadorias concedidas de acordo com este artigo aplica-se o disposto no art. 40, § 8.º, da Constituição Federal.

Art. 3.º É assegurada a concessão, a qualquer tempo, de aposentadoria aos servidores públicos, bem como pensão aos seus dependentes, que, até a data de publicação desta Emenda, tenham cumprido todos os requisitos para obtenção desses benefícios, com base nos critérios da legislação então vigente.

§ 1.º O servidor de que trata este artigo que opte por permanecer em atividade tendo completado as exigências para aposentadoria voluntária e que conte com, no mínimo, vinte e cinco anos de contribuição, se mulher, ou trinta anos de contribuição, se homem, fará jus a um abono de permanência equivalente ao valor da sua contribuição previdenciária até completar as exigências para aposentadoria compulsória contidas no art. 40, § 1.º, II, da Constituição Federal.

•• O Ato Declaratório Interpretativo n. 24, de 4-10-2004, da Secretaria da Receita Federal, dispõe sobre o abono de permanência a que se refere este parágrafo.

§ 2.º Os proventos da aposentadoria a ser concedida aos servidores públicos referidos no *caput*, em termos integrais ou proporcionais ao tempo de contribuição já exercido até a data de publicação desta Emenda, bem como as pensões de seus dependentes, serão calculados de acordo com a legislação em vigor à época em que foram atendidos os requisitos nela estabelecidos para a concessão desses benefícios ou nas condições da legislação vigente.

Art. 4.º Os servidores inativos e os pensionistas da União, dos Estados, do Distrito Federal e dos Municípios, incluídas suas autarquias e fundações, em gozo de benefícios na data de publicação desta Emenda, bem como os alcançados pelo disposto no seu art. 3.º, contribuirão para o custeio do regime de que trata o art. 40 da Constituição Federal com percentual igual ao estabelecido para os servidores titulares de cargos efetivos.

Parágrafo único. A contribuição previdenciária a que se refere o *caput* incidirá apenas sobre a parcela dos proventos e das pensões que supere:

I – cinquenta por cento do limite máximo estabelecido para os benefícios do regime geral de previdência social de que trata o art. 201 da Constituição Federal, para os servidores inativos e os pensionistas dos Estados, do Distrito Federal e dos Municípios;

•• O STF, nas ADIs n. 3.105-8, de 18-10-2006 (*DOU* de 9-3-2007), e 3.128-7, de 26-5-2004 (*DOU* de 19-9-2006), julgou inconstitucional a expressão "cinquenta por cento do" contida neste inciso pelo que se aplica então à hipótese do art. 4.º desta Emenda Constitucional o § 18 do art. 40 da Constituição.

II – sessenta por cento do limite máximo estabelecido para os benefícios do regime geral de previdência social de que trata o art. 201 da Constituição Federal, para os servidores inativos e os pensionistas da União.

•• O STF, nas ADIs n. 3.105-8, de 18-10-2006 (*DOU* de 9-3-2007), e 3.128-7, de 26-5-2004 (*DOU* de 19-9-2006), julgou inconstitucional a expressão "sessenta por cento do" contida neste inciso pelo que se aplica então à hipótese do art. 4.º desta Emenda Constitucional o § 18 do art. 40 da Constituição.

Art. 5.º O limite máximo para o valor dos benefícios do regime geral de previdência social de que trata o art. 201 da Constituição Federal é fixado em R$ 2.400,00 (dois mil e quatrocentos reais), devendo, a partir da data de publicação desta Emenda, ser reajustado de forma a preservar, em caráter permanente, seu valor real, atualizado pelos mesmos índices aplicados aos benefícios do regime geral de previdência social.

•• Os benefícios previdenciários são reajustados anualmente por meio de ato administrativo do Ministro de Estado da Previdência Social.

Art. 6.º Ressalvado o direito de opção à aposentadoria pelas normas estabelecidas pelo art. 40 da Constituição Federal ou pelas regras estabelecidas pelo art. 2.º desta Emenda, o servidor da União, dos Estados, do Distrito Federal e dos Municípios, incluídas suas autarquias e fundações, que tenha ingressado no serviço público até a data de publicação desta Emenda poderá aposentar-se com proventos integrais, que corresponderão à totalidade da remuneração do servidor no cargo efetivo em que se der a aposentadoria, na forma da lei, quando, observadas as reduções de idade e tempo de contribuição contidas no § 5.º do art. 40 da Constituição Federal, vier a preencher, cumulativamente, as seguintes condições:

•• *Vide* arts. 2.º e 3.º da Emenda Constitucional n. 47, de 5-7-2005.

I – sessenta anos de idade, se homem, e cinquenta e cinco anos de idade, se mulher;

II – trinta e cinco anos de contribuição, se homem, e trinta anos de contribuição, se mulher;

III – vinte anos de efetivo exercício no serviço público; e

IV – dez anos de carreira e cinco anos de efetivo exercício no cargo em que se der a aposentadoria.

Parágrafo único. (*Revogado pela Emenda Constitucional n. 47, de 5-7-2005, em vigor na data de sua publicação, com efeitos retroativos à data de vigência da Emenda Constitucional n. 41, de 19-12-2003.*)

Art. 6.º-A. O servidor da União, dos Estados, do Distrito Federal e dos Municípios, incluídas suas autarquias e fundações, que tenha ingressado no serviço público até a data de publicação desta Emenda Constitucional e que tenha se aposentado ou venha a se aposentar por invalidez permanente, com fundamento no inciso I do § 1.º do art. 40 da Constituição Federal, tem direito a proventos de aposentadoria calculados com base na remuneração do cargo efetivo em que se der a aposentadoria, na forma da lei, não sendo aplicáveis as disposições constantes dos §§ 3.º, 8.º e 17 do art. 40 da Constituição Federal.

•• *Caput* acrescentado pela Emenda Constitucional n. 70, de 29-3-2012.

Parágrafo único. Aplica-se ao valor dos proventos de aposentadorias concedidas com base no *caput* o disposto no art. 7.º desta Emenda Constitucional, observando-se igual critério de revisão às pensões derivadas dos proventos desses servidores.

•• Parágrafo único acrescentado pela Emenda Constitucional n. 70, de 29-3-2012.

Art. 7.º Observado o disposto no art. 37, XI, da Constituição Federal, os proventos de aposentadoria dos servidores públicos titulares de cargo efetivo e as pensões dos seus dependentes pagos pela União, Estados, Distrito Federal e Municípios, incluídas suas autarquias e fundações, em fruição na data de publicação desta Emenda, bem como os proventos de aposentadoria dos servidores e as pensões dos dependentes abrangidos pelo art. 3.º desta Emenda, serão revistos na mesma proporção e na mesma data, sempre que se modificar a remuneração dos servidores em atividade, sendo também estendidos aos aposentados e pensionistas quaisquer benefícios ou vantagens posteriormente concedidos aos servidores em atividade, inclusive quando decorrentes da transformação ou reclassificação do cargo ou função em que se deu a aposentadoria ou que serviu de referência para a concessão da pensão, na forma da lei.

•• *Vide* arts. 2.º e 3.º, parágrafo único, da Emenda Constitucional n. 47, de 5-7-2005.

Art. 8.º Até que seja fixado o valor do subsídio de que trata o art. 37, XI, da Constituição Federal, será considerado, para os fins do limite fixado naquele inciso, o valor da maior remuneração atribuída por lei na data de publicação desta Emenda a Ministro do Supremo Tribunal Federal, a título de vencimento, de representação mensal e da parcela recebida em razão de tempo de serviço, aplicando-se como limite, nos Municípios, o subsídio do Prefeito, e nos Estados e no Distrito Federal, o subsídio mensal do Governador no âmbito do Poder Executivo, o subsídio dos Deputados Estaduais e Distritais no âmbito do Poder Legislativo e o subsídio dos Desembargadores do Tribunal de Justiça, limitado a noventa inteiros e vinte e cinco centésimos por cento da maior remuneração mensal de Ministro do Supremo Tribunal Federal a que se refere este artigo, no âmbito do Poder Judiciário, aplicável este limite aos membros do Ministério Público, aos Procuradores e aos Defensores Públicos.

Art. 9.º Aplica-se o disposto no art. 17 do Ato das Disposições Constitucionais Transitórias aos vencimentos, remunerações e subsídios dos ocupantes de cargos, funções e empregos públicos da administração direta, autárquica e fundacional, dos membros de qualquer dos Poderes da União, dos Estados, do Distrito Federal e dos Municípios, dos detentores de mandato eletivo e dos demais agentes políticos e os proventos, pensões ou outra espécie remuneratória percebidos cumulativamente ou não, incluídas as vantagens pessoais ou de qualquer outra natureza.

Art. 10. Revogam-se o inciso IX do § 3.º do art. 142 da Constituição Federal, bem como os arts. 8.º e 10 da Emenda Constitucional n. 20, de 15 de dezembro de 1998.

Art. 11. Esta Emenda Constitucional entra em vigor na data de sua publicação.

Brasília, em 19 de dezembro de 2003.

Mesa da Câmara dos Deputados
Deputado JOÃO PAULO CUNHA
Presidente

Mesa do Senado Federal
Senador JOSÉ SARNEY
Presidente

EMENDA CONSTITUCIONAL N. 42, DE 19 DE DEZEMBRO DE 2003 (*)

Altera o Sistema Tributário Nacional e dá outras providências.

As Mesas da Câmara dos Deputados e do Senado Federal, nos termos do § 3.º do art. 60 da Constituição Federal, promulgam a seguinte Emenda ao texto constitucional:

Art. 1.º Os artigos da Constituição a seguir enumerados passam a vigorar com as seguintes alterações:

•• Alteração no art. 159, III, prejudicada pela Emenda Constitucional n. 47, de 5-7-2005.

Art. 2.º Os artigos do Ato das Disposições Constitucionais Transitórias a seguir enumerados passam a vigorar com as seguintes alterações:

•• Alteração no art. 76 do ADCT prejudicada pela Emenda Constitucional n. 68, de 21-12-2011.

Art. 3.º O Ato das Disposições Constitucionais Transitórias passa a vigorar acrescido dos seguintes artigos:

•• Alterações já processadas no diploma modificado.

Art. 4.º Os adicionais criados pelos Estados e pelo Distrito Federal até a data da promulgação desta Emenda, naquilo em que estiverem em desacordo com o previsto nesta Emenda, na Emenda Constitucional n. 31, de 14 de dezem-

(*) Publicada no *Diário Oficial da União* de 31-12-2003.

bro de 2000, ou na lei complementar de que trata o art. 155, § 2.º, XII, da Constituição, terão vigência, no máximo, até o prazo previsto no art. 79 do Ato das Disposições Constitucionais Transitórias.

•• *Vide* Emenda Constitucional n. 67, de 22-12-2010.

Art. 5.º O Poder Executivo, em até sessenta dias contados da data da promulgação desta Emenda, encaminhará ao Congresso Nacional projeto de lei, sob o regime de urgência constitucional, que disciplinará os benefícios fiscais para a capacitação do setor de tecnologia da informação, que vigerão até 2019 nas condições que estiverem em vigor no ato da aprovação desta Emenda.

Art. 6.º Fica revogado o inciso II do § 3.º do art. 84 do Ato das Disposições Constitucionais Transitórias.

Brasília, em 19 de dezembro de 2003.

Mesa da Câmara dos Deputados
Deputado JOÃO PAULO CUNHA
Presidente

Mesa do Senado Federal
Senador JOSÉ SARNEY
Presidente

EMENDA CONSTITUCIONAL N. 45, DE 8 DE DEZEMBRO DE 2004 (*)

Altera dispositivos dos arts. 5.º, 36, 52, 92, 93, 95, 98, 99, 102, 103, 104, 105, 107, 109, 111, 112, 114, 115, 125, 126, 127, 128, 129, 134 e 168 da Constituição Federal, e acrescenta os arts. 103-A, 103-B, 111-A e 130-A, e dá outras providências.

As Mesas da Câmara dos Deputados e do Senado Federal, nos termos do § 3.º do art. 60 da Constituição Federal, promulgam a seguinte Emenda ao texto constitucional:

Art. 1.º Os arts. 5.º, 36, 52, 92, 93, 95, 98, 99, 102, 103, 104, 105, 107, 109, 111, 112, 114, 115, 125, 126, 127, 128, 129, 134 e 168 da Constituição Federal passam a vigorar com a seguinte redação:

•• Alterações já processadas no diploma modificado.

Art. 2.º A Constituição Federal passa a vigorar acrescida dos seguintes arts. 103-A, 103-B, 111-A e 130-A:

•• Alteração parcialmente prejudicada pela Emenda Constitucional n. 61, de 11-11-2009, que deu nova redação ao art. 103-B da CF.

Art. 3.º A lei criará o Fundo de Garantia das Execuções Trabalhistas, integrado pelas multas decorrentes de condenações trabalhistas e administrativas oriundas da fiscalização do trabalho, além de outras receitas.

Art. 4.º Ficam extintos os tribunais de Alçada, onde houver, passando os seus membros a integrar os Tribunais de Justiça dos respectivos Estados, respeitadas a antiguidade e classe de origem.

Parágrafo único. No prazo de cento e oitenta dias, contado da promulgação desta Emenda, os Tribunais de Justiça, por ato administrativo, promoverão a integração dos membros dos tribunais extintos em seus quadros, fixando-lhes a competência e remetendo, em igual prazo, ao Poder Legislativo, proposta de alteração da organização e da divisão judiciária correspondentes, assegurados os direitos dos inativos e pensionistas e o aproveitamento dos servidores no Poder Judiciário estadual.

Art. 5.º O Conselho Nacional de Justiça e o Conselho Nacional do Ministério Público serão instalados no prazo de cento e oitenta dias a contar da promulgação desta Emenda, devendo a indicação ou escolha de seus membros ser efetuada até trinta dias antes do termo final.

•• A Resolução n. 7, de 27-4-2005, do Senado Federal, estabelece normas para apreciação das indicações para composição do CNJ e do CNMP.

(*) Publicada no *Diário Oficial da União* de 31-12-2004.

• A Resolução n. 135, de 13-7-2011, do CNJ, dispõe sobre a uniformização de normas relativas ao procedimento administrativo disciplinar aplicável aos magistrados, acerca do rito e das penalidades.

§ 1.º Não efetuadas as indicações e escolha dos nomes para os Conselhos Nacional de Justiça e do Ministério Público dentro do prazo fixado no *caput* deste artigo, caberá, respectivamente, ao Supremo Tribunal Federal e ao Ministério Público da União realizá-las.

§ 2.º Até que entre em vigor o Estatuto da Magistratura, o Conselho Nacional de Justiça, mediante resolução, disciplinará seu funcionamento e definirá as atribuições do Ministro-Corregedor.

•• A Resolução n. 67, de 3-3-2009, aprova o Regimento Interno do CNJ.

Art. 6.º O Conselho Superior da Justiça do Trabalho será instalado no prazo de cento e oitenta dias, cabendo ao Tribunal Superior do Trabalho regulamentar seu funcionamento por resolução, enquanto não promulgada a lei a que se refere o art. 111-A, § 2.º, II.

•• A Resolução Administrativa n. 1.407, de 7-6-2010, do TST, aprova o Regimento Interno do Conselho Superior da Justiça do Trabalho.

Art. 7.º O Congresso Nacional instalará, imediatamente após a promulgação desta Emenda Constitucional, comissão especial mista, destinada a elaborar, em cento e oitenta dias, os projetos de lei necessários à regulamentação da matéria nela tratada, bem como promover alterações na legislação federal objetivando tornar mais amplo o acesso à Justiça e mais célere a prestação jurisdicional.

Art. 8.º As atuais súmulas do Supremo Tribunal Federal somente produzirão efeito vinculante após sua confirmação por dois terços de seus integrantes e publicação na imprensa oficial.

Art. 9.º São revogados o inciso IV do art. 36; a alínea *h* do inciso I do art. 102; o § 4.º do art. 103; e os §§ 1.º a 3.º do art. 111.

Art. 10. Esta Emenda Constitucional entra em vigor na data de sua publicação.

Brasília, em 8 de dezembro de 2004.

Mesa da Câmara dos Deputados
Deputado JOÃO PAULO CUNHA
Presidente

Mesa do Senado Federal
Senador JOSÉ SARNEY
Presidente

EMENDA CONSTITUCIONAL N. 47, DE 5 DE JULHO DE 2005 (*)

Altera os arts. 37, 40, 195 e 201 da Constituição Federal, para dispor sobre a previdência social, e dá outras providências.

As Mesas da Câmara dos Deputados e do Senado Federal, nos termos do § 3.º do art. 60 da Constituição Federal, promulgam a seguinte Emenda ao texto constitucional:

Art. 1.º Os arts. 37, 40, 195 e 201 da Constituição Federal passam a vigorar com a seguinte redação:

•• Alterações já processadas no diploma modificado.

Art. 2.º Aplica-se aos proventos de aposentadorias dos servidores públicos que se aposentarem na forma do *caput* do art. 6.º da Emenda Constitucional n. 41, de 2003, o disposto no art. 7.º da mesma Emenda.

Art. 3.º Ressalvado o direito de opção à aposentadoria pelas normas estabelecidas pelo art. 40 da Constituição Federal ou pelas regras estabelecidas pelos arts. 2.º e 6.º da Emenda Constitucional n. 41, de 2003, o servidor da União, dos Estados, do Distrito Federal e dos Municípios, incluídas suas autarquias e fundações, que tenha ingressado no serviço público até 16 de dezembro de 1998 poderá aposentar-

(*) Publicada no *Diário Oficial da União* de 6-7-2005.

-se com proventos integrais, desde que preencha, cumulativamente, as seguintes condições:

I – trinta e cinco anos de contribuição, se homem, e trinta anos de contribuição, se mulher;

II – vinte e cinco anos de efetivo exercício no serviço público, quinze anos de carreira e cinco anos no cargo em que se der a aposentadoria;

III – idade mínima resultante da redução, relativamente aos limites do art. 40, § 1.º, inciso III, alínea "a", da Constituição Federal, de um ano de idade para cada ano de contribuição que exceder a condição prevista no inciso I do *caput* deste artigo.

Parágrafo único. Aplica-se ao valor dos proventos de aposentadorias concedidas com base neste artigo o disposto no art. 7.º da Emenda Constitucional n. 41, de 2003, observando-se igual critério de revisão às pensões derivadas dos proventos de servidores falecidos que tenham se aposentado em conformidade com este artigo.

Art. 4.º Enquanto não editada a lei a que se refere o § 11 do art. 37 da Constituição Federal, não será computada, para efeito dos limites remuneratórios de que trata o inciso XI do *caput* do mesmo artigo, qualquer parcela de caráter indenizatório, assim definida pela legislação em vigor na data de publicação da Emenda Constitucional n. 41, de 2003.

Art. 5.º Revoga-se o parágrafo único do art. 6.º da Emenda Constitucional n. 41, de 19 de dezembro de 2003.

Art. 6.º Esta Emenda Constitucional entra em vigor na data de sua publicação, com efeitos retroativos à data de vigência da Emenda Constitucional n. 41, de 2003.

Brasília, em 5 de julho de 2005.

Mesa da Câmara dos Deputados
Deputado SEVERINO CAVALCANTI
Presidente

Mesa do Senado Federal
Senador RENAN CALHEIROS
Presidente

EMENDA CONSTITUCIONAL N. 51, DE 14 DE FEVEREIRO DE 2006 (*)

Acrescenta os §§ 4.º, 5.º e 6.º ao art. 198 da Constituição Federal.

As Mesas da Câmara dos Deputados e do Senado Federal, nos termos do art. 60 da Constituição Federal, promulgam a seguinte Emenda ao texto constitucional:

Art. 1.º O art. 198 da Constituição Federal passa a vigorar acrescido dos seguintes §§ 4.º, 5.º e 6.º:

•• Alteração já processada no diploma modificado.

•• Alteração no § 5.º prejudicada pela Emenda Constitucional n. 63, de 4-2-2010.

Art. 2.º Após a promulgação da presente Emenda Constitucional, os agentes comunitários de saúde e os agentes de combate às endemias somente poderão ser contratados diretamente pelos Estados, pelo Distrito Federal ou pelos Municípios na forma do § 4.º do art. 198 da Constituição Federal, observado o limite de gasto estabelecido na Lei Complementar de que trata o art. 169 da Constituição Federal.

• A Lei n. 11.350, de 5-10-2006, dispõe sobre as atividades de agente comunitário de saúde e de agente de combate às endemias.

Parágrafo único. Os profissionais que, na data de promulgação desta Emenda e a qualquer título, desempenharem as atividades de agente comunitário de saúde ou de agente de combate às endemias, na forma da lei, ficam dispensados de se submeter ao processo seletivo público a que se refere o § 4.º do art. 198 da Constituição Federal, desde que tenham sido contratados a partir de anterior processo de Seleção Pública efetuado por órgãos ou entes da administração

(*) Publicada no *Diário Oficial da União* de 15-2-2006.

direta ou indireta de Estado, Distrito Federal ou Município ou por outras instituições com a efetiva supervisão e autorização da administração direta dos entes da federação.

•• A Lei n. 11.350, de 5-10-2006, dispõe sobre o aproveitamento de pessoal amparado por este parágrafo único.

Art. 3.° Esta Emenda Constitucional entra em vigor na data da sua publicação.

Brasília, em 14 de fevereiro de 2006.

Mesa da Câmara dos Deputados
Deputado ALDO REBELO
Presidente

Mesa do Senado Federal
Senador RENAN CALHEIROS
Presidente

EMENDA CONSTITUCIONAL N. 53, DE 19 DE DEZEMBRO DE 2006 (*)

Dá nova redação aos arts. 7.°, 23, 30, 206, 208, 211 e 212 da Constituição Federal, e ao art. 60 do Ato das Disposições Constitucionais Transitórias.

As Mesas da Câmara dos Deputados e do Senado Federal, nos termos do § 3.° do art. 60 da Constituição Federal, promulgam a seguinte Emenda ao texto constitucional:

Art. 1.° A Constituição Federal passa a vigorar com as seguintes alterações:

•• Alterações já processadas no diploma modificado.

Art. 2.° O art. 60 do Ato das Disposições Constitucionais Transitórias passa a vigorar com a seguinte redação:

•• Alteração já processada no diploma modificado.

Art. 3.° Esta Emenda Constitucional entra em vigor na data de sua publicação, mantidos os efeitos do art. 60 do Ato das Disposições Constitucionais Transitórias, conforme estabelecido pela Emenda Constitucional n. 14, de 12 de setembro de 1996, até o início da vigência dos Fundos, nos termos desta Emenda Constitucional.

Brasília, em 19 de dezembro de 2006.

Mesa da Câmara dos Deputados
Deputado ALDO REBELO
Presidente

Mesa do Senado Federal
Senador RENAN CALHEIROS
Presidente

(*) Publicada no *Diário Oficial da União* de 20-12-2006.

EMENDA CONSTITUCIONAL N. 55, DE 20 DE SETEMBRO DE 2007 (**)

Altera o art. 159 da Constituição Federal, aumentando a entrega de recursos pela União ao Fundo de Participação dos Municípios.

As Mesas da Câmara dos Deputados e do Senado Federal, nos termos do § 3.° do art. 60 da Constituição Federal, promulgam a seguinte Emenda ao texto constitucional:

Art. 1.° O art. 159 da Constituição Federal passa a vigorar com as seguintes alterações:

•• Alteração parcialmente prejudicada pela Emenda Constitucional n. 84, de 2-12-2014, que deu nova redação ao art. 153, I, *caput*.

Art. 2.° No exercício de 2007, as alterações do art. 159 da Constituição Federal previstas

(**) Publicada no *Diário Oficial da União* de 21-9-2007.

nesta Emenda Constitucional somente se aplicam sobre a arrecadação dos impostos sobre renda e proventos de qualquer natureza e sobre produtos industrializados realizada a partir de 1.º de setembro de 2007.

Art. 3.º Esta Emenda Constitucional entra em vigor na data de sua publicação.

Mesa da Câmara dos Deputados
Deputado ARLINDO CHINAGLIA
Presidente

Mesa do Senado Federal
Senador RENAN CALHEIROS
Presidente

EMENDA CONSTITUCIONAL N. 62, DE 9 DE DEZEMBRO DE 2009 (*)

Altera o art. 100 da Constituição Federal e acrescenta o art. 97 ao Ato das Disposições Constitucionais Transitórias, instituindo regime especial de pagamento de precatórios pelos Estados, Distrito Federal e Municípios.

As Mesas da Câmara dos Deputados e do Senado Federal, nos termos do § 3.º do art. 60 da Constituição Federal, promulgam a seguinte Emenda ao texto constitucional:

Art. 1.º O art. 100 da Constituição Federal passa a vigorar com a seguinte redação:

•• Alteração já processada no diploma modificado.

•• Alteração parcialmente prejudicada pela Emenda Constitucional n. 94, de 15-12-2016, que deu nova redação ao art. 100, § 2.º, da CF.

Art. 2.º O Ato das Disposições Constitucionais Transitórias passa a vigorar acrescido do seguinte art. 97:

•• Alteração já processada no diploma modificado.

Art. 3.º A implantação do regime de pagamento criado pelo art. 97 do Ato das Disposições Constitucionais Transitórias deverá ocorrer no prazo de até 90 (noventa dias), contados da data da publicação desta Emenda Constitucional.

Art. 4.º A entidade federativa voltará a observar somente o disposto no art. 100 da Constituição Federal:

I – no caso de opção pelo sistema previsto no inciso I do § 1.º do art. 97 do Ato das Disposições Constitucionais Transitórias, quando o valor dos precatórios devidos for inferior ao dos recursos destinados ao seu pagamento;

II – no caso de opção pelo sistema previsto no inciso II do § 1.º do art. 97 do Ato das Disposições Constitucionais Transitórias, ao final do prazo.

Art. 5.º Ficam convalidadas todas as cessões de precatórios efetuadas antes da promulgação desta Emenda Constitucional, independentemente da concordância da entidade devedora.

Art. 6.º Ficam também convalidadas todas as compensações de precatórios com tributos vencidos até 31 de outubro de 2009 da entidade devedora, efetuadas na forma do disposto no § 2.º do art. 78 do ADCT, realizadas antes da promulgação desta Emenda Constitucional.

Art. 7.º Esta Emenda Constitucional entra em vigor na data de sua publicação.

Brasília, em 9 de dezembro de 2009.

Mesa da Câmara dos Deputados
Deputado MICHEL TEMER
Presidente

Mesa do Senado Federal
Senador MARCONI PERILLO
1.º Vice-Presidente, no exercício da Presidência

(*) Publicada no *Diário Oficial da União* de 10-12-2009.

EMENDA CONSTITUCIONAL N. 67, DE 22 DE DEZEMBRO DE 2010 (*)

Prorroga, por tempo indeterminado, o prazo de vigência do Fundo de Combate e Erradicação da Pobreza.

As Mesas da Câmara dos Deputados e do Senado Federal, nos termos do § 3.° do art. 60 da Constituição Federal, promulgam a seguinte Emenda ao texto constitucional:

Art. 1.° Prorrogam-se, por tempo indeterminado, o prazo de vigência do Fundo de Combate e Erradicação da Pobreza a que se refere o *caput* do art. 79 do Ato das Disposições Constitucionais Transitórias e, igualmente, o prazo de vigência da Lei Complementar n. 111, de 6 de julho de 2001, que "Dispõe sobre o Fundo de Combate e Erradicação da Pobreza, na forma prevista nos arts. 79, 80 e 81 do Ato das Disposições Constitucionais Transitórias".

Art. 2.° Esta Emenda Constitucional entra em vigor na data de sua publicação.

Brasília, em 22 de dezembro de 2010.

Mesa da Câmara dos Deputados
Deputado MARCO MAIA
Presidente

Mesa do Senado Federal
Senador JOSÉ SARNEY
Presidente

(*) Publicada no *Diário Oficial da União* de 23-12-2010.

EMENDA CONSTITUCIONAL N. 69, DE 29 DE MARÇO DE 2012 (**)

Altera os arts. 21, 22 e 48 da Constituição Federal, para transferir da União para o Distrito Federal as atribuições de organizar e manter a Defensoria Pública do Distrito Federal.

As Mesas da Câmara dos Deputados e do Senado Federal, nos termos do art. 60 da Constituição Federal, promulgam a seguinte Emenda ao texto constitucional:

Art. 1.° Os arts. 21, 22 e 48 da Constituição Federal passam a vigorar com a seguinte redação:

•• Alterações já processadas no diploma modificado.

Art. 2.° Sem prejuízo dos preceitos estabelecidos na Lei Orgânica do Distrito Federal, aplicam-se à Defensoria Pública do Distrito Federal os mesmos princípios e regras que, nos termos da Constituição Federal, regem as Defensorias Públicas dos Estados.

Art. 3.° O Congresso Nacional e a Câmara Legislativa do Distrito Federal, imediatamente após a promulgação desta Emenda Constitucional e de acordo com suas competências, instalarão comissões especiais destinadas a elaborar, em 60 (sessenta) dias, os projetos de lei necessários à adequação da legislação infraconstitucional à matéria nela tratada.

•• O Ato n. 15, de 29-3-2012, do Congresso Nacional, institui a Comissão Mista Especial prevista neste artigo.

Art. 4.° Esta Emenda Constitucional entra em vigor na data de sua publicação, produzindo efeitos quanto ao disposto no art. 1.° após

(**) Publicada no *Diário Oficial da União* de 30-3-2012.

decorridos 120 (cento e vinte) dias de sua publicação oficial.

Brasília, 29 de março de 2012.

Mesa da Câmara dos Deputados

Deputado MARCO MAIA

Presidente

Mesa do Senado Federal

Senador JOSÉ SARNEY

Presidente

EMENDA CONSTITUCIONAL N. 70, DE 29 DE MARÇO DE 2012 (*)

Acrescenta art. 6.º-A à Emenda Constitucional n. 41, de 2003, para estabelecer critérios para o cálculo e a correção dos proventos da aposentadoria por invalidez dos servidores públicos que ingressaram no serviço público até a data da publicação daquela Emenda Constitucional.

As Mesas da Câmara dos Deputados e do Senado Federal, nos termos do § 3.º do art. 60 da Constituição Federal, promulgam a seguinte Emenda ao texto constitucional:

Art. 1.º A Emenda Constitucional n. 41, de 19 de dezembro de 2003, passa a vigorar acrescida do seguinte art. 6.º-A:

•• Alteração já processada no diploma modificado.

Art. 2.º A União, os Estados, o Distrito Federal e os Municípios, assim como as respectivas autarquias e fundações, procederão, no prazo de 180 (cento e oitenta) dias da entrada em vigor desta Emenda Constitucional, à revisão das aposentadorias, e das pensões delas decorrentes, concedidas a partir de 1.º de janeiro de 2004, com base na redação dada ao § 1.º do art. 40 da Constituição Federal pela Emenda Constitucional n. 20, de 15 de dezembro de 1998, com efeitos financeiros a partir da data de promulgação desta Emenda Constitucional.

Art. 3.º Esta Emenda Constitucional entra em vigor na data de sua publicação.

Brasília, 29 de março de 2012.

Mesa da Câmara dos Deputados

Deputado MARCO MAIA

Presidente

Mesa do Senado Federal

Senador JOSÉ SARNEY

Presidente

(*) Publicada no *Diário Oficial da União* de 30-3-2012.

EMENDA CONSTITUCIONAL N. 73, DE 6 DE JUNHO DE 2013 (**)

Cria os Tribunais Regionais Federais da 6.ª, 7.ª, 8.ª e 9.ª Regiões.

As Mesas da Câmara dos Deputados e do Senado Federal, nos termos do § 3.º do art. 60 da Constituição Federal, promulgam a seguinte Emenda ao texto constitucional:

Art. 1.º O art. 27 do Ato das Disposições Constitucionais Transitórias passa a vigorar acrescido do seguinte § 11:

•• Alteração já processada no diploma modificado.

Art. 2.º Os Tribunais Regionais Federais da 6.ª, 7.ª, 8.ª e 9.ª Regiões deverão ser instalados

(**) Publicada no *Diário Oficial da União* de 7-6-2013.

no prazo de 6 (seis) meses, a contar da promulgação desta Emenda Constitucional.

Art. 3.º Esta Emenda Constitucional entra em vigor na data de sua publicação.

Brasília, em 6 de junho de 2013.

Mesa da Câmara dos Deputados
Deputado ANDRÉ VARGAS
1.º Vice-Presidente no exercício da Presidência

Mesa do Senado Federal
Senador ROMERO JUCÁ
2.º Vice-Presidente no exercício da Presidência

EMENDA CONSTITUCIONAL N. 78, DE 14 DE MAIO DE 2014 (*)

Acrescenta art. 54-A ao Ato das Disposições Constitucionais Transitórias, para dispor sobre indenização devida aos seringueiros de que trata o art. 54 desse Ato.

As Mesas da Câmara dos Deputados e do Senado Federal, nos termos do § 3.º do art. 60 da Constituição Federal, promulgam a seguinte Emenda ao texto constitucional:

Art. 1.º O Ato das Disposições Constitucionais Transitórias passa a vigorar acrescido do seguinte art. 54-A:

•• Alteração já processada no diploma modificado.

Art. 2.º A indenização de que trata o art. 54-A do Ato das Disposições Constitucionais Transitórias somente se estende aos dependentes dos seringueiros que, na data de entrada em vigor desta Emenda Constitucional, detenham a condição de dependentes na forma do § 2.º do art. 54 do Ato das Disposições Constitucionais Transitórias, devendo o valor de R$ 25.000,00 (vinte e cinco mil reais) ser rateado entre os pensionistas na proporção de sua cota-parte na pensão.

Art. 3.º Esta Emenda Constitucional entra em vigor no exercício financeiro seguinte ao de sua publicação.

Brasília, em 14 de maio de 2014.

Mesa da Câmara dos Deputados
Deputado HENRIQUE EDUARDO ALVES
Presidente

Mesa do Senado Federal
Senador RENAN CALHEIROS
Presidente

(*) Publicada no *Diário Oficial da União* de 15-5-2014.

EMENDA CONSTITUCIONAL N. 79, DE 27 DE MAIO DE 2014 (**)

Altera o art. 31 da Emenda Constitucional n. 19, de 4 de junho de 1998, para prever a inclusão, em quadro em extinção da Administração Federal, de servidores e policiais

(**) Publicada no *Diário Oficial da União* de 28-5-2014. A Lei n. 13.121, de 8-5-2015 (conversão da Medida Provisória n. 660, de 24-12-2014 – *DOU* de 24-11-2014 – Edição Extra, regulamentada pelo Decreto n. 8.365, de 24-11-2014), dispõe em seu art. 2.º, *caput* e § 1.º: "Art. 2.º O prazo para o exercício da opção de que trata a Emenda Constitucional n. 79, de 27 de maio de 2014, é de 180 (cento e oitenta) dias, contado da data de entrada em vigor da Medida Provisória n. 660, de 24 de novembro de 2014. § 1.º Os servidores e militares que já optaram pela inclusão em quadro em extinção da União, na forma do *caput* do art. 89 do Ato das Disposições Constitucionais Transitórias da Constituição Federal, ficam dispensados de apresentação de novo requerimento".

militares admitidos pelos Estados do Amapá e de Roraima, na fase de instalação dessas unidades federadas, e dá outras providências.

As Mesas da Câmara dos Deputados e do Senado Federal, nos termos do § 3.º do art. 60 da Constituição Federal, promulgam a seguinte Emenda ao texto constitucional:

Art. 1.º O art. 31 da Emenda Constitucional n. 19, de 4 de junho de 1998, passa a vigorar com a seguinte redação:

•• Alteração já processada no diploma modificado.

Art. 2.º Para fins do enquadramento disposto no *caput* do art. 31 da Emenda Constitucional n. 19, de 4 de junho de 1998, e no *caput* do art. 89 do Ato das Disposições Constitucionais Transitórias, é reconhecido o vínculo funcional, com a União, dos servidores regularmente admitidos nos quadros dos Municípios integrantes dos ex-Territórios do Amapá, de Roraima e de Rondônia em efetivo exercício na data de transformação desses ex-Territórios em Estados.

Art. 3.º Os servidores dos ex-Territórios do Amapá, de Roraima e de Rondônia incorporados a quadro em extinção da União serão enquadrados em cargos de atribuições equivalentes ou assemelhadas, integrantes de planos de cargos e carreiras da União, no nível de progressão alcançado, assegurados os direitos, vantagens e padrões remuneratórios a eles inerentes.

Art. 4.º Cabe à União, no prazo máximo de 180 (cento e oitenta) dias, contado a partir da data de publicação desta Emenda Constitucional, regulamentar o enquadramento de servidores estabelecido no art. 31 da Emenda Constitucional n. 19, de 4 de junho de 1998, e no art. 89 do Ato das Disposições Constitucionais Transitórias.

Parágrafo único. No caso de a União não regulamentar o enquadramento previsto no *caput*, o optante tem direito ao pagamento retroativo das diferenças remuneratórias desde a data do encerramento do prazo para a regulamentação referida neste artigo.

Art. 5.º A opção para incorporação em quadro em extinção da União, conforme disposto no art. 31 da Emenda Constitucional n. 19, de 4 de junho de 1998, e no art. 89 do Ato das Disposições Constitucionais Transitórias, deverá ser formalizada pelos servidores e policiais militares interessados perante a administração, no prazo máximo de 180 (cento e oitenta) dias, contado a partir da regulamentação prevista no art. 4.º.

Art. 6.º Os servidores admitidos regularmente que comprovadamente se encontravam no exercício de funções policiais nas Secretarias de Segurança Pública dos ex-Territórios do Amapá, de Roraima e de Rondônia na data em que foram transformados em Estados serão enquadrados no quadro da Polícia Civil dos ex-Territórios, no prazo de 180 (cento e oitenta) dias, assegurados os direitos, vantagens e padrões remuneratórios a eles inerentes.

Art. 7.º Aos servidores admitidos regularmente pela União nas Carreiras do Grupo Tributação, Arrecadação e Fiscalização de que trata a Lei n. 6.550, de 5 de julho de 1978, cedidos aos Estados do Amapá, de Roraima e de Rondônia são assegurados os mesmos direitos remuneratórios auferidos pelos integrantes das Carreiras correspondentes do Grupo Tributação, Arrecadação e Fiscalização da União de que trata a Lei n. 5.645, de 10 de dezembro de 1970.

Art. 8.º Os proventos das aposentadorias, pensões, reformas e reservas remuneradas, originadas no período de outubro de 1988 a outubro de 1993, passam a ser mantidos pela União a partir da data de publicação desta Emenda Constitucional, vedado o pagamento, a qualquer título, de valores referentes a períodos anteriores a sua publicação.

Art. 9.º É vedado o pagamento, a qualquer título, em virtude das alterações promovidas por esta Emenda Constitucional, de remunerações, proventos, pensões ou indenizações referentes a períodos anteriores à data do enquadramento, salvo o disposto no parágrafo único do art. 4.º.

Art. 10. Esta Emenda Constitucional entra em vigor na data de sua publicação.

Brasília, em 27 de maio de 2014.

Mesa da Câmara dos Deputados
Deputado HENRIQUE EDUARDO ALVES
Presidente

Mesa do Senado Federal
Senador RENAN CALHEIROS
Presidente

EMENDA CONSTITUCIONAL N. 84, DE 2 DE DEZEMBRO DE 2014 (*)

Altera o art. 159 da Constituição Federal para aumentar a entrega de recursos pela União para o Fundo de Participação dos Municípios.

As Mesas da Câmara dos Deputados e do Senado Federal, nos termos do § 3.º do art. 60 da Constituição Federal, promulgam a seguinte Emenda ao texto constitucional:

Art. 1.º O art. 159 da Constituição Federal passa a vigorar com a seguinte redação:

•• Alterações já processadas no diploma modificado.

Art. 2.º Para os fins do disposto na alínea e do inciso I do *caput* do art. 159 da Constituição Federal, a União entregará ao Fundo de Participação dos Municípios o percentual de 0,5% (cinco décimos por cento) do produto da arrecadação dos impostos sobre renda e proventos de qualquer natureza e sobre produtos industrializados no primeiro exercício em que esta Emenda Constitucional gerar efeitos financeiros, acrescentando-se 0,5% (cinco décimos por cento) a cada exercício, até que se alcance o percentual de 1% (um por cento).

Art. 3.º Esta Emenda Constitucional entra em vigor na data de sua publicação, com efeitos financeiros a partir de 1.º de janeiro do exercício subsequente.

Brasília, em 2 de dezembro de 2014.

Mesa da Câmara dos Deputados
Deputado HENRIQUE EDUARDO ALVES
Presidente

Mesa do Senado Federal
Senador RENAN CALHEIROS
Presidente

(*) Publicada no *Diário Oficial da União* de 3-12-2014.

EMENDA CONSTITUCIONAL N. 86, DE 17 DE MARÇO DE 2015 (**)

Altera os arts. 165, 166 e 198 da Constituição Federal, para tornar obrigatória a execução da programação orçamentária que especifica.

As Mesas da Câmara dos Deputados e do Senado Federal, nos termos do § 3.º do art. 60 da Constituição Federal, promulgam a seguinte Emenda ao texto constitucional:

Art. 1.º Os arts. 165, 166 e 198 da Constituição Federal passam a vigorar com as seguintes alterações:

•• Alterações já processadas no diploma modificado.

Art. 2.º (*Revogado pela Emenda Constitucional n. 95, de 15-12-2016.*)

(**) Publicada no *Diário Oficial da União* de 18-3-2015.

Art. 3.º As despesas com ações e serviços públicos de saúde custeados com a parcela da União oriunda da participação no resultado ou da compensação financeira pela exploração de petróleo e gás natural, de que trata o § 1.º do art. 20 da Constituição Federal, serão computadas para fins de cumprimento do disposto no inciso I do § 2.º do art. 198 da Constituição Federal.

Art. 4.º Esta Emenda Constitucional entra em vigor na data de sua publicação e produzirá efeitos a partir da execução orçamentária do exercício de 2014.

Art. 5.º Fica revogado o inciso IV do § 3.º do art. 198 da Constituição Federal.

Brasília, em 17 de março de 2015.

Mesa da Câmara dos Deputados
Deputado EDUARDO CUNHA
Presidente

Mesa do Senado Federal
Senador RENAN CALHEIROS
Presidente

EMENDA CONSTITUCIONAL N. 91, DE 18 DE FEVEREIRO DE 2016 (*)

Altera a Constituição Federal para estabelecer a possibilidade, excepcional e em período determinado, de desfiliação partidária, sem prejuízo do mandato.

As Mesas da Câmara dos Deputados e do Senado Federal, nos termos do § 3.º do art. 60 da Constituição Federal, promulgam a seguinte Emenda ao texto constitucional:

(*) Publicada no *Diário Oficial da União* de 19-2-2016.

Art. 1.º É facultado ao detentor de mandato eletivo desligar-se do partido pelo qual foi eleito nos trinta dias seguintes à promulgação desta Emenda Constitucional, sem prejuízo do mandato, não sendo essa desfiliação considerada para fins de distribuição dos recursos do Fundo Partidário e de acesso gratuito ao tempo de rádio e televisão.

- CE: Lei n. 4.737, de 15-7-1965.
- Lei dos Partidos Políticos: Lei n. 9.096, de 19-9-1995.

Art. 2.º Esta Emenda Constitucional entra em vigor na data de sua publicação.

Brasília, em 18 de fevereiro de 2016.

Mesa da Câmara dos Deputados
Deputado EDUARDO CUNHA
Presidente

Mesa do Senado Federal
Senador RENAN CALHEIROS
Presidente

EMENDA CONSTITUCIONAL N. 97, DE 4 DE OUTUBRO DE 2017 (**)

Altera a Constituição Federal para vedar as coligações partidárias nas eleições proporcionais, estabelecer normas sobre acesso dos partidos políticos aos recursos do fundo partidário e ao tempo de propaganda gratuito no rádio e na televisão e dispor sobre regras de transição.

As Mesas da Câmara dos Deputados e do Senado Federal, nos termos do § 3.º do art. 60 da Constituição Federal, promulgam a seguinte Emenda ao texto constitucional:

(**) Publicada no *Diário Oficial da União* de 5-10-2017.

Art. 1.º A Constituição Federal passa a vigorar com as seguintes alterações:

•• Alterações já processadas no diploma modificado.

Art. 2.º A vedação à celebração de coligações nas eleições proporcionais, prevista no § 1.º do art. 17 da Constituição Federal, aplicar-se-á a partir das eleições de 2020.

Art. 3.º O disposto no § 3.º do art. 17 da Constituição Federal quanto ao acesso dos partidos políticos aos recursos do fundo partidário e à propaganda gratuita no rádio e na televisão aplicar-se-á a partir das eleições de 2030.

Parágrafo único. Terão acesso aos recursos do fundo partidário e à propaganda gratuita no rádio e na televisão os partidos políticos que:

I – na legislatura seguinte às eleições de 2018:

a) obtiverem, nas eleições para a Câmara dos Deputados, no mínimo, 1,5% (um e meio por cento) dos votos válidos, distribuídos em pelo menos um terço das unidades da Federação, com um mínimo de 1% (um por cento) dos votos válidos em cada uma delas; ou

b) tiverem elegido pelo menos nove Deputados Federais distribuídos em pelo menos um terço das unidades da Federação;

II – na legislatura seguinte às eleições de 2022:

a) obtiverem, nas eleições para a Câmara dos Deputados, no mínimo, 2% (dois por cento) dos votos válidos, distribuídos em pelo menos um terço das unidades da Federação, com um mínimo de 1% (um por cento) dos votos válidos em cada uma delas; ou

b) tiverem elegido pelo menos onze Deputados Federais distribuídos em pelo menos um terço das unidades da Federação;

III – na legislatura seguinte às eleições de 2026:

a) obtiverem, nas eleições para a Câmara dos Deputados, no mínimo, 2,5% (dois e meio por cento) dos votos válidos, distribuídos em pelo menos um terço das unidades da Federação, com um mínimo de 1,5% (um e meio por cento) dos votos válidos em cada uma delas; ou

b) tiverem elegido pelo menos treze Deputados Federais distribuídos em pelo menos um terço das unidades da Federação.

Art. 4.º Esta Emenda Constitucional entra em vigor na data de sua publicação.

Brasília, em 4 de outubro de 2017.

Mesa da Câmara dos Deputados
Deputado RODRIGO MAIA
Presidente

Mesa do Senado Federal
Senador EUNÍCIO OLIVEIRA
Presidente

ÍNDICE ALFABÉTICO-REMISSIVO DA CONSTITUIÇÃO FEDERAL

ÍNDICE ALFABÉTICO-REMISSIVO DO ATO DAS DISPOSIÇÕES CONSTITUCIONAIS TRANSITÓRIAS